Fundamentos de
Administración Financiera

Fundamentos de
Administración Financiera
Decimotercera edición

James C. Van Horne
Universidad de Stanford

John M. Wachowicz, Jr.
Universidad de Tennessee

TRADUCCIÓN
Marcia Aida González Osuna
Traductora profesional
Especialista en administración y economía

REVISIÓN TÉCNICA
Sergio Garcilazo Lagunes
Coordinador del Comité de Investigación y
Jefe del Área Académica de Negocios Internacionales
Universidad Panamericana-Campus Ciudad de México

Marisol Cen Caamal
División de Negocios
Universidad Anáhuac Mayab

Leonor Rosado Muñoz
Facultad de Contaduría y Administración
Universidad Autónoma de Yucatán

Prentice Hall

México • Argentina • Brasil • Colombia • Costa Rica • Chile • Ecuador
España • Guatemala • Panamá • Perú • Puerto Rico • Uruguay • Venezuela

Datos de catalogación bibliográfica

VAN HORNE C., JAMES, WACHOWICZ, JR., JOHN M.

Fundamentos de Administración Financiera
Decimotercera edición

PEARSON EDUCACIÓN, México, 2010
　　　ISBN: 978-607-442-948-0
　　　Área: Administración

Formato: 21 × 27 cm　　　　　Páginas: 744

Authorized translation from the English language edition, entitled *Fundamentals of financial Management*, 13 edition, by James C. Van Horne and John M. Wachowicz, Jr. published by Pearson Education, Ltd. publishing as Prentice Hall, Inc. Copyright © 2001,1998 by Prentice Hall, Inc. Pearson Education Limited 2005, 2009. This translation is published by arrangement with Pearson Education Limited, United Kingdom. All rights reserved.
ISBN 9780273713630

Traducción autorizada de la edición en idioma inglés, titulada: *Fundamentals of financial Management*, 13ª edition, por James C. Van Horne y John M. Wachowicz, Jr. publicada por Pearson Education, Inc., publicada como PRENTICE HALL., Copyright © 2001, 1998 por Prentice Hall, Inc. Pearson Education Limited 2005, 2009. Esta traducción se publica por acuerdo con Pearson Education Limited, Reino Unido. Todos los derechos reservados.

Esta edición en español es la única autorizada.

Edición en español
Editor:　　　　　　　　　　　Guillermo Domínguez Chávez
　　　　　　　　　　　　　　　e-mail: guillermo.dominguez@pearsoned.com
Editor de desarrollo:　　　　　Felipe Hernández Carrasco
Supervisor de producción:　　Gustavo Rivas Romero

DECIMOTERCERA EDICIÓN, VERSIÓN IMPRESA, 2010
PRIMERA EDICIÓN E-BOOK, 2010

D.R. © 2010 por Pearson Educación de México, S.A. de C.V.
Avenida Antonio Dovalí Jaime No. 70,
Torre B, Piso 6, Colonia Zedec Ed Plaza Santa Fe,
Delegación Álvaro Obregón, Ciudad de México, C.P. 01210
Cámara Nacional de la Industria Editorial Mexicana. Reg. núm. 1031.

Prentice Hall es una marca registrada de Pearson Educación de México, S.A. de C.V.

ISBN LIBRO IMPRESO: 978-607-442-948-0
ISBN E-BOOK: 978-607-442-949-7
ISBN E-CHAPTER: 978-607-442-950-3

Impreso en México. *Printed in Mexico.*
1 2 3 4 5 6 7 8 9 0 - 13 12 11 10

Esta obra se terminó de imprimir en abril de 2016 en los talleres de
Programas Educativos S.A. de C.V. Calzada Chabacano No. 65, local A,
col. Asturias, Cuauhtémoc, C.P. 06850, Ciudad de México

Prentice Hall
es una marca de

A Mimi, Drew, Stuart y Stephen
James C. Van Horne

A Emerson, John, June, Lien y Patricia
John M. Wachowicz, Jr.

Contenido abreviado

● ● ● **Parte 1** Introducción a la administración financiera

    1 El papel de la administración financiera 1
    2 Entornos de negocios, fiscales y financieros 17

● ● ● **Parte 2** Valuación

    3 Valor del dinero en el tiempo 41
    4 La valuación de valores a largo plazo 73
    5 Riesgo y rendimiento 97
       Apéndice A Medición del riesgo de un portafolio 117
       Apéndice B Teoría de fijación de precios por arbitraje 119

● ● ● **Parte 3** Herramientas de análisis y planeación financiera

    6 Análisis de estados financieros 127
       Apéndice Impuestos diferidos y análisis financiero 158
    7 Análisis de fondos, análisis de flujo de efectivo y planeación financiera 169
       Apéndice Modelado del crecimiento sustentable 190

● ● ● **Parte 4** Administración del capital de trabajo

    8 Perspectiva general de la administración del capital de trabajo 205
    9 Administración de efectivo y valores comerciales 221
    10 Administración de cuentas por cobrar e inventarios 249
    11 Financiamiento a corto plazo 281

● ● ● **Parte 5** Inversión en bienes de capital

    12 Presupuesto de capital y estimación de los flujos de efectivo 307
    13 Técnicas para elaborar el presupuesto de capital 323
       Apéndice A Tasas internas de rendimiento múltiples 341
       Apéndice B Análisis de la cadena de remplazo 343
    14 Riesgo y opciones administrativas (reales) de presupuesto de capital 353

● ● ● **Parte 6** Costo de capital, estructura de capital y política de dividendos

15 Rendimientos requeridos y costo de capital 381
   Apéndice A Ajuste de beta por apalancamiento financiero 407
   Apéndice B Valor presente ajustado 408
16 Apalancamiento financiero y operativo 419
17 Determinación de la estructura de capital 451
18 Política de dividendos 475

● ● ● **Parte 7** Financiamiento a mediano y largo plazo

19 El mercado de capital 505
20 Deuda a largo plazo, acciones preferenciales y acciones ordinarias 527
   Apéndice Reembolso de una emisión de bonos 544
21 Préstamos a plazo y arrendamientos 553
   Apéndice Manejo contable de arrendamientos 568

● ● ● **Parte 8** Áreas especiales de administración financiera

22 Valores convertibles, intercambiables y garantías 577
   Apéndice Fijación de precio de la opción 589
23 Fusiones y otras formas de reestructuración corporativa 603
   Apéndice Remedios para una compañía con problemas financieros 630
24 Administración financiera internacional 647

Apéndice 679

Glosario 689

Símbolos de uso común 705

Índice 707

Contenido

Agradecimientos xix
Prefacio xxi

● ● ● **Parte 1** Introducción a la administración financiera

1 **El papel de la administración financiera 1**
Objetivos 1
Introducción 2
¿Qué es administración financiera? 2
La meta de la compañía 3
Gobernanza corporativa 8
Función de administración financiera de la organización 8
Organización del libro 10
Puntos clave de aprendizaje 13
Preguntas 14
Referencias seleccionadas 14

2 **Entornos de negocios, fiscales y financieros 17**
Objetivos 17
El entorno de negocios 18
El entorno fiscal 20
El entorno financiero 27
Puntos clave de aprendizaje 35
Preguntas 36
Problemas para autoevaluación 37
Problemas 37
Soluciones a los problemas para autoevaluación 38
Referencias seleccionadas 39

● ● ● **Parte 2** Valuación

3 **Valor del dinero en el tiempo 41**
Objetivos 41
La tasa de interés 42
Interés simple 43
Interés compuesto 43
Capitalización más de una vez al año 59
Amortización de un préstamo 62

Tabla de resumen de fórmulas clave de interés compuesto 63

Puntos clave de aprendizaje 63

Preguntas 64

Problemas para autoevaluación 64

Problemas 65

Soluciones a los problemas para autoevaluación 69

Referencias seleccionadas 71

4 **La valuación de valores a largo plazo 73**

Objetivos 73

Diferencias entre los conceptos de valuación 74

Valuación de bonos 75

Valuación de acciones preferenciales 78

Valuación de acciones ordinarias 79

Tasas de rendimiento (o de retorno) 83

Tabla de resumen de fórmulas clave del valor presente para valuar instrumentos
a largo plazo (flujos de efectivo anuales supuestos) 88

Puntos clave de aprendizaje 88

Preguntas 89

Problemas para autoevaluación 90

Problemas 91

Soluciones a los problemas para autoevaluación 93

Referencias seleccionadas 95

5 **Riesgo y rendimiento 97**

Objetivos 97

Definición de riesgo y rendimiento 98

Uso de distribuciones de probabilidad para medir el riesgo 99

Actitudes hacia el riesgo 101

Riesgo y rendimiento en el contexto de un portafolio 103

Diversificación 104

Modelo de fijación de precios de activos de capital (MPAC) 106

Mercados financieros eficientes 114

Puntos clave de aprendizaje 116

Apéndice A: Medición del riesgo de un portafolio 117

Apéndice B: Teoría de fijación de precios por arbitraje 119

Preguntas 121

Problemas para autoevaluación 122

Problemas 122

Soluciones a los problemas para autoevaluación 125

Referencias seleccionadas 126

● ● ● **Parte 3** Herramientas de análisis y planeación financiera

6 **Análisis de estados financieros 127**

Objetivos 127
Estados financieros 128
Un marco de trabajo posible para el análisis 134
Razones del balance general 138
Razones del estado de pérdidas y ganancias y de estado de pérdidas y ganancias/balance general 141
Análisis de tendencia 152
Análisis de tamaño común y de índice 153
Puntos clave de aprendizaje 156
Resumen de razones clave 157
Apéndice: Impuestos diferidos y análisis financiero 158
Preguntas 159
Problemas para autoevaluación 160
Problemas 161
Soluciones a los problemas para autoevaluación 165
Referencias seleccionadas 167

7 **Análisis de fondos, análisis de flujo de efectivo y planeación financiera 169**

Objetivos 169
Estado de flujo de fondos (fuentes y usos) 170
Estado contable de flujos de efectivo 176
Pronósticos del flujo de efectivo 180
Rango de estimaciones de flujo de efectivo 184
Pronósticos de estados financieros 186
Puntos clave de aprendizaje 190
Apéndice: Modelado del crecimiento sustentable 190
Preguntas 194
Problemas para autoevaluación 195
Problemas 197
Soluciones a los problemas para autoevaluación 200
Referencias seleccionadas 203

● ● ● **Parte 4** Administración del capital de trabajo

8 **Perspectiva general de la administración del capital de trabajo 205**

Objetivos 205
Introducción 206
Aspectos del capital de trabajo 208
Financiamiento de activos corrientes: Mezcla a corto y largo plazos 210
Combinar la estructura de pasivos y las decisiones de activos corrientes 215
Puntos clave de aprendizaje 216

Preguntas 216
Problema para autoevaluación 217
Problemas 217
Solución al problema para autoevaluación 218
Referencias seleccionadas 219

9 Administración de efectivo y valores comerciales 221

Objetivos 221
Motivos para tener efectivo 222
Agilizar los ingresos de efectivo 223
R-e-t-a-r-d-a-r los pagos en efectivo 228
Comercio electrónico 231
Subcontratación 233
Conservación de saldos de efectivo 234
Inversión en valores comerciales 235
Puntos clave de aprendizaje 244
Preguntas 245
Problemas para autoevaluación 245
Problemas 246
Soluciones a los problemas para autoevaluación 247
Referencias seleccionadas 248

10 Administración de cuentas por cobrar e inventarios 249

Objetivos 249
Políticas de crédito y cobranza 250
Análisis del solicitante de crédito 258
Administración y control de inventarios 263
Puntos clave de aprendizaje 273
Preguntas 274
Problemas para autoevaluación 274
Problemas 275
Soluciones a los problemas para autoevaluación 278
Referencias seleccionadas 279

11 Financiamiento a corto plazo 281

Objetivos 281
Financiamiento espontáneo 282
Financiamiento negociado 287
Factoraje de cuentas por cobrar 298
Composición del financiamiento a corto plazo 300
Puntos clave de aprendizaje 301
Preguntas 302
Problemas para autoevaluación 302
Problemas 304
Soluciones a los problemas para autoevaluación 305
Referencias seleccionadas 306

● ● ● **Parte 5** Inversión en bienes de capital

12 **Presupuesto de capital y estimación de los flujos de efectivo 307**

Objetivos 307

Procesos de presupuesto de capital: Descripción general 308

Generación de propuestas de proyectos de inversión 308

Estimación de "flujos de efectivo operativos incrementales después de impuestos"
de los proyectos 309

Puntos clave de aprendizaje 318

Preguntas 318

Problemas para autoevaluación 319

Problemas 319

Soluciones a los problemas para autoevaluación 321

Referencias seleccionadas 322

13 **Técnicas para elaborar el presupuesto de capital 323**

Objetivos 323

Evaluación y selección de proyectos: Métodos alternativos 324

Dificultades potenciales 330

Supervisión de proyectos: Revisiones de avance y post-auditorías 340

Puntos clave de aprendizaje 340

Apéndice A: Tasas internas de rendimiento múltiples 341

Apéndice B: Análisis de la cadena de remplazo 343

Preguntas 345

Problemas para autoevaluación 346

Problemas 347

Soluciones a los problemas para autoevaluación 349

Referencias seleccionadas 350

14 **Riesgo y opciones administrativas (reales) de presupuesto de capital 353**

Objetivos 353

El problema de riesgo del proyecto 354

Riesgo total del proyecto 357

Contribución al riesgo total de la empresa: Enfoque del portafolio de la empresa 364

Opciones administrativas (reales) 368

Puntos clave de aprendizaje 373

Preguntas 373

Problemas para autoevaluación 374

Problemas 375

Soluciones a los problemas para autoevaluación 377

Referencias seleccionadas 379

● ● ● Parte 6 Costo de capital, estructura de capital y política de dividendos

15 Rendimientos requeridos y costo de capital 381

Objetivos 381
Creación de valor 382
Costo total del capital de la empresa 383
El MPAC: Tasas de rendimiento requeridas específicas para proyectos y grupos 396
Evaluación de proyectos con base en su riesgo total 401
Puntos clave de aprendizaje 406
Apéndice A: Ajuste de beta por apalancamiento financiero 407
Apéndice B: Valor presente ajustado 408
Preguntas 410
Problemas para autoevaluación 411
Problemas 412
Soluciones a los problemas para autoevaluación 415
Referencias seleccionadas 417

16 Apalancamiento financiero y operativo 419

Objetivos 419
Apalancamiento operativo 420
Apalancamiento financiero 427
Apalancamiento total 435
Capacidad del flujo de efectivo para cubrir la deuda 436
Otros métodos de análisis 439
Combinación de métodos 440
Puntos clave de aprendizaje 441
Preguntas 442
Problemas para autoevaluación 443
Problemas 444
Soluciones a los problemas para autoevaluación 446
Referencias seleccionadas 449

17 Determinación de la estructura de capital 451

Objetivos 451
Panorama conceptual 452
Principio del valor total 456
Presencia de imperfecciones del mercado y aspectos de incentivos 458
Efecto de los impuestos 461
Impuestos e imperfecciones del mercado combinados 463
Señales financieras 465
Tiempos y flexibilidad financiera 465
Lista de verificación de financiamiento 466
Puntos clave de aprendizaje 467
Preguntas 468
Problemas para autoevaluación 468
Problemas 469

Soluciones a los problemas para autoevaluación 471
Referencias seleccionadas 473

18 Política de dividendos 475

Objetivos 475
Políticas de dividendos pasivas contra activas 476
Factores que influyen en la política de dividendos 481
Estabilidad de los dividendos 484
Dividendos en acciones y fraccionamiento de acciones 486
Recompra de acciones 491
Consideraciones administrativas 495
Puntos clave de aprendizaje 496
Preguntas 497
Problemas para autoevaluación 498
Problemas 499
Soluciones a los problemas para autoevaluación 501
Referencias seleccionadas 502

Parte 7 Financiamiento a mediano y largo plazo

19 El mercado de capital 505

Objetivos 505
Un breve repaso 506
Emisión pública 507
Suscripción privilegiada 509
Reglamento de la oferta de valores 512
Colocación privada 516
Financiamiento inicial 519
Efectos de señalización 520
Mercado secundario 522
Puntos clave de aprendizaje 522
Preguntas 523
Problemas para autoevaluación 524
Problemas 524
Soluciones a los problemas para autoevaluación 525
Referencias seleccionadas 526

20 Deuda a largo plazo, acciones preferenciales y acciones ordinarias 527

Objetivos 527
Los bonos y sus características 528
Tipos de instrumentos de deuda a largo plazo 529
Retiro de bonos 532
Acciones preferenciales y sus características 534
Acciones ordinarias y sus características 538
Derechos de los accionistas ordinarios 539

Acciones ordinarias de clase dual 542

Puntos clave de aprendizaje 543

Apéndice: Reembolso de una emisión de bonos 544

Preguntas 546

Problemas para autoevaluación 547

Problemas 548

Soluciones a los problemas para autoevaluación 550

Referencias seleccionadas 551

21 Préstamos a plazo y arrendamientos 553

Objetivos 553

Préstamos a plazo 554

Previsiones de los acuerdos de préstamos 556

Financiamiento de equipo 558

Arrendamiento financiero 559

Evaluación del arrendamiento financiero en relación con la deuda financiera 562

Puntos clave de aprendizaje 567

Apéndice: Manejo contable de arrendamientos 568

Preguntas 571

Problemas para autoevaluación 571

Problemas 572

Soluciones a los problemas para autoevaluación 574

Referencias seleccionadas 575

Parte 8 Áreas especiales de administración financiera

22 Valores convertibles, intercambiables y garantías 577

Objetivos 577

Valores convertibles 578

Valor de títulos convertibles 581

Bonos intercambiables 584

Garantías 585

Puntos clave de aprendizaje 589

Apéndice: Fijación de precio de la opción 589

Preguntas 595

Problemas para autoevaluación 596

Problemas 597

Soluciones a los problemas para autoevaluación 599

Referencias seleccionadas 600

23 Fusiones y otras formas de reestructuración corporativa 603

Objetivos 603

Fuentes de valor 604

Adquisiciones estratégicas que incluyen acciones ordinarias 608

Adquisiciones y el presupuesto de capital 615

Cerrar el trato 617

Tomas de control, ofertas de compra y defensas 620
Alianzas estratégicas 622
Desinversión 623
Reestructuración de propiedad 626
Compra apalancada 627
Puntos clave de aprendizaje 629
Apéndice: Remedios para una compañía con problemas financieros 630
Preguntas 635
Problemas para autoevaluación 636
Problemas 638
Soluciones a los problemas para autoevaluación 641
Referencias seleccionadas 643

24 **Administración financiera internacional 647**
Objetivos 647
Algunos antecedentes 648
Tipos de exposición al riesgo cambiario 652
Manejo del riesgo cambiario 656
Estructuración de las transacciones comerciales internacionales 668
Puntos clave de aprendizaje 671
Preguntas 672
Problemas para autoevaluación 673
Problemas 674
Soluciones a los problemas para autoevaluación 676
Referencias seleccionadas 677

Apéndice 679
Tabla I: Factor de interés del valor futuro 680
Tabla II: Factor de interés del valor presente 682
Tabla III: Factor de interés del valor futuro de una anualidad (ordinaria) 684
Tabla IV: Factor de interés del valor presente de una anualidad (ordinaria) 686
Tabla V: Área de la distribución normal que está a Z desviaciones estándar
              a la izquierda o a la derecha de la media 688

Glosario 689
Símbolos de uso común 705
Índice 707

Recursos de apoyo en inglés

Visite www.pearsoneducacion.net/vanhorne donde encontrará valiosos recursos.

Sitio Web en inglés para estudiantes

- Objetivos de aprendizaje para cada capítulo
- Preguntas de opción múltiple, de falso/verdadero y de tipo ensayo para someter a prueba su comprensión
- Presentaciones en PowerPoint para cada capítulo que le ayudarán a recordar los conceptos clave
- Un glosario en línea con definiciones de los términos clave, y tarjetas didácticas para probar sus conocimientos de los términos y las definiciones más relevantes de cada capítulo
- Plantillas de Excel para los problemas al final de los capítulos que le ayudarán a modelar las hojas de cálculo que le permitirán resolver problemas
- El vínculo al sitio ganador de premios de los autores con más preguntas de opción múltiple y del tipo falso/verdadero; también incluye ejercicios en línea y otros vínculos a material de apoyo adicional que se actualizan con regularidad
- Un nuevo recurso en esta edición es el conjunto de presentaciones en PowerPoint para capítulos clave, que integran y demuestran cómo se puede usar Excel para efectuar los cálculos.

Para profesores (en inglés)

- Manual del profesor extenso que incluye respuestas a las preguntas y soluciones a los problemas incluidos en el libro
- Diapositivas de PowerPoint y material en formato PDF de todas las figuras y tablas del libro
- Banco de exámenes con material adicional de preguntas.

Además, el sitio Web incluye las siguientes características:

- Herramienta de búsqueda para ayudar a localizar temas específicos del contenido
- Resultados por correo electrónico y herramientas para enviar resultados de exámenes a los profesores
- Ayuda en línea y apoyo para el uso del sitio y detección de fallas.

Si desea más información, póngase en contacto con el representante de Pearson en su localidad o visite www.pearsoneducacion.net/vanhorne

Agradecimientos

Deseamos expresar nuestra gratitud a los siguientes académicos, al igual que a muchos otros revisores anónimos, quienes nos dieron valiosa retroalimentación acerca de este libro durante el desarrollo de la decimotercera edición:

Dr. Brian Wright, de Exeter University

Dr. Axel F. A. Adam-Muller, de Lancaster University

Dr. Graham Sadler, de Aston University

Agradecemos a los siguientes organismos por los permisos para reproducir material con derechos de autor:

La figura 10.3 Calificación compuesta de D&B a partir de un libro de referencia y una clave de calificaciones, 2003. Reimpresa con permiso de Dun & Bradstreet, 2007; la tira de dibujos en la página 272 de "Lo que se necesita para que funcione el sistema 'justo a tiempo'", *Iron Age Magazine*, 7 de junio, 1982. Reimpresa con permiso, Iron Age.

Anheuser-Busch Companies, Inc., por el permiso para reproducir su logotipo y un extracto del 2006 Annual Report, p. 36. Derechos reservados © 2006 Anheuser-Busch Companies Inc. Usado con permiso. Todos los derechos reservados; BP p. l.c. por el permiso para reproducir un extracto del BP Annual Report 2006, p. 27. Derechos reservados © 2006 BP p. l.c. Usado con permiso. Todos los derechos reservados; Cameco Corporation, por el permiso para reproducir su logotipo y un extracto del Cameco Corporation Annual Report 2006 (www.cameco.com/investor_relations/annual/2006/html/mda/fuel_services.php). Derechos reservados © 2006 Cameco Corporation. Usado con permiso. Todos los derechos reservados; CCH Incorporated por el permiso para usar su logotipo y extractos adaptados de "Ask Alice about Ethics" y "Ask Alice about Accountants", reproducido de www.toolkit.cch.com. Reproducido con permiso de CCH Business Owner's Toolkit, publicado y registrado por CCH Incorporated; CFO Publishing Corporation por el permiso de reproducir el logotipo de *CFO Asia* y los extractos reproducidos de "Virtue Rewarded", *CFO Asia*, O'Sullivan K. (noviembre de 2006), pp. 58-63 y "One Continent, One Payment System", *CFO Asia* (abril de 2007), p. 41, www.cfo-asia.com. Derechos reservados © 2007 CFO Publishing Corporation. Usado con permiso. Todos los derechos reservados; CFO Publishing Corporation por el permiso para reproducir el logotipo de *CFO* y los extractos adaptados de "A Trade Secret Comes to Light, Again", *CFO*, por Leone M., noviembre de 2005, pp. 97-99. "Four Eyes are Better", *CFO*, por O'Sullivan K., junio de 2006, p. 21; "More Rules, Higher Profits", *CFO*, Durfee D., agosto de 2006, p. 24 y "Buy it Back, And Then?" *CFO*, Durfee D., septiembre de 2006, p. 22, www.cfo.com. Derechos reservados © 2006 CFO Publishing Corporation. Usado con permiso. Todos los derechos reservados; The Coca-Cola Company por los extractos de su Annual Report, 2006 (Forma 10-k) pp. 59 y 65, y por el permiso para reproducir sus marcas registradas: Coca-Cola y la botella contorneada. Coca-Cola y la botella contorneada son marcas registradas de The Coca-Cola Company; Crain Communications Inc., por el permiso para reproducir el logotipo de *Financial Week* y adaptar los extractos de: "Shell Game Grows as an Exit Strategy", *Financial Week*, por Byrt F., enero 15 de 2007, pp. 3 y 18; "New Leasing Rules Could Hammer Corporate Returns", *Financial Week*, por Scott M., 2 de abril de 2007; "Spin-Off Frenzy Sets New Record", *Financial Week*, por Byrt F., 9 de abril de 2007, pp. 3 y 21 y "A Bent for Cash. Literally", *Financial Week*, por Johnston M., 23 de julio de 2007, p. 10, www.financialweek.com. Derechos reservados © 2007 por Crain Communications Inc. Usado con permiso. Todos los derechos reservados; Cygnus Business Media por el permiso para reproducir su logotipo de *Supply & Demand Chain Executive* y un extracto de "More than $1 Trillion Seen Unnecessarily Tied Up in Working Capital", *Supply & Demand Chain Executive*, junio/julio de 2006, p. 10, www.sdcexec.com Derechos reservados © 2006 Cygnus Business Media. Usado con permiso. Todos los derechos reservados; Debra Yergen por el permiso para adaptar un extracto de "The Check's in the Box", *Canadian National Treasurer*, por Yergen D., diciembre 2005/enero 2006, pp. 14-15, www.tmac.ca. Derechos reservados © 2006 Debra Yergen. Usado con permiso. Todos los derechos reservados; Dell Inc. por los extractos de sus reportes trimestrales y anuales. Derechos reservados © 2004 Dell Inc. Todos los derechos reservados; The Economist Newspaper Limited por el permiso para reproducir su logotipo y extractos del capítulo 6, p. 127, "Speaking in tongues" adaptado de Speaking in Tongues, *The Economist*, pp. 77-78, www.economist.com © The Economist Newspaper Limited, Londres (19-25 de mayo de 2007), usado con permiso; capítulo 23, p. 603, cuadro de texto de *The Economist*, p. 90, www.economist.com © The Economist Newspaper Limited, Londres (13 de enero de 2007), usado con permiso; capítulo 24, p. 654, "Big Mac Purchasing–Power Parity", basado en datos de la tabla de "Cash and carry – The hamburger standard" en www.economist.com/finance/displaystory.cfm?story_id=9448015 en *The Economist* © The Economist Newspaper Limited, Londres (2007), usado con permiso; Financial Executives International Incorporated por el permiso para reproducir su logotipo y extractos de "Bridging the Finance-Marketing Divide", *Financial Executive*, por See, E., julio/agosto de 2006, pp. 50-53; "Sarbanes-Oxley Helps Cost of Capital: Study", *Financial Executive*, por Marshall J. y Heffes E. M., octubre de 2006, p. 8; "Soul-Searching over U.S. Competitiveness", Financial Executive, por Cheny G. A., junio de 2007, pp. 18-21; "BPO: Developing Market, Evolving Strategies", *Financial Executive*, junio 2007, pp. 38-44, www.financialexecutives.org. Derechos reservados © 2006/2007 Financial Executives International Incorporated. Usado con permiso. Todos los derechos reservados; FRBNY por los datos de "The Basics of Trade and Exchange", www.newyorkfed.org/education/fx/foreign.html; Hermes Pensions Management Ltd por los extractos reproducidos de "The Hermes Principles: What Shareholders Expect of Public Companies – and What Companies Should Expect of their Investors", p. 11, www.hermes.co.uk/pdf/corporate_governance/Hermes_Principles.pdf. Derechos reservados © Hermes Pensions Management Ltd; James Hartshorn por un extracto reproducido de "Sustainability: Why CFOs Need to Pay Attention", *Canadian Treasurer*, por Hartshorn J., 22 junio/julio de 2006, p. 15. Usado con permiso. Todos los derechos reservados; The Motley Fool por el permiso para reproducir su logotipo y extractos de www.fool.com; Nasdaq Stock Market Inc. por el permiso para reproducir un extracto de "Market Mechanics: A Guide to US Stock Markets, release 1.2", The NASDAQ Stock Market Educational Foundation Inc., por Angel J. J., 2002, p. 7. Derechos reservados © 2002 por Nasdaq Stock Market Inc. Usado con permiso. Todos los derechos reservados; Penton Media Inc. por el permiso para reproducir el logo de *Business Finance* y extractos de "Asset-based Lending Goes Mainstream", *Business Finance*, por Kroll K. M., mayo de 2006, pp. 39-42, "M&A Synergies/Don't Count On It", *Business Finance*, por Cummings J., octubre de 2006, p. 14, "Payment Processing: The Sea Change Continues", *Business Finance*, por Kroll K.M., diciembre 2006, "7 Steps to Optimize A/R Management", *Business Finance*, by Salek J., abril 2007, p. 45, www.bfmag.com. Derechos reservados © 2006/2007 Penton Media, Inc. Usado con permiso. Todos los derechos reservados; Treasury Management Association of Canada por el permiso para reproducir el logotipo de TMAC, www.tmac.ca. Derechos reservados © 2008 TMAC. Reproducido con permiso. Todos los derechos reservados; Volkswagen AG por el permiso para reproducir su logotipo y un extracto de su Annual Report 2006, p. 77. Derechos reservados © 2006 por Volkswagen AG. Usado con permiso. Todos los derechos reservados.

Agradecemos a Financial Times Limited por el permiso para reimprimir el siguiente material:

Capítulo 20 "It's a question of the right packaging" © *Financial Times*, 25 de julio de 2007; capítulo 20 "One share, one-vote hopes dashed" © *Financial Times*, 5 de junio de 2007; capítulo 22 "Warrants win over the bulls" © *Financial Times*, 13 de marzo de 2007; capítulo 23 "Chapter 11 is often lost in translation" © *Financial Times*, 25 de julio de 2007; capítulo 24 "Islamic bonds recruited out for purchase of 007's favorite car" © *Financial Times*, 17/18 de marzo 2007; capítulo 24 "European bond market puts US in the shade" © *Financial Times*, 15 de enero de 2007.

Agradecemos a *The Financial Times Limited* por el permiso para usar material con derechos de autor:

Capítulo 18 "Debating Point: Are Share Buybacks a Good Thing?" de *The Financial Times Limited*, 28 de junio de 2006, © Richard Dobbs y Werner Rehm.

En algunos casos no nos fue posible localizar a los propietarios de material con derechos reservados y apreciaríamos cualquier información que nos ayude a hacerlo.

La administración financiera evoluciona rápidamente. Los avances no sólo se registran en la teoría de la administración financiera, sino también en su práctica en el mundo real. Un resultado de ello es que la administración financiera adopta un enfoque estratégico de mayor amplitud, conforme gerentes y directores luchan por crear valor dentro del ámbito corporativo. En el proceso de creación de valor, los administradores de finanzas complementan más y más las medidas de desempeño tradicionales con nuevos métodos que destacan el papel de la incertidumbre y de las diversas suposiciones. Los aspectos de gobernanza corporativa, los dilemas éticos, las reclamaciones en conflicto de los accionistas, un entorno corporativo dinámico, la globalización de las finanzas, el comercio electrónico, las alianzas estratégicas, el aumento de la subcontratación y un cúmulo de otros aspectos y consideraciones caracterizan el panorama actual de la toma de decisiones financieras. Sin duda, es una época de retos y oportunidades.

El objetivo de la decimotercera edición de *Fundamentos de administración financiera* es permitir al lector adentrarse en el proceso de toma de decisiones de finanzas e interpretar el efecto que esas decisiones tendrán sobre la creación de valor. El libro introduce al lector a las tres áreas de toma de decisiones más importantes en administración financiera: decisiones de inversión, financiamiento y administración de bienes.

Intentamos explorar las finanzas, incluyendo sus fronteras, de una manera amigable y sencilla de comprender. Aunque este libro está diseñado para un curso introductorio de administración financiera, resultará útil también como una herramienta de referencia. Por ejemplo, los participantes en programas de desarrollo gerencial, los candidatos que se preparan para diferentes certificaciones profesionales (como *contador administrativo certificado*, por ejemplo) y los profesionales en la práctica de finanzas y contabilidad encontrarán útil este texto.

Hay muchos cambios importantes en esta nueva edición. En vez de mencionarlos todos, explicaremos algunos temas esenciales que dirigieron nuestras revisiones y, en el proceso, destacaremos algunos de esos cambios. Se actualizó el material referente a las instituciones y que es necesario para comprender el entorno en que se toman las decisiones de finanzas. El libro continúa fortaleciéndose en su alcance internacional. Se agregaron nuevas secciones, ejemplos y recuadros especiales que se centran en las dimensiones internacionales de la administración financiera. También se dedicó atención a modernizar la cobertura y a expresar con mayor claridad las ideas fundamentales en todos los capítulos.

El capítulo 1, El papel de la administración financiera, se benefició con un análisis expandido de la responsabilidad social corporativa para incluir el concepto de sustentabilidad. Un análisis de cómo funciona la "depreciación extraordinaria" según la Ley de estímulo económico de 2008 se incorporó en el capítulo 2: Entornos de negocios, fiscales y financieros. (*Nota:* Aunque la depreciación extraordinaria es una situación "temporal" en EUA, se ha convertido en un fenómeno recurrente). El capítulo 6, Análisis de estados financieros, se ha beneficiado con la adición de un análisis de los intentos por lograr la "convergencia" de los estándares contables alrededor del mundo. La *conversión de cuentas por cobrar (CCC)*, la *Ley para la liberación de cheques en el siglo xxi (Check 21)*, la *captura de depósito remoto y la subcontratación del proceso de negocios (SPN)* se presentan en el capítulo 9, Administración de efectivo y valores comerciales.

El capítulo 13, Técnicas para elaborar el presupuesto de capital, incluye una sección dedicada al *análisis de sensibilidad* para examinar la posible incertidumbre en torno al desembolso inicial relacionado con un proyecto, mientras que el capítulo 19, El mercado de capital, introduce una variedad de términos y conceptos nuevos que surgieron en la reciente reforma de oferta de valores de la SEC.

En el capítulo 20, Deuda a largo plazo, acciones preferenciales y acciones ordinarias, se presenta un estudio amplio del "poder, el poder electrónico y la disputa sustitutiva", seguido de material nuevo dedicado a la votación por mayoría, la votación por mayoría relativa y los procedimientos "modificados" de votación por mayoría y votación acumulativa. En el capítulo 21, Préstamos a plazo y arrendamientos, se advierte al lector sobre cambios inminentes y tal vez drásticos en la contabilidad de arrendamientos. Las revisiones a los cambios recientes en el manejo contable de las fusiones y adquisiciones se estudian en el capítulo 23, Fusiones y otras formas de reestructuración corporativa. El último capítulo del libro, el cual se dedica a la administración financiera internacional, se actualizó y se le agregaron muchos conceptos nuevos, incluyendo un análisis de los bonos islámicos (*Sukuk*).

Por último, continuamos nuestros esfuerzos por hacer el libro "más amigable". Muchos recuadros intentan captar el interés del lector e ilustrar los conceptos fundamentales. Gran parte del contenido de esos recuadros surgieron de contribuciones nuevas al libro: las revistas *Canadian Treasurer, Financial Executive* y *Supply & Demand Chain Executive*; el periódico *Financial Week*; y BP p.l.c., Cameco Corporation y Hermes Pensions Management Limited.

Tome nota

El orden de los capítulos refleja una secuencia común para impartir el curso, pero los profesores pueden usar otro orden sin ocasionar dificultades a los estudiantes. Por ejemplo, algunos profesores preferirán cubrir la parte 3, referente a las herramientas de análisis y planeación financiera, antes de la parte 2, dedicada a la valuación. Las referencias seleccionadas el final de los capítulos dirigen al lector hacia la bibliografía relevante utilizada en la preparación del material. Los apéndices al final de algunos capítulos invitan al lector a profundizar en ciertos temas, pero la continuidad del libro se mantiene si ese material no se cubre.

Varios tipos de material en inglés complementan el libro. Para el maestro, un completo *Manual del profesor* incluye sugerencias para organizar el curso, respuestas a las preguntas de los capítulos y soluciones a los problemas. Otro material de gran ayuda es el banco de exámenes, basado en preguntas y problemas, y elaborado por el profesor Gregory A. Kuhlemeyer, de Carroll College. Este complemento en inglés está disponible como banco de exámenes computarizado personalizado (para Windows) a través de los representantes de ventas de Pearson. Además, el profesor Kuhlemeyer realizó un gran trabajo al preparar una amplia colección de más de 1,000 diapositivas de Microsoft PowerPoint como descripciones (con ejemplos) que siguen el curso del libro. Las gráficas de las presentaciones de PowerPoint se pueden descargar del sitio www.pearsoneducacion.net/vanhorne. El software de aplicación diseñado por el profesor Al Fagan, de la Universidad de Richmond, que se puede usar con los problemas de final de capítulo identificados con el icono de la PC (mostrado al margen), está disponible en formato de Microsoft Excel en el mismo sitio. El sitio Web también incluye una Guía de estudios en línea desarrollada por el profesor Kuhlemeyer. Cada capítulo de la guía está diseñado para ayudar a los estudiantes a familiarizarse con el material del capítulo, e incluye el conjunto de objetivos del capítulo y preguntas de opción múltiple, de falso o verdadero y de respuestas breves, diapositivas de PowerPoint, así como plantillas de Excel.

Para el estudiante, los "problemas para autoevaluación" (esto es, problemas para los que se dan las soluciones detalladas unas páginas adelante) aparecen al final del cada capítulo del libro. Son problemas adicionales que permiten al estudiante autoevaluar su comprensión del material obteniendo retroalimentación inmediata sobre la asimilación del material del capítulo. De manera alternativa, los problemas de autoevaluación junto con las soluciones detalladas correspondientes se pueden usar también como otros ejemplos de resolución de problemas.

Aprender finanzas es como aprender un idioma extranjero. Parte de la dificultad reside en aprender el vocabulario. Por eso presentamos un extenso glosario de más de 400 términos de negocios en dos formatos: un *glosario sobre la marcha* (que aparece al margen del texto) y un *glosario completo* al final del libro. Además, el sitio Web de Pearson www.pearsoneducacion.net/vanhorne incluye una versión en línea de nuestro glosario y tarjetas interactivas para someter a prueba su conocimiento de las definiciones y los términos clave en cada capítulo.

Tome nota

Con toda intención hemos limitado en el cuerpo del libro el uso de direcciones de Internet (las direcciones que se escriben en el cuadro de texto del explorador de Internet y que suelen comenzar con "http://www"). Los sitios Web suelen ser transitorios; cualquier sitio que mencionemos aquí puede modificarse en poco tiempo, cambiar su dirección o incluso llegar a desaparecer. Por consiguiente, usamos nuestro sitio Web para colocar vínculos que pueden interesarle, los cuales se actualizan de manera constante y cuyo funcionamiento se verifica. Recomendamos que consulte el sitio Web conforme lea cada capítulo. Aunque el sitio Web del libro se creó pensando en los estudiantes, nos complace informar que también resulta útil para los profesionales de negocios. De hecho, hemos recibido comentarios favorables en varias publicaciones de negocios, que incluyen el periódico *Financial Times* y las revistas *The Journal of Accountancy, Corporate Finance, CFO Asia* y *Strategic Finance*.

Como ayuda para aprovechar el potencial de Internet como herramienta de aprendizaje de administración financiera, invitamos a los estudiantes (y profesores) a visitar el premiado sitio Web del libro **Wachowicz's Web World**, www.utk.edu/~jwachowi/wacho_world.html. [*Nota:* El sitio de Pearson (www.pearsoneducacion.net/vanhorne) también tiene un vínculo a **Wachowicz's Web World**]. Este sitio incluye vínculos a cientos de páginas de administración financiera agrupados de manera que correspondan a los títulos principales del libro (por ejemplo, valuación, herramientas de análisis financiero y planeación, etcétera). También incluye muchos exámenes interactivos de selección múltiple y del tipo falso/verdadero (además de los que se encuentran en el sitio Web de Pearson), así como ejercicios interactivos. Además, es posible descargar las diapositivas de PowerPoint y las plantillas de Excel.

Los autores agradecen los comentarios, las sugerencias y la ayuda de numerosos profesionales al elaborar esta edición. En particular, queremos dar las gracias a Jennifer Banner, de Schaad Companies; Rebecca Flick, de The Home Depot; Alice Magos, de CCH, Inc.; y Selena Maranjian, de The Motley Fool. También agradecemos a Ellen Morgan, Pauline Gillett, Michelle Morgan, Angela Hawksbee y Flick Williams en Pearson y a Helene Bellofatto, Mary Dalton, Jane Ashley y Sasmita Sinha, por su valiosa ayuda en la producción de esta edición. Por último, agradecemos a Jean Bellmans, de la Universidad Libre de Bruselas, por su apoyo en la elaboración de la cubierta de este libro.

Esperamos que *Fundamentos de administración financiera*, decimotercera edición, contribuya a su comprensión del mundo de las finanzas y comunique un sentido de entusiasmo en el proceso. El lector es el juez final. Le agradecemos haber elegido nuestro libro y le reiteramos que todos los comentarios y sugerencias serán bien recibidos (nuestro correo electrónico es: *jwachowi@utk.edu*).

JAMES C. VAN HORNE *Palo Alto, California*
JOHN M.WACHOWICZ, JR. *Knoxville, Tennessee*

1

El papel de la administración financiera

Contenido

- **Introducción**

- **¿Qué es administración financiera?**
  Decisión de inversión • Decisión financiera •
  Decisión de administración de bienes

- **La meta de la compañía**
  Creación del valor • Problemas de agencia •
  Responsabilidad social corporativa (RSC)

- **Gobernanza corporativa**
  Papel del consejo directivo • Ley de Sarbanes-Oxley
  de 2002

- **Función de administración financiera de la
  organización**

- **Organización del libro**
  Fundamentos • Administrar y adquirir bienes •
  Financiamiento de bienes • Un paquete combinado

- **Puntos clave de aprendizaje**

- **Preguntas**

- **Referencias seleccionadas**

Objetivos

Después de estudiar el capítulo 1, usted será capaz de:

- Explicar por qué el papel de la administración financiera es tan importante en la actualidad.

- Describir la "administración financiera" en términos de las tres principales áreas de decisión que confronta el gerente de finanzas.

- Identificar la meta de la empresa y comprender por qué se prefiere maximizar la riqueza de los accionistas sobre otras metas.

- Comprender los problemas potenciales que surgen cuando la administración de la corporación y la propiedad están separadas (esto es, problemas de agencia).

- Demostrar una comprensión de la gobernanza corporativa.

- Analizar los aspectos que sustentan la responsabilidad social de la compañía.

- Comprender las responsabilidades básicas de los gerentes financieros y las diferencias entre un "tesorero" y un "contralor".

*Aumentar la riqueza de los accionistas es la razón básica de cada
movimiento que hacemos.*

—ROBERTO GOIZUETA
Ex director ejecutivo de Coca-Cola Company

Introducción

El director financiero (CFO, por las siglas de *chief financial officer*) desempeña un papel dinámico en el desarrollo de una compañía moderna. Pero no siempre ha sido así. Hasta bien entrada la primera mitad del siglo XX, los directores financieros se dedicaban primordialmente a reunir fondos y administrar el movimiento de efectivo de la empresa, y eso era todo. En la década de 1950, la creciente aceptación de los conceptos de valor presente animaron a los directores financieros a ampliar sus responsabilidades y a tomar un papel más activo en la selección de los proyectos de inversión de capital.

En la actualidad, los factores externos tienen un efecto creciente sobre el gerente de finanzas. Una mayor competencia corporativa, el cambio tecnológico, la volatilidad en la inflación y las tasas de interés, la incertidumbre económica mundial, las tasas de cambio fluctuantes, los cambios en las leyes fiscales, los aspectos ambientales y las preocupaciones éticas en algunos tratos financieros son asuntos cotidianos. Como resultado, ahora las finanzas deben desempeñar un papel estratégico más importante dentro de la corporación. El director financiero emerge como un miembro del equipo en el esfuerzo global de una compañía por crear valor. Las "antiguas formas de hacer las cosas" simplemente ya no son suficientes en un mundo en el que se han vuelto rápidamente obsoletas. Hoy, el director financiero debe tener flexibilidad para adaptarse al cambiante entorno externo si su empresa ha de sobrevivir.

El director financiero exitoso del mañana tendrá que complementar las medidas de desempeño tradicionales con nuevos métodos que den una mayor importancia a la incertidumbre y la multiplicidad de suposiciones. Estos nuevos métodos buscarán valorar la flexibilidad inherente en las iniciativas, de manera que, al dar un paso, se nos presente la opción de detenernos o continuar por uno o más caminos. En resumen, una decisión correcta puede incluir hacer algo en el presente que en sí tiene un valor pequeño, pero que ofrece la opción de lograr algo con un valor mucho mayor en el futuro.

Si usted se convierte en director financiero, su habilidad para adaptarse al cambio, reunir fondos, invertir en bienes y administrar con sabiduría afectará el éxito de su compañía y, en última instancia, el de la economía global. El crecimiento de la economía se volverá más lento en la medida en que los fondos se asignen inadecuadamente. Cuando las necesidades económicas no se satisfacen, una inadecuada asignación de fondos puede redundar en detrimento de la sociedad. En una economía, la asignación eficiente de recursos es vital para el crecimiento óptimo de esa economía; también es vital para asegurar que los individuos obtengan la plena satisfacción de sus necesidades personales. Así, mediante la eficiencia en la adquisición, el financiamiento y el manejo de los bienes, el director financiero hace su contribución a la empresa y a la vitalidad y el crecimiento de la economía como un todo.

¿Qué es administración financiera?

Administración financiera
Se ocupa de la adquisición, el financiamiento y la administración de bienes con alguna meta global en mente.

La **administración financiera** se ocupa de la adquisición, el financiamiento y la administración de bienes con alguna meta global en mente. Así, la función de decisión de la administración financiera puede desglosarse en tres áreas importantes: decisiones de inversión, financiamiento y administración de bienes.

● ● ● Decisión de inversión

La decisión de inversión es la más importante de las tres decisiones primordiales de la compañía en cuanto a la creación de valor. Comienza con una determinación de la cantidad total de bienes necesarios para la compañía. Imagine por un momento el balance general de la compañía. Piense en la deuda y el capital de los dueños que se lista en el lado derecho del balance general. El director financiero necesita determinar la cantidad de dinero que aparece arriba de las líneas dobles en el lado izquierdo; esto es, el tamaño de la empresa. Aun cuando este número se conoce, todavía debe decidirse la composición de los bienes. Por ejemplo, ¿qué porción de los bienes totales de la empresa debe destinarse a capital en efectivo o a inventario? Además, el lado opuesto de la inversión —la desinversión— no debe ignorarse. Es posible que los bienes que no se pueden justificar económicamente tengan que reducirse, eliminarse o reemplazarse.

● ● ● Decisión financiera

La segunda decisión importante de la compañía es la decisión financiera. Aquí el director financiero se ocupa de los componentes del lado derecho del balance. Si usted observa la combinación de financiamientos para empresas en todas las industrias, verá marcadas diferencias. Algunas compañías tienen deudas relativamente grandes, mientras que otras casi están libres de endeudamiento. ¿El tipo de financiamiento empleado marca la diferencia? Si es así, ¿por qué? Y, en cierto sentido, ¿se puede considerar una mezcla de financiamientos como la mejor?

Por otro lado, la política de dividendos debe verse como parte integral de la decisión financiera de la compañía. La **razón de pago de dividendos** determina la cantidad de utilidades que puede retener la compañía. Retener una mayor cantidad de las utilidades actuales en la empresa significa que habrá menos dinero disponible para los pagos de dividendos actuales. Por lo tanto, el valor de los dividendos pagados a los accionistas debe estar equilibrado con el costo de oportunidad de las utilidades retenidas como medio de financiamiento de capital.

Una vez que se decide la mezcla de financiamiento, el director financiero aún debe determinar la mejor manera de reunir los fondos necesarios. Debe entender la mecánica para obtener un préstamo a corto plazo, hacer un acuerdo de arrendamiento a largo plazo o negociar una venta de bonos o acciones.

Razón de pago de dividendos
Dividendos anuales en efectivo divididos entre las utilidades anuales; dicho de otra manera, dividendos por acción divididos entre utilidades por acción. La razón indica el porcentaje de las utilidades de una compañía que se paga a los accionistas en efectivo.

● ● ● Decisión de administración de bienes

La tercera decisión importante de la compañía es la decisión de administración de bienes. Una vez que se adquieren los bienes y se obtiene el financiamiento adecuado, hay que administrar esos bienes de manera eficiente. El director financiero tiene a su cargo responsabilidades operativas de diferentes grados en relación con los bienes existentes. Estas responsabilidades requieren que se ocupe más de los activos corrientes que de los activos fijos. Una gran parte de la responsabilidad de la administración de activos fijos recae en los gerentes operativos que emplean esos bienes.

La meta de la compañía

La administración financiera eficiente requiere la existencia de algún objetivo o meta, porque los juicios sobre la eficiencia de una decisión financiera deben hacerse a la luz de algún parámetro. Aunque es posible tener varios objetivos, en este libro suponemos que la empresa debe maximizar la riqueza de los dueños actuales.

Las acciones comunes dan evidencia de los propietarios de una corporación. La riqueza de los accionistas se representa mediante el precio unitario de mercado de las acciones comunes de la empresa que, a la vez, es un reflejo de las decisiones de inversión, financiamiento y administración de los bienes de la compañía. La idea es que el éxito de una decisión de negocios debe juzgarse por el efecto que tiene en última instancia en el precio de las acciones.

Maximización de la ganancia
Maximizar las utilidades después de impuestos (UDI) de la compañía.

Utilidades por acción (UPA)
Utilidades después de impuestos (UDI) divididas entre el número de acciones comunes en circulación.

● ● ● Creación del valor

Con frecuencia, la **maximización de la ganancia** se presenta como el objetivo adecuado de la empresa. Sin embargo, de acuerdo con esta meta, un administrador puede mostrar incrementos continuos en la ganancia simplemente emitiendo acciones y usando los fondos para invertir en bonos del Tesoro. Para muchas empresas, el resultado sería una disminución en el reparto de utilidades de cada propietario; es decir, las **utilidades por acción** disminuirían. Por consiguiente, maximizar las utilidades por acción con frecuencia se considera una versión mejorada de la maximización de la ganancia. No obstante, maximizar las utilidades por acción no es una meta totalmente adecuada porque no especifica el momento o la duración del rendimiento esperado. ¿El proyecto de inversión

Lo que dicen las compañías acerca de su meta corporativa

"Crear un valor superior para los accionistas es nuestra más alta prioridad".
Fuente: Associated Banc-Corp, Informe anual 2006.

"La alta administración y el consejo de directores reconocen que su responsabilidad es representar los intereses de todos los accionistas y maximizar el valor para éstos".
Fuente: CLP Holdings Limited, empresa matriz de China Light & Power Group, Informe anual 2006.

"La responsabilidad principal de FedEx es crear valor para los accionistas".
Fuente: FedEx Corporation, SEC Form Def 14A para el periodo que termina el 25/9/2006.

"…[el consejo de directores] está unido en nuestra meta para asegurar que McDonald's luche por mejorar el valor para los accionistas".
Fuente: McDonald's Corporation, Informe anual 2006.

"El deseo de incrementar el valor para los accionistas es lo que impulsa nuestras acciones".
Fuente: Philips, Informe anual 2006.

"…El consejo directivo desempeña un papel central en el sistema de autoridad corporativa de la compañía; tiene el poder (y el deber) de dirigir los negocios de la compañía, persiguiendo y cumpliendo su objetivo principal de crear valor para los accionistas".
Fuente: Pirelli & C. SpA. Milan, Informe anual 2006.

que producirá un rendimiento de $100,000* dentro de cinco años es más valioso que el proyecto que dará rendimientos anuales de $15,000 cada uno de los siguientes cinco años? Una respuesta a esta pregunta depende del valor del dinero en el tiempo para la empresa, y para los accionistas al margen. Pocos accionistas pensarán en favor de un proyecto que promete su primer rendimiento en 100 años, sin importar qué tan cuantioso sea. Por eso, nuestro análisis debe tomar en cuenta el patrón de tiempo de los rendimientos.

Otra limitación del objetivo de maximizar las utilidades por acción —limitación que comparten otras medidas de rendimiento tradicionales, como el rendimiento sobre la inversión— es el riesgo no considerado. Algunos proyectos de inversión son mucho más riesgosos que otros. Como resultado, el flujo de utilidades por acción esperado sería más riesgoso si se emprenden tales proyectos. Además, una compañía será más o menos riesgosa dependiendo de la deuda en relación con el patrimonio en su estructura de capital. Este riesgo financiero también contribuye al riesgo global del inversionista. Dos compañías pueden tener el mismo ingreso esperado por acción, pero si el flujo de utilidades de una está sujeto a un riesgo considerablemente mayor que el de la otra, el precio de mercado de sus acciones puede ser menor.

Por último, este objetivo no toma en cuenta el efecto de la política de dividendos en el precio de mercado de la acción. Si el único objetivo fuera maximizar las utilidades por acción, la empresa nunca pagaría dividendos. Siempre puede mejorar las utilidades por acción reteniendo las utilidades e invirtiéndolas a cualquier tasa de rendimiento positiva, aunque sea pequeña. En la medida en que el pago de dividendos puede afectar el valor de la acción, la maximización de las ganancias por acción no será un objetivo satisfactorio por sí mismo.

Por estas razones, un objetivo de maximizar las utilidades por acción tal vez no sea lo mismo que maximizar el precio de mercado por acción. El precio de mercado de la acción de una compañía representa el juicio focal de todas las participaciones de mercado como el valor de la empresa en particular. Toma en cuenta las utilidades por acción actuales y esperadas en el futuro; el tiempo, la duración y el riesgo de estas utilidades; la política de dividendos de la compañía, además de otros factores que influyen en el precio de mercado de las acciones. El precio de mercado sirve como barómetro para el desempeño del negocio; indica qué tan bien se desempeña la administración a nombre de sus accionistas.

La administración está en evaluación continua. Los accionistas que no están satisfechos con su desempeño pueden vender sus acciones e invertir en otra compañía. Si otros accionistas insatisfechos imitan este proceder, empujarán hacia abajo el precio de mercado por acción. Así, la administración debe concentrarse en crear valor para los accionistas. Esto requiere juzgar estrategias alternativas de inversión, financiamiento y de administración de bienes en términos de su efecto sobre el valor para los accionistas (precio de la acción). Además, debe buscar estrategias de mercado-producto, como

*En esta obra el signo $ representa dólares estadounidenses, a menos que se especifique otra unidad monetaria.

aumentar la participación de mercado o aumentar la satisfacción del cliente, sólo si también incrementan el valor para el accionista.

● ● ● Problemas de agencia

Desde hace mucho se ha reconocido que el resultado de la separación de propiedad y control en la corporación moderna es el conflicto potencial entre los dueños y los administradores. En particular, los objetivos de la administración pueden diferir de los objetivos de los accionistas. En una corporación grande, la propiedad de las acciones puede estar tan esparcida que quizá los accionistas no conozcan siquiera sus objetivos, mucho menos podrán controlar o influir en la administración. De este modo, la separación entre propietarios y administradores crea una situación en la que la administración tal vez actúe guiada por sus propios intereses y no por los de los accionistas.

Agente(s)
Individuo(s) autorizado(s) por otra persona, llamada principal, para actuar en nombre de esta última.

Agencia (teoría)
Rama de la economía relacionada con el comportamiento de los principales (como los dueños) y sus agentes (como los administradores).

Podemos pensar en los administradores como si fueran los agentes de los propietarios. Los accionistas esperan que los agentes actúen con sus intereses en mente y, así, delegan en ellos la autoridad de la toma de decisiones. Jensen y Meckling fueron los primeros en desarrollar una teoría completa de la empresa bajo acuerdos de agencia.[1] Demostraron que los principales, en nuestro caso los accionistas, pueden asegurarse de que los agentes (administradores) tomarán las decisiones óptimas sólo si reciben los incentivos adecuados y sólo si se les supervisa. Los incentivos incluyen opciones de compra de acciones, bonos y gratificaciones ("privilegios" como automóviles de la compañía y gastos de representación), y deben estar en función directa de la importancia que tienen esas decisiones administrativas para los intereses de los accionistas. La supervisión se hace controlando al agente, con la revisión sistemática de las gratificaciones, auditando los estados financieros y limitando las decisiones de la administración. Estas actividades de supervisión necesariamente tienen un costo, como resultado inevitable de la separación de propiedad y administración en una corporación. Cuanto menor sea el porcentaje de propietarios entre los administradores, menor será la probabilidad de que se comporten de manera congruente con la maximización de la riqueza de los accionistas y mayor será la necesidad de estos últimos de monitorear sus actividades.

Responsabilidad social corporativa (RSC)
Panorama de un negocio que reconoce las responsabilidades de la compañía frente a sus accionistas y al entorno natural.

Algunos sugieren que la supervisión principal de los administradores no viene de los propietarios, sino del mercado de trabajo administrativo. Argumentan que los mercados de capital eficientes ofrecen indicios del valor de las acciones de una compañía y, con esto, acerca del desempeño de su administración. Los administradores con historial de buen desempeño deben encontrar otros empleos (si lo necesitan) con mayor facilidad que los que suelen tener bajo desempeño. De esta forma, si el mercado de trabajo administrativo es competitivo tanto dentro como fuera de la empresa, tenderá a disciplinar a los administradores. En esa situación, cobran importancia los indicios que dan los cambios en el valor de mercado total de las acciones de una empresa.

Grupos de interés
Todos los implicados que tienen intereses en la fortuna de la compañía. Incluyen accionistas, acreedores, clientes, empleados, proveedores y las comunidades locales e internacionales en las que opera la empresa.

● ● ● Responsabilidad social corporativa (RSC)

Maximizar la riqueza de los accionistas no significa que la administración deba ignorar la **responsabilidad social corporativa (RSC)**, como la protección del consumidor, el pago de salarios justos a los empleados, mantener prácticas de contratación justas y condiciones de trabajo seguras, apoyar la educación y participar en aspectos ambientales tales como procurar que el aire y el agua estén limpios. Es adecuado que un administrador considere los intereses de los **grupos de interés** que no sean accionistas. Estos grupos de interés incluyen acreedores, empleados, clientes, proveedores y las comunidades en las que opera la compañía, entre otros. Sólo mediante la atención a las preocupaciones legítimas de los distintos grupos de interés puede una empresa lograr su meta última de maximizar la riqueza de los accionistas.

Sustentabilidad
Satisfacer las necesidades del presente sin comprometer la capacidad de las generaciones futuras de cumplir con sus propias necesidades.

Durante las últimas décadas, la **sustentabilidad** se ha convertido en tema de atención creciente en el marco de los esfuerzos de responsabilidad social corporativa. En cierto sentido, las corporaciones siempre se han preocupado por su capacidad de ser productivas o sustentables a largo plazo. Sin embargo, el concepto de sustentabilidad ha evolucionado a un grado tal que ahora muchas compañías

[1]Michael C. Jensen y William H. Meckling, "Theory of the Firm: Managerial Behavior, Agency Costs and Ownership Structure", *Journal of Financial Economics* 3 (octubre, 1976), 305-360.

Virtud recompensada

CFO Asia

De pronto las compañías descubren las utilidades potenciales de la responsabilidad social.

Cuando Al Gore, ex vicepresidente de Estados Unidos, apareció en las oficinas generales de Wal-Mart, nos preguntamos qué pasaba. Resulta que Gore fue invitado a visitarlos en julio para presentar un esbozo general de su documental sobre el calentamiento global, *Una verdad incómoda*. Una pareja extraña: ¿Gore y una compañía conocida por sus enormes estacionamientos? Sin duda, pero también uno de los indicios recientes de que la "responsabilidad social corporativa", antes considerada parte del ámbito de los *hippies*, ahora es del dominio general.

En las décadas de 1970 y 1980, las compañías como Ben & Jerry's y The Body Shop impulsaron las prácticas de trabajo justo y la conciencia del medio ambiente con tanta efectividad como sus productos Cherry García y la crema de manteca de cacao. Recibieron admiración, pero pocos las imitaron.

Hoy, más de 1,000 compañías en 60 países han publicado informes de sustentabilidad que proclaman su preocupación por el medio ambiente, sus empleados y sus comunidades locales. Grandes compañías, desde BP hasta General Electric, han lanzado campañas de comercialización que resaltan su enfoque en la energía alternativa. Wal-Mart también ha anunciado nuevas metas ambientales: de ahí la visita de Gore. El minorista se compromete a aumentar la eficiencia de su flota de vehículos en un 25% en los próximos tres años, disminuir por lo menos en un 25% el consumo de energía en sus tiendas y reducir los desechos sólidos de las tiendas en EU en el mismo porcentaje.

Cambio de expectativas

El repentino brote de idealismo puede tener sus orígenes en varias fuentes. La primera, la ola de escándalos corporativos. "Enron fue algo así como el punto de partida para muchos directores ejecutivos y consejos de administración. Se dieron cuenta de que seguirían siendo el centro de atención de muchos activistas, consumidores y accionistas durante mucho tiempo", dice Andrew Savitz, autor de *The Triple Bottom Line* y antes socio de la práctica de sustentabilidad de PricewaterhouseCoopers. "Las personas están ahora muy interesadas en todo tipo de comportamientos de las corporaciones".

Segundo, gracias a Internet, todos tienen acceso rápido a la información sobre ese comportamiento. La noticia de un derrame de petróleo o de una demanda por discriminación puede difundirse en todo el mundo casi de manera instantánea. "En el pasado, si un proveedor empleaba niños en sus fábricas o tiraba desechos en un río cercano, eso podía esconderse bastante bien", dice Andrew Winston, director del proyecto Estrategia ambiental corporativa, de la Universidad de Yale, y coautor de *Green to Gold*. "Ahora, alguien camina por enfrente con una cámara y lo pone en su *blog* de inmediato".

La preocupación real acerca de las restricciones de recursos, estimulada por los crecientes costos de tales bienes cruciales como acero y petróleo, son un tercer factor que incita a los ejecutivos a la acción. El director de Wal-Mart, Lee Scott, dijo que descubrió que al empacar sólo uno de los productos de la compañía en cajas más pequeñas habrían podido disminuir de manera drástica los costos de distribución, reduciendo al mismo tiempo el uso de energía. Hechos de este tipo han llevado a reexaminar la eficiencia del empaque y la flota de vehículos de la compañía.

Los críticos de la responsabilidad social corporativa, o RSC, han asegurado durante mucho tiempo que el gran negocio es estrictamente aumentar las utilidades, punto de vista establecido por el economista Milton Friedman. De hecho, en un estudio reciente de altos ejecutivos acerca del papel de los negocios en la sociedad, muchos entrevistados "todavía estaban más cerca de Milton Friedman que de Ben & Jerry", dice Bradley Groogins, director ejecutivo del Centro Universitario de Boston para la Ciudadanía Corporativa, que realizó el estudio. "Pero ven la escuela de Milton Friedman cada vez menos viable en esta época", en virtud del cambio en las expectativas con respecto a los negocios que tienen casi todos los grupos de interés. En un estudio realizado por el centro en 2005, más del 80% de los ejecutivos dijeron que los aspectos sociales y ambientales eran cada vez más importantes para sus negocios.

"Este debate se acabó", dice Winston. "La discusión ahora se centra en cómo incorporar estos intangibles en los negocios".

consideran que significa cumplir las necesidades del presente sin comprometer la capacidad de las generaciones futuras para satisfacer sus propias necesidades. Cada vez más compañías se vuelven proactivas y dan pasos para atender aspectos como el cambio climático, el agotamiento del petróleo y el consumo de energía.

Muchas personas piensan que una empresa no tiene otra opción que actuar de manera socialmente responsable. Afirman que la riqueza de los accionistas y quizá la misma existencia de la compañía

Sustentabilidad: Por qué los directores financieros deben poner atención

Ya no se trata sólo hacer lo correcto; la sustentabilidad puede afectar la reputación de una compañía, la marca y la rentabilidad a largo plazo.

El creciente interés en el desarrollo sustentable está impulsado por el reconocimiento de que las corporaciones, más que otras organizaciones (incluyendo los gobiernos), tienen el poder, la influencia en los recursos financieros, humanos y naturales, los medios y discutiblemente la responsabilidad de promover una agenda corporativa que tome en cuenta no sólo la economía del crecimiento, sino también la salud ambiental y social en general.

Gran parte de los primeros esfuerzos de sustentabilidad quedaron a la sombra de la responsabilidad social de las corporaciones, las cuales sentían que era lo correcto. El concepto ha cambiado desde entonces y su evolución tiene implicaciones serias en la forma en que los profesionales financieros hacen su trabajo. La sustentabilidad ha surgido como una estrategia de negocios para mantener el desempeño y el crecimiento a largo plazo, y satisfacer las obligaciones de la corporación con todos los grupos de interés incluyendo a los accionistas.

Como debe ser, las corporaciones lucrativas dan prioridad a sus responsabilidades fiduciarias y toman en cuenta más que nada los efectos de sus decisiones sobre los accionistas directos. Los intereses y valores de otros grupos de interés y la sociedad afectada por sus acciones con frecuencia tienen una prioridad más baja.

Según los principios de sustentabilidad, un impacto negativo sobre los valores de los grupos de interés se convierte en un costo para una corporación. El costo suele definirse como el gasto de recursos que se pueden usar para lograr algo más de igual o mayor valor. Fue costumbre que estos costos quedaran como externos a la organización y nunca aparecieran en un estado financiero. Pueden incluir la descarga de contaminantes al ambiente y otros abusos contra el bien público.

Ahora estos costos han comenzado a aparecer en los estados financieros de la corporación a través de una cuenta que ha dado en llamarse "de triple línea". Este enfoque contable promueve incorporar al estado de resultados no sólo los costos financieros tangibles, sino también los costos sociales y ambientales menos tangibles de hacer negocios. Las organizaciones han practicado esta contabilidad verde desde mediados de la década de 1980, pues reconocen que los indicadores financieros, por sí solos, ya no identifican y comunican de manera adecuada las oportunidades y los riesgos que confrontan. Estas organizaciones entienden que las fallas en áreas no financieras pueden tener un efecto sustancial en valor para el accionista. La controversia no financiera ha acosado a compañías como Royal Dutch/Shell (con el hundimiento del Brent Spar y las operaciones en el delta del río Níger), Talisman Energy Inc. (con sus inversiones en Sudán) y Wal-Mart Stores Inc. (en sus prácticas de trabajo).

Para las corporaciones, la sustentabilidad representa "el palo y la zanahoria". El "palo" de la sustentabilidad toma la forma de la amenaza de no lograr financiamientos. Los inversionistas, en particular las instituciones, ahora hacen preguntas incisivas sobre la viabilidad a largo plazo de los elementos en sus portafolios. Si una compañía no puede demostrar que ha dado los pasos adecuados para protegerse contra riesgos no financieros a largo plazo, incluyendo riesgos para su reputación y marca, podría perder atractivo ante los inversionistas. También los prestamistas observan cada vez más la sustentabilidad en sus evaluaciones de sus portafolios de deuda.

La "zanahoria" (es decir, la recompensa) de la sustentabilidad toma una variedad de formas. Los créditos para manejo de emisiones se han convertido en una fuente de ingresos para algunas compañías. Los consumidores jóvenes tienen cada vez más preocupaciones ambientales, revisan sus opciones de inversión y consumo, dejando fuera a las organizaciones menos responsables desde el punto de vista social y ambiental.

Las organizaciones pueden aprender cómo tomar en cuenta todos los aspectos sociales y ambientales, para luego definir, captar y reportar estos indicadores no financieros como parte de sus medidas de desempeño. En el proceso, pueden descubrir nuevas formas de proteger su reputación, aumentar la confianza entre los grupos de interés, consolidar su licencia para operar y, en última instancia, reforzar su crecimiento y rentabilidad.

dependen de su responsabilidad social. Sin embargo, como los criterios de responsabilidad social no están definidos con claridad, es difícil formular políticas congruentes. Cuando la sociedad, a través de diferentes cuerpos representativos, establece las reglas que gobiernan los intercambios entre las metas sociales, la sustentabilidad ambiental y la eficiencia económica, la tarea de la corporación es más clara. Podemos entonces ver a la compañía como un productor de bienes privados y sociales, y la maximización de la riqueza de los accionistas sigue siendo un objetivo corporativo factible.

Gobernanza corporativa

Gobernanza corporativa (autoridad) se refiere al sistema mediante el cual se administra y controla a las corporaciones. Comprende las relaciones entre los accionistas, el consejo directivo y la alta administración de la compañía. Estas relaciones proporcionan el marco de trabajo dentro del cual se establecen los objetivos y se supervisa el desempeño. Así, las tres categorías de individuos son clave para el éxito de la autoridad corporativa: primero, las accionistas que eligen el consejo directivo; segundo, el propio consejo directivo; y tercero, los ejecutivos de alta administración guiados por el director ejecutivo (CEO, *chief executive officer*).

El consejo directivo —el vínculo crucial entre los accionistas y la administración— es potencialmente el instrumento más efectivo de buena gobernanza. La acción negligente de la compañía al final sería su responsabilidad. El consejo, cuando funciona adecuadamente, también es una verificación independiente sobre la administración para asegurar que ésta actúa con el interés de los accionistas en mente.

● ● ● Papel del consejo directivo

El consejo directivo establece una amplia política y asesora al director ejecutivo y otros ejecutivos de alto rango, que administran la compañía en las actividades diarias. De hecho, una de las tareas más importantes del consejo directivo es contratar, despedir y establecer remuneraciones para el director ejecutivo.

El consejo revisa y aprueba la estrategia, las inversiones significativas y las adquisiciones. Además, vigila los planes de operación, los presupuestos de capital y los informes financieros de la compañía para los accionistas.

En Estados Unidos, los consejos suelen tener 10 u 11 miembros, y con frecuencia el director ejecutivo funge como presidente del consejo. En Gran Bretaña, es común que los puestos de presidente del consejo y director ejecutivo se mantengan separados, y esta idea comienza a tener adeptos en Estados Unidos.

● ● ● Ley de Sarbanes-Oxley de 2002

Durante la última década se ha desarrollado un interés renovado en la gobernanza de las corporaciones como resultado de las fallas de control importantes que llevaron a la imposibilidad de prevenir una serie de escándalos corporativos recientes en Enron, WorldCom, Global Crossing, Tyco y muchas otras compañías. Los gobiernos y los cuerpos legislativos en todo el mundo siguen estudiando estos aspectos de la reforma a la gobernanza corporativa. En Estados Unidos, un indicio de la seriedad de esta preocupación fue que el Congreso aprobó la **Ley de Sarbanes-Oxley de 2002 (SOX)**.

Sarbanes-Oxley establece reformas para combatir el fraude corporativo y contable, e impone nuevas multas por la violación de las leyes de valores. También pide varios estándares más altos para la forma de gobernar una compañía y establece la **Comisión de supervisión contable de las empresas públicas** (Public Company Accounting Oversight Board, **PCAOB**), es decir, las que cotizan en la bolsa. La Comisión de Valores (Securities and Exchange Commission, SEC) designa el presidente del consejo y los miembros de la PCAOB. Este último organismo tiene facultades para adoptar estándares de auditoría, control de calidad, ética y de divulgación de información en las compañías públicas y sus auditores, al igual que investiga y disciplina a los implicados.

Función de administración financiera de la organización

Ya sea que su carrera profesional lo lleve en la dirección de manufactura, marketing, finanzas o contabilidad, es importante que comprenda el papel que desempeña la administración financiera en las operaciones de la empresa. La figura 1.1 es un organigrama de una empresa de manufactura típica que da especial atención a la función de finanzas.

Como jefe de una de las tres áreas funcionales primordiales de la empresa, el vicepresidente de finanzas, o director financiero, se reporta directamente con el presidente o director ejecutivo. En

Más reglas, más utilidades

CFO

Nuevas investigaciones demuestran que la buena práctica de gobernanza puede reducir el costo de capital.

Con demasiada frecuencia, el impulso para una reforma corporación-gobernanza se percibe como un ejercicio costoso de pensar en los deseos. Después de todo, ¿puede en realidad encontrarse una correlación fuerte entre una edad obligatoria de retiro para los directores y un mayor margen de ganancia neta?

Sí se puede, como de hecho ocurre. Un número cada vez más grande de investigaciones sugiere que las prácticas de gobernanza promovidas por grupos de apoderados como el Institutional Shareholder Services (ISS) y el Investor Responsibility Research Center de hecho se asocian con mejor desempeño corporativo y menor costo de capital. Un estudio de 2003 realizado por investigadores de la Universidad de Harvard y Wharton School encontró que las compañías con mayor protección para sus accionistas tenían rendimientos, utilidades y crecimiento en ventas significativamente mejores que otras. Un estudio más reciente, del ISS, encontró que las compañías que seguían de cerca los consejos de gobernanza tenían proporciones más altas entre precio y utilidades.

Fuente: Adaptado de Don Durfee, "More Rules, Higher Profits", *CFO* (agosto 2006), p. 24. (www.cfo.com) Derechos reservados, 2006, por CFO Publishing Corporation. Usado con permiso. Todos los derechos reservados.

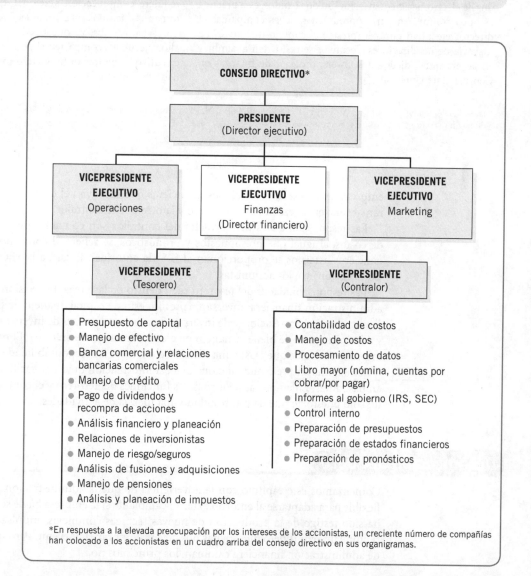

Figura 1.1

Administración financiera en el organigrama

*En respuesta a la elevada preocupación por los intereses de los accionistas, un creciente número de compañías han colocado a los accionistas en un cuadro arriba del consejo directivo en sus organigramas.

Cuatro ojos ven mejor que dos

CFO

¿Una estructura de informes diferente pudo haber prevenido el fraude de WorldCom? Harry Volande así lo piensa.

El director financiero de Siemens Energy & Automation se reporta al consejo directivo, y no al director ejecutivo. Dice que la estructura, a la que Siemens llama "principio de cuatro ojos", facilita que los jefes de finanzas actúen con honestidad. "La ventaja es que uno tiene un director de finanzas que no depende del director ejecutivo para el paquete de revisiones y la remuneración", dice Volande. "Eso le da la libertad de tener una opinión diferente". La estructura para reportar, que es más común en Alemania, se aplica en todos los conglomerados de electrónica alemanes. En Estados Unidos, esta práctica es poco común, en parte porque en muchas compañías el director ejecutivo también preside el consejo directivo. "La mayoría de los directores ejecutivos se resistirían a cambiar en la jerarquía", dice James Owers, profesor de finanzas en Georgia State University.

Con las escasas posibilidades de un cambio en la estructura de reporte, los guardianes de la gobernanza abogan por juntas independientes y frecuentes entre el director de finanzas y el consejo. Muchos directores de finanzas tienen acceso al consejo sólo cuando el director ejecutivo solicita una presentación financiera, dice Owers.

Espen Eckbo, director del Center for Corporate Governance de Tuck School of Business en Dartmouth, dice que los consejos deberían considerar tener más responsabilidades para evaluar el director financiero y determinar su remuneración, en lugar de confiar nada más en la opinión del director ejecutivo. Esta práctica daría más independencia al director de finanzas, afirma.

Por supuesto, existen desventajas cuando un director financiero se reporta directamente al consejo. Volande admite que esto puede hacer lento el proceso de toma de decisiones. Por ejemplo, si hay desacuerdos sobre una posible fusión, el consejo tiene que tomar la decisión en última instancia. "Se requiere comunicación adicional, que puede ser útil, pero toma más tiempo", dice Volande. Reconoce que la estructura no es para todos, ya que pueden surgir conflictos cuando altos ejecutivos comparten el poder: "Se necesita un director ejecutivo y un director financiero con cierto grado de humildad y flexibilidad".

Fuente: Kate O'Sullivan, "Four Eyes Are Better", *CFO* (junio, 2006), p. 21. (www.cfo.com) Derechos reservados, 2006, por CFO Publishing Corporation. Usado con permiso. Todos los derechos reservados.

empresas grandes, las operaciones financieras que supervisa el director financiero se dividen en dos ramas: una encabezada por el tesorero y la otra por el contralor.

Las responsabilidades primordiales del contralor son contables por naturaleza. La contabilidad de costos, al igual que presupuestos y pronósticos, se refiere al consumo interno. Los informes financieros externos se proporcionan al IRS (la autoridad fiscal), a la SEC (Securities and Exchange Commission) y a los accionistas.

Las responsabilidades del tesorero caen dentro de las áreas de decisión que más se asocian con la administración financiera: inversión (presupuesto de capital, manejo de pensiones), financiamiento (banca comercial y relaciones de inversión bancaria, relaciones de inversionistas, pago de dividendos) y administración de bienes (manejo de efectivo, manejo de crédito). El organigrama puede dar una impresión falsa de que existe una división clara entre las responsabilidades del tesorero y las del contralor. En una empresa que funciona bien, la información fluye con facilidad de ida y de regreso entre ambas ramas. En empresas pequeñas, las funciones del tesorero y el contralor pueden combinarse en un solo puesto, lo que da por resultado una mezcla de actividades.

Organización del libro

Comenzamos este capítulo con la advertencia de que la administración financiera de hoy debe ser flexible para adaptarse al entorno externo cambiante si la empresa ha de sobrevivir. El pasado reciente ha sido testigo de la producción de nuevas técnicas complejas impulsadas por la tecnología para reunir e invertir dinero que apenas nos deja vislumbrar el porvenir. Pero ¡ánimo! Aunque las técnicas de administración financiera cambian, los principios no.

Al introducir al lector en la mayor parte de las técnicas actuales de administración financiera, nos centraremos en sus principios o fundamentos. De esta manera, pensamos que podemos prepararlo para adaptarse al cambio en su carrera de administración completa.

● ● ● Fundamentos

En la parte 1, capítulo 1, definimos administración financiera, defendimos la maximización de la riqueza de los accionistas como la meta de la empresa y observamos la posición que sostiene la administración financiera acerca del organigrama de la empresa. Nuestra siguiente meta es darle cierto material antecedente y algunas herramientas básicas de análisis financiero. Así, en el capítulo 2 examinaremos el marco legal para la administración financiera en lo que se refiere a la forma

Pregunte a Alicia sobre ética

Querida Alicia:

Con todo el rumor y la furia que hay acerca de nuestra crisis moral nacional, ¿tienes algunas palabras sabias y que den ánimo con respecto a la ética en los negocios?

Esperanzado en Hawai.

Querido Esperanzado:

Me complace oír que alguien allá afuera todavía tiene fe en la inmortalidad de la moral en estos tiempos difíciles. No sé por qué la ética en los negocios tiene que ser un subconjunto de la ética general, pero estoy dispuesta a tratar de explicar cómo la ética personal puede influir en los negocios.

Como yo lo veo, una persona de negocios necesita varios ingredientes esenciales para tener éxito. Éstos incluyen habilidades específicas del oficio en que se desenvuelve, suficiente capital, voluntad para aplicar una cantidad generosa de paciencia y mucha suerte. Pero aun con todo lo anterior, si el ingrediente de integridad no está presente, el éxito real se le escapará, pues, ¿qué tipo de negocio puede sobrevivir sin una buena reputación? Y ¿qué es la reputación, después de todo, sino ética e integridad?

Para estar seguros, gran parte de la moral se impone desde fuera hoy en día. Las leyes y los reglamentos tienden a hacer que individuos, corporaciones e incluso países sean más virtuosos que nunca. Las buenas intenciones están bien, pero un pequeño incentivo externo nunca hizo daño para hacer el trabajo. Aún así, la verdadera esperanza para el futuro de la ética en la sociedad surge del hecho de que la vasta mayoría de las personas tienen una brújula interna de moral y harán lo correcto incluso sin una presión externa extraordinaria.

Al tiempo que estos días sin duda pueden parecer atribulados, no lo están más que otros tiempos pasados. Consideremos el sistema de castas virtual del que hablaba Aristóteles, la corrupción vertiginosa del final del Imperio Romano, la sangre derramada en la Edad Media, por no mencionar la explotación del colonialismo en épocas más recientes.

Si quieres ver un ejemplo maravilloso de cómo el dilema ético de tiempos pasados se aplica hoy, da un vistazo en este mismo ensayo a la parte que habla sobre tratos de negocios honestos. En la siguiente dirección encontrarás un artículo de Randy Richards de St. Ambrose University, titulado "Cicero and the Ethics of Honest Business Dealings" (www.stthom.edu/Public/getFile.asp?isDownload=l&FileContent_ID=518). Narra cómo Cicerón escribió su tratado *Sobre las obligaciones*, en el cual habla de lo que debemos hacer cuando lo correcto y ético están en conflicto con lo que parece ventajoso.

Cicerón envió a su hijo a la escuela en Atenas, donde el joven probó ser un alumno nada estelar. Y hasta Roma llegó el rumor de que el joven pasaba demasiado tiempo en fiestas y que descuidaba los estudios; así que su papá se inspiró para escribirle una carta sobre el cumplimiento de las obligaciones. Los ejemplos que utilizó Cicerón en esa carta, según describe el artículo del autor, son tan contemporáneos como cualquier caso de ética de negocios que podemos leer en el periódico. Manipular utilidades y acciones como en Enron y Andersen, ocultar un defecto en un producto o propiedad como en Firestone; misma raza, ¡ratas diferentes!

Mantén tu fe y esperanza. La humanidad ha luchado con los desafíos éticos con bastante éxito durante dos milenos desde que ese sabio romano le escribió una carta a su hijo. Mientras continúe la lucha por hacer lo correcto, la civilización continuará mejorando, a pesar de nuestra epidemia temporal de sexo, mentiras y exageración de los medios.

Fuente: Adaptado de Alice Magos, "Ask Alice About Ethics". Recuperado de www.toolkit.cch.com/advice/096askalice.asp. Reproducido con permiso de CCH Business Owner's Toolkits, publicado y derechos reservados por:
CCH Incorporated
2700 Lake Cook Road
Riverwoods, Illinois 60015
(www.toolkit.cch.com)

organizacional y a los impuestos. La función de los mercados e instituciones financieros, al igual que las tasas de interés, también se incluye como información antecedente pertinente. En particular, nos centraremos en cómo las empresas de negocios interactúan con los mercados financieros. El valor del dinero en el tiempo, la valuación y los conceptos gemelos de riesgo y rendimiento se exploran en la parte 2, capítulos 3, 4 y 5, porque la compresión de estos fundamentos es esencial para las decisiones financieras atinadas. De hecho, la base para la maximización de la riqueza de los accionistas está en la valuación y en la comprensión de los intercambios entre riesgo y rendimiento. Como resultado, exploramos estos temas pronto.

Pregunta

Si no tengo intención de convertirme en director financiero, ¿por qué debo entender la administración financiera?

Respuesta

Una buena razón es "para prepararse para el trabajo del futuro". Cada vez más negocios están reduciendo los puestos administrativos y combinando las capas de la pirámide corporativa. El objetivo de esto es reducir los costos y fomentar la productividad. Como resultado, las responsabilidades de los puestos administrativos que quedan deben ampliarse. El administrador exitoso necesitará convertirse en un jugador del equipo con el conocimiento y la habilidad para moverse no sólo verticalmente en una organización, sino también horizontalmente. Desarrollar las capacidades funcionales cruzadas será la regla, no la excepción. Así que dominar las habilidades financieras básicas es un ingrediente clave que se requerirá en el lugar de trabajo de un futuro no tan distante.

Para invertir en finanzas y administración de manera eficiente, los administradores financieros deben planear con cuidado. Por un lado, deben proyectar flujos de efectivo futuros y luego evaluar el efecto posible de estos flujos en las condiciones financieras de la compañía. Con base en estas proyecciones, también deben planear una liquidez adecuada para pagar facturas y otras deudas cuando se venzan. Estas obligaciones tal vez requieran reunir fondos adicionales. Para controlar el desempeño, el administrador financiero necesita establecer ciertas normas, las cuales se usarán después para comparar el desempeño real con el planeado. Como las normas de análisis, planeación y control sustentan una buena parte del estudio en este libro, examinaremos este tema en la parte 3, capítulos 6 y 7.

● ● ● Administrar y adquirir bienes

Las decisiones con respecto a la administración de bienes deben tomarse de acuerdo con el objetivo de la empresa: maximizar la riqueza de los accionistas. En la parte 4 examinaremos el efectivo, los valores comercializables, las cuentas por cobrar y los inventarios. Exploraremos maneras de manejar con eficiencia estos activos actuales para maximizar el rendimiento relativo a la cantidad de fondos comprometidos en los bienes. Determinar un nivel apropiado de liquidez es una parte de esta administración de bienes. El nivel óptimo de un activo actual depende de la rentabilidad y flexibilidad asociadas con ese nivel en relación con el costo que implica mantenerlo. En el pasado, la administración del capital de trabajo (activos corrientes y el financiamiento que los apoya) dominaba el papel de los directores financieros. Aunque esta función tradicional continúa siendo vital, la atención se amplió ahora a la administración de activos y pasivos a plazos más largos.

En la parte 5, en el tema de presupuesto de capital, consideraremos la adquisición de activos fijos. El presupuesto de capital implica seleccionar propuestas de inversión cuyos beneficios se esperan para después de un año. Cuando una propuesta requiere un incremento o decremento del capital de trabajo, este cambio se trata como parte de la decisión de presupuesto de capital y no como una decisión de capital de trabajo separada. Puesto que los beneficios futuros esperados de una propuesta de inversión son inciertos, es necesario tomar en cuenta el riesgo implicado. Los cambios en la constitución del riesgo de negocios de una empresa pueden tener una influencia significativa en el valor de la empresa en el mercado. En virtud de este efecto importante se dedica atención al problema de medir el riesgo para un proyecto de inversión de capital. Además del riesgo, un proyecto de inversión a veces incluye opciones para que la administración altere decisiones anteriores. Por lo tanto, se estudia el efecto de las opciones administrativas sobre la deseabilidad del proyecto. El capital se asigna de acuerdo con un criterio de aceptación. El rendimiento requerido para el proyecto debe estar de acuerdo con el objetivo de maximizar la riqueza de los accionistas.

● ● ● Financiamiento de bienes

Una faceta importante de la administración del financiamiento implica suministrar el financiamiento necesario para respaldar los bienes. Se dispone de una amplia variedad de fuentes de financiamiento. Cada una tiene ciertas características como costo, vigencia, disponibilidad, derechos sobre los bienes y otros términos impuestos por los proveedores de capital. Con base en estos factores, el director financiero debe determinar la mejor mezcla de financiamiento para la empresa. Debe considerar las implicaciones para la riqueza de los accionistas cuando tome estas decisiones.

En la parte 6 analizaremos la estructura del capital (o del financiamiento permanente a largo plazo) de una empresa. Cubrimos el concepto de apalancamiento financiero desde varios puntos de vista en un esfuerzo por entender el riesgo financiero y cómo éste se relaciona con el riesgo del negocio (o de la operación). Además, analizaremos la retención de utilidades como una fuente de financiamiento. Como esta fuente representa dividendos a los que renuncian los accionistas, la política de dividendos influye en la de financiamiento y viceversa. Mientras que en la parte 4 examinaremos las diferentes fuentes de financiamiento a corto plazo, en la parte 7 exploraremos las de largo plazo. Ambas partes revelan las características, los conceptos y los problemas asociados con los métodos alternativos de financiamiento.

● ● ● Un paquete combinado

En la parte 8 cubrimos con detalle algunas de las áreas especializadas de la administración financiera. Se estudian algunos de los instrumentos financieros más exóticos, como convertibles, intercambiables y garantías. Se exploran las fusiones, las alianzas estratégicas, desinversiones, las reestructuraciones y los remedios para una compañía que va en franco descenso. El crecimiento de una compañía puede ser interno, externo (o de ambos tipos) y con carácter nacional o internacional. Por último, como la empresa multinacional ahora adquiere notoriedad, es importante que estudiemos el crecimiento a través de las operaciones internacionales.

Así, la administración financiera incluye la adquisición, el financiamiento y la administración de los bienes. Estas tres áreas de decisión se interrelacionan: la decisión de adquirir un bien necesita financiamiento y manejo de ese bien, mientras que financiar y manejar los costos afecta la decisión de invertir. El libro se centra en las decisiones de inversión, financiamiento y administración de bienes de la empresa. Juntas, estas decisiones determinan el valor de la empresa para sus accionistas. El dominio de los conceptos implicados es la clave para comprender el papel de la administración financiera.

Puntos clave de aprendizaje

- La *administración financiera* se encarga de la adquisición, el financiamiento y el manejo de bienes con alguna meta global en mente.
- La función de decisión de la administración financiera puede desglosarse en tres áreas primordiales: decisiones de inversión, de financiamiento y de administración de bienes.

- En este libro suponemos que la *meta de la empresa* es maximizar la riqueza de los dueños actuales (o accionistas). La riqueza de los accionistas está representada por el precio de mercado por acción de las acciones comunes de la empresa que, a la vez, refleja las decisiones de inversión, financiamiento y administración de bienes.

- El precio de mercado de las acciones de una empresa representa el juicio focal de todos los participantes en el mercado en cuanto al valor de una empresa en particular. Toma en cuenta utilidades presentes y futuros por acción; el tiempo, la duración y el riesgo de esas utilidades; la política de dividendos de la empresa, así como otros factores que influyen en el precio de mercado de las acciones.
- La *teoría de la agencia* sugiere que los administradores (agentes), en particular los de empresas grandes con acciones públicas, pueden tener diferentes objetivos que los accionistas (principales). Los accionistas pueden estar seguros de que la administración tomará decisiones que maximicen la riqueza de los accionistas sólo si la administración recibe los incentivos adecuados y sólo si se supervisa a la administración.
- Maximizar la riqueza de los accionistas *no* libera a la empresa del compromiso de actuar de manera socialmente responsable.

- La gobernanza corporativa es el sistema mediante el cual se administra y controla a las corporaciones. Comprende la relación entre los accionistas de la compañía, el consejo directivo y la alta administración.
- En las empresas grandes, la función financiera es responsabilidad del vicepresidente de finanzas, o director financiero (CFO), que generalmente se reporta al presidente o director ejecutivo. Las operaciones financieras supervisadas por el director financiero se dividen en dos ramas: una encabezada por el tesorero y la otra por el contralor. Las responsabilidades del contralor son de naturaleza contable, mientras que las del tesorero están en las áreas de decisión que comúnmente se asocian con el director de finanzas.

Preguntas

1. Si todas las compañías tuvieran el objetivo de maximizar la riqueza de los accionistas, ¿la gente en general tendería a estar en mejores o peores condiciones?
2. Compare el objetivo de maximizar las utilidades con el de maximizar la riqueza.
3. ¿De qué se trata la administración financiera?
4. La meta de cero ganancias por un periodo finito (de tres a cinco años, por ejemplo), ¿es en algún caso congruente con el objetivo de maximizar la riqueza?
5. Explique por qué juzgar la eficiencia de cualquier decisión financiera requiere que exista una meta.
6. ¿Cuáles son las tres funciones primordiales del director financiero? ¿Cómo se relacionan?
7. ¿Deben los administradores de una compañía poseer cantidades grandes de acciones comunes de ésta? ¿Cuáles son las ventajas y desventajas de ello?
8. Durante las últimas décadas se han impuesto regulaciones ambientales, de contratación y de otro tipo sobre los negocios. En vista de estos cambios en las reglas, ¿la maximización de la riqueza de los accionistas es aún un objetivo realista?
9. Como inversionista, ¿piensa que se paga demasiado a algunos administradores? ¿Sus recompensas se pagan a expensas de los accionistas?
10. ¿De qué manera los conceptos de riesgo y recompensa gobiernan el comportamiento de los directores financieros?
11. ¿Qué es la gobernanza corporativa? ¿Cuál es el papel del consejo directivo de una corporación en la gobernanza corporativa?
12. Compare las funciones del tesorero y el contralor en la operación de la empresa.

Referencias seleccionadas

Ang, James S., Rebel A. Cole y James Wuh Lin. "Agency Costs and Ownership Structure". *Journal of Finance* 55 (febrero, 2000), 81-106.

Barnea, Amir, Robert A. Haugen y Lemma W. Senbet. "Management of Corporate Risk", en *Advances in Financial Planning and Forecasting*. Nueva York: JAI Press, 1985.

_____. *Agency Problems and Financial Contracting*. Englewood Cliffs, NJ: Prentice Hall, 1985.

Bauer, Christopher. "A Preventive Maintenance Approach to Ethics". *Financial Executive*, 21 (mayo, 2005), 18-20.

Bernstein, Peter L. *Capital Ideas*. Nueva York: Free Press, 1992.

Brennan, Michael. "Corporate Finance Over the Past 25 Years". *Financial Management* 24 (verano, 1995), 9-22.

Brickley, James A., Clifford W. Smith, Jr. y Jerold L. Zimmerman. "Corporate Governance, Ethics, and Organizational Architecture". *Journal of Applied Corporate Finance* 15 (primavera, 2003), 34-45.

Brounen, Dirk, Abede Jong y Kees Koedijk. "Corporate finance in Europe: confronting theory with practice". *Financial Management*, 33 (invierno 2004), 71-101.

Chambers, Donald R. y Nelson J. Lacey. "Corporate Ethics and Shareholder Wealth Maximization". *Financial Practice and Education* 6 (primavera-verano, 1996), 93-96.

Chen, Andrew H., James A. Conover y John W. Kensinger. "Proven Ways to Increase Share Value". *Journal of Applied Finance* 12 (primavera/verano, 2002), 89-97.

Dore, Lucia. "Corporate Governance in Europe". *Shareholder Value* 3 (enero/febrero, 2003), 54-59.

Felo, Andrew J. y Steven A. Solieri. "New Laws, New Challenges: Implications of Sarbanes-Oxley". *Strategic Finance* (febrero, 2003), 31-34.

Friedman, Milton. "The Social Responsibility of Business Is to Increase Its Profits". *New York Times Magazine* (13 de septiembre, 1970).

Haywood, M. Elizabeth y Donald E. Wygal. "Corporate Greed vs. IMA's Ethics Code". *Strategic finance*, 86 (noviembre, 2004), 45-49.

Holmstrom, Bengt y Steven N. Kaplan, "The State of US Corporate Governance: What is Right and What's Wrong?". *Journal of Applied Corporate Finance* 15 (primavera, 2003), 8-20.

Howell, Robert A. "The CFO: From Controller to Global Strategic Partner". *Financial Executive* 22 (abril, 2006), 20-25.

Jensen, Michael C. y William H. Meckling. "Theory of the Firm: Managerial Behavior, Agency Costs and Ownership Structure". *Journal of Financial Economics* 3 (octubre, 1976), 305-360.

Jensen, Michael C. y Clifford W. Smith Jr. "Stockholder, Manager, and Creditor Interests: Applications of Agency Theory", en *Recent Advances in Corporate Finance*, ed. Edward I. Altman y Marti G. Subrahmanyam, 93-132. Homewood, IL: Richard D. Irwin, 1985.

Koller, Tim, Marc Goedhart y David Wessels. *Valuation: Measuring and Managing the Value of Companies*, 4a. ed. Hoboken, NJ: John Wiley, 2005.

Megginson, William L. "Outside Equity". *Journal of Finance* 55 (junio, 2000), 1005-1038.

Millman, Gregory J. "New Scandals, Old Lessons: Financial Ethics After Enron". *Financial Executive* 18 (julio/agosto, 2002), 16-19.

Persaud, Avinosh y John Plender. *All You Need to Know About Ethics and Finance: Finding a Moral Compass in Business Today*. London: Longtail Publishing, 2006.

Porter, Michael E. y Mark R. Kramer. "Strategy & Society: The Link Between Competitive Advantage and Corporate Responsibility". *Harvard Business Review* 36 (diciembre, 2006), 78-92.

Rappaport, Alfred. *Creating Shareholder Value: A Guide for Managers and Investors*, ed. rev. Nueva York: Free Press, 1997.

Seitz, Neil. "Shareholder Goals, Firm Goals and Firm Financing Decisions". *Financial Management* 11 (otoño, 1982), 20-26.

Shivdasani, Anil y Marc Zenner. "Best Practices in Corporate Governance: What Two Decades of Research Reveals". *Journal of Applied Corporate Finance* 16 (primavera/verano, 2004), 29-41.

Special Issue on International Corporate Governance. *Journal of Financial and Quantitative Analysis* 38 (marzo, 2003). Número completo (diez artículos) dedicado a investigaciones recientes empíricas y teóricas en el área de gobernanza corporativa internacional.

Statement on Management Accounting No. IC (revised), Standards of Ethical Conduct for Practitioners of Management Accounting and Financial Management. Montvale, NJ: Institute of Management Accountants, 30 de abril, 1997.

Stewart, G. Bennett. *The Quest for Value*. Nueva York: Harper Business, 1991.

Sundaram, Anant K. "Tending to Shareholders", en FT Mastering Financial Management, Part 1. *Financial Times* (26 de mayo, 2006), 4-5.

Treynor, Jack L. "The Financial Objective in the Widely Held Corporation". *Financial Analysts Journal* 37 (marzo-abril, 1981), 68-71.

Vershoor, Curtis C. "Do the Right Thing: IMA Issues New Ethics Guidelines". *Strategic Finance* 87 (noviembre, 2005), 42-46.

La parte I del sitio Web del libro, *Wachowicz's Web World*, contiene vínculos para muchos sitios de finanzas y artículos en línea relacionados con los temas cubiertos en este capítulo. (web.utk.edu/~jwachowi/wacho_world.html)

2

Entornos de negocios, fiscales y financieros

Contenido

- **El entorno de negocios**
  Propiedad única • Sociedades • Corporaciones • Compañías de responsabilidad limitada (CRL)

- **El entorno fiscal**
  Impuestos corporativos • Impuestos personales

- **El entorno financiero**
  Propósito de los mercados financieros • Mercados financieros • Intermediarios financieros • Agentes financieros • Mercado secundario • Asignación de fondos y tasas de interés

- **Puntos clave de aprendizaje**

- **Preguntas**

- **Problemas para autoevaluación**

- **Problemas**

- **Soluciones a los problemas para autoevaluación**

- **Referencias seleccionadas**

Objetivos

Después de estudiar el capítulo 2, usted será capaz de:

- Describir las cuatro formas básicas de organización de negocios en Estados Unidos y las ventajas y desventajas de cada una.

- Comprender cómo encontrar el ingreso gravable de una corporación y cómo determinar la tasa de impuestos corporativa, tanto promedio como marginal.

- Comprender los diferentes métodos de depreciación.

- Explicar por qué adquirir bienes usando financiamiento basado en deuda ofrece ventajas fiscales sobre el financiamiento a base de acciones ordinarias y preferenciales.

- Describir el propósito y la composición de los mercados financieros.

- Comprender cómo la calificación con letras de las organizaciones de calificación importantes le ayudan a juzgar el riesgo de los valores.

- Comprender qué significa "estructura de plazos de las tasas de interés" y relacionarla con una "curva de rendimiento".

Corporación. Un dispositivo ingenioso para obtener utilidades individuales sin la responsabilidad individual.

—AMBROSE BIERCE
The Devil's Dictionary

17

Para comprender mejor el papel de los directores financieros, debe familiarizarse con el ambiente en el que operan. La forma de organización de los negocios que la empresa elige es un aspecto de la estructura de negocios en la que debe funcionar. Exploraremos las ventajas y desventajas de las formas alternativas de organización de los negocios. Luego, veremos el entorno fiscal con la finalidad de lograr una comprensión básica de cómo las políticas fiscales pueden tener efecto sobre las diferentes decisiones financieras. Por último, investigaremos el sistema financiero y el entorno siempre cambiante en el que crece el capital.

El entorno de negocios

En Estados Unidos existen cuatro formas básicas de organización de negocios: derechos de propiedad únicos (un dueño), sociedades (generales y limitadas), corporaciones y compañías de responsabilidad limitada (CRL). El número de propiedades únicas es alrededor del doble de las otras modalidades combinadas, pero las corporaciones califican en primer lugar según sus ventas, activos, utilidades y contribución al ingreso nacional. Al desglosar este sector, descubrirá algunas ventajas y desventajas de cada forma alternativa de organización de negocios.

● ● ● Propiedad única

Propiedad única
Una forma de negocio en la que hay un solo dueño. Este dueño único tiene responsabilidad ilimitada sobre todas las deudas de la empresa.

La **propiedad única** es la forma más antigua de organización de negocios. Como su título sugiere, una sola persona es dueña de la empresa, posee los títulos de todos sus bienes y es personalmente responsable de todas sus deudas. La propiedad no paga impuestos por separado. El dueño simplemente suma las ganancias o resta las pérdidas del negocio al determinar su ingreso gravable personal. Este tipo de negocio se usa ampliamente en la industria de servicios. Por su simplicidad, un solo propietario puede establecerse casi sin complicaciones y pocos gastos. La sencillez es su gran virtud.

La desventaja principal es que el dueño es personalmente responsable de todas las obligaciones del negocio. Si demandan a la organización, el propietario como individuo es el demandado y tiene responsabilidad ilimitada, lo que significa que gran parte de su propiedad personal, al igual que los bienes del negocio, pueden asegurarse para resolver la demanda. Otro problema con la propiedad única es la dificultad para reunir capital. Como la vida y el éxito del negocio dependen tanto de un solo individuo, es probable que un solo dueño no sea atractivo para los prestamistas en comparación con otras formas de organización. Más aún, la propiedad tiene ciertas desventajas fiscales. La oficina fiscal no considera las prestaciones, tales como gastos médicos y seguros de grupo, como gastos de la empresa y, por lo tanto, no son totalmente deducibles para fines fiscales. Una corporación con frecuencia deduce estas prestaciones, pero el propietario único debe pagar la mayor parte de ellas con el ingreso que queda después de impuestos. Además de estas desventajas, la forma de propietario único hace que la transferencia de la propiedad sea más difícil que en la forma corporativa. En la planeación de activos, ninguna parte de la empresa se puede transferir a los miembros de la familia durante la vida del propietario. Por estas razones, esta forma de organización no ofrece la flexibilidad que dan las otras formas.

Sociedades Una forma de negocios en la que dos o más individuos actúan como propietarios. En una *sociedad general* todos los socios tienen responsabilidad ilimitada con respecto a las deudas de la empresa; en una *sociedad limitada* uno o más socios pueden tener responsabilidad limitada.

● ● ● Sociedades

Una **sociedad** es similar a la propiedad única, excepto que hay más de un dueño. Una sociedad, igual que la propiedad única, no paga impuestos. En vez de ello, los socios individuales incluyen su parte de las ganancias o pérdidas del negocio como parte de su ingreso gravable personal. Una ventaja potencial de esta forma de negocio es que, comparado con la propiedad única, con frecuencia se puede reunir una cantidad mayor de capital. Más de un propietario puede ahora contribuir con capital personal y los prestamistas pueden sentirse más cómodos al suministrar fondos a una base de inversión más grande.

En una *sociedad general* todos los socios tienen responsabilidad ilimitada; son responsables de manera conjunta de las obligaciones de la sociedad. Como cada socio puede comprometer a la sociedad con obligaciones, los socios generales deben seleccionarse con cuidado. En la mayoría de los casos, un acuerdo formal, o acuerdo de socios, establece los poderes de cada socio, la distribución de las utilidades, los montos de capital que cada uno invierte, los procedimientos para admitir a nuevos socios y los procedimientos para reconstituir la sociedad en caso de muerte o retiro de uno de los socios. Legalmente, la sociedad se disuelve si uno de los socios muere o se retira. En esos casos, los acuerdos invariablemente son complejos y desagradables, y la reconstitución de la sociedad podría ser un asunto difícil.

En una *sociedad limitada*, los **socios limitados** contribuyen con capital y tienen una responsabilidad confinada a esa cantidad de capital; no pueden perder más de lo que aportaron. Sin embargo, debe haber al menos un **socio general** en la sociedad cuya responsabilidad sea ilimitada. Los socios limitados no participan en la operación del negocio; esto se deja a los socios generales. Los socios limitados son estrictamente inversionistas y participan en las utilidades o pérdidas de la sociedad según los términos del acuerdo de la sociedad. Este tipo de arreglo se usa con frecuencia en las empresas de bienes raíces.

● ● ● Corporaciones

En virtud de la importancia de la forma corporativa en Estados Unidos, este libro se centra en las corporaciones. Una **corporación** es una "entidad artificial" creada por la ley. Puede poseer bienes e incurrir en responsabilidades. En la famosa decisión de Dartmouth College en 1819, el juez Marshall concluyó que

una corporación es un ser artificial, invisible, intangible y existente sólo en la observación de la ley. Al ser una mera criatura legal, posee sólo aquellas propiedades que le confieran los estatutos de su creación, ya sea de manera expresa o circunstancial a su propia existencia.[1]

La característica principal de esta forma de organización de negocio es que la corporación existe legalmente separada y aparte de sus dueños. La responsabilidad de un propietario está limitada a su inversión. La responsabilidad limitada representa una ventaja importante sobre la sociedad limitada y la sociedad general. Se puede reunir capital en nombre de la corporación sin exponer a los dueños a una responsabilidad ilimitada. Por consiguiente, los bienes personales no se pueden confiscar en la resolución de demandas. La propiedad en sí se comprueba con las acciones, donde cada accionista posee la proporción de la empresa representada por sus acciones en relación con el número total de acciones en circulación. Estas acciones son transferibles fácilmente, lo que representa otra ventaja importante de la forma corporativa. Más aún, las corporaciones han encontrado lo que el explorador Ponce de León buscó sin encontrar jamás: la vida ilimitada. Como la corporación existe separada de sus propietarios, su vida no está limitada a las vidas de los dueños (a diferencia de las propiedades únicas y las sociedades). La corporación puede continuar, aunque los propietarios individuales mueran o vendan sus acciones.

Dadas las ventajas asociadas con la responsabilidad limitada, la facilidad de transferencia de propiedad mediante la venta de acciones ordinarias, la vida ilimitada y la capacidad de la corporación para reunir capital independiente de sus propietarios, la forma corporativa de organización de negocios tuvo un crecimiento descomunal en el siglo XX. Con las grandes demandas de capital que implica una economía avanzada, la propiedad única y la sociedad ya no son satisfactorias y la corporación ha emergido como la forma organizacional más importante.

Una desventaja posible de la corporación se relaciona con los impuestos. Las utilidades de la corporación están sujetas al **doble gravamen**. La compañía paga impuestos sobre el ingreso que gana y el accionista también paga impuestos cuando recibe ingresos en la forma de dividendos en efectivo.

---

[1] *The Trustees of Dartmouth College vs. Woodward*, 4 Wheaton 636 (1819).

Socio limitado Miembro de una sociedad limitada que no tiene responsabilidad personal de las deudas de la sociedad.

Socio general Miembro de una sociedad con responsabilidad ilimitada de las deudas de la sociedad.

Corporación Una forma de negocio legalmente separada de sus propietarios. Las características que la distinguen incluyen responsabilidad limitada, transferencia sencilla de la propiedad y la capacidad para reunir grandes sumas de capital.

Doble gravamen Gravar el mismo ingreso dos veces. Un ejemplo clásico es el gravamen del ingreso a nivel corporativo y de nuevo como ingreso por dividendos cuando lo recibe el accionista.

(Hablaremos con más detalle de los impuestos en la siguiente sección.)[2] Algunas desventajas menores incluyen el tiempo para constituirse y la burocracia implicada, así como la tarifa que debe pagarse al estado en el que la firma se constituye. Por eso, es más difícil establecer una corporación que una propiedad única o una sociedad.

● ● ● Compañías de responsabilidad limitada (CRL)

Compañía de responsabilidad limitada (CRL) Una forma de negocios que ofrece a sus dueños (llamados "miembros") un estilo corporativo de responsabilidad personal limitada y el manejo de impuestos federales de una sociedad.

Una **compañía de responsabilidad limitada (CRL)** es una forma de organización de negocios híbrida que combina los mejores aspectos de una corporación y una sociedad. Proporciona a sus dueños (llamados "miembros") el estilo corporativo de responsabilidad personal limitada y el tratamiento de impuestos federales de una sociedad.[3] Es en especial adecuada para empresas pequeñas y medianas. Tiene menos restricciones y mayor flexibilidad que las formas híbridas anteriores, como la *corporación S* (que se estudiará en la sección de impuestos).

Hasta 1990 sólo dos estados de EUA, Wyoming y Florida, permitían la formación de las CRL. Un reglamento del Internal Revenue Service (IRS) de 1988, que estipulaba que toda CRL de Wyoming podía manejarse como una sociedad con respecto a los impuestos federales, abrió las compuertas para que el resto de los estados comenzaran a decretar estatutos para las CRL. Aunque nuevas en Estados Unidos, las CRL tienen una larga historia de aceptación como forma de organización de negocios en Europa y América Latina.

Las compañías de responsabilidad limitada en general poseen no más de dos de las siguientes cuatro características (deseables) estándar de una corporación: **1.** responsabilidad limitada, **2.** administración centralizada, **3.** vida ilimitada y **4.** la capacidad de transferir los intereses de la propiedad sin el previo consentimiento de los otros socios. Las CRL (por definición) tienen responsabilidad limitada. Así, los miembros no son personalmente responsables de las deudas en que incurra la compañía. La mayoría de estas empresas eligen algún tipo de estructura administrativa centralizada. Sin embargo, una desventaja es que le falta la característica corporativa de "vida ilimitada", aunque muchos estados permiten que una CRL continúe si los intereses de propiedad de un miembro se transfieren o finalizan. Otra desventaja es que la transferencia completa de la propiedad suele estar sujeta a la aprobación de al menos una mayoría de los otros miembros.

Aunque la estructura de la CRL se puede aplicar a la mayoría de los negocios, los profesionales de servicios en muchos estados que quieren formar una CRL deben recurrir a una estructura paralela. En esos estados, se permite a contadores, abogados, doctores y otros profesionales formar una *CRL profesional (CRLP)* o *sociedad de responsabilidad limitada (SRL)*, algo parecido a la CRLP. Un indicio de la gran aceptación de la estructura de la CRLP/SRL entre los profesionales se puede encontrar en el hecho de que todas las empresas contables de los "Cuatro Grandes" en Estados Unidos son SRL.

El entorno fiscal

Casi todas las decisiones de negocios se ven afectadas directa o indirectamente por los impuestos. Mediante su poder impositivo, los gobiernos federal, estatal y local tienen una influencia profunda en el comportamiento de los negocios y sus dueños. Lo que podría resultar una decisión de negocios sobresaliente en la ausencia de impuestos, puede estar muy por debajo de ello en presencia de impuestos (y en ocasiones, a la inversa). En esta sección presentamos algunos fundamentos sobre los impuestos. Necesitará una comprensión básica de este material en capítulos posteriores cuando se consideren las decisiones financieras específicas.

Comenzaremos con el impuesto corporativo. Después consideraremos brevemente los impuestos personales. Debemos tener en mente que las leyes fiscales cambian con frecuencia.

---

[2]Una *corporación S*, llamada así para un subcapítulo del IRS, es un tipo especial de estructura corporativa abierta sólo para "pequeñas corporaciones" que califican. Como su razón de ser está motivada por completo en los impuestos, diferimos su estudio para la sección de impuestos.

[3]Muchos estados permiten la existencia de CRL de un solo miembro. Las compañías que califican se gravan como propiedades únicas.

● ● ● Impuestos corporativos

El ingreso gravable de una corporación se encuentra deduciendo todos los gastos permitidos, incluyendo depreciación e interés, de los ingresos. Después, este ingreso gravable se somete a la siguiente estructura gradual:

INGRESO CORPORATIVO GRAVABLE

AL MENOS	PERO MENOS QUE	TASA DE IMPUESTOS (%)	CÁLCULO DE IMPUESTOS
$ 0	$ 50,000	15	0.15 × (ingreso mayor que $0)
50,000	75,000	25	$ 7,500 + 0.25 × (ingreso mayor que 50,000)
75,000	100,000	34	13,750 + 0.34 × (ingreso mayor que 75,000)
100,000	335,000	39[a]	22,250 + 0.39 × (ingreso mayor que 100,000)
335,000	10,000,000	34	113,900 + 0.34 × (ingreso mayor que 335,000)
10,000,000	15,000,000	35	3,400,000 + 0.35 × (ingreso mayor que 10,000,000)
15,000,000	18,333,333	38[b]	5,150,000 + 0.38 × (ingreso mayor que 15,000,000)
18,333,333	–	35	6,416,667 + 0.35 × (ingreso mayor que 18,333,333)

[a]Entre $100,000 y $335,000 hay una sobretasa integrada del 5% sobre la tasa del 34 por ciento. El resultado es que las corporaciones con ingreso gravable entre $335,000 y $10,000,000 pagan "efectivamente" un tasa fija del 34% en todo su ingreso gravable.

[b]Entre $15,000,000 y $18,333,333 existe una sobretasa integrada del 3% sobre la tasa del 35 por ciento. El resultado es que las corporaciones con ingresos de más de $18,333,333 pagan "efectivamente" una tasa fija del 35% sobre todo su ingreso gravable.

La tasa de impuestos —el porcentaje del ingreso gravable que debe pagarse como impuesto— que se aplica a cada nivel de ingreso se conoce como *tasa marginal*. Por ejemplo, cada dólar adicional de ingreso gravable arriba de $50,000 tiene una tasa marginal del percentil 25 hasta que el ingreso gravable llegue a $75,000. En ese punto, la nueva tasa marginal se convierte en 34 por ciento. La *tasa promedio de impuestos* para una empresa se mide dividiendo los impuestos que realmente se pagan entre el ingreso gravable. Por ejemplo, una empresa con $100,000 de ingreso gravable paga $22,250 de impuestos y, por lo tanto, tiene una tasa promedio de impuestos de $22,250/$100,000, o 22.25 por ciento. Para las empresas pequeñas (es decir, con ingreso gravable menor que $335,000), la distinción entre las tasas marginal y promedio puede ser importante. Sin embargo, estas tasas convergen en 34% para las empresas con ingresos gravables entre $335,000 y $10 millones y, por último, convergen de nuevo, esta vez en 35%, para las empresas con ingreso gravable mayor que $18,333,333.

Impuesto mínimo alternativo. A las compañías no les agrada pagar impuestos y aprovecharán todas las deducciones y el crédito que permite la ley. Por esto, el IRS ha diseñado un impuesto especial para asegurar que las compañías grandes que se benefician con las leyes fiscales paguen al menos una cantidad mínima de impuestos. Este impuesto especial se llama *impuesto mínimo alternativo (IMA)*. El impuesto —20% del *ingreso gravable mínimo alternativo (IGMA)*— se aplica sólo cuando el IMA sería mayor que el impuesto calculado normal de la empresa. Para ampliar la base del ingreso gravable, el IGMA se calcula aplicando ajustes a aspectos que antes recibieron algún trato preferencial desde el punto de vista fiscal.

Pagos trimestrales de impuestos. Las corporaciones de tamaño significativo deben hacer pagos trimestrales de impuestos. En particular, las corporaciones con año calendario deben pagar el 25% de sus impuestos estimados en cualquier año dado (antes de o) el 15 de abril, 15 de junio, 15 de septiembre y 15 de diciembre. Cuando el ingreso real difiere del estimado, se hacen ajustes. Una compañía con año calendario como base contable debe entregar el ajuste final a más tardar el 15 de marzo del año siguiente.

Depreciación
La asignación sistemática del costo de un bien de capital en un periodo dado para reportes financieros, fines fiscales o ambos.

Depreciación. La **depreciación** es la asignación sistemática del costo de un bien de capital en un periodo dado para reportes financieros, fines fiscales o ambos. Las deducciones por depreciación en la declaración de impuestos de una empresa se manejan como gastos. Así, la depreciación disminuye el ingreso gravable. Si todo lo demás permanece igual, cuanto mayor sea el cargo por depreciación, menor será el impuesto. Existen varios procedimientos alternativos para depreciar bienes de capital, que

Tabla 2.1

Clases de propiedades según el SMARC

- *Clase de 3 años, 200 por ciento*. Incluye propiedades con un punto medio de vida de 4 años o menos, excepto automóviles y camiones ligeros. Según el sistema de Rango de Depreciación de Activos (RDA), los activos se agrupan en clases y el Departamento del Tesoro determina una norma (punto medio) de vida.

- *Clase de 5 años, 200 por ciento*. Incluye propiedades con un RDA de vida media de más de 4 años o menos de 10 años. También incluye automóviles, camiones ligeros, la mayor parte del equipo tecnológico y de fabricación de semiconductores, equipo de conmutación, instalaciones de pequeña producción de energía, equipo de investigación experimental, equipo médico de alta tecnología, computadoras y ciertos equipos de oficina.

- *Clase de 7 años, 200 por ciento*. Incluye propiedades con RDA de vida media de entre 10 y 16 años, y las estructuras agrícolas para un solo propósito. Además incluye mobiliario de oficina y cualquier otra propiedad para la que la ley no ha especificado una clase.

- *Clase de 10 años, 200 por ciento*. Incluye propiedades con RDA de vida media de entre 16 y 20 años.

- *Clase de 15 años, 150 por ciento*. Incluye propiedades con RDA de vida media de entre 20 y 25 años, como plantas de tratamiento de aguas negras y plantas de distribución telefónica.

- *Clase de 20 años, 150 por ciento*. Incluye propiedades con RDA de vida media de 25 años o más, diferentes a la propiedad descrita a continuación.

- *Clase de 27.5 años, línea recta*. Incluye propiedades residenciales en renta.

- *Clase de 39 años, línea recta*. Incluye otros bienes raíces.

Depreciación lineal (o en línea recta) Un método de depreciación que asigna gastos de manera equitativa durante la vida depreciable del bien.

Depreciación acelerada Métodos de depreciación que descuentan el costo de un bien de capital con mayor rapidez que la depreciación lineal.

incluyen la **depreciación lineal** (o en línea recta) y varios métodos de **depreciación acelerada**. Los métodos de depreciación elegidos pueden diferir en los reportes fiscales y en los reportes financieros. Casi todas las empresas con ingresos gravables prefieren usar un método de depreciación acelerada en su declaración de impuestos, uno que les permita descontar con rapidez y, con ello, obtener una cifra de ingreso gravable menor.

La Ley de Reforma al Impuesto de 1986 permite a las compañías usar un tipo particular de depreciación para fines fiscales; se conoce como Sistema Modificado Acelerado de Recuperación de Costos (SMARC).[4] De acuerdo con el SMARC, se asignan maquinaria, equipo y bienes raíces a una de ocho clases con el fin de determinar una vida prescrita, llamada *periodo de recuperación de costos*, y un método de depreciación. La clase de propiedad en la que cae un bien determina su periodo de costo de recuperación o vida prescrita para fines fiscales, una vida que puede diferir de la vida útil o económica. Una descripción general de las clases de propiedad se presenta en la tabla 2.1. (El lector debe consultar más detalles en el código del IRS).

Para ilustrar algunos de los métodos de depreciación, consideremos primero la depreciación lineal. Si el costo de una adquisición de un bien instalado que cae en la clase de cinco años es $10,000, los cargos por depreciación anuales, utilizando la depreciación lineal, serán $10,000/5, o $2,000. (Para propósitos fiscales, el valor de rescate no afecta los cargos de depreciación).

Depreciación de saldo decreciente Métodos de depreciación mediante un cargo anual basado en un porcentaje fijo del valor en libros depreciado del activo al inicio del año en el que se aplica el cargo por depreciación.

La **depreciación de saldo decreciente**, por otro lado, requiere un cargo anual que es un "porcentaje fijo" del valor neto en libros del bien (costo de adquisición menos depreciación acumulada) al principio del año en que se aplica el cargo por depreciación. Por ejemplo, cuando se usa el *método del doble saldo decreciente (DSD)*, calculamos una tasa dividiendo 1 entre el número de años de vida depreciable del bien. Luego duplicamos esa tasa. (Otros métodos de saldo decreciente usan otros multiplicadores). Con los métodos de saldo decreciente, la fórmula general para determinar la depreciación en cualquier periodo es

$$m(1/n)VNL \qquad [2.1]$$

donde m es el multiplicador, n es la vida depreciable del activo y VNL es el valor neto en libros al inicio del año. Para un bien de $10,000 con vida de cinco años, el cargo por depreciación el primer año usando el método de DSD será

$$2(1/5)\$10,000 = \textbf{\$4,000}$$

[4]El término "Sistema Modificado Acelerado de Recuperación de Costos" (SMARC) se usa para distinguir las deducciones calculadas bajo las reglas posteriores a 1986 de la deducción prescrita con las reglas antes de 1987 del Sistema Acelerado de Recuperación de Costos (SARC).

En nuestro ejemplo, 2(1/5) determina el "porcentaje fijo", o 40%, que se aplica contra el valor neto en libros decreciente cada año. El cargo por depreciación en el segundo año se basa en el valor neto en libros depreciado de $6,000. Llegamos a los $6,000 restando el cargo por depreciación del primer año, $4,000, del costo de adquisición original del bien. El cargo por depreciación el segundo año sería

$$2(1/5)\$6,000 = \mathbf{\$2,400}$$

El cargo del tercer año sería

$$2(1/5)\$3,600 = \mathbf{\$1,440}$$

y así sucesivamente.

Sistema Modificado Acelerado de Recuperación de Costos.

Para las clases de propiedad de 3, 5, 7 y 10 años, se usa el método de depreciación de doble saldo decreciente (también llamado *saldo decreciente del 200%*). Este método cambia después al de depreciación lineal para el resto del valor en libros no depreciado en el primer año, que en el método lineal da una deducción mayor o igual que la del saldo decreciente. Los bienes en las clases de 15 y 20 años se deprecian usando el método de saldo decreciente con 150%, de nuevo cambiando al lineal en el momento óptimo. El método lineal debe usarse para todos los bienes raíces.

Normalmente, debe aplicarse la *convención de medio año* a todos los métodos de saldo decreciente. Esto requiere la depreciación de medio año en el año que se compra el bien, sin importar la fecha de compra. También hay una depreciación de medio año en el año en que el bien se vende o se retira de servicio. Si la propiedad se conserva más tiempo que el periodo de recuperación, se permite una depreciación de medio año el año siguiente al final de ese periodo. Así, los bienes de propiedad de 5 años conservados 6 años o más tienen una depreciación que se extiende a 6 años.

Para ilustrar la clase de 5 años, con 200%, suponga que se adquiere un bien que cuesta $10,000 en febrero. En nuestro ejemplo, la fórmula de saldo decreciente da 2(1/5) = 40% como porcentaje fijo de depreciación anual. Sin embargo, en el primer año se usa la convención de medio año, de manera que la depreciación del primer año es 20% o $2,000. En el cuarto año es favorable cambiar a la depreciación lineal. Así, el programa de depreciación es el siguiente:

AÑO	CÁLCULO DE DEPRECIACIÓN	CARGO POR DEPRECIACIÓN	VALOR NETO EN LIBROS (FINAL DEL AÑO)
0	–	–	$10,000
1	(0.2)$10,000	2,000	8,000
2	(0.4)$8,000	3,200	4,800
3	(0.4)$4,800	1,920	2,880
4	$2,880/2.5 años	1,152	1,728
5	$2,880/2.5 años	1,152	576
6	(0.5)$2,880/2.5 años	576	0

Al inicio del cuarto año, el valor neto en libros al final del tercer año se divide entre la vida restante para obtener la depreciación lineal. La vida restante es de 2.5 años, debido a la convención de medio año en el sexto año. Por último, en el sexto año el saldo restante es $576, o la mitad de la cantidad anual por línea recta.

Tome nota

En lugar de hacer estos cálculos (que como podrá ver, son tediosos), puede usar porcentajes de depreciación del costo original para cada clase de propiedad (véase la tabla 2.1) publicados por el Tesoro de Estados Unidos. Las primeras cuatro categorías aparecen en la siguiente tabla.

| | CLASE DE PROPIEDAD | | | |
AÑO DE RECUPERACIÓN	3 AÑOS	5 AÑOS	7 AÑOS	10 AÑOS
1	33.33%	20.00%	14.29%	10.00%
2	44.45	32.00	24.49	18.00
3	14.81	19.20	17.49	14.40
4	7.41	11.52	12.49	11.52
5		11.52	8.93	9.22
6		5.76	8.92	7.37
7			8.93	6.55
8			4.46	6.55
9				6.56
10				6.55
11				3.28
Totales	100.00%	100.00%	100.00%	100.00%

Estos porcentajes corresponden a los principios en los que se basan nuestros cálculos anteriores y se usan para determinar las deducciones por depreciación.

Disposiciones para alivio "temporal" de impuestos. En mayo de 2008 el presidente Bush firmó un decreto de estímulo económico (*Ley de estímulo económico de 2008*) que tiene varias estipulaciones que se supone son sólo "temporales". Para los estudiantes de finanzas una estipulación es especialmente importante porque puede afectar de manera drástica los pagos de impuestos federales y las decisiones de presupuesto de capital de una compañía. Las estipulaciones cruciales implican una "depreciación extraordinaria".

De acuerdo con la ley de 2008, los negocios pueden hacer una deducción por depreciación adicional el primer año, conocida como "depreciación extraordinaria", igual al 50% de la "base (depreciable) ajustada" original —que suele ser el costo instalado total— de la propiedad calificada. La propiedad elegible para este tratamiento incluye la propiedad a la que se aplica la depreciación SMARC con un periodo de recuperación de 20 años o menos. Ciertos tipos de propiedad de abastecimiento de agua, software y mejoras de bienes para arrendar también califican para la depreciación extraordinaria. La propiedad en general debe haberse comprado y puesto en servicio en 2008. La depreciación extraordinaria se puede usar para impuestos normales y para impuestos mínimos alternativos (IMA).

Además, un negocio tiene derecho a la depreciación del primer año "normal". Sin embargo, la base depreciable para la propiedad y las asignaciones de depreciación normales se ajustan para reflejar las deducciones de depreciación del primer año. Por último, el contribuyente puede elegir entre 50 depreciaciones extraordinarias por clase de bien que están sujetas a la depreciación "normal" en la "base (depreciable) ajustada" original.

EJEMPLO (con 50% de depreciación extraordinaria y suponiendo la *convención de medio año*): El 8 de septiembre de 2008, un negocio con año calendario de impuestos compró y puso en servicio un equipo de clase de 5 años con costo de $100,000. El negocio puede declarar una depreciación del primer año (2008) de $60,000; es decir, una depreciación extraordinaria de $50,000 ($100,000 por 50%) más la depreciación de primer año normal de SMARC calculada con la nueva base ajustada ([$100,000 menos $50,000] por 20%). En el segundo año (2009), la depreciación SMARC sería $16,000 ([$100,000 menos $50,000] por 32%) y así sucesivamente.

En el ejemplo anterior, el porcentaje de depreciación "efectivo" para el primer año es un gran 60% [($50,000 de depreciación extraordinaria más $10,000 de depreciación normal para el primer año) divididos entre la base original ajustada de $100,000]. En el segundo año la depreciación "efectiva" es 16% [$16,000 divididos entre $100,000], y así sucesivamente.

Tome nota

Como la deducción del 50% por "depreciación extraordinaria" es "temporal" y está programada para expirar al final de 2008, tal vez usted no tenga que hacer una elección de "depreciación extraordinaria" por la Ley de estímulo económico de 2008 en una situación de trabajo real. Por lo tanto, en todos los ejemplos y problemas que impliquen SMARC ignoraremos las estipulaciones de "depreciación extraordinaria".

Es importante observar, sin embargo, que la depreciación extraordinaria "temporal" puede regresar en el futuro en su vida profesional, de manera que esté preparado. Unos cuantos antecedentes históricos ayudarán a convencerlo. Con la *Ley de creación de empleos y asistencia al trabajador de 2002*, se permitió a los negocios que dedujeran el 30% por depreciación extraordinaria "temporal". El siguiente año la *Ley de reconciliación de alivio al impuesto para empleos y crecimiento* de 2003 aumentó la depreciación extraordinaria del 30 al 50% también de manera "temporal" (expiró al final de 2004). Para aprender más sobre la ley de 2002, visite web.utk.edu/~jwachowi/hr3090.html. Encontrará más información sobre la ley de 2003 en web.utk.edu/~jwachowi/hr2.html. Por último, hay información adicional de la ley de 2008 en web.utk.edu/~jwachowi/ hr5140.html.

Gasto de interés contra dividendos pagados. El interés pagado sobre una deuda corporativa importante se maneja como un gasto y es deducible de impuestos. No obstante, los dividendos pagados a los accionistas preferenciales u ordinarios no son deducibles de impuestos. Entonces, para una compañía con rendimiento alto que paga impuestos, el uso de la deuda (por ejemplo, los bonos) en su mezcla financiera da como resultado una ventaja de impuestos significativa con respecto al uso de acciones ordinarias o preferenciales. Dada una tasa marginal de impuestos del 35%, una empresa que paga $1 de interés baja 35 centavos a su cuenta de impuestos debido a su posibilidad de deducir el $1 de interés del ingreso gravable. El costo después de impuestos de $1 de interés para esta empresa es en realidad de sólo 65 centavos [$1 × (1 − tasa de impuestos)]. Por otro lado, el costo después de impuestos de $1 de dividendos pagados por la empresa sigue siendo $1, ya que no hay ventaja fiscal aquí. Por lo tanto, hay ventajas asociadas con el uso de financiamiento mediante deuda que simplemente no existen con el financiamiento mediante acciones ordinarias o preferenciales.

Dividendos en efectivo Distribución en efectivo de las ganancias a los accionistas, generalmente en forma trimestral.

Ingreso por dividendos. Una corporación puede tener acciones en otra compañía. Si recibe **dividendos en efectivo** sobre esas acciones, normalmente el 70% de los dividendos están exentos de impuestos.[5] Las leyes fiscales permiten este alivio tributario para las compañías (no los individuos) para ayudar a reducir los efectos de la imposición múltiple sobre las mismas utilidades. El 30% restante se grava a la misma tasa que el ingreso de la corporación. Una empresa que recibe $10,000 en dividendos paga impuestos sólo sobre $3,000 de su ingreso. A una tasa de impuestos marginal del 35%, los impuestos sumarían $1,050, en comparación con $3,500 si todo el ingreso por dividendos se manejara como ingreso gravable.

Traslado retroactivo y al futuro. Si una corporación sostiene una pérdida operativa neta, en general esta pérdida se puede trasladar 2 años hacia atrás y hasta 20 años adelante para compensar el ingreso gravable en esos años.[6] Cualquier pérdida trasladada al pasado primero debe aplicarse dos años antes. Si una empresa sostiene una pérdida operativa de $400,000 en 2008, primero la trasladaría a 2006. Si la compañía tuvo en ese año una utilidad neta de $400,000 y pagó impuestos por $136,000,

---

[5]No obstante, para que cualquier ingreso por dividendos esté exento de impuestos, la corporación debe haber poseído las acciones por lo menos durante 45 días. Pero si una corporación es dueña del 20% o más de las acciones de otra corporación, el 80% de cualesquiera dividendos recibidos están exentos de impuestos. Además, si una corporación es dueña del 80% o más de las acciones de otra empresa, puede entregar una declaración de impuestos consolidada. De esta manera, los fondos transferidos entre las dos entidades en general no se consideran dividendos para fines fiscales, y no se pagan impuestos sobre tales transferencias.

[6]Una corporación tiene la opción de renunciar a la aplicación retroactiva de las pérdidas y simplemente llevar la pérdida a 20 años. Por ejemplo, una corporación puede elegir renunciar a la aplicación retroactiva si anticipa un incremento significativo en las tasas de impuestos en el futuro.

volvería a calcular sus impuestos de 2006 para mostrar una ganancia de cero para fines fiscales. En consecuencia, la compañía sería elegible para un reembolso de impuestos de $136,000. Si la pérdida operativa de 2008 fuera mayor que las utilidades operativas de 2006, el residuo se trasladaría a 2007 y los impuestos se calcularían de nuevo para ese año. Sin embargo, si la pérdida operativa neta fuera mayor que el ingreso operativo neto en ambos años, el residuo se trasladaría al futuro en secuencia para fines fiscales de 2009 a 2028. Las ganancias en cada uno de estos años se reducirían para fines fiscales en la misma cantidad que la pérdida no considerada trasladada hacia delante. Esta característica de las leyes fiscales está diseñada para evitar penalizar a compañías que tienen un ingreso sumamente fluctuante.

Ganancias y pérdidas de capital. Cuando un bien de capital (según lo define el IRS) se vende, se incurre en una **ganancia o pérdida de capital**. Con frecuencia en la historia de las leyes fiscales ha habido un trato diferente para el ingreso por ganancias de capital y el ingreso operativo; las ganancias de capital se manejan de manera más favorable. No obstante, según la *Ley de reconciliación del ingreso de 1993*, las ganancias de capital se gravan a la tasa ordinaria de impuesto sobre la renta para las corporaciones, o a un máximo del 35 por ciento. Las pérdidas de capital son deducibles sólo contra las ganancias de capital.

> **Ganancias (pérdidas) de capital** La cantidad en la que el resultado de una venta de un bien de capital excede (o es menor que) el costo original del bien.

● ● ● Impuestos personales

El tema de los impuestos personales es sumamente complejo, pero nuestra mayor preocupación son los impuestos de los individuos que poseen un negocio: propietarios, socios, miembros de CRL y accionistas. Cualquier ingreso reportado por un solo propietario, sociedad o CRL estructurada apropiadamente se convierte en un ingreso del dueño(s) y se grava a la tasa personal. Para individuos, existen actualmente seis niveles de impuestos progresivos: 10, 15, 25, 28, 33 y 35 por ciento. Las tasas de impuestos marginales se aplican hasta ciertos niveles de ingreso gravable, que varían dependiendo del estado civil del individuo, es decir, si es soltero, casado con declaración conjunta, casado con declaraciones separadas o jefe de una casa. Incluso dentro de la categoría en que se reporta, los niveles de ingreso gravable que disparan la tasa de ingreso marginal en general varían de un año a otro porque están indexados para tomar en cuenta la inflación. También existen deducciones estándar y exenciones personales que permiten a quienes tienen un ingreso muy bajo no pagar impuestos.

Interés, dividendos y ganancias de capital. Para el individuo, el interés recibido de valores corporativos y del Tesoro es completamente gravable a nivel federal. (El interés sobre valores del Tesoro no es gravable a nivel estatal). Sin embargo, el interés recibido sobre la mayoría de los valores municipales está exento de impuestos federales. El interés gravable está sujeto a las tasas ordinarias sobre la renta. Las tasas de impuestos actuales para dividendos y ganancias de capital máximos y para la mayoría de los dividendos en efectivo recibidos (pero no todos) y las ganancias de capital netas obtenidas son ambas del 15% para los contribuyentes que califican.

Subcapítulo S. El subcapítulo S del Código del IRS permite a los dueños de pequeñas corporaciones elegir un gravamen como una *corporación S*. Al tomar esta opción, la compañía puede usar la forma de organización corporativa, pero se le gravará como si fuera una sociedad. Así, los dueños pueden aprovechar las ventajas legales extendidas de las corporaciones, pero evitando las desventajas de los impuestos que podrían resultar. Simplemente declaran las ganancias corporativas como ingreso personal de acuerdo con una tasa proporcional y pagan el impuesto adecuado sobre este ingreso. Este manejo elimina los impuestos dobles que suelen asociarse con el ingreso por dividendos; es decir, los dividendos que la corporación paga a partir del ingreso después de impuestos y los accionistas que pagan impuestos sobre el ingreso por dividendos que reciben. Además, los accionistas activos en el negocio pueden deducir las pérdidas operativas según una tasa proporcional contra su ingreso personal.

Como se vio antes, una compañía de responsabilidad limitada (CRL) ofrece beneficios similares a los de una corporación S, pero con menos limitaciones (por ejemplo, no hay restricción en cuanto al número y tipo de dueños). Muchos predicen que la forma de negocios CRL crecerá en número hasta sobrepasar al de las corporaciones S.

El entorno financiero

Mercados financieros Todas las instituciones y procedimientos para reunir a compradores y vendedores de instrumentos financieros.

En diferentes grados, todos los negocios operan dentro del sistema financiero, que consiste en diversas instituciones y mercados que sirven a las empresas de negocios, los individuos y los gobiernos. Cuando una empresa invierte fondos inactivos temporalmente en valores negociables, tiene contacto directo con los **mercados financieros**. Y algo más importante: la mayoría de las empresas usan los mercados financieros para ayudar a financiar sus inversiones en bienes. En el análisis final, el precio de mercado de los valores de una compañía es la prueba de si ésta es un éxito o un fracaso. Mientras que las empresas de negocios compiten entre sí en los mercados de productos, deben interactuar continuamente con los mercados financieros. Debido a la importancia de este entorno para el administrador financiero, al igual que para el individuo como consumidor de los servicios financieros, esta sección se dedica a explorar el sistema financiero y el entorno siempre cambiante en el que se reúne el capital.

● ● ● Propósito de los mercados financieros

Los activos financieros existen en una economía porque los ahorros de varios individuos, corporaciones y gobiernos durante un periodo difieren de sus inversiones en bienes raíces o inmuebles. Por bienes raíces entendemos cosas como casas, edificios, equipo, inventarios y bienes duraderos. Si los ahorros igualaran a las inversiones en bienes raíces para todas las unidades económicas en una economía en todos los periodos, no habría financiamiento externo, bienes financieros ni mercados de capital o de dinero. Cada unidad económica sería autosuficiente. Los gastos actuales y las inversiones en bienes raíces se pagarían con el ingreso actual. Un bien financiero se crea sólo cuando la inversión de una unidad económica en bienes raíces excede sus ahorros, y financia este exceso pidiendo prestado o emitiendo acciones. Por supuesto, otra unidad económica debe estar dispuesta a prestar. Esta interacción de deudores y prestamistas determina las tasas de interés. En la economía completa, las unidades con superávit de ahorros (aquéllas cuyos ahorros exceden su inversión en bienes raíces) proporcionan fondos a las unidades con déficit de ahorros (aquéllas cuyas inversiones en bienes raíces exceden sus ahorros). Este intercambio de fondos se manifiesta por los instrumentos de inversión o los valores, que representan bienes financieros para los propietarios y obligaciones financieras para quienes los emiten.

El propósito de los mercados financieros en una economía es asignar ahorros de manera eficiente a los usuarios finales. Si esas unidades económicas que ahorraron fueran las mismas que las que se comprometen en la formación de capital, una economía prosperaría sin los mercados financieros. Pero en las economías modernas, la mayoría de las corporaciones no financieras usan más que sus ahorros totales para invertir en bienes raíces. La mayoría de los hogares, por otra parte, tienen ahorros totales mayores que su inversión total. La eficiencia implica reunir al inversionista final en bienes raíces y al ahorrador final al menor costo posible.

Mercado de dinero El mercado de valores de deuda a corto plazo (menos de un año del periodo de vencimiento original) corporativa y gubernamental. Incluye también valores del gobierno emitidos originalmente con vencimiento de más de un año, pero que ahora vencen en un año o menos.

● ● ● Mercados financieros

Los mercados financieros no son tanto lugares físicos como mecanismos para canalizar los ahorros hacia los inversionistas finales en bienes raíces. La figura 2.1 ilustra el papel de los mercados financieros y las instituciones financieras al mover los fondos del sector de ahorro (unidades con superávit de ahorro) al sector de inversión (unidades con déficit de ahorro). En la figura también podemos observar la posición prominente que tienen ciertas instituciones financieras en la canalización del flujo de fondos en la economía. El *mercado secundario*, los *intermediarios financieros* y los *agentes financieros* son las instituciones clave que mejoran los flujos de fondos. Estudiaremos sus papeles únicos conforme avancemos en esta sección.

Dinero y mercados de capital. Los mercados financieros se pueden dividir en dos clases: el mercado de dinero y el mercado de capital. El **mercado de dinero** se dedica a la compra y venta de valores de deuda corporativa y gubernamental a corto plazo (menos de un año de periodo de vencimiento

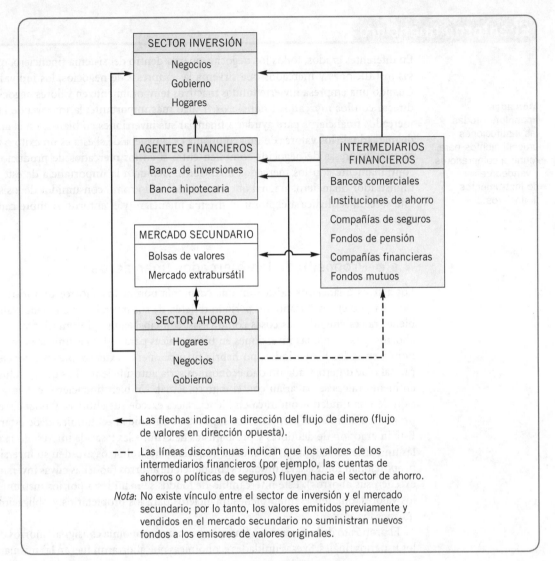

Figura 2.1

Flujo de fondos
en la economía y
mecanismo que
proporcionan los
mercados financieros
para canalizar
ahorros hacia los
inversionistas finales
en bienes raíces

Contenido de la figura:

SECTOR INVERSIÓN
- Negocios
- Gobierno
- Hogares

AGENTES FINANCIEROS
- Banca de inversiones
- Banca hipotecaria

MERCADO SECUNDARIO
- Bolsas de valores
- Mercado extrabursátil

SECTOR AHORRO
- Hogares
- Negocios
- Gobierno

INTERMEDIARIOS FINANCIEROS
- Bancos comerciales
- Instituciones de ahorro
- Compañías de seguros
- Fondos de pensión
- Compañías financieras
- Fondos mutuos

← Las flechas indican la dirección del flujo de dinero (flujo de valores en dirección opuesta).

- - - Las líneas discontinuas indican que los valores de los intermediarios financieros (por ejemplo, las cuentas de ahorros o políticas de seguros) fluyen hacia el sector de ahorro.

Nota: No existe vínculo entre el sector de inversión y el mercado secundario; por lo tanto, los valores emitidos previamente y vendidos en el mercado secundario no suministran nuevos fondos a los emisores de valores originales.

Mercado de capital
El mercado para
instrumentos finan-
cieros (como bonos y
acciones) a un plazo
relativamente largo
(más de un año de
vencimiento original).

Mercado primario
Mercado en el que se
compran o se venden
valores por primera
vez (mercado de
"nuevas emisiones").

Mercado secundario
Mercado para los
valores existentes
(usados), no los
nuevos.

original). El **mercado de capital**, por otra parte, maneja deuda a plazos relativamente largos (más de un año de vencimiento original) e instrumentos financieros (como bonos y acciones). Esta sección da atención especial al mercado de valores a largo plazo: el mercado de capital. El mercado de dinero y los valores que forman la esencia de su existencia se cubrirá en la parte 4 de este libro.

Mercados primario y secundario. Dentro de los mercados de capital y de dinero existen mercados primario y secundario. Un **mercado primario** es un mercado de "nuevas emisiones". Aquí los fondos reunidos mediante la venta de nuevos valores fluyen de los ahorradores finales a los inversionistas finales en la forma de bienes raíces. En un **mercado secundario**, los valores existentes se compran y se venden. Las transacciones de estos valores ya existentes *no* proporcionan fondos adicionales para financiar inversiones de capital. (*Nota:* En la figura 2.1 no hay una línea directa que conecte el mercado secundario con el sector de inversión). Se puede hacer una analogía con el mercado de automóviles. La venta de autos nuevos aporta efectivo a los fabricantes; la venta en el mercado de autos usados no lo hace. En el sentido real, un mercado secundario es un "lote de autos usados" para los valores.

La existencia de lotes de autos usados facilita a las personas considerar la compra de un auto nuevo porque tienen un mecanismo a la mano para vender el auto cuando ya no lo quieran. De manera parecida, la existencia de un mercado secundario alienta a individuos e instituciones a comprar nuevos valores. Cuando hay un mercado secundario viable, un comprador de valores financieros logra bursatilidad. Si el comprador necesita vender un valor en el futuro, podrá hacerlo. Así, la existencia de un mercado secundario fuerte mejora la eficiencia del mercado primario.

● ● ● Intermediarios financieros

Intermediarios financieros
Instituciones financieras que aceptan dinero de los ahorradores y usan los fondos para hacer préstamos y otras inversiones financieras en su propio nombre. Incluyen bancos comerciales, instituciones de ahorro, compañías de seguros, fondos de pensión, compañías de finanzas y fondos mutuos.

El flujo de fondos de los ahorradores a los inversionistas en bienes raíces puede ser directo; si hay intermediarios financieros en una economía, el flujo también puede ser indirecto. Los **intermediarios financieros** consisten en instituciones financieras, como bancos comerciales, instituciones de ahorro, compañías de seguros, fondos de pensión, compañías financieras y fondos mutuos. Estos intermediarios se interponen entre el comprador final y los prestamistas transformando la demanda directa en demanda indirecta. Los intermediarios financieros compran *valores directos* (o *primarios*) y, a la vez, emiten sus propios *valores indirectos* (o *secundarios*) para el público. Por ejemplo, el valor directo que compra una asociación de ahorros y préstamos es una hipoteca; la demanda indirecta emitida es una cuenta de ahorros o un certificado de depósito. Una compañía de seguros de vida, por otro lado, compra bonos corporativos, entre otros instrumentos, y emite pólizas de seguros de vida.

La *intermediación financiera* es el proceso en el que los ahorradores depositan fondos con intermediarios financieros (en vez de comprar directamente acciones y bonos) y dejan que éstos los presten al inversionista final. Solemos pensar que la intermediación financiera hace los mercados más eficientes al bajar el costo y/o la inconveniencia para los consumidores de servicios financieros.

Entre los diferentes intermediarios financieros, algunas instituciones invierten mucho más en valores de empresas de negocios que otras. Ahora nos centraremos en esas instituciones implicadas en la compra y venta de valores.

Instituciones de depósito. Los *bancos comerciales* son la fuente más importante de fondos para las empresas de negocios en general. Los bancos adquieren depósitos a la vista (cheques) y tiempo (ahorros) de individuos, compañías y gobiernos, a la vez que hacen préstamos e inversiones. Entre los préstamos hechos a empresas de negocios se cuentan los préstamos a corto plazo, a plazo intermedio de hasta cinco años y los préstamos hipotecarios. Además de realizar las funciones de la banca, los bancos comerciales inciden en las empresas de negocios a través de sus departamentos fideicomiso que invierten en bonos y acciones corporativos. También hacen préstamos hipotecarios a las compañías y administran fondos de pensión.

Otras instituciones de depósito incluyen *asociaciones de ahorros y préstamos*, *bancos de ahorro mutuos* y *uniones de crédito*. Estas instituciones tienen que ver principalmente con individuos, adquieren sus ahorros y hacen préstamos para consumo y para comprar casas.

Compañías de seguros. Hay dos tipos de compañías de seguros: compañías de bienes y accidentes, y compañías de seguros de vida. Su negocio es recolectar pagos periódicos de los asegurados a cambio de proporcionar pagos completos en caso de que ocurran eventos, generalmente adversos. Con los fondos recibidos en el pago de primas, las compañías de seguros guardan reservas. Estas reservas y una parte del capital de las aseguradoras se invierten en bienes financieros.

Las *compañías de bienes y accidentes* aseguran contra incendios, robos, accidentes automovilísticos y eventos desagradables similares. Como estas compañías pagan impuestos a la tasa corporativa completa, hacen fuertes inversiones en bonos municipales, que ofrecen ingresos exentos de impuestos. En un grado menor también invierten en valores y acciones corporativos.

Las *compañías de seguros de vida* aseguran contra la pérdida de la vida. Puesto que la mortalidad de un grupo grande de individuos es altamente predecible, estas compañías pueden invertir en valores a largo plazo. Además, el ingreso de estas instituciones está parcialmente exento de impuestos sobre las reservas reunidas en el tiempo. Por lo tanto, buscan inversiones gravables con rendimientos más altos que los bonos municipales exentos de impuestos. Como resultado, las compañías de seguros de vida invierten grandes cantidades en bonos corporativos. Además son importantes las hipotecas, algunas de las cuales se otorgan a las empresas.

Otros intermediarios financieros. Los *fondos de pensión* y otros *fondos para el retiro* se han establecido para suministrar ingresos a los individuos cuando se retiren. Durante sus vidas de trabajo, es común que los empleados contribuyan a estos fondos al igual que los empleadores. Los fondos invierten estas contribuciones y luego pagan las cantidades acumuladas periódicamente a los trabajadores retirados o convienen en anualidades. En la fase de acumulación, el dinero pagado a un fondo no es gravable. Cuando se pagan prestaciones a un fondo de retiro, los impuestos los paga quien las recibe. Los bancos comerciales, mediante sus departamentos de fideicomiso y sus compañías de seguros, ofrecen fondos de pensión, al igual que lo hacen el gobierno federal, los gobiernos estatales y otras organizaciones no aseguradoras. En virtud de la naturaleza de largo plazo de sus obligaciones, los fondos de pensión pueden invertir en valores de plazos mayores. Como resultado, invierten bastante en valores y acciones corporativos. De hecho, los fondos son los mayores inversionistas institucionales que participan solos en acciones corporativas.

Los *fondos de inversión mutuos* también hacen fuertes inversiones en valores y acciones corporativas. Estos fondos aceptan dinero con el que contribuyen los individuos y lo invierten en tipos específicos de bienes financieros. El fondo mutuo está vinculado con una compañía administrativa a la que el fondo paga una cuota (con frecuencia el 0.5% del total de bienes por año) por la administración profesional de las inversiones. Cada individuo es dueño de un porcentaje específico del fondo mutuo, que depende de la inversión original de ese individuo. Los participantes pueden vender sus acciones en cualquier momento, ya que el fondo mutuo debe redimirlas. Aunque muchos fondos mutuos invierten sólo en acciones comunes, otros se especializan en valores corporativos, en los instrumentos de mercado de dinero, incluyendo documentos comerciales emitidos por corporaciones, o en certificados municipales. Los distintos fondos de inversión tienen diferentes filosofías, que van de invertir por el ingreso y la seguridad hasta la búsqueda más agresiva de crecimiento. En todos los casos, el individuo obtiene un portafolio diversificado, administrado por profesionales. Por desgracia, no hay evidencia de que tal administración dé como resultado un desempeño superior de forma consistente.

Las *compañías financieras* hacen préstamos en pagos al consumidor, préstamos personales y préstamos con garantía a empresas de negocios. Estas compañías reúnen capital con emisiones de acciones al igual que préstamos, algunos de los cuales son a largo plazo, pero la mayoría provienen de bancos comerciales. A su vez, las compañías financieras hacen préstamos.

●●● Agentes financieros

Ciertas instituciones financieras realizan una función de correduría necesaria. Cuando los agentes reúnen a las partes que necesitan fondos con las que tienen ahorros, no están realizando una función de préstamo directa, sino que actúan como intermediarios.

La **banca de inversión** es intermediaria implicada en la venta de acciones y valores corporativos. Cuando una compañía decide reunir fondos, una banca de inversión con frecuencia comprará la emisión (al mayoreo) y luego dará media vuelta y la venderá a los inversionistas (al menudeo). Puesto que la banca de inversión está en el negocio constante de buscar correspondencia entre usuarios de fondos y proveedores, pueden vender las emisiones con mayor eficiencia que las compañías emisoras. Los banqueros reciben cuotas en la forma de la diferencia entre las cantidades recibidas de la venta de valores al público y las cantidades pagadas a las compañías. Hablaremos más acerca del papel de la banca de inversión en la parte 7, cuando consideremos el financiamiento a largo plazo.

La **banca hipotecaria** está dedicada a adquirir y colocar hipotecas. Estas hipotecas provienen directamente de individuos y negocios o, con mayor frecuencia, de los constructores y los agentes de bienes raíces. A su vez, la banca hipotecaria localiza inversionistas institucionales o de otro tipo para las hipotecas. Aunque la banca hipotecaria no suele conservar las hipotecas en sus propios portafolios durante mucho tiempo, suele dar el servicio de hipoteca para el inversionista final. Esto incluye recibir los pagos y dar seguimiento a las morosidades. Este servicio se les paga.

Banca de inversión
Institución financiera que suscribe (compra a un precio fijado en una fecha dada) nuevos valores para su reventa.

Banca hipotecaria
Institución financiera que origina (compra) hipotecas primordialmente para reventa.

● ● ● Mercado secundario

Las diferentes bolsas de valores y mercados facilitan el funcionamiento tranquilo del sistema financiero. Las compras y ventas de los bienes financieros existentes tienen lugar en el *mercado secundario*. Las transacciones en este mercado no aumentan la cantidad total de bienes financieros en circulación, pero la presencia de un mercado secundario viable aumenta la liquidez de los bienes financieros y, por ende, mejora el mercado primario o directo de valores. En este sentido, las *bolsas de valores organizadas*, como la Bolsa de Nueva York y la American Stock Exchange proporcionan un medio en el que las órdenes de comprar y vender se pueden hacer corresponder con eficiencia. En esta correspondencia, las fuerzas de la oferta y la demanda determinan el precio.

Además, el *mercado extrabursátil* sirve como parte del mercado secundario para acciones y bonos fuera de la lista de la bolsa al igual que para ciertos valores en la lista. Se compone de agentes y negociantes que están listos para comprar y vender valores a los precios cotizados. La mayoría de los valores corporativos y un número creciente de acciones se comercian de manera extrabursátil y no en una bolsa organizada. El mercado extrabursátil está ahora altamente mecanizado, con participantes vinculados por una red de telecomunicaciones. No se reúnen en un lugar como lo haría una bolsa. La National Association of Securities Dealers Automated Quotation Service (NASDAQ) mantiene esta red donde la cotización de precios es instantánea. Antes se consideraba un asunto de prestigio, y una necesidad en muchos casos, que una compañía pusiera en la lista de una bolsa importante sus acciones, pero la era electrónica ha cambiado eso. Muchas compañías ahora prefieren comerciar sus acciones en el mercado extrabursátil, a pesar de que califiquen para el listado, porque sienten que ahí obtienen una ejecución muy buena, incluso mejor, de sus instrucciones de compra y venta.

Aunque existen algunas otras instituciones financieras, hemos visto sólo las que interactúan con las empresas. Al avanzar en el material del libro nos familiarizaremos con muchas de las instituciones estudiadas. El propósito aquí fue sólo presentarlas brevemente; las explicaciones más amplias vendrán después.

Pregunte al arlequín

The Motley Fool
Para educar, divertir y enriquecer™

The Motley Fool (el arlequín), en www.fool.com es el sitio principal en el mundo para educación sobre inversiones. Su misión es "educar, divertir y enriquecer". Los hermanos cofundadores David y Tom Gardner han escrito varios libros que son best-sellers, y el Fool también tiene una columna semanal con distribución nacional (que aparece en más de 150 periódicos) y un programa de radio (que sale al aire en más de 100 regiones).

De vez en cuando, Motley Fool compartirá algunas preguntas que ha contestado en su columna o en el sitio de Internet. La siguiente es una de ellas.

P **¿Qué son las acciones emitidas en el mercado extrabursátil?**

R Para el comercio extrabursátil hoy en día sería más adecuado el término "comercio por computadora". Hace mucho tiempo, para comprar o vender acciones que no se comerciaban en bolsa, usted tenía que llamar a su corredor y hacer la transacción por teléfono, un sistema no muy eficiente. Después, en 1971, se estableció Nasdaq, que ofreció un sistema automatizado. De pronto, resultaba mucho más sencillo obtener el mejor precio en la transacción, y la actividad comercial se podía monitorear.

Las acciones listadas en las bolsas se comercian en persona en un lugar, en "el piso". Todas las demás son acciones extrabursátiles, comerciadas electrónicamente vía una red de agentes en todo el país. El mercado de Nasdaq es el principal sistema extrabursátil en Estados Unidos, con una lista de más de 5,500 compañías. Comprende un rango de empresas, desde nuevas y poco conocidas hasta colosales como Microsoft e Intel. Miles de otras empresas más oscuras que no cumplen con los requerimientos de Nasdaq comercian por separado, con frecuencia con sus precios cotizados sólo una vez al día, en "hojas rosas". A menudo existe poca información disponible de ellas y muchas tienen acciones que valen centavos.

Fuente: The Motley Fool (www.fool.com). Reproducido con permiso de The Motley Fool.

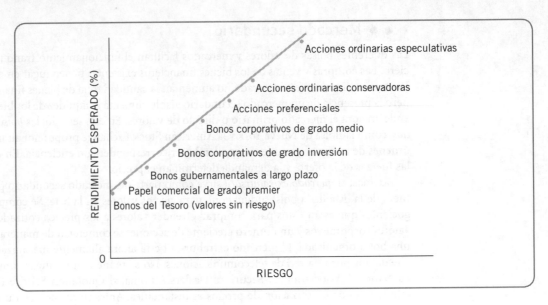

Figura 2.2

Perfil de riesgo contra rendimiento esperado para valores que muestran el mayor riesgo de un valor dado, el rendimiento esperado más alto

Acciones ordinarias especulativas
Acciones ordinarias conservadoras
Acciones preferenciales
Bonos corporativos de grado medio
Bonos corporativos de grado inversión
Bonos gubernamentales a largo plazo
Papel comercial de grado premier
Bonos del Tesoro (valores sin riesgo)

RENDIMIENTO ESPERADO (%)

RIESGO

● ● ● Asignación de fondos y tasas de interés

La asignación de fondos en una economía ocurre tomando como base primordial el precio, expresado en términos del rendimiento esperado. Las unidades económicas que necesitan fondos deben mejorar las ofertas de otros para usarlos. Aunque el proceso de asignación se ve afectado por el racionamiento de capital, las restricciones del gobierno y las restricciones institucionales, el rendimiento esperado constituye el mecanismo principal mediante el cual la oferta y la demanda se equilibran para un instrumento financiero específico en todos los mercados financieros. Si el riesgo se mantiene constante, las unidades económicas dispuestas a pagar el rendimiento esperado más alto son las que tienen derecho a usar los fondos. Si las personas son racionales, las unidades económicas que pujan por los precios más altos tendrán las oportunidades de inversión más prometedoras. Como resultado, los ahorros tenderán a asignarse a los usos más eficientes.

Es importante reconocer que el proceso mediante el cual se asignan ahorros en una economía ocurre no sólo tomando en cuenta el rendimiento esperado, sino también el riesgo. Diferentes instrumentos financieros tienen diferentes grados de riesgo. Para competir por los fondos, estos instrumentos deben proporcionar diferentes rendimientos esperados. La figura 2.2 ilustra la idea de "compensación" impuesta por el mercado entre el riesgo y el rendimiento de los valores, esto es, a mayor riesgo de un valor, mayor rendimiento esperado debe ofrecerse al inversionista. Si todos los valores tuvieran exactamente las mismas características de riesgo, darían el mismo rendimiento si los mercados estuvieran en equilibrio. No obstante, debido a las diferencias en el riesgo por incumplimiento, bursatilidad, vencimiento, gravamen y opciones integradas, diferentes instrumentos presentan distintos rendimientos esperados para el inversionista.

Incumplimiento
Significa fallar en cumplir los términos del contrato, como pagar los intereses o el capital de un préstamo solicitado.

Riesgo de incumplimiento. Cuando hablamos de riesgo de **incumplimiento**, nos referimos al peligro de que el prestatario no cumpla sus pagos del principal o del interés. Los inversionistas demandan una prima de riesgo (rendimiento esperado adicional) para invertir en valores que tienen riesgo de incumplimiento. Cuanto mayor es la posibilidad de que el prestatario no cumpla, mayor es el riesgo por incumplimiento y la prima demandada por el mercado. Como los bonos del Tesoro suelen verse como libres de riesgo, el riesgo y el rendimiento se juzgan en relación con ellos. A mayor riesgo de incumplimiento de un emisor de valores, mayor el rendimiento esperado del valor, cuando todo lo demás se mantiene igual.[7]

Para el inversionista típico, el riesgo de incumplimiento no se juzga directamente, sino en términos de las calificaciones de calidad asignadas por las agencias calificadoras principales, Moody's Investors

[7]Encontrará un análisis más extenso de la influencia del riesgo de incumplimiento sobre los rendimientos, al igual que de los distintos estudios empíricos realizados, en Van Horne, *Financial Market Rates and Flows*, capítulo 8. Este libro presenta también un examen detallado de otros atributos importantes de los valores que afectan el rendimiento esperado.

Tabla 2.2

Calificaciones
de agencias de
inversión

MOODY'S INVESTOR SERVICE		STANDARD & POOR'S	
Aaa	Mejor calidad	AAA	Calificación más alta
Aa	Alta calidad	AA	Calificación alta
A	Calificación media alta	A	Calificación media alta
Baa	Calificación media	BBB	Calificación media
Ba	Posee elementos especulativos	BB	Especulativa
B	En general carece de la característica de inversión deseable	B	Muy especulativa
Caa	Deficiente; puede estar en incumplimiento	CCC-CC	Especulación absoluta
Ca	Altamente especulativa; con frecuencia en incumplimiento	C	Petición de bancarrota
C	Calificación más baja	D	En incumplimiento de pago

Nota: Las primeras cuatro categorías indican valores con "calificación de inversión de calidad"; las categorías que aparecen debajo de la línea punteada se reservan para valores con calificación más baja para invertir.

Service y Standard & Poor's. Estas agencias de inversión asignan y publican calificaciones con letras para el uso de los inversionistas. En sus calificaciones intentan clasificar las emisiones con el fin de reflejar la probabilidad de incumplimiento. Las calificaciones usadas por las dos agencias se muestran en la tabla 2.2. Los valores con clasificación más alta, juzgados con riesgo mínimo de incumplimiento, se califican con triple A.

Las calificaciones en las cuatro categorías altas (Aaa hasta Baa para Moody's y AAA hasta BBB para Poor's) se consideran con "grado de inversión". Este término lo usan las agencias regulatorias para identificar valores que son elegibles para inversión por parte de instituciones financieras como bancos comerciales y compañías de seguros. Los valores calificados por debajo de esas cuatro categorías se conocen como de "grado especulativo". Debido a la demanda institucional limitada de estas acciones y su riesgo más alto, deben ofrecer rendimientos considerablemente más altos que los valores con grado de inversión.

Bursatilidad (o liquidez) La capacidad de vender un volumen significativo de valores en un periodo corto en el mercado secundario sin una concesión importante en el precio.

Vencimiento La vida del valor; el tiempo antes de que la cantidad principal de un valor se venza.

Estructura del plazo de tasas de interés La relación entre el rendimiento y el vencimiento de los valores que *difieren sólo en la duración (o plazo) hasta el vencimiento.*

Curva de rentabilidad Una gráfica de la relación entre el rendimiento y el plazo para el vencimiento de un valor particular.

Bursatilidad. La bursatilidad (o liquidez) de un valor se relaciona con la capacidad del poseedor de convertirlo en efectivo. Existen dos dimensiones de la bursatilidad: el precio alcanzado y la cantidad de tiempo requerido para vender el bien. Las dos se relacionan en que con frecuencia es posible vender un bien en un periodo corto si se hace suficiente concesión en el precio. Para instrumentos financieros, la bursatilidad se juzga en relación con la capacidad de vender un volumen significativo de valores en un periodo corto sin hacer una concesión significativa en el precio. Cuanto más comerciable es el valor, mayor es la capacidad de ejecutar una gran transacción cerca del precio cotizado. En general, cuanto menor es la bursatilidad de un valor, mayor rendimiento es necesario para atraer a los inversionistas. Por lo tanto, el diferencial de rendimiento entre los distintos valores con el mismo periodo de vencimiento no es sólo el resultado de las diferencias en el riesgo de incumplimiento, sino también de las diferencias en la bursatilidad.

Vencimiento. Los valores con más o menos el mismo riesgo, que tienen bursatilidad similar y no tienen diferentes implicaciones fiscales, pueden comercializarse con diferentes rendimientos. ¿Por qué? El "tiempo" es la respuesta. El vencimiento de un valor con frecuencia puede tener un efecto poderoso sobre el rendimiento esperado o rédito. La relación entre el rendimiento y el vencimiento para los valores que *difieren sólo en la duración (o plazo) hasta el vencimiento* se llama estructura del plazo de tasas de interés. La representación gráfica de esta relación en un momento en el tiempo se llama curva de rentabilidad. Un ejemplo de la relación rentabilidad-vencimiento para los bonos del Tesoro libres de riesgo se muestra en la figura 2.3. El vencimiento se grafica en el eje horizontal y la rentabilidad en el vertical. Se obtiene una línea, o curva de rentabilidad, ajustada a las observaciones.

El patrón de rentabilidad que se observa con más frecuencia es la *curva de rentabilidad positiva* (con pendiente hacia arriba), donde los rendimientos a corto plazo son menores que los de largo plazo. La mayoría de los economistas atribuyen la tendencia positiva de las curvas de rentabilidad a la presencia de riesgo para quienes invierten en valores a largo plazo, en contraste con los de corto plazo. En general, cuanto más prolongado sea el periodo de vencimiento, mayor será el riesgo de

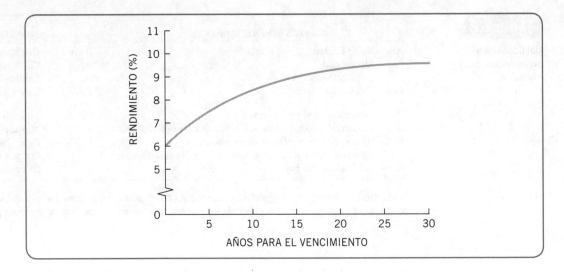

Figura 2.3

Ejemplo de curva de rentabilidad positiva de los bonos del Tesoro

fluctuación en su valor de mercado. En consecuencia, debe ofrecerse a los inversionistas primas de riesgo para inducirlos a invertir en valores a largo plazo. Sólo cuando se espera que las tasas de interés bajen de manera significativa, estarán dispuestos a invertir en valores de largo plazo que dan menos rendimiento que los valores de corto y mediano plazos.

Carácter gravable. Otro factor que afecta las diferencias observadas en el rendimiento del mercado es el efecto diferencial de los impuestos. El impuesto más importante, y el único que consideraremos, es el impuesto sobre la renta. El ingreso por intereses en todas las categorías de valores menos una es gravable para los inversionistas sujetos a gravamen. El ingreso por intereses de los valores del gobierno local y estatal está exento de impuestos. Por lo tanto, las emisiones del gobierno se venden en el mercado con rendimiento más bajo hasta el vencimiento que los valores del Tesoro y las corporaciones con el mismo plazo. Para las corporaciones localizadas en estados con impuestos, el ingreso por interés de los valores del Tesoro está exento de los impuestos estatales. Entonces estos instrumentos pueden tener una ventaja sobre los instrumentos de deuda emitidos por las corporaciones o los bancos porque el interés que pagan es completamente gravable a nivel estatal. Con las leyes actuales, las ganancias de capital que surgen de la venta de cualquier valor con una utilidad se gravan a las tasas de impuestos ordinarias para las corporaciones, o al porcentaje máximo del 35 por ciento.

Características de opciones. Otra consideración es si un valor contiene alguna característica de opción, como un privilegio de conversión o garantías, que al ejercerla permita al inversionista obtener acciones ordinarias. Otras opciones son la de compra que permite a la compañía pagar con antelación su deuda, y la estipulación de fondo de amortización que permite a la compañía retirar los bonos periódicamente con pagos en efectivo o su compra en el mercado secundario. Si los inversionistas reciben opciones, la compañía emisora debe estar en condiciones de obtener el préstamo a un costo de interés más bajo. A la inversa, si la compañía emisora recibe una opción, como la de compra, debe compensarse a los inversionistas con un rendimiento más alto. El principio de valuación detrás de las opciones es complicado. El capítulo 22 cubre estos principios con detalle.

Inflación Alza en el nivel promedio de los precios de bienes y servicios.

Inflación. Además de los factores anteriores que afectan el rendimiento de un valor respecto al de otro, las expectativas de **inflación** tienen una influencia sustancial sobre las tasas de interés globales. Es un acuerdo general que la tasa de interés nominal (observada) sobre un valor comprende una prima por inflación. Cuanto mayor sea la inflación esperada, más alto será el rendimiento nominal sobre el valor; y cuanto menor sea la inflación esperada, menor será el rendimiento nominal. Hace muchos años Irving Fisher expresó la tasa nominal de interés sobre un bono como la suma de la tasa real de interés (es decir, la tasa de interés en ausencia de cambio en el nivel de precios) y la tasa *esperada* de cambio en el precio que ocurriría en la vida del instrumento.[8] Si la tasa real anual de interés en

---

[8]*Appreciation and Interest* (Nueva York: Macmillan, 1996).

la economía era del 4% para valores de bajo riesgo y *se esperaba* una inflación del 6% en los siguientes 10 años, esto implicaría un rendimiento del 10% para 10 años en bonos de grado alto. (*Nota:* Es la tasa de inflación esperada, y no la tasa de inflación observada o reportada, la que se suma a la tasa real de interés). Esto establece meramente que los prestamistas requieren una tasa de interés nominal suficientemente alta para ganar la tasa real de interés después de compensar la disminución *esperada* en el poder de compra del dinero ocasionada por la inflación.

Comportamiento de los rendimientos de valores corporativos. Las diferencias en riesgo por incumplimiento, bursatilidad, vencimiento, carácter gravable y características de opciones afectan el rendimiento de un valor en relación con otro en *un punto del tiempo*. Además, el rendimiento de los valores en sí mismo (y, por ende, el costo de los fondos para las empresas de negocios) variará *con el tiempo*. Las fluctuaciones en la oferta y las presiones de demanda en los mercados financieros, así como los cambios en las expectativas de inflación, ayudan a explicar esta variabilidad en los rendimientos.

Puntos clave de aprendizaje

- Las cuatro formas de organización de negocios son *propietario único*, *sociedad*, *corporación* y *compañía de responsabilidad limitada (CRL)*.

- La corporación ha surgido como la forma organizacional más importante debido a ciertas ventajas que tiene sobre otras formas de organización. Estas ventajas incluyen responsabilidad limitada, fácil transferencia de la propiedad, vida ilimitada y la capacidad para reunir grandes sumas de capital.

- La mayoría de las empresas con ingreso gravable prefieren usar un *método de depreciación acelerada* en su declaración de impuestos para disminuir su carga fiscal. Una empresa rentable en cuanto al reporte financiero puede, de hecho, mostrar pérdidas con fines fiscales.

- El interés pagado por las corporaciones se considera un gasto deducible de impuestos; sin embargo, los dividendos pagados no son deducibles de impuestos.

- Los bienes financieros (valores) existen en una economía porque la inversión de una unidad económica en bienes raíces (como edificios y equipo) muchas veces difiere de sus ahorros. En la economía completa, el superávit de ahorros (aquél cuyos ahorros exceden su inversión en bienes raíces) proporciona fondos para las unidades con déficit de ahorros (aquéllas cuyas inversiones en bienes raíces exceden sus ahorros). Este intercambio de fondos se manifiesta en los instrumentos de inversión, o valores, que representan bienes financieros para los dueños y obligaciones financieras para los emisores.

- El propósito de los mercados financieros en una economía es asignar ahorros a los usuarios finales de manera eficiente.

- Los *intermediarios financieros* ayudan a que los mercados financieros sean más eficientes. Los intermediarios están entre los compradores finales y los prestamistas transformando demandas directas en demandas indirectas. Los intermediarios financieros compran *valores directos* (o *primarios*) y, a la vez, emiten sus propios *valores indirectos* (o *secundarios*) para el público.

- Los agentes financieros, como la *banca de inversión* y la *banca hipotecaria*, reúnen a las partes que necesitan fondos con las que tienen ahorros. Estos agentes no realizan una función de préstamos directos, sino que actúan como mediadores.

- Los mercados financieros se pueden dividir en dos clases: el mercado de dinero y mercado de capital. El *mercado de dinero* se dedica a la compra y venta de valores del gobierno a corto plazo y de deuda corporativa. El *mercado de capital* maneja la deuda a plazo relativamente largo y los instrumentos financieros.

- Dentro de los mercados de dinero y capital existen los mercados primario y secundario. Un *merado primario* es el mercado de "nuevas emisiones", y el *mercado secundario* es el de "emisiones usadas".

- El *mercado secundario* de valores a largo plazo, que comprende los *intercambios organizados* y el *mercado extrabursátil*, aumenta la liquidez (bursatilidad) de los bienes financieros y, con ello, mejora el *mercado primario* para valores a largo plazo.

- La asignación de ahorros en una economía ocurre primordialmente con base en el rendimiento esperado y el riesgo.

- Las diferencias en el riesgo de incumplimiento, bursatilidad, vencimiento, carácter gravable y características de opciones afectan el rendimiento de un valor con respecto al de otros *en un punto en el tiempo*. Las fluctuaciones en la oferta y las presiones de la demanda en los mercados financieros, al igual que las expectativas siempre cambiantes de inflación, ayudan a explicar la variabilidad en los rendimientos *en el tiempo*.

Preguntas

1. ¿Cuál es la actividad principal de la forma corporativa de organización? Analice la importancia de esta ventaja para el dueño de un pequeño restaurante familiar. Analice la importancia de esta ventaja para un empresario acaudalado que posee varios negocios.

2. ¿En qué se diferencia un socio limitado en una empresa de un accionista, suponiendo el mismo porcentaje de propiedad?

3. ¿Cuáles son algunas desventajas de *a*) un propietario único, *b*) una sociedad, *c*) una compañía de responsabilidad limitada?

4. ¿Qué tipo de corporación se beneficia con el impuesto sobre la renta?

5. En general, ¿cuáles son los principios en los que se basa el Sistema Modificado Acelerado de Recuperación de Costos (SMARC)?

6. El interés sobre los valores de Tesoro no es gravable a nivel estatal, mientras que el interés en valores municipales no es gravable a nivel federal. ¿Cuál es la razón de esta característica?

7. ¿Las tasas de impuestos individuales son progresivas o regresivas en el sentido de que aumentan o disminuyen con los niveles de ingresos?

8. Si las ganancias de capital fueran gravadas a una tasa más baja que el ingreso ordinario, como se ha hecho en el pasado, ¿a qué tipos de inversiones favorecerían?

9. El método de depreciación no altera la cantidad total deducida del ingreso durante la vida de un bien. ¿Qué sí la altera y por qué es importante?

10. Si los dueños de una nueva corporación son pocos en número, ¿tiene sentido para fines fiscales convertirse en una corporación S? Explique.

11. Las leyes fiscales se han vuelto extraordinariamente complejas. Además, existe poca justificación teórica o moral para tener un número sustancial de incentivos fiscales (resquicios legales). ¿Por qué y cómo se crean estos incentivos? En su opinión, ¿existe un indicio de que estos incentivos serán eliminados?

12. ¿Cuál es el propósito de las cláusulas de *aplicación retroactiva* y *acarreo al futuro* en las leyes fiscales?

13. ¿Cuál es el propósito de los mercados financieros? ¿Cómo puede este propósito lograrse de manera eficiente?

14. Analice las funciones de los intermediarios financieros.

15. Varios factores dan lugar a las diferentes tasas de interés o rendimientos que se observan para los distintos tipos de instrumentos de deuda. ¿Cuáles son esos factores?

16. ¿Qué significa hacer más eficientes a los mercados financieros? ¿Y más completos?

17. ¿Cuál es el propósito de las bolsas de valores como la Bolsa de Nueva York?

18. En general, ¿cuál sería el efecto probable de los siguientes sucesos en el mercado de dinero y el mercado de capital?

    a) La tasa de ahorros de los individuos en el país disminuye.

    b) Las personas aumentan sus ahorros en las asociaciones de ahorro y préstamos y disminuyen sus ahorros en los bancos.

    c) El gobierno grava las ganancias de capital a la tasa ordinaria de impuestos sobre la renta.

    d) Se registra una inflación no anticipada de magnitud sustancial y los niveles de precios se elevan con rapidez.

    e) Las instituciones de ahorro y los prestamistas aumentan los cargos por transacción para las cuentas de ahorro y los préstamos.

19. Elija un intermediario financiero con el que esté familiarizado y explique su papel económico. ¿Hace más eficiente al mercado financiero?

20. ¿Cuál es la distinción entre el mercado de dinero y el mercado de capital? Esta distinción, ¿es real o artificial?

21. ¿Cómo afectan los costos de las transacciones el flujo de los fondos y la eficiencia de los mercados financieros?

22. ¿Cuáles son las fuentes principales de financiamiento externo de las empresas?

23. Además de los intermediarios financieros, ¿qué otras instituciones y acuerdos facilitan el flujo de fondos desde y hacia las empresas?

Problemas para autoevaluación

1. John Henry tiene un pequeño negocio de limpieza de casas que actualmente es de propiedad única. El negocio tiene nueve empleados, ventas anuales de $480,000, pasivos totales de $90,000 y bienes totales por $236,000. Incluido el negocio, Henry tiene un valor neto personal de $467,000 y pasivos fuera del negocio por $42,000, representados por una hipoteca sobre su casa. Le gustaría dar a uno de sus empleados, Tori Kobayashi, un interés participativo en el negocio. Henry está considerando la forma de sociedad o la forma corporativa, donde daría a Kobayashi algunas acciones. Kobayashi tiene un valor personal neto de $36,000.

    a) ¿Cuál es el grado de riesgo de Henry como propietario único en caso de una demanda fuerte (digamos de $600,000)?

    b) ¿Cuánto está expuesto en una forma de sociedad? ¿Los socios comparten el riesgo?

    c) ¿Cuánto está expuesto con la forma corporativa?

2. Bernstein Tractor Company acaba de invertir en un nuevo equipo que cuesta $16,000. El equipo está en la clase de propiedad de 5 años para fines de recuperación de costo (depreciación). ¿Qué cargos por depreciación puede hacer por el bien en cada uno de los siguientes seis años?

3. Wallopalooza Financial, Inc. piensa que puede ser "intermediario" en el mercado hipotecario. Actualmente, los deudores pagan el 7% sobre una hipoteca con tasa ajustable. La tasa de interés de depósito necesaria para atraer fondos para prestar es del 3%, también ajustable a las condiciones del mercado. Los gastos administrativos de Wallopalooza, incluyendo los costos de información, son $2 millones por año en un negocio base de $100 millones en préstamos.

    a) ¿Qué tasa de interés sobre préstamos hipotecarios y sobre depósitos recomendaría para obtener clientes?

    b) Si atrae $100 millones en préstamos y una cantidad igual de depósitos con una tasa para hipotecas del 6.5% y una tasa de interés sobre depósitos del 3.5%, ¿cuál sería la utilidad anual antes de impuestos de Wallopalooza en el nuevo negocio? (Suponga que las tasas de interés no cambian).

4. Suponga que los bonos del Tesoro a 91 días actualmente dan el 6% al vencimiento y que los bonos del Tesoro a 25 años dan el 7.25 por ciento. López Pharmaceutical Company recientemente emitió bonos de 25 años que dan el 9% al vencimiento.

    a) Si el rendimiento de los bonos del Tesoro se toma como una tasa a corto plazo, sin riesgo, ¿qué prima en el rendimiento se requiere para el riesgo de incumplimiento y la bursatilidad más baja asociada con los bonos de López?

    b) ¿Qué prima en rendimiento mayor que la tasa a corto plazo, sin riesgo, es atribuible al periodo de vencimiento?

Problemas

1. Zaharias-Liras Wholesalers, una sociedad, debe $418,000 a varias compañías de envíos. Armand Zaharias tiene un valor personal neto de $1,346,000, que incluye un interés participativo de $140,00 en la sociedad. Nick Liras tiene un valor personal neto de $893,000, que incluye el mismo interés participativo que su socio. Los socios han mantenido sólo una base participativa moderada de $280,000 en el negocio, y han sacado las utilidades como retiros de los socios. Ellos quieren limitar su exposición al riesgo y están considerando la forma corporativa.

    a) ¿Cuál es ahora su pasivo para el negocio? ¿Cuál sería con la forma corporativa?

    b) ¿Estarán los acreedores más o menos dispuestos a conceder créditos con un cambio en la forma de organización?

2. Loann Le Milling Company va a comprar un nuevo equipo de pruebas en $28,000 y una máquina nueva en $53,000. El equipo está en la clase de propiedad de 3 años, y la máquina en la clase de 5 años. ¿Qué depreciación anual podrá reportar para los dos nuevos bienes?

3. Tripex Consolidated Industries es dueña de $1.5 millones en bonos de 12% de Solow Electronics. Además, posee 100,000 acciones preferenciales de Solow, que constituyen el 10% de todas las acciones preferenciales de Solow. Durante el año pasado, Solow pagó el interés estipulado sobre sus bonos y dividendos de $3 por cada acción preferencial. La tasa de impuesto marginal de Tripex es del 34 por ciento. ¿Qué impuestos debe pagar Tripex sobre el ingreso de este interés y los dividendos?

4. La compañía Castle Cork fue fundada en 20X1 y tuvo el siguiente ingreso gravable hasta 20X5:

20X1	20X2	20X3	20X4	20X5
$0	$35,000	$68,000	−$120,000	$52,000

Calcule el impuesto sobre el ingreso corporativo o el reembolso de impuestos cada año, suponiendo las tasas de impuestos estudiadas en este capítulo.

5. La compañía Loquat Foods puede pedir prestado a una tasa de interés del 9% por un año. Para ese año, los participantes en el mercado esperan un 4% de inflación.

   a) ¿Qué tasa de rendimiento real espera el prestamista? ¿Cuál es la prima de inflación integrada en esta tasa de interés nominal?

   b) Si la inflación resulta del 2% en el año, ¿sufrirá el prestamista? ¿El prestatario? ¿Por qué?

   c) Si la inflación es del 6%, ¿quién gana o pierde?

6. De un periódico financiero de un lunes reciente, recolecte información sobre rendimientos para un bono del Tesoro a largo plazo, un bono de una empresa de servicio público (tal vez de calidad AA), bonos municipales como los descritos en el índice de bonos municipales, otros bonos del Tesoro y pagarés comerciales. (Esta información aparece en la última página del *Wall Street Journal* en la sección de mercado de valores, la sección de tasas de mercado de dinero y la sección de emisiones del Tesoro). ¿Qué razones puede dar para que haya diferencias en los rendimientos de estos distintos instrumentos?

Soluciones a los problemas para autoevaluación

1. a) Henry tiene todos los pasivos, de libros y contingentes. Si perdiera la demanda, perdería sus bienes netos, que representan un valor neto de $467,000. Sin la demanda, todavía tiene pasivos por $90,000 si por alguna razón el negocio no puede pagar.

   b) Todavía puede perder todos sus bienes netos porque el valor neto de Kobayashi es insuficiente para hacer mella en la demanda: $600,000 − $36,000 = $564,000. Como los dos socios tienen valores netos con una diferencia sustancial, no comparten el riesgo por igual. Henry tiene mucho más que perder.

   c) En la forma corporativa, puede perder el negocio, pero eso es todo. El valor neto del negocio es $263,000 − $90,000 = **$173,000** y esto representa el interés financiero personal de Henry en el negocio. El resto de su valor neto, $467,000 − $173,000 = $294,000 estaría protegido en la forma corporativa.

2. Cargos por depreciación para el equipo:

AÑO	PORCENTAJE	CANTIDAD
1	20.00%	**$ 3,200.00**
2	32.00	**5,120.00**
3	19.20	**3,072.00**
4	11.52	**1,843.20**
5	11.52	**1,843.20**
6	5.76	**921.60**
Total		$16,000.00

3. *a*) Con $2 millones de gastos por $100 millones en préstamos, los costos administrativos son del 2 por ciento. Por lo tanto, nada más para el punto de equilibrio, la empresa debe establecer tasas de manera que exista (al menos) un 2% de diferencia entre la tasa de interés sobre los depósitos y la tasa hipotecaria. Además, las condiciones del mercado dictan que 3% es el piso para la tasa sobre depósitos y 7% es el techo para la tasa hipotecaria. Suponga que Wallopalooza desea incrementar la tasa de depósito actual y bajar la tasa hipotecaria actual en cantidades iguales y obtener un rendimiento del 1% antes de impuestos. Entonces ofrecería una tasa para los depósitos del 3.5% y una tasa hipotecaria del 6.5 por ciento. Por supuesto, hay otras respuestas que dependen de sus suposiciones de ganancias.

b) La ganancia antes de impuestos del 1% sobre $100 millones en préstamos es igual a **$1 millón**.

4. *a*) La prima atribuible al riesgo de incumplimiento y a una bursatilidad baja es 9% − 7.25% = **1.75%**.

b) La prima atribuible al periodo de vencimiento es 7.25% − 6% = **1.25%**. En este caso, el riesgo por incumplimiento se mantiene constante, y la bursatilidad en su mayor parte, también se mantiene constante.

Referencias seleccionadas

Fabozzi, Frank J. y Franco Modigliani. *Capital Markets: Institutions and Instruments,* 2a ed. Upper Saddle River, NJ: Prentice Hall, 1995.

Fleischman, Gary M. y Jeffrey J. Bryant. "C Corporation, LLC, or Sole Proprietorship: What Form is Best for Your Business?". *Management Accounting Quarterly* 1 (primavera, 2000), 14-21.

Kidwell, David S., David Blackwell, David Whidbee y Richard Peterson. *Financial Institutions, Markets, and Money,* 9a ed. Hoboken, NJ: Wiley, 2006.

Rose, Peter y Milton Marquis. *Money and Capital Markets: Financial Institutions in a Global Marketplace,* 9a ed. Nueva York: McGraw-Hill/Irwin, 2006.

Van Horne, James C. "Of Financial Innovations and Excesses", *Journal of Finance* 40 (julio, 1985).

_____. *Financial Market Rates and Flows,* 6a ed. Upper Saddle River, NJ: Prentice Hall, 2001.

La parte I del sitio Web del libro, *Wachowicz's Web World,* contiene vínculos a muchas páginas de finanzas y artículos en línea relacionados con los temas cubiertos en este capítulo. (web.utk.edu/~jwachowi/wacho_world.html)

3

Valor del dinero en el tiempo

Contenido

- **La tasa de interés**

- **Interés simple**

- **Interés compuesto**
  Cantidades únicas • Anualidades • Flujos mixtos

- **Capitalización más de una vez al año**
  Periodos de capitalización semestrales y otros •
  Capitalización continua • Tasa de interés anual
  efectiva

- **Amortización de un préstamo**

- **Tabla de resumen de fórmulas clave
  de interés compuesto**

- **Puntos clave de aprendizaje**

- **Preguntas**

- **Problemas para autoevaluación**

- **Problemas**

- **Soluciones a los problemas para
  autoevaluación**

- **Referencias seleccionadas**

Objetivos

Después de estudiar el capítulo 3, usted será capaz de:

- Comprender qué significa "el valor del dinero en el tiempo".

- Comprender la relación entre valor presente y futuro.

- Describir cómo se puede usar el interés para ajustar el valor de los flujos de efectivo —hacia delante y hacia atrás— a un solo punto en el tiempo.

- Calcular el valor presente y futuro de: *a*) una cantidad invertida hoy, *b*) una serie de flujos iguales (una anualidad) y *c*) una serie de flujos mixtos.

- Distinguir entre una "anualidad ordinaria" y una "anualidad que se debe".

- Usar tablas de factores de interés y comprender que proporcionan un atajo para calcular el valor presente y futuro.

- Usar tablas de factores de interés para encontrar una tasa de interés desconocida o una tasa de crecimiento cuando se conocen el número de periodos y los valores presente y futuro.

- Elaborar un "programa de amortización" para préstamos a plazos.

*El valor principal del dinero estriba en el hecho de que vivimos en
un mundo en el que se sobreestima.*

—H. L. MENCKEN
A Mencken Chrestomathy

La tasa de interés

Interés Dinero pagado (ganado) por el uso del dinero.

¿Qué preferiría, $1,000 hoy o $1,000 dentro de diez años? El sentido común nos dice que tomemos $1,000 hoy porque reconocemos que existe un *valor del dinero en el tiempo*. La recepción inmediata de $1,000 nos da la *oportunidad* de poner nuestro dinero a trabajar y ganar interés. En un mundo en el que todos los flujos de efectivo son ciertos, la *tasa de interés* se puede usar para expresar el valor del dinero en el tiempo. Como pronto descubriremos, la tasa de interés nos permitirá ajustar el valor de los flujos de efectivo, siempre que se presenten en un punto específico en el tiempo. Dada esta capacidad, podremos contestar preguntas más difíciles, como ¿qué prefieres, $1,000 hoy o $2,000 dentro de diez años? Para contestar esta pregunta, será necesario posicionar los flujos de efectivo *ajustados en el tiempo*, en un solo momento de manera que se pueda hacer una comparación justa.

Si dejamos que la incertidumbre que rodea a los flujos de efectivo sea parte del análisis, será necesario sumar una prima de riesgo a la tasa de interés como compensación por esa incertidumbre. En capítulos posteriores estudiaremos el manejo de la incertidumbre (riesgo). Por ahora nos centraremos en el valor del dinero en el tiempo y las maneras en que se puede usar la tasa de interés para ajustar el valor de los flujos de efectivo a un solo punto en el tiempo.

La mayoría de las decisiones financieras, tanto personales como de negocios, consideran el valor del dinero en tiempo. En el capítulo 1 aprendimos que el objetivo de la administración debe ser maximizar la riqueza de los accionistas, y que esto depende, en parte, del tiempo en que se registran los flujos de efectivo. No es de sorprender que una aplicación importante de los conceptos resaltados en este capítulo sea valorar una serie de flujos de efectivo. De hecho, gran parte del desarrollo de este libro depende de la comprensión de este capítulo. Uno no entenderá realmente las finanzas si no comprende el valor del dinero en el tiempo. Aunque no se puede evitar que la presentación que sigue sea de naturaleza matemática, nos concentraremos sólo en unas cuantas fórmulas para que sea más sencillo captar lo fundamental. Comenzaremos con el *interés simple* y lo usaremos como escalón para desarrollar el concepto de *interés compuesto*. **Además, para observar mejor el efecto del interés compuesto, casi todos los ejemplos en este capítulo suponen una tasa de interés anual del 8 por ciento.**

Tome nota

Antes de comenzar, es importante hacer una advertencia. Los ejemplos de este capítulo con frecuencia manejan números que deben elevarse a la enésima potencia, por ejemplo, (1.05) a la potencia 3 es igual a $(1.05)^3$ e igual a $[(1.05) \times (1.05) \times (1.05)]$. Sin embargo, esta operación es sencilla en una calculadora y hay tablas en las que este cálculo ya se hizo. Aunque las tablas son una ayuda útil, no es posible confiar en ellas para resolver *todos* los problemas, ya que sería imposible representar todas las tasas de interés o todos los periodos en cada tabla. Por consiguiente, necesitará familiarizarse con las fórmulas operacionales en las que se basan las tablas. (Como recordatorio, la fórmula apropiada se incluye al principio de cada tabla). Los lectores que posean una calculadora de negocios pueden sentir la urgencia de saltarse tanto las tablas como las fórmulas e ir directamente a las teclas de las funciones diseñadas para manejar los problemas del valor del dinero en el tiempo. Pero lo exhortamos a que primero comprenda la lógica detrás de los procedimientos descritos en este capítulo. Aun las mejores calculadoras son incapaces de corregir una secuencia de pasos errónea que programó el usuario.

Interés simple

Interés simple Interés pagado (ganado) sólo sobre la cantidad original, o principal, solicitada en préstamo (prestada).

El **interés simple** es el interés que se paga (se gana) sólo sobre la cantidad original, o *principal*, solicitada en préstamo (prestada). La cantidad de dinero de interés simple es una función de tres variables: la cantidad original solicitada en préstamo (prestada) o principal, la tasa de interés por periodo y el número de periodos por los que el principal se pide en préstamo (se presta). La fórmula para calcular el interés simple es

$$IS = P_0(i)(n) \tag{3.1}$$

donde IS = interés simple en unidades monetarias
$\quad P_0$ = principal, o cantidad original que se pide (se presta) en el periodo 0
$\quad\ \ i$ = tasa de interés por periodo
$\quad\ n$ = número de periodos

Por ejemplo, suponga que deposita \$100 en una cuenta de ahorros que paga el 8% de interés simple y que los conserva ahí 10 años. Al final de los 10 años, la cantidad de interés acumulado se determina como sigue:

$$\$80 = \$100(0.08)(10)$$

Valor futuro (valor terminal) El valor en algún tiempo futuro de una cantidad presente de dinero, o una serie de pagos, evaluados a una tasa de interés dada.

Para obtener el **valor futuro** (también conocido como el **valor terminal**) de la cuenta al cabo de 10 años (VF_{10}), sumamos a la cantidad original el interés ganado sólo sobre el principal. Así,

$$VF_{10} = \$100 + [\$100(0.08)(10)] = \$180$$

Para cualquier tasa de interés, el valor futuro de una cuenta al final de n periodos es

$$VF_n = P_0 + IS = P_0 + P_0(i)(n)$$

o, de manera equivalente,

$$VF_n = P_0[1 + (i)(n)] \tag{3.2}$$

Valor presente El valor actual de una cantidad futura de dinero, o una serie de pagos, evaluada a una tasa de interés dada.

Algunas veces necesitamos proceder en dirección opuesta. Es decir, conocemos el valor futuro de un depósito al i% durante n años, pero no conocemos el principal original invertido, es decir, el **valor presente** de la cuenta ($VP_0 = P_0$). Todo lo que necesitamos es arreglar de otra manera la ecuación (3.2).

$$VP_0 = P_0 = VF_n/[1 + (i)(n)] \tag{3.3}$$

Ahora que ya está familiarizado con la mecánica del interés simple, quizá sea un poco cruel señalar que la mayoría de las situaciones en finanzas que implican el valor del dinero en el tiempo no se apoyan sólo en el interés simple. En vez de ello, la norma es el *interés compuesto*; no obstante, comprender el interés simple ayudará a apreciar (y entender) mejor el interés compuesto.

Interés compuesto

Interés compuesto Interés pagado (ganado) sobre cualquier interés ganado antes, lo mismo que sobre el principal solicitado en préstamo (prestado).

La distinción entre *interés simple* y *compuesto* se apreciará mejor con un ejemplo. La tabla 3.1 ilustra el efecto bastante drástico que el interés compuesto tiene sobre el valor de la inversión en el tiempo comparado con el efecto del interés simple. A partir de la tabla, queda claro por qué algunas personas consideran el interés compuesto como la más grande invención humana.

La noción de **interés compuesto** es crucial para entender las matemáticas financieras. El término mismo implica simplemente que el interés pagado (ganado) sobre un préstamo (inversión) se suma periódicamente al principal. Como resultado, se gana interés sobre el interés al igual que sobre el

	AÑOS	CON INTERÉS SIMPLE	CON INTERÉS COMPUESTO
Tabla 3.1	2	$ 1.16	$ 1.17
Valor futuro de $1	20	2.60	4.66
invertido por varios	200	17.00	4,838,949.59
periodos a una tasa			
de interés anual del			
8 por ciento			

capital inicial. Es el efecto del interés sobre el interés, o de la *capitalización*, el que explica la importante diferencia entre el interés simple y el compuesto. Como se verá, el concepto de interés compuesto se puede usar para resolver una amplia gama de problemas de finanzas.

● ● ● Cantidades únicas

Valor futuro (o capitalizado). Para comenzar, considere a una persona que deposita $100 en una cuenta de ahorros. Si la tasa de interés es del 8% compuesto cada año, ¿cuánto valdrán los $100 al final de un año? Para plantear el problema, queremos encontrar el *valor futuro* (que en este caso también recibe el nombre de *valor capitalizado*) de la cuenta al final del año (VF_1).

$$VF_1 = P_0(1 + i)$$
$$= \$100(1.08) = \textbf{\$108}$$

Es interesante ver que el valor de este primer año es el mismo que obtendríamos si usáramos interés simple. Pero ahí termina la similitud.

¿Qué pasa si dejamos $100 depositados dos años? El depósito inicial de $100 habrá crecido a $108 al final del primer año al 8% de interés compuesto anual. Al final del segundo año, $108 se convierten en $116.64, ya que se gana un interés de $8 sobre los $100 originales, y $0.64 sobre los $8 de interés acreditado a la cuenta al final del primer año. En otras palabras, se gana interés sobre el interés ganado antes, de ahí el nombre de *interés compuesto*. Por lo tanto, el valor futuro al final del segundo año es

$$VF_2 = VF_1(1 + i) = P_0(1 + i)(1 + i) = P_0(1 + i)^2$$
$$= \$108(1.08) = \$100(1.08)(1.08) = \$100(1.08)^2$$
$$= \textbf{\$116.64}$$

Al final de tres años la cuenta valdrá

$$VF_3 = VF_2(1 + i) = VF_1(1 + i)(1 + i) = P_0(1 + i)^3$$
$$= \$116.64(1.08) = \$108(1.08)(1.08) = \$100(1.08)^3$$
$$= \textbf{\$125.97}$$

En general, VF_n, el valor futuro (capitalizado) de un depósito al final de n periodos, es

$$VF_n = P_0(1 + i)^n \qquad (3.4)$$

o

$$VF_n = P_0(FIVF_{i,n}) \qquad (3.5)$$

donde igualamos $FIVF_{i,n}$ (es decir, el *factor de interés del valor futuro al i%, n periodos*) con $(1 + i)^n$. La tabla 3.2, que muestra los valores futuros para el problema del ejemplo al final de los años 1 a 3 (y más allá), ilustra el concepto de interés que se gana sobre el interés.

La ecuación (3.4) es muy sencilla para una calculadora. Además, se han construido tablas para valores de $(1 + i)^n - FIVF_{i,n}$ - para diversos valores de i y n. Estas tablas, llamadas (apropiadamente)

Tabla 3.2

Ilustración del interés compuesto con un depósito inicial de $100 y 8% de interés anual

AÑO	CANTIDAD INICIAL	INTERÉS GANADO DURANTE EL PERIODO (8% de la cantidad inicial)	CANTIDAD FINAL (VF_N)
1	**$100.00**	**$ 8.00**	**$108.00**
2	**108.00**	**8.64**	**116.64**
3	**116.64**	**9.33**	**125.97**
4	125.97	10.08	136.05
5	136.05	10.88	146.93
6	146.93	11.76	158.69
7	158.69	12.69	171.38
8	171.38	13.71	185.09
9	185.09	14.81	199.90
10	199.90	15.99	215.89

Tabla 3.3

Factor de interés del valor futuro de $1 a *i*% al final de *n* periodos ($FIVF_{i,n}$)

$$(FIVF_{i,n}) = (1 + i)^n$$

PERIODO (n)	TASA DE INTERÉS (i)					
	1%	3%	5%	8%	10%	15%
1	1.010	1.030	1.050	**1.080**	1.100	1.150
2	1.020	1.061	1.102	**1.166**	1.210	1.322
3	1.030	1.093	1.158	**1.260**	1.331	1.521
4	1.041	1.126	1.216	**1.360**	1.464	1.749
5	1.051	1.159	1.276	**1.469**	1.611	2.011
6	1.062	1.194	1.340	**1.587**	1.772	2.313
7	1.072	1.230	1.407	**1.714**	1.949	2.660
8	1.083	1.267	1.477	**1.851**	2.144	3.059
9	**1.094**	**1.305**	**1.551**	**1.999**	2.358	3.518
10	1.105	1.344	1.629	2.159	2.594	4.046
25	1.282	2.094	3.386	6.848	10.835	32.919
50	1.645	4.384	11.467	46.902	117.391	1,083.657

tablas de factor de interés del valor futuro (o *factor de interés del valor terminal*), están diseñadas para usarse con la ecuación (3.5). La tabla 3.3 es un ejemplo que cubre varias tasas de interés que van del 1 al 15 por ciento. Las designaciones de los encabezados *Tasa de interés (i)* y *Periodo (n)* en la tabla son similares a las coordenadas de un mapa. Nos ayudan a localizar el factor de interés adecuado. Por ejemplo, el factor de interés del valor futuro al 8% durante 9 años ($FIVF_{8\%,9}$) se localiza en la intersección de la *columna del 8%* y el *renglón de 9 periodos*, y es igual a 1.999. La cifra 1.999 significa que $1 invertido a un interés compuesto del 8% durante 9 años dará un rendimiento aproximado de $2, que consiste en el principal inicial *más* el interés acumulado. (Encontrará una tabla más completa en la tabla 1 del apéndice al final del libro).

Si tomamos los *FIVF* para $1 en la *columna* del 8% y los multiplicamos por $100, obtenemos las cifras (con algunos redondeos) que corresponden a nuestros cálculos para $100 en la columna final de la tabla 3.2. Observe también que en los renglones que corresponden a dos años o más, el incremento proporcional en el valor futuro se vuelve mayor conforme aumenta el interés. Un dibujo ayudará a aclarar este punto. En la figura 3.1 graficamos un valor futuro para un depósito inicial de $100 con tasas de interés del 5, 10 y 15 por ciento. Como se puede ver en la gráfica, cuanto mayor es la tasa de interés, más pronunciada será la pendiente de la curva de crecimiento mediante la cual aumenta el valor futuro. Además, a mayor número de años durante los cuales se puede ganar interés compuesto, más grande será el valor futuro.

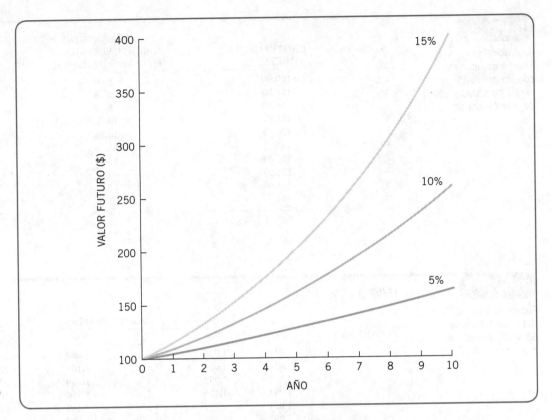

Figura 3.1

Valores futuros con $100 de depósito inicial y 5, 10 y 15% de interés compuesto anualmente

Crecimiento compuesto. Aunque nuestra preocupación hasta ahora ha sido con tasas de interés, es importante entender que el concepto implicado se aplica al crecimiento compuesto de cualquier tipo; por ejemplo, en los precios de la gasolina, las colegiaturas, las ganancias corporativas o los dividendos. Suponga que los dividendos más recientes de una corporación fueron $10 por acción, pero se espera que este dividendo crezca a una tasa del 10% de interés compuesto anual. Para los siguientes cinco años esperaríamos que los dividendos fueran los que se indican en la tabla.

AÑO	FACTOR DE CRECIMIENTO	DIVIDENDOS ESPERADOS/ACCIÓN
1	$(1.10)^1$	$11.00
2	$(1.10)^2$	12.10
3	$(1.10)^3$	13.31
4	$(1.10)^4$	14.64
5	$(1.10)^5$	16.11

Pregunta

En 1790, John Jacob Astor compró aproximadamente un acre de terreno en el lado este de la isla de Manhattan en $58. Astor, que era considerado un inversionista atinado, realizó muchas compras parecidas. ¿Cuánto dinero tendrían sus descendientes en 2009, si en lugar de comprar el terreno, Astor hubiera invertido los $58 al 5% de interés compuesto anual?

Respuesta

En la tabla 1, en el apéndice al final del libro, no encontraremos el *FIVF* de $1 en 219 años al 5 por ciento. Pero observe el *FIVF* de $1 en 19 años: 2.527. Sí, pero, ¿para qué sirve? Siendo un poco creativos, podemos expresar nuestro problema como sigue:[1]

$$VF_{219} = P_0 \times (1 + i)^{219}$$
$$= P_0 \times (1 + i)^{50} \times (1 + i)^{50} \times (1 + i)^{50} \times (1 + i)^{50} \times (1 + i)^{19}$$
$$= \$58 \times 11.467 \times 11.467 \times 11.467 \times 11.467 \times 2.527$$
$$= \$58 \times 43{,}692.26 = \mathbf{\$2{,}534{,}151.08}$$

Dado el precio actual del terreno en la ciudad de Nueva York, la compra de Astor de un acre parece haber pasado la prueba del tiempo como una inversión sabia. También es interesante observar que, con poco razonamiento, podemos obtener bastante información incluso en una tabla básica.

De manera similar, podemos determinar los niveles futuros de otras variables que están sujetas a crecimiento continuo. Este principio será especialmente importante cuando consideremos ciertos modelos de valuación para las acciones ordinarias en el siguiente capítulo.

Valor presente (o descontado). Todos nos damos cuenta de que un dólar hoy vale más que un dólar recibido dentro de uno, dos o tres años. Calcular el *valor presente* de los flujos de efectivo futuros nos permite colocar todos esos flujos de efectivo en la actualidad de manera que se puedan comparar en términos del dinero de hoy.

Una comprensión del concepto de valor presente debe permitirnos contestar una pregunta que se propuso al principio de este capítulo: ¿qué preferiría, $1,000 hoy o $2,000 dentro de 10 años?[2] Suponga que ambas sumas son completamente ciertas y su costo de oportunidad de los fondos es del 8% anual (esto es, puede pedir prestado o prestar al 8% de interés). El valor presente de $1,000 recibidos hoy es sencillo: es igual a $1,000. Pero, ¿cuánto valen hoy $2,000 recibidos dentro de 10 años? Podemos comenzar por preguntar qué cantidad (hoy) crecería hasta $2,000 al final de 10 años al 8% de interés compuesto. Esta cantidad se llama el *valor presente* de $2,000 pagaderos en 10 años, *descontados* al 8 por ciento. En los problemas de valor presente como éste, la tasa de interés también se conoce como **tasa de descuento** (o **tasa de capitalización**).

Tasa de descuento (tasa de capitalización) Tasa de interés usada para convertir *valores futuros* en *valores presentes*.

Encontrar el valor presente (o *descontado*) es simplemente el inverso de la *capitalización*. Entonces recordemos primero la ecuación (3.4):

$$VF_n = P_0(1 + i)^n$$

Reordenando términos, despejamos el valor presente:

$$VP_0 = P_0 = VF_n/(1 + i)^n$$
$$= VF_n[1/(1 + i)^n] \tag{3.6}$$

Observe que el término $[1/(1 + i)^n]$ es sencillamente el recíproco del *factor de interés del valor futuro al i% para n periodos* ($FIVF_{i,n}$). Este recíproco tiene su propio nombre: *factor de interés del valor presente al i% para n periodos* ($FIVP_{i,n}$), y nos permite rescribir la ecuación (3.6) como

$$VP_0 = VF_n(FIVF_{i,n}) \tag{3.7}$$

Una tabla de valor presente que contiene una amplia variedad de tasas de interés y periodos alivia los cálculos que implica la ecuación (3.6) cada vez que tenemos que resolver un problema de valor presente. La tabla 3.4 es una versión abreviada de ese tipo de tablas. (La tabla II en el apéndice al final del libro es una versión más completa).

[1] Usamos una de las reglas de exponentes. En particular, $A^{m+n} = A^m \times A^n$

[2] De manera alternativa, podemos manejar éste como un problema de valor futuro. Para hacerlo, comparamos el valor futuro de $1,000 capitalizado al 8% de interés anual durante 10 años, con uno futuro de $2,000.

$(FIVF_{i,n}) = 1/(1 + i)^n$

PERIODO (n)	TASA DE INTERÉS (i)					
	1%	3%	5%	8%	10%	15%
1	0.990	0.971	0.952	0.926	0.909	0.870
2	0.980	0.943	0.907	0.857	0.826	0.756
3	0.971	0.915	0.864	0.794	0.751	0.658
4	0.961	0.888	0.823	0.735	0.683	0.572
5	0.951	0.863	0.784	0.681	0.621	0.497
6	0.942	0.837	0.746	0.630	0.564	0.432
7	0.933	0.813	0.711	0.583	0.513	0.376
8	0.923	0.789	0.677	0.540	0.467	0.327
9	0.914	0.766	0.645	0.500	0.424	0.284
10	**0.905**	**0.744**	**0.614**	**0.463**	0.386	0.247

Ahora podemos usar la ecuación (3.7) y la tabla 3.4 para obtener el valor presente de $2,000 que se recibirán al final de 10 años, descontado al 8 por ciento. En la tabla 3.4, la intersección de la *columna del 8%* con el *renglón de 10 periodos* indica un $FIVP_{8\%,10} = 0.463$. Esto nos dice que $1 recibido dentro de 10 años, hoy vale aproximadamente 46 centavos. Armados con esta información, obtenemos

$$VP_0 = VF_{10}(FIVP_{8\%,10})$$
$$= \$2{,}000(0.463) = \$926$$

Por último, si comparamos esta cantidad en valor presente ($926) con la promesa de $1,000 recibidos hoy, preferiremos $1,000. En términos de valor presente estaríamos mejor por $74 ($1,000 − $926).

Descontar flujos de efectivo resulta muy parecido al proceso de *dar ventaja*. Esto es, ponemos los flujos de efectivo futuros matemáticamente en desventaja con respecto al dinero actual. Por ejemplo, en el problema anterior, todos los dólares futuros se pusieron en desventaja a tal grado que cada uno valía sólo 46 centavos. Cuanto mayor sea la desventaja asignada a los flujos de efectivo futuros, menor será el factor de interés del valor presente (*FIVP*) correspondiente. La figura 3.2 ilustra cómo se combinan ambos, el tiempo y la tasa de descuento, para afectar el valor presente de $100 recibidos de 1 a 10 años en el futuro, para tasas de descuento del 5, 10 y 15 por ciento. La gráfica muestra que el valor presente de $100 disminuye a una tasa decreciente cuanto más lejano en el futuro esté el momento en que se va a recibir. Cuanto mayor sea la tasa de interés, por supuesto, menor será el valor presente y también más pronunciada será la curva. A una tasa de descuento del 15%, $100 que se han de recibir dentro de 10 años valen sólo $24.70 hoy; o aproximadamente 25 centavos por un dólar (futuro).

Pregunta

¿Cómo determina el valor futuro (valor presente) de una inversión en el lapso que contiene un periodo fraccionario (por ejemplo, 1¼ años)?

Respuesta

Sencillo. Todo lo que se hace es alterar la fórmula del valor futuro (valor presente) para que incluya la fracción en forma decimal. Digamos que usted invierte $1,000 en una cuenta de ahorros que capitaliza anualmente al 6% y quiere retirar sus ahorros en 15 meses (es decir, en 1.25 años). Como $VF_n = P_0(1 + i)^n$, puede retirar la siguiente cantidad dentro de 15 meses:

$$VF_{1.25} = \$1{,}000(1 + 0.06)^{1.25} = \mathbf{\$1{,}075.55}$$

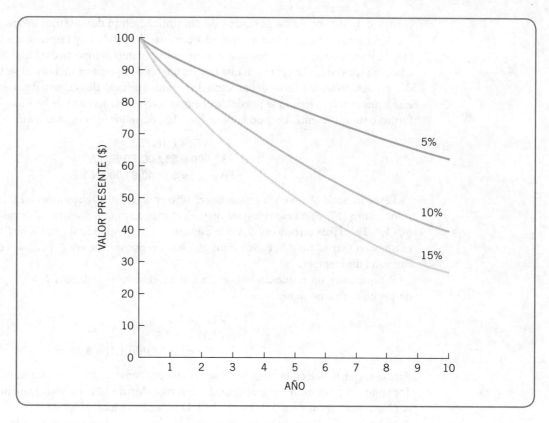

Figura 3.2

Valores presentes con flujos de efectivo de $100 y 5, 10 y 15% de interés compuesto anual

Tasa de interés (o descuento) desconocida. Algunas veces nos enfrentamos a una situación de valor del dinero en el tiempo en la que conocemos ambos valores, el futuro y el presente, al igual que el número de periodos. Sin embargo, se desconoce la tasa de interés compuesto (i) implícita en la situación.

Suponga que si invierte $1,000 hoy, recibirá $3,000 dentro de exactamente 8 años. La tasa de interés (o descuento) capitalizada implícita en esta situación se puede encontrar reacomodando la ecuación básica de valor futuro o la de valor presente. Por ejemplo, al usar la ecuación (3.5) del valor futuro, tenemos

$$VF_8 = P_0(FIVF_{i,8})$$
$$\$3,000 = \$1,000(FIVF_{i,8})$$
$$FIVF_{i,8} = \$3,000/\$1,000 = \mathbf{3}$$

Leemos en el *renglón de 8 periodos* en la tabla 3.3, buscamos el factor de interés para el valor futuro (*FIVF*) que se acerca más a nuestro valor calculado de 3. En la tabla, ese factor de interés es 3.059 y se encuentra en la *columna del 15 por ciento*. Como 3.059 es un poco mayor que 3, concluimos que la tasa de interés implícita en la situación del ejemplo es en realidad un poco menor que 15 por ciento.

Para encontrar una respuesta más exacta, reconocemos que $FIVF_{i,8}$ también se puede escribir como $(1 + i)^8$, y despejamos directamente i como sigue:

$$(1 + i)^8 = 3$$
$$(1 + i) = 3^{1/8} = 3^{0.125} = 1.1472$$
$$i = \mathbf{0.1472}$$

(*Nota:* Para despejar i, primero debemos elevar ambos lados de la ecuación a la potencia 1/8 o 0.125. Para elevar "3" a la potencia "0.125", usamos la tecla [y^x] en una calculadora: introduzca "3", presione la tecla [y^x], introduzca "0.125" y finalmente presione la tecla [=]).

Número desconocido de periodos de capitalización (o descuento). Algunas veces necesitamos averiguar cuánto tiempo tomará que una cantidad invertida hoy crezca a cierto valor futuro a una tasa de interés compuesto específica. Por ejemplo, ¿cuánto tiempo tardará una inversión de $1,000 en crecer a $1,900 si los invertimos a una tasa de interés compuesto anual del 10%? Como conocemos los dos valores, presente y futuro, el número de periodos de capitalización (o descuento), *n*, implicados en esta situación de inversión se puede determinar reacomodando una de las ecuaciones básicas de valor futuro o valor presente. Usando la ecuación (3.5) del valor futuro, obtenemos

$$VF_n = P_0(FIVF_{10\%,n})$$
$$\$1,900 = \$1,000(FIVF_{10\%,n})$$
$$FIVF_{10\%,n} = \$1,900/\$1,000 = \mathbf{1.9}$$

Leyendo hacia abajo en la *columna del 10%* en la tabla 3.3, buscamos el factor de interés para el valor futuro (*FIVF*) en esa columna que sea el más cercano a nuestro valor calculado. Encontramos que 1.949 es el más cercano a 1.9, y que este número corresponde al *renglón de 7 periodos*. Como 1.949 es un poco mayor que 1.9, concluimos que hay un poco menos de 7 periodos de composición en la situación del ejemplo.

Para obtener un resultado más exacto, simplemente rescribimos $FIVF_{10\%,n}$ como $(1 + 0.10)^n$, y despejamos *n* como sigue:

$$(1 + 0.10)^n = 1.9$$
$$n(\ln 1.1) = \ln 1.9$$
$$n = (\ln 1.9)/(\ln 1.1) = \mathbf{6.73 \text{ años}}$$

Para despejar *n*, que en la ecuación rescrita aparece como exponente, empleamos un pequeño truco. Tomamos el logaritmo natural (ln) de ambos lados de la ecuación. Esto nos permitió despejar *n*. (*Nota:* Para dividir (ln 1.9) entre (ln 1.1), usamos la tecla [**LN**] de una calculadora como sigue: introducimos "1.9"; presionamos la tecla [**LN**], luego presionamos la tecla [**÷**]; ahora introducimos "1.1"; presionamos la tecla [**LN**] una vez más; por último, presionamos la tecla [**=**]).

● ● ● **Anualidades**

Anualidad Una serie de pagos o recepciones iguales que ocurren en un número específico de periodos. En una *anualidad ordinaria*, los pagos o recepciones ocurren al final del periodo; en una *anualidad anticipada*, los pagos o recepciones se presentan al principio de cada periodo.

Anualidad ordinaria. Una **anualidad** es una serie de pagos o recepciones iguales que ocurren durante un número específico de periodos. En una *anualidad ordinaria*, los pagos o recepciones ocurren al final de cada periodo. La figura 3.3 muestra la secuencia de los flujos de efectivo para una anualidad ordinaria en una línea de tiempo.

Suponga que la figura 3.3 representa las recepciones de $1,000 al año durante tres años. Ahora suponga también que deposita cada recepción anual en una cuenta de ahorros que gana el 8% de interés anual compuesto. ¿Cuánto dinero tendrá al final de los tres años? La figura 3.4 proporciona la respuesta por el camino largo, usando sólo las herramientas que se han estudiado hasta aquí.

Expresado algebraicamente, con VFA_n definido como el valor futuro (compuesto) de una anualidad, *R* es la recepción periódica (o pago) y *n* es la duración de la anualidad, la fórmula para VFA_n es

$$VFA_n = R(1 + i)^{n-1} + R(1 + i)^{n-2} + \ldots + R(1 + i)^1 + R(1 + i)^0$$
$$= R[FIVF_{i,n-1} + FIVF_{i,n-2} + \ldots + FIVF_{i,1} + FIVF_{i,0}]$$

Como podrá ver, VFA_n es simplemente igual a la recepción periódica (*R*) multiplicada por la "suma de los factores de interés para el valor futuro al *i*% de interés para los periodos 0 a *n* − 1". Por suerte, tenemos dos maneras de establecer esto matemáticamente:

$$VFA_n = R\left[\sum_{t=1}^{n} (1 + i)^{n-t}\right] = R([(1 + i)^n - 1]/i) \tag{3.8}$$

o, de manera equivalente,

$$VFA_n = R(FIVFA_{i,n}) \tag{3.9}$$

donde $FIVFA_{i,n}$ significa el *factor de interés para el valor futuro de la anualidad al i% durante n periodos*.

¡Psst! ¿Quiere duplicar su dinero? La "regla del 72" le dice cómo

Bill Veeck un día compró la franquicia del equipo de béisbol Medias Blancas de Chicago en $10 millones y luego, 5 años más tarde, lo vendió en $20 millones. En resumen, duplicó su dinero en 5 años. ¿Qué tasa de interés compuesto ganó Veeck sobre su inversión?

Una manera rápida de manejar problemas de interés compuesto que tratan de duplicar el dinero es usar la "regla del 72". Esta regla establece que si el número de años, n, que se mantendrá una inversión se divide entre 72, se obtiene el interés aproximado, i, requerido para que la inversión duplique su valor. En el caso de Veeck, la regla da

$$72/n = i$$
o
$$72/5 = \mathbf{14.4\%}$$

De manera alternativa, si Veeck hubiera tomado su inversión inicial y la hubiera depositado en una cuenta de ahorros que gana el 6% de interés compuesto, habría tenido que esperar aproximadamente 12 años para que se duplicara su dinero:

$$72/i = n$$
o
$$72/6 = \mathbf{12\ años}$$

De hecho, para casi todas las tasas de interés que encontramos, la "regla del 72" da una buena aproximación de la tasa de interés —o del número de años— requerida para duplicar el dinero. Pero la respuesta no es exacta. Por ejemplo, el dinero que se duplica en 5 años tendría que ganar 14.87% de tasa anual compuesta $[(1 + 0.1487)^5 = 2]$; la "regla del 72" dice que sería 14.4 por ciento. Además, el dinero invertido a un interés del 6% en realidad requiere sólo 11.9 años para duplicarse $[(1 + 0.06)^{11.9} = 2]$; la "regla del 72" sugiere 12 años. Sin embargo, las aproximaciones burdas para duplicar el dinero con cuentas que se pueden hacer en la cabeza, la "regla del 72" es una buena ayuda.

Figura 3.3

Línea de tiempo que muestra la secuencia de flujos de efectivo para una anualidad ordinaria de $1,000 por año durante 3 años

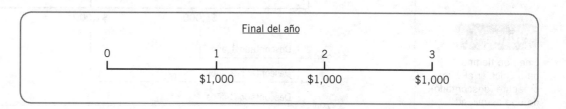

Figura 3.4

Línea de tiempo para calcular el valor futuro (compuesto) de una anualidad (ordinaria) [recepción periódica = $R = \$1,000$; $i = 8\%$ y $n = 3$ años]

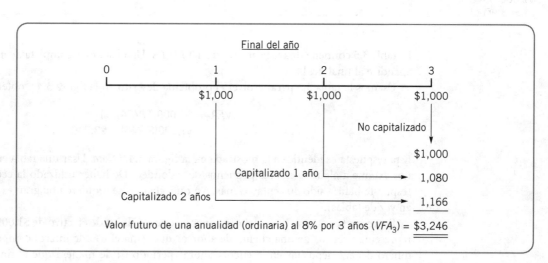

Consejo

Para comenzar a resolver problemas de valor del dinero en el tiempo, es muy útil *primero* dibujar una línea de tiempo en la que se colocan los flujos de efectivo relevantes. La línea de tiempo ayuda a observar el problema completo y a reducir la probabilidad de errores. Cuando tenemos flujos de efectivo mixtos, esto será aún más evidente.

Tabla 3.5

Factor de interés del valor futuro de una anualidad (ordinaria) de $1 por periodo al i% durante n periodos ($FIVFA_{i,n}$)

$$(FIVFA_{i,n}) = \sum_{t=1}^{n} (1 + i)^{n-t} = [(1 + i)^n - 1]/i$$

| | TASA DE INTERÉS (i) | | | | | |
PERIODO (n)	1%	3%	5%	8%	10%	15%
1	1.000	1.000	1.000	**1.000**	1.000	1.000
2	2.010	2.030	2.050	**2.080**	2.100	2.150
3	3.030	3.091	3.153	**3.246**	3.310	3.473
4	4.060	4.184	4.310	4.506	4.641	4.993
5	5.101	5.309	5.526	5.867	6.105	6.742
6	6.152	6.468	6.802	7.336	7.716	8.754
7	7.214	7.662	8.142	8.923	9.487	11.067
8	8.286	8.892	9.549	10.637	11.436	13.727
9	9.369	10.159	11.027	12.488	13.579	16.786
10	10.462	11.464	12.578	14.487	15.937	20.304

Figura 3.5

Línea de tiempo para calcular el valor presente (descontado) de una anualidad (ordinaria) [recepción periódica = R = $1,000; i = 8%, y n = 3 años]

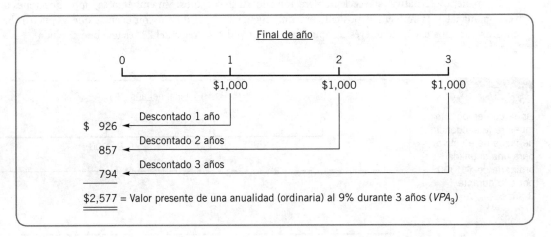

La tabla 3.5 contiene una lista abreviada del *FIVFA*. Una lista más completa aparece en la tabla III del apéndice al final del libro.

Usamos la tabla 3.5 para resolver el problema descrito en la figura 3.4 y obtenemos

$$VFA_3 = \$1,000(FIVFA_{8\%,3})$$
$$= \$1,000(3.246) = \textbf{\$3,246}$$

Esta respuesta es idéntica a la mostrada en la figura 3.4. (*Nota:* Usar una tabla en vez de una fórmula nos expone a algunos errores pequeños de redondeo. De haber utilizado la ecuación (3.8), nuestra respuesta habría sido 40 centavos más. Así que, cuando se requiere una gran exactitud, use fórmulas en vez de tablas).

Regrese a la figura 3.3, pero ahora suponga que los flujos de efectivo de $1,000 al año por tres años representan retiros de una cuenta de ahorros que gana el 8% de interés compuesto anual. ¿Cuánto dinero deberá depositar en la cuenta ahora (periodo 0) de manera que al final tenga un saldo de cero después del último retiro de $1,000? La figura 3.5 ilustra la forma larga de encontrar la respuesta.

Como se observa en la figura 3.5, despejar el valor presente de una anualidad quiere decir determinar la suma de una serie de valores presentes individuales. Por lo tanto, podemos escribir la fórmula general para el valor presente de una anualidad ordinaria durante n periodos (VPA_n) como

$$VPA_n = R[1/(1 + i)^1] + R[1/(1 + i)^2] + \ldots + R[1/(1 + i)^n]$$
$$= R[FIVP_{i,1} + FIVP_{i,2} + \ldots + FIVP_{i,n}]$$

Tabla 3.6						

Factor de interés para el valor presente de una anualidad (ordinaria) de $1 por periodo al $i\%$ durante n periodos ($FIVPA_{i,n}$)

$$(FIVPA_{i,n}) = \sum_{t=1}^{n} 1/(1 + i)^t = (1 - [1/(1 + i)^n])/i$$

	TASA DE INTERÉS (i)					
PERIODO (n)	1%	3%	5%	8%	10%	15%
1	0.990	0.971	0.952	**0.926**	0.909	0.870
2	1.970	1.913	1.859	**1.783**	1.736	1.626
3	**2.941**	**2.829**	**2.723**	**2.577**	2.487	2.283
4	3.902	3.717	3.546	3.312	3.170	2.855
5	4.853	4.580	4.329	3.993	3.791	3.352
6	5.795	5.417	5.076	4.623	4.355	3.784
7	6.728	6.230	5.786	5.206	4.868	4.160
8	7.652	7.020	6.463	5.747	5.335	4.487
9	8.566	7.786	7.108	6.247	5.759	4.772
10	9.471	8.530	7.722	6.710	6.145	5.019

Observe que nuestra fórmula se reduce a que el VPA_n es igual a la recepción periódica (R) multiplicada por la "suma de los factores de interés del valor presente al $i\%$ para los periodos 1 a n". Matemáticamente, esto es equivalente a

$$VPA_n = R\left[\sum_{t=1}^{n} 1/(1 + i)^t\right] = R[(1 - [1/(1 + i)^n])/i] \qquad (3.10)$$

y la expresión puede ser todavía más sencilla:

$$VPA_n = R(FIVPA_{i,n}) \qquad (3.11)$$

donde $FIVPA_{i,n}$ es el *factor de interés del valor presente de una anualidad (ordinaria) al $i\%$ durante n periodos*. La tabla IV del apéndice al final de este libro contiene valores de $FIVPA$ para un amplio rengo de i y n, y la tabla 3.6 contiene un resumen.

Podemos usar la tabla 3.6 para encontrar el valor presente de la anualidad de $1,000 durante 3 años al 8% mostrada en la figura 3.5. El $FIVPA_{8\%,3}$ se encuentra en la tabla como 2.577. (Vea que esta cifra es sólo la suma de los primeros tres números debajo de la *columna del 8%* en la tabla 3.4, que da los $FIVP$). Usando la ecuación (3.11), obtenemos

$$VPA_3 = \$1,000(FIVPA_{8\%,3})$$
$$= \$1,000(2.577) = \mathbf{\$2,577}$$

Tasa de interés (o descuento) desconocida. La ecuación del valor futuro (presente) básico de una anualidad se puede reordenar para despejar la tasa de interés (o descuento) compuesto implícito en una anualidad si conocemos: **1.** el valor futuro (presente) de la anualidad, **2.** el pago o recepción periódico y **3.** el número de periodos que dura. Suponga que necesita tener al menos $9,500 al final de 8 años para enviar a sus padres en un crucero de lujo. Para acumular esta suma, ha decidido depositar $1,000 al final de cada uno de los siguientes 8 años en una cuenta de ahorros bancaria. Si el banco capitaliza anualmente su tasa de interés, ¿qué tasa mínima de interés compuesto anual debe ofrecer el banco para que el plan de ahorros funcione?

Para despejar la tasa de interés compuesto anual (i) implícita en el problema de anualidad, usamos la ecuación 3.9 del valor futuro de una anualidad como sigue:

$$VFA_8 = R(FIVFA_{i,8})$$
$$\$9,500 = \$1,000(FIVFA_{i,8})$$
$$FIVFA_{i,8} = \$9,500/\$1,000 = \mathbf{9.5}$$

Buscamos en la tabla 3.5, en el *renglón de 8 periodos*, el factor de interés del valor futuro de una anualidad ($FIVFA$) que se acerca más al valor calculado de 9.5. En nuestra tabla, ese factor de interés es 9.549 y se encuentra en la *columna del 5 por ciento*. Como 9.549 es un poco mayor que 9.5, concluimos que la tasa de interés implícita en la situación del ejemplo es un poco menor que 5 por ciento. (Para obtener una respuesta más exacta, tendrá que apoyarse en prueba y error con diferentes tasas de interés, la interpolación o una calculadora financiera).

Pagos periódicos (recepciones) desconocidos. Cuando se manejan anualidades, con frecuencia nos encontramos situaciones en las que se conocen el valor futuro (o presente) de una anualidad, la tasa de interés y el número de pagos periódicos (recepciones). Lo que necesitamos determinar es el tamaño de cada pago o recepción igual. En un entorno de negocios encontramos con mayor frecuencia la necesidad de determinar pagos anuales periódicos en problemas de *fondos de amortización* (por ejemplo, acumular un fondo mediante pagos iguales de dinero) y *amortización de préstamos* (como disminuir un préstamo mediante pagos iguales de dinero).

Es necesario reacomodar cualquiera de las ecuaciones básicas de valor presente o futuro de una anualidad para despejar el pago (o recepción) periódico implícito en una anualidad. Como dedicamos una sección completa al final de este capítulo al importante tema de la amortización de préstamos, ilustraremos cómo calcular los pagos periódicos con un problema de fondo de amortización.

¿Cuánto dinero debe depositar cada final de año en una cuenta de ahorros que gana el 5% de interés compuesto anual para acumular $10,000 al cabo de 8 años? Calculamos el pago (R) que va a la cuenta de ahorros cada año con la ayuda de la ecuación (3.9) del valor futuro de una anualidad. Además, usamos la tabla 3.5 para encontrar el valor correspondiente de $FIVFA_{5\%,8}$ y procedemos como sigue:

$$VFA_8 = R(FIVFA_{5\%,8})$$
$$\$10,000 = R(9.549)$$
$$R = \$10,000/9.549 = \mathbf{\$1,047.23}$$

Por lo tanto, si se hacen 8 depósitos al final de año de $1,047.23, cada uno en la cuenta de ahorros que gana el 5% de interés compuesto anual, se acumulará una suma de $10,000 después de los 8 años.

Perpetuidad Una *anualidad ordinaria* cuyos pagos o recepciones continúan para siempre.

Perpetuidad. Una **perpetuidad** es una *anualidad ordinaria* cuyos pagos o recepciones continúan para siempre. La habilidad de determinar el valor presente de este tipo especial de anualidad se requerirá cuando se valúen bonos perpetuos y acciones preferenciales en el siguiente capítulo. Una revisión del VPA_n en la ecuación (3.10) debe ayudarnos a encontrar una ruta corta para este tipo de tarea. Sustituyendo n en la ecuación (3.10) con el valor *infinito* (∞) obtenemos

$$VPA_\infty = R[(1 - [1/(1 + i)^\infty])/i] \tag{3.12}$$

Como el término entre corchetes $[1/(1 + i)^\infty]$ tiende a cero, podemos rescribir la ecuación (3.12) como

$$VPA_\infty = R[(1 - 0)/i] = R(1/i)$$

o simplemente

$$VPA_n = R/i \tag{3.13}$$

Así, el valor presente de una perpetuidad es simplemente la recepción periódica (o el pago) dividida entre la tasa de interés por periodo. Por ejemplo, si se reciben $100 cada año para siempre y la tasa de interés es del 8%, el valor presente de esta perpetuidad es $1,250 (es decir, $100/0.08).

Anualidad anticipada. En contraste con la anualidad ordinaria, donde los pagos o recepciones ocurren al *final* de cada periodo, una *anualidad anticipada* requiere una serie de pagos que ocurren al *inicio* de cada periodo. Por suerte, sólo una pequeña modificación en los procedimientos descritos para el manejo de anualidades ordinarias nos permite resolver problemas de anualidades anticipadas.

La figura 3.6 compara el cálculo del valor futuro de una anualidad ordinaria de $1,000 durante 3 años al 8% (VFA_3) con el valor futuro de una anualidad anticipada durante 3 años al 8% ($VFAD_3$). Observe que se *percibe* que los flujos de efectivo para la anualidad ordinaria ocurren al *final* de los periodos 1, 2 y 3, y se *percibe* que los de la anualidad anticipada ocurren al *inicio* de los periodos 2, 3 y 4.

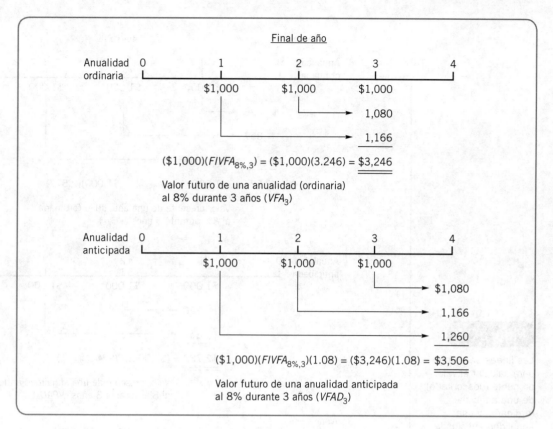

Figura 3.6

Líneas de tiempo para calcular el valor futuro (capitalizado) de una anualidad (ordinaria) y una anualidad anticipada [recepción periódica = R = $1,000; i = 8%; y n = 3 años]

Observe que el valor futuro de la anualidad anticipada a tres años es sencillamente igual al valor futuro de una anualidad ordinaria a tres años compuesta para uno o más periodos. Así, el valor futuro de una anualidad anticipada al i% durante n periodos ($VFAD_3$) se determina como

$$VFAD_n = R(FIVFA_{i,n})(1 + i) \qquad (3.14)$$

Tome nota

El hecho de que un flujo de efectivo parezca ocurrir al principio o al final del periodo con frecuencia depende de su perspectiva. (En una línea de pensamiento similar, ¿la medianoche es el final de un día o el inicio del siguiente?) Por lo tanto, la clave real para distinguir entre el valor futuro de una anualidad ordinaria y el de una anualidad anticipada es el punto en el que se calcula el valor futuro. Para una anualidad ordinaria, el valor futuro se calcula a partir del último flujo de efectivo. Para una anualidad anticipada, el valor futuro se calcula a partir de un periodo después del último flujo de efectivo.

La determinación del valor presente de una anualidad anticipada al i% durante n periodos ($VPAD_n$) se comprende mejor con un ejemplo. La figura 3.7 ilustra los cálculos necesarios para determinar los dos: el valor presente de una anualidad ordinaria de $1,000 al 8% durante tres años (VPA_3) y el valor presente de una anualidad anticipada al 8% durante 3 años ($VPAD_3$).

Como se observa en la figura 3.7, el valor presente de una anualidad anticipada a tres años es igual al valor presente de una anualidad ordinaria a dos años más una recepción o pago periódico no descontado. Esto se puede generalizar como sigue:

$$\begin{aligned} VPAD_n &= R(FIVPA_{i,n-1}) + R \\ &= R(FIVPA_{i,n-1} + 1) \end{aligned} \qquad (3.15)$$

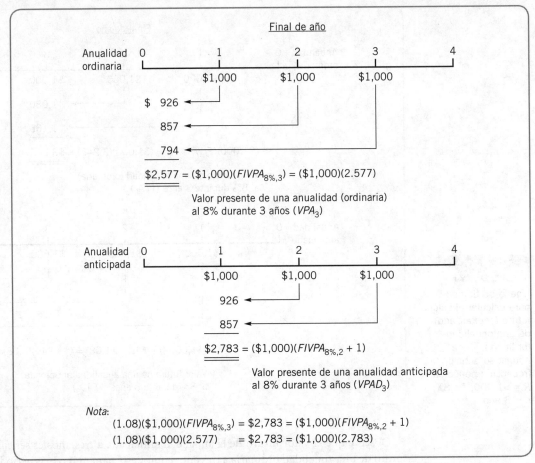

Figura 3.7

Las líneas de tiempo para calcular el valor presente (descontado) de una anualidad (ordinaria) y una anualidad anticipada [recepción periódica = R = $1,000, i = 8%; y n = 3 años]

De manera alternativa, podemos ver el valor presente de una anualidad anticipada como el valor presente de una anualidad ordinaria que se ha llevado hacia atrás un periodo más de lo necesario. Es decir, queremos el valor presente *un periodo más tarde* que el proporcionado por el enfoque de anualidad ordinaria. Entonces, podemos calcular el valor presente de una anualidad de n periodos y luego componerlo un periodo más adelante. La fórmula general de este enfoque para determinar el $VPAD_n$ es

$$VPAD_n = (1 + i)(R)(FIVPA_{i,n})$$ (3.16)

La figura 3.7 prueba mediante un ejemplo que ambos enfoques para determinar el $VPAD_n$ funcionan bien. Sin embargo, el uso de la ecuación (3.15) parece ser un enfoque más obvio. El enfoque de la línea de tiempo tomado en la figura 3.7 ayuda además a reconocer las principales diferencias entre el valor presente de una anualidad ordinaria y una anualidad anticipada.

Tome nota

Al obtener el valor presente de una anualidad ordinaria, consideramos que los flujos de efectivo ocurren al *final* de los periodos (en el ejemplo de la figura 3.7, al final de los periodos 1, 2 y 3) *y* calculamos el valor presente a partir de un periodo antes que el primer flujo de efectivo. La determinación del valor presente de una anualidad anticipada requiere que consideremos que los flujos de efectivo ocurren al *inicio* de los periodos (en el ejemplo, al inicio de los periodos 1, 2 y 3) *y* que calculemos el valor presente a partir del primer flujo de efectivo.

• • • Flujos mixtos

Muchos problemas de valor del dinero en el tiempo que enfrentamos no implican un solo flujo de efectivo ni una sola anualidad. Más bien, podemos encontrar un patrón mixto (o disparejo) de flujos de efectivo.

Suponga que se enfrenta al siguiente problema, ¡tal vez en un *examen*! ¿Cuál es el valor presente de $5,000 que se recibirán anualmente al final de los años 1 y 2, seguidos de $6,000 anuales al final de los años 3 y 4, para concluir con un pago final de $1,000 al final del año 5, todo descontado al 5 por ciento?

El primer paso para resolver la pregunta anterior, o cualquier problema similar, es dibujar una línea de tiempo, colocar los flujos de efectivo y dibujar flechas que indiquen la dirección y la posición de los ajustes de los flujos. Segundo, hacer los cálculos necesarios según lo que indica el diagrama. (Quizá piense que dibujar lo que debe hacerse es algo "infantil". Sin embargo, si considera que los constructores de casas de *mayor éxito* trabajan a partir de dibujos, ¿por qué usted no?)

La figura 3.8 ilustra que los problemas de flujos mixtos siempre pueden resolverse ajustando cada flujo individual y luego sumando los resultados. Esto es tardado, pero funciona.

Con frecuencia podemos reconocer ciertos patrones en los flujos de efectivo que nos permiten tomar atajos en los cálculos. Así, el problema en que hemos trabajado se puede resolver de varias maneras alternativas. Una de ellas se muestra en la figura 3.9. Observe cómo nuestro procedimiento de dos pasos nos lleva a la solución correcta:

Tome nota

- Paso 1: Dibuje una línea de tiempo, coloque los flujos de efectivo y ponga flechas para indicar la dirección y la posición de los ajustes.
- Paso 2: Realice los cálculos como lo indica su diagrama.

Se puede ilustrar una amplia variedad de problemas de flujo de efectivo mixtos (disparejos). Para apreciar esto y adquirir las habilidades necesarias para determinar las soluciones, asegúrese de resolver los problemas al final de este capítulo. No se preocupe mucho si comete errores al principio. Los problemas de valor del dinero en el tiempo son engañosos. Dominar este material es un poco como aprender a montar una bicicleta. Espera caerse y hacerse unos raspones hasta que adquiere la habilidad necesaria; pero, la práctica hace al maestro.

La magia del interés compuesto

Cada año en su cumpleaños, invierte $2,000 en una cuenta de inversión para el retiro que no paga impuestos. Al cumplir 65 años habrá acumulado:

TASA DE INTERÉS CAPITALIZADO ANUALMENTE (*i*)	EDAD DE INICIO			
	21	31	41	51
6%	$ 425,487	$222,870	$109,730	$46,552
8	773,011	344,634	146,212	54,304
10	1,437,810	542,048	196,694	63,544
12	2,716,460	863,326	266,668	74,560

De acuerdo con la tabla, parece que el momento para comenzar a ahorrar es *¡ahora!*

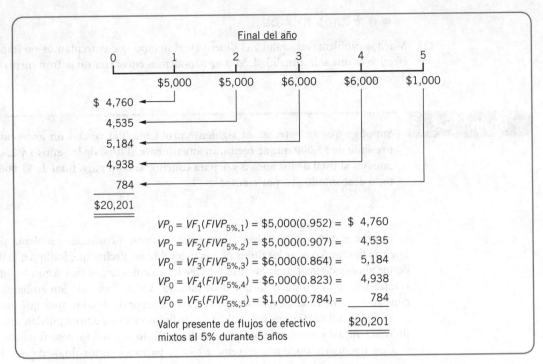

Figura 3.8

(Alternativa 1) Línea de tiempo para calcular el valor presente (descontado) de flujos de efectivo mixtos [$VF_1 = VF_2 = \$5{,}000$; $VF_3 = VF_4 = \$6{,}000$; $VF_5 = \$1{,}000$; $i = 5\%$; $n = 5$ años]

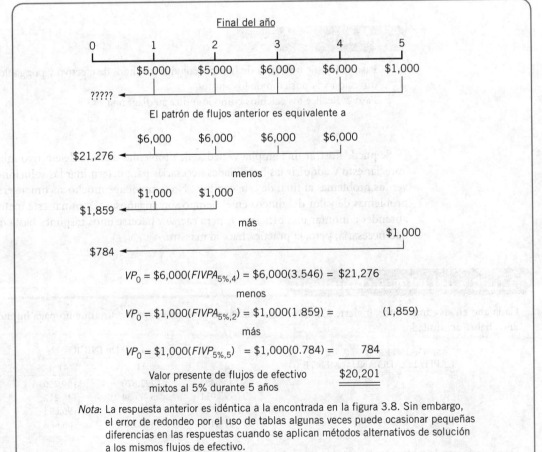

Figura 3.9

(Alternativa 2) Línea de tiempo para calcular el valor presente (descontado) de flujos de efectivo mixtos [$VF_1 = VF_2 = \$5{,}000$; $VF_3 = VF_4 = \$6{,}000$; $VF_5 = \$1{,}000$; $i = 5\%$; $n = 5$ años]

Nota: La respuesta anterior es idéntica a la encontrada en la figura 3.8. Sin embargo, el error de redondeo por el uso de tablas algunas veces puede ocasionar pequeñas diferencias en las respuestas cuando se aplican métodos alternativos de solución a los mismos flujos de efectivo.

Capitalización más de una vez al año

● ● ● Periodos de capitalización semestrales y otros

Valor futuro [o capitalizado]. Hasta ahora hemos supuesto que el interés se paga cada año. Es más sencillo obtener una comprensión básica del valor del dinero en el tiempo con esta suposición. No obstante, ahora es el momento de considerar la relación entre el valor futuro y las tasas de interés para diferentes periodos de capitalización. Para comenzar, suponga que el interés se paga cada semestre. Si usted deposita $100 en una cuenta de ahorros a una **tasa de interés** anual del 8% **nominal**, o **establecido**, el valor futuro al final de los seis meses será

$$VF_{0.5} = \$100(1 + [0.08/2]) = \textbf{\$104}$$

En otras palabras, al final de medio año recibirá el 4% de interés, no el 8 por ciento. Al final de un año, el valor futuro del depósito será

$$VF_1 = \$100(1 + [0.08/2])^2 = \textbf{\$108.16}$$

Esta cantidad se compara con $108 si el interés se paga sólo una vez al año. La diferencia de $0.16 es resultado del interés que se gana en el segundo semestre sobre los $4 de interés pagado al final del primer semestre. Cuantas más veces en el año se pague, mayor será el valor futuro al final de un año dado.

La fórmula general para resolver el valor futuro al final de *n* años donde el interés se paga *m* veces en un año es

$$VF_n = VP_0(1 + [i/m])^{mn} \tag{3.17}$$

Para ejemplificar, suponga que ahora el interés se paga trimestralmente y que desea conocer el valor futuro de $100 al final de un año si el interés anual declarado es del 8 por ciento. El valor futuro será

$$VF_1 = \$100(1 + [0.08/4])^{(4)(1)}$$
$$= \$100(1 + 0.02)^4 = \textbf{\$108.24}$$

que, por supuesto, es más alto que si se tratara de interés compuesto semestral o anualmente.

El valor futuro al final de tres años para el ejemplo con capitalización trimestral es

$$VF_3 = \$100(1 + [0.08/4])^{(4)(3)}$$
$$= \$100(1 + 0.02)^{12} = \textbf{\$126.82}$$

comparado con el valor futuro con capitalización semestral:

$$VF_3 = \$100(1 + [0.08/2])^{(2)(3)}$$
$$= \$100(1 + 0.04)^6 = \textbf{\$126.53}$$

y con capitalización anual:

$$VF_3 = \$100(1 + [0.08/1])^{(1)(3)}$$
$$= \$100(1 + 0.08)^3 = \textbf{\$125.97}$$

Así, cuanto mayor sea la frecuencia de pago de interés cada año, mayor será el valor futuro. Cuando *m* en la ecuación (3.17) se acerca a infinito, logramos una *capitalización continua*. Más adelante veremos en especial la capitalización y el descuento continuos.

Valor presente [o descontado]. Cuando el interés se capitaliza más de una vez al año, la fórmula para calcular el valor presente debe revisarse de la misma manera que para el cálculo del valor futuro. En vez de dividir el flujo de efectivo futuro entre $(1 + i)^n$, como lo hacemos con la capitalización anual, determinamos el valor presente mediante

Tasa de interés nominal (establecida) Una tasa de interés cotizada para un año que no se ha ajustado para la frecuencia de capitalización. Si el interés se capitaliza más de una vez al año, la *tasa de interés efectiva* será más alta que la *tasa nominal*.

$$VP_0 = VF_n/(1 + [i/m])^{mn} \qquad (3.18)$$

donde, como antes, VF_n es el flujo de efectivo futuro que se recibirá al final del año n, m es el número de veces al año que se capitaliza el interés, e i es la tasa de descuento. Podemos usar la ecuación (3.18), por ejemplo, para calcular el valor presente de $100 que se recibirán al final del año 3 para una tasa de descuento nominal del 8% compuesto trimestralmente:

$$VP_0 = \$100/(1 + [0.08/4])^{(4)(3)}$$
$$= \$100/(1 + 0.02)^{12} = \mathbf{\$78.85}$$

Si la tasa de descuento se capitaliza anualmente, tenemos

$$VP_0 = \$100/(1 + 0.08)^3 = \mathbf{\$79.38}$$

Así, si la tasa nominal de descuento se capitaliza menos veces en un año, el valor presente es mayor. Esta relación es justo la opuesta a la de los valores futuros.

● ● ● Capitalización continua

En la práctica, algunas veces el interés se capitaliza continuamente. Por eso, es útil considerar cómo funciona. Recuerde que la fórmula general para obtener el valor futuro al final del año n, ecuación (3.17), es

$$VF_n = VP_0(1 + [i/m])^{mn}$$

Cuando m, el número de veces al año que se capitaliza el interés, se acerca a infinito (∞), obtenemos la capitalización continua; el término $(1 + [i/m])^{mn}$ se acerca a e^{in}, donde e es aproximadamente 2.71828. Así, el valor futuro al final de n años de un depósito inicial de VP_0, donde el interés se capitaliza continuamente a una tasa de i%, es

$$VF_n = VP_0(e)^{in} \qquad (3.19)$$

Para el ejemplo que se vio antes, el valor futuro de un depósito de $100 al final de tres años con 8% de interés compuesto continuamente sería

$$VF_3 = \$100(e)^{(0.08)(3)}$$
$$= \$100(2.71828)^{(0.24)} = \mathbf{\$127.12}$$

Esto se compara con un valor futuro con interés compuesto cada año de

$$VF_3 = \$100(1 + 0.08)^3 = \mathbf{\$125.97}$$

La capitalización continua da como resultado el valor futuro máximo posible al final de n periodos para una tasa de interés nominal dada.

De la misma manera, cuando el interés se capitaliza continuamente, la fórmula del valor presente de un flujo de efectivo al final del año n es

$$VP_0 = VF_n/(e)^{in} \qquad (3.20)$$

De esta forma, el valor presente de $1,000 que se recibirán después de 10 años con una tasa de descuento del 20%, capitalizada continuamente, es

$$VP_0 = \$1,000/(e)^{(0.20)(10)}$$
$$= \$1,000/(2.71828)^2 = \mathbf{\$135.34}$$

Vemos que los cálculos para el valor presente con composición continua son simplemente los recíprocos de los cálculos de valor futuro. Además, aunque la capitalización continua da como resultado el valor futuro máximo posible, también da el valor presente mínimo posible.

Pregunta

Cuando un banco cotiza su rendimiento porcentual anual (RPA) de una cuenta de ahorros o un certificado de depósito, ¿qué significa eso?

Respuesta

Según una ley del Congreso, la Reserva Federal de Estados Unidos requiere que los bancos y otras organizaciones financieras adopten un método estandarizado para calcular las tasas de interés efectivo que pagan a las cuentas del consumidor. Esto se llama *rendimiento porcentual anual (RPA)*. El RPA se creó para eliminar la confusión ocasionada cuando las instituciones de ahorro aplican métodos diferentes de capitalización y usan distintos términos, tales como *rendimiento efectivo*, *rendimiento anual* y *tasa efectiva*. El cálculo del RPA, sin embargo, se basa en el número real de días que el dinero está depositado en una cuenta en un año de 365 días (366 en los bisiestos).

De manera similar, la *Ley de verdad en el préstamo* exige que todas las instituciones financieras informen la tasa de interés efectiva sobre cualquier préstamo. Esta tasa se llama *tasa porcentual anual (TPA)*. No obstante, no se requiere que las instituciones financieras informen la tasa de interés anual efectiva "verdadera" como la TPA. En su lugar, pueden reportar una versión no capitalizada de la tasa de interés anual efectiva. Por ejemplo, suponga que un banco hace un préstamo a menos de un año, o que el interés ha de capitalizarse con mayor frecuencia que anualmente. El banco determina una *tasa de interés periódica efectiva*, basada en fondos utilizables (es decir, la cantidad de fondos que el prestatario puede realmente utilizar) y luego sólo multiplica esta tasa por el número de periodos en un año. El resultado es la TPA.

● ● ● Tasa de interés anual efectiva

Diferentes inversiones pueden dar rendimientos con base en distintos periodos de capitalización. Si deseamos comparar inversiones alternativas que tienen diferentes periodos de capitalización, necesitamos establecer su interés con base en una tasa común o estandarizada. Esto nos lleva a hacer la distinción entre el interés nominal o declarado y la **tasa de interés anual efectiva**, que es la tasa de interés capitalizada anualmente que proporciona el mismo interés anual que la tasa nominal cuando se capitaliza *m* veces por año.

Por definición entonces,

$$(1 + \text{tasa de interés anual efectiva}) = (1 + [i/m])^{(m)(1)}$$

Por lo tanto, dada la tasa nominal *i* y el número de periodos de capitalización por año *m*, podemos despejar la tasa de interés anual efectiva como sigue:[3]

$$\text{tasa de interés anual efectiva} = (1 + [i/m])^{m} - 1 \qquad (3.21)$$

Por ejemplo, si un plan de ahorros ofrece una tasa de interés nominal del 8% capitalizado cada trimestre en un año de inversión, la tasa de interés anual efectiva será

$$(1 + [0.08/4])^{4} - 1 = (1 + 0.02)^{4} - 1 = \mathbf{0.08243}$$

Sólo si el interés se hubiera capitalizado anualmente, la tasa de interés anual afectiva habría sido igual que la tasa nominal del 8 por ciento.

La tabla 3.7 contiene varios *valores futuros al final de un año* para $1,000 que ganan una *tasa nominal* del 8% para diferentes periodos de capitalización. La tabla ilustra que cuanto más numerosos sean los periodos de capitalización, mayor será el valor futuro del depósito (y el interés ganado sobre éste), y mayor será la *tasa de interés anual efectiva*.

Tasa de interés anual efectiva La tasa de interés real ganada (pagada) después de ajustar la *tasa nominal* con factores tales como el número de periodos de capitalización por año.

[3]La fórmula del "caso especial" para la tasa de interés anual efectiva cuando hay capitalización continua es como sigue:

$$\text{tasa de interés anual efectiva} = (e)^{i} - 1$$

Tabla 3.7	CANTIDAD INICIAL	PERIODOS DE CAPITALIZACIÓN	VALOR FUTURO AL FINAL DEL AÑO 1	TASA DE INTERÉS ANUAL EFECTIVA*
	$1,000	Anual	$1,080.00	8.000%
Efectos de los	1,000	Semestral	1,081.60	8.160
diferentes periodos	1,000	Trimestral	1,082.43	8.243
de capitalización de	1,000	Mensual	1,083.00	8.300
valores futuros de	1,000	Diario (365 días)	1,083.28	8.328
$1,000 invertidos a	1,000	Continuo	1,083.29	8.329
una tasa de interés nominal del 8 por ciento				

Nota: $1,000 invertidos durante un año a estas tasas capitalizadas anualmente darían los mismos valores futuros de la columna 3.

Amortización de un préstamo

Una importante aplicación de los conceptos de valor presente es la determinación de los pagos requeridos para un préstamo a plazos. La característica distintiva de este préstamo es que se restituye con pagos periódicos iguales que incluyen tanto interés como principal. Esos pagos pueden ser mensuales, trimestrales, semestrales o anuales. Los pagos a plazos son comunes en préstamos hipotecarios, préstamos para automóviles, préstamos para consumidores y ciertos préstamos de negocios.

Para ilustrar con el caso más sencillo de pagos anuales, suponga que pide prestados $22,000 al 12% de interés compuesto anual y que deberá pagar en los siguientes seis años. Los pagos a plazos iguales se requieren al final de cada año. Además, la cantidad pagada debe ser suficiente para cubrir los $22,000 junto con el rendimiento del 12% para el prestamista. Para determinar el pago anual, R, establecemos el problema como sigue:

$$\$22,000 = R\left[\sum_{t=1}^{6} 1/(1 + 0.12)^t\right]$$
$$= R(FIVPA_{12\%,6})$$

En la tabla IV del apéndice al final del libro, encontramos que el factor de descuento para una anualidad de seis años con una tasa de interés del 12% es 4.111. Despejando R en la fórmula anterior, tenemos

Programa de amortización Una tabla que muestra el programa de pagos de intereses y principal necesarios para pagar un préstamo para el momento de su vencimiento.

$$\$22,000 = R(4.111)$$
$$R = \$22,000/4.111 = \textbf{\$5,351}$$

Así, los pagos anuales de $5,351 amortizarán (extinguirán) por completo un préstamo de $22,000 en seis años. Cada pago consiste en una parte de interés y otra de pago de principal. El **programa de amortización** se muestra en la tabla 3.8. Vemos que el interés anual se determina multiplicando la

Tabla 3.8	FINAL DE AÑO	(1) PAGO A PLAZOS	(2) INTERÉS ANUAL $(4)_{t-1} \times 0.12$	(3) PAGO DE PRINCIPAL $(1) - (2)$	(4) CANTIDAD DEL PRINCIPAL QUE SE DEBE AL FINAL DEL AÑO $(4)_{t-1} - (3)$
	0	–	–	–	$22,000
Programa de	1	$ 5,351	$ 2,640	$ 2,711	19,289
amortización para	2	5,351	2,315	3,036	16,253
el préstamo del	3	5,351	1,951	3,400	12,853
ejemplo	4	5,351	1,542	3,809	9,044
	5	5,351	1,085	4,266	4,778
	6	5,351	573	4,778	0
		$32,106	$10,106	$22,000	

cantidad principal por pagar al principio del año por 12 por ciento. La cantidad de pago del principal es simplemente el total de pago a plazos menos el pago de interés. Observe que la proporción del pago a plazos compuesta de interés disminuye con el tiempo, mientras que la proporción compuesta del principal aumenta. Al final de los seis años se habrá hecho un total de pagos al principal por $22,000 y el préstamo estará completamente amortizado. La división entre interés y principal es importante porque en un préstamo de negocios sólo el interés es deducible como gasto para fines fiscales.

Tabla de resumen de fórmulas clave de interés compuesto

FLUJO(S)	ECUACIÓN	TABLA AL FINAL DEL LIBRO
Cantidades únicas:		
$VF_n = P_0(1 + i)^n$	(3.4)	
$\quad = P_0(FIVF_{i,n})$	(3.5)	I
$VP_0 = VF_n[1/(1 + i)^n]$	(3.6)	
$\quad = VF_n(FIVP_{i,n})$	(3.7)	II
Anualidades:		
$VFA_n = R([(1 + i)^n - 1]/i)$	(3.8)	
$\quad = R(FIVFA_{i,n})$	(3.9)	III
$VPA_n = R[(1 - [1/(1 + i)^n])/i]$	(3.10)	
$\quad = R(FIVPA_{i,n})$	(3.11)	IV
$VFAD_n = R(FIVFA_{i,n})(1 + i)$	(3.14)	III (ajustada)
$VPAD_n = R(FIVPA_{i,n-1} + 1)$	(3.15)	
$\quad = (1 + i)(R)(FIVPA_{i,n})$	(3.16)	IV (ajustada)

Puntos clave de aprendizaje

- La mayoría de las decisiones financieras, lo mismo personales que de negocios, incluyen el *valor del dinero en el tiempo*. Usamos la *tasa de interés* para expresar el *valor del dinero en el tiempo*.
- El *interés simple* es el interés pagado (ganado) sólo sobre la cantidad original, o principal, que se pide prestado (que se presta).
- El *interés compuesto* es el interés pagado (ganado) sobre cualquier interés ganado anterior, al igual que sobre el principal que se pide prestado (que se presta). El concepto de interés compuesto se puede usar para resolver una variedad de problemas de finanzas.
- Dos conceptos clave —*valor futuro* y *valor presente*— son la base de todos los problemas de interés compuesto. El *valor futuro* es el valor en algún tiempo futuro de una cantidad presente de dinero, o una serie de pagos, evaluados a una tasa de interés dada. El *valor presente* es el valor actual de una cantidad futura de dinero o una serie de pagos, evaluados a una tasa de interés dada.
- Es muy útil comenzar por resolver problemas de valor del dinero en el tiempo dibujando primero una línea de tiempo en la que se colocan los flujos de efectivo relevantes.
- Una *anualidad* es una serie de pagos o recepciones iguales en un número especificado de periodos.

- Existen algunas características que deben ayudarle a identificar y resolver los distintos tipos de problemas de anualidades:
  1. Valor presente de una anualidad ordinaria; los flujos de efectivo se presentan al *final* de cada periodo y el *valor presente se calcula como de un periodo anterior al primer flujo de efectivo*.
  2. Valor presente de una anualidad anticipada; los flujos de efectivo se presentan al *inicio* de cada periodo, y el *valor presente se calcula desde el último flujo de efectivo*.
  3. Valor futuro de una anualidad ordinaria; los flujos de efectivo se presentan al *final* de cada periodo, y el *valor futuro se calcula a partir del último flujo de efectivo*.
  4. El valor futuro de una anualidad anticipada; los flujos de efectivo se presentan al *inicio* de cada periodo, y el *valor futuro se calcula a partir de un periodo después del último flujo de efectivo*.
- Se presentaron varias fórmulas para despejar los valores futuros y los valores presentes de cantidades únicas y de anualidades. Los problemas de flujo de efectivo mixtos (disparejos) siempre pueden resolverse ajustando cada flujo individual y luego sumando los resultados. La habilidad para reconocer ciertos patrones dentro de los flujos de efectivo mixtos permitirá tomar atajos para los cálculos.

● Para comparar alternativas de inversión que tienen diferentes periodos de capitalización, con frecuencia es necesario calcular sus tasas de interés anuales efectivas. La *tasa de interés anual efectiva* es la tasa de interés capitalizada anualmente que proporciona el mismo interés que la tasa nominal cuando se capitaliza *m* veces por año.

● Amortizar un préstamo implica determinar el pago periódico necesario para reducir la cantidad de principal a cero en su vencimiento, al tiempo que se hacen los pagos de interés sobre el saldo no pagado del principal. La cantidad principal que se debe disminuye a una tasa creciente cuando se hacen los pagos.

Preguntas

1. ¿Qué es interés simple?
2. ¿Qué es interés compuesto? ¿Por qué es importante?
3. ¿Qué tipos de decisiones financieras personales ha hecho usted que impliquen interés compuesto?
4. ¿Qué es una anualidad? ¿Vale más o menos una anualidad que un pago en una sola suma recibido ahora, que fuera igual a la suma de todos los pagos anuales futuros?
5. ¿Qué tipo de capitalización preferiría en su cuenta de ahorros? ¿Por qué?
6. Compare los cálculos del valor futuro (terminal) con los cálculos del valor presente. ¿Cuál es la diferencia?
7. ¿Cuál es la ventaja de usar las tablas de valor presente en vez de las fórmulas?
8. Si tiene un programa para recibir cierta suma de dinero dentro de cinco años, pero desea vender su contrato en su valor presente, ¿qué tipo de capitalización preferiría usar en los cálculos? ¿Por qué?
9. La "regla del 72" sugiere que una cantidad se duplicará en 12 años al 6% de interés capitalizado cada año o se duplicará en 6 años a una tasa anual del 12 por ciento. ¿Es ésta una regla útil, y es exacta?
10. ¿El valor presente disminuye a una tasa lineal, a una tasa creciente o a una tasa decreciente junto con la tasa de descuento? ¿Por qué?
11. ¿El valor presente disminuye a una tasa lineal, a una tasa creciente o a una tasa decreciente con la duración del tiempo en el futuro en que deben recibirse los pagos? ¿Por qué?
12. Sven Smorgasbord tiene 35 años y en la actualidad experimenta una "buena vida". Como resultado, anticipa que aumentará de peso a una tasa del 3% por año. Ahora pesa 200 libras. ¿Cuánto pesará a los 60 años?

Problemas para autoevaluación

1. Es necesario analizar las siguientes secuencias de flujo de efectivo:

SECUENCIA DE FLUJO DE CAJA	FINAL DE AÑO				
	1	2	3	4	5
W	$100	$200	$200	$300	$300
X	600	–	–	–	–
Y	–	–	–	–	1,200
Z	200	–	500	–	300

a) Calcule el valor futuro (terminal) de cada secuencia al final del año 5 con una tasa de interés compuesto del 10 por ciento.

b) Calcule el valor presente de cada secuencia si la tasa de descuento es del 14 por ciento.

2. Muffin Megabucks está considerando dos planes de ahorro diferentes. Con el primero tendrá que depositar $500 cada seis meses, y recibirá una tasa de interés anual del 7% capitalizado cada semestre. Con el segundo tendrá que depositar $1,000 cada año con una tasa de interés del 7.5%

capitalizada anualmente. El depósito inicial con el plan 1 se hace dentro de seis meses y con el plan 2, dentro de un año.

a) ¿Cuál es el valor futuro (terminal) del primer plan al final de los 10 años?

b) ¿Cuál es el valor futuro (terminal) del segundo plan al final de los 10 años?

c) ¿Qué plan debe usar Muffin, suponiendo que su única preocupación es el valor de sus ahorros al final de los 10 años?

d) ¿Cambiaría su respuesta si la tasa de interés del segundo plan fuera 7%?

3. En un contrato tiene la opción de recibir $25,000 dentro de seis años o $50,000 dentro de doce. ¿A qué tasa de interés anual compuesto es indiferente qué plan elija?

4. Emerson Cammack desea comprar un contrato de anualidad que le pagará $7,000 por año el resto de su vida. La aseguradora Philo Life piensa que su esperanza de vida es de 20 años, según sus tablas actuariales. La compañía estipula una tasa de interés compuesto anual del 6% en sus contratos de anualidades.

a) ¿Cuánto deberá pagar Cammack por esta anualidad?

b) ¿Cuánto tendría que pagar si la tasa de interés fuera del 8%?

5. Usted pide prestados $10,000 a un interés compuesto anual del 14% durante cuatro años. Debe pagar el préstamo en cuatro pagos anuales iguales al final de cada año.

a) ¿Cuál es el pago anual que *amortizará* completamente el préstamo en los cuatro años? (Puede redondear al dólar más cercano).

b) De cada pago igual, ¿qué cantidad corresponde a intereses?, ¿qué cantidad corresponde al principal? (*Sugerencia:* Considere que en los primeros años el pago es en su mayor parte interés, mientras que al final es casi todo principal).

6. El testamento de su tío Vern le concede el derecho de recibir $1,000 cada dos años, al final de cada año, durante las siguientes dos décadas. Recibe el primer flujo de efectivo dentro de dos años. A una tasa de interés anual compuesto del 10%, ¿cuál es el valor presente de este patrón poco usual de flujos de efectivo? (Intente resolver este problema en el menor número de pasos que pueda).

7. Un banco le ofrece un certificado de depósito (CD) a siete meses, a una tasa de interés anual del 7.06% que le dará el 7.25% de rendimiento anual efectivo. Para el CD a siete meses, ¿el interés tiene capitalización diaria, semanal, mensual o trimestral? De paso, diga cuánto dinero recibirá cuando el CD venza en siete meses si invierte los $10,000 ahí; es decir, ¿de qué monto será el cheque que le daría el banco si cierra la cuenta al final de los siete meses?

8. Un hombre en Dillonvale, Ohio, ahorró sus monedas de un centavo durante 65 años. Cuando por fin decidió llevarlos al banco, tenía alrededor de 8 millones de centavos (esto es, $80,000), que llenaban 40 botes grandes de basura. En promedio, el hombre ahorró $1,230 por año en centavos. Si hubiera depositado cada año los centavos ahorrados, al final del año, en una cuenta de ahorros con un 5% de interés compuesto anual, ¿cuánto dinero tendría en esta cuenta después de 65 años? ¿Cuánto más sentido habría tenido esto para nuestro "ahorrador de centavos" en comparación con el hecho de guardarlos en los botes de basura?

9. Xu Lin obtuvo hace poco un préstamo de $50,000 a 10 años. El préstamo genera el 8% de interés compuesto anual y exige pagos a plazos anuales de $7,451.47 al final de cada año durante los siguientes 10 años.

a) ¿Qué parte (en dólares) del pago del primer año corresponde al *principal*?

b) ¿Cuánto pagará de interés total durante la vida del préstamo? (*Sugerencia:* No es necesario construir una tabla de amortización del préstamo para responder esta pregunta. Un poco de matemáticas sencillas es todo lo que necesita).

 Problemas

1. Los siguientes son ejercicios de valores futuros (terminales):

a) Al final de tres años, ¿cuánto vale un depósito inicial de $100, suponiendo una tasa de interés anual compuesto del *i*) 100%, *ii*) 10%, *iii*) 0%?

b) Al final de cinco años, ¿cuál es el valor de un depósito inicial de $500 seguido de cinco pagos anuales de final de año de $100, suponiendo una tasa de interés anual compuesto del *i*) 10%, *ii*) 5%, *iii*) 0%?

c) Al final de seis años, ¿cuál es el valor de un depósito inicial de $500 seguido de cinco pagos anuales de fin de año, suponiendo una tasa de interés anual compuesto del *i*) 10%, *ii*) 5%, *iii*) 0%?

d) Al final de tres años, ¿cuánto vale un depósito inicial de $100, suponiendo una tasa de interés anual capitalizada cada trimestre del *i*) 100%, *ii*) 10%?

e) ¿Por qué sus respuestas en el inciso *d*) difieren de las del inciso *a*)?

f) Al final de 10 años, ¿cuál es el valor de un depósito inicial de $100, suponiendo una tasa de interés anual del 10% capitalizada *i*) cada año, *ii*) cada semestre, *iii*) cada trimestre, *iv*) continuamente?

2. Los siguientes son ejercicios de valores presentes:

a) ¿Cuánto valen hoy $100 al final de tres años, suponiendo una tasa de descuento del *i*) 100%, *ii*) 10%, *iii*) 0%?

b) ¿Cuál es el valor presente agregado de $500 recibidos al final de cada uno de los tres años siguientes, suponiendo una tasa de descuento del *i*) 4%?, *ii*) 25%?

c) Se reciben $100 al final del primer año, $500 al final del segundo año y $1,000 al final del tercer año. ¿Cuál es el valor presente agregado de estos ingresos suponiendo una tasa de descuento del *i*) 4%?, *ii*) 25%?

d) Se reciben $1,000 al final del primer año, $500 al final del segundo año y $100 al final del tercer año. ¿Cuál es el valor presente agregado de estas recepciones suponiendo una tasa de descuento del *i*) 4%?, *ii*) 25%?

e) Compare sus soluciones en el inciso *c*) con las del inciso *d*) y explique la razón de las diferencias.

3. Joe Hernández heredó $25,000 y desea comprar una anualidad que le proporcione un ingreso estable los siguientes 12 años. Ha oído que la asociación local de ahorros y préstamos actualmente paga el 6% de interés compuesto con base anual. Si depositara sus fondos, ¿qué cantidad equivalente (al dólar más cercano) de final de año podrá retirar anualmente de manera que tenga un saldo de cero después de su último retiro dentro de 12 años?

4. Usted necesita tener $50,000 al final de 10 años. Para acumular esta suma, ha decidido ahorrar cierta cantidad al *final* de los siguientes 10 años y depositarla en el banco. El banco paga el 8% de interés capitalizado anualmente para depósitos a largo plazo. ¿Cuánto tendrá que ahorrar cada año (al dólar más cercano)?

5. Lo mismo que en el problema 4, excepto que usted deposita cierta cantidad al *inicio* de cada uno de los siguientes 10 años. Ahora, ¿cuánto tendrá que ahorrar cada año (al dólar más cercano)?

6. Vernal Equinox desea pedir prestados $10,000 a tres años. Un grupo de individuos accede a prestarle esta cantidad si acuerda pagarles $16,000 al final de los tres años. ¿Cuál es la tasa de interés compuesto anual implícita en este acuerdo (al porcentaje entero más cercano)?

7. Le ofrecen un pagaré que vence en cuatro años, que pagará $3,000 al final de cuada uno de los cuatro años. El precio del pagaré para usted es de $10,200. ¿Cuál es la tasa de interés compuesto anual implícita que recibirá (al porcentaje entero más cercano)?

8. Las ventas de la compañía P.J. Cramer fueron $500,000 este año y se espera que crezcan a una tasa compuesta del 20% los siguientes seis años. ¿Cuál será la cifra de ventas al final de cada uno de los seis años siguientes?

9. La compañía H & L Bark está considerando comprar una máquina para descortezar que, según los cálculos, dará los siguientes flujos de efectivo:

	FINAL DE AÑO				
	1	2	3	4	5
Flujo de efectivo	$1,200	$2,000	$2,400	$1,900	$1,600

	FINAL DE AÑO				
	6	7	8	9	10
Flujo de efectivo	$1,400	$1,400	$1,400	$1,400	$1,400

Si la tasa de descuento anual adecuada es del 14%, ¿cuál es el valor presente de esta secuencia de flujos de efectivo?

10. Suponga que va a recibir $1,000 al final de 10 años. Si su tasa de oportunidad es del 10%, ¿cuál es el valor presente de esta cantidad si el interés se capitaliza *a*) cada año, *b*) cada trimestre, *c*) continuamente?

11. En relación con el Bicentenario de Estados Unidos, el Tesoro contempló ofrecer bonos de ahorros por $1,000 que valdrían $1 millón en 100 años. ¿Aproximadamente qué tasa de interés compuesto anual está implícita en estos términos?

12. Selyn Cohen tiene 63 años y recientemente se retiró. Él desea tener un ingreso de retiro para sí mismo y está considerando un contrato de anualidad con la aseguradora Philo Life. Tal contrato le paga una cantidad equivalente de dinero cada año que viva. Para esta secuencia de flujos de efectivo debe aportar una cantidad específica al inicio. De acuerdo con las tablas actuariales, su esperanza de vida es de 15 años, y ésa es la duración en la que basa sus cálculos la compañía de seguros independientemente de cuántos años viva en realidad.

    a) Si Philo Life usa una tasa de interés compuesto anual del 5% en sus cálculos, ¿cuánto debe aportar Cohen al inicio para obtener una anualidad de $10,000 al año? (Suponga que los pagos anuales esperados se registran al final de cada uno de los 15 años).

    b) ¿Cuál sería el precio de compra si la tasa de interés compuesto anual fuera del 10 por ciento?

    c) Cohen tenía $30,000 para colocar en una anualidad. ¿Cuánto recibiría cada año si la aseguradora aplicara el 5% de interés compuesto anual en cálculos? ¿Y el 10% de interés compuesto anual?

13. La compañía Happy Hang Glide está comprando un edificio y ha obtenido un préstamo hipotecario de $190,000 a 20 años. El préstamo implica una tasa de interés compuesto anual del 17% y exige pagos anuales iguales al final de cada uno de los 20 años. ¿Cuál es la cantidad del pago anual?

14. Establezca un programa de amortización para los siguientes préstamos al centavo más cercano (véase la tabla 3.8 como ejemplo):

    a) Un préstamo de $8,000 a 36 meses, con pagos iguales a plazos al final de cada mes. La tasa de interés es del 1% mensual.

    b) Un préstamo hipotecario de $184,000 a 25 años, con 10% de interés compuesto anual con pagos iguales a plazos al final de cada año.

15. Usted solicitó un préstamo de $14,300 a una tasa de interés compuesto anual del 15 por ciento. Siente que podrá hacer pagos anuales de $3,000 por año sobre su préstamo. (Los pagos incluyen tanto principal como interés). ¿Cuánto tiempo pasará hasta que el préstamo esté completamente pagado (al año más cercano)?

16. Lost Ditchman Mines, Inc., está considerando invertir en Perú. Hace una oferta al gobierno para participar en el desarrollo de una mina cuyas ganancias se obtendrán al final de cinco años. Se espera que la mina produzca $5 millones en efectivo para Lost Dutchman Mines en ese tiempo. Además de la oferta al inicio, no habrá otros flujos de efectivo, ya que el gobierno reembolsará a la compañía todos los costos. Si Lost Dutchman requiere un rendimiento anual nominal del 20% (ignorando las consecuencias en los impuestos), ¿cuál es oferta máxima que debe hacer por su derecho de participar si el interés se capitaliza *a*) cada año, *b*) cada semestre, *c*) cada trimestre, *d*) continuamente?

17. Earl E. Bird decide abrir una cuenta de ahorros para su retiro. Comenzando en su cumpleaños número 21, planea invertir $2,000 cada cumpleaños en una inversión de ahorros que gana el 7% de interés compuesto anual. Continuará este programa de ahorros durante un total de 10 años y luego dejará de hacer los pagos; pero sus ahorros continuarán capitalizando al 7% durante 35

años más, hasta que se retire a la edad de 65 años. Ivana Waite también planea invertir $2,000 al año en cada cumpleaños, al 7% de interés y lo hará en un total de 35 años. Sin embargo, ella no comenzará sus contribuciones sino hasta que cumpla 31 años. ¿Cuánto dinero valdrán los programas de ahorro de Earl e Ivana cuando se retiren a los 65 años? ¿Quién estará mejor financieramente para el retiro y por cuánto dinero?

18. Cuando usted nació, su querida tía Minnie prometió depositarle $1,000 en una cuenta de ahorros en cada uno de sus cumpleaños, comenzando en el primero. La cuenta genera el 5% de interés compuesto anual. Usted acaba de cumplir 25 años y quiere todo el dinero. Sin embargo, resulta que la querida (y olvidadiza) tía Minnie no hizo depósitos cuando cumplió cinco, siete y once años. ¿Cuánto dinero hay en la cuenta hoy, al cumplir 25 años?

19. Suponga que hoy abrirá una cuenta de ahorros con un depósito de $100,000. La cuenta paga el 5% de interés compuesto anual y se supone que esta tasa seguirá vigente todos los periodos futuros. Dentro de cuatro años retirará R dólares. Continuará haciendo retiros adicionales anuales de R dólares más tiempo, haciendo su último retiro al final del año 9, para lograr el siguiente patrón de flujos de efectivo en el tiempo. (*Nota:* Hoy es el periodo 0; dentro de un año será el final de periodo 1; etcétera).

Retiros de efectivo al FINAL del año . . .

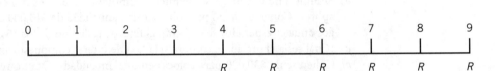

¿De qué cantidad debe ser R para que quede un saldo de cero después de su último retiro R al final de año 9? (*Idea:* Usar una tabla o una fórmula de anualidades ¡facilitará mucho su trabajo!).

20. Suponga que una inversión promete pagar una tasa de interés anual del 9.6 por ciento. ¿Cuál es la *tasa de interés anual efectiva* sobre esta inversión si suponemos que el interés se capitaliza *a*) anualmente, *b*) semestralmente, *c*) trimestralmente, *d*) mensualmente, *e*) diariamente (365 días), *f*) continuamente? (*Nota:* Dé sus respuestas con exactitud de cuatro decimales, por ejemplo, 0.0987 o 9.87 por ciento).

21. "¿Quiere ganar un millón de dólares? Le decimos cómo… Un ganador, elegido al azar entre todos los participantes, ganará una anualidad de $1,000,000". Éste era el anuncio de un concurso en Internet. Las reglas describían el "premio de un millón de dólares" con más detalle: "40 pagos anuales de $25,000 cada uno, que dan como resultado un pago total de $1,000,000. El primer pago se hará el 1 de enero; los pagos subsiguientes se harán cada enero". Usando una tasa de interés compuesto anual del 8%, ¿cuál es el valor presente de este "premio de un millón de dólares" a partir del primer pago el 1 de enero?

22. Tomó alrededor de 14 años que el promedio Dow Jones de las acciones de 30 industrias pasara de 1,000 a 2,000. Para duplicarse a 4,000 tardó sólo 8 años y para ir de 4,000 a 8,000 requirió cerca de 2 años. Al porcentaje entero más cercano, ¿qué tasas de crecimiento anual compuesto están implícitas en estos tres puntos en que se duplicó el índice?

Soluciones a los problemas para autoevaluación

1. *a*) Valor futuro (terminal) de cada flujo de efectivo y el valor futuro total de cada secuencia (usando la tabla I del apéndice al final del libro):

SECUENCIA DE FLUJOS DE EFECTIVO	VF_5 PARA LOS FLUJOS DE EFECTIVO RECIBIDOS AL FINAL DEL AÑO					VALOR FUTURO TOTAL
	1	2	3	4	5	
W	$146.40	$266.20	$242.00	$330.00	$ 300.00	**$1,284.60**
X	878.40	–	–	–	–	**878.40**
Y	–	–	–	–	1,200.00	**1,200.00**
Z	292.80	–	605.00	–	300.00	**1,197.80**

b) Valor presente de cada flujo de efectivo y valor presente total de cada secuencia (usando la tabla II del apéndice al final del libro):

SECUENCIA DE FLUJOS DE EFECTIVO	VP_0 PARA LOS FLUJOS DE EFECTIVO RECIBIDOS AL FINAL DEL AÑO					VALOR PRESENTE TOTAL
	1	2	3	4	5	
W	$ 87.70	$153.80	$135.00	$177.60	$155.70	**$709.80**
X	526.20	–	–	–	–	**526.20**
Y	–	–	–	–	622.80	**622.80**
Z	175.40	–	337.50	–	155.70	**668.60**

2. *a*) VF_{10} Plan 1 = $500(FIVFA_{3.5\%,20})$
= $500\{[(1 + 0.035)^{20} - 1]/[0.035]\}$
= **$14,139.84**

b) VF_{10} Plan 2 = $1,000(FIVFA_{7.5\%,10})$
= $1,000\{[(1 + 0.075)^{10} - 1]/[0.075]\}$
= **$14,147.09**

c) El plan 2 es preferible por un pequeño margen: $7.25.

d) VF_{10} Plan 2 = $1,000(FIVFA_{7\%,10})$
= $1,000\{[(1 + 0.07)^{10} - 1]/[0.07]\}$
= **$13,816.45**

Ahora el plan 1 sería preferible por un margen no trivial de $323.37.

3. La indiferencia implica que puede reinvertir los $25,000 recibidos por 6 años al X% para dar un flujo de efectivo equivalente de $50,000 en 12 años. En resumen, $25,000 tendrían que duplicarse en 6 años. Usando la "regla del 72", 72/6 = **12%**.

De manera alternativa, observe que $50,000 = $25,000(FIVF_{X\%,6})$. Por lo tanto, $(FIVF_{X\%,6})$ = $50,000/$25,000 = 2. En la tabla I del apéndice, al final del libro, el factor de interés para 6 años al 12% es 1.974 y el del 13% es 2.082. Al interpolar tenemos

$$X\% = 12\% + \frac{2.000 - 1.974}{2.082 - 1.974} = \textbf{12.24\%}$$

como la tasa de interés implícita en el contrato.

Si se desea mayor exactitud, reconocemos que $FIVF_{X\%,6}$ también se puede escribir como $(1 + i)^6$. Así, podemos despejar i directamente (y X% = i[100]) como sigue:

$$(1 + i)^6 = 2$$
$$(1 + i) = 2^{1/6} = 2^{0.1667} = 1.1225$$
$$i = 0.1225 \quad o \quad X\% = \textbf{12.25\%}$$

4. *a*) $VP_0 = $7,000(FIVPA_{6\%,20}) = $7,000(11.470) = \textbf{\$80,290}$
b) $VP_0 = $7,000(FIVPA_{8\%,20}) = $7,000(9.818) = \textbf{\$68,726}$

5. *a*) $VP_0 = $10,000 = R(FIVPA_{14\%,4}) = R(2.914)$
Por lo tanto, R = $10,000/2.914 = **$3,432** (al dólar más cercano).

b)

FINAL DE AÑO	(1) PAGO A PLAZOS	(2) INTERÉS ANUAL $(4)_{t-1} \times 0.14$	(3) PAGO DE PRINCIPAL $(1) - (2)$	(4) CANTIDAD DE PRINCIPAL QUE SE DEBE AL FINAL DEL AÑO $(4)_{t-1} - (3)$
0	–	–	–	$10,000
1	$ 3,432	**$1,400**	$ 2,032	7,968
2	3,432	**1,116**	**2,316**	5,652
3	3,432	**791**	**2,641**	3,011
4	3,432	**421**	**3,011**	0
	$13,728	**$3,728**	**$10,000**	

6. Cuando representamos el problema en un dibujo, obtenemos $1,000 al final de cada año par para los años 1 a 20:

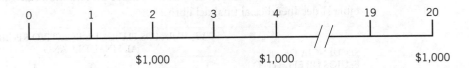

Sugerencia: Convierta $1,000 cada dos años en un patrón de *anualidad anual equivalente* (es decir, una anualidad que proporcionaría un valor presente o futuro equivalente a los flujos de efectivo reales). Resolviendo para obtener una anualidad de 2 años que sea equivalente a $1,000 futuros que deben recibirse al final del año 2, tenemos

$$VFA_2 = \$1,000 = R(FIVFA_{10\%,2}) = R(2.100)$$

Por consiguiente, $R = \$1,000/2.100 = \$476.19$. Al reemplazar cada $1,000 con una anualidad equivalente de dos años obtenemos $476.19 para 20 años.

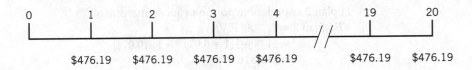

$$VPA_{20} = \$476.19(FIVPA_{10\%,20}) = \$476.19(8.514) = \mathbf{\$4,054.28}$$

7. Tasa de interés anual efectiva $= (1 + [i/m])^m - 1$
$$= (1 + [0.0706/4])^4 - 1$$
$$= 0.07249 \text{ (aproximadamente 7.25\%)}$$

Por lo tanto, tenemos *capitalización trimestral,* y al invertir $10,000 al 7.06% capitalizado cada trimestre durante siete meses, obtenemos (*Nota:* Siete meses es igual a $2\frac{1}{3}$ periodos trimestrales):

$$\$10,000(1 + [0.0706/4])^{2.33} = \$10,000(1.041669) = \mathbf{\$10,416.69}$$

8. $VFA_{65} = \$1,230(FIVFA_{5\%,65})$
$$= \$1,230[([1 + 0.05]^{65} - 1)/(0.05)]$$
$$= \$1,230(456.798) = \mathbf{\$561,861.54}$$

Nuestro "ahorrador de centavos" habría obtenido mucho más: ($561,861.54 – $80,000) = **$481,861.54 (o 48,186,154 centavos)** si hubiera depositado las monedas ahorradas cada año en una cuenta de ahorros que gana el 5% de interés compuesto anual.

9. *a)* $50,000(0.08) = $4,000 de pago de interés
   $7,451.47 – $4,000 = **$3,451.47 de pago del principal**

   b) Pagos a plazos totales – pagos al principal totales = pagos de interés totales
   $74,514.70   – $50,000   =   **$24,514.70**

Referencias seleccionadas

Rich, Steven P. y John T. Rose. "Interest Rate Concepts and Terminology in Introductory Finance Textbooks". *Financial Practice and Education* 7 (primavera-verano, 1997), 113-121.

Shao, Stephen P. y Lawrence P. Shao. *Mathematics for Management and Finance*, 8a. ed. Cincinnati, OH: South-Western, 1998.

La parte II del sitio Web del libro, *Wachowicz's Web World*, contiene vínculos a muchos sitios y artículos en línea relacionados con temas cubiertos en este capítulo. (web.utk.edu/~jwachowi/part2.html). Véase en especial, *Annuities: Ordinary? Due? What do I do?* (web.utk.edu/~jwachowi/annuity1.html) y *Annuity Problems* (web.utk.edu/~jwachowi/annuity_prob.pdf)

*¿Qué es un cínico? Un hombre que conoce el precio de todo y el
valor de nada.*

—OSCAR WILDE

En el capítulo anterior estudiamos el *valor del dinero en el tiempo* y exploramos las maravillas del interés compuesto. Ahora podemos aplicar estos conceptos para determinar la cuantía de diferentes valores. En particular, nos interesa la valuación de los valores a largo plazo de la empresa: bonos, acciones preferenciales y acciones ordinarias (aunque los principios analizados se apliquen también a otros valores). La valuación, de hecho, sirve de base para gran parte del desarrollo posterior del libro. Como todas las decisiones importantes de una compañía se interrelacionan en su efecto sobre la valuación, es indispensable comprender la manera en que los inversionistas valúan los instrumentos financieros de una compañía.

Diferencias entre los conceptos de valuación

El término *valor* puede significar diferentes cosas para personas distintas. Por eso necesitamos ser precisos en cómo usamos e interpretamos este término. Veremos brevemente las diferencias que existen entre algunos de los conceptos importantes de valor.

Valor de liquidación
La cantidad de dinero que se puede obtener si un bien o grupo de bienes (como una empresa) se vende por separado de su organización operativa.

Valor de empresa en marcha La cantidad en la que una compañía se puede vender como un negocio en operación continua.

Valor en libros
1. De un *bien:* el valor contable de un bien: el costo del bien menos su depreciación acumulada; 2. de una *empresa:* bienes totales menos pasivos y acciones preferenciales como aparecen listados en los estados financieros.

Valor de mercado El precio en el mercado al que se comercia un bien.

Valor intrínseco El precio que un valor "debe tener" con base en todos los factores relevantes para la valuación.

● ● ● Valor de liquidación contra valor de empresa en marcha

El **valor de liquidación** es la cantidad de dinero que se puede obtener si un bien o grupo de bienes (como una empresa) se vende por separado de su organización operativa. Este valor es el opuesto al **valor de empresa en marcha** de una compañía, que es la cantidad de dinero por la que se puede vender la empresa como un negocio en operación continua. Estos dos valores rara vez son iguales y en ocasiones una compañía, de hecho, vale más "muerta que viva".

Los modelos de valuación de valores que se estudiarán en este capítulo, en general, suponen que se trata de una *empresa en marcha:* compañías en operación capaces de generar flujos de efectivo positivos para los inversionistas en valores. En algunos casos donde esta suposición no es apropiada (como en un proceso de bancarrota), el valor de liquidación de la empresa tendrá un papel importante al determinar el precio de los valores financieros de la compañía.

● ● ● Valor en libros contra valor de mercado

El **valor en libros** de un *bien* es el valor contable de este último: el costo del bien menos la depreciación acumulada. Por otro lado, el valor en libros de una *empresa* es igual a la diferencia en dólares entre los bienes totales de la empresa y sus pasivos y acciones preferenciales según aparecen listados en los estados financieros. Puesto que el *valor en libros* se basa en los valores históricos, puede tener muy poca relación con el *valor de mercado* de un bien o una empresa.

En general, el **valor de mercado** de un bien es simplemente el precio de mercado al que el bien (o bienes similares) se comercian en el mercado abierto. Para una empresa, el valor de mercado con frecuencia se ve como más alto que el de liquidación o el valor de la empresa en marcha.

● ● ● Valor de mercado contra valor intrínseco

De acuerdo con la definición general de valor de mercado, el valor de mercado de las acciones y bonos es su precio de mercado. Para una acción o bono en el comercio activo, sería el último precio reportado en el que se vendió. Para un valor en el comercio inactivo, se necesitará un precio de mercado estimado.

El **valor intrínseco** de una acción o bono, por otro lado, es el precio que el valor *debería tener* si fuera el precio adecuado basado en todos los factores relevantes para la valuación, como activos, utilidades, prospectos futuros, administración y otros. En resumen, el valor intrínseco de acciones y bonos es su valor económico. Si los mercados son razonablemente eficientes y están informados, el precio de mercado actual de un valor debe fluctuar alrededor de su valor intrínseco.

El enfoque de valuación de este capítulo es el de determinar el *valor intrínseco* de una acción o bono; es decir, el valor que debe tener con base en hechos ineludibles. Este valor es el valor presente de la secuencia de flujos de efectivo proporcionados al inversionista, descontados a una tasa de rendimiento requerida, acorde con el riesgo implicado. Con este concepto de valuación general en mente, ahora podemos explorar con más detalle la valuación de tipos específicos de valores.

Valuación de bonos

Bono Instrumento de deuda a largo plazo emitido por una corporación o un gobierno.

Valor nominal El valor establecido de un bien. En el caso de un bono, el valor nominal suele ser de $1,000.

Tasa de cupón La tasa de interés establecida en el bono; el pago de interés anual dividido entre el valor nominal del bono.

Un **bono** o certificado de depósito es un valor que paga una cantidad establecida de interés al inversionista, periodo tras periodo, hasta que la compañía emisora lo retira. Antes de poder comprender plenamente la valuación de este valor, debemos analizar ciertos términos. Primero, un bono tiene un **valor nominal**.[1] Este valor nominal suele ser $1,000 por bono en Estados Unidos. El bono casi siempre tiene un *vencimiento* establecido, que es el tiempo en el que la compañía se obliga a pagar al inversionista el valor nominal del instrumento. Por último, la **tasa de cupón**, o tasa de interés nominal anual, se establece al frente del documento.[2] Por ejemplo, si la tasa de cupón es del 12% en un bono con valor nominal de $1,000, la compañía paga al titular $120 cada año hasta que el bono vence.

Al valuar un bono, o en todo caso un valor, nos preocupa principalmente el descuento o la capitalización, la secuencia de flujos de efectivo que el titular del valor recibirá durante la vida del instrumento. Los términos de un bono establecen legalmente un patrón de pagos obligatorio en el momento de emitir el bono. Este patrón consiste en el pago de una cantidad establecida de interés durante un número de años dado junto con un pago final al vencimiento del bono, igual al valor nominal del bono. La tasa de descuento, o capitalización, aplicada a la secuencia de flujos de efectivo diferirá entre bonos dependiendo de la estructura de riesgo del bono emitido. Sin embargo, en general, esta tasa se puede considerar como compuesta por una tasa libre de riesgo más una prima de riesgo. (Recordará que en el capítulo 2 se introdujo la idea de "compensación" entre riesgo y rendimiento impuesta por el mercado. Hablaremos más acerca del riesgo y las tasas de rendimiento requeridas en el siguiente capítulo).

● ● ● Bonos perpetuos

Bonos perpetuos Un bono que nunca vence; una perpetuidad en forma de bono.

El primer lugar (y el más sencillo) para comenzar a determinar el valor de los bonos es una clase única de bonos que nunca vencen. Sin duda son escasos, pero ayudan a ilustrar la técnica de valuación en su forma más simple. Originalmente emitidos por Gran Bretaña después de las guerras napoleónicas para enfrentar las deudas, los títulos británicos de deuda **perpetuos** son un ejemplo. Este bono conlleva la obligación del gobierno británico de pagar un interés fijo a perpetuidad.

El valor presente de un bono perpetuo simplemente será igual al valor capitalizado de una secuencia infinita de pagos de interés. Si un bono promete un pago anual fijo de I para siempre, su valor presente (intrínseco), V, a la tasa de rendimiento requerida por el inversionista para esta deuda, k_d, es

---

[1] Al igual que en el mundo del hampa, muchos términos usados en finanzas también se conocen con varios apodos diferentes o "alias". Así, el *valor nominal* de bono también puede llamarse *principal*. Como un buen detective, necesita familiarizarse con los términos básicos usados en finanzas, al igual que con los sobrenombres.

[2] El término *tasa de cupón* proviene de los cupones desprendibles que vienen anexados a los *certificados al portador* y que al presentarse ante un agente de pago o al emisor permiten cobrar a quien los presenta el interés que se debe en esa fecha. Actualmente, los *bonos registrados*, cuyo beneficiario está registrado con el emisor, permiten al dueño recibir el interés mediante un cheque en el correo.

valuación de bonos para tomar en cuenta la capitalización dos veces al año.[3] Por ejemplo, las ecuaciones (4.4) y (4.5) cambiarían como sigue

$$V = \sum_{t=1}^{2n} \frac{I/2}{(1 + k_d/2)^t} + \frac{VV}{(1 + k_d/2)^{2n}} \qquad (4.8)$$

$$= (I/2)(FIVPA_{k_d/2,2n}) + VV(FIVP_{k_d/2,2n}) \qquad (4.9)$$

donde k_d es la tasa de interés anual nominal requerida, $I/2$ es el pago de cupón semestral y $2n$ es el número de periodos semestrales hasta el vencimiento.

Tome nota

Observe que el descuento semestral se aplica a los pagos de interés semestrales *y* al valor del pago de la suma única al vencimiento. Aunque parezca inadecuado usar el descuento semestral sobre el valor al vencimiento, no lo es. La suposición del descuento semestral, una vez hecho, se aplica a todos los flujos de ingresos.

Para ejemplificar, si los bonos de cupón del 10% de US Blivet Corporation vencen en 12 años y nuestra tasa de rendimiento anual nominal requerida es del 14%, el valor de un bono con valor nominal de $1,000 es

$$V = (\$50)(FIVPA_{7\%,24}) + \$1,000(FIVP_{7\%,24})$$
$$= (\$50)(11.469) + \$1,000(0.197) = \mathbf{\$770.45}$$

En vez de tener que despejar el valor a mano, los negociadores profesionales de bonos con frecuencia consultan las tablas de valor de bonos. Si conocemos el vencimiento, la tasa de cupón y el rendimiento requerido, podemos buscar el valor presente. De manera similar, si se conocen cualesquiera tres de los cuatro factores, el cuarto se puede buscar. Además, algunas calculadoras especializadas están programadas para calcular valores de bonos y rendimientos, a partir de los datos mencionados. En su vida profesional seguramente usará estas herramientas cuando trabaje con bonos.

Consejo

Recuerde, cuando use las ecuaciones de bonos (4.4), (4.5), (4.6), 4.7), (4.8) y (4.9), la variable *VV* es igual al *valor al vencimiento* del bono, **no** a su *valor de mercado* actual.

Valuación de acciones preferenciales

Acciones preferenciales Un tipo de acciones que prometen un dividendo fijo (por lo general), pero según el criterio del consejo de directores. Tienen preferencia sobre las acciones ordinarias en el pago de dividendos y la reclamación de bienes.

La mayoría de las acciones preferenciales pagan un dividendo fijo a intervalos regulares. Las características de este instrumento financiero se analizan en el capítulo 20. Las acciones preferenciales no tienen fecha de vencimiento establecida y, dada la naturaleza fija de sus pagos, son similares a los bonos perpetuos. Por eso, no es de sorprender que para la valuación de una acción preferencial, se use el mismo enfoque general que el que se aplica para valuar un bono perpetuo.[4] Así, el valor presente de una acción preferencial es

$$V = D_p/k_p \qquad (4.10)$$

---

[3]Aun con un bono de cupón cero, la convención de precio entre los profesionales de bonos es usar capitalización semestral en vez de anual. Esto ofrece comparaciones congruentes con los bonos que generan intereses.

[4]Prácticamente toda acción preferencial tiene una característica de opción de compra (una cláusula que permite a la compañía forzar el retiro), y con el tiempo muchas son compradas. Al valuar una acción preferencial que se espera comprar, podemos aplicar una versión modificada de la fórmula que se utiliza para valuar un bono con vencimiento limitado; los dividendos preferenciales periódicos sustituyen los pagos de interés periódicos y el "precio de compra" sustituye el valor al vencimiento del bono en las ecuaciones (4.4) y (4.5), y todos los pagos se descuentan a una tasa adecuada para la acción preferencial en cuestión.

donde D_p es el dividendo anual por acción preferencial establecido y k_p es la tasa de descuento apropiada. Si Margana Cipher Corporation tuviera un 9% sobre la emisión de acciones preferenciales con valor nominal de $100 y su rendimiento requerido fuera del 14% sobre esta inversión, su valor por acción para usted sería

$$V = \$9/0.14 = \mathbf{\$64.29}$$

Valuación de acciones ordinarias

Acciones ordinarias Valores que representan la posesión de la propiedad final (y riesgo) en una corporación.

La teoría que rodea la valuación de **acciones ordinarias** ha sufrido un profundo cambio durante las últimas décadas. Es un tema de controversia considerable y ningún método de valuación tiene aceptación universal. Sin embargo, en años recientes se ha generado una aceptación creciente de la idea de que las acciones ordinarias individuales deben analizarse como parte de un portafolio total de las acciones ordinarias que pueda tener el inversionista. En otras palabras, los inversionistas no se preocupan tanto de si una acción ordinaria sube o baja, como del comportamiento del valor global de sus portafolios. Este concepto tiene implicaciones importantes para determinar la tasa de rendimiento requerida sobre los valores. Exploraremos este aspecto en el siguiente capítulo. Pero primero debemos centrarnos en el monto y el patrón de los rendimientos del inversionista en acciones ordinarias. A diferencia de los flujos de efectivo de bonos y acciones preferenciales que se establecen por contrato, la secuencia futura de rendimiento vinculada con las acciones ordinarias está rodeada de una gran incertidumbre.

● ● ●¿Los dividendos son los cimientos?

Cuando valuamos bonos y acciones preferenciales, determinamos el valor descontado de todas las distribuciones de efectivo a los inversionistas que hace la empresa. De manera similar, el valor de una acción ordinaria se puede ver como un valor descontado de todos los dividendos esperados que entrega la empresa emisora hasta el final del periodo.[5] En otras palabras,

---

[5]Este modelo fue desarrollado por John B. Williams, *The Theory of Investment Value* (Cambridge, MA: Harvard University Press, 1938). Y, como Williams lo dice atinadamente en forma de poema, "Una vaca por su leche/ una gallina por sus huevos/ y una acción, ¡caramba!/ por sus dividendos".

donde el valor ahora se basa en las utilidades esperadas en el periodo 1. En el ejemplo anterior, suponga que LKN, Inc., tiene una tasa de retención del 40% y que las utilidades esperadas por acción para el periodo 1 son $6.67. Por lo tanto,

$$V = [(0.60)\$6.67]/(0.14 - 0.06) = \textbf{\$50}$$

Reacomodando términos en la ecuación (4.17), obtenemos

$$\text{Multiplicador de utilidades} = V/E_1 = (1 - b)/(k_e - g) \tag{4.18}$$

La ecuación (4.18) da el mayor múltiplo de las utilidades esperadas que el inversionista estaría dispuesto a pagar por el valor. En nuestro ejemplo,

$$\text{Multiplicador de utilidades} = (1 - 0.40)/(0.14 - 0.06) = \textbf{7.5 veces}$$

Así, las utilidades esperadas de $6.67 junto con un multiplicador de 7.5 valúa nuestras acciones ordinarias en $50 por acción ($6.67 × 7.5 = $50). Pero recuerde, el cimiento de este enfoque alternativo para la valuación de acciones ordinarias de todas maneras era nuestro modelo descontado de dividendos de crecimiento constante.

Sin crecimiento. Un caso especial del modelo de dividendos de crecimiento constante tiene una tasa de crecimiento de dividendos esperados, g, de cero. Aquí la suposición es que los dividendos se mantendrán en su nivel actual para siempre. En este caso, la ecuación (4.14) se reduce a

$$V = D_1/k_e \tag{4.19}$$

No puede esperarse que muchas acciones simplemente mantengan un dividendo constante para siempre. Sin embargo, cuando se espera que un dividendo estable se mantenga un tiempo largo, la ecuación (4.19) puede dar una buena aproximación.[7]

Etapas de crecimiento. Cuando el patrón del crecimiento esperado de los dividendos es tal que un modelo de crecimiento constante no es adecuado, se pueden usar algunas modificaciones de la ecuación (4.13). Varias versiones del modelo se basan en la premisa de que las empresas pueden exhibir un crecimiento "arriba de lo normal" durante algunos años (g incluso puede ser más grande que k_e durante esta etapa), pero con el tiempo la tasa de crecimiento disminuirá gradualmente. Por lo tanto, la transición puede ser de una tasa de crecimiento actual arriba de lo normal a una que se considera normal. Si se espera que los dividendos por acción crezcan a una tasa compuesta del 10% durante cinco años y después a una tasa del 6%, la ecuación (4.13) se convierte en

$$V = \sum_{t=1}^{5} \frac{D_0(1.10)^t}{(1 + k_e)^t} + \sum_{t=6}^{\infty} \frac{D_5(1.06)^{t-5}}{(1 + k_e)^t} \tag{4.20}$$

Observe que el crecimiento de los dividendos en la fase 2 usa el dividendo esperado en el periodo 5 como su cimiento. Por lo tanto, el exponente del término de crecimiento es $t - 5$, que significa que el exponente en el periodo 6 es igual a 1, en el periodo 7 es igual a 2, y así sucesivamente. Esta segunda etapa no es más que un modelo de crecimiento constante que sigue a un periodo de crecimiento arriba de lo normal. Podemos basarnos en este hecho para rescribir la ecuación (4.20) como sigue:

$$V = \sum_{t=1}^{5} \frac{D_0(1.10)^t}{(1 + k_e)^t} + \left[\frac{1}{(1 + k_e)^5}\right]\left[\frac{D_6}{(k_e - 0.06)}\right] \tag{4.21}$$

Si el dividendo actual, D_0, es $2 por acción y la tasa de rendimiento requerida, k_e, es del 14%, podemos obtener V. (Véase la tabla 4.1 para consultar detalles).

$$V = \sum_{t=1}^{5} \frac{\$2(1.10)^t}{(1.14)^t} + \left[\frac{1}{(1.14)^5}\right]\left[\frac{\$3.41}{(0.14 - 0.06)}\right]$$

$$= \$8.99 + \$22.13 = \textbf{\$31.12}$$

---

[7]AT&T es un ejemplo de una empresa que mantuvo un dividendo estable durante un periodo largo. Por 36 años, desde 1922 hasta diciembre de 1958, AT&T pagó $9 al año en dividendos.

Dos fases de crecimiento y cálculos de la valuación de acciones ordinarias

FASE 1: VALOR PRESENTE DE DIVIDENDOS QUE SE RECIBIRÁN LOS PRIMEROS 5 AÑOS					
FINAL DEL AÑO	CÁLCULO DE VALOR PRESENTE				VALOR PRESENTE DE DIVIDENDOS
	(DIVIDENDO	$\times$	$FIVP_{14\%,t}$)		
1	$2(1.10)^1 = \$2.20$	$\times$	0.877	=	$1.93
2	$2(1.10)^2 = 2.42$	$\times$	0.769	=	1.86
3	$2(1.10)^3 = 2.66$	$\times$	0.675	=	1.80
4	$2(1.10)^4 = 2.93$	$\times$	0.592	=	1.73
5	$2(1.10)^5 = 3.22$	$\times$	0.519	=	1.67
	o $\left[\sum_{t=1}^{5} \dfrac{\$2(1.10)^t}{(1.14)^t} \right]$			=	**$8.99**

FASE 2: VALOR PRESENTE DE LA COMPONENTE DE CRECIMIENTO CONSTANTE	
Dividendo al final del año 6	$= \$3.22(1.06) = \$3.41$
Valor de la acción al final del año 5	$= D_6/(k_e - g) = \$3.41/(0.14 - 0.06) = \$42.63$
Valor presente de $42.63 al final del año 5	$= (\$42.63)(FIVP_{14\%,5})$
	$= (\$42.63)(0.519) = \mathbf{\$22.13}$

VALOR PRESENTE DE LA ACCIÓN
$V = \$8.99 + \$22.13 = \mathbf{\$31.12}$

La transición de una tasa de crecimiento de dividendo arriba de lo normal se podría especificar como más gradual que el enfoque de dos fases que se acaba de ilustrar. Podríamos esperar que los dividendos crezcan a una tasa del 10% durante cinco años, seguidos de una tasa del 8% los siguientes cinco años y una tasa de crecimiento del 6% de ahí en adelante. Cuantos más segmentos de crecimiento se agregan, más se acercará el crecimiento en los dividendos a la función curvilínea. Pero ninguna empresa puede crecer a una tasa por arriba de lo normal para siempre. Por lo común, las compañías tienden a crecer a una tasa muy alta al inicio, después de lo cual sus oportunidades de crecimiento son menores hasta llegar a una tasa que es normal para las compañías en general. Si se alcanza la madurez, la tasa de crecimiento puede detenerse por completo.

Tasas de rendimiento (o de retorno)

Hasta ahora, este capítulo ha ilustrado la manera en que la valuación de cualquier instrumento financiero a largo plazo incluye una capitalización de la secuencia de ingresos de ese valor por una tasa de descuento (o *tasa de rendimiento requerida*) apropiada para el riesgo del valor. Si sustituimos el valor intrínseco (V) en las ecuaciones de valuación con el precio de mercado (P_0) del valor, podemos entonces despejar la *tasa de rendimiento de mercado requerida*. Esta tasa, que iguala el valor descontado de los flujos de entrada esperados al precio de mercado actual del valor, también se conoce como *rendimiento* (de mercado) del valor. Dependiendo del valor que se analiza, los flujos de efectivo entrantes pueden ser pagos de interés, pagos de principal o pagos de dividendos. Es importante reconocer que sólo cuando el valor intrínseco de un instrumento para el inversionista sea igual al valor de mercado (precio) del instrumento, la tasa de rendimiento requerida del inversionista será igual al rendimiento (mercado) del instrumento.

Los rendimientos de mercado cumplen una función esencial al permitirnos comparar, sobre una base uniforme, los valores que difieren en los flujos de efectivo proporcionados, el vencimiento y los precios actuales. En capítulos posteriores veremos cómo se relacionan los rendimientos de los valores con los costos financieros futuros de la empresa y los costos de capital globales.

Rendimiento al vencimiento (RAV)
Tasa de rendimiento esperada sobre un bono si se compra a su precio de mercado actual y se conserva hasta el vencimiento.

● ● ● Rendimiento al vencimiento (RAV) sobre bonos

La tasa de rendimiento de mercado requerida sobre un bono (k_d) se conoce más comúnmente como el rendimiento del bono al vencimiento. El **rendimiento al vencimiento (RAV)** es la tasa de rendimiento esperada sobre un bono si se compra a su precio de mercado actual y se conserva hasta el

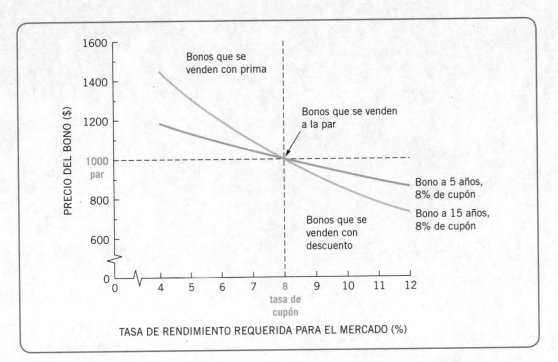

Figura 4.1

Relación de precio-rendimiento para dos bonos donde cada curva de precio-rendimiento representa un conjunto de precios de ese bono para diferentes suposiciones de tasas de rendimiento requeridas por el mercado (rendimientos de mercado)

Una última relación también debe verse por separado, y se conoce como el *efecto de cupón*.

6. Para un cambio dado en la tasa de rendimiento requerida por el mercado, el precio de un bono cambiará proporcionalmente más, cuanto más baja sea la tasa de cupón. En otras palabras, la volatilidad del precio del bono es *inversamente* proporcional a la tasa de cupón.

La razón de este efecto es que cuanto más baja es la tasa de cupón, más rendimiento para el inversionista se refleja en el pago del principal al vencimiento, al contrario de los pagos de intereses intermedios. Dicho de otra manera, los inversionistas obtienen sus rendimientos más tarde con bonos de tasas de cupón bajas que con bonos de tasas de cupón altas. En general, cuanto más lejana en el futuro está la mayor parte de la secuencia de pagos, mayor es el efecto de valor presente causado por un cambio en el rendimiento requerido.[9] Aun cuando los bonos con tasa de cupón alta y baja tengan el mismo periodo de vencimiento, el precio del bono con tasa de cupón baja tiende a ser más volátil.

RAV y capitalización semestral. Como se mencionó, casi todos los bonos en Estados Unidos pagan intereses dos veces al año, no una. Esta complicación del mundo real con frecuencia se ignora en un intento por simplificar el análisis. Pero podemos tomar en cuenta los pagos de intereses semestrales al determinar el rendimiento al vencimiento sustituyendo el valor intrínseco (V) con el precio de mercado actual (P_0) en la ecuación (4.8) de valuación del bono. El resultado es

$$P_0 = \sum_{t=1}^{2n} \frac{I/2}{(1 + k_d/2)^t} + \frac{VV}{(1 + k_d/2)^{2n}} \qquad (4.23)$$

Al despejar $k_d/2$ de esta ecuación, obtenemos el rendimiento semestral al vencimiento.

La práctica de duplicar el rendimiento semestral se ha adoptado por convención en los círculos de bonos para proporcionar el RAV (nominal anual) anualizado o lo que los comerciantes de bonos llaman *rendimiento equivalente del bono*. Sin embargo, el procedimiento adecuado sería elevar al cuadrado "1 más el RAV semestral" y luego restar 1: esto es,

$$(1 + \text{RAV semestral})^2 - 1 = \text{RAV (efectivo anual)}$$

[9]El lector interesado puede consultar James C. Van Horne, *Financial Market Rates and Flows*, 6a. ed. (Upper Saddle River, NJ: Prentice Hall, 2001), capítulo 7.

Como recordará del capítulo 3, el RAV (efectivo anual) que se acaba de calcular es la *tasa de interés anual efectiva*.

● ● ● Rendimiento sobre acciones preferenciales

Al sustituir el valor intrínseco (V) por el precio de mercado actual (P_0) en la ecuación (4.10) de valuación de acciones preferenciales, tenemos

$$P_0 = D_p/k_p \qquad (4.24)$$

donde D_p sigue siendo el dividendo anual establecido por acción preferencial, pero k_p ahora es el rendimiento requerido por el mercado para esta acción, o simplemente el rendimiento sobre la acción preferencial. Reacomodar términos nos permite despejar directamente el rendimiento sobre la acción preferencial:

$$k_p = D_p/P_0 \qquad (4.25)$$

Para ejemplificar, suponga que el precio de mercado actual por acción del 10% de acciones preferenciales con valor nominal de $100 de Acme Zarf Company es $91.25. Por lo tanto, el precio de la acción preferencial de Acme dará un rendimiento de

$$k_p = \$10/\$91.25 = \textbf{10.96\%}$$

● ● ● Rendimiento sobre acciones ordinarias

La tasa de rendimiento que iguala el valor descontado de los dividendos en efectivo esperados de las acciones ordinarias al precio de mercado actual por acción es el rendimiento sobre esas acciones ordinarias. Si, por ejemplo, el modelo de crecimiento constante de los dividendos fuera adecuado para aplicarlo en acciones ordinarias de una compañía en particular, se puede decir que el precio de mercado actual (P_0) es

$$P_0 = D_1/(k_e - g) \qquad (4.26)$$

Despejando k_e, que en este caso es el rendimiento determinado por el mercado sobre las acciones ordinarias de una compañía, obtenemos

$$k_e = D_1/P_0 + g \qquad (4.27)$$

De esta última expresión, se vuelve evidente que el rendimiento sobre las acciones ordinarias proviene de dos fuentes. La primera es el *rendimiento de dividendos* esperado, D_1/P_0; mientras que la segunda fuente, g, es el *rendimiento en ganancias de capital* esperado. Sí, g se pone "varios sombreros". Es la tasa de crecimiento anual compuesta esperada en dividendos. Pero, dado este modelo, también es el cambio porcentual esperado en el precio de las acciones (es decir, $P_1/P_0 - 1 = g$) y, como tal, recibe el nombre de rendimiento en ganancias de capital.

Pregunta

¿Qué rendimiento de mercado implica una acción ordinaria que ahora se vende en $40 cuyos dividendos se espera que crezcan a una tasa del 9% anual y cuyos dividendos se espera que sean $2.40 el año próximo?

Respuesta

El rendimiento del mercado, k_e, es igual al rendimiento en dividendos, D_1/P_0, más el rendimiento de ganancias de capital, g, como sigue:

$$k_e = \$2.40/\$40 + 0.09 = 0.06 + 0.09 = \textbf{15\%}$$

por contrato, mucha más incertidumbre rodea a la secuencia de rendimientos futuros relacionados con las acciones ordinarias.

- El valor intrínseco de una *acción ordinaria* se puede ver como el valor descontado de todos los dividendos en efectivo que otorga la empresa emisora.

- Los modelos descontados de dividendos están diseñados para calcular el valor intrínseco de una acción bajo suposiciones específicas en cuanto al patrón de crecimiento esperado de los dividendos futuros y la tasa de descuento apropiada a utilizar.

- Si se espera que los dividendos crezcan a una tasa constante, la fórmula para calcular el valor intrínseco de una acción ordinaria es

$$V = D_1/(k_e - g) \qquad (4.14)$$

- En el caso de que no haya crecimiento esperado de los dividendos, la ecuación anterior se reduce a

$$V = D_1/k_e \qquad (4.19)$$

- Por último, cuando se espera que el crecimiento de los dividendos difiera durante las etapas de desarrollo de una empresa, podemos determinar el valor presente de los dividendos para las distintas etapas de crecimiento y sumarlos para producir el valor intrínseco de la acción.

- Si el valor intrínseco (V) en nuestras ecuaciones de valuación se sustituye por el precio de mercado del instrumento (P_0), podemos despejar la *tasa de rendimiento requerida por el mercado*. Esta tasa, que iguala el valor descontado de los flujos de entrada esperados al precio de mercado del instrumento, también se conoce como el *rendimiento* (de mercado) del instrumento.

- El *rendimiento al vencimiento (RAV)* es la tasa de rendimiento o de retorno esperada sobre un bono si se compra al precio de mercado actual y se conserva hasta el vencimiento. También se conoce como *tasa interna de rendimiento* del bono.

- Las tasas de interés y los precios de los bonos se mueven en direcciones opuestas.

- En general, cuanto más lejano esté el vencimiento de un bono, mayor será la fluctuación del precio del bono asociada con un cambio dado en el rendimiento requerido por el mercado.

- Cuanto más baja sea la tasa de cupón, más sensible será el precio de ese bono a los cambios en los rendimientos del mercado.

- El rendimiento sobre las acciones ordinarias proviene de dos fuentes. La primera es el *rendimiento de dividendos* esperado y la segunda fuente es el *rendimiento de ganancias de capital* esperado.

Preguntas

1. ¿Qué conexión, si la hay, tiene el *valor de mercado* de una empresa con su *valor de liquidación* o su *valor de empresa en marcha*?

2. ¿Puede el *valor intrínseco* de un instrumento para un inversionista diferir de su *valor de mercado*? Si es así, ¿en qué circunstancias?

3. ¿En qué sentido el tratamiento de bonos y acciones preferenciales es igual en lo que se refiere a la valuación?

4. ¿Por qué los bonos con fecha de vencimiento lejana fluctúan más en precio que los bonos con vencimiento cercano, dados los mismos cambios en el rendimiento al vencimiento?

5. Un bono a 20 años tiene una tasa de cupón del 8% y otro con el mismo periodo de vencimiento tiene una tasa de cupón del 15 por ciento. Si los bonos son iguales en todos los demás aspectos, ¿cuál tendrá la mayor declinación en el precio de mercado relativo si las tasas de interés aumentan drásticamente? ¿Por qué?

6. ¿Por qué los dividendos son la base de la valuación de las acciones ordinarias?

7. Suponga que las acciones de control en IBM Corporation se colocaron en un fondo de inversiones perpetuo con una cláusula irrevocable que establece que los dividendos en efectivo o de liquidación nunca se pagarán de este fondo. Las utilidades por acción continuaron creciendo. ¿Cuál será el valor de la compañía para los accionistas? ¿Por qué?

8. ¿Por qué es probable que la tasa de crecimiento en las utilidades y los dividendos de una compañía disminuyan en el futuro? ¿Puede la tasa de crecimiento aumentar también? Si así fuera, ¿cuál sería el efecto sobre el precio de las acciones?

9. Usando el modelo de valuación de dividendos de crecimiento constante perpetuo, ¿existe una situación en la que la compañía crece 30% por año (después de restar la inflación) para siempre? Explique.

10. Tammy Whynot, una compañera de clase, sugiere que cuando se usa el modelo de valuación de dividendos de crecimiento constante para explicar el precio actual de una acción, la cantidad $(k_e - g)$ representa el rendimiento en dividendos esperado. ¿Está en lo correcto o no? Explique.

11. **"Bono de $1,000 del tesoro del gobierno de Estados Unidos ¡GRATIS! con cualquier compra de $999"** decía el título de un anuncio de una mueblería local. "¡Vaya! Parece que esto es como obtener los muebles gratis", dijo su amiga Heather Dawn Tiffany. Lo que Heather no leyó fueron las letras pequeñas en el anuncio donde decía que el bono "gratis" era uno de cupón cero con un vencimiento a 30 años. Explique a Heather por qué el bono "gratis" de $1,000 es más un "gancho" del anuncio que algo de gran valor.

BONO DE

$1000

DEL TESORO DEL GOBIERNO DE ESTADOS UNIDOS

¡GRATIS!

CON CUALQUIER COMPRA DE $999
CUALQUIER COMBINACIÓN DE ARTÍCULOS QUE SUME $999 O MÁS SE LLEVA GRATIS UN BONO DE $1000 DEL TESORO DEL GOBIERNO DE EUA

Problemas para autoevaluación

1. Fast and Loose Company tiene un bono que da el 8%, a cuatro años y valor nominal de $1,000 sobre el que paga intereses anualmente.
   a) Si la tasa de rendimiento requerida por el mercado es del 15%, ¿cuál es el valor de mercado del bono?
   b) ¿Cuál sería su valor de mercado si el rendimiento requerido bajara a 12%? ¿Y a 8%?
   c) Si la tasa de cupón fuera del 15% en vez del 8%, ¿cuál sería el valor de mercado [según el inciso *a*)]? Si la tasa de rendimiento requerida bajara al 8%, ¿cuál sería el precio de mercado del bono?

2. James Consol Company actualmente paga un dividendo de $1.60 por acción ordinaria. La compañía espera aumentar el dividendo a una tasa anual del 20% durante los primeros cuatro años y al 13% los siguientes cuatro años, y luego aumentar el dividendo a una tasa del 7% en adelante. Este patrón de etapas de crecimiento corresponde al ciclo de vida esperado de las utilidades. Usted requiere un rendimiento del 16% para invertir en estas acciones. ¿Qué valor debe dar a cada acción?

3. Un bono con valor nominal de $1,000 tiene un precio de mercado actual de $935, una tasa de cupón del 8% y faltan 10 años para el vencimiento. Los pagos de intereses se hacen cada semestre. Antes de hacer cálculos, decida si el rendimiento al vencimiento está por arriba o por debajo de la tasa de cupón. ¿Por qué?
   a) ¿Cuál es la tasa de descuento semestral determinada por el mercado implícita (esto es, el rendimiento semestral al vencimiento) sobre este bono?
   b) Con base en su respuesta al inciso *a*), para este bono, ¿cuál es *i*) el rendimiento al vencimiento (nominal anual), *ii*) el rendimiento al vencimiento (efectivo anual)?

4. Un bono de cupón cero y valor nominal de $1,000 se vende en $312 y vence exactamente en 10 años.
   a) ¿Cuál es la tasa de descuento semestral implícita determinada por el mercado (es decir, el rendimiento al vencimiento semestral) sobre este bono? (Recuerde que la convención para fijar precios en Estados Unidos es usar capitalización semestral, incluso con bonos de cupón cero).
   b) Con base en su respuesta al inciso *a*), para este bono, ¿cuál es *i*) el rendimiento al vencimiento (nominal anual), *ii*) el rendimiento al vencimiento (efectivo anual)?

5. Justo hoy, las acciones ordinarias de Acme Rocket, Inc., pagaron un dividendo de $1 por acción y su precio al cierre fue de $20. Suponga que el mercado espera que el dividendo anual de esta compañía crezca a una tasa constante del 6% para siempre.
   a) Determine el *rendimiento* implícito de esta acción común.
   b) ¿Cuál es el *rendimiento de dividendos* esperado?
   c) ¿Cuál es el rendimiento de *ganancias de capital* esperado?

6. Peking Duct Tape Company tiene en circulación un bono con valor nominal de $1,000 y tasa de cupón del 14% a 3 años que faltan para el vencimiento. Los pagos de intereses se hacen cada semestre.

   a) ¿Qué valor debe dar al bono si su tasa de rendimiento requerida anual nominal es del *i*) 12%, *ii*) 14%, *iii*) 16%?

   b) Suponga que tenemos un bono similar al descrito, excepto que es un bono de cupón cero, de descuento puro. ¿Qué valor debe dar a este bono si su tasa de rendimiento requerida es del *i*) 12%, *ii*) 14%, *iii*) 16%? (Suponga descuento semestral).

Problemas

1. Gonzalez Electric Company tiene en circulación una emisión de bonos al 10% con valor nominal de $1,000 por bono y periodo de vencimiento de tres años. El interés se paga anualmente. Los bonos pertenecen a Suresafe Fire Insurance Company. Suresafe desea venderlos y está negociando con un tercero. Estima que, en las condiciones actuales del mercado, los bonos deben dar un rendimiento (nominal anual) del 14 por ciento. ¿Qué precio por bono debe obtener Suresafe en la venta?

2. ¿Cuál sería el precio por bono en el problema 1 si los pagos de interés fueran semestrales?

3. Superior Cement Company tiene una emisión en circulación de acciones preferenciales con 8%, donde cada una tiene un valor nominal de $100. Actualmente, el rendimiento es del 10 por ciento. ¿Cuál es el precio de mercado por acción? Si las tasas de interés en general suben de manera que el rendimiento requerido cambia al 12%, ¿qué le ocurre al precio de mercado por acción?

4. Las acciones de Health Corporation se venden actualmente en $20 por acción y se espera que paguen un dividendo de $1 al final del año. Si usted compra la acción ahora y la vende en $23 después de recibir el dividendo, ¿qué tasa de rendimiento habrá ganado?

5. Delphi Products Corporation actualmente paga un dividendo de $2 por acción y se espera que este dividendo aumente al 15% anual durante tres años, y que luego sea del 10% los siguientes tres años, después de lo cual se espera que aumente a una tasa del 5% para siempre. ¿Qué valor daría a la acción si requiriera una tasa de rendimiento del 18%?

6. North Great Timber Company pagará dividendos de $1.50 por acción el próximo año. Después se espera que las ganancias y los dividendos crezcan a una tasa del 9% anual indefinidamente. Los inversionistas requieren una tasa de rendimiento del 13 por ciento. La compañía está considerando varias estrategias de negocios y desea determinar su efecto en el precio de mercado por acción.

   a) Continuar la estrategia actual dará como resultado la tasa de crecimiento esperada y la tasa de rendimiento requerida que se establecieron en el enunciado.

   b) Expandir los inventarios de madera y las ventas aumentará la tasa de crecimiento esperada en los dividendos al 11%, pero aumentará el riesgo de la compañía. Como resultado, la tasa de rendimiento requerida por los inversionistas aumentará al 16 por ciento.

   c) Integrarse en las tiendas al menudeo aumentará la tasa de crecimiento de los dividendos al 10% y la tasa de rendimiento requerida al 14 por ciento.

   Desde el punto de vista del precio de mercado por acción, ¿cuál es la mejor estrategia?

7. Una acción preferencial de Buford Pusser Baseball Bat Company acaba de venderse en $100 y tiene un dividendo anual de $8.

   a) ¿Cuál es el rendimiento sobre esta acción?

   b) Ahora suponga que esta acción tiene un precio de compra de $110 dentro de cinco años, cuando la compañía pretende comprar la emisión. (*Nota:* La acción preferencial en este caso no debe manejarse como perpetua, su recompra será en cinco años por $110). ¿Cuál es el *rendimiento a la compra* de esta acción preferencial?

8. Wayne's Steaks, Inc., tiene una emisión en circulación de acciones preferenciales al 9%, sin opción a compra, con valor nominal de $100. El 1 de enero, el precio de mercado por acción es de $73. Los dividendos se pagan cada año el 31 de diciembre. Si usted requiere el 12% de rendimiento anual sobre esta inversión, ¿cuál es el valor intrínseco de esta acción para usted (por acción) el 1 de enero?

9. A los bonos con tasa de cupón del 9% de Melbourne Mining Company les faltan exactamente 15 años para el vencimiento. El valor de mercado actual de uno de estos bonos con valor nominal de $1,000 es de $700. El interés se paga semestralmente. Melanie Gibson coloca una tasa de rendimiento requerida anual nominal del 14% sobre estos bonos. ¿Qué valor intrínseco en dólares debe dar Melanie a uno de estos bonos (descontados cada semestre)?

10. Justo hoy, las acciones ordinarias de Fawlty Foods, Inc., pagaron $1.40 de dividendo anual por acción y tuvieron un precio al cierre de $21. Suponga que la tasa de rendimiento, o tasa de capitalización, requerida por el mercado sobre esta inversión es del 12% y que se espera que los dividendos crezcan a una tasa constante para siempre.
    a) Calcule la tasa de crecimiento implícita para los dividendos.
    b) ¿Cuál es el *rendimiento de dividendos* esperado?
    c) ¿Cuál es el rendimiento de *ganancias de capital* esperado?

11. Great Northern Specific Railway tiene en circulación bonos perpetuos sin opción a compra. Cuando se emitieron, los bonos perpetuos se vendieron en $955 por bono; hoy (1 de enero) su precio de mercado es de $1,120 por bono. La compañía paga un interés semestral de $45 por bono el 30 de junio y el 31 de diciembre cada año.
    a) A partir de hoy (1 de enero), ¿cuál es el rendimiento semestral implícito sobre estos bonos?
    b) Con base en su respuesta al inciso a), ¿cuál es el rendimiento (nominal anual) sobre estos bonos?, ¿y el rendimiento (efectivo anual)?

12. Suponga que lo establecido en el problema 11 permanece igual, excepto que los bonos no son perpetuos. En vez de ello, tienen un valor nominal de $1,000 y vencen en 10 años.
    a) Determine el rendimiento al vencimiento (RAV) semestral implícito sobre estos bonos. (*Sugerencia:* Si sólo ha trabajado con tablas de valor presente, puede determinar una aproximación del RAV semestral mediante un procedimiento de prueba y error junto con la interpolación. De hecho, la respuesta al problema 11, inciso a) —redondeada al porcentaje más cercano— le da un buen punto de inicio para el enfoque de prueba y error).
    b) Con base en su respuesta al inciso a), ¿cuál es el RAV (nominal anual) sobre estos bonos?, ¿y el RAV (efectivo anual)?

13. Red Frog Brewery tiene en circulación bonos con valor nominal de $1,000 con las siguientes características: actualmente se venden al valor nominal; 5 años hasta el vencimiento, y 9% de tasa de cupón (con interés pagados cada semestre). Es interesante ver que Old Chicago Brewery tiene una emisión de bonos muy similar. De hecho, cada característica del bono es igual que para Red Frog, excepto que los de Old Chicago vencen exactamente en 15 años. Ahora suponga que la tasa de rendimiento nominal anual requerida por el mercado para ambos bonos de pronto se cae del 9 al 8 por ciento.
    a) ¿Los bonos de cuál cervecera mostrarán el mayor cambio en el precio? ¿Por qué?
    b) Para la nueva tasa de rendimiento requerida, más baja, del mercado para estos bonos, determine el precio por bono para cada cervecera. ¿Qué precio aumentó más y cuánto?

14. Burp-Cola Company acaba de pagar los dividendos anuales de $2 por acción sobre sus acciones ordinarias. Este dividendo ha venido creciendo a una tasa anual del 10 por ciento. Kelly Scott requiere un rendimiento anual del 16% sobre estas acciones. ¿Qué valor intrínseco debe dar Kelly a una acción ordinaria de Burp-Cola en las siguientes circunstancias?
    a) Se espera que los dividendos continúen creciendo a una tasa anual constante del 10 por ciento.
    b) Se espera que la tasa de crecimiento anual del dividendo disminuya al 9% y sea constante en ese nivel.
    c) Se espera que la tasa de crecimiento anual del dividendo aumente al 11% y sea constante en ese nivel.

Soluciones a los problemas para autoevaluación

1. *a*), *b*).

FINAL DE AÑO	PAGO	FACTOR DE DESCUENTO, 15%	VALOR PRESENTE, 15%	FACTOR DE DESCUENTO, 12%	VALOR PRESENTE, 12%
1–3	$ 80	2.283	$182.64	2.402	$192.16
4	1,080	0.572	617.76	0.636	686.88
	Valor de mercado		**$800.40**		**$879.04**

Nota: Los errores de redondeo por el uso de tablas pueden ocasionar pequeñas diferencias en las respuestas cuando se aplican métodos de solución alternativos a los mismos flujos de efectivo.

El valor de mercado de un bono de 8% con rendimiento del 8% es su valor nominal, de **$1,000.**

c) El valor de mercado sería **$1,000** si el rendimiento requerido fuera del 15 por ciento.

FINAL DE AÑO	PAGO	FACTOR DE DESCUENTO, 8%	VALOR PRESENTE, 8%
1–3	$ 150	2.257	$386.55
4	1,150	0.735	845.25
	Valor de mercado		**$1,231.80**

2.

FASES 1 Y 2: VALOR PRESENTE DE DIVIDENDOS A RECIBIR EN LOS PRIMEROS 8 AÑOS

FINAL DEL AÑO	CÁLCULO DE VALOR PRESENTE (DIVIDENDO	×	$FIVP_{16\%,t}$)		VALOR PRESENTE DEL DIVIDENDO
Fase 1 1	$1.60(1.20)^1 = 1.92	×	0.862	=	$ 1.66
2	$1.60(1.20)^2 = 2.30$	×	0.743	=	1.71
3	$1.60(1.20)^3 = 2.76$	×	0.641	=	1.77
4	$1.60(1.20)^4 = \mathbf{3.32}$	×	0.552	=	1.83
Fase 2 5	$\mathbf{3.32}(1.13)^1 = 3.75$	×	0.476	=	1.79
6	$3.32(1.13)^2 = 4.24$	×	0.410	=	1.74
7	$3.32(1.13)^3 = 4.79$	×	0.354	=	1.70
8	$3.32(1.13)^4 = 5.41$	×	0.305	=	1.65
	$\text{o}\left[\sum_{t=1}^{8}\dfrac{D_t}{(1.16)_t}\right]$			=	**$13.85**

FASE 3: VALOR PRESENTE DE LA COMPONENTE DE CRECIMIENTO CONSTANTE

Dividendo al final del año 9 $= \$5.41(1.07) = \$5.79$

Valor de la acción al final de año 8 $= \dfrac{D_9}{(k_e - g)} = \dfrac{\$5.79}{(0.16 - 0.07)} = \$64.33$

Valor presente de $64.33 al final del año 8 $= (\$64.33)(FIVP_{16\%,8})$

$= (\$64.33)(0.305) = \mathbf{\$19.62}$

VALOR PRESENTE DE LA ACCIÓN

$V = \$13.85 + \$19.62 = \mathbf{\$33.47}$

3. El rendimiento al vencimiento es más alto que la tasa de cupón del 8% porque el bono se vende a un descuento de su valor nominal. El rendimiento al vencimiento (nominal anual) según lo informan los círculos de bonos es igual a ($2 \times$ RAV semestral). El RAV (efectivo anual) es igual a $(1 + \text{RAV semestral})^2 - 1$. El problema se establece como sigue:

$$\$935 = \sum_{t=1}^{20} \frac{\$40}{(1 + k_d/2)^t} + \frac{\$1,000}{(1 + k_d/2)^{20}}$$

$$= (\$40)(FIVPA_{k_d/2,20}) + VV(FIVP_{k_d/2,20})$$

a) Al despejar $k_d/2$ (el RAV semestral) en esta expresión, usando una calculadora, computadora o tablas de valor presente, se obtiene **4.5 por ciento.**

b) i) El RAV (nominal anual) es entonces $2 \times 4.5\% = $ **9 por ciento.**

   ii) El RAV (efectivo anual) es $(1 + 0.045)^2 - 1 = $ **9.2025 por ciento.**

4. a) $P_0 = VF_{20}(FIVP_{k_d}/2,20)$

   $(FIVP_{k_d/2,20}) = P_0/VF_{20} = \$312/\$1,000 = 0.312$

   De la tabla II del apéndice al final del libro, el factor de interés de 20 periodos al 6% es 0.312; por lo tanto, el rendimiento al vencimiento (RAV) del bono es del **6 por ciento.**

   b) i) RAV (nominal anual) $= 2 \times$ (RAV semestral)

   $$= 2 \times (0.06)$$

   $$= \textbf{12 por ciento}$$

   ii) RAV (efectivo anual) $= (1 + \text{RAV semestral})^2 - 1$

   $$= (1 + 0.06)^2 - 1$$

   $$= \textbf{12.36 por ciento}$$

5. a) $k_e = (D_1/P_0 + g) = ([D_0(1 + g)]/P_0) + g$

   $$= ([\$1(1 + 0.06)]/\$20) + 0.06$$

   $$= 0.053 + 0.06 = \textbf{0.113}$$

   b) Rendimiento esperado del dividendo $= D_1/P_0 = \$1(1 + 0.06)/\$20 = \textbf{0.053}$

   c) Rendimiento esperado de ganancias de capital $= g = \textbf{0.06}$

6. a) i) $V = (\$140/2)(FIVPA_{0.06,6}) + \$1,000(FIVP_{0.06,6})$

   $$= \quad \$70(4.917) \quad + \quad \$1,000(0.705)$$

   $$= \quad \$344.19 \quad + \quad \$705$$

   $$= \textbf{\$1,049.19}$$

   ii) $V = (\$140/2)(FIVPA_{0.07,6}) + \$1,000(FIVP_{0.07,6})$

   $$= \quad \$70(4.767) \quad + \quad \$1,000(0.666)$$

   $$= \quad \$333.69 \quad + \quad \$666$$

   $$= \textbf{\$999.69} \quad \text{o} \quad \textbf{\$1,000}$$

   (El valor debe ser igual a $1,000 cuando el rendimiento requerido nominal anual es igual a la tasa de cupón; nuestra respuesta difiere de $1,000 sólo por el redondeo en los valores de la tabla).

   iii) $V = (\$140/2)(FIVPA_{0.08,6}) + \$1,000(FIVP_{0.08,6})$

   $$= \quad \$70(4.623) \quad + \quad \$1,000(0.630)$$

   $$= \quad \$323.61 \quad + \quad \$630$$

   $$= \textbf{\$953.61}$$

   b) El valor de este tipo de bono se basa simplemente en descontar al presente el valor de vencimiento de cada bono. Ya se hizo esto al contestar el inciso a) y esos valores son i) **$705;** ii) **$666;** iii) **$630.**

Referencias seleccionadas

Alexander, Gordon J., William F. Sharpe y Jeffrey V. Bailey. *Fundamentals of Investment*, 3a. ed. Upper Saddle River, NJ: Prentice Hall, 2001.

Chew, I. Keong y Ronnie J. Clayton. "Bond Valuation: A Clarification". *The Financial Review* 18 (mayo, 1983), 234-236.

Gordon, Myron J. *The Investment, Financing, and Valuation of the Corporation*. Homewood, IL: Richard D. Irwin, 1962.

Haugen, Robert A. *Modern Investment Theory*, 5a. ed. Upper Saddle River, NJ: Prentice Hall, 2001.

Reilly, Frank K. y Keith C. Brown. *Investment Analysis and Portfolio Management*, 8a. ed. Cincinnati, OH: South-Western, 2006.

Rusbarsky, Mark y David B. Vicknair. "Accounting for Bonds with Accrued Interest in Conformity with Brokers' Valuation Formulas". *Issues in Accounting Education* 14 (mayo, 1999), 233-253.

Taggart, Robert A. "Using Excel Spreadsheet Functions to Understand and Analyze Fixed Income Security Prices". *Journal of Financial Education* 25 (primavera, 1999), 46-63.

Van Horne, James C. *Financial Market Rates and Flows*, 6a. ed. Upper Saddle River, NJ: Prentice Hall, 2001.

White, Mark A. y Janet M. Todd. "Bond Pricing between Coupon Payment Dates Using a 'No-Frills' Financial Calculator". *Financial Practice and Education* 5 (primavera-verano, 1995), 148-151.

Williams, John B. *The Theory of Investment Value*. Cambridge, MA: Harvard University Press, 1938.

La parte II del sitio Web del libro, *Wachowicz's Web World*, contiene vínculos a muchos sitios de finanzas y artículos en línea relacionados con los temas cubiertos en este capítulo. (web.utk.edu/~jwachowi/part2.html)

5

Riesgo y rendimiento

Contenido

- **Definición de riesgo y rendimiento**
  Rendimiento • Riesgo
- **Uso de distribuciones de probabilidad para medir el riesgo**
  Rendimiento esperado y desviación estándar • Coeficiente de variación
- **Actitudes hacia el riesgo**
- **Riesgo y rendimiento en el contexto de un portafolio**
  Rendimiento de un portafolio • Riesgo de un portafolio y la importancia de la covarianza
- **Diversificación**
  Riesgo sistemático y no sistemático
- **Modelo de fijación de precios de activos de capital (MPAC)**
  La recta característica • Beta: Un índice del riesgo sistemático • Revisión del riesgo no sistemático (diversificación) • Tasas de rendimiento requeridas y la recta del mercado de valores (RMV) • Rendimientos y precios de acciones • Desafíos para el MPAC
- **Mercados financieros eficientes**
  Tres formas de eficiencia de mercado • ¿Siempre existen mercados eficientes?
- **Puntos clave de aprendizaje**
- **Apéndice A: Medición del riesgo de un portafolio**
- **Apéndice B: Teoría de fijación de precios por arbitraje**
- **Preguntas**
- **Problemas para autoevaluación**
- **Problemas**
- **Soluciones a los problemas para autoevaluación**
- **Referencias seleccionadas**

Objetivos

Después de estudiar el capítulo 5, usted será capaz de:

- Comprender la relación (o "compensación") entre riesgo y rendimiento.
- Definir riesgo y rendimiento, y mostrar cómo medirlos calculando el rendimiento esperado, la desviación estándar y el coeficiente de variación.
- Analizar los diferentes tipos de actitudes del inversionista hacia el riesgo.
- Explicar el riesgo y el rendimiento en el contexto de un portafolio y distinguir entre seguridad individual y riesgo del portafolio.
- Distinguir entre riesgo evitable (no sistemático) y riesgo inevitable (sistemático), y explicar cómo la diversificación adecuada puede eliminar uno de estos riesgos.
- Definir y explicar el modelo de fijación de precios de activos de capital (MPAC), beta y recta característica.
- Calcular una tasa de rendimiento requerida usando el modelo de fijación de precios de activos de capital (MPAC).
- Demostrar cómo se puede usar la Recta del Mercado de Valores (RMV) para describir la relación entre tasa de rendimiento esperada y riesgo sistemático.
- Explicar qué significa un "mercado financiero eficiente" y describir los tres niveles (o formas) para un mercado eficiente.

Toma un riesgo calculado. Eso es muy diferente de ser impulsivo.

—GENERAL GEORGE S. PATTON

En el capítulo 2 se presentó en forma breve el concepto de "compensación" impuesto por el mercado entre el riesgo y el rendimiento de los valores; es decir, a mayor riesgo de un valor, mayor rendimiento esperado debe ofrecer al inversionista. Utilizamos este concepto en el capítulo 3. Ahí vimos el valor de un instrumento como el valor presente para el inversionista de la secuencia de flujos de efectivo, descontado a la tasa de rendimiento requerida apropiada para el riesgo implicado. Sin embargo, con toda intención pospusimos hasta ahora un manejo más detallado del riesgo y el rendimiento. Queríamos que primero comprendiera ciertos fundamentos de valuación antes de ocuparnos de este tema complejo.

Casi todos reconocen que, al determinar el valor y elegir inversiones, debe considerarse el riesgo. De hecho, la valuación y una comprensión de la compensación entre el riesgo y el rendimiento forman la base para maximizar la riqueza del accionista. Aun así, existe una controversia sobre qué es el riesgo y cómo debe medirse.

En este capítulo centramos nuestro estudio en el riesgo y el rendimiento de acciones ordinarias para un inversionista individual. No obstante, los resultados se pueden extender a otros bienes y clases de inversionistas. En realidad, en capítulos posteriores estudiaremos la empresa como inversionista en bienes (proyectos) cuando lleguemos al tema de presupuesto de capital.

Definición de riesgo y rendimiento

● ● ● Rendimiento

Rendimiento
Ingreso recibido en una inversión más cualquier cambio en el precio de mercado; generalmente se expresa como porcentaje del precio inicial de mercado de la inversión.

El rendimiento al conservar una inversión durante algún periodo, digamos un año, es simplemente cualquier pago en efectivo que se recibe como resultado de la propiedad, más el cambio en el precio de mercado, dividido entre el precio inicial.[1] Usted puede, por ejemplo, comprar en $100 un valor que le pagará $7 en efectivo y valdrá $106 un año después. El rendimiento sería ($7 + $6)/$100 = 13%. Así, el rendimiento llega de dos fuentes: el ingreso más cualquier apreciación en el precio (o pérdida en el precio).

Para acciones ordinarias, podemos definir el rendimiento de un periodo como

$$R = \frac{D_t + (P_t - P_{t-1})}{P_{t-1}} \qquad (5.1)$$

donde R es el rendimiento real (esperado) cuando t se refiere a un periodo específico en el pasado (futuro); D_t es el dividendo en efectivo al final del periodo t; P_t es el precio de la acción en el periodo t; y P_{t-1} es el precio de la acción en el periodo $t - 1$. Observe que esta fórmula se puede usar para determinar tanto el rendimiento real de un periodo (cuando se basa en datos históricos) como el rendimiento esperado de un periodo (cuando se basa en los dividendo y precios esperados futuros). También note que el término entre paréntesis en el numerador de la ecuación (5.1) representa la ganancia o pérdida de capital durante el periodo.

● ● ● Riesgo

Muchas personas estarían dispuestas a aceptar nuestra definición de rendimiento sin gran dificultad. Pero no todos estarían de acuerdo en cómo definir el riesgo, y mucho menos en cómo medirlo.

Para comenzar a asimilar el riesgo, considere primero un par de ejemplos. Suponga que compra un bono del Tesoro de Estados Unidos (*bono T*), que vence en un año, con rendimiento del 8 por

---

[1] La medida del rendimiento de este periodo es útil para un horizonte de un año o menos en una inversión. Para periodos más largos, es mejor calcular la tasa de rendimiento como el *rendimiento* (o *tasa interna de rendimiento*) de una inversión, como se hizo en el capítulo anterior. El cálculo del rendimiento está basado en el valor presente y, por lo tanto, toma en cuenta el valor del dinero en el tiempo.

ciento. Si lo conserva todo el año, obtendrá del gobierno el 8% garantizado de rendimiento sobre su inversión, no más ni menos. Ahora, compre una acción ordinaria en cualquier compañía y consérvela un año. El dividendo en efectivo que anticipa recibir puede o no materializarse como se espera. Lo que es más, el precio de la acción al final del año puede ser mucho menor de lo esperado, tal vez incluso menor del precio inicial. Entonces su rendimiento *real* sobre esta inversión puede diferir sustancialmente de su rendimiento *esperado*. Si definimos el **riesgo** como la variabilidad de los rendimientos con respecto a los que se esperan, el bono T sería un valor sin riesgo, mientras que la acción ordinaria sería uno riesgoso. Cuanto mayor sea la variabilidad, más riesgoso será el valor.

Riesgo Variabilidad de los rendimientos con respecto a los esperados.

Uso de distribuciones de probabilidad para medir el riesgo

Como acabamos de observar, en todos los valores, excepto en los libres de riesgo, el rendimiento que esperamos puede ser diferente del rendimiento que recibimos. En los valores riesgosos, la tasa de rendimiento real se puede ver como una variable aleatoria sujeta a una **distribución de probabilidad**. Suponga, por ejemplo, que un inversionista cree que los rendimientos posibles a un año si invierte en una acción ordinaria en particular son los que se muestran en la sección sombreada de la tabla 5.1, que representa la distribución de probabilidad de los rendimientos de un año. Esta distribución de probabilidad se puede resumir en términos de dos parámetros de la distribución: **1.** el *rendimiento esperado* y **2.** la *desviación estándar*.

Distribución de probabilidad Conjunto de valores que puede tomar una variable aleatoria y sus probabilidades de ocurrencia asociadas.

● ● ● Rendimiento esperado y desviación estándar

El **rendimiento esperado**, $\bar{R}$, es

$$\bar{R} = \sum_{i=1}^{n} (R_i)(P_i)$$

(5.2)

Rendimiento esperado El promedio ponderado de los rendimientos posibles, donde las ponderaciones o pesos son las probabilidades de ocurrencia.

donde R_i es el rendimiento para la *i*-ésima posibilidad, P_i es la probabilidad de que se obtenga ese rendimiento y *n* es el número total de posibilidades. De esta forma, el rendimiento esperado es simplemente un promedio ponderado de los rendimientos posibles, donde las ponderaciones son las probabilidades de ocurrencia. En la distribución de los rendimientos posibles mostrados en la tabla 5.1, vemos que el rendimiento esperado es **9 por ciento**.

Para completar la descripción de los dos parámetros de la distribución del rendimiento, necesitamos una medida de la dispersión, o variabilidad, alrededor del rendimiento esperado. La medida convencional de dispersión es la **desviación estándar**. Cuanto mayor sea la desviación estándar de los rendimientos, mayor será su variabilidad, y mayor será el riesgo de la inversión. La desviación estándar, σ, se puede expresar matemáticamente como

Desviación estándar Una medida estadística de la variabilidad de una distribución alrededor de su media. Es la raíz cuadrada de la *varianza*.

$$\sigma = \sqrt{\sum_{i=1}^{n} (R_i - \bar{R})^2 (P_i)}$$

(5.3)

Tabla 5.1

Ilustración del uso de una distribución de probabilidad de los rendimientos posibles a un año para calcular el rendimiento esperado y la desviación estándar del rendimiento

RENDIMIENTO POSIBLE, R_i	PROBABILIDAD DE OCURRENCIA, P_i	CÁLCULO DEL RENDIMIENTO ESPERADO ($\bar{R}$) $(R_i)(P_i)$	CÁLCULO DE VARIANZA (σ^2) $(R_i - \bar{R})^2(P_i)$
−0.10	0.05	−0.005	$(-0.10 - 0.09)^2(0.05)$
−0.02	0.10	−0.002	$(-0.02 - 0.09)^2(0.10)$
0.04	0.20	0.008	$(0.04 - 0.09)^2(0.20)$
0.09	0.30	0.027	$(0.09 - 0.09)^2(0.30)$
0.14	0.20	0.028	$(0.14 - 0.09)^2(0.20)$
0.20	0.10	0.020	$(0.20 - 0.09)^2(0.10)$
0.28	0.05	0.014	$(0.28 - 0.09)^2(0.05)$
	Σ = 1.00	Σ = **0.090** = $\bar{R}$	Σ = 0.00703 = σ^2
			Desviación estándar = $(0.00703)_{0.5}$ = **0.0838** = σ

donde √ representa la raíz cuadrada. El cuadrado de la desviación estándar, σ^2, se conoce como la *varianza* de la distribución. Operacionalmente, primero calculamos la varianza de una distribución, o el promedio ponderado de los cuadrados de las desviaciones de las posibles ocurrencias con respeto al valor medio de la distribución, con las probabilidades de ocurrencia como las ponderaciones o pesos. Luego, la raíz cuadrada de esta cifra nos da la desviación estándar. La tabla 5.1 revela la varianza de la distribución del ejemplo como **0.00703**. Obtenemos la raíz cuadrada de este valor y vemos que la desviación estándar de la distribución es **8.38 por ciento**.

Uso de la información de la desviación estándar.

Hasta ahora hemos trabajado con una distribución de probabilidad *discreta* (no continua), donde la variable aleatoria, al igual que el rendimiento, puede tomar sólo ciertos valores dentro de un intervalo. En tales casos no tenemos que calcular la desviación estándar para determinar la probabilidad de resultados específicos. Para determinar la probabilidad de que el rendimiento real en nuestro ejemplo sea menor que cero, vemos la sección sombreada de la tabla 5.1 y encontramos que la probabilidad es 0.05 + 0.10 = **15%**. El procedimiento es un poco más complejo cuando se trata de una distribución *continua*, donde una variable aleatoria puede tomar cualquier valor dentro de un intervalo. Para el rendimiento de las acciones ordinarias, una distribución continua es una suposición más realista, ya que puede presentarse cualquier número de resultados posibles que van desde una pérdida grande hasta un ganancia grande.

Suponga que nos enfrentamos a una distribución de probabilidad (continua) *normal* de rendimientos. Es simétrica y tiene forma de campana, y el 68% de la distribución está dentro de una desviación estándar (a la derecha o a la izquierda) del rendimiento esperado; el 95% está dentro de dos desviaciones estándar, y más del 99% cae dentro de tres desviaciones estándar. Al expresar las diferencias con respecto al rendimiento esperado en términos de desviaciones estándar, podemos determinar la probabilidad de que el rendimiento real sea mayor o menor que cualquier cantidad específica.

Podemos ilustrar este proceso con un ejemplo numérico. Suponga que nuestra distribución del rendimiento ha sido aproximadamente normal con un rendimiento esperado igual al 9% y una desviación estándar del 8.38 por ciento. Digamos que queremos encontrar la probabilidad de que el rendimiento futuro real sea menor que cero. Primero determinamos a cuántas desviaciones estándar está 0 de la media (9 por ciento). Para hacer esto tomamos la diferencia entre estos dos valores, que resulta ser −9%, y la dividimos entre la desviación estándar. En este caso el resultado es −0.09/0.0838 = −1.07 desviaciones estándar. (El signo *negativo* nos recuerda que estamos buscando en la *izquierda* de la media). En general, podemos usar la fórmula

$$Z = \frac{R - \bar{R}}{\sigma}$$

$$= \frac{0 - 0.09}{0.0838} = \mathbf{-1.07} \tag{5.4}$$

donde R es el límite de interés del intervalo de rendimientos y Z (puntuación Z) nos dice a cuántas desviaciones estándar está R de la media.

La tabla V del apéndice al final de libro se puede usar para determinar la proporción del área bajo la curva normal que está a Z desviaciones estándar a la izquierda o a la derecha de la media. Esta proporción corresponde a la probabilidad de que nuestro resultado para el rendimiento esté a Z desviaciones estándar de la media.

Consultamos la tabla V (en el apéndice) y encontramos que hay aproximadamente un 14% de probabilidad de que el rendimiento futuro real sea cero o menos. La distribución de probabilidad se ilustra en la figura 5.1. El área sombreada se localiza a 1.07 desviaciones estándar a la izquierda de la media y, como se indica, esta área representa aproximadamente el 14% de la distribución total.

Como acabamos de ver, la desviación estándar de una distribución de rendimiento resulta ser una medida de riesgo bastante versátil. Puede servir como una medida absoluta de la variabilidad del rendimiento: a mayor desviación estándar, mayor la incertidumbre con respecto al resultado real. Además, podemos usarla para determinar la posibilidad de que un resultado real sea mayor o menor que una cantidad dada. Sin embargo, hay quienes sugieren que nuestra preocupación debe ser el riesgo de una "baja" —ocurrencias menores que las esperadas— más que la variabilidad tanto arriba como abajo de la media. Esas personas señalan un punto importante. Pero mientras la distribución de

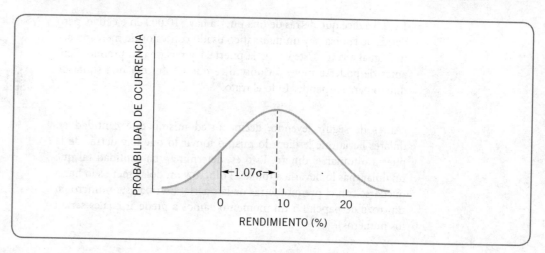

Figura 5.1

Distribución de probabilidad normal de rendimientos posibles para el ejemplo, donde se resalta el área a 1.07 desviaciones estándar a la izquierda de la media

rendimiento sea relativamente simétrica —como imagen en un espejo arriba y abajo de la media—, la desviación estándar funciona. Si la desviación estándar es alta, la posibilidad de grandes desilusiones también es alta.

● ● ● Coeficiente de variación

La desviación estándar algunas veces puede ser engañosa al comparar el riesgo o la incertidumbre que rodea a las alternativas, si difieren en tamaño. Considere dos oportunidades de inversión, A y B, cuyas distribuciones de probabilidad normales de los rendimientos a un año tienen las siguientes características:

	INVERSIÓN A	INVERSIÓN B
Rendimiento esperado, $\bar{R}$	0.08	0.24
Desviación estándar, σ	0.06	0.08
Coeficiente de variación, *CV*	0.75	0.33

¿Podríamos concluir que, puesto que la desviación estándar de B es mayor que la de A, B es la inversión más riesgosa? Con la desviación estándar como medida de riesgo, tendríamos que concluir eso. Sin embargo, la inversión A tiene una mayor variación en relación con el tamaño del rendimiento esperado. Esto es similar a reconocer que una desviación estándar de $10,000 del ingreso anual de un multimillonario es en realidad menos significativa que una desviación estándar de $8,000 en el ingreso anual de alguien como nosotros. Para tomar en cuenta el tamaño, o la escala, del problema, la desviación estándar se puede dividir entre el rendimiento esperado para calcular el **coeficiente de variación (CV)**:

Coeficiente de variación (CV)
La razón entre la desviación estándar de una distribución y la media de esa distribución. Es una medida de riesgo *relativo*.

$$\text{Coeficiente de variación (CV)} = \sigma/\bar{R} \tag{5.5}$$

Así, el coeficiente de variación es una medida de *dispersión (riesgo) relativa*, es decir, una medida del riesgo "por unidad de rendimiento esperado". Cuanto mayor sea el CV, mayor será el riesgo relativo de la inversión. Usando el CV como nuestra medida de riesgo, la inversión A con CV de la distribución del rendimiento de 0.75 se considera más riesgosa que la inversión B, cuyo CV es igual a sólo 0.33.

Actitudes hacia el riesgo

Justo cuando se sentía seguro de estar inmerso en un capítulo de finanzas, se encuentra atrapado en un laberinto de tiempo, y es un concursante en el juego de televisión *Hagamos un trato*. El conductor, Monty Hall, explica que usted puede quedarse con cualquier cosa que encuentre detrás de las puertas

Parte 2 Valuación

1 o 2. Le dice que detrás de una puerta hay $10,000 en efectivo, pero detrás de la otra hay un neumático usado con valor de mercado actual igual a cero. Usted elige la puerta 1 y reclama su premio. Pero antes de poderse mover, Monty dice que le ofrecerá una suma de dinero para suspender todo el trato.

"¿Será la puerta 1 o la puerta 2?"

(Antes de seguir leyendo, decida usted mismo qué cantidad en dólares haría que le diera lo mismo tomar lo que hay detrás de la puerta o tomar el dinero. Esto es, determine una cantidad tal que un dólar más lo llevaría a tomar el dinero y un dólar menos lo haría quedarse con el premio detrás de la puerta. Escriba este número en un trozo de papel. En un momento vamos a predecir cuáles serían los números).

Supongamos que decide que si Monty le ofrece $2,999 o menos, elegirá el premio detrás de la puerta. Con $3,000 no puede decidirse bien. Pero con $3,001 o más tomará el efectivo ofrecido y desistirá de elegir la puerta. Monty le ofrece $3,500, de manera que toma el dinero y ya no juega. (Por cierto, los $10,000 estaban detrás de la puerta 1, de manera que perdió).

¿Qué tiene todo esto que ver con este capítulo sobre el riesgo y el rendimiento? Todo. Acabamos de ilustrar el hecho de que el inversionista promedio es adverso al riesgo. Veamos por qué. Usted tenía la mitad de la oportunidad de obtener $10,000 o nada si se quedaba con el premio detrás de la puerta. El valor esperado de conservar una puerta es $5,000 (0.50 × $10,000 más 0.50 × $0). En el ejemplo, encontró que era *indiferente* entre un rendimiento esperado de $5,000 con riesgo (incierto) y un rendimiento seguro de $3,000. En otras palabras, esta cantidad cierta o sin riesgo, su **equivalente con certidumbre** (EC) al juego riesgoso, le dio la misma utilidad o satisfacción que el valor esperado de $5,000 con riesgo.

Sería sorprendente que su equivalente con certidumbre en esta situación fuera exactamente $3,000, el número que usamos en el ejemplo. Pero mire en el trozo de papel el número que le pedimos que escribiera. Tal vez sea menor que $5,000. Los estudios han demostrado que la vasta mayoría de individuos, si se encuentran en una situación similar, tendrán un equivalente con certidumbre menor que el valor esperado (esto es, menor que $5,000). De hecho, podemos usar la relación del equivalente cierto de un individuo con el valor monetario esperado de una inversión (u oportunidad) riesgosa para definir su actitud hacia el riesgo. En general, si

- El equivalente con certidumbre < valor esperado, hay *aversión al riesgo*.
- El equivalente con certidumbre = valor esperado, hay *indiferencia al riesgo*.
- El equivalente con certidumbre > valor esperado, hay *preferencia por el riesgo*.

Así, en el ejemplo de *Hagamos un trato*, cualquier equivalente con certidumbre menor que $5,000 indica aversión al riesgo. Para las personas con aversión al riesgo, la diferencia entre el equivalente con certidumbre y el valor esperado de una inversión constituye una *prima de riesgo*; ésta es el rendimiento esperado adicional que la inversión riesgosa debe ofrecer al inversionista para que esa persona acepte la inversión riesgosa. Observe que, en el ejemplo, el valor esperado de la inversión riesgosa tuvo que exceder la oferta segura de $3,000 en $2,000 o más para que estuviera dispuesto a aceptarla.

En este libro tomaremos el punto de vista de aceptación general de que los inversionistas suelen tener **aversión al riesgo**. Esto implica que las inversiones con riesgo deben ofrecer rendimientos esperados más altos que las menos riesgosas para que las personas las compren y conserven. (No obstante, recuerde que estamos hablando de rendimientos *esperados*; el rendimiento *real* en una inversión riesgosa puede ser mucho menor que el rendimiento *real* en una alternativa con menor riesgo). Y para tener menos riesgo, debe estar dispuesto a aceptar inversiones que tienen rendimientos esperados menores. En resumen, no hay comida incluida cuando se trata de inversiones. Debe verse con desconfianza a cualquier persona que asegure altos rendimientos para inversiones de bajo riesgo.

Equivalente con certidumbre (EC) Cantidad de dinero que alguien requiere con certidumbre en un momento para sentirse indiferente entre esa cantidad cierta y una cantidad esperada que recibirá con riesgo en el mismo momento.

Aversión al riesgo Término que se aplica al inversionista que demanda un rendimiento esperado más alto si el riesgo es más alto.

Riesgo y rendimiento en el contexto de un portafolio

Portafolio Una combinación de dos o más valores o bienes.

Hasta ahora nos hemos enfocado en el riesgo y el rendimiento de una sola inversión aislada. Los inversionistas rara vez colocan toda su riqueza en un solo bien o inversión. Más bien, conforman un **portafolio** o cartera de inversiones. Por eso, necesitamos extender nuestro análisis de riesgo y rendimiento para incluir portafolio.

● ● ● Rendimiento de un portafolio

El rendimiento esperado de un portafolio es simplemente un promedio ponderado de los rendimientos esperados de los valores o acciones que constituyen ese portafolio. Las ponderaciones o los pesos son iguales a la proporción de los fondos totales invertidos en cada valor (los pesos deben sumar 100%). La fórmula general para el rendimiento esperado de un portafolio, $\bar{R}$, es la siguiente

$$\bar{R}_p = \sum_{j=1}^{m} W_j \bar{R}_j \tag{5.6}$$

donde W_j es la proporción, o *peso*, de los fondos totales invertidos en el valor j; $\bar{R}_j$ es el rendimiento esperado del valor j; y m es el número total de valores diferentes en el portafolio.

El rendimiento esperado y la desviación estándar de la distribución de probabilidad de los rendimientos posibles para dos valores se muestran a continuación.

	VALOR A	VALOR B
Rendimiento esperado, $\bar{R}_j$	14.0%	11.5%
Desviación estándar, σ_j	10.7	1.5

Si se invierten cantidades iguales de dinero en los dos valores, el rendimiento esperado del portafolio es $(0.5)14.0\% + (0.5)11.5\% = \mathbf{12.75\%}$.

● ● ● Riesgo de un portafolio y la importancia de la covarianza

Covarianza Medida estadística del grado en el que dos variables (como rendimientos sobre valores) se mueven juntas. Un valor positivo significa que, en promedio, se mueven en la misma dirección.

Aunque el rendimiento esperado del portafolio es directo, el promedio ponderado de los rendimientos sobre los valores individuales, la desviación estándar del portafolio *no* es simplemente el promedio ponderado de las desviaciones estándar de los valores individuales. Tomar un promedio ponderado de las desviaciones estándar sería ignorar la relación, o **covarianza**, entre los rendimientos sobre los valores. Esta covarianza, sin embargo, no afecta el rendimiento esperado del portafolio.

La *covarianza* es una medida estadística del grado en el que dos variables (como rendimientos sobre valores) se mueven juntas. Una covarianza positiva indica que, en promedio, las dos variables se mueven juntas. Una covarianza negativa sugiere que, en promedio, las dos variables se mueven en direcciones opuestas. Una covarianza de cero significa que las dos variables no muestran una tendencia a variar juntas de manera lineal ni positiva ni negativa. La covarianza en los rendimientos sobre los valores complica nuestro cálculo de la desviación estándar de un portafolio. Aun así, esta nube oscura de complejidad matemática contiene un fondo ventajoso: la covarianza entre los valores ofrece la posibilidad de eliminar parte del riesgo *sin reducir el rendimiento potencial*.

El cálculo de la desviación estándar de un portafolio, σ_p, es complicado y requiere ejemplificación.[2] Por lo tanto, se estudia con detalle en el apéndice A al final de este capítulo. Como se explica en el

---

[2]La desviación estándar de una distribución de probabilidad de los rendimientos posibles de un portafolio, σ_p, es

$$\sigma_p = \sqrt{\sum_{j=1}^{m} \sum_{k=1}^{m} W_j W_k \sigma_{j,k}}$$

donde m es el número de valores diferentes en el portafolio, W_j es la proporción de los fondos totales invertidos en el valor j, W_k es la proporción de los fondos totales invertidos en el valor k, y $\sigma_{j,k}$ es la covarianza entre los rendimientos posibles para los valores j y k.

apéndice A, para un portafolio grande, la desviación estándar depende primordialmente de las covarianzas "ponderadas" entre los valores. Los "pesos" se refieren a la proporción de los fondos invertidos en cada valor, y las covarianzas son las determinadas entre los rendimientos de los valores para todas las combinaciones por pares.

Una comprensión de lo que se requiere para determinar la desviación estándar de un portafolio lleva a una conclusión sorprendente. Lo riesgoso de un portafolio depende mucho más de las covarianzas de los pares de valores que de lo riesgoso (desviaciones estándar) de los valores separados. Esto significa que una combinación de valores *individualmente* riesgosos puede constituir un portafolio con riesgo moderado siempre que los valores no marchen con paso rígido entre ellos. En resumen, las covarianzas bajas llevan a un portafolio de bajo riesgo.

Diversificación

El concepto de diversificación tiene tanto sentido que incluso nuestro lenguaje contiene expresiones comunes que nos exhortan a diversificarnos ("no hay que poner todos los huevos en la misma canasta"). La idea es dispersar el riesgo en varios bienes o inversiones. Aunque este enfoque nos muestra la dirección correcta, es bastante ingenuo para la diversificación. Parecería implicar que invertir $10,000 de manera equitativa en 10 valores diferentes nos hace más diversificados que la misma cantidad invertida en forma equitativa en cinco valores diferentes. El hecho es que la diversificación ingenua ignora la covarianza (o correlación) entre los rendimientos sobre los valores. El portafolio que contiene 10 valores puede representar acciones de sólo una industria y tener rendimientos con una alta correlación. El portafolio con 5 acciones puede representar a varias industrias cuyos rendimientos pueden mostrar poca correlación y, por ende, una variabilidad baja en el rendimiento del portafolio.

La diversificación significativa, combinando valores de manera que reduzcan el riesgo, se ilustra en la figura 5.2. Ahí los rendimientos en el tiempo para la acción A son cíclicos en el sentido de que se mueven con la economía en general. Los rendimientos para la acción B, sin embargo, son algo contracíclicos. Así, los rendimientos de estas dos acciones tienen una correlación negativa. Cantidades iguales invertidas en ambas acciones reducirán la dispersión, σ_p, del rendimiento sobre las inversiones del portafolio. Esto se debe a que parte de la variabilidad de cada acción individual se compensa. Los beneficios de la diversificación, en la forma de reducción de riesgo, ocurren siempre y cuando las acciones no tengan una correlación perfecta y positiva.

Invertir en los mercados financieros del mundo puede lograr una mayor diversificación que invertir los valores en un solo país. Como se verá en el capítulo 24, los ciclos económicos de diferentes países no están completamente sincronizados, y una economía débil en un país puede compensarse con una economía fuerte en otro. Más aún, el riesgo del cambio de moneda y otros riesgos analizados en el capítulo 24 se agregan al efecto de diversificación.

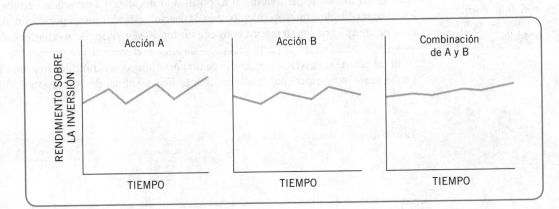

Figura 5.2

Efecto de la diversificación sobre el riesgo de un portafolio

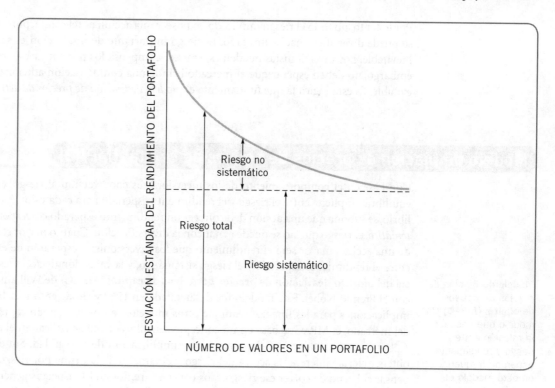

Figura 5.3

Relación de riesgo
total, sistemático y
no sistemático con el
tamaño del portafolio

● ● ● Riesgo sistemático y no sistemático

Hemos establecido que combinar valores que no tienen una combinación perfecta y positiva ayuda a disminuir el riesgo de un portafolio. ¿Cuánta reducción de riesgo es razonable esperar y cuántas acciones diferentes se requieren en un portafolio? La figura 5.3 ayuda a responder esto.

Los estudios de investigación han observado lo que ocurre con el riesgo de un portafolio cuando se combinan acciones seleccionadas al azar para formar portafolios con ponderaciones iguales. Cuando comenzamos con una sola acción, el riesgo del portafolio es la desviación estándar de esa acción. Conforme aumenta el número de acciones seleccionadas al azar que tiene el portafolio, el riesgo total de éste se reduce. Pero tal reducción tiene una tasa decreciente. Así, una proporción sustancial del riesgo del portafolio se puede eliminar con una cantidad relativamente moderada de diversificación, digamos, 20 a 25 acciones seleccionadas al azar con cantidades de dinero iguales. Conceptualmente, esto se ilustra en la figura 5.3.

Como se observa en la figura, el riesgo total de un portafolio está compuesto por dos elementos:

$$\text{Riesgo total} = \begin{array}{c} \text{Riesgo sistemático} \\ \text{(no se diversifica} \\ \text{o es inevitable)} \end{array} + \begin{array}{c} \text{Riesgo no sistemático} \\ \text{(se diversifica} \\ \text{o es evitable)} \end{array} \qquad (5.7)$$

Riesgo sistemático
Variabilidad del
rendimiento sobre
acciones o portafolio
asociada con cambios
en el rendimiento del
mercado como un
todo.

La primera parte, el **riesgo sistemático**, se debe a factores de riesgo que afectan al mercado global, como los cambios en la economía del país, la reforma a la ley fiscal del Congreso o un cambio en la situación de energía mundial. Éstos son los riesgos que afectan a los valores en conjunto y, en consecuencia, no pueden diversificarse hacia otro lado. En otras palabras, incluso un inversionista que tiene un portafolio bien diversificado estará expuesto a este tipo de riesgo.

Riesgo no sistemático
Variabilidad del
rendimiento sobre
acciones o portafolios
no explicada por
los movimientos
del mercado en
general. Se puede
evitar mediante la
diversificación.

El segundo componente del riesgo, el **riesgo no sistemático**, es un riesgo único para una compañía o industria en particular; es independiente de los factores económicos, políticos y otros que afectan a todos los valores de manera sistemática. Una huelga fuera de control puede afectar sólo a una compañía; un nuevo competidor tal vez comience a producir esencialmente el mismo producto, o un avance tecnológico quizá convierta en obsoleto un producto existente. Para la mayoría de las acciones, los riesgos sistemáticos explican cerca del 50% del riesgo total o de la desviación estándar. Sin embargo, diversificar este tipo de riesgo puede reducirlo e incluso eliminarlo si la diversificación es eficiente.

Por lo tanto, no todo el riesgo implicado en poseer una acción es relevante, porque parte de este riesgo se puede diversificar hacia otro lado. El riesgo importante de una acción es su riesgo sistemático o inevitable. Los inversionistas pueden esperar ser compensados por correr este riesgo sistemático. Sin embargo, no deben esperar que el mercado brinde una compensación adicional por correr el riesgo evitable. Es esta lógica la que fundamenta el *modelo de fijación de precios de activos de capital*.

Modelo de fijación de precios de activos de capital (MPAC)

Modelo de fijación de precios de activos de capital (MPAC) Un modelo que describe la relación entre riesgo y rendimiento esperado (requerido); en este modelo el rendimiento esperado (requerido) de una acción es la tasa libre de riesgo más una prima basada en el riesgo sistemático de la acción.

Con base en el comportamiento de los inversionistas con aversión al riesgo, existe una relación de equilibrio implícita entre el riesgo y el rendimiento esperado para cada valor. En un mercado en equilibrio, se supone que una acción debe ofrecer un rendimiento esperado correspondiente a su *riesgo sistemático*, el riesgo que no se puede evitar con la diversificación. Cuanto mayor sea el riesgo sistemático de una acción, mayor será el rendimiento que los inversionistas esperarán de esa acción. La relación entre el rendimiento esperado y el riesgo sistemático, y la valuación de acciones que sigue es la esencia del **modelo de fijación de precios de activos de capital (MPAC)** de William Sharpe, galardonado con el Premio Nobel. Este modelo fue desarrollado en 1960 y, desde entonces, ha tenido importantes implicaciones para las finanzas. Aunque otros modelos también intentan captar el comportamiento del mercado, el MPAC se basa en un concepto sencillo y se puede aplicar en el mundo real.

Igual que cualquier modelo, éste es una simplificación de la realidad. Sin embargo, nos permite obtener ciertas inferencias acerca del riesgo y el tamaño de la prima por riesgo necesaria para compensar el hecho de correr ese riesgo. Nos concentraremos en los aspectos generales del modelo y sus implicaciones importantes. Se eliminaron ciertos detalles en aras de la sencillez.

Al igual que con cualquier modelo, deben hacerse suposiciones. Primero, suponemos que los mercados de capital son eficientes en cuanto a que los inversionistas están bien informados, los costos de las transacciones son bajos, existen restricciones despreciables sobre la inversión, y ningún inversionista es suficientemente grande para afectar el precio de mercado de una acción. También suponemos que los inversionistas aceptan el acuerdo general sobre el posible desempeño de las acciones individuales y que sus expectativas se basan en un periodo acostumbrado de propiedad, digamos, un año. Hay dos tipos de oportunidades de inversión que estudiaremos. La primera es una acción sin riesgo cuyo rendimiento en el periodo de propiedad se conoce con certidumbre. Con frecuencia, se usa la tasa para corto y mediano plazo de los valores del Tesoro como sustituto de la tasa sin riesgo. La segunda es el *portafolio de mercado* de las acciones ordinarias. Está representado por todas las acciones ordinarias disponibles y se ponderan según sus precios de mercado agregados totales. Como el portafolio de mercado es algo difícil de manejar, la mayoría de las personas usan un sustituto, como

Pregunte al arlequín

The Motley Fool
Para educar, divertir y enriquecer™

P ¿Qué es un índice?

R Un índice es un conjunto de acciones cuyo desempeño se mide como un todo. Algunos son grandes y contienen cientos o miles de compañías. Éstos con frecuencia se usan como medida del desempeño global del mercado, como el índice S&P 500. Otros índices son más pequeños, o más especializados, quizá contienen sólo compañías pequeñas o compañías farmacéuticas o compañías latinoamericanas.

Pero los índices no son valores en los que se invierte. Para cumplir las necesidades de las personas interesadas en invertir en diferentes índices, se crearon los fondos mutuos de los índices. Si usted quiere invertir en cierto índice, por ejemplo, invertiría en un fondo del índice que se basa en él.

Fuente: The Motley Fool (www.fool.com). Reproducido con el permiso de The Motley Fool.

Índice Standard & Poor 500 (Índice S&P 500) Un índice del valor ponderado de mercado de las 500 acciones ordinarias de capitalización alta seleccionadas de una amplia sección transversal de los grupos industriales. Se usa como medida del desempeño global del mercado.

el Índice Standard & Poor 500 (Índice S&P 500). Este índice de base amplia del valor ponderado del mercado refleja el desempeño de las 500 acciones ordinarias más importantes.

Antes estudiamos la idea de riesgo inevitable, es decir, el riesgo que no puede evitarse con una diversificación eficiente. Como uno no puede tener mayor diversificación que el portafolio del mercado, representa el límite que se puede lograr en la diversificación. De esta forma, todo el riego asociado con el portafolio del mercado es inevitable o sistemático.

●●● La recta característica

Recta característica Una recta que describe la relación entre el rendimiento de un valor individual y los rendimientos del portafolio del mercado. La pendiente de esta recta es *beta*.

Ahora estamos en condiciones de comparar el rendimiento esperado para una acción individual con el rendimiento esperado para el portafolio del mercado. En la comparación, es útil manejar los rendimientos que exceden la tasa sin riesgo, que actúa como punto de referencia contra el que se comparan los rendimientos de bienes riesgosos. El rendimiento *excedente* es simplemente el rendimiento esperado menos la tasa de rendimiento libre de riesgo. La figura 5.4 muestra un ejemplo de una comparación de los rendimientos excedentes esperados para una acción específica con los del portafolio del mercado. La recta gruesa se conoce como la **recta característica** del valor; describe la relación esperada entre los rendimientos excedentes de una acción específica y los rendimientos excedentes para el portafolio del mercado. La relación esperada se puede basar en la experiencia; en tal caso, los rendimientos esperados reales para la acción y para el portafolio del mercado se trazarían en la misma gráfica y se dibujaría la recta de regresión que mejor caracterice la relación histórica. Esa situación se ilustra con el diagrama de dispersión mostrado en la figura. Cada punto representa el rendimiento excedente de la acción y el del índice S&P 500 para un mes dado en el pasado (60 meses en total). Los rendimientos mensuales se calculan como sigue:

$$\frac{\text{(Dividendos pagados)} + \text{(Precio terminal} - \text{Precio inicial)}}{\text{Precio inicial}}$$

De estos rendimientos se resta la tasa sin riesgo mensual para obtener los rendimientos excedentes.

En el ejemplo, vemos que cuando los rendimientos del portafolio del mercado son altos, los rendimientos de la acción también tienden a ser altos. En vez de usar las relaciones históricas de los rendimientos, pueden obtenerse estimaciones de rendimientos futuros de los analistas que hacen

Figura 5.4

Relación entre los rendimientos excedentes para una acción y los rendimientos excedentes para el portafolio del mercado, con base en 60 pares de datos de rendimientos excedentes mensuales

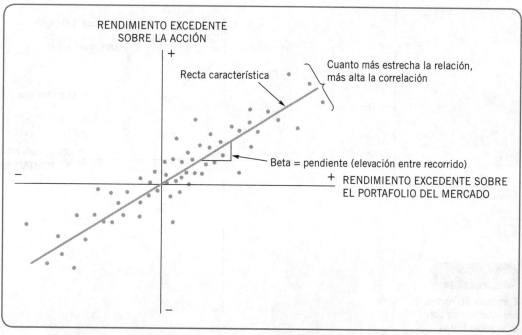

un seguimiento de las acciones. Como este enfoque suele estar restringido a organizaciones de inversión con un número de analistas de valores, ilustramos la relación suponiendo el uso de datos históricos.

● ● ● Beta: Un índice del riesgo sistemático

Beta Un índice de riesgo sistemático. Mide la sensibilidad del rendimiento de una acción a los cambios en los rendimientos del portafolio del mercado. La beta de un portafolio es simplemente el promedio ponderado de las betas de las acciones individuales en éste.

Una medida que resalta en la figura 5.4, y la más importante para nuestros propósitos, es **beta**. Beta es simplemente la pendiente (es decir, el cambio en el rendimiento excedente sobre la acción entre el cambio en el rendimiento excedente sobre el portafolio del mercado) de la recta característica. Si la pendiente es 1.0, entonces los rendimientos excedentes de la acción varían proporcionalmente con el rendimiento excedente para el portafolio del mercado. En otras palabras, la acción tiene el mismo riesgo sistemático que todo el mercado. Si el mercado sube y ofrece un rendimiento excedente del 5% en un mes, esperaríamos que, en promedio, el rendimiento excedente de la acción sea también del 5 por ciento. Una pendiente mayor que 1.0 significa que el rendimiento excedente de la acción varía más que proporcionalmente con el rendimiento excedente del portafolio del mercado. Dicho de otra manera, tiene más riesgo inevitable que el mercado como un todo. Este tipo de acción con frecuencia se llama inversión "agresiva". Una pendiente menor que 1.0 quiere decir que el rendimiento excedente de la acción varía menos que proporcionalmente con el rendimiento excedente del portafolio del mercado. Este tipo de acción suele llamarse inversión "defensiva". Los ejemplos de los tres tipos de relación se muestran en la figura 5.5.

Cuanto mayor sea la pendiente de la recta característica de una acción, como lo describe su beta, mayor será el riesgo sistemático. Esto significa que, para ambos movimientos, arriba y abajo, en los rendimientos excedentes del mercado, los rendimientos excedentes de la acción individual serán mayores o menores dependiendo de su beta. Con la beta del portafolio del mercado igual a 1.0 por definición, beta es entonces un índice del riesgo inevitable o sistemático de una acción, en relación con el del portafolio del mercado. Este riesgo no se puede diversificar invirtiendo en más acciones, porque depende de cosas tales como cambios en la economía y en la atmósfera política, que afectan a todas las acciones.

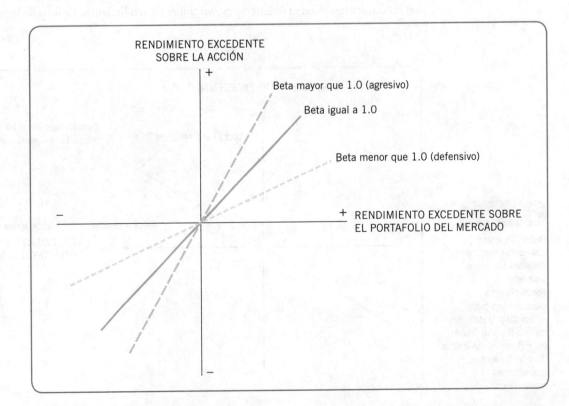

Figura 5.5

Ejemplos de rectas características con diferentes betas

Tome nota

> Además, la beta de un portafolio es simplemente el promedio ponderado de las betas de las acciones individuales en el portafolio, donde los pesos o las ponderaciones son la proporción del valor de mercado total del portafolio representada por cada acción. Así, la beta de una acción representa su contribución al riesgo de un portafolio altamente diversificado de acciones.

● ● ● Revisión del riesgo no sistemático (diversificación)

Antes de seguir adelante, es necesario mencionar una característica adicional de la figura 5.4. La dispersión de los puntos alrededor de la recta característica es una medida del riesgo no sistemático de la acción. Cuanto más grande sea la distancia relativa de los puntos a la recta, mayor será el riesgo no sistemático de las acciones, o lo que es lo mismo, el rendimiento de la acción tiene cada vez menor correlación con el rendimiento del portafolio del mercado. Si la dispersión es más estrecha, la correlación es más alta y el riesgo no sistemático es menor. Desde antes sabemos que el riesgo no sistemático se puede reducir o incluso eliminar mediante una diversificación eficiente. Para un portafolio de 20 acciones cuidadosamente seleccionadas, los puntos de datos se amontonarán alrededor de la recta característica para el portafolio.

● ● ● Tasas de rendimiento requeridas y la recta del mercado de valores (RMV)

Si suponemos que los mercados financieros son eficientes y que los inversionistas como un todo se diversifican con eficiencia, el riesgo no sistemático es un asunto menor. Su riesgo sistemático se convierte en el mayor riesgo asociado con una acción. Cuanto mayor sea la beta de una acción, mayor será el riesgo relevante de esa acción y mayor será el rendimiento requerido. Si suponemos que el riesgo no sistemático se diversifica para eliminarlo, la tasa de rendimiento requerida para la acción j es

$$\bar{R}_j = R_f + (\bar{R}_m - R_f)\beta_j \tag{5.8}$$

donde R_f es la tasa sin riesgo, $\bar{R}_m$ es el rendimiento esperado para el portafolio del mercado y β_j es el coeficiente beta para la acción j como se definió antes.

Dicho de otra manera, la tasa de rendimiento requerida para una acción es igual al rendimiento requerido por el mercado para las inversiones sin riesgo más una prima de riesgo. A la vez, la prima de riesgo es una función de: **1.** el rendimiento esperado del mercado menos la tasa sin riesgo, que representa la prima de riesgo requerida para la acción típica en el mercado, y **2.** el coeficiente beta. Suponga que el rendimiento esperado sobre los valores del Tesoro es del 8%, el rendimiento esperado del portafolio del mercado es del 13% y la beta de Savance Corporation es 1.3. La beta indica que Savance tiene más riego sistemático que la acción típica (esto es, una acción con beta igual a 1.0). Dada esta información y usando la ecuación (5.8), encontramos que el rendimiento requerido sobre la acción Savance sería

$$\bar{R}_j = 0.08 + (0.13 - 0.08)(1.3) = \mathbf{14.5\%}$$

Lo que esto nos dice es que, en promedio, el mercado espera que Savance llegue a un rendimiento del 14.5% anual. Puesto que Savance tiene más riesgo sistemático, este rendimiento es más alto que el esperado de la acción típica en el mercado. Para la acción típica, el rendimiento esperado sería

$$\bar{R}_j = 0.08 + (0.13 - 0.08)(1.0) = \mathbf{13.0\%}$$

Suponga que estamos interesados en una acción defensiva cuyo coeficiente beta es sólo 0.7. Su rendimiento esperado es

$$\bar{R}_j = 0.08 + (0.13 - 0.08)(0.7) = \mathbf{11.5\%}$$

Recta del mercado de valores (RMV)
Recta que describe la relación lineal entre las tasas de rendimiento esperadas para valores individuales (y portafolios) y el riesgo sistemático, según la medición de beta.

Recta del mercado de valores. La ecuación (5.8) describe la relación entre el rendimiento esperado para los valores individuales y su riesgo sistemático, según la medición de beta. Esta relación lineal se conoce como la **recta del mercado de valores (RMV)** y se ilustra en la figura 5.6. El rendi-

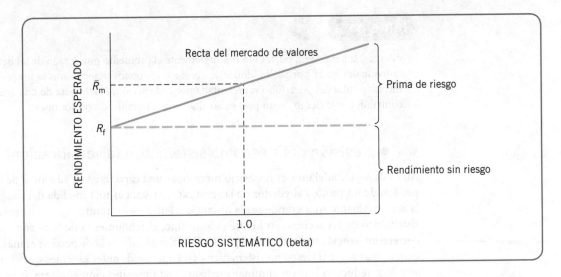

Figura 5.6

Recta del mercado de valores (RMV)

Tabla 5.2

Betas para acciones seleccionadas (13 de enero, 2008)

ACCIONES ORDINARIAS (Símbolo Ticker)	BETA
Amazon.com (AMZN)	2.63
Apple Computer (AAPL)	1.75
Boeing (BA)	1.25
Bristol-Myers Squibb (BMY)	1.15
The Coca-Cola Company (KO)	0.68
Dow Chemical (DOW)	1.39
The Gap (GPS)	1.29
General Electric (GE)	0.76
Google (GOOG)	1.36
Hewlett-Packard (HPQ)	1.54
The Limited (LTD)	1.31
Microsoft (MSFT)	0.73
Nike (NKE)	0.69
Yahoo! (YHOO)	1.20

Fuente: Reuters (www.reuters.com/finance/stocks).

miento esperado a un año se muestra en el eje vertical. Beta, el índice de riesgo sistemático, está en el eje horizontal.

En riesgo cero, la recta del mercado de valores tiene una intersección en el eje vertical igual a la tasa sin riesgo. Aun cuando no haya riesgo implicado, los inversionistas esperan ser compensados por el valor del dinero en el tiempo. Conforme el riesgo aumenta, la tasa de rendimiento requerida aumenta de la manera descrita.

Obtención de betas. Si se piensa que el pasado es un buen sustituto para el futuro, se pueden usar los datos pasados sobre los rendimientos excedentes para la acción y para el mercado con la finalidad de calcular beta. Varios servicios proporcionan betas sobre compañías cuyas acciones se comercian activamente; estas betas suelen basarse en rendimientos semanales o mensuales para los últimos tres a cinco años. Los servicios que proporcionan betas incluyen Merrill Lynch, Value Line, Reuters (www. reuters.com/finance/stocks) e Ibbotson Associates. La ventaja obvia es que se puede obtener la beta histórica para una acción sin tener que calcularla. Vea en la tabla 5.2 una muestra de compañías, sus símbolos *ticker* y sus betas. Las betas de la mayoría de las acciones están entre 0.4 y 1.4. Si se cree que es probable que el riesgo sistemático de una acción en el pasado prevalezca en el futuro, la beta histórica puede ser útil como una aproximación del coeficiente beta esperado.

Símbolo *ticker* Un nombre en código de caracteres y letras asignado a los valores y fondos mutuos. Con frecuencia se usa en los periódicos y los servicios de cotizaciones de precios. Este método abreviado de identificación fue desarrollado originalmente en el siglo XIX por los operadores de telégrafos.

Ajuste de betas históricas. Parece que hay una tendencia a medir las betas de los valores individuales para revertir hacia la beta del portafolio del mercado, 1.0, o hacia la beta de la industria a

Beta ajustada
Estimación de una beta futura de un valor que implica modificar la beta (medida) histórica del valor, debido a la suposición de que la beta del valor tiene una tendencia hacia la beta promedio del mercado o de la industria de la compañía.

la que pertenece la compañía. Esta tendencia puede deberse a factores económicos que afectan las operaciones y el financiamiento de la empresa y tal vez también a factores estadísticos. Para ajustar esta tendencia, Merrill Lynch, Value Line y algunos otros calculan una **beta ajustada**. Para ilustrar, suponga que el proceso de reversión es hacia la beta del mercado de 1.0. Si la beta medida es 1.4 y tiene asociado un peso de 0.67, y a la beta del mercado se aplica un peso de 0.33, la beta ajustada es $1.4(0.67) + 1.0(0.33) = \mathbf{1.27}$. El mismo procedimiento se podría usar si el proceso de reversión fuera hacia una beta promedio de la industria de, digamos, 1.2. Como estamos preocupados por la beta de un valor en el futuro, tal vez sea adecuado ajustar la beta medida si el proceso de reversión que se acaba de describir es claro y congruente.

Obtención de otra información para el modelo. Además de beta, los números que se usan para el rendimiento del mercado y la tasa sin riesgo deben ser las mejores estimaciones posibles del futuro. El pasado puede o no ser un buen representante. Si el pasado se representara por un periodo de relativa estabilidad económica, pero se espera una inflación considerable en el futuro, los promedios de rendimientos de mercado anteriores y las tasas sin riesgo pasadas serían estimaciones bajas y sesgadas del futuro. En este caso sería un error usar los rendimientos promedio históricos en el cálculo del rendimiento requerido de un valor. En otra situación, los rendimientos de mercado obtenidos en el pasado reciente pueden ser muy altos y no cabe esperar que continúen. Como resultado, el uso del pasado histórico daría una estimación del rendimiento futuro del mercado demasiado alta.

En situaciones de este tipo, deben hacerse estimaciones directas de la tasa sin riesgo y del rendimiento del mercado. La tasa libre de riesgo es sencilla; uno simplemente busca la tasa de rendimiento actual sobre un valor del Tesoro apropiado. El rendimiento del mercado es más difícil, pero aun aquí existen pronósticos disponibles. Estos pronósticos pueden ser consensos de estimaciones hechas por analistas de valores, economistas y otros especialistas que predicen tales rendimientos. Las estimaciones en los últimos años sobre las acciones ordinarias globales han estado entre el 12 y 17 por ciento.

Uso de la prima de riesgo. El rendimiento excedente del portafolio del mercado (arriba de la tasa sin riesgo) se conoce como *prima de riesgo del mercado*. Está representada por $(\bar{R}_m - R_f)$ en la ecuación (5.8). El rendimiento excedente esperado para el Índice S&P 500 ha estado generalmente entre el 5 y 8 por ciento. En vez de estimar el rendimiento del portafolio del mercado de manera directa, uno simplemente suma la prima de riesgo a la tasa libre de riesgo prevaleciente. Para ilustrar, suponga que pensamos que estamos en un periodo de incertidumbre y que existe una considerable aversión al riesgo en el mercado. Por lo tanto, nuestro rendimiento de mercado estimado es $\bar{R}_m = 0.08 + 0.07 = 15\%$, donde 0.08 es la tasa libre de riesgo y 0.07 es nuestra estimación de la prima de riesgo del mercado. Si, por otro lado, sentimos que hay sustancialmente menos aversión al riesgo en el mercado, podemos usar una prima de riesgo del 5%; en tal caso, el rendimiento de mercado estimado es del 13 por ciento.

Pregunte al arlequín

The Motley Fool
Para educar, divertir y enriquecer℠

P ¿Qué puede decirme de los símbolos *ticker*?

R Un símbolo *ticker* es un identificador abreviado para las acciones de una compañía. Las compañías que comercian en el antiguo y respetado "gran tablero" de la Bolsa de Valores de Nueva York tienen tres o menos letras para sus acciones. Las que comercian en bolsas de valores norteameri-

canas más pequeñas también tienen tres letras. Los símbolos *ticker* de las acciones que comercian en NASDAQ tienen cuatro letras. Algunas veces verá una quinta. Si es así, técnicamente no es parte del *ticker*; se ponen en el tablero para reflejar algo sobre la compañía. Por ejemplo, una F significa que es una compañía extranjera, y una Q significa que está en proceso de bancarrota.

Muchas compañías han elegido símbolos *ticker* divertidos. Por ejemplo, Southwest Airlines (LUV), Tricon Global Restaurants (YUM), el especialista en explosivos Dynamic Materials (BOOM), la compañía religiosa de Internet Crosswalk.com (AMEN) y Anheuser Busch (BUD).

Fuente: The Motley Fool (www.fool.com). Reproducido con permiso de The Motley Fool.

Lo importante es que el rendimiento esperado del mercado sobre las acciones ordinarias y la tasa sin riesgo que se usan en la ecuación (5.8) deben ser estimaciones del mercado actual. Apegarse ciegamente a las tasas de rendimiento históricas puede dar un resultado fallido para las estimaciones de estos datos necesarios para el modelo de fijación de precios de activos de capital.

● ● ● Rendimientos y precios de acciones

El modelo para fijar precios de activos de capital nos ofrece un medio para estimar la tasa de rendimiento requerida sobre un valor. Este rendimiento puede usarse como la tasa de descuento en el modelo de valuación de un dividendo. Recodará que el valor intrínseco de una acción se puede expresar como el valor presente de la secuencia de los dividendos futuros esperados. Esto es,

$$V = \sum_{t=1}^{\infty} \frac{D_t}{(1 + k_e)^t} \tag{5.9}$$

donde D_t es el dividendo esperado en el periodo t, k_e es la tasa de rendimiento requerida para la acción, y Σ es la suma del valor presente de dividendos futuros que van del periodo 1 a infinito.

Suponga que queremos determinar el valor presente de la acción de Savance Corporation y que el modelo de crecimiento perpetuo de los dividendos es adecuado. Este modelo es

$$V = \frac{D_1}{k_e - g} \tag{5.10}$$

donde g es la tasa de crecimiento futuro anual esperada en dividendos por acción. Más aún, suponga que el dividendo esperado de Savance Corporation en el periodo 1 es $2 por acción y que la tasa de crecimiento esperado anual en dividendos por acción es del 10 por ciento. En la página 109, determinamos que la tasa de rendimiento requerida para Savance era del 14.5 por ciento. Con base en estas expectativas, el valor de la acción es

$$V = \frac{\$2.00}{(0.145 - 0.10)} = \mathbf{\$44.44}$$

Si este valor es igual al precio de mercado actual, el *rendimiento esperado* sobre la acción y el *rendimiento requerido* serían iguales. La cifra de $44.44 representaría el *precio de equilibrio* de la acción, con base en las expectativas del inversionista con respecto a la compañía, el mercado como un todo y el rendimiento disponible sobre el bien sin riesgo.

Estas expectativas pueden cambiar y, cuando eso sucede, el valor (y el precio) de la acción cambia. Suponga que la inflación en la economía ha disminuido y entramos en un periodo de crecimiento relativamente estable. Como resultado, las tasas de interés bajan y la aversión al riesgo del inversionista disminuye. Más aún, la tasa de crecimiento de los dividendos de la compañía también declina un poco. Las variables antes y después de estos cambios se listan en la siguiente tabla.

	ANTES	DESPUÉS
Tasa libre de riesgo, $\bar{R}_f$	0.08	0.07
Rendimiento del mercado esperado, $\bar{R}_m$	0.13	0.11
Beta de Savance, β_j	1.30	1.20
Tasa de crecimiento de dividendos de Savance, g	0.10	0.09

La tasa de rendimiento requerida para las acciones de Savance, con base en el riesgo sistemático, se convierte en

$$\bar{R}_j = 0.07 + (0.11 - 0.07)(1.20) = \mathbf{11.8\%}$$

Usando esta tasa como k_e, el nuevo valor de la acción es

$$V = \frac{\$2.00}{0.118 - 0.09} = \mathbf{\$71.43}$$

Así, la combinación de estos hechos hace que el valor de las acciones aumente de $44.44 a $71.43 por acción. Si la expectativa de estos sucesos representó el consenso del mercado, $71.43 también será el precio de equilibrio. Por ello, el precio de equilibrio de una acción puede cambiar con rapidez cuando las expectativas del mercado cambian.

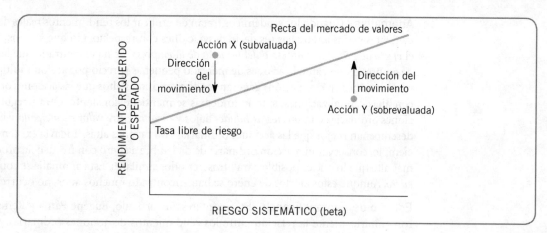

Figura 5.7

Acciones subvaluadas y sobrevaluadas durante un desequilibrio temporal del mercado

Acciones subvaluadas y sobrevaluadas. Acabamos de decir que en un mercado en equilibrio, la tasa de rendimiento requerida sobre una acción es igual a su rendimiento esperado. Es decir, todas las acciones se ubican en la recta del mercado de valores. ¿Qué ocurre cuando no es así? Suponga que en la figura 5.7 la recta del mercado de valores se dibuja con base en lo que los inversionistas como un todo saben que es la relación aproximada entre la tasa de rendimiento requerida y el riesgo sistemático o inevitable. Por alguna razón, dos acciones —llamémoslas X y Y— tienen un precio inapropiado. La acción X está subvaluada con respecto a la recta del mercado de valores, mientras que la acción Y está sobrevaluada.

Como resultado, se espera que la acción X dé una tasa de rendimiento mayor que la requerida, según su riesgo sistemático. Por el contrario, se espera que la acción Y dé un tasa de rendimiento menor que la requerida para compensar su riesgo sistemático. Los inversionistas, al ver la oportunidad de rendimientos superiores al invertir en la acción X, deberían apresurarse a comprarla. Esta acción hará que el precio suba y el rendimiento esperado baje. ¿Cuánto tiempo durará esto? Hasta que el precio de mercado fuera tal que el rendimiento esperado estuviera en la recta del mercado de valores. En el caso de la acción Y, los inversionistas que la poseen la venderán, reconociendo que pueden obtener un rendimiento más alto por la misma cantidad de riesgo sistemático con otras acciones. Esta presión de venta hará que el precio de mercado de Y baje y su rendimiento esperado suba hasta que el rendimiento esperado esté en la recta del mercado de valores.

Cuando los rendimientos esperados de estas dos acciones regresen a la recta del mercado de valores, prevalecerá de nuevo el equilibrio del mercado. Como resultado, los rendimientos esperados de estas dos acciones serán iguales a sus rendimientos requeridos. La evidencia disponible sugiere que las situaciones de desequilibrio en los precios de las acciones no persisten mucho tiempo y que los precios de las acciones se ajustan con rapidez a la nueva información. Con la vasta cantidad de evidencia que indica la eficiencia del mercado, el concepto de recta del mercado de valores se convierte en un medio útil para determinar la tasa de rendimiento esperada y requerida para una acción.[3] Esta tasa se puede usar como la tasa de descuento en los procedimientos de valuación descritos antes.

● ● ● **Desafíos para el MPAC**

El MPAC ha encontrado desafíos. Como sabemos, el ingrediente clave del modelo es el uso de beta como medida de riesgo. Los primeros estudios empíricos demostraron que beta tenía un poder predictivo razonable con respecto al rendimiento, en particular el rendimiento de un portafolio de acciones ordinarias. Nadie aseguró que el modelo fuera perfecto; ¡como si algo lo fuera! Sin embargo, entenderlo y aplicarlo es bastante sencillo. Se han reconocido imperfecciones del mercado como costos de bancarrota, impuestos y restricciones institucionales, y se pueden hacer refinamientos para tomar en cuenta sus efectos. Algunos de estos refinamientos se exploran en capítulos posteriores al referirnos a las aplicaciones del MPAC.

---

[3]En la práctica, es difícil derivar de manera satisfactoria la información de beta para valores de renta fija. Por lo tanto, casi todo el trabajo sobre el MPAC ha considerado acciones ordinarias. Sin embargo, el concepto de relación entre el riesgo sistemático y el rendimiento requerido es importante, tanto para los valores de renta fija como para las acciones ordinarias.

Anomalías. Cuando los académicos tratan de explicar los rendimientos reales de los valores, se hacen evidentes varias anomalías (es decir, desviaciones con respecto a lo que se considera normal). Una es el *efecto de pequeña empresa o del tamaño de la empresa*. Se ha encontrado que las acciones ordinarias de empresas con capitalizaciones de mercado pequeñas (precio por acción multiplicado por el número de acciones en circulación) generan rendimientos más altos que las acciones ordinarias de empresas con altas capitalizaciones, si todo lo demás se mantiene constante. Otra irregularidad es que las acciones ordinarias con *precios/utilidades* bajos y *razones entre valor de mercado y valor en libros* bajas se desempeñan mejor que las acciones ordinarias con razones altas. Todavía existen otras anomalías. Por ejemplo, conservar una acción ordinaria de diciembre a enero con frecuencia produce un rendimiento más alto que lo que es posible para otros periodos similares. Esta anomalía se conoce como el *efecto de enero*. Aunque estos efectos de enero se han encontrado muchos años, no ocurren siempre.

Estudio de Fama y French. En un interesante artículo, Eugene Fama y Kenneth French observaron empíricamente la relación entre los rendimientos de acciones ordinarias y la capitalización de mercado (tamaño) de una empresa, su razón entre valor de mercado y valor en libros, y beta.[4] Al probar los rendimientos de las acciones de 1963 a 1990, encontraron que las variables de tamaño y valor de mercado a valor en libros son poderosos factores de predicción de los rendimientos promedio. Cuando se usaron estas variables por primera vez en el análisis de regresión, se encontró que la variable adicional beta explicaba muy poco más. Esto llevó al profesor Fama, un investigador muy respetado, a asegurar que beta —como única variable para explicar los rendimientos— estaba "muerta". Así, Fama y French lanzaron un fuerte ataque sobre la capacidad del MPAC para explicar los rendimientos de acciones ordinarias, sugiriendo que el valor de mercado (tamaño) de una empresa y la razón entre valor de mercado y valor en libros son los sustitutos adecuados para el riesgo.

Sin embargo, los autores trataron de explicar los rendimientos de mercado con dos variables que se basan en el valor de mercado. El hecho de que la correlación entre la variable explicada y las variables explicativas sea alta no es de sorprender. Fama y French no se enfocaron en el riesgo, sino en los rendimientos obtenidos. No ofrecen fundamentos teóricos para sus hallazgos. Aunque beta pueda no ser un buen indicador de los rendimientos que *se obtendrán* con la inversión en acciones ordinarias, sigue siendo una medida razonable del riesgo. Para los inversionistas que tengan aversión al riesgo, beta ofrece información acerca del rendimiento mínimo base que uno debe esperar obtener. Los inversionistas pueden o no obtener este rendimiento. Sin embargo, para el propósito de finanzas corporativas es una guía útil para asignar el capital a los proyectos de inversión.

Modelos MPAC y multifactoriales. Aunque el MPAC sigue siendo útil para nuestros fines, no da una medida precisa del proceso de equilibrio del mercado o del rendimiento requerido para una acción específica. Los *modelos multifactoriales* —es decir, los modelos que aseguran que el rendimiento sobre los valores es sensible a los movimientos de múltiples factores, o índices, y no sólo a los movimientos de todo el mercado— dan una dimensión adicional al riesgo y, sin duda, tienen más poder explicativo que un modelo de un solo factor como el MPAC. En el apéndice B de este capítulo estudiaremos los modelos multifactoriales y un modelo específico llamado *teoría de fijación de precios de arbitraje*. Nuestro punto de vista es que el MPAC sigue siendo una manera práctica de ver el riesgo y los rendimientos que pueden requerirse en los mercados de capital. Además, sirve como marco general para comprender el riesgo inevitable (sistemático), la diversificación y la prima de riesgo sobre la tasa libre de riesgo necesaria para atraer capital. Este marco es aplicable a todos los modelos de valuación en finanzas.

Mercados financieros eficientes

Mercado financiero eficiente Un mercado financiero en el que los precios actuales reflejan por completo toda la información relevante disponible.

En este capítulo hemos considerado de manera implícita la eficiencia de los mercados financieros. Un **mercado financiero eficiente** existe cuando los precios de los valores reflejan toda la información

[4]Eugene F. Fama y Kenneth R. French, "The Cross-Section of Expected Stock Returns", *Journal of Finance* 47 (junio, 1992), 427-465. Véase también Eugene F. Fama y Kenneth R. French, "Common Risk Factors in the Returns on Stocks and Bonds", *Journal of Financial Economics* 33 (febrero, 1993), 3-56.

pública disponible acerca de la economía, de los mercados financieros y de la compañía específica. La implicación es que los precios de mercado de las acciones individuales se ajustan con rapidez a la nueva información. Como resultado, se dice que los precios de los valores fluctúan al azar alrededor de sus valores "intrínsecos". La fuerza que impulsa la eficiencia del mercado es el propio interés, ya que los inversionistas buscan acciones subvaluadas y sobrevaluadas, ya sea para comprar o vender. Cuantos más participantes en el mercado haya y más rápidamente se libere la información, más eficiente será un mercado.

Es posible que surja nueva información por un cambio en el valor intrínseco de una acción, pero los movimientos subsiguientes de los precios de las acciones no seguirán un patrón predecible; de manera que no se pueden usar los precios del pasado con la finalidad de predecir los precios en el futuro para que, en promedio, se gane. Todavía más, la atención dedicada a nuevas liberaciones será inútil. Por desgracia, para cuando podamos reaccionar, de acuerdo con la noción de eficiencia del mercado, los ajustes de precio de las acciones ya habrán ocurrido. A menos que tengan suerte, los inversionistas ganarán en promedio una tasa de rendimiento "normal" o "esperada" dado el nivel de riesgo que corran.

● ● ● Tres formas de eficiencia de mercado

Eugene Fama, un pionero en investigación sobre eficiencia de mercados, describe tres niveles de eficiencia en ellos:

- *Eficiencia de forma débil:* Los precios actuales reflejan por completo la *secuencia histórica de precios*. En resumen, conocer los patrones de precios pasados no ayudará a mejorar el pronóstico de precios futuros.

- *Eficiencia de forma semifuerte:* Los precios actuales reflejan por completo *toda la información disponible públicamente*, incluyendo reportes anuales y nuevos artículos.

- *Eficiencia de forma fuerte:* Los precios actuales reflejan *toda la información*, tanto pública como privada (esto es, información conocida al interior).

En conclusión, la evidencia indica que el mercado de acciones ordinarias, en particular las de la lista de la Bolsa de Valores de Nueva York (NYSE), es razonablemente eficiente. Los precios de los valores parecen ser un buen reflejo de la información disponible, y los precios de mercado se ajustan con rapidez a la nueva información. Parece que la única manera en que se puede ganar de manera sistemática es teniendo información interna, es decir, información acerca de la compañía que conocen los funcionarios y los directores, pero no el público. Incluso así, las regulaciones de la Comisión de Valores de Estados Unidos (SEC) limitan los intentos internos de beneficiarse indebidamente con la información que no está disponible para el público. Si los precios de las acciones engloban toda la información pública disponible, nos dicen mucho sobre el futuro. En los mercados eficientes, se puede esperar tener los mejores resultados.

La eficiencia de los mercados de valores presenta una paradoja curiosa: la hipótesis de que los mercados de valores son eficientes será cierta sólo si un número suficientemente grande de inversionistas *no creen* en su eficiencia y se comportan en consecuencia. En otras palabras, la teoría requiere que haya un número suficientemente grande de participantes en el mercado que, en su intento por obtener ganancias, con prontitud reciban y analicen toda la información disponible para el público concerniente a las compañías cuyas acciones siguen. Si este esfuerzo considerable dedicado a la acumulación y evaluación de datos cesara, los mercados financieros se volverían notoriamente menos eficientes.

● ● ● ¿Siempre existen mercados eficientes?

Cualquiera que recuerde el desplome bursátil del 19 de octubre de 1987 —cuando la bolsa de valores se precipitó en caída libre perdiendo el 20% en unas cuantas horas— se inclina a cuestionar la eficiencia de los mercados financieros. Sabemos que los niveles del mercado de acciones tienden a incrementarse con el tiempo dando pasos relativamente pequeños, pero, cuando declinan, con frecuencia es de golpe. Aun así, el desplome de 1987 fue enorme comparado con cualquier estándar. Se han ofrecido muchas explicaciones, pero ninguna es muy convincente.

Esto nos deja un sentimiento de recelo de que aunque la eficiencia de los mercados sea una buena explicación de su comportamiento, la mayor parte del tiempo y los valores parezcan tener precios eficientes con respecto a los otros, siempre hay excepciones. Estas excepciones nos conducen a cuestionar si los precios de mercado incluyen toda la información disponible y si puede confiarse en ellos por completo. No sólo hay algunos eventos extremos, como el desplome del mercado en 1987, sino también existen algunas anomalías en apariencia persistentes. Quizás estas anomalías, algunas de las cuales analizamos antes, son sólo el resultado de una medida inadecuada del riesgo. Pero quizá se deben a factores que en realidad no comprendemos. Aunque el concepto de eficiencia de los mercados financieros fundamente una buena parte de nuestro pensamiento, debemos tener conciencia de la evidencia que sugiere las excepciones.

Puntos clave de aprendizaje

- El *rendimiento* (en el periodo de posesión) de una inversión es el cambio en el precio de mercado más cualquier pago en efectivo como resultado de la inversión misma, dividido entre el precio inicial.
- El *riesgo* de un valor se puede ver como la variabilidad de los rendimientos con respecto a los que se esperan.
- El *rendimiento esperado* es simplemente un promedio ponderado de los rendimientos posibles, donde los pesos son las probabilidades de ocurrencia.
- La medida convencional de dispersión, o de variabilidad, alrededor del valor esperado es la *desviación estándar*, σ. El cuadrado de la desviación estándar, σ^2, se conoce como *varianza*.
- La desviación estándar puede algunas veces engañarnos al comparar el riesgo, o la incertidumbre, que rodea a las alternativas de inversión si difieren en tamaño. Para ajustar el problema del tamaño, o la escala, la desviación estándar se puede dividir entre el rendimiento esperado para calcular el *coeficiente de variación (CV)*, una medida del "riesgo por unidad de rendimiento esperado".
- Los inversionistas, en general, tienen *aversión al riesgo*. Esto implica que demandan un rendimiento esperado más alto, cuanto más riesgo exista.
- El *rendimiento esperado de un portafolio* (o cartera) de inversiones es simplemente un promedio ponderado de los rendimientos esperados de todas las acciones que comprende el portafolio. Los pesos son iguales a la proporción de fondos totales invertida en cada acción. (Los pesos o ponderaciones deben sumar 100%).
- La *covarianza* de los rendimientos posibles de dos acciones es una medida del grado en el que se espera que varíen juntos más que de manera independiente.
- Para un portafolio grande, la varianza total y, por ende, la desviación estándar dependen en primer lugar de las covarianzas ponderadas entre las acciones.
- Una diversificación significativa implica la combinación de acciones de manera que se reduzca el riesgo. La reducción de riesgo ocurre siempre que las acciones combinadas no tengan una correlación perfecta positiva.

- El riesgo total de las acciones (o del portafolio) consiste en dos componentes: el riesgo sistemático y el riesgo no sistemático. El primero, en ocasiones conocido como *riesgo inevitable* o *no diversificable*, es *sistemático* en el sentido de que afecta a todas las acciones, aunque en diferentes grados.
- El *riesgo no sistemático* es específico de una compañía en cuanto a que no depende de los movimientos generales del mercado. Este riesgo es *evitable* mediante una diversificación adecuada del portafolio.
- En un mercado en equilibrio, se supone que una acción proporciona un rendimiento esperado que corresponde a su riesgo sistemático, el riesgo que no se puede evitar con la diversificación. El *modelo de fijación de precios de activos de capital (MPAC)* describe formalmente la relación entre el riesgo y el rendimiento.
- El grado de riesgo sistemático que posee un valor se puede determinar dibujando una *recta característica*. Esta recta describe la relación entre los rendimientos excedentes esperados de una acción (excedentes contra la tasa libre de riesgo) y los rendimientos excedentes esperados del mercado. La pendiente (elevación a lo largo del recorrido) de esta recta, llamada *beta*, es el índice del riesgo sistemático. Cuanto mayor sea beta, más grande será el riesgo inevitable de la acción en cuestión.
- La relación entre la tasa de rendimiento requerida para una acción y su beta se conoce como la *recta de mercado de la acción*. Esta recta refleja la relación lineal positiva entre el rendimiento que requieren los inversionistas y el riesgo sistemático. El rendimiento requerido es la tasa sin riesgo más una prima de riesgo por el riesgo sistemático que es proporcional a beta.
- Aunque el MPAC ha probado ser útil para estimar tasas de rendimiento en mercados de capital, ha enfrentado grandes desafíos en años recientes. Las anomalías como el *efecto de empresa pequeña*, *el efecto de la razón precio/utilidades* y el *efecto de enero* le han quitado mérito. Los profesores Fama y French aseguran que la capitalización de mercado (tamaño) de una empresa y la razón entre

valor de mercado y valor en libros son mejores factores de predicción de los rendimientos promedio de las acciones que beta. De cualquier forma, el MPAC es un marco de trabajo teórico útil para comprender el riesgo y conduce de manera natural a modelos de múltiples factores y a la teoría de fijación de precios de arbitraje descrita en el apéndice B de este capítulo.

- Se dice que los mercados financieros son *eficientes* cuando los precios de las acciones reflejan por completo toda la información disponible. En esos mercados, los precios de las acciones se ajustan con rapidez a la nueva información.

Apéndice A Medición del riesgo de un portafolio

El riesgo total de un portafolio se mide por la desviación estándar de la distribución de probabilidad de los rendimientos posibles sobre las acciones, σ_p. La desviación estándar del portafolio, σ_p, es

$$\sigma_p = \sqrt{\sum_{j=1}^{m}\sum_{k=1}^{m} W_j W_k \sigma_{j,k}} \qquad (5A.1)$$

donde m es el número total de valores diferentes en el portafolio, W_j es la proporción de los fondos totales invertidos en la acción j, W_k es la proporción de los fondos totales invertidos en la acción k, y $\sigma_{j,k}$ es la covarianza entre los posibles rendimientos para las acciones j y k. (El término covarianza se explicará dentro de poco).

Esta intimidante fórmula amerita más explicación. Los signos de doble suma, $\Sigma\Sigma$, significan que sumamos por renglón y por columna todos los elementos de una matriz cuadrada (m por m), esto es, sumamos m^2 elementos. La matriz consiste en las covarianzas ponderadas entre todos los pares posibles de valores, donde los pesos son el producto de la proporción de fondos invertidos en cada uno de los dos valores que forman cada par. Por ejemplo, suponga que m es igual a 4. La matriz de covarianzas ponderadas para las posibles combinaciones por pares sería

	Columna 1	Columna 2	Columna 3	Columna 4
Renglón 1	$W_1 W_1 \sigma_{1,1}$	$W_1 W_2 \sigma_{1,2}$	$W_1 W_3 \sigma_{1,3}$	$W_1 W_4 \sigma_{1,4}$
Renglón 2	$W_2 W_1 \sigma_{2,1}$	$W_2 W_2 \sigma_{2,2}$	$W_2 W_3 \sigma_{2,3}$	$W_2 W_4 \sigma_{2,4}$
Renglón 3	$W_3 W_1 \sigma_{3,1}$	$W_3 W_2 \sigma_{3,2}$	$W_3 W_3 \sigma_{3,3}$	$W_3 W_4 \sigma_{3,4}$
Renglón 4	$W_4 W_1 \sigma_{4,1}$	$W_4 W_2 \sigma_{4,2}$	$W_4 W_3 \sigma_{4,3}$	$W_4 W_4 \sigma_{4,4}$

La combinación en la esquina superior izquierda es 1,1, lo que significa que $j = k$ y nuestro interés se centra en la covarianza ponderada de la acción 1 consigo misma, o simplemente la varianza ponderada de la acción 1. Esto se debe a que $\sigma_{1,1} = \sigma_1\sigma_1 = \sigma_1^2$ en la ecuación (5A.1) o la desviación estándar al cuadrado. Si recorremos la diagonal de la parte superior izquierda a la inferior derecha, hay cuatro casos en los que $j = k$, y en los cuatro se necesitan las varianzas ponderadas. La segunda combinación en el renglón 1 es $W_1 W_2 \sigma_{1,2}$, que significa la covarianza ponderada entre los rendimientos de las acciones 1 y 2. Observe, sin embargo, que la primera combinación en el renglón 2 es $W_2 W_1 \sigma_{2,1}$, que significa la covarianza ponderada entre los posibles rendimientos de las acciones 2 y 1. En otras palabras, contamos la covarianza ponderada entre las acciones 1 y 2 dos veces. De manera similar, contamos las covarianzas ponderadas entre todas las otras combinaciones que no están en la diagonal dos veces. Esto se debe a que todos los elementos arriba de la diagonal tienen una imagen de espejo, o un gemelo, abajo de la diagonal. En resumen, sumamos todas las varianzas y covarianzas ponderadas en la matriz de posibles combinaciones por pares. En la matriz del ejemplo tenemos 16 elementos, representados por 4 varianzas ponderadas y 6 covarianzas ponderadas contadas dos veces. La matriz en sí se conoce apropiadamente como una *matriz de varianza-covarianza*.

La ecuación (5A.1) señala un punto fundamental. La desviación estándar de un portafolio depende no sólo de la varianza de los valores individuales, sino también de las covarianzas entre los diferentes valores que se han agrupado por pares. Conforme aumenta el número de valores en un portafolio, los términos de covarianza adquieren más importancia con respecto a los términos de varianzas. Esto se puede ver examinando la matriz de varianza-covarianza. En un portafolio con dos valores hay dos términos de varianzas ponderadas y dos de covarianzas ponderadas. Pero para un portafolio grande, la varianza total depende principalmente de las covarianzas entre los valores. Por ejemplo, en un portafolio de 30 valores, hay 30 términos de varianzas ponderadas en la matriz y 870 términos de covarianzas ponderadas. Conforme el portafolio se expande para incluir todos los valores, es claro que la covarianza se convierte en el factor dominante.

La *covarianza* de los rendimientos posibles de dos valores es una medida del grado en el que se espera que varíen juntos y no de manera independiente.[5] De modo más formal, el término de covarianza en la ecuación (5A.1) es

$$\sigma_{j,k} = r_{j,k}\sigma_j\sigma_k \qquad (5A.2)$$

Coeficiente de correlación
Medida estadística estandarizada de la relación lineal entre dos variables. Su intervalo va de −1.0 (correlación negativa perfecta) a 0 (sin correlación) a +1.0 (correlación positiva perfecta).

donde $r_{j,k}$ es el **coeficiente de correlación** esperado entre los rendimientos posibles para los valores j y k, σ_j es la desviación estándar para el valor j, y σ_k es la desviación estándar para el valor k. Cuando $j = k$ en la ecuación (5A.1), el coeficiente de correlación es 1.0, ya que los movimientos de una variable tienen una correlación perfecta con ésta, y $r_{j,j}\sigma_j\sigma_j$ se convierte en σ_j^2. Una vez más, vemos que nuestra preocupación a lo largo de la diagonal de la matriz es con la propia varianza de cada valor.

El coeficiente de correlación siempre está en el intervalo de −1.0 a +1.0. Un coeficiente de correlación positivo indica que los rendimientos de las dos acciones en general se mueven en la misma dirección, mientras que un coeficiente de correlación negativo implica que en general se mueven en direcciones opuestas. Cuanto más fuerte sea la relación, más cerca estará el coeficiente de correlación de uno de los dos valores extremos. Un coeficiente de correlación cero implica que los rendimientos de los dos valores no se correlacionan; no muestran tendencia a variar juntos de manera lineal positiva ni negativa. La mayoría de los rendimientos de las acciones tienden a moverse juntos, pero no perfectamente. Por eso, el coeficiente de correlación entre dos acciones, en general, es positivo, pero menor que 1.0.

Ilustración de los cálculos. Para ejemplificar cómo determinar la desviación estándar para un portafolio usando la ecuación (5A.1), considere una acción para la que el valor esperado del rendimiento anual es del 16%, con una desviación estándar del 15 por ciento. Suponga también que otra acción tiene un valor esperado de rendimiento anual del 14% y desviación estándar del 12%, y que el coeficiente de correlación esperado entre las dos acciones es 0.40. Al invertir cantidades iguales de dinero en las dos acciones, el rendimiento esperado del portafolio sería

$$\bar{R}_p = (0.5)16\% + (0.5)14\% = \mathbf{15\%}$$

En este caso, el rendimiento esperado es un promedio con ponderaciones iguales de las dos acciones que contiene el portafolio. Como se verá en seguida, la desviación estándar para la distribución de probabilidad de los rendimientos posibles para el nuevo portafolio *no* será el promedio con pesos iguales de las desviaciones estándar de las dos acciones en el portafolio; de hecho, será menor.

La desviación estándar para el portafolio se encuentra sumando todos los elementos en la siguiente matriz de varianza-covarianza y luego sacando la raíz cuadrada de la suma.

	Acción 1	Acción 2
Acción 1	$(0.5)^2(1.0)(0.15)^2$	$(0.5)(0.5)(0.4)(0.15)(0.12)$
Acción 2	$(0.5)(0.5)(0.4)(0.12)(0.15)$	$(0.5)^2(1.0)(0.12)^2$

Por lo tanto,

$$\sigma_p = [(0.5)^2(1.0)(0.15)^2 + 2(0.5)(0.5)(0.4)(0.15)(0.12) + (0.5)^2(1.0)(0.12)^2]^{0.5}$$
$$= [0.012825]^{0.5} = \mathbf{11.3\%}$$

---

[5]La covarianza entre los rendimientos sobre los dos valores también puede medirse directamente tomando el promedio ponderado de la probabilidad de las desviaciones estándar con respecto a la media para una distribución de rendimiento multiplicada por las desviaciones alrededor con respecto la media de otra distribución de rendimiento. Esto es,

$$\sigma_{j,k} = \sum_{i=1}^{n} (R_{j,i} - \bar{R}_j)(R_{k,i} - \bar{R}_k)(P_i)$$

donde $R_{j,i}$ y $R_{k,i}$ son los rendimientos para los valores j y k para la i-ésima posibilidad, $\bar{R}_j$ y $\bar{R}_k$ son los rendimientos esperados para los valores j y k, P_i es la probabilidad de que ocurra la i-ésima posibilidad, y n es el número total de posibilidades

De la ecuación (5A.1) sabemos que la covarianza entre las dos acciones debe contarse dos veces. Por lo tanto, multiplicamos la covarianza por 2. Cuando $j = 1$ y $k = 1$ para la acción 1, la proporción invertida (0.5) debe elevarse al cuadrado, al igual que la desviación estándar (0.15). El coeficiente de correlación, por supuesto, es 1.0. Lo mismo se aplica a la acción 2 cuando $j = 2$ y $k = 2$.

El principio importante que debe quedar claro es que cuando el coeficiente de correlación entre dos valores es menor que 1.0, la desviación estándar del portafolio será menor que el promedio ponderado de las dos desviaciones estándar individuales. [Intente cambiar el coeficiente de correlación en este ejemplo a 1.0 y vea qué desviación estándar obtiene al aplicar la ecuación (5A.1); en este caso especial, debe ser igual al promedio ponderado de las dos desviaciones estándar (0.5)15% + (0.5)12% = 13.5%]. De hecho, para cualquier tamaño de portafolio, siempre que el coeficiente de correlación para un par de acciones sea menor que 1.0, la desviación estándar del portafolio será menor que el promedio ponderado de las desviaciones estándar individuales.

El ejemplo sugiere que, cuando todo lo demás permanece igual, los inversionistas con aversión al riesgo desean diversificar sus posesiones para incluir valores que tienen correlaciones positivas menos que perfectas ($r_{j,k} < 1.0$) entre sí. Hacerlo de otra manera sería exponerse a un riesgo innecesario.

Apéndice B Teoría de fijación de precios por arbitraje

Teoría de fijación de precios por arbitraje (TPA) Teoría en la que el precio de un bien depende de factores múltiples y prevalece la eficiencia de arbitraje.

Quizá el reto más importante para el modelo de fijación de precios de activos de capital (MPAC) es la **teoría de fijación de precios por arbitraje (TPA)**. Desarrollada originalmente por Stephen A. Ross, esta teoría se basa en la idea de que en los mercados financieros competitivos el *arbitraje* asegura el equilibrio en la fijación de precios de acuerdo con el riesgo y el rendimiento.[6] *Arbitraje* simplemente significa encontrar dos cosas que, en esencia, son iguales, comprar la más barata y vender la más cara. ¿Cómo se sabe cuál valor es barato y cuál es caro? De acuerdo con la TPA, se observa un pequeño número de factores de riesgo comunes.

Modelo de dos factores

Para ilustrar con un modelo sencillo de dos factores, suponga que el rendimiento real sobre una acción R_j se puede explicar de la siguiente forma:

$$R_j = a + b_{1j}F_1 + b_{2j}F_2 + e_j \tag{5B.1}$$

donde a es el rendimiento cuando los dos factores tienen valor cero, F_1 y F_2 son los valores (inciertos) de los factores 1 y 2, b_{1j} y b_{2j} son los coeficientes de reacción que describen el cambio en el rendimiento de las acciones ante un cambio de una unidad en un factor, y e_j es el término de error.

Para el modelo, los dos factores representan riesgo sistemático o inevitable. El término constante, denotado por a, corresponde a la tasa libre de riesgo. El término de error es específico para la acción y representa riesgo no sistemático. Este riesgo se puede diversificar con la posesión de un portafolio con una base amplia de acciones. Estos conceptos son los mismos que se estudiaron para el modelo de fijación de precios de activos de capital, con la excepción de que ahora hay dos factores de riesgo y no sólo uno, la beta de la acción. El riesgo se representa por un cambio no anticipado en un factor.

El rendimiento esperado sobre una acción, al contrario del rendimiento real en la ecuación (5B.1), es

$$\bar{R}_j = \lambda_0 + b_{1j}(\lambda_1) + b_{2j}(\lambda_2) \tag{5B.2}$$

El parámetro λ_0 corresponde al rendimiento sobre el bien libre de riesgo. El otro parámetro λ (lambda) representa primas de riesgo para los tipos de riesgo asociado con factores particulares. Por ejemplo, λ_1 es el rendimiento excedente esperado (arriba de la tasa libre de riesgo) cuando $b_{1j} = 1$ y $b_{2j} = 0$. Los parámetros pueden ser positivos o negativos. Una λ positiva refleja aversión al riesgo por parte del mercado hacia el factor implicado. Un parámetro negativo indica que el valor se asocia con el factor, en el sentido de que se requiere un rendimiento menor.

---

[6]Stephen A. Ross, "The Arbitrage Theory of Capital Asset Pricing". *Journal of Economic Theory* 13 (diciembre, 1976), 341-360.

Suponga que las acciones ordinarias de Torquay Resorts Limited están relacionadas con dos factores donde los coeficientes de reacción, b_{1j} y b_{2j}, son 1.4 y 0.8, respectivamente. Si la tasa libre de riesgo es del 8%, λ_1 es del 6% y λ_2 es del –2%, el rendimiento esperado de la acción es

$$\bar{R} = \lambda_0 + b_{1j}(\lambda_1) + b_{2j}(\lambda_2)$$
$$= 0.08 + 1.4(0.06) - 0.8(0.02) = \mathbf{14.8\%}$$

El primer factor refleja la aversión al riesgo y debe ser compensado con un rendimiento esperado más alto, mientras que el segundo es algo de valor para los inversionistas y disminuye el rendimiento esperado. Así, las lambdas representen precios de mercado asociados con factores de riesgo.

De esta forma, la ecuación (5B.2) sencillamente nos dice que el rendimiento esperado de una acción es la tasa libre de riesgo, λ_0, más primas de riesgo para cada factor. Para determinar el rendimiento esperado, sólo multiplicamos los precios de mercado de los diferentes factores de riesgo, las lambdas, por los coeficientes de reacción para una acción en particular, las b, y los sumamos. Este producto ponderado representa la prima de riesgo total para una acción, a la cual se agrega la tasa libre de riesgo para obtener su rendimiento esperado.

Modelo multifactorial

Los mismos principios se cumplen cuando se tienen más de dos factores. Sólo extendemos la ecuación (5B.1) agregando factores y sus coeficientes de reacción. Los modelos factoriales se basan en la idea de que los precios de las acciones se mueven juntos o separados como reacción a fuerzas comunes al igual que por azar (término de error). La idea es aislar el elemento aleatorio para llegar a las fuerzas comunes (factores). Una manera de hacerlo es con una técnica estadística llamada *análisis factorial*, que está más allá del alcance de este libro.

Otro enfoque consiste en especificar los diferentes factores con base en la teoría y luego proceder a probarlos. Por ejemplo, Richard Roll y Stephen A. Ross creen que existen factores de importancia.[7] Estos factores son: **1.** cambios en la inflación esperada; **2.** cambios no anticipados en la inflación; **3.** cambios no anticipados en la producción industrial; **4.** cambios no anticipados en el rendimiento diferencial entre bonos de bajo y alto grado (la prima de riesgo por incumplimiento); y **5.** cambios no anticipados en el rendimiento diferencial entre los bonos a corto y largo plazos (término de estructura de las tasas de interés). Los primeros tres factores afectan principalmente el flujo de efectivo de una empresa y, por lo mismo, sus dividendos y crecimiento en dividendos. Los últimos dos factores afectan la tasa de capitalización (o de descuento) del mercado.

Diferentes inversionistas pueden tener diferentes actitudes ante el riesgo. Por ejemplo, algunos tal vez deseen muy poco riesgo de inflación, pero están dispuestos a tolerar un riesgo por omisión y un riesgo de productividad considerables. Varias acciones pueden tener la misma beta, pero factores de riesgo muy diferentes. Si los inversionistas, de hecho, están preocupados por estos factores de riesgo, el MPAC definitivamente no sería un buen factor de predicción del rendimiento esperado para una acción.

Medios para producir equilibrio: Arbitraje

¿Cómo es que un modelo factorial del tipo de Roll-Ross (u otro) produce precios de equilibrio para las acciones? La respuesta es: los produce mediante arbitrajes individuales por múltiples factores, como se mencionó al principio. De acuerdo con la TPA, dos acciones con los mismos coeficientes de reacción [las b de la ecuación (5B.2)] deberían tener el mismo rendimiento esperado. ¿Qué pasa si no es así? Los inversionistas se apresuran a comprar la acción con el rendimiento esperado más alto y a vender la que tiene el rendimiento esperado más bajo, como en

$$\bar{R}_j = 0.07 + b_{1j}(0.04) - b_{2j}(0.01)$$

---

[7]Richard Roll y Stephen A. Ross, "The Arbitrage Pricing Theory Approach to Strategic Portfolio Planning". *Financial Analysis Journal* 40 (mayo-junio, 1984), 14-26. Pruebas de los cinco factores se encuentran en Nai-Fu Chen, Richard Roll y Stephen A. Ross, "Economic Forces and the Stock Market". *Journal of Business* 59 (julio, 1986), 383-403.

Ambas compañías, Quigley Manufacturing y Zolotny Basic Products tienen los mismos coeficientes de reacción a los factores, de manera que $b_{1j} = 1.3$ y $b_{2j} = 0.9$. Por lo tanto, el rendimiento requerido para ambas acciones es

$$\bar{R}_j = 0.07 + 1.3(0.04) - 0.9(0.01) = \textbf{11.3\%}$$

Sin embargo, la acción de Quigley está deprimida y su rendimiento esperado es del 12.8 por ciento. El precio de la acción de Zolotny, por otro lado, es relativamente alto y tiene un rendimiento esperado de sólo 10.6 por ciento. Un árbitro listo debe comprar Quigley y vender Zolotny (o simplemente vender Zolotny). Si el árbitro tiene todo en orden y todos los riesgos de importancia están captados por los factores 1 y 2, las dos acciones tienen el mismo riesgo general. Pero por errores en la fijación de precios, una acción ofrece un rendimiento esperado más alto que lo dictado por su riesgo, y la otra da un rendimiento esperado menor de lo que implican los hechos. Éste es un juego de dinero y el audaz árbitro querrá explotar la oportunidad todo lo posible.

Los ajustes de precios ocurrirán conforme los árbitros reconozcan el error y hagan las transacciones sugeridas. El precio de la acción de Quigley subirá y su rendimiento esperado bajará. A la inversa, el precio de la acción de Zolotny bajará y su rendimiento esperado subirá. Esto continuará hasta que ambas acciones tengan un rendimiento esperado del 11.3 por ciento.

De acuerdo con la TPA, los participantes en el mercado racionales agotarán todas las oportunidades de ganancias en el arbitraje. El equilibrio del mercado ocurrirá cuando los rendimientos esperados para todas las acciones tengan una relación lineal ante los diferentes coeficientes de reacción, las *b*. Así, el fundamento para el equilibrio en los precios es el arbitraje. La TPA implica que los participantes en el mercado actúan en forma congruente con los acuerdos generales en cuanto a cuáles son los factores de riesgo relevantes que mueven los precios de los valores.

Si la suposición es una aproximación razonable de la realidad o no es un tema de controversia. Existe desacuerdo en cuanto a qué factores son importantes y las pruebas empíricas no han producido estabilidad de parámetros y congruencia de una prueba a otra y en el tiempo. Puesto que se consideran múltiples factores, la TPA es intuitivamente atrayente. Sabemos que los distintos riesgos pueden afectar de modo diferente a las acciones. A pesar de su atractivo, la TPA no ha sustituido al MPAC. Sin embargo, tiene un futuro promisorio para las finanzas corporativas y por esa razón lo presentamos aquí.

Preguntas

1. Si los inversionistas no tuvieran aversión al riesgo, sino indiferencia al riesgo (si fueran neutrales) o incluso les gustara el riesgo, ¿serían válidos los conceptos de riesgo-rendimiento presentados en este capítulo?
2. Defina la *recta característica* y su *beta*.
3. ¿Por qué *beta* es una medida del *riesgo sistemático*? ¿Cuál es su significado?
4. ¿Qué es la tasa requerida de rendimiento de una acción? ¿Qué significa?
5. ¿La *recta del mercado de valores* es constante en el tiempo? ¿Por qué?
6. ¿Cuál sería el efecto de los siguientes cambios en el precio de mercado de las acciones de una compañía, con todo lo demás igual?
   a) Los inversionistas demandan una tasa de rendimiento requerida para las acciones en general.
   b) La covarianza entre la tasa de rendimiento de la compañía y la del mercado disminuye.
   c) La desviación estándar de la distribución de probabilidad de las tasas de rendimiento de las acciones de la compañía aumenta.
   d) Las expectativas del mercado acerca del crecimiento de las ganancias futuras (y los dividendos) de la compañía se corrigen hacia abajo.
7. Suponga que tiene una gran aversión al riesgo, pero aun así, invierte en acciones ordinarias. ¿Las betas de las acciones en las que invierte serán mayores o menores que 1.0? ¿Por qué?
8. Si una acción está subvaluada en términos del *modelo de fijación de precios de activos de capital*, ¿qué ocurre si los inversionistas reconocen esta subvaluación?

Problemas para autoevaluación

1. Suponga que sus posibles estimaciones de los rendimientos a un año por invertir en la acción ordinaria de la A.A. Eye-Eye Corporation fueran las siguientes:

Probabilidad de ocurrencia	0.1	0.2	0.4	0.2	0.1
Rendimiento posible	−10%	5%	20%	35%	50%

   a) ¿Cuál es el rendimiento esperado y la desviación estándar?
   b) Suponga que los parámetros que determinó en el inciso a) corresponden a una distribución de probabilidad *normal*. ¿Cuál es la probabilidad de que el rendimiento sea cero o menos?, ¿menos del 10%?, ¿más del 40%? (Suponga una distribución normal).
2. Sorbond Industries tiene una beta de 1.45. La tasa de rendimiento libre de riesgo es del 8% y el rendimiento esperado sobre el portafolio del mercado es del 13 por ciento. La compañía actualmente paga dividendos de $2 por acción y los inversionistas esperan que experimente un crecimiento en dividendos del 10% al año durante muchos años en el futuro.
   a) ¿Cuál es la tasa de rendimiento requerida de la acción de acuerdo con el MPAC?
   b) ¿Cuál es el precio de mercado actual por acción, suponiendo este rendimiento requerido?
   c) ¿Qué le pasaría al rendimiento requerido y al precio de mercado por acción si la beta fuera 0.80? (Suponga que todo lo demás permanece igual).

Problema de autoevaluación del apéndice A

3. Las acciones ordinarias de las compañías A y B tienen los rendimientos esperados y la desviación estándar que se indican en la tabla; el coeficiente de correlación entre las dos acciones es −0.35.

	$\bar{R}_j$	σ_j
Acción ordinaria A	0.10	0.05
Acción ordinaria B	0.06	0.04

Calcule el riesgo y el rendimiento de un portafolio que contiene el 60% invertido en acciones de la compañía A y el 40% invertido en acciones de la compañía B.

Problemas

1. Jerome J. Jerome está considerando invertir en acciones que tienen la siguiente distribución de rendimientos posibles a un año:

Probabilidad de ocurrencia	0.10	0.20	0.30	0.30	0.10
Rendimiento posible	−0.10	0.00	0.10	0.20	0.30

   a) ¿Cuáles son el rendimiento esperado y la desviación estándar asociados con la inversión?
   b) ¿Existe riesgo de una baja? ¿Cómo lo puede decir?
2. Summer Storme está analizando una inversión. El rendimiento esperado a un año sobre la inversión es del 20 por ciento. La distribución de probabilidad de los rendimientos posibles es aproximadamente normal con una desviación estándar del 15 por ciento.
   a) ¿Cuáles son las posibilidades de que la inversión arroje un rendimiento negativo?
   b) ¿Cuál es la probabilidad de que el rendimiento sea mayor del 10%?, ¿del 20%?, ¿del 30%?, ¿del 40%?, ¿del 50%?
3. Suponga que le dan los siguientes datos históricos de los rendimientos trimestrales excedentes para Markese Imports, Inc., y del portafolio del mercado:

TRIMESTRE	RENDIMIENTOS EXCEDENTES DE MARKESE	RENDIMIENTOS EXCEDENTES DEL PORTAFOLIO DE MERCADO
1	0.04	0.05
2	0.05	0.10
3	−0.04	−0.06
4	−0.05	−0.10
5	0.02	0.02
6	0.00	−0.03
7	0.02	0.07
8	−0.01	−0.01
9	−0.02	−0.08
10	0.04	0.00
11	0.07	0.13
12	−0.01	0.04
13	0.01	−0.01
14	−0.06	−0.09
15	−0.06	−0.14
16	−0.02	−0.04
17	0.07	0.15
18	0.02	0.06
19	0.04	0.11
20	0.03	0.05
21	0.01	0.03
22	−0.01	0.01
23	−0.01	−0.03
24	0.02	0.04

Con base en esta información, grafique la relación entre los dos conjuntos de rendimientos excedentes y dibuje la *línea característica*. ¿Cuál es la *beta* aproximada? ¿Qué puede decir acerca del riesgo *sistemático* de las acciones, con base en la experiencia?

4. Suponiendo que el enfoque del MPAC es adecuado, calcule la tasa de rendimiento requerida para cada una de las siguientes acciones, dada la tasa libre de riesgo de 0.07 y un rendimiento esperado para el portafolio de mercado de 0.13:

Acción	A	B	C	D	E
Beta	1.5	1.0	0.6	2.0	1.3

¿Qué conclusiones puede extraer?

5. Con base en el análisis de rendimientos anteriores y las expectativas inflacionarias, Marta Gómez siente que el rendimiento esperado sobre la acciones en general es del 12 por ciento. La tasa libre de riesgo sobre los valores del Tesoro a corto plazo es ahora del 7 por ciento. Gómez está interesada en particular en los prospectos de rendimiento para Kessler Electronics Corporation. Usando datos mensuales de los últimos cinco años, ajustó una recta característica a la rapidez de respuesta de los rendimientos excedentes de la acción a los rendimientos excedentes del índice S&P 500 y encontró que la pendiente de la recta es 1.67. Si se piensa que los mercados financieros son eficientes, ¿qué rendimiento puede esperar si invierte en Kessler Electronics?

6. Actualmente, la tasa libre de riesgo es del 10% y el rendimiento esperado del portafolio del mercado es del 15 por ciento. Las expectativas de los analistas de mercado para las cuatro acciones se presentan en la tabla, junto con la beta esperada de cada acción.

ACCIONES	RENDIMIENTO EXCEDENTE	BETA ESPERADA
1. Stillman Zinc Corporation	17.0%	1.3
2. Union Paint Company	14.5	0.8
3. National Automobile Company	15.5	1.1
4. Parker Electronics, Inc.	18.0	1.7

a) Si las expectativas de los analistas son correctas, ¿cuáles acciones (si las hay) están sobrevaluadas? ¿Cuáles (si las hay) están subvaluadas?

b) Si la tasa libre de riesgo de pronto subiera al 12% y el rendimiento esperado sobre el portafolio del mercado al 16%, ¿cuáles acciones (si las hay) estarán sobrevaluadas? ¿Cuáles (si las hay) estarán subvaluadas? (Suponga que las expectativas de rendimiento y beta de los analistas de mercado para las cuatro acciones permanecen igual).

7. Selena Maranjian invierte las siguientes sumas de dinero en acciones ordinarias que tienen los rendimientos esperados dados en la tabla:

ACCIONES ORDINARIAS (Símbolo ticker)	CANTIDAD INVERTIDA	RENDIMIENTO ESPERADO
One-Legged Chair Company (WOOPS)	$ 6,000	0.14
Acme Explosives Company (KBOOM)	11,000	0.16
Ames-to-Please, Inc. (JUDY)	9,000	0.17
Sisyphus Transport Corporation (UPDWN)	7,000	0.13
Excelsior Hair Growth, Inc. (SPROUT)	5,000	0.20
In-Your-Face Telemarketing, Inc. (RINGG)	13,000	0.15
McDonald Farms, Ltd. (EIEIO)	9,000	0.18

a) ¿Cuál es el rendimiento esperado (porcentaje) sobre su portafolio?

b) ¿Cuál sería su rendimiento esperado si cuadruplicara su inversión en Excelsior Hair Growth, Inc., y dejara el resto sin cambio?

8. Salt Lake City Services, Inc., brinda servicios de mantenimiento para edificios comerciales. Ahora, la beta sobre sus acciones ordinarias es 1.08. La tasa libre de riesgo es del 10% y el rendimiento esperado sobre el portafolio del mercado es del 15 por ciento. Es el 1 de enero y se espera que la compañía pague $2 por acción en dividendos al final del año; se espera que el dividendo aumente a una tasa compuesta anual del 11% durante muchos años futuros. Con base en el MPAC y otras suposiciones que pueda hacer, ¿qué valor en dólares daría a una de estas acciones ordinarias?

9. Las siguientes acciones ordinarias están disponibles para inversión:

ACCIÓN ORDINARIA (Símbolo ticker)	BETA
Nanyang Business Systems (NBS)	1.40
Yunnan Garden Supply, Inc. (YUWHO)	0.80
Bird Nest Soups Company (SLURP)	0.60
Wacho.com! (WACHO)	1.80
Park City Cola Company (BURP)	1.05
Oldies Records, Ltd. (SHABOOM)	0.90

a) Si usted invierte el 20% de sus fondos en cada una de las primeras cuatro acciones y el 10% en cada una de las dos últimas, ¿cuál es la beta de su portafolio?

b) Si la tasa libre de riesgo es del 8% y el rendimiento esperado sobre el portafolio del mercado es del 14%, ¿cuál será el rendimiento esperado del portafolio?

10. Schmendiman, Inc., es el único fabricante de *schmedimite* (un material rígido y quebradizo para la construcción hecho de radio y asbesto). Suponga que la acción ordinaria de la compañía se puede valuar usando un modelo de crecimiento de dividendos constante (también conocido como el "modelo de crecimiento de dividendos Gordon"). Se espera que el rendimiento sobre el mercado sea del 14% y la tasa libre de riesgo es del 6 por ciento. Usted estima que el dividendo dentro de un año será $3.40, que el dividendo crecerá a una tasa constante del 6% y la beta de la acción es 1.50. Las acciones ordinarias se venden hoy en $30.00 por acción en el mercado.

a) ¿Qué valor daría a una acción ordinaria de esta compañía (con base en una comprensión exhaustiva del capítulo 5 de este libro)?

b) ¿La acción ordinaria de la compañía está sobrevaluada, subvaluada o con un valor justo? ¿Por qué?

Problema del apéndice A

11. Las acciones ordinarias D, E y F tienen las siguientes características con respecto al rendimiento esperado, la desviación estándar y la correlación entre ellas:

	$\bar{R}_j$	σ_j		$r_{j,k}$
Acción ordinaria D	0.08	0.02	entre D y E	0.40
Acción ordinaria E	0.15	0.16	entre D y F	0.60
Acción ordinaria F	0.12	0.08	entre E y F	0.80

¿Cuál es el rendimiento esperado y la desviación estándar de un portafolio compuesto por un 20% de fondos invertidos en la acción D, un 30% de fondos en la acción E y un 50% en la acción F?

Soluciones a los problemas para autoevaluación

1. *a)*

RENDIMIENTO POSIBLE, R_i	PROBABILIDAD DE OCURRENCIA, P_i	$(R_i)(P_i)$	$(R_i - \bar{R})^2(P_i)$
−0.10	0.10	−0.010	$(-0.10 - 0.20)^2(0.10)$
0.05	0.20	0.010	$(0.05 - 0.20)^2(0.20)$
0.20	0.40	0.080	$(0.20 - 0.20)^2(0.40)$
0.35	0.20	0.070	$(0.35 - 0.20)^2(0.20)$
0.50	0.10	0.050	$(0.50 - 0.20)^2(0.10)$
	$\Sigma = 1.00$	$\Sigma = \mathbf{0.200} = \bar{R}$	$\Sigma = \mathbf{0.027} = \sigma^2$
			$(0.027)^{0.5} = \mathbf{16.43\%} = \sigma$

b) Para el rendimiento que será cero o menos, al estandarizar la desviación del rendimiento esperado, obtenemos $(0\% - 20\%)/16.43\% = -1.217$ desviaciones estándar. En la tabla V del apéndice al final del libro, 1.217 está entre las desviaciones estándar 1.20 y 1.25. Estas desviaciones estándar corresponden a áreas bajo la curva de 0.1151 y 0.1056, respectivamente. Esto significa que existe una *probabilidad aproximada del 11%* de que el rendimiento real sea cero o menos.

Para un rendimiento que será del 10% o menos, al estandarizar la desviación, obtenemos $(10\% - 20\%)/16.43\% = -0.609$ desviaciones estándar. Regresando a la tabla V, vemos que esto corresponde *aproximadamente al 27 por ciento*.

Para un rendimiento del 40% o más, al estandarizar la desviación, obtenemos $(40\% - 20\%)/16.43\% = 1.217$ desviaciones estándar. Esto es lo mismo que en el primer caso con rendimiento cero o menos, excepto que está a la derecha y no a la izquierda de la media. Por lo tanto, la probabilidad de un rendimiento del 40% o más es *aproximadamente del 11 por ciento*.

2. *a)* $\bar{R} = 8\% + (13\% - 8\%)1.45 = \mathbf{15.25\%}$

b) Si usamos el modelo de crecimiento perpetuo para el dividendo, tenemos

$$P_0 = \frac{D_1}{k_e - g} = \frac{\$2(1.10)}{0.1525 - 0.10} = \mathbf{\$41.90}$$

c) $\bar{R} = 8\% + (13\% - 8\%)0.80 = \mathbf{12\%}$

$$P_0 = \frac{\$2(1.10)}{0.12 - 0.10} = \mathbf{\$110}$$

Solución al problema de autoevaluación del apéndice A

3. $\bar{R}_p = (0.60)(0.10) + (0.40)(0.06) = \mathbf{8.4\%}$

$\sigma_p = [(0.6)^2(1.0)(0.05)^2 + 2(0.6)(0.4)(-0.35)(0.05)(0.04) + (0.4)^2(1.0)(0.04)^2]^{0.5}$

En la expresión anterior, el término medio denota la covarianza $(-0.35)(0.05)(0.04)$ por los pesos de 0.6 y 0.4, todo lo cual se cuenta dos veces, de ahí el 2 como factor. En el caso de los términos primero y último, los coeficientes de correlación para estos términos de varianza ponderada son 1.0. Esta expresión se reduce a

$$\sigma_p = [0.00082]^{0.5} = \mathbf{2.86\%}$$

Referencias seleccionadas

Alexander, Gordon J., William F. Sharpe y Jeffrey V. Bailey. *Fundamentals of Investment*, 3a. ed. Upper Saddle River, NJ: Prentice Hall, 2001.

Campbell, John Y., Martin Lettau, Burton G. Malkiel y Yexiao Xu. "Have Individual Stocks Become More Volatile? An Empirical Exploration of Idiosyncratic Risk". *Journal of Finance* 56 (febrero, 2001), 1-43.

Evans, Jack y Stephen H. Archer. "Diversification and the Reduction of Dispersion: An Empirical Analysis". *Journal of Finance* 23 (diciembre, 1968), 761-767.

Fama, Eugene F. "Efficient Capital Markets: A Review of Theory and Empirical Work". *Journal of Finance* 25 (mayo, 1970), 384-387.

_____. "Components of Investment Performance". *Journal of Finance* 27 (junio, 1972), 551-567.

_____ y Kenneth R. French. "The Cross-Section of Expected Stock Returns". *Journal of Finance* 47 (junio, 1992), 427-465.

_____ y Kenneth R. French. "Common Risk Factors in the Returns on Stocks and Bonds". *Journal of Financial Economics* 33 (febrero, 1993), 3-56.

_____ y Kenneth R. French. "Multifactor Explanations of Asset Pricing Anomalies". *Journal of Finance* 51 (marzo, 1996), 55-84.

Ferson, Wayne y Robert A. Korajczyk. "Do Arbitrage Pricing Models Explain the Predictability of Stock Returns?". *Journal of Business* 68 (1995), 309-349.

Grundy, Kevin y Burton G. Malkiel. "Reports of Beta's Death Have Been Greatly Exaggerated". *Journal of Portfolio Management* 22 (primavera, 1996), 36-44.

Haugen, Robert A. *Modern Investment Theory*, 5a. ed. Upper Saddle River, NJ: Prentice Hall, 2001.

Horim, M. Ben y H. Levy. "Total Risk, Diversifiable Risk and Nondiversifiable Risk: A Pedagogic Note". *Journal of Financial and Quantitative Analysis* 15 (junio, 1980), 289-297.

Kothari, S.P. y Jay Shanken. "In Defense of Beta". *Journal of Applied Corporate Finance* 8 (primavera, 1995), 53-58.

Levy, Haim, Deborah Gunthorpe y John Wachowicz Jr. "Beta and an Investor's Holding Period". *Review of Business* 15 (primavera, 1994), 32-35.

Lindahl, Mary y John Wachowicz Jr. "Judging Your Portfolio's Return, Given its Risk". *Review of Business* 22 (verano, 2001), 59-61.

Modigliani, Franco y Gerald A. Pogue. "An Introduction to Risk and Return". *Financial Analysts Journal* 30 (marzo-abril, 1974), 68-80 y (mayo-junio, 1974), 69-86.

Mullins, David W., Jr. "Does the Capital Asset Pricing Model Work?". *Harvard Business Review* 60 (enero-febrero, 1982), 105-114.

Reilly, Frank K. y Keith C. Brown. *Investment Analysis and Portfolio Management*, 8a. ed. Cincinnati, OH: South-Western, 2006.

Roll, Richard. "Performance Evaluation and Benchmark Errors". *Journal of Portfolio Management* 6 (verano, 1980), 5-12.

_____ y Stephen A. Ross. "The Arbitrage Pricing Theory Approach to Strategic Portfolio Planning". *Financial Analysts Journal* 40 (mayo-junio, 1984), 14-26.

_____ y Stephen A. Ross. "On the Cross-Sectional Relation Between Expected Returns and Betas". *Journal of Finance* 49 (marzo, 1994), 101-121.

Rosenberg, Barr. "The Capital Asset Pricing Model and the Market Model". *Journal of Portfolio Management* 7 (invierno, 1981), 5-16.

Ross, Stephen A. "The Arbitrage Theory of Capital Asset Pricing". *Journal of Economic Theory* 13 (diciembre, 1976), 341-360.

Sharpe, William. "Capital Asset Prices: A Theory of Market Equilibrium Under Conditions of Risk". *Journal of Finance* 19 (septiembre, 1964), 425-442.

Shrieves, Ronald E. y John M. Wachowicz Jr. "A Utility Theoretic Basis for 'Generalized' Mean-Coefficient of Variation (MCV) Analysis". *Journal of Financial and Quantitative Analysis* 16 (diciembre, 1981), 671-683.

Siegel, Jeremy J. "The Application of the DCF Methodology for Determining the Cost of Equity Capital". *Financial Management* 14 (primavera, 1985), 46-53.

Wachowicz, John M., Jr. y Ronald E. Shrieves. "An Argument for 'Generalized' Mean-Coefficient of Variation Analysis". *Financial Management* 9 (invierno, 1980), 51-58.

La parte II del sitio Web del libro, *Wachowicz's Web World*, contiene vínculos a muchos sitios de finanzas relacionados con los temas cubiertos en este capítulo. (web.utk.edu/~jwachowi/part2.html)

6

Análisis de estados financieros

Contenido

- **Estados financieros**
  Información en el balance general • Información del estado de pérdidas y ganancias

- **Un marco de trabajo posible para el análisis**
  Uso de las razones financieras • Tipos de razones

- **Razones del balance general**
  Razones de liquidez • Razones de apalancamiento financiero (deudas)

- **Razones del estado de pérdidas y ganancias y de estado de pérdidas y ganancias/balance general**
  Razones de cobertura • Razones de actividad • Razones de rentabilidad

- **Análisis de tendencia**

- **Análisis de tamaño común y de índice**
  Elementos de los estados financieros como porcentajes de totales • Elementos de estados financieros como índices relativos a un año base

- **Puntos clave de aprendizaje**

- **Resumen de razones clave**

- **Apéndice: Impuestos diferidos y análisis financiero**

- **Preguntas**

- **Problemas para autoevaluación**

- **Problemas**

- **Soluciones a los problemas para autoevaluación**

- **Referencias seleccionadas**

Objetivos

Después de estudiar el capítulo 6, usted será capaz de:

- Comprender el propósito de los estados financieros básicos y sus contenidos.

- Comprender qué significa "convergencia" en los estándares contables.

- Explicar por qué el análisis de estados financieros es importante para la empresa y para los proveedores de capital externos.

- Definir, calcular y categorizar (de acuerdo con liquidez, apalancamiento financiero, cobertura, actividad y rentabilidad) las razones financieras más importantes y comprender qué nos dicen acerca de la empresa.

- Definir, calcular y analizar el ciclo operativo y el ciclo de efectivo de una empresa.

- Utilizar las razones financieras para analizar la salud de una empresa y luego recomendar cursos de acción alternativos razonables para mejorar la salud de la compañía.

- Analizar el rendimiento sobre la inversión de una empresa (es decir, su "capacidad de generar ganancias") y el rendimiento sobre los valores usando el enfoque de Du Pont.

- Comprender las limitaciones del análisis de razones financieras.

- Usar análisis de tendencias, análisis de tamaño común y análisis de índice para tener un mejor panorama del desempeño de la empresa.

*Las afirmaciones financieras son como el perfume fino: deben olerse
pero no tragarse.*

—ABRAHAM BRILLOFF

Para tomar decisiones racionales y cumplir con los objetivos de la empresa, el gerente financiero debe tener herramientas analíticas. Algunas de las herramientas de análisis y planeación financiera más comunes constituyen el tema de éste y los siguientes capítulos.

La empresa en sí y los proveedores de capital externos —acreedores e inversionistas— emprenden el análisis de los estados financieros. El tipo de análisis varía de acuerdo con los intereses específicos de quien lo realiza. Los acreedores (proveedores de dinero para bienes y servicios) están interesados principalmente en la liquidez de la empresa. Sus demandas son a corto plazo, y la habilidad de pagar estas demandas con rapidez se juzga mejor mediante el análisis de liquidez de la empresa. Las demandas de los accionistas, por otro lado, son a largo plazo. De acuerdo con esto, los accionistas están más interesados en la capacidad de la empresa para manejar flujos de efectivo y pagar el servicio de la deuda en un periodo largo. Pueden evaluar esta capacidad analizando la estructura del capital, las fuentes más importantes y los usos de los fondos, la rentabilidad de la empresa en el tiempo y las proyecciones de rentabilidad futura.

Los inversionistas en acciones ordinarias de una compañía están interesados principalmente en las utilidades presentes y esperadas en el futuro, así como en la estabilidad de esas utilidades alrededor de la recta de tendencia. Como resultado, los inversionistas suelen centrarse en el análisis del rendimiento. También les interesa la condición financiera de la empresa en lo que respecta a su capacidad de pagar dividendos y evitar la bancarrota.

Internamente, la administración también emplea el análisis financiero para fines de control interno y para ofrecer a los proveedores de capital lo mejor en cuanto a condiciones financieras y desempeño de la empresa. Desde el punto de vista de control interno, la administración necesita realizar un análisis financiero para planear y controlar con efectividad. Para planear el futuro, el gerente financiero debe evaluar la posición financiera actual de la compañía y las oportunidades relacionadas con esta posición. En cuanto a control interno, el gerente financiero está interesado en particular en el rendimiento sobre la inversión en los diferentes bienes de la compañía y en la eficiencia de la administración de los bienes. Por último, para negociar con efectividad los fondos externos, necesita estar en concordancia con todos los aspectos del análisis financiero que los proveedores de capital externos usan para evaluar a la empresa. Así, vemos que el tipo de análisis financiero realizado varía según los intereses específicos del analista.

Estados financieros

Análisis (de estado) financiero El arte de transformar los datos de los estados financieros en información útil para tomar una decisión informada.

Balance general Resumen de la posición financiera de una empresa en una fecha dada que muestra que activos totales = pasivos totales + capital de accionistas.

El análisis financiero implica el uso de varios estados financieros. Estos estados hacen varias cosas. Primero, el balance general resume los bienes, pasivos y el capital de los dueños de un negocio en un momento, generalmente al final del año o de un trimestre. Luego, el estado de pérdidas y ganancias resume los ingresos y gastos de la compañía durante un periodo determinado, por lo general un año o un trimestre. Aunque el balance general representa una fotografía de la posición financiera *en ese momento*, el estado de pérdidas y ganancias describe un resumen de la rentabilidad *en el tiempo*. De estos dos estados (en algunos casos, con un poco de información adicional), se pueden obtener ciertos estados derivados, como un estado de utilidades retenidas, un estado de fuentes y uso de fondos, y un estado de flujos de efectivo. (Estudiaremos los últimos dos en este capítulo).

Al analizar los estados financieros, tal vez quiera usar un programa de hoja de cálculo de computadora. Para los análisis repetitivos, un programa como éste permite cambiar las suposiciones y simular con facilidad. Analizar diferentes escenarios da una mejor visión de las situaciones. De hecho, los estados financieros son una aplicación ideal de estos poderosos programas y su uso para el análisis financiero (tanto interno como externo) es bastante común.

En Estados Unidos, el Consejo de estándares de contabilidad financiera (*Financial Accounting Standards Board*, FASB) determina las normas de contabilidad usadas para preparar, presentar y reportar los estados financieros, mediante la publicación de los Estándares de contabilidad financiera

Estado de pérdidas y ganancias Resumen de los ingresos y gastos de una empresa en un periodo específico, que concluye con los ingresos o pérdidas netas para ese periodo.

(SFAS). Colectivamente, estos estados conforman los Principios de contabilidad aceptados en general en Estados Unidos (*US Generally Accepted Accounting Principles*, conocidos como US GAAP o simplemente GAAP).

Los mercados de capital globales demandan estándares de contabilidad globales y cooperación regulatoria global. Con la meta de desarrollar estándares de contabilidad, el Consejo Internacional de Estándares de Contabilidad (*International Accounting Standards Board*, IASB) tiene la responsabilidad de desarrollar Estándares internacionales de informes financieros (*International Financial Reporting Standards*, IFRS). En 2005, todos los países de la Unión Europea (UE) adoptaron los IFRS. Además, muchos países fuera de Europa, incluyendo Japón, se apoyan en estándares de contabilidad muy parecidos a los IFRS. El IASB trabaja de cerca con el FASB y otros organismos encargados de desarrollar normas contables del país hacia la "convergencia" de las normas contables alrededor del mundo. La convergencia es un proceso de acercamiento. La convergencia de los estándares contables tiene la finalidad de estrechar o eliminar diferencias para que los inversionistas puedan comprender mejor los estados financieros preparados bajo diferentes marcos de trabajo contables.

Hablando en distintos idiomas

The Economist

Estados Unidos se dirige por el escabroso camino de reglas globales de contabilidad

OLVIDE el esperanto. Es demasiado directo. La *lingua franca* que se extiende cada vez más en el mundo es un idioma de contabilidad que tuerce la lengua y que fuerza aun a los estadounidenses a pensar de nuevo en algunos preciados conceptos de realeza financiera.

Los Estándares internacionales de informes financieros (IFRS), que intentan armonizar los informes financieros en un mundo que comercia e invierte a través de las fronteras han dado grandes pasos desde que fueron aceptados por cerca de 7,000 compañías en la Unión Europea en 2005. A la fecha, más de 100 países, desde Canadá hasta China, han adoptado las reglas, o dicen que planean adoptarlas. El Consejo internacional de estándares contables (IASB), con sede en Londres, espera aglutinar a 150 países en los próximos cuatro años.

Incluso Estados Unidos, que no es un ardiente internacionalista, está trabajando con el IASB para reducir la brecha entre sus propias normas contables y los IFRS, que las compañías extranjeras cotizadas en Estados Unidos podrían elegir para 2009, o tal vez antes. Hoy, esas compañías deben "conciliar" su contabilidad con las normas estadounidenses; un costoso ejercicio que algunos creen que está alejando las cotizaciones extranjeras de Estados Unidos.

Pero incluso la adopción por parte de la UE del IFRS ha sido menos que efusiva. Se eligió una versión de las reglas endosadas por el Parlamento Europeo, en vez de las emitidas por el IASB. Existe sólo una diferencia, pero es grande: la regla de cómo tomar en cuenta los instrumentos financieros (derivados y similares).

Se dice también que Kuwait y otros países de Medio Oriente están adoptando los IFRS con ciertas peculiaridades. La preocupación es que si suficientes países buscan estándares a la medida, "podría haber cientos de versiones diferentes de los IFRS en vez de un conjunto de reglas internacionales, lo cual es el propósito de las reglas", dice Sir David Tweedie, director del IASB. "Tenemos que cortar esto por lo sano".

Hasta ahora, cortar significa trabajar con organismos internacionales que desarrollan estándares para animar a las compañías a revelar exactamente qué conjunto de reglas están usando. La esperanza es que los inversionistas presionen a las compañías de manera que no usen versiones de los IFRS específicas para su país o les cobren primas de riesgo más altas si lo hacen. Hoy, un inversionista en Europa, al leer un reporte financiero de una compañía, no puede decir si está usando la versión completa de IFRS o la versión europea.

No importa si usan los IFRS puros o no, todos los países tienden a interpretar las reglas de maneras que reflejen sus normas antiguas nacionales, de acuerdo con KPMG, una empresa de contabilidad. Los reguladores trabajan a través de IOSCO, un cuerpo internacional de regulación de valores, para intentar eliminar esas diferencias.

La tarea se complica más por el hecho de que las reglas contables internacionales tienden a "basarse en principios", lo que quiere decir que no hay códigos tangibles que seguir. Esto es diferente de Estados Unidos, donde los principios de contabilidad van acompañados de miles de páginas de guías regulatorias prescriptivas e interpretaciones de auditores y grupos contables, algunos de ellos derivados de discursos de la Comisión de Valores de EUA (SEC). Los IFRS no tienen esos recursos y dejan más libertad para el juicio personal.

Fuente: Adaptado de "Speaking in Tongues", *The Economist* (mayo 19-25, 2007), pp. 77-78. (www.economist.com) Derechos Reservados ® 2007, The Economist Newspaper Limited. Utilizado con permiso. Todos los derechos reservados.

● ● ● Información en el balance general

La tabla 6.1 muestra el balance general de Aldine Manufacturing Company para los años fiscales que terminan el 31 de marzo, 20X2 y el 31 de marzo, 20X1. Los bienes se listan en el panel superior de acuerdo con su grado relativo de liquidez (es decir, su cercanía al efectivo). El efectivo representa el grado máximo de liquidez y aparece primero.

Equivalentes de efectivo Valores de corto plazo, de alta liquidez, que se pueden convertir fácilmente en cantidades conocidas de efectivo y que generalmente tienen vencimiento restante de tres meses o menos en el momento de la adquisición.

Tome nota

Durante muchos años en Estados Unidos y otros países, el efectivo se combinaba con **equivalentes de efectivo** bajo el encabezado "efectivo y equivalentes de efectivo" en el balance general de una compañía y en el estado de flujos de efectivo. En un intento por simplificar los estándares contables, el FASB votó por aprobar a principios de 2007 para cambiar este encabezado a sólo "efectivo". Los elementos que antes se clasificaban como equivalentes de efectivo ahora se clasificarían de la misma manera que otras inversiones a corto plazo. Todavía debe fijarse una fecha para poner en marcha esto, pero en anticipación a este cambio, se usará la nueva terminología en los estados financieros presentados en este texto. Sin embargo, a menos que exista una implementación oficial y una guía en este aspecto, deberá usarse "efectivo y equivalentes de efectivo" en la práctica profesional.

Tabla 6.1

Balance general (en miles)[1] para Aldine Manufacturing

	MARZO 31		
ACTIVOS[2]	20X2	20X1	EXPLICACIONES
Efectivo	$ 178	$ 175	1. Indica la posición de la compañía en una fecha dada.
Cuentas por cobrar[3]	678	740	
Inventarios, a menor costo o costo del mercado[4]	1,329	1,235	2. Lo que posee Aldine.
Gastos pagados con antelación[5]	21	17	3. Cantidades que los clientes deben a la compañía.
Pago de impuestos acumulados sobre	35	29	4. Materias primas, trabajo en proceso y bienes terminados.
Activos corrientes[6]	$2,241	$2,196	5. Artículos de gasto futuro (como primas de seguro) que ya se pagaron.
Activos fijos al costo[7]	1,596	1,538	
Menos depreciación acumulada[8]	(857)	(791)	6. Efectivo y elementos que pueden convertirse en efectivo antes de un año.
Activos fijos netos	$ 739	$ 747	
Inversión, largo plazo	65	—	7. Cantidad original pagada por terrenos, edificios y equipo.
Otros bienes, largo plazo	205	205	8. Deducciones acumuladas por uso sobre activos fijos.
Activos totales[9]	$3,250	$3,148	
			9. Activos = pasivos + capital de accionista.
PASIVOS Y CAPITAL DE LOS ACCIONISTAS[10,11]	MARZO 31		10. Lo que Aldine debe.
	20X2	20X1	11. Interés por propiedad de los accionistas.
Préstamos bancarios y pagarés	$ 448	$ 356	12. Se debe a proveedores por bienes y servicios.
Cuentas por pagar[12]	148	136	
Impuestos acumulados[13]	36	127	13. "Acumulados" se refiere a una obligación en la que se incurrió, pero que todavía no se paga.
Otros pasivos acumulados[14]	191	164	
Pasivos corrientes[15]	$ 823	$ 783	14. Sueldos, salarios, etcétera, no pagados.
Deuda a largo plazo[16]	631	627	15. Deudas pagables en un plazo menor de un año.
Capital de accionista			
Acciones ordinarias, $1 de valor nominal[17]	421	421	16. Deuda que no necesita pagarse sino hasta después de un año (por ejemplo, los bonos).
Capital ingresado adicional	361	361	
Utilidades retenidas[18]	1,014	956	17. Cantidad original invertida en el negocio por los accionistas.
Capital total de accionistas	$1,796	$1,738	
Pasivos totales y capital de accionistas[19]	$3,250	$3,148	18. Utilidades retenidas (es decir, reinvertidas) en el negocio.
			19. Pasivos + capital de accionistas = activos

Cuanto más se separa un bien del efectivo, menos liquidez tiene. Las cuentas por cobrar están a un paso del efectivo, y los inventarios están a dos pasos. Las cuentas por cobrar representan los "debo" de los clientes, que han de convertirse en efectivo dentro de un periodo de facturación dado, por lo general de 30 a 60 días. Los inventarios se usan en la fabricación de un producto. El producto primero debe venderse y generar una cuenta por cobrar antes de que llegue al siguiente paso y convertirse en efectivo. Como los activos fijos, la inversión a largo plazo y otros bienes a largo plazo son los menos líquidos, aparecen al final.

La parte inferior de la tabla muestra los pasivos y el **capital de accionistas** de la compañía. Estos elementos se ordenan de acuerdo con la cercanía a la posibilidad de que sean pagados. Todos los pasivos actuales deben pagarse en menos de un año, mientras que la deuda a largo plazo se paga después de un año. El capital de los accionistas se "pagará" sólo mediante dividendos en efectivo normales, recompra de acciones ordinarias y, quizá, un dividendo de liquidación final. El capital de los accionistas, o *valor neto* como se llama a veces, consiste en varias subcategorías. Las *acciones ordinarias* (valor nominal) y el *capital adicional ingresado*, juntos, representan la cantidad total de dinero pagado a la compañía a cambio de acciones ordinarias. Como se verá en el capítulo 20, generalmente se asigna un valor nominal a la acción. En este caso, el valor nominal es $1 por acción, lo que significa que el 31 de marzo de 20X2, había alrededor de 421,000 acciones ordinarias en circulación. La sección de capital adicional ingresado representa el dinero pagado excedente al valor nominal por las acciones vendidas. Por ejemplo, si la compañía vendiera una acción adicional en $6, habría un incremento de $1 en la sección de acciones ordinarias y un incremento de $5 en la sección de capital adicional ingresado. Las *utilidades retenidas* representan las ganancias acumuladas de la compañía después de dividendos desde el inicio de la compañía; así, éstas son las utilidades que se han conservado (o reinvertido) en la empresa.

Capital de los accionistas Activos totales menos *pasivos*. Dicho de otra forma, el valor en libros de las acciones ordinarias de una compañía (a valor nominal) más el capital adicional ingresado y las utilidades retenidas.

Tome nota

Es común escuchar que una compañía paga dividendos "con sus utilidades retenidas". Es un error. La compañía paga dividendos con el "efectivo", mientras incurre en una reducción correspondiente en la cuenta de utilidades retenidas. Las utilidades retenidas no son una pila de efectivo (o de otros bienes), sino sólo un elemento de contabilidad usado para describir una de las fuentes de financiamiento para los activos de la empresa.

Vemos en la tabla que los activos totales son iguales a —o están en *equilibrio* con— los pasivos totales más el capital de los accionistas. Sin duda, ésta es una identidad contable. Se deduce también que activos menos pasivos es igual al capital de los accionistas. En su mayor parte, los pasivos de la empresa se conocen con certidumbre. Casi todas las preguntas de contabilidad con respecto al balance general tienen que ver con los números asociados con los activos. Debemos recordar que las cifras son números de contabilidad y no estimaciones del valor económico de los activos. El valor contable de los activos fijos (terrenos, edificios y equipo) se basa en sus costos (históricos) reales, no en lo que cuestan hoy (valor de reemplazo). Los inventarios se establecen con el costo bajo o valor de mercado. La cifra por cobrar implica que todas estas cuentas se cobrarán. Éste puede o no ser el caso. Con frecuencia es necesario ir más allá de las cifras reportadas para analizar la condición financiera de la empresa de manera adecuada. Dependiendo del análisis, la cifra del capital de los accionistas mostrada en el balance general, que es una cantidad residual, puede o no ser una aproximación razonable del valor real de la empresa para los accionistas.

Costo de bienes vendidos Costos del producto (costos que se pueden inventariar) que se convierten en gastos del periodo sólo cuando se venden; es igual al *inventario inicial* más *costo de los bienes comprados* o *fabricados* menos *inventario final*.

● ● ● Información del estado de pérdidas y ganancias

El estado de ingresos (de utilidades, o de pérdidas y ganancias) de la tabla 6.2 muestra los ingresos, los gastos y las ganancias netas de Aldine para los dos años fiscales bajo análisis. El **costo de los bienes vendidos** representa el costo de fabricación real de los productos que se vendieron durante el periodo. Incluye el costo de las materias primas, la mano de obra asociada con la producción y los gastos generales relacionados con los productos vendidos. Los gastos de ventas, generales y administrativos al

Pregunte a Alicia acerca de los contadores

Total Know-How For Small Business

Querida Alicia,
En vista del desastre de Enron, ¿debemos creer todo lo que dice cualquier contador de ahora en adelante?

Escéptico en Skokie

Querido Escéptico:
A mi amigo de Illinois, Abraham Lincoln, le encantaba plantear este acertijo: "¿Cuántas piernas tiene un perro si llamas a su cola una pierna?". Su respuesta era cuatro, pues afirmaba que llamar a la cola una pierna ¡no *la convierte* en pierna! Nosotros, los consumidores de datos contables, necesitamos mantener este tipo de pensamiento crítico cuando leemos reportes anuales, estados financieros auditados o incluso las notas mensuales del contador (y me atrevería a decir que también las del cónyuge).

Habiendo sido toda mi vida un "cuenta chiles", tal vez sea parcial, pero pienso que la profesión de contador recibe más críticas de las que tal vez merezca. Unas cuantas manzanas podridas no deben quitarnos la fe en la vasta mayoría de profesionales que han actuado siempre para el interés del público por tradición y orgullo.

Más aún, me parece que *todos* deberíamos aceptar algo de la responsabilidad por dejarnos engañar tan fácilmente, mucho y con frecuencia, en una multitud de aspectos que incluyen y no se limitan a los reportes financieros.

Llenar los libros para tranquilizar o complacer a los inversionistas y/o a los prestamistas es una práctica antigua perpetrada por los dueños o administradores de los negocios, no por los contadores. Asentar en los libros el ingreso que se espera recibir pronto o diferir el informe de los gastos en los que ya se incurrió (o hacer lo contrario con uno o ambos) es la primera parte de la receta. Distorsionar los inventarios, no

informar de responsabilidades como una demanda posible o reclamos cuestionables al seguro, y muchas otras prácticas se emplean a menudo para sacar a la empresa de una mala racha… con toda la buena intención de corregir los libros más adelante.

En un negocio pequeño, éste es un ejercicio peligroso de autoengaño. En un negocio grande, esto se llamaría de manera apropiada un fraude.

El problema con este tipo de contabilidad de la esperanza se complica cuando el contador profesional llega y pone en duda, con razón, los estados incorrectos, y el dueño o administrador presenta un argumento enérgico y convincente para continuar en la dirección equivocada. Como parecería que el contador está empleado por el dueño/administrador, y la competencia por los clientes es feroz, puede verse por qué estos problemas y conflictos de interés persisten.

Los tiempos han cambiado y la contabilidad se ha vuelto mucho más compleja debido a la tecnología, las regulaciones del gobierno, el comercio global y la vertiginosa velocidad y el volumen de transacciones que tienen lugar 24 horas al día los siete días de la semana en la mayoría de los negocios. El papel del contador en esta cultura también ha cambiado. Estos factores requieren que nosotros, usted y yo, los consumidores de este crucial producto, usemos el cerebro, la experiencia y el trillado sentido común al interpretar los resultados del trabajo contable.

Si los analistas de Wall Street hubieran usado el pensamiento y el análisis independiente, tal vez Enron no habría quebrado y desaparecido.

No tenga miedo de escarbar en los reportes que puedan parecer la perfección personificada sólo porque están impresos a cuatro vistosos colores, en papel elegante. En los estados financieros, al igual que en la vida, las apariencias con frecuencia difieren de la realidad. Si cree que ve un perro con cinco patas, persevere y actúe como auditor independiente en este caso.

Fuente: Adaptado de Alice Magos, "Ask Alice About Accountants". Recuperado de www.toolkit.cch.com/advice/02-256askalice.asp. Reproducido con permiso de CCH Business Owner's Toolkit, publicado y derechos reservados por:
CCH INCORPORATED
2700 Lake Cook Road
Riverwoods, Illinois 60015, USA
(www.toolkit.cch.com)

igual que los gastos en intereses se muestran separados de los costos de vender bienes porque se ven como gastos del periodo y no como costos de producción.

Para una compañía de manufactura, como en este caso, el gasto por depreciación generalmente se considera un componente del costo de los bienes producidos y, por lo tanto, se convierte en parte del costo de los bienes vendidos. Para una empresa comercializadora (al mayoreo o al menudeo), la depreciación casi siempre se pone separada, como el gasto de otro periodo (igual que el gasto en intereses) *abajo* de la cifra de ganancia bruta. La depreciación se estudió en el capítulo 2, pero recuerde que está basada en datos históricos de costos, que en un periodo de inflación puede no corresponder a los costos económicos.

Tabla 6.2

Estados de ganancias (en miles)[1] para Aldine Manufacturing Company

AÑOS QUE TERMINAN EL 31 DE MARZO

	20X2	20X1	EXPLICACIONES
Ventas netas[2]	**$3,992**	$3,721	1. Medidas de rentabilidad en un periodo.
Costo de bienes vendidos[3]	**2,680**	2,500	2. Cantidad recibida, o por cobrar, de los clientes.
Ganancia bruta	**$1,312**	$1,221	
Gastos de ventas, generales y administativos[4]	**912**	841	3. Directamente relacionados con los niveles de operación: salarios, materias primas, suministros y costos generales de manufactura.
Utilidades antes de intereses e impuestos[5]	**$ 400**	$ 380	
Gastos de interés[6]	**85**	70	
Utilidades antes de impuestos[7]	**$ 315**	$ 310	4. Comisiones de ventas, publicidad, salarios de funcionarios, etcétera.
Impuestos sobre la renta (federales y estatales)	**114**	112	5. Ingreso operativo.
Utilidades después de impuestos[8]	**$ 201**	$ 198	6. Costo de fondos en préstamos.
Dividendos en efectivo	**143**	130	7. Ingreso gravable.
Incremento en las utilidades retenidas	**$ 58**	$ 68	8. Cantidad ganada por los accionistas.

Nota: Los gastos por depreciación para 20X1 y 20X2 fueron $114 y $112, respectivamente.

Tome nota

La opción de compra de acciones o participación accionaria da al titular el derecho de comprar acciones a un precio predeterminado en una fecha de expiración fija o antes. Muchas compañías las otorgan a sus empleados, en particular a la alta administración, como parte de su remuneración. Si una compañía otorga a algunos empleados un bono en efectivo, se exige a la compañía que asiente un gasto de remuneración por la cantidad del bono pagado, reduciendo con ello las ganancias reportadas. Históricamente, sin embargo, las empresas que compensan a sus empleados con opción de compra de acciones no tienen una reducción comparable en las ganancias. Quizá el sentimiento de la comunidad de inversionistas que se quejaban mucho acerca de este doble estándar se capta mejor con el siguiente pasaje de una *carta del presidente del consejo* de Warren Buffet's en 1992 a los accionistas de Berkshire Hathaway, Inc.: "Me parece que es muy sencillo resumir la realidad de las opciones de compra de acciones: si las opciones no son una forma de remuneración, ¿qué son? Si la remuneración no es un gasto, ¿qué es? Y si los gastos no deben quedar dentro del cálculo de las ganancias, ¿dónde deben estar?"

Por último, cediendo a la presión del público, a partir del 1 de enero de 2006, el Consejo de estándares de contabilidad financiera (FASB) solicita que las compañías estadounidenses registren el gasto en las acciones con opción a compra usando el "método del valor justo". Con este enfoque, la remuneración se mide por el valor justo de las acciones el día que se otorgan y se reconoce durante el periodo de adjudicación (es decir, el periodo anterior al que el empleado tenga el control sobre sus acciones con opción a compra).

La mayoría de las compañías incluirán el gasto en acciones con opción a compra como parte de los gastos de ventas, generales y administrativos. Para estimar el valor justo de las opciones otorgadas a empleados, las compañías usan un modelo para fijar precios de opciones como el modelo Black-Scholes. (El modelo de opciones Black-Scholes se presenta en el apéndice del capítulo 22: Fijación de precio de la opción).

Los detalles reales referentes al registro de las opciones como gastos están contenidos en el enunciado del *estándar de contabilidad financiera núm. 123* (revisado en 2004) o SFAS 123R, que establece las reglas para valuar acciones con opción a compra, el reconocimiento del gasto, la contabilidad para beneficios fiscales y cómo hacer la transición al nuevo método contable para las opciones de compra de acciones. Con 295 páginas, no es una lectura "ligera".

Estados de utilidades retenidas Un estado financiero que resume los cambios en las utilidades retenidas por un periodo establecido, como resultado de las ganancias (o pérdidas) y los dividendos pagados. Este estado muchas veces se combina con el estado de pérdidas y ganancias.

Los últimos tres renglones del estado de pérdidas y ganancias en la tablá 6.2 representan un **estado de utilidades retenidas**. Los dividendos se deducen de las ganancias después de impuestos para aumentar las ganancias retenidas. El incremento de $58,000 en el año fiscal 20X2 debe estar de acuerdo con las cifras del balance general de la tabla 6.1. Al final del año fiscal, durante dos periodos

consecutivos, las utilidades retenidas fueron $956,000 y $1,014,000, y la diferencia fue de $58,000. Por lo tanto, existe acuerdo entre las dos hojas de balance y el estado de ingresos más reciente. Con estos antecedentes en mente, ahora estamos listos para el análisis del estado financiero.

Un marco de trabajo posible para el análisis

Se pueden usar varios enfoques diferentes para analizar una empresa. Muchos analistas tienen un procedimiento favorito para llegar a algunas generalizaciones acerca de la empresa que analizan. A riesgo de pisar tierra más bien sagrada, presentamos un marco conceptual que se presta para situaciones en las que se contempla el financiamiento externo. Los factores a considerar se presentan en la figura 6.1.

Tomándolos en orden, nuestra atención en el primer caso es en la tendencia y el componente estacional de los requerimientos de fondos de una empresa. ¿Cuántos fondos requerirá en el futuro y cuál es la naturaleza de esas necesidades? ¿Existe un componente estacional de las necesidades? Las herramientas analíticas que se utilizan para contestar estas preguntas incluyen fuentes y el uso de estados de fondos, estados de flujo de efectivo y presupuestos de efectivo; todos se estudian en el capítulo 7. Las herramientas utilizadas para evaluar la condición financiera y el desempeño de la

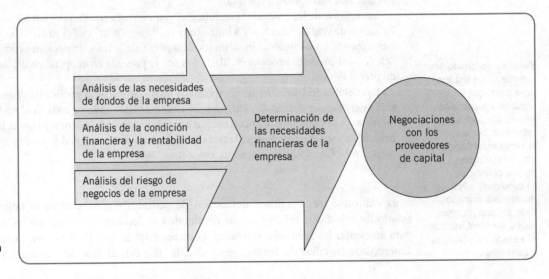

Figura 6.1

Marco de trabajo para el análisis financiero

empresa son las razones financieras, un tema que se cubre en este capítulo. El analista financiero usa estos indicadores casi como un médico hábil interpreta los análisis de laboratorio. En combinación, y a través del tiempo, estos datos ofrecen un panorama valioso de la salud de la empresa: su condición financiera y su rentabilidad. Completar nuestro primer conjunto de tres factores es un análisis del riesgo de negocios de la compañía. El *riesgo de negocios* se refiere al riesgo inherente en las operaciones de la empresa. Algunas compañías están en líneas de negocios altamente volátiles y/o pueden estar operando cerca de su punto de equilibrio. Otras compañías están en líneas estables de negocios y/o se encuentran operando lejos de su punto de equilibrio. Una compañía que fabrica herramientas podría estar dentro de la primera categoría, mientras que una empresa rentable de servicios de electricidad tal vez se clasifique en la segunda. El analista necesita estimar el grado de riesgo de negocios de la empresa que analiza.

Los tres factores mencionados deben utilizarse para determinar las necesidades financieras de la empresa. Más aún, deben considerarse juntos. Cuanto más grandes sean los requerimientos de fondos, por supuesto, más grande será el financiamiento total que será necesario. La naturaleza de las necesidades de fondos influye en el tipo de financiamiento que debe usarse. Si existe un componente estacional en el negocio, esto lleva a un financiamiento a corto plazo, en particular a préstamos bancarios. El nivel de riesgo del negocio también afecta fuertemente al tipo de financiamiento que debería usarse. Cuanto mayor sea el riesgo del negocio, la deuda financiera menos deseable suele ser la referente al financiamiento con acciones ordinarias. En otras palabras, el financiamiento con capital de accionistas es más seguro en el sentido de que no hay obligaciones contractuales de pagar interés más principal, como sucede con la deuda. Para una empresa con un alto grado de riesgo de negocios en general no es aconsejable que acepte un riesgo financiero alto también.[1] La condición financiera y el desempeño de la empresa también influyen en el tipo de financiamiento que debe buscar. Cuanto mayor sea la liquidez de una empresa, más fuerte será su condición financiera global y mayor su rentabilidad y, por lo tanto, podrá incurrir en un tipo de financiamiento más riesgoso. Esto es, la deuda financiera se vuelve más atractiva si hay mejoras en la liquidez, en la condición financiera y en la rentabilidad. El elemento en el círculo de la figura 6.1 indica que no es suficiente determinar el mejor plan de financiamiento desde el punto de vista de la compañía y suponer que se logrará. El plan necesita venderse a los proveedores de capital externos. La empresa puede determinar que necesita $1 millón en financiamiento a corto plazo, pero los prestamistas pueden no aceptar la cantidad o el tipo de financiamiento solicitado por la administración. Al final, tal vez la empresa tenga que transigir en su plan para cumplir con la realidad del mercado. La interacción de la empresa con estos proveedores de capital determina la cantidad, los términos y el precio del financiamiento. Estas negociaciones con frecuencia no se alejan mucho del tipo de regateo que podemos presenciar en un bazar oriental, aunque en general se realiza con menor intensidad. En cualquier caso, el hecho de que la empresa debe negociar con los proveedores de capital sirve como mecanismo de retroalimentación para los otros factores de la figura 6.1. El análisis no puede realizarse aislado del hecho de que al final tendrá que hacerse una solicitud a los dueños del capital. De la misma manera, éstos deben mantener una mente abierta hacia el enfoque de financiamiento de una compañía, aun cuando sea diferente del suyo.

Como acabamos de ver, existen varias facetas del análisis financiero. En principio, el análisis se hará en relación con algún marco de trabajo estructural similar al presentado aquí. De otra manera, es probable que el análisis sea impreciso y no responda las preguntas que pretendía. Como veremos, una parte integral del análisis financiero es el análisis de las razones financieras, un tema que ocupará la mayor parte del resto de este capítulo.

● ● ● Uso de las razones financieras

Razón financiera Un índice que relaciona dos números contables y se obtiene dividiendo uno entre el otro.

Para evaluar la condición financiera y el desempeño de una empresa, el analista financiero necesita hacer una "revisión" completa de varios aspectos de la salud financiera. Una herramienta que se emplea con frecuencia en esta revisión es una **razón financiera**, o índice o cociente financiero, que relaciona dos piezas de datos financieros dividiendo una cantidad entre otra.

[1]En el capítulo 16 se estudiará el riesgo del negocio con cierto detalle, en especial en lo que se refiere a la disposición de la empresa a asumir un riesgo financiero.

¿Por qué molestarnos en obtener una razón financiera? ¿Por qué no simplemente vemos los datos en sí? Calculamos estos indicadores porque de esta manera obtenemos una *comparación* que puede resultar más útil que los números por sí solos. Por ejemplo, suponga que una empresa tuvo una cifra de ganancia neta este año de $1 millón. Eso parece bastante rentable. Pero, ¿qué pasa si tiene $200 millones invertidos en activos totales? Al dividir la ganancia neta entre los activos totales, se obtiene $1M/$200M = 0.005, el rendimiento de la empresa sobre los activos totales. El 0.005 significa que cada dólar de activos invertido en la empresa tuvo un rendimiento de medio punto porcentual. Una cuenta de ahorros da un rendimiento sobre la inversión mejor que éste y con menos riesgo. En este ejemplo, la razón resultó bastante informativa. Pero tenga cuidado. Necesita ser precavido al elegir e interpretar las razones. Tome el *inventario* y divídalo entre el *capital adicional recibido*. Obtiene una razón, pero lo retamos a que logre dar una interpretación significativa de la cifra resultante.

Comparaciones internas. El análisis de las razones financieras implica dos tipos de comparaciones. Primero, el analista puede comparar una razón actual con una pasada o una esperada en el futuro para la misma compañía. La liquidez corriente (la razón entre los activos actuales y los pasivos actuales) para el presente año puede compararse con la misma razón para el año anterior. Cuando las razones financieras se organizan para cierto número de años (quizás en una hoja de cálculo), el analista puede determinar la composición del cambio y si ha habido mejora o deterioro en la condición financiera de la empresa y su desempeño en el tiempo. En resumen, no nos preocupa tanto una razón en un momento determinado, más bien nos interesa esa razón en el tiempo. Las razones financieras también se pueden calcular para estados proyectados, o pro forma, y compararlas con las razones presentes y pasadas.

Comparaciones externas y fuentes de razones industriales. El segundo método de comparación incluye comparar las razones de una empresa con las de otras similares o con los promedios industriales en el mismo momento. Tal comparación da una visión de la condición financiera y el desempeño *relativos* de la empresa. También ayuda a identificar cualquier desviación significativa con respecto a un promedio de la industria aplicable (o estándar). Diferentes organismos publican las razones financieras de diferentes industrias; entre ellos destacan The Risk Management Association, Dun y Bradstreet, Prentice Hall (*Almanac of Bussiness and Industrial Financial Ratios*), la Comisión Federal de Comercio, la Comisión de Valores de Estados Unidos (SEC) y varias agencias de crédito y asociaciones comerciales.[2] Sin embargo, las razones de promedios industriales no deben tratarse como metas. Más bien, proporcionan guías generales.

El analista también debe evitar usar "reglas generales" de manera indiscriminada para todas las industrias. El criterio de que todas las compañías tienen al menos una liquidez corriente de 1.5 a 1 también es inadecuado. El análisis debe hacerse en relación con el tipo de negocio en el que está inmersa la empresa y con la empresa misma. La prueba de liquidez verdadera implica ver si una compañía tiene la capacidad de pagar sus cuentas a tiempo. Muchas compañías sólidas, incluyendo los proveedores de energía eléctrica, tienen esta capacidad a pesar de tener razones actuales muy por debajo de 1.5 o 1. Depende de la naturaleza del negocio. No considerar la naturaleza del negocio (y la empresa) puede llevar a malinterpretar las razones. Podemos terminar con una situación similar a una en la que un estudiante con 3.5 de promedio (sobre 4.0) del Ralph's Home Correspondence School of Cosmetology se percibe como mejor estudiante que uno con 3.4 de promedio de la Escuela de Leyes de Harvard, sólo porque un índice numérico es más alto que el otro. Sólo comparando las razones financieras de una empresa con las de otras similares podrá hacerse un juicio realista.

---

[2]The Risk Management Association (antes Robert Morris Associates), una asociación de servicios financieros, publica promedios industriales basados en estados financieros que los prestatarios entregan a los bancos. Anualmente se calculan 16 razones para más de 640 industrias. Además, cada industria se divide en categorías por tamaño de activos y volumen de ventas. Dun & Bradstreet calcula cada año 14 razones importantes para más de 800 industrias. El *Almanac of Business and Industrial Financial Ratios* (Upper Saddle River, NJ: Prentice Hall, anual) incluye promedios industriales para unas 22 razones financieras. Una lista de aproximadamente 180 negocios e industrias cubren el espectro completo. Los datos de esta publicación provienen de las declaraciones de impuestos corporativas para el IRS de Estados Unidos. La Comisión Federal de Comercio y la Comisión de Valores (SEC) publican de manera conjunta el *Quarterly Financial Report for Manufacturing Corporations*. Esta publicación contiene balances generales e información de estados de pérdidas y ganancias por grupo industrial y por tamaño de activos.

En la medida de lo posible, los datos contables de diferentes compañías deben estandarizarse (esto es, ajustarse para lograr una comparación).[3] Las manzanas no se pueden comparar con naranjas. Aun con cifras estandarizadas, el analista debe ser precavido al interpretar las comparaciones.

● ● ● Tipos de razones

Las razones que se emplean comúnmente son, en esencia, de dos tipos. El primero resume algún aspecto de la "condición financiera" de la empresa en un momento, cuando se prepara el balance general. Estas razones se llaman *razones del balance general*, que es bastante apropiado porque tanto el numerador como el denominador en cada razón provienen directamente del balance general. El segundo tipo de razón resume algún aspecto del desempeño de la compañía en un periodo dado, por lo general un año. Estas razones se llaman *razones del estado de pérdidas y ganancias* o *razones de pérdidas y ganancias/balance general*. Las razones del estado de pérdidas y ganancias comparan un elemento de "flujo" de este estado con otro elemento de flujo del mismo estado. La razón de estado de pérdidas y ganancias/balance general compara un elemento de flujo (estado de pérdidas y ganancias) en el numerador con un elemento de las "acciones" (balance general) en el denominador. El hecho de comparar un flujo con una acción plantea un problema potencial para el analista. Corremos el riesgo de una posible correspondencia equivocada de variables. El elemento de las acciones, al ser una "fotografía" tomada del balance general, tal vez no represente cómo se ve esta variable en el periodo durante el cual ocurre el flujo. (¿Una foto de usted, tomada a la medianoche en Año Nuevo sería representativa de cómo se ve en promedio?) Entonces, donde sea adecuado, puede necesitar usar una cifra balance general "promedio" en el denominador de una razón de estado de pérdidas y ganancias/balance general para que el denominador sea más representativo del periodo completo. (Diremos más acerca de esto más adelante).

> **Consejo**
>
> La evaluación comparativa (*benchmarking*) —que implica medir las operaciones y el desempeño de una compañía en relación con las empresas de primera clase a nivel mundial— se puede aplicar al análisis de razones. Así, además de comparar las razones de una empresa con los promedios industriales en el tiempo, tal vez quiera compararlas con un punto de referencia o "*benchmark*" o un competidor internacional de primera clase en ese sector industrial.

Además, podemos subdividir más las razones financieras en cinco tipos diferentes: razones de liquidez, apalancamiento financiero (o deuda), cobertura, actividad y rentabilidad (véase la figura 6.2). Ninguna razón por sí sola nos da suficiente información para juzgar las condiciones financieras y el desempeño de una empresa. Sólo cuando analizamos un grupo de razones podemos hacer juicios razonables. Debemos asegurarnos de tomar en cuenta cualquier característica estacional de un negocio. Las tendencias subyacentes pueden evaluarse sólo mediante una comparación de cifras originales y de razones en la misma época del año. No debemos comparar un balance general del 31 de diciembre con uno del 31 de mayo, sino comparar dos del 31 de diciembre.

Aunque el número de razones financieras que puede compararse crece geométricamente con la cantidad de datos financieros, sólo se consideran en este capítulo las más importantes. De hecho, las razones necesarias para evaluar la condición financiera y el desempeño de una compañía son relativamente pocas.

---

[3]Es posible que las empresas, aun dentro de la misma industria, apliquen procedimientos contables diferentes, contribuyendo con ello a la confusión entre las diferencias percibidas y reales. Por ejemplo, una empresa puede usar la valuación de inventarios PEPS (primero en entrar, primero en salir), mientras que otra usa el método UEPS (última entrada, primera salida), y una tercera empresa usa el costo promedio.

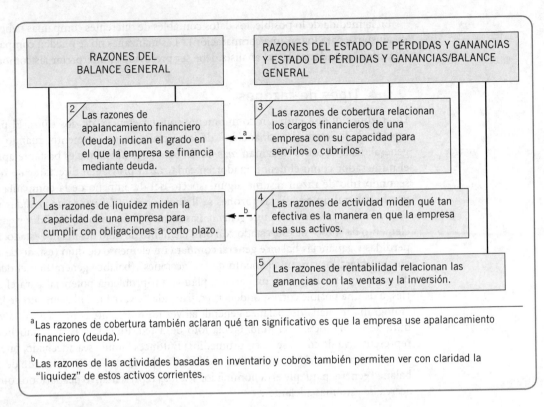

Figura 6.2

Tipos de razones

Razones del balance general

● ● ● Razones de liquidez

Razones de liquidez
Razones que miden la capacidad de una empresa para cumplir con sus obligaciones a corto plazo.

Las **razones de liquidez** se usan para medir la capacidad de una empresa para cumplir sus obligaciones a corto plazo. Comparan las obligaciones a corto plazo con los recursos disponibles a corto plazo (o actuales) para cumplir con esas obligaciones. A partir de estas razones se puede obtener un panorama de la solvencia de efectivo actual de una empresa y su capacidad para seguir siendo solvente en caso de adversidad.

Liquidez corriente. La **liquidez corriente** es una de las razones de liquidez más generales y empleadas.

Liquidez corriente
Los activos corrientes se dividen entre los pasivos corrientes. Indica la capacidad de una empresa para cubrir sus pasivos actuales con sus activos actuales.

$$\frac{\text{Activos corrientes}}{\text{Pasivos corrientes}} \qquad (6.1)$$

Para Aldine Manufacturing Company, esta razón para el final del año 20X2 es

$$\frac{\$2,241,000}{\$823,000} = 2.72$$

Aldine se dedica a fabricar electrodomésticos. Su liquidez corriente está un poco arriba de la mediana de las razones para la industria, y es 2.1. (La mediana —o valor de en medio— para la industria se toma de *Statement Studies*,[4] publicado por The Risk Management Association). Aunque las comparaciones con los promedios de la industria no siempre revelan fortaleza o debilidad financiera, son significativas en la identificación de las compañías que están fuera de los límites. Ahí donde ocurre una desviación significativa, el analista querrá determinar las causas. Quizá la industria misma tiene demasiada liquidez, y la compañía que se está examinando es básicamente sólida a pesar de la liquidez

---

[4]El uso del promedio de las medianas elimina la influencia que los valores extremos de los balances "poco usuales" tendría en el promedio aritmético simple.

Alteración de balances: Justo antes de preparar los estados financieros, se intenta crear una situación de apariencia más favorable que la real

Para ilustrar esto, suponga que es el 30 de marzo, los auditores están por llegar, esperamos obtener un préstamo a corto plazo la próxima semana, y el banco tomará nuestra posición actual como señal de solvencia a corto plazo.

Podríamos posponer algunas compras (o vender algunos valores) y usar el dinero disponible para pagar a algunos acreedores. De este modo, podrían mejorarse temporalmente las razones financieras actuales.

Veamos cómo Aldine Manufacturing pudo tratar de alterar las cosas. Suponga que el 30 de marzo de 20X2 encontramos:

Activos corrientes	Pasivos corrientes	Liquidez corriente
$2,918,000	$1,500,000	1.95

Si pagamos $677,000 de las cuentas por pagar con el efectivo y los valores, obtenemos

$2,241,000	$823,000	2.72

La liquidez corriente muestra una mejora saludable. Sin embargo, si seguimos trabajando igual que siempre, ¿en rea-

lidad mejoró nuestra posición de liquidez por pagar una vez a nuestros acreedores?

Debe observarse que los estados financieros de final de año pueden presentar una mejor condición financiera que los de cualquier otra época del año, aun cuando no se proceda deliberadamente para mejorar de manera artificial la posición financiera. Por ejemplo, una empresa que ha adoptado un año fiscal que termina en un punto estacional bajo (¡bandera roja! vea que la fecha de cierre fiscal de Aldine es el 31 de marzo) tal vez no pretenda engañar, sino sólo facilitar la labor de levantar el inventario. Sin embargo, el efectivo también puede estar en un punto alto del año anticipando las compras para inventario mientras las cuentas por cobrar pueden estar en un punto bajo del año; el resultado es que la liquidez corriente y la razón rápida estarán más altas de lo normal.

Por lo tanto, como administrador tal vez quiera ver un promedio de razones de liquidez mensuales o trimestrales. Esto le dará una imagen de la posición de liquidez *promedio* de la empresa. La idea es que incluso si otros que ven sus datos quedan convencidos, no se engañe usted mismo.

corriente. En otra situación, la compañía que se analiza puede tener demasiada liquidez, con respecto a su industria, con el resultado de que renuncia a la rentabilidad adicional. Siempre que se coloca una "bandera roja", el analista debe buscar las razones subyacentes.

Se supone que cuanto más alta sea la liquidez corriente, mayor será la capacidad de la empresa para pagar sus deudas; sin embargo, esta razón debe verse como una medida burda porque no toma en cuenta la **liquidez** de los componentes individuales de los activos corrientes. Una empresa que tiene activos corrientes compuestos principalmente de efectivo y cuentas por cobrar no vencidas, en general se ve como con más liquidez que una empresa cuyos activos corrientes son principalmente inventarios.[5] En consecuencia, recurrimos a una prueba de la liquidez de la empresa más severa: la razón de la prueba ácida.

Liquidez La capacidad de un bien para convertirse en efectivo sin una concesión significativa de precio.

Razón de la prueba ácida (rápida). Una medida más conservadora de la liquidez es la **razón de la prueba ácida, o rápida.**

$$\frac{\text{Activos corrientes} - \text{Inventarios}}{\text{Pasivos corrientes}} \qquad (6.2)$$

Razón de la prueba ácida (rápida) Los activos corrientes menos los inventarios divididos entre los pasivos corrientes. Indica la capacidad de la empresa para pagar sus pasivos corrientes con sus activos de mayor liquidez.

Para Aldine, esta razón al final del año 20X2 es

$$\frac{\$2,241,000 - \$1,329,000}{\$823,000} = 1.11$$

Esta razón sirve como complemento de la liquidez corriente al analizar la liquidez. Es la misma que la liquidez corriente, excepto que excluye los inventarios —que se supone la porción menos líquida de los activos corrientes— del numerador. La razón se concentra principalmente en los activos corrientes más líquidos —efectivo, valores de corto plazo y cuentas por cobrar— en relación con las obligaciones

---

[5]La *liquidez* tiene dos dimensiones: **1.** el tiempo requerido para convertir el activo en efectivo y **2.** la certidumbre del precio obtenido. Incluso si el precio obtenido en cuentas por cobrar fuera tan predecible como el obtenido sobre los inventarios, las cuentas por cobrar serían un activo más líquido que los inventarios, en virtud del tiempo más corto requerido para convertir el activo en efectivo. Si se tuviera más certidumbre del precio obtenido sobre las cuentas por cobrar que sobre los inventarios, las cuentas por cobrar se considerarían de mayor liquidez.

actuales. Así, esta razón ofrece una medida más precisa de la liquidez que la liquidez corriente. La prueba ácida de la razón de Aldine está ligeramente arriba del promedio industrial de medianas de 1.1, lo que indica que está en línea con la industria.

Resumen de la liquidez de Aldine (hasta ahora). Las comparaciones de la liquidez corriente y de la prueba ácida de Aldine con las medianas de la industria son favorables. Sin embargo, estas razones no nos dicen si las cuentas por cobrar y/o los inventarios de hecho son demasiado altos. Si lo son, esto afectaría nuestra impresión inicial favorable de la liquidez de la compañía. Por eso, necesitamos ir detrás de las razones y examinar el tamaño, la composición y la calidad de estos dos activos corrientes importantes. Se verán con más detalle las cuentas por cobrar y los inventarios cuando analicemos las razones propias de las actividades. Nos reservamos la opinión final sobre la liquidez hasta entonces.

● ● ● Razones de apalancamiento financiero (deudas)

Razón entre deuda y capital. Para evaluar el grado en el que la empresa está usando dinero prestado, podemos usar varias **razones de endeudamiento**. La *razón entre deuda y capital* se calcula simplemente dividiendo la deuda total de la empresa (incluyendo los pasivos corrientes) entre el capital de los accionistas:

Razones de endeudamiento Razones que indican el grado en el que la empresa está financiada por deuda.

$$\frac{\text{Deuda total}}{\text{Capital de accionistas}} \qquad (6.3)$$

Para Aldine, al final del año 20X2, esta razón es

$$\frac{\$1,454,000}{\$1,796,000} = \mathbf{0.81}$$

La razón nos dice que los acreedores proporcionan 81 centavos de financiamiento por cada $1 que aportan los accionistas. A los acreedores en general les gusta que esta razón sea baja. Cuanto más baja sea la razón, más alto será el nivel de financiamientos de la empresa que aportan los accionistas, y mayor será el colchón (margen de protección) de los acreedores en caso de una disminución del valor de los activos o de pérdidas totales. La mediana de la razón entre deuda y capital para la industria de electrodomésticos es 0.80, de manera que Aldine está justo en línea con la industria. Al parecer, no experimentará dificultad con los acreedores a causa de una razón de deuda excesiva.

Dependiendo de los fines para los que se use la razón, las acciones preferenciales algunas veces se incluyen como deuda y no como capital cuando se calculan las razones de endeudamiento. La acción preferencial representa una reclamación anterior desde el punto de vista de los inversionistas en acciones ordinarias; en consecuencia, los inversionistas pueden incluir las acciones preferenciales como deuda al analizar la empresa. La razón entre deuda y capital varía de acuerdo con la naturaleza del negocio y la variabilidad de los flujos de efectivo. Las compañías de energía eléctrica, con flujos de efectivo muy estables, suelen tener una razón entre deuda y capital más alta que una compañía de máquinas herramienta, cuyos flujos de efectivo son mucho menos estables. Una comparación de la razón entre deuda y capital para una compañía dada con empresas similares nos indica, en términos generales, si esa compañía es digna de crédito, así como el riesgo financiero de la empresa.

Razón entre deuda y activos totales. La *razón entre deuda y activos totales* se obtiene dividiendo la deuda total de una empresa entre sus activos totales:

$$\frac{\text{Deuda total}}{\text{Activos totales}} \qquad (6.4)$$

Para Aldine, al final de 20X2, esta razón es

$$\frac{\$1,454,000}{\$3,250,000} = \mathbf{0.45}$$

Esta razón tiene un propósito similar a la razón entre deuda y capital. Resalta la importancia relativa del financiamiento mediante deuda mostrando el porcentaje de los activos de la empresa que está solventado por el financiamiento mediante deuda. Así, el 45% de los bienes de la empresa están financiados con deuda (de varios tipos), y el 55% restante del financiamiento proviene del capital de los accionistas. En teoría, si la empresa tuviera que liquidarse en este momento, los activos podrían venderse por una cantidad neta tan pequeña como 45 centavos por dólar antes de que los acreedores tuvieran pérdidas. Una vez más, esto señala que cuanto mayor sea el porcentaje de financiamiento que representa el capital de los accionistas, mayor es el colchón de protección que tienen los acreedores. En resumen, cuanto más alta sea la razón entre deuda y activos totales, mayor será el riesgo de financiamiento; cuanto menor sea esta razón, menor será el riesgo de financiamiento.

Además de las dos razones de endeudamiento anteriores, quizá queramos calcular la siguiente razón, que considera sólo la capitalización a largo plazo de la empresa:

$$\frac{\text{Deuda a largo plazo}}{\text{Capitalización total}} \tag{6.5}$$

donde la *capitalización total* representa toda la deuda a largo plazo y el capital de los accionistas. Para Aldine, la razón de final de año más reciente entre *deuda a largo plazo y capitalización total* es

$$\frac{\$631,000}{\$2,427,000} = \mathbf{0.26}$$

Esta medida nos indica la importancia relativa de la deuda a largo plazo con respecto a la estructura de capital (financiamiento a largo plazo) de la empresa. De nuevo, esta razón está en línea con la razón de las medianas de 0.24 para la industria. Las razones de endeudamiento que se acaban de calcular se basan en las cifras de contabilidad y el valor en libros; algunas veces es útil calcular estas razones usando los valores de mercado. En resumen, las razones de endeudamiento nos indican las proporciones relativas de las contribuciones del capital que hacen los acreedores y los propietarios.

Razones del estado de pérdidas y ganancias y de estado de pérdidas y ganancias/balance general

Ahora nos centraremos en tres tipos nuevos de razones —razones de cobertura, actividad y rentabilidad— que se derivan de los datos ya sea del estado de pérdidas y ganancias o de la razón estado de pérdidas y ganancias/balance general. Ya no hablamos sólo de relaciones entre acciones (balance general). Ahora cada razón relaciona un flujo (estado de pérdidas y ganancias) con otro flujo o una mezcla de flujos con un elemento de las acciones. (Y para comparar un flujo con un elemento de las acciones correctamente, podemos necesitar algunos ajustes menores).

● ● ● Razones de cobertura

Razones de cobertura Razones que relacionan los cargos financieros de una empresa con su capacidad para cubrirlos.

Razón de cobertura de interés Utilidades antes de intereses e impuestos divididas entre los cargos de interés. Indica la capacidad de una empresa para cubrir estos gastos de interés. También se conoce como *intereses devengados*.

Las razones de cobertura están diseñadas para relacionar los cargos financieros de una empresa con su capacidad para cubrirlos. Algunos organismos calificadores de bonos, como Moody's Investors Service y Standard & Poor's, utilizan con frecuencia estas razones. Una de las razones de cobertura más tradicionales es la **razón de cobertura de interés**, o *intereses devengados*. Esta razón es simplemente la razón de las utilidades antes del interés y los impuestos para un periodo específico a la cantidad de cargos de interés para el periodo; es decir,

$$\frac{\text{Utilidades antes de intereses e impuestos (UAII)}}{\text{Gastos de intereses}} \tag{6.6}$$

Para Aldine, en el año fiscal 20X2, esta razón es

$$\frac{\$400,000}{\$85,000} = \mathbf{4.71}$$

Esta razón sirve como medida de la capacidad de la compañía para cumplir con sus pagos de interés y, con ello, evitar la bancarrota. En general, cuanto más alta sea la razón, mayor será la probabilidad de que la compañía cubra sus pagos de interés sin dificultad. También da información sobre la capacidad de la empresa para enfrentar una nueva deuda. Con una mediana promedio de la industria de 4.0, la capacidad de Aldine para cubrir un interés anual 4.71 veces con ingreso operativo (UAII) parece dar un buen margen de seguridad.

Un tipo de análisis más amplio evaluará la capacidad de la empresa para cubrir todos los cargos de naturaleza fija. Además de los pagos de interés, podemos incluir pagos del principal sobre las obligaciones de deuda, los dividendos de acciones preferenciales, los pagos de arrendamiento y tal vez incluso ciertos gastos de capital esenciales. Como veremos en el capítulo 16, un análisis de este tipo es mucho más realista que una simple razón de cobertura de interés para determinar si una empresa tiene la capacidad para cumplir con sus obligaciones a largo plazo.

De esta forma, el analista, al evaluar el riesgo financiero de una empresa, primero debe calcular las razones de endeudamiento como una medida aproximada del riesgo financiero. Dependiendo del programa de pagos de deuda y la tasa de interés promedio, las razones de endeudamiento pueden o no dar un panorama preciso de la capacidad de la empresa para cumplir con sus obligaciones financieras. Por eso, ampliamos las razones estudiadas con un análisis de las razones de cobertura. Además, nos damos cuenta de que los pagos de interés y principal no se satisfacen en realidad con las utilidades en sí, sino con efectivo. Por lo tanto, también es necesario analizar la capacidad de los flujos de efectivo de la empresa para cubrir la deuda (al igual que otros cargos financieros). Los temas que se estudian en el siguiente capítulo y en el capítulo 16 nos ayudarán en esa tarea.

● ● ● Razones de actividad

Razones de actividad
Razones que miden la efectividad de la empresa para utilizar sus activos.

Las **razones de actividad**, también conocidas como *razones de eficiencia o de rotación*, miden qué tan efectiva es la forma en que la empresa utiliza sus activos. Como se verá, algunos aspectos del análisis de actividad están muy relacionados con el análisis de liquidez. En esta sección, centraremos la atención más que nada en qué tan efectiva es la forma en que la empresa maneja dos grupos de bienes específicos (cuentas por cobrar e inventarios) y sus activos totales en general.

Al calcular las razones de actividad para Aldine Company, usaremos niveles de activos al final del año tomados del balance general. Sin embargo, un promedio mensual, trimestral o de inicio y final del año de los niveles de activos con frecuencia se usa con estas razones de estados de pérdidas y ganancias/balance general. Como se mencionó antes en este capítulo, el uso de una cifra de balance general promedio es un intento por hacer corresponder el flujo de los estados de pérdidas y ganancias con la cifra de las acciones del balance general más representativa del periodo *completo*, no sólo el final del año.

Cuentas por cobrar. La *razón de rotación de cuentas por cobrar (RCC)* proporciona un panorama de la calidad de las cuentas por cobrar de la empresa y qué tan exitosa es en sus cobros. Esta razón se calcula dividiendo las cuentas por cobrar entre las ventas netas a crédito anuales:

$$\frac{\text{Ventas netas a crédito anuales}}{\text{Cuentas por cobrar}} \qquad (6.7)$$

Si suponemos que todas las ventas de Aldine en 20X2 son a crédito, esta razón es

$$\frac{\$3,992,000}{\$678,000} = 5.89$$

Esta razón nos dice el número de veces que las cuentas por cobrar se han convertido en efectivo durante el año. A una conversión más alta corresponderá un tiempo más corto entre la venta típica y la recaudación de efectivo. Para Aldine, las cuentas por cobrar se convirtieron en efectivo 5.89 veces durante 20X2.

Cuando no se dispone de las cifras de ventas a crédito en un periodo, debemos recurrir a las cifras de ventas totales. Cuando las ventas son estacionales o han aumentado considerablemente en el año, usar el balance de las cuentas por cobrar al final del año puede no ser adecuado. Con estacionalidad, un promedio de los balances mensuales puede ser lo más apropiado. Con crecimiento, el balance de las cuentas por cobrar será engañosamente alto en relación con las ventas. El resultado es que la conversión de cuentas por cobrar en efectivo calculado es una estimación sesgada y baja del número de conversiones durante el año. En este caso, un promedio de las cuentas por cobrar al inicio y final del año será adecuado si el crecimiento en las ventas fue estable en el año.

La razón de la mediana de conversión de cuentas por cobrar de la industria es 8.1, lo cual nos dice que las cuentas por cobrar de Aldine son más lentas para convertirse en efectivo en relación con la industria. Esto puede ser una indicación de una política de cobro poco estricta y de varias cuentas vencidas que todavía están en los libros. Además, si las cuentas por cobrar están lejos de quedar al corriente, es posible que tengamos que evaluar de nuevo la liquidez de la empresa. Ver todas las cuentas por cobrar como líquido, cuando de hecho una porción grande puede estar vencida, sobreestima la liquidez de la empresa que se analiza. Las cuentas por cobrar se convierten en efectivo sólo en la medida que puedan cobrarse en un tiempo razonable. En un intento por determinar si existe motivo de preocupación, el analista puede reformular la razón de rotación de cuentas por cobrar para producir una rotación de cuentas por cobrar en días (CCD), o periodo de cobro promedio.

La *rotación de cuentas por cobrar en días (CCD)*, o *periodo de cobro promedio*, se calcula como

$$\frac{\text{Días del año}}{\text{Rotación de cuentas por cobrar}} \tag{6.8}$$

o, de manera equivalente,

$$\frac{\text{Cuentas por cobrar} \times \text{días en el año}}{\text{Ventas a crédito anuales}} \tag{6.9}$$

Para Aldine, cuya rotación de cuentas por cobrar se calculó como 5.89, el periodo de recaudación promedio es

$$\frac{365}{5.89} = \textbf{62 días}$$

Esta cifra nos dice el número promedio de días que las cuentas por cobrar están en circulación antes de ser cobradas. Como la razón de rotación de cuentas por cobrar de la industria es 8.1, el periodo de cobro promedio para la industria es 365/8.1 = **45 días**. La disparidad entre el desempeño en el cobro de cuentas en la industria y el de Aldine se resalta una vez más.

Sin embargo, antes de concluir que existe un problema de cobro, debemos verificar los términos de crédito ofrecidos por Aldine a sus clientes. Si el periodo de cobro promedio es de 62 días y los términos de crédito son "2/10, neto 30",[6] una proporción grande de las cuentas por cobrar están vencidas después de 30 días. Por otro lado, si los términos son "neto 60", la cuenta típica se cobrará sólo dos días después de la fecha de vencimiento final.

Aunque un periodo promedio de cobro demasiado alto suele ser malo, un promedio muy bajo no necesariamente es bueno. Un periodo promedio muy bajo de cobro puede ser un síntoma de una política de crédito excesivamente restrictiva. Las pocas cuentas por cobrar que aparecen en los libros tal vez sean de primera calidad, pero las ventas quizás estén indebidamente restringidas —y las ganancias son menores a las que podrían ser— debido a que se otorgan créditos con muchas restricciones a los clientes. En esta situación quizá los estándares de crédito empleados para determinar que una cuenta de crédito es aceptable deban relajarse de alguna manera.

Cuentas por cobrar vencidas. Otro medio por el que podemos obtener un panorama de la liquidez de cuentas por cobrar y la capacidad de la administración para reforzar su política de crédito es el de las **cuentas por cobrar vencidas**. Con este método categorizamos las cuentas por cobrar en una fecha dada, de acuerdo con los porcentajes facturados en meses anteriores. Podemos tener el siguiente calendario hipotético de las cuentas por cobrar al 31 de diciembre:

Cuentas por cobrar vencidas El proceso de clasificar las cuentas por cobrar según su fecha de vencimiento a partir de una fecha dada.

Calendario de cuentas por cobrar el 31 de diciembre

MES DE VENTA A CRÉDITO	DIC.	NOV.	OCT.	SEPT.	AGO. Y ANTES	
MESES VENCIDOS	ACTUALES	0-1	1-2	2-3	3 O MÁS	TOTAL
Porcentaje del total de cuentas por cobrar con saldo pendiente	67	19	7	2	5	100

Si los términos del crédito son "2/10, neto 30", este calendario nos dice que el 67% de las cuentas por cobrar vencidas el 31 de diciembre son actuales, el 19% tiene un mes de vencimiento, el 7%

---

[6]La notación significa que el proveedor da un descuento del 2% si la factura por cobrar se paga dentro de los 10 días siguientes y el pago total se vence en 30 días si no se toma el descuento.

tiene de uno a dos meses vencidos, etcétera. Dependiendo de las conclusiones obtenidas de nuestro análisis del calendario de las cuentas por cobrar, podemos querer examinar más de cerca el crédito de la compañía y las políticas de cobro. En este ejemplo, tal vez queramos investigar las cuentas por cobrar individuales que se facturaron en agosto y antes para determinar si alguna debe considerarse como deuda impagable. Las cuentas por cobrar indicadas en los libros son sólo tan buenas como la probabilidad de poder cobrarlas. La antigüedad de las cuentas por cobrar nos da mucha más información que el cálculo del periodo promedio de cobro, porque señala los puntos problemáticos de manera más específica.

Actividad de cuentas por pagar. En ocasiones, una empresa desea estudiar su propia capacidad de pago oportuno a los proveedores o el de algún potencial cliente candidato a crédito. En esos casos, es deseable obtener la *antigüedad de cuentas por pagar*, muy parecida a la que se acaba de ilustrar para las cuentas por cobrar. Este método de análisis combinado con el menos exacto de la *razón de rotación de cuentas por pagar* (*CP*) (compras a crédito anuales divididas entre las cuentas pagaderas) nos permite analizar las cuentas por pagar casi de la misma manera que analizamos las cuentas por cobrar. Además, podemos calcular la *rotación de cuentas por pagar en días (CPD)* o el *periodo promedio de pago* como

$$\frac{\text{Días en el año}}{\text{Rotación de cuentas por pagar}} \qquad (6.10)$$

o, de manera equivalente,

$$\frac{\text{Cuentas por pagar} \times \text{Días en el año}}{\text{Compras a crédito anuales}} \qquad (6.11)$$

donde las cuentas por pagar son el saldo final (o quizás el promedio) por pagar del año, y las compras a crédito anuales son las compras externas durante el año. Esta cifra indica la antigüedad promedio de las cuentas por pagar de la compañía.

> **Tome nota**
>
> Cuando no se dispone de información sobre las compras, algunas veces se puede usar el "costo de los bienes vendidos más (o menos) cualquier incremento (o decremento) en inventario" para determinar estas razones. Una cadena de tiendas departamentales, por ejemplo, no suele hacer actividad de manufactura. Como resultado, el "costo de los bienes vendidos más el cambio en inventario" consiste principalmente en compras.[7] Sin embargo, en situaciones en las que se agrega un valor grande, como en la manufactura, el "costo de los bienes vendidos más el cambio en inventario" es una medida inapropiada para las compras. Uno debe tener la cantidad real en dólares de las compras si se va a usar esa razón. Otra advertencia se relaciona con el crecimiento. Al igual que con las cuentas por cobrar, el uso del saldo pagable al final del año dará como resultado una estimación sesgada y alta del tiempo que tardará la compañía en hacer los pagos de estas cuentas si existe un crecimiento subyacente fuerte. En este caso, puede ser mejor usar un promedio de cuentas por pagar al inicio y final del año.

El periodo promedio para pagar es información valiosa al evaluar la probabilidad de que un solicitante de crédito pague a tiempo. Si el tiempo promedio de pago es de 48 días y los términos en la industria son "30 neto", sabemos que una parte de las cuentas por pagar del solicitante no se están

---

[7]Comúnmente, para la venta al menudeo tenemos

(Inventario inicial) + (Compras) − (Costo de bienes vendidos) = Inventario final

Por lo tanto,

(Costo de bienes vendidos) + (Inventario final) − (Inventario inicial) = Compras

pagando a tiempo. Un cheque de crédito de los otros proveedores del solicitante dará una idea de la severidad del problema.

Actividad de inventarios. Para ayudar a determinar qué tan efectiva es la empresa al administrar el inventario (y también para obtener una indicación de la liquidez del inventario), calculamos la *razón de rotación de inventario (RI)*:

$$\frac{\text{Costo de bienes vendidos}}{\text{Inventario}} \tag{6.12}$$

Para Aldine, esta razón en el año 20X2 es

$$\frac{\$2,680,000}{\$1,329,000} = \textbf{2.02}$$

La cifra para el costo de los bienes que se usa en el numerador es para el periodo que se estudia, generalmente un año; la cifra de inventario usada en el denominador, aunque es una cifra de fin de año en el ejemplo, puede representar un valor promedio. Para una situación que implica crecimiento simple, se usa un promedio de los inventarios inicial y final para el periodo. Aunque es cierto para las cuentas por cobrar, puede ser necesario para calcular un promedio más refinado cuando hay un elemento estacional fuerte. La razón de rotación de inventario nos dice cuántas veces el inventario se convierte en cuentas por cobrar a través de las ventas durante el año. Esta razón, como las otras, debe juzgarse en relación con las razones del pasado y el futuro esperado de la empresa y en relación con las razones de empresas similares, o el promedio de la industria o ambos.

En general, cuanto más alta sea la rotación de inventario, más eficiente será su manejo, y más "fresco" y líquido será ese inventario. Sin embargo, algunas veces una rotación alta del inventario indica una existencia precaria. Por lo tanto, en realidad puede ser un síntoma de que hay un nivel de inventario muy bajo y con frecuencia se incurre en **faltantes**. Una rotación de inventario relativamente baja muchas veces es señal de un movimiento lento o de artículos obsoletos en el inventario. Los artículos obsoletos pueden requerir registros que, a la vez, tienden a negar el tratamiento de al menos una parte del inventario como un activo líquido. Como la razón de rotación del inventario es una medida algo burda, queremos investigar más cualquier ineficiencia que se perciba en su manejo. Por eso, es útil calcular la rotación de las categorías importantes del inventario para ver si hay desequilibrios que puedan indicar una inversión excesiva en componentes específicos.

La rotación de inventario para Aldine de 2.02 es muy diferente a la mediana de la industria de 3.3. Esta comparación desfavorable sugiere que la compañía es menos eficiente en su manejo de inventario que el promedio de la industria, y que Aldine tiene un inventario excesivo. Surge también la pregunta de si el inventario en los libros tiene el valor establecido. Si no, la liquidez de la empresa es menor de lo que sugiere la liquidez corriente o la razón de la prueba ácida. Una vez que tenemos una idea del problema del inventario, debemos investigarlo para determinar su causa.

Una medida alternativa de la actividad de inventario es la *rotación de inventario en días (RID)*:

$$\frac{\text{Días del año}}{\text{Rotación de inventario}} \tag{6.13}$$

o, de manera equivalente,

$$\frac{\text{Inventario} \times \text{Días en el año}}{\text{Costo de bienes vendidos}} \tag{6.14}$$

Para Aldine, cuya rotación de inventario se calculó en 2.02, la rotación de inventario en días es

$$\frac{365}{2.02} = \textbf{181 días}$$

La cifra nos dice cuántos días, en promedio, pasan antes de que el inventario se convierta en cuentas por pagar mediante las ventas. Si transformamos la mediana de la rotación de inventario de la industria de 3.3 en rotación de inventario en días, obtenemos 365/3.3 = **111 días**. Así, Aldine es, en promedio, 70 días más lenta en la conversión del inventario que la industria.

Faltantes de inventario Situación que se presenta cuando no se cuenta con suficientes artículos en inventario para satisfacer un pedido.

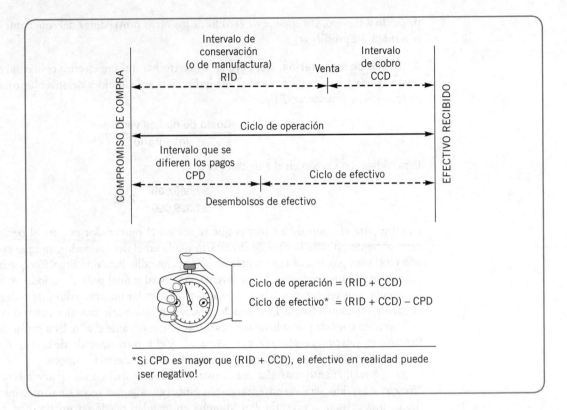

Figura 6.3

Ciclo de operación
contra ciclo de
efectivo

Ciclo de operación
Tiempo que
transcurre desde
el *compromiso* de
efectivo para compras
hasta el cobro de las
cuentas por cobrar
que resultan de la
venta de bienes y
servicios.

Ciclo de operación contra ciclo de efectivo. Un resultado directo de nuestro interés tanto en la liquidez como en las razones de actividad es el concepto del **ciclo de operación** de una empresa. El ciclo de operación es el tiempo que transcurre desde el *compromiso* de efectivo para compras hasta el cobro de las cuentas por cobrar que resultan de la venta de bienes o servicios. Es como si ponemos en marcha un cronómetro cuando compramos las materias primas y lo detenemos cuando recibimos el efectivo después de haber vendido los bienes. El tiempo que indica el cronómetro (casi siempre en días) es el ciclo de operación de una empresa. Matemáticamente, el *ciclo de operación* es igual a

$$\text{Rotación de inventario en días (RID)} + \text{Rotación de cuentas por cobrar en días (CCD)} \qquad (6.15)$$

Hacemos hincapié en el hecho de que el cronómetro se pone en marcha con el *compromiso* de efectivo para compras y no cuando se paga el efectivo mismo. El motivo de esta sutil distinción es que la mayoría de las empresas no pagan la materia prima de inmediato, sino compran a crédito e incurren en una cuenta por pagar. Sin embargo, si queremos medir el tiempo desde el pago en efectivo para compras hasta el cobro de efectivo por las ventas, es sencillo. Restamos la rotación de cuentas por pagar en días (CPD) del ciclo de operación y obtenemos el **ciclo de efectivo** de la empresa.

Ciclo de efectivo
El tiempo desde el
desembolso real de
efectivo para compras
hasta el cobro de las
cuentas por cobrar
que resultan de la
venta de bienes y
servicios; también
se llama *ciclo de
conversión en
efectivo*.

$$\frac{\text{Ciclo de operación}}{\text{(RID + CCD)}} - \frac{\text{Rotación de cuentas por}}{\text{pagar en días (CPD)}} \qquad (6.16)$$

La figura 6.3 ilustra el ciclo de operación y el ciclo de efectivo de la empresa, y resalta sus diferencias.[8]

¿Por qué preocuparse por el ciclo de operación de una empresa? La duración del ciclo de operación es un factor importante al determinar las necesidades de activos corrientes. Una empresa con un ciclo de operación muy corto puede operar de manera efectiva con una cantidad relativamente pequeña de

[8]Para más información acerca de los ciclos operativos y de efectivo, véase Verlyn D. Richards y Eugene J. Laughlin, "A Cash Conversion Cycle Approach to Liquidity Analysis". *Financial Management* 9 (primavera, 1980), 32-38.

activos corrientes, y liquidez corriente y razón de prueba ácida relativamente bajas. Esta empresa tiene una liquidez relativa en un sentido "dinámico": puede generar un producto, venderlo y cobrar en efectivo por él, todo en un periodo relativamente corto. No tiene que apoyarse en niveles de liquidez "estáticos" altos como los mide la liquidez corriente o la razón de la prueba ácida. Esto es muy similar a juzgar la "liquidez" de una manguera de jardín. Esta liquidez depende no sólo de la cantidad de agua "estática" en la manguera en cualquier momento, sino también de la velocidad con la que el agua se desplaza a través de ella.

El ciclo de operación, al centrarnos en RID y CCD, ofrece una medida resumen de la actividad. Por ejemplo, un ciclo de operación relativamente corto por lo general indica una administración efectiva de las cuentas por cobrar y el inventario. Pero, como se acaba de ver, esta medida también brinda información complementaria sobre la liquidez de una empresa. Por el contrario, un ciclo de operación relativamente largo puede ser una advertencia de cuentas por cobrar y/o inventarios excesivos, y podría reflejarse negativamente en la liquidez de la empresa.

Al comparar el ciclo operativo de Aldine con el promedio de medianas de la industria, tenemos:

	Aldine	Promedio de medianas de la industria
Ciclo operativo	**243 días**	**156 días**

El efecto acumulado de ambos, la rotación de inventarios y la rotación de cuentas por cobrar lentas de Aldine, es bastante evidente; con respecto a la empresa típica en la industria, Aldine tarda 87 días adicionales para fabricar un producto, venderlo y cobrar por las ventas. La duración del ciclo operativo de la empresa también debería hacer que pensemos otra vez en la liquidez de la empresa.

Hasta ahora no hemos hablado mucho del ciclo de efectivo de la empresa. Un motivo es que debemos ser sumamente cuidadosos al tratar de analizar esta medida. En apariencia, un ciclo de efectivo relativamente corto sería una señal de buena administración. Tal empresa cobra rápido las ventas una vez que paga sus compras. El detalle está en que esta medida refleja las decisiones operativas y las financieras, y quizá se pase por alto una mala administración de una de estas áreas de decisión o de las dos. Por ejemplo, una manera de llegar a un ciclo de efectivo corto es nunca pagar las cuentas a tiempo (una mala decisión financiera). Su rotación de cuentas por pagar en días crecerá y, al restarse del ciclo operativo, producirá un ciclo de efectivo corto (quizás incluso negativo). El ciclo de operación, al enfocarnos estrictamente en los efectos de las decisiones operativas sobre el inventario y las cuentas por cobrar, da indicios más claros para el analista.

Ciclo de efectivo negativo de 42 días de Dell, Inc.

Algunas empresas han probado tener éxito con un manejo enérgico de su ciclo de efectivo. Dell, Inc. (DELL), fabricante de hardware de computadoras, es una de las pocas compañías que han logrado tener un ciclo de efectivo negativo al tiempo que pagan sus cuentas a tiempo.

MEDIDAS DE ACTIVIDAD CLAVE	4to. trim. 1996	4to. trim. 2007
1. Rotación de inventario en días	31	5
2. Cuentas por cobrar en días	42	31
3. Ciclo de operación: línea (1) + línea (2)	73	36
4. Rotación de cuentas por pagar en días	33	78
5. **Ciclo de efectivo: línea (3) – línea (4)**	**40**	**(42)**

Fuente: Dell, Inc., reportes trimestrales y anuales, ® 2007, Dell Inc. Todos los derechos reservados.

Desde que se puso en marcha un programa al final de 1996, con la meta de acortar el ciclo de efectivo en Dell, la empresa pasó de un ciclo aceptable de 40 días a un sorprendente ciclo negativo en el cuarto trimestre del año fiscal 2007. (Vea los detalles en la tabla adyacente).

Un modelo de fabricación primordialmente sobre pedido acompañado de confiabilidad en las partes estándar y la disponibilidad de muchas fuentes permitió a Dell mantener un inventario de sólo cinco días. Las mejoras en el procesamiento de las ventas y los cobros ayudaron a llevar a las cuentas por cobrar a una rotación de sólo 31 días; y al negociar términos de crédito más generosos y asegurarse de que las cuentas no se pagaran antes que la fecha negociada, Dell difirió las cuentas por pagar a 78 días. El resultado final, un ciclo de efectivo negativo de 42 días, significa que Dell puede cobrar dinero de un cliente típico mucho antes de pagar sus cuentas relacionadas con ese cliente.

Pocas compañías pueden asegurar que tienen ciclos negativos sin recurrir a una mala operación y/o a malas decisiones de pagos. Sin embargo, unas cuantas pueden hacerlo, y lo hacen bien. En general, usan el enfoque de "justo a tiempo" para el inventario (tema que se verá en el capítulo 10), administran estrictamente las cuentas por cobrar y, gracias a un poder de compra alto, aseguran términos de crédito generosos de sus proveedores.

Una segunda mirada a la liquidez de Aldine. Como recordará, la liquidez corriente y la razón de la prueba ácida tenían una comparación favorable con las medianas de las razones de la industria. No obstante, decidimos reservarnos la opinión final sobre la liquidez hasta que hubiéramos realizado un examen más detallado de las cuentas por cobrar y el inventario. Las razones de rotación para estos dos activos y el ciclo operativo resultante son significativamente peores que los valores de las medianas de la industria para estas medidas. Esto sugiere que los dos activos no son totalmente corrientes y este factor desvirtúa las razones favorables. Una porción grande de las cuentas por cobrar es lenta y parece que hay ineficacias en el manejo del inventario. Con base en nuestro análisis, concluimos que estos activos no son particularmente líquidos en el sentido de convertirse en efectivo en un periodo razonable (véase el recuadro de la siguiente página).

Rotación de activos totales (o de capital). La relación entre las ventas netas y los activos totales se conoce como *razón de rotación de activos totales* o *razón de rotación de capital*

$$\frac{\text{Ventas netas}}{\text{Activos totales}} \tag{6.17}$$

Para Aldine, la rotación de activos totales para el año fiscal 20X2 es

$$\frac{\$3,992,000}{\$3,250,000} = \textbf{1.23}$$

La mediana de la rotación de activos totales para la industria es 1.66, de manera que está claro que Aldine genera menos ingresos por ventas por dólar de inversión en activos que la industria, en promedio. La razón de rotación de activos totales nos indica la eficiencia relativa con la que una empresa usa sus activos totales para generar ventas. Aldine es menos eficiente que la industria en este sentido. Del análisis anterior de la actividad en las cuentas por cobrar y el inventario de Aldine, sospechamos que la inversión excesiva en cuentas por cobrar e inventarios es responsable de gran parte del problema. Si Aldine pudiera generar los mismos ingresos por ventas con menos dólares invertidos en cuentas por cobrar e inventarios, la rotación de los activos totales mejoraría.

● ● ● Razones de rentabilidad

Razones de rentabilidad Razones que relacionan las ganancias por ventas y la inversión.

Las **razones de rentabilidad** son de dos tipos: las que muestran la rentabilidad en relación con las ventas y las que la muestran en relación con la inversión. Juntas, estas razones indican la efectividad global de la operación de la empresa.

Rentabilidad en relación con las ventas. La primera razón que consideramos es el *margen de ganancias brutas*:

$$\frac{\text{Ventas netas} - \text{Costo de bienes vendidos}}{\text{Ventas netas}} \tag{6.18}$$

o simplemente la ganancia bruta dividida entre las ventas netas. Para Aldine, el margen de ganancias brutas para el año fiscal 20X2 es

$$\frac{\$1,312,000}{\$3,992,000} = \textbf{32.9\%}$$

Esta razón nos da la ganancia de la empresa relativa a las ventas, después de deducir el costo de producir los bienes. Es una medida de la eficiencia en la operación de la empresa, al igual que un indicador de cómo se asigna precio a los productos. El margen de ganancias brutas para Aldine es significativamente más alto que la mediana de 23.8% para la industria, lo que indica que es un poco más efectiva al producir y vender productos arriba del costo.

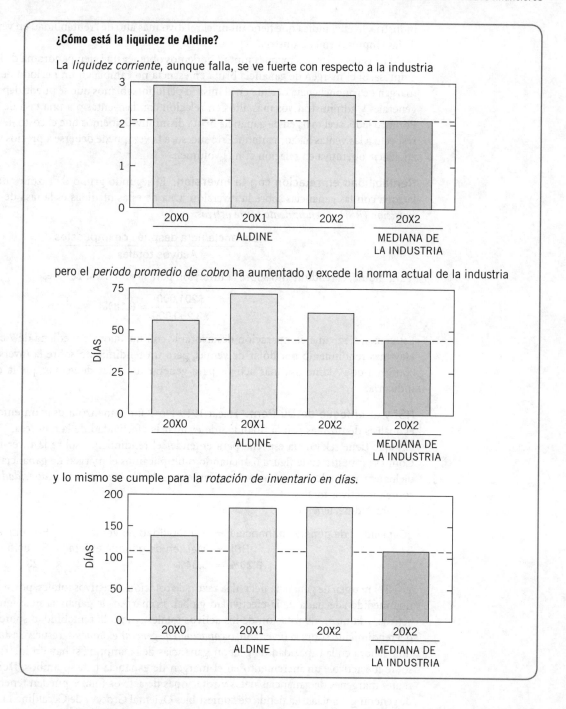

¿Cómo está la liquidez de Aldine?

La *liquidez corriente*, aunque falla, se ve fuerte con respecto a la industria

pero el *periodo promedio de cobro* ha aumentado y excede la norma actual de la industria

y lo mismo se cumple para la *rotación de inventario en días*.

Una medida más específica de la rentabilidad de las ventas es el *margen de ganancia neta*:

$$\frac{\text{Ganancia neta después de impuestos}}{\text{Ventas netas}} \qquad (6.19)$$

Para Aldine, esta razón para el año fiscal 20X2 es

$$\frac{\$201,000}{\$3,992,000} = \textbf{5.04\%}$$

El margen de ganancias netas es una medida de la rentabilidad de las ventas después de impuestos de la empresa tomando en cuenta todos los gastos e impuestos sobre la renta. Nos indica el ingreso neto por dólar de venta. Para Aldine, casi 5 centavos de cada dólar de venta constituyen las ganancias después de impuestos. El margen de ganancia neta de Aldine está arriba de la mediana (4.7%) de la industria, lo cual indica que tiene un nivel relativo más alto de "rentabilidad en ventas" que la mayoría de las empresas en la industria.

Al considerar las dos razones juntas, podemos obtener un buen panorama de las operaciones de la empresa. Si el margen de ganancia bruta en esencia no cambia en un periodo de varios años, pero el margen de ganancia neta declina en el mismo periodo, sabemos que se puede deber a gastos de ventas, generales y administrativos más altos en relación con las ventas o a una tasa de impuestos más alta. Por otro lado, si el margen de ganancia bruta disminuye, sabemos que el costo de producir bienes con respecto a las ventas ha aumentado. Este suceso, a la vez, puede deberse a precios más bajos o a menor eficiencia operativa en relación con el volumen.

Rentabilidad en relación con la inversión. El segundo grupo de razones de rentabilidad se relaciona con las ganancias sobre la inversión. Una de estas medidas es la tasa de *rendimiento sobre la inversión (RSI)*, o *rendimiento sobre activos*:

$$\frac{\text{Ganancia neta después de impuestos}}{\text{Activos totales}} \qquad (6.20)$$

Para Aldine, el rendimiento sobre la inversión para el año fiscal 20X2 es

$$\frac{\$201{,}000}{\$3{,}250{,}000} = \textbf{6.18\%}$$

Esta razón tiene una comparación desfavorable con un valor de mediana de 7.8% para la industria. Hay más rendimiento por dólar de ventas, pero un rendimiento sobre la inversión un poco menor confirma que Aldine usa más activos para generar un dólar de ventas que la empresa típica de la industria.

RSI y el enfoque de Du Pont. Hacia 1919 Du Pont comenzó a usar un enfoque particular para el análisis de razones con la finalidad de evaluar la efectividad de la empresa. Una variación de este enfoque tiene relevancia especial para entender el rendimiento sobre la inversión de una empresa. Como se muestra en la figura 6.4, cuando multiplicamos el margen de ganancia neta por la rotación de los activos totales, obtenemos el rendimiento sobre la inversión o la *capacidad de generar ganancias* sobre los activos totales.

Para Aldine, tenemos

Capacidad de generar ganancias	=	Rentabilidad de ventas	×	Eficiencia de activos
RSI	=	Margen de ganancia neta	×	Rotación de activos totales
6.20%	=	5.04%	×	1.23

Ni el margen de ganancia neta ni la razón de rotación de activos totales, por sí mismos, representan una medida adecuada de la efectividad global. El margen de ganancia neta ignora la utilización de activos, y la razón de rotación de los activos totales ignora la rentabilidad sobre las ventas. La razón del rendimiento sobre la inversión, o *capacidad de generar ganancias*, resuelve estas deficiencias. Habrá una mejora en la capacidad de generar ganancias de la empresa si hay un incremento en la rotación sobre los activos, un incremento en el margen de ganancia neta, o ambos. Dos empresas con diferentes márgenes de ganancias netas y rotaciones de activos totales pueden tener la misma capacidad de generar ganancias. La tienda de comestibles Oriental Grocery de Geraldine Lim, con un margen de ganancia neta de sólo 2% y rotación de activos totales de 10, tiene la misma capacidad de generar ganancias (20%) que Megawatt Power Supply Company, con margen de ganancia neta del 20% y rotación de activos totales igual 1. Para cada empresa, cada dólar invertido en activos regresa 20 centavos de ganancia anual después de impuestos.

Rendimiento sobre el capital (RSC). Otra medida de resumen del desempeño global de la empresa es el *rendimiento sobre el capital (RSC)*, que compara la ganancia neta después de impuestos (menos los dividendos de acciones preferenciales, si las hay) con el capital que los accionistas han invertido en la empresa:

$$\frac{\text{Ganancia neta después de impuestos}}{\text{Capital de accionistas}} \qquad (6.21)$$

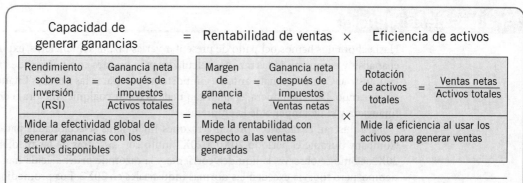

Figura 6.4

Capacidad de generar ganancias y el enfoque de Du Pont

Para Aldine, el RSC es

$$\frac{\$201,000}{\$1,796,000} = \textbf{11.19\%}$$

Esta razón nos da la capacidad de generar ganancias sobre el valor en libros de la inversión de los accionistas, y con frecuencia se usa para comparar dos o más empresas en la industria. Un rendimiento alto sobre el capital suele reflejar la aceptación de oportunidades de inversión fuertes y una administración de gastos efectiva. Sin embargo, si la empresa eligió usar un nivel de deuda alto para los estándares de la industria, un RSC alto puede ser simplemente el resultado de aceptar un riesgo financiero excesivo. El RSC de Aldine está por debajo de la mediana del rendimiento en la industria (14.04 por ciento).

Para investigar este rendimiento con detalle, podemos utilizar un enfoque de Du Pont, que desglosa esta medida de rendimiento en sus componentes:

$$\frac{\text{Ganancia neta después de impuestos}}{\text{Capital de accionistas}} = \frac{\text{Ganancia neta después de impuestos}}{\text{Ventas netas}} \times \frac{\text{Ventas netas}}{\text{Activos totales}} \times \frac{\text{Activos totales}}{\text{Capital de accionistas}}$$

| RSC | = | Margen de ganancia neta | × | Rotación de activos totales | × | Multiplicador de capital |

Para Aldine, tenemos

| **11.2%** | = | 5.04% | × | 1.23 | × | 1.81 |

Este enfoque de Du Pont para el RSC ayuda a explicar "por qué" el RSC de Aldine es menor que la mediana de la industria. Aunque el margen de ganancia neta de Aldine es más alto que el promedio y su multiplicador de capital es cercano a la norma de la industria,[9] su rotación de activos totales menor que el promedio lleva a su RSC por debajo del que obtiene la empresa típica de la industria. Esto sugiere que el uso de Aldine de una parte relativamente más grande de activos para generar ventas en comparación con la que utiliza la mayoría de las empresas en la industria es la causa esencial de su RSC menor que el promedio.

Con las razones de rendimiento analizadas, la comparación de una compañía con otras similares y con los estándares de la industria es muy valiosa. Sólo comparando podemos juzgar si la rentabilidad de una compañía en particular es buena o mala y por qué. Las cifras absolutas dan idea del panorama, pero el desempeño relativo es más revelador.

---

[9] El "multiplicador de capital" es una medida más del apalancamiento financiero. Como es equivalente a (1 + razón entre deuda y capital), cuanto mayor sea la razón entre deuda y capital, mayor será el multiplicador. Para Aldine, el multiplicador es 1 + 0.81 = 1.81, mientras que para la industria tenemos 1 + 0.80 = 1.80.

Análisis de tendencia

Hasta ahora nos hemos ocupado de presentar varias razones financieras, explicando cómo se usan en el análisis y comparando las razones calculadas para nuestra compañía muestra con los promedios de la industria. Como se señaló antes, es importante comparar las razones financieras de una compañía en el tiempo. De esta manera, el analista puede detectar cualquier mejora o deterioro en la condición financiera y el desempeño de la empresa.

Para ilustrar, la tabla 6.3 presenta razones financieras seleccionadas para Aldine Manufacturing Company durante el periodo 20X0 a 20X2 junto con las cifras de las medianas de la industria para 20X2. Como se observa, la liquidez corriente y la razón de prueba ácida han disminuido algo con el tiempo, pero todavía exceden las normas industriales en 20X2. Los promedios para el periodo de cobro y la rotación del inventario en días han aumentado desde 20X0 y exceden los niveles de medianas actuales para la industria. Las tendencias aquí nos dicen que ha habido una acumulación relativa de cuentas por cobrar e inventarios. La rotación de cada uno es más lenta, lo que lleva a cuestionar la calidad y la liquidez de estos activos. Cuando un análisis de tendencia de las cuentas por cobrar y el inventario se complementa con una comparación de razones de medianas para la industria, la única conclusión posible es que existe un problema. El analista querrá investigar las políticas de crédito de Aldine, la experiencia en cobros y sus pérdidas por deudas impagables. Todavía más, debe investigarse la administración de inventarios, su obsolescencia y cualquier desequilibrio en la integración del inventario (por ejemplo, materia prima contra trabajo en proceso, contra bienes terminados). Así, a pesar de los niveles anteriores por arriba del promedio de la liquidez corriente y la razón de prueba ácida, el deterioro aparente en las cuentas por cobrar y el inventario es un problema, y necesita investigarse a fondo.

La estabilidad de las razones de apalancamiento (deuda) de la empresa, aunada al nivel relativo de deuda actual típico de la industria, se verá como favorable por los acreedores. El margen de ganancia bruta y el margen de ganancia neta han mostrado en general mejoras sobre el pasado reciente, y los niveles actuales son más fuertes que para la empresa típica en la industria. El rendimiento sobre la inversión ha sido relativamente estable en el tiempo, pero a un nivel más abajo que el estándar de la industria. La rotación de activos lenta en el tiempo ha amortiguado los efectos positivos de la rentabilidad de las ventas por arriba del promedio. Por nuestro análisis de las razones de actividad, sabemos que la causa primordial está constituida por las grandes y crecientes cantidades de cuentas por cobrar y de inventarios.

Tabla 6.3				MEDIANA DE LA INDUSTRIA
Razones financieras seleccionadas para Aldine Manufacturing Company para los años fiscales 20X0 a 20X2	20X0	20X1	20X2	20X2
Liquidez				
Liquidez corriente	2.95	2.80	2.72	**2.10**
Razón de prueba ácida	1.30	1.23	1.11	**1.10**
Apalancamiento				
Razón de deuda a capital	0.76	0.81	0.81	**0.80**
Razón de deuda total a activos totales	0.43	0.45	0.45	**0.44**
Cobertura				
Razón de cobertura de interés	5.95	5.43	4.71	**4.00**
Actividad				
Periodo promedio para el cobro[a]	55 días	73 días	62 días	**45 días**
Rotación de inventario en días[a]	136 días	180 días	181 días	**111 días**
Rotación de activos totales[a]	1.25	1.18	1.23	**1.66**
Rentabilidad				
Margen de ganancia bruta	30.6%	32.8%	32.9%	**23.8%**
Margen de ganancia neta	4.90%	5.32%	5.04%	**4.70%**
Rendimiento sobre la inversión[a]	6.13%	6.29%	6.19%	**7.80%**
Rendimiento sobre el capital[a]	10.78%	11.36%	11.19%	**14.04%**

[a]Al calcular razones del tipo "estado de pérdidas y ganancias/balance general" se usaron las cifras de balance general de final de año.

Vemos, entonces, que el análisis de tendencia de las razones financieras en el tiempo, junto con una comparación con los promedios de la industria, puede dar al analista una perspectiva valiosa de los cambios que han ocurrido en la condición financiera y el desempeño de una empresa. Se puede obtener una idea adicional si extendemos el análisis para incluir las comparaciones con competidores similares en la industria.

Análisis de tamaño común y de índice

Análisis de tamaño común Un análisis *porcentual* de estados financieros donde todos los elementos del balance general se dividen entre los *activos totales*, y todos los elementos del estado de pérdidas y ganancias se dividen entre las *ventas o los ingresos netos*.

Además del análisis de las razones financieras en el tiempo, con frecuencia es útil expresar el balance general y los elementos del estado de pérdidas y ganancias como porcentajes. Los porcentajes se pueden relacionar con totales, como activos totales, ventas netas totales o algún año base. Llamados **análisis de tamaño común** y **análisis de índice**, respectivamente, la evaluación de los niveles y las tendencias en los porcentajes de los estados financieros en el tiempo permite al analista una visión interna de las mejoras y los deterioros que subyacen en las condiciones financieras y el desempeño. Aunque una buena parte de esta visión se hace evidente en el análisis de las razones financieras, es posible obtener una comprensión más amplia de las tendencias cuando el análisis se extiende para incluir estas consideraciones. Además, estos dos nuevos tipos de análisis son muy útiles al comparar a empresas cuyos datos difieren de manera significativa en volumen, ya que todo elemento de los estados financieros se coloca con base en un estándar o una medida relativa.

● ● ● Elementos de los estados financieros como porcentajes de totales

En el análisis de tamaño común, expresamos varios componentes de un balance general como porcentajes de los activos totales de la compañía. Además, esto se puede hacer para el estado de pérdidas y ganancias, pero aquí los elementos están relacionados con las ventas netas. Los márgenes de ganancia bruta y neta, estudiados antes, son ejemplos de este tipo de expresiones y el procedimiento se puede extender para que incluya todos los elementos del balance general. La expresión de los componentes

Tabla 6.4

Balance general para R. B. Harvey Electronics Company (al 31 de diciembre)

ACTIVOS	NORMALES (EN MILES)			TAMAÑO COMÚN (%)		
	20X0	20X1	20X2	20X0	20X1	20X2
Efectivo	$ 2,507	$ 11,310	$ 19,648	1.0	3.8	5.1
Cuentas por cobrar	70,360	85,147	118,415	29.3	28.9	30.9
Inventario	77,380	91,378	118,563	32.2	31.0	31.0
Otros activos corrientes	6,316	6,082	5,891	2.6	2.1	1.5
Activos corrientes	$156,563	$193,917	$262,517	65.1	65.8	68.5
Activos fijos, netos	79,187	94,652	115,461	32.9	32.2	30.1
Otros activos a largo plazo	4,695	5,899	5,491	2.0	2.0	1.4
Activos totales	$240,445	$294,468	$383,469	100.0	100.0	100.0
PASIVOS Y CAPITAL DE ACCIONISTAS						
Cuentas por pagar	$ 35,661	$ 37,460	$ 62,725	14.8	12.7	16.4
Pagarés	20,501	14,680	17,298	8.5	5.0	4.5
Otros pasivos corrientes	11,054	8,132	15,741	4.6	2.8	4.1
Pasivos corrientes	$ 67,216	$ 60,272	$ 95,764	27.9	20.5	25.0
Deuda a largo plazo	888	1,276	4,005	0.4	0.4	1.0
Pasivos totales	$ 68,104	$ 61,548	$ 99,769	28.3	20.9	26.0
Acciones ordinarias	12,650	20,750	24,150	5.3	7.0	6.3
Capital ingresado adicional	37,950	70,350	87,730	15.8	23.9	22.9
Utilidades retenidas	121,741	141,820	171,820	50.6	48.2	44.8
Capital total de accionistas	$172,341	$232,920	$283,700	71.7	79.1	74.0
Pasivos totales y capital de accionistas	$240,445	$294,468	$383,469	100.0	100.0	100.0

	NORMALES (EN MILES)			TAMAÑO COMÚN (%)		
	20X0	20X1	20X2	20X0	20X1	20X2
Ventas netas	$323,780	$375,088	$479,077	100.0	100.0	100.0
Costo de bienes vendidos	148,127	184,507	223,690	45.8	49.2	46.7
Ganancia bruta	$175,653	$190,581	$255,387	54.2	50.8	53.3
Gastos de ventas, generales y administrativos	131,809	140,913	$180,610	40.7	37.6	37.7
Depreciación	7,700	9,595	11,257	2.4	2.5	2.3
Gasto de interés	1,711	1,356	1,704	0.5	0.4	0.4
Utilidades antes de impuestos	$ 34,433	$ 38,717	$ 61,816	10.6	10.3	12.9
Impuestos	12,740	14,712	23,490	3.9	3.9	4.9
Utilidades después de impuestos	$ 21,693	$ 24,005	$ 38,326	6.7	6.4	8.0

Tabla 6.5

Estados de pérdidas y ganancias de R. B. Harvey Electronics Company (para años que terminan el 31 de diciembre)

Análisis de índice Un análisis *porcentual* de estados financieros en los que todas las cifras del balance general o del estado de pérdidas y ganancias están dadas con respecto a un año base igual a 100.00 (por ciento) y los estados financieros subsiguientes se expresan como porcentajes de sus valores en el año base.

de los estados financieros individuales como porcentajes del total ayuda al analista a detectar las tendencias con respecto a la importancia relativa de estos componentes en el tiempo. Para ilustrar esto, en las tablas 6.4 y 6.5 se muestran balances generales y estados de pérdidas y ganancias junto con estados regulares, desarrollados por R. B. Harvey Electronics Company para 20X0 a 20X2. En la tabla 6.4 se ve que, en un periodo de tres años, el porcentaje de activos corrientes aumentó y que esto es cierto en particular para el efectivo. Además, vemos que las cuentas por cobrar muestran un incremento relativo de 20X1 a 20X2. En la parte de pasivos y capital del balance general, la deuda total de la compañía disminuyó sobre una base relativa (y absoluta) de 20X0 a 20X1, principalmente por un declive en los pagarés. No obstante, con el gran incremento absoluto en los activos que ocurrió de 20X1 a 20X2, la razón de endeudamiento aumentó de 20X1 a 20X2. El rebote en la importancia del financiamiento mediante deuda es evidente en particular en las cuentas por pagar, que aumentaron sustancialmente en términos tanto relativos como absolutos en 20X2.

En los estados de pérdidas y ganancias de tamaño común, mostrados en la tabla 6.5, el margen de ganancia neta fluctúa de un año a otro. Un margen de ganancias brutas mejorado en 20X2, junto con un mejor control relativo de los gastos de ventas, generales y administrativos fueron la causa de una rentabilidad en 20X2 que mejoró abruptamente de 20X0 a 20X1.

●●● Elementos de estados financieros como índices relativos a un año base

El balance general de tamaño común y los estados de pérdidas y ganancias pueden complementarse con la expresión de los elementos relativos a un año base. Para Harvey Electronics, el año base es 20X0 y todos los elementos de los estados financieros son 100.0 (por ciento) para ese año. Los elementos para los años posteriores se expresan como un índice relativo para ese año. Por ejemplo, al comparar las cuentas por cobrar de Harvey Electronics en 20X1 ($85,147,000) con las cuentas por cobrar en el año base, 20X0 ($70,360,000), el índice sería 121.0 (es decir, [$85,147,000/$70,360,000] × 100). Las tablas 6.6 y 6.7 muestran balances generales indexados y estados de pérdidas y ganancias al lado de los estados normales.

Tome nota

Debemos esperar que los cambios en varias cuentas de activos corrientes y de pasivos (como efectivo, cuentas por cobrar, inventario y cuentas por pagar, todas las cuales apoyan la actividad de ventas) se muevan en principio junto con las ventas para una compañía normal, bien administrada. Por consiguiente, recuerde para referencia futura que el índice de ventas netas de Harvey Electronics para 20X2 es 148.0, lo cual indica un incremento en ventas del 48% (148.0 menos 100.0%) con respecto al periodo base de dos años antes.

Tabla 6.6

Balance general para R. B. Harvey Electronics Company (al 31 de diciembre)

	NORMALES (EN MILES)			INDEXADOS (%)		
ACTIVOS	20X0	20X1	20X2	20X0	20X1	20X2
Efectivo	$ 2,507	$ 11,310	$ 19,648	100.0	451.1	783.7
Cuentas por cobrar	70,360	85,147	118,415	100.0	121.0	168.3
Inventario	77,380	91,378	118,563	100.0	118.1	153.2
Otros activos corrientes	6,316	6,082	5,891	100.0	96.3	93.3
Activos corrientes	$156,563	$193,917	$262,517	100.0	123.9	167.7
Activos fijos, netos	79,187	94,652	115,461	100.0	119.5	145.8
Otros activos a largo plazo	4,695	5,899	5,491	100.0	125.6	117.0
Activos totales	$240,445	$294,468	$383,469	100.0	122.5	159.5
PASIVOS Y CAPITAL DE ACCIONISTAS						
Cuentas por pagar	$ 35,661	$ 37,460	$ 62,725	100.0	105.0	175.9
Pagarés	20,501	14,680	17,298	100.0	71.6	84.4
Otros pasivos corrientes	11,054	8,132	15,741	100.0	73.6	142.4
Pasivos corrientes	$ 67,216	$ 60,272	$ 95,764	100.0	89.7	142.5
Deuda a largo plazo	888	1,276	4,005	100.0	143.7	451.0
Pasivos totales	$ 68,104	$ 61,548	$ 99,769	100.0	90.4	146.5
Acciones ordinarias	12,650	20,750	24,150	100.0	164.0	190.9
Capital ingresado adicional	37,950	70,350	87,730	100.0	185.4	231.2
Utilidades retenidas	121,741	141,820	171,820	100.0	116.5	141.1
Capital total de accionistas	$172,341	$232,920	$283,700	100.0	135.2	164.6
Pasivos totales y capital total de accionistas	$240,445	$294,468	$383,469	100.0	122.5	159.5

Tabla 6.7

Estado de pérdidas y ganancias para R. B. Harvey Electronics Company (para años que terminan el 31 de diciembre)

	NORMALES (EN MILES)			INDEXADOS (%)		
	20X0	20X1	20X2	20X0	20X1	20X2
Ventas netas	$323,780	$375,088	$479,077	100.0	115.8	148.0
Costo de bienes vendidos	148,127	184,507	223,690	100.0	124.6	151.0
Ganancia bruta	$175,653	$190,581	$255,387	100.0	108.5	145.4
Gastos de ventas, generales y administrativos	131,809	140,913	180,610	100.0	106.9	137.0
Depreciación	7,700	9,595	11,257	100.0	124.6	146.2
Gastos de interés	1,711	1,356	1,704	100.0	79.3	99.6
Utilidades antes de impuestos	$ 34,433	$ 38,717	$ 61,816	100.0	112.4	179.5
Impuestos	12,740	14,712	23,490	100.0	115.5	184.4
Utilidades después de impuestos	$ 21,693	$ 24,005	$ 38,326	100.0	110.7	176.7

En la tabla 6.6 la acumulación de efectivo a partir del año base es en particular evidente durante los últimos dos años, y está de acuerdo con nuestra evaluación previa. También el 683.7% (783.7 menos 100%) de incremento en efectivo durante los dos años parece que está fuera de toda proporción cuando se compara con el 48% de incremento en las ventas netas en el mismo periodo.

Observe también el incremento grande en las cuentas por cobrar y el inventario de 20X1 a 20X2. Este último cambio no fue evidente en el análisis de tamaño común. Sin embargo, cuando comparamos las cuentas por cobrar y el inventario con las ventas netas, el aumento no parece demasiado fuera de rango. (Tal vez vamos a querer dar seguimiento a esta información, de todas formas, verificando la rotación de las cuentas por cobrar y del inventario, para ver qué tan bien administra la empresa estas cuentas de activos crecientes). En menor grado, hubo un incremento perceptible en los activos fijos, pero el cambio estuvo acompañado por un cambio favorable, más que proporcional, en las ventas durante los dos últimos años.

Por el lado de los pasivos del balance general, observamos un incremento grande en las cuentas por pagar y otros pasivos corrientes. Sin embargo, sólo el incremento en las cuentas por pagar parece grande comparado con el incremento en ventas, al igual que el incremento en las cuentas por cobrar y los inventarios. Con base en esto, nos gustaría estudiar la rotación de las cuentas por pagar de la empresa para ver si puede o no pagar a sus proveedores de manera oportuna. Por último, el aumento en la deuda a largo plazo, las acciones ordinarias y las utilidades retenidas también ayudaron a financiar el incremento grande en los activos que ocurrió en los últimos dos años.

El estado de pérdidas y ganancias indexadas en la tabla 6.7 da más o menos la misma información que los estados de tamaño común, a saber, un comportamiento fluctuante. La mejora abrupta en la rentabilidad de 20X2 (utilidades antes de intereses e impuestos, y utilidades después de impuestos) se distingue más fácilmente, en especial cuando la comparamos con el pequeño porcentaje de mejora en las ventas. Más aún, el estado de pérdidas y ganancias indexado nos da información sobre la magnitud de cambios absolutos en las ganancias y los gastos. Con los estados de tamaño común no tenemos información sobre cómo cambian las cantidades absolutas con el tiempo.

En resumen, la estandarización de los elementos del balance general y el estado de pérdidas y ganancias como porcentajes de los totales y como índices con respecto a un año base con frecuencia nos da un panorama adicional al que se obtiene con el análisis de las razones financieras. Los análisis de tamaño común y de índice son mucho más sencillos cuando se usa una hoja de cálculo en computadora, como Excel. Los cálculos de las divisiones por renglón o por columna se pueden hacer con rapidez y exactitud en estos programas, pero la interpretación de los resultados depende de usted, el analista.

Puntos clave de aprendizaje

- El análisis financiero, aunque varía de acuerdo con los intereses particulares del analista, siempre incluye el uso de varios estados financieros, principalmente el balance general y el estado de pérdidas y ganancias.
- El *balance general* resume los activos, pasivos y el capital de los propietarios de un negocio en un momento determinado, y el *estado de pérdidas y ganancias* resume los ingresos y gastos de una empresa en un periodo específico.
- Quienes fijan los estándares de contabilidad, nacionales e internacionales, están trabajando para lograr una "convergencia" en los estándares de contabilidad en todo el mundo. La "convergencia" pretende disminuir o eliminar las diferencias contables de manera que los inversionistas puedan entender estados financieros elaborados con base en marcos de trabajo distintos.
- Un marco conceptual para el análisis financiero ofrece al analista un medio entrelazado para estructurar el análisis. Por ejemplo, en el análisis del financiamiento externo, son importantes las necesidades de fondos de la empresa, su condición y desempeño financieros y el riesgo de su negocio. Después de analizar estos factores, es posible determinar las necesidades financieras de la empresa y negociar con los proveedores de capital externos.
- Las razones financieras son las herramientas que permiten analizar las condiciones y el desempeño financieros. Calculamos las razones porque es una manera de obtener una *comparación* que *podría* ser más útil que los números por sí solos.

- Las razones financieras se pueden dividir en cinco tipos básicos: liquidez, apalancamiento (deuda), cobertura, actividad y rentabilidad. Ninguna razón por sí sola es suficiente para una evaluación realista de la condición financiera y el desempeño de la empresa. Con un conjunto de razones financieras, sin embargo, se pueden hacer juicios razonables. El número de razones clave necesarias para este objetivo no es grande, aproximadamente son una docena.
- La utilidad de las razones depende del ingenio y la experiencia del analista financiero que las interpreta. Por sí mismas, las razones financieras carecen de significado; deben analizarse sobre una base comparativa. Es crucial comparar una compañía con otras similares y los estándares industriales en el tiempo. Tal comparación descubre las claves importantes para evaluar cambios y tendencias en las condiciones financieras y la rentabilidad de una empresa. Esta comparación puede ser histórica, pero también puede incluir un análisis del futuro con base en los estados financieros proyectados.
- Un panorama adicional puede obtenerse con el análisis de *tamaño común* y de los *índices*. En el primero expresamos los diferentes elementos en el balance general como un porcentaje de los activos totales y los elementos del estado de pérdidas y ganancias como un porcentaje de las ventas netas. En el segundo, los elementos del balance general y del estado de pérdidas y ganancias se expresan como un índice en relación con un año base inicial.

Resumen de razones clave

LIQUIDEZ

CORRIENTE	$= \dfrac{\text{Activos corrientes}}{\text{Pasivos corrientes}}$	Mide la capacidad de satisfacer deudas actuales con activos actuales.
PRUEBA ÁCIDA (RÁPIDA)	$= \dfrac{\text{Activos corrientes menos inventarios}}{\text{Pasivos corrientes}}$	Mide la capacidad para cumplir deudas actuales con los activos corrientes más líquidos (rápidos).

APALANCAMIENTO

DEUDA A CAPITAL DE ACCIONISTAS	$= \dfrac{\text{Deuda total}}{\text{Capital de accionistas}}$	Indica el grado en que se usa el financiamiento mediante deuda en relación con el financiamiento de capital
DEUDA A TOTAL DE ACTIVOS	$= \dfrac{\text{Deuda total}}{\text{Activos totales}}$	Muestra el grado relativo en el que la empresa usa el dinero prestado.

COBERTURA

COBERTURA DE INTERÉS	$= \dfrac{\text{UAII*}}{\text{Gasto de interés}}$	Indica la capacidad para cubrir los cargos de interés; dice el número de veces que se gana interés.

ACTIVIDAD

ROTACIÓN DE CUENTAS POR COBRAR (CC)	$= \dfrac{\text{Ventas a crédito netas anuales}}{\text{Cuentas por cobrar**}}$	Mide cuántas veces las cuentas por cobrar se han convertido (en efectivo) durante el año; da una idea de la calidad de las cuentas por cobrar.
ROTACIÓN DE CUENTAS POR COBRAR EN DÍAS (CCD) (Periodo de cobro promedio)	$= \dfrac{365}{CC}$	Número promedio de días en que las cuentas por cobrar están pendientes, es decir, el número de días que transcurren antes de cobrarlas.
ROTACIÓN DE INVENTARIOS (RI)	$= \dfrac{\text{Costo de bienes vendidos}}{\text{Inventario**}}$	Mide cuántas veces se ha vendido el inventario durante el año; da una idea de la liquidez del inventario y de la tendencia a abastecer en exceso.
ROTACIÓN DE INVENTARIOS EN DÍAS (RID)	$= \dfrac{365}{RI}$	Número promedio de días que el inventario se guarda antes de convertirse en cuentas por cobrar a través de las ventas.
ROTACIÓN DE ACTIVOS TOTALES (Rotación de capital)	$= \dfrac{\text{Ventas netas}}{\text{Activos totales**}}$	Mide la eficiencia relativa de los activos totales para generar ventas.

RENTABILIDAD

MARGEN DE GANANCIA NETA	$= \dfrac{\text{Ganancia neta después de impuestos}}{\text{Ventas netas}}$	Mide la rentabilidad con respecto a las ventas generadas; ingreso neto por dólar de venta.
RENDIMIENTO SOBRE LA INVERSIÓN (RSI) (Rendimiento sobre activos)	$= \dfrac{\text{Ganancia neta después de impuestos}}{\text{Activos totales**}}$	Mide la efectividad global al generar ganancias con los activos disponibles; capacidad de generar ganancias a partir del capital invertido.
	= MARGEN DE GANANCIA NETA $\times$ ROTACIÓN DE ACTIVOS TOTALES	
	$= \dfrac{\text{Ganancia neta después de impuestos}}{\text{Ventas netas}} \times \dfrac{\text{Ventas netas}}{\text{Activos totales**}}$	
RENDIMIENTO SOBRE EL CAPITAL (RSC)	$= \dfrac{\text{Ganancia neta después de impuestos}}{\text{Capital de accionistas**}}$	Mide la capacidad de generar ganancias sobre la inversión de los inversionistas de acuerdo con el valor en libros.
	= MARGEN DE GANANCIA NETA $\times$ ROTACIÓN DE ACTIVOS TOTALES $\times$ MULTIPLICADOR DE CAPITAL	
	$= \dfrac{\text{Ganancia neta después de impuestos}}{\text{Ventas netas}} \times \dfrac{\text{Ventas netas}}{\text{Activos totales**}} \times \dfrac{\text{Activos totales**}}{\text{Capital de accionistas**}}$	

*Utilidades antes de intereses e impuestos.
** Puede ser necesario un balance promedio, no uno final.

Apéndice | Impuestos diferidos y análisis financiero

Impuestos diferidos
Un "pasivo" que representa la diferencia acumulada entre el gasto de impuestos sobre la renta reportado en los libros de la empresa y el impuesto realmente pagado. Surge en principio porque la depreciación se calcula de manera diferente en los reportes financieros y en las declaraciones fiscales.

Los **impuestos diferidos**[10] (un elemento que aparece con frecuencia en la parte de pasivos a largo plazo del balance general de una empresa) plantean ciertos problemas reales para el analista que intenta hacer un análisis de razones financieras. Aunque por su posición en el balance general parecerían ser un elemento de deuda a largo plazo, los analistas (en especial los contadores) no se ponen de acuerdo sobre si los impuestos diferidos deben considerarse como deuda o capital, o ninguno de los dos, al efectuar un análisis de razones financieras. ¿A qué se debe esta confusión?

¿De dónde vienen los impuestos diferidos?

Los impuestos diferidos surgen casi siempre cuando una empresa determina su gasto de depreciación en sus estados financieros publicados sobre una base diferente a la de su declaración de impuestos. Lo más probable es que la compañía elija una depreciación lineal para su estado de pérdidas y ganancias, pero se base en una depreciación acelerada (SMARC) para fines fiscales. (Véase un ejemplo en la tabla 6A.1). Esta acción difiere "temporalmente" el pago de impuestos al reflejar menores ganancias en la *declaración de impuestos* que en los *libros*. Cuando en los libros se reporta un gasto más alto que el que se pagó en realidad, los libros no cuadran. Para resolver este problema, los contadores crean una cuenta de impuestos diferidos en la sección de pasivos a largo plazo del balance general para registrar un total instantáneo de estas diferencias entre los impuestos reportados y los que en realidad se deben. Si la empresa disminuye o detiene su compra de activos, en algún momento habrá una inversión: los impuestos reportados serán menores que los pagados y la cuenta de impuestos diferidos deberá reducirse para que cuadre el saldo en el balance general. En esta situación en particular, el elemento pasivo de impuestos diferidos es realmente una "deuda" que con el tiempo se vence. Por otro lado, si la empresa continúa invirtiendo en activos depreciables, el pago del impuesto diferido puede continuar retrasándose indefinidamente.

Entonces, ¿cuál es el problema?

El asunto es que para empresas estables o en crecimiento no hay una inversión que se vislumbre, y la cuenta de impuestos diferidos sigue creciendo. Para muchas empresas, una cuenta creciente de impuestos diferidos que nunca se revierte es la norma. Frente a esta realidad, el analista puede decidir modificar los estados financieros para propósitos del análisis.

Dependiendo de la situación (por ejemplo, la naturaleza y magnitud de los impuestos diferidos, si la cuenta ha estado creciendo, y la posibilidad de revertir el proceso), el analista puede decidir hacer uno o los dos ajustes siguientes a los estados financieros de la empresa:

Tabla 6A.1

Estados de pérdidas y ganancias donde se resaltan los impuestos diferidos al final del año, 31 de diciembre de 20X2 (en millones)

	REPORTE FINANCIERO	REPORTE DE IMPUESTOS
Ventas netas	$100.0	$100.0
Costos y gastos, excepto para depreciación	45.0	45.0
Depreciación		
Lineal	15.0	
Acelerada (SMARC)		20.0
Utilidades antes de impuestos	$ 40.0	$ 35.0
Impuestos (40%)	16.0*	14.0
Utilidades después de impuestos	$ 24.0	$ 21.0

*Impuestos		
Actuales (incluye pagos de contado)	$14.0	
Diferidos (se agrega un cargo a la cuenta de impuestos diferidos en el balance general)	2.0	
Impuestos totales mostrados	$16.0	

[10]Los *impuestos diferidos* no son lo mismo que *impuestos por pagar*, que son pagos de impuestos que vencen antes de un año, mientras que los impuestos diferidos se "vencen" en alguna fecha indefinida a largo plazo.

- Un gasto de impuestos diferidos en el periodo actual (cargo no erogable) se agrega al ingreso neto; el argumento es que las ganancias estaban subestimadas porque los impuestos, de hecho, estaban sobreestimados.

- Los impuestos diferidos reportados en el balance general de la compañía se agregan al capital de accionistas; el argumento ahora es que como esta cantidad no es una obligación definitiva y legal que requiere el pago en el futuro cercano, sobreestima la posición de la deuda de la empresa. En resumen, es más capital que deuda.

Estos ajustes, por supuesto, afectarán los cálculos de la deuda de la empresa y las razones de rentabilidad.

Otra escuela de pensamiento rechaza los dos ajustes anteriores. Llamado enfoque del "impuesto neto", este punto de vista dice que los impuestos más diferidos deben tratarse como ajustes a las cantidades a las que los activos relacionados se asientan en los libros de la empresa. Un analista que sigue este enfoque haría los siguientes ajustes financieros:

- Los impuestos diferidos en el balance general de la empresa se restan de los activos fijos netos; la razón es que cuando hay un exceso de depreciación de impuestos sobre la depreciación en libros, el valor del activo disminuye, en vez de crear un pasivo. La depreciación acelerada, en efecto, usa una parte adicional de la capacidad de reducción de impuestos del activo en relación con la depreciación lineal. La pérdida inmediata del beneficio de reducir impuestos en el futuro (es decir, el escudo de impuestos) debe deducirse de la cuenta del activo en cuestión.

Este ajuste afectará el cálculo de varias razones de apalancamiento, actividad y rentabilidad.

Preguntas

1. ¿Cuál es el propósito de un balance general? ¿Y de un estado de pérdidas y ganancias?
2. ¿Por qué es importante el análisis de tendencias en las razones financieras?
3. Auxier Manufacturing Company tiene una liquidez corriente de 4 a 1, pero no puede pagar sus cuentas. ¿Por qué?
4. ¿Puede una empresa generar un rendimiento sobre activos del 25% y ser técnicamente insolvente (incapaz de pagar sus cuentas)? Explique.
5. Las definiciones tradicionales de *periodo de cobro* y *rotación de inventario* son criticadas porque en ambos casos las cifras del balance general que son el resultado de aproximadamente el último mes de ventas se relacionan con las ventas anuales (en el primer caso) o el costo anual de los bienes vendidos (en el segundo caso). ¿Por qué implican problemas esas definiciones? Sugiera una solución.
6. Explique por qué un acreedor a largo plazo debe estar interesado en las razones de liquidez.
7. ¿Qué razones financieras consultaría con probabilidad si fuera lo siguiente y por qué?
   a) Un banquero que estudia el financiamiento de un inventario estacional.
   b) Un acaudalado inversionista de capital.
   c) El administrador de un fondo de pensión que considera la compra de bonos de una empresa.
   d) El presidente de una empresa de bienes de consumo.
8. Al tratar de juzgar si una compañía tiene demasiada deuda, ¿qué razones financieras usaría y con qué finalidad?
9. ¿Por qué es posible que una compañía logre grandes ganancias de operación, pero no pueda cumplir con los pagos de su deuda cuando vencen? ¿Qué razones financieras conviene usar para detectar esta condición?
10. ¿Si aumenta la razón de rotación de inventario de una empresa, aumenta su rentabilidad? ¿Por qué debe calcularse esta razón usando el costo de los bienes vendidos (en vez de las ventas, como hacen algunos compiladores de estadísticas financieras)?

11. ¿Es apropiado insistir en que una razón financiera, como la liquidez corriente, exceda cierto estándar absoluto (digamos 2:1)? ¿Por qué?

12. ¿Qué empresa es más rentable: la empresa A con una rotación de bienes totales de 10.0 y margen de ganancia neta del 2%, o la empresa B con una rotación de bienes totales de 2.0 y un margen de ganancia neta del 10%? Dé ejemplos de ambos tipos de empresa.

13. ¿Por qué los acreedores a corto plazo, como los bancos, hacen hincapié en el análisis del balance general cuando consideran solicitudes de préstamos? ¿Deben también analizar los estados de pérdidas y ganancias proyectados? ¿Por qué?

14. ¿Cómo puede usarse el análisis de índice para reforzar la comprensión de un análisis de tendencias de las razones financieras?

Problemas para autoevaluación

1. Barnaby Cartage Company tiene activos corrientes por $800,000 y pasivos corrientes por $500,000. ¿Qué efecto tendrían las siguientes transacciones sobre la liquidez corriente de la empresa? (Dé las cifras resultantes).

   a) Compra dos nuevos camiones por un total de $100,000 de contado.

   b) La compañía pide un préstamo a corto plazo de $100,000 para realizar un incremento en cuentas por cobrar por la misma cantidad.

   c) Vende acciones ordinarias adicionales por $200,000 y el dinero se invierte en la expansión de varias terminales.

   d) La compañía incrementa sus cuentas por pagar para saldar un dividendo en efectivo de $40,000.

2. Acme Plumbing Company vende aditamentos de plomería en términos de *2/10, neto 30*. Sus estados financieros de los últimos tres años son los siguientes.

	20X1	20X2	20X3
Efectivo	$ 30,000	$ 20,000	$ 5,000
Cuentas por cobrar	200,000	260,000	290,000
Inventario	400,000	480,000	600,000
Activos fijos netos	800,000	800,000	800,000
	$1,430,000	$1,560,000	$1,695,000
Cuentas por pagar	$ 230,000	$ 300,000	$ 380,000
Acumulados	200,000	210,000	225,000
Préstamo bancario a corto plazo	100,000	100,000	140,000
Deuda a largo plazo	300,000	300,000	300,000
Acciones ordinarias	100,000	100,000	100,000
Utilidades retenidas	500,000	550,000	550,000
	$1,430,000	$1,560,000	$1,695,000
Ventas	$4,000,000	$4,300,000	$3,800,000
Costo de los bienes vendidos	3,200,000	3,600,000	3,300,000
Ganancia neta	300,000	200,000	100,000

Usando las razones presentadas en el capítulo, analice la condición financiera de la compañía y su desempeño durante los últimos tres años. ¿Hay algún problema?

3. Utilice la siguiente información para completar el balance general en la tabla de la siguiente página:

Deuda a largo plazo al capital	0.5 a 1
Rotación de activos totales	2.5 veces
Periodo de cobro promedio*	18 días
Rotación de inventario	9 veces
Margen de ganancia bruta	10%
Razón de la prueba ácida	1 a 1

*Suponga un año de 360 días y todas las ventas a crédito.

Efectivo	$ ____	Pagarés	$100,000
Cuentas por cobrar	____	Deuda a largo plazo	
Inventario	____	Acciones ordinarias	$100,000
Planta y equipo	____	Utilidades retenidas	$100,000
Activos totales	____	Pasivos totales y capital de accionistas	
	$ ____		$ ____

4. Kedzie Kord Company tiene el siguiente balance general y estados de pérdidas y ganancias para los últimos tres años (en miles):

	20X1	20X2	20X3
Efectivo	$ 561	$ 387	$ 202
Cuentas por cobrar	1,963	2,870	4,051
Inventarios	2,031	2,613	3,287
Activos corrientes	$ 4,555	$ 5,870	$ 7,540
Activos fijos netos	2,581	4,430	4,364
Total de activos	$ 7,136	$10,300	$11,904
Cuentas por pagar	$ 1,862	$ 2,944	$ 3,613
Acumulados	301	516	587
Préstamo bancario	250	900	1,050
Pasivos actuales	$ 2,413	$ 4,360	$ 5,250
Deuda a largo plazo	500	1,000	950
Capital de accionistas	4,223	4,940	5,704
Pasivos totales y capital de accionistas	$ 7,136	$10,300	$11,904
Ventas	$11,863	$14,952	$16,349
Costo de bienes vendidos	8,537	11,124	12,016
Gastos de ventas, generales y administrativos	2,276	2,471	2,793
Interés	73	188	200
Ganancia antes de impuestos	$ 977	$ 1,169	$ 1,340
Impuestos	390	452	576
Ganancia después de impuestos	$ 587	$ 717	$ 764

Usando el análisis de tamaño común y de índice, evalúe las tendencias en la condición financiera y el desempeño de la compañía.

Problemas

1. Los datos de varias compañías en la misma industria son los siguientes:

	COMPAÑÍA					
	A	B	C	D	E	F
Ventas (en millones)	$10	$20	$8	$5	$12	$17
Activos totales (en millones)	8	10	6	2.5	4	8
Ingreso neto (en millones)	0.7	2	0.8	0.5	1.5	1

Determine la rotación de los activos totales, el margen de ganancia neto y la capacidad de generar ganancias para cada una de las compañías.

2. Cordillera Carson Company tiene el siguiente balance general y estado de pérdidas y ganancias para 20X2 (en miles):

BALANCE GENERAL		ESTADO DE PÉRDIDAS Y GANANCIAS	
Efectivo	$ 400	Ventas netas (todas a crédito)	$12,680
Cuentas por cobrar	1,300	Costo de bienes vendidos	8,930
Inventarios	2,100	Ganancia bruta	$ 3,750
Activos corrientes	$3,800	Gastos de ventas, generales y	
Activos fijos netos	3,320	administrativos	2,230
Total de activos	$7,120	Gastos de interés	460
		Ganancia antes de impuestos	$ 1,060
Cuentas por pagar	$ 320	Impuestos	390
Acumulados	260	Ganancia después de impuestos	$ 670
Préstamos a corto plazo	1,100		
Pasivos corrientes	$1,680		
Deuda a largo plazo	2,000		
Valor neto	3,440		
Total de pasivos y valor neto	$7,120		

Nota: i) la depreciación del periodo actual es $480; *ii*) el inventario final para 20X1 fue $1,800.

Con base en esta información, calcule *a*) la liquidez corriente, *b*) la razón de la prueba ácida, *c*) el periodo de cobro promedio, *d*) la razón de rotación de inventario, *e*) la razón entre deuda y valor neto, *f*) la razón entre deuda y capitalización total a largo plazo *g*)el margen de ganancias brutas, *h*) el margen de ganancias netas y *i*) el rendimiento sobre el capital de accionistas.

3. Las razones financieras seleccionadas de la empresa RMN, Inc., son las siguientes:

	20X1	20X2	20X3
Liquidez corriente	4.2	2.6	1.8
Razón de la prueba ácida	2.1	1.0	0.6
Deuda a activos totales	23%	33%	47%
Rotación de inventarios	8.7×	5.4×	3.5×
Periodo de pago promedio	33 días	36 días	49 días
Rotación de activos totales	3.2×	2.6×	1.9×
Margen de ganancias netas	3.8%	2.5%	1.4%
Rendimiento sobre la inversión (RSI)	12.1%	6.5%	2.8%
Rendimiento sobre el capital (RSC)	15.7%	9.7%	5.4%

a) ¿Por qué declina el rendimiento sobre la inversión?

b) El incremento en deuda, ¿fue el resultado de más pasivos corrientes o de mayor deuda a largo plazo? Explique.

4. La siguiente información está disponible en Vanier Coporation:

BALANCE GENERAL DESDE EL 31 DE DICIEMBRE, 20X6 (EN MILES)			
Efectivo y valores de corto plazo	$500	Cuentas por pagar	$ 400
Cuentas por cobrar	?	Préstamo bancario	?
Inventarios	?	Acumulados	200
Activos corrientes	?	Pasivos corrientes	?
		Deuda a largo plazo	2,650
Activos fijos netos	?	Acciones ordinarias y utilidades retenidas	3,750
Total de activos	?	Pasivos totales y capital	?

ESTADO DE PÉRDIDAS Y GANANCIAS PARA 20X6 (EN MILES)	
Ventas a crédito	$8,000
Costo de bienes vendidos	?
Ganancia bruta	?
Gastos de ventas y administrativos	?
Gasto de interés	400
Ganancia antes de impuestos	?
Impuestos (tasa del 44%)	?
Ganancia después de impuestos	?

INFORMACIÓN ADICIONAL	
Liquidez corriente	3 a 1
Depreciación	$500
Margen de ganancias netas	7%
Pasivos totales y capital de accionistas	1 a 1
Periodo de cobro promedio	45 días
Razón de rotación de inventario	3 a 1

Suponiendo que las ventas y la producción son estables durante los 360 días del año, complete el balance general y el estado de pérdidas y ganancias para Vanier Corporation.

5. Una compañía tiene ventas anuales (todas a crédito) de $400,000 y un margen de ganancias brutas del 20 por ciento. Sus activos corrientes suman $80,000; los pasivos corrientes, $60,000; los inventarios, $30,000; y el efectivo, $10,000.

   a) ¿Cuánto inventario promedio debe tener si la administración desea que la rotación del inventario sea 4?

   b) ¿Con qué rapidez (cuántos días) deben cobrarse las cuentas por cobrar si la administración quiere tener un promedio de $50,000 invertidos en ellas? (Suponga un año de 360 días).

6. Stoney Mason, Inc., tiene ventas de $6 millones, una razón de rotación de activos de 6 para el año, y ganancias netas de $120,000.

   a) ¿Cuál es el rendimiento sobre activos de la compañía o la capacidad de generar ganancias?

   b) La compañía está considerando instalar nuevas cajas registradoras en todas sus tiendas. Se espera que este equipo aumente la eficiencia en el control de inventarios, reduzca errores humanos y mejore los registros en todo el sistema. El nuevo equipo aumentará en un 20% la inversión en activos y se espera que aumente el margen de ganancia neta del 2 al 3 por ciento. No se esperan cambios en las ventas. ¿Cuál es el efecto del nuevo equipo en la razón de rendimiento sobre activos o en la capacidad de generar ganancias?

7. La sección de deuda a largo plazo del balance general de Queen Anne's Lace Corporation aparece como sigue:

Bonos hipotecarios de 9¼%	$2,500,000
Bonos de segunda hipoteca de 12⅜%	1,500,000
Bonos de 10¼%	1,000,000
Bonos subordinados de 14½%	1,000,000
	$6,000,000

Si las utilidades promedio antes de intereses e impuestos para la compañía ascienden a $1.5 millones y toda la deuda es a largo plazo, ¿cuál es la cobertura de interés global?

8. Tic-Tac Homes ha tenido los siguientes estados financieros en los cuatro últimos años (en miles):

	20X1	20X2	20X3	20X4
Efectivo	$ 214	$ 93	$ 42	$ 38
Cuentas por cobrar	1,213	1,569	1,846	2,562
Inventarios	2,102	2,893	3,678	4,261
Activos fijos netos	2,219	2,346	2,388	2,692
Activos totales	$5,748	$6,901	$7,954	$9,553
Cuentas por pagar	$1,131	$1,578	$1,848	$2,968
Pagarés	500	650	750	750
Acumulados	656	861	1,289	1,743
Deuda a largo plazo	500	800	800	800
Acciones ordinarias	200	200	200	200
Utilidades retenidas	2,761	2,812	3,067	3,092
Pasivos totales y capital de accionistas	$5,748	$6,901	$7,954	$9,553

Con base en el análisis de índices, ¿cuáles son los problemas importantes en la condición financiera de la compañía?

9. Balance general de US Republic Corporation, 31 de diciembre, 20X3

ACTIVOS		PASIVOS Y CAPITAL DE ACCIONISTAS	
Efectivo	$ 1,000,000	Pagarés, banco	$ 4,000,000
Cuentas por cobrar	5,000,000	Cuentas por pagar	2,000,000
Inventario	7,000,000	Salarios e impuestos devengados	2,000,000
Activos fijos, netos	17,000,000	Deuda a largo plazo	12,000,000
		Acciones preferenciales	4,000,000
		Acciones ordinarias	2,000,000
		Utilidades retenidas	4,000,000
Activos totales	$30,000,000	Pasivos totales y capital de accionistas	$30,000,000

US Republic Corporation, estado de pérdidas y ganancias y utilidades retenidas, para el año que termina el 31 de diciembre de 20X3

Ventas netas		
Crédito		$16,000,000
Efectivo		4,000,000
Total		$20,000,000
Costos y gastos		
Costo de bienes vendidos	$12,000,000	
Gastos de ventas, generales y administrativos	2,200,000	
Depreciación	1,400,000	
Interés	1,200,000	$16,800,000
Ingreso neto antes de impuestos		$ 3,200,000
Impuestos sobre la renta		1,200,000
Ingreso neto después de impuestos		$ 2,000,000
Menos: dividendos sobre acciones preferenciales		240,000
Ingreso neto disponible para accionistas comunes		$ 1,760,000
Más: utilidades retenidas al 1/1/X3		2,600,000
Subtotal		$ 4,360,000
Menos: dividendos pagados a acciones ordinarias		360,000
Utilidades retenidas 12/31/X3		$ 4,000,000

a) Llene la columna de 20X3 en la siguiente tabla.

US Republic Corporation

RAZÓN	20X1	20X2	20X3	NORMAS DE LA INDUSTRIA
1. Liquidez corriente	250%	200%		225%
2. Razón de prueba ácida	100%	90%		110%
3. Rotación de cuentas por pagar	5.0×	4.5×		6.0×
4. Rotación de inventario	4.0×	3.0×		4.0×
5. Deuda a largo plazo/capitalización total	35%	40%		33%
6. Margen de ganancias brutas	39%	41%		40%
7. Margen de ganancias netas	17%	15%		15%
8. Rendimiento sobre el capital de accionistas	15%	20%		20%
9. Rendimiento sobre la inversión	15%	12%		12%
10. Rotación de activos totales	0.9×	0.8×		1.0×
11. Razón de cobertura de interés	5.5×	4.5×		5.0×

b) Evalúe la posición de la compañía usando la información de la tabla. Cite niveles de razones y tendencias específicas como evidencia.

c) Indique qué razones tienen el mayor interés para usted y cuál sería su decisión en cada una de las siguientes situaciones:

   i) US Republic quiere comprarle mercancía de inventario con valor de $500,000 con pagos que vencen en 90 días.

   ii) US Republic quiere que usted, una compañía de seguros grande, pague su pagaré en el banco y se haga cargo de él 10 años, hasta el vencimiento, a la tasa actual del 14 por ciento.

iii) Hay 100,000 acciones en circulación, y se están vendiendo en $80 cada una. La compañía le ofrece 50,000 acciones adicionales a este precio.

Soluciones a los problemas para autoevaluación

1. Liquidez corriente actual = $800/$500 0 **1.60**.
   a) $700/$500 = **1.40**. Los activos corrientes declinan y no hay cambio en los pasivos corrientes.
   b) $900/$600 = **1.50**. Los activos corrientes y los pasivos corrientes aumentan cada uno en la misma cantidad.
   c) $800/$500 = **1.60**. Ni los activos ni los pasivos corrientes resultan afectados.
   d) $760/$540 = **1.41**. Los activos corrientes declinan y los pasivos corrientes aumentan en la misma cantidad.

2.

	20X1	20X2	20X3
Liquidez corriente	1.19	1.25	1.20
Razón de prueba ácida	0.43	0.46	0.40
Periodo promedio de cobro	18	22	27
Rotación de inventario	8.0	7.5	5.5
Deuda total/capital	1.38	1.40	1.61
Deuda a largo plazo/capitalización total	0.33	0.32	0.32
Margen de ganancias brutas	0.200	0.163	0.131
Margen de ganancias netas	0.075	0.047	0.026
Rotación de activos totales	2.80	2.76	2.24
Rendimiento sobre activos	0.21	0.13	0.06

La rentabilidad de la compañía ha declinado de manera estable en el periodo. Como sólo se agregan $50,000 a las utilidades retenidas, la compañía debe pagar dividendos sustanciales. Las cuentas por cobrar crecen a un paso más lento, aunque el periodo promedio de cobro todavía es muy razonable en cuanto a los términos dados. La rotación de inventario también se vuelve lenta, lo que indica que hay artículos almacenados. El incremento en las cuentas por cobrar y los inventarios, junto con el hecho de que el capital de los accionistas ha aumentado muy poco, da como resultado que la razón entre deuda total y capital haya aumentado a lo que se consideraría desde un punto de vista absoluto como un nivel bastante alto.

La liquidez corriente y la razón de prueba ácida han fluctuado, pero la liquidez corriente no es muy inspiradora. La falta de deterioro de estas razones se nubla por la acumulación relativa en las cuentas por cobrar y en los inventarios, haciendo evidente un deterioro en la liquidez de estos dos activos. Los márgenes de ganancia tanto bruta como neta han declinado sustancialmente. La relación entre las dos sugiere que la compañía ha reducido los gastos relativos en 20X3 en particular. El resultado del almacenamiento en los inventarios y las cuentas por cobrar es una declinación en la razón de rotación de activos y esto, junto con la declinación en la rentabilidad, ha dado por resultado una disminución abrupta en la razón de rendimiento sobre los activos.

3. $\dfrac{\text{Deuda a largo plazo}}{\text{Capital}} = 0.5 = \dfrac{\text{Deuda a largo plazo}}{\$200,000}$ Deuda a largo plazo = **$100,000**

Pasivos totales y capital de accionistas = **$400,000**

Activos totales = **$400,000**

$\dfrac{\text{Ventas}}{\text{Activos totales}} = 2.5 = \dfrac{\text{Ventas}}{\$400,000}$ Ventas = **$1,000,000**

Costo de bienes vendidos = (1 − margen de ganancia bruta)(Ventas)
= (0.9)($1,000,000) = **$900,000**

$\dfrac{\text{Costo de bienes vendidos}}{\text{Inventario}} = \dfrac{\$900,000}{\text{Inventario}} = 9$ Inventario = **$100,000**

$$\frac{\text{Cuentas por cobrar} \times 360 \text{ días}}{\$1,000,000} = 18 \text{ días} \qquad \text{Cuentas por cobrar} = \mathbf{\$50,000}$$

$$\frac{\text{Efectivo} + \$50,000}{\$100,000} = 1 \qquad \text{Efectivo} = \mathbf{\$50,000}$$

Planta y equipo (inserte una figura en el lado izquierdo de la hoja) = **$200,000**

BALANCE GENERAL

Efectivo	$ 50,000	Pagarés y cuentas por cobrar	$100,000
Cuentas por cobrar	50,000	Deuda a largo plazo	100,000
Inventario	100,000	Acciones ordinarias	100,000
Planta y equipo	200,000	Utilidades retenidas	100,000
Total	$400,000	Total	$400,000

4.

ANÁLISIS DE TAMAÑO COMÚN (%)	20X1	20X2	20X3
Efectivo	7.9	3.8	1.7
Cuentas por cobrar	27.5	27.8	34.0
Inventarios	28.4	25.4	27.6
Activos corrientes	63.8	57.0	63.3
Activos fijos netos	36.2	43.0	36.7
Total de activos	100.0	100.0	100.0
Cuentas por pagar	26.1	28.6	30.4
Acumulados	4.2	5.0	4.9
Préstamo bancario	3.5	8.7	8.8
Pasivos corrientes	33.8	42.3	44.1
Deuda a largo plazo	7.0	9.7	8.0
Capital de accionistas	59.2	48.0	47.9
Pasivos totales y capital de accionistas	100.0	100.0	100.0
Ventas	100.0	100.0	100.0
Costo de bienes vendidos	72.0	74.4	73.5
Gastos de ventas, generales y administrativos	19.2	16.5	17.1
Interés	0.6	1.3	1.2
Ganancia antes de impuestos	8.2	7.8	8.2
Impuestos	3.3	3.0	3.5
Ganancia después de impuestos	4.9	4.8	4.7

ANÁLISIS DE ÍNDICES (%)	20X1	20X2	20X3
Efectivo	100.0	69.0	36.0
Cuentas por cobrar	100.0	146.2	206.4
Inventarios	100.0	128.7	161.8
Activos corrientes	100.0	128.9	165.5
Activos fijos netos	100.0	171.6	169.1
Total de activos	100.0	144.3	166.8
Cuentas por pagar	100.0	158.1	194.0
Acumulados	100.0	171.4	195.0
Préstamo bancario	100.0	360.0	420.0
Pasivos corrientes	100.0	180.7	217.6
Deuda a largo plazo	100.0	200.0	190.0
Capital de accionistas	100.0	117.0	135.1
Pasivos totales y capital de accionistas	100.0	144.3	166.8
Ventas	100.0	126.0	137.8
Costo de bienes vendidos	100.0	130.3	140.8
Gastos de ventas, generales y administrativos	100.0	108.6	122.7
Interés	100.0	257.5	273.9
Ganancia antes de impuestos	100.0	119.7	137.2
Impuestos	100.0	115.9	147.7
Ganancia después de impuestos	100.0	122.2	130.2

El análisis de tamaño común indica que el efectivo declinó drásticamente con respecto a otros activos corrientes y los activos totales en general. Los activos fijos netos aumentaron en 20X2, pero luego cayeron como un porcentaje del total a casi el mismo porcentaje que en 20X1. Las cantidades absolutas sugieren que la compañía gastó menos que su depreciación en activos fijos en 20X3. Con respecto al financiamiento, el capital de accionistas no se mantuvo, por lo que la compañía se vio obligada a usar mayor porcentaje de deuda. Parece apoyarse más en créditos comerciales como fuente de financiamiento al aumentar las cuentas por pagar como porcentaje. Los préstamos bancarios y la deuda a largo plazo también aumentaron notoriamente en 20X2, sin duda para financiar el grueso de los activos fijos netos. El préstamo bancario siguió casi igual en 20X3 como porcentaje de los pasivos totales y del capital de accionistas, mientras que la deuda a largo plazo declinó en términos porcentuales. La ganancia después de impuestos bajó un poco como porcentaje de las ventas en los tres años. En 20X2 esta disminución fue el resultado del costo de los bienes vendidos y los gastos de intereses, conforme otros gastos y los impuestos declinaron como porcentaje de las ventas. En 20X3 el costo de los bienes vendidos disminuyó como porcentaje de ventas, pero esto se compensó con el aumento en otros gastos e impuestos como porcentaje de las ventas.

El análisis de índices muestra casi el mismo panorama. El efectivo disminuyó más rápido que los activos totales y los activos corrientes, mientras que las cuentas por cobrar aumentaron más rápido que estos dos puntos de referencia. Los inventarios fluctuaron, pero significaron más o menos el mismo porcentaje con respecto a los activos totales en 20X3 que en 20X1. Los activos fijos netos aumentaron en forma más brusca que los activos totales en 20X2 y luego disminuyeron en 20X3. Es evidente el incremento brusco en préstamos bancarios en 20X2 y 20X3 y en la deuda a largo plazo en 20X2, junto con los incrementos en gastos de interés que lo acompañan. El incremento porcentual en el capital de accionistas fue menor que el de los activos totales, por lo que la deuda aumentó en porcentajes mayores que para los otros dos rubros. Con respecto a la rentabilidad, las ganancias netas aumentaron menos que las ventas, por los motivos mencionados.

Referencias seleccionadas

Almanac of Business and Industrial Ratios. Upper Saddle River, NJ: Prentice Hall, publicación anual.

Altman, Edward I. "Financial Ratios, Discriminant Analysis and the Prediction of Corporate Bankruptcy". *Journal of Finance* 23 (septiembre, 1968), 589-609.

_____, Robert G. Haldeman y P. Naraynan. "Zeta Analysis: A New Model to Identify Bankruptcy Risk of Corporations". *Journal of Banking and Finance* 1 (junio, 1977), 29-54.

Chen, Kung H. y Thomas A. Shimerda. "An Empirical Analysis of Useful Financial Ratios". *Financial Management* 10 (primavera, 1991), 51-69.

Cunningham, Donald F. y John T. Rose. "Industry Norms in Financial Statement Analysis: A Comparison of RMA and D&B Benchmark Data". *The Credit and Financial Management Review* (1995), 42-48.

Fraser, Lyn M. y Aileen Ormiston. *Understanding Financial Statements*, 8a. ed. Upper Saddle River, NJ: Prentice Hall, 2007.

Gombola, Michael J. y J. Edward Ketz. "Financial Ratio Patterns in Retail and Manufacturing Organizations". *Financial Management* 12 (verano, 1983), 45-56.

Harrington, Diana R. *Corporate Financial Analysis in a Global Environment*, 7a. ed. Mason, OH: South-Western, 2004.

Helfert, Erich A. *Techniques of Financial Analysis*, 11a. ed. Nueva York, NY: McGraw-Hill/Irwin, 2003.

Higgins, Robert C. *Analysis for Financial Management*, 8a. ed. Nueva York, NY: McGraw-Hill/Irwin, 2007.

Lewellen, W. G. y R. O. Edmister. "A General Model for Accounts Receivable Analysis and Control". *Journal of Financial and Quantitative Analysis* 8 (marzo, 1973), 195-206.

Matsumoto, Keishiro, Melkote Shivaswamy y James P. Hoban Jr. "Security Analysts' Views of the Financial Ratios of Manufacturers and Retailers". *Financial Practice and Education* 5 (otoño/invierno, 1995), 44-55.

Richards, Verlyn D. y Eugene J. Laughlin. "A Cash Conversion Cycle Approach to Liquidity Analysis". *Financial Management* 9 (primavera, 1980), 32-38.

Statement of Financial Accounting Standard No. 95. Stamford, CT: Financial Accounting Standards Board, 1987.

Stone, Bernell K. "The Payments-Pattern Approach to the Forecasting of Accounts Receivable". *Financial Management* 5 (otoño, 1976), 65-82.

La parte III del sitio Web del libro, *Wachowicz's Web World*, contiene vínculos a muchos sitios de finanzas y artículos en línea relacionados con los temas cubiertos en este capítulo. (http://web.utk.edu/~jwachowi/part3.html)

7

Análisis de fondos, análisis de flujo de efectivo y planeación financiera

Contenido

● **Estado de flujo de fondos (fuentes y usos)**
Definiciones de "fondos" alternativos • ¿Qué son
fuentes y usos? • Ajustes • Análisis del estado
de fuentes y usos de fondos

● **Estado contable de flujos de efectivo**
Contenido y formas alternativas del estado de
cuenta • Análisis del estado de flujos de efectivo

● **Pronósticos del flujo de efectivo**
Pronóstico de ventas • Cobros y otras percepciones
de efectivo • Desembolsos de efectivo • Flujo de
efectivo neto y saldo de efectivo

● **Rango de estimaciones de flujo de efectivo**
Desviaciones de los flujos de efectivo esperados •
Utilización de información probabilística

● **Pronósticos de estados financieros**
Pronóstico del estado de pérdidas y ganancias •
Pronóstico del balance general • Uso de las
razones y sus implicaciones

● **Puntos clave de aprendizaje**

● **Apéndice: Modelado del crecimiento
sustentable**

● **Preguntas**

● **Problemas para autoevaluación**

● **Soluciones a los problemas para
autoevaluación**

● **Referencias seleccionadas**

Objetivos

Después de estudiar el capítulo 7, usted será capaz de:

● Explicar la diferencia entre el estado de cuenta del
flujo de fondos (fuentes y usos de fondos) y el estado
de cuenta del flujos de efectivo, y comprender los
beneficios de utilizar cada uno.

● Definir los "fondos" e identificar las fuentes y los
usos.

● Crear fuentes y usos de estados de cuenta de fondos,
hacer ajustes y analizar los resultados finales.

● Describir el propósito y el contenido del estado de
cuenta de los flujos de efectivo al igual que las implicaciones que tienen.

● Elaborar un presupuesto de efectivo a partir de pronósticos de ventas, percepciones y desembolsos, y
saber por qué ese presupuesto debe ser flexible.

● Desarrollar pronósticos de balances generales y estados de pérdidas y ganancias.

● Comprender la importancia de usar información
probabilística al pronosticar los estados financieros
y evaluar las condiciones de una empresa.

Es muy difícil pronosticar, en especial si se trata del futuro.

—ANÓNIMO

La segunda porción de nuestro examen de las herramientas de análisis financiero y planeación tiene que ver con el análisis de flujos de fondos y de flujos de efectivo, así como con los pronósticos financieros. Un estado del flujo de fondos (también conocido como *estado de fuentes y usos de fondos* o *estado de cambios en la posición financiera*) es una ayuda valiosa para un gerente de finanzas o un acreedor al evaluar los usos de los fondos por una empresa y determinar cómo financia esos usos la empresa. Además de estudiar flujos anteriores, el administrador financiero puede evaluar flujos futuros mediante un estado de fondos basado en los pronósticos. Hasta 1989, se requería que todas las corporaciones estadounidenses presentaran, en sus reportes anuales, un estado de flujo de fondos además de balance general y el estado de pérdidas y ganancias. El estado de flujo de efectivo ahora sustituye oficialmente al estado de flujo de fondos en los reportes anuales. El propósito de los estados de flujo de efectivo es reportar los flujos que entran y salen de la empresa —no el flujo de fondos— clasificados en tres categorías: actividades de operación, de inversión y financieras. Aunque este estado financiero sin duda sirve como ayuda para analizar las percepciones y los desembolsos de efectivo, se omiten la inversión importante del periodo actual y las transacciones financieras que no se hacen en efectivo. Por consiguiente, el analista todavía tendrá que preparar un estado de flujo de fondos para la compañía con la finalidad de comprenderlos mejor.

Otra herramienta importante, el presupuesto de efectivo, es indispensable para el gerente de finanzas al determinar las necesidades de efectivo a corto plazo de la empresa y, de acuerdo con esto, planear su financiamiento a corto plazo. Cuando el presupuesto de efectivo se extiende para incluir un rango de resultados posibles, el gerente financiero puede evaluar el riesgo del negocio y la liquidez de la empresa, y planear un margen de seguridad realista. El gerente financiero puede ajustar el colchón de liquidez de la empresa, renegociar la estructura de vencimiento de su deuda, arreglar una línea de crédito con un banco o hacer una combinación de los tres.

La elaboración de pronósticos de balances generales y estados de pérdidas y ganancias permite al gerente financiero analizar los efectos de diferentes políticas de decisión sobre la condición financiera y el desempeño futuros de la empresa. Esos estados pueden extraerse del presupuesto de efectivo o basarse en razones financieras y otras suposiciones pasadas o proyectadas. Examinaremos cada una de estas herramientas.

El último método de análisis, contenido en el apéndice de este capítulo, implica el modelado del crecimiento sustentable. Aquí determinamos si los objetivos de crecimiento en ventas de la empresa son congruentes con su eficiencia operativa y con sus razones financieras. Esta poderosa herramienta de análisis nos permite simular los efectos posibles de cambios en algunas razones financieras cuando nos salimos del entorno de estado estable.

El presupuesto de efectivo, la elaboración de pronósticos e incluso el modelado del crecimiento sustentable se facilitan empleando una hoja de cálculo en la computadora. Estos programas incluyen el análisis y la planeación financiera.

Estado de flujo de fondos (fuentes y usos)

El director de finanzas toma decisiones para asegurar que la empresa tenga suficientes fondos para cumplir con sus obligaciones financieras en las fechas establecidas para aprovechar las oportunidades de inversión. Para ayudar al analista a evaluar estas decisiones (tomadas durante un periodo), necesitamos estudiar el *flujo de fondos* de la empresa. Si arreglamos el flujo de fondos de una compañía de manera sistemática, el analista puede determinar mejor si las decisiones tomadas dieron como resultado un flujo de fondos razonable o flujos cuestionables que necesitan mayor inspección.

● ● ● Definiciones de "fondos" alternativos

¿Qué queremos decir con "fondos"? La primera definición que viene a la mente es que los fondos están en efectivo (o son equivalentes de efectivo). Definidos de esa manera, debemos interesarnos por las transacciones que tienen efecto sobre las cuentas de efectivo. Esas transacciones, que afectan los flujos de entrada y de salida del efectivo, son primordiales (y, de hecho, ayudan a explicar la importancia del estado de flujos de efectivo). Pero definir los fondos como efectivo es limitante. Un análisis de flujo de fondos en el que éstos se definen estrictamente como efectivo no toma en cuenta las transacciones que no afectan directamente el "efectivo", y estas transacciones pueden ser cruciales para una evaluación completa del negocio. Compras importantes de fin de periodo y ventas a crédito, la adquisición de propiedad a cambio de acciones o bonos, y el intercambio de una propiedad por otra son sólo unos cuantos ejemplos de transacciones que no se reportarían en un estado de flujo de fondos o de efectivo. Ampliar nuestro concepto de fondos para incluir todas las *inversiones y reclamaciones (contra esas inversiones)* nos permite considerar todas estas transacciones como fuentes y como usos de los fondos.

Al aceptar las "inversiones y reclamaciones" como la definición de fondos, nuestra atención se centra en el balance general, que es un estado de la posición financiera (o "posición de fondos") de la empresa. Ahí hemos arreglado todas las inversiones de la empresa (activos) y reclamaciones (pasivos y capital de accionistas) en contra de estas inversiones por los acreedores y por los dueños. Así, el flujo de fondos de la empresa comprende los cambios individuales en los elementos del balance general entre dos puntos en el tiempo. Estos puntos se ajustan a las fechas de inicio y final del balance general del periodo que sea relevante para el estudio: un trimestre, un año o cinco años. Las diferencias en los elementos individuales del balance general representan flujos de fondos "netos" que resultan de las decisiones tomadas por la administración durante el periodo en cuestión.

Tome nota

Balance general = Reservas de fondos
Cambios en los elementos del balance general = Flujo de fondos "netos"

Estado de flujo de fondos Resumen de los cambios en la posición financiera de la empresa de un periodo a otro; también se conocen como *fuentes y usos del estado de fondos* o un *estado de cambios en la posición financiera*.

Debemos resaltar que el **estado de flujo de fondos** describe los cambios *netos* y no *brutos* entre dos balances generales comparables en fechas distintas. Por ejemplo, puede pensarse que los cambios brutos incluyen todos los cambios ocurridos entre dos fechas de balance, y no la suma de estos cambios; es decir, el cambio neto según se definió. Aunque un análisis del flujo de fondos brutos de una empresa en el tiempo sería mucho más revelador que el análisis de flujos de fondos netos, solemos estar restringidos por la información financiera disponible, a saber, los estados financieros básicos. Aunque en general dan un panorama amplio de los fondos, los estados de fondos resultantes con frecuencia se centran en el cambio en la posición de efectivo de la empresa con el paso del tiempo o su cambio en el capital de trabajo neto (activos corrientes menos pasivos corrientes). Como se verá, nuestros estados de flujos de fondos en última instancia se centran en el cambio de efectivo de la empresa.

● ● ● ¿Qué son fuentes y usos?

Preparamos un estado básico detallado de fondos: **1.** determinando la cantidad y la dirección de los cambios netos del balance general que ocurrieron entre las fechas de dos balances; **2.** clasificando los cambios netos en el balance general ya sea como fuente o como uso de fondos; y **3.** consolidando esta información de fuentes y usos en un formato de estado de fondos. En el primero de estos pasos, simplemente colocamos un balance general al lado de otro, calculamos los cambios en las diferentes cuentas, y observamos la dirección del cambio: aumento (+) o disminución (−) en la cantidad. En el paso 2, se clasifica cada elemento del balance general ya sea como fuente o como uso de fondos, como sigue:

Tome nota

Fuentes de fondos	Usos de fondos
• Cualquier **disminución** (−) en un **activo**	• Cualquier **incremento** (+) en un **activo**
• Cualquier **incremento** (+) en un **artículo** de las reclamaciones (es decir, un pasivo o el capital de los accionistas)	• Cualquier **decremento** (−) en un **elemento** de reclamaciones (es decir, un pasivo o el capital de los accionistas)

Por ejemplo, una *reducción* en inventario (activo) sería una fuente de fondos, al igual que un *incremento* en préstamos a corto plazo (reclamaciones). Un *incremento* en las cuentas por cobrar (activos) sería un uso de fondos, y una *reducción* en el capital de los accionistas (reclamación), a través, por ejemplo, de la recompra de un valor, también sería un uso de fondos.

La tabla 7.1 nos lleva por los primeros dos pasos necesarios para elaborar un estado de fondos para Aldine Manufacturing Company, nuestro ejemplo en el capítulo anterior. Se determinan la cantidad y la dirección de los cambios en el balance general. Observe que las fuentes de fondos totales ($263,000) son igual al total de usos de fondos ($263,000). Como las fuentes totales siempre deben ser iguales a los usos totales, esto sirve de verificación de nuestro trabajo.

Tabla 7.1

Balance general para Aldine Manufacturing Company (en miles)

| | MARZO 31 | | DIRECCIÓN DEL | CAMBIOS | |
ACTIVOS	20X2	20X1	CAMBIO	FUENTES	Usos
Efectivo	$ 178	$ 175	+		$ 3
Cuentas por cobrar	678	740	−	$ 62	
Inventarios, al menor costo o precio de mercado	1,329	1,235	+		94
Gastos pagados por adelantado	21	17	+		4
Pagos de impuestos acumulados	35	29	+		6
Activos corrientes	$2,241	$2,196		N/A	
Activos fijos al costo	1,596	1,538		N/A	
Menos: depreciación acumulada	(857)	(791)		N/A	
Activos fijos netos	$ 739	$ 747	−	8	
Inversión a largo plazo	65	−	+		65
Otros activos a largo plazo	205	205		−	−
Activos totales	$3,250	$3,148			
PASIVOS Y CAPITAL DE ACCIONISTAS					
Préstamos bancarios y pagarés	$ 448	$ 356	+	92	
Cuentas por pagar	148	136	+	12	
Impuestos acumulados	36	127	−		91
Otros pasivos acumulados	191	164	+	27	
Pasivos corrientes	$ 823	$ 783		N/A	
Deuda a largo plazo	631	627	+	4	
Capital de accionistas					
Acciones ordinarias, valor nominal de $1	421	421		−	−
Capital adicional recibido	361	361		−	−
Utilidades retenidas	1,014	956	+	58	
Capital total de accionistas	$1,796	$1,738		N/A	
Pasivos totales y capital de accionistas	$3,250	$3,148		$263	$263

Nota: N/A = no se aplica; no estudiamos aquí los cambios en subtotales o en los componentes de "activos fijos netos".

Tabla 7.2

Fuentes y usos "básicos" del estado de fondos de Aldine Manufacturing Company para el periodo del 31 de marzo de 20X1 al 31 de marzo de 20X2 (en miles)

FUENTES		USOS	
Aumento, utilidades retenidas	$ 58		
Disminución, activos fijos netos	8		
Disminución, cuentas por cobrar	62	Aumento, inventarios	94
Aumento, préstamos bancarios	92	Aumento, gastos pagados por adelantado	4
Aumento, cuentas por pagar	12	Aumento, impuestos pagados por adelantado	6
Aumento, otros acumulados	27	Aumento, inversión a largo plazo	65
Aumento, deuda a largo plazo	4	Disminución, impuestos acumulados	91
		Aumento, efectivo	**3**
	$263		$263

Consejo

El siguiente recurso le ayudará a recordar lo que constituye una fuente o un uso de fondos:

Las letras en el cuadro significan Usos, Fuentes, Activos y Pasivos (definición amplia). Los signos más (o menos) indican un aumento (o disminución) en los activos o en los pasivos.

	A	P
F	−	+
U	+	−

Una vez que se calculan todas las fuentes y los usos, se pueden arreglar en forma de estado de cuenta para que podamos analizarlos mejor. La tabla 7.2 muestra un estado de fondos de fuentes y usos "básicos" para Aldine Manufacturing Company para el año fiscal que termina el 31 de marzo de 20X2.

Pregunta

¿Un aumento en efectivo es una fuente o un uso de fondos?

Respuesta

Nuestra inclinación inicial es contestar "una fuente", pero si lo hacemos, cometemos un error. Recuerde, como el efectivo es un activo, si aumenta es (por definición) un uso. La fuente real puede haber sido un aumento en préstamos que pudo haberse destinado a aumentar el inventario, pero, en vez de ello, incrementó la cuenta de efectivo.

● ● ● Ajustes

Aunque podemos comenzar a analizar nuestros estados "básicos" de fuentes y usos, un ajuste menor nos proporcionará un estado todavía más útil para trabajar. Queremos explicar mejor el cambio en utilidades retenidas y el cambio en activos fijos netos. A propósito separamos estos dos elementos del resto en la tabla 7.2. Una vez que contemos con una explicación más detallada de estos cambios, el resto de la tabla 7.2 quedará casi igual.

Tome nota

Para ajustar estos dos elementos, tendremos que ir más allá del balance general de la empresa y obtener cierta información adicional de sus estados de utilidades. Véase la *tabla 6.2 del capítulo 6*.

Reconocer ganancias y dividendos. Hasta ahora los estados de fondos han reflejado sólo el cambio neto en la cuenta de utilidades retenidas. Las ganancias obtenidas y los dividendos pagados producen la siguiente cifra neta. Sin embargo, los componentes individuales son flujos de fondos importantes y deben mostrarse por separado. Usando los estados de utilidades de la compañía para obtener las cifras necesarias, simplemente eliminamos el cambio neto en las utilidades retenidas y sustituimos sus componentes en nuestro estado de fondos: ganancia neta como una fuente de fondos y dividendos en efectivo como uso de fondos.

Fuente: *Ganancia neta*	$201
Menos uso: *Dividendos en efectivo*	143
Fuente (neta): Aumento en utilidades retenidas	$ 58

El hecho de dar reconocimiento individual a las ganancias (o pérdidas) y a los dividendos pagados ofrece detalles importantes de los fondos agregados, con un mínimo de esfuerzo.

Reconocer la depreciación y el cambio bruto en los activos fijos. La depreciación es un elemento en los libros que coloca el costo de los activos contra el ingreso, pero no incluye movimientos de capital. Este gasto que no es en efectivo, de hecho ayuda a ocultarnos el flujo total de fondos de operación. Lo que realmente queremos conocer es lo que se llama *fondos suministrados por las operaciones*; algo que por lo común no se expresa directamente en el estado de pérdidas y ganancias. Para encontrarlo, sumamos la depreciación y la ganancia neta.[1] Debemos recordar que la depreciación no crea fondos reales, los fondos se generan de las operaciones. Pero necesitamos sumarla de nuevo al ingreso neto para contrarrestar el efecto del elemento contable que originalmente la eliminó. De esta forma, aunque la depreciación aparezca como una fuente bajo el ingreso neto, está ahí más como un elemento compensatorio que como una fuente real de fondos.

Además de ayudarnos a derivar *fondos suministrados por las operaciones*, considerar la depreciación como una fuente de fondos nos permite explicar las *adiciones brutas* (o *reducciones*) para los activos fijos en vez de sólo el *cambio* en los activos fijos netos. Primero, necesitamos el cambio en los activos fijos netos a partir de las fuentes "básicas" y el estado de usos (tabla 7.2). Luego necesitamos extraer la cifra de depreciación que se encuentra en el estado de pérdidas y ganancias de Aldine (tabla 6.2 del capítulo 6). Con estos datos calculamos las adiciones brutas (o reducciones) a los activos fijos de la siguiente manera:

$$\begin{matrix} \text{Adiciones brutas a} \\ \text{los activos fijos} \end{matrix} = \begin{matrix} \text{Incremento (decremento)} \\ \text{en los activos fijos netos} \end{matrix} + \begin{matrix} \text{Depreciación durante} \\ \text{el periodo} \end{matrix} \quad (7.1)$$

Por lo tanto, para Aldine tenemos (en miles)

$$\text{Adiciones brutas a los activos fijos} = -\$8 + \$112 = \mathbf{\$104}$$

Y concluimos:

Fuente: *depreciación*	$112
Menos uso: *adiciones a activos fijos*	104
Fuente (neta): disminución, activos fijos netos	$ 8

Una vez que se suma la depreciación al estado de los fondos como fuente y se muestran las adiciones a los activos fijos como uso, podemos eliminar el cambio en los activos fijos netos porque ya no se necesita. El decremento en los activos fijos netos de $8,000 se ha explicado por completo como el resultado neto de la suma de $104,000 en nuevos activos y los cargos de depreciación de $112,000.

---

[1] El gasto de amortización y cualquier cambio en impuestos diferidos también se agregarían a la ganancia neta para establecer los fondos aportados por las operaciones. No obstante, Aldine no tiene estas cuentas.

FUENTES		USOS	
Fondos suministrados por operaciones			
Ganancia neta	$201	Dividendos	$143
Depreciación	112	Adiciones a activos fijos	104
Disminución, cuentas por cobrar	62	Aumento, inventarios	94
Aumento, préstamos bancarios	92	Aumento, gastos pagados por adelantado	4
Aumento, cuentas por pagar	12	Aumento, pagos de impuestos por adelantado	6
Aumento, otros acumulados	27	Aumento, inversión a largo plazo	65
Aumento, deuda a largo plazo	4	Disminución, impuestos acumulados	91
		Aumento, efectivo	**3**
	$510		$510

La tabla 7.3 muestra un estado finalizado de fuentes y usos de fondos para Adine Company. Al compararlo con la tabla 7.2, el estado de fondos basado sólo en los cambios en el balance general, vemos que los cambios en dos elementos del balance general —utilidades retenidas y activos fijos netos— se sustituyeron por sus componentes que se obtuvieron del estado de utilidades. Como resultado de esta explicación, las fuentes y los usos totales, aunque todavía en equilibrio, aumentan a $510,000.

● ● ● Análisis del estado de fuentes y usos de fondos

En la tabla 7.3 vimos que los usos principales de los fondos en el año fiscal 20X2 fueron los dividendos, las adiciones a los activos fijos, los incrementos en el inventario y la inversión a largo plazo, así como una disminución considerable en los impuestos por pagar. Éstos se financiaron primordialmente con fondos suministrados por las operaciones, una disminución en las cuentas por cobrar y un aumento en los préstamos bancarios. También observe el hecho de que la empresa ha aumentado su saldo en efectivo en $3,000. En análisis de fuentes y usos de fondos, es útil colocar los dividendos en efectivo opuestos a las ganancias netas, y las adiciones a los activos fijos opuestas a la depreciación. Hacer esto permite al analista evaluar con facilidad ambas cantidades del pago de dividendos y el incremento neto (o disminución) en los activos fijos.

En el caso de Aldine, hacer que la fuente del pago de dividendos sea la ganancia neta, en vez de un incremento en la deuda o una disminución en los activos fijos, es una buena señal. Sin embargo, cuando muchos activos de la compañía se gastan (es decir, se deprecian) en vez de reemplazarse (mediante adiciones) puede no ser una buena señal. La diferencia por ahora es pequeña, pero esto podría plantear un problema si se deja crecer.

Implicaciones del análisis del estado de fondos. El análisis del estado de los fondos nos permite una comprensión de las operaciones financieras de una empresa que será muy valiosa si el lector asume el papel de un director de finanzas que examina los planes de expansión pasados y futuros de la empresa y su efecto en la liquidez. Es posible detectar los desequilibrios en el uso de los fondos para tomar las acciones adecuadas. Por ejemplo, un análisis que abarca varios años anteriores podría revelar un crecimiento en los inventarios fuera de proporción con respecto al crecimiento de otros activos o a las ventas. A partir del análisis tal vez se determine que el problema se debe a ineficiencias en el manejo del inventario. Así, un estado de fondos envía señales de alerta con respecto a problemas que se pueden analizar con detalle para tomar las acciones apropiadas y corregirlos.

Otro uso de los estados de fondos es la evaluación de las finanzas de la empresa. Un análisis de las fuentes principales de fondos en el pasado revela qué porciones de su crecimiento fueron financiadas interna o externamente. Al evaluar las finanzas de la empresa, usted seguramente querrá evaluar la razón entre dividendos y utilidades con respecto a las necesidades de fondos totales de la empresa.

Los estados de cuenta de fondos también son útiles al juzgar si una empresa se ha expandido a una tasa demasiado rápida o si la capacidad de financiamiento está restringida. Es posible determinar si el crédito comercial de proveedores (cuentas por pagar) ha aumentado de manera desmedida para aumentar los activos corrientes y las ventas. Si el crédito comercial ha aumentado a un ritmo significativamente rápido, usted querrá evaluar las consecuencias de mayor lentitud en el pago de créditos vigentes de la empresa y su capacidad de financiamiento en el futuro. También es revelador analizar la mezcla de financiamiento a corto y largo plazos en relación con los fondos necesarios para la empresa. Si estas necesidades son primordialmente para activos fijos e incrementos permanentes en los activos corrientes, podría encontrar, con desánimo, que una parte significativa del financiamiento total proviene de fuentes a corto plazo.

El análisis de un estado de fondos para el futuro será muy valioso para un director financiero en la planeación del financiamiento a mediano y largo plazos de la empresa. Revela las necesidades prospectivas de fondos totales, el tiempo esperado de estas necesidades y su naturaleza; es decir, si la inversión aumentada será principalmente para inventarios, activos fijos, etcétera. A partir de esta información, junto con los cambios esperados en las cuentas comerciales por pagar y los diferentes acumulados, usted podrá planear el financiamiento de la empresa de manera más efectiva. Además, podrá determinar la posición esperada de efectivo al cierre simplemente ajustando el saldo de efectivo inicial para el cambio en el efectivo reflejado en el estado proyectado de fuentes y usos. En esencia, el cambio proyectado en efectivo es un residuo. De manera alternativa, será posible pronosticar la posición de efectivo futura para la empresa a través de un presupuesto de efectivo, donde se hacen estimaciones directas de los flujos de efectivo futuros.

Estado contable de flujos de efectivo

Estado de flujos de efectivo Resumen de las percepciones y los pagos en efectivo de una empresa durante un periodo.

El propósito del **estado de flujos de efectivo** es reportar los flujos de entrada y salida de efectivo en una empresa durante un periodo, clasificados en tres categorías: actividades operativas, de inversión y de financiamiento. Este estado es un requisito de acuerdo con la Declaración de estándares de contabilidad financiera (*Statement of Financial Accounting Standards*, SFAS) número 95. Cuando se usa con la información contenida en los otros dos estados financieros básicos y lo que ellos revelan, debe ayudar al gerente financiero a evaluar e identificar:

- la capacidad de una compañía para generar flujos de entrada de efectivo neto futuros a partir de las operaciones para pagar sus deudas, intereses y dividendos,
- la necesidad de financiamiento externo de una compañía,
- las razones de las diferencias entre el ingreso neto y el flujo de efectivo neto vistas desde las actividades operativas,
- los efectos de invertir y financiar transacciones con y sin efectivo.[2]

● ● ● Contenido y formas alternativas del estado de cuenta

El estado de cuenta de los flujos de efectivo explica los cambios en el efectivo (y sus equivalentes, como documentos del Tesoro) mediante una lista de las actividades que aumentaron el efectivo y de aquellas que lo disminuyeron. Cada flujo de entrada o salida de una actividad se clasifica en una de tres categorías: actividad operativa, de inversión o de financiamiento. La tabla 7.4 menciona las actividades que se encuentran con más frecuencia en un estado de flujos de efectivo, agrupadas según esas categorías amplias.

El estado de flujos de efectivo se puede presentar usando un "método directo" (el cual tiene el apoyo de la SFAS por ser más sencillo de entender) o un "método indirecto" (el cual tal vez sea el método que sigue una vasta mayoría de empresas porque es muy sencillo de preparar). Usando los

---

[2]La mayor desventaja del estado de flujos de efectivo es que se omiten del estado mismo las transacciones que no son en efectivo en el periodo actual que pueden afectar el flujo de efectivo en el futuro. Por ejemplo, la compra de un activo mediante un préstamo de capital no se reporta en el estado de flujo de efectivo, pero aparece en un estado de fuentes y usos. Sólo a través de la información revelada (notas) de los estados financieros y la preparación de un estado de fondos podrán los usuarios redondear el estado de flujo de efectivo para llegar a comprender el alcance total de las transacciones de financiamiento e inversión de la compañía.

Tabla 7.4

Actividades de operación, inversión y financiamiento

FLUJOS DE ENTRADA Y SALIDA DE EFECTIVO*	EXPLICACIÓN

Actividades operativas
Flujos de entrada
  De la venta de bienes o servicios
  Del rendimiento sobre préstamos (ingreso por interés)
    y capital de accionistas (ingreso por dividendos)**
Flujos de salida
  Para pagar a proveedores de inventario
  Para pagar a empleados por sus servicios
  Para pagar a los prestamistas (interés)**
  Para pagar al gobierno los impuestos
  Para pagar a otros proveedores por otros gastos
    de operación
	Muestra el efecto de las transacciones no definidas como invertir o financiar actividades. **Estos flujos de efectivo en general son los efectos en el efectivo de las transacciones que entran en la determinación del ingreso neto.** Así, vemos elementos en los que no todos los usuarios de los estados ven como flujos "de operación": elementos como los dividendos e intereses recibidos, al igual que el interés pagado.

Actividades de inversión
Flujos de entrada
  De la venta de activos fijos (propiedad, plantas y equipo)
  De la venta de deuda o capital de acciones (diferentes al
    equivalentes en efectivo) de otros elementos
Flujos de salida
  Para adquirir activos fijos (propiedad, plantas y equipo)
  Para comprar deuda o acciones de otras entidades
	Muestra el efecto de comprar y vender activos fijos y deuda o acciones de otras entidades.

Actividades de financiamiento
Flujos de entrada
  De préstamos solicitados
  De la venta de acciones de la propia empresa
Flujos de salida
  Para pagar cantidades solicitadas en préstamo
    (principal)
  Para readquirir acciones de la propia empresa
  Para pagar dividendos a los accionistas
	Muestra el impacto de todas las transacciones en efectivo con accionistas y de las transacciones de solicitud de préstamos y de pago a los prestamistas.

*Estos flujos de entrada y de salida son típicos de una firma no financiera y se clasifican de acuerdo con las definiciones de operación, inversión y actividad financiera de la SFAS número 95.

** Parecería lógico clasificar interés y dividendos "recibidos" como flujos de entrada de inversión, y el interés "pagado" como flujo de salida financiera. De hecho, tres de siete de los miembros del Consejo de estándares de contabilidad financiera no están de acuerdo en clasificar el interés recibido, los dividendos recibidos y el interés pagado como flujos de efectivo de las actividades operativas; sin embargo, la mayoría hace valer su opinión.

dos métodos, la tabla 7.5 presenta estados de flujo de efectivo alternativos para Aldine Manufacturing Company. (Además, compartimos con el lector una hoja de cálculo —tabla 7.6— que se usó para determinar algunos de los flujos de efectivo de la actividad operativa requeridos para el método directo. Quizás esto ayude a eliminar la confusión en torno a dónde se originan esas cifras de flujo de efectivo en particular).

La única diferencia entre los métodos de presentación directo e indirecto se refiere al reporte de las actividades de operación; las secciones de actividades de inversión y financiamiento serían idénticas con cualquier método. Con el método directo se reportan los flujos de efectivo de operación (directamente) según los tipos principales de percepciones de efectivo operativo (de los clientes) y pagos (a proveedores y empleados). Debe efectuarse una conciliación por separado (indirecta) del ingreso neto con el flujo de efectivo neto de las actividades de operación. (Para Aldine Company, esta conciliación aparece en la tabla 7.5 como la última sección del estado de flujos de efectivo en el marco A). Esta conciliación comienza con el ingreso neto reportado y ajusta esta cifra para los elementos del estado de pérdidas y ganancias no en efectivo y los cambios relacionados en los elementos del balance general para determinar el efectivo que generan las actividades de operación.

¿Las cifras usadas en la conciliación del marco A de la tabla 7.5 le parecen familiares? Deberían parecerle, ya que consisten en los "fondos de la empresa suministrados por las operaciones" más todos los cambios en el balance general de Aldine en los activos y pasivos corrientes excepto por los cambios

Tabla 7.5 Estados de flujos de efectivo alternativos que muestran los métodos directo e indirecto en forma comparativa

MÉTODO DIRECTO	MÉTODO INDIRECTO
Marco A	**Marco B**
ALDINE MANUFACTURING COMPANY **ESTADO DE FLUJOS DE EFECTIVO PARA** **EL AÑO QUE TERMINA EL 31 DE MARZO, 20X2** (EN MILES)	**ALDINE MANUFACTURING COMPANY** **ESTADO DE FLUJOS DE EFECTIVO PARA** **EL AÑO QUE TERMINA EL 31 DE MARZO, 20X2** (EN MILES)

MÉTODO DIRECTO		MÉTODO INDIRECTO	
FLUJO DE EFECTIVO DE ACTIVIDADES DE OPERACIÓN		FLUJO DE EFECTIVO DE ACTIVIDADES DE OPERACIÓN	
Efectivo recibido de clientes[a]	$4,059	Ingreso neto	$ 201
Efectivo pagado a proveedores y empleados[b]	(3,539)	Depreciación	112
Interés pagado	(85)	Efectivo neto proporcionado (usado) por activos	
Impuestos pagados[c]	(211)	corrientes y pasivos relacionados con la operación	
Efectivo neto suministrado (o usado) por		Decremento, cuentas por cobrar	62
actividades operativas	$ 219	Incremento, inventarios	(94)
		Incremento, gastos pagados por adelantado	(4)
FLUJO DE EFECTIVO DE ACTIVIDADES DE INVERSIÓN		Incremento, pagos de impuestos	(6)
Adiciones a activos fijos	$(104)	Incremento, cuentas por pagar	12
Pago de inversión a largo plazo	(65)	Decremento, impuestos acumulados	(91)
Efectivo neto suministrado (o usado) por		Incremento, otros pasivos acumulados	27
actividades de inversión	$(169)	Efectivo neto suministrado (o usado) por	
		actividades operativas	$ 219
FLUJO DE EFECTIVO DE ACTIVIDADES DE FINANCIAMIENTO			
Aumento en préstamos a corto plazo	$ 92	FLUJO DE EFECTIVO DE ACTIVIDADES DE INVERSIÓN	
Adiciones a préstamos a corto plazo	4	Adiciones a los activos fijos	$(104)
Dividendos pagados	(143)	Pago de inversión a largo plazo	(65)
Efectivo neto suministrado (o usado) por		Efectivo neto suministrado (o usado) por actividades	
actividades de financiamiento	$ (47)	de inversión	$(169)
Aumento (o disminución) en el efectivo	$ 3	FLUJO DE EFECTIVO DE ACTIVIDADES DE FINANCIAMIENTO	
Efectivo y equivalentes de efectivo, 31 de marzo, 20X1	175	Incremento en préstamos a corto plazo	$ 92
Efectivo y equivalentes de efectivo, 31 de marzo, 20X2	$ 178	Adiciones a préstamos a largo plazo	4
		Dividendos pagados	$(143)
Programa complementario: conciliación del		Efectivo neto suministrado (o usado) por actividades	
ingreso neto con el efectivo neto suministrado		de financiamiento	$ (47)
por actividades operativas		Incremento (o decremento) en efectivo	$ 3
Ingreso neto	201	Efectivo, 31 de marzo, 20X1	175
Depreciación	112	Efectivo, 31 de marzo, 20X2	$ 178
Efectivo suministrado (o usado) por los activos			
corrientes y los pasivos corrientes relacionados			
con la operación		**Información complementaria de flujo de efectivo**	
Decremento, cuentas por cobrar	62	Interés pagado	$ 85
Incremento, inventarios	(94)	Impuestos pagados[c]	211
Incremento, gastos pagados por adelantado	(4)		
Incremento, pagos de impuestos	(6)		
Incremento, cuentas por pagar	12		
Decremento, impuestos acumulados	(91)		
Incremento, otros pasivos acumulados	27		
Efectivo neto suministrado (o usado) por			
actividades operativas	$ 219		

[a,b,c]Véase la tabla 7.6 (hoja de cálculo para preparar el estado de flujos de efectivo) para conocer los detalles.

en el efectivo y en préstamos bancarios. Todas estas cifras se pueden encontrar en el estado final de fuentes y usos para Aldine, en la tabla 7.3. La necesidad de contar con las cifras usadas en la conciliación es otra razón para no simplemente olvidarnos de las fuentes "sustituidas" y los estados de usos.

Según el método indirecto mostrado en el marco B de la tabla 7.5, la conciliación del ingreso neto y el flujo de efectivo neto de las actividades de operación se mueve hacia arriba para *sustituir* la sección de flujo de efectivo de actividades de operación del método directo. De hecho, el método indirecto es justo una versión reducida del método directo de presentación.

Tabla 7.6

Hoja de cálculo para preparar el estado de flujos de efectivo de Aldine Manufacturing Company

	Ventas	$3,992
+(–)	Disminución (o aumento) en cuentas por cobrar	62
=	Efectivo recibido de clientes[a]	$4,054
	Costo de bienes vendidos (menos depreciación anual)	$2,568
+(–)	Aumento (o disminución) en inventarios	94
+(–)	Disminución (o aumento) en cuentas por pagar	(12)
+(–)	Aumento (o diminución) en gastos pagados por adelantado	4
+	Gastos de ventas, generales y administrativos	912
+(–)	Disminución (o aumento) en otros pasivos acumulados	(27)
=	Efectivo pagado a proveedores y empleados[b]	$3,539
	Impuestos sobre la renta (federales y estatales)	$ 114
+(–)	Aumento (o disminución) en pagos por adelantado de impuestos acumulados	6
+(–)	Disminución (o aumento) en impuestos acumulados	91
=	Impuestos pagados[c]	$ 211

[a,b,c]Véase el estado de flujos de efectivo para el año terminado el 31 de marzo, 20X2.

● ● ● Análisis del estado de flujos de efectivo

En la tabla 7.5 vemos que mientras que Aldine reportó que su ingreso neto para 20X2 fue de $201,000, su flujo de efectivo por actividades de operación fue de $219,000. Es interesante que la compañía haya gastado $169,000 —un poco más que el 75% de su flujo total de efectivo de operación— en nuevos activos fijos e inversiones a largo plazo. (Sólo las adiciones a los activos fijos parecen ser un gasto anual recurrente). Esto deja solamente $50,000 de flujo de efectivo de operación para cubrir los pagos de dividendos de $143,000. El aumento en préstamos, la mayoría a corto plazo, aportó el financiamiento adicional para cubrir los pagos de dividendos y proporcionar un pequeño aumento en el efectivo y los equivalentes de efectivo. Cuando consideramos que alrededor de la mitad de los flujos de operación de Aldine se destinan a reemplazar activos depreciables, la capacidad de la empresa para mantener sus dividendos actuales parece depender de su capacidad para que le sigan prestando fondos. Entonces tal vez somos testigos de una señal de que la empresa se encontrará en dificultades para mantener sus dividendos actuales en el futuro.

En la sección de conciliación (de ingreso neto y efectivo neto suministrado por actividades de operación) en el marco A de la tabla 7.5, vemos que una disminución en cuentas por cobrar ayudó a aumentar el efectivo proveniente de actividades de operación, mientras que un aumento en inventarios y una disminución grande en impuestos por pagar implicó utilizar el efectivo de operaciones. Tal vez usted ya se dio cuenta de que el estado de flujo de efectivo da casi la misma información reunida para el análisis de fuentes y usos del estado de fondos. Sin embargo, con el método directo de presentación del flujo de efectivo usted obtiene algunos detalles más que no necesariamente se derivan de un análisis de los simples cambios en el balance general.

Implicaciones del análisis del estado de flujo de efectivo. Un beneficio importante del estado de flujos de efectivo (en especial con el método directo) es que el usuario obtiene una imagen razonablemente detallada de las transacciones de operación, de inversión y financieras de la empresa que implican efectivo. Este desglose en tres partes del flujo de efectivo ayuda al usuario en la evaluación de las fortalezas y debilidades actuales y potenciales de la compañía. Una generación interna fuerte de efectivo operativo, con el tiempo, se considerará una señal positiva. Un flujo de efectivo operativo bajo debe alertar al analista para que verifique un crecimiento no sano en las cuentas por cobrar y/o el inventario. Sin embargo, incluso un flujo de efectivo operativo sólido es insuficiente para asegurar el éxito. Los analistas de los estados necesitan ver el grado en el que el efectivo de la operación está costeando las inversiones necesarias, la reducción de la deuda y los dividendos. Apoyarse demasiado en las fuentes de financiamiento externas para cumplir con las necesidades recurrentes puede ser una señal de peligro. En resumen, el estado de flujo de efectivo es una fuente rica de información. La dificultad con este estado de cuentas (como con otros estados financieros) es que debe usarse junto con otros estados y reportes para lograr cierta profundidad en la comprensión.

Los signos (positivo o negativo) del efectivo neto de una empresa que es suministrado (o usado) por actividades de operación, inversión y financiamiento forman un *patrón de flujo de efectivo específico*. ¿Qué tipo de patrón(es) debemos esperar encontrar en términos "generales"?

Para una empresa sana y en crecimiento, en "general" espere:

● un flujo de efectivo *positivo* de las actividades de operación;

● un flujo de efectivo *negativo* de las actividades de inversión;

● un flujo de efectivo *positivo* o *negativo* de las actividades financieras (que puede fluctuar con el tiempo).

Pronósticos del flujo de efectivo

Punto-com Compañía con una presencia fuerte en Internet que realiza casi todos sus negocios a través de su sitio Web. El nombre mismo se refiere al punto seguido de la abreviatura del dominio comercial (com) al final de una dirección de correo electrónico o de un sitio Web; también se llaman *puntocom* o *punto.com*.

Presupuesto de efectivo Pronóstico, generalmente mensual, de los flujos de efectivo futuros de una empresa que surgen de cobros y desembolsos.

Pronosticar el flujo de efectivo tiene una importancia crucial para una empresa. Muchas compañías incipientes **punto-com** encontraron, con gran desaliento, que su negocio se había acabado cuando, sin esperarlo, usaron todo su efectivo. Aun para empresas a las que les llega mucho efectivo, la falta de un pronóstico de flujo de efectivo puede significar que el dinero se quede inactivo sin ganar un rendimiento.

En el núcleo de cualquier buen sistema de pronósticos de flujo de efectivo está el **presupuesto de efectivo**. Se llega a un presupuesto de efectivo mediante proyecciones de las entradas y desembolsos de efectivo en el futuro para la empresa en varios periodos. Revela los tiempos y cantidades de flujo de efectivo esperados de entrada y salida durante el periodo estudiado. Con esta información, el director financiero está en mejor posición para determinar las necesidades futuras de efectivo de la empresa, planear el financiamiento de estas necesidades y ejercer control sobre el efectivo y la liquidez de la empresa. Aunque los presupuestos de efectivo pueden prepararse casi para cualquier intervalo de tiempo, las proyecciones mensuales para un año son las más comunes. Esto permite el análisis de variaciones estacionales en los flujos de efectivo. Cuando los flujos de efectivo son volátiles suele ser necesario obtener proyecciones semanales.

● ● ● Pronóstico de ventas

La clave de la exactitud de la mayoría de los presupuestos de efectivo es el pronóstico de ventas. Este pronóstico se puede basar en un análisis interno, uno externo o en ambos. Con un enfoque interno, se pide a los representantes de ventas que proyecten las ventas para el periodo por venir. Los gerentes de ventas de productos revisan estas estimaciones y las consolidan en estimaciones de ventas por líneas de productos. Las estimaciones para las diferentes líneas de productos se combinan después en una estimación global de ventas para la empresa. El problema básico con un enfoque interno es que tal vez tenga una perspectiva muy reducida. Con frecuencia se pasan por alto las tendencias significativas en la economía y en la industria.

Por esta razón, muchas compañías usan también un análisis externo. Con un enfoque externo, los analistas económicos elaboran pronósticos de la economía y de las ventas de la industria para varios años en el futuro. Utilizan un análisis de regresión para estimar la asociación entre las ventas de la industria y la economía general. Después de estas predicciones básicas de las condiciones del negocio y las ventas de la industria, el siguiente paso es estimar la participación de mercado de los productos individuales, los precios que es probable que prevalezcan y la recepción esperada de nuevos productos. Estas estimaciones suelen hacerse en conjunto con los gerentes de marketing, aun cuando la responsabilidad última debe recaer en el departamento de pronósticos económicos. Con esta información es posible elaborar un pronóstico externo de ventas.

The Motley Fool
Para educar, divertir y enriquecer℠

P ¿Cómo puedo darle sentido al estado de flujos de efectivo?

R Digamos que Otis, el repartidor postal, le acaba de entregar el paquete del inversionista que solicitó a Coca-Cola. Ha estado pensando en comprar acciones de Coca pero, como buen analista, primero desea investigar. Revisa las brillantes fotografías de personas felices tomando Coca. Luego pone más atención y hace un escrutinio de los tres estados financieros principales. El más sencillo de los tres es el estado de pérdidas y ganancias, que indica cuánto dinero ganó la compañía el año pasado. Después está el balance general que revela cuánto efectivo, inventarios y deuda tiene Coca-Cola. El tercero y más complejo de los estados financieros es el estado de flujos de efectivo.

El estado de flujos de efectivo indica cuánto dinero está ganando en realidad Coca-Cola, conforme trabaja en las operaciones, hace inversiones y pide dinero prestado. Desglosa las entradas y salidas de efectivo en tres categorías: operaciones, inversiones y financiamiento. Algunas actividades de operaciones incluyen compras o ventas de provisiones y cambios en los pagos esperados y los pagos vencidos. Las actividades de inversión incluyen la compra o venta de equipo, plantas, propiedades, compañías y valores como acciones o bonos. Las actividades de financiamiento consisten en emitir y recomprar acciones, y emitir o reducir deuda.

Si en el último renglón el número es positivo, la compañía tiene un "flujo de efectivo positivo". Eso es bueno, pero no es lo único que debe ver en este estado de cuentas. Trate de averiguar de dónde viene todo el dinero. Es mejor ver más billetes generados por las operaciones que por el financiamiento. Examine los diferentes elementos y vea cómo han cambiado en los últimos años.

Por ejemplo, bajo actividades financieras, los "pagos de deuda" de Coca-Cola saltan de $212 millones en 1995 a $751 millones en 1997. Esto indica que la empresa paga cada vez más deuda. En cada uno de los últimos años, Coca-Cola ha readquirido más de mil millones de dólares de sus propias acciones. Esta empresa está aumentando activamente el valor de sus acciones al reducir el número de las que circulan. El "efectivo neto que generaron las actividades de operación" en 1997 es una elevada cifra de $4,030 millones, cerca de ocho veces más de lo que se necesitaba para las actividades de inversión. De ahí proviene el dinero para saldar la deuda y readquirir las acciones.

Un examen minucioso del estado de flujo de efectivo será provechoso.

Cuando el pronóstico interno de ventas difiere del externo, como es probable que ocurra, debe llegarse a un compromiso. La experiencia mostrará cuál de los dos pronósticos es el más exacto. En general, el pronóstico externo debe servir como el fundamento para el pronóstico final de ventas, con frecuencia modificado por el pronóstico interno. Un pronóstico final de ventas basado en ambos análisis, interno y externo, suele ser más exacto que cualquiera de los dos por sí solos. El pronóstico final de ventas debe basarse en la demanda prospectiva, no modificada inicialmente por las restricciones internas, como capacidad física. La decisión de eliminar estas restricciones dependerá del pronóstico. El valor de los pronósticos exactos de ventas jamás se sobreestima porque muchos de los otros pronósticos, en alguna medida, se basan en las ventas esperadas.

● ● ● Cobros y otras percepciones de efectivo

Una vez realizado el pronóstico de ventas, la siguiente tarea es determinar los ingresos de efectivo de tales ventas. Para ventas en efectivo, el dinero se recibe en el momento de la venta. Para ventas a crédito, los ingresos llegan después; qué tanto tiempo después dependerá de los términos de la facturación, el tipo de cliente y las políticas de crédito y cobranza de la empresa. Pacific Jams Company ofrece términos de "neto 30", lo que significa que el pago se realiza dentro de los 30 días siguientes a partir de la fecha de facturación. También supone que, en la experiencia de la compañía, un promedio del 90% de las cuentas por cobrar se reciben en un mes a partir de la fecha de la venta y el 10% restante dos meses después de la venta si no se registran pérdidas por una deuda incobrable. Más aún, en promedio, el 10% del total de las ventas totales son al contado.

Si los pronósticos de ventas son los mostrados en el marco A de la tabla 7.7, podemos elaborar un calendario de ingresos esperados de las ventas con base en las suposiciones anteriores. Este programa

	NOV.	DIC.	ENE.	FEB.	MAR.	ABR.	MAYO	JUN.
Tabla 7.7								
Calendario de ventas proyectadas y cobranza de enero a junio (en miles)								
Marco A: *Ventas*								
Ventas a crédito, 90%	$270.0	$315.0	$225.0	$180.0	$225.0	$270.0	$315.0	$342.0
Ventas al contado, 10%	30.0	35.0	25.0	20.0	25.0	30.0	35.0	38.0
Ventas totales, 100%	$300.0	$350.0	$250.0	$200.0	$250.0	$300.0	$350.0	$380.0
Marco B: *Cobranza*								
Ventas al contado este mes			$ 25.0	$ 20.0	$ 25.0	$ 30.0	$ 35.0	$ 38.0
90% de ventas a crédito del mes pasado			283.5	202.5	162.0	202.5	243.0	283.5
10% de ventas a crédito de hace 2 meses			27.0	31.5	22.5	18.0	22.5	27.0
Total de ingresos por ventas			$355.5	$254.0	$209.5	$250.5	$300.5	$348.5

aparece en el marco B de la tabla 7.7. Para enero, vemos que las ventas totales se estiman en $250,000, de los cuales $25,000 corresponden a ventas de contado. De los $225,000 de ventas a crédito, se espera cobrar el 90%, o $202,500, en febrero, y el 10% restante, o $22,500, en marzo. De manera similar, el cobro en otros meses se estima de acuerdo con los mismos porcentajes. Sin embargo, la empresa debe estar lista para cambiar sus suposiciones con respecto a la cobranza cuando existe un cambio fundamental en los hábitos de pago de sus clientes.

En este ejemplo, es sencillo ver el efecto de una variación en las ventas observando la magnitud y el tiempo de los ingresos de efectivo, si el resto de las condiciones se mantienen constantes. Para casi todas las empresas existe un grado de correlación entre las ventas y la cobranza. En tiempos de recesión y declinación de las ventas es probable que el periodo promedio de cobranza se alargue y que ocurran pérdidas por deudas incobrables. Así, la experiencia en cobranza de una empresa podría reforzar una disminución en las ventas, magnificando el efecto de declinación sobre los ingresos totales por ventas.

Los ingresos en efectivo pueden surgir de la venta de activos, al igual que de la venta de productos. Si Pacific Jams intenta vender $40,000 de activos fijos en febrero, los ingresos totales en efectivo ese mes serán de $294,000. En su mayor parte, la venta de activos se planea de antemano y es fácilmente predecible para fines presupuestales. Además, los ingresos en efectivo pueden surgir del financiamiento externo al igual del capital de inversión.

●●● Desembolsos de efectivo

Ahora viene el pronóstico de los desembolsos de efectivo. Dado el pronóstico de ventas, la administración puede elegir mantener la producción cercana a las ventas estacionales para producir a una tasa relativamente constante en el tiempo, o tener una estrategia de producción mixta.

Egresos de producción. Una vez que se establece el programa de producción, es posible hacer estimaciones de las necesidades de materiales, mano de obra y activos fijos adicionales. Igual que sucede con las cuentas por cobrar, hay un lapso que transcurre entre el momento de hacer una compra y el momento del pago real del efectivo. Si los proveedores dan términos promedio de facturación de "neto 30" y la política de la empresa es pagar sus cuentas al final de este periodo, existe aproximadamente un mes de desfase entre una compra y el pago. Si el programa de producción de Pacific Jams establece que se fabriquen bienes en el mes anterior a las ventas pronosticadas, podemos tener un programa de desembolsos para las compras y gastos de operación, como el de la tabla 7.8. Como vemos, hay un mes de desfase entre la compra y el pago de ésta. Igual que sucede con las cuentas por cobrar, el pago de las compras puede estar rezagado para otros periodos. La organización es similar a la de la cobranza. Con una hoja de cálculo en la computadora, es sencillo establecer el programa de desembolsos rezagados (y el programa de cobros rezagados también).

Se supone que los salarios varían con la cantidad de producción, pero no en forma perfecta. En general, los salarios son más estables en el tiempo que las compras. Cuando la producción baja un poco,

Tabla 7.8		DIC.	ENE.	FEB.	MAR.	ABR.	MAYO	JUN.
Programa de desembolsos proyectados para compras y gastos de operación de enero a junio (en miles)	Marco A: *Compras*	$100	$ 80	$100	$120	$140	$150	$150
	Marco B: *Desembolsos de efectivo para compras y gastos de operación*							
	100% de las compras del mes pasado		$100	$ 80	$100	$120	$140	$150
	Salarios pagados		80	80	90	90	95	100
	Otros gastos pagados		50	50	50	50	50	50
	Total de desembolsos para compras y gastos de operación		$230	$210	$240	$260	$285	$300

Tabla 7.9		ENE.	FEB.	MAR.	ABR.	MAYO	JUN.
Programa de desembolsos de efectivo totales proyectados de enero a junio (en miles)	Desembolsos totales para compras y gastos de operación	$230	$210	$240	$260	$285	$300
	Gastos de capital		150	50			
	Dividendos pagados			20			20
	Impuestos sobre la renta	30			30		
	Desembolsos totales de efectivo	$260	$360	$310	$290	$285	$320

no suele despedirse a los trabajadores. Cuando la producción aumenta de nuevo, la mano de obra se vuelve más eficiente con un incremento relativamente pequeño en los salarios totales. Sólo después de cierto punto se requieren horas extra o nuevos trabajadores para cumplir con un programa de producción mayor. Otros gastos incluyen los generales, los administrativos y los costos de ventas; los impuestos a la propiedad; intereses; energía, luz y calefacción; mantenimiento; mano de obra indirecta y materiales. Todos estos gastos tienden a ser razonablemente predecibles en el corto plazo.

Otros desembolsos. Además de los gastos de operación en efectivo, debemos tomar en cuenta gastos de capital, dividendos, impuestos federales sobre la renta y cualquier otro egreso de efectivo que no esté incluido. Como los gastos de capital se planean con antelación, es común que sean predecibles para el presupuesto a corto plazo. Sin embargo, cuando el pronóstico se refiere a una situación más distante en el tiempo, la predicción de estos gastos tiene menos certidumbre. Para la mayoría de las compañías, el pago de dividendos es estable y se paga en días específicos. Las estimaciones de impuestos federales sobre la renta deben basarse en las ganancias proyectadas para el periodo que se revisa. Otras erogaciones de dinero pueden consistir en la recompra de acciones ordinarias o el pago de deuda a largo plazo. Estos egresos se combinan con los desembolsos totales para las compras y los gastos de operación para obtener el programa de desembolsos totales mostrado en la tabla 7.9.

● ● ● Flujo de efectivo neto y saldo de efectivo

Una vez que estamos satisfechos de haber tomado en cuenta todos los flujos de entrada y salida, combinamos los programas de ingresos y egresos para obtener el flujo de efectivo neto de entrada o salida para cada mes. El flujo de efectivo neto puede entonces sumarse al efectivo inicial en enero, el cual se supone que es de $100,000, y a la posición del efectivo proyectada que se calcula cada mes para el periodo que se revisa. El programa final de flujos se muestra en la tabla 7.10.

El presupuesto mostrado ahí indica que se espera que la empresa tenga un déficit de efectivo en abril y mayo. Estos déficit son el resultado de una declinación en los cobros en marzo, los gastos de capital por un total de $200,000 extendidos entre febrero y marzo, y los dividendos de $20,000 en

Tabla 7.10		ENE.	FEB.	MAR.	ABR.	MAYO	JUN.
Programa de flujos de efectivo netos proyectados y saldos de efectivo de enero a junio (en miles)	Saldo de efectivo inicial, sin financiamiento adicional	$100.0	$175.5	$109.5	$ 9.0	$(30.5)	$(15.0)
	Total de entradas de efectivo	335.5	294.0*	209.5	250.5	300.5	348.5
	Total de desembolsos de efectivo	260.0	360.0	310.0	290.0	285.0	320.0
	Flujo de efectivo neto	$ 75.5	$(66.0)	$(100.5)	$(39.5)	$ 15.5	$ 28.5
	Saldo de efectivo final, sin financiamiento adicional	$175.5	$109.5	$ 9.0	$(30.5)	$(15.0)	$ 13.5

*Incluye entradas por ventas de $254,000 y venta de contado de activos fijos por $40,000.

mayo y junio. Con el incremento en los cobros en mayo y junio, el saldo sin financiamiento adicional aumenta a $13,500 en junio. El presupuesto de efectivo indica que los requerimientos máximos de efectivo ocurren en abril. Si la empresa tiene una política de mantener un saldo mínimo de $75,000 y de pedir prestado a su banco para mantener este mínimo, deberá solicitar un préstamo de $66,000 en marzo. Otros préstamos tendrán su punto máximo en $105,500 en abril, después de lo cual disminuirán a $61,500 en junio, si todo sale de acuerdo con la predicción.

Existen medios alternativos para cumplir con los déficit de efectivo. La empresa quizá pueda diferir su gasto de capital o sus pagos por las compras. Sin duda, uno de los propósitos fundamentales del presupuesto de efectivo es determinar el tiempo y la magnitud de las necesidades financieras prospectivas de manera que se pueda usar el método de financiamiento más adecuado. Una decisión de obtener financiamiento a largo plazo debe basarse en requerimientos de fondos futuros lejanos y en consideraciones independientes del pronóstico. Además de ayudar al plan del director financiero para el financiamiento a corto plazo, el presupuesto de efectivo es valioso para el manejo de la posición de efectivo de la empresa. Con base en un presupuesto de efectivo, el director puede planear invertir el exceso de fondos en valores comerciales. El resultado es una transferencia eficiente de fondos, de efectivo a valores comerciales y viceversa.

Rango de estimaciones de flujo de efectivo

Con frecuencia hay una tendencia a colocar una fe considerable en el presupuesto de efectivo, ya que se expresa con cifras que se ven impresionantes, incluso tal vez en una impresión de computadora. Resaltamos de nuevo que el presupuesto de efectivo simplemente representa una *estimación* de los flujos de efectivo futuros. Dependiendo del cuidado con que se prepare el presupuesto y la volatilidad de los flujos de efectivo que resultan de la naturaleza del negocio, los flujos reales pueden variar un poco más o menos de los que se esperan. Frente a la incertidumbre, debemos dar información acerca del rango de resultados posibles. Al analizar los flujos de efectivo bajo un conjunto de suposiciones, como es el caso con los presupuestos convencionales, el resultado puede ser una perspectiva errónea del futuro.

● ● ● Desviaciones de los flujos de efectivo esperados

Para tomar en cuenta las desviaciones de los flujos de efectivo esperados, es deseable obtener presupuestos de efectivo adicionales. Por lo menos, quizás queramos basar un pronóstico en la suposición de la posible declinación máxima en el negocio y otro en la suposición del posible incremento máximo en el negocio. Con una hoja de cálculo, es sencillo modificar las suposiciones y desplegar un nuevo presupuesto de efectivo en segundos.

El producto final puede ser una serie de distribuciones de efectivo a fin de mes sin financiamiento adicional. La figura 7.1 muestra distribuciones de frecuencia relativa para los meses de enero a junio, usando gráficas de barras. Los valores más probables para el saldo de efectivo final se describen con la

Figura 7.1   Distribuciones de saldo de efectivo finales de enero a junio

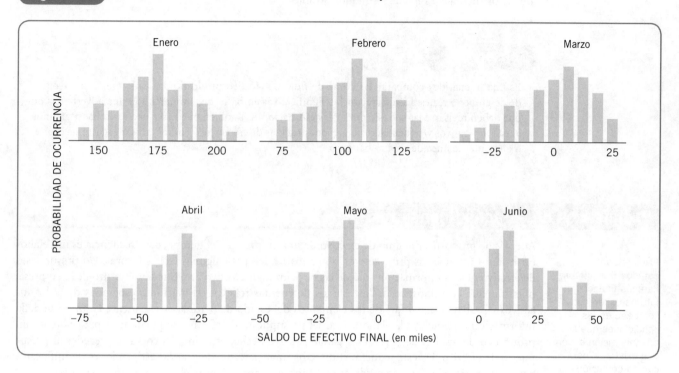

barra más alta; éstos concuerdan con los valores mostrados en la tabla 7.10. Observamos que mientras que varias distribuciones son razonablemente simétricas, otras están sesgadas. En particular, las distribuciones para marzo y abril están sesgadas a la izquierda. Como resultado, la necesidad de efectivo durante estos meses puede ser considerablemente mayor que la descrita en la tabla 7.10. Está claro que el tipo de información reflejada en la figura 7.1 activa mejor el manejo para planear contingencias que la información que da sólo estimaciones puntuales de los flujos de efectivo mensuales.

● ● ● Utilización de información probabilística

La posición de efectivo esperada más la distribución de los resultados posibles nos da una cantidad de información considerable. Podemos ver los fondos adicionales requeridos o los fondos liberados bajo varios resultados posibles. Esta información nos permite determinar con mayor exactitud el saldo de efectivo mínimo, la estructura de vencimiento de la deuda y los niveles de préstamos necesarios para dar a la empresa un margen de seguridad.

También podemos analizar la capacidad de la compañía para ajustarse a las desviaciones de los resultados esperados. Si las ventas declinaran, ¿qué tan flexibles son los gastos? ¿Qué se puede reducir? ¿Por cuánto? ¿Qué tan rápido? ¿Cuánto esfuerzo debe dedicarse a la cobranza? Si hay un incremento inesperado en el negocio, ¿qué compras adicionales se requerirán y cuándo? ¿Puede aumentar la mano de obra? ¿Puede la planta actual manejar la demanda adicional? ¿Cuántos fondos serán necesarios para financiar el incremento? Las respuestas a estas preguntas proporcionan una idea valiosa de la eficiencia y flexibilidad de la empresa en una variedad de condiciones.

Desde el punto de vista de la planeación interna, es mucho mejor considerar un rango de resultados posibles que basarse sólo en el resultado esperado. Esto es necesario en particular para empresas cuyos negocios son de carácter relativamente inestable. Si la empresa basa sus planes sólo en los flujos de efectivo esperados, es probable que se encuentre atrapada si hay una desviación significativa con respecto a los valores esperados. Puede ser difícil financiar, en poco tiempo, un déficit no previsto en el efectivo. Por lo tanto, es esencial que la empresa sea honesta consigo misma e intente minimizar los costos asociados con las desviaciones a partir de los resultados esperados. Puede hacer esto siguiendo los pasos necesarios para asegurar la exactitud y elaborando presupuestos de efectivo adicionales que tomen en cuenta el rango de resultados posibles.

Consejo

Es una buena idea comparar las cifras de flujo de efectivo pronosticadas cada mes con las cifras de desempeño reales. Las discrepancias significativas entre los dos números son una advertencia de que deben revisarse las suposiciones y las estimaciones. También puede ser necesario hacer algunos ajustes operativos y/o financieros en respuesta a esas discrepancias (como retrasar el gasto de capital o aumentar la línea de crédito bancaria).

Pronósticos de estados financieros

Pronóstico de estados financieros
Estados financieros futuros esperados con base en las condiciones que la administración espera que existan y los cursos de acción que espera tomar.

Además de pronosticar el flujo de efectivo de una empresa en el tiempo, con frecuencia es útil elaborar **estados financieros prospectivos o pronosticados** para algunas fechas futuras. Un presupuesto de efectivo nos da información sólo de las posiciones de efectivo proyectadas al futuro de la empresa, mientras que el pronóstico de los estados de cuentas reflejan estimaciones esperadas de todos los activos y pasivos al igual que de los elementos del estado de pérdidas y ganancias. Gran parte de la información que incluye la elaboración del presupuesto de efectivo se puede usar para obtener un pronóstico del estado de pérdidas y ganancias. De hecho, este pronóstico suele preceder al presupuesto de efectivo. De esta manera, el director financiero puede usar las estimaciones de impuestos para pronosticar el estado de pérdidas y ganancias cuando elabora el presupuesto de efectivo.

● ● ● Pronóstico del estado de pérdidas y ganancias

El pronóstico del estado de pérdidas y ganancias es un resumen de los ingresos y gastos esperados en algún periodo futuro, que termina con el ingreso neto (o pérdida neta) del periodo. Como ocurrió con el presupuesto de efectivo, el pronóstico de ventas es la clave para programar la producción y estimar los costos de producción. Tal vez el analista quiera evaluar cada componente del costo de los bienes vendidos. Es probable que un análisis detallado de las compras, los salarios con base en la producción y los costos indirectos genere pronósticos más exactos. Con frecuencia, sin embargo, los costos de los bienes vendidos se estiman con base en las razones de costo históricas entre los bienes vendidos y las ventas.

Después se estiman los gastos de ventas, generales y administrativos. Puesto que estos gastos se presupuestan de antemano, las estimaciones son bastante precisas. En general, estos gastos no son muy sensibles a cambios en las ventas, en particular a las reducciones en las ventas en un plazo muy corto. Luego estimamos otros ingresos y gastos al igual que los gastos de interés para obtener el ingreso neto antes de impuestos. Los impuestos sobre la renta se calculan —con base en las tasas de impuestos aplicables— y se deducen para llegar al ingreso neto después de impuestos estimado. Todas estas estimaciones se combinan en un estado de pérdidas y ganancias. Para ilustrar esto, suponga que las ventas estimadas de enero a junio para Pacific Jams Company son de $1,730,000, como lo refleja el marco A de nuestro presupuesto de efectivo de la tabla 7.7. En el presupuesto de efectivo, el costo de bienes vendidos no se representa directamente. En vez de elaborar un análisis detallado de los componentes de costo estimados para los bienes vendidos, decidimos emplear la relación histórica reciente entre el costo de bienes vendidos y las ventas. Multiplicando un promedio de tres años de razones de costo de bienes vendidos a ventas del 75.4% por la estimación de ventas netas para seis meses de $1,730,000, llegamos a la cifra para el costo de bienes vendidos de $1,305,000. Se espera que otros gastos (de ventas, generales y administrativos) sumen $50,000 al mes y se muestran en la tabla 7.8. Para el periodo de seis meses, el total es de $300,000. Por último, supongamos una tasa de impuestos (federal más estatal) del 48 por ciento. Dada esta información, podemos elaborar un pronóstico para el estado de pérdidas y ganancias para el periodo de enero a junio (en miles):

		SUPOSICIONES Y/O FUENTES DE INFORMACIÓN
Ventas netas	$1,730	● Con base en presupuestos de ventas en el marco A, tabla 7.7.
Costo de bienes vendidos	1,305	● Pronóstico al 75.4% de las ventas netas; con base en un
Ganancia bruta	$ 425	promedio de tres años de la razón del costo de bienes
Gastos de ventas, generales		vendidos a ventas netas.
y administrativos	300	● Véase la tabla 7.8.
Ganancia antes de impuestos	$ 125	
Impuestos	60	● Pronóstico al 48 por ciento.
Ganancia después de impuestos	**$ 65**	
Dividendos	40	● Véase la tabla 7.9.
Incremento en utilidades retenidas	$ 25	● Acarreado al pronóstico del balance general.

Las últimas tres líneas del estado de pérdidas y ganancias anterior representan un pronóstico simplificado de las utilidades retenidas. Los dividendos anticipados se deducen de la ganancia después de impuestos para obtener el incremento esperado en las utilidades retenidas. El incremento anticipado de $25,000 debe concordar con las cifras del balance general pronosticado que se desarrolla a continuación.

● ● ● Pronóstico del balance general

Para ilustrar la elaboración de un pronóstico del balance general suponga que deseamos preparar el de Pacific Jams para el 30 de junio y que la compañía tuvo el siguiente balance general el 31 de diciembre pasado:

ACTIVOS (EN MILES)		PASIVOS (EN MILES)	
Efectivo	$ 100	Préstamos bancarios	$ 50
Por cobrar	342	Cuentas por pagar	100
Inventario	350	Salarios y gastos acumulados	150
		Impuestos sobre la renta acumulados	70
Activos corrientes	$ 792	Pasivos corrientes	$ 370
Activos fijos netos	800	Capital de accionistas	1,222
Total de activos	$1,592	Total de pasivos y capital de accionistas	$1,592

Las cuentas por cobrar al 30 de junio se pueden estimar sumando el total proyectado de ventas a crédito de enero a junio al saldo de cuentas por cobrar del 31 de diciembre, menos el total proyectado de cobros de crédito para el periodo. Con base en la información del presupuesto de efectivo, las cuentas por cobrar al 30 de junio serían $342,000 + $1,557,000 − 1,525,500, es decir, $373,500. De manera alternativa, para Pacific Jams esta cifra debería ser igual a las ventas a crédito estimadas para junio más el 10% de las ventas a crédito de mayo ($342,000 + $31,500 = $373,500).

Pronóstico de activos. Si el presupuesto de efectivo no está disponible, el saldo de las cuentas por cobrar se puede estimar con base en una razón de rotación de cuentas por cobrar. Esta razón, que describe la relación entre las ventas a crédito y las cuentas por cobrar, debe basarse en la experiencia. Para obtener el nivel estimado de cuentas por cobrar, las ventas a crédito proyectadas simplemente se dividen entre la razón de rotación. Si el pronóstico de ventas y la razón de rotación son realistas, el método producirá una aproximación razonable del saldo de cuentas por cobrar. La inversión estimada en inventarios al 30 de junio puede basarse en el programa de producción que, a su vez, se basa en el pronóstico de ventas. Este programa debe mostrar compras esperadas, el uso esperado del inventario en producción y el nivel esperado de productos terminados. Con base en esta información, junto con el nivel de inventario inicial, se puede hacer un pronóstico del inventario.

En vez de usar el programa de producción, las estimaciones del inventario futuro se pueden basar en una razón de rotación de inventario. Esta razón se aplica de la misma manera que para las cuentas por cobrar, excepto que ahora despejamos la posición final del inventario. Tenemos

$$\frac{\text{Costo de bienes vendidos}}{\text{Inventario (final)}} = \text{Razón de rotación de inventario}$$

Dada una razón de rotación *anual* supuesta y una cifra para el costo de bienes vendidos en *seis meses*, y conociendo el inventario inicial, reordenamos la ecuación para despejar la incógnita de inventario final:

$$\text{Inventario (final)} = \frac{2 \times (\text{costo de bienes vendidos, 6 meses})}{\text{Razón de rotación de inventario}}$$

Si la razón de rotación de inventario estimada en el ejemplo es 6.2143 para un periodo de 12 meses y el costo estimado de bienes vendidos para los siguientes seis meses es $1,305,000, tenemos

$$\text{Inventario (final)} = \frac{2 \times (\$1,305,000)}{6.2143} = \mathbf{\$420,000}$$

Para tomar en cuenta el crecimiento en ventas, nuestra estimación del inventario al 30 de junio sería de $420,000, cifra que representa un incremento moderado sobre el nivel de inventario del 31 de diciembre.

Los activos fijos netos futuros se estiman sumando los gastos planeados a los activos fijos netos existentes y restando de esta suma el valor en libros de cualquier activo fijo vendido junto con la depreciación durante el periodo. A partir del presupuesto de efectivo, notamos que los gastos de capital se estiman en $200,000 en el periodo y que activos fijos por $40,000 se venderán a lo que suponemos es su valor en libros depreciado. Si se espera que la depreciación para el periodo sea de $110,000, las adiciones netas esperadas a los activos fijos serán $50,000($200,000 − $40,000 − $110,000). Los activos fijos netos proyectados al 30 de junio son $850,000. Puesto que los gastos de capital se planean con anticipación, es bastante sencillo pronosticar los activos fijos.

Pronóstico de pasivos y capital de accionistas. Al analizar los pasivos, las cuentas por pagar se estiman sumando al saldo del 31 de diciembre, las compras proyectadas de enero a junio, menos el total de pagos en efectivo proyectados por las compras en el periodo. Nuestra estimación de las cuentas por pagar, entonces, es $740,000 − $690,000 + $100,000, es decir, $150,000, lo cual, como podemos esperar con un rezago de un mes entre la compra y el pago, es igual a la cantidad de compras en junio. El cálculo de los salarios devengados y los gastos se basa en el programa de producción y la relación histórica entre estos acumulados y la producción. Suponemos que la estimación de salarios devengados y gastos es de $140,000. Los impuestos sobre la renta acumulados se estiman sumando los impuestos sobre la renta pronosticados para los seis meses al saldo del 31 de diciembre y restando los pagos de impuestos realizados. Con un saldo al 31 de diciembre de $70,000, los impuestos sobre la renta para el periodo pronosticado en $60,000 (como se muestra en el pronóstico del estado de pérdidas y ganancias), y el programa de la empresa para hacer pagos por $60,000 (como se indica en la tabla 7.9), los impuestos sobre la renta acumulados el 30 de junio serán de $70,000.

El capital de accionistas al 30 de junio será el capital al 31 de diciembre más las ganancias después de impuestos para el periodo, menos la cantidad pagada en dividendos. Si las ganancias después de impuestos se estiman en $65,000 en el pronóstico del estado de pérdidas y ganancias, el capital de accionistas el 30 de junio será $1,222,000 más $65,000 menos los dividendos de $40,000, es decir, $1,247,000. Quedan dos elementos: el efectivo y los préstamos bancarios. A partir del presupuesto de efectivo vemos que el efectivo estimado el 30 de junio es $13,500 sin financiamiento adicional. Si la empresa tiene la política de mantener un saldo de efectivo mínimo de $75,000 y solicitar un préstamo a su banco para mantener este mínimo, el efectivo el 30 de junio será $75,000; por lo tanto, los préstamos bancarios aumentarán $61,500 para obtener el saldo final de $111,500. En general, el efectivo y los pagarés (préstamos bancarios a corto plazo) sirven como factores de equilibrio en la elaboración de los pronósticos del balance general, donde los activos y pasivos más el capital de accionistas deben estar en equilibrio.

Una vez estimados todos los componentes del pronóstico del balance general, se combinan en este formato. La tabla 7.11 contiene el pronóstico del balance general para Pacific Jams al 30 de junio. Observe que damos algunos detalles adicionales para que el lector pueda confiar en nuestras estimaciones.

Tabla 7.11					

Pronóstico del balance general de Pacific Jams Company al 30 de junio, 20X2 (en miles)

ACTIVOS	REAL 12-31-X1	CAMBIO	PRONÓSTICO 6-30-X2	SUPOSICIONES
Efectivo	$ 100	− 25.0	$ 75.0	● Fijo en el saldo mínimo estimado.
Cuentas por cobrar	342	+ 31.5	373.5	● 100% de las ventas a crédito de junio más el 10% de las de mayo.
Inventario	350	+ 70.0	420.0	● Con base en la razón de rotación
Activos corrientes	$ 792	+ 76.5	$ 868.5	de inventario de 6.2143 y el costo de los bienes vendidos de $1,305.
Activos fijos netos	800	+ 50.0	850.0	● Gastos de capital de $200, venta de
Total de activos	$1,592	+126.5	$1,718.5	activos fijos con valor en libros de $40 y depreciación de $110.
PASIVOS				
Préstamos bancarios	$ 50	+ 61.5	$ 111.5	● Saldo anterior más financiamiento adicional requerido.
Cuentas por pagar	100	+ 50.0	150.0	● 100% de las compras de junio.
Salarios devengados y gastos	150	− 10.0	140.0	● Con base en el programa de producción y la experiencia.
Impuestos sobre la renta acumulados	70	−	70.0	● Cambio igual a nuevos acumulados menos pagos ($60 − $60).
Pasivos corrientes	$ 370	+101.5	$ 471.5	
Capital de accionistas	1,222	+ 25.0	1,247.0	● Cambio en utilidades retenidas por estado de pérdidas y ganancias.
Total de pasivos y capital de accionistas	$1,592	+126.5	$1,718.5	

● ● ● Uso de las razones y sus implicaciones

Como hemos visto, la información incluida en un presupuesto de efectivo se puede usar para elaborar el pronóstico de estados financieros. En vez de ello, podríamos utilizar razones financieras para elaborar estos pronósticos. Por ejemplo, podríamos hacer estimaciones directas de todos los elementos del balance general proyectando las razones financieras al futuro y luego haciendo estimaciones con base en estas razones. Cuentas por cobrar, inventarios, cuentas por pagar y salarios devengados y gastos con frecuencia se basan en las relaciones históricas con las ventas y la producción cuando no se dispone de un presupuesto de efectivo. Por ejemplo, si el periodo de cobro promedio es de 45 días, la rotación de cuentas por cobrar será 8 veces al año. Si las cuentas por cobrar fueran de $500,000 pero la empresa pronostica un incremento de $2 millones en las ventas para el próximo año, las cuentas por cobrar aumentarían $2 millones/8 = $250,000. Así, ahora se puede pronosticar el nivel de las cuentas por cobrar dentro de un año en $750,000.

El pronóstico de los estados de cuentas nos permite estudiar la composición del balance general y los estados de pérdidas y ganancias futuros. Las razones financieras se pueden calcular para analizar los estados; estas razones y las cifras originales se pueden comparar con las de los estados financieros presentes y pasados. Al usar esta información, el director financiero podrá analizar la dirección del cambio en la condición y el desempeño financieros de la empresa en el pasado, el presente y el futuro. Si la empresa está acostumbrada a hacer estimaciones precisas, la elaboración de un presupuesto de efectivo y/o los pronósticos de los estados literalmente la fuerzan a planear con anticipación y coordinar las políticas en las diferentes áreas de operación. La revisión continua de estos pronósticos mantiene a la empresa alerta ante las condiciones cambiantes en su entorno y en sus operaciones internas. Además, el pronóstico de los estados financieros puede incluso construirse con elementos seleccionados tomando un rango de valores probables más que estimaciones puntuales.

Puntos clave de aprendizaje

- Las *fuentes y los usos de los estados de fondos* es un resumen de los cambios en la posición financiera de una empresa de un periodo a otro. Una comprensión de este estado da al analista una visión importante de los usos de los fondos y la manera en que esos usos se financian en un periodo específico. El análisis del flujo de fondos es valioso para el estudio de los fondos comprometidos en activos y en la planeación del financiamiento a mediano y largo plazos. El flujo de fondos estudiado, sin embargo, representa transacciones *netas* y no *brutas* entre dos puntos en el tiempo.

- El estado de los flujos de efectivo ha sustituido al estado de flujo de fondos cuando se requiere que la empresa presente un conjunto completo de estados financieros. Sin embargo, a diferencia del estado de flujos de efectivo, el estado de flujo de fondos no omite los efectos netos de transacciones importantes en documentos. Además, es sencillo preparar este estado y con frecuencia los administradores lo prefieren sobre el estado más complejo de flujos de efectivo.

- Un *estado de flujos de efectivo contable* reporta los flujos de entrada y salida de efectivo de una empresa durante un periodo dividido en tres categorías: de actividades operativas, de inversión y financieras. Cuando se usan con otros estados financieros y otra información, el estado de flujo de efectivo debe ayudar al analista a evaluar la capacidad de una empresa para generar efectivo para dividendos e inversiones, identificar las necesidades de una empresa de financiamiento externo y comprender las diferencias entre ingreso neto y flujo de efectivo neto en las actividades operativas.

- Un *presupuesto de efectivo* es un pronóstico de las percepciones y los desembolsos de efectivo futuros de una empresa. Este pronóstico es especialmente útil para el director financiero al determinar los saldos de efectivo de la empresa en el futuro cercano y en la planeación prospectiva de las necesidades de efectivo. Además de analizar los flujos de efectivo, el director financiero debe tomar en cuenta las desviaciones posibles con respecto al resultado esperado. Un análisis del rango de resultados posibles permite a la administración evaluar mejor la eficiencia y la flexibilidad de la empresa y determinar el margen apropiado de seguridad.

- Los *pronósticos de los estados financieros* son estados financieros futuros esperados que se basan en las condiciones que la administración espera que se presenten y las acciones que espera tomar. Estos estados ofrecen a los directores financieros un panorama de las condiciones financieras y el desempeño futuros de sus empresas.

Apéndice   Modelado del crecimiento sustentable

La administración del crecimiento requiere un cuidadoso equilibrio de los objetivos de ventas de la empresa con su eficiencia operativa y los recursos financieros. Muchas compañías se extralimitan financieramente en el curso de su crecimiento; las cortes de calificación de bancarrota están ocupadas con esos casos. El truco es determinar qué tasa de crecimiento en ventas es congruente con las realidades de la compañía y del mercado financiero. En este sentido, el modelado del crecimiento sustentable es una herramienta de planeación poderosa que ha encontrado aplicaciones entusiastas en compañías como Hewlett-Packard. A manera de definición, la *tasa de crecimiento sustentable (TCS)* es el incremento porcentual anual máximo en las ventas que puede lograrse con base en las metas operativas, la deuda y las razones de pago de dividendos. Si el crecimiento real excede la tasa de crecimiento sustentable, algo debe ceder y, con frecuencia, es la razón de deuda. Al modelar el proceso de crecimiento, podemos planear intercambios inteligentes.

Modelo de estado estable

Para ilustrar el cálculo de la tasa de crecimiento sustentable, comenzaremos con un modelo de estado estable en el que el futuro es exactamente igual que el pasado con respecto al balance general y las razones de desempeño. También suponemos que la empresa no participa en financiamiento de capital accionario externo; la cuenta de capital está constituida sólo por las utilidades retenidas. Estas dos suposiciones se harán menos estrictas más adelante cuando se estudie el modelado de crecimiento sustentable de acuerdo con suposiciones cambiantes.

Variables empleadas. En un entorno de estado estable, las variables necesarias para determinar la tasa de crecimiento sustentable son

A/S = razón de activos totales a ventas

NP/S = margen neto de ganancias (ganancias netas entre ventas)

b = tasa de retención de utilidades ($1 - b$ es la razón de dividendo – pago)

D/Eq = razón de deuda a capital accionario

S_0 = ventas anuales más recientes (ventas iniciales)

ΔS = cambio absoluto en ventas con respecto a las ventas anuales más recientes

Las primeras cuatro variables son variables meta. La razón de activos totales a ventas, el recíproco de la razón de rotación de activos totales tradicional, es una medida de la eficiencia operativa. Cuanto menor es la razón, más eficiente es la utilización de activos. A la vez, esta razón es un compuesto de **1.** el manejo de cuentas por cobrar, descrito por el periodo de cobro promedio; **2.** el manejo de inventario, indicado por la razón de rotación de inventario; **3.** el manejo de activos fijos, reflejado por la producción de unidades en la planta, y **4.** el manejo de liquidez, como lo sugiere la proporción y el rendimiento sobre activos líquidos. Para fines de ilustración, suponemos que los activos líquidos se conservan en niveles moderados.[3]

El margen neto de ganancias es una medida relativa de la eficiencia de la operación, después de tomar en cuenta todos los gastos y los impuestos sobre la renta. Aunque los dos, la razón de activos totales a ventas y el margen neto de ganancia, están afectados por los mercados externos de productos, captan muy bien la eficiencia administrativa interna. La tasa de retención de utilidades y la razón de deuda a capital deben determinarse manteniendo la teoría y la práctica de la estructura de dividendos y capital. Reciben una enorme influencia de los mercados financieros externos. Nuestro propósito no es ver cómo se establecen, porque de eso nos ocuparemos en otra sección de este libro, sino incorporarlas en el modelo de planeación presentado.

Tasa de crecimiento sustentable (TCS). Con estas seis variables podemos calcular la tasa de crecimiento sustentable (TCS). La idea es que un incremento en los activos (uso de fondos) debe ser igual al incremento en los pasivos y el capital de accionistas (una fuente de fondos). El incremento en los activos se puede expresar como $\Delta S(A/S)$, el cambio en las ventas multiplicado por la razón de total de activos a ventas. El incremento en el capital de accionistas (a través de utilidades retenidas) es $b(NP/S)(S_0 + \Delta S)$, o la tasa de retención multiplicada por el margen neto de ganancia multiplicado por las ventas. Por último, el incremento en la deuda total es simplemente el incremento en el capital de accionistas multiplicado por la razón meta de deuda a capital, o $[b(NP/S)(S_0 + \Delta S)]D/Eq$. Uniendo todo esto, tenemos

$$\begin{array}{ccc} \text{Incremento} \\ \text{en activos} \end{array} = \begin{array}{c} \text{Incremento} \\ \text{en utilidades} \\ \text{retenidas} \end{array} + \begin{array}{c} \text{Incremento} \\ \text{en deuda} \end{array}$$

$$\Delta S\left(\frac{A}{S}\right) = b\left(\frac{NP}{S}\right)(S_0 + \Delta S) + \left[b\left(\frac{NP}{S}\right)(S_0 + \Delta S)\right]\frac{D}{Eq} \tag{7A.1}$$

Al reordenar términos, esta ecuación se expresa como

$$\frac{\Delta S}{S_0} \quad \text{o} \quad TCS = \frac{b\left(\frac{NP}{S}\right)\left(1 + \frac{D}{Eq}\right)}{\left(\frac{A}{S}\right) - \left[b\left(\frac{NP}{S}\right)\left(1 + \frac{D}{Eq}\right)\right]} \tag{7A.2}$$

Ésta es la tasa máxima de crecimiento en ventas que es congruente con las razones meta. Si esta tasa de crecimiento se logra o no, por supuesto, depende de los mercados externos de productos y de los esfuerzos de marketing de la empresa. Una tasa de crecimiento en particular puede ser factible financieramente, pero quizá no haya demanda para el producto. Una implicación en las formulaciones presentadas es que los cargos por depreciación son suficientes para mantener el valor de los activos operativos. Una advertencia final tiene que ver con el interés sobre nuevos préstamos. La suposición implícita es que todos los gastos de interés están incorporados en el margen neto de ganancia que se tiene como meta.

---

[3]Si éste no es el caso, puede ser mejor usar una razón de activos de operación a ventas.

Tabla 7A.1	SÍMBOLO	DATOS Y VARIABLES INICIALES	
Datos y variables iniciales usados para ilustrar las tasas de crecimiento sustentable	Eq_0	Capital accionario inicial (en millones)	$100
	$Deuda_0$	Deuda inicial (en millones)	$ 80
	$Ventas_0$	Ventas del año anterior (en millones)	$300
	b	Tasa meta de retención de utilidades	0.70
	NP/S	Meta del margen neto de ganancia	0.04
	D/Eq	Razón meta de deuda a capital	0.80
	A/S	Razón meta de activos a ventas	0.60

Una ilustración. Suponga que una compañía se caracteriza por los datos mostrados en la tabla 7A.1. La tasa de crecimiento sustentable se calcula como sigue y es congruente con las variables de estado estable mostradas en la tabla 7A.1.

$$TCS = \frac{0.70(0.04)(1.8)}{0.60 - [0.70(0.04)(1.80)]} = \textbf{9.17\%}$$

Se puede demostrar que el capital inicial aumenta en un 9.17% a $109.17 millones y que la deuda crece en un 9.17% a $87.34 millones, conforme todo crece en equilibrio estable. Sin embargo, si la tasa de crecimiento real fuera diferente de 9.17%, una o más de las variables deberían cambiar. En otras palabras, la eficiencia operativa, el apalancamiento o la retención de utilidades deben cambiar, o el cambio tendrá que ser en la venta o la recompra de acciones ordinarias.

Consejo

Al multiplicar el numerador y el denominador en la ecuación (7A.2) por la cantidad (S/A) y reacomodar los términos, obtenemos una fórmula para *TCS* mucho más corta:

$$TCS = \frac{b(NP/Eq)}{1 - [b(NP/Eq)]}$$

Esta fórmula destaca el hecho de que —reducida a sus elementos básicos— la TCS de una empresa tiene una relación positiva con su tasa meta de retención de utilidades (b) y su rendimiento meta sobre el capital (NP/Eq).

Modelado bajo suposiciones cambiantes

Para ver qué ocurre cuando nos salimos de un cambio de estado estable y de variables de un año a otro, debemos modelar el crecimiento sustentable de otra manera. De hecho, el crecimiento en la base de capital y el crecimiento en las ventas se desequilibran con el tiempo. De forma más específica, debemos incluir las ventas iniciales, S_0, y el capital accionario inicial, Eq_0, como fundamento sobre el cual construir. Además, expresamos la política de dividendos en términos de la cantidad absoluta de dividendos que una compañía desea pagar, en vez de una razón de pago. Por último, damos cabida a la venta de acciones ordinarias en un año dado, aunque esto se puede especificar como cero.

Con estas variables, la tasa de crecimiento sustentable en ventas para el próximo año, la *TCS* en forma decimal, se convierte en

$$TCS = \left[\frac{(Eq_0 + Eq\ nuevo - Div)\left(1 + \dfrac{D}{Eq}\right)\left(\dfrac{S}{A}\right)}{1 - \left[\left(\dfrac{NP}{S}\right)\left(1 + \dfrac{D}{Eq}\right)\left(\dfrac{S}{A}\right)\right]} \right] \left[\frac{1}{S_0}\right] - 1 \qquad (7A.3)$$

donde *Eq nuevo* es la cantidad de capital accionario nuevo reunido; *div* es la cantidad absoluta de dividendos anuales y *S/A* es la razón de ventas a activos totales. Esta última es simplemente el recíproco de la razón de activos totales a las ventas que usamos antes. De manera intuitiva, el numerador en el primer corchete de la ecuación (7A.3) representa las ventas que pueden ocurrir con base en el capital existente más cualquier cambio ocasionado por la venta de nuevas acciones ordinarias o por dividendos. La base de capital se amplía por la deuda empleada y luego se multiplica por la razón de ventas a activos fijos. El denominador en el primer corchete es uno menos la capacidad de generar ganancias meta de la compañía, (*NP/S*)(*S/A*), que se magnifica por la proporción de la deuda empleada. Cuando el numerador se divide entre el denominador, obtenemos el nuevo nivel de ventas que se puede lograr. En el último corchete dividimos este nuevo nivel entre las ventas iniciales para determinar el cambio en las ventas que es sustentable para el siguiente año.

Para ilustrar esto, suponga que los dividendos meta son $3.93 millones, que no se planea una nueva emisión de acciones y que las otras variables en la tabla 7A.1 se conservan igual. La tasa de crecimiento sustentable, usando la ecuación (7A.3), es

$$TCS = \left[\frac{(100 - 3.93)(1.80)(1.6667)}{1 - [(0.04)(1.80)(1.6667)]}\right]\left[\frac{1}{300}\right] - 1 = \textbf{9.17\%}$$

Esto es justo lo mismo que lo calculado con el modelo de estado estable porque un dividendo de $3.93 millones corresponde a una tasa de retención de utilidades de 0.70. Note también que una razón de activos totales a ventas de 0.60 corresponde a una razón de ventas a activos totales de 1.6667.

Suponga ahora que la razón meta de activos totales a ventas es 0.55 (una razón de ventas a activos de 1.8182) en vez de 0.60. Más aún, la meta del margen neto de ganancias también es mejor, 0.05 en vez de 0.04. Por último, la razón meta de deuda a capital se mueve hacia arriba, de 0.80 a 1.00. Suponiendo un dividendo de $4 millones, la tasa de crecimiento sustentable para el próximo año se convierte en

$$TCS = \left[\frac{(100 - 4)(2.00)(1.8182)}{1 - [(0.05)(2.00)(1.8182)]}\right]\left[\frac{1}{300}\right] - 1 = \textbf{42.22\%}$$

Este incremento sustancial en la TCS se debe a mejoras en la eficiencia operativa, que generan más utilidades retenidas y una razón de deuda más alta. Es importante reconocer que la tasa de crecimiento en ventas posible es sólo para un año. Aun si la eficiencia operativa continúa mejorando, la razón de deuda tendría que crecer continuamente para generar una TCS de 42.22 por ciento. El cambio en la razón de deuda afecta a todos los activos, no sólo al componente de crecimiento.

Para ejemplificar, suponga que la razón de deuda a capital ha de permanecer en 1.00 y las otras razones quedan igual. Al final del año, tendríamos bases más altas de capital accionario y ventas:

$$S_1 = \$300(1.4222) = \textbf{\$426.66}$$
$$Eq_1 = \$300(1.4222)0.05 - \$4 + 100 = \textbf{\$117.333}$$

La tasa de crecimiento sustentable para el año 2 se convierte en

$$TCS_2 = \left[\frac{(117.333 - 4)(2.00)(1.8182)}{1 - [(0.05)(2.00)(1.8182)]}\right]\left[\frac{1}{426.66}\right] - 1 = \textbf{18.06\%}$$

Así, el modelo produce la tasa de crecimiento sustentable año con año en un entorno cambiante. Sólo porque es posible tener una TCS alta un año, no significa que esta tasa de crecimiento sea sustentable en el futuro. De hecho, no lo será a menos que ocurran más cambios de variables en la misma dirección. En este sentido representa una ocurrencia de una sola vez.

Solución para otras variables y sus implicaciones

Con cualesquiera cinco de las seis variables originales, junto con el capital inicial y las ventas iniciales, es posible despejar la sexta variable. En la tabla 7A.2 presentamos algunas simulaciones, donde las variables que faltan, las cuales despejamos, se muestran en los cuadros sombreados.

Tabla 7A.2 Trece simulaciones diferentes usando modelado de crecimiento sustentable

VARIABLE	1	2	3	4	5	6	7	8	9	10	11	12	13
A/S	0.60	0.60	0.55	0.50	0.65	0.70	0.50	0.4292	0.5263	0.60	0.5882	0.60	0.60
NP/S	0.04	0.04	0.05	0.05	0.035	0.03	0.05	0.04	0.0623	0.0538	0.05	0.04	0.04
D/E	0.80	0.80	1.00	0.50	0.80	0.80	0.50	0.50	0.60	1.00	0.7682	1.0272	1.1659
Div	4.00	4.00	4.00	4.00	4.00	4.00	4.00	4.00	4.00	4.00	4.00	4.00	4.00
Eq nuevo	0	10.00	0	0	5.00	0	10.00	10.00	0	0	10.00	0	0
TCS	0.0909	0.2046	0.4222	0.1294	0.0325	−0.1083	0.25	0.30	0.20	0.30	0.25	0.25	0.35

Nota: Ventas iniciales = $300, capital inicial = $100.

Al unir todo en un modelo de crecimiento sustentable, podemos verificar la congruencia de los diferentes planes de crecimiento. Con frecuencia en la planeación corporativa, la compañía quiere varias cosas buenas: crecimiento en ventas alto, flexibilidad en la manufactura, uso moderado de la deuda y dividendos altos. Sin embargo, éstas pueden ser condiciones excluyentes entre sí.

El modelado del crecimiento sustentable nos permite verificar tales inconsistencias. De esta manera se pueden lograr decisiones de marketing, finanzas y manufactura más informadas y acertadas. El modelado de crecimiento sustentable ofrece una herramienta integradora para ayudar en el proceso de toma de decisiones. Con el enfoque actual de las corporaciones en el rendimiento sobre los activos y en la administración de bienes, este modelado puede tener un papel integral.

Preguntas

1. Compare los estados de flujo de fondos (fuentes y usos) con los presupuestos de efectivo como herramientas de planeación.
2. ¿Cuál es el propósito de un estado de flujos de efectivo?
3. En la elaboración de un presupuesto de efectivo, ¿qué variable es la más importante para llegar a proyecciones precisas? Explique.
4. Analice los beneficios que las empresas pueden obtener a partir de los presupuestos de efectivo.
5. Explique por qué una disminución en el efectivo constituye una fuente de fondos mientras que un aumento en el efectivo es un uso de los fondos en el estado de fuentes y uso de fondos.
6. Explique por qué vender inventario a crédito se considera una fuente de fondos cuando de hecho no se generan "fondos".
7. ¿Por qué la mayoría de los reportes financieros auditados para los accionistas incluyen un estado de flujos de efectivo además del balance general y el estado de pérdidas y ganancias?
8. ¿Por qué algunos administradores en realidad prefieren trabajar con un estado de flujo de fondos en vez del estado de flujo de efectivo?
9. ¿Es la depreciación una fuente de fondos? ¿En qué condiciones puede secarse la "fuente"?
10. ¿Por qué los banqueros analizan con detalle los estados de flujo de efectivo y los estados de fuentes y usos de fondos al estudiar las solicitudes de crédito?
11. ¿Cuáles de los siguientes son fuentes de fondos y cuáles son usos de fondos?
    a) Venta de terreno.
    b) Pago de dividendos.
    c) Disminución de impuestos acumulados.
    d) Disminución en el inventario de materias primas.
    e) Cargos por depreciación.
    f) Venta de bonos del gobierno.
    Ahora regrese e identifique qué elementos aparecerían en las secciones de actividades de operación, inversión o financieras de un estado de flujo de efectivo que se prepara mediante el método indirecto.

12. ¿Cuáles son los principales puntos de diferencia entre un presupuesto de efectivo y un estado de fuentes y usos de fondos?
13. ¿En qué elementos debería concentrarse el director financiero para mejorar la precisión del presupuesto de efectivo? Explique su razonamiento.
14. ¿Es el presupuesto de efectivo una mejor medida de liquidez que las medidas tradicionales como la liquidez corriente y la razón rápida?
15. ¿Por qué el pronóstico de ventas es tan importante al preparar el presupuesto de efectivo?
16. ¿Cuál es el objetivo primordial de los pronósticos de los estados? Al ser una proyección al futuro, ¿en qué difieren del presupuesto de efectivo?
17. ¿Cuáles son las dos maneras principales en que se pueden elaborar los pronósticos de los estados financieros?

Preguntas del apéndice

18. ¿Qué es una tasa de crecimiento sustentable para una compañía? ¿Cuál es el valor del modelado del crecimiento sustentable?
19. Explique las diferencias entre el modelado del crecimiento sustentable en estado estable y el modelado año con año.
20. Liste las variables utilizadas en el modelado del crecimiento sustentable. ¿Qué variables suelen tener el mayor efecto sobre la tasa de crecimiento en las ventas?

Problemas para autoevaluación

1. *a*) Dana Stallings, Inc., tuvo los siguientes estados financieros en 20X1 y 20X2. Prepare un estado de fuentes y usos de fondos, y evalúe sus hallazgos

ACTIVOS	20X1	20X2
Efectivo	$ 53,000	$ 31,000
Valores comerciales	87,000	0
Cuentas por cobrar	346,000	528,000
Inventarios	432,000	683,000
Activos corrientes	$ 918,000	$1,242,000
Activos fijos netos	1,113,000	1,398,000
Total	$2,031,000	$2,640,000

PASIVOS Y CAPITAL DE ACCIONISTAS		
Cuentas por pagar	$ 413,000	$ 627,000
Gastos acumulados	226,000	314,000
Préstamos bancarios	100,000	235,000
Pasivos corrientes	$ 739,000	$1,176,000
Acciones ordinarias	100,000	100,000
Utilidades retenidas	1,192,000	1,364,000
Total	$2,031,000	$2,640,000

Nota: Para 20X2, la depreciación fue $189,000; el interés pagado fue $21,000; los impuestos pagados sumaron $114,000, y no se pagaron dividendos.

b) Utilice la información proporcionada más sus estados de fuentes y usos de fondos del inciso *a*), prepare un estado de flujos de efectivo usando el método indirecto y evalúe sus hallazgos. (¿Su análisis basado en el estado de flujo de efectivo fue muy diferente del basado en el estado de flujo de fondos?)

2. El 31 de diciembre, el balance general de Rodríguez Malting Company fue el siguiente (en miles):

Efectivo	$ 50	Cuentas por pagar	$ 360
Cuentas por cobrar	530	Gastos acumulados	212
Inventarios	545	Préstamos bancarios	400
Activos corrientes	$1,125	Pasivos corrientes	$ 972
Activos fijos netos	1,836	Deuda a largo plazo	450
		Acciones ordinarias	100
		Utilidades retenidas	1,439
		Total de pasivos y capital	
Activos totales	$2,961	de accionistas	$2,961

La compañía ha recibido un pedido grande y anticipa la necesidad de ir a su banco a solicitar más préstamos. Como resultado, debe pronosticar sus requerimientos de efectivo para enero, febrero y marzo.

La compañía suele cobrar el 20% de sus ventas en el mes en que vende, el 70% en el mes siguiente y el 10% en el segundo mes después de la venta. Todas las ventas son a crédito.

Las compras de materias primas para producir malta se hacen el mes anterior a la venta y suman 60% de las ventas del mes siguiente. Los pagos de estas compras ocurren un mes después de la compra. Se espera que los costos de mano de obra, incluyendo horas extra, sean de $150,000 en enero, $200,000 en febrero y $160,000 en marzo. Se espera que los gastos de ventas, administrativos, impuestos y otros gastos en efectivo sean alrededor de $100,000 al mes de enero a marzo. Las ventas reales en noviembre y diciembre y las ventas proyectadas de enero a abril son las siguientes (en miles):

Noviembre	$500	Febrero	$1,000
Diciembre	600	Marzo	650
Enero	600	Abril	750

Con base en esta información:

a) Prepare un presupuesto de efectivo para los meses de enero, febrero y marzo.

b) Determine la cantidad de préstamo bancario adicional necesario para mantener un saldo en efectivo de $50,000 todo el tiempo. (Ignore el interés sobre esos préstamos).

c) Elabore un pronóstico del balance general para el 31 de marzo. (Debe observar que la compañía mantiene un inventario de seguridad y que la depreciación para el periodo de tres meses se espera que sea de $24,000).

3. Margaritaville Nautical Company espera ventas de $2.4 millones el próximo año y la misma cantidad el siguiente. Las ventas están dispersas por igual todo el año. Con base en la siguiente información, elabore un pronóstico del estado de pérdidas y ganancias y un balance general para el final del año:

- *Efectivo:* mínimo 4% de las ventas anuales.
- *Cuentas por cobrar:* periodo de cobro de 60 días promedio según ventas anuales.
- *Inventarios:* rotación de ocho veces en un año.
- *Activos fijos netos:* $500,000 ahora. Gastos de capital iguales a depreciación.
- *Cuentas por pagar:* compras de un mes.
- *Gastos acumulados:* 3% de las ventas.
- *Préstamos bancarios:* $50,000 ahora. Puede pedir prestado hasta $250,000.
- *Deuda a largo plazo:* $300,000 ahora, por pagar $75,000 al final del año.
- *Acciones ordinarias:* $100,000. Sin adiciones planeadas.
- *Utilidades retenidas:* $500,000 ahora.
- *Margen neto de ganancias:* 8% de las ventas.
- *Dividendos:* ninguno.
- *Costo de los bienes vendidos:* 60% de las ventas.
- *Compras:* 50% del costo de los bienes vendidos.
- *Impuestos sobre la renta:* 50% de las utilidades antes de impuestos.

Problema para autoevaluación del apéndice

4. Kidwell Industries tiene un capital accionario de $12 millones, una deuda total de $8 millones y ventas el año pasado de $30 millones.

a) Tiene una razón meta de activos a ventas de 0.6667, una meta para el margen neto de ganancias de 0.04, una razón meta de deuda a capital de 0.6667, y una tasa meta de retención de utilidades de 0.75. En el estado estable, ¿cuál es su tasa de crecimiento sustentable?

b) Suponga que la compañía ha establecido para el próximo año una razón meta de activos a ventas de 0.62, un margen meta de ganancias netas de 0.05, y una razón meta de deuda a capital de 0.80. Desea pagar un dividendo anual de $0.3 millones y recaudar $1 millón en capital accionario el próximo año. ¿Cuál es su tasa de crecimiento sustentable para el siguiente año? ¿Por qué difiere de la obtenida en el inciso *a)*?

Problemas

1. Shmenge Brothers Accordion Company reporta los siguientes cambios desde el año anterior. Clasifique estos elementos como una fuente o como uso de fondos.

ELEMENTO		ELEMENTO	
Efectivo	−$ 100	Cuentas por pagar	+$300
Cuentas por cobrar	+ 700	Gastos acumulados	− 100
Inventario	− 300	Deuda a largo plazo	− 200
Dividendos pagados	+ 400	Ganancia neta	+ 600
Depreciación	+1,000	Adiciones a activos fijos	+ 900

2. Balance general comparativo de Svoboda Corporation al 31 de diciembre (en millones)

ACTIVOS	20X1	20X2	PASIVOS Y CAPITAL DE ACCIONISTAS	20X1	20X2
Efectivo	$ 5	$ 3	Pagarés	$20	$ 0
Cuentas por cobrar	15	22	Cuentas por pagar	5	8
Inventarios	12	15	Salarios devengados	2	2
Activos fijos netos	50	55	Impuestos acumulados	3	5
Otros activos	8	5	Deuda a largo plazo	0	15
			Acciones ordinarias	20	26
			Utilidades retenidas	40	44
Activos totales	$90	$100	Total de pasivos y capital de accionistas	$90	$100

Estado de pérdidas y ganancias y utilidades retenidas en el año que terminó el 31 de diciembre de 20X2 para Svoboda Corporation (en millones)

Ventas netas		$48
Gastos		
Costo de bienes vendidos	$25	
Gastos de ventas, generales y administrativos	5	
Depreciación	5	
Interés	2	37
Ingreso neto antes de impuestos		$11
Menos: impuestos		4
Ingreso neto		$ 7
Más: utilidades retenidas el 31/12/X1		40
Subtotal		$47
Menos: dividendos		3
Utilidades retenidas el 31/12/X2		$44

a) Prepare un estado de flujo de fondos (fuentes y usos) para 20X2 de Svoboda Corporation.

b) Prepare un estado de flujos de efectivo para 20X2 usando el método indirecto para Svoboda Corporation.

3. Los estados financieros para Begalla Corporation son los siguientes.

Balance general comparativo para Begalla al 31 de diciembre (en millones)

ACTIVOS	20X1	20X2	PASIVOS	20X1	20X2
Efectivo	$ 4	$ 5	Cuentas por pagar	$ 8	$10
Cuentas por cobrar	7	10	Pagarés	5	5
Inventarios	12	15	Salarios devengados	2	3
			Impuestos acumulados	3	2
Total de activos corrientes	23	$30	Total de pasivos corrientes	$18	$20
Activos fijos netos	40	40	Deuda a largo plazo	20	20
			Acciones ordinarias	10	10
			Utilidades retenidas	15	20
Total	$63	$70	Total	$63	$70

Estado de pérdidas y ganancias en 20X2 para Begalla (en millones)

Ventas		$95
Costo de bienes vendidos	$50	
Gastos de ventas, generales y administrativos	15	
Depreciación	3	
Interés	2	70
Ingreso neto antes de impuestos		$25
Impuestos		10
Ingreso neto		$15

a) Prepare un estado de fuentes y usos de fondos para Begalla Corporation.

b) Prepare un estado de flujo de efectivo usando el método indirecto para Begalla Corporation.

4. Prepare un presupuesto de efectivo para Ace Manufacturing Company, indique las percepciones y los desembolsos en mayo, junio y julio. La empresa desea mantener en todo momento un saldo en efectivo mínimo de $20,000. Determine si será necesario pedir prestado o no durante el periodo; en caso afirmativo, indique cuándo y por cuánto. Desde el 30 de abril, la empresa tuvo un saldo de $20,000 en efectivo.

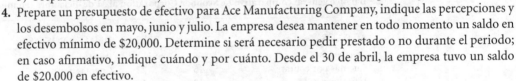

VENTAS REALES		VENTAS PRONOSTICADAS	
Eenero	$50,000	Mayo	$ 70,000
Febrero	50,000	Junio	80,000
Marzo	60,000	Julio	100,000
Abril	60,000	Agosto	100,000

- *Cuentas por cobrar:* 50% del total de ventas es para efectivo. El 50% restante se cobrará por igual en los dos meses siguientes (la empresa incurre en una pérdida insignificante por deuda incobrable).
- *Costo de bienes fabricados:* 70% de las ventas: 90% de este costo se paga el siguiente mes y el 10% restante más de un mes después.
- *Gastos de ventas, generales y administrativos:* $10,000 por mes más el 10% de ventas. Todos estos gastos se pagan durante el mes en el que se generan.
- *Pagos de interés:* un pago de interés semestral sobre $150,000 de bonos circulantes (cupón del 12%) se paga durante julio. También se hace un pago anual de $50,000 al fondo de amortización en ese momento.
- *Dividendos:* un pago de $10,000 de dividendos se declara y se efectúa en julio.
- *Gastos de capital:* se invertirán $40,000 en la planta y equipo en junio.
- *Impuestos:* se harán pagos de impuestos por $1,000 en julio.

5. Con base en la siguiente información, elabore un presupuesto de efectivo para Central City Department Store para los primeros seis meses de 20X2.

a) Todos los precios y costos permanecen constantes.

b) El 75% de las ventas son a crédito y el 25% en efectivo.

c) Con respecto a las ventas a crédito, el 60% se cobra en el mes posterior a la venta, el 30% en el segundo mes y el 10% en el tercero. Las pérdidas por deudas incobrables son insignificantes.

d) Las ventas reales y estimadas son:

Octubre 20X1	$300,000	Marzo 20X2	$200,000
Noviembre 20X1	350,000	Abril 20X2	300,000
Diciembre 20X1	400,000	Mayo 20X2	250,000
Enero 20X2	150,000	Junio 20X2	200,000
Febrero 20X2	200,000	Julio 20X2	300,000

e) Los pagos de compras de mercancías son del 80% de las ventas anticipadas del siguiente mes.

f) Los sueldos y salarios son:

Enero	$30,000	Marzo	$50,000	Mayo	$40,000
Febrero	40,000	Abril	50,000	Junio	35,000

g) La renta es de $2,000 al mes.

h) El interés de $7,500 se vence el último día de cada trimestre calendario y no se han planeado dividendos en efectivo trimestrales.

i) Un pago por adelantado de impuestos por $50,000 para 20X2 se vence en abril.

j) Se planea una inversión de capital de $30,000 en junio que se pagará entonces.

k) La compañía tiene un saldo en efectivo de $100,000 el 31 de diciembre de 20X1, que es el nivel mínimo deseado de efectivo. Se pueden pedir prestados fondos en múltiplos de $5,000. (Ignore el interés de estos préstamos).

6. Use el presupuesto de efectivo que trabajó en el problema 5 y la siguiente información adicional para elaborar un pronóstico de estado de pérdidas y ganancias para la primera mitad de 20X2 para Central City Department Store. (Observe que la tienda mantiene un inventario de seguridad).

a) El inventario el 31/12/X1 era $200,000.

b) La depreciación se calcula linealmente sobre $250,000 de activos con una vida promedio restante de 10 años y sin valor de rescate.

c) La tasa de impuestos es del 50 por ciento.

7. Con base en la siguiente información y la contenida en los problemas 5 y 6, elabore un balance general a partir del 30 de junio, 20X2, para Central City Department Store. (Suponga que las cuentas por pagar se quedan igual que el 31 de diciembre, 20X1).

Balance general de Central City Department Store el 31 de diciembre, 20X1

ACTIVOS		PASIVOS Y CAPITAL ACCIONARIO	
Efectivo	$100,000	Cuentas por pagar	$130,000
Cuentas por cobrar	427,500	Bonos	500,000
Inventario	200,00	Acciones ordinarias y	
Activos fijos netos	250,000	utilidades retenidas	347,500
	$977,500		$977,500

Problemas del apéndice

8. Liz Clairorn Industries tiene $40 millones en capital de accionistas y ventas de $150 millones el año pasado.

a) Sus razones meta son activos a ventas, 0.40; margen neto de ganancias, 0.07; deuda a capital accionario, 0.50, y retención de utilidades, 0.60. Si estas razones corresponden al estado estable, ¿cuál es la tasa de crecimiento sustentable?

b) ¿Cuál sería la tasa de crecimiento sustentable el año próximo si la compañía saliera del estado estable y tuviera las siguientes metas? Razón de activos a ventas, 0.42; margen neto de ganancias, 0.06; razón de deuda a capital accionario, 0.45; dividendos de $5 millones, y ningún nuevo financiamiento de capital de accionistas.

9. Herb I. Vore Hydroponics Corporation desea lograr un incremento del 35% en ventas el próximo año. Las ventas el año pasado fueron de $30 millones y la compañía tiene capital de accionistas de $12 millones. Ahora intenta recaudar $0.5 millones en nuevo capital accionario mediante la venta de acciones ordinarias a funcionarios. No ha planeado dividendos. Tentativamente, la compañía ha establecido las siguientes razones meta: activos a ventas, 0.67; margen neto de ganancias, 0.08, y razón de deuda a capital accionario, 0.60. La compañía determinó que estas razones no son suficientes para generar un crecimiento en ventas del 35 por ciento.

a) Con las otras dos razones meta constantes, ¿qué razón de activos a ventas sería necesaria para lograr el 35% de incremento en ventas?

b) Con las otras dos razones constantes, ¿qué margen neto de ganancias sería necesario?

c) Con las otras dos razones constantes, ¿qué razón de deuda a capital sería necesaria?

Soluciones a los problemas para autoevaluación

1. a) **Estado de fuentes y usos de fondos para Dana-Stallings, Inc. (en miles)**

FUENTES		USOS	
Fondos suministrados por la operación			
Ganancia neta	$172		
Depreciación	189	Adiciones a activos fijos	$474
	$361		
Disminución, valores comerciales	87	Incremento, cuentas por cobrar	182
Incremento, cuentas por pagar	214	Incremento, inventarios	251
Incremento, gastos acumulados	88		
Incremento, préstamos bancarios	135		
Disminución, efectivo	**22**		
	$907		$907

La compañía ha tenido gastos de capital sustanciales e incrementos en los activos corrientes. Este crecimiento ha sobrepasado el crecimiento en utilidades retenidas. Para financiarlo, ha reducido sus valores comerciales a cero, se ha apoyado fuertemente en el crédito comercial (cuentas por pagar) y ha aumentado sus gastos acumulados y préstamos bancarios. Todo esto es financiamiento a corto plazo de acumulación de activos, en su mayoría, a largo plazo.

b) **Estado de flujos de efectivo para Dana-Stallings, Inc. (en miles)**

FLUJOS DE EFECTIVO DE ACTIVIDADES OPERATIVAS	
Ingreso neto	$ 172
Depreciación	189
Efectivo suministrado (o usado) por activos y pasivos corrientes relacionados con la operación	
Incremento, cuentas por pagar	214
Incremento, gastos acumulados	88
Incremento, cuentas por cobrar	(182)
Incremento, inventarios	(251)
Efectivo neto suministrado (o usado) por actividades operativas	$ 230
FLUJO DE EFECTIVO DE ACTIVIDADES DE INVERSIÓN	
Adiciones a activos fijos	$(474)
Disminución, valores comerciales	87
Efectivo neto suministrado (o usado) por actividades de inversión	$(387)
FLUJO DE EFECTIVO DE ACTIVIDADES DE FINANCIAMIENTO	
Incremento en préstamos bancarios a corto plazo	$ 135
Efectivo neto suministrado (o usado) por actividades financieras	$ 135
Incremento (o disminución) en el efectivo	$ (22)
Efectivo, 31 de diciembre, 20X1	53
Efectivo, 31 de diciembre, 20X2	$ 31
Flujos de efectivo complementarios declarados	
Interés pagado	$ 21
Impuestos pagados	114

Además de los mismos puntos que surgen en un análisis del estado de fuentes y usos de fondos, vemos que todos los flujos de efectivo de la empresa por actividades operativas se usaron para adiciones a los activos fijos. En general, el estado de flujos de efectivo preparado con el método indirecto da más o menos la misma información reunida por un análisis del estado de fuentes y usos de fondos.

2. *a)* **Presupuesto de efectivo (en miles)**

	NOV.	DIC.	ENE.	FEB	MAR.	ABR.
Ventas	$500	$600	$600	$1,000	$650	$750
Cobros en efectivo						
20% de ventas de este mes			$120	$ 200	$130	
70% de ventas del mes pasado			420	420	700	
10% de ventas de hace 2 meses			50	60	60	
Total de percepciones de efectivo			$590	$ 680	$890	
Compras		$360	$600	$ 390	$450	

	NOV.	DIC.	ENE.	FEB.	MAR.	ABR.
Desembolsos de efectivo para compras						
y gastos de operación						
100% de las compras del mes pasado			$360	$ 600	$390	
Costos de mano de obra			150	200	160	
Otros gastos pagados			100	100	100	
Total de desembolsos en efectivo			$610	$ 900	$650	
Percepciones de efectivo menos desembolsos en efectivo			$(20)	$ (220)	$240	

b)

	DIC.	ENE.	FEB.	MAR.
Préstamos bancarios iniciales		$400	$420	$640
Préstamos adicionales		20	220	(240)
Préstamos bancarios finales	400	$420	$640	$400

La cantidad de financiamiento alcanza su punto máximo en febrero debido a la necesidad de pagar las compras del mes anterior y los costos de mano de obra más altos. En marzo se hacen cobros sustanciales sobre la facturación del mes anterior, lo que ocasiona un flujo de entrada de efectivo neto grande suficiente para pagar todos los préstamos adicionales.

c) **Pronóstico del balance general al 31 de marzo (en miles)**

ACTIVOS	REAL 31/12	CAMBIO	PRONÓSTICO 31-3	SUPOSICIONES
Efectivo	$ 50	0	$ 50	● Fijado al saldo mínimo estimado.
Cuentas por cobrar	530	+ 90	620	● 80% de ventas de marzo más 10% ventas de febrero.
Inventario	545	+ 90	635	● Con base en $545 más $1,985 en compras (enero a marzo) menos 0.6 por $2,250 en ventas (enero a marzo).
Activos corrientes	$1,125	+180	$1,305	
Activos fijos netos	1,836	− 24	1,812	● Depreciación esperada en $24.
Total de activos	$2,961	+156	$3,117	

PASIVOS	REAL 31/12	CAMBIO	PRONÓSTICO 31-3	SUPOSICIONES
Préstamos bancarios	$ 400	0	$ 400	● Saldo anterior más cero financiamiento adicional necesario
Cuentas por pagar	360	+ 90	450	● 100% de compras de marzo.
Gastos acumulados	212	0	212	● Sin cambio esperado.
Pasivos corrientes	$ 972	+ 90	$1,062	
Deuda a largo plazo	450	0	450	● Sin cambio esperado.
Acciones ordinarias	100	0	100	● Sin cambio esperado.
Utilidades retenidas	1,439	+ 66	1,505	● Cambio en utilidades retenidas igual a ventas menos pagos por compras, menos costos de mano de obra, depreciación y otros gastos, de enero a marzo.
Total de pasivos y capital accionario	$2,961	+156	$3,117	

3. Pronóstico del estado de pérdidas y ganancias (en miles)

		SUPOSICIONES
Ventas netas	$2,400	● Con base en pronóstico de ventas.
Costo de bienes vendidos	1,440	● Pronóstico al 60% de las ventas netas.
Ganancia bruta	$ 960	
Gastos	576	● 24% de ventas netas; requeridos para producir 16% de margen de ganancias antes de impuestos (ver más abajo).
Ganancia antes de impuestos	$ 384	● 16% de ventas netas; con base en 8% de margen neto de ganancia y 50% de tasa de impuestos.
Impuestos	192	● Pronosticados en 50 por ciento.
Ganancia después de impuestos	**$ 192**	● Pronosticada al 8% de ventas netas.
Dividendos	0	● No se esperan.
Incremento en utilidades retenidas	$ 192	● Se acarrea al pronóstico del balance general.

Pronóstico de balance general (en miles)

ACTIVOS	FINAL DE AÑO	SUPOSICIONES
Efectivo	$ 96	● Fijado en el saldo mínimo estimado; 4% de ventas anuales de $2.4 millones.
Cuentas por cobrar	400	● Con base en un periodo de cobro promedio de 60 días; (ventas netas de $2.4 millones)/(360/60)
Inventario	180	● Con base en una rotación anual de 8; (costo de bienes vendidos de $1.44 millones)/8.
Activos corrientes	$ 676	
Activos fijos netos	500	● $500,000 al inicio del año y gastos de capital esperados iguales al cargo por depreciación para el año.
Total de activos	$1,176	

PASIVOS	FINAL DE AÑO	SUPOSICIONES
Préstamos bancarios	$ 27	● *Cifra igual* al total de activos menos todos los elementos individuales listados en seguida.
Cuentas por pagar	60	● Compras de 1 mes; (0.5)(costo de bienes vendidos de $1.44 millones)/12.
Gastos acumulados	72	● Estimado en 3% de las ventas de $2.4 millones.
Pasivos corrientes	$ 159	
Deuda a largo plazo	225	● $300,000 menos pago al principal de $75,000 al final del año.
Acciones ordinarias	100	● Sin cambios esperados.
Utilidades retenidas	692	● $500,000 más $192,000 del cambio en utilidades retenidas por pronóstico de estado de pérdidas utilidades y ganancias.
Total de pasivos y capital accionario	$1,176	

Solución al problema para autoevaluación del apéndice

4. *a)* $TCS = \dfrac{0.75(0.04)(1.6667)}{0.6667 - [0.75(0.04)(1.6667)]} = \textbf{8.11\%}$

b) $TCS = \left[\dfrac{(12 + 1 - 0.3)(1.80)(1.6129)}{1 - [(0.05)(1.80)(1.6129)]}\right]\left[\dfrac{1}{30}\right] - 1 = \textbf{43.77\%}$

La compañía se movió del estado estable con una meta más alta de eficiencia operativa, una razón de deuda mayor y la venta de acciones ordinarias. Todo esto permite una tasa más alta de crecimiento en ventas el próximo año. A menos que ocurran más cambios en estas direcciones, la TCS declinará.

Referencias seleccionadas

Bhandari, Shyan B. "Pedagogical Issues Concerning Analysis of the Cash Flow Statement". *Journal of Financial Education* 29 (primavera, 2003), 1-11.

Gahlon, James M. y Robert L. Vigeland. "An Introduction to Corporate Cash Flow Statements". *AAII Journal* 11 (enero, 1989), 14-18.

Gup, Benton E., William D. Samson, Michael T. Dugan, Myung J. Kim y Thawatchai Jittrapanun. "An Analysis of Patterns from the Statement of Cash Flows". *Financial Practice and Education* 3 (otoño, 1993), 73-79.

Helfert, Erich A. *Techniques of Financial Analysis*, 11a. ed. Nueva York, NY: McGraw-Hill/Irwin, 2004.

Higgins, Robert C. "How Much Growth Can a Firm Afford?". *Financial Management* 6 (otoño, 1977), 7-16.

_____ . "Sustainable Growth under Inflation". *Financial Management* 10 (otoño, 1981), 36-40.

_____ . *Analysis for Financial Management*, 8a. ed. Nueva York, NY: McGraw-Hill/Irwin, 2007.

Moore, Marty. "Cash Flow Management in a Leveraged Environment". *Strategic Finance* (enero, 2002), 31-33.

Mulford, Charles W. y Eugene E. Comiskey. *Creative Cash Flow Reporting: Uncovering Sustainable Financial Performance.* Hoboken, NJ: John Wiley & Sons, 2005.

Nurnberg, Hugo. "Inconsistencies and Ambiguities in Cash Flow Statements under FASB Statement No. 95". *Accounting Horizons* 7 (junio, 1993), 60-75.

Plewa, Franklin J. y G. Thomas Friedlob. "New Ways to Analyze Cash Flows". *National Public Accountant* 47 (febrero/marzo, 2002), 25-30, 43.

Statement of Cash Flows: Understanding and Implementing FASB Statement No. 95. Ernst & Whinney, enero, 1988.

Van Horne, James C. "Sustainable Growth Modeling". *Journal of Corporate Finance* 1 (invierno, 1988), 19-25.

La parte III del sitio Web del libro, *Wachowicz's Web World*, contiene vínculos a muchos sitios y artículos en línea relacionados con los temas cubiertos en este capítulo. (web.utk.edu/~jwachowi/part3.html)

8

Perspectiva general de la administración del capital de trabajo

Contenido

- **Introducción**
  Conceptos de capital de trabajo • Importancia de la administración del capital de trabajo • Rentabilidad y riesgo

- **Aspectos del capital de trabajo**
  Cantidad óptima (o nivel óptimo) de activos corrientes • Clasificación de capital de trabajo

- **Financiamiento de activos corrientes: Mezcla a corto y largo plazos**
  Enfoque de cobertura contra riesgos (hacer coincidir el vencimiento) • Financiamiento a corto plazo versus financiamiento a largo plazo

- **Combinar la estructura de pasivos y las decisiones de activos corrientes**
  Incertidumbre y margen de seguridad • Riesgo y rentabilidad

- **Puntos clave de aprendizaje**

- **Preguntas**

- **Problemas para autoevaluación**

- **Problemas**

- **Soluciones a los problemas para autoevaluación**

- **Referencias seleccionadas**

Objetivos

Después de estudiar el capítulo 8, usted será capaz de:

- Explicar cómo difiere la definición de "capital de trabajo" entre analistas financieros y contadores.

- Comprender las dos decisiones fundamentales en la administración del capital de trabajo (y los intercambios implicados en la toma de estas decisiones).

- Analizar cómo determinar el nivel óptimo de los activos corrientes.

- Describir la relación entre rentabilidad, liquidez y riesgo en la administración del capital de trabajo.

- Explicar cómo clasificar el capital de trabajo de acuerdo con sus "componentes" y con el "tiempo" (por ejemplo, permanente o temporal).

- Describir el enfoque de cobertura contra riesgos (hacer coincidir el vencimiento) para el financiamiento y las ventajas/desventajas del financiamiento a corto y largo plazos.

- Explicar cómo combina el director financiero la decisión de activos corrientes con la decisión de estructura de los pasivos.

Toda adquisición digna está acompañada de riesgos; el que teme encontrar estos últimos no debe esperar obtener la primera.

—PIETRO METASTASIO

Introducción

● ● ● Conceptos de capital de trabajo

Capital de trabajo neto Activos corrientes menos pasivos corrientes.

Existen dos conceptos importantes de capital de trabajo: capital de trabajo *neto* y capital de trabajo *bruto*. Cuando los contadores usan el término *capital de trabajo*, en general se refieren al capital de trabajo neto, que es la diferencia de dinero entre los activos corrientes y los pasivos corrientes. Ésta es una medida del grado en el que la empresa está protegida contra los problemas de liquidez. Sin embargo, desde un punto de vista administrativo, tiene poco sentido hablar de intentar manejar activamente una diferencia neta entre los activos y los pasivos corrientes, en particular cuando esa diferencia cambia de manera continua.

Capital de trabajo bruto Inversión de la empresa en activos corrientes (como efectivo, valores comerciales e inventario).

Administración de capital de trabajo La administración de los activos corrientes de la empresa y el financiamiento necesario para apoyar los activos corrientes.

Por otro lado, los analistas financieros, cuando hablan de capital de trabajo, se refieren a activos corrientes. Por lo tanto, su atención está en el capital de trabajo bruto. Puesto que tiene sentido para los directores financieros participar en la tarea de proveer la cantidad correcta de activos corrientes para la empresa en todo momento, adoptaremos el concepto de capital de trabajo bruto. Conforme se desarrolle el estudio de la administración del capital de trabajo, nuestro interés se centrará en considerar la administración de los activos corrientes de la empresa —a saber, valores en efectivo y comerciales, cuentas por cobrar e inventarios— y el financiamiento (en especial los pasivos corrientes) necesario para apoyar los activos corrientes.

● ● ● Importancia de la administración del capital de trabajo

La administración del capital de trabajo, que se estudia en este capítulo y los tres siguientes, es importante por varias razones. Por un lado, los activos corrientes de una empresa de manufactura típica explican más de la mitad del total de activos. Para una compañía de distribución, explican aún más. Es fácil que los niveles excesivos de activos corrientes den como resultado una empresa que obtiene un rendimiento sobre la inversión inferior. Sin embargo, las empresas con pocos activos corrientes pueden incurrir en faltantes y en dificultades para mantener una operación sin obstrucciones.

Para las compañías pequeñas, los pasivos corrientes suelen ser la fuente principal de financiamiento externo. Estas empresas no tienen acceso a mercados de capital a largo plazo, como no sea adquirir una hipoteca sobre un bien inmueble. La compañía más grande de crecimiento rápido también utiliza el financiamiento de pasivos corrientes. Por estas razones, el director financiero y el personal dedican una parte considerable de su tiempo a los asuntos del capital de trabajo. La administración del efectivo, los valores comerciales, las cuentas por cobrar, las obligaciones contraídas y otros medios de financiamiento a corto plazo son responsabilidad *directa* del director financiero; sólo la administración de inventarios no lo es. Todavía más, estas responsabilidades administrativas requieren supervisión diaria y continua. A diferencia de las decisiones de dividendos y estructura del capital, no se puede estudiar el asunto, llegar a una decisión y olvidarse de ello durante muchos meses. La administración del capital de trabajo es importante, tan sólo por la cantidad de tiempo que el director financiero debe dedicarle. Pero más fundamental es el efecto de las decisiones de capital de trabajo sobre el riesgo, el rendimiento y el precio de las acciones de la compañía.

● ● ● Rentabilidad y riesgo

Detrás de una sensata administración del capital de trabajo están dos decisiones fundamentales para la empresa. Éstas son la determinación de:

● el nivel óptimo de inversión en activos corrientes, y

● la mezcla apropiada de financiamiento a corto y largo plazos usado para apoyar esta inversión en activos corrientes.

A la vez, estas decisiones están influidas por el intercambio que debe hacerse entre la rentabilidad y el riesgo. Bajar el nivel de inversión en activos corrientes, pudiendo todavía apoyar las ventas, llevaría a un incremento en el rendimiento de la empresa sobre el total de activos. En la medida en que los

Administración del capital de trabajo, visibilidad de la cadena de suministros

Supply & Demand Chain Executive

Más de $1 billón se ven innecesariamente comprometidos en capital de trabajo

Las 2,000 compañías más grandes de Estados Unidos y Europa tienen más de $1 billón (esto es, un millón de millones) en efectivo innecesariamente comprometidos en capital de trabajo en la forma de facturas que los clientes pagan tarde, proveedores a quienes se les paga demasiado pronto e inventario que se desplaza con lentitud por la cadena de suministros, de acuerdo con la investigación de la empresa consultora de negocios The Hackett Group.

Al implantar las mejores prácticas y lograr los niveles de capital de trabajo que marcan los líderes en este estudio, las compañías también reducirían los costos de operación anuales hasta en $42 mil millones, reporta Hackett.

Juntas, estas mejoras al capital de trabajo pueden habilitar a las compañías para impulsar ganancias netas de hasta el 11 por ciento. La investigación de Hackett también revela una fuerte correlación entre las compañías que aumentan de forma sistemática el valor de las acciones y las que se destacan por su administración del capital de trabajo.

Esta investigación resalta una gama de las mejores prácticas que utilizan las compañías líderes para mejorar el desempeño de su capital de trabajo, como, por ejemplo, una mejor comprensión de sus clientes o centrar los esfuerzos proactivos en aquello que tiene el mayor efecto material sobre el desempeño del capital de trabajo.

Hackett ve también las oportunidades de la siguiente generación para las compañías dispuestas a examinar ampliamente las operaciones de la cadena de suministros, colaborando con los clientes, socios del canal de distribución (clientes) y vendedores para tener una visibilidad más clara de la demanda, la optimización del inventario y otras mejoras operativas.

"La optimización del capital de trabajo es inherentemente compleja, pues toca muchos procesos de negocios y personas dentro de la organización", dijo el presidente de Hackett-REL, Stephen Payne. "Es un acto de equilibrio y las compañías deben manejarlo con cuidado para asegurar que el capital de trabajo tenga un nivel bajo y también tenga los recursos esenciales que necesitan para hacer cosas como asignar fondos al desarrollo de productos, producir y distribuir sus productos, y ofrecer altos niveles de servicio al cliente. Pero la habilidad para influir en lo fundamental a través de la optimización del capital de trabajo es enorme".

Fuente: "More than $1 Trillion Seen Unnecessarily Tied Up in Working Capital", *Supply & Demand Chain Executive* (junio/julio, 2006), p. 10. (www.sdcexec.com) © Derechos reservados 2006 por Cygnus Business Media. Usado con permiso. Todos los derechos reservados.

costos explícitos del financiamiento a corto plazo sean menores que los del financiamiento a mediano y largo plazos, mayor será la proporción de la deuda a corto plazo con respecto a la deuda total, y mayor será la rentabilidad de la empresa.

Aunque las tasas de interés a corto plazo algunas veces exceden las de largo plazo, en general, son menores. Aun cuando las tasas a corto plazo sean más altas, es probable que la situación sólo sea temporal. En un periodo largo, esperaríamos pagar más en costos de interés con deuda a largo plazo que en los préstamos a corto plazo, los cuales cambian continuamente (por refinanciamiento) al vencimiento. Más aún, el uso de deuda a corto plazo en vez de deuda a largo plazo es probable que dé como resultado ganancias más altas porque la deuda se pagará durante los periodos en que no se necesita.

Estas suposiciones de rentabilidad sugieren mantener un nivel bajo de activos corrientes y una proporción alta de pasivos corrientes con respecto a pasivos totales. El resultado de esta estrategia es un nivel bajo, o incluso negativo, de capital de trabajo *neto*. Sin embargo, compensando la rentabilidad de esta estrategia, tenemos un mayor riesgo para la empresa. Aquí, riesgo significa peligro de que la empresa no mantenga suficientes activos corrientes para

- cumplir con sus obligaciones de efectivo cuando se presenten,
- apoyar los niveles apropiados de ventas (esto es, quedarse sin inventario).

En este capítulo estudiamos las compensaciones entre el riesgo y la rentabilidad en lo que se refiere al nivel y el financiamiento de los activos corrientes.

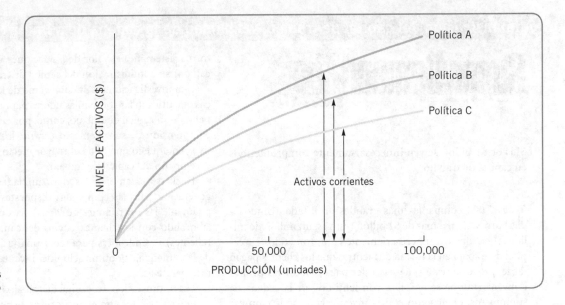

Figura 8.1

Niveles de activos corrientes para tres políticas alternativas de capital de trabajo

Aspectos del capital de trabajo

● ● ● Cantidad óptima (o nivel óptimo) de activos corrientes

Al determinar la cantidad adecuada, o el nivel, de activos corrientes, la administración debe considerar la compensación entre la rentabilidad y el riesgo. Para ilustrar esta compensación, suponga que, con los activos fijos existentes, una empresa puede generar hasta 100,000 unidades de producción al año.[1] La producción es continua en el periodo bajo consideración, en el que existe un nivel particular de producción. Para cada nivel de producción, la empresa puede tener varios niveles diferentes de activos corrientes. Supongamos, en un inicio, tres políticas alternativas de activos corrientes. La relación entre la producción y el nivel de activos corrientes para estas alternativas se ilustra en la figura 8.1. Vemos ahí que cuanto mayor es la producción, más grande es la necesidad de inversión en activos corrientes para apoyar esa producción (y las ventas). Sin embargo, la relación no es lineal; los activos corrientes aumentan a una tasa decreciente con la producción. Esta relación se basa en la noción de que se requiere una inversión proporcional más grande en activos corrientes cuando sólo se producen unas cuantas unidades de las que se producen después, cuando la empresa puede usar sus activos corrientes de manera más eficiente.

Si igualamos la liquidez con la "conservación", la política A es la más conservadora de las tres alternativas. En todos los niveles de producción, la política A suministra más activos corrientes que las otras dos. A un nivel mayor de activos corrientes, mayor es la liquidez de la empresa, cuando todo lo demás permanece igual. La política A se considera la preparación de la compañía para casi cualquier necesidad concebible de activos corrientes; es el equivalente financiero de usar cinturón y tirantes. La política C es la de menor liquidez y se puede etiquetar como "agresiva". Esta política "austera" requiere niveles bajos de efectivo y valores comerciales, cuentas por cobrar e inventarios. Debemos recordar que por cada nivel de producción hay un nivel mínimo de activos corrientes que la empresa necesita sólo para subsistir. Existe un límite para qué tan "austera" puede ser una empresa. Ahora podemos resumir las categorías de las políticas alternativas de capital de trabajo con respecto a la liquidez como sigue:

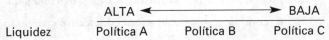

[1]Esta ilustración mantiene constante la cantidad de activos fijos de la empresa. En realidad es una suposición aceptable. Los activos fijos de una empresa suelen determinarse por su escala de producción. Una vez establecidos, los activos fijos permanecen invertidos (al menos en el corto plazo) independientemente de los niveles de producción.

Si bien la política A claramente ofrece la mayor liquidez, ¿cómo se clasifican las tres alternativas cuando dirigimos nuestra atención a la rentabilidad esperada? Para contestar esta pregunta, necesitamos reformular nuestra familiar ecuación de rendimiento sobre la inversión (RSI) como sigue:

$$RSI = \frac{Ganancia\ neta}{Activos\ totales} = \frac{Ganancia\ neta}{(Efectivo + Por\ cobrar + Inventario) + Activos\ fijos}$$

De la ecuación anterior podemos ver que disminuir las cantidades de activos corrientes que se tienen (por ejemplo, un cambio de la política A hacia la política C) aumentará nuestra rentabilidad potencial. Si podemos reducir la inversión de la empresa en activos corrientes al tiempo que podemos apoyar de manera adecuada la producción y las ventas, el RSI aumentará. Los niveles bajos de efectivo, cuentas por cobrar e inventarios reducirán el denominador en la ecuación; la ganancia neta, es decir, el numerador, en esencia permanecerá igual o tal vez aumente. Así, la política C ofrece la rentabilidad potencial más alta según la mide el RSI.

No obstante, un movimiento de la política A hacia la política C da como resultado otros efectos además de una mayor rentabilidad. Disminuir el efectivo reduce la capacidad de la empresa de cumplir sus obligaciones financieras conforme se vencen. Disminuir las cuentas por cobrar, adoptando términos de crédito y una política de refuerzo más estrictos, puede tener el resultado de perder algunos clientes y ventas. Disminuir el inventario también puede llevar a ventas perdidas por faltantes de productos. Por consiguiente, políticas de capital de trabajo más agresivas conducen a un mayor riesgo. Es claro que la política C es la política de capital de trabajo más riesgosa. También es una política que otorga más importancia a la rentabilidad que a la liquidez. En resumen, podemos hacer las siguientes generalizaciones:

	ALTO ←		→ BAJO
Liquidez	Política A	Política B	Política C
Rentabilidad	Política C	Política B	Política A
Riesgo	Política C	Política B	Política A

Es interesante ver que nuestro análisis de las políticas de capital de trabajo acaba de ilustrar los dos principios básicos en finanzas:

1. *La rentabilidad y la liquidez varían inversamente una con respecto a la otra*. Observe que para nuestras tres políticas alternativas de capital de trabajo, las categorías de liquidez son el opuesto exacto a las de la rentabilidad. El aumento en la liquidez en general viene a costa de una reducción en la rentabilidad.

2. *La rentabilidad se mueve junto con el riesgo* (*esto es, existe una compensación entre el riesgo y el rendimiento*). Al buscar una rentabilidad más alta, debemos esperar mayores riesgos. Observe cómo las categorías de rentabilidad y riesgo para nuestras políticas son idénticas. Puede decirse que el riesgo y el rendimiento caminan de la mano.

En última instancia, el nivel óptimo de cada activo corriente (efectivo, valores comerciales, cuentas por cobrar e inventario) estará determinado por la actitud de la administración hacia las compensaciones entre la rentabilidad y el riesgo. Por ahora, continuamos restringidos por algunas generalidades amplias. En capítulos posteriores estudiaremos de manera más específica los niveles óptimos de estos activos tomando en consideración ambos, la rentabilidad y el riesgo.

● ● ● Clasificación de capital de trabajo

Antes de dedicar nuestra atención a la manera en que debe financiarse el capital de trabajo, es necesario desviarnos un poco y clasificar el capital de trabajo. Una vez definido el capital de trabajo como los activos corrientes, puede clasificarse de acuerdo con

Capital de trabajo permanente La cantidad de activos corrientes requeridos para satisfacer las necesidades mínimas a largo plazo de una empresa.

- *Componentes*, como efectivo, valores comerciales, cuentas por cobrar e inventario (los capítulos siguientes se dedican a estos componentes), o
- *Tiempo*, ya sea capital de trabajo permanente o temporal.

Aunque los *componentes* del capital de trabajo se explican por sí mismos, la clasificación por *tiempo* requiere una explicación. El **capital de trabajo permanente** de una empresa es la cantidad de activos

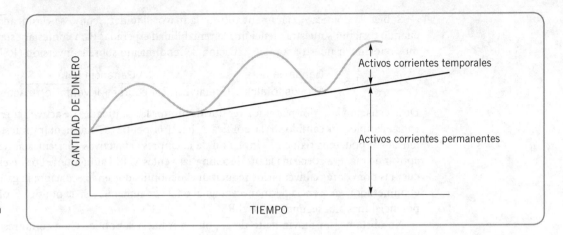

Figura 8.2

Necesidades de capital de trabajo en el tiempo

Capital de trabajo temporal La cantidad de activos corrientes que varía con los requerimientos de la temporada.

corrientes requeridos para satisfacer las necesidades mínimas a largo plazo. Esto se puede llamar capital de trabajo "básico". El **capital de trabajo temporal**, por otro lado, es la inversión en activos corrientes que varía con los requerimientos de la temporada. La figura 8.2 ilustra las necesidades cambiantes de la empresa por el capital de trabajo en el tiempo mientras que resalta la naturaleza tanto temporal como permanente de esas necesidades.

El capital de trabajo permanente es similar a los activos fijos de la empresa en dos aspectos importantes. Primero, la inversión de dinero es a largo plazo, a pesar de la aparente contradicción de que los activos que financia se llaman "corrientes". Segundo, para una empresa en crecimiento, el nivel de capital de trabajo permanente necesario aumentará con el tiempo de la misma manera que los activos fijos de una empresa deberán incrementarse con el tiempo. Sin embargo, el capital de trabajo permanente es diferente de los activos fijos en un aspecto importante: cambia constantemente. Tome una lata de pintura roja y pinte algunos activos fijos (como la planta y el equipo). Si regresa luego de un mes, estos mismos activos estarán ahí y todavía serán rojos. Ahora, pinte de verde el efectivo, las cuentas por cobrar y el inventario. Si regresa después de un mes, tal vez todavía encuentre algunos artículos verdes, pero muchos de ellos, si no es que la mayoría, habrán sido reemplazados por artículos nuevos sin pintar. Por lo tanto, el capital de trabajo permanente no consiste en activos corrientes específicos que están en su lugar todo el tiempo, sino que es un nivel permanente de inversión en activos corrientes, cuyos elementos individuales están en rotación constante. Visto de otra manera, el capital de trabajo permanente es similar al nivel de agua que usted encuentra en una bahía con marea baja.

Al igual que el capital de trabajo permanente, el capital de trabajo temporal también consiste en activos corrientes en constante cambio de forma. Sin embargo, puesto que la necesidad de esta porción del total de activos corrientes de la empresa es estacional, tal vez sea bueno considerar el financiamiento de este nivel de activos corrientes de una fuente cuya naturaleza misma sea estacional o temporal. Dirigiremos la atención al problema de cómo financiar los activos corrientes.

Financiamiento de activos corrientes: Mezcla a corto y largo plazos

Financiamiento espontáneo Crédito comercial y otros pagaderos y devengados, que surgen de manera espontánea en las operaciones cotidianas de una empresa.

La manera en la que se financian los activos de una compañía incluye una compensación entre el riesgo y la rentabilidad. Con fines de análisis, comencemos por suponer que la compañía tiene una política establecida con respecto al pago de compras, mano de obra, impuestos y otros gastos. Así, las cantidades de cuentas por pagar y acumulados, incluyendo los pasivos corrientes, no son variables de decisión activas.[2] Estos pasivos corrientes se ven como **financiamiento espontáneo** y son un tema del capítulo 11. Financian parte de los activos corrientes de la empresa y tienden a fluctuar con el programa

[2]Retrasar el pago de las cuentas por pagar puede ser una variable de decisión activa para fines de financiamiento. Sin embargo, existen límites al grado en el que una firma puede "e-s-t-i-r-a-r" sus cuentas por pagar. Por sencillez, suponemos en este análisis que la empresa tiene una política definida para pagar sus facturas, como aprovechar todos los descuentos por pago de contado y pagar todas las demás facturas al final del periodo de crédito. Véase en el capítulo 11 un análisis del crédito comercial como medio de financiamiento.

de producción y, en el caso de impuestos acumulados, con las ganancias. Cuando crece la inversión esencial en activos corrientes, las cuentas por pagar y los acumulados también tienden a crecer, en parte para financiar la acumulación de activos. Nuestra preocupación es la manera en que se manejan los activos no apoyados por el financiamiento espontáneo. Este requerimiento de financiamiento residual pertenece a la red de inversiones en activos después de deducir el financiamiento espontáneo.

● ● ● Enfoque de cobertura contra riesgos (hacer coincidir el vencimiento)

Enfoque de cobertura contra riesgos (hacer coincidir el vencimiento) Método de financiamiento donde cada activo se compensa con un instrumento financiero aproximadamente con el mismo plazo de vencimiento.

Si la empresa adopta un **enfoque de cobertura contra riesgos (hacer coincidir el vencimiento)** para el financiamiento, cada activo sería compensado con un instrumento financiero aproximadamente con el mismo plazo de vencimiento. Las variaciones a corto plazo o estacionales en los activos corrientes serían financiadas con deuda a corto plazo; el componente permanente de los activos corrientes y todos los activos fijos serían financiados con deuda a largo plazo o con capital de accionistas. Esta política se ilustra en la figura 8.3. Si los requerimientos de fondos totales se comportan de la manera indicada, sólo las fluctuaciones a corto plazo mostradas en la parte superior de la figura serían financiadas con deuda a corto plazo. El razonamiento detrás de esto es que si se usa la deuda a largo plazo para financiar necesidades de corto plazo, la empresa pagará intereses por el uso de fondos en momentos en los que estos fondos no se necesitan. Este caso se puede ilustrar dibujando una recta por las protuberancias estacionales en la figura 8.3 para representar la cantidad total de financiamiento a largo plazo. Es evidente que el financiamiento se emplearía en periodos estacionales de calma (cuando no se necesita). Con un enfoque del financiamiento consistente en cobertura contra riesgos, la solicitud de préstamos y el programa de pagos para el financiamiento a corto plazo se diseñarían de manera que correspondiera a los cambios esperados en los activos corrientes, menos el financiamiento espontáneo. (Observe de nuevo que al crear la figura 8.3 algunos de los activos corrientes se financian con pagarés y acumulados, pero se dedujeron el financiamiento espontáneo y cantidades equivalentes de activos corrientes).

Un enfoque de cobertura contra riesgos (hacer coincidir el vencimiento) para el financiamiento sugiere que además de los pagos a plazos sobre la deuda a largo plazo, una empresa no muestra préstamos actuales en las depresiones estacionales de necesidades de activos mostradas en la figura 8.3. Al entrar en un periodo de necesidades estacionales, solicita préstamos a corto plazo, saldando el préstamo con el efectivo liberado por la reducción reciente de financiamiento de activos temporales. Por

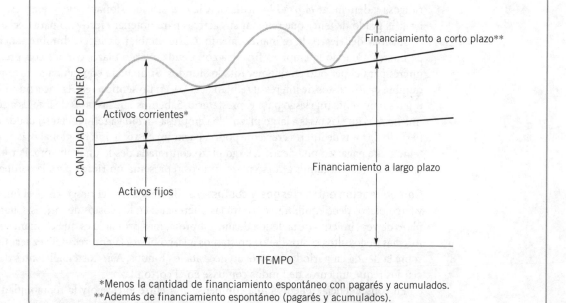

Figura 8.3

Necesidades financieras (y de activos) en el tiempo: política de financiamiento consistente en cobertura contra riesgos (hacer coincidir el vencimiento)

ejemplo, una expansión estacional del inventario (y de las cuentas por cobrar) para la venta estacional de Navidad estaría financiada con un préstamo a corto plazo. Conforme el inventario se reduce con las ventas, las cuentas por cobrar se acumulan. El efectivo necesario para pagar el préstamo proviene del cobro de estas cuentas. Todo esto ocurre dentro de unos cuantos meses. De esta manera, el financiamiento se emplea sólo cuando se necesita. Este préstamo para apoyar una necesidad estacional sigue un principio de *autoliquidación*. Es decir, el préstamo se pide para un propósito que generará los fondos necesarios para pagarlo en el curso normal de las operaciones. (De hecho, acabamos de describir el "préstamo bancario ideal", que es a corto plazo y se paga solo). Los requerimientos de activos permanentes se financian con deuda a largo plazo y capital de accionistas. En esta situación, se cuenta con la rentabilidad a largo plazo de los activos financiados para cubrir los costos financieros a largo plazo. En una situación de crecimiento, el financiamiento permanente aumenta para apoyar los incrementos en las necesidades permanentes de activos.

● ● ● Financiamiento a corto plazo versus financiamiento a largo plazo

Aunque una correspondencia exacta entre el programa de flujos de efectivo netos futuros de la empresa y el programa de pago de deuda es apropiada en condiciones de certidumbre, no suele ser adecuada cuando existe incertidumbre. Los flujos de efectivo netos se desvían de los flujos esperados al ajustarse al riesgo de negocios de la empresa. Como resultado, el plazo de vencimiento de las deudas es muy significativo en la evaluación de la compensación entre riesgo y rentabilidad. La pregunta es: ¿qué margen de seguridad debe guardarse en el plazo de vencimiento para tomar en cuenta las fluctuaciones adversas en los flujos de efectivo? Esto depende de la actitud de la administración hacia esa compensación entre riesgo y rentabilidad.

Riesgos relativos implicados. En general, cuanto más corto sea el plazo de vencimiento de las obligaciones de deuda de una empresa, mayor será el riesgo de no poder cubrir los pagos de principal e interés. Suponga que una compañía pide prestado a corto plazo para construir una nueva planta. Los flujos de efectivo de la planta no serán suficientes en el corto plazo para pagar el préstamo. El resultado es que la compañía corre el riesgo de que el prestamista no renueve el préstamo al vencimiento. Este riesgo de refinanciamiento puede reducirse en primer lugar financiando la planta con deuda a largo plazo; en este caso, los flujos de efectivo a largo plazo futuros esperados serán suficientes para retirar la deuda de manera ordenada. Entonces, comprometer los fondos en activos a largo plazo y pedir prestado a corto plazo tiene el riesgo de que la empresa no pueda renovar sus préstamos. Si la compañía llega a enfrentar tiempos difíciles, los acreedores pueden ver la renovación como demasiado riesgosa y demandar el pago inmediato. A la vez, esto ocasionará que la empresa se contraiga, quizá hasta el grado de tener que rematar sus activos para obtener efectivo o para declarar la quiebra.

Además del riesgo de refinanciamiento, existe también la incertidumbre asociada con los costos de interés. Cuando la empresa financia con deuda a largo plazo, conoce con precisión los costos de interés para el periodo en que necesita los fondos. Si financia con deuda a corto plazo, tiene incertidumbre de los costos de interés al refinanciar. Así, en un sentido real, la incertidumbre de los costos de interés representa un riesgo para el prestatario. Sabemos que las tasas de interés a corto plazo fluctúan mucho más que las tasas a largo plazo. Una empresa forzada a refinanciar su deuda a corto plazo en un periodo de tasas de interés creciente podría pagar un costo de interés global más alto de lo que hubiera tenido que pagar en una deuda a largo plazo contratada desde un principio. Por lo tanto, no conocer el costo de los préstamos a corto plazo futuros representa un riesgo para la compañía.

Compensación entre riesgos y costos. Las diferencias en el riesgo entre el financiamiento a corto y largo plazos debe equilibrarse contra las diferencias en los costos de interés. Cuanto más largo sea el plazo de vencimiento de la deuda de una empresa, más probable es que el financiamiento sea costoso. Además de los altos costos de los préstamos a largo plazo, la empresa tal vez termine pagando interés sobre la deuda en periodos en que no necesita los fondos. Así, existen alicientes de costos para financiar los requerimientos de fondos con base en el corto plazo.

En consecuencia, tenemos una compensación entre el riesgo y la rentabilidad. Hemos visto que, en general, la deuda a corto plazo tiene un riesgo mayor que la deuda a largo plazo, pero también

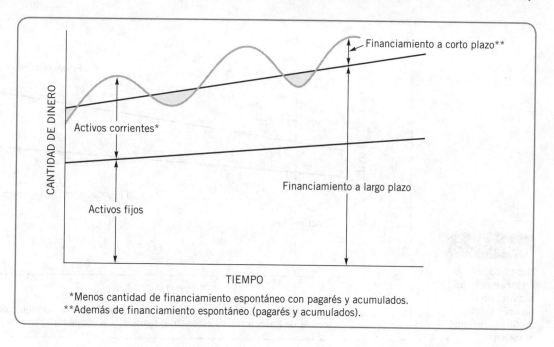

Figura 8.4

Necesidades
financieras (y activos)
en el tiempo: política
de financiamiento
conservadora

un costo menor. Se puede pensar en el margen de seguridad de la empresa como la distancia entre el flujo de efectivo neto esperado por la empresa y los pagos contractuales de su deuda. Este margen de seguridad dependerá de las preferencias de riesgo por parte de la administración. A la vez, la decisión de la administración sobre la composición de los plazos de vencimiento de la deuda de la empresa determinará la porción de los activos corrientes financiados por los pasivos corrientes y la porción financiada a largo plazo.

Para dejar un margen de seguridad, la administración puede decidir sobre la proporción de financiamiento a corto y a largo plazos mostrados en la figura 8.4. En ella vemos que la firma financia una parte de sus requerimientos de fondos esperados estacionales, menos pagarés y acumulados, a largo plazo. Si los flujos de efectivo netos esperados ocurren como se pronosticó, pagará interés sobre la deuda en exceso (el área sombreada en la figura 8.4) durante las depresiones cuando estos fondos específicos no se necesitan. En el extremo, los requerimientos en los picos de la curva pueden financiarse por completo a largo plazo, como ocurriría si dibujamos la recta del financiamiento a largo plazo por las crestas estacionales en la parte superior de la figura 8.4. Cuanto más alta sea la recta de financiamiento a largo plazo, más conservadora será la política financiera de la empresa, y más alto será el costo.

Al contrario de una política de financiamiento conservadora (plazo de vencimiento más largo), una política agresiva puede verse como se muestra en la figura 8.5. Ahí vemos que existe un margen *negativo* de seguridad. La empresa ha financiado parte de sus activos corrientes permanentes con deuda a corto plazo.[3] Como resultado, deberá refinanciar esta deuda al vencimiento, y esto incluye un elemento de riesgo. Cuanto mayor sea la porción de las necesidades de activos permanentes financiados con deuda a corto plazo, más agresivo será el financiamiento. Por lo tanto, el margen esperado de seguridad asociado con la política de una empresa con respecto a su mezcla de financiamiento a corto y largo plazos puede ser positivo, negativo o cero. El cero sería el caso de una política de cobertura contra riesgos, ilustrada en la figura 8.3.

Como vimos en la sección anterior, la empresa también puede crear un margen de seguridad aumentando sus activos líquidos. La empresa puede reducir el riesgo de insolvencia en efectivo ya sea extendiendo el plazo de vencimiento de su deuda o manejando cantidades más grandes de activos

---

[3]Las compañías pequeñas con frecuencia se ven forzadas a financiar una parte de sus necesidades de activos permanentes con deuda a corto plazo debido a sus dificultades para atraer el financiamiento de deuda a largo plazo. Muchas veces esto toma la forma de una línea de crédito bancaria, refinanciada una y otra vez. Encontrará un artículo informativo, de fácil lectura sobre los problemas de financiamiento especiales de la pequeña pero creciente empresa en Jerry A. Viscione, "How Long Should You Borrow Short Term?", *Harvard Business Review* (marzo-abril, 1986), pp. 20-24.

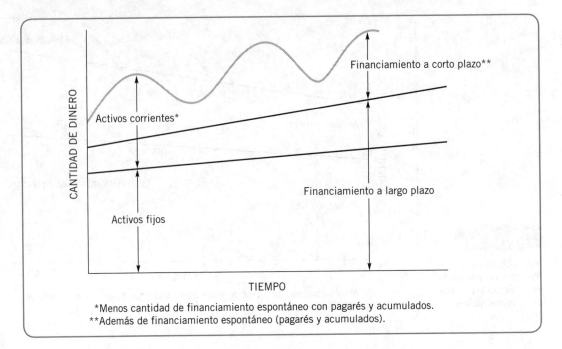

Figura 8.5

Necesidades financieras (y de activos) en el tiempo: política de financiamiento agresiva

*Menos cantidad de financiamiento espontáneo con pagarés y acumulados.
**Además de financiamiento espontáneo (pagarés y acumulados).

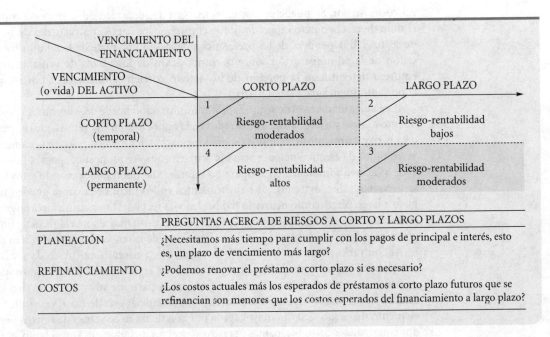

Tabla 8.1

Comparación del financiamiento a corto y largo plazos

VENCIMIENTO DEL FINANCIAMIENTO		
VENCIMIENTO (o vida) DEL ACTIVO	CORTO PLAZO	LARGO PLAZO
CORTO PLAZO (temporal)	1 Riesgo-rentabilidad moderados	2 Riesgo-rentabilidad bajos
LARGO PLAZO (permanente)	4 Riesgo-rentabilidad altos	3 Riesgo-rentabilidad moderados

PREGUNTAS ACERCA DE RIESGOS A CORTO Y LARGO PLAZOS	
PLANEACIÓN	¿Necesitamos más tiempo para cumplir con los pagos de principal e interés, esto es, un plazo de vencimiento más largo?
REFINANCIAMIENTO	¿Podemos renovar el préstamo a corto plazo si es necesario?
COSTOS	¿Los costos actuales más los esperados de préstamos a corto plazo futuros que se refinancian son menores que los costos esperados del financiamiento a largo plazo?

(corrientes) de corto plazo. Dentro de poco exploraremos la interdependencia de estas dos facetas. Pero antes, es necesario que veamos la tabla 8.1.

La tabla 8.1 resume nuestro análisis del financiamiento a corto y largo plazos según su relación con la compensación entre riesgo y rentabilidad. Observe que mantener una política de financiamiento a corto plazo para las necesidades de activos a corto plazo o temporales (cuadro 1) y el financiamiento a largo plazo para las necesidades a largo plazo o permanentes (cuadro 3) comprometen un conjunto de estrategias de riesgo y rentabilidad moderadas, lo que hemos llamado enfoque de cobertura contra riesgos (hacer coincidir el vencimiento) para el financiamiento. Sin embargo, otras estrategias son posibles y no necesariamente deben considerarse equivocadas. Pero lo que se gana al seguir estrategias alternativas (como las representadas en los cuadros 2 y 4) debe sopesarse contra lo que no se obtiene. Por ejemplo, la estrategia de bajo riesgo de usar financiamiento a largo plazo para apoyar necesidades de activos a corto plazo se sigue a costa de reducir las ganancias. La forma que la administración contesta preguntas como las propuestas en la parte inferior de la tabla 8.1 ayudará a determinar qué estrategias es mejor emplear (y cuándo).

Combinar la estructura de pasivos y las decisiones de activos corrientes

En las secciones anteriores examinamos dos aspectos amplios de la administración del capital de trabajo: qué nivel de activos corrientes conviene mantener y cómo financiar los activos corrientes. Estas dos facetas son interdependientes. Cuando todo lo demás permanece igual, una empresa que sigue una política conservadora para mantener niveles altos de activos corrientes debe estar en mejor posición para utilizar con éxito los préstamos a corto plazo que una que mantiene agresivamente niveles bajos de activos corrientes. Por otro lado, una empresa que financia sus activos corrientes en su totalidad con capital accionario estará en una mejor posición de riesgo para adoptar una postura más agresiva en lo que se refiere a mantener niveles bajos ("austeros") de activos corrientes. En virtud de su interdependencia, estos dos aspectos de la administración del capital de trabajo deben considerarse en conjunto.

● ● ● Incertidumbre y margen de seguridad

Si la empresa conoce con certidumbre la demanda de sus ventas en el futuro, los pagos de cuentas por cobrar resultantes y el programa de producción, podrá organizar el plazo de vencimiento de su deuda de manera que coincida justo con el programa de flujos de efectivo neto futuros. Como resultado, las ganancias se maximizan, ya que no hay necesidad de tener niveles excesivos (y de rendimiento relativamente bajo) de activos corrientes, ni de tener más financiamiento a largo plazo que el absolutamente necesario. Pero cuando las ventas y los flujos de efectivo resultantes están sujetos a incertidumbre, la situación cambia. A mayor dispersión de la distribución de probabilidad de los flujos de efectivo netos posibles, mayor margen de seguridad querrá ofrecer la administración.

Suponga que en un inicio la empresa no puede solicitar un préstamo de improviso para cumplir con egresos de efectivo inesperados. Como resultado, puede ofrecer un margen de seguridad sólo: **1.** aumentando el nivel de los activos corrientes (en especial efectivo y valores comerciales) o **2.** extendiendo el plazo de vencimiento del financiamiento. Estas dos acciones afectan la rentabilidad. En el primer caso, los fondos están comprometidos con activos de rendimiento relativamente bajo. En el segundo, la empresa puede pagar intereses sobre el préstamo en periodos en que los fondos no se necesitan. Además, la deuda a largo plazo tiene un costo de interés esperado más alto que la deuda a corto plazo.

● ● ● Riesgo y rentabilidad

La decisión del margen de seguridad adecuado estará regida por las consideraciones de riesgo y rentabilidad, así como por la actitud de la administración hacia el riesgo. Cada solución (aumento de liquidez, prolongación del plazo de vencimiento o una combinación de ambos) tendrá un costo para la empresa en cuanto a su capacidad para generar ganancias. Para una determinada tolerancia al riesgo, la administración puede determinar qué solución es la menos costosa y luego implantarla. Por otra parte, la administración puede determinar la solución menos costosa para los diferentes niveles de riesgo. Después, el administrador podrá formular las tolerancias al riesgo con base en el costo implicado en ofrecer un margen de seguridad. Es muy posible que estas tolerancias estén de acuerdo con un objetivo de maximizar la riqueza de los accionistas.

Si la empresa puede pedir préstamos en tiempos de emergencia, el análisis anterior necesita modificarse. Cuanto mayor sea la capacidad de la empresa para que le presten con rapidez, menor será la necesidad de tener un margen de seguridad por los medios analizados anteriormente. Ciertas compañías pueden establecer líneas de crédito o créditos revolventes que les faciliten obtener dinero prestado en poco tiempo.[4] Cuando una compañía tiene este tipo de crédito, debe comparar el costo de

---

[4] En el capítulo 11 encontrará un análisis de estos métodos.

estos arreglos con el costo de otras soluciones. Por supuesto, existen límites sobre cuánto puede pedir prestado una empresa según las consideraciones analizadas en este capítulo.

Puntos clave de aprendizaje

- Existen dos conceptos principales de capital de trabajo: capital de trabajo *neto* (activos corrientes menos pasivos corrientes) y capital de trabajo *bruto* (activos corrientes).
- En finanzas, *capital de trabajo* es sinónimo de *activos corrientes*. La *administración del capital de trabajo* se refiere al manejo de los activos corrientes de una empresa junto con el financiamiento (en especial pasivos corrientes) necesario para apoyar a los activos corrientes.
- Al determinar la cantidad apropiada, o nivel adecuado, de los activos corrientes, la administración debe considerar la compensación entre rentabilidad y riesgo. A mayor nivel de activos corrientes, mayor liquidez de la empresa, si todo lo demás permanece igual. Con mayor liquidez hay menor riesgo, pero también menos rentabilidad. En la administración del capital de trabajo se ven los dos principios básicos de finanzas en la operación:
  1. La rentabilidad varía inversamente con la liquidez.
  2. La rentabilidad se mueve junto con el riesgo.
- Podemos clasificar el capital de trabajo por sus *componentes*: efectivo, valores comerciales, cuentas por cobrar e inventario. Además, el capital de trabajo se puede clasificar por el *tiempo*, como permanente o temporal. El *capital de trabajo permanente* es la cantidad de activos corrientes que se requieren para cumplir las necesidades mínimas

a largo plazo de una empresa. Por otro lado, el *capital de trabajo temporal* es la cantidad de activos corrientes que varía con las necesidades estacionales.
- Si la empresa adopta un *enfoque de cobertura contra riesgos (hacer coincidir el vencimiento)* para el financiamiento, cada activo se compensaría con un instrumento financiero del mismo plazo de vencimiento aproximado. Las variaciones estacionales o de corto plazo en los activos corrientes se financiarían con deuda a corto plazo. Los componentes permanentes de los activos corrientes y todos los activos fijos se financiarían con deuda a largo plazo o capital de accionistas.
- En general, cuanto más largo sea el programa de financiamiento de vencimiento compuesto utilizado por la empresa, menor riesgo implicará ese financiamiento. Sin embargo, cuanto más largo sea el plazo de vencimiento, más costoso será el financiamiento. En consecuencia, tenemos todavía otra compensación entre riesgo y rentabilidad.
- Las dos facetas clave de la administración del capital de trabajo —qué nivel de activos corrientes mantener y cómo financiarlos— son interdependientes. En virtud de su interdependencia, estas dos facetas deben considerarse de manera conjunta.

Preguntas

1. ¿Qué incluye la *administración del capital de trabajo*? ¿Qué decisiones funcionales implica y qué principio subyacente o compensación influye en el proceso de decisión?
2. Una empresa actualmente emplea una política de capital de trabajo "agresiva" con respecto al nivel de los activos corrientes que mantiene (niveles relativamente bajos para cada nivel posible de producción). La empresa ha decidido cambiar a una política más "conservadora". ¿Qué efecto probable tendrá esta decisión en la rentabilidad y el riesgo de la empresa?
3. Las empresas de servicios públicos (agua, luz, gas) mantienen el 10% del total de activos en activos corrientes; la industria de venta al menudeo mantiene el 60% del total de activos en activos corrientes. Explique la manera en que las características de la industria son responsables de esta diferencia.
4. Distinga entre capital de trabajo "temporal" y "permanente".
5. Si la empresa adopta un *enfoque de cobertura contra riesgos (hacer coincidir el vencimiento)* para el financiamiento, ¿cómo financiaría sus activos corrientes?
6. Algunas empresas financian su capital de trabajo permanente con pasivos a corto plazo (papel comercial y pagarés). Explique el efecto de esta decisión sobre la rentabilidad y el riesgo de estas empresas.
7. Suponga que una empresa financia sus activos corrientes estacionales (temporales) con fondos a largo plazo. ¿Cuál es el efecto de esta decisión en la rentabilidad y el riesgo de la empresa?

8. El riesgo asociado con la cantidad de activos corrientes *en general* se supone que decrece con niveles más altos de activos corrientes. ¿Es *siempre* correcta esta suposición para *todos* los niveles de activos corrientes, en particular para un nivel excesivamente alto comparado con las necesidades de la empresa? Explique.

9. En ocasiones, las tasas de interés a largo plazo son menores que las de corto plazo, aunque el análisis en el capítulo sugiere que el financiamiento a largo plazo es más costoso. Si las tasas a largo plazo son más bajas, ¿debería la empresa financiarse por completo con deuda a largo plazo?

10. ¿De qué manera aumenta el riesgo de la empresa al acortar la composición de vencimiento de la deuda? ¿Por qué al aumentar la liquidez de los activos de una empresa se reduce el riesgo?

11. ¿Cuáles son los costos de mantener un nivel demasiado alto de capital de trabajo? ¿O uno demasiado bajo?

12. ¿Cómo se proporciona un margen de seguridad para administrar el capital de trabajo?

Problema para autoevaluación

1. Zzzz Worst Company en la actualidad tiene activos totales de $3.2 millones de los cuales los activos corrientes ascienden a $0.2 millones. Las ventas son de $10 millones anuales y el margen neto de ganancias antes de impuestos (la empresa por ahora no tiene deuda que genere interés) es del 12 por ciento. Ante los renovados temores de una potencial insolvencia en efectivo, una política de crédito excesivamente estricta y los faltantes de inventario inminentes, la compañía está considerando niveles más altos de activos corrientes como amortiguador contra la adversidad. En particular, está estudiando niveles de $0.5 millones y $0.8 millones en vez de $0.2 millones que tiene ahora. Cualquier adición a los activos corrientes se financiaría con nuevo capital de accionistas.

   a) Determine la rotación de los activos totales, antes del impuesto sobre el rendimiento de la inversión, y antes del margen neto de ganancias antes de impuestos para los tres niveles alternativos de activos corrientes.

   b) Si se logra el financiamiento para agregar a los activos corrientes con deuda a largo plazo al 15% de interés, ¿cuál será el "costo" de interés antes de impuestos de las dos nuevas políticas?

Problemas

1. Anderson Corporation (una compañía financiada en su totalidad por capital accionario) tiene ventas de $280,000 con un 10% de margen de ganancia antes de interés e impuestos. Para generar este volumen de ventas, la empresa mantiene una inversión en activos fijos de $100,000. Actualmente tiene $50,000 en activos corrientes.

   a) Determine la rotación de activos totales para la empresa y calcule la tasa de rendimiento sobre los activos totales antes de impuestos.

   b) Calcule la tasa de rendimiento antes de impuestos sobre los activos a diferentes niveles de activos corrientes comenzando con $10,000 y aumentando en montos de $15,000 hasta llegar a $100,000.

   c) ¿Qué suposición implícita se hace sobre las ventas en el inciso *b*)? Evalúe la importancia de esta suposición junto con la política para elegir el nivel de los activos corrientes que maximizará el rendimiento sobre los activos totales como se calculó en el inciso *b*).

2. Malkiel Corporation hizo la proyección a tres años de su inversión en activos que se presenta en la siguiente tabla. Encontró que las cuentas por pagar y los acumulados tienden a igualar un tercio de los activos corrientes. Ahora tiene $50 millones en capital accionario y el resto del financiamiento se proporciona a través de la deuda a largo plazo. Las utilidades retenidas suman $1 millón por trimestre.

FECHA	ACTIVOS FIJOS (en millones)	ACTIVOS CORRIENTES (en millones)
31/3/X1 (ahora)	$50	$21
30/6/X1	51	30
30/9/X1	52	25
31/12/X1	53	21
31/3/X2	54	22
30/6/X2	55	31
30/9/X2	56	26
31/12/X2	57	22
31/3/X3	58	23
30/6/X3	59	32
30/9/X3	60	27
31/12/X3	61	23

a) Grafique la trayectoria de tiempo para *i)* activos fijos y *ii)* activos totales (menos cantidad de financiamiento espontáneo por cuentas por pagar y acumulados).

b) Diseñe un plan de financiamiento suponiendo que su objetivo es usar un *enfoque de cobertura contra riesgos (hacer coincidir el vencimiento).*

3. Mendez Metal Specialties, Inc., tiene un patrón estacional en su negocio. Solicita un préstamo dentro de una línea de crédito en el Central Bank que se ubica 1% arriba de la tasa preferencial. Sus requerimientos de activos totales ahora (al final del año) y los requerimientos estimados para el año próximo (en millones) son:

	HOY	1er. TRIMESTRE	2o. TRIMESTRE	3er. TRIMESTRE	4o. TRIMESTRE
Requerimientos de activos totales	$4.5	$4.8	$5.5	$5.9	$5.0

Suponga que estos requerimientos se nivelan dentro del trimestre. Por ahora la compañía tiene $4.5 millones en capital de accionistas más deuda a largo plazo más el componente permanente de los pasivos corrientes, y esa cantidad permanecerá constante durante el año.

La tasa preferencial actual es del 11% y la compañía no espera cambios en esa tasa para el próximo año. Mendez Metal Specialties también está considerando emitir una deuda a plazo medio a un interés del 13.5 por ciento. Al respecto, está estudiando tres cantidades alternativas: cero, $500,000 y $1 millón. Para todos los requerimientos adicionales de fondos se pedirán préstamos dentro de la línea de crédito de la compañía.

a) Determine los costos totales de pedir prestado para el corto y mediano plazos según cada una de las tres alternativas para el año próximo. (Suponga que no hay cambios en los pasivos corrientes que no sean los préstamos). ¿Qué alternativa es la menos costosa?

b) ¿Existe algo más que merezca nuestra atención además del costo esperado?

Solución al problema para autoevaluación

1. *a)*

	POLÍTICA		
	EXISTENTE	2	3
Ventas (millones)	$10.0	$10.0	$10.0
UAII (millones)	1.2	1.2	1.2
Activos totales (millones)	3.2	3.5	3.8
Rotación de activos totales	3.125	2.857	2.632
Rendimiento sobre activos antes de impuestos	37.5%	34.3%	32.6%
Margen neto de ganancia antes de impuestos	12.0%	12.0%	12.0%

El margen neto de ganancia antes de impuestos no cambia, igual que las ventas y utilidades antes de intereses e impuestos (UAII) son las mismas sin importar la política de liquidez empleada.

b)

	POLÍTICA	
	2	3
Deuda adicional	$300,000	$600,000
Interés adicional	**45,000**	**90,000**

El "costo" de financiar activos corrientes adicionales puede reducirse por la cantidad que se puede ganar en cualquier inversión adicional de efectivo en valores comerciales. Además, términos de crédito más indulgentes quizá lleven a mayores ventas y ganancias. Un costo oculto es que parte de la capacidad de endeudamiento de la empresa se usa para financiar con deuda niveles más altos de activos corrientes.

Referencias seleccionadas

Gamble, Richard H. "The Long and Short of Debt". *Business Finance* 8 (octubre, 2002), 25-28.

Maness, Terry S. y John T. Zietlow. *Short-Term Financial Management,* 3a. ed. Cincinnati, OH: South-Western, 2005.

Morris, James R. "The Role of Cash Balances in Firm Valuation". *Journal of Financial and Quantitative Analysis* 18 (diciembre, 1983), 533-546.

Petty, J. William y David F. Scott. "The Analysis of Corporate Liquidity". *Journal of Economics and Business* 32 (primavera-verano, 1980), 206-218.

Sartoris, William L. y Ned C. Hill. "A Generalized Cash Flow Approach to Short-Term Financial Decisions". *Journal of Finance* 38 (mayo, 1983), 349-360.

Van Horne, James C. "A Risk-Return Analysis of a Firm's Working-Capital Position". *Engineering Economist* 14 (invierno, 1969), 71-89.

Viscione, Jerry A. "How Long Should You Borrow Short Term?". *Harvard Business Review* (marzo-abril, 1986), 20-24.

Walker, Ernest W. "Towards a Theory of Working Capital". *Engineering Economist* 9 (enero-febrero, 1964), 21-35.

La parte IV del sitio Web del libro, *Wachowicz's Web World*, contiene vínculos a muchos sitios de finanzas y artículos en línea relacionados con los temas cubiertos en este capítulo. (http://web.utk.edu/~jwachowi/part4.html)

9

Administración de efectivo y valores comerciales

Contenido

- **Motivos para tener efectivo**

- **Agilizar los ingresos de efectivo**
  Cobros • Mejoras en la cobranza • Banco concentrador

- **R-e-t-a-r-d-a-r los pagos en efectivo**
  "Juego con la flotación" • Control de desembolsos • Desembolsos remotos y controlados

- **Comercio electrónico**
  Intercambio electrónico de datos • Costos y beneficios del intercambio electrónico de datos

- **Subcontratación**

- **Conservación de saldos de efectivo**
  Saldos y cuotas de compensación

- **Inversión en valores comerciales**
  Portafolios de valores comerciales: Tres segmentos • Variables en la selección de valores comerciales • Instrumentos comunes del mercado de dinero • Selección de valores para los segmentos del portafolio

- **Puntos clave de aprendizaje**

- **Preguntas**

- **Problemas para autoevaluación**

- **Problemas**

- **Soluciones a los problemas para autoevaluación**

- **Referencias seleccionadas**

Objetivos

Después de estudiar el capítulo 9, usted será capaz de:

- Listar y explicar los motivos para tener efectivo.

- Comprender el propósito de la administración eficiente del efectivo.

- Describir los métodos para agilizar el cobro de cuentas y los métodos para controlar los desembolsos de efectivo.

- Diferenciar entre desembolso remoto y controlado, y analizar cualquier preocupación ética que surja por alguno de estos dos métodos.

- Analizar la manera en que el intercambio electrónico de datos (IED) y la subcontratación se relacionan con los cobros y desembolsos de una compañía.

- Identificar las principales variables que deberían considerarse antes de comprar valores comerciales.

- Definir los instrumentos de mercado de dinero más comunes que debe considerar un administrador de portafolios de valores comerciales para invertir.

- Describir los tres segmentos del portafolio de valores comerciales y establecer cuáles valores son los más apropiados para cada segmento y por qué.

El dinero es como el abono: es bueno sólo si se dispersa.

—FRANCIS BACON

En el capítulo anterior nos ocupamos con preguntas referentes al nivel óptimo de los activos corrientes de la empresa. Al examinar las compensaciones entre la rentabilidad y el riesgo, pudimos determinar, de manera general, el nivel adecuado de los activos corrientes que debe tener la empresa. Una vez determinado el nivel óptimo de activos corrientes, quedan otras preguntas por contestar. ¿Cuánto debe haber en efectivo? ¿Cuánto debe tenerse en valores comerciales? Encontraremos las respuestas a estas preguntas. También veremos cómo mejorar la eficiencia de la administración de efectivo y cómo invertir en valores comerciales.

Motivos para tener efectivo

John Maynard Keynes sugirió tres razones para que los individuos tuvieran efectivo.[1] Keynes denominó estos motivos como transaccionales, especulativos y precautorios. Si dejamos de referirnos a los individuos, podemos usar estas tres categorías para describir los motivos para tener efectivo en las corporaciones.

- *Motivo transaccional:* para cumplir con los pagos, como compras, salarios, impuestos y dividendos, que surgen diariamente en el curso de los negocios.

- *Motivo especulativo:* para aprovechar las oportunidades temporales, como una baja repentina en el precio de la materia prima.

- *Motivo precautorio:* para mantener una reserva y poder cumplir con necesidades de efectivo inesperadas. Cuanto más predecibles son los flujos de entrada y salida de efectivo para una empresa, menos efectivo se necesita tener como medida de precaución. La posibilidad de obtener préstamos con rapidez para satisfacer salidas de efectivo emergentes también reduce la necesidad de este tipo de saldo en efectivo.

Es importante señalar que no todas las necesidades de efectivo en las empresas exigen saldos exclusivos. De hecho, una parte de estas necesidades puede satisfacerse con valores comerciales (activos equivalentes del efectivo) y conservando la capacidad de préstamo sin usar (por ejemplo, las líneas de crédito bancarias). En su mayoría, las empresas no poseen efectivo con fines de especulación. En consecuencia, nos concentraremos sólo en las transacciones y los motivos precautorios de la empresa, necesidades que quedarán satisfechas con saldos en efectivo y valores comerciales.

La administración de efectivo incluye la eficiencia en el cobro, los desembolsos y la inversión temporal. El área de finanzas de una compañía suele ser responsable de su sistema de administración de efectivo. Un presupuesto de efectivo, instrumental en el proceso (véase el capítulo 7), nos dice cuánto efectivo es probable que tengamos, cuándo es posible que lo tengamos y por cuánto tiempo. De esta forma, sirve como fundamento para el pronóstico y control del efectivo. Además del presupuesto de efectivo, la empresa necesita información sistemática sobre el efectivo al igual que algún tipo de sistema de control. (Véase la figura 9.1). En una empresa grande, la información suele estar computarizada. Es necesario obtener reportes frecuentes, casi siempre diario, sobre los saldos en cada cuenta de banco de la compañía, los desembolsos, el saldo promedio diario y la posición de los valores comerciales, al igual que un reporte detallado de los cambios en esta posición. También es útil tener información anticipada de los cobros y los desembolsos. Toda esta información es esencial para que la empresa administre su efectivo con eficiencia, de manera que pueda disponer de efectivo de forma segura y conveniente, y para tener un ingreso razonable sobre las inversiones de efectivo temporales.

[1]John Maynard Keynes, *The General Theory of Employment, Interest, and Money* (Nueva York: Harcourt Brace Jovanovich, 1936), pp. 170-174.

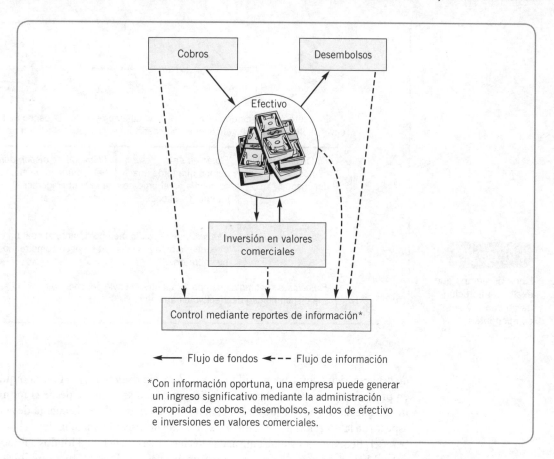

Figura 9.1

Sistema de administración de efectivo

Agilizar los ingresos de efectivo

Los diferentes métodos de cobro y desembolso que emplea una compañía para mejorar su eficiencia en la administración de efectivo constituyen los dos lados de una misma moneda. Tienen un efecto conjunto sobre la eficiencia global de la administración de efectivo. La idea general es que *la empresa se beneficia al "agilizar" las recepciones de efectivo y "r-e-t-a-r-d-a-r" los pagos en efectivo*. La empresa desea agilizar el cobro de cuentas pendientes para poder usar el dinero más pronto. Por el otro lado, desea retardar el pago de las cuentas que debe tanto como sea posible sin que esto altere el crédito de la empresa con sus proveedores; así, logrará obtener el máximo provecho del dinero con el que cuenta. Actualmente, muchas compañías de tamaño razonable usan técnicas complejas para acelerar el cobro y controlar estrechamente los desembolsos. Veremos cómo lo hacen.

● ● ● Cobros

Factura Nota oficial que expide el vendedor de bienes o servicios para entregar al comprador. Incluye la lista de artículos comprados, los precios y los términos de la venta.

Estudiaremos primero la aceleración de los cobros, lo cual incluye los pasos que toma la empresa desde el momento en que vende un producto o servicio hasta que recibe los cheques del cliente para convertirlos en los fondos que puede utilizar. Existen varios métodos diseñados para agilizar el proceso de cobranza: **1.** simplificar la preparación y el envío de **facturas**; **2.** acelerar el envío de pagos de los clientes a la empresa, y **3.** reducir el tiempo en que los pagos recibidos se quedan en la empresa como fondos aún no cobrados.

Flotación de cobranza. El segundo y el tercero de los rubros en la lista anterior representan juntos la *flotación de cobranza*, el tiempo total entre el envío de un cheque por un cliente y la disponibilidad de efectivo para la empresa que lo recibe. (Véase la figura 9.2). El segundo concepto en sí se refiere a la *flotación de envío*, o el tiempo de entrega del cheque. El tercer concepto, que representa la *flotación*

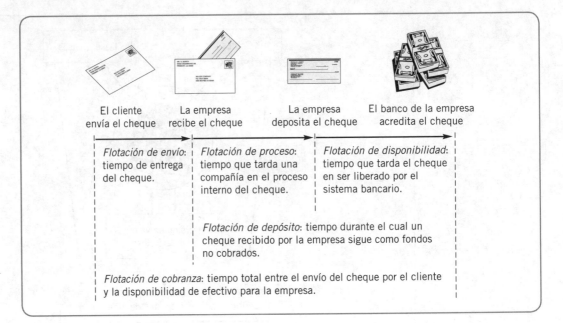

Figura 9.2

Línea de tiempo que explica la flotación de cobranza y sus componentes

de depósito, tiene dos aspectos. El primero, *flotación de proceso*, es el tiempo que tarda una compañía en procesar los cheques internamente. Este intervalo se extiende desde el momento en que se recibe un cheque hasta que se deposita en el banco para acreditarlo en la cuenta de la compañía. El segundo aspecto de la flotación de depósito es la *flotación de disponibilidad;* incluye el tiempo consumido en liberar el cheque en el sistema bancario. Un cheque se convierte en fondos cobrados cuando se presenta ante el banco de quien paga y esa institución efectúa el pago. Para simplificar la disponibilidad de crédito, el Sistema de la Reserva Federal de Estados Unidos ha establecido un programa que especifica la disponibilidad de todos los cheques depositados para cobro. Este programa se basa en el tiempo promedio requerido para que un cheque depositado en un banco de la Reserva Federal se cobre en alguna área geográfica del país. Para las cuentas de negocios, el periodo máximo que se puede diferir el cobro es de dos días. Esto significa que incluso si un cheque en realidad no está cobrado dentro del sistema de la Reserva Federal en dos días, se convierte en fondos cobrados porque esta institución soporta la flotación restante en el sistema.

La flotación de cobro es importante para el administrador financiero porque una compañía debe esperar hasta que un cheque enviado por un cliente finalmente se libere en el sistema bancario antes de disponer del efectivo. Como el objetivo es convertir cheques en efectivo con mayor rapidez, el administrador financiero quiere reducir la flotación de cobro lo más posible. A continuación, examinaremos varias maneras de agilizar el proceso de cobro para tener más fondos disponibles.

Facturar más pronto. Una manera obvia para acelerar la cobranza de las cuentas por cobrar, pero que suele pasarse por alto, es enviar más pronto las facturas a los clientes. Los clientes tienen diferentes hábitos de pago. Algunos pagan sus cuentas en la fecha en que se hace válido un descuento, otros pagan el último día (o más tarde) y otros pagan tan pronto como reciben la factura. En cualquier caso, la preparación y el envío acelerados de las facturas tendrán el resultado de pagos más rápidos gracias a la pronta recepción de las facturas y a una fecha de vencimiento más cercana. La facturación computarizada se puede usar para lograr esto. Además, algunas compañías encuentran ventajoso incluir las facturas con la mercancía, enviar las facturas por fax o incluso solicitar el pago por adelantado.

La facturación se puede eliminar por completo si se usa un **débito preautorizado**. Un cliente firma un acuerdo con una empresa permitiéndole cobrar a la cuenta de banco del cliente en una fecha específica y transferir los fondos del banco del cliente al banco de la empresa. Los pagos de seguros e hipotecarios con frecuencia se manejan de esta manera, ya que ambos implican pagos recurrentes de una cantidad fija.

Débito preautorizado
La transferencia de fondos de una cuenta de banco del pagador en una fecha específica al banco del destinatario; éste inicia la transferencia con la autorización previa del pagador.

Lockbox Un apartado postal manejado por el banco de una empresa que se usa como punto de recepción para los pagos de los clientes. Los sistemas de *lockbox* para *menudeo* reciben y procesan altos volúmenes de pagos moderados o bajos, mientras que los *lockboxes* para *mayoreo* están diseñados para manejar volúmenes bajos de pagos monetarios altos.

Lockbox electrónico Un servicio de cobranza proporcionado por el banco de una empresa que recibe pagos electrónicos y los datos del remitente que los acompañan, para luego comunicar esta información a la compañía en un formato específico.

Conversión de cuentas por cobrar (CCC) Proceso mediante el cual los cheques se convierten en débitos de la Cámara de compensación automatizada (ACH) en los sistemas de *lockbox* y otros sitios de recepción. Reduce la existencia de la flotación asociada con la liberación de cheques.

Cámara de compensación automatizada (*Automated Clearing House*, ACH) Sistema de transferencia electrónica de fondos en todo Estados Unidos. El pago de nómina por depósito directo y los pagos automáticos de hipotecas son ejemplos de pagos por este sistema.

Sistema de *lockbox*. La herramienta más importante para acelerar la cobranza de remesas en Estados Unidos es el *lockbox*. Una compañía renta un apartado postal local y autoriza a su banco para que recaude las remesas que llegan. Los clientes reciben las facturas con instrucciones de enviar sus remesas al apartado postal. El banco recoge el correo varias veces al día y deposita los cheques directamente en la cuenta de la compañía. Los cheques se registran y se liberan para su cobro. La compañía recibe una ficha de depósito y una lista de pagos, junto con cualquier material que llegue en los sobres. Con frecuencia, el material de la remesa y los cheques se escanean y se convierten en imágenes digitales. Luego, estas imágenes pueden transmitirse a la compañía o enviarse en un CD. El beneficio de este sistema es que los cheques se depositan antes, no después, de cualquier procesamiento y trabajo de contabilidad. En resumen, el *lockbox* elimina la *flotación de procesamiento* (el tiempo entre la recepción de remesas por la compañía y su depósito en el banco). En la actualidad, gracias a la tecnología moderna, los usuarios de este sistema también se benefician con las mejoras en el manejo de datos y la automatización de los flujos de información.

Muchos negocios tienen varios sitios de recolección en la forma de red de *lockboxes*. Con esta red, la flotación de envío y la flotación de disponibilidad se reducen al localizar los *lockboxes* cercanos a los puntos de envío de los clientes. Este tipo de modalidad suele tener una base regional, donde la compañía elige los bancos regionales de acuerdo con sus patrones de facturación. Antes de determinar las regiones y el número de puntos de recolección, se hace un estudio de factibilidad para la disponibilidad de los cheques que se depositarán bajo planes alternativos. En general, los mejores puntos de recolección son ciudades que tienen un alto volumen de tráfico aéreo, ya que casi todo el correo viaja por avión.

La ventaja principal de los sistemas de *lockbox*, una vez más, es que los cheques se depositan en un banco y se convierten en saldos de efectivo más pronto que si se procesan en la compañía antes del depósito. La desventaja principal es el costo. Como el banco proporciona varios servicios además de la liberación de cheques habitual, requiere una remuneración. Puesto que el costo es casi directamente proporcional al número de cheques depositados, esta modalidad no es rentable para la empresa si el promedio de remesas es pequeño.

Además del arreglo tradicional de *lockboxes*, los bancos ofrecen un *lockbox* **electrónico** para recibir pagos electrónicos. Los bancos consolidan (si se desea) los reportes tanto de *lockboxes* que se presentan en documentos de papel como los de base electrónica.

La regla acostumbrada para decidir si usar o no un *lockbox* es simplemente comparar el costo agregado del sistema más eficiente con el ingreso marginal que puede generar la disponibilidad acelerada de fondos. Si los costos son menores que el ingreso, el sistema es rentable, de lo contrario, no vale la pena implantarlo. El grado de rentabilidad depende principalmente de la dispersión geográfica de los clientes, el tamaño común de las remesas y la tasa de utilidades sobre los fondos liberados.

Mejoras en la cobranza

Conforme el panorama de la cobranza continúa evolucionando, la búsqueda de métodos de cobro más rápidos y menos costosos ha despertado el interés en alternativas al desplazamiento físico de los cheques de papel por todo el proceso de cobranza. Aunque el objetivo final puede ser eliminar por completo los cheques de papel, el enfoque actual en Estados Unidos es hacer el sistema basado en papel más eficiente y efectivo en costos.

Conversión de cuentas por cobrar (CCC). Disponible desde 2002, la tecnología de **conversión de cuentas por cobrar (CCC)** permite enviar los pagos con cheques a un *lockbox* o a otro sitio de recolección para convertirlos en débitos de la **Cámara de compensación automatizada** (*Automated Clearing House*, ACH). Los pagos convertidos en débitos de la ACH dejan de ser cheques. Se liberan electrónicamente a través de la infraestructura de la ACH y se reportan como elementos de esta última. Los cheques de papel originales, una vez que se convierten a efectivo, se destruyen. Esta práctica acelera el cobro de fondos al eliminar el desplazamiento físico costoso y tardado de cheques entre las instituciones financieras, el cual ocurre durante el proceso normal de liberación de cheques de papel.

El cheque está en la caja

Los bancos más grandes ofrecen servicios de *lockbox* como parte de una estrategia más amplia de administración del efectivo.

Sólo un pequeño porcentaje de las compañías canadienses operan exclusivamente a través de ventas y servicios nacionales. De las compañías canadienses que exportan sus bienes y servicios, muchas manejan a diario más dólares estadounidenses que dólares canadienses. Tal vez se reporten en dólares canadienses, pero su moneda operativa es el dólar de Estados Unidos.

Esto ha impulsado a más compañías canadienses a trabajar con bancos multinacionales para solucionar la administración de efectivo en Estados Unidos, en particular los servicios de *lockbox* para procesar los cheques que llegan. Estas compañías deben tener conciencia de las diferencias en el sistema de liberación de cheques en Canadá y en Estados Unidos. A diferencia del sistema en Canadá, que realiza la liberación el mismo día, la complejidad del sistema de Estados Unidos —con más de 15,000 instituciones financieras en 12 distritos de la Reserva Federal— significa que los cheques tienen programas de liberación variables. Dependiendo del banco y la jurisdicción, los fondos pueden estar disponibles de inmediato o después de un periodo de hasta tres días.

Las estrategias exitosas de *lockbox* tienen dos componentes principales: geográfico y de eficiencia en costo.

"Es importante que los *lockboxes* estén cerca de los clientes de la compañía, de manera que cuando un cliente ponga un cheque en el correo llegue al *lockbox* lo más pronto posible", dice Nathaniel Orens, director de Global Receivables para Citigroup Corporation and Investment Banking. "Un banco grande estadounidense con múltiples instalaciones de procesamiento puede realizar un análisis de la flotación de envío

con el mapa de las localizaciones desde donde se envían los cheques y compararlo con los sitios donde hay *lockboxes*, para identificar ahorros potenciales en tiempos de envío".

Aunque históricamente los cheques han sido el método de pago dominante en Estados Unidos, las iniciativas recientes en la industria bancaria intentan convertir los pagos con papel en pagos electrónicos durante la liberación para acelerar el proceso y reducir los gastos. Según las reglas de la Asociación de Pagos Electrónicos (*National Automated Clearing House Association*, NACHA) para los registros de las cuentas por cobrar (RCC), por ejemplo, el cheque de un consumidor entregado en un lugar de cuentas por cobrar como un *lockbox* se puede convertir en un débito de la ACH siempre que se notifique al consumidor. La aplicación de RCC se usa para los pagos del consumidor. *Check 21* es una enmienda del Congreso que legaliza el sustituto del papel como equivalente del cheque de papel original. (Véase "The cheque stops here", *Canadian Treasurer*, abril de 2005). Tanto la RCC como *Check 21* están diseñados para acelerar los programas de liberación de cheques y reducir los costos del intercambio físico de cheques entre bancos.

Los bancos están adoptando nuevos servicios que aprovechan estas iniciativas. Por ejemplo, con la promulgación de la ley *Check 21*, las compañías canadienses pueden escanear sus cheques de Estados Unidos en sus propias oficinas y transmitir un archivo electrónico al banco estadounidense, el cual liberará las transacciones también de manera electrónica. El cheque recibido por la compañía en Canadá nunca tiene que enviarse físicamente a Estados Unidos para que lo liberen, lo que elimina la flotación de envío.

Una vez que las compañías tienen un *lockbox* como la base para el procesamiento de sus cuentas por cobrar, el siguiente paso es asegurarse de que todos los demás métodos de pago, como giros bancarios o débitos de la ACH, se manejen con eficiencia. El paso final es consolidar cierta información acerca de los elementos recibidos y entregarla en papel o en archivos electrónicos para que manejen un solo flujo de cuentas por cobrar sin importar qué método de pago eligieron sus clientes.

***Check 21* y más allá.** La interrupción de los viajes por vía aérea —y de la transportación de cheques— en los días posteriores a los ataques del 11 de septiembre de 2001 en Estados Unidos resaltó una debilidad seria en el sistema de procesamiento de cheques en papel. Como los cheques no pudieron transportarse por avión, el sistema casi se detuvo por completo durante unos días. Esta situación agregó impulso al interés que ya tenían los negocios en los pagos electrónicos y el procesamiento basado en imágenes. Todo esto culminó en el Congreso con la aprobación de **la Ley para liberación de cheques en el siglo XXI** (*Check 21*), que está vigente desde el 28 de octubre de 2004.

Check 21 intenta promover la innovación en el sistema de pagos en Estados Unidos y alentar el *remplazo de los cheques* (esto es, eliminar los cheques originales en papel del proceso de pagos). La ley facilita este remplazo al permitir a los bancos archivar imágenes digitales de los cheques originales,

Ley de liberación de cheques para el siglo XXI (*Check 21*) Ley federal en Estados Unidos que facilita el intercambio de cheques electrónicos al permitir que los bancos intercambien archivos de imágenes de cheques de manera electrónica y, cuando sea necesario, generen legalmente "cheques sustitutos" en papel equivalentes, a partir de las imágenes, para presentarlos a los bancos que no aceptan cheques electrónicos.

Captura de depósito remota (CDR) Tecnología que permite al usuario escanear los cheques y transmitir las imágenes digitales de los cheques a un banco para su envío y liberación.

Concentración de efectivo Transferencia de efectivo de un *lockbox* o del dominio del banco al fondo común de la empresa casi siempre en un banco concentrador.

Saldo de compensación Depósitos de demanda que mantiene una empresa para pagar a un banco por los servicios prestados, líneas de crédito o préstamos.

Cheque de transferencia al depositario (CTD) Un cheque no negociable pagadero a la cuenta de una compañía en un banco concentrador.

Transferencia electrónica de la Cámara de compensación automatizada (ACH) En esencia, es una versión electrónica del cheque de transferencia al depositario.

procesar de forma electrónica la información de éstos y entregar "cheques sustitutos" a los bancos que quieran continuar recibiendo cheques en papel. Un cheque sustituto legalmente es igual que el cheque original; es una copia en papel de una imagen electrónica del cheque original, por los dos lados, anterior y posterior, incluyendo todos los endosos.

Check 21 no requiere que los bancos conviertan los cheques en imágenes electrónicas, pero sí que acepten cheques sustitutos como un equivalente legal del cheque original en papel. En resumen, los cheques ahora se pueden liberar (convertirse en efectivo en una cuenta del receptor) en Estados Unidos procesando los cheques originales en papel, imágenes en archivos electrónicos de los cheques o cheques sustitutos. Sólo al procesar cheques originales en papel, éstos deberán transferirse físicamente entre las múltiples instituciones financieras por autobús, tren o avión. Así, *Check 21* crea la oportunidad para los bancos de ahorrar tiempo y dinero si recortan los costos de transporte en que incurren al transportar esos cheques en papel.

Es interesante ver que *Check 21* abre el camino legal para la eliminación de los cheques incluso antes de que lleguen al banco. Con este cambio en mente, la **captura de depósito remota (CDR)** surgió en 2004. Ésta permite al usuario escanear los cheques y transmitir las imágenes digitales a un banco para su envío y liberación. El punto de truncamiento o modificación del proceso de envío de cheques ahora se ha desplazado hacia arriba al negocio o al *lockbox* y no al banco. Así, este servicio permite que se interrumpa el envío de los cheques en papel rápidamente y luego se liberen de manera electrónica. Una vez más, si existe la necesidad de un cheque en papel, siempre es posible generar un "cheque sustituto".

● ● ● Banco concentrador

La empresa que usa una red de *lockboxes* y la que tiene numerosos puntos de venta que reciben fondos en el mostrador tienen algo en común. Ambas tendrán saldos de depósitos en varios bancos regionales. Cada empresa verá que tiene ventajas al desplazar todos estos depósitos a un punto central, que se conoce como *banco concentrador*. Este proceso de **concentración de efectivo** tiene varios efectos:

- *Mejora el control* de las entradas y salidas del efectivo de la compañía. La idea es poner todos los huevos (en este caso, el efectivo) en la misma canasta y luego cuidar la canasta.
- *Reduce los saldos inactivos*, es decir, conserva el saldo de depósitos en los bancos regionales con sólo lo necesario para cumplir con las necesidades de transacciones (dicho de otra manera, los requerimientos mínimos de **saldo de compensación**). Cualesquiera fondos sobrantes se transfieren al banco concentrador.
- *Permite más inversiones de efectivo*. Al unir los saldos excesivos se tienen mayores cantidades de efectivo necesarias para algunas oportunidades de inversión a corto plazo con rendimiento más alto que requieren una compra mínima mayor. Por ejemplo, algunos valores comerciales se venden en bloques de $100,000 o más.

Servicios de concentración para fondos transferidos. El proceso de concentración depende de la transferencia oportuna de fondos entre las instituciones financieras. Existen tres métodos principales para transferir fondos entre bancos: **1.** cheques de transferencia al depositario; **2.** transferencia electrónica de cheques a través de las cámaras de compensación automatizada y **3.** giros bancarios.

El **cheque de transferencia al depositario (CTD)** es una modalidad que transfiere los fondos mediante un cheque al depositario emitido en un banco local y pagadero sólo a la cuenta de una compañía en un banco de concentración. Sin embargo, los fondos no están disponibles tan pronto como se recibe el CTD, ya que el cheque todavía debe cobrarse por los canales habituales. En la actualidad cada vez más compañías transmiten la información de sus depósitos vía telefónica a sus bancos concentradores, los cuales preparan y depositan el CTD en las cuentas de la empresa. Por supuesto, cualquier ahorro que se obtiene al usar el CTD debe medirse y compararse con los costos de esta modalidad.

Otra alternativa es la **transferencia electrónica a través de la Cámara de compensación automatizada (ACH).** Este elemento es una versión digital del cheque electrónico del depositario, que se puede usar entre los bancos que forman parte del sistema de la cámara de compensación automatizada. Los fondos transferidos quedan disponibles un día hábil después. Como el costo no es significativo, esta modalidad ha sustituido muchas transferencias de CTD basadas en el servicio postal.

Procesamiento de pagos: El cambio en el mar continúa

BusinessFinance

"Los tiempos están cambiando"

Con toda seguridad, Bob Dylan no tenía en mente un proceso de pagos cuando escribió estas palabras que sirven de título a una de sus canciones, pero describen atinadamente la evolución en marcha de estas funciones corporativas clave, impulsadas por los cambios en la legislación y en la tecnología, al igual que por el enfoque cada vez más difundido en la eficiencia y el control.

Las reglas que cambian han facilitado la conversión de muchos pagos en papel en pagos electrónicos. El caso referido: *Check 21*. Esta ley permite el uso de cheques sustitutos —siempre que cumplan ciertos requisitos— como el equivalente legal del papel original. Hoy, sólo dos años después de la aprobación de la ley, 6.2 millones de pagos, que representan más de $20 millones, se procesan de esta manera en un día promedio, según la Reserva Federal.

Se espera que esas cifras aumenten, aunque las estimaciones de crecimiento varían. Los analistas de la industria predicen que la proporción de cheques procesados como intercambio de imágenes, por ahora entre el 10 y 30%, crecerá a algún punto entre el 60 y 90% para 2010.

El 16 de marzo del año próximo [2007], la conversión de los servicios de gestión administrativa entrará en vigor. Esto permitirá que los negocios de venta al menudeo acepten cheques en el punto de venta o en los sitios de pago para convertir los cheques elegibles en débitos de la cámara de compensación automatizada en sus oficinas.

En 2008 comenzarán a adoptarse las provisiones para el área de pagos únicos en euros (APUE). APUE sustituirá las múltiples infraestructuras nacionales de pagos con una sola plataforma. Las organizaciones podrán usar ese recurso para procesar los pagos que cruzan fronteras por un costo similar al de los pagos internos de cada país.

Las herramientas técnicas mejoradas también tienen efecto sobre los procesos de pago. Por ejemplo, los nuevos paquetes de software pueden ayudar a las tesorerías a automatizar el procesamiento por excepción. En el pasado, los negocios tenían que investigar manualmente los cheques que llegaban sin el número de cuenta del pagador. Ahora el software puede capturar y retener el nombre de quien expide el cheque de manera que los pagos futuros se puedan aplicar a la cuenta correcta aun cuando no esté el número de cuenta en el cheque.

Las compañías que usan los servicios de *lockbox* ahora saben que su banco o institución financiera puede capturar electrónicamente no sólo los cheques, sino también los documentos que los apoyan, como facturas, que los acompañan. Eso hace que la investigación de las excepciones sea más eficiente y reduce la necesidad de almacenar los documentos de pago en papel.

Además, los sistemas de información del tesorero cada vez ofrecen mayor visibilidad del dinero que reciben las compañías. Por ejemplo, algunas herramientas proporcionan registros diarios de los pagos que llegan a las cuentas bancarias de una organización en todo el mundo.

Fuente: Adaptado de Karen M. Kroll, "Payment Processing: The Sea Change Continues", *Business Finance* (diciembre, 2006), Innovations in Finance: CFOs Best Solutions Supplement. (www.bfmag.com) Derechos reservados © 2006 por Penton Media, Inc. Usado con permiso. Todos los derechos reservados.

Giro bancario
Término genérico para la transferencia electrónica de fondos usando un sistema de comunicación de dos vías, como Fedwire.

La manera más rápida de transferir dinero entre bancos es mediante un **giro bancario**, una operación parecida a la comunicación telefónica, la cual, por medio de registros en los libros, retira fondos de la cuenta de banco del pagador y los deposita en una cuenta del banco del destinatario. Los giros bancarios pueden hacerse a través del sistema de la Reserva Federal de Estados Unidos (Fedwire) o a través de un sistema privado. Los fondos se consideran disponibles cuando se recibe el giro. Aunque el costo de un CTD es sólo alrededor de $0.50 por procesamiento, envío y recepción, los cargos del giro suelen ser cercanos a los $15. Como resultado de este costo relativamente alto, los giros bancarios en general se reservan para transferir sólo cantidades grandes o cuando la rapidez es esencial.

R-e-t-a-r-d-a-r los pagos en efectivo

Mientras que uno de los objetivos fundamentales de la administración de efectivo es acelerar la cobranza, otro objetivo más es retrasar los desembolsos en efectivo tanto como sea posible. La combinación de pagos rápidos y desembolsos lentos dará como resultado una mayor disponibilidad de efectivo.

● ● ● "Juego con la flotación"

La cifra en efectivo mostrada en los libros de una empresa rara vez representa la cantidad disponible que la empresa tiene en el banco. De hecho, los fondos disponibles en el banco suelen ser mayores que el saldo mostrado en los libros de la compañía. La diferencia monetaria entre el saldo del banco de la empresa y su saldo de efectivo en libros se llama **flotación neta** (o algunas veces, sólo *flotación*). La flotación neta es el resultado de los retrasos entre el tiempo en que se expiden los cheques y su liberación posterior por el banco. Es muy posible que la compañía tenga un saldo de efectivo negativo en sus libros y uno positivo en el banco, ya que los cheques que la compañía acaba de expedir pueden estar todavía pendientes de pago. Si la magnitud de la flotación neta se puede estimar con precisión, es posible reducir los saldos en el banco e invertir los fondos para ganar un rendimiento positivo. Esta actividad se conoce entre los tesoreros corporativos como "juego con la flotación".

Flotación neta
Diferencia monetaria entre el saldo mostrado en los libros de una empresa (o de un individuo) y el saldo en los libros del banco.

● ● ● Control de desembolsos

Es esencial para la buena administración del efectivo que la compañía controle los desembolsos para retrasar los flujos de efectivo de salida y minimizar el tiempo que los depósitos de efectivo están inactivos. Una compañía que trabaja con múltiples bancos debe estar en condiciones de transferir fondos con rapidez a los bancos de los que se hacen los retiros para prevenir sobregiros por la acumulación temporal en un banco en particular. La idea es tener un nivel de efectivo adecuado en los diferentes bancos, pero no dejar que se acumulen saldos excesivos. Esto requiere información diaria de los bancos sobre los saldos cobrados. Después, el exceso de fondos se puede transferir a los bancos de desembolso, ya sea para pagar cuentas o para invertir en valores comerciales. Muchas compañías han desarrollado sistemas informáticos complejos para brindar la información necesaria y para transferir los fondos excesivos de manera automática. En vez de desarrollar un sistema propio, una empresa puede contratar servicios de cómputo externos para realizar las funciones descritas.

Un procedimiento para un control estrecho de los desembolsos es centralizar las cuentas por pagar en una sola cuenta (o un número pequeño de cuentas) en la oficina matriz de la compañía. De esta manera, los desembolsos pueden hacerse en el momento preciso que se desee. Los procedimientos operativos para los desembolsos deben estar bien establecidos. Si se opta por los descuentos en efectivo en las cuentas por pagar, la empresa debe enviar el pago al final del periodo de descuento.[2] Pero si no se toma el descuento, la empresa no debe pagar sino hasta el final de la fecha de vencimiento para disponer del efectivo tanto como sea posible. (Tendremos más que decir acerca de si conviene tomar o no un descuento en efectivo por pronto pago en el capítulo 11).

Pago con letra de cambio (PLC). Una manera de retrasar los desembolsos es usar el **pago con letra de cambio (PLC)**. A diferencia de un cheque común, la letra de cambio no se paga a la vista. Cuando se presenta al banco del emisor para su cobro, el banco debe presentarla al emisor y éste debe aceptar el pago. Después, la empresa emisora deposita los fondos para cubrir el pago de la letra. La ventaja de la letra de cambio es que retrasa el tiempo en que la empresa de hecho debe tener fondos depositados para cubrir el pago. En consecuencia, le permite mantener saldos menores en sus bancos. Una desventaja del sistema de letras de cambio es que ciertos proveedores prefieren los cheques. Además, a los bancos no les agrada procesar letras de cambio porque con frecuencia requieren atención manual especial. Como resultado, los bancos cobran más por el servicio de procesar las letras de cambio que lo que cobran por procesar cheques.

Pago con letra de cambio (PLC)
Instrumento similar al cheque que se emite contra el pagador y no contra un banco, como sucede con un cheque. Después de que se presenta una letra de cambio ante un banco, el pagador decide si acepta o rehúsa el pago.

Desembolsos de nómina y dividendos. Muchas compañías mantienen cuentas separadas para los pagos de nómina. Para minimizar el saldo en esta cuenta, la empresa debe predecir cuándo se presentarán los cheques emitidos para su pago. Si el día de pago es un viernes, no todos los cheques se cobrarán ese día. Entonces la empresa no necesita tener fondos depositados para cubrir toda la nómina. Incluso en lunes algunos cheques no se presentarán debido a los retrasos para depositarlos. Con base en esta experiencia, la empresa debe ser capaz de determinar una distribución de cuándo, en promedio, se presentarán los cheques. Un ejemplo se muestra en la figura 9.3. Con esta información, la empresa puede hacer un cálculo aproximado de los fondos que necesita para cubrir los cheques de su nómina.

---

[2]En muchos casos, poco después de que un deudor pone el cheque en el correo, la factura se considera pagada. La "regla del apartado postal", una costumbre desde 1818, establece que el sello en el sobre indica la fecha de pago. Sin embargo, no todos aceptan esta regla. Muchas empresas consideran la fecha de pago como la fecha de recepción de un cheque en sus *lockboxes* (o en otro centro de envío designado). Por lo tanto, los clientes deben familiarizarse con los términos específicos de crédito y pago de cada proveedor.

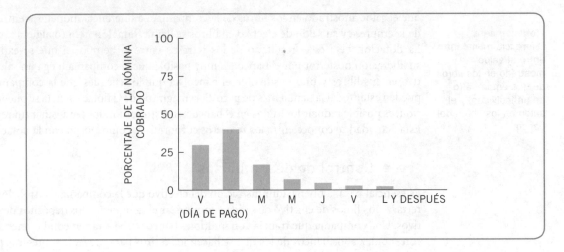

Figura 9.3

Porcentaje de los cheques de nómina cobrados

Muchas empresas también establecen una cuenta separada para el pago de dividendos, similar a la usada para la nómina. También en este caso, la idea es predecir cuándo se presentarán los cheques de dividendos, de manera que la empresa pueda minimizar el saldo en efectivo de la cuenta.

Cuenta con saldo cero (CSC). El uso de un sistema de **cuenta con saldo cero** (CSC), que ofrecen muchos bancos grandes, elimina la necesidad de estimar con exactitud y tener fondos en cada cuenta de retiros. En este sistema, una cuenta maestra de retiros da servicio a todas las cuentas subsidiarias. Cuando se liberan los cheques al final de cada día, el banco automáticamente transfiere justo suficiente dinero de la cuenta maestra a cada cuenta de retiro (por ejemplo, una para nómina, una para cuentas por pagar, etcétera) para cubrir los cheques presentados.[3] Así, en todas las cuentas se mantiene cada día un saldo final de cero, menos en la cuenta maestra. Además de mejorar el control sobre los egresos, un sistema de cuentas con saldo cero elimina los saldos inactivos de todas las cuentas subsidiarias. El administrador de efectivo de la empresa debe pronosticar los tiempos de pago de cheques de manera que la cuenta maestra tenga suficiente dinero para dar servicio a las cuentas subsidiarias. Pero, por la ley de los grandes números, los errores múltiples tienden a cancelarse unos con otros, y puede hacerse una aproximación adecuada del efectivo necesario en la cuenta maestra.

● ● ● Desembolsos remotos y controlados

Aprovechando las deficiencias de los procesos de liberación de cheques del sistema de la Reserva Federal y de ciertos bancos comerciales, al igual que las ineficiencias del sistema postal, una empresa puede maximizar el tiempo en que los cheques que emite permanecen pendientes de pago. Se han propuesto varios modelos para maximizar la **flotación de desembolsos** mediante la selección de bancos de retiro óptimos desde el punto de vista geográfico. La idea es localizar los bancos para retiros y emitir cheques de esas cuentas de manera que se maximice el tiempo que el cheque seguirá pendiente de pago. Una empresa que usa **desembolsos remotos** puede, por ejemplo, enviar por correo un cheque a un proveedor en Maine que proviene de una cuenta de un banco en Helena, Montana.

Al maximizar la flotación de desembolsos, la empresa puede reducir la cantidad de efectivo que mantiene y emplear estos fondos sin usar de modo más redituable. Sin embargo, la ganancia de una empresa es la pérdida de otra. Maximizar la flotación de desembolsos significa que los proveedores no tendrán fondos pagados tan pronto como los tendrían de otra manera. Con el desembolso remoto, las relaciones entre la empresa y los proveedores pueden deteriorarse en la medida en que estos últimos desaprueben tales hábitos de pago.

Cuenta con saldo cero (CSC) Cuenta de cheques de una corporación en la que se mantiene un saldo de cero. La cuenta requiere una cuenta maestra de la que se retiran fondos para cubrir los saldos negativos o a la que se envía el saldo excedente.

Flotación de desembolso Tiempo total entre el envío de un cheque por correo y la liberación del cheque de la cuenta bancaria de la empresa.

Desembolso remoto Sistema en el que la empresa gira cheques de un banco que está geográficamente lejos de sus acreedores de manera que maximice el tiempo de liberación de los cheques.

---

[3]De manera alternativa, las cuentas de saldo cero en uno o más bancos podrían recibir fondos a través de giros provenientes de una cuenta central en otro banco (con frecuencia el banco de concentración).

Administración internacional de efectivo

Los sistemas de pago difieren entre países. Por ejemplo, el sistema de *lockbox* tan común en Estados Unidos no está desarrollado en otros países. Un procedimiento de *lockbox* en el extranjero es en general más costoso que en EUA. No obstante, conforme se desarrollen los sistemas de *lockbox* en Europa y Asia, el costo debe bajar. Por ahora, la razón costo/beneficio no es favorable, como suele ocurrir en Estados Unidos.

Muchos pagos en Europa se hacen a través de un servicio postal de liberación. En este sentido, el *sistema de giros* permite pagos automáticos a través del servicio postal. El servicio recibe instrucciones del pagador de transferir fondos a una cuenta del receptor y envía avisos a ambas partes. No se usan cheques físicos. Este servicio es independiente del sistema bancario.

También se usan los cheques del sistema bancario para hacer pagos, y su uso se está difundiendo. Sin embargo, para pagos recurrentes, el sistema de pagos por giro es el que más se usa.

También se pueden hacer pagos por giro bancario; por lo general, los fondos estarán disponibles un día después si se trata de la moneda del país y dos días después si la moneda es extranjera.

Para las compañías multinacionales, el efectivo y los valores comerciales pueden tenerse en varias monedas. Muchas compañías mantienen liquidez en el país en donde tiene lugar la inversión y/o donde ocurre la contratación del producto. La posición de los valores comerciales de estas compañías es parte de una administración más amplia de la exposición al riesgo de la moneda, que se estudiará en el capítulo 24.

Es importante que el administrador financiero comprenda las muchas diferencias en los aspectos institucionales de los pagos y la inversión de los fondos excedentes en el extranjero. Hemos mencionado sólo unos cuantos procedimientos, pero la globalización de los negocios y las finanzas exigen la familiaridad con éstos si la compañía desea competir a nivel mundial.

Pagos controlados
Sistema en el que la empresa gira cheques de un banco (o sucursal bancaria) que puede dar una notificación, temprano o a media mañana, de la cantidad total de dinero que se presentará contra la cuenta ese día.

El 2 de mayo de 1985, E. F. Hutton, la quinta empresa de corretaje de Estados Unidos en ese momento, fue declarada culpable de 2,000 delitos graves por fraude en el correo y los giros. Hutton había empleado la flotación "extrema" relacionada con los pagos remotos. Este caso fue una advertencia para muchas compañías para revisar todas sus prácticas de administración de efectivo. En muchos casos, estas revisiones las llevaron a adoptar políticas de administración de efectivo formal y códigos de conducta. En algunos casos, los pagos remotos se consideraron no éticos en tanto que eran una técnica de administración de efectivo expresamente diseñada para retrasar la liberación normal de cheques.

Una práctica relacionada con los pagos remotos, pero que tiene menos connotaciones negativas, se conoce como **pagos controlados**. Quizá también se valga de bancos pequeños lejanos (o sucursales de bancos grandes) para realizar pagos. Sin embargo, la razón principal para usar estos bancos es que las presentaciones tardías (cheques recibidos después del envío inicial diario de cheques de la Reserva Federal) son mínimas. Este hecho permite a la empresa predecir mejor los desembolsos cada día.

Comercio electrónico

Comercio electrónico (CE) Intercambio de información de negocios en formato electrónico (sin papel), incluyendo el uso de Internet.

Intercambio electrónico de datos (IED) Transferencia de datos de negocios de manera electrónica en un formato estructurado, legible en una computadora.

En la actualidad, la mayoría de los documentos y pagos de los negocios en Estados Unidos se manejan en papel, y el intercambio en general se hace a través del servicio postal. El **comercio electrónico (CE)**, el intercambio de información de negocios en formato electrónico, ofrece una alternativa a este sistema en papel. En un extremo del espectro del comercio electrónico, encontramos mensajes no estructurados como la transmisión del fax y el correo electrónico. En el otro extremo están los mensajes sumamente estructurados, conocidos como *intercambio electrónico de datos (IED)*. Nuestro enfoque en esta sección es en el IED, en especial en cómo se relaciona con los pagos y desembolsos de una compañía.

● ● ● Intercambio electrónico de datos

El **intercambio electrónico de datos (IED)** incluye la transferencia de información de negocios (como facturas, órdenes de compra e información de envíos) en un formato que se lee en una computadora. El IED no sólo implica la transferencia directa de datos de una computadora a otra por medio de

Transferencia electrónica de fondos (TEF)
El intercambio electrónico de información entre dos instituciones depositarias que da por resultado la transferencia de valor (dinero).

Society for Worldwide Interbank Financial Telecommunication (SWIFT) La red de telecomunicación financiera internacional que transmite instrucciones de pagos internacionales y otros mensajes financieros.

Clearing House Interbank Payment System (CHIPS) Un sistema de liberación automática usado principalmente para pagos internacionales. La contraparte británica se conoce como CHAPS.

vínculos de comunicación, sino también la entrega física entre negocios de unidades de almacenamiento de datos electrónicos como cintas, discos y CD.

La **transferencia electrónica de fondos (TEF)** constituye un subconjunto importante del IED. La característica que distingue a la TEF es que la transferencia de valor (dinero) ocurre en las instituciones de depósito (principalmente bancos) que envían y reciben pagos electrónicos. Los ejemplos de TEF incluyen transferencias y giros de la Cámara de compensación automatizada (ACH). En el ámbito internacional, la TEF puede incluir instrucciones y transferencias a través de la **Society for Worldwide Interbank Financial Telecommunication** (SWIFT, Sociedad para las Telecomunicaciones Financieras Interbancarias Mundiales) y el **Clearing House Interbank Payments System** (CHIPS, Sistema Interbancario de Compensación de Pagos).

Un impulso importante a la TEF en Estados Unidos se registró en enero de 1999, cuando entró en vigor una nueva reglamentación que requería que todos los pagos del gobierno federal —excepto los reembolsos de impuestos y las situaciones en que los contratos están garantizados— se hicieran de manera electrónica. El depósito directo de los pagos mediante una TEF debe demostrar que es más seguro que los cheques en papel y, por lo general, será más conveniente. También se espera que los pagos por TEF representen ahorros en costos para el gobierno.

Un segundo subconjunto importante del IED se conoce como **IED financiero (IEDF)**. El IEDF implica el intercambio electrónico de información de negocios (no de valores) entre una empresa y su banco o entre bancos. Los ejemplos incluyen la información de envíos a un *lockbox* y la información de saldos bancarios.

Aun en los negocios que han adoptado el sistema de intercambio electrónico de datos y las técnicas de transferencia de fondos, muchas de sus transacciones se harán, por lo menos parcialmente, en papel. Por ejemplo, una compañía puede realizar todas sus actividades de negocios usando el IED y hacer algunos pagos con cheques en papel. De manera alternativa, parte del *intercambio de datos* de una empresa puede hacerse en papel, mientras que todos sus *pagos* se realizan mediante compensación automatizada y giros bancarios.

APUE: Un continente, un sistema de pagos

El beneficio principal para las compañías es que con el APUE sus pagos serán menos costosos, más rápidos y en euros.

Cuando se introdujo el euro en 1999, fue simplemente el primer paso hacia un sistema de pagos para todo el continente europeo. Ahora se dan los toques finales necesarios a la infraestructura para lograr esa visión. APUE, o el área de pagos únicos en euros, se programó para introducirse en enero de 2008 y quedará completamente implantada para 2010.

Obligatoria en la Unión Europea, el APUE requerirá que los bancos cobren todas las transacciones a través de las fronteras en euros al mismo nivel comparable con los productos de cada país. Por primera vez, los tesoreros tendrán acceso a un marco de pagos fluido que cruza fronteras con nivel de valor bajo, de liberación automática.

El beneficio principal es que con el APUE se tendrán pagos más rápidos y menos costosos, efectuados en euros. ¿Por qué? Para comenzar, las cuotas serán más transparentes, dice Michael Wagner, director en la oficina de Londres de la consultora Mercer Oliver Wyman, y eso creará "presión para mover la paridad". Más aún, el APUE permitirá a las compañías reducir sus relaciones bancarias y pensar de nuevo en la localización de sus centros de manejo de dinero. "¿Qué director financiero no desea ver (sus) cuentas consolidadas de 30 a cinco?", pregunta Alan Koenigsberg de JPMorgan Chase's Treasury Services.

Para los bancos, sin embargo, la conversión será costosa. Un estudio de Boston Consulting Group en 2006 estimó que el costo para hacer que los sistemas bancarios nacionales en la UE puedan operar entre sí para 2008 podría llegar a $650 millones. El siguiente paso —eliminar o convertir todos los esquemas nacionales para 2010— costará otros $6,500 millones. Además, Wagner predice una "erosión del 10 al 30% en las cuotas" una vez que el APUE esté en marcha. El resultado puede ser mayor consolidación o la subcontratación de iniciativas con bancos más pequeños. Todavía podría haber obstáculos, en particular políticos. Pero si todo sale como se planea, en 2011 el panorama de pagos globales puede estar mucho más nivelado.

● ● ● Costos y beneficios del intercambio electrónico de datos

Una multitud de beneficios se han atribuido a la aplicación del intercambio electrónico de datos en sus diferentes formas. Por ejemplo, la información y los pagos se transfieren más rápido y con mayor confiabilidad. Este beneficio, a la vez, lleva a un pronóstico mejorado para el efectivo y su administración. Los clientes de la compañía también se benefician con un servicio más rápido y confiable. Además, la compañía puede reducir los costos de papel, envíos postales y almacenamiento de documentos.

No obstante, estos beneficios implican un costo. La transferencia electrónica de datos requiere computadoras, hardware y software. La compañía debe capacitar al personal en el uso del sistema IED. Asimismo, con frecuencia se dedica tiempo, dinero y esfuerzo para convencer a proveedores y clientes a que realicen negocios por vía electrónica con la compañía. Por supuesto, la velocidad de una transferencia electrónica de fondos elimina la *flotación*. Para algunas corporaciones, la pérdida de la flotación favorable en los desembolsos es un precio alto que deben pagar.

Cada compañía deberá decidir si los beneficios de adoptar un sistema de documentación y pagos electrónico compensan los costos asociados. Sin embargo, incluso para las empresas que adopten estos sistemas electrónicos, puede ser necesario (por razones legales, de marketing u otras) mantener un sistema dual —con base electrónica y de papel— durante algún tiempo.

Subcontratación

En años recientes, las empresas cada vez se enfocan más en la parte medular de sus procesos: esas *competencias básicas* que poseen para crear y sustentar una ventaja competitiva. El resto de las áreas esenciales pero no básicas del negocio son propicias para la subcontratación (*outsourcing*).

La subcontratación, que implica delegar una operación que comúnmente se efectúa "en casa" a una empresa externa, no es una idea "nueva" en lo que se refiere a la administración de efectivo. Recuerde nuestro análisis anterior de los *lockboxes*. Después de la cuenta de cheques de una empresa, el *lockbox* es el servicio de administración de efectivo corporativo más antiguo. El uso de un *lockbox* es sólo un ejemplo de la subcontratación de un proceso financiero crucial, pero no central. De hecho, todas las áreas importantes de la administración de efectivo —cobranza, desembolsos e inversión en valores comerciales— son buenas candidatas para la subcontratación.

La subcontratación tiene un gran potencial para reducir los costos de una compañía. El subcontratista puede usar economías de escala y su experiencia especializada para realizar una operación de negocios subcontratada. Como resultado, la empresa puede obtener el servicio que necesita a un costo menor y con una mejor calidad que si lo realiza por sí misma. Además, la subcontratación libera tiempo y personal de manera que la compañía se pueda enfocar más en su negocio básico. Por eso, aunque reducir costos es una consideración importante en la decisión de subcontratar, no es la única. De hecho, cuando el Outsourcing Institute (www.outsourcing.com) pidió a usuarios finales de la subcontratación, en una encuesta en 2005, que mencionaran cinco razones por las que subcontrataban, la primera razón fue "reducir y controlar los costos operativos", la segunda fue "mejorar el enfoque de la compañía" y la tercera, "liberar recursos para otros fines".

Ya hemos hablado de la subcontratación aplicada a la cobranza (el sistema de *lockbox*). El creciente interés mostrado por las empresas en el comercio electrónico hace que el área de desembolsos sea apropiada para la subcontratación. Lo más seguro es que un banco maneje esta operación subcontratada. Por ejemplo, una empresa puede entregar un solo archivo con todas las instrucciones de pagos a un banco en formato de IED. El banco separa los pagos por tipo (cheque, compensación automatizada o giro) y efectúa los pagos. Este servicio es útil en especial para una empresa que necesita hacer pagos internacionales. Un centro bancario importante tendrá la experiencia técnica necesaria para manejar muchas divisas y liberar los sistemas implicados.

La **subcontratación del proceso de negocios (SPN)** es una forma más especializada de subcontratación en la que el proceso de negocios completo, como finanzas y contabilidad, se maneja con los servicios de un tercero. Esta subcontratación con frecuencia incluye contratos por varios años que pueden implicar cientos de millones de dólares. Es interesante ver que mientras las compañías de

IED financiero (IEDF) Transferencia de información electrónica relacionada con las finanzas entre una compañía y su banco o entre bancos.

Subcontratación (*outsourcing***)** Realizar una operación de negocios contratando para ello a una empresa externa —en el país o en el extranjero— en vez de hacerla "en casa".

Subcontratación del proceso de negocios (SPN) Modalidad de subcontratación en la que el proceso de negocios completo se maneja con los servicios de un tercero.

Subcontratación del proceso de negocios (SPN)

financialexecutive

La subcontratación del proceso de negocios, o SPN, continúa ganando clientes y buena parte de esa actividad se realiza en el extranjero. Los recursos humanos todavía constituyen la mayor área, donde finanzas, contabilidad y compras intentan encontrar más fuerza.

La subcontratación del proceso de negocios (SPN) ha crecido de manera estable en los últimos años y podría convertirse en un mercado global de $500 mil millones para el próximo año, de acuerdo con McKinsey & Co. Es un mercado tanto para multinacionales pequeños, como Church's, o más grandes, como Kimberly-Clark. Como tal, no es "un traje que se ajuste a todas las medidas"; es personalizada y se puede realizar en un lugar o en varios.

¿Qué es SPN y por qué tiene tantos adeptos? "En este punto, prácticamente todo proceso de negocios estándar —recursos humanos, abastecimiento, finanzas y contabilidad, administración de proyectos, asuntos legales, investigación y desarrollo, cuidado del cliente y compras— se ha subcontratado en algún grado conforme al Global 100 de empresas que buscan nuevas formas de reducir costos, mejorar procesos y conservar su competitividad", afirman John K. Halvey y Barbara Murphy Melby en la segunda edición de *Business Process Outsourcing: Process, Strategies and Contracts* (John Wiley & Sons, 2007).

SPN en realidad es una evolución de las subcontrataciones en tecnología de la información (TI) que comenzaron a florecer en la década de 1990. Es menos un juego de costos —aprovechar la mano de obra barata en el extranjero para hacer el mismo trabajo— que un esfuerzo para dejar que un tercero se encargue de funciones con mejores prácticas (con frecuencia después de una reingeniería) que no constituyen el núcleo de las habilidades de una corporación para obtener ganancias. Y, desde luego, el trabajo debe entregarse a menor precio, después de absorber los costos iniciales y, algunas veces, mucho más que esto.

Para estar seguros, algunos contratos de SPN todavía se justifican dentro del modelo comparativo de la mano de obra. Pero esa ventaja se ha reducido en muchos casos y está por debajo del 50 o 60% o menos de los primeros casos de subcontratación de TI. Halvey, un socio en Milbank, Tweed, Hadley & McCoy en Nueva York y reconocido experto en subcontratación, asegura que los ahorros en SPN con frecuencia llegan al 30% y de ahí hacia abajo hasta dar cifras de un solo dígito.

Pero es claro que SPN es el centro del movimiento de subcontratación para las multinacionales de Estados Unidos, que se ha transformado en unos cuantos años de un enfoque controvertido del trabajo en el extranjero —donde los trabajos en esencia se trasladaban a lugares menos costosos como India y Filipinas— a un modelo más complejo y "más cercano" que recurre a una multiplicidad de lugares, algunos de ellos nacionales. India sigue siendo el lugar más socorrido para la SPN, seguido de países como Filipinas, Brasil y las naciones de Europa oriental como Hungría.

Fuente: Adaptado de Jeffrey Marshall, "BPO: Developing Market, Evolving Strategies", *Financial Executive* (junio, 2007), pp. 38-44. (www.financialexecutives.org) © Derechos reservados en 2007 por Financial Executives International Incorporated. Reproducido con permiso. Todos los derechos reservados.

SPN suelen localizarse en países con costos más bajos como India, México o China, muchas de ellas en realidad son propiedad de las multinacionales, como IBM, Accenture o Convergys.

Conservación de saldos de efectivo

La mayoría de las empresas de negocios establecen un nivel meta para los saldos de efectivo que deben tener. No quieren saldos con exceso de efectivo porque pueden ganar intereses si invierten estos fondos en valores comerciales. Cuanto mayor es la tasa de interés sobre estos valores, por supuesto, mayor es el costo de oportunidad de mantener saldos inactivos. El nivel óptimo de efectivo debe ser el mayor entre: **1.** los saldos para transacciones requeridas cuando la administración de efectivo es eficiente y **2.** los requerimientos de saldo de compensación de los bancos comerciales con los que la empresa tiene cuentas de depósito.

Los saldos de transacciones se determinan tomando en cuenta las consideraciones mencionadas antes en este capítulo. Además, cuanto más alta es la tasa de interés, mayor es el costo de oportunidad de mantener efectivo y mayor es el deseo correspondiente de reducir los saldos de efectivo de la empresa, cuando todo lo demás permanece igual. Se han desarrollado varios modelos de administración de efectivo para determinar una división óptima entre el efectivo y los valores comerciales.

● ● ● Saldos y cuotas de compensación

Establecer un nivel mínimo de saldos de efectivo depende, en parte, de los requerimientos de saldos de compensación de los bancos. Los requerimientos de que la empresa mantenga cierta cantidad de depósitos de demanda para retribuir al banco por sus servicios se basa en la rentabilidad de la cuenta.

Puesto que los bancos difieren en el método de análisis de la cuenta, la determinación de los saldos de compensación varía. Por lo tanto, es conveniente que la empresa pida informes y encuentre el banco que requiere los saldos de compensación más bajos para un nivel dado de actividad. Si una empresa tiene contratado un préstamo con un banco, es posible que le pidan que mantenga saldos más altos que los requeridos para compensar al banco por la actividad en su cuenta. Como consideramos la compensación en el caso de préstamos en el capítulo 11, no se analizará esta forma de compensación en este momento.

En años recientes ha habido una marcada tendencia a pagar en efectivo por los servicios prestados por un banco en vez de mantener saldos de compensación. La ventaja para la empresa es que puede ganar más sobre los fondos usados como saldos de compensación que la cuota por los servicios. Cuanto más alta es la tasa de interés en el mercado de dinero, mayor es el costo de oportunidad de los saldos de compensación y mayor es la ventaja de los cargos por servicio. Es un asunto sencillo determinar si es mejor para la empresa que le cobren el servicio y no tenga que mantener saldos de compensación. Simplemente se comparan los cargos con las utilidades sobre los fondos liberados. Cuando es mejor pagar el servicio prestado con una cuota, la empresa debe estar lista para aprovechar la situación y reducir su saldo de compensación.

Inversión en valores comerciales

En general, las empresas tratan de mantener algún nivel meta de efectivo para satisfacer sus necesidades para transacciones y/o requerimientos de saldos de compensación. Pero más allá de eso, con frecuencia encontramos empresas que invierten en valores comerciales a corto plazo. En esta sección exploramos el uso de los valores comerciales como inversión casi a la vista. Antes de comenzar, debemos mencionar que, para fines contables, los valores a corto plazo suelen mostrarse en el balance general como "inversiones a corto plazo".

● ● ● Portafolios de valores comerciales: Tres segmentos

Es útil pensar en el portafolio de la empresa de valores comerciales a corto plazo como si fuera un pastel dividido en tres pedazos (no necesariamente iguales).[4] (Véase la figura 9.4). Una porción del pastel consiste en los valores comerciales que actúan como reserva para la cuenta de efectivo de la compañía. Esto es, si la empresa encuentra que su saldo de efectivo al comenzar el día es menor que el deseado, puede vender con rapidez alguno de estos valores para reunir el efectivo. A menos que los flujos de entrada de efectivo de la empresa *siempre* sean mayores que sus flujos de salida cada día, la empresa tal vez necesite vender valores de vez en cuando; pero es difícil pronosticar con exactitud cuándo y en qué cantidad. En este segmento, un requerimiento importante es la liquidez instantánea. Como se trata de que estos valores sean la primera línea de defensa contra necesidades operativas no previstas de la empresa, es posible que estos valores deban liquidarse sin previo aviso. Podemos denominar esa parte del portafolio de valores comerciales que se mantiene para satisfacer estas necesidades como el *segmento de efectivo rápido ($R)*.

Además de los valores comerciales para satisfacer algunas necesidades de efectivo imprevistas, los valores también se conservan para cubrir flujos de salida "controlables" (o conocidos). Por ejemplo, la

---

[4]Basamos este análisis en un enfoque sugerido por James M. Stancill, *The Management of Working Capital* (Scranton, PA: Intext Educational Publishers, 1971), capítulos 2 y 3.

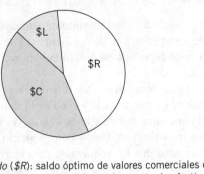

Figura 9.4

Portafolio de valores comerciales a corto plazo de la empresa; se puede pensar en éste como en un pastel dividido en tres pedazos (no necesariamente iguales)

☐ *Segmento de efectivo rápido* (*$R*): saldo óptimo de valores comerciales que se conserva para ocuparlo en caso de deficiencias probables en la cuenta de efectivo de la empresa.

☐ *Segmento de efectivo controlable* (*$C*): valores comerciales conservados para satisfacer flujos de salida controlables (conocidos), como impuestos y dividendos.

☐ *Segmento de efectivo libre* (*$L*): valores comerciales "libres" (es decir, disponibles para fines todavía no designados).

empresa conoce de antemano sus dividendos y sus pagos de impuestos trimestrales, y tiene bastante control sobre ellos. Otro flujo de salida controlable serían los pagos de interés y préstamos. Es conveniente que la empresa se prepare para estos egresos controlados acumulando fondos gradualmente. Esta acumulación gradual puede permanecer en la cuenta de efectivo, pero sería igualmente fácil que ganara intereses si invierte temporalmente en valores comerciales. Así, otra porción del portafolio de valores de la empresa, el *segmento de efectivo controlable* (*$C*), puede reservarse para cumplir con los flujos de salida (conocidos) controlables, como impuestos y dividendos.

Por último, tenemos el *segmento de efectivo libre* (*$L*). Ésta es una cantidad de valores comerciales que se destina para servir, no a la cuenta de efectivo y tampoco a los flujos de salida controlables de la empresa. En esencia, es efectivo adicional que la empresa tiene invertido a corto plazo. Puesto que no tiene un uso inmediato para estos fondos, es mejor conservarlos invertidos que tenerlos inactivos en la cuenta de efectivo.

Antes de decidir qué valores comerciales son los más apropiados para los tres segmentos del portafolio, debemos familiarizarnos con las variables que han de considerarse en el proceso de seleccionar los valores comerciales. Además, necesitamos familiarizarnos con los valores alternativos mismos.

● ● ● Variables en la selección de valores comerciales

Cuando se considera la compra de valores comerciales, el administrador del portafolio de la empresa primero debe entender cómo se relaciona cada compra potencial de un valor con ciertas variables clave. Entre las más importantes de estas variables están la seguridad, la bursatilidad, el rendimiento y el vencimiento.

Seguridad (del principal) Se refiere a la probabilidad de obtener de regreso la misma cantidad de dinero que se invirtió originalmente (principal).

Seguridad. La prueba básica que deben pasar los valores comerciales se refiere a la **seguridad** del principal, esto es, la probabilidad de obtener la misma cantidad de dinero invertido originalmente. La seguridad se juzga con respecto a los valores del Tesoro de Estados Unidos, que se considera cierta si se conservan hasta el vencimiento. Para valores diferentes a los que emite el Tesoro, la seguridad variará dependiendo del emisor y del tipo de valor emitido. Es indispensable un grado relativamente alto de seguridad para que pueda considerarse seriamente la inclusión de un valor en el portafolio de valores comerciales a corto plazo de la empresa.

Bursatilidad (o liquidez) Capacidad de vender un volumen significativo de valores en un periodo corto en el mercado secundario sin una concesión importante en el precio.

Bursatilidad. La **bursatilidad** (o **liquidez**) de un valor se relaciona con la habilidad del poseedor para convertirlo en efectivo con rapidez. Aunque es posible que un valor sea bastante "seguro" si se conserva hasta el vencimiento, esto no necesariamente significa que siempre sea posible venderlo con facilidad *antes* de que venza sin incurrir en una pérdida. Si su profesor (una persona muy honesta, podemos agregar) le dio una nota de "debo y pagaré" personal, a una semana, a cambio de un préstamo de $10, usted puede estar seguro de que recibirá su dinero al final de la semana. Sin embargo, trate de vender el "debo y pagaré" en un centro comercial local y vea cómo le va. Será una tarea difícil y tardada. Incluso si tiene éxito, tal vez tenga que aceptar un precio sustancialmente más bajo. En general, se requiere un mercado secundario grande, activo —esto es, un mercado de segunda mano donde se puede negociar un valor después de su emisión— para que un valor tenga una bursatilidad alta.

Rendimiento. El rendimiento, o retorno, sobre un valor se relaciona con el interés y/o la apreciación del principal por el valor. Algunos valores, notablemente los bonos del Tesoro, no pagan interés. En vez de ello, se venden con un descuento y se redimen a su valor nominal.

Tome nota

Ejemplos

Un bono del Tesoro de $1,000 a 26 semanas puede comprarse por $956. En este caso, el rendimiento (o la apreciación) de $44 se puede expresar de varias maneras.

Método de rendimiento equivalente del bono (REB)

Este método produce un rendimiento nominal, cotizado con base en 365 días, y se usa comúnmente en los reportes de rendimiento sobre los bonos T con plazo de vencimiento diferente.

$$REB = [(VN - PC)/(PC)](365/DV)$$

donde REB = rendimiento equivalente del bono
VN = valor nominal
PC = precio de compra
DV = días para el vencimiento

Para el bono T descrito, calculamos el rendimiento equivalente como sigue:

$$REB = [(\$1,000 - \$956)/(\$956)](365/182) = 0.0923 = \textbf{9.23\%}$$

Método de rendimiento anual efectivo (RAE)

Este método supone interés compuesto y se calcula con base en 365 días. [Se basa en el cálculo de la tasa de interés anual efectiva, ecuación (3.21) en el capítulo 3].

$$RAE = (1 + [REB/(365/DV)])^{365/DV} - 1 = (VN/PC)^{365/DV} - 1$$

donde RAE = rendimiento anual efectivo, y las otras variables son las que se definieron antes.

Para el bono T en nuestro ejemplo, el cálculo del rendimiento anual efectivo nos da:

$$RAE = (1 + [0.0923/(365/182)])^{365/182} - 1 = (\$1,000/\$956)^{365/182} - 1 = 0.0944 = \textbf{9.44\%}$$

Riesgo de las tasas de interés (o del rendimiento) La variabilidad en el precio de mercado de un valor ocasionada por cambios en las tasas de interés.

Tal vez recuerde que en el capítulo 2 analizamos cómo el precio de una deuda varía en forma inversa con la tasa de interés o el rendimiento. Por ello, el administrador del portafolio de valores comerciales de una empresa debe estar alerta al **riesgo de la tasa de interés** (o del **rendimiento**). El hecho es que se puede incurrir en una pérdida si el valor comercial se vende antes del vencimiento *y* el nivel de las tasas de interés ha aumentado.

Tome nota

Ejemplo

Suponga que acabamos de comprar el bono del Tesoro a 26 semanas descrito en el ejemplo anterior. Suponga también que de pronto necesitamos convertir esta inversión en efectivo y que, por alguna razón, las tasas de interés han aumentado de manera que los inversionistas ahora piden un 10% de rendimiento equivalente antes de comprar el bono del Tesoro a 26 semanas.

	Precio de mercado	Valor nominal	Rendimiento equivalente del bono
Esta mañana	$956.00	$1,000	[($1,000 − $956.00)/($956.00)](365/182) = **0.0923**
Más tarde, el mismo día	$952.50	$1,000	[($1,000 − $952.50)/($952.50)](365/182) = **0.1000**

Si vendemos el bono del Tesoro más tarde el mismo día —después de que las tasas de interés suben— tendremos una pérdida de $3.50 ($956.00 − $952.50). Ahora debe comprender mejor que cuando los precios de los valores son volátiles (como resultado de cambios en las tasas de interés), el administrador del portafolio de valores comerciales de la empresa intentará evitar la venta de valores antes del vencimiento.

Vencimiento La vida de un valor; el tiempo antes de que la cantidad principal de un valor se vuelva pagadera.

Vencimiento. El vencimiento simplemente se refiere a la vida del valor. Algunos valores comerciales tienen una vida específica. Las letras del Tesoro, por ejemplo, tienen vidas originales de 4, 13 o 26 semanas. Otros valores, como el papel comercial y los certificados de depósito negociables, pueden tener vidas a la medida para satisfacer necesidades específicas. Por lo común, para un plazo de vencimiento más largo se tendrá un rendimiento mayor, pero también mayor exposición al riesgo de ese rendimiento.

● ● ● Instrumentos comunes del mercado de dinero

Instrumentos del mercado de dinero (definición amplia). Todos los valores del gobierno y las obligaciones corporativas a corto plazo.

El administrador del portafolio de valores comerciales de la empresa suele restringir las compras de valores a **instrumentos del mercado de dinero**. Estos instrumentos casi siempre son emisiones del gobierno de alta calidad y deuda corporativa a corto plazo (vencimiento original menor de un año). Además, los valores del gobierno emitidos con vencimiento original de más de un año, pero a los que en el momento de transacción les falta menos del año para su vencimiento, también calificarán como instrumentos del mercado de dinero. A continuación exploraremos los tipos más comunes de instrumentos del mercado de dinero disponibles para la compañía como inversiones casi a la vista.

Letras del Tesoro (letras T) Obligaciones del Tesoro de Estados Unidos a corto plazo, que no ganan interés, emitidas con un descuento y redimidas en el vencimiento por su valor nominal.

Valores del Tesoro. Son obligaciones directas del gobierno de Estados Unidos y llevan toda su confianza y crédito. Las letras, las notas y los bonos son los principales valores emitidos. Las **letras del Tesoro (letras T)** con vencimiento de 4, 13 y 26 semanas se subastan cada semana por el Tesoro. (Todas las ventas del Tesoro son en subasta). Los inversionistas más pequeños pueden hacer una oferta "no competitiva", con el precio de liberación del mercado. Las letras del Tesoro no llevan cupón, pero se venden con descuento. Las letras ahora se venden en cantidades mínimas de $100 y múltiplos de $100 arriba del mínimo. Esos valores tienen gran aceptación en las compañías, en parte por su mercado grande y activo. Además, los costos de las transacciones implicadas en la venta de letras del Tesoro en el mercado secundario son bajos.

Notas del Tesoro Obligaciones del Tesoro de Estados Unidos a mediano plazo (vencimiento original de 2 a 10 años).

Bonos del Tesoro Obligaciones del Tesoro de Estados Unidos a largo plazo (más de 10 años para el vencimiento original).

El plazo de vencimiento original de las **notas del Tesoro** es entre 2 y 10 años, mientras que el de los **bonos del Tesoro** es de más de 10 años. Con el paso del tiempo, por supuesto, varios de estos valores tienen vencimiento de menos de un año y cumplen con necesidades de corto plazo de los inversionistas. Las notas y los bonos se emiten con un cupón y existe un mercado activo para ellos. En general, los valores del Tesoro constituyen la inversión más segura y bursatilizable en el mercado de dinero. Por lo tanto, ofrecen el rendimiento más bajo para un plazo de vencimiento dado entre los diferentes instrumentos considerados. (Una vez más, observamos la compensación entre riesgo y rendimiento). El ingreso por interés sobre estos valores se grava a nivel federal, pero está exento de los impuestos estatales y locales sobre la renta.

Acuerdos de recompra. En un esfuerzo por financiar sus inventarios de valores, los corredores de valores del gobierno ofrecen **acuerdos de recompra** para las corporaciones. El acuerdo de recompra implica la venta de valores a corto plazo del corredor al inversionista; mediante este acuerdo, el corredor acepta la recompra de los valores a un precio establecido más alto en un tiempo especificado en el futuro. El inversionista recibe por ello un rendimiento dado mientras conserva los valores. La duración del periodo en sí se determina de acuerdo con las necesidades del inversionista. Así, los acuerdos de recompra dan al inversionista una gran flexibilidad con respecto al plazo de vencimiento. Las tasas en estos acuerdos se relacionan con las tasas sobre las letras del Tesoro, los fondos federales y los préstamos a los corredores de valores del gobierno por los bancos comerciales. Existe una bursatilidad limitada para los acuerdos de recompra, pero el plazo de vencimiento más común es de un día o de unos cuantos días. Puesto que los instrumentos implicados son en general valores del Tesoro, la seguridad de los acuerdos depende sólo de la confiabilidad y las condiciones financieras del corredor.

Acuerdos de recompra (AR) Acuerdos para comprar los valores (casi siempre letras del Tesoro) y revenderlos a un precio especificado más alto en una fecha posterior.

Valores de una agencia federal. Una **agencia federal** emite valores directa o indirectamente a través del Federal Financing Bank. Las principales agencias incluyen la Federal Housing Administration, Government National Mortgage Association y Tennessee Valley Authority. Además, varias *empresas subvencionadas por el gobierno (ESG)*, que son entidades privadas de constitución pública por cotizar en la bolsa, emiten sus propios valores. Las principales ESG incluyen los Federal Farm Credit Banks, la Federal National Mortgage Association y la Federal Home Loan Mortgage Corporation. Los valores de deuda emitidos por las agencias federales y las ESG se conocen colectivamente como *valores de agencias federales*.

Las obligaciones de las diferentes agencias del gobierno federal están garantizadas por la agencia emisora del valor y algunas veces por el gobierno de Estados Unidos. El gobierno federal no garantiza los valores de las ESG; tampoco existe una obligación "moral" establecida, pero existe un respaldo implícito. Sería difícil imaginar que el gobierno federal las dejara fracasar. Los valores de una agencia y de las ESG suelen ofrecer un grado bastante alto de bursatilidad y se venden en el mercado secundario a través de los mismos corredores que venden valores del Tesoro. Aunque el interés de estos valores está sujeto a impuestos federales, en muchos casos no está sujeto a impuestos estatales y locales sobre la renta. Alrededor de la mitad de los valores en circulación vencen en menos de un año.

Agencia federal Un departamento ejecutivo, un establecimiento federal independiente u otra entidad establecida por el Congreso que es propiedad todo o en parte de Estados Unidos.

Aceptaciones bancarias. Las **aceptaciones bancarias** son letras de cambio (notas de promesa a corto plazo) que obtiene una empresa en un banco para ayudar a financiar el comercio nacional y extranjero.[5] Al "aceptar" la letra de cambio, un banco se compromete a pagar al portador de ésta una cantidad de dinero establecida cuando llegue el vencimiento. El banco termina sustituyendo su propio crédito por el del prestatario. Por lo tanto, el valor crediticio de la aceptación bancaria se juzga principalmente con respecto a la aceptación de la letra de cambio por parte del banco. Sin embargo, quien emite la letra de cambio permanece como responsable secundario para el portador en caso de que el banco falle. Las letras de cambio aceptadas son instrumentos negociables que en general tienen plazo de vencimiento menor a seis meses y son de muy alta calidad. Se negocian en el mercado extrabursátil. Las tasas sobre las aceptaciones bancarias tienden a ser un poco más altas que las tasas de las letras del Tesoro con el mismo plazo de vencimiento, y ambas se venden con descuento. Las aceptaciones bancarias pueden estar en bancos nacionales y en grandes bancos extranjeros donde el rendimiento tiende a ser más alto.

Aceptaciones bancarias Notas comerciales de promesa a corto plazo por las cuales un banco (que al "aceptarlas") se compromete a pagar al portador el valor nominal al vencimiento.

Papel comercial. El **papel comercial** consiste en pagarés no garantizados a corto plazo emitidos por compañías financieras y ciertas empresas industriales. Constituye el instrumento en dólares de mayor volumen en el mercado de dinero. La empresa que emite el papel comercial puede venderlo directamente o a través de corredores que actúan como intermediarios.[6] Por el volumen, varias compañías financieras grandes han encontrado más barato vender su papel directamente a los inversionistas eliminando a los intermediarios. Entre las compañías que venden papel comercial sobre esta base están General Electric Capital Corporation, Ford Motor Credit Company, General Motors Acceptance Corporation (GMAC) y Sears Roebuck Acceptance Corporation. El papel vendido a través de intermediarios está emitido por compañías industriales y compañías financieras más pequeñas.

Papel comercial Pagarés no garantizados a corto plazo, en general emitidos por grandes corporaciones (notas de deuda corporativas no seguras).

[5]Para ver un ejemplo que muestra cómo se pueden usar las aceptaciones bancarias para ayudar a financiar el comercio exterior, véase el análisis más detallado sobre el tema en la sección de "Crédito del mercado de dinero" del capítulo 11.

[6]El análisis del papel comercial desde el punto de vista del emisor corporativo se encuentra en el capítulo 11.

Los corredores revisan con cuidado el valor crediticio de los emisores potenciales. En cierto sentido, los corredores están detrás del papel que colocan con los inversionistas.

Por lo general, el papel comercial se vende con descuento. El vencimiento en Estados Unidos suele llegar a los 270 días y, cuando se coloca directamente, muchas veces se personaliza para vencer en una fecha específica que convenga al comprador.[7] Casi todo el papel comercial se conserva hasta el vencimiento y no hay un mercado secundario. No obstante, los vendedores directos con frecuencia lo recompran si se les pide. También pueden hacerse arreglos a través de los corredores para la recompra de papel vendido por ellos. Ante la ausencia de un mercado secundario activo y el leve (pero presente) riesgo de crédito en los emisores corporativos, el papel comercial tiene un rendimiento un poco más alto que las emisiones del Tesoro con plazo de vencimiento similar, o cerca del mismo rendimiento que tienen las aceptaciones bancarias con plazo de vencimiento semejante. El papel vendido directamente requiere un rendimiento menor que el que venden los corredores. Por otro lado, se vende sólo en denominaciones bastante grandes, en general por lo menos $100,000.

El papel comercial emitido en Estados Unidos por corporaciones extranjeras se llama *papel comercial Yankee*. Por ejemplo, Mercedes-Benz AG puede emitir papel comercial en Estados Unidos para ayudar a financiar las necesidades de capital de trabajo para su planta de ensamblaje en Estados Unidos. El papel comercial emitido y vendido fuera del país en cuya moneda se denomina el valor se llama *papel eurocomercial*. El papel comercial con denominación en francos suizos emitido por General Motors en Suiza sería un ejemplo. El papel eurocomercial da al emisor la flexibilidad agregada de pedir préstamos en varias monedas; aunque es similar al papel comercial de Estados Unidos, existen algunas diferencias. Por ejemplo, aunque es común que el papel comercial de EU venza antes de 270 días, el vencimiento del papel eurocomercial puede considerarse de periodo más largo gracias a su independencia de ciertas reglas sobre los valores en EU. Además, por el vencimiento más largo del papel eurocomercial comparado con el de Estados Unidos, se ha desarrollado un mercado secundario más activo para el primero.

Certificados de depósito negociables (CD) Inversión de denominación alta en un depósito de periodo negociable en un banco comercial o una institución de ahorro que paga una tasa de interés fija o variable durante un periodo específico.

Certificados de depósito negociables. Una inversión a corto plazo originada en 1961, el certificado de depósito negociable (CD) es un depósito negociable, de alta denominación en un banco comercial o una institución de ahorro que paga una tasa de interés fija o variable durante un periodo específico. El vencimiento original suele ser de 30 días a 12 meses. Para que sea negociable (que se pueda vender en el mercado secundario), la mayoría de los bancos o centros de dinero requieren una denominación mínima de $100,000. Existe un mercado secundario para los CD emitidos por bancos grandes. Sin embargo, este mercado no es tan líquido como el de las emisiones del Tesoro, porque los CD son más heterogéneos que las emisiones del Tesoro. Por ejemplo, los CD difieren ampliamente con respecto a la calidad del banco emisor, el vencimiento del instrumento y la tasa de interés establecida. A causa de la menor liquidez y el riesgo algo más alto, los rendimientos sobre los CD son mayores que los de las letras del Tesoro de vencimiento similar, pero casi iguales que los de las aceptaciones bancarias y el papel comercial.

Hasta ahora, el análisis de los CD se ha enfocado principalmente en los CD *estadounidenses*, es decir, los emitidos por los bancos nacionales en Estados Unidos. Sin embargo, existen otros tres grandes tipos de CD:

- *CD Eurodólar (o Euro CD)*: un CD denominado en dólares emitido por sucursales extranjeras de bancos estadounidenses y extranjeros, principalmente en Londres (véase el análisis del *eurodólar* a continuación),

- *CD Yankee*: un CD emitido por las sucursales en Estados Unidos de bancos extranjeros,

- *CD de ahorro*: un CD emitido por asociaciones de ahorro y préstamo, bancos de ahorro y uniones de crédito.

Así, el administrador del portafolio de valores de la empresa tiene una gran variedad de CD para elegir cuando se trata de hacer una inversión a corto plazo.

---

[7]Las compañías en Estados Unidos rara vez emiten papel comercial con plazo de vencimiento mayor de 270 días porque estos valores tendrían entonces que registrarse en la Comisión de Valores (SEC) de ese país, lo que significa tiempo y gasto. El vencimiento del papel comercial europeo (PCE) puede extenderse hasta un año.

Eurodólares Un depósito denominado en dólares estadounidenses —por lo general en un banco localizado fuera de Estados Unidos— no sujeto a los reglamentos de la banca estadounidense.

Eurodólares. Los **eurodólares** son depósitos bancarios, denominados en dólares de Estados Unidos, no sujetos a los reglamentos de los bancos estadounidenses. Aunque muchos eurodólares se depositan en bancos europeos, el término se aplica a cualquier dólar depositado en bancos extranjeros o en sucursales extranjeras de bancos estadounidenses. Los eurodólares suelen tomar la forma de *depósitos a plazo fijo de eurodólares* o *certificados de depósito en eurodólares*. Aunque los depósitos a plazo fijo en eurodólares son no negociables, muchos tienen plazo de vencimiento relativamente corto que va de un día a unos cuantos meses. El CD en eurodólares, por otro lado, es un instrumento negociable como su contraparte estadounidense. Para las corporaciones grandes que ya tienen acceso a centros de dinero internacionales, los depósitos en eurodólares pueden ser una opción de inversión importante.

Municipales a corto plazo. Cada vez más, los gobiernos estatales y locales ofrecen valores personalizados al inversionista a corto plazo. Uno de ellos es un tipo de instrumento de papel comercial, donde la tasa de interés se vuelve a fijar cada semana. Esto es, el valor tiene una tasa flotante y el restablecimiento semanal asegura que el precio de mercado varíe muy poco. Algunas corporaciones invierten en valores municipales a largo plazo, pero el vencimiento casi siempre se mantiene dentro de uno o dos años. Un problema con los instrumentos a plazo más largo es que no son altamente negociables. Los instrumentos a plazo más corto diseñados para el tesorero corporativo y para el mercado de dinero municipal de fondos mutuos tienen mayor bursatilidad y mejor estabilidad de precios.

Acciones preferenciales del mercado de dinero. Desde 1982 comenzó a emitirse un tipo especial de acciones preferenciales, y ganaron una aceptación considerable en los portafolios de valores comerciales de las corporaciones. Como se verá en el capítulo 20, las acciones preferenciales directas son un valor perpetuo que paga un dividendo fijo. Sin embargo, la empresa emisora puede omitir el pago del dividendo si su condición financiera se deteriora. Por estas razones, en general no pensamos que las acciones preferenciales sean adecuadas para el portafolio de valores comerciales de una corporación. Aun así, el inversionista corporativo obtiene una ventaja fiscal considerable en el sentido de que alrededor del 70% de los dividendos de acciones preferenciales están exentos del gravamen federal. (El dividendo completo está sujeto a impuestos estatales sobre la renta).

Acción preferencial de mercado de dinero (PMD) Acción preferencial que tiene una tasa de dividendos que se vuelve a fijar cada 49 días.

Esta ventaja fiscal, junto con los cambios en la reglamentación, motivó la innovación de varios productos de acciones preferenciales con tasas flotantes. Uno de los más difundidos actualmente es la **acción preferencial de mercado de dinero (PMD)**. Con la PMD, se realiza una subasta cada 49 días, periodo mayor que el periodo de propiedad mínimo requerido para que un inversionista corporativo se beneficie de la exención de impuestos corporativos federales sobre dividendos. El proceso de la subasta brinda al inversionista liquidez y una estabilidad de precios relativa. No lo protege contra el riesgo de incumplimiento. La nueva tasa de subasta se determina por las fuerzas de la oferta y la demanda para competir con las tasas de interés del mercado de dinero. Las corporaciones que ya tienen PMD en el día de la subasta tienen tres opciones. Pueden: **1.** volver a ofertar, **2.** emitir una orden de venta o **3.** emitir una orden de conservación, en cuyo caso retienen sus acciones que tendrán rendimiento a la nueva tasa.

En una subasta fallida en la que hay un número insuficiente de pujadores, en general se aplica una tasa de dividendos por un periodo al 110% de la tasa del papel comercial, junto con una opción para el propietario de redimir su instrumento por su valor nominal. Estas estipulaciones protegen al inversionista sólo mientras la corporación emisora sea solvente y pueda dar al inversionista los flujos de efectivo requeridos.

● ● ● Selección de valores para los segmentos del portafolio

La decisión de invertir efectivo en valores comerciales incluye no sólo la cantidad a invertir, sino también el tipo de valor en que se va a invertir. Nuestra división anterior del portafolio de valores comerciales de una compañía en estos tres segmentos ayuda en estas determinaciones. Es necesaria una evaluación de los patrones de flujo de efectivo futuros esperados y el grado de incertidumbre asociada a ellos para determinar el tamaño de los saldos de valores que tendrá cada segmento. Para los valores que constituyen el *segmento de efectivo rápido ($R)*, las preocupaciones fundamentales son la seguridad y la posibilidad de convertirlos en efectivo con rapidez. Como son los instrumentos del mercado de dinero más seguros y los más bursatilizables, las letras del Tesoro son una elección ideal para cumplir con las necesidades inesperadas de efectivo rápido de la empresa. Los acuerdos de recompra a corto plazo de alta calidad y ciertas emisiones municipales a corto plazo de alta liquidez también pueden tomarse en cuenta. Si, por ejemplo, la recompra de un día para otro está asegurada con los valores del Tesoro y continuamente se reinvierten en otras recompras, los fondos pueden permanecer invertidos al mismo tiempo que ofrecen liquidez continua y seguridad del principal.

El segundo segmento del portafolio de valores de una empresa, el *segmento de efectivo controlable* (*$C*), contiene valores destinados a cumplir con los flujos de efectivo de salida (conocidos) controlables, como nómina, cuentas por pagar, impuestos y dividendos. Aquí la suposición es que se conoce la fecha de conversión requerida del efectivo (o por lo menos se puede pronosticar dentro de límites estrechos). De esta forma, los valores en este segmento no necesariamente tienen que cumplir el mismo requerimiento estricto de bursatilidad inmediata como los del segmento de efectivo rápido. El administrador del portafolio puede intentar elegir valores cuyo vencimiento coincida exactamente con las necesidades de efectivo conocidas, como el pago de un dividendo trimestral o una cuenta por pagar grande que vence el día 15 del mes. En este segmento, las emisiones de agencias federales, los CD, el papel comercial, las recompras, las aceptaciones bancarias, los depósitos en eurodólares y las PMD son dignos de consideración. Además, aunque la seguridad y la bursatilidad todavía son importantes, el administrador del portafolio daría más importancia al rendimiento de los valores en este segmento que al de los valores correspondientes al segmento de efectivo rápido.

Por último, para los valores que conforman el *segmento de efectivo libre (*$L*)* de este portafolio de valores de la empresa, la fecha de la conversión en efectivo no se conoce de antemano —igual que en el segmento de efectivo rápido—, pero no existe una necesidad imperiosa de una conversión rápida. El administrador del portafolio puede sentir que el rendimiento es el aspecto más importante de los valores bajo consideración para este segmento. Un rendimiento alto en general se logra invirtiendo a largo plazo en valores menos bursatilizables con mayor riesgo de incumplimiento. Aunque la empresa siempre debe preocuparse por la bursatilidad, alguna posibilidad de pérdida del principal es tolerable, siempre y cuando el rendimiento esperado sea suficientemente alto. Así, en este segmento (como en los otros dos), la empresa se enfrenta a la familiar disyuntiva entre riesgo y rendimiento. (Véase en la figura 9.5 un resumen de nuestro enfoque para determinar la distribución del portafolio de valores comerciales a corto plazo de la empresa).

Administración del portafolio. Cuanto más grande sea el portafolio de valores comerciales a corto plazo de la empresa, mayor oportunidad tiene de incluir especialización y economías de escala en su operación. Un portafolio de valores puede justificar que haya personal dedicado exclusivamente a administrarlo. Este personal debe emprender una investigación, planear la diversificación, mantenerse al tanto de las condiciones del mercado, y analizar y mejorar continuamente la posición del portafolio. Cuando la administración del portafolio es una función especializada dentro de la empresa, es posible que se considere un número grande de valores diversos para la inversión. Más aún, se puede dedicar un esfuerzo continuo al logro del rendimiento más alto posible tomando en cuenta las necesidades de efectivo

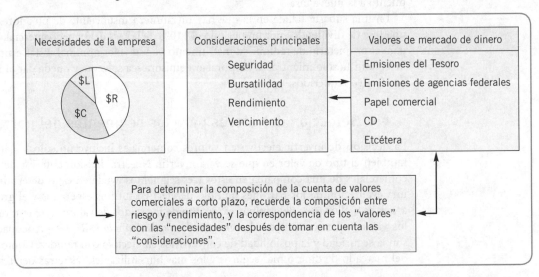

Figura 9.5

Determinación del portafolio de valores comerciales a corto plazo de una empresa y seguridad, la bursatilidad y los requerimientos de vencimiento de la empresa. En las compañías con posiciones de seguridad modestas, tal vez no haya una justificación económica para tener personal dedicado a la tarea. De hecho, un solo individuo puede manejar las inversiones en una parte de su tiempo. De manera alternativa, parte o toda la función de administración del portafolio puede subcontratarse.

Fondos mutuos del mercado de valores. En virtud de los costos de las transacciones y las grandes cantidades mínimas que se necesitan para comprar algunos de los valores de alto rendimiento, la empresa pequeña con frecuencia siente que tener un portafolio de valores comerciales a corto plazo

Los fondos del mercado de dinero siguen creciendo

Financial Week
The Home Page of Corporate Finance

Cuando Bruce Bent creó el primer fondo de mercado de dinero en 1970, casi ningún tesorero de las corporaciones estaba interesado. Su trabajo tan sólo consistía en manejar efectivo. "Esto daba a sus puestos un cierto encanto", recuerda. "Era divertido".

Hoy, sin embargo, los tesoreros inteligentes saben que hay muchas otras maneras de agregar valor a sus compañías. "El nivel de complejidad actual de las finanzas de las corporaciones es un mundo diferente", dice Bent, fundador y presidente de la Reserva de la ciudad de Nueva York. "Tienen que hacer cosas que tengan el mayor efecto positivo en el renglón de utilidades. En términos generales, eso no es administrar el efectivo".

Los inversionistas al menudeo cada vez más se sienten atraídos por los fondos de mercado de dinero, ya que los rendimientos han sobrepasado el 5% (actualmente oscilan alrededor de la tasa pretendida para los fondos federales del 5.25%). Pero los activos institucionales crecen con mayor rapidez. En las 52 semanas pasadas, los activos institucionales en los fondos del mercado de dinero crecieron un 22.4%, mientras que los activos al menudeo han crecido un 15.6 por ciento. Al final, de acuerdo con el Investment Company Institute, los activos totales en fondos de dinero sumaron $2.58 billones, un récord alto de todos los tiempos.

Ésas son buenas noticias para la empresa de Bent. La Reserva tiene $66 mil millones en activos bajo la administración, hasta 600% más que los años pasados. Bent atribuye el rápido crecimiento al lanzamiento de nuevos productos, incluyendo efectivo mejorado y los productos asegurados por FDIC. También ha ayudado que la Reserva siempre siga sus líneas de acción. "Nosotros hacemos una cosa: administramos efectivo", afirma.

Peter G. Crane, fundador de Crane Data, un proveedor de información acerca de los fondos del mercado de dinero, sostiene que estos fondos son uno de los desarrollos más subestimados en los mercados financieros en los últimos 50 años. "El efectivo no es 'sexy', pero los fondos mutuos del mercado de dinero han sido útiles en el desarrollo del mercado global

de fondos mutuos", afirma Crane, y agrega que los fondos del mercado de dinero no han tenido mayor impulsor que Bent. "Su símbolo oficial debía ser un bulldog".

Antes de fundar la Reserva de 1970, Bent trabajó para la empresa de banca de inversión y corretaje L. F. Rothschild & Co., luego trabajó para TIAA-CREF, donde fue responsable de la administración del efectivo. En ese tiempo, las letras del Tesoro pagaban el 8%, pero la mayoría de los inversionistas individuales estaban limitados por la regulación Q a un rendimiento del 5.25% sobre las cuentas bancarias de mercado de dinero. Bent quería idear una manera en que los inversionistas individuales pudieran obtener rendimientos mayores con una inversión relativamente segura. Y tuvo una gran idea: crear un fondo mutuo que invirtiera en instrumentos a corto plazo antes inaccesibles para los inversionistas individuales.

Al principio fue difícil hacer que los inversionistas se unieran. "Nos dirigimos a todos aquellos en quienes pude pensar", recuerda Bent. Las compañías no estaban interesadas tampoco. Bent describe una reunión a principios de la década de 1970 con el presidente de Borden, a la que también asistió el tesorero. "El tesorero no va a querer hacer nada al respecto porque quiere administrar el efectivo él mismo", le dijeron.

Sin duda, el concepto ha cambiado. Además, las corporaciones han asignado más a la partida de efectivo en los últimos años, con el deseo de tener más activos líquidos. De acuerdo con el Investment Company Institute, los fondos mutuos del mercado de dinero administraron el 27% de los activos a corto plazo de las compañías de Estados Unidos en 2006, por arriba del 22% en 2005. Las corporaciones aumentaron sus fondos de dinero de $331 mil millones en 2005 a $392 mil millones en 2006, lo que representó un incremento del 18 por ciento.

Los productos de efectivo también se han vuelto más complicados, las compañías necesitan más ayuda para administrarlos. Por ejemplo, los fondos del mercado de dinero ahora invierten fuertemente en productos como papel comercial respaldado con activos y valores estructurados. "Ya no se puede sólo invertir en letras T y esperar obtener un rendimiento", asegura Crane.

Sólo las compañías más grandes tienen todavía departamentos de administración de efectivo, dice Bent, e incluso cuando los tienen, de todas maneras invierten en fondos del mercado de dinero.

Fuente: Adaptado de Megan Johnston, "A Bent for Cash. Literally", *Financial Week* (julio 23, 2007), p. 10. (www.financialweek.com) Derechos reservados © 2007 por Crain Communications, Inc. Usado con permiso. Todos los derechos reservados.

Fondos mutuos del mercado de dinero (FMMD) Fondos mutuos que se basan en la unión de fondos de inversionistas para invertir en instrumentos de mercado de dinero de alta denominación.

está fuera de su alcance. A principios de la década de 1970, la creación de **fondos mutuos del mercado de dinero (FMMD)** hizo posible incluso para empresas pequeñas (e individuos) tener un portafolio bien diversificado de valores comerciales. Los fondos del mercado de dinero venden acciones para reunir dinero, y al reunir los fondos de un número grande de pequeños inversionistas pueden invertir en instrumentos del mercado de dinero de alta denominación (que para fines fiscales se comercian como ingreso por interés), que se pueden reinvertir automáticamente o retirar en efectivo. Muchos de estos fondos permiten abrir una cuenta con apenas $500 de inversión inicial. La mayoría de ellos tienen el privilegio de actuar como cuenta de cheques, generalmente con un mínimo de cheques establecido. Así, los fondos de mercado de dinero ofrecen a muchas empresas pequeñas mayor liquidez, diversificación y rendimiento (neto de gastos) que lo que sería posible obtener administrando su propio portafolio de valores comerciales.

Por otra parte, las empresas grandes cada vez recurren más a los fondos mutuos del mercado de dinero por lo menos para una parte de su portafolio de valores comerciales. La razón es una combinación de gran seguridad, liquidez y rendimiento, además de la oportunidad de reducir cargas de trabajo y costos operativos dentro de sus propios departamentos de finanzas.

Puntos clave de aprendizaje

- Las empresas, al igual que los individuos, poseen efectivo para realizar transacciones, pero también por motivos especulativos y precautorios.
- La administración de efectivo implica el cobro y desembolso eficientes de efectivo y cualquier inversión temporal de efectivo mientras está en la empresa.
- La empresa, en general, se beneficia al "acelerar" la recepción de efectivo y "r-e-t-r-a-s-a-r" los pagos. Su deseo es acelerar el cobro de cuentas para poder disponer del dinero pronto. Desea saldar las cuentas por pagar lo más tarde posible, sin que esto altere su crédito con los proveedores, de manera que pueda obtener el mayor provecho del dinero que tiene.
- Para acelerar el proceso de cobranza, la empresa utiliza varios métodos, incluyendo la facturación computarizada, los débitos autorizados de antemano y los *lockboxes*.
- Es posible que las empresas grandes adopten el proceso de *concentración de efectivo* para mejorar el control del efectivo corporativo, reducir los saldos inactivos y proveer más inversión de efectivo a corto plazo.
- La ley *Check 21* permite a los bancos en Estados Unidos *truncar o modificar* el proceso de envío de cheques en papel o eliminarlos gracias al intercambio electrónico de archivos de imágenes de cheques y, cuando es necesario, crear *cheques sustitutos* equivalentes legales a partir de las imágenes.
- El proceso de concentración depende de tres métodos principales para transferir fondos entre los bancos: **1.** *cheques de transferencia al depositario (CTD),* **2.** *transferencias automática través de la Cámara de compensación automatizada (ACH)* y **3.** *giros bancarios.*
- Los métodos usados por las corporaciones para controlar los desembolsos incluyen el uso de *pago con letra de cambio (PLC),* el mantenimiento de cuentas de gastos separadas, *cuentas de saldo cero* y los *desembolsos controlados (posiblemente remotos).*

- El *intercambio electrónico de datos (IED)* y dos de sus subconjuntos, *transferencia electrónica de fondos (TEF)* y el *IED financiero,* son elementos cruciales del *comercio electrónico (CE).*
- Todas las áreas importantes de la administración de efectivo —cobranzas, desembolsos y administración de valores comerciales— son áreas propicias para la subcontratación (*outsourcing*).
- En la *subcontratación del proceso de negocios (SPN),* un proceso completo, como finanzas y contabilidad, se delega a un tercero, que es proveedor del servicio.
- El nivel óptimo de efectivo debe ser mayor que **1.** los saldos de las transacciones requeridas cuando la administración de efectivo es eficiente o **2.** los requerimientos de saldo de compensación de los bancos comerciales con los que la empresa tiene cuentas de depósito.
- Es útil pensar en el portafolio de valores comerciales a corto plazo de la empresa como si fuera un pastel dividido en tres pedazos (no necesariamente iguales).
  1. *Segmento de efectivo rápido ($R):* saldo óptimo de valores comerciales que se mantiene para satisfacer posibles deficiencias en la cuenta de efectivo de la empresa.
  2. *Segmento de efectivo controlable ($C):* valores comerciales que se conservan para cumplir con flujos de salida (conocidos), como impuestos y dividendos.
  3. *Segmento de efectivo libre ($L):* valores comerciales "libres" (es decir, disponibles para fines aún no asignados).
- Cuando se considera la compra de valores comerciales, el administrador del portafolio de la empresa debe comprender la relación de cada valor potencial con la *seguridad* del principal, la *bursatilidad,* el *rendimiento* y el *plazo de vencimiento.*
- El administrador del portafolio de valores comerciales de la empresa suele restringir las compras a *instrumentos del mercado de dinero.* Los instrumentos comunes del mercado de dinero incluyen *valores del Tesoro, acuerdos de recompra, valores de agencias federales, aceptaciones*

bancarias, papel comercial, certificados de depósito negociables (CD), eurodólares, valores municipales a corto plazo y acciones preferenciales del mercado de dinero (PMD).

- Al seleccionar los valores para los distintos segmentos del portafolio de valores comerciales ($R, $C y $L), el administrador del portafolio intenta hacer corresponder los instrumentos alternativos del mercado de dinero con las necesidades específicas relacionadas con cada segmento,

después de tomar en cuenta la seguridad, la bursatilidad, el rendimiento y el plazo de vencimiento. En resumen, la composición de la cuenta de valores comerciales a corto plazo de una empresa se determina tomando en cuenta la compensación que existe entre riesgo y rendimiento.

- Los *fondos mutuos del mercado de dinero (FMMD)* hacen posible que aun las empresas muy pequeñas (y los individuos) tengan un buen portafolio de valores comerciales.

Preguntas

1. Defina la función de *administración de efectivo*.
2. Explique el concepto de *banco de concentración*.
3. Explique de qué manera el *sistema de lockbox* puede mejorar la eficiencia de la administración de efectivo.
4. Los instrumentos del mercado de dinero se usan como vehículos de inversión para efectivo que, de otra manera, estaría inactivo. Analice el criterio más importante para la selección de activos al invertir temporalmente el efectivo inactivo.
5. Analice el efecto de las *operaciones bancarias* en el *lockbox* sobre los saldos de efectivo en la corporación.
6. Una empresa desea mantener cierta porción de su portafolio de valores comerciales para satisfacer necesidades de efectivo imprevistas. ¿Es más adecuado el *papel comercial* o las *letras del Tesoro* como inversiones a corto plazo en este *segmento de efectivo rápido*? ¿Por qué?
7. ¿Qué son los *saldos bancarios de compensación*, y por qué no son iguales para todos los cuentahabientes?
8. ¿Qué es la *flotación neta*? ¿Cómo puede una compañía "jugar con la flotación" en sus desembolsos?
9. Suponiendo que el rendimiento sobre los activos reales de una compañía excede el rendimiento sobre los valores comerciales, ¿por qué debe una compañía poseer valores comerciales?
10. ¿En qué condiciones será posible que una compañía no tenga efectivo en valores comerciales? ¿Son realistas estas condiciones?
11. ¿Cuáles son los tres motivos para tener efectivo?
12. Compare las *aceptaciones bancarias* y las *letras del Tesoro* como inversiones en valores comerciales para la corporación.
13. Compare el *comercio electrónico (CE)*, el *intercambio electrónico de datos (IED)*, la *transferencia electrónica de fondos (TEF)* y el *IED financiero (IEDF)*.
14. ¿Qué es la subcontratación *(outsourcing)*? ¿Por qué una compañía *subcontrataría* algunos o todos sus procesos de administración de efectivo? ¿A qué se refiere la *subcontratación del proceso de negocios (SPN)*?
15. ¿Cómo fue que la ley *Check 21* en Estados Unidos generó la oportunidad para que los bancos ahorraran tiempo y dinero?

Problemas para autoevaluación

1. Zindler Company actualmente tiene un sistema de facturación centralizado. Todos los clientes dirigen sus pagos al lugar de facturación central. En promedio, se requieren cuatro días para que los pagos de los clientes lleguen a esta central. Se necesita un día y medio más para procesar los pagos antes de poder hacer un depósito. La empresa tiene una cobranza diaria promedio de $500,000. La compañía acaba de investigar la posibilidad de poner en marcha un sistema de *lockbox*. Estima que con este sistema los pagos enviados por los clientes llegarían al lugar de recepción dos días y medio más pronto. Aún más, el tiempo de procesamiento podría reducirse en un día porque cada banco relacionado con el *lockbox* recogería los depósitos enviados dos veces al día.
   a) Determine cuánto efectivo debe liberarse a través del uso del sistema de *lockbox*.

b) Determine el beneficio bruto anual en dólares del sistema de *lockbox*, suponiendo que la empresa puede ganar el 5% de rendimiento sobre los fondos liberados en el inciso *a*) invirtiendo en instrumentos a corto plazo.

c) Si el costo anual del sistema de *lockbox* es de $75,000, ¿es conveniente poner en marcha tal sistema?

2. Durante el próximo año, Pedro Steel Company, una corporación en California, espera los siguientes rendimientos sobre la inversión continua en los siguientes valores comerciales:

Bonos del Tesoro	8.00%
Papel comercial	8.50%
Acciones preferenciales de mercado de dinero	7.00%

La tasa marginal de impuestos de la compañía para fines de impuestos federales sobre la renta es del 30% (después de la asignación del pago de impuestos estatales), y su tasa de impuestos incremental marginal con respecto a los impuestos sobre la renta en California es del 7 por ciento. Con base en los rendimientos después de impuestos, ¿cuál es la inversión más atractiva? ¿Existen otras consideraciones?

 ## Problemas

1. Speedway Owl Company tiene franquicias de gasolineras "Gas and Go" en Carolina del Norte y Virginia. Todos los pagos por las franquicias para gasolina y productos derivados del petróleo, que tienen un promedio de $420,000 al día, se hacen con cheque. En la actualidad, el tiempo total entre el envío del cheque por el concesionario a Speedway Owl y el tiempo en que la compañía tiene los fondos cobrados o disponibles en su banco es de seis días.

a) ¿Cuánto dinero está bloqueado durante este periodo?

b) Para reducir este retraso, la compañía está considerando recaudar a diario el dinero en las gasolineras. En total, necesitaría tres autos y contratar tres empleados adicionales. Esta recaudación diaria costaría $93,000 al año y reduciría el retraso en dos días. Por ahora, el costo de oportunidad de los fondos es del 9%, que es la tasa de interés sobre los valores comerciales. ¿Es conveniente para la compañía poner en marcha el plan de recaudación? ¿Por qué?

c) En vez de enviar cheques al banco, la compañía podría entregarlos por servicio de mensajería. Este procedimiento reduciría el retraso global en un día y el costo en $10,300 anuales. ¿Debe la compañía adoptar este plan? ¿Por qué?

2. List Company, que puede ganar 7% en instrumentos del mercado de dinero, actualmente tiene un acuerdo de *lockbox* con un banco de Nueva Orleáns para sus clientes del sur. El banco maneja $3 millones al día a cambio de un saldo de compensación de $2 millones.

a) List Company ha descubierto que puede dividir la región sur en una región suroeste (con $1 millón diario de cobranza, que puede manejar un banco en Dallas por un saldo de compensación de $1 millón) y una región sureste (con cobranza de $2 millones diarios que puede manejar un banco en Atlanta por un saldo de compensación de $2 millones). En cada caso, la cobranza sería medio día más rápida que con el acuerdo de Nueva Orleáns. ¿Cuáles serían los ahorros (o costos) anuales al dividir la región sur?

b) En un esfuerzo por conservar el negocio, el banco de Nueva Orleáns ofrece manejar la cobranza estrictamente por una cuota (sin saldo de compensación). ¿Cuál sería la cuota máxima que el banco puede cobrar y que le permita retener a List Company como cliente?

3. Franzini Food Company tiene una nómina semanal de $150,000 que paga los viernes. En promedio, sus empleados cobran los cheques de la siguiente manera:

DÍA DE LIBERACIÓN DEL CHEQUE EN LA CUENTA DE LA COMPAÑÍA	PORCENTAJE DE CHEQUES CAMBIADOS
Viernes	20
Lunes	40
Martes	25
Miércoles	10
Jueves	5

Como tesorero de la compañía, ¿cuál sería el acuerdo sobre su cuenta de nómina? ¿Existen problemas al respecto?

4. Sitmore and Dolittle, Inc., tiene 41 tiendas de ropa al menudeo dispersas en todo el país. Cada tienda envía un promedio de $5,000 diarios a la oficina matriz en South Bend, Indiana, mediante cheques girados de bancos locales. El banco de South Bend tarda un promedio de seis días para reunir los cheques. Sitmore and Dolittle está considerando un acuerdo de transferencias electrónicas que eliminaría por completo la flotación.

   a) ¿Qué cantidad de fondos serán liberados?
   b) ¿Qué cantidad neta se liberará si cada banco local requiere un incremento en el saldo de compensación de $15,000 para contrarrestar la pérdida de la flotación?
   c) Suponga que la compañía puede ganar el 10% de interés sobre los fondos netos liberados en el inciso *b)*. Si el costo por transferencia electrónica es de $7 y cada tienda efectúa un promedio de 250 transferencias por año, ¿valdría la pena el acuerdo propuesto? (Suponga que el costo de emitir cheques de bancos locales es insignificante).

5. En el *Wall Street Journal*, o algún otro periódico financiero, determine, a partir de la sección de tasas de dinero, la tasa de interés de las letras del Tesoro, el papel comercial, los certificados de depósito y las aceptaciones bancarias. ¿Las diferencias en el rendimiento tienen que ver con la bursatilidad y el riesgo de incumplimiento? Si usted fuera el tesorero de una compañía con un riesgo de negocio considerable, ¿en qué valor o valores invertiría? ¿Cuál sería el arreglo de vencimiento para cada uno?

Soluciones a los problemas para autoevaluación

1. *a)* Tiempo total ahorrado = 2.5 + 1 = **3.5 días**

   Tiempo ahorrado × cobranza promedio diaria = liberación de efectivo
   3.5 × $500,000 = $1,750,000

   b) 5% × $1,750,000 = $87,500
   c) Como el beneficio bruto en dólares del sistema de *lockbox* ($87,500) excede el costo anual del sistema ($75,000), es conveniente ponerlo en marcha.

2.

VALOR	TASA DE IMPUESTOS FEDERALES	TASA DE IMPUESTOS ESTATALES	EFECTO COMBINADO	RENDIMIENTO ESPERADO DESPUÉS DE IMPUESTOS
Letras del Tesoro	0.30	0.00	0.30	(1 − 0.30)8.00% = 5.60%
Papel comercial	0.30	0.07	0.37	(1 − 0.37)8.50% = 5.36%
Acciones preferenciales de mercado de dinero	0.09*	0.07	0.16	(1 − 0.16)7.00% = 5.88%

*(1 − 0.70)(0.30) = 0.09.

El mercado de dinero preferencial es el más atractivo después de impuestos, a causa de la exención del 70% para fines fiscales federales sobre la renta. El papel comercial es menos atractivo que las letras del Tesoro por el impuesto estatal del que las letras del Tesoro están exentas. (En estados sin impuestos sobre la renta, el rendimiento después de impuestos sobre el papel comercial es más alto).

Las acciones preferenciales tal vez no sean la inversión más atractiva cuando se toma en cuenta el riesgo. Existe el peligro de que las tasas de interés se eleven por arriba de la tasa límite y que el valor de mercado se desplome. También existe el riesgo de incumplimiento con respecto al pago de dividendos, mientras que en las letras del Tesoro no existe ese riesgo.

Referencias seleccionadas

Bort, Richard. "Lockboxes: The Original Outsource". *The Small Business Controller* 8 (otoño, 1995), 44-47.

_____. "What Every Financial Manager Needs to Know About Controlled Disbursing". *The Small Business Controller* 9 (invierno, 1996), 47-50.

Gamble, Richard H. "Cash-Management Milestones". *Business Finance* 5 (diciembre, 1999), 50-56.

_____. "When the Lockbox Meets the Net". *Business Finance* 7 (febrero, 2001), 51-56.

Gitman, Lawrence J., D. Keith Forrester y John R. Forrester Jr. "Maximizing Cash Disbursement Float". *Financial Management* 5 (verano, 1976), 15-24.

Higgins, David P. *Essentials of Treasury Management*, 2a. ed. Bethesda, MD: Association for Financial Professionals, 2007.

Kim, Chang-Soo, David C. Mauer y Ann E. Sherman. "The Determinants of Corporate Liquidity: Theory and Evidence". *Journal of Financial and Quantitative Analysis* 33 (septiembre, 1998), 335-359.

Lacker, Jeffrey M. "The Check Float Puzzle". *Economic Quarterly of the Federal Reserve Bank of Richmond* 83 (verano, 1997), 1-25.

Maier, Steven F. y James H. Vander Weide. "What Lockbox and Disbursement Models Really Do". *Journal of Finance* 38 (mayo, 1983), 361-371.

Maness, Terry S. y John T. Zietlow. *Short-Term Financial Management*, 3a. ed. Cincinnati, OH: South-Western, 2005.

Miller, Merton H. y Daniel Orr. "The Demand for Money by Firms: Extension of Analytic Results". *Journal of Finance* 23 (diciembre, 1968), 735-759.

Stancill, James M. *The Management of Working Capital*. Scranton, PA: Intext Educational Publishers, 1971.

Stone, Bernell K. "Design of a Receivable Collection System". *Management Science* 27 (agosto, 1981), 866-880.

_____. "The Design of a Company's Banking System". *Journal of Finance* 38 (mayo, 1983), 373-385.

_____. "Corporate Trade Payments: Hard Lessons in Product Design". *Economic Review of Fed of Atlanta* 71 (abril, 1986), 9-21.

_____ y Ned C. Hill. "Cash Transfer Scheduling for Efficient Cash Concentration". *Financial Management* 9 (otoño, 1980), 35-43.

US Treasury Securities Cash Market. Chicago: Chicago Board of Trade, 1998.

Van Horne, James C. *Financial Market Rates and Flows*, 6a. ed. Upper Saddle River, NJ: Prentice Hall, 2001.

La parte IV del sitio Web del libro, *Wachowicz's Web World*, contiene vínculos a muchos sitios y artículos en línea relacionados con los temas cubiertos en este capítulo. (http://web.utk.edu/~jwachowi/part4.html)

10

Administración de cuentas por cobrar e inventarios

Contenido

- **Políticas de crédito y cobranza**
  Estándares de crédito • Términos de crédito • Riesgo de incumplimiento • Políticas y procedimientos de cobranza • Políticas de crédito y cobranza: Resumen

- **Análisis del solicitante de crédito**
  Fuentes de información • Análisis de crédito • Decisión de crédito y línea de crédito • Subcontratación de crédito y cobranza

- **Administración y control de inventarios**
  Clasificación: ¿Qué se va a controlar? • Lote económico: ¿Cuánto se debe ordenar? • Punto de reposición: ¿Cuándo se debe ordenar? • Inventario de seguridad • Justo a tiempo • El inventario y el gerente de finanzas

- **Puntos clave de aprendizaje**

- **Preguntas**

- **Problemas para autoevaluación**

- **Problemas**

- **Soluciones a los problemas para autoevaluación**

- **Referencias seleccionadas**

Objetivos

Después de estudiar el capítulo 10, usted será capaz de:

- Identificar los factores clave que se pueden variar en la política de crédito de una compañía y comprender la compensación entre la rentabilidad y los costos implicados.

- Explicar cómo las políticas de crédito de la empresa afectan el nivel de inversión en las cuentas por cobrar.

- Hacer una evaluación crítica de los cambios propuestos en la política de crédito, incluyendo los cambios en los estándares de crédito, el periodo de crédito y el descuento por pago en efectivo.

- Describir las fuentes posibles de información sobre los solicitantes de crédito y cómo se puede usar esa información para analizar al solicitante.

- Identificar los diferentes tipos de inventarios y analizar las ventajas y desventajas de aumentar o disminuir sus dimensiones.

- Definir, explicar e ilustrar los conceptos clave y los cálculos necesarios para la administración y el control efectivo del inventario, incluyendo la clasificación, el tamaño del lote económico (EOQ, economic order quantity), el punto de reposición, el inventario de seguridad y el sistema justo a tiempo (JIT).

EN DIOS CONFIAMOS. Todos los demás deben pagar al contado.

—ANÓNIMO

Cuentas por cobrar
Cantidades de dinero que deben a una empresa los clientes que han comprado bienes o servicios a crédito. Las cuentas por cobrar son un activo corriente.

En el capítulo 8 vimos que la inversión de fondos en **cuentas por cobrar** implica una disyuntiva entre la rentabilidad y el riesgo. La inversión óptima se determina comparando los beneficios derivados de un nivel particular de inversión con los costos de mantener ese nivel. Este capítulo revela las variables clave implicadas en la administración eficiente de las cuentas por cobrar y muestra la manera en que estas variables pueden modificarse para obtener la inversión óptima. Primero se estudiarán las políticas de crédito y cobranza de la empresa como un todo y luego se analizarán los procedimientos de crédito y cobranza para la cuenta individual. La última parte del capítulo investiga las técnicas para la administración eficiente de la cuenta del activo corriente más importante para una empresa típica: los inventarios.

Políticas de crédito y cobranza

Las condiciones económicas, el precio de los productos, la calidad de éstos y las políticas de crédito de la empresa son importantes factores que influyen sobre su nivel de cuentas por cobrar. Todos ellos, menos el último, están fuera del control del gerente de finanzas. Sin embargo, al igual que sucede con otros activos corrientes, el administrador puede variar el nivel de las cuentas por cobrar equilibrando la rentabilidad y el riesgo. Bajar los **estándares de crédito** permite estimular una demanda que, a la vez, podría llevar a ventas y ganancias más altas. Pero hay un costo al aceptar cuentas por cobrar adicionales, al igual que un riesgo mayor de pérdidas por deudas incobrables. Es esta relación la que queremos examinar.

Estándar de crédito
La calidad mínima con la que debe cumplir un solicitante para ser aceptado como sujeto de crédito por la empresa.

Las variables de las políticas que consideramos incluyen la calidad de las cuentas comerciales aceptadas, la duración del periodo de crédito, los descuentos por pronto pago (si los hay) y el programa de cobranza de la empresa. Juntos, estos elementos determinan en gran medida el *periodo promedio de cobro* y la proporción de ventas a crédito que derivan en pérdidas por deudas incobrables. Analizaremos cada elemento manteniendo constantes algunos de los otros al igual que las variables externas que afectan el periodo promedio de cobro y la razón entre las deudas incobrables y las ventas a crédito. Además, suponemos que la evaluación del riesgo está suficientemente estandarizada como para que el grado de riesgo de las diferentes cuentas se pueda comparar de manera objetiva.

● ● ● Estándares de crédito

La política de crédito puede tener una influencia significativa sobre las ventas. Si nuestros competidores extienden el crédito sin restricciones y nosotros no, nuestra política puede tener un efecto de desaliento en el esfuerzo de marketing de la empresa. El crédito es uno de los muchos factores que influyen en la demanda de un producto. En consecuencia, el grado en el que el crédito logre promover la demanda dependerá de qué otros factores se estén empleando. En teoría, la empresa debe disminuir su estándar de calidad para las cuentas aceptadas siempre y cuando la rentabilidad de las ventas generadas exceda los costos agregados de las cuentas por cobrar. ¿Cuáles son los costos de relajar los estándares de crédito? Algunos surgen de un departamento de crédito que se expande, el trabajo de oficina implicado en las cuentas de cheques adicionales y de dar servicio a un volumen adicional

Una adecuada formulación de la política de crédito y cobranza ayuda a romper las barreras entre marketing y finanzas

Las políticas de crédito y cobranzas tienen una relación estrecha con las políticas de marketing (ventas y servicio al cliente). Por ejemplo, el procesamiento eficiente de los pedidos a crédito influye en las ventas y la satisfacción del cliente. De hecho, es útil pensar en las políticas de crédito y cobranza de la compañía como parte del producto o servicio que vende. Por lo tanto, el gerente de marketing y el gerente

de finanzas deben cooperar activamente en el desarrollo de las políticas de crédito y cobranzas. Es usual que el gerente de finanzas después sea responsable de aplicar estas políticas. Sin embargo, cada vez son más comunes los equipos permanentes de función cruzada que incluyen personal de finanzas y marketing, en especial cuando se trata de poner en marcha las políticas de cobranza.

de cuentas por cobrar. Suponemos que estos costos se deducen de la rentabilidad por las ventas adicionales para dar una cifra de rentabilidad neta con fines de cálculo. Otro costo viene del incremento en la probabilidad de las pérdidas por deudas incobrables. Pospondremos la consideración de este costo para una sección posterior y, por ahora, supondremos que no existen tales pérdidas.

Por último, tenemos el *costo de oportunidad* de comprometer los fondos a la inversión de las cuentas por cobrar adicionales y no en alguna otra inversión. Las cuentas por cobrar adicionales son el resultado de: **1.** mayores ventas y **2.** un periodo promedio de cobro más largo. Si los estándares de crédito más relajados atraen a nuevos clientes, es probable que la cobranza a estos clientes menos dignos de crédito sea más lenta que la que se realiza con los clientes existentes. Además, una extensión de crédito más relajada puede ocasionar que ciertos clientes existentes sean menos cumplidos en el pago a tiempo de sus facturas.

Un ejemplo de la disyuntiva. Para evaluar la rentabilidad de una extensión de crédito más relajada, debemos conocer la rentabilidad de las ventas adicionales, la demanda agregada de productos que surge por los estándares de crédito menos estrictos, la prolongación en el periodo promedio de cobro y el rendimiento requerido sobre la inversión. Suponga que el producto de una empresa se vende en $10 por unidad, de los cuales $8 representan costos variables antes de impuestos, incluyendo los costos del departamento de crédito. La empresa opera por debajo de su capacidad total, y es posible satisfacer un aumento en las ventas sin aumentar los costos fijos. Por lo tanto, el *margen de contribución por unidad* para cada unidad adicional vendida es el precio de venta menos los costos variables implicados en la producción de una unidad adicional, es decir, $10 − $8 = **$2.**

En la actualidad, las ventas anuales a crédito están en un nivel de $2.4 millones, y no se percibe una tendencia al crecimiento en tales ventas. La empresa puede relajar el crédito; el resultado será un periodo de cobro de dos meses para clientes nuevos. No se espera que los clientes existentes alteren sus hábitos de pago. Se espera que relajar los estándares de crédito genere un incremento del 25% en las ventas, para llegar a $3 millones anuales. El incremento de $600,000 representa 60,000 unidades adicionales si suponemos que el precio por unidad permanece igual. Por último, suponga que el costo de oportunidad de la empresa por manejar las cuentas por cobrar adicionales es del 20% antes de impuestos.

Esta información reduce nuestra evaluación a tener que sopesar la rentabilidad adicional esperada por las mayores ventas frente al costo de oportunidad del incremento de la inversión en cuentas por cobrar. El incremento en la inversión surge sólo de nuevos clientes que pagan más despacio. Hemos supuesto que los clientes existentes continúan pagando en un mes. Con las ventas adicionales de $600,000 y una rotación de cuentas por cobrar de seis veces en el año para los nuevos clientes (12 meses entre el periodo de cobro promedio de 2 meses), las cuentas por cobrar adicionales son $600,000/6 = **$100,000.** Para estas cuentas por cobrar, la empresa invierte los costos variables asociados con ellas. Para nuestro ejemplo, $0.80 de cada $1 en ventas representan costos variables. Por lo tanto, la inversión agregada en cuentas por cobrar es 0.80 × $100,000 = **$80,000.** Con estos datos, podemos hacer los cálculos mostrados en la tabla 10.1. En la medida en que la rentabilidad de las ventas adicionales, $2 × 60,000 = **$120,000,** exceda por mucho el rendimiento requerido sobre la inversión adicional en cuentas por cobrar, 0.20 × $80,000 = **$16,000,** deberá aconsejarse a la empresa relajar sus estándares

---

Tabla 10.1 Comparación entre rentabilidad y rendimiento requerido para evaluar un cambio en los estándares de crédito

Rentabilidad de ventas adicionales	= (Margen de contribución por unidad) × (Unidades adicionales vendidas) = $2 × 60,000 unidades = **$120,000**
Cuentas por cobrar adicionales	= (Ingreso por ventas adicionales/(Rotación de cuentas por cobrar para nuevos clientes) = $600,000/6 = **$100,000**
Inversión en nuevas cuentas por cobrar	= (Costo variable por unidad/Precio de venta por unidad) × (Cuentas por cobrar adicionales) = 0.80 × $100,000 = **$80,000**
Rendimiento antes de impuestos requerido sobre la inversión adicional	= (Costo de oportunidad) × (Inversión en cuentas por cobrar adicionales) = 0.20 × $80,000 = **$16,000**

de crédito. Una política óptima implicaría el crédito extendido más libremente hasta que la rentabilidad marginal sobre las ventas adicionales sea igual al rendimiento requerido sobre la inversión adicional en cuentas por cobrar necesaria para generar esas ventas. Sin embargo, al aceptar riesgos de créditos dudosos, también aumentamos el riesgo de la empresa, como lo refleja la varianza del flujo de efectivo. Este incremento en el riesgo también se manifiesta en pérdidas adicionales por deudas incobrables, un tema que estudiaremos pronto.

● ● ● Términos de crédito

Periodo de crédito

Tiempo total durante el cual se extiende el crédito a un cliente para que pague una factura.

Periodo de crédito. Los *términos de crédito* especifican el tiempo durante el cual se extiende el crédito a un cliente y el descuento, si lo hay, por pronto pago. Por ejemplo, los términos de crédito de una empresa pueden expresarse como "2/10, neto 30". El término "2/10" significa que se otorga un 2% de descuento si se paga dentro de los 10 días siguientes a la fecha de facturación. El término "neto 30" implica que si no se aprovecha el descuento, el pago total se debe realizar 30 días después de la facturación. Así, el **periodo de crédito** es de 30 días. Aunque los clientes de la industria con frecuencia dictan los términos del crédito, el periodo de crédito es otro medio que puede aprovechar la empresa para aumentar la demanda del producto. Como antes, la disyuntiva se plantea entre la rentabilidad de las ventas adicionales y el rendimiento requerido sobre la inversión adicional en cuentas por cobrar.

Supongamos que la empresa en nuestro ejemplo cambia sus términos de "neto 30" a "neto 60", aumentando con ello el periodo de crédito de 30 a 60 días. El periodo de cobro promedio para los clientes existentes va de uno a dos meses. El resultado de un periodo de crédito más amplio es un incremento de $360,000 en las ventas, y estos nuevos clientes también pagan, en promedio, en dos meses. Las cuentas por cobrar adicionales totales se componen de dos partes. La primera representa las cuentas por cobrar asociadas con el incremento en las ventas. En nuestro ejemplo, hay $360,000 en ventas adicionales. Con una nueva rotación de seis veces al año, esas cuentas por cobrar asociadas con las nuevas ventas son $360,000/6 = **$60,000**. Para estas cuentas por cobrar adicionales, la inversión de la empresa consiste en los costos variables asociados con ellas. Para nuestro ejemplo, tenemos ($8/$10) × ($60,000) = **$48,000**.

La segunda parte del total de cuentas por cobrar adicionales está generada por la cobranza más lenta asociada con las ventas a los clientes originales. Las cuentas por cobrar que deben los clientes originales ahora se cobran con más lentitud, lo que da por resultado un nivel más alto de cobranza pendiente. Con $2.4 millones en ventas originales, el nivel de cuentas por cobrar con rotación de 12 veces al año es $2,400,000/12 = **$200,000**. El nuevo nivel con rotación de 6 veces por año es 2,400,000/6 = **$400,000**. Así, se tienen $200,000 en cuentas por cobrar adicionales asociadas con las ventas a los clientes originales. Para esto, la inversión relevante usando el análisis marginal es de los $200,000 completos. *En otras palabras, el uso de costos variables asociados con las cuentas por cobrar pertenece sólo a las nuevas ventas.* La cobranza incremental de $200,000 relacionada con las ventas a los clientes originales se habría realizado en efectivo de no ser por el cambio en el periodo de crédito. Por lo tanto, la empresa debe aumentar su inversión en cuentas por cobrar en $200,000.[1]

Con base en estos datos, los cálculos se presentan en la tabla 10.2. La comparación pertinente es entre la rentabilidad de las ventas adicionales y el costo de oportunidad de la inversión adicional en cuentas por cobrar. Mientras que la rentabilidad sobre las ventas adicionales, $72,000, exceda el rendimiento requerido sobre la inversión en cuentas por cobrar adicionales, $49,600, valdrá la pena el cambio en el periodo de crédito de 30 a 60 días. La rentabilidad de las ventas adicionales compensa de sobra el costo de oportunidad asociado con la inversión adicional en cuentas por cobrar. El grueso de esta inversión incrementada en cuentas por cobrar proviene de los clientes existentes que demoran sus pagos.

---

[1] Los primeros 30 días después del cambio en el periodo de crédito, los clientes originales pagarán sus facturas antes del cambio en la política de crédito. Como las ventas a los clientes originales no cambian, el nivel de cuentas por cobrar relacionadas con los clientes originales permanece igual. Sin embargo, durante los siguientes 30 días no se recibirán pagos de estos clientes, puesto que ahora esperarán para pagar hasta que pasen 60 días. La cobranza aumentará hasta el final de los 60 días del cambio de política, y se duplicará el nivel original de cuentas por cobrar. Así, la empresa se queda *sin* recibir pagos de los clientes originales un mes ($200,000 menos de flujo de efectivo de entrada que sin el cambio de política) y *con* $200,000 más de cuentas por cobrar en libros.

Tabla 10.2 Comparación entre rentabilidad y rendimiento requerido

Rentabilidad de ventas adicionales	= (Margen de contribución por unidad) × (Unidades adicionales vendidas) = $2 × 36,000 unidades = **$72,000**
Cuentas por cobrar adicionales asociadas con nuevas ventas	= (Ingreso por nuevas ventas)/(Nueva rotación de cuentas por cobrar) = $360,000/6 = **$60,000**
Inversión en cuentas por cobrar adicionales asociadas con nuevas ventas	= (Costo variable por unidad/Precio de venta por unidad) × (Cuentas por cobrar adicionales) = 0.80 × $60,000 = **$48,000**
Nivel de cuentas por cobrar antes del cambio en el periodo de crédito	= (Ventas anuales a crédito)/(Rotación anterior de cuentas por cobrar) = $2,400,000/12 = **$200,000**
Nuevo nivel de cuentas por cobrar asociadas con ventas originales	= (Ventas anuales a crédito)/(Nueva rotación de cuentas por cobrar) = $2,400,000/6 = **$400,000**
Inversión en cuentas por cobrar adicionales asociadas con ventas originales	= $400,000 − $200,000 = **$200,000**
Inversión total en cuentas por cobrar adicionales	= $48,000 + $200,000 = **$248,000**
Rendimiento antes de impuestos sobre inversión adicional	= (Costo de oportunidad × (Inversión total en cuentas por cobrar adicionales) = 0.20 × $248,000 = **$49,600**

Periodo de descuento por pago en efectivo
Lapso durante el cual puede optarse por un descuento por pronto pago.

Descuento por pago en efectivo
Un porcentaje de reducción en el precio de venta o de compra otorgado por pronto pago de facturas. Es un incentivo para los clientes con crédito para pagar sus facturas oportunamente.

Fecha temporal
Términos de crédito que alientan al comprador de productos estacionales a aceptar sus entregas antes del periodo de ventas pico y a diferir el pago hasta después del periodo pico.

Periodo de descuento por pago en efectivo y descuento por pago en efectivo. El periodo de descuento por pago en efectivo representa el lapso durante el cual puede optarse por un descuento por pronto pago. Aunque técnicamente es común que una variable de política de crédito, como el periodo de crédito, tenga una duración normal. Para muchas empresas, 10 días es aproximadamente el tiempo mínimo esperado entre el envío de la factura al cliente y el momento en que éste envía el cheque.

Variar el descuento por pago en efectivo es un intento por acelerar el pago de las cuentas por cobrar. Aquí debe determinarse si una aceleración en la cobranza compensa por mucho el costo del incremento en el descuento. Si es así, la política actual de descuento debe modificarse. Suponga que una empresa tiene ventas anuales a crédito de $3 millones y un periodo promedio de cobranza de dos meses. Además, suponga que los términos de venta son "neto 45", sin descuento por pago en efectivo. En consecuencia, el saldo promedio de cuentas por cobrar es $3,000,000/6 = **$500,000**. Con los términos iniciales de "2/10, neto 45", el periodo de cobranza promedio se puede reducir a un mes, ya que el 60% de los clientes (en volumen de dólares) aprovecha el descuento del 2 por ciento. El costo de oportunidad del descuento para la empresa es 0.02 × 0.6 × $3 millones, o **$36,000** anuales. La rotación de las cuentas por cobrar ha mejorado a 12 veces por año, de manera que las cuentas por cobrar promedio se reducen de $500,000 a $250,000 (esto es, $3,000,000/12 = **$250,000**).

De esta forma, la empresa obtiene $250,000 de la cobranza acelerada. El valor de los fondos liberados es el costo de oportunidad. Si suponemos una tasa de rendimiento del 20% antes de impuestos, la oportunidad de ahorro es de $50,000. (Véase en la tabla 10.3 el desarrollo de los cálculos por pasos). En este caso, la oportunidad de ahorro que surge de una aceleración en la cobranza es mayor que el costo del descuento. La empresa debe adoptar un descuento del 2 por ciento. Si la aceleración de la cobranza no hubiera dado suficiente oportunidad de ahorro para compensar el costo del descuento por pago en efectivo, la política no debería modificarse. Es posible, desde luego, que algún descuento distinto del 2% pudiera dar por resultado una diferencia aún mayor entre la oportunidad de ahorrar y el costo del descuento.

Fecha temporal. Durante los periodos en que las ventas son menores, algunas veces las empresas realizan ventas a sus clientes dejando que éstos paguen más adelante. Esta fecha temporal se puede personalizar de acuerdo con el flujo de efectivo del cliente; además, estimula la demanda de los clientes

Tabla 10.3	Comparación entre costo contra ahorro para evaluar la modificación en el descuento por pago en efectivo	

Nivel de cuentas por cobrar antes del cambio en el descuento por pago en efectivo	= (Ventas a crédito anuales)/(Rotación anterior de cuentas por cobrar) = $3,000,000/6 = **$500,000**
Nuevo nivel de cuentas por cobrar asociadas al cambio en el descuento por pago en efectivo	= (Ventas a crédito anuales)/(Rotación nueva de cuentas por cobrar) = $3,000,000/12 = **$250,000**
Reducción de inversión en cuentas por cobrar	= (Nivel anterior de cuentas por cobrar) − (Nivel nuevo de cuentas por cobrar) = $500,000 − $250,000 = **$250,000**
Costo antes de impuestos del cambio en el descuento por pago en efectivo	= (Descuento por pago en efectivo) × (Porcentaje que opta por el descuento) × (Ventas a crédito anuales) = 0.02 × 0.60 × $3,000,000 = **$36,000**
Ahorro antes de impuestos por reducción en las cuentas por cobrar	= (Descuento por pago en efectivo) × (Porcentaje que opta por el descuento) × (Ventas a crédito anuales) = 0.20 × $250,000 = **$50,000**

que no podrán pagar sino hasta más adelante en la temporada. De nuevo, debemos comparar la rentabilidad de las ventas adicionales con el rendimiento requerido sobre la inversión adicional en las cuentas por cobrar para determinar si las fechas son términos adecuados para estimular la demanda.

El fechado temporal también ayuda a evitar los costos de mantener inventario. Si las ventas son estacionales y la producción es estable durante el año, habrá acumulación de bienes terminados en el inventario durante ciertas épocas del año. El almacenaje incluye costos de almacén que pueden evitarse si se realiza el fechado. Si los costos de almacenaje más el rendimiento requerido sobre la inversión en inventario excede el rendimiento requerido sobre las cuentas por cobrar adicionales, el fechado vale la pena.

● ● ● Riesgo de incumplimiento

En los ejemplos anteriores supusimos que no había pérdidas por deudas incobrables. La preocupación en esta sección no es sólo la lentitud de la cobranza, sino también la proporción de las cuentas por cobrar que no se pagan. Otras políticas de estándares de crédito incluyen ambos factores. La política óptima de estándares de crédito, como veremos, no necesariamente es la que minimiza las pérdidas por deudas incobrables.

Suponga que se estudia la política actual de estándares de crédito (que da por resultado ventas de $2.4 millones) junto con otras dos nuevas políticas menos estrictas. Se espera que estas políticas alternativas produzcan los siguientes resultados:

	POLÍTICA ACTUAL	POLÍTICA A	POLÍTICA B
Demanda (ventas a crédito)	$2,400,000	$3,000,000	$3,300,000
Incremento en ventas		$ 600,000	$ 300,000
Pérdidas por incumplimiento			
Ventas originales	2%		
Ventas incrementales		10%	18%
Periodo de cobro promedio			
Ventas originales	1 mes		
Ventas incrementales		2 meses	3 meses

Suponemos que después de seis meses una cuenta se turna a una agencia de cobranzas y, en promedio, el 2% del monto de las ventas originales de $2.4 millones nunca se recibe en la empresa, el 10% de los $600,000 en ventas adicionales con la política A nunca se cobra, y el 18% de los $300,000 en ventas adicionales con la política B jamás se recibe. De manera similar, el periodo promedio de un mes de cobranza corresponde a las ventas originales, el de dos meses a los $600,000 en ventas adicionales con la

Tabla 10.4		POLÍTICA A	POLÍTICA B
Comparación entre rentabilidad y rendimiento requerido para evaluar cambios en las políticas de crédito	1. Ventas adicionales	$600,000	$300,000
	2. Rentabilidad de ventas adicionales (20% del margen de contribución) × (Ventas adicionales)	120,000	60,000
	3. Pérdidas adicionales por deudas incobrables (Ventas adicionales) × (% de deudas incobrables)	60,000	54,000
	4. Cuentas por cobrar adicionales (Ventas adicionales/Nueva rotación de cobranza)	100,000	75,000
	5. Inversión en cuentas por cobrar adicionales (0.80) × (Cuentas por cobrar adicionales)	80,000	60,000
	6. Rendimiento requerido antes de impuestos sobre la inversión adicional: (20%)	16,000	12,000
	7. Pérdidas adicionales por deudas incobrables más rendimiento requerido adicional: línea (3) + línea (6)	76,000	66,000
	8. **Rentabilidad incremental: línea (2) − línea (7)**	**44,000**	**(6,000)**

política A, y el de tres meses a los $300,000 en ventas adicionales con la política B. Estos números de meses corresponden a la rotación de las cuentas por cobrar anuales de 12, 6 y 4 veces, respectivamente.

Los cálculos de la rentabilidad incremental asociados con estas dos nuevas políticas de estándares de crédito se muestran en la tabla 10.4. Deseamos adoptar la política A, pero no queremos relajar tanto nuestros estándares de crédito como en la política B. El beneficio marginal es positivo si nos movemos de la política actual a la política A, pero negativo si adoptamos la política B. Desde luego, es posible que relajar los estándares de crédito que caen en un lado u otro de la política A arroje un beneficio marginal todavía mayor. La política óptima es la que ofrece los mayores beneficios incrementales.

● ● ● Políticas y procedimientos de cobranza

La compañía determina su política completa de cobranza mediante la combinación de los procedimientos de cobro que emprende. Estos procedimientos incluyen envío de cartas y faxes, llamadas telefónicas, visitas personales y acción legal. Una de las variables principales de la política es la cantidad de dinero gastado en los procedimientos de cobranza. Dentro de un intervalo, para una cantidad relativa mayor de gasto, menor será la proporción de pérdidas por deudas incobrables y más corto el periodo promedio de cobro, cuando los demás factores permanecen iguales.

No obstante, las relaciones no son lineales. Es posible que los gastos iniciales de cobranza causen poca reducción en pérdidas por deudas incobrables. Los gastos adicionales comienzan a tener un efecto significativo en un determinado punto; después, tienden a tener poco efecto en reducir más estas pérdidas. La relación hipotética entre los gastos de cobranza y las pérdidas por deudas incobrables se ilustra en la figura 10.1. La relación entre el periodo de cobranza promedio y el nivel de gastos de cobranza puede ser muy similar a la mostrada en la figura.

Si las ventas son independientes del esfuerzo de cobranza, el nivel adecuado de gastos de cobranza, de nuevo, incluye una compensación; esta vez entre el nivel de gasto por un lado, y la reducción del costo de las pérdidas por deudas incobrables y el ahorro debido a la reducción de inversión en cuentas por cobrar por el otro. Los cálculos son los mismos que para el descuento por pago en efectivo y las pérdidas por incumplimiento ilustrados antes. El lector podrá verificar con facilidad esta compensación entre los dos factores.

Como una cuenta por cobrar es sólo tan buena como la probabilidad de que sea pagada, una empresa no puede darse el lujo de esperar demasiado antes de iniciar el procedimiento de cobro. Por otro lado, si inicia el procedimiento demasiado pronto, puede molestar a los buenos clientes que, por alguna razón, no han hecho sus pagos para la fecha acordada. Cualesquiera que sean los procedimientos, éstos deben establecerse con firmeza. Inicialmente, se hace una llamada telefónica para averiguar por qué no se ha hecho el pago. Después, suele enviarse una carta, quizá seguida de otras

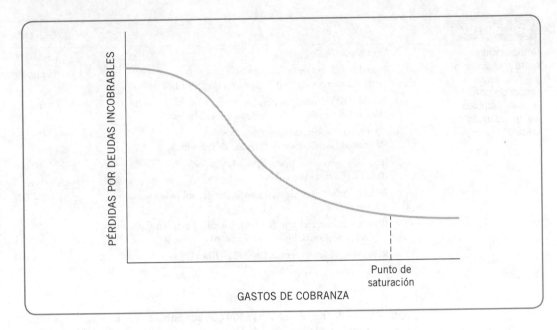

Figura 10.1

Relación entre la cantidad de pérdidas por deudas incobrables y los gastos de cobranza

con un tono más serio. Tal vez se necesite después una llamada telefónica o una carta del abogado de la compañía. Algunas empresas tienen cobradores que hacen visitas al cliente para tratar el asunto de la cuenta vencida.

Si todo lo demás falla, la cuenta puede turnarse a una agencia de cobranzas. Las cuotas de la agencia suelen ser sustanciales —muchas veces la mitad de la cantidad en la cuenta por cobrar—, pero tal procedimiento es sólo una alternativa factible, en particular para una cuenta pequeña. La acción legal directa es costosa y, en ocasiones, no sirve de mucho; además, quizá sólo fuerce la cuenta a la bancarrota. Cuando no se puede cobrar, establecer un compromiso garantiza un porcentaje más alto de cobro.

● ● ● Políticas de crédito y cobranza: Resumen

Vemos que las políticas de crédito y cobranza de una empresa incluyen decisiones relacionadas con varios factores: **1.** la calidad de la cuenta aceptada; **2.** la duración del periodo de crédito; **3.** el porcentaje de los descuentos por pago en efectivo; **4.** los términos especiales, como fechado temporal, y **5.** el nivel de gastos de cobranza. En cada caso, la decisión debe basarse en una comparación de las ganancias posibles de un cambio en una política con el costo de tal modificación. Las políticas óptimas de crédito y cobranza serán las que den como resultado ganancias marginales iguales a los costos marginales.

Para maximizar las ganancias que surgen de las políticas de crédito y cobranza, la empresa debe variar esas políticas de manera conjunta hasta lograr una solución óptima. Esa solución determinará la mejor combinación de estándares de crédito, periodo de crédito, política de descuentos por pago en efectivo, términos especiales y nivel de gastos de cobranza. Para la mayoría de las variables de las políticas, las ganancias aumentan a una tasa decreciente hasta cierto punto y luego decrecen cuando la política se modifica para ir de ningún esfuerzo a un esfuerzo extremo. La figura 10.2 describe esta relación con la calidad de las cuentas rechazadas. Cuando no hay estándares de crédito (es decir, cuando todo aquel que solicita crédito lo obtiene), las ventas se maximizan, pero se contrarrestan con una gran pérdida por deudas incobrables, al igual que por el costo de oportunidad de tener una gran cantidad de cuentas por cobrar. Esto se debe a un largo periodo promedio de cobranza. Cuando se implantan estándares de crédito y se rechazan solicitantes, los ingresos de las ventas declinan, pero también el periodo de cobranza y las pérdidas por deudas incobrables. Como los dos últimos factores declinan con mayor rapidez que las ventas, las ganancias aumentan. Conforme los estándares de crédito son más estrictos, los ingresos por las ventas declinan a una tasa creciente. Al mismo tiempo, el periodo promedio de cobranza y las pérdidas por deudas incobrables disminuyen a una tasa decre-

Estudio de caso: Beneficio de la administración de cuentas por cobrar

BusinessFinance

Un fabricante de equipo pesado de $1,500 millones logró un gran flujo de efectivo y de ganancias al mejorar la administración de sus cuentas por cobrar.

La compañía comprendía muchas divisiones que elaboraban materiales pesados para construcción y productos de ingeniería. Su base de clientes era amplia y variada, incluyendo contratistas (quienes con frecuencia carecen de capital y son lentos para pagar), dependencias de gobierno y compañías de *Fortune 100*. El periodo medio de cobro de la compañía estaba entre 40 y 50 días, una cifra aceptable, pero no al nivel que la administración quería.

Además, cada división estaba descentralizada, con su propia administración de cuentas por cobrar, además de medidas y prácticas particulares. En muchas divisiones, la administración no veía una razón urgente para cambiar e insistía en conservar el estado de las cosas.

¿Cómo manejó la administración el cambio? Primero, realizó una evaluación, en la cual encontró que los procesos de cobranza eran incongruentes y los controles de crédito indulgentes; algunas veces tanto, que una compañía cliente iría a la bancarrota antes de tener que pagar facturas vencidas mucho tiempo atrás. Una solución de disputa, cuando existía, era el camino. Con frecuencia, las mediciones arrojaban datos equivocados.

Después de revisar la evaluación, la compañía implantó las siguientes iniciativas:

Un **proceso de cobranza rediseñado y riguroso,** con mayor contacto con el cliente para reforzar los términos de pago acordados. Antes se daba a los clientes 30 días para pagar, pero no se comunicaban con ellos sino hasta el día 45. Con los nuevos procesos, se ponían en contacto con los clientes en el día 35. Además, todos los clientes —no sólo los problemáticos— recibían llamadas de seguimiento.

Un **proceso formal, documentado de administración de disputa** para sustituir el proceso indulgente. Los procesos se diseñaron para cada división y todos entendieron sus responsabilidades dentro de cada proceso.

Informes rediseñados para permitir a la administración supervisar el progreso de la administración de cuentas por cobrar e identificar riesgos serios. En vez de recibir un desglose detallado de cada cuenta sin pagar, la administración recibía un informe de las excepciones —los problemas más graves— y se centraba en su cobranza.

Un **plan de incentivos dirigido al personal de cobranza** para mejorar su desempeño. Aunque las metas variaban entre las divisiones, el resultado era el mismo: se estimulaba a los empleados para que cobraran con la promesa de un pago trimestral.

Mejoras tecnológicas para automatizar la cobranza y los procesos de administración de disputas. En vez de aprovechar el sistema de planeación de recursos de la compañía que ya tenían, los empleados seguían utilizando hojas de cálculo de Excel. Una vez que se capacitaron para operar el sistema de recursos de la empresa, comenzaron a usarlo.

¿Los resultados? En un grupo integrado por 12 divisiones se obtuvieron los siguientes resultados:

- El efectivo liberado de las cuentas por cobrar sumó $45 millones. Valuado en 10% del costo de capital, esto redujo el financiamiento en $4.5 millones anuales.

- El periodo promedio de cobro disminuyó de 47 días a 36 en el curso de 14 meses.

- El gasto por deudas incobrables se redujo en $1 millón.

- La mejora en las ganancias totales el primer año fue de $5.5 millones.

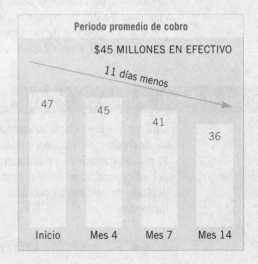

Periodo promedio de cobro

$45 MILLONES EN EFECTIVO

11 días menos

47 — Inicio
45 — Mes 4
41 — Mes 7
36 — Mes 14

Fuente: Adaptado de John Salek, "7 Steps to Optimize A/R Management", *Business Finance* (abril, 2007), p. 45. (www.bfmag.com) Derechos reservados © 2007 por Penton Media, Inc. Reproducido con permiso. Todos los derechos reservados.

ciente. Cada vez se eliminan menos riesgos de crédito. En virtud de la combinación de estas influencias, las ganancias totales de la empresa aumentan a una tasa que disminuye con estándares de crédito más estrictos hasta un cierto punto, después del cual declinan. La política óptima con respecto a los estándares de crédito está representada por el punto X en la figura. A la vez, esa política determina el nivel de cuentas por cobrar que tiene la empresa.

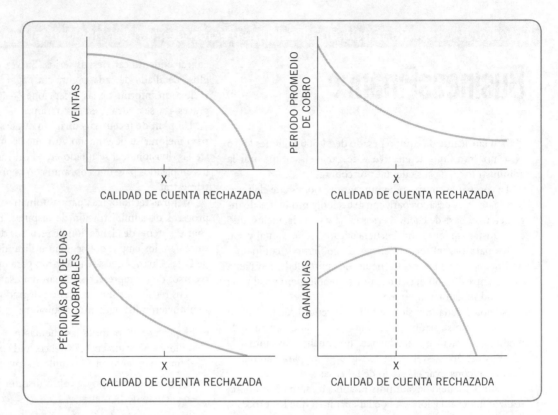

Relación de ventas, periodo promedio de cobro, pérdidas por deudas incobrables y ganancias con la calidad de la cuenta rechazada

El análisis en las últimas secciones se ha mantenido bastante general intencionalmente para dar un panorama de los conceptos primordiales de políticas de crédito y cobranza. Es evidente que una decisión de política debe basarse en una evaluación mucho más específica que la contenida en los ejemplos. Es difícil estimar la demanda aumentada y la mayor lentitud de cobro que puede acompañar a la relajación de los estándares de crédito. De cualquier forma, la administración debe hacer estimaciones de estas relaciones si quiere apreciar de manera realista las políticas existentes.

Análisis del solicitante de crédito

Una vez que la empresa ha establecido los términos de venta que ofrecerá, debe evaluar a los solicitantes de crédito individuales y considerar las posibilidades de una deuda incobrable o de un pago lento. El procedimiento de evaluación del crédito incluye tres pasos relacionados: **1.** obtener información del solicitante, **2.** analizar esta información para determinar la solvencia del solicitante y **3.** tomar la decisión de crédito. La decisión de crédito, a la vez, establece si debe extenderse el crédito y cuál es el límite de éste.

● ● ● Fuentes de información

Existen varios servicios que brindan información crediticia de los negocios, pero para algunas cuentas, en especial las pequeñas, el costo de recolectar esta información podría sobrepasar la rentabilidad limitada de la cuenta. La empresa que extiende el crédito tal vez tenga que conformarse con una cantidad limitada de datos en los cuales basar su decisión. Además del costo, la empresa debe considerar el tiempo que implica investigar a un solicitante de crédito. Un envío a un cliente potencial no se puede retrasar innecesariamente por esperar una investigación de crédito detallada. Por ello, la cantidad de información recolectada necesita considerarse en relación con el tiempo y el gasto requeridos. Dependiendo de estas consideraciones, el analista de crédito puede usar una o más de las siguientes fuentes de información.

Estados financieros. En el momento de la posible venta, el vendedor puede solicitar los estados financieros, una de las fuentes de información más deseables para el análisis de crédito. Con frecuencia existe una correlación entre la negativa de una compañía a proporcionar sus estados y una posición financiera débil. Los estados auditados son preferibles. Cuando es posible, es útil obtener los estados intermedios además de los anuales, en particular en el caso de compañías que tienen patrones estacionales de ventas.

Informes y clasificaciones de créditos. Además de los estados financieros, se dispone de clasificaciones de crédito de varias agencias. Dun & Bradstreet (D&B) es quizá la más conocida y la que da informes más exhaustivos. Entrega clasificaciones de crédito a los suscriptores de un gran número de empresas. La figura 10.3 muestra una página de un libro de referencia de D&B con una clasificación compuesta de "BB1" para Beaumont & Hunt, Inc., y da una clave para las clasificaciones individuales de D&B. Como se puede ver a partir de la clave, la clasificación de D&B da al analista de crédito un indicio del tamaño estimado del valor neto (una guía aproximada de la capacidad financiera) y una evaluación de crédito para compañías de un tamaño específico, que van de "alto = 1" a "limitado = 4".[2] D&B también indica cuándo la información disponible es insuficiente para dar la clasificación de un negocio dado. Además de este servicio de clasificación, D&B emite reportes de crédito que contienen una breve historia de una compañía y sus principales funcionarios, la naturaleza del negocio, cierta información financiera y una lista de sus proveedores que incluye el tiempo de experiencia con la compañía y si los pagos han sido con descuento, oportunos o retrasados. La calidad del reporte de D&B varía con la información externa disponible y la disposición de la compañía a cooperar con el informante de D&B. Se puede tener acceso al reporte a través de una computadora si se desea.

Verificación en el banco. Otra fuente de información para el analista de crédito al investigar una compañía determinada es el banco de esta última. Casi todos los bancos tienen departamentos de crédito que darán información sobre sus clientes comerciales como un servicio a esos clientes que buscan un crédito comercial (otorgado por un negocio a otro). Al llamar o escribir al banco en el que el solicitante tiene una cuenta, el analista puede obtener información como el saldo promedio, préstamos otorgados, experiencia con el cliente y algunas veces información financiera más extensa. Lo que se informará está determinado por los permisos acordados con el cliente del banco. Al intercambiar información de crédito, la mayoría de los bancos siguen los lineamientos adoptados por la Risk Management Association (RMA), la asociación nacional estadounidense para la industria de servicios financieros. Los *Principios para intercambio de información de crédito comercial* de la RMA describen cómo responder a peticiones de información, recibidas ya sea por teléfono, por escrito o por fax.

Verificación comercial. Con frecuencia, la información de crédito se intercambia entre compañías que venden al mismo cliente. A través de varias organizaciones de crédito, las personas de crédito en alguna área particular se convierten en un grupo cercano. Una compañía puede preguntar a otros proveedores acerca de sus experiencias con una cuenta.

Experiencia de la propia compañía. Es muy útil revisar la oportunidad de los pagos anteriores, incluyendo cualquier patrón estacional. Con frecuencia, el departamento de crédito hará una evaluación por escrito de la calidad de la administración de la compañía a la que puede extenderse el crédito. Estas evaluaciones son muy importantes, pues pertenecen a las tres "C" del análisis de crédito: *carácter* (disposición del deudor de cumplir con sus obligaciones), *capacidad* (habilidad del deudor para generar efectivo y cumplir con sus obligaciones) y *capital* (valor neto del deudor y la relación entre valor neto y deuda). La persona que intenta hacer la venta a un posible cliente con frecuencia puede ofrecer impresiones útiles de la administración y sus operaciones. Hay que tener cautela al interpretar esta información porque una persona del equipo de ventas tiene una tendencia natural a otorgar el crédito para lograr la venta.

---

[2]Las dos letras BB, en la clasificación de Beaumont & Hunt "BB1" indican que el valor neto de la compañía cae entre $200,000 y $300,000. El número 1 después de BB indica que la empresa tiene una "alta" evaluación de crédito compuesto con respecto a otras empresas con valor similar.

CALL 1-800-234-3867

Business information and analysis for your global credit, marketing and purchasing decisions.

D&B Rating Key

The D&B Rating is a widely used tool that represents a firm's size and composite credit appraisal.

Rating Classification (Based on Net Worth from Interim or Fiscal Balance Sheet)

				Composite Credit Appraisal			
				High	Good	Fair	Limited
5A	$50,000,000		and over	1	2	3	4
4A	10,000,000	to	49,999,999	1	2	3	4
3A	1,000,000	to	9,999,999	1	2	3	4
2A	750,000	to	999,999	1	2	3	4
1A	500,000	to	749,999	1	2	3	4
BA	300,000	to	499,999	1	2	3	4
BB	200,000	to	299,999	1	2	3	4
CB	125,000	to	199,999	1	2	3	4
CC	75,000	to	124,999	1	2	3	4
DC	50,000	to	74,999	1	2	3	4
DD	35,000	to	49,999	1	2	3	4
EE	20,000	to	34,999	1	2	3	4
FF	10,000	to	19,999	1	2	3	4
GG	5,000	to	9,999	1	2	3	4
HH	up to		4,999	1	2	3	4

Rating Classification (Based on Number of Employees)

		Composite Credit Appraisal		
		Good	Fair	Limited
1R	10 and over	2	3	4
2R	1 to 9	2	3	4

"--" (Absence of Rating)

A "--" symbol should not be interpreted as indicating that credit should be denied. It simply means that the information available to Dun & Bradstreet does not permit us to classify the company within our Rating key and that further inquiry should be made before reaching a credit decision.

Some reasons for using a "--" symbol include: deficit net worth, bankruptcy proceedings, lack of sufficient payment information; or incomplete history information.

DS (Duns Support)

Information available to Dun & Bradstreet does not permit us to classify the company within our Rating key. When contained in a Business Information Report, an investigation can be performed within four business days, at no additional charge, if requested.

Key to Employee Range	
ER1	1,000 or more
ER2	500-999
ER3	100-499
ER4	50-99
ER5	20-49
ER6	10-19
ER7	5-9
ER8	1-4
ERN	Not available

ER (Employee Range)

Certain lines of business, primarily banks, insurance companies and government entities, do not lend themselves to classification under the D&B Rating System. Instead, we assign these types of businesses an Employee Range symbol based on the number of people employed. No other significance should be attached to this symbol.

For example, a Rating of "ER7" means there are between 5 and 9 employees in the company.

"ERN" should not be interpreted negatively. It simply means we don't have information indicating how many people are employed at this firm.

INV (Investigation Being Conducted)

When an "INV" appears, it means an investigation is being conducted on this business to get the most current details.

NQ (Not Quoted)

This is generally assigned when a business has been confirmed as no longer active at the location, or when D&B is unable to confirm active operations. It may also appear on some branch reports, when the branch is located in the same city as its headquarters.

Key to the D&B PAYDEX® Score	
PAYDEX	PAYMENT
100	Anticipate
90	Discount
80	Prompt
70	15 Days Beyond Terms
60	22 Days Beyond Terms
50	30 Days Beyond Terms
40	60 Days Beyond Terms
30	90 Days Beyond Terms
20	120 Days Beyond Terms
UN	Unavailable

17	61	Asendorf Tin Shop	FF2
76	22	Austen Wes TV Service	EE2
55	41	Backers Service Station	HH2
57	12	Barber Furniture Co Inc.	CC1
50	13	Beasleys Automotive	FF4
53	**11**	**Beaumont & Hunt, Inc.**	**BB1**
59	41	Bedlans Sporting Goods	DC3
51	91	Bervin Distrg Inc of Beatrice	--
51	91	Bervin Distributing Inc.	CC2
15	21	Blackwell Trenching Service	DD2
15	21	Boeckner Brothers Inc.	DC2
54	14	Boogaarts Fairbury Inc.	

Figura 10.3

Calificación compuesta de D&B a partir de un libro de referencia y una clave de calificaciones. Reimpreso con permiso de Dun & Bradstreet, Inc., 2007

●●● Análisis de crédito

Una vez reunida la información de crédito, la empresa debe realizar un análisis de crédito del solicitante. En la práctica, la recolección de información y su análisis tienen una relación estrecha. Si, con base en la información inicial, parece que una cuenta grande es relativamente riesgosa, el analista de crédito querrá obtener más información. Se supone que el valor esperado de la información adicional excederá el costo de adquirirla. A partir de los estados financieros de un solicitante de crédito, el analista debe emprender un análisis de razones financieras, como se describe en el capítulo 6. El analista estará interesado en particular en la liquidez del solicitante y su capacidad para pagar sus cuentas a tiempo. Las razones financieras como la razón rápida, las cuentas por cobrar y la rotación de inventarios, el periodo promedio de pago y la razón entre deuda y capital accionario son las más relevantes.

Además de analizar los estados financieros, el analista debe considerar la naturaleza de la compañía y su administración, la fortaleza financiera de la empresa y algunos otros asuntos. Luego intentará determinar la capacidad del solicitante de cumplir con su crédito, así como la probabilidad de que no pague a tiempo y de la pérdida por deuda incobrable. Con base en esta información, junto con la del margen de ganancia del producto o servicio que vende, llega a una decisión acerca de si extender o no el crédito.

Proceso de investigación secuencial. La cantidad de información recolectada debe determinarse en relación con la ganancia esperada de una orden y el costo de investigación. Debe hacerse un análisis más completo sólo cuando existe la posibilidad de que cambie una decisión de crédito basada en la etapa anterior de investigación. Si el resultado de un análisis de un reporte de Dun & Bradstreet es un panorama extremadamente desfavorable de un solicitante, la investigación en el banco y con los proveedores del solicitante puede tener poca posibilidad de modificar la decisión de rechazo. Por lo tanto, el costo adicional asociado con esta etapa de investigación no valdrá la pena. Cada etapa progresiva de investigación representa un costo que sólo se justifica si la información obtenida tiene valor para cambiar la decisión anterior.[3]

La figura 10.4 es un ejemplo de diagrama de flujo de un enfoque secuencial para el análisis de crédito. La primera etapa consiste en consultar el pasado para ver si la empresa ha vendido antes a la cuenta y, si lo ha hecho, si la experiencia fue satisfactoria. La etapa 2 puede incluir encargar un reporte de Dun & Bradstreet sobre el solicitante y evaluarlo. La tercera y última etapa consiste en verificar el crédito con los bancos y acreedores, aunado quizás al análisis de los estados financieros. Cada etapa agrega un costo. La ganancia esperada de aceptar un pedido dependerá de la magnitud de éste, lo mismo que el costo de oportunidad asociado con el rechazo. En vez de realizar todas las etapas de investigación sin importar la magnitud del pedido y la experiencia con la empresa, la compañía debe investigar en etapas y pasar a la siguiente cuando los beneficios netos esperados de la información adicional excedan el costo de adquirirla. Cuando la experiencia ha sido favorable, habrá poca necesidad de investigar más. En general, cuanto más riesgoso es un solicitante, mayor será el deseo de tener más información. Si se equilibran los costos de la información con la posible rentabilidad del pedido, al igual que con la información de la siguiente etapa de investigación, se investigan más detalles sólo cuando sea beneficioso.

Sistema de calificación de crédito Sistema empleado para decidir si es conveniente o no otorgar un crédito; se basa en la asignación de calificaciones numéricas a diferentes características relacionadas con la solvencia.

Sistemas de calificación de crédito. Se han desarrollado enfoques cuantitativos para estimar la capacidad de los negocios para cumplir con un crédito otorgado; sin embargo, la decisión final para la mayoría de las compañías que extienden *créditos comerciales* (los que concede un negocio a otro) recae en el juicio del analista de crédito al evaluar la información disponible. Las evaluaciones estrictamente numéricas han tenido éxito al determinar el otorgamiento de crédito a clientes al menudeo (*crédito al consumidor*), en las que se califican de manera cuantitativa varias características de un individuo, y se toma una decisión de crédito con base en la calificación total. Las tarjetas de crédito que muchos tenemos con frecuencia son asignadas por el banco con base en un **sistema de calificación de crédito** en el que se toman en cuenta factores como ocupación, duración en el empleo, si el sujeto es propietario de su casa, años de residencia en ella e ingreso anual. Los sistemas de calificación numérica también se usan en algunas compañías que otorgan crédito comercial. Con el crecimiento global del crédito comercial, muchas compañías encuentran valioso el uso de sistemas de calificación de crédito para identificar con claridad a los solicitantes inaceptables y aceptables. Los analistas de crédito pueden entonces dedicar sus energías a evaluar a los solicitantes marginales.

[3]Para este análisis, véase Dileep Mehta, "The Formulation of Credit Policy Models", *Management Science* 15 (octubre, 1968), 35-50.

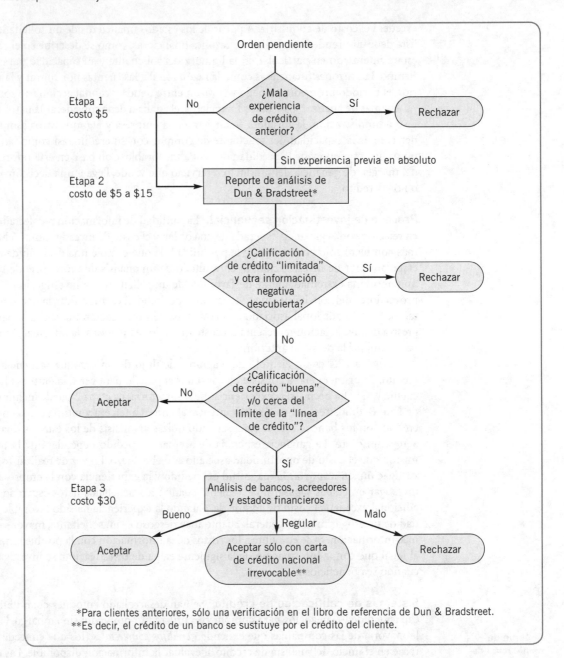

Proceso de investigación secuencial: ¿quién debe ser aceptado como cliente para otorgarle crédito?

● ● ● Decisión de crédito y línea de crédito

Una vez que el analista de crédito ha reunido y analizado la evidencia necesaria, debe llegar a una decisión acerca de la disposición de la cuenta. En una venta inicial, la primera decisión es si enviar o no los bienes y extender el crédito. Si es probable que se repita la venta, la compañía tal vez deba establecer procedimientos para no tener que evaluar por completo el otorgamiento de crédito cada vez que recibe un pedido. Una manera de simplificar el procedimiento es establecer una **línea de crédito** para una cuenta. Una línea de crédito es un límite máximo de la cantidad que la empresa permite que le deban en cualquier momento. En esencia, representa el riesgo máximo que la empresa se permite correr por una cuenta.[4] El establecimiento de una línea de crédito simplifica el procedimiento para

Línea de crédito
Límite en la cantidad de crédito extendida a una cuenta. El cliente puede comprar a crédito hasta ese límite.

---

[4]Una agencia de crédito ofrece la siguiente "regla empírica" para establecer el límite en dólares a la cantidad de crédito extendido: elegir el *menor* entre *a*) el 10% del valor neto del solicitante y *b*) el 20% del capital neto de trabajo del solicitante.

enviar la mercancía, pero debe revaluarse periódicamente para mantenerse al corriente de la actividad de la cuenta. Lo que hoy es una exposición al riesgo satisfactoria, dentro de un año puede cambiar. A pesar de los procedimientos de crédito exhaustivos, siempre habrá casos especiales que deben manejarse de forma individual. También, en este caso, la empresa podrá simplificar la operación si define las responsabilidades con claridad.

● ● ● Subcontratación de crédito y cobranza

Toda la función de crédito y cobranza se puede subcontratar (esto es, delegarse a una empresa externa). Varias compañías de terceros, como Dun & Bradstreet, ofrecen servicios parciales o completos a corporaciones. Los sistemas de calificación de crédito, junto con otra información, se emplean para decidir si se concede un crédito. Se mantienen cuentas en libros, se procesan los pagos y se inician los esfuerzos de cobranza con las cuentas tardías. Al igual que sucede con la subcontratación de cualquier función, el asunto con frecuencia se reduce a una pregunta de competencia central. Cuando no se cuenta con la competencia interna o ésta es ineficiente, la decisión —incluso en compañías grandes— puede ser contratar el servicio con una empresa externa. En las compañías medianas o pequeñas, el crédito y la cobranza suelen ser actividades muy costosas para efectuarse internamente.

Administración y control de inventarios

Los inventarios forman el vínculo entre la producción y la venta de un producto. Una compañía manufacturera debe mantener cierta cantidad de inventario, conocida como *trabajo en proceso*, durante la producción. Aunque en sentido estricto no son necesarios otros tipos de inventarios —de productos en tránsito, materias primas y productos terminados—, éstos dan cierta flexibilidad a la empresa. El inventario en tránsito —el que está entre las diferentes etapas de producción o almacenaje— permite una programación de la producción y la utilización de los recursos de manera eficiente. Sin este tipo de inventario, cada etapa de producción tendría que esperar la terminación en la etapa anterior para completar una unidad. La posibilidad de retrasos y tiempos ociosos da a la empresa la razón para mantener un inventario en tránsito.

El inventario de materias primas permite flexibilidad en las compras. Sin él, la empresa tendría que existir de manera precaria, comprando las materias primas estrictamente para satisfacer el programa de producción. El inventario de bienes terminados también da flexibilidad en el programa de producción y en la comercialización. La producción no necesita estar enfocada directamente en las ventas. Altos niveles de inventario permiten un servicio eficiente a las demandas de los clientes. Si hay un faltante temporal de cierto producto, las ventas actuales y las futuras podrían perderse. Así, existe un incentivo para mantener existencias de todos los tipos de inventarios.

Las ventajas del incremento en inventarios, resaltadas a menudo, son varias. La empresa puede hacer ahorros en producción y compras, así como satisfacer los pedidos con mayor rapidez. En resumen, se dice que la empresa es más flexible. Las desventajas obvias son el costo total de mantener el inventario, que incluyen los costos de almacenamiento y manejo, y el rendimiento requerido sobre el capital invertido en el inventario. Una desventaja adicional es el peligro de obsolescencia. No obstante, los gerentes de ventas y de producción con frecuencia se inclinan hacia inventarios relativamente grandes, en virtud de los beneficios que éstos representan. Más aún, el gerente de compras con frecuencia obtiene descuentos por cantidad en pedidos grandes, con lo que se vuelve proclive a mantener un alto nivel de inventarios. Corresponde al gerente de finanzas amortiguar la tentación por tener grandes inventarios. Esto se hace forzando la consideración del costo de los fondos necesarios para mantener inventarios, así como de los costos de manejo y almacenamiento.

En años recientes, ha surgido un apoyo adicional para el cuestionamiento del gerente de finanzas sobre la existencia de inventarios grandes; el argumento surge de la comprensión del sistema de control de inventarios de inspiración japonesa llamado *justo a tiempo*, o *JIT* (por las siglas de *just-in-time*), que rompe con la sabiduría convencional de mantener niveles altos de existencias como amortiguador contra la incertidumbre. El objetivo básico del sistema JIT es producir (o recibir) el artículo requerido en el momento preciso en que se necesita, es decir, "justo a tiempo". Así, los inventarios de todos tipos se reducen a un mínimo (en algunos casos a cero). Las reducciones en los costos por mantener el inventario son uno de los resultados más evidentes del sistema JIT. Sin embargo, los resultados adicionales que se espera obtener incluyen mejoras en la productividad y en la calidad del producto, así como flexibilidad.

Al igual que las cuentas por cobrar, los inventarios deberían aumentar siempre y cuando los ahorros que se obtienen excedan el costo total de mantener el inventario adicional. El equilibrio logrado al final depende de las estimaciones de los ahorros reales, el costo de mantener el inventario adicional y la eficiencia del control de inventarios. Es obvio que este equilibrio requiere coordinación de las áreas de producción, marketing y finanzas de la empresa, teniendo en cuenta el objetivo general. Nuestro propósito es examinar varios principios de control de inventarios mediante los cuales pueda lograrse un equilibrio adecuado.

● ● ● Clasificación: ¿Qué se va a controlar?

Vimos los diferentes tipos de inventarios que existen para una empresa de manufactura típica: inventarios de materias primas, trabajo en proceso, productos en tránsito y bienes terminados. Otra manera de clasificar el inventario es por el valor monetario de la inversión de la empresa. Si una empresa clasificara las unidades en inventario por orden decreciente de su valor, obtendríamos una distribución acumulada con la apariencia mostrada en la figura 10.5. Para la empresa descrita en esta figura, encontramos que, como un grupo, los artículos "A" reflejan el hecho de que alrededor del 15% de los artículos en inventario concentran el 70% del valor del mismo. El siguiente 30% de los artículos, el grupo "B", responde por el 20% del valor del inventario. Y más de la mitad, el 55%, de los artículos concentran el 10% del valor total del inventario.

Con base en este desglose típico en el que una proporción relativamente pequeña de artículos tienen casi el valor total del inventario, parece razonable que la empresa dedique más cuidado y atención a controlar los artículos más valiosos. Esto se logra asignándoles una clasificación "A" y revisando estos artículos con más frecuencia. El control de los artículos "B" y "C" puede ser menos riguroso con revisiones menos frecuentes. Este sistema suele llamarse adecuadamente **método ABC de control de inventarios**. Tal vez se necesite considerar también otros factores diferentes al valor monetario para desarrollar el plan de clasificación; por ejemplo, el hecho de que algo sea crucial, o un cuello de botella, o de que pronto se vuelva obsoleto. Pero la idea esencial es clasificar los artículos en el inventario

Método ABC de control de inventarios Método que controla más de cerca los artículos costosos en el inventario que los menos costosos.

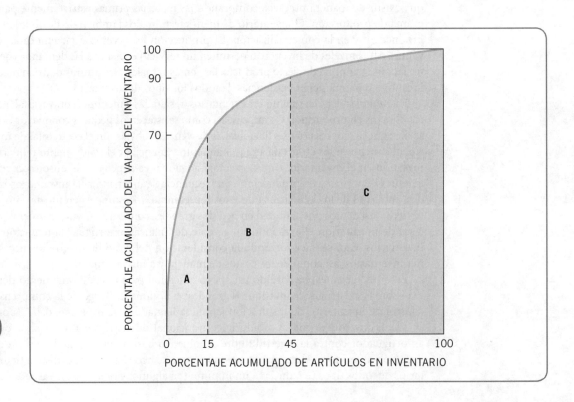

Figura 10.5

Distribución del inventario según su valor

de manera que podamos asegurar que los más importantes se revisen con mayor frecuencia.[5] Así, un método válido de clasificación del inventario constituye el primer pilar en la construcción de un sistema de control de inventarios sólido.

● ● ● Lote económico: ¿Cuánto se debe ordenar?

Para ser un concursante destacado en el programa de televisión *Jeopardy*, usted debe ser capaz de enunciar la pregunta que corresponde a la respuesta que le dan en varias categorías. Si la categoría fuera teoría de inventarios, usted tendría que dar la siguiente respuesta: la cantidad del lote económico. Esperamos que al terminar de leer esta sección comprenda por qué la "pregunta" correcta para esta "respuesta" es: ¿cuánto debemos ordenar"?

El **lote económico** (EOQ, por las siglas de *economic order quantity*) es un concepto importante en la compra de materias primas y en el almacenamiento de bienes terminados e inventarios en tránsito. En nuestro análisis determinamos la cantidad óptima a ordenar para un artículo en el inventario, dado su pronóstico de uso, el costo de hacer el pedido y el costo de mantener el inventario. *Ordenar puede significar la compra de un artículo o su producción*. Suponga por ahora que el uso de un artículo dado del inventario se conoce con certidumbre. Este uso tiene una tasa estable en todo el periodo que se analiza. En otras palabras, si se utilizan 2,600 artículos durante seis meses, se usan 100 artículos cada semana.

Suponemos que los costos de ordenar cada pedido, O, son constantes sin importar el tamaño del pedido. En la compra de materia prima o de otros artículos, estos costos representan los costos administrativos de hacer un pedido junto con ciertos costos de recibir y revisar los bienes una vez que llegan. Para los inventarios de bienes terminados, los costos de hacer pedidos incluyen la programación de una corrida de producción. Cuando los costos de preparación son altos —como lo son al producir una pieza de metal maquinado, por ejemplo—, los costos de hacer un pedido pueden ser significativos. Para los inventarios en tránsito, es probable que los costos de hacer pedidos incluyan sólo asentar un registro. El costo total de hacer un pedido para un periodo es simplemente el costo por pedido multiplicado por el número de pedidos para ese periodo.

Los costos de mantener la mercancía por unidad, C, representan el costo de almacenar, manejar y asegurar el inventario junto con el rendimiento requerido sobre la inversión en inventario durante un periodo. Se supone que estos costos son constantes por unidad de inventario y por periodo. Así, el costo total de mantener el inventario por un periodo es el costo de mantener una unidad del artículo por el número promedio de unidades en inventario durante ese periodo. Además, suponemos que los pedidos de inventario se surten cuando se necesitan, sin retraso. Puesto que los artículos faltantes se pueden remplazar de inmediato, no hay necesidad de mantener un inventario de seguridad. Aunque las suposiciones hechas hasta ahora quizá parezcan restrictivas, son necesarias para una comprensión inicial del marco conceptual que sigue. Más adelante, se relajarán algunas de ellas y se sorprenderá de cuán robusto es nuestro enfoque inicial.

Si el uso de un artículo de inventario tiene una tasa estable durante un periodo y no hay inventario de seguridad, el inventario promedio (en unidades) se puede expresar como

$$\text{Inventario promedio} = Q/2 \tag{10.1}$$

donde Q es la cantidad a ordenar y se supone que es constante para el periodo de planeación. Esta situación se ilustra en la figura 10.6. Aunque la cantidad demandada es una función escalonada, suponemos para fines de análisis que se puede aproximar mediante una recta. Vemos que cuando el inventario llega al nivel cero, se recibe un nuevo pedido de Q artículos.

Una vez más, el costo de mantener el inventario es el número promedio de unidades en inventario por el costo de mantener cada unidad, o $C(Q/2)$. El número total de pedidos en un periodo es simplemente el uso total (en unidades) de un artículo en el inventario para ese periodo, S, dividido entre

---

Lote económico (EOQ) La cantidad de unidades de un artículo del inventario que deben solicitarse de manera que los costos totales de inventario se minimicen en el periodo de planeación de la empresa.

---

[5] El lector que esté familiarizado con la serie de televisión clásica *M*A*S*H* recordará a los doctores y las enfermeras asignando prioridades en los grupos de soldados heridos que llegaban; esto es, clasificaban a los heridos de acuerdo con quién necesitaba atención más inmediata. La empresa, en esencia, asigna este tipo de prioridades en su inventario cuando lo clasifica en las categorías "A", "B" y "C".

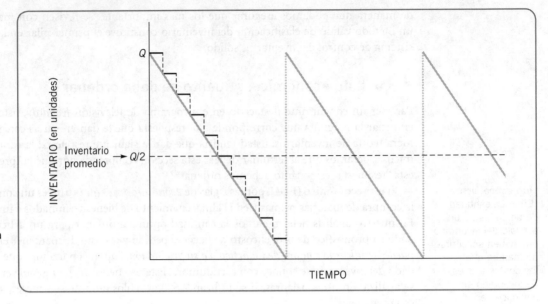

Figura 10.6

Ejemplo de cantidad a ordenar con demanda estable conocida y sin inventario de seguridad

Q, la cantidad a ordenar. En consecuencia, los costos totales de hacer pedidos están representados por el costo de ordenar cada pedido multiplicado por el número de pedidos, es decir, $O(S/Q)$. Por lo tanto, los costos de inventario totales son la suma del costo total de mantenerlo más el costo total de hacer pedidos, es decir,

$$\text{Costo de inventario total } (T) = C(Q/2) + O(S/Q) \tag{10.2}$$

A partir de la ecuación (10.2) vemos que cuanto más grande es la cantidad a ordenar, Q, más alto será el costo total de mantener el inventario, pero menor será el costo total de hacer el pedido. Para una cantidad a ordenar menor, el costo total de mantener el inventario es más bajo, pero el costo total de hacer el pedido es más alto. Por lo tanto, nos interesa la relación entre las economías de un tamaño mayor de pedido y el costo adicional de mantener el inventario adicional.

Lote económico, o cantidad óptima a ordenar. La cantidad óptima de un artículo de inventario que hay que ordenar a la vez es la cantidad Q^* que minimiza los costos totales de inventario en el periodo de planeación. Podemos recurrir al cálculo para encontrar el punto más bajo en la curva del costo total de inventario descrita por la ecuación (10.2) y luego despejar Q.[6] La cantidad óptima que se obtiene, o EOQ, es

$$Q^* = \sqrt{\frac{2(O)(S)}{C}}$$

Para ilustrar la aplicación de esta ecuación de EOQ, suponga que el uso de un artículo del inventario es de 2,000 unidades durante un periodo de planeación de 100 días, el costo de ordenar es de $100 por pedido, y el costo de mantener en inventario es de $10 por unidad por los 100 días. De esta forma, la cantidad EOQ es

$$Q^* = \sqrt{\frac{2(\$100)(2,000)}{\$10}} = \textbf{200 unidades} \tag{10.3}$$

---

[6]Tomando la primera derivada de la ecuación (10.2) con respecto a Q e igualando el resultado a cero, obtenemos

$$dT/dQ = (C/2) - O(S/Q2) = 0$$

Ahora, al despejar Q, tenemos

$$O(S/Q^2) = C/2$$

$$Q = \sqrt{\frac{2(O)(S)}{C}} = Q^*$$

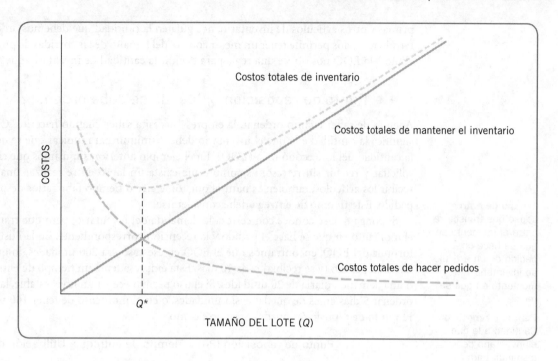

Relaciones del lote económico

Con una cantidad a ordenar de 200 unidades, la empresa ordenaría (2,000/200) = **10 veces** durante el periodo bajo consideración, en otras palabras, cada 10 días. Vemos a partir de la ecuación (10.3) que Q^* varía directamente con el uso, S, y el costo de ordenar, O, e inversamente con el costo de mantener, C. Sin embargo, la relación está amortiguada por el signo de raíz cuadrada en ambos casos. Conforme aumenta el uso, el tamaño de la cantidad óptima de pedido y el nivel promedio del inventario aumentan en un porcentaje menor. En otras palabras, las economías de escala son posibles. Por ejemplo, si duplicamos el uso en nuestro ejemplo a 4,000 unidades, obtenemos un nuevo lote económico que es sólo un 40% más alto que el anterior; es decir, 280 unidades. Este nuevo lote económico es el resultado de un nuevo promedio en el nivel del inventario ($Q/2$) que también es sólo un 40% más alto: 140 contra 100 unidades.

La función EOQ se aprecia en la figura 10.7. En ella, graficamos el costo total de ordenar, el costo total de mantener inventario y el costo total del inventario, que es la suma de los primeros dos costos. Vemos que mientras el costo total de mantener el inventario varía directamente con el tamaño del pedido, el costo total de ordenar varía inversamente con el tamaño del pedido. La curva del costo total del inventario declina al principio conforme se incurre menos en los costos fijos de ordenar al solicitar menos pedidos pero más grandes. Sin embargo, la línea del costo total del inventario comienza a subir cuando la disminución en el costo total de ordenar se compensa considerablemente con los costos adicionales causados por mantener un inventario más grande en promedio. El punto Q^*, entonces, representa el tamaño del lote económico, que minimiza el costo total del inventario.[7] La fórmula del EOQ usada en esta sección es una herramienta útil para el control de inventarios. Al comprar materias

---

[7]Como se muestra en la figura 10.7, las líneas del costo total de mantener el inventario y el costo total de ordenar se intersecan en el nivel del tamaño del pedido donde la curva del costo total de inventario tiene su mínimo, el punto Q^*. Para ver por qué esto *siempre* se cumple en el modelo, igualamos el costo total de mantener el inventario (*CTM*) y el costo total de ordenar (*CTO*), y despejamos la cantidad a ordenar Q.

$$CTM = CTO$$
$$C(Q/2) = O(S/Q)$$
$$C(Q^2) = 2(O)(S)$$
$$Q = \sqrt{\frac{2(O)(S)}{C}} = Q^* = EOQ$$

primas y otros artículos de inventario, nos guía en la cantidad que debemos ordenar. Para productos terminados, nos permite tener un mejor control del tamaño de las corridas de producción. En general, el modelo EOQ nos ofrece una regla para decidir la cantidad de inventario que se debe reabastecer.

● ● ● Punto de reposición: ¿Cuándo se debe ordenar?

Además de saber cuánto ordenar, la empresa necesita saber cuándo hacerlo. "Cuándo", en este caso, significa la cantidad a la que el inventario debe disminuir para indicar que se debe ordenar otra vez la cantidad del lote económico (EOQ). En el ejemplo anterior, supusimos que el inventario se puede solicitar y recibir sin retraso. Es común que exista un lapso entre realizar una orden de compra y recibir los artículos; también es natural que tome cierto tiempo fabricarlos después de que se hizo el pedido. Este **tiempo de entrega** debe considerarse.

Suponga que se conoce con certeza la demanda del inventario, pero que transcurren 5 días entre el momento en que se hace el pedido y la recepción correspondiente. En la ilustración anterior de la fórmula del EOQ, encontramos que el EOQ en ese caso era 200 unidades, lo que significaba que se hacía un pedido (y se recibía) cada 10 días. Esta empresa tenía un tiempo de entrega de cero y un uso o una demanda diaria de 20 unidades. Si el uso permanece en un nivel estable, la empresa debe ahora ordenar 5 días antes de quedarse sin unidades, o en el momento de tener 100 unidades en almacén. El **punto de reposición** puede expresarse como

$$\text{Punto de reposición (PR)} = \text{Tiempo de entrega} \times \text{Utilización diaria} \qquad (10.4)$$

Así, el punto de reposición es ahora

$$\text{5 días} \times \text{20 unidades por día} = \textbf{100 unidades}$$

Cuando el nuevo pedido se recibe 5 días después, la empresa justo habrá utilizado las existencias. Este ejemplo referente a un punto de reposición se ilustra en la figura 10.8.

● ● ● Inventario de seguridad

En la práctica, la demanda o utilización del inventario en general no se conoce con certeza, ya que suele fluctuar durante un periodo dado. Por lo regular, la demanda de productos terminados en el inventario está sujeta a la mayor incertidumbre. En general, es más predecible el uso del inventario

Tiempo de entrega
Lapso que transcurre entre el momento en que se hace un pedido de un artículo de inventario y el momento en que se recibe.

Punto de reposición
Cantidad a la que el inventario debe disminuir para indicar que debe hacerse un pedido de reabastecimiento de un artículo.

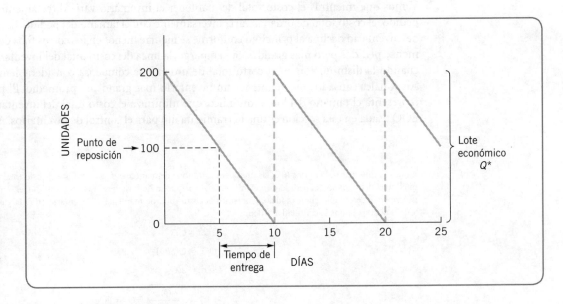

Figura 10.8

Punto de reposición cuando el tiempo de entrega es diferente de cero y conocido

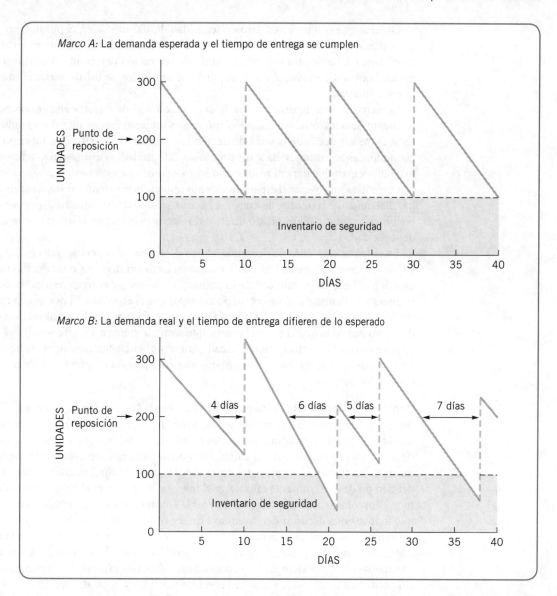

Marco A: La demanda esperada y el tiempo de entrega se cumplen

Marco B: La demanda real y el tiempo de entrega difieren de lo esperado

Figura 10.9

Inventario de
seguridad y punto de
reposición cuando la
demanda y el tiempo
de entrega son
inciertos

**Inventario de
seguridad** Existencias
en inventario que
se conservan como
colchón contra la
incertidumbre en
la demanda (o en
el uso) y el tiempo
de entrega del
reabastecimiento.

de materias primas y del inventario en tránsito, los cuales dependen de la programación de la producción. Además de la demanda, el tiempo de entrega requerido para recibir la mercancía después de hacer un pedido también suele estar sujeto a variación. Debido a estas fluctuaciones, no es muy factible dejar que el inventario baje a cero antes de anticipar un nuevo pedido, como puede hacerlo la empresa cuando el uso y el tiempo de entrega se conocen con certeza.

Por lo anterior, al tomar en cuenta la incertidumbre en la demanda del inventario y en el tiempo de entrega, es aconsejable un **inventario de seguridad**. El concepto de inventario de seguridad se ilustra en la figura 10.9. El marco A de la figura muestra lo que pasaría si la empresa tuviera un inventario de seguridad de 100 unidades, y se cumplieran la demanda esperada de 200 unidades cada 10 días y el tiempo de entrega esperado de 5 días. Sin embargo, al tratar el tiempo de entrega y el uso diario como valores promedio, o esperados, y no como constantes, tenemos que modificar nuestra ecuación de punto de reposición original como sigue:

$$\text{Punto de reposición (PR)} = (\text{Tiempo de entrega } \textit{promedio} \times \text{Uso diario } \textit{promedio}) + \frac{\textit{Inventario}}{\textit{de seguridad}} \quad (10.5)$$

Observe que con un inventario de seguridad de 100 unidades, el punto de reposición debe fijarse en (5 días × 20 unidades) + 100 unidades = **200 unidades** de existencias en lugar de las 100 unidades anteriores. Dicho de otra manera, el punto de reposición determina la cantidad de inventario de seguridad que se tiene. Así, al variar el punto de reposición se puede variar el inventario de seguridad que se conserva.

El marco B de la figura muestra la experiencia real de nuestra empresa hipotética. En el primer segmento de demanda, vemos que el uso real es un poco menor que el esperado. (La pendiente de la recta es menor que la de la recta de demanda esperada en el marco A). En el punto de reposición de 200 unidades restantes, se hace un pedido de 200 unidades de inventario adicional. En vez de tomar los 5 días esperados para el reabastecimiento, vemos que esto tarda sólo 4. El segundo segmento de uso es mucho mayor que el esperado y, como resultado, el inventario se consume con rapidez. Cuando hay 200 unidades restantes, de nuevo se hace un pedido de 200 unidades, pero ahora pasan 6 días para recibir el inventario. El resultado de estos dos factores es que se utiliza una buena parte del inventario de seguridad.

En el tercer segmento de demanda, el uso es cercano al esperado: esto es, las pendientes de la rectas de uso esperado y real son casi las mismas. Como el inventario estaba bajo al final del segmento anterior, se hace pedido casi de inmediato. El tiempo de entrega resulta ser de 5 días. En el último segmento de demanda, el uso es un poco mayor que el esperado. El tiempo de entrega necesario para recibir un pedido es de 7 días, un lapso mayor que el esperado. La combinación de estos dos factores de nuevo ocasiona que la empresa tenga que recurrir al inventario de seguridad. El ejemplo ilustra la importancia del inventario de seguridad para absorber las fluctuaciones aleatorias en la utilización y los tiempos de entrega. Sin ese inventario amortiguador, la empresa se hubiera quedado sin existencias en dos ocasiones.

Cantidad de inventario de seguridad. La cantidad apropiada de inventario de seguridad depende de varios factores. Cuanto mayor sea la incertidumbre asociada con la demanda pronosticada del inventario, mayor tendrá que ser el inventario de seguridad que la empresa desee tener, si el resto de los factores permanecen sin cambio. En otras palabras, a mayor riesgo de tener faltantes, habrá mayores fluctuaciones imprevistas en el uso. De manera similar, cuanto mayor es la incertidumbre del tiempo de entrega para reabastecer el inventario, mayor es el riesgo de quedarse sin existencias y mayor inventario de seguridad querrá tener la empresa, si todo lo demás permanece igual. Otro factor que influye en la decisión del inventario de seguridad es el costo de manejarlo. El costo de quedarse sin existencias de materias primas o de inventario en tránsito es un retraso en la producción. ¿Cuánto cuesta suspender la producción temporalmente? Cuando los costos fijos son altos, este costo será cuantioso como, por ejemplo, en el caso de una planta de extrusión de aluminio. El costo de quedarse sin productos terminados viene de las ventas perdidas y la insatisfacción del cliente. No sólo se perderá la venta inmediata, sino que estarán en peligro las ventas futuras si los clientes deciden comprar en otro lado. Aunque es difícil medir este costo de oportunidad, la administración debe reconocerlo e incorporarlo en la decisión del inventario de seguridad. Cuanto mayores sean los costos de quedarse sin existencias, por supuesto, mayor debe ser el inventario de seguridad que se quiera mantener, si todo lo demás permanece igual.

El factor final es el costo de mantener inventario adicional. Si no fuera por este costo, una empresa podría tener cualquier cantidad que fuera necesaria para evitar toda posibilidad de faltantes. Si el costo de mantener el inventario es alto, será costoso mantener un inventario de seguridad, cuando todo lo demás permanece igual. Determinar la cantidad apropiada de inventario de seguridad implica equilibrar la probabilidad y el costo de un faltante contra el costo de mantener suficiente inventario de seguridad para evitar esta posibilidad. En último caso, la cuestión se reduce a la probabilidad de incurrir en los faltantes que la administración esté dispuesta a tolerar. En una situación típica, esta probabilidad se reduce a una tasa decreciente conforme se agrega inventario de seguridad. Una empresa puede ser capaz de reducir la probabilidad de quedarse sin existencias en un 20% si añade 100 unidades al inventario de seguridad, pero sólo en un 10% más si agrega otras 100 unidades. Llega un punto en que se vuelve muy costoso reducir más la probabilidad de incurrir en faltantes. La administración no querrá agregar inventario de seguridad más allá del punto en el que los costos incrementales de mantenerlo excedan los beneficios incrementales derivados de evitar esos faltantes.

● ● ● Justo a tiempo

La administración del inventario es cada vez más compleja. En ciertas industrias, el proceso de producción se presta para el control de inventarios **justo a tiempo** (JIT). Como su nombre lo indica, la idea es que los inventarios se adquieran y se incorporen a la producción en el momento exacto en que se necesitan. La filosofía de administración JIT se enfoca en *disponer* del inventario durante el proceso de producción con base en "cuando se necesita", en lugar de *empujar* el inventario por el proceso de producción con base en "cuando se produce". Esto requiere un sistema de información muy exacto de producción e inventarios, compras altamente eficientes, proveedores muy confiables y un sistema de manejo de inventarios eficiente. Aunque el inventario de materias primas y el inventario en tránsito nunca se pueden reducir a cero, el concepto de "justo a tiempo" exige un control muy estricto para poder reducir los inventarios. No obstante, la meta del sistema JIT no sólo es reducir los inventarios, sino la mejora continua de la productividad y la calidad del producto, así como la flexibilidad de la manufactura.

EOQ en un mundo de JIT. A primera vista, parecería que el sistema JIT —en el que los inventarios se reducen al mínimo esencial y el EOQ para un artículo específico puede acercarse a una unidad— estaría en conflicto directo con el modelo EOQ. Sin embargo, no es así. Un sistema JIT, por otro lado, rechaza el concepto de que los costos de ordenar (administrativos, de recepción, inspección, programación y/o costos de preparación) necesariamente se fijan en sus niveles actuales. Como parte de un sistema JIT, se toman medidas continuas para reducir estos costos. Por ejemplo:

- Se usan vehículos de entrega pequeños con secuencias de descarga predeterminadas para facilitar el ahorro en los costos y el tiempo de recepción.

- Se presiona a los proveedores a producir materias primas con "cero defectos", para reducir (o eliminar) los costos de inspección.

- Los productos, el equipo y los procedimientos se modifican para reducir el tiempo y el costo de preparación.

Al reducir con éxito estos costos relacionados con un pedido, la empresa puede suavizar la curva del costo total de ordenar en la figura 10.7. Esto ocasiona que la cantidad óptima a ordenar, Q^*, se corra a la izquierda, acercándose al ideal de JIT de una unidad. Además, los esfuerzos continuos para reducir los retrasos de los proveedores, las ineficiencias de producción y los errores en los pronósticos de ventas permiten reducir o eliminar los inventarios de seguridad. El grado en el que las compañías se acerquen al ideal de JIT dependerá del tipo de proceso de producción y la naturaleza de las industrias proveedoras, pero es un objetivo valioso para la mayoría de las empresas.

Control de inventarios JIT, administración de la cadena de proveedores e Internet. El control de inventarios JIT se puede ver como un eslabón en la cadena de actividades asociadas con el desplazamiento de bienes desde la etapa de materia prima hasta el cliente o usuario final. Estas actividades se conocen colectivamente como **administración de la cadena de proveedores** (ACP). El advenimiento de la información instantánea a través de complejas redes de computadoras ha facilitado muchísimo este proceso.

Para los artículos estándar del inventario, el uso de Internet ha mejorado la administración de la cadena de proveedores. Se han desarrollado varios intercambios para las transacciones tipo **negocio a negocio** (B2B, por las siglas de *business-to-business*). Si necesita comprar cierto tipo de productos químicos para usarlos en su proceso de producción, es posible especificar la necesidad exacta de esa sustancia en un **intercambio B2B**. Después, varios proveedores harán sus ofertas para obtener el contrato. Esta técnica de subasta reduce significativamente la documentación y otros costos implicados en la búsqueda del mejor precio. Esto, junto con la competencia entre proveedores, logra reducir significativamente los costos. Existen ya varios intercambios B2B para una amplia variedad de productos, y se desarrollan otros nuevos todo el tiempo. Una vez más, la materia prima en cuestión debe ser relativamente estandarizada para que el intercambio en Internet funcione.

● ● ● El inventario y el gerente de finanzas

Aunque la administración del inventario en general no es responsabilidad operativa directa del gerente de finanzas, la inversión de fondos en inventario es un aspecto muy importante de la administración

Lo que se necesita para que funcione el sistema "justo a tiempo"

(Según el vicepresidente de General Motors Corp., Robert B. Stone, quien coordina la implantación de los sistemas "justo a tiempo" en GM).

1. Concentración geográfica

Recorridos relativamente cortos de las plantas del vendedor a las del cliente —menos de un día— son necesarios si la operación de producción del cliente (proceso de uso) ha de obtener las partes que requiere "justo a tiempo". Toyota en Japón, por ejemplo, tiene casi todos sus proveedores localizados a menos de 60 millas de sus plantas.

2. Calidad confiable

El proceso de uso siempre debe tener la seguridad de que recibe sólo partes aceptables de sus proveedores. El concepto japonés es que cada operación debe ver a la siguiente como su cliente final. Los esfuerzos de calidad están dirigidos a controlar el proceso de producción, no a la inspección para encontrar los defectos.

3. Red de proveedores manejable

Un número mínimo de proveedores —y contratos a largo plazo con ellos— ayuda a que los sistemas "justo a tiempo" funcionen. Muchos fabricantes de autos en Japón tienen menos de 250 proveedores de partes. En contraste, General Motors tiene cerca de 3,500 proveedores sólo para las operaciones de ensamblaje.

4. Sistema de transporte controlado

La clave para esto son las líneas de tránsito confiables y cortas entre proveedores y usuarios. Las compañías japonesas de autos usan sólo camiones (propios o con contrato exclusivo) para el envío de partes. Las entregas de cada proveedor se realizan varias veces al día en los tiempos programados.

5. Flexibilidad de manufactura

En la fábrica, el proceso de abastecimiento debe ser capaz de reaccionar con rapidez para producir las partes que necesita el proceso de uso. La clave es la capacidad de cambiar herramientas con rapidez. En Japón, por ejemplo, las líneas automatizadas de prensa se pueden cambiar en menos de 6 minutos.

6. Tamaños pequeños de lotes

La mayoría de las compañías japonesas que usan sistemas "justo a tiempo" requieren tamaños de lote menores del 10% que se utiliza en el día. La idea es lograr un tamaño de lote de una pieza para que cada vez que se produzca un vehículo, también se produzca una unidad de cada parte del vehículo.

7. Recepción y manejo eficientes de materiales

Casi todas las compañías japonesas, por ejemplo, han eliminado las operaciones de recepción formal. Lados completos de las plantas actúan como áreas de recepción y las partes se entregan tan cerca como se puede de los puntos de uso. Se utilizan camiones especialmente diseñados para eliminar la necesidad de plataformas de descarga.

8. Fuerte compromiso de la administración

El sistema "justo a tiempo" es para toda la planta. La administración debe poner a la disposición los recursos de la empresa para asegurar que el sistema funcione, y debe ser firme en los periodos de conversión al sistema "justo a tiempo" cuando las cosas se pongan difíciles o se prolonguen.

Fuente: "What is needed to make a 'just-in-time' system work", *Iron Age Magazine* (7 de junio, 1982) p. 45. Reimpreso con permiso.

financiera. En consecuencia, el gerente de finanzas debe estar familiarizado con las formas de control de inventarios efectivas para que el capital se asigne de manera eficiente. Cuanto más alto sea el costo de oportunidad de los fondos invertidos en el inventario, menores serán el nivel óptimo del inventario promedio y el tamaño del lote económico, si todo lo demás se mantiene constante. Es posible verificar esta afirmación aumentando los costos de mantener el inventario, C, en la ecuación (10.3). Además, el gerente de finanzas puede usar el modelo EOQ en la planeación del financiamiento del inventario.

Cuando la demanda o el uso del inventario son inciertos, el gerente financiero puede intentar poner en práctica políticas que reduzcan el tiempo de entrega promedio requerido para recibir el inventario una vez que se hace un pedido. Para un tiempo de entrega menor se necesitará un inventario de seguridad menor y menos inversión total en inventario, si todo lo demás permanece igual. Un mayor costo de oportunidad de los fondos invertidos en el inventario significa un mayor incentivo para reducir este tiempo de entrega. El departamento de compras puede tratar de encontrar nuevos proveedores que prometan una entrega más rápida, o presionar a los proveedores existentes para que entreguen el material más pronto. El departamento de producción tal vez pueda entregar productos terminados más rápido con corridas de producción más pequeñas. En cualquier caso, existe una compensación entre el costo agregado implicado en la reducción del tiempo de entrega y el costo de oportunidad de los fondos comprometidos en el inventario. Esta discusión sirve para señalar el valor de la administración del inventario para el gerente financiero.

Puntos clave de aprendizaje

- Las políticas de crédito y cobranza engloban varias decisiones: **1.** la calidad de las cuentas aceptadas, **2.** la duración de los periodos de crédito, **3.** la magnitud del descuento por pago en efectivo (si lo hay) por pago adelantado, **4.** cualesquiera términos especiales, como fecha temporal y **5.** el nivel de los gastos de cobranza. En cada caso, la decisión implica una comparación de las ganancias posibles de un cambio de política con el costo del cambio. Para maximizar las ganancias que surgen de las políticas de crédito y cobranza, la empresa debe variar estas políticas en conjunto hasta lograr una solución óptima.

- Las políticas de crédito y cobranza de una empresa, junto con sus procedimientos de crédito y cobro, determinan la magnitud y calidad de la posición de sus cuentas por cobrar.

- Al evaluar a un solicitante de crédito, el analista **1.** obtiene información sobre el solicitante, **2.** analiza esta información para determinar la solvencia del solicitante y **3.** toma la decisión de otorgar o no el crédito. La decisión de crédito, a la vez, establece si debe extenderse el crédito y cuál debe ser el límite de crédito, o la *línea de crédito*.

- Los inventarios forman un vínculo entre la producción y la venta de un producto. Los inventarios dan a la empresa flexibilidad en sus compras y en la programación de la producción para la satisfacción de la demanda de los clientes.

- Al evaluar el nivel de inventarios, la administración debe equilibrar los beneficios de las economías de producción, compras y marketing contra el costo de mantener un inventario adicional. Una preocupación específica del gerente de finanzas es el costo de los fondos invertidos en el inventario.

- Las empresas con frecuencia clasifican los artículos en inventario en grupos, de tal manera que los artículos más importantes se supervisen con frecuencia. Este enfoque se conoce como *método ABC de control de inventarios*.

- La cantidad óptima a ordenar para un artículo dado del inventario depende del pronóstico de uso del artículo, el costo de ordenarlo y el costo de mantenerlo en inventario. Ordenar puede significar la compra del artículo o su producción. Los *costos de ordenar* incluyen los costos de hacer el pedido, la recepción y la verificación del pedido. Los *costos de mantener el inventario* representan el costo de almacén, manejo y seguros, y el rendimiento requerido sobre la inversión en inventario.

- El *modelo del lote económico (EOQ)* sostiene que la cantidad óptima a ordenar de un artículo en inventario en cualquier momento es aquella cantidad que minimiza los costos totales de inventario en el periodo de planeación.

- El *punto de reposición* de un artículo en inventario es la cantidad que debe quedar en el inventario para indicar que debe hacerse un nuevo pedido de la cantidad EOQ.

- En condiciones de incertidumbre, la empresa generalmente debe contar con un *inventario de seguridad*, dadas las fluctuaciones en la demanda del inventario y en los *tiempos de entrega*. Al variar el punto en el que se realizan los pedidos, se varía el inventario de seguridad que se mantiene.

- El *control de inventarios justo a tiempo (JIT)* es el resultado de un nuevo enfoque de las empresas con un proceso continuo de mejora. La idea es que los inventarios se adquieran e incorporen en la producción en el momento exacto en que se necesitan.

Preguntas

1. ¿Es siempre una buena política reducir las deudas incobrables de la empresa "deshaciéndose de los morosos"?

2. ¿Cuáles son los efectos probables sobre las ventas y las ganancias de cada una de las siguientes políticas de crédito?

   a) Un alto porcentaje de pérdidas por deudas incobrables, pero una rotación de cuentas por cobrar y una tasa de rechazo de crédito normales.

   b) Un alto porcentaje de cuentas vencidas, pero una tasa baja de rechazo de crédito.

   c) Un porcentaje bajo de cuentas vencidas, pero una tasa de rechazo de crédito alta y una tasa de rotación de cuentas por cobrar alta.

   d) Un porcentaje bajo de cuentas vencidas y una tasa de rechazo de crédito baja, pero una tasa de rotación de cuentas por cobrar alta.

3. ¿Es necesariamente malo prolongar el periodo de cobranza? Explique.

4. ¿Cuáles son las diferentes fuentes de información que usted puede usar para analizar a un solicitante de crédito?

5. ¿Cuáles son los principales factores que pueden variar al establecer una política de crédito?

6. Si los estándares de crédito para la calidad de las cuentas aceptadas cambian, ¿qué aspectos resultan afectados?

7. ¿Por qué se llega al *punto de saturación* en el dinero gastado en cobranzas?

8. ¿Cuál es el propósito de establecer una *línea de crédito* para una cuenta? ¿Cuáles son los beneficios de este acuerdo?

9. El análisis de la política de inventarios es análogo al análisis de la política de crédito. Proponga una medida para analizar la política de inventarios que sea análoga a la de *cuentas por cobrar antiguas*.

10. ¿Cuáles son las primeras implicaciones para el gerente financiero de los costos de ordenar, los costos de almacenar y el costo de capital en lo que respecta al inventario?

11. Explique cómo la administración de inventarios eficiente afecta la liquidez y la rentabilidad de la empresa.

12. ¿Cómo puede la empresa reducir su inversión en inventarios? ¿En qué costos puede incurrir la empresa con una política de inversión en inventarios muy baja?

13. Explique cómo una demanda estacional grande complica la administración del inventario y la programación de la producción.

14. ¿Representan los inventarios una inversión en el mismo sentido que los activos fijos?

15. ¿La tasa de rendimiento requerido para la inversión en inventarios de materias primas debe ser la misma que para los productos terminados?

Problemas para autoevaluación

1. Kari-Kidd Corporation actualmente da términos de crédito de "neto 30 días". Tiene $60 millones en ventas a crédito y su periodo promedio de cobro es de 45 días. Para estimular la demanda, la compañía puede dar términos de crédito de "neto 60 días". Si establece estos términos, se espera que las ventas aumenten en un 15 por ciento. Después del cambio, se espera que el periodo de cobro promedio sea de 75 días, sin diferencia en los hábitos de pago entre clientes antiguos y nuevos. Los costos variables son $0.80 por cada $1.00 de ventas y la tasa de rendimiento antes de impuestos requerida sobre la inversión en cuentas por cobrar es del 20 por ciento. ¿Debe la compañía extender su periodo de crédito? (Suponga un año de 360 días).

2. Matlock Gauge Company fabrica medidores de viento y flujo de agua para barcos de placer. Los medidores se venden en todo el sureste de Estados Unidos a los distribuidores de barcos y el monto promedio del pedido es de $50. La compañía vende a todos los distribuidores registrados sin un análisis de crédito. Los términos son "neto 45 días", y el periodo de cobro promedio es de 60 días, que se considera satisfactorio. Sue Ford, vicepresidente de finanzas, ahora está inquieta por el creciente número de pérdidas por deudas incobrables en los nuevos pedidos. Con las

calificaciones de crédito de agencias locales y regionales, piensa que podría clasificar los nuevos pedidos en una de tres categorías de riesgo. La experiencia indica lo siguiente:

	CATEGORÍA DEL PEDIDO		
	BAJO RIESGO	RIESGO MEDIO	ALTO RIESGO
Pérdidas por deudas incobrables	3%	7%	24%
Pedidos por categoría entre total de pedidos	30%	50%	20%

El costo de producir y enviar los medidores y de manejar las cuentas por cobrar es del 78% de las ventas. El costo de obtener información de crédito y de evaluarla es de $4 por pedido. Es sorprendente que no parezca haber una asociación entre la categoría de riesgo y el periodo de cobro; el promedio por cada categoría de riesgo es alrededor de 60 días. Con base en esta información, ¿debe la compañía obtener información de crédito sobre los nuevos pedidos en vez de vender a todos los nuevos clientes sin realizar el análisis de crédito? ¿Por qué?

3. Vostick Filter Company es un distribuidor de filtros de aire para las tiendas. Compra los filtros de varios fabricantes. Los ordena en lotes de 1,000 y hacer cada pedido cuesta $40. La demanda de las tiendas al menudeo es de 20,000 filtros por mes y el costo de mantener el inventario es de $0.10 por filtro por mes.

   a) ¿Cuál es la cantidad óptima para ordenar con respecto a tantos tamaños de lote? (Esto es, ¿qué múltiplo de 1,000 unidades debería ordenarse?)

   b) ¿Cuál será la cantidad óptima para ordenar si los costos de mantener el inventario disminuyen a la mitad, a $0.05 por filtro por mes?

   c) ¿Cuál será la cantidad óptima si los costos de ordenar se reducen a $10 por pedido?

4. Para reducir los costos de preparación de la producción, Bodden Truck Company puede fabricar lotes más grandes para el mismo camión. Los ahorros estimados por el aumento en la eficiencia son de $260,000 por año. Sin embargo, la rotación de inventario disminuirá de ocho veces por año a seis. El costo de los bienes vendidos es de $48 millones sobre una base anual. Si la tasa de rendimiento antes de impuestos requerida sobre la inversión en inventarios es del 15%, ¿debe la compañía alentar el nuevo plan de producción?

Problemas

1. Para aumentar las ventas de los $24 millones anuales en la actualidad, Kim Chi Company, un distribuidor al mayoreo, podría relajar los estándares de crédito. Actualmente, la empresa tiene un periodo de cobro promedio de 30 días. Piensa que con estándares de crédito más laxos obtendría los siguientes resultados:

	POLÍTICA DE CRÉDITO			
	A	B	C	D
Incremento en ventas *del nivel anterior* (en millones)	$2.8	$1.8	$1.2	$.6
Periodo de cobro promedio para ventas incrementales (en días)	45	60	90	144

Los precios de sus productos promedian $20 por unidad, y los costos variables promedian $18 por unidad. No se esperan pérdidas por deudas incobrables. Si la compañía tiene un costo de oportunidad antes de impuestos del 30% sobre los fondos, ¿qué política de crédito debe seguir? ¿Por qué? (Suponga 360 días por año).

2. Después de reflexionar, Kim Chi Company estima que el siguiente patrón de pérdidas por deudas incobrables prevalecerá si pone en marcha términos de crédito menos estrictos:

	POLÍTICA DE CRÉDITO			
	A	B	C	D
Pérdidas por deudas incobrables en ventas incrementales	3%	6%	10%	15%

Dadas las otras suposiciones en el problema 1, ¿qué política de crédito debe seguir? ¿Por qué?

3. Vuelva a realizar el problema 2, suponiendo el siguiente patrón de pérdidas por deudas incobrables:

	POLÍTICA DE CRÉDITO			
	A	B	C	D
Pérdidas por deudas incobrables en ventas incrementales	31.5%	3.0%	5.0%	7.5%

¿Qué política sería la mejor ahora? ¿Por qué?

4. Acme Aglet Corporation tiene un costo de oportunidad del 12% en los fondos y actualmente vende en términos de "neto/10, FDM". (Esto significa que los bienes enviados antes del *final del mes* deben pagarse para el 10 del siguiente mes). La empresa tiene ventas de $10 millones al año, de las cuales el 80% son a crédito y se distribuyen de manera uniforme durante el año. El periodo de cobro promedio es ahora de 60 días. Si Acme ofreciera términos de "2/10, neto 30", el 60% de los clientes de sus ventas a crédito tomarían el descuento, y el periodo de cobro promedio se reduciría a 40 días. ¿Debe Acme cambiar sus términos de "neto/10, FDM" a "2/10, neto 30"? ¿Por qué?

5. Porras Pottery Products, Inc., gasta $220,000 anuales en el departamento de cobranza. La compañía tiene $12 millones en ventas a crédito, su periodo promedio de cobro es de 2.5 meses y el porcentaje de pérdidas por deudas incobrables es del 4 por ciento. La compañía piensa que si duplicara el personal de cobranzas, el periodo promedio de cobro bajaría a 2 meses y las pérdidas por deudas incobrables bajarían al 3 por ciento. El costo agregado es de $180,000, lo que da un total de gastos de cobranza de $400,000 anuales. ¿Vale la pena el mayor esfuerzo si el costo de oportunidad antes de impuestos para los fondos es del 20%? ¿Y si es del 10%?

6. Pottsville Manufacturing Corporation está considerando extender el crédito comercial a San José Company. Un examen de los registros arroja los siguientes estados financieros:

Balance general de San José Company (en millones)

ACTIVOS	20X1	20X2	20X3
Activos corrientes			
Efectivo	$ 1.5	$ 1.6	$ 1.6
Cuentas por cobrar	1.3	1.8	2.5
Inventarios (al precio mínimo o de mercado)	1.3	2.6	4.0
Otros	0.4	0.5	0.4
Total de activos corrientes	$ 4.5	$ 6.5	$ 8.5
Activos fijos			
Edificio (neto)	2.0	1.9	1.8
Maquinaria y equipo (neto)	7.0	6.5	6.0
Total de activos fijos	$ 9.0	$ 8.4	$ 7.8
Otros activos	1.0	0.8	0.6
Total de activos	$14.5	$15.7	$16.9
PASIVOS			
Pasivos corrientes			
Cuentas por pagar (8.5%)	$ 2.1	$ 3.1	$ 3.8
Deudas comerciales	0.2	0.4	0.9
Otras deudas	0.2	0.2	0.2
Total de pasivos corrientes	$ 2.5	$ 3.7	$ 4.9
Préstamo a plazo (8.5%)	4.0	3.0	2.0
Total de pasivos	$ 6.5	$ 6.7	$ 6.9
Valor neto			
Acciones preferenciales (6.5%)	1.0	1.0	1.0
Acciones ordinarias	5.0	5.0	5.0
Utilidades retenidas	2.0	3.0	4.0
Total de pasivos y valor neto	$14.5	$15.7	$16.9

Estados financieros de San José Company (en millones)

	20X1	20X2	20X3
Ventas a crédito netas	$15.0	$15.8	$16.2
Costo de bienes vendidos	11.3	12.1	13.0
Ganancia bruta	$ 3.7	$ 3.7	$ 3.2
Gastos de operación	1.1	1.2	1.0
Ganancia neta antes de impuestos	$ 2.6	$ 2.5	$ 2.2
Impuestos	1.3	1.2	1.2
Ganancia después de impuestos	$ 1.3	$ 1.3	$ 1.0
Dividendos	0.3	0.3	0.0
A utilidades retenidas	$ 1.0	$ 1.0	$ 1.0

San José Company tiene una calificación en Dun & Bradstreet de *4A2*. Las indagaciones en sus bancos revelaron saldos de unos cuantos millones. Cinco proveedores de San José revelaron que la empresa aprovecha los descuentos de tres proveedores que ofrecen términos de "2/10, neto 30", aunque se retrasa alrededor de 15 días en sus pagos a las dos empresas que ofrecen "neto 30".

Analice la solicitud de crédito de San José Company. ¿Qué factores positivos están presentes? ¿Qué factores negativos existen?

7. La librería en una universidad intenta determinar la cantidad óptima a ordenar para un libro muy vendido de psicología. La tienda vende 5,000 ejemplares de este libro al año a un precio de $12.50, y el costo para la tienda es de un 20% menos, lo que representa el descuento de la editorial. La librería calcula que le cuesta $1 por año mantener el libro en inventario y $100 realizar un pedido de más libros.

    a) Determine los costos totales de inventario asociados con ordenar 1, 2, 5, 10 y 20 veces al año.

    b) Determine el lote económico.

    c) ¿Qué suposiciones implícitas se están haciendo acerca de la tasa de ventas anuales?

8. Hedge Corporation fabrica sólo un producto: plataformas. La única materia prima que usa para hacerlas consiste en tablones. Para cada plataforma fabricada se requieren 12 tablones. Suponga que la compañía fabrica 150,000 plataformas por año, que la demanda de plataformas es perfectamente estable durante el año, que el costo por hacer el pedido de tablones es de $200 cada vez, y que los costos de mantener cada tablón en inventario son de $8 al año.

    a) Determine el lote económico de tablones.

    b) ¿Cuáles son los costos de inventario para Hedge (los costos de mantener el inventario más los costos de hacer el pedido)?

    c) ¿Cuántas veces por año se ordenará reabastecimiento?

9. Una empresa que vende 5,000 horquillas por mes desea determinar cuántas horquillas debe mantener en inventario. El gerente de finanzas ha determinado que cuesta $200 realizar un pedido. El costo de mantener el inventario es de $0.04 por mes por horquilla promedio en inventario. Se requiere un lapso de cinco días para la entrega de los bienes ordenados. (Este tiempo de entrega se conoce con certidumbre).

    a) Desarrolle la expresión algebraica para determinar el costo total de mantener y hacer el pedido del inventario.

    b) Grafique el costo total de mantener el inventario y el costo total de hacer el pedido en una gráfica representando las dimensiones del pedido en el eje horizontal y los costos en el eje vertical.

    c) Determine el lote económico (EOQ) a partir de la gráfica.

10. Common Scents, Inc., elabora varios aromas para uso en la manufactura de alimentos. Aunque la compañía mantiene un inventario de seguridad, tiene la política de mantener inventarios "esbeltos", con el resultado de que los clientes algunas veces se quedan sin productos. En un análisis de la situación, la compañía ha estimado el costo de faltantes asociados con diferentes niveles de inventario de seguridad:

	NIVEL DE INVENTARIO DE SEGURIDAD (en galones)	COSTO ANUAL DEL AGOTAMIENTO DE EXISTENCIAS
Nivel actual de inventario de seguridad	5,000	$26,000
Nivel 1 de inventario de seguridad	7,500	14,000
Nivel 2 de inventario de seguridad	10,000	7,000
Nivel 3 de inventario de seguridad	12,500	3,000
Nivel 4 de inventario de seguridad	15,000	1,000
Nivel 5 de inventario de seguridad	17,500	0

El costo de mantener el inventario es de $0.65 por galón por año. ¿Cuál es el mejor nivel de inventario de seguridad para la compañía?

Soluciones a los problemas para autoevaluación

1.

Rotación de cuentas por pagar anteriores	= 360/45	= 8 veces
Rotación de nuevas cuentas por cobrar	= 360/75	= 4.8 veces
Rentabilidad de ventas adicionales	= 0.2 × $9,000,000	= **$1,800,000**
Cuentas por cobrar adicionales asociadas con las nuevas ventas	= $9,000,000/4.8	= $1,875,000
Inversión en cuentas por cobrar adicionales asociadas con nuevas ventas	= 0.8 × $1,875,000	= $1,500,000
Nivel de cuentas por cobrar antes del cambio de periodo de crédito	= $60,000,000/8	= $7,500,000
Nuevo nivel de cuentas por cobrar asociadas con las ventas originales	= $60,000,000/4.8	= $12,500,000
Inversión en cuentas por cobrar adicionales asociadas con las ventas originales	= $12.5M − $7.5M	= $5,000,000
Inversión total en cuentas por cobrar adicionales	= $1.5M + $5.0M	= $6,500,000
Rendimiento requerido antes de impuestos en inversión adicional	= 0.20 × $6.5M	= **$1,300,000**

Puesto que la rentabilidad sobre las ventas adicionales, $1,800,000, excede el rendimiento requerido sobre la inversión en cuentas por cobrar adicionales, $1,300,000, la compañía debe prolongar su periodo de crédito de 30 a 60 días.

2. Como la razón de pérdidas por deudas incobrables para la categoría de alto riesgo excede el margen de ganancia del 22%, sería deseable rechazar pedidos de esta categoría si éstos se pueden identificar. Sin embargo, el costo de la información de crédito como un porcentaje del pedido promedio es $4/$50 = 8%, y este costo es aplicable a todos los nuevos pedidos. Como esta categoría de alto riesgo representa una quinta parte de las ventas, la comparación sería 5 × 8% = 40% en relación con las pérdidas por deudas incobrables del 24 por ciento. Por lo tanto, la compañía no debería emprender el análisis de crédito de nuevos pedidos.

Un ejemplo ilustrará mejor la solución. Suponga que los nuevos pedidos fueran por $100,000. Lo siguiente se cumpliría:

	CATEGORÍA DEL PEDIDO		
	BAJO RIESGO	RIESGO MEDIO	ALTO RIESGO
Total de pedidos	$30,000	$50,000	$20,000
Pérdidas por deudas incobrables	900	3,500	4,800

Número de pedidos = $100,000/$50 = 2,000
Costo de análisis de crédito = 2,000 × $4 = $8,000

Para ahorrar $4,800 en pérdidas por deudas incobrables identificando la categoría de alto riesgo de nuevos pedidos, la compañía debe gastar $8,000. Por lo tanto, no debería emprender el análisis de crédito de nuevos pedidos. Esto ocurre cuando el tamaño del pedido es muy pequeño para justificar el análisis de crédito. Después de aceptar un nuevo pedido, la compañía obtendrá experiencia y podrá rechazar pedidos posteriores si la experiencia es mala.

3. *a)*

$$Q^* = \sqrt{\frac{2(O)(S)}{C}} = \sqrt{\frac{2(\$40)(20)}{\$100}} = \textbf{4 lotes (de mil unidades)}$$

El tamaño óptimo del pedido será de 4,000 filtros, que representan cinco pedidos por mes. [*Nota:* Los costos de mantener en inventario (*C*) cada lote de 1,000 unidades son $0.10 × 1,000 = $100].

b)

$$Q^* = \sqrt{\frac{2(O)(S)}{C}} = \sqrt{\frac{2(\$40)(20)}{\$50}} = \textbf{5.66 lotes (de mil unidades)}$$

Como el tamaño del lote es de 1,000 filtros, la compañía ordenará 6,000 filtros cada vez. Cuanto menor es el costo de mantener el inventario, más importancia relativa adquieren los costos de ordenar y mayor es el tamaño del lote económico.

c)

$$Q^* = \sqrt{\frac{2(O)(S)}{C}} = \sqrt{\frac{2(\$10)(20)}{\$100}} = \textbf{2 lotes (de mil unidades)}$$

Cuanto menor es el costo de ordenar, más importancia relativa adquiere el costo de mantener el inventario y menor es el tamaño del pedido.

4. Inventarios después del cambio = $48 millones/6 = $8 millones

Inventarios actuales = $48 millones/8 = $6 millones

Inventarios adicionales = $2 millones

Costo de oportunidad = $2 millones × 0.15 = $300,000

El costo de oportunidad, $300,000, es mayor que los ahorros potenciales de $260,000. Por lo tanto, el nuevo plan de producción no debe implantarse.

Referencias seleccionadas

Bendor-Samuel, Peter. *Turning Lead into Gold: The Demystification of Outsourcing*. Provo, UT: Excellence Publishing, 2000.

Cloud, Randall J. "Supply Chain Management: New Role for Finance Professionals". *Strategic Finance* (agosto, 2000), 29-32.

Dyl, Edward A. "Another Look at the Evaluation of Investment in Accounts Receivable". *Financial Management* 6 (invierno, 1977), 67-70.

Hadley, Scott W. "Safety Inventory Analysis: Why and How?". *Strategic Finance* 86 (septiembre, 2004), 27-33.

Hill, Ned C. y Kenneth D. Riener. "Determining the Cash Discount in the Firm's Credit Policy". *Financial Management* 8 (primavera, 1979), 68-73.

Johnson, Gene H. y James D. Stice. "Not Quite Just In Time Inventories". *The National Public Accountant* 38 (marzo, 1993), 26-29.

Magee, John F. "Guides to Inventory Policy", I-III, *Harvard Business Review* 34 (enero-febrero, 1956), 49-60; 34 (marzo-abril, 1956), 103-116; y 34 (mayo-junio, 1956), 57-70.

Maness, Terry S. y John T. Zietlow. *Short-Term Financial Management*, 3a. ed. Cincinnati, OH: South-Western, 2005.

Mehta, Dileep. "The Formulation of Credit Policy Models". *Management Science* 15 (octubre, 1968), 30-50.

Mester, Loretta J. "What's the Point of Credit Scoring?" *Business Review*, Federal Reserve Bank of Philadelphia (septiembre-octubre, 1997), 3-16.

Mian, Shehzad L. y Clifford W. Smith Jr. "Extending Trade Credit and Financing Receivables". *Journal of Applied Corporate Finance* 7 (primavera, 1994), 75-84.

Ng, Chee K., Janet Kiholm Smith y Richard L. Smith. "Evidence on the Determinants of Credit Terms Used in Interfirm Trade". *Journal of Finance* 54 (junio, 1999), 1109-1129.

Oh, John S. "Opportunity Cost in the Evaluation of Investment in Accounts Receivable". *Financial Management* 5 (verano, 1976), 32-36.

Parkinson, Kenneth L. y Joyce R. Ochs. "Using Credit Screening to Manage Credit Risk". *Business Credit* 100 (marzo, 1998), 22-27.

Sartoris, William L. y Ned C. Hill. "A Generalized Cash Flow Approach to Short-Term Financial Decisions". *Journal of Finance* 38 (mayo, 1983), 349-360.

Scherr, Frederick C. "Optimal Trade Credit Limits". *Financial Management* 25 (primavera, 1996), 71-85.

Wrightsman, D. W. "Optimal Credit Terms for Accounts Receivable". *Quarterly Review of Economics and Business* 9 (verano, 1969), 59-66.

La parte IV del sitio Web del libro, *Wachowicz's Web World*, contiene vínculos a muchos sitios de finanzas y artículos en línea relacionados con los temas cubiertos en este capítulo. (http://web.utk.edu/~jwachowi/part4.html)

11

Financiamiento a corto plazo

Contenido

- **Financiamiento espontáneo**
  Cuentas por pagar (crédito comercial de los proveedores) • Gastos acumulados

- **Financiamiento negociado**
  Crédito en el mercado de dinero • Préstamos no garantizados • El costo de pedir prestado • Préstamos garantizados (o basados en activos)

- **Factoraje de cuentas por cobrar**
  Costos de factoraje • Flexibilidad

- **Composición de financiamiento a corto plazo**

- **Puntos clave de aprendizaje**

- **Preguntas**

- **Problemas para autoevaluación**

- **Problemas**

- **Soluciones a los problemas para autoevaluación**

- **Referencias seleccionadas**

Objetivos

Después de estudiar el capítulo 11, usted será capaz de:

- Comprender las fuentes y los tipos de financiamiento espontáneo.

- Calcular el costo anual del crédito comercial cuando no se aprovechan los descuentos.

- Explicar qué significa "cuentas por pagar demoradas" y comprender sus desventajas potenciales.

- Describir los diferentes tipos de financiamiento a corto plazo negociado (o externo).

- Identificar los factores que afectan el costo de los préstamos a corto plazo.

- Calcular la tasa de interés anual efectiva en un préstamo a corto plazo con o sin el requerimiento de saldo de compensación y/o una cuota de compromiso.

- Comprender qué significa factoraje de cuentas por cobrar.

Los acreedores tienen mejor memoria que los deudores, y los acreedores son una secta supersticiosa: son grandes observadores de las horas y fechas establecidas.

—BENJAMÍN FRANKLIN

El financiamiento a corto plazo se puede clasificar de acuerdo con el hecho de que la fuente sea *espontánea* o no. Las cuentas por pagar y los gastos acumulados se clasifican como espontáneos porque surgen de manera natural de las transacciones diarias de la empresa. Su magnitud es principalmente una función del nivel de las operaciones de una compañía. Conforme las operaciones se expanden, estas deudas suelen incrementarse y financiar parte de la acumulación de activos. Aunque todas las fuentes espontáneas de financiamiento se comportan de esta manera, todavía queda cierto grado de criterio por parte de una compañía para definir la magnitud exacta de este financiamiento. En este capítulo consideraremos los métodos de financiamiento espontáneo y cómo puede usarse este criterio.

Además, examinaremos las fuentes negociadas (o externas) del financiamiento a corto plazo, que consiste en cierto crédito en el mercado de dinero y los préstamos *garantizados* (o basados en activos) y *no garantizados*. Ese financiamiento no es espontáneo ni automático. Debe acordarse de manera formal.

Financiamiento espontáneo

● ● ● Cuentas por pagar (crédito comercial de los proveedores)

Deudas comerciales
Dinero que se debe a los proveedores.

Las **deudas comerciales** son una forma de financiamiento a corto plazo común en casi todos los negocios. De hecho, de manera colectiva, son la fuente más importante de financiamiento para las empresas. En una economía avanzada, la mayoría de los compradores no tienen que pagar por los bienes a la entrega, sino que el pago se difiere por un periodo. Durante ese periodo, el vendedor de bienes extiende el crédito al comprador. Puesto que los proveedores son menos estrictos para extender el crédito que las instituciones financieras, las compañías —en especial las pequeñas— se apoyan fuertemente en el **crédito comercial**.

Crédito comercial
Crédito otorgado por un negocio a otro.

De los tres tipos de crédito comercial —cuentas abiertas, letras o pagarés y aceptaciones comerciales— el acuerdo de cuenta abierta es, sin duda, el más común. Con este arreglo, el vendedor envía los bienes al comprador y una factura que especifica los bienes enviados, la cantidad que debe y los términos de la venta. El crédito de cuenta abierta adquiere su nombre del hecho de que el comprador no firma un instrumento de deuda formal que evidencie la cantidad que adeuda al vendedor. En general, el vendedor extiende el crédito con base en una investigación sobre el comprador (véase el capítulo 10). El crédito de cuenta abierta aparece en el balance general del comprador como *cuentas por pagar*.

En algunas situaciones se usan notas de promesa de pago en vez del crédito de cuenta abierta. El comprador firma una nota como evidencia de deuda hacia el vendedor. La nota exige el pago de la obligación en alguna fecha futura especificada. Este acuerdo se usa cuando el vendedor quiere que el comprador reconozca la deuda de manera formal. Por ejemplo, un vendedor puede pedir una nota de promesa a un comprador si su cuenta abierta está atrasada.

Orden de pago
Una orden escrita y firmada mediante la cual la primera parte (quien ordena el pago) instruye a la segunda (el que paga) a pagar una cantidad específica de dinero a una tercera parte (el tenedor). Con frecuencia, quien ordena el pago y el tenedor son la misma parte.

Una aceptación comercial es otro acuerdo mediante el cual se reconoce toda la deuda del comprador. Con este acuerdo, el vendedor obtiene una **orden de pago** dirigida al comprador, ordenándole pagar en alguna fecha futura. El vendedor no entrega los bienes sino hasta que el comprador acepta la *orden de pago*.[1] Al aceptar, el comprador designa un banco en el cual se pagará la orden cuando venza. En ese momento, la orden de pago se convierte en una *aceptación comercial* y, dependiendo de la solvencia del comprador, puede contener cierto grado de bursatilidad. Si la aceptación es negociable, el vendedor de bienes puede venderla con un descuento y recibir el pago inmediato por los bienes. Al vencimiento, el portador de la aceptación la presenta en el banco designado para cobrarla.

Términos de venta. Puesto que el uso de las notas de promesa de pago y las aceptaciones comerciales es bastante limitado, la siguiente discusión está confinada al crédito comercial de cuenta abierta. Los términos de venta tienen fuerte repercusión en este tipo de crédito. Estos términos, especificados en la factura, pueden colocarse en varias categorías amplias de acuerdo con el "periodo neto" dentro del cual se espera el pago y de acuerdo con los términos de descuento por pago en efectivo, si lo hay.

---

[1] Si el instrumento es una *orden de pago a la vista*, se ordena al comprador pagar la orden a la presentación. Con este acuerdo, el crédito comercial no se extiende.

1. *Cobrar o devolver (COD), sin crédito comercial.* La modalidad COD significa que hay que *pagar a la entrega* de los bienes. El único riesgo que corre el vendedor es que el comprador se rehúse a recibir el envío. En esas circunstancias, el vendedor tendrá que absorber los costos de envío. En ocasiones un vendedor puede solicitar el *pago antes de la entrega* para evitar ese riesgo. Con estas dos modalidades, el vendedor no extiende crédito.

2. *Periodo neto, sin descuento por pago en efectivo.* Cuando se extiende el crédito, el vendedor especifica el periodo que otorga para el pago. Por ejemplo, el término "neto 30" indica que la factura debe pagarse dentro de los 30 días siguientes. Si el vendedor envía facturas cada mes, puede requerir términos como "neto 15, FDM", lo que significa que todos los bienes enviados antes del *final del mes* deben pagarse para el día 15 del siguiente mes.

3. *Periodo neto, descuento por pago en efectivo.* Además de extender crédito, el vendedor puede ofrecer un descuento por pago de contado si la factura se paga al principio del periodo neto. Los términos "2/10, neto 30" indican que el vendedor ofrece un 2% de descuento si la factura se paga dentro de los primeros 10 días; de otra manera, el comprador debe pagar la cantidad completa dentro de los 30 días siguientes. Es común que se ofrezca un descuento como incentivo para que el comprador pague antes. En el capítulo 10 se analizó el descuento por pago en efectivo óptimo que puede ofrecer el vendedor. Un descuento por pago en efectivo difiere del *descuento comercial* y del *descuento por cantidad.* Un descuento comercial es mayor para un tipo de clientes (distribuidores o mayoristas) que para otros (como los minoristas). Un descuento por cantidad se ofrece con los envíos grandes.

4. *Fecha temporal.* En un negocio estacional, los vendedores con frecuencia usan este tipo de fechas para animar a los clientes a hacer sus pedidos antes del periodo de ventas fuertes. Un fabricante de podadoras, por ejemplo, puede dar *fechas temporales* que especifican que cualquier envío a un distribuidor durante el invierno o la primavera no tiene que pagarse sino hasta el verano. Los pedidos tempranos benefician al vendedor, que ahora está en condiciones de estimar una demanda más realista y programar su producción de manera más eficiente. Además, el vendedor podrá reducir o evitar los costos asociados con mantener productos terminados en inventario. El comprador tiene la ventaja de saber qué existencias tendrá cuando la temporada de ventas comience y de no tener que pagar los bienes sino hasta que haya iniciado el periodo de ventas. Con este acuerdo, el crédito se extiende por un periodo más largo que lo normal. (Este tema se estudió con detalle en el capítulo 10).

Crédito comercial como medio de financiamiento. Hemos visto que el crédito comercial es una fuente de fondos para el comprador porque no tiene que pagar por los bienes sino hasta después de recibirlos. Si la empresa paga automáticamente sus facturas cierto número de días después de la fecha de la facturación, el crédito comercial se convierte en una fuente espontánea (o integrada) de financiamiento que varía con el ciclo de producción. Conforme la empresa aumenta su producción y las compras correspondientes, las cuentas por pagar aumentan y proveen parte de los fondos necesarios para financiar el incremento en la producción. Por ejemplo, suponga que, en promedio, las compras de una compañía a sus proveedores son de $5,000 en bienes al día, en términos de "neto 30". La empresa dará $150,000 de financiamiento de cuentas por cobrar (30 días × $5,000 por día = $150,000) si siempre paga al final de periodo neto. Ahora, si las compras a los proveedores aumentaran a $6,000 por día, daría $30,000 de financiamiento adicional, ya que el nivel de las cuentas por pagar al final se eleva a $180,000 (30 días × $6,000 por día). De manera similar, si la producción disminuye, las cuentas por pagar tienden a decrecer. En estas circunstancias, el crédito comercial no es una fuente discrecional de financiamiento. Es enteramente dependiente de los planes de compra de la empresa, los cuales, a la vez, dependen del ciclo de producción de la empresa. Al examinar el crédito comercial como una forma discrecional de financiamiento, queremos considerar específicamente situaciones en las que **1.** una empresa no aprovecha los descuentos por pago en efectivo, sino que paga el último día del periodo neto y **2.** una empresa paga sus facturas después del periodo neto.

Pago el día del vencimiento. En esta sección suponemos que la empresa renuncia a un descuento por pago en efectivo y paga sus cuentas el día que se vence el periodo neto. Si no se ofrece descuento, no hay costo por el uso del crédito durante el periodo neto. Por otro lado, si una empresa opta por un descuento, no hay costo por el uso del crédito comercial durante el periodo de descuento. Sin embargo, si se ofrece un descuento por pago en efectivo pero no se aprovecha, existe un costo de oportunidad definitivo. Si los términos de venta son "2/10, neto 30", la empresa tiene el uso de fondos durante 20 días adicionales si no toma el descuento y paga el último de día del periodo neto. Para una factura de $100, podría usar $98 durante 20 días, y por este privilegio pagaría $2. (Éste es el resultado de pagar $100 treinta días después de la venta, en vez de $98 diez días después de la venta). Al manejar esta situación como equivalente a un préstamo de $98 por 20 días con un costo de $2 de interés, podemos aproximar la tasa de interés *anual* ($X\%$) como sigue:

$$\$2 = \$98 \times X\% \times (20 \text{ días}/365 \text{ días})$$

Por lo tanto,

$$X\% = (2/98) \times (365/20) = \mathbf{37.2\%}$$

Entonces vemos que el crédito comercial se puede ver como una forma costosa de financiamiento a corto plazo cuando se ofrecen descuentos por pago en efectivo y no se aceptan.

En términos de porcentaje anual, el costo de no aceptar el descuento puede generalizarse como[2]

$$\text{Costo de interés anual aproximado} = \frac{\% \text{ de descuento}}{(100\% - \% \text{ de descuento})} \times \frac{365 \text{ días}}{(\text{fecha de pago} - \text{periodo de descuento})} \quad (11.1)$$

Al usar la ecuación (11.1), podemos ver que el costo de no aceptar un descuento declina conforme el día de pago es más lejano en relación con el periodo de descuento. Si los términos en el ejemplo hubieran sido "2/10, neto 60", el costo porcentual anual aproximado de no aceptar el descuento y pagar al final del periodo de crédito habría sido

$$(2/98) \times (365/50) = \mathbf{14.9\%}$$

La relación entre el costo de interés implícito anualizado del crédito comercial y el número de días entre el final del periodo de descuento y el final del periodo neto se muestra en la figura 11.1. Suponemos que los términos de descuento son "2/10". Para situaciones en las que se hace el pago en la fecha de vencimiento, vemos que el costo del crédito comercial disminuye a una tasa decreciente conforme el periodo neto aumenta. El hecho es que si una empresa no opta por el descuento por pago en efectivo, su costo de crédito comercial declina con el tiempo que puede posponer el pago.

Cuentas por pagar que se d-e-m-o-r-a-n. En la sección anterior se supuso que el pago se hacía al final de periodo neto; si embargo, una empresa puede posponer el pago más allá de este periodo. En este caso, se dice que la cuenta por pagar se "d-e-m-o-r-a". **Demorar las cuentas por pagar** genera un financiamiento a corto plazo adicional para la empresa mediante la acumulación adicional en una cuenta de pasivos. Sin embargo, este "beneficio" debe compararse con los costos asociados. Los costos posibles de demorar las cuentas por pagar incluyen:

Cuentas por pagar demoradas Pagos de una cantidad que se adeuda a los proveedores y los cuales se posponen más allá del fin del periodo neto (de crédito).

- El costo de no aceptar el descuento por pago en efectivo (si lo hay).

- Las penalizaciones o los intereses por pago tardío que "pueden" cobrarse, dependiendo de la práctica de la industria.

- El deterioro posible en la calificación de crédito, junto con la capacidad de la empresa para obtener créditos futuros.

En el capítulo 10 se estudió el sistema de calificación de agencias de crédito como Dun & Bradstreet. Si una empresa demora excesivamente sus cuentas por pagar, de manera que los pagos en realidad son morosos, su calificación de crédito sufrirá las consecuencias. Los proveedores verán a la empresa con recelo y podrían insistir en términos más bien estrictos si, de hecho, le venden. Al evaluar a una compañía, los bancos y otros prestamistas no verán con agrado los patrones de pagos lentos en exceso. Aunque es difícil cuantificar, sin duda existe un costo de oportunidad en el deterioro de la reputación de crédito de una empresa.

---

[2]La sencilla fórmula presentada no toma en cuenta el interés compuesto.

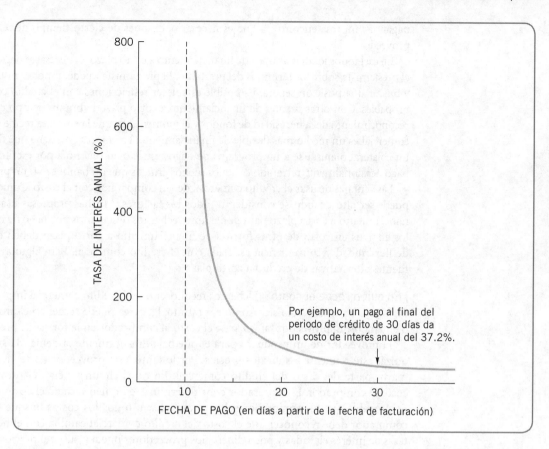

Figura 11.1

Tasa anual de interés sobre cuentas por pagar con términos de crédito de "2/10, neto _____"

A pesar de la posibilidad del deterioro en la calificación del crédito, es posible posponer ciertos pagos más allá del periodo neto sin consecuencias severas. Los proveedores se dedican al negocio de vender bienes, y el crédito comercial puede aumentar las ventas. Un proveedor puede estar dispuesto a aceptar la demora de los pagos, en particular si el riesgo de deudas incobrables es mínimo. Si el requerimiento de fondos de una empresa es estacional, tal vez los proveedores no consideren desfavorable la demora de los pagos durante los periodos pico de requerimientos, siempre que la empresa esté al corriente el resto del año. Puede haber un cargo indirecto para esta extensión de crédito, en la forma de precios más altos, una posibilidad que la empresa debe tomar en cuenta con cuidado al evaluar el costo de demorar las cuentas por pagar.

Una demora periódica y razonable de los pagos no necesariamente es mala en sí. Debe evaluarse de manera objetiva en relación con las fuentes alternativas de crédito a corto plazo. Cuando una empresa demora sus pagos, debe esforzarse por mantener a los proveedores bien informados de su situación. Un gran número de proveedores permitirán que una empresa demore sus pagos si es honesta con el proveedor y cumplida con sus pagos.

Ventajas del crédito comercial. La empresa debe sopesar las ventajas del crédito comercial frente a factores como el costo de dejar pasar un posible descuento por pago en efectivo, la penalización por pagos tardíos, el costo de oportunidad asociado con un deterioro posible en la reputación de crédito y el posible incremento en el precio de venta que imponga el vendedor al comprador. Existen varias ventajas del crédito comercial como forma de financiamiento a corto plazo. Quizá la mayor de ellas es su disponibilidad. Las cuentas por pagar para la mayoría de las empresas representan una *forma continua de crédito*. No hay necesidad de hacer un arreglo formal de financiamiento: ya está ahí. Conforme se pagan las cuentas y se hacen nuevas compras a crédito, las nuevas cuentas por cobrar sustituyen a las anteriores y la cantidad de financiamiento con crédito comercial fluctúa de acuerdo con esto. Si la empresa ahora acepta los descuentos por pago en efectivo, tendrá disponible crédito adicional si no paga las cuentas por pagar existentes antes del final del periodo neto. No hay necesidad de negociar con el proveedor; la decisión corresponde por completo a la empresa. Al demorar las cuentas por pagar, la empresa encontrará que es necesario, después de cierto tiempo de retraso, negociar con el proveedor.

En casi todos los demás tipos de financiamiento a corto plazo, es necesario negociar formalmente con el prestamista sobre los términos del préstamo. El prestamista puede imponer restricciones a la empresa y buscar una posición segura. Es posible establecer restricciones con el crédito comercial, pero no son probables. Con otras fuentes de financiamiento a corto plazo habrá un tiempo que transcurre entre el reconocimiento de la necesidad de fondos y el momento en que la empresa recibe el préstamo. El crédito comercial es un medio más flexible de financiamiento. La empresa no tiene que firmar una letra, poner un colateral o ajustarse a un programa de pagos estricto en una nota por escrito. Un proveedor ve un pago ocasionalmente retrasado con ojos menos críticos que un banquero o un prestamista.

Las ventajas de usar el crédito comercial deben compararse con el costo. Como hemos visto, el costo puede ser alto cuando se consideran todos los factores. Muchas empresas usan otras fuentes de financiamiento a corto plazo para poder aprovechar los descuentos por pago de contado. Sin embargo, los ahorros en costo de otras formas de financiamiento a corto plazo deben compensar la pérdida de flexibilidad y conveniencia asociada con el crédito comercial. Para algunas empresas, no existen fuentes alternativas de crédito a corto plazo.

¿En quién recae el costo? Debemos reconocer que el crédito comercial implica un costo por el uso de fondos en el tiempo. Este uso no es gratuito. La carga puede recaer en el proveedor, el comprador o en ambos. El proveedor tal vez pase el costo al comprador en la forma de precios más altos.

El proveedor de un producto para el que baja drásticamente la demanda si los precios se elevan quizás esté renuente a subir los precios. Por lo tanto, este proveedor tal vez termine absorbiendo la mayor parte del costo del crédito comercial. En otras circunstancias, el proveedor puede pasar el costo al comprador. El comprador debe determinar en quién recaerá el costo del crédito comercial. Es probable que un comprador sobre el que recaen todos los costos busque una mejor opción. El comprador debe reconocer que el costo del crédito comercial cambia con el tiempo. En periodos de tasas de interés elevadas y poco dinero, los proveedores pueden subir el precio de sus productos para tomar en cuenta el mayor costo de sus cuentas por cobrar. Este aumento de precios no debe confundirse con otros incrementos ocasionados por cambios en las condiciones de la oferta y la demanda en el mercado de productos.

● ● ● Gastos acumulados

Gastos acumulados
Montos de dinero que se deben y que aún están pendientes de pago, como salarios, impuestos, intereses y dividendos. La cuenta de gastos acumulados es un pasivo de corto plazo.

Quizá más que las cuentas por pagar, los **gastos acumulados** representan una fuente espontánea de financiamiento. Los gastos acumulados más comunes son salarios e impuestos. Ambas cuentas tienen el gasto acumulado, pero todavía no pagado. Es usual que se especifique una fecha en que debe pagarse el gasto acumulado. Los impuestos sobre la renta se pagan cada trimestre; los impuestos sobre propiedades se pagan cada semestre. Los salarios suelen pagarse cada semana, quincena o mes. Igual que las cuentas por pagar, los gastos acumulados tienden a subir o bajar con el nivel de las operaciones de la empresa. Por ejemplo, si aumentan las ventas, los costos de mano de obra casi siempre aumentan y, con ellos, los salarios acumulados. Cuando las ganancias aumentan, los impuestos acumulados también lo hacen.

En un sentido, los gastos acumulados representan financiamiento sin costo. Los servicios se prestan a cambio de salarios, pero no se paga a los empleados sino hasta la fecha establecida, y los empleados están de acuerdo con ello. Así, los gastos acumulados representan una fuente de financiamiento libre de intereses.

Por desgracia para la compañía, los gastos acumulados no representan financiamiento discrecional verdadero. En el caso de los impuestos, el gobierno es el acreedor y le gusta que le paguen a tiempo. Una compañía con dificultades financieras extremas puede posponer su pago de impuestos por un tiempo corto, pero hay penalizaciones y cargos de interés. Puede posponer el pago de salarios sólo a costa de sus empleados y su ánimo. Los empleados podrían responder con ausentismo y menos eficiencia, o incluso buscando empleo en otra parte. Una compañía debe tener un gran cuidado al posponer el pago de salarios. Deberá informar a los empleados al respecto y establecer una fecha definida para el pago. Esta medida es un último recurso, pero de todas maneras muchas compañías que están a punto del desastre con el flujo de efectivo llegan a la situación de tener que posponer el pago de salarios y de otras cuentas.

Financiamiento negociado

De las dos fuentes principales de financiamiento a corto plazo, el crédito comercial de los proveedores y los gastos acumulados, pasamos a métodos de financiamiento a corto plazo negociado (o externo) en el mercado público o privado. En el mercado público, ciertos instrumentos de mercado de dinero proporcionan financiamiento a las corporaciones cuando se venden a los inversionistas, ya sea directamente por el emisor, o de manera indirecta a través de agentes independientes. Las fuentes principales de préstamos a corto plazo son los bancos comerciales y las compañías financieras. Tanto con el crédito en el mercado de dinero como con los préstamos a corto plazo, el financiamiento requiere un acuerdo formal.

● ● ● Crédito en el mercado de dinero

Papel comercial
Pagarés, no garantizados y a corto plazo emitidos generalmente por corporaciones grandes.

Papel comercial. Las compañías grandes y bien establecidas algunas veces piden prestado a corto plazo a través del papel comercial y otros instrumentos del mercado de dinero. El papel comercial representa un pagaré a corto plazo y no garantizado, que se vende en el mercado de dinero. Como estas notas o pagarés son un instrumento del mercado de dinero, sólo las compañías más solventes pueden usar el papel comercial como fuente de financiamiento a corto plazo.

El papel comercial se compone de dos partes: el mercado de agentes y el mercado de colocación directa.[3] Las empresas industriales, las empresas de servicios públicos y las compañías financieras medianas venden papel comercial a través de agencias. La organización de agencias está compuesta de media docena de agencias importantes que compran papel comercial al emisor y, a su vez, lo venden a los inversionistas. La comisión típica que gana una agencia es de 1/8 por ciento y el vencimiento sobre esta colocación es de 30 a 90 días. El mercado está altamente organizado y es complejo; el papel se vende en general en denominaciones mínimas de $100,000. Aunque este mercado intermedio se caracterizó en el pasado por un número significativo de emisores que piden prestado estacionalmente, la tendencia definitiva es hacia un financiamiento continuo, más permanente.

Un gran número de compañías financieras como General Motors Acceptance Corporation (GMAC) prescinden de la organización de agencias y venden su papel comercial directamente a los inversionistas. Estos emisores personalizan el vencimiento y el monto del papel comercial según las necesidades de los inversionistas, muchos de los cuales son corporaciones grandes con exceso de efectivo. El vencimiento sobre el papel colocado directamente puede variar de unos cuantos días a 270. A diferencia de muchos emisores industriales, las compañías financieras usan el papel comercial como una fuente permanente de fondos. El papel comercial colocado directamente o mediante intermediarios se califica de acuerdo con su calidad por una o más agencias calificadoras independientes como Moody, Standard & Poor, Duff & Phelps y Fitch. Las calificaciones más altas son P-1, A-1, D-1 y F-1 para las cuatro agencias respectivamente. Sólo el papel con grado 1 o 2 encuentra respuesta en el mercado.

La ventaja principal del papel comercial como fuente de financiamiento a corto plazo es que en general es más barato que el préstamo a corto plazo de un banco comercial. Dependiendo del ciclo de las tasas de interés, la tasa sobre el papel comercial puede ser varios puntos porcentuales más baja que la tasa preferencial para préstamos bancarios en el caso de los prestatarios de alta calidad. Para muchas compañías, el papel comercial es un complemento del crédito del banco. De hecho, las agencias de papel comercial requieren que el prestatario mantenga líneas de crédito en los bancos como mampara para detener el uso del papel comercial. Esto brinda mayor seguridad de que los préstamos con papel comercial se pueden pagar. Sin embargo, en términos globales, el uso del papel comercial y otros mercados de dinero ha crecido a costa de los préstamos bancarios. El porcentaje de mercado del financiamiento corporativo total que disfrutaban los bancos ha declinado con el tiempo.

Carta de crédito
(C/C) Una promesa de un tercero (por lo general, un banco) de que pagará en el caso de que se cumplan ciertas condiciones. Es frecuente que se use como garantía del pago de una obligación.

En vez de emitir papel comercial "por sí solo", algunas corporaciones emiten lo que se conoce como papel comercial con "apoyo bancario". Por una cuota, un banco proporciona una **carta de crédito** (C/C), la cual garantiza al inversionista que la obligación de la compañía será pagada. Esta calidad de

[3]Véase el capítulo 9 para encontrar un análisis del papel comercial desde el punto de vista del inversionista a corto plazo.

la inversión, entonces, depende de la capacidad crediticia del banco, y las agencias califican al papel comercial de acuerdo con esto. Un acuerdo apoyado por un banco tiene sentido para compañías que no son conocidas, como las privadas, al igual que para compañías que recibirían una calificación de menor calidad si emitieran papel comercial por sí solas. Da acceso al mercado de papel comercial en momentos en que el costo es menor que el del préstamo directo en el banco.

Aceptaciones bancarias. Para una compañía dedicada al comercio internacional o al envío nacional de ciertos bienes comerciales, las aceptaciones bancarias constituyen una fuente significativa de financiamiento. Cuando una compañía estadounidense desea importar componentes electrónicos con valor de $100,000 de una compañía en Japón, las dos compañías acuerdan que se use un giro de fondos a 90 días para la transacción. La compañía estadounidense solicita una carta de crédito a su banco mediante la cual el banco acepta pagar a nombre de la compañía cuando la carta se presente a través de un banco japonés. La compañía japonesa envía los bienes y, al mismo tiempo, obtiene la orden de pago que establece que la compañía estadounidense debe pagar en 90 días. Después lleva la orden a su banco japonés. Por el preacuerdo, la orden se envía al banco en Estados Unidos y éste la "acepta". En ese momento se convierte en una aceptación bancaria. En esencia, el banco acepta la responsabilidad del pago, sustituyendo con ello la solvencia de la compañía estadounidense.

Si el banco es grande y conocido —la mayoría de los bancos con aceptaciones lo son—, el instrumento se vuelve altamente comerciable después de la aceptación. Como resultado, quien retira (el banco japonés) no tiene que conservar el giro hasta el vencimiento; puede venderlo en el mercado por menos de su valor nominal. El descuento implicado representa el pago de interés del inversionista. Al final de los 90 días presenta la aceptación en el banco para su pago y recibe $100,000. En este momento, la compañía estadounidense está obligada a tener fondos en depósito para cubrir el giro. De esta manera financió su importe durante 90 días. Es de suponer que el exportador japonés habría cobrado un precio más bajo si el pago se hubiera hecho al recibir el envío. En este sentido, la compañía estadounidense es el "prestatario".

La presencia de una aceptación bancaria viable y activa en el mercado hace posible el financiamiento del comercio exterior a tasas de interés que se aproximan a las del papel comercial. Aunque los principios por los que se crea la aceptación son los mismos para el comercio exterior y el nacional, una porción pequeña del total de aceptaciones bancarias en circulación es nacional. Además del comercio, el financiamiento mediante aceptaciones bancarias se usa en relación con el almacenamiento de productos como granos.

● ● ● Préstamos no garantizados

Para fines explicativos es útil separar los préstamos de negocios en dos categorías: préstamos no garantizados y préstamos garantizados. Casi sin excepción, las compañías financieras no ofrecen préstamos seguros, simplemente porque el prestatario que merece crédito no seguro puede obtener dinero a una tasa más baja en un banco comercial. En consecuencia, nuestro estudio de préstamos no garantizados incluirá sólo a los bancos comerciales.

Los préstamos bancarios no garantizados a corto plazo suelen verse como una forma de "autoliquidación", en tanto que los bienes comprados con los fondos generan suficientes flujos de efectivo para pagar el préstamo. En una época, el banco limitaba sus préstamos casi exclusivamente a este tipo, pero ahora las instituciones bancarias ofrecen una amplia variedad de préstamos de negocios personalizados según las necesidades específicas del prestatario. Aún así, el préstamo de autoliquidación a corto plazo es una fuente de financiamiento con gran aceptación, en particular para financiar acumulaciones estacionales en las cuentas por cobrar y los inventarios. Los préstamos sin garantía a corto plazo se pueden extender como línea de crédito, bajo un acuerdo de crédito continuo o con base en una transacción. (*Nota:* Las versiones garantizadas de estos tres tipos de préstamo también existen). La deuda en sí se evidencia en la nota de promesa de pago firmada por el prestatario, estableciendo el interés que se pagará y especificando la forma y el momento en que se pagará el préstamo.

Línea de crédito. Una línea de crédito es un acuerdo informal entre un banco y su cliente que especifica la cantidad máxima de crédito que el banco permitirá que le deba la empresa en un momento

---

Aceptaciones bancarias (AC) Notas comerciales de promesa de pago a corto plazo por las que un banco, al "aceptarlas", se compromete a pagar al portador el valor nominal al vencimiento.

Préstamos no garantizados Una forma de deuda por el dinero prestado que no está respaldada por activos específicos.

Préstamos garantizados Una forma de deuda por el dinero prestado en la que activos específicos se comprometen como garantía del préstamo.

Línea de crédito (con un banco) Acuerdo informal entre el banco y su cliente que especifica la cantidad máxima de crédito que el banco permitirá que le deba la empresa en un momento dado.

dado. Es común que las líneas de crédito se establezcan por un periodo de un año y puedan renovarse después de que el banco recibe el último reporte anual y tiene oportunidad de revisar el progreso del prestatario. Si la fecha del estado financiero de final de año del prestatario es el 31 de diciembre, un banco puede establecer que la línea de crédito expire alrededor de marzo. En ese momento, el banco y la compañía se reúnen para discutir las necesidades de crédito de la empresa para el siguiente año a la luz del desempeño del año transcurrido. La cantidad de la línea se basa en la evaluación del banco de la solvencia y las necesidades de crédito del prestatario. Dependiendo de los cambios en estas condiciones, la línea de crédito puede ajustarse cuando se renueva o antes, si las condiciones requieren un cambio.

El presupuesto de efectivo con frecuencia da el mejor panorama de las necesidades de crédito a corto plazo del prestatario. Si las necesidades máximas o pico durante el siguiente año se estiman en $800,000, la compañía podría buscar una línea de crédito de $1 millón para tener un margen de seguridad. El banco puede conceder esta petición dependiendo de su evaluación de solvencia de la empresa. Si el banco está de acuerdo, la empresa obtendrá préstamos a corto plazo —casi siempre mediante la firma de notas de promesa específicas cuyo plazo de vencimiento promedio es de alrededor de 90 días— hasta por $1 millón. Como algunos bancos consideran el préstamo con líneas de crédito un financiamiento temporal o estacional, tal vez impongan una *cláusula de "limpieza"*. Según esta cláusula, el prestatario deberá "limpiar" la deuda bancaria —es decir, no tener deuda con el banco— durante un periodo cada año. El periodo de limpieza suele ser de uno o dos meses. La limpieza en sí es evidencia para el banco de que el préstamo es en realidad de naturaleza estacional y no parte de un financiamiento permanente de la empresa. (De otra manera, el banco podría terminar, en esencia, otorgando un financiamiento a largo plazo con tasas de corto plazo). Si el intervalo durante el cual una empresa no tiene deuda con el banco bajó de cuatro meses hace dos años a dos meses el año pasado, y no hay limpieza este año, la tendencia sugiere el uso del crédito del banco para financiar requerimientos de fondos permanentes.

A pesar de las muchas ventajas para el prestatario, es importante observar que la línea de crédito no constituye un compromiso legal para que el banco extienda el crédito. Se informa al prestatario de la línea mediante una carta que indica que el banco está dispuesto a extender crédito hasta cierta cantidad. Un ejemplo de esta carta (con una cláusula de limpieza) se muestra en la figura 11.2. Esta carta no es una obligación legal del banco para otorgar crédito. Si durante el año se deteriora la solvencia del prestatario, el banco tal vez no querrá darle crédito y no tendrá que otorgarlo. Sin embargo, en casi todas las circunstancias, un banco se siente comprometido a respetar una línea de crédito.

Acuerdo de crédito continuo (revolvente). Un acuerdo de crédito continuo es un compromiso legal formal de un banco para conceder crédito hasta una cantidad máxima. Mientras el compromiso esté vigente, el banco debe extender el crédito siempre que el prestatario lo desee y siempre que el total de préstamos no exceda la cantidad máxima especificada. Si el crédito continuo es por $1 millón y ya se deben $700,000, el prestatario puede pedir prestado hasta $300,000 adicionales en cualquier momento. Por el privilegio de tener este compromiso formal, suele ser necesario que el prestatario pague una **cuota de compromiso** sobre la parte no usada del crédito continuo, además del interés sobre cualquier cantidad prestada. Si el crédito continuo es por $1 millón y los préstamos del año promedian $400,000, el prestatario tal vez tenga que pagar una cuota de compromiso sobre los $600,000 no usados (pero disponibles). Si la cuota de compromiso es del 0.5%, el costo de este privilegio será de $3,000 por el año.

Los acuerdos de crédito continuo con frecuencia se extienden más allá de un año. Como el compromiso de prestar durante más de un año debe verse como crédito a plazo medio y no corto, se examinarán los créditos continuos con más detalle en el capítulo 21.

Préstamos por transacción. Pedir prestado bajo una línea de crédito o un acuerdo de crédito continuo no es apropiado cuando la empresa necesita fondos a corto plazo sólo para un fin específico. Un contratista puede pedir prestado a un banco para terminar un trabajo. Cuando recibe el pago por el trabajo, paga el préstamo; un banco evalúa cada solicitud de un prestatario como una transacción por separado. En estas evaluaciones, es de gran importancia la capacidad del prestatario para recibir flujo de efectivo y así estar en condiciones de pagar el préstamo.

Acuerdo de crédito continuo (revolvente) Acuerdo formal y legal para extender el crédito hasta una cantidad máxima durante un periodo establecido.

Cuota de compromiso Cuota que cobra el prestamista por acordar mantener el crédito disponible.

289

First National Bank
Knoxville, Tennessee

23 de marzo, 2008

Sra. Jean Proffitt
Vicepresidenta y tesorera
Acme Aglet Corporation
11235 Fibonacci Circle
Maryville, Tennessee 37801

Apreciable Sra. Proffitt:

De acuerdo con nuestro análisis de sus estados auditados de final del año, tenemos el agrado de renovar su línea de crédito sin garantía por $1 millón para el año próximo. Los préstamos otorgados con esta línea tendrán una tasa de medio por ciento (1/2%) sobre la tasa preferencial.

Esta línea está sujeta sólo al entendimiento de que su compañía mantendrá su posición financiera y que saldará todas las deudas con el banco por lo menos durante 45 días durante el año fiscal.

Atentamente,

Annette E. Winston

Annette E. Winston
Vicepresidenta

Figura 11.2

Carta muestra que extiende una línea de crédito

● ● ● El costo de pedir prestado

Antes de centrar la atención en los préstamos garantizados, es necesario hacer una desviación y estudiar varios factores importantes que afectan el costo de pedir prestado a corto plazo. Estos factores —que incluyen tasas de interés "establecidas", saldos de compensación y cuotas de compromiso— ayudan a determinar la tasa de interés "efectiva" sobre el préstamo a corto plazo.

Tasas de interés. Las tasas de interés (nominal) establecidas en la mayoría de los préstamos de negocios se determinan mediante negociación entre las partes. En alguna medida, los bancos intentan variar la tasa de interés cobrada según la solvencia de quien pide prestado: a menor solvencia, mayor tasa de interés. También varían dependiendo de las condiciones del mercado de dinero. Por ejemplo, una medida que cambia con las condiciones del mercado es la **tasa preferencial**, que es la tasa cobrada en préstamos de negocios a corto plazo para compañías con finanzas sólidas. Los grandes bancos del mercado de dinero suelen establecer la tasa, y ésta es relativamente uniforme en todo el país.

Aunque el término *tasa preferencial* parece implicar una tasa de interés que el banco cobra a sus clientes más dignos de crédito, ésta no ha sido la práctica reciente. Ante la competencia creciente entre los bancos por atraer a los clientes corporativos y frente a la competencia extrema del mercado de papel comercial, la compañía bien establecida con finanzas sólidas con frecuencia puede pedir préstamos a una tasa de interés por debajo de la preferencial. La tasa cobrada se basa en el costo marginal

Tasa preferencial
Tasa de interés a corto plazo cobrada por los bancos a sus clientes grandes y solventes. También se conoce simplemente como *preferencial*.

London interbank offered rate (LIBOR)
Tasa de interés que los grandes bancos en Londres pagan unos a otros en las operaciones con eurodólares.

de los fondos del banco, que suele reflejarse en la **tasa ofrecida interbancaria de Londres** (**LIBOR**, *London interbank offered rate*), o la tasa pagada sobre los certificados de depósito en el mercado de dinero. Una tasa de interés marginal se agrega al costo de los fondos y esta suma se convierte en la tasa que se cobra al cliente. Esta tasa se modifica todos los días como respuesta a los cambios en las tasas del mercado de dinero. El margen arriba del costo de los fondos depende de las condiciones competitivas y del poder de negociación del prestatario, pero casi siempre excederá en un 1 por ciento.

Otros prestatarios pagarán ya sea la tasa preferencial o una tasa más alta, donde el precio del banco por el préstamo se establece en relación con la tasa preferencial. Así, la tasa preferencial a menudo sirve como tasa de referencia. Por ejemplo, con un precio "preferencial más", un banco puede extender una línea de crédito a una compañía a la tasa preferencial más 0.5%, es decir "la tasa preferencial más 0.5". Si la tasa preferencial es del 10%, al prestatario se le cobra una tasa de interés del 10.5 por ciento. Si la tasa preferencial cambia al 8%, el prestatario pagará 8.5 por ciento. Entre los distintos clientes de los bancos, las diferencias en las tasas de interés con respecto a la preferencial deberían reflejar sólo diferencias en la solvencia.

Sin embargo, otros factores influyen también en los diferenciales. Entre ellos están los saldos de efectivo mantenidos y otros negocios que el prestatario tiene con el banco (como fideicomisos). Además, el costo del servicio de un préstamo es determinante del diferencial con respecto a la tasa preferencial. Es costoso administrar ciertos préstamos con colaterales, y este costo debe pasarse al prestatario ya sea como parte de la tasa de interés cobrada o como cuota especial.

De esta forma, la tasa de interés de un préstamo a corto plazo dependerá del costo que prevalece de los fondos para los bancos, la tasa de referencia existente (con frecuencia la tasa preferencial), la solvencia de quien solicita el préstamo, su relación presente y prospectiva con el banco y algunas veces otras consideraciones. Además, debido a los costos fijos implicados en la investigación de crédito y el procesamiento del préstamo, se espera que la tasa de interés sobre préstamos pequeños sea más alta que la tasa sobre préstamos grandes.

Métodos para calcular las tasas de interés. Dos maneras comunes en las que se puede pagar interés sobre un préstamo de negocios a corto plazo son la de *pago* y la de *descuento*. Cuando se trata de un pago, el interés se paga cuando vence la letra; cuando se trata de un descuento, el interés se deduce del préstamo inicial. En un préstamo de $10,000 al 12% de interés establecido por un año, la tasa de interés efectiva en un pago es simplemente la tasa establecida.[4]

$$\frac{\$1,200 \text{ de interés}}{\$10,000 \text{ en fondos disponibles}} = \textbf{12.00\%}$$

Sin embargo, como descuento, la tasa de interés efectiva es más alta que el 12 por ciento:

$$\frac{\$1,200 \text{ de interés}}{\$8,800 \text{ en fondos disponibles}} = \textbf{13.64\%}$$

Cuando pagamos en la forma de descuento, podemos "usar" sólo $8,800 durante el año, pero debemos regresar $10,000 al final del periodo. Así, la tasa de interés efectiva es más alta en una letra que descuenta que cuando se adopta la forma de pago. Debemos señalar que la mayoría de los préstamos bancarios se basan en un pago al final del periodo.

Saldos de compensación. Además de cobrar un interés sobre los préstamos, los bancos comerciales pueden requerir que el prestatario mantenga saldos en depósitos a la vista en el banco, en proporción directa ya sea con la cantidad de fondos prestados o con la cantidad del compromiso. Estos saldos mínimos se conocen como **saldos de compensación**. La cantidad requerida en el saldo de compensación varía según las condiciones competitivas en el mercado para préstamos y las negociaciones específicas entre el prestatario y el prestamista. Los bancos en general desean obtener saldos por lo menos iguales al 10% de una línea de crédito. Si la línea es de $2 millones, el prestatario

Saldo de compensación
Depósitos a la vista que mantiene una empresa para compensar a un banco por los servicios proporcionados, las líneas de crédito y los préstamos.

[4]La fórmula general para calcular la *tasa de interés anual efectiva* en un préstamo a corto plazo es:

$$\left(\frac{\text{Interés total pagado + Cuotas totales pagadas (cuando existen)}}{\text{Fondos disponibles}}\right) \times \left(\frac{365 \text{ días}}{\text{Número de días de vigencia del préstamo}}\right)$$

Parte 4 Administración del capital de trabajo

deberá mantener saldos promedio de por lo menos $200,000 durante el año. Otro arreglo puede ser que el banco requiera saldos promedio del 5% de la línea de crédito y 5% más sobre la cantidad que se debe cuando la línea está en uso. Si la línea de una empresa es de $2 millones y los préstamos que solicita promedian $600,000, sería un requerimiento mantener $130,000 en saldos de compensación.

El resultado de los saldos de compensación requeridos es que se eleva el costo efectivo del préstamo si se requiere que el prestatario mantenga saldos por arriba de la cantidad que la empresa tendría normalmente. Si pide $1 millón al 12% y tiene que mantener $100,000 más en saldos de los que tendría regularmente, podrá usar sólo $900,000 del préstamo de $1 millón. El costo de interés anual efectivo entonces no es igual a la tasa del 12% establecida, sino:

$$\frac{\$120,000 \text{ de intereses}}{\$900,000 \text{ en fondos disponibles}} = \textbf{13.33\%}$$

El concepto de saldos de compensación para préstamos tal vez se está debilitando. Cada vez más los bancos se orientan hacia las "ganancias" y no hacia los "depósitos". De acuerdo con esto, están mejorando su análisis de rentabilidad de las relaciones con los clientes. Con las rápidas y significativas fluctuaciones en el costo de los fondos para los bancos en los años recientes, al igual que la competencia acelerada entre las instituciones financieras, los bancos ahora hacen préstamos sin requerimientos de saldos de compensación. El interés cobrado, sin embargo, está más en la línea de los costos incrementales del banco para obtener fondos. El movimiento hacia el análisis de rentabilidad complejo ha llevado a los bancos a dirigir la compensación por los préstamos hacia las tasas de interés y las cuotas, y no hacia la compensación indirecta con los saldos de los depósitos.

Cuotas de compromiso. Ya se estudió por qué suele requerirse una cuota de compromiso en los términos de un acuerdo de crédito continuo. Ahora veremos cómo la existencia de esta cuota puede afectar el costo de solicitar un préstamo. Suponga que Acme Aglet Company tiene un acuerdo de crédito continuo con un banco. Puede solicitar hasta $1 millón al 12% de interés, pero el acuerdo establece que debe mantener un saldo de compensación del 10% sobre los fondos que le presten. Además, debe pagar una cuota de compromiso del 0.5% sobre la porción no usada de la línea de crédito formal. Si la empresa pide $400,000 durante un año completo en el marco de este acuerdo, hace todos los pagos al vencimiento y no tiene otros depósitos de efectivo en este banco, el costo efectivo del préstamo es

$$\frac{\$48,000 \text{ de intereses} + \$3,000 \text{ de cuotas de compromiso}}{\$360,000 \text{ de fondos disponibles}} = \textbf{14.17\%}$$

● ● ● Préstamos garantizados (o basados en activos)

Pregunta

Dos empresas buscan obtener un préstamo a corto plazo de $100,000 a tres meses en la misma institución. Una empresa consigue un préstamo sin garantía y la otra un préstamo garantizado. ¿Cuál de los dos préstamos es posible que sea más caro?

Respuesta

Tal vez el préstamo garantizado sea más costoso. Existen dos razones para esto. La primera es que los préstamos sin garantía a corto plazo suelen tener una tasa de interés más baja porque sólo los prestatarios con alta solvencia pueden adquirir fondos de esta manera. La segunda es que el prestamista pasará los costos administrativos de supervisar el colateral al prestatario que los compromete en la forma de pagos de interés más altos. De hecho, la meta de este prestatario debe ser convertirse con el tiempo en un prestatario sin necesidad de colaterales. De esta manera, el prestatario podrá ahorrar del 1 al 5% en los costos de préstamos a corto plazo.

Muchas empresas no pueden obtener créditos sin garantía, ya sea porque son nuevas y no están probadas o porque los banqueros no tienen buena opinión de la capacidad de éstas para pagar la cantidad de deuda que solicitan. Para hacer préstamos a estas compañías, los prestamistas pueden requerir una garantía (colateral) que reduzca su riesgo de pérdida. Con una garantía, los prestamistas tienen dos fuentes para recuperar el préstamo: la capacidad para obtener flujo de efectivo de la empresa para pagar la deuda y, si esa fuente falla por alguna razón, el valor colateral de la garantía. La mayoría de los prestamistas no harán un préstamo a menos que la empresa tenga suficiente flujo de efectivo esperado para que el pago adecuado de la deuda sea más probable. Para reducir el riesgo, sin embargo, pueden requerir esta garantía.

Colateral. El exceso del valor de mercado sobre el activo comprometido por la cantidad de un préstamo determina el margen de seguridad del prestamista. Si el prestatario no logra cumplir con una obligación, el prestamista puede vender el bien para así solventar la deuda. Si el colateral se vende por una cantidad mayor que el préstamo y el interés que se deben, la diferencia se remite al prestatario. Si se vende por menos, el prestamista se convierte en un acreedor general, o sin garantía, por la diferencia. Como los prestamistas que exigen colaterales no desean convertirse en acreedores generales, suelen buscar garantías con un valor de mercado que esté suficientemente arriba de la cantidad del préstamo para minimizar la probabilidad de no poder venderlas para saldar por completo el préstamo. El grado de protección que busca un prestamista varía con la solvencia del prestatario, la garantía que tiene y la institución financiera que hace el préstamo.

El valor del colateral para el prestamista varía de acuerdo con varios factores. Quizá el más importante es la bursatilidad. Si el colateral se puede vender rápido en un mercado activo sin depreciarse, es probable que el prestamista esté dispuesto a prestar una cantidad que representa un porcentaje bastante alto del valor establecido del colateral. Por otro lado, si es una máquina especializada diseñada para una compañía y no tiene un mercado secundario viable, el prestamista puede incluso elegir no prestar. También es importante la vida del colateral. Si tiene una vida de flujo de efectivo paralela a la vigencia del préstamo, será más valioso para el prestamista que un colateral que tiene una vida de flujo de efectivo mucho más larga. Como el uso económico del colateral genera un flujo de efectivo, estos ingresos se pueden usar para pagar el préstamo. Otro factor importante es el riesgo básico asociado con el colateral. Cuanto mayor sea la fluctuación en su valor de mercado o mayor sea la incertidumbre del prestamista con respecto a su valor de mercado, menos deseable es el colateral desde el punto de vista del prestamista. Así, la bursatilidad, la vida y el riesgo determinan el atractivo de los diferentes tipos de colaterales para el prestamista y, a la vez, la cantidad potencial de financiamiento disponible para una compañía. Antes de analizar los acuerdos específicos de un préstamo a corto plazo, veremos brevemente cómo se protegen los prestamistas bajo el **Código comercial uniforme**.

El artículo 9 del código se refiere a los intereses de garantía de los prestamistas, el aspecto específico que nos preocupa. Un prestamista que requiere un colateral de un prestatario obtiene un *interés de garantía* en el colateral. El colateral puede estar integrado por cuentas por cobrar, inventario, equipo u otros activos del prestatario. El interés de garantía en el colateral se crea mediante un *acuerdo de garantía*, también conocido como *dispositivo de garantía*. Este acuerdo lo firman el prestamista y el prestatario, y contiene una descripción del colateral. Para "perfeccionar" un interés de garantía en el colateral, el prestamista debe archivar una copia del acuerdo o un estado financiero en una oficina pública del estado donde se localiza el colateral. Con frecuencia, esta oficina es la del secretario de estado. Presentar el acuerdo es una notificación pública para otras partes de que el prestamista tiene un interés de garantía en el colateral descrito. Antes de aceptar un colateral como garantía para un préstamo, un prestamista buscará en las notificaciones públicas para ver si el colateral ya está comprometido en relación con otro préstamo. Sólo el prestamista con un interés de garantía válido en el colateral tiene prioridad de reclamación sobre el bien y puede vender el colateral para saldar el préstamo.

Técnicamente, un préstamo con garantía (o basado en activos) es un préstamo asegurado por cualquiera de los activos del prestatario. Sin embargo, cuando el préstamo en cuestión es "a corto plazo", los bienes de uso más común como garantía son las cuentas por cobrar y los inventarios.

Garantía (colateral) Bienes comprometidos por el prestatario para asegurar el pago de un préstamo. Si el prestatario no cumple, el prestamista puede vender la garantía para pagar el préstamo.

Código comercial uniforme Modelo de la legislación estatal estadounidense relacionado con muchos aspectos de las transacciones comerciales; se aprobó en Pennsylvania en 1954. Se ha adoptado con algunos cambios en casi todas las legislaturas estatales.

Préstamos garantizados con cuentas por cobrar. Las cuentas por cobrar son uno de los activos más líquidos de una empresa. En consecuencia, son una garantía deseable para un préstamo a corto plazo. Desde el punto de vista del prestamista, las mayores dificultades con este tipo de garantía son el costo de procesamiento del colateral y el riesgo de fraude en el caso de que el prestatario comprometa cuentas inexistentes. Una compañía puede buscar un préstamo contra cuentas por cobrar en un banco comercial o una institución financiera. Como un banco suele cobrar una tasa de interés más baja que una compañía financiera, la empresa tratará primero de solicitar el préstamo en un banco.

Al evaluar la solicitud de préstamo, el prestamista analiza la calidad de las cuentas por cobrar para determinar cuánto podría prestar. Cuanto más alta sea la calidad de la cuentas que mantiene la empresa, más alto es el porcentaje que el prestamista está dispuesto a adelantar contra el valor nominal de las cuentas comprometidas. Un prestamista no tiene que aceptar todas las cuentas por cobrar del prestatario. En general, se rechazan las cuentas de acreedores que tienen calificaciones de crédito bajas o que no están calificados. Con base en un análisis de *programa de antigüedad* (véase el capítulo 6), las cuentas atrasadas más de, digamos, un mes pueden rechazarse. Tampoco son elegibles las cuentas del gobierno y extranjeras, a menos que se hagan arreglos especiales. Dependiendo de la calidad de las cuentas por cobrar aceptadas, un prestamista suele dar un adelanto del 50 al 80% de su valor nominal.

El prestamista está preocupado no sólo por la calidad de las cuentas por cobrar, sino también por su monto. Debe mantener registros sobre cada cuenta por cobrar comprometida. Por lo tanto, cuanto menor es el tamaño promedio de las cuentas, mayor es el costo por dólar prestado para procesarlas. En consecuencia, una empresa que vende artículos de precio bajo en una cuenta abierta, en general será incapaz de obtener un préstamo sobre las cuentas por cobrar, sin importar la calidad de éstas; el costo de procesar el préstamo es simplemente demasiado alto. Algunas veces un compromiso de cuentas por cobrar "en general", también conocido como un compromiso "global" o "en volumen", se usará para eludir el costo de examinar cada cuenta por separado para determinar si es aceptable. Con este arreglo, el prestamista no da seguimiento a las cuentas individuales, sino registra sólo las cantidades totales de las cuentas comprometidas y los pagos recibidos. Como prevenir el fraude es difícil con un compromiso "en volumen" de cuentas por cobrar, el porcentaje de adelanto contra el valor nominal suele ser bastante bajo, tal vez del 25%.

Suponga que un prestamista ha decidido extender un crédito a una empresa con base en un adelanto del 75% contra el valor nominal de cuentas por cobrar de compromiso específico. El prestatario entonces envía al prestamista un programa de cuentas por cobrar que indica los nombres de las cuentas, las fechas de facturación y las cantidades que le deben. El prestamista algunas veces pide evidencia del envío, como una factura. Una vez recibido el programa de las cuentas, el prestamista pide al prestatario que firme una nota de promesa de pago y un acuerdo de garantía. La empresa que pide el préstamo recibe luego el 75% del valor nominal de las cuentas incluidas en el programa.

Un préstamo contra cuentas por cobrar puede ser *sin notificación* o *con notificación*. En el primer caso, no se notifica a los clientes de la empresa que sus cuentas están comprometidas con un préstamo. Cuando la empresa recibe el pago de una cuenta, lo reenvía junto con otros pagos al prestamista. Éste verifica los pagos contra su registro de cuentas pendientes de pago y reduce la cantidad en 75% del pago total que el prestatario le debe. El otro 25% se acredita en la cuenta de prestatario. Con un arreglo sin notificación, el prestamista debe tomar medidas para asegurarse de que el prestatario no está deteniendo un pago. En el caso de un arreglo con notificación, se notifica a la cuenta y los pagos se hacen directamente al prestamista. En este arreglo, el prestatario no puede detener pagos. Naturalmente, la mayoría de las empresas prefieren pedir prestado sin notificación; sin embargo, el prestamista se reserva el derecho de hacer los arreglos con notificación.

Un préstamo contra cuentas por cobrar es más o menos un "arreglo de financiamiento continuo". Conforme la empresa genera nuevas cuentas por cobrar que son aceptables para el prestamista, las compromete agregándolas a la base de garantía contra la cual la empresa puede solicitar préstamos. Las nuevas cuentas por cobrar sustituyen a las anteriores, y la base de garantía y la cantidad del préstamo fluctúan de acuerdo con ellas. Un préstamo contra cuentas por cobrar es un medio muy flexible de asegurar financiamiento. Conforme se acumulan las cuentas por cobrar, la empresa puede pedir un préstamo adicional contra ellas para ayudar a financiar esta acumulación. De esta manera, la empresa tiene acceso a un financiamiento "integrado".

Los préstamos basados en activos van en aumento

BusinessFinance

Un creciente número de compañías en busca de capital no costoso usan apalancamiento con varios tipos de activos.

Si usted ha supuesto que los préstamos basados en activos los usan sólo compañías con problemas financieros, piense de nuevo. Considere el caso de Hartmarx Corporation, con sede en Chicago, el fabricante y comercializador de más de 40 marcas de ropa para dama y caballero, incluyendo nombres como Hart Schaffner Marx y Hickey-Freeman. Durante los últimos cuatro años la compañía ha tenido como su principal fuente de crédito una línea de crédito continuo, basada en activos, de $200 millones. El préstamo de Wachovia Capital Finance se garantiza con las cuentas por cobrar y el inventario de Hartmarx. "Tiene sentido porque pedimos prestado con base en una necesidad específica", afirma Glenn Morgan, vicepresidente ejecutivo y director financiero en la compañía de $600 millones. Los saldos de inventario y cuentas por cobrar en Hartmarx tienen su punto máximo hacia el final de verano, cuando los minoristas comienzan a abastecer sus anaqueles para la temporada de fiestas. Como la cantidad del préstamo disponible está ligada al nivel de estos activos, la compañía puede ajustar sus préstamos conforme aumentan y disminuyen sus inventarios, así como sus cuentas por cobrar. Aunque Hartmarx probablemente puede cambiar a un préstamo contra flujos de efectivo más tradicional, Morgan

no está planeando hacerlo. "Estamos satisfechos con este servicio; es competitivo en cuanto a los términos y las tasas de interés", asegura.

Los préstamos basados en activos son líneas de crédito que suelen estar garantizadas por los activos del capital de trabajo, incluyendo las cuentas por cobrar y los inventarios. Algunos también están respaldados por maquinaria y equipo. "Hace entre 5 y 10 años, el financiamiento basado en activos se consideraba financiamiento de rescate y el prestamista un último recurso", dice Joyce White, presidente de Bank of America Business Capital en Nueva York. Se consideraba un vehículo de financiamiento usado sólo por compañías cuyo desempeño no podía soportar un préstamo de flujo de efectivo.

El financiamiento basado en activos también brinda flexibilidad a los negocios en crecimiento, porque la cantidad del préstamo puede aumentar junto con el inventario y las cuentas por cobrar del prestatario. "Un préstamo respaldado por activos puede dar seguimiento al crecimiento del negocio", dice Jim Occhiogrosso, vicepresidente a cargo de la división de préstamos basados en activos de Rosenthal & Rosenthal Inc., en la ciudad de Nueva York.

Como muestra la experiencia de Hartmarx, los préstamos basados en activos pueden funcionar muy bien para compañías en las industrias cíclicas, porque la cantidad del préstamo puede fluctuar con las cuentas por cobrar y los inventarios de la compañía. También funcionan bien para negocios que son más nuevos o están en una etapa de recuperación y no tienen un registro sólido de desempeño financiero para apoyar un préstamo basado en flujos de efectivo.

Fuente: Adaptado de Karen M. Kroll, "Asset-Based Lending Goes Mainstream", *Business Finance* (mayo, 2006), pp. 39-42. (www.bfmag.com) Derechos reservados © 2006 por Penton Media, Inc. Usado con permiso. Todos los derechos reservados.

Préstamos respaldados por inventario. Los inventarios de materia prima básica y productos terminados representan activos de liquidez razonable y, por lo tanto, son adecuados para los préstamos a corto plazo. Al igual que sucede con las cuentas por cobrar, el prestamista determina un porcentaje de adelanto contra el valor de mercado del colateral. Este porcentaje varía de acuerdo con la calidad y el tipo de inventario. Ciertos inventarios, como granos, son muy negociables y, cuando se almacenan de manera adecuada, resisten el deterioro. El margen de seguridad requerido por el prestamista sobre un préstamo de este tipo es bastante pequeño y el adelanto puede ser hasta del 90 por ciento. (Sin embargo, incluso este tipo de inventario está sujeto a una mala representación, como observamos en el cuadro "El gran engaño del aceite para ensalada"). Por otro lado, el mercado de equipos altamente especializados puede ser tan limitado que el prestamista no esté dispuesto a dar un adelanto contra el valor de mercado reportado. Por ello, no todo tipo de inventario se puede comprometer como garantía de un préstamo. El mejor colateral es el inventario relativamente estándar y para el que existe un mercado fuera de la organización del prestatario que lo comercializa.

Los prestamistas determinan el porcentaje que están dispuestos a adelantar considerando el mercado, el carácter perecedero, la estabilidad del precio de mercado, y la dificultad y el gasto de vender el inventario para saldar el préstamo. El costo de vender algunos inventarios puede ser muy alto. Los prestamistas no quieren entrar al negocio de liquidar el colateral, pero sí desean asegurarse de que el colateral tiene un valor adecuado en caso de que el prestatario falle en el pago del principal o del interés. No obstante, para casi todos los préstamos a corto plazo garantizados, la decisión real de prestar o no dependerá principalmente de la capacidad para generar flujos de efectivo del solicitante y así poder pagar la deuda. Existen varias maneras en las que un prestamista puede obtener un interés seguro en los inventarios; estudiaremos cada una. En los primeros tres métodos (derecho prendario flotante, derecho de garantía sobre un bien inmueble y recibo de depósito), el inventario sigue en posesión del prestatario. En los últimos dos métodos (recibo de almacén terminal y recibo de bienes en depósito), el inventario queda en manos de un tercero.

Derecho prendario flotante Derecho general o global contra un grupo de activos, tales como inventario o cuentas por cobrar, sin que los activos se identifiquen específicamente.

1. *Derecho prendario flotante.* Según el *Código comercial uniforme*, el prestatario puede comprometer el inventario "en general" sin especificar la propiedad implicada. Con este arreglo, el prestamista obtiene un **derecho prendario flotante** sobre todo el inventario del prestatario. Este *derecho prendario* permite el decomiso legal de los bienes comprometidos en caso de falla en los pagos. Por su naturaleza, el derecho prendario es un acuerdo un tanto impreciso, y el prestamista podría encontrar difícil supervisarlo. Con frecuencia, el derecho prendario flotante se requiere sólo como protección adicional y no tiene un papel importante en la determinación de otorgar el crédito. Aun cuando el colateral sea valioso, el prestamista suele estar dispuesto a dar sólo un adelanto moderado, ante la dificultad para ejercer un control estrecho sobre el colateral. El derecho prendario flotante puede cubrir tanto cuentas por cobrar como inventarios, lo mismo que la cobranza de las cuentas por cobrar. Esta modificación da al prestamista un derecho prendario sobre la mayor parte de los activos corrientes de una empresa. Además, puede cubrir casi cualquier lapso, de manera que incluya el inventario actual y futuro como garantía.

Derecho de garantía sobre bienes muebles Derecho prendario sobre *propiedades personales* (bienes diferentes a los bienes raíces) que respaldan un préstamo.

2. *Derecho de garantía sobre bienes muebles.* Con un **derecho de garantía sobre bienes muebles**, se identifican los inventarios por número de serie o algún otro medio. Mientras el prestamista conserva el título de los bienes, el prestatario tiene el derecho de retención sobre el inventario. Este inventario no se puede vender a menos que el prestamista lo consienta. Dados los requerimientos de identificación rigurosa, los derechos de garantía sobre bienes muebles no son adecuados para inventarios con rotación rápida o de difícil identificación específica; pero sí son adecuados para ciertos inventarios de bienes de capital terminados como máquinas herramienta.

Recibo de depósito Arreglo de garantía que reconoce que el prestatario conserva un inventario con identificación específica y deposita los ingresos sobre su venta en un fondo para el prestamista.

3. *Recibo de depósito.* Con el acuerdo de **recibo de depósito**, el prestatario conserva el inventario y los ingresos de su venta en un fondo para el prestamista. Este tipo de arreglo en un préstamo, también conocido como *planeación de planta*, se ha usado mucho con distribuidores de automóviles, de equipo y de bienes duraderos. Un fabricante de autos envía unidades a un distribuidor, quien, a su vez, puede financiar el pago por estos autos a través de una compañía financiera. Esta última paga al fabricante los autos enviados. El distribuidor firma un acuerdo de garantía de fondos recibidos, que especifica qué se puede hacer con el inventario. El distribuidor puede vender los autos, pero debe entregar el ingreso de la venta al prestamista como pago del préstamo. El inventario en el fondo, a diferencia del inventario con derecho prendario, se identifica con detalle por número de serie y otros medios. En el ejemplo, la compañía financiera audita periódicamente los autos que tiene el distribuidor. Verifica los números de serie mostrados en el acuerdo contra los de los autos. El propósito de esta auditoría es ver si el distribuidor ha vendido autos sin remitir los ingresos de la venta a la compañía financiera.

Cuando el distribuidor compra nuevos autos al fabricante, se firma un nuevo acuerdo de recibo de depósito para reflejar el nuevo inventario. Luego, el distribuidor pide un préstamo contra este nuevo colateral, que mantendrá en fideicomiso. Aunque hay un control más estricto sobre el colateral de un acuerdo de recibo de depósito que con el de derecho prendario flotante, todavía existe el riesgo de que se venda el inventario sin remitir los ingresos al prestamista. En consecuencia, el prestamista debe aplicar su juicio al decidir prestar con este acuerdo. Un distribuidor deshonesto encontrará numerosas maneras de fallarle al prestamista.

Muchos fabricantes de bienes duraderos financian el inventario de sus distribuidores. Su propósito es animarlos a tener un inventario razonable de los bienes. Se piensa que cuanto mayor sea el inventario, más probable es que el distribuidor haga la venta. Como el fabricante está interesado en vender sus productos, los términos de financiamiento a menudo son más atractivos que los de un prestamista "externo".

Recibo de almacén terminal Un recibo por el depósito de bienes en un almacén público que conserva el prestamista como colateral del préstamo.

4. *Recibo de almacén terminal.* Un prestamista puede garantizar un préstamo con el **recibo de un almacén terminal**, colocando los bienes en una bodega pública o terminal. La bodega emite un recibo de almacén, que contiene la lista de bienes específicos que se localizan en ella. El recibo del almacén da al prestamista una garantía prendaria sobre los bienes contra los cuales puede hacerse un préstamo. Con este arreglo, la bodega liberará el colateral al prestatario sólo cuando lo autorice el prestamista. En consecuencia, el prestamista podrá mantener un control estricto sobre el colateral y lo liberará sólo cuando el prestatario pague una porción del préstamo. Por protección, el prestamista suele requerir que el prestatario tenga una póliza de seguros con una cláusula de "pérdida por pagar" a favor del prestamista.

Los recibos de almacén pueden ser negociables o no negociables. Un recibo no negociable se emite a favor de una parte específica —en este caso el prestamista—, quien recibe el título de los bienes y tiene la única autoridad para liberarlos. Un recibo de almacén negociable se puede transferir por endoso. Para liberar los bienes, el recibo negociable debe presentarse al operador de la bodega. Un recibo negociable es útil cuando el título de los bienes se transfiere de una parte a otra mientras los bienes están almacenados. Con un recibo no negociable, la liberación de bienes se puede autorizar sólo por escrito. La mayoría de los arreglos de crédito se basan en recibos no negociables.

Recibo de bienes en depósito Recibo por los bienes almacenados en las instalaciones del prestatario (pero bajo el control de una compañía de almacenaje independiente) que el prestamista conserva como colateral de un préstamo.

5. *Recibo de bienes en depósito.* En un préstamo sobre un recibo de almacén terminal, los bienes comprometidos están en un almacén público. En un préstamo sobre un **recibo de bienes en depósito**, los bienes comprometidos están en las instalaciones del prestatario. Con esta modalidad, un compañía de almacenaje (independiente que opera un almacén del prestatario) reserva un área designada en las instalaciones del prestatario para el inventario comprometido como colateral. Sólo la compañía de almacenaje tiene acceso a esta área y se supone que mantiene un control estricto sobre ella. (Los bienes que sirven como colateral están segregados del resto del inventario del prestatario). La compañía de almacenaje emite un recibo de almacén como se describe en la sección anterior, y el prestamista extiende un préstamo basado en el valor colateral del inventario. El recibo de bienes en depósito es un medio útil de financiamiento cuando no es deseable colocar el inventario en una bodega pública, ya sea por el gasto o por la inconveniencia. El recibo de bienes en depósito es adecuado en especial cuando un prestatario debe hacer uso frecuente del inventario. Debido a la necesidad de pagar los gastos de la compañía de almacenaje, el costo de este método de financiamiento suele ser relativamente alto.

El gran engaño del aceite para ensalada

El caso más famoso de fraude con recibos de almacén salió a la luz a principios de la década de 1960. Más de 50 bancos y otros prestamistas hicieron préstamos por cerca de $200 millones a la Allied Crude Vegetable Refining Corporation. Estos préstamos estaban garantizados con recibos de bienes en depósito por cerca de 2 mil millones de libras de aceite vegetal. Al principio, las inspecciones superficiales no descubrieron el hecho de que una red de tuberías interconectadas podía trasladar el mismo aceite de un tanque a otro y que una capa delgada de aceite con frecuencia cubría un tanque lleno de agua de mar o lodo.

Con el tiempo se descubrió un faltante de 1,850 millones de libras de aceite. El resultado final fue que la compañía de almacenaje que controlaba los bienes en depósito quebró, los prestamistas perdieron casi todos los $200 millones en préstamos, y el presidente de Allied Crude, Antonio "Tino" DeAngelis, entró en el libro *Guinness*. (¿Qué récord mundial estableció "Tino"? En ese momento, la cantidad más alta impuesta como fianza fue de $46,500,000 millones contra DeAngelis en una demanda civil que surgió a raíz del gran engaño del aceite para ensalada*).

*Si desea un relato más detallado, véase N. C. Miller, *The Great Salad Oil Swindle* (Baltimore: Penguin Books, 1965). Puede encontrar más material sobre éste y otros fraudes ocurridos contra prestamistas con garantía en Monroe R. Lazere, "Swinging Swindles and Creepy Frauds", *Journal of Commercial Bank Lending* 60 (septiembre, 1977), 44-52.

El recibo de bienes en depósito como evidencia del colateral es sólo tan bueno como la compañía de almacenaje que lo emite. Cuando se administra de manera adecuada, un recibo de bienes en depósito brinda al prestamista un alto grado de control sobre el colateral. Sin embargo, suficientes ejemplos de fraude demuestran que el recibo de bienes en depósito no siempre ofrece evidencia del valor.

Factoraje de cuentas por cobrar

Factoraje La venta de cuentas por cobrar a una institución financiera, el *agente*, generalmente "sin recurso".

Como vimos antes, las cuentas por cobrar pueden comprometerse con un prestamista como garantía de un préstamo. Sin embargo, en vez de comprometerlas, una empresa puede optar por el factoraje de las cuentas por cobrar para obtener efectivo. Al comprometer las cuentas, la empresa conserva el título sobre esas cuentas por cobrar. Cuando hace *factoraje*, transfiere sus cuentas por cobrar vendiéndolas, de hecho, a un agente de *factoraje* (a menudo una subsidiaria de un banco). Es común que la venta se haga "sin recurso", lo que significa que la empresa que vende no es responsable por las cuentas no cobradas por el agente. Éste mantiene un departamento de crédito y hace verificaciones de crédito en las cuentas. Con base en su investigación de crédito, el agente rechaza la compra de ciertas cuentas que califica como demasiado riesgosas. Al hacer factoraje, una empresa con frecuencia se libera del gasto de mantener un departamento de crédito y de realizar la cobranza. Así, el factoraje puede servir como vehículo para *subcontratar* las responsabilidades de crédito y cobranza. Cualquier cuenta que el agente no esté dispuesto a comprar es un riesgo de crédito inaceptable a menos que, por supuesto, la empresa quiera asumir el riesgo por sí misma y envíe los bienes.

Los acuerdos de factoraje están gobernados por un contrato entre el agente y el cliente. El contrato muchas veces es por un año con una cláusula de renovación automática y se puede cancelar sólo con una notificación realizada entre 30 y 60 días antes. Aunque es costumbre en los arreglos de factoraje notificar a los clientes que se vendieron sus cuentas y que los pagos deberán enviarse directamente al agente, en muchos casos no se hace la notificación. Los clientes continúan remitiendo los pagos a la empresa que, a su vez, los endosa al agente. Estos endosos con frecuencia se disimulan para evitar que el cliente se entere de que se vendieron sus cuentas.

Para muchos lectores, el factoraje tal vez parezca un concepto extraño. Entonces usted se sorprenderá al saber que quizás haya sido parte de numerosas transacciones de factoraje sin siquiera darse cuenta. Cada vez que hace una compra usando una tarjeta de crédito bancaria, está implicado en un arreglo de factoraje. La cuenta por cobrar generada por su compra con tarjeta de crédito se está vendiendo a un banco.

● ● ● Costos de factoraje

Por correr el riesgo de un crédito y dar servicio a las cuentas por cobrar, el agente recibe una comisión, que para las cuentas comerciales suele ser algo menos que el 1% del valor nominal de la cuenta por cobrar, pero puede llegar hasta el 3% del monto de la deuda. La comisión varía según el tamaño de las cuentas individuales, el volumen de cuentas por cobrar vendidas y la calidad de las cuentas. El agente, en general, no paga de inmediato a la empresa por la compra de las cuentas por cobrar. Más bien, el pago se hace en el día de vencimiento real o promedio de las cuentas por cobrar en cuestión. Si el agente da un adelanto antes de que se venza para los clientes, la empresa debe pagar interés al agente sobre el anticipo. Adelantar un pago es una función de préstamos del agente, además de las funciones de correr el riesgo y hacer los cobros. Por esta función adicional, el agente requiere una compensación. Si las cuentas por cobrar en el factoraje suman un total de $10,000 y la cuota de factoraje es del 2%, el agente depositará en la cuenta de la empresa $9,800. Si la empresa quiere retirar de esta cuenta antes del vencimiento de las cuentas por cobrar, tendrá que pagar un cargo de interés —digamos, 1.5% al mes— por el uso del dinero. Si desea un adelanto en efectivo y las cuentas por cobrar vencen en promedio en un mes, el costo de interés será aproximadamente

Un secreto comercial sale a la luz, otra vez

CFO

La globalización y la consolidación de clientes estimulan un interés renovado en el seguro de comercio-crédito.

Hace tres años, Skyworks Inc., se encontraba en un dilema. Las ventas de sus semiconductores eran grandiosas y la compañía estaba ansiosa por aumentar la capacidad e intensificar la investigación y desarrollo. Para financiar la expansión, Skyworks quería explotar un activo clave ($60 millones en cuentas por cobrar) para usarlo como colateral para una línea de crédito, pero sus banqueros se negaron. Por un lado, el fabricante de chips estaba operando en números rojos, con una carga fuerte de deuda por una fusión. Por otro lado, el 70% de sus cuentas por cobrar eran de China y Corea. Desanimados por los riesgos poco familiares políticos y económicos en Asia, los banqueros estadounidenses de Skyworks estaban reacios a extender el crédito.

Skyworks encontró una solución en una herramienta financiera olvidada y mal entendida: el seguro de comercio-crédito. La compañía Woburn, en Massachusetts, compró una póliza para asegurar sus cuentas por cobrar, que efectivamente garantizaba su dinero si un cliente no pagaba su cuenta o retrasaba el pago significativamente. Unos cuantos meses después, el Wachovia Bank aprobó una nueva línea de crédito por $50 millones. Hoy, gracias en parte a su oportuno trato de financiamiento, Skyworks es un jugador significativo en la especialidad de chips para teléfonos celulares y otros electrónicos portátiles, cuyos clientes incluyen grandes firmas como Nokia, Motorola, Samsung y Siemens. Los ingresos casi se duplicaron en los últimos tres años a $785 millones en 2004. Skyworks es rentable: ganó $22.4 millones el año pasado. "El seguro de comercio-crédito nos permitió liberar el efectivo en un momento en que necesitábamos alimentar el crecimiento", afirma Paul Vincent, vicepresidente de finanzas.

El seguro de comercio-crédito ha existido desde la Guerra Civil en Estados Unidos, pero no gozaba de gran aceptación. Ahora, como resultado de la globalización y otros factores económicos, los directores financieros (CFO) están redescu-

briendo esta antigua herramienta financiera y activando su buen uso. Algunos la utilizan simplemente para expandir su base de colaterales disponibles. Otros quieren asegurar sus cuentas por cobrar de clientes lejanos en economías inestables o en regiones económicamente inmaduras, o para reducir el riesgo de una expansión rápida a nuevos territorios de ventas no probados. Otros más las compran como medida de protección en situaciones en las que un solo cliente grande es responsable del grueso de sus ventas. El seguro de comercio-crédito ayuda a reducir el riesgo de una catástrofe financiera si un cliente grande se declara en bancarrota. Como cada vez más industrias se consolidan —piense en minoristas y telecomunicaciones, por nombrar sólo dos—, el riesgo de concentración de clientes es una preocupación creciente para muchas compañías.

Los banqueros favorecen el seguro de comercio-crédito porque les permite otorgar más préstamos respaldados por activos. Los directores financieros dicen que les atrae en parte porque les aporta tranquilidad a un precio relativamente bajo. La prima para Skyworks fue menos del 1% de la cantidad total de las cuentas por cobrar que usó como garantía. (Se colocaron en una unidad especial que estaba completamente consolidada con respecto a la contabilidad). La nueva póliza de Skyworks le permitió negociar una mejor tasa de interés que la que hubiera obtenido con una línea de crédito sin garantía. Vincent dice que renueva anualmente las pólizas de la compañía desde hace tres años y que su intención es mantenerlas por muchos años.

Skyworks es una de las pocas compañías que redescubrieron el seguro comercio-crédito. En Estados Unidos menos del 5% de las compañías lo compran, de acuerdo con la Credit Research Foundation, un grupo no lucrativo de investigación en Baltimore. En contraste, el 40% de las compañías europeas lo hacen. La tradición y la cultura son la clave para explicar la diferencia. El comercio más allá de las fronteras ha sido un hecho en la vida de negocios durante siglos en Europa, pero todavía muchos ejecutivos tienen una gran desconfianza en las cuentas por cobrar extranjeras. Los europeos también tienden a mostrar una menor tolerancia hacia el riesgo que los estadounidenses, dice Neil Leary, director ejecutivo de Atradius Trade Credit Insurance Inc., la unidad en Estados Unidos de Atradius NV, con base en Ámsterdam.

$0.015 \times \$9,800 = \$147$.[5] Así, el costo total del factoraje está compuesto por una cuota de factoraje más un cargo de interés si la empresa aprovecha un adelanto de efectivo. Si no toma el efectivo, no hay cargo de interés. En una tercera alternativa, la empresa puede dejar sus fondos con el agente después del vencimiento de las cuentas por cobrar y recibir interés sobre la cuenta por parte del agente.

[5]El adelanto real de efectivo será $9,800 menos los $147 del costo de interés, o $9,653.

● ● ● Flexibilidad

El arreglo de factoraje típico es continuo. Conforme se adquieren nuevas cuentas por cobrar, se venden al agente y se acredita la cuenta de la empresa. La empresa entonces retira de esta cuenta conforme necesita fondos. Algunas veces el agente permite a la empresa sobregirar su cuenta durante periodos de necesidades estacionales y con ello obtiene un préstamo no garantizado. Con otros arreglos, el agente retiene una reserva de la cuenta de la empresa como protección contra posibles devoluciones y concesiones. Las fuentes principales del factoraje son los bancos comerciales, las subsidiarias de factoraje de grupos que incluyen un banco y ciertos agentes muy conservadores. Aunque algunas personas le ponen un estigma a la compañía de factoraje de sus cuentas por cobrar, muchas otras ven el factoraje como un método perfectamente aceptable de financiamiento. Su desventaja principal es que puede ser costoso. Debemos tener en mente, sin embargo, que el factoraje con frecuencia elimina para la empresa la verificación de crédito, el costo del procesamiento de las cuentas, los gastos de cobranza y los gastos de las deudas incobrables. En especial para una empresa pequeña, los ahorros pueden ser sustanciales.

Composición del financiamiento a corto plazo

En este capítulo se consideraron varias fuentes de financiamiento a corto plazo. Puesto que se supuso que la cantidad total de financiamiento a corto plazo necesaria se había determinado de acuerdo con el marco de trabajo presentado en el capítulo 8, en este capítulo sólo fue necesario considerar la determinación de la mejor combinación del financiamiento a corto plazo. La mezcla apropiada, o ponderación, de fuentes alternativas depende de consideraciones de costo, disponibilidad, tiempo, flexibilidad y el grado en el que los bienes de la empresa están comprometidos (o tienen una carga de reclamaciones legales). Es vital para cualquier análisis significativo de fuentes alternativas de fondos hacer una comparación de sus costos y el problema de los tiempos. Los diferenciales en el costo entre las distintas fuentes de financiamiento a corto plazo no necesariamente son constantes en el tiempo. De hecho, fluctúan al mantenerse al día con las condiciones de mercado cambiantes. Entonces el tiempo influye mucho en la cuestión de la mezcla más apropiada de financiamiento a corto plazo.

Naturalmente, la disponibilidad de financiamiento es importante. Si una empresa no puede solicitar un préstamo a través de papel comercial o un préstamo bancario porque su crédito es bajo, debe buscar fuentes alternativas. Desde luego, cuanto más baja sea la posición de crédito de la empresa, menos fuentes de financiamiento a corto plazo tendrá disponibles. La flexibilidad con respecto al financiamiento a corto plazo se refiere a la capacidad de la empresa para pagar un préstamo y a su capacidad de renovarla o incluso incrementarla. Con los préstamos a corto plazo, la empresa puede pagar la deuda cuando tiene fondos excedentes y con ello reducir sus costos de interés globales. Con el factoraje, puede obtener adelantos sólo cuando los necesita e incurrir en costos de interés sólo cuando se requiere. Con el papel comercial, la empresa debe esperar hasta el vencimiento final antes de pagar el préstamo.

La flexibilidad también se relaciona con qué tan sencillo es para la empresa solicitar más préstamos de manera inmediata. Con una línea de crédito o un crédito continuo en un banco, es asunto fácil aumentar la cantidad pedida, suponiendo que no se ha alcanzado el límite máximo. Con otras formas de financiamiento a corto plazo, la empresa es menos flexible. Por último, el grado en el cual se comprometen los activos tiene repercusiones en la decisión. Con préstamos garantizados, el prestamista obtiene derecho prendario sobre los diferentes activos de la empresa. Esta posición garantizada impone restricciones sobre las posibilidades futuras de financiamiento de la empresa. Cuando las cuentas por cobrar se venden bajo el arreglo de factoraje, el principal permanece igual. En este caso, la empresa vende uno de sus activos más líquidos, reduciendo su solvencia en la mente de los acreedores.

Todos estos factores influyen en la decisión de la mezcla apropiada de financiamiento a corto plazo. Como el costo es quizá el factor clave, las diferencias en otros factores deben compararse con las diferencias en el costo. La fuente de financiamiento menos costosa desde el punto de vista de los costos explícitos tal vez no sea la menos costosa cuando se consideran flexibilidad, tiempo y grado en el que los bienes se comprometen. Aunque sería deseable expresar las fuentes de financiamiento a corto plazo en términos de costos explícitos e implícitos, es difícil cuantificar los últimos. Un enfoque más práctico es calificar las fuentes de acuerdo con sus costos explícitos y luego considerar los otros factores para ver si modifican la calificación cuando se relacionan con la conveniencia total. Como las necesidades de la empresa cambian con el tiempo, deben explorarse múltiples fuentes de financiamiento a corto plazo de manera continua.

Puntos clave de aprendizaje

- El *crédito comercial* de los proveedores puede ser una fuente significativa de financiamiento a corto plazo para la empresa. Si la empresa tiene una política estricta en cuanto a su prontitud en el pago de sus cuentas, el crédito comercial se convierte en una fuente espontánea (o integrada) de financiamiento que varía con el ciclo de producción.

- Cuando se ofrece un descuento por pronto pago pero no se toma, el descuento por pago en efectivo que se deja pasar se convierte en un costo de crédito comercial. Cuanto más largo es el lapso entre el final del periodo de descuento y el momento en que se paga la deuda, menor es el porcentaje anualizado de costo de oportunidad en que se incurre.

- "D-e-m-o-r-a-r" las cuentas por pagar implica posponer los pagos más allá de la fecha de vencimiento. Aunque demorarlas genera financiamiento a corto plazo adicional, este "beneficio" debe ponderarse contra los costos asociados como **1.** el costo de los descuentos rechazados (si los hay), **2.** cualquier penalización posible o cargos de interés por pago tardío y **3.** el deterioro posible en la calificación del crédito, junto con la capacidad de la empresa para obtener crédito en el futuro.

- Al igual que sucede con las cuentas por pagar (crédito comercial de los proveedores), los *gastos acumulados* representan una fuente espontánea de financiamiento. Los principales gastos acumulados son salarios e impuestos, y se espera que ambos se paguen en fechas establecidas.

- Hasta que se pagan los gastos acumulados, se está proporcionando financiamiento sin intereses a la empresa. Para una compañía en funciones, este financiamiento es continuo. Conforme se pagan los gastos acumulados anteriores, se incurre en nuevos gastos, y la cantidad acumulada fluctúa con ellos. Una compañía en un aprieto financiero extremo en ocasiones pospondrá el pago de impuestos y salarios, pero las consecuencias pueden ser severas.

- El crédito del mercado de dinero y los préstamos a corto plazo son formas negociadas (o externas) de financiamiento a corto plazo en el mercado público o privado.

- Las compañías grandes, bien establecidas y de alta calidad solicitan préstamos a corto plazo a través del *papel comercial*. Éste representa un pagaré a corto plazo, no garantizado, que se vende en el mercado de dinero. El papel comercial se vende ya sea a través de agentes o directamente a los inversionistas. En vez de emitir papel de forma "inde

pendiente", una empresa puede emitir papel "respaldado por un banco"; en tal caso, el banco garantiza que la obligación se pagará. La ventaja principal del papel comercial es que suele ser menos costoso que un préstamo de negocios a corto plazo de un banco comercial.

- El financiamiento con *aceptaciones bancarias* es otro tipo de crédito en el mercado de dinero. Generalmente asociada con una transacción comercial extranjera, la aceptación es altamente negociable y puede ser una fuente de fondos a corto plazo muy deseable.

- Los préstamos a corto plazo se pueden dividir en dos tipos: *garantizados* y *no garantizados*.

- El préstamo a corto plazo sin garantía casi siempre está confinado a préstamos de bancos comerciales bajo una *línea de crédito*, un *acuerdo de crédito continuo (revolvente)* o una *base de transacciones*. También existen las versiones con garantía de estos tres tipos de préstamos.

- Con frecuencia los bancos requieren que las empresas mantengan saldos de compensación para un arreglo crediticio. Si la empresa prestataria debe mantener saldos más altos que los que suele tener, el costo efectivo del préstamo se incrementa. Las tasas de interés sobre préstamos de negocios a corto plazo son una función del costo de los fondos para los bancos, la tasa preferencial existente, la solvencia del prestatario y la rentabilidad de la relación para el banco.

- El prestamista requiere que muchas empresas que no pueden obtener créditos sin garantía comprometan una *garantía*. Al otorgar un préstamo garantizado, el prestamista tiene dos de fuentes de cobro: la capacidad de la empresa de generar flujo de efectivo para cumplir con la deuda y, si esa fuente falla por alguna razón, el valor del colateral de la garantía. Para dar un margen de seguridad, un prestamista dará un adelanto menor que el valor de mercado del colateral.

- Las cuentas por cobrar y el inventario son los principales activos que se utilizan para garantizar préstamos de negocios a corto plazo.

- Existen varias formas para que un prestamista obtenga interés de garantía en los inventarios. Con un *derecho prendario flotante*, un *derecho de garantía sobre bienes muebles* o un *recibo de depósito*, el inventario permanece en posesión del prestatario. Con el *recibo de almacén terminal* o con el *recibo de bienes en depósito*, el inventario está en posesión de un tercero independiente.

● En vez de comprometer cuentas por cobrar, una empresa puede recurrir al *factoraje* (venta) de cuentas por cobrar para obtener efectivo. El factoraje con frecuencia libera a la empresa de la verificación de crédito, el costo de procesar las cuentas por cobrar, los gastos de cobranza y los gastos por deudas incobrables.

● La mejor combinación de fuentes alternativas de financiamiento a corto plazo depende de consideraciones de costo, disponibilidad, tiempos, flexibilidad y grado en el que los bienes de la empresa se comprometen (o tienen una carga de reclamaciones legales).

Preguntas

1. Explique por qué el crédito comercial de los proveedores es una "fuente de fondos espontánea".
2. El crédito comercial de los proveedores es una fuente de fondos muy costosa cuando no se aprovechan los descuentos. Explique por qué muchas empresas se apoyan en esta fuente de fondos para financiar su capital de trabajo temporal.
3. Demorar las cuentas por pagar suministra fondos "gratis" a los clientes por un periodo corto. Sin embargo, el proveedor tendrá problemas financieros serios si todos sus clientes demoran sus cuentas. Analice la naturaleza de los problemas que puede enfrentar un proveedor y sugiera enfoques diferentes para manejar esta demora.
4. Suponga que una empresa eligió restringir su política de crédito de "2/10, neto 90" a "2/10, neto 30". ¿Qué efecto podría esperar la empresa sobre su liquidez?
5. ¿Por qué los gastos acumulados son una fuente más espontánea de financiamiento que el crédito comercial de los proveedores?
6. ¿Por qué la tasa sobre el papel comercial suele ser menor que la tasa preferencial que cobran los banqueros y mayor que la tasa de las letras del Tesoro?
7. ¿Por qué una empresa pide un préstamo bancario a tasas más altas en vez de emitir papel comercial?
8. ¿Quién puede emitir papel comercial y con qué finalidad?
9. ¿En qué difieren las aceptaciones bancarias y el papel comercial como medio de financiamiento?
10. Compare una línea de crédito con un acuerdo de crédito continuo (revolvente).
11. ¿Si usted fuera un prestatario, preferiría solicitar un préstamo cuyo interés se paga al vencimiento o uno "descontado", es decir, uno en el que el interés se paga con anticipación? Suponga que todos los demás factores permanecen sin cambio. ¿Y si fuera un prestamista?
12. ¿Qué determina si un arreglo para un préstamo es con garantía o sin garantía?
13. Como prestamista, ¿cómo determinaría el porcentaje que está dispuesto a adelantar considerando un tipo específico de colateral?
14. Como consultor financiero para una compañía, ¿cómo procedería para recomendar si es conveniente usar una asignación de cuentas por cobrar o un arreglo de factoraje?
15. Liste los activos que aceptaría como colateral sobre un préstamo a corto plazo en su orden de preferencia. Justifique sus prioridades.
16. ¿Cuál de los métodos de financiamiento a corto plazo considerados en este capítulo sería más probable que usaran las siguientes empresas? Explique su razonamiento.
    a) Un procesador de materia prima, como una mina o una maderera.
    b) Un vendedor minorista como una tienda de electrodomésticos o un distribuidor de equipos de sonido.
    c) Una compañía internacional.
    d) Un distribuidor de bienes de consumo duraderos, como una agencia de venta de automóviles.
17. Al elegir una composición de financiamiento a corto plazo, ¿qué factores deben considerarse?

Problemas para autoevaluación

1. En los incisos *a)* a *h)*, determine el costo efectivo anualizado de financiamiento para los siguientes términos de crédito, suponiendo que *i)* no se aprovechan los descuentos, *ii)* las cuentas se pagan al final del periodo de crédito y *iii)* un año tiene 365 días.

a) 1/10, neto 30. e) 3/10, neto 60.
b) 2/10, neto 30. f) 2/10, neto 90.
c) 3/10, neto 30. g) 3/10, neto 90.
d) 10/30, neto 60. h) 5/10, neto 100.

2. Pawlowski Supply Company necesita aumentar su capital de trabajo en $4.4 millones. Dispone de las siguientes tres alternativas de financiamiento (suponga 365 días por año):

   a) Dejar pasar descuentos por pago en efectivo (establecidos como "3/10, neto 30") y pagar el último día de vencimiento.

   b) Pedir prestados $5 millones en un banco al 15% de interés. Esta alternativa necesita mantener el 12% de saldo de compensación.

   c) Emitir $4.7 millones en papel comercial a seis meses para obtener un neto de $4.4 millones. Suponga que se puede emitir nuevo papel cada seis meses. (*Nota:* El papel comercial no estipula tasa de interés. Se vende con descuento, y ese descuento determina la tasa de interés para el emisor).

   Suponiendo que la empresa prefiere la flexibilidad del financiamiento bancario, siempre que el costo adicional de esta flexibilidad no sea más del 2% anual, ¿qué alternativa debe seleccionar Pawlowski? ¿Por qué?

3. Barnes Corporation acaba de adquirir una cuenta grande. Como resultado, pronto necesitará $95,000 adicionales en su capital de trabajo. Se ha determinado que existen tres fuentes factibles de fondos:

   a) *Crédito comercial:* Barnes compra cerca de $50,000 de materiales al mes en términos de "3/30, neto 90". Por ahora aprovecha los descuentos.

   b) *Préstamo bancario:* El banco de la empresa le prestará $106,000 al 13%. Se requiere un saldo de compensación del 10 por ciento.

   c) *Factoraje:* Un agente comprará las cuentas por cobrar de la compañía ($150,000 por mes), las cuales tienen periodo de cobro promedio de 30 días. El agente adelantará hasta el 75% del valor nominal de las facturas al 12% anual. El agente cobrará también una cuota del 2% sobre las cuentas por cobrar compradas. Se ha estimado que los servicios del agente ahorrarán a la compañía $2,500 al mes, compuestos por los gastos del departamento de crédito y los gastos de deudas incobrables.

   ¿Qué alternativa debe seleccionar Barnes con base en el costo porcentual anualizado?

4. Kedzie Cordage Company necesita financiar el surtido estacional en inventarios que asciende a $400,000. Los fondos se necesitan durante seis meses. La compañía está considerando las siguientes posibilidades.

   a) Un préstamo sobre recibos de almacén terminal obtenido en una compañía financiera. Los términos son el 12% anualizado con un 80% de adelanto contra el valor del inventario. Los costos de almacén son $7,000 para el periodo de seis meses. El requerimiento de financiamiento residual ($80,000), que es $400,000 menos la cantidad adelantada, tendrá que financiarse dejando pasar algunos descuentos por pago en efectivo sobre las cuentas por pagar. Los términos estándar son "2/10, neto 30"; sin embargo, la compañía siente que puede posponer el pago hasta el día 40 sin efectos adversos.

   b) Un arreglo de derecho prendario flotante se obtiene con un proveedor del inventario a una tasa de interés efectiva del 20%. El proveedor dará un adelanto del valor completo del inventario.

   c) Un recibo de bienes en depósito se obtiene con otra compañía financiera a una tasa de interés del 10% anualizada. El adelanto es del 70%, y los costos del almacenamiento de los bienes en depósito ascienden a $10,000 por el periodo de seis meses. El financiamiento residual deberá lograrse dejando pasar algunos descuentos por pago en efectivo sobre las cuentas por pagar como en la primera alternativa.

   ¿Cuál es el método menos costoso para financiar las necesidades de inventario de la empresa? (*Sugerencia:* Compare el costo total del financiamiento residual durante el periodo de seis meses para cada alternativa).

Problemas

1. Dud Company compra materia prima en términos de "2/10, neto 30". Una revisión de los registros de la compañía por la dueña, la señora Dud, reveló que los pagos se hacen 15 días después de recibir las compras. Cuando le preguntaron por qué la empresa no aprovecha sus descuentos, el contador, el señor Blunder, contesta que estos fondos cuestan sólo el 2%, mientras que un préstamo bancario costaría el 12% a la empresa.

   a) ¿Qué errores está cometiendo el señor Blunder?

   b) ¿Cuál es el costo real de no aprovechar los descuentos?

   c) Si la empresa no pudiera pedir un préstamo en el banco y estuviera forzada a recurrir al uso de fondos de crédito comercial, ¿qué sugerencia se podría hacer al señor Blunder para reducir el costo de interés anual?

2. Determine el costo de interés porcentual anual para cada uno de los siguientes términos de ventas, suponiendo que la empresa no acepta los descuentos por pago en efectivo, sino que paga el último día del periodo neto (suponga años de 365 días):

   a) 1/20, neto 30 (factura de $500).   *c)* 2/5, neto 10 (factura de $100).

   b) 2/30, neto 60 (factura de $1,000).   *d)* 3/10, neto 30 (factura de $250).

3. ¿La cantidad monetaria de la factura afecta el costo de interés porcentual anual de no aprovechar los descuentos? Ilustre con un ejemplo.

4. Calcule de nuevo el problema 2, suponiendo una demora de 10 días de la fecha de pago.

5. Hayleigh Mills Company tiene un acuerdo de crédito continuo de $5 millones con el First State Bank of Arkansas. Por ser un cliente favorecido, la tasa se fija en 1% por arriba del costo de los fondos para el banco, donde el costo de los fondos se aproxima como una tasa sobre los certificados de depósito (CD) negociables. Además, existe una cuota de compromiso de $1/2$% sobre la porción no usada del crédito continuo. Si se espera que la tasa del CD tenga un promedio del 9% para el año próximo y si la compañía espera utilizar, en promedio, el 60% del compromiso total, ¿cuál es el costo monetario anual esperado de este acuerdo de crédito? ¿Cuál es el costo porcentual cuando se consideran tanto la tasa de interés como la cuota de compromiso? ¿Qué le pasa al costo porcentual si, en promedio, sólo se utiliza el 20% del compromiso total?

6. Bork Corporation desea solicitar un préstamo de $100,000 durante un año. Dispone de las siguientes alternativas:

   a) Un préstamo al 8% basado en descuentos con el 20% en saldos de compensación.

   b) Un préstamo al 9% basado en descuentos con saldos de compensación del 10 por ciento.

   c) Un préstamo al 10.5% basado en cobros sin requerimiento de saldos de compensación.

   ¿Qué alternativa debe elegir Bork Corporation si su preocupación es la tasa de interés efectiva?

7. Shelby Gaming Manufacturing Company ha experimentado una falta de efectivo severa y necesita $200,000 durante los próximos 90 días. La compañía ya tiene comprometidas sus cuentas por cobrar como respaldo para un préstamo. Sin embargo, tiene inventarios por $570,000 sin comprometer. Determine la mejor alternativa de financiamiento entre las dos siguientes.

   a) Cody National Bank de Reno le prestará contra los bienes terminados siempre y cuando se coloquen en un almacén público bajo su control. Conforme se liberen los productos terminados para su venta, el préstamo se reducirá con los ingresos de las ventas. La compañía tiene actualmente $300,000 en bienes terminados y espera sustituir los que se vendan con nuevos productos, de manera que pueda conseguir un préstamo por $200,000 durante 90 días. La tasa de interés será del 10%, y la compañía pagará cada trimestre los costos de almacén de $3,000. Por último, experimentará una reducción en la eficiencia como resultado de este arreglo. La administración estima que la eficiencia más baja reducirá las ganancias trimestrales antes de impuestos en $4,000.

   b) Vigorish Finance Company le prestará el dinero bajo un derecho prendario flotante sobre todos sus inventarios. La tasa será del 23%, pero no incurre en gastos adicionales.

8. Bone Company ha hecho factoraje de sus cuentas por cobrar los últimos 5 años. El agente cobra una cuota del 2% y le presta hasta el 80% del volumen de cuentas por cobrar comprado por un 1.5% adicional al mes. La empresa, en general, tiene ventas por $500,000 por mes, el 70% de las cuales son a crédito. Al usar el factoraje, obtiene dos ahorros:

a) $2,000 al mes que se requerirían para apoyar un departamento de crédito.

b) Un gasto por deudas incobrables del 1% sobre las ventas a crédito.

El banco de la empresa le ofrece prestarle hasta el 80% del valor nominal de las cuentas por cobrar mostradas en el programa de cuentas. El banco cobraría el 15% anual de interés más el 2% al mes por cargos de procesamiento por dólar prestado sobre las cuentas por cobrar. La empresa otorga términos de "neto 30", y todos los clientes pagan sus cuentas el día 30 del periodo. ¿Debe la empresa descontinuar su arreglo de factoraje y aceptar la oferta del banco si necesita préstamos, en promedio, de $100,000 por mes sobre sus cuentas por cobrar?

9. Solid-Arity Corporation es una cadena de tiendas de electrodomésticos en Chicago. Necesita financiar todos sus inventarios, los cuales tienen los siguientes promedios durante los cuatro trimestres del año:

	TRIMESTRE			
	1	2	3	4
Nivel de inventarios (en miles)	$1,600	$2,100	$1,500	$3,200

Solid-Arity en la actualidad utiliza un préstamo de una compañía financiera garantizado por un derecho prendario flotante. La tasa de interés es la tasa preferencial más el 7.5%, pero no hay gastos adicionales. El Boundary Illinois National Bank de Chicago quiere atraer a Solid-Arity y le propone un acuerdo de financiamiento. La tasa de interés estará un 2.5% por arriba de la tasa preferencial con costos de servicio de $20,000 cada trimestre. ¿Debe la compañía cambiar sus acuerdos de financiamiento? ¿Por qué?

Soluciones a los problemas para autoevaluación

1. *a)* 1/10, neto/30   (1/99)(365/20) =   **18.4%**
   b) 2/10, neto/30   (2/98)(365/20) =   **37.2%**
   c) 3/10, neto/30   (3/97)(365/20) =   **56.4%**
   d) 10/30, neto/60   (10/90)(365/30) =   **135.2%**
   e) 3/10, neto/60   (3/97)(365/50) =   **22.6%**
   f) 2/10, neto/90   (2/98)(365/80) =   **9.3%**
   g) 3/10, neto/90   (3/97)(365/80) =   **14.1%**
   h) 5/10, neto/100   (5/95)(365/90) =   **21.3%**

2. Los costos anualizados son los siguientes:
   a) Crédito comercial:

$$(3/97)(365/20) = \mathbf{56.44\%}$$

   b) Financiamiento bancario:

$$(\$5,000,000 \times 0.15)/(\$4,400,000) = \mathbf{17.05\%}$$

   c) Papel comercial:

$$(\$300,000/\$4,400,000) \times 2 = \mathbf{13.64\%}$$

El financiamiento bancario es aproximadamente 3.4% más costoso que el papel comercial; por lo tanto, debe emitir papel comercial.

3. Los costos anualizados son los siguientes:
   a) Crédito comercial: Si no se aprovechan los descuentos, se pueden reunir hasta $97,0000 (97% × $50,000 por mes × 2 meses) después del segundo mes. El costo sería

$$(3/97)(365/60) = \mathbf{18.8\%}$$

   b) Préstamo bancario: Suponiendo que el saldo de compensación no se mantuviera de otra manera, el costo sería

$$(\$106,000 \times 0.13)/(\$106,000 \times 0.90) = \mathbf{14.4\%}$$

   c) *Factoraje:* La cuota de factoraje para el año sería

$$2\% \times (\$150{,}000 \times 12) = \mathbf{\$36{,}000}$$

No obstante, los ahorros logrados serían de $30,000, dando un costo de factoraje neto de $6,000. Solicitar un préstamo de $95,000 sobre las cuentas por cobrar costaría aproximadamente

$$[(0.12 \times \$95{,}000) + \$6{,}000]/\$95{,}000 = \mathbf{18.3\%}$$

El préstamo del banco sería la fuente de fondos menos costosa.

4. *a)* 12% del 80% de $400,000 por 6 meses	$19,200
Costo de almacén terminal por 6 meses	7,000
Costo de dejar pasar descuentos por pago en efectivo 6 meses para extender las cuentas por pagar de 10 a 40 días:	
$(2/98)(365/30)(\$80{,}000)(1/2\ \text{año}) = 0.2483 \times \$80{,}000 \times 0.5$	<u>9,932</u>
Costo total de 6 meses	**$36,132**
b) $400,000 × 20% × 1/2 año	**$40,000**
c) 10% del 70% de $400,000 por 6 meses	$14,000
Costo de recibo de bienes en depósito por 6 meses	10,000
Costo de dejar pasar descuentos por pago en efectivo 6 meses para extender las cuentas por pagar de 10 a 40 días:	
$(2/98)(365/30)(\$120{,}000)(1/2\ \text{año}) = 0.2483 \times \$120{,}000 \times 0.5$	<u>14,898</u>
Costo total de 6 meses	**$38,898**

El préstamo contra recibo de almacén terminal es el menor.

Referencias seleccionadas

ABCs of Figuring Interest. Chicago, IL: Federal Reserve Bank of Chicago, 1994.

Berlin, Mitchell. "Trade Credit: Why Do Production Firms Act as Financial Intermediaries?". *Federal Reserve Bank of Philadelphia Business Review* (tercer trimestre, 2003), 21-28 (disponible en línea en www.phil.frb.org/files/br/brq303mb.pdf).

Edwards, Mace. "Factoring for Cash Flow: An Option". *The Small Business Controller* 7 (otoño, 1994), 12-16.

Farragher, Edward J. "Factoring Accounts Receivable". *Journal of Cash Management* (marzo-abril, 1986), 38-42.

GE Capital: Guide to Asset Based Lending. Stamford, CT: GE Capital Corporation, 1999 (disponible en línea en www.gelending.com/Clg/Resources/PDF/guide/asset_guide.pdf).

Hahn, Thomas K. "Commercial Paper". *Federal Reserve Bank of Richmond Economic Quarterly* 79 (primavera, 1993), 45-67.

Lazere, Monroe R. "Swinging Swindles and Creepy Frauds". *Journal of Commercial Bank Lending* 60 (septiembre, 1977), 44-52.

Maness, Terry S. y John T. Zietlow. *Short-Term Financial Management*, 3a. ed. Cincinnati, OH: South-Western, 2005.

McDougall, Bruce. "The Ins and Outs of Structured Finance". *Canadian Treasurer* 21 (agosto/septiembre, 2005), 33-35.

Mian, Shehzad L. y Clifford W. Smith Jr. "Extending Trade Credit and Financing Receivables". *Journal of Applied Corporate Finance* 7 (primavera, 1994), 75-84.

Miller, N. C. *The Great Salad Oil Swindle.* Baltimore: Penguin Books, 1965.

Shaw, Michael J. y James A. Gentry. "Using an Expert System with Inductive Learning to Evaluate Business Loans". *Financial Management* 17 (otoño, 1988), 45-56.

Shockley, Richard L. y Anjan V. Thakor. "Bank Loan Commitment Contracts". *Journal of Money, Credit and Banking* 33 (noviembre, 1997), 515-534.

La parte IV del sitio Web del libro, *Wachowicz's Web World*, contiene vínculos a muchos sitios de finanzas y artículos en línea relacionados con temas cubiertos en este capítulo. (http://web.utk.edu/~jwachowi/part4.html)

12

Presupuesto de capital y estimación de los flujos de efectivo

Contenido

- **Procesos de presupuesto de capital: Descripción general**

- **Generación de propuestas de proyectos de inversión**

- **Estimación de "flujos de efectivo operativos incrementales después de impuestos" de los proyectos**
  Lista de verificación de flujos de efectivo •
  Consideraciones fiscales • Cálculo de flujos de
  efectivo incrementales • Ejemplo de expansión de
  activos • Ejemplo de remplazo de activos • El fin
  del principio

- **Puntos clave de aprendizaje**

- **Preguntas**

- **Problemas para autoevaluación**

- **Problemas**

- **Soluciones a los problemas para autoevaluación**

- **Referencias seleccionadas**

Objetivos

Después de estudiar el capítulo 12, usted será capaz de:

- Definir "presupuesto de capital" e identificar los pasos del proceso de presupuesto de capital.
- Explicar el procedimiento usado para generar propuestas de proyectos a largo plazo dentro de la compañía.
- Justificar por qué los flujos de efectivo, no de ingresos, son los más relevantes para las decisiones de presupuesto de capital.
- Resumir en una "lista de verificación" los principales aspectos que deben considerarse al preparar la determinación de los flujos de efectivo relevantes para el presupuesto de capital.
- Definir el término "costo hundido" y "costo de oportunidad" y explicar por qué los costos hundidos deben ignorarse mientras que los costos de oportunidad deben incluirse en el análisis de presupuesto de capital.
- Explicar cómo las consideraciones fiscales, al igual que la depreciación con fines fiscales, afectan los flujos de efectivo del presupuesto de capital.
- Determinar el periodo inicial, intermedio y terminal de los "flujos de efectivo operativos, incrementales, después de impuestos" asociados con un proyecto de inversión de capital.

"¡Datos, datos, datos!", gritó con impaciencia.
"No puedo hacer ladrillos sin barro".

—SHERLOCK HOLMES
El misterio de Copper Beeches

Procesos de presupuesto de capital: Descripción general

Una vez exploradas las maneras de manejar con eficiencia el capital de trabajo (activos corrientes y su financiamiento de apoyo), centraremos la atención en las decisiones que implican los activos con vida larga. Estas decisiones incluyen elecciones de inversión y de financiamiento; a las primeras se dedican los siguientes tres capítulos.

Cuando un negocio hace una inversión de capital, incurre en un desembolso de efectivo corriente en espera de obtener beneficios futuros. Es usual que estos beneficios se extiendan más allá de un año en el futuro. Los ejemplos incluyen inversión en bienes como equipo, edificios y terrenos, al igual que en la introducción de nuevos productos, un nuevo sistema de distribución o un nuevo programa para investigación y desarrollo. En resumen, el éxito y la rentabilidad futuros de la empresa dependen de las decisiones a largo plazo que se tomen ahora.

Una propuesta de inversión debe juzgarse con respecto a si arroja un rendimiento igual o mayor que el requerido por los inversionistas.[1] Para simplificar nuestra investigación de los métodos de **presupuesto de capital** en este capítulo y el siguiente, suponemos que el rendimiento requerido está dado y es el mismo para todos los proyectos de inversión. Esta suposición implica que la selección de cualquier proyecto de inversión no altera el estado de la operación o de riesgo del negocio según la percepción de los proveedores financieros. En el capítulo 15 investigaremos cómo determinar la tasa de rendimiento requerida, y en el capítulo 14 tomaremos en cuenta el hecho de que diferentes proyectos de inversión tengan diferentes grados de riesgo de negocios. Como resultado, la selección de un proyecto de inversión puede afectar el estado de riesgo del negocio para la empresa, lo cual, a la vez, podría afectar la tasa de rendimiento requerida por los inversionistas. Para fines de introducir el presupuesto de capital en este capítulo y el siguiente, mantendremos el riesgo constante.

Presupuesto de capital Proceso de identificar, analizar y seleccionar proyectos de inversión cuyos rendimientos (flujos de efectivo) se espera que se extiendan más allá de un año.

Tome nota

El presupuesto de capital incluye:

- Generar propuestas de proyectos de inversión congruentes con los objetivos estratégicos de la empresa.
- Estimar los flujos de efectivo operativos incrementales después de impuestos para los proyectos de inversión.
- Evaluar los flujos de efectivo incrementales.
- Seleccionar proyectos con base en un criterio de aceptación que maximiza el valor.
- Revaluar continuamente los proyectos de inversión implementados y realizar auditorías posteriores para los proyectos terminados.

En este capítulo sólo estudiaremos los primeros dos puntos de esta lista.

Generación de propuestas de proyectos de inversión

Las propuestas de proyectos de inversión pueden surgir de una variedad de fuentes. Para fines de análisis, los proyectos se clasifican en cinco categorías:

1. Nuevos productos o expansión de productos existentes.
2. Remplazo de equipo o edificios.
3. Investigación y desarrollo.
4. Exploración.
5. Otros (por ejemplo, dispositivos relacionados con la seguridad o el control de contaminación).

[1]El desarrollo del material sobre presupuesto de capital supone que el lector comprende los conceptos cubiertos en el capítulo 3 sobre el valor del dinero en el tiempo.

Para un nuevo producto, la propuesta generalmente se origina en el departamento de marketing. Sin embargo, una propuesta para remplazar un equipo por un modelo más moderno suele surgir del área de producción de la empresa. En cada caso, se requieren procedimientos administrativos eficientes para canalizar las solicitudes de inversión. Todas las solicitudes de inversión deben ser congruentes con la estrategia corporativa para evitar análisis innecesarios de proyectos incompatibles con esta estrategia. (Seguramente McDonald's no querrá vender cigarrillos en sus restaurantes, por ejemplo).

La mayoría de las empresas revisan las propuestas a varios niveles de autoridad. Para una propuesta que se origina en el área de producción, la jerarquía de autoridad podría pasar: **1.** de los jefes de sección, **2.** a los gerentes de planta, **3.** al vicepresidente de operaciones, **4.** a un comité de gastos de capital bajo el gerente de finanzas, **5.** al presidente y **6.** al consejo de directores. Qué tan alto debe llegar una propuesta antes de su aprobación final depende de su costo. Cuanto mayor sea la erogación de capital, mayor será el número de "revisiones" requeridas. Los gerentes de planta deben ser capaces de aprobar por sí solos proyectos de dimensiones moderadas, pero sólo los niveles más altos de autoridad aprueban los proyectos de mayor magnitud. Puesto que los procedimientos administrativos para revisar las propuestas de inversión varían de una empresa a otra, no es posible generalizar. El mejor procedimiento depende de las circunstancias. Sin embargo, es claro que las compañías tienen enfoques cada vez más elaborados para el presupuesto de capital.

Estimación de "flujos de efectivo operativos incrementales después de impuestos" de los proyectos

● ● ● Lista de verificación de flujos de efectivo

Una de las tareas más importantes para el presupuesto de capital es estimar los flujos de efectivo futuros para un proyecto. Los resultados finales que se obtienen del análisis serán sólo tan buenos como la exactitud de las estimaciones de flujo de efectivo. Como el efectivo, no el ingreso contable, es central para todas las decisiones de la empresa, expresamos cualquier beneficio esperado de un proyecto en términos de *flujos de efectivo* y no en términos de flujos de ingresos. La empresa invierte efectivo ahora con la esperanza de recibir rendimientos de efectivo aún mayores en el futuro. Sólo el efectivo se puede reinvertir en la empresa o pagarse a los accionistas en forma de dividendos. En el presupuesto de capital, los hombres buenos pueden obtener crédito, pero los gerentes efectivos obtienen dinero. Al establecer los flujos de efectivo para el análisis, un programa de hojas de cálculo es invaluable. Permite cambiar las suposiciones y en seguida produce la nueva secuencia de flujos de efectivo.

Tome nota

Para cada propuesta de inversión necesitamos dar información sobre los flujos de efectivo operativos, y no sobre los financieros. Los flujos financieros, como los pagos de interés, pagos del principal y dividendos, se excluyen de nuestro análisis de flujos de efectivo. Sin embargo, la necesidad de un rendimiento sobre la inversión para cubrir los costos de capital no se ignora. El uso de una tasa de descuento igual a la tasa de rendimiento requerida por los proveedores de capital captará la dimensión del costo del financiamiento. Estudiaremos la mecánica para este tipo de análisis en el siguiente capítulo.

Los flujos de efectivo deben determinarse *después de impuestos*. El egreso para la inversión inicial, al igual que la tasa de descuento apropiada, se expresará en cifras después de impuestos. Por lo tanto, todos los flujos pronosticados deben establecerse en una base equivalente después de impuestos.

Además, la información debe presentarse según una base *incremental*, de manera que podamos analizar sólo la diferencia entre los flujos de efectivo de la empresa con y sin el proyecto. Por ejemplo, si una empresa contempla un nuevo producto que posiblemente competirá con otros existentes, no es apropiado expresar los flujos de efectivo en términos de las ventas totales estimadas del nuevo producto. Debemos tomar en cuenta el "canibalismo" probable de los productos existentes y hacer las estimaciones de flujo de efectivo con base en las ventas incrementales. Cuando el resultado de continuar con el estado actual de las cosas es una pérdida de la participación de mercado, debemos tomarlo en cuenta al analizar lo que ocurriría si no hacemos una nueva inversión. Esto es, cuando los flujos de efectivo se erosionan si no invertimos, debemos incluir este factor en nuestro análisis. La clave es analizar la situación con la nueva inversión y sin ésta, y donde todos los costos y beneficios relevantes entren en juego. Sólo los flujos de efectivo incrementales importan.

A este respecto, los **costos hundidos** deben ignorarse. Nuestra preocupación está en los costos y beneficios incrementales. Los costos pasados irrecuperables son irrelevantes y no deben entrar en el proceso de decisión. Además, debemos recordar que ciertos costos relevantes no necesariamente implican un gasto monetario real. Si tenemos la asignación de espacio en la planta para un proyecto y este espacio se está usando para algo más, su **costo de oportunidad** debe incluirse en la evaluación del proyecto. Si un edificio por ahora en desuso que se necesita para el proyecto se puede vender en $300,000, esa cantidad (neta sin impuestos) debería tratarse *como si fuera un gasto en efectivo* al inicio del proyecto. Así, al derivar flujos de efectivo, debemos considerar cualquier costo de oportunidad apropiado.

Cuando una inversión de capital contiene un componente de activo corriente, este componente (neto con respecto a cualquier cambio espontáneo en pasivos corrientes) se maneja como parte de la inversión de capital y no como una decisión de capital de trabajo separada. Por ejemplo, con la aceptación de un nuevo proyecto a veces es necesario mantener efectivo, cuentas por cobrar o inventarios adicionales. Esta inversión en capital de trabajo debe manejarse como flujo de efectivo de salida en el momento en que ocurre. Al final de la vida de un proyecto, se supone que la inversión de capital de trabajo regresa en la forma de flujo de entrada adicional.

Al estimar los flujos de efectivo, *debe tomarse en cuenta la inflación anticipada*. Con frecuencia existe una tendencia a suponer erróneamente que los niveles de precios se mantendrán sin cambio durante la vida de un proyecto. Si la tasa de rendimiento requerida para aceptar un proyecto incluye un suplemento por la inflación (como es usual), entonces los flujos de efectivo estimados también deben reflejar la inflación. Estos flujos de efectivo se ven afectados de diferentes maneras. Si los flujos de efectivo de entrada surgen de la venta de un producto, los precios futuros esperados afectan estos flujos de entrada. La inflación ejerce influencia tanto en los salarios esperados como en los costos de materiales, al igual que sucede con los flujos de efectivo de salida.

La tabla 12.1 resume las principales cuestiones que deben recordarse al prepararnos para determinar realmente los "flujos de efectivo operativos incrementales después de impuestos" de un proyecto. Nos presenta una "lista de verificación" para determinar las estimaciones de flujos de efectivo.

● ● ● Consideraciones fiscales

Método de depreciación. Como recordará del capítulo 2, la *depreciación* es el sistema de asignación del costo de un bien de capital en un periodo para fines de reportes financieros, fiscales o ambos.

Costos hundidos
Desembolsos irrecuperables pasados que, puesto que no se pueden recuperar, no deberían afectar las acciones presentes o las decisiones futuras.

Costo de oportunidad
Lo que se pierde por no tomar la alternativa que sigue a la mejor de las alternativas de inversión.

Tabla 12.1	
Lista de verificación de flujos de efectivo	CARACTERÍSTICAS BÁSICAS DE FLUJOS DEL PROYECTO RELEVANTES

☑ *Flujos de efectivo* (no ingreso contable)

☑ *Flujos operativos* (no financieros)

☑ *Flujos después de impuestos*

☑ *Flujos incrementales*

PRINCIPIOS BÁSICOS QUE DEBEN SEGUIRSE AL ESTIMAR "FLUJOS DE EFECTIVO OPERATIVOS INCREMENTALES DESPUÉS DE IMPUESTOS"

☑ Ignorar *costos hundidos*

☑ Incluir *costos de oportunidad*

☑ Incluir *cambios en el capital de trabajo* impulsados por el proyecto, neto con respecto a los cambios espontáneos en los pasivos corrientes.

☑ Incluir los efectos de *inflación*

Tabla 12.2

Porcentajes de depreciación SMARC

AÑO DE RECUPERACIÓN	CLASE DE PROPIEDAD			
	3 AÑOS	5 AÑOS	7 AÑOS	10 AÑOS
1	33.33%	20.00%	14.29%	10.00%
2	44.45	32.00	24.49	18.00
3	14.81	19.20	17.49	14.40
4	7.41	11.52	12.49	11.52
5		11.52	8.93	9.22
6		5.76	8.92	7.37
7			8.93	6.55
8			4.46	6.55
9				6.56
10				6.55
11				3.28
Totales	100.00%	100.00%	100.00%	100.00%

Puesto que las deducciones de depreciación hechas en la declaración de impuestos de una empresa se manejan como conceptos de gastos, la depreciación reduce el ingreso gravable. Si todo lo demás permanece sin cambio, cuanto mayores sean los cargos por depreciación, menor será el impuesto pagado. Aunque la depreciación en sí es un gasto no erogable, afecta el flujo de efectivo de la empresa al influir directamente en el flujo de salida de efectivo para el pago de impuestos.

Existen varios procedimientos alternativos que se pueden usar para depreciar bienes de capital. Éstos incluyen depreciación lineal y varios métodos de depreciación acelerada. Las empresas más rentables prefieren usar un método de depreciación acelerada *para fines fiscales*, uno que permita terminar más rápido y, por consiguiente, tener una cuenta de impuestos más baja.

La reforma a la Ley fiscal de 1986 en Estados Unidos permite a las compañías usar un tipo particular de depreciación acelerada para fines fiscales, conocido como Sistema Modificado Acelerado de Recuperación de Costos (SMARC). Con este sistema, la maquinaria, el equipo y los bienes raíces se asignan a una de ocho clases para la recuperación de costos (depreciación). Como se describió en el capítulo 2, la categoría de propiedad en la que cae un bien determina su vida depreciable para fines fiscales. También en ese capítulo se explicó que la *convención de medio año* se debe aplicar en general a toda la maquinaria y el equipo. Existe medio año de depreciación en el año en que se adquiere un bien y en el último año se toma esa depreciación sobre el bien. El Tesoro de Estados Unidos publica los porcentajes de depreciación del costo original para cada clase de propiedad, lo cual incorpora las convenciones de medio año. La tabla 12.2 presenta los porcentajes de depreciación para la primeras cuatro clases de propiedad. Estos porcentajes corresponden a los principios expuestos en el capítulo 2 y deben usarse para determinar la depreciación.

Tome nota

En el capítulo 2 observamos que la "depreciación extraordinaria" del 50% "temporal" del primer año permitida según la *Ley de estímulo económico de 2008* de Estados Unidos podría afectar el pago de impuestos federales de la compañía y las decisiones de presupuestos de capital. Sin embargo, esta "depreciación extraordinaria" está programada para expirar al final de 2008. Por lo tanto, todos nuestros ejemplos y problemas referentes a la depreciación SMARC ignorarán la "depreciación extraordinaria".

Pero recuerde, una disposición de depreciación extraordinaria "temporal" podría regresar durante su futuro profesional, de manera que esté preparado. Para aprender más sobre la "depreciación extraordinaria" del 50% del primer año visite: (web.utk.edu/~jwachowi/hr5140.html). Para aprender más acerca de las precisiones de la "depreciación extraordinaria", visite los siguientes sitios: *Job Creation and Worker Assistance Act of 2002* (web.utk.edul/~jwachowi/hr3090.html) y *Jobs and Growth Tax Relief Reconciliation Act of 2003* (web.utk.edu/~jwachowi/hr2.html).

¿Pueden las compañías estadounidenses utilizar la depreciación SMARC en equipo que usan fuera de Estados Unidos?

No. En general, la depreciación SMARC no está permitida para equipo que se usa predominantemente fuera de Estados Unidos durante el año fiscal. Para tal equipo se requiere el Sistema de Depreciación Alternativo (SDA). Este sistema es un método de depreciación lineal (determinado sin tomar en cuenta el valor de recuperación futuro).

Tome nota

Base depreciable. El cálculo de la depreciación de un bien requiere determinar la **base depreciable** de ese bien. Ésta es la cantidad que las autoridades fiscales permiten que se amortice para fines fiscales durante unos años. El costo del bien, incluyendo cualquier otro **gasto capitalizado** —como envío e instalación— en que se incurra para preparar el activo para su uso, constituye la base depreciable del bien bajo el SMARC. Observe que con el SMARC la base depreciable del bien *no* se reduce por su valor de rescate (o de recuperación) estimado.

Base depreciable En la contabilidad fiscal, el costo de un bien totalmente instalado. Ésta es la cantidad que, por ley, se puede amortizar con el tiempo para fines fiscales.

Gasto capitalizado Gasto que puede reportar beneficios en el futuro y, por lo tanto, se trata como gasto de capital y no como gasto del periodo en el que ocurre.

Venta o enajenación de un bien depreciable. En general, si un bien depreciable usado en un negocio se vende en una cantidad que rebasa su valor (fiscal) en libros depreciado, cualquier cantidad excedente al valor en libros pero menor que la base depreciable del bien se considera una "recaptura de depreciación" y se grava conforme la tasa de impuesto sobre la renta ordinaria de la empresa. Esto, de hecho, revierte cualquier efecto positivo sobre los impuestos por haber depreciado "demasiado" en los primeros años, es decir, por reducir el valor (fiscal) en libros por debajo del valor de mercado. Si ocurre que el activo se vende por una cantidad mayor que su base depreciable (lo que, por cierto, no es probable), la porción de la cantidad total excedente de la base depreciable se grava a la tasa de impuestos de ganancias de capital (que en la actualidad es igual a la tasa de impuesto sobre la renta ordinaria de la empresa, o un máximo del 35%).

Si el activo se vende por una cantidad menor que su valor (fiscal) en libros, se incurre en una pérdida igual a la diferencia entre el precio de venta y el valor (fiscal) en libros. En general, esta pérdida se deduce del ingreso normal de la empresa. En efecto, una cantidad de ingreso gravable igual a la pérdida está "protegida" para que no se grave. El resultado neto es un ahorro de impuestos igual a la tasa fiscal normal de la compañía multiplicada por la pérdida sobre la venta del bien depreciable. La pérdida en "papel" ocasiona ahorros de "efectivo".

Nuestro análisis de las consecuencias fiscales por la venta de un bien depreciable no supone factores adicionales de complicación. En la realidad, varias complicaciones pueden ocurrir y muchas veces se presentan. Por lo tanto, se advierte al lector que consulte el código fiscal y/o a un especialista de impuestos cuando se enfrente al manejo de la venta de un bien. En los ejemplos y problemas, para facilitar los cálculos, se usará en general el 40% para la tasa de impuestos sobre la renta marginal normal.

● ● ● Cálculo de flujos de efectivo incrementales

Ahora tenemos la tarea de identificar los componentes específicos que determinan los flujos de efectivo relevantes de un proyecto. Necesitamos recordar los puntos mencionados en la "lista de verificación de flujos de efectivo" (tabla 12.1) al igual que las consideraciones fiscales que acabamos de ver. Es útil clasificar los flujos de efectivo de un proyecto en tres categorías según los tiempos:

1. *Flujo de salida inicial*: la inversión de efectivo neta inicial.

2. *Flujos de efectivo netos incrementales intermedios*: esos flujos de efectivo que ocurren después de la inversión inicial, pero que no incluyen el flujo de efectivo al final del periodo.

3. *Flujo de efectivo neto incremental anual terminal*: el flujo de efectivo neto final del periodo. (Este flujo de efectivo del periodo se resalta porque con frecuencia ocurre un conjunto particular de flujos de efectivo a la terminación del proyecto).

Flujo de efectivo inicial de salida. En general, el flujo de salida inicial para un proyecto se determina como se indica en la tabla 12.3. Como se observa, el costo del activo está sujeto a ajustes para reflejar la totalidad de los flujos de efectivo asociados con su adquisición. Estos flujos de efectivo incluyen costos de instalación, cambios en el capital de trabajo neto, ingresos sobre ventas resultado de la disposición de cualquier bien remplazado y ajustes de impuestos.

Flujos de efectivo netos incrementales intermedios. Después de hacer el desembolso inicial necesario para comenzar la implantación del proyecto, la empresa espera un beneficio de los flujos de efectivo de entrada futuros generados por el proyecto. En general, estos flujos de efectivo se pueden determinar siguiendo los pasos descritos en la tabla 12.4.

Observe que primero se deduce cualquier incremento (o se suma cualquier decremento) en la depreciación fiscal incremental relacionada con la aceptación del proyecto (véase el paso *b*) para determinar el "cambio neto en el ingreso antes de impuestos". Sin embargo, unos cuantos pasos después sumamos una vez más cualquier incremento (y se deduce cualquier decremento) en la depreciación fiscal (véase el paso *f*) al determinar los "flujos de efectivo netos incrementales del periodo". ¿Qué sucede? Bueno, la depreciación fiscal en sí, como recordará, es un cargo no erogable contra el ingreso operativo que reduce el ingreso gravable. Entonces debemos considerarla cuando determinamos el efecto incremental que la aceptación del proyecto tiene sobre los impuestos de la empresa. No obstante, al final necesitamos sumar otra vez cualquier incremento (y restar cualquier decremento) en la depreciación fiscal a nuestro resultado de "cambio neto en el ingreso después de impuestos" para no subestimar el efecto del proyecto en el flujo de efectivo.

Tabla 12.3

Formato básico para determinar el flujo de efectivo inicial de salida

a)		Costo de(l) bien(es) "nuevo(s)"
b)	+	Gastos capitalizados (costos instalación, de envío, etcétera)*
c)	+ (−)	Nivel aumentado (o disminuido) de capital de trabajo "neto"**
d)	−	Ingresos netos de venta de bienes "antiguos" si la inversión es una decisión de remplazo
e)	+ (−)	Impuestos (ahorros de impuestos) por la venta de bienes "antiguos" si la inversión es una decisión remplazo
f)	=	Flujo de efectivo inicial de salida

*Costo del bien más gasto capitalizado forman la base sobre la que se calcula la depreciación fiscal.
**Cualquier cambio en el capital de trabajo debe considerarse "neto" con respecto a cualquier cambio espontáneo en los pasivos corrientes que ocurre al poner en marcha el proyecto.

Tabla 12.4

Formato básico para determinar el flujo de efectivo neto incremental intermedio (por periodo)

a)		Incremento (o decremento) neto en ingreso operativo menos (más) cualquier incremento (decremento) en gastos de operación, excluyendo depreciación
b)	− (+)	Incremento (o decremento) neto en cargos de depreciación fiscal
c)	=	Cambio neto en ingreso antes de impuestos
d)	− (+)	Incremento (o decremento) neto en impuestos
e)	=	Cambio neto en ingreso después de impuestos
f)	+ (−)	Incremento (o decremento) neto en cargos por depreciación fiscal
g)	=	Flujo de efectivo neto incremental para el periodo

Tabla 12.5

Formato básico para determinar el flujo de efectivo neto incremental del último año

a)		Incremento (o decremento) neto en ingresos de operación menos (más) cualquier incremento (decremento) neto en gastos de operación, excluyendo depreciación
b)	−(+)	Incremento (o decremento) neto en cargos de depreciación fiscal
c)	=	Cambio neto en ingreso antes de impuestos
d)	−(+)	Incremento (o decremento) neto en impuestos
e)	=	Cambio neto en ingresos después de impuestos
f)	+(−)	Incremento (o decremento) neto en cargos de depreciación fiscal
g)	=	Flujo de efectivo incremental para el último año antes de las consideraciones de conclusión del proyecto
h)	+(−)	Valor de rescate final (costos de enajenación/reclamación) de "nuevos" bienes
i)	−(+)	Impuestos (ahorro de impuestos) por venta o enajenación de "nuevos" bienes
j)	+(−)	Nivel de decremento (o incremento) de capital de trabajo "neto"*
k)	=	Flujo de efectivo neto incremental del último año

*Cualquier cambio en el capital de trabajo debería considerarse "neto" con respecto a cualesquiera cambios espontáneos en pasivos corrientes que se registren porque el proyecto se terminó.

Tome nota

Es más probable que ocurran cambios relacionados con el proyecto en el capital de trabajo al inicio y al final del proyecto. La tabla 12.4 no muestra un ajuste separado recurrente para cambios en el capital de trabajo. Sin embargo, para cualquier periodo intermedio en el que ocurre un cambio material en el capital de trabajo, necesitaríamos ajustar el cálculo básico. Por lo tanto, debemos incluir un paso adicional en la determinación del "flujo de efectivo neto incremental intermedio". Entonces el concepto del renglón siguiente aparecería justo después del paso *f*): + (−) *Decremento (o incremento) en el nivel de capital de trabajo "neto"*, con cualquier cambio en el capital de trabajo que se considere "neto" con respecto a cualesquiera cambios espontáneos en los pasivos corrientes ocasionados por el proyecto en este periodo.

Flujo de efectivo neto incremental del último año. Por último, centramos la atención en determinar el flujo de efectivo incremental del proyecto en su año final o terminal de existencia. Aplicamos el mismo procedimiento paso a paso para el flujo de efectivo de este periodo que aplicamos en los periodos intermedios. Además, reconocemos de manera especial algunos flujos de efectivo que con frecuencia se relacionan sólo con la terminación del proyecto. Estos flujos de efectivo potenciales de fin de proyecto son: **1.** valor de rescate (costos de enajenación/reclamación) de cualquier bien vendido o desechado, **2.** impuestos (ahorros de impuestos) relacionados con la venta o enajenación de bienes y **3.** cualquier cambio en el capital de trabajo relacionado con la terminación del proyecto; en general, cualquier inversión de capital de trabajo inicial ahora se regresa como flujo de entrada de efectivo adicional. La tabla 12.5 resume todos los pasos necesarios y resalta los que están reservados especialmente para la terminación del proyecto.

● ● ● Ejemplo de expansión de activos

Para ilustrar la información necesaria para una decisión de presupuesto de capital, examinemos la siguiente situación. Faversham Fish Farm está considerando la introducción de una nueva instalación de descamado de pescado. Para hacerlo, necesitará gastar $90,000 en equipo especial. El equipo tiene una vida útil de cuatro años y se considera una propiedad dentro de la clase de tres años para fines fiscales. Los gastos de envío e instalación ascienden a $10,000 y la maquinaria tiene un valor de rescate final esperado, dentro de cuatro años, de $16,500. La maquinaria debe instalarse en una bodega abandonada junto a la planta del proceso principal. La antigua bodega no tiene otro uso económico.

No se necesita capital de trabajo "neto" adicional. El departamento de marketing calcula que el uso de la nueva instalación generará los siguientes flujos de efectivo de ingresos operativos netos adicionales, antes de considerar la depreciación y los impuestos:

	FINAL DEL AÑO			
	1	2	3	4
Flujos de efectivo netos	$35,167	$36,250	$55,725	$32,258

Suponiendo que la tasa de impuestos marginal es del 40%, ahora necesitamos estimar los flujos de efectivo incrementales relevantes del proyecto.

El primer paso es estimar el flujo de salida de efectivo inicial del proyecto:

	Paso A: Estimación inicial del flujo de salida de efectivo	
	Costo del "nuevo" bien	$ 90,000
+	Gastos capitalizados (envío e instalación)	10,000
=	Flujo de salida de efectivo inicial	$100,000

El siguiente paso incluye calcular los flujos de efectivo futuros incrementales.

		FINAL DEL AÑO			
		1	2	3	4
Paso B:	Cálculo de flujos de efectivo netos incrementales intermedios (años 1 a 3)				
	Cambio neto en ingresos de operación sin depreciación	$35,167	$36,250	$55,725	$32,258
−	Incremento neto en cargos por depreciación fiscal[a]	(33,330)	(44,450)	(14,810)	(7,410)
=	Cambio neto en ingresos antes de impuestos	$ 1,837	$ (8,200)	$40,915	$24,848
−(+)	Incremento (o decremento) neto en impuestos (tasa del 40%)	(735)	3,280[b]	(16,366)	(9,939)
=	Cambio neto en ingresos después de impuestos	$ 1,102	$ (4,920)	$24,549	$14,909
+	Incremento neto en cargos por depreciación fiscal	33,330	44,450	14,810	7,410
=	Flujos de efectivo netos incrementales para los años 1 a 3	$34,432	$39,530	$39,359	

	Paso C: Cálculo del flujo de efectivo neto incremental del último año	
=	Flujo de efectivo incremental para el último año antes de las consideraciones de finalización del proyecto	$22,319
+	Valor de rescate final de "nuevos" bienes	16,500
−	Impuestos por venta o enajenación de "nuevos" bienes	(6,600)[c]
=	Flujo de efectivo neto incremental del último año	$32,219

[a]Porcentajes de depreciación SMARC para la clase de propiedad de tres años contra el bien con una base de depreciación de $100,000.
[b]Supone que la pérdida fiscal protege otros ingresos de la empresa.
[c]Supone que el valor de rescate se recaptura de la depreciación y se grava a la tasa normal del 40%, es decir, $16,500(0.40) = $6,600.

Los flujos de efectivo netos incrementales del proyecto son

	FINAL DEL AÑO				
	0	1	2	3	4
Flujos de efectivo netos	($100,000)	$34,432	$39,530	$39,359	$32,219

De esta forma, para un flujo de salida inicial de $100,000, la compañía espera generar flujos de efectivo netos de $34,432, $39,530, $39,359 y $32,219 en los siguientes cuatro años. Estos datos representan la información de flujo de efectivo relevante que necesitamos para juzgar el atractivo del proyecto.

Para este momento, tal vez el lector esté ansioso por saber si Faversham Fish Farm va a aprobar la instalación de descamado. Sin embargo, dejaremos el análisis de flujos de efectivo para el siguiente capítulo. Nuestra preocupación, por el momento, simplemente es determinar la información relevante de los flujos de efectivo necesarios. Por ahora, este ejemplo de expansión se queda como "pendiente para el capítulo 13".

● ● ● Ejemplo de remplazo de activos

Para exponer un ejemplo un poco más complicado, supongamos que estamos considerando la compra de un nuevo molde para vidrios de automóviles que sustituirá uno antiguo y que debemos obtener la información de flujo de efectivo para evaluar la conveniencia de este proyecto. El precio de compra del nuevo molde es de $18,500 y se requieren $1,500 adicionales de instalación, con lo que el costo total sería de $20,000. El antiguo molde, que tiene una vida útil restante de cuatro años, se puede vender en su valor en libros (fiscal) depreciado de $2,000, pero no tendrá valor de rescate si se conserva hasta el final de su vida útil. Observe que como el valor de rescate es igual al valor en libros, los impuestos por la venta del antiguo molde son cero. El flujo de efectivo inicial de salida para el proyecto de inversión es, por lo tanto, de $18,000 como sigue:

	Costo del "nuevo" bien	$18,500
+	Gasto capitalizado (envío e instalación)	1,500
−	Producto neto de la venta del "antiguo" bien	(2,000)
+	Impuestos (ahorro fiscal) por la venta del "antiguo" bien	0
=	Flujo de efectivo inicial de salida	$18,000

La nueva máquina debería reducir los costos de mano de obra y mantenimiento, y generar otros ahorros de efectivo por un total de $7,100 al año antes de impuestos durante los siguientes cuatro años, después de lo cual tal vez no genere ahorros ni tenga valor de rescate. Estos ahorros representan los ahorros de ingresos operativos netos de la empresa si remplaza el antiguo molde por el nuevo. Recuerde, estamos preocupados por las diferencias en los flujos de efectivo entre el hecho de continuar utilizando el antiguo molde y el de remplazarlo por el nuevo.

Suponga que el nuevo molde que estamos considerando se ubica en la categoría de propiedad de tres años para la depreciación SMARC. Más aún, suponga lo siguiente con respecto al antiguo molde:

1. La base depreciable original era de $9,000.

2. El modelo está en la categoría de propiedad de tres años.

3. La vida depreciable restante es de dos años.

Como estamos interesados en el efecto incremental del proyecto, debemos restar los cargos por depreciación sobre el antiguo molde de los cargos por depreciación sobre el nuevo molde para obtener los cargos incrementales por depreciación asociados con el proyecto. A partir de la información proporcionada más los porcentajes adecuados de depreciación SMARC, podemos calcular la diferencia en los cargos de depreciación, resultado de la aceptación del proyecto. Los cálculos necesarios son los siguientes:

		AÑO			
		1	2	3	4
a)	Base de depreciación del nuevo molde	$20,000	$20,000	$20,000	$20,000
b) ×	Depreciación SMARC (%)	× 0.3333	× 0.4445	× 0.1481	× 0.0741
c) =	Depreciación periódica del nuevo molde	$ 6,666	$ 8,890	$ 2,962	$ 1,482
d)	Base de depreciación del antiguo molde	$ 9,000	$ 9,000	$ 9,000	$ 9,000
e) ×	Depreciación SMARC (%)	× 0.1481	× 0.0741	× 0	× 0
f) =	Depreciación periódica restante del antiguo molde	$ 1,333	$ 667	$ 0	$ 0
g)	Incremento neto en cargos por depreciación fiscal, renglón c) − renglón f)	$ 5,333	$ 8,223	$ 2,962	$ 1,482

Ahora podemos calcular los flujos de efectivo incrementales futuros, como sigue:

| | | FINAL DEL AÑO | | | |
		1	2	3	4
Flujos de efectivo netos incrementales intermedios (años 1 a 3)					
	Cambio neto en ingreso operativo, excluyendo depreciación	$7,100	$7,100	$7,100	$7,100
−	Incremento neto en cargos por depreciación fiscal	(5,333)	(8,223)	(2,962)	(1,482)
=	Cambio neto en ingreso antes de impuestos	$1,767	$ (1,123)	$4,138	$5,618
−(+)	Incremento (o decremento) neto en impuestos (tasa del 40%)	(707)	449[a]	(1,655)	(2,247)
=	Cambio neto en ingresos después de impuestos	$1,060	$ (674)	$2,483	$3,371
+	Incremento neto en cargos por depreciación fiscal	5,333	8,223	2,962	1,482
=	Flujos de efectivo neto incremental para los años 1 a 3	$6,393	$7,549	$5,445	

Flujo de efectivo neto incremental del último año		
=	Flujo de efectivo incremental para el año terminal antes de las consideraciones de finalización del proyecto	$4,853
+	Valor de rescate final del "nuevo" bien	0
−	Impuestos (ahorro fiscal) derivados de la venta o enajenación del "nuevo" bien	0
=	Flujo de efectivo neto incremental del último año	$4,853

[a]Supone que la pérdida fiscal protege otros ingresos de la empresa.

Los flujos de efectivo netos incrementales esperados del proyecto de remplazo son:

| | FINAL DEL AÑO | | | | |
	0	1	2	3	4
Flujos de efectivo netos	($18,000)	$6,393	$7,549	$5,445	$4,853

Entonces, por un flujo de salida inicial de $18,000, podemos remplazar un molde de vidrio antiguo con uno nuevo que se espera dé como resultado flujos de efectivo de $6,393, $7,549, $5,445 y $4,853 durante los siguientes cuatro años. Como en el ejemplo anterior, la información relevante de flujo de efectivo para fines de presupuesto de capital se expresa con base en incrementos, después de impuestos.

● ● ● El fin del principio

En este capítulo consideramos cómo generar propuestas de proyectos de inversión y cómo estimar la información relevante de flujo de efectivo que se necesita para evaluar una propuesta de inversión. En el siguiente capítulo continuaremos con nuestro análisis del proceso de presupuesto de capital. Ahí aprenderá cómo evaluar los flujos de efectivo incrementales del proyecto y cómo determinar qué proyectos deben aceptarse.

Puntos clave de aprendizaje

- *Presupuesto de capital* es el proceso de identificar, analizar y seleccionar los proyectos de inversión cuyos rendimientos (flujos de efectivo) se espera que duren más de un año.

- Específicamente, el presupuesto de capital incluye: **1.** generar propuestas de proyectos de inversión congruentes con los objetivos estratégicos de la empresa; **2.** estimar los flujos de efectivo operativos incrementales después de impuestos para los proyectos de inversión; **3.** evaluar los flujos de efectivo incrementales del proyecto; **4.** seleccionar proyectos según un criterio de aceptación que maximice el valor; y **5.** revaluar continuamente los proyectos de inversión implantados y realizar post-auditorías para los proyectos terminados.

- Puesto que el efectivo, y no el ingreso contable, es crucial para todas las decisiones de la empresa, expresamos los beneficios que esperamos recibir de un proyecto en términos de *flujos de efectivo* y no de flujos de ingreso.

- Los flujos de efectivo deben medirse de manera *incremental después de impuestos*. Además, nuestra preocupación se centra en los flujos operativos, no en los financieros.

- La depreciación fiscal bajo el Sistema Modificado Acelerado de Recuperación de Costos (Ley de reforma fiscal de 1986) tiene un efecto significativo en el tamaño y patrón de los flujos de efectivo. También la presencia de un valor de rescate (costos de enajenación/reclamación) y los cambios impulsados por el proyecto en los requerimientos de capital de trabajo afectan el tamaño y el patrón de los flujos de efectivo.

- Es útil clasificar los flujos de efectivo del proyecto en tres categorías basadas en el tiempo: **1.** el flujo de efectivo de salida inicial, **2.** los flujos de efectivo netos incrementales intermedios y **3.** el flujo de efectivo neto incremental del último año.

Preguntas

1. Cuando se examinan los flujos de efectivo relevantes, ¿por qué al inicio se deduce un incremento en depreciación fiscal y luego se suma otra vez al determinar el flujo de efectivo neto incremental del periodo?

2. En el presupuesto de capital, ¿debe ignorarse lo siguiente o más bien sumarse o restarse del precio de compra de la nueva máquina cuando se estima el flujo de salida de efectivo inicial? ¿Y cuando se estima la base de depreciación de la máquina?

   a) El valor de mercado de la máquina anterior es de $500, ya que le queda vida útil y la inversión es una decisión de remplazo.

   b) Se requiere una inversión adicional en inventario de $2,000.

   c) Se requieren $200 para enviar la nueva máquina a la planta.

   d) Los nuevos cimientos para la nueva máquina costarán $250.

   e) La capacitación del operario de la nueva máquina costará $300.

3. Al determinar los flujos de efectivo esperados de un nuevo proyecto de inversión, ¿por qué deben ignorarse los costos hundidos anteriores en las estimaciones?

4. Analice los ajustes que deben hacerse en el proceso de presupuesto de capital para compensar la inflación esperada.

5. ¿Cuál es el propósito de requerir más niveles de aprobación administrativa, cuando el gasto de capital propuesto es mayor? ¿También se requiere más información como apoyo de la solicitud?

6. ¿Cuál es la diferencia entre una inversión para expandir un producto y una inversión para remplazar equipo?

Problemas para autoevaluación

1. Pilsudski Coal Company está considerando el remplazo de dos máquinas, las cuales tienen tres años de antigüedad, por una máquina nueva más eficiente. Las dos máquinas viejas se pueden vender ahora en $70,000 en el mercado secundario, pero tendrán un valor de rescate final de cero si se conservan hasta el final del resto de su vida útil. Su base depreciable original asciende a $300,000. Tienen un valor en libros depreciado de $86,400 y una vida útil restante de ocho años. Se usa la depreciación SMARC en estas máquinas y se ubican en la clase de propiedad de cinco años. La nueva máquina se puede comprar e instalar por $480,000. Tiene una vida útil de ocho años, al final de los cuales se espera un valor de rescate de $40,000. La máquina se ubica en la clase de propiedad de cinco años para fines de recuperación de costo acelerada (depreciación). Gracias a su mayor eficiencia, se espera que la nueva máquina dé como resultado un ahorro operativo anual incremental de $100,000. La tasa fiscal corporativa es del 40% y, si ocurre una pérdida en cualquiera de los años del proyecto, se supone que la compañía puede compensarla contra otros de sus ingresos.

   ¿Cuáles son los flujos de entrada de efectivo incrementales durante los ocho años y cuál es el flujo de salida de costo en el tiempo 0?

2. Fresno Finial Fabricating Works está considerando automatizar su departamento de moldeo y ensamblaje. El gerente de planta, Mel Content, ha acumulado la siguiente información:
   - El resultado de la propuesta de automatización será una reducción de costos de mano de obra de $150,000 anuales.
   - Se espera que el costo de los defectos siga en $5,000 incluso si se acepta la propuesta de automatización.
   - Deberá comprarse nuevo equipo con un costo de $500,000. Para fines del reporte financiero, el equipo se depreciará linealmente durante su vida útil de cuatro años. No obstante, para fines fiscales, el equipo se ubica en la clase de propiedad de tres años y se depreciará con base en los porcentajes de depreciación del SMARC. El valor de rescate final del nuevo equipo se estima en $50,000.
   - Los costos anuales de mantenimiento aumentarán de $2,000 a $8,000 si se compra el nuevo equipo.
   - La compañía está sujeta a una tasa de impuestos marginal del 40 por ciento.
   ¿Cuáles son los flujos de efectivo de entrada incrementales durante la vida útil de la propuesta y cuál es el flujo de efectivo de salida incremental en el tiempo 0?

Problemas

1. Tal vez la empresa Thoma Pharmaceutical Company compre equipo para pruebas de ADN con costo de $60,000. Se espera que este equipo reduzca los costos de mano de obra del personal clínico en $20,000 anuales. El equipo tiene una vida útil de cinco años, pero está en la clase de propiedad de tres años para fines de recuperación de costo (depreciación). No se espera valor de rescate al final. La tasa fiscal corporativa para Thoma (que combina impuestos federales y estatales) es del 38% y su tasa de rendimiento requerida es del 15 por ciento. (Si las ganancias después de impuestos sobre el proyecto son negativas en cualquier año, la empresa compensará la pérdida contra otros ingresos en ese año). Con base en esta información, ¿cuáles son los flujos de efectivo relevantes?

2. En el problema 1, suponga que se espera un 6% de inflación en los ahorros de mano de obra durante los últimos cuatro años, de manera que los ahorros el primer año serán de $20,000, en el segundo serán de $21,200, y así sucesivamente.
   a) Con base en esta información, ¿cuáles son los flujos de efectivo relevantes?
   b) Si se necesitara capital de trabajo de $10,000 adicionales al costo del equipo y esta inversión adicional fuera necesaria durante la vida del proyecto, ¿cuál sería el efecto sobre los flujos de efectivo relevantes? [Todo lo demás es igual que en el problema 2, inciso a)].

3. La ciudad de San José debe sustituir varios de sus camiones con mezcladora de concreto por otros nuevos. Ha recibido dos cotizaciones y evaluado con detalle las características de los diferentes camiones. El modelo Rockbuilt, que cuesta $74,000 es un equipo moderno de primera línea. Tiene vida útil de ocho años, suponiendo que el motor se reconstruya en el quinto. Se esperan costos de mantenimiento de $2,000 al año durante los primeros cuatro años, seguidos de los costos de mantenimiento total y reconstrucción de $13,000 en el quinto año. Durante los últimos tres años, se esperan costos anuales de mantenimiento de $4,000. Al final de los ocho años, el camión tendrá un valor de rescate de $9,000.

   La cotización de Bulldog Trucks, Inc., es de $59,000 por camión. Los costos de mantenimiento serán más altos. Se espera que el primer año sean de $3,000 y que esta cantidad aumente $1,500 por año hasta el octavo. En el cuarto año el motor necesitará reconstrucción, lo que costará a la compañía $15,000, además de los costos de mantenimiento de ese año. Se estima que al final de los ocho años el camión Bulldog tendrá un valor de rescate de $5,000.

   a) ¿Cuáles son los flujos de efectivo relevantes relacionados con los camiones de cada cotización? Ignore las consideraciones fiscales porque la ciudad de San José no paga impuestos.

   b) Usando las cifras determinadas en el inciso *a)*, ¿cuáles son los ahorros de flujo de efectivo cada año que se pueden obtener al decidirse por el camión más costoso? (Esto es, calcule las diferencias en el flujo de efectivo periódico entre las dos secuencias de flujo de efectivo; suponga que cualquier ahorro en el costo neto es un beneficio).

4. US Blivet está contemplando la compra de una máquina de extrusión más avanzada para sustituir la que usan actualmente en su proceso de producción. Los ingenieros de producción aseguran que la nueva máquina entregará el volumen actual de producción con mayor eficiencia. Ellos observan los siguientes hechos que apoyan su afirmación:

   • La máquina antigua se puede usar cuatro años más. Tiene un valor de rescate *actual* de $8,000, pero si se conserva hasta el final de su vida útil, tendrá un valor de rescate *final* de $2,000. Éste será el último año que se deprecie esa máquina, y la cantidad de $4,520 de depreciación es igual al valor en libros (fiscal) depreciado restante de la máquina.

   • La nueva máquina de extrusión avanzada cuesta $60,000. Su valor de rescate final se proyecta en $15,000 al final de los cuatro años de vida útil. La nueva máquina se ubica en la clase de propiedad de tres años para la depreciación SMARC.

   • La nueva máquina reducirá el uso de mantenimiento y mano de obra en $12,000 anuales.

   • Los impuestos sobre las ganancias incrementales se pagan a una tasa del 40 por ciento.

   Calcule los flujos de efectivo incrementales anuales esperados para los años 1 a 4, al igual que el flujo de efectivo inicial de salida estimado.

5. En el problema 4, suponga que acaba de descubrir que los ingenieros de producción se equivocaron dos veces en sus afirmaciones de los hechos relevantes con respecto a la compra potencial de la nueva máquina.

   • Los ingenieros no observaron que además del precio de facturación de $60,000 por la nueva máquina, deben pagarse $2,000 de instalación.

   • El valor de rescate *actual* de la antigua máquina no es de $8,000, sino sólo de $3,000.

   Con base en esta nueva información, ¿cuáles son los flujos de efectivo relevantes para estos problemas de remplazo?

Soluciones a los problemas para autoevaluación

1. Flujos de entrada de efectivo incrementales:

	FINAL DEL AÑO			
	1	2	3	4
1. Ahorros	$100,000	$100,000	$100,000	$100,000
2. Depreciación, nueva	96,000	153,600	92,160	55,296
3. Depreciación, antigua	34,560	34,560	17,280	0
4. Depreciación incremental renglón (2) − renglón (3)	61,440	119,040	74,880	55,296
5. Cambio en la ganancia antes de impuestos renglón (1) − renglón (4)	38,560	(19,040)	25,120	44,704
6. Impuestos renglón (5) × (40%)	15,424	(7,616)	10,048	17,882
7. Cambio en la ganancia después de impuestos renglón (5) − renglón (6)	23,136	(11,424)	15,072	26,822

	FINAL DEL AÑO			
	1	2	3	4
8. Cambio en el flujo de efectivo operativo renglón (7) + renglón (4) o renglón (1) − renglón (6)	84,576	107,616	89,952	82,118
9. Valor de rescate × (1 − 0.40)	0	0	0	0
10. Flujo de efectivo neto renglón (8) + renglón (9)	**$ 84,576**	**$107,616**	**$ 89,952**	**$ 82,118**

	FINAL DEL AÑO			
	5	6	7	8
1. Ahorros	$100,000	$100,000	$100,000	$100,000
2. Depreciación, nueva	55,296	27,648	0	0
3. Depreciación, antigua	0	0	0	0
4. Depreciación incremental renglón (2) − renglón (3)	55,296	27,648	0	0
5. Cambio en ganancias antes de impuestos renglón (1) − renglón (4)	44,704	72,352	100,000	100,000
6. Impuestos renglón (5) × (40%)	17,882	28,941	40,000	40,000
7. Cambio en ganancias después de impuestos renglón (5) − renglón (6)	26,822	43,411	60,000	60,000
8. Cambio en el flujo de efectivo operativo renglón (7) + renglón (4) o renglón (1) − renglón (6)	82,118	71,059	60,000	60,000
9. Valor de rescate × (1 − 0.40)	0	0	0	24,000
10. Flujo de efectivo neto renglón (8) + renglón (9)	**$ 82,118**	**$ 71,059**	**$ 60,000**	**$ 84,000**

El flujo de salida de efectivo incremental en el tiempo 0 (flujo de salida inicial)

Costo − Venta de máquinas antiguas − Ahorros de impuestos en pérdida en libros
$480,000 − $70,000 − (0.40)($86,400 − $70,000) = $403,440

2. Flujos de efectivo de entrada incrementales:

	FINAL DEL AÑO			
	1	2	3	4
1. Ahorro en mano de obra	$150,000	$150,000	$150,000	$150,000
2. Mantenimiento incremental	6,000	6,000	6,000	6,000
3. Depreciación	166,650	222,250	74,050	37,050
4. Cambio en ganancias antes de impuestos renglón (1) – renglón (2) – renglón (3)	(22,650)	(78,250)	69,950	106,950
5. Impuestos renglón (4) × (40%)	(9,060)	(31,300)	27,980	42,780
6. Cambio en ganancias después de impuestos renglón (4) – renglón (5)	(13,590)	(46,950)	41,970	64,170
7. Cambio en flujo de efectivo operativo renglón (6) + renglón (3) *o* renglón (1) – renglón (2) – renglón (5)	153,060	175,300	116,020	101,220
8. Valor de rescate × (1 – 0.40)	0	0	0	30,000
9. Flujo de efectivo neto renglón (7) + renglón (8)	**$153,060**	**$175,300**	**$116,020**	**$131,220**

Flujos de salida de efectivo incrementales en el tiempo 0 (flujo de salida inicial) = **$500,000** (en este caso, simplemente el costo del proyecto).

Referencias seleccionadas

Barwise, Patrick, Paul R. Marsh y Robin Wensley. "Must Finance and Strategy Clash?". *Harvard Business Review* 67 (septiembre-octubre, 1989), 85-90.

Bierman, Harold, Jr. y Seymour Smidt. *The Capital Budgeting Decision: Economic Analysis of Investment Projects*, 8a. ed. Nueva York: Macmillan, 1993.

Levy, Haim y Marshall Sarnat. *Capital Investment and Financial Decisions*, 5a. ed. Englewood Cliffs, NJ: Prentice Hall, 1994.

Rappaport, Alfred y Robert A. Taggart, Jr. "Evaluation of Capital Expenditure Proposals under Inflation". *Financial Management* 11 (primavera, 1982), 5-13.

Seitz, Neil y Mitch Ellison. *Capital Budgeting and Long-Term Financing Decisions*, 4a. ed. Mason, OH: South-Western, 2004.

Shapiro, Alan C. "Corporate Strategy and the Capital Budgeting Decision". *Midland Corporate Finance Journal* 3 (primavera, 1985), 22-36.

Van Horne, James C. "A Note on Biases in Capital Budgeting Introduced by Inflation". *Journal of Financial and Quantitative Analysis* 6 (enero, 1971), 653-658.

La parte V del sitio Web del libro, *Wachowicz's Web World*, contiene vínculos a muchos sitios de finanzas y artículos en línea relacionados con los temas cubiertos en este capítulo (http://web.utk.edu/~jwachowi/part5.html)

13

Técnicas para elaborar
el presupuesto de capital

Contenido

- **Evaluación y selección de proyectos: Métodos alternativos**
  Periodo de recuperación • Tasa interna de rendimiento • Valor presente neto • Índice de rentabilidad

- **Dificultades potenciales**
  Dependencia y exclusión mutua • Problemas de clasificación • Tasas internas de rendimiento múltiples • Racionamiento de capital • Estimaciones puntuales

- **Supervisión de proyectos: Revisiones de avance y post-auditorías**

- **Puntos clave de aprendizaje**

- **Apéndice A: Tasas internas de rendimiento múltiples**

- **Apéndice B: Análisis de la cadena de remplazo**

- **Preguntas**

- **Problemas para autoevaluación**

- **Problemas**

- **Soluciones a los problemas para autoevaluación**

- **Referencias seleccionadas**

Objetivos

Después de estudiar el capítulo 13, usted será capaz de:

- Comprender el método del periodo de recuperación (PR) para evaluar y seleccionar proyectos, incluyendo *a*) cálculos, *b*) criterios de aceptación, *c*) ventajas y desventajas y *d*) enfoque sobre la liquidez en oposición al de la rentabilidad.

- Comprender los tres métodos principales de flujos de efectivo descontados (FED) para evaluación y selección de proyectos: tasa interna de rendimiento (TIR), valor presente neto (VPN) e índice de rentabilidad (IR).

- Explicar los cálculos, los criterios de aceptación y las ventajas (sobre el método de PR) para cada uno de los tres métodos principales de FED.

- Definir, construir e interpretar una gráfica llamada "perfil de VPN".

- Entender por qué calificar las propuestas de proyectos con base en los métodos de TIR, VPN e IR "puede" llevar a conflictos en la jerarquía.

- Describir situaciones en las que la calificación de proyectos es necesaria y justificar cuándo usar los métodos TIR, VPN o IR para calificar.

- Comprender la manera en que el "análisis de sensibilidad" nos permite poner en duda las estimaciones puntuales usadas en el análisis de presupuesto de capital tradicional.

- Explicar el papel y el proceso de supervisión de proyectos, incluyendo "revisiones de avance" y "postauditorías".

"Estos jeroglíficos evidentemente tienen significado. Si es meramente arbitrario, podría ser imposible para nosotros resolverlo. Si, por otro lado, es sistemático, no dudo que llegaremos al fondo del asunto".

—SHERLOCK HOLMES
La aventura de los bailarines

Una vez que determinamos la información de flujo de efectivo relevante necesaria para tomar decisiones de presupuesto de capital, debemos evaluar la conveniencia de las diferentes propuestas de inversión bajo consideración. La decisión de inversión será aceptar o rechazar cada propuesta. En este capítulo estudiamos varios métodos de evaluación y selección de proyectos. Además, analizamos algunas dificultades potenciales al tratar de aplicar estos métodos.

Evaluación y selección de proyectos: Métodos alternativos

En esta sección analizamos cuatro métodos diferentes de evaluación y selección de proyectos que se utilizan al presupuestar capital:

1 Periodo de recuperación.

2. Tasa interna de rendimiento.

3. Valor presente neto.

4. Índices de rentabilidad.

Flujo de efectivo descontado (FED)
Cualquier método de evaluación y selección de proyectos de inversión que ajuste flujos de efectivo en el tiempo al valor del dinero en el tiempo.

El primero es un método sencillo aditivo para obtener el valor de un proyecto. Los métodos restantes son técnicas más complejas de **flujo de efectivo descontado (FED)**. Para simplificar, supondremos en adelante que los flujos de efectivo se realizan al final de cada año. Además, seguimos con la suposición del capítulo 12 de que cualquier propuesta de inversión no cambia la composición de negocio-riesgo total de la empresa. Esta suposición nos permite usar una sola tasa de rendimiento requerida al juzgar si es conveniente o no aceptar un proyecto según las distintas técnicas de flujo de efectivo descontado. En el capítulo 14 tomaremos en cuenta la posibilidad de que diferentes proyectos de inversión puedan tener distintos grados de riesgo en los negocios.

● ● ● Periodo de recuperación

Periodo de recuperación (PR)
Periodo requerido para que los flujos de efectivo acumulados esperados de un proyecto de inversión sean iguales al flujo de salida de efectivo inicial.

El **periodo de recuperación (PR)** de un proyecto de inversión nos dice el número de años requeridos para recuperar la inversión de efectivo inicial con base en los flujos de efectivo esperados. Suponga que deseamos determinar el periodo de recuperación para la nueva instalación de descamado de pescado que mencionamos en el capítulo anterior. En esa ocasión determinamos que para un flujo de salida inicial de $100,000, Faversham Fish Farm espera generar flujos de efectivo de $34,432, $39,530, $39,359 y $32,219 durante los siguientes cuatro años. Registramos los flujos de efectivo en una columna y seguimos unas reglas sencillas para calcular el periodo de recuperación.

AÑO	FLUJOS DE EFECTIVO	FLUJOS DE ENTRADA ACUMULADOS
0	($100,000)(−b)	
1	34,432	$ 34,432
2(a)	39,530	73,962(c)
3	39,359(d)	113,321
4	32,219	145,540

Nota: $PR = a + (b − c)/d = 2.66$ años.

Pasos:

1. Acumule los flujos de efectivo que se presentan después del primer desembolso en una columna de "flujos de entrada acumulados".

2. Observe la columna de "flujos de entrada acumulados" y vea el último año (un número entero) para el que el total acumulado no exceda el desembolso inicial. (En nuestro ejemplo, ése sería el año 2).

3. Calcule la fracción del flujo de entrada de efectivo del siguiente año necesario para pagar el desembolso de efectivo inicial como sigue: tome el desembolso inicial menos el total acumulado del paso 2, luego divida esa cantidad entre el flujo de entrada del año siguiente. [Para el ejemplo, tenemos ($100,000 − $73,962)/$39,359 = 0.66].

4. Para obtener el periodo de recuperación en años, se toma el número entero determinado en el paso 2 y se le suma la fracción de un año determinada en el paso 3. (Nuestro periodo de recuperación es 2 más 0.66, o **2.66 años**).

Criterio de aceptación. Si el periodo de recuperación calculado es menor que algún periodo de recuperación máximo aceptable, la propuesta se acepta; de lo contrario, se rechaza. Si el periodo de recuperación requerido fuera de tres años, nuestro proyecto se aceptaría.

Problemas. Una desventaja importante del método de periodo de recuperación es que no considera los flujos de efectivo que ocurren después de la expiración del periodo de recuperación; en consecuencia, no se puede ver como una medida de rentabilidad. Dos propuestas que cuestan $10,000, cada una, tendrán el mismo periodo de recuperación si ambas tienen flujos de entrada de efectivo netos anuales de $5,000 los primeros dos años; pero cabe esperar que uno de los proyectos no genere flujos de efectivo sino hasta después de dos años, mientras que puede esperarse que el otro genere flujos de efectivo de $5,000 cada uno de los siguientes tres años. Por lo tanto, el método de periodo de recuperación resulta engañoso como medida de la rentabilidad.

Además de esta desventaja, el método ignora el valor del dinero en el tiempo. Simplemente suma flujos de efectivo sin importar el momento en que se presenten esos flujos.[1] Por último, el periodo de recuperación máximo aceptable, que sirve como estándar de corte, es una elección puramente subjetiva.

Aunque es una medida inadecuada de la rentabilidad, el periodo de recuperación sí da un indicio aproximado de la liquidez de un proyecto. Muchos administradores lo usan también como medida aproximada del riesgo del proyecto; pero, como se verá en el siguiente capítulo, otros enfoques analíticos funcionan mucho mejor para determinar el riesgo. El periodo de recuperación da un panorama útil, pero es mejor utilizarlo como complemento de los métodos de flujo de efectivo descontado.

● ● ● Tasa interna de rendimiento

Al considerar las diferentes desventajas del método de periodo de recuperación, casi siempre se piensa que los métodos de flujo de efectivo descontado ofrecen una base más objetiva para evaluar y seleccionar los proyectos de inversión. Estos métodos toman en cuenta tanto la magnitud como el tiempo de los flujos de efectivo esperados cada periodo de la vida de un proyecto. Los accionistas, por ejemplo, otorgan un valor más alto a un proyecto de inversión que promete ingresos de efectivo durante los siguientes cinco años que a un proyecto que promete flujos de efectivo idénticos en los años 6 a 10. En consecuencia, el tiempo de los flujos de efectivo esperados es de gran importancia en la decisión de inversión.

El método de flujo de efectivo descontado nos permite captar las diferencias en los tiempos de los flujos de efectivo para varios proyectos durante el proceso de descuento. Además, según el descuento elegido (o tasa de rendimiento mínimo aceptable), podemos también tomar en cuenta el riesgo del

---

[1] Véase la pregunta 10 al final del capítulo, que trata el concepto de *periodo de recuperación "descontado"*.

proyecto. Los tres métodos principales de flujo de efectivo descontado son tasa interna de rendimiento (TIR), valor presente neto (VPN) e índice de rentabilidad (IR). Explicaremos cada uno de ellos. Esta presentación se basa en los fundamentos establecidos en el capítulo 3, cuando explicamos el valor del dinero en el tiempo, y en el capítulo 4 cuando estudiamos los rendimientos de seguridad.

Tasa interna de rendimiento o de retorno (TIR) Tasa de descuento que iguala el valor presente de los flujos de efectivo netos futuros de un proyecto de inversión con el flujo de salida inicial del proyecto.

La **tasa interna de rendimiento o de retorno (TIR)** para una propuesta de inversión es la tasa de descuento que iguala el valor presente de los flujos de efectivo (FE) esperados con el flujo de salida inicial (FSI). Si el flujo de salida inicial o costo ocurre en el tiempo 0, se representa por la tasa, TIR, de tal manera que

$$FSI = \frac{FE_1}{(1 + TIR)^1} + \frac{FE_2}{(1 + TIR)^2} + \ldots + \frac{FE_n}{(1 + TIR)^n} \qquad (13.1)$$

Así, la TIR es la tasa de interés que descuenta la serie de flujos de efectivo netos futuros (FE_1 a FE_n) para igualar en valor presente el flujo de salida inicial (FSI) en el tiempo 0. Para la instalación de descamado de pescado, el problema se puede expresar como

$$\$100{,}000 = \frac{\$34{,}432}{(1 + TIR)^1} + \frac{\$39{,}530}{(1 + TIR)^3} + \frac{\$39{,}359}{(1 + TIR)^3} + \frac{\$32{,}219}{(1 + TIR)^4}$$

Interpolación. Despejar la tasa interna de rendimiento, TIR, algunas veces requiere el procedimiento de prueba y error usando las tablas de valor presente. Por fortuna, existen programas de computadora y calculadoras programadas para obtenerla. Esto ayuda a eliminar los arduos cálculos que implica el procedimiento de prueba y error. Aun así, en ocasiones, por necesidad, debemos recurrir a este método. Para ilustrar, considere de nuevo el ejemplo. Queremos determinar la tasa de descuento que hace que el valor presente de los flujos de efectivo netos futuros sea igual al flujo de salida inicial. Suponga que comenzamos con una tasa de descuento del 15% y calculamos el valor presente de la serie de flujos de efectivo. Usamos la tabla II del apéndice al final del libro para obtener los factores de interés de valor presente apropiados. [De manera alternativa, podemos usar repetidas veces la ecuación $FIVP_{i,n} = 1/(1 + i)^n$.]

AÑO	FLUJOS DE EFECTIVO NETOS		FIVP AL 15%		VALORES PRESENTES
1	$34,432	×	0.870	=	$ 29,955.84
2	39,530	×	0.756	=	29,884.68
3	39,359	×	0.658	=	25,898.22
4	32,219	×	0.572	=	18,429.27
					$104,168.01

La tasa de descuento del 15% produce un valor presente para el proyecto que es mayor que el flujo de salida inicial de $100,000. Por lo tanto, necesitamos intentar una tasa de descuento más alta para que el valor presente de los flujos de efectivo futuros baje a $100,000. Intentaremos con una tasa de descuento del 20 por ciento.

AÑO	FLUJOS DE EFECTIVO NETOS		FIVP AL 20%		VALORES PRESENTES
1	$34,432	×	0.833	=	$28,681.86
2	39,530	×	0.694	=	27,433.82
3	39,359	×	0.579	=	22,788.86
4	32,219	×	0.482	=	15,529.56
					$94,434.10

Esta vez la tasa de descuento elegida fue muy alta. El valor presente obtenido es menor que la cifra que queremos de $100,000. La tasa de descuento necesaria para descontar la serie de flujos de efectivo hasta $100,000 debe, por lo tanto, estar entre el 15 y 20 por ciento.

Valor presente al 15% > *FSI* > Valor presente al 20%
$104,168.01 > $100,000 > $94,434.10

Para aproximar la tasa real, **interpolamos** entre el 15 y 20% como sigue:

$$0.05 \left[X \begin{bmatrix} 0.15 & \$104{,}168.01 \\ TIR & \$100{,}000.00 \\ 0.20 & \$\ 94{,}434.10 \end{bmatrix} \$4{,}168.01 \right] \$9{,}733.91$$

$$\frac{X}{0.05} = \frac{\$4{,}168.01}{\$9{,}733.91} \qquad \text{Por lo tanto,} \qquad X = \frac{(0.05) \times (\$4{,}168.01)}{\$9{,}733.91} = 0.0214$$

y $TIR = 0.15 + X = 0.15 + 0.0214 = 0.1714$, es decir, **17.14 por ciento**. (Al despejar la TIR por computadora se obtiene 17.04%, que en este caso es muy cercano a nuestra respuesta aproximada).

Si el flujo de efectivo es una serie uniforme de flujos de entrada (una anualidad) y el flujo de salida inicial ocurre en el tiempo 0, no hay necesidad de un enfoque de prueba y error. Simplemente dividimos el flujo de salida inicial entre el ingreso periódico y buscamos el factor de descuento más cercano en una tabla de factores de interés de valor presente para una anualidad (*FIVPA*). Esto se debe a que para una serie de flujos de efectivo netos que son una anualidad, tenemos

$$FSI = (FIVPA_{TIR,n}) \times \text{(flujo de efectivo periódico)} \tag{13.2}$$

Al reordenar términos se obtiene

$$(FIVPA_{TIR,n}) = FSI/\text{(flujo de efectivo periódico)} \tag{13.3}$$

Modificaremos el ejemplo; supongamos que al flujo de salida inicial de \$100,000 siguen cuatro entradas anuales de \$36,000. Dividimos \$100,000 entre \$36,000 y obtenemos 2.778. El factor de descuento más cercano en el renglón de cuatro periodos en la tabla IV del apéndice al final del libro es 2.798, y esta cifra corresponde a una tasa de descuento del 16 por ciento. Como 2.778 es menor que 2.798, sabemos que la tasa real está entre el 16 y 17% e interpolamos si necesitamos una respuesta más exacta. Como se ha visto, cuando la serie de flujos de efectivo es una serie desigual, la tarea es más difícil. En esos casos debemos recurrir a prueba y error. Con práctica, una persona puede llegar sorprendentemente cerca en la selección de la tasa de descuento de la cual partir.

Criterio de aceptación. El criterio de aceptación que se usa en general con el método de tasa interna de rendimiento es comparar la tasa interna de rendimiento con la tasa de rendimiento requerida, conocida como la **tasa de rendimiento mínimo aceptable**. Suponemos por ahora que la tasa de rendimiento requerida está dada. Si la tasa interna de rendimiento excede la tasa requerida, el proyecto se acepta; de lo contrario, se rechaza. Si la tasa de rendimiento requerida es del 12% en el problema de ejemplo y se usa el método de tasa interna de rendimiento, la propuesta de inversión se aceptará. Si la tasa de rendimiento requerida es el rendimiento que los inversionistas esperan que la empresa gane sobre el proyecto, aceptarlo con una tasa interna de rendimiento mayor que la requerida debe dar como resultado un incremento en el precio de mercado de las acciones. Esto se debe a que la empresa acepta un proyecto con una tasa de rendimiento mayor que la requerida para mantener el precio de mercado actual por acción. Un ejemplo es el criterio de aceptación de Anheuser-Busch para las inversiones. (Véase la presentación de Anheuser-Busch en la siguiente página).

● ● ● **Valor presente neto**

Igual que el método de la tasa interna de rendimiento, el método del valor presente neto es un enfoque de flujo de efectivo descontado para el presupuesto de capital. El **valor presente neto** (VPN) de una inversión es el valor presente de los flujos de efectivo netos de una propuesta menos el flujo de salida inicial de esa propuesta. Al expresarlo en fórmula tenemos

$$VPN = \frac{FE_1}{(1+k)^1} + \frac{FE_2}{(1+k)^2} + \ldots + \frac{FE_n}{(1+k)^n} - FSI \tag{13.4}$$

donde k es la tasa de rendimiento requerida, y todas las demás variables son las que se definieron anteriormente.

Anheuser-Busch y sus inversiones de capital

ANHEUSER ✦ BUSCH
Companies

La compañía tiene un procedimiento de revisión intensivo y formal para la autorización de gastos de capital, donde la medida financiera más importante de aceptación para un proyecto de capital discrecional es el grado en el que su rendimiento sobre la inversión en la proyección del flujo de efectivo descontado excede el costo de capital de compañía.

Fuente: Anheuser-Busch Companies, Inc., Reporte anual, 2006, p. 36. © 2006 Anheuser-Busch Companies, Inc. Usado con permiso. Todos los derechos reservados.

Criterio de aceptación. Si el valor presente neto de un proyecto de inversión es cero o más, el proyecto se acepta; en caso contrario, se rechaza. Otra manera de expresar el criterio de aceptación es decir que se aceptará si el valor presente de los flujos de efectivo de entrada excede el valor presente de los flujos de efectivo de salida. El razonamiento que respalda el criterio de aceptación es el mismo que el del método de la tasa interna de rendimiento. Si la tasa de rendimiento requerida es la que esperan los inversionistas que la empresa gane sobre la propuesta de inversión y la empresa acepta una propuesta con un valor presente neto mayor que cero, el valor de mercado de las acciones debe subir. De hecho, si la tasa de rendimiento requerida, o tasa de descuento, se selecciona correctamente, el precio de mercado total de las acciones de la empresa debe cambiar en una cantidad igual al valor presente neto del proyecto. Así, aceptar un proyecto con valor presente neto igual a cero debe dejar sin cambio el precio de mercado de las acciones de la empresa.

Si suponemos una tasa de rendimiento requerida del 12% después de impuestos, el valor presente neto del ejemplo anterior será

$$VPN = \frac{\$34,432}{(1+0.12)^1} + \frac{\$39,530}{(1+0.12)^2} + \frac{\$39,359}{(1+0.12)^3} + \frac{\$32,219}{(1+0.12)^4} - \$100,000$$

o, de manera alternativa,

$$VPN = \$34,432(FIVP_{12\%,1}) + \$39,530(FIVP_{12\%,2}) + \$39,359(FIVP_{12\%,3})$$
$$+ \$32,219(FIVP_{12\%,4}) - \$100,000$$
$$= \$30,748 + \$31,505 + \$28,024 + \$20,491 - \$100,000$$
$$= \mathbf{\$10,768}$$

Una vez más, el problema se puede resolver por computadora, con calculadora o con la referencia apropiada de la tabla de valor presente en el apéndice al final del libro. Considerando que el valor presente neto de esta propuesta es mayor que cero, la propuesta debería aceptarse, según el método de valor presente neto.

Perfil de VPN. En general, los métodos de valor presente neto y de tasa interna de rendimiento llevan a la misma decisión de aceptación o rechazo. En la figura 13.1 ilustramos gráficamente los dos métodos aplicados al proyecto del ejemplo. La gráfica, llamada **perfil de VPN**, muestra la relación curvilínea entre el valor presente neto para un proyecto y la tasa de descuento empleada. Cuando la tasa de descuento es cero, el valor presente neto es simplemente el total de flujos de entrada de efectivo menos el total de flujos de salida de efectivo del proyecto. Suponiendo un *proyecto convencional* —uno en el que los flujos de entrada totales exceden a los flujos de salida totales y donde los flujos iniciales de salida van seguidos de flujos de entrada—, el valor presente neto más alto se presentará cuando la tasa de descuento sea cero. Conforme la tasa de descuento aumenta, el perfil del valor presente neto adquiere una pendiente hacia abajo a la derecha. En el punto en que la curva cruza el eje horizontal en la gráfica, el valor presente neto del proyecto es cero. Por definición, la tasa de descuento en ese

Perfil del VPN Gráfica que muestra la relación entre el valor presente neto de un proyecto y la tasa de descuento empleada.

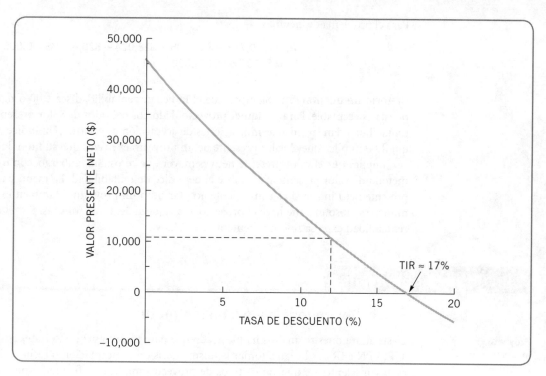

Figura 13.1

Perfil del valor presente neto para la instalación de descamado de pescado, que muestra el valor presente neto calculado del proyecto para un rango amplio de tasas de descuento

punto representa la tasa interna de rendimiento, es decir, la tasa de descuento a la que el valor presente neto del proyecto es igual a cero. Para tasas de descuento mayores que la tasa interna de rendimiento, el valor presente neto del proyecto es negativo.

Si la tasa de rendimiento requerida es menor que la tasa interna de rendimiento, se aceptaría el proyecto usando cualquier método. Suponga que la tasa de rendimiento requerida es del 12 por ciento. Como se ve en la figura 13.1, el valor presente neto del proyecto es un poco más de $10,000. (De los cálculos anteriores del valor presente neto, sabemos que es $10,768). Puesto que el valor presente neto del proyecto es mayor que cero, aceptaríamos el proyecto usando el método del valor presente neto. De manera similar, aceptaríamos el proyecto usando el método de la tasa interna de rendimiento porque ésta (alrededor del 17%) excede la tasa de rendimiento requerida (12%). Para tasas requeridas mayores que la tasa interna de rendimiento, rechazaríamos el proyecto con cualquiera de los dos métodos. Así, vemos que los métodos de tasa interna de rendimiento y de valor presente neto nos dan respuestas idénticas con respecto a la aceptación o el rechazo de un proyecto de inversión.

Consejo

Cuanto mayor sea el número de datos graficados, más preciso será el perfil de VPN resultante. Sin embargo, una aproximación útil del perfil de VPN de un proyecto convencional con frecuencia puede ser el resultado de graficar y unir tal vez sólo tres puntos: el VPN para una tasa de descuento del 0%, el VPN para la tasa de rendimiento requerida y el VPN para la TIR del proyecto.

Índice de rentabilidad (IR) La razón entre el valor presente neto de los flujos de efectivo netos futuros de un proyecto y su flujo de salida inicial.

● ● ● Índice de rentabilidad

El **índice de rentabilidad (IR)**, o razón costo-beneficio, de un proyecto es la razón entre el valor presente de los flujos de efectivo netos futuros y el flujo de salida inicial. Se expresa como

$$IR = \left[\frac{FE_1}{(1+k)^1} + \frac{FE_2}{(1+k)^2} + \dots + \frac{FE_n}{(1+k)^n} \right] \bigg/ FSI \qquad (13.5)$$

Para el problema de ejemplo,

$$IR = (\$30,748 + \$31,505 + \$28,024 + \$20,491)/\$100,000$$
$$= \$110,768/\$100,000 = 1.11$$

Criterio de aceptación. Siempre que el índice de rentabilidad sea 1.00 o mayor, la inversión propuesta es aceptable. Para cualquier proyecto dado, los métodos de valor presente neto y de índice de rentabilidad dan las mismas indicaciones de aceptación o rechazo. (Un índice de rentabilidad mayor que 1.00 implica que el valor presente de un proyecto es mayor que su flujo de salida inicial que, a la vez, implica que el valor presente neto es mayor que cero). Sin embargo, con frecuencia se prefiere el método de valor presente neto sobre el de índice de rentabilidad. La razón para esto es que el valor presente neto indica si es conveniente aceptar o no un proyecto y también expresa la contribución monetaria absoluta que hace el proyecto a la riqueza de los accionistas. Por el contrario, el índice de rentabilidad expresa sólo una rentabilidad relativa.

Dificultades potenciales

● ● ● Dependencia y exclusión mutua

Proyecto independiente
Un proyecto cuya aceptación (o rechazo) no impide la aceptación de otros proyectos bajo consideración.

Proyecto dependiente (o contingente)
Un proyecto cuya aceptación depende de la aprobación de uno o más de otros proyectos.

Proyectos mutuamente excluyentes
Proyectos cuya aceptación imposibilita la aprobación de uno o más de otros proyectos.

Hasta ahora nuestro análisis ha mostrado que para un solo **proyecto independiente**, los métodos de TIR, VPN e IR nos llevan a tomar la misma decisión de aceptación o rechazo. No obstante, debemos estar conscientes de que varios tipos de proyectos implican dificultades potenciales para el analista del presupuesto de capital.

Un **proyecto dependiente** (o **contingente**) —uno cuya aceptación depende de la aprobación de uno o más de otros proyectos— merece atención especial. La adición de maquinaria grande, por ejemplo, puede necesitar la construcción de una nueva ala en la planta para colocarla. Cualquier propuesta contingente debe ser parte de nuestros pensamientos cuando consideramos la propuesta original dependiente.

Al evaluar un grupo de propuestas de inversión, es posible que algunas de éstas sean mutuamente excluyentes. Los **proyectos mutuamente excluyentes** son tales que la aceptación de uno hace imposible la aprobación de uno o más de los otros. Por ejemplo, si la empresa considera la inversión en uno de dos sistemas de cómputo, la aceptación de un sistema elimina la aceptación del otro. Dos propuestas mutuamente excluyentes no pueden ser aceptadas al mismo tiempo. Cuando estamos frente a proyectos mutuamente excluyentes, el solo hecho de saber si un proyecto es bueno o malo no es suficiente. Debemos determinar cuál es el mejor.

● ● ● Problemas de clasificación

Cuando dos o más propuestas de inversión son mutuamente excluyentes, de manera que debemos seleccionar sólo una, la clasificación de las propuestas con base en los métodos de TIR, VPN e IR *puede* dar resultados contradictorios. Si los proyectos tienen una clasificación diferente al usar estos métodos, el conflicto se debe a una de las siguientes tres diferencias en los proyectos o a una combinación de ellas:

1. *Escala de inversión*: Los costos de los proyectos difieren.

2. *Patrón de flujos de efectivo*: Los tiempos de los flujos de efectivo difieren. Por ejemplo, los flujos de efectivo de un proyecto aumentan con el tiempo mientras que los de otro disminuyen.

3. *Vida del proyecto*: Los proyectos tienen vidas útiles diferentes.

Es importante recordar que una o más de estas diferencias de los proyectos constituye una condición necesaria, pero no suficiente, para un conflicto en la clasificación. Por lo tanto, es posible que los proyectos mutuamente excluyentes difieran en todas estas dimensiones (escala, patrón y vida) y aun así no presenten un conflicto entre la clasificación obtenida con los métodos de TIR, VPN e IR.

Diferencias de escala. En ocasiones surge un problema si los flujos de salida iniciales son diferentes para los proyectos de inversión mutuamente excluyentes. Suponga que una empresa tiene dos propuestas de inversión que se espera que generen los siguientes flujos de efectivo.

FINAL DE AÑO	FLUJOS DE EFECTIVO NETOS	
	PROYECTO P	PROYECTO G
0	−$100	−$100,000
1	0	0
2	400	156,250

Las tasas internas de rendimiento para los proyectos P (*pequeño*) y G (*grande*) son del 100% y 25%, respectivamente. Si la tasa de rendimiento requerida es del 10%, el valor presente neto del proyecto P es $231 y su índice de rentabilidad es 3.31. Para el proyecto G, el valor presente neto es $29,132 con un índice de rentabilidad correspondiente de 1.29. Al resumir los resultados, tenemos

	TIR	VPN AL 10%	IR AL 10%
Proyecto P	100%	$ 231	3.31
Proyecto G	25%	$29,132	1.29

La clasificación de los proyectos según estos resultados revela

CLASIFICACIÓN	TIR	VPN AL 10%	IR AL 10%
Proyecto en primer lugar	P	G	P
Proyecto en segundo lugar	G	P	G

El proyecto P es preferible si usamos los métodos de tasa interna de rendimiento o índice de rentabilidad. Sin embargo, el proyecto G es mejor si usamos el método del valor presente neto. Si podemos elegir sólo una de estas propuestas, es evidente que tenemos un conflicto.

Como los resultados del método de tasa interna de rendimiento se expresan en porcentajes, la escala de la inversión se ignora. Asimismo, puesto que el método de índice de rentabilidad observa la rentabilidad relativa, ignora la escala de la inversión. Sin tomar en cuenta este factor, un rendimiento del 100% sobre una inversión de $100 siempre será preferible a un rendimiento del 25% sobre una inversión de $100,000. Por el contrario, los resultados del método de valor presente neto se expresan en términos del incremento monetario absoluto en el valor de la empresa. Con respecto al rendimiento monetario absoluto, es claro que el proyecto G es superior, a pesar del hecho de que su tasa interna de rendimiento y su índice de rentabilidad son menores que los del proyecto P. La razón es que la escala de inversión es mayor, lo que da un valor presente neto más alto en este caso.

Diferencias en los patrones de flujo de efectivo. Para ilustrar la naturaleza del problema que pueden ocasionar las diferencias en los patrones de flujo de efectivo, suponga que una empresa tiene dos propuestas de inversión mutuamente excluyentes con los siguientes patrones de flujo de efectivo:

FIN DE AÑO	FLUJOS DE EFECTIVO NETOS	
	PROYECTO D	PROYECTO I
0	−$1,200	−$1,200
1	1,000	100
2	500	600
3	100	1,080

Observe que ambos proyectos, D e I, requieren el mismo flujo de salida inicial y tienen la misma vida útil. Sin embargo, sus patrones de flujo de efectivo son diferentes. Los flujos de efectivo del proyecto D *disminuyen* en el tiempo, mientras que los del proyecto I se *incrementan*.

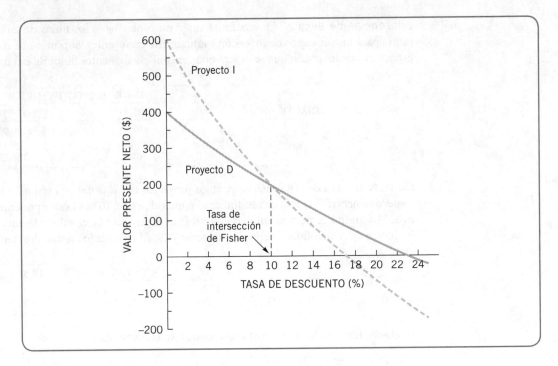

Figura 13.2

Perfiles de VPN para los proyectos mutuamente excluyentes I y D

Las tasas internas de rendimiento para los proyectos D e I son 23% y 17%, respectivamente. Para toda tasa de descuento mayor que 10%, el valor presente neto y el índice de rentabilidad del proyecto D serán mayores que los del proyecto I. Por otro lado, para toda tasa de descuento menor que 10%, el valor presente neto y el índice de rentabilidad del proyecto I serán mayores que los del proyecto D. Si suponemos una tasa de rendimiento requerida (k) del 10%, los proyectos tendrán valores presentes netos idénticos de $198 e índices de rentabilidad de 1.17, idénticos. Al emplear estos resultados para determinar la clasificación de los proyectos, encontramos lo siguiente:

CLASIFICACIÓN	TIR	$k < 10\%$		$k > 10\%$	
		VPN	IR	VPN	IR
Proyecto en primer lugar	D	I	I	D	D
Proyecto en segundo lugar	I	D	D	I	I

La naturaleza del conflicto en la clasificación se puede explorar con más detalle observando la figura 13.2, donde se muestran los perfiles del VPN para los dos proyectos. Las intersecciones sobre el eje horizontal representan las tasas internas de rendimiento para los dos proyectos. Las intersecciones con el eje vertical son los flujos totales de entrada de efectivo no descontados menos los flujos de salida de efectivo para los dos proyectos. Vemos que el proyecto D califica más alto que el proyecto I con base en la tasa interna de rendimiento más alta, sin importar la tasa de rendimiento mínimo. Sin embargo, en este caso las clasificaciones del valor presente neto y el índice de rentabilidad son sensibles a las tasas de descuento elegidas.

La tasa de descuento asociada con la intersección de los dos perfiles de VPN, el 10%, representa la tasa a la que los proyectos tienen valores presentes idénticos. Se conoce como la *tasa de intersección de Fisher* en honor al reconocido economista Irving Fisher. Esta tasa de descuento es importante porque, para tasas de rendimiento requeridas menores que la tasa de Fisher, las clasificaciones de valor presente neto y de índice de rentabilidad estarán en conflicto con las que arroja el método de la tasa interna de rendimiento.

En el ejemplo, el conflicto en la clasificación con los diferentes métodos para tasas de descuento menores que la tasa de Fisher no puede ser resultado de los problemas de escala o de la vida. Recuerde, los flujos de salida iniciales y la vida útil son idénticos para los proyectos D e I. El conflicto observado entre los métodos se debe a varias suposiciones implícitas con respecto a la tasa de reinversión sobre los flujos de efectivo intermedios liberados por los proyectos. Cada método de flujo de efectivo descontado supone de manera implícita que los flujos de efectivo de entrada del proyecto se pueden reinvertir a la tasa empleada por ese método para flujos de efectivo descontados. Así, el método de tasa interna de rendimiento contiene la suposición implícita de que los fondos se pueden reinvertir a la tasa interna de rendimiento durante el resto de la vida del proyecto. Sin embargo, los métodos de valor presente neto y de índice de rentabilidad suponen implícitamente la reinversión a una tasa equivalente a la tasa de rendimiento requerida que se emplea como tasa de descuento.

De esta forma, con el método de tasa interna de rendimiento, la tasa de reinversión implícita será diferente de un proyecto a otro dependiendo del patrón de flujos de efectivo para cada propuesta bajo consideración. Para un proyecto con una tasa de rendimiento alta, se supone una tasa de reinversión alta. Para un proyecto con una tasa interna de rendimiento baja, se infiere una tasa de reinversión baja. Sólo dos proyectos con la misma tasa interna de rendimiento tendrán tasas de reinversión idénticas. Por otro lado, con el método de valor presente neto, la tasa de reinversión implícita —a saber, la tasa de rendimiento requerida— es la misma para todos los proyectos. En esencia, esta tasa de reinversión representa el rendimiento mínimo sobre las oportunidades disponibles para la empresa. Esta única tasa refleja, más precisamente, la tasa de rendimiento marginal que la empresa tal vez espera ganar sobre cualquier fondo marginal disponible. Entonces, cuando los proyectos mutuamente excluyentes tienen calificaciones distintas por las diferencias en los patrones de flujo de efectivo, deben usarse las calificaciones del valor presente neto. De esta manera podemos identificar el proyecto que agrega más a la riqueza de los accionistas.

Diferencias en las vidas de los proyectos. Una última diferencia que podría llevar a un conflicto al clasificar proyectos se refiere a proyectos mutuamente excluyentes con vidas útiles diferentes. La pregunta clave aquí es: ¿qué ocurre al final del proyecto con vida más corta? Lo más probable es que la empresa **1.** remplace la inversión con un proyecto idéntico (o similar) o **2.** reinvierta en algún otro proyecto o proyectos. Exploraremos la primera situación en el apéndice B al final de este capítulo. Ahí veremos la opción como una que incluye una serie de réplicas del proyecto —o "cadena de remplazos"— de las respectivas alternativas sobre algún horizonte de inversión común. La segunda situación considera proyectos alternativos que no se remplazan al final de su vida útil.

Como ejemplo, suponga que se enfrenta con una elección entre dos proyectos de inversión mutuamente excluyentes, X y Y, que tienen los siguientes patrones de flujos de efectivo:

FINAL DEL AÑO	FLUJOS DE EFECTIVO NETOS	
	PROYECTO X	PROYECTO Y
0	−$1,000	−$1,000
1	0	2,000
2	0	0
3	3,375	0

Las tasas internas de rendimiento para los proyectos X y Y son 50 y 100%, respectivamente. Si la tasa de rendimiento requerida es del 10%, el valor presente neto del proyecto X es de $1,536 y su índice de rentabilidad es 2.54. Para el proyecto Y el valor presente neto es de $818 con un índice de rentabilidad de 1.82. Resumiendo estos resultados, tenemos

	TIR	VPN AL 10%	IR AL 10%
Proyecto X	50%	$1,536	2.54
Proyecto Y	100%	$ 818	1.82

La clasificación de los proyectos con base en estos resultados revela

CLASIFICACIÓN	TIR	VPN AL 10%	IR AL 10%
Proyecto en primer lugar	Y	X	X
Proyecto en segundo lugar	X	Y	Y

Una vez más vemos un conflicto en la clasificación de proyectos entre los métodos alternativos. Para este momento esperamos que el lector se incline por basar su elección en el método de valor presente neto, es decir, elegir el proyecto que agrega el mayor incremento absoluto en valor para la empresa. En ese caso elegimos el proyecto X. Sin embargo, tal vez nos molesten los siguientes hechos: **1.** la TIR del proyecto Y es el doble de la del proyecto X, pero cuesta lo mismo, es decir, $1,000; **2.** debemos esperar tres años para obtener un flujo de efectivo positivo del proyecto X, mientras que el proyecto Y genera todos sus flujos de efectivo después de sólo un año; **3.** podemos poner a trabajar los flujos de efectivo positivos del proyecto Y todo el tiempo que el proyecto X no produce.

Para ver que el método de valor presente neto lleva a la clasificación adecuada aun cuando las alternativas sean proyectos mutuamente excluyentes con vidas desiguales, podemos comparar los proyectos a partir de una fecha de terminación común. Para hacerlo, supongamos que los flujos de efectivo del proyecto con vida más corta se reinvierten hasta la fecha de terminación del proyecto con vida más larga a la tasa de rendimiento que requiere la empresa (es decir, su costo de oportunidad del capital). Usamos esta tasa de reinversión, en lugar de alguna tasa más alta, porque ésta es la tasa que suponemos que la empresa puede ganar sobre el segundo mejor proyecto (marginal) cuando dispone de fondos adicionales.

| | FLUJOS DE EFECTIVO AL FINAL DEL AÑO | | | | |
	0	1	2	3	VPN AL 10%
Proyecto X	−$1,000	0	0	$3,375	$1,536
Proyecto Y	−$1,000	$2,000	0	0	$ 818
Si los flujos de efectivo del proyecto Y se reinvierten al 10%, entonces	−$1,000	0	0	$2,420	$ 818

Interés compuesto 2 años

Puesto que los proyectos X y Y requieren, cada uno, la misma salida de efectivo inicial, se pueden comparar con base en sus valores terminales. Observe que de acuerdo con esto, el proyecto X, con el VPN más alto, es preferible porque su valor terminal de $3,375 es más alto que el valor terminal de $2,420 del proyecto Y. Además, independientemente de que los proyectos tengan o no salidas de efectivo iniciales equivalentes, siempre podemos calificar proyectos por sus valores presentes con base en sus valores terminales y sus flujos de salida iniciales. Observe que el valor presente neto del proyecto Y no varía cuando cambiamos de los flujos de efectivo reales a los flujos supuestos; esto se debe a que usamos la misma tasa de rendimiento requerida para ambos, compuestos y descontados. De esta forma, los valores presentes netos basados en flujos de efectivo reales para proyectos mutuamente excluyentes con vidas desiguales todavía producirán la clasificación correcta. En este caso, el proyecto X es preferible sobre el proyecto Y porque tiene un valor presente neto positivo y añade $718/($1,536 − $818) más al valor presente de la empresa.

● ● ● Tasas internas de rendimiento múltiples

Un problema potencial con el método de tasa interna de rendimiento que no hemos mencionado es la posibilidad de tasas internas de rendimiento múltiples. Una condición necesaria, pero no suficiente, para que esto ocurra es que el flujo de efectivo cambie de signo más de una vez. Por ejemplo, el patrón −, +, +, − revela dos cambios de signo, de menos a más y de más a menos. Todos los ejemplos hasta ahora describen patrones convencionales de flujos de efectivo, donde un flujo de salida iba seguido de uno o más flujos de entrada. En otras palabras, hay sólo un cambio de signo (de menos a más), que asegura una tasa interna de rendimiento única. Sin embargo, algunos proyectos que podemos denominar *no convencionales*, incluyen varios cambios de signo. Por ejemplo, al final de un proyecto puede haber un requerimiento para restablecer el entorno. Esto con frecuencia ocurre en una industria extractiva como una mina a cielo abierto, donde la tierra debe recuperarse al final del proyecto. También, con una planta química con frecuencia hay costos considerables de desmantelamiento. Cualquiera que fuere la causa, estos costos significan un flujo de salida al final del proyecto y, por lo tanto, más de un cambio de signo en los flujos de efectivo.

Puente entre finanzas y marketing

financialexecutive

Estas dos disciplinas con frecuencia han trabajado con fines contrarios o simplemente fracasan en la comprensión mutua de sus necesidades.

¿Cómo se reestructuran las compañías líderes para alinear mejor el marketing con las finanzas? Por un lado, está cambiando la manera en que se comunican. Por tradición, marketing habla de construir una marca, crear conciencia de marca y satisfacer al cliente. Es evidente que la terminología tiene poco que ver con el lenguaje que finanzas suele usar: números contundentes como cifras de ventas, valor de los accionistas y rendimiento sobre la inversión (RSI).

Las conversaciones entre las dos disciplinas pueden tener una calidad tipo "Alicia en el país de las maravillas". Marketing puede decir que el objetivo de un programa es crear la conciencia de marca. Mientras tanto, finanzas querrá saber qué efecto tendrá sobre el valor para los accionistas el hecho de mover la conciencia de marca 10 puntos. Los mercadólogos no tenían que contestar; ellos no pensaban en esos términos, ni siquiera tenían las herramientas para responder esas preguntas.

Algunas compañías pioneras están desarrollando las capacidades para hacer marketing contable mientras cambian la mentalidad organizacional con respecto al marketing. En muchas de las empresas de Fortune 500 que son clientes de los autores, por ejemplo, marketing ha dejado de verse como un gasto para considerarse como una inversión. Para ello, estas compañías líderes están desarrollando relaciones organizacionales formales y personales informales entre las dos disciplinas.

En algunos casos, una persona dedicada a finanzas se asigna dentro del área de marketing; en otros, marketing incorpora a una persona de finanzas. Sin embargo, cualquiera que sea la estructura, ahora tiene lugar un diálogo constructivo entre finanzas y marketing. Actualmente, cuando marketing presenta un presupuesto, comprende que necesita entregar una cantidad establecida de ventas según lo determine el director de finanzas. Y si éste decide cortar el presupuesto, marketing tiene el conocimiento para informar al director de finanzas cuáles serán las ventas con un presupuesto menor.

"Marketing y la estrategia corporativa son ahora nuestros socios clave, porque necesitamos alinearnos para lograr los objetivos corporativos", afirma el vicepresidente de finanzas en una compañía de cosméticos de Fortune 500. "Otra razón para esta sociedad es la necesidad de obtener la participación en nuestra estrategia de crecimiento y asegurar que las actividades de marketing se consideren como inversión y no sólo como un gasto".

El hecho de que estos cambios de signo ocasionen más de una tasa interna de rendimiento también depende de las magnitudes de los flujos de efectivo. Puesto que la relación es complicada y requiere ejemplos, analizamos este problema con detalle en el apéndice A al final del capítulo. Casi todos los proyectos tienen sólo un cambio de signo en los flujos de efectivo, pero algunos tienen más. Cuando esto ocurre, el director de finanzas debe estar pendiente de la posibilidad de múltiples tasas internas de rendimiento. Como se menciona en el apéndice A, ninguna tasa interna de rendimiento tiene sentido económico cuando existe más de una. Por consiguiente, debe usarse un método alternativo de análisis.

Cuando se analizan situaciones con varias TIR, es frecuente que las calculadoras y computadoras no se den cuenta y produzcan sólo una TIR. Quizá la mejor manera de determinar si existe un problema es calcular el valor presente neto de un proyecto para varias tasas de descuento. Si la tasa de descuento se aumenta en pequeños incrementos de 0 a 1,000%, por ejemplo, se puede graficar un perfil similar al mostrado en la figura 13.2. Si la línea del perfil del VPN que conecta los puntos cruza el eje horizontal más de una vez, tenemos un problema de múltiples TIR.

Resumen de desventajas del método de TIR. Hemos visto que el método del valor presente neto siempre da la clasificación correcta de proyectos de inversión mutuamente excluyentes, a diferencia del método de la tasa interna de rendimiento. Con el método de la TIR, la tasa de reinversión implícita diferirá dependiendo de los flujos de efectivo para cada propuesta de inversión bajo consideración. Sin embargo, con el método de valor presente neto, la tasa de reinversión implícita —a saber, la tasa de rendimiento requerida— es la misma para cada inversión.

Además, el método del valor presente neto toma en cuenta las diferencias en la escala y la vida útil de cada inversión. Si el objetivo es en realidad maximizar el valor, en teoría, el único costo de oportunidad correcto de los fondos es la tasa de rendimiento requerida. Esta tasa se aplica normalmente en el método del valor presente, lo cual evita el problema de la tasa de reinversión. Por último, la posibilidad de tasas de rendimiento múltiples daña la preferencia por el método de la tasa interna de rendimiento.

Con todas estas críticas, ¿por qué se usa, de hecho, el método de TIR? La razón es que muchos administradores encuentran más fácil visualizar e interpretar la tasa interna de rendimiento que la medida del valor presente neto. No se tiene que especificar al inicio una tasa de rendimiento requerida en los cálculos. En la medida en que la tasa de rendimiento requerida es una estimación aproximada, el método de la tasa interna de rendimiento facilita una comparación más satisfactoria de los proyectos para el administrador típico. Dicho de otra manera, los gerentes se sienten a gusto con una medida de rendimiento, al contrario de una cifra absoluta del valor presente neto. Mientras la compañía no se enfrente a muchos proyectos mutuamente excluyentes o a proyectos inusuales con varios cambios de signo en los flujos de efectivo, el método de la tasa interna de rendimiento se puede usar con una confianza razonable. Cuando no sea así, deberán recordarse las desventajas que se acaban de exponer. Se deberá usar una modificación del método de tasa interna de rendimiento (véase el análisis en el apéndice A) o cambiar al método de valor presente neto (quizá complementado con un perfil de VPN).

● ● ● Racionamiento de capital

Racionamiento de capital Situación en la que se coloca una restricción (o un límite de presupuesto) sobre la cantidad total de gastos de capital durante un periodo específico.

La última dificultad potencial relacionada con la aplicación de los métodos alternativos en la evaluación y selección de proyectos que se analizará se refiere al **racionamiento de capital**. Éste ocurre en cualquier momento en que hay un tope o una restricción en el presupuesto o en la cantidad de fondos que se pueden invertir durante un periodo dado, como un año. Tales restricciones prevalecen en muchas empresas, en particular en aquellas que tienen una política de financiar internamente todos los gastos de capital. Otro ejemplo de racionamiento de capital sucede cuando se permite a una división de una compañía grande realizar gastos de capital sólo hasta un tope de presupuesto especificado, sobre el cual la división no suele tener control. Con una restricción de racionamiento de capital, la empresa intenta seleccionar la combinación de propuestas de inversión que darán el mayor incremento en el valor de la empresa, sin exceder la restricción del límite en el presupuesto.

Cuando se raciona el capital durante varios periodos, existen diversos métodos alternativos (bastante complicados) para manejar una maximización con restricciones ante el problema de racionamiento de capital. Estos métodos usan programación lineal, entera o por objetivos.

Si el capital debe racionarse *sólo el periodo actual*, el problema se reduce a seleccionar esos proyectos que agregan el mayor incremento en el valor por dólar de inversión sin exceder el tope de presupuesto. Por ejemplo, suponga que su empresa tiene las siguientes oportunidades de inversión:

PROYECTO	FLUJO DE SALIDA INICIAL	TIR	VPN	IR
A	$50,000	15%	$12,000	1.24
B	35,000	19	15,000	1.43
C	30,000	28	42,000	2.40
D	25,000	26	1,000	1.04
E	15,000	20	10,000	1.67
F	10,000	37	11,000	2.10
G	10,000	25	13,000	2.30
H	1,000	18	100	1.10

Si el límite de presupuesto para los flujos de salida iniciales durante el periodo actual es de $65,000 y las propuestas son independientes entre sí, queremos seleccionar la combinación de propuestas que daría el mayor incremento al valor de la empresa generado a partir de $65,000 (o menos). La selección de proyectos en orden descendente de rentabilidad de acuerdo con los diferentes métodos de flujo de efectivo descontado hasta agotar el presupuesto de $65,000 revela lo siguiente:

PROYECTO	TIR	VPN	FLUJO DE SALIDA INICIAL
F	37%	$11,000	$10,000
C	28	42,000	30,000
D	26	1,000	25,000
		$54,000	$65,000

PROYECTO	VPN	FLUJO DE SALIDA INICIAL
C	$42,000	$30,000
B	15,000	35,000
	$57,000	$65,000

PROYECTO	IR	VPN	FLUJO DE SALIDA INICIAL
C	2.40	$42,000	$30,000
G	2.30	13,000	10,000
F	2.10	11,000	10,000
E	1.67	10,000	15,000
		$76,000	$65,000

Con el racionamiento de capital se aceptarían los proyectos C, E, F y G, con un total de $65,000 en flujos de salida iniciales. Ninguna otra mezcla de proyectos disponibles dará un valor presente neto mayor que los $76,000 que se obtienen con estos proyectos. Por la restricción de presupuesto, no necesariamente se puede invertir en todas las propuestas que aumentan el valor presente neto de la empresa; se invierte en una propuesta aceptable sólo si la restricción de presupuesto lo permite. Como se observa, seleccionar los proyectos en orden descendente de índice de rentabilidad (la razón del valor presente de los flujos de efectivo futuros entre el flujo de salida inicial) nos permite seleccionar la mezcla de proyectos que añade más al valor de la empresa cuando se opera con un límite de presupuesto durante un solo periodo. Esto se debe a que el problema se reduce a seleccionar esos proyectos que dan "el mejor resultado por unidad monetaria", exactamente lo que revela la clasificación de proyectos según su índice de rentabilidad.[2]

El límite de un presupuesto tiene un costo real cuando evita aprovechar oportunidades rentables adicionales. En el ejemplo, varias oportunidades se dejan pasar por la imposición del máximo de $65,000. No se pudieron emprender los proyectos A, B, D y H aun cuando hubieran agregado $28,100 ($12,000 + $15,000 + $1,000 + $100) en valor para la empresa.

No debe sorprender, entonces, que el racionamiento de capital dé como resultado una política de inversión que es menos que óptima. Desde el punto de vista teórico, una empresa debe aceptar todos los proyectos que reditúan más que la tasa de rendimiento requerida. Al hacerlo aumentará el precio de mercado de sus acciones ordinarias porque emprende proyectos que darán un rendimiento más alto que el necesario para mantener el precio actual de mercado por acción. Esta proposición supone que la empresa, de hecho, puede aumentar el capital, dentro de los límites razonables, a la tasa de rendimiento requerida. Sin duda, no se dispone de una cantidad ilimitada de capital, a ningún costo. No obstante, muchas empresas están implicadas en un proceso más o menos continuo de toma de decisiones para hacer gastos de capital y para financiar estos gastos. Dadas estas suposiciones, la empresa debería aceptar todas las propuestas que reditúan más que la tasa de rendimiento requerida y aumentar el capital para financiar tales propuestas dentro de ese costo real aproximado. Sin duda, existen circunstancias que complican el uso de esta regla; pero, en general, esta política debe tender a maximizar el precio de mercado de las acciones de la empresa a la larga. Si la compañía raciona el capital y rechaza proyectos que reditúan más que el rendimiento requerido, su política de inversión es, por definición, menos que óptima. La administración podría incrementar el valor de la empresa para los accionistas si acepta estos proyectos rechazados que generan valor.

---

[2]Algunas veces una empresa no puede utilizar todo su presupuesto de capital para seleccionar proyectos con base en el orden descendente del índice de rentabilidad porque el siguiente proyecto aceptable es demasiado grande. Cuando ocurre esto, la empresa *tal vez* gane más si busca otra combinación de proyectos (quizás incluyendo algunos más pequeños en lugar de uno grande) que use más capital al mismo tiempo que aumente el valor presente neto del total del grupo de proyectos aceptados. (Véase el problema 8 al final del capítulo como ejemplo).

● ● ● Estimaciones puntuales

El análisis de presupuesto de capital, como hemos visto, resalta una serie de estimaciones puntuales para datos como "cambio anual en ingreso operativo neto", "costo de instalación", "valor de rescate final", etcétera. El **análisis de sensibilidad** nos permite cuestionar esas estimaciones puntuales y hacer una serie de preguntas de "qué pasaría si". ¿"Qué pasa si" una estimación puntual en particular en realidad debe ser mayor o menor que lo pensado en un principio? Cuando las estimaciones de las variables de entrada cambian a partir de un conjunto de estimaciones originales (llamadas *caso base*), se puede determinar su repercusión sobre los resultados medidos de un proyecto, como el valor presente neto (VPN).

Si conocemos la sensibilidad del valor del proyecto con respecto a las variables de entrada para el presupuesto de capital, estamos mejor informados. Armado con esta información, usted puede decidir si cualquiera de las estimaciones necesita refinamiento o revisión, y si vale la pena o no investigar más antes de decidir la aceptación o el rechazo del proyecto. Además, para los proyectos aceptados, el análisis de sensibilidad ayudará a identificar qué variables deben supervisarse.

El análisis de sensibilidad resulta útil en especial al considerar las incertidumbres que rodean el "flujo de salida inicial de un proyecto (FSI)".[3] En un análisis típico de presupuesto de capital, el FSI del proyecto en general se maneja como una sola cantidad conocida. Sin embargo, al inspeccionar con más detalle, el FSI puede tener varios componentes de flujo de salida, como terreno, edificio, maquinaria y equipo. Algunos de los componentes del FSI pueden ser flujos de efectivo conocidos, en tanto que algunos otros son inciertos o riesgosos. Algunos de estos componentes pueden no estar sujetos a depreciación fiscal (por ejemplo, el terreno). Otros componentes estarán sujetos a depreciación fiscal (por ejemplo, equipo, envíos capitalizados y costos de instalación), y estos flujos de salida tendrán efectos extendidos varios años sobre los flujos de efectivo operativos debido a sus deducciones fiscales por depreciación.

Ejemplo de análisis de sensibilidad. Para ilustrar el uso del análisis de sensibilidad en las decisiones de presupuesto de capital, regresemos al proyecto de las instalaciones de descamado de pescado de Faversham Fish Farm. En el capítulo 12 calculamos los flujos de efectivo netos incrementales para el proyecto. Antes en este capítulo vimos cómo esos mismos flujos de efectivo llevaron a un valor presente neto con un costo de capital para la empresa del 12%, de $10,768.

El análisis de sensibilidad se puede aplicar al proyecto de descamado para contestar una serie de preguntas de "qué pasa si". Por ejemplo, ¿qué pasa si nuestras estimaciones para los flujos de efectivo netos de ingresos operativos en los años 1 a 4 ($35,167, $36,250, $55,725 y $33,258, respectivamente) en realidad deben ser más altas o más bajas? ¿Qué pasa si nuestra estimación del valor de rescate de $16,500 debe ser mayor o menor? Y ¿qué pasa si el envío y la instalación es mayor o menor que los $10,000 que pensamos originalmente?

Para responder estas preguntas de "qué pasa si", primero realizamos nuevos cálculos del VPN en los que modificamos las tres variables que nos interesan (envío e instalación, valor de rescate final y flujos de efectivo netos de ingreso operativo) *individualmente* en, por ejemplo, −15%, −10%, −5%, +5%, +10% y +15%. (Observe que los cambios en estas variables pueden tener efectos sobre otras variables

Análisis de sensibilidad
Un análisis de incertidumbre del tipo "qué pasaría si" en el que las variables o suposiciones de un caso base se modifican con la finalidad de determinar su repercusión sobre los resultados medidos de un proyecto, como el valor presente neto (VPN) o la tasa interna de rendimiento (TIR).

Tabla 13.1

Análisis de sensibilidad para la instalación de descamado que muestra el efecto de cambios individuales en las tres variables de entrada sobre el valor presente neto (VPN) del proyecto

VARIABLE	CAMBIO EN EL VALOR ORIGINAL DE LA VARIABLE						
	−15%	−10%	−5%	Base	+5%	+10%	+15%
Envío e instalación	$11,785	$11,447	$11,107	$10,768	$10,429	$10,089	$ 9,751
Valor de rescate final	9,824	10,139	10,453	10,768	11,083	11,398	11,713
Flujos de efectivo netos de ingreso operativo anual	(78)	3,539	7,154	10,768	14,382	17,997	21,614

[3]Un estudio detallado de un análisis de presupuesto de capital apropiado que incorpora el riesgo adicional debido a la incertidumbre en el flujo de salida inicial se encuentra en Michael C. Ehrhardt y John M. Wachowicz, Jr., "Capital Budgeting and Initial Cash Outlay (ICO) Uncertainty", *Financial Decisions* 18 (verano, 2006, Artículo 2: 1-16). (www.financialdecisionsonline.org/current/EhrhardtWachowicz.pdf).

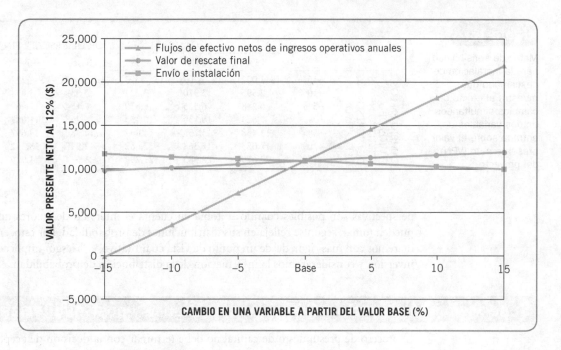

Figura 13.3

Gráfica de
sensibilidad del VPN
para el proyecto de
la instalación
de descamado en
Faversham Fish Farm

como la depreciación y los impuestos). Después, los resultados se comparan con los resultados que usaron los datos sin cambio (caso base) mostrados en la tabla 13.1.

De la tabla 13.1 podemos ver que los porcentajes de cambio de −15 a +15 en las estimaciones para envío e instalación, al igual que el valor de rescate, no cambian mucho los valores presentes netos resultantes con respecto al valor en el caso base de $10,768. Sin embargo, si los flujos de efectivo netos de ingresos operativos anuales bajan 15% o más con respecto al caso base, el valor presente neto del proyecto se vuelve negativo.

Los datos contenidos en la tabla 13.1 también se pueden presentar en una *gráfica de sensibilidad del VPN* (véase la figura 13.3). Observe las tres "rectas de sensibilidad" en esa figura. La recta de "flujos de efectivo netos de ingresos operativos anuales" tiene la pendiente más pronunciada. Por lo tanto, el VPN es más sensible a cambios porcentuales iguales en esa variable que en "valor de rescate final" o "envío e instalación". Con base en esta información, la administración quiere reunir más pronósticos y/o reforzar el monitoreo de la variable "flujos de efectivo netos de ingresos operativos" que, al parecer, es la más crítica.

Consejo

Revise el perfil del VPN contenido en la figura 13.1. Observe cómo esta gráfica también se puede ver como una "línea de sensibilidad" que muestra la sensibilidad del VPN a los cambios en el costo de la suposición de capital.

Un problema potencial con nuestro análisis de sensibilidad, hasta ahora, es que estudia la sensibilidad de "una variable a la vez". Ignora la relación entre las variables. Ésta es una desventaja del método. Sin embargo, una manera de juzgar la sensibilidad de los resultados a cambios simultáneos en al menos dos variables es construir una *matriz de sensibilidad de VPN*. La tabla 13.2 es un ejemplo que describe los resultados de VPN para combinaciones de cambios en dos estimaciones de entrada: "valor de rescate" y "flujos de efectivo netos de ingreso operativo anual".

El análisis de sensibilidad, como lo hemos visto, brinda datos sencillos de entender y útiles acerca de la sensibilidad del VPN del proyecto a un cambio en una (o más) de las variables de entrada. Sin embargo, observe que nuestro enfoque no ha incluido la "probabilidad" de un cambio en una variable de entrada. Una pendiente pronunciada en la recta de sensibilidad para una variable en particular, por ejemplo, tal vez no sea un problema si no es probable que la estimación de esa variable cambie. Otras

Tabla 13.2

Matriz de sensibilidad para la instalación de descamado que muestra el efecto de cambios simultáneos en dos variables de entrada sobre el valor presente neto (VPN) del proyecto

			CAMBIO EN EL VALOR DE RESCATE FINAL						
			−15%	−10%	−5%	Base	+5%	+10%	+15%
CAMBIO EN LOS FLUJOS DE EFECTIVO NETOS DE INGRESO OPERATIVO ANUAL		−15%	($ 1,022)	($ 707)	($ 393)	($ 78)	$ 237	$ 552	$ 867
		−10%	2,595	2,910	3,224	3,539	3,854	4,169	4,484
		−5%	6,218	6,525	6,839	7,154	7,469	7,784	8,099
		Base	9,824	10,139	10,453	10,768	11,083	11,398	11,713
		+5%	13,438	13,753	14,067	14,382	14,697	15,012	15,327
		+10%	17,053	17,368	17,682	17,997	18,312	18,627	18,942
		+15%	20,670	20,985	21,299	21,614	21,929	22,244	22,559

perspectivas son posibles cuando se toma en cuenta el intervalo de valores que nuestras variables pueden tomar, según se refleja en sus distribuciones de probabilidad. Por esto, en el capítulo 14 estudiaremos con más rigor, desde un punto de vista cuantitativo, el "riesgo" implicado en un proyecto de inversión y consideraremos la información de la distribución de probabilidad.

Supervisión de proyectos: Revisiones de avance y post-auditorías

El proceso de presupuesto de capital no debe terminar con la decisión de aceptar un proyecto. Una supervisión continua es el siguiente paso necesario para ayudar a asegurar el éxito del proyecto. Por lo tanto, las compañías deben realizar revisiones de avance seguidas de **post-auditorías** para los proyectos grandes, los proyectos estratégicamente importantes sin importar el tamaño, y una muestra de los proyectos más pequeños. Las revisiones de avance o informes de estado pueden generar, en especial durante la etapa de implantación de un proyecto, advertencias tempranas de sobregiros de costo potenciales, caídas en los ingresos, suposiciones inválidas y sobre el fracaso rotundo del proyecto. La información revelada a través de los reportes de avance podría conducir a revisar los pronósticos, a tomar medidas correctivas para mejorar el desempeño, o bien, a abandonar el proyecto.

Post-auditoría
Comparación formal de los costos y beneficios reales de un proyecto con las estimaciones originales. Un elemento clave de la auditoría es la retroalimentación; es decir, los resultados de la auditoría se comunican al personal relevante para que la toma de decisiones en el futuro pueda mejorar.

Las post-auditorías permiten al administrador determinar qué tan cercanos están los resultados reales de un proyecto en marcha con respecto a sus estimaciones originales. Cuando se usan de modo adecuado, los reportes de avance y las post-auditorías ayudan a identificar las debilidades del pronóstico y cualesquiera factores importantes que se hayan omitido. Con un buen sistema de retroalimentación, las lecciones aprendidas servirán para mejorar la calidad de la toma de decisiones en el futuro sobre presupuesto de capital.

La supervisión de un proyecto también tiene efectos psicológicos importantes en los administradores. Por ejemplo, si saben de antemano que se dará seguimiento a sus decisiones de inversión de capital, es más probable que elaboren pronósticos realistas y vean que las estimaciones originales se cumplan. Además, les será más sencillo abandonar un proyecto que va a fracasar dentro del contexto de un proceso de revisión formal. Por último, es útil para los administradores establecer metas para un proyecto y acordar *con antelación* abandonarlo si esas metas no se cumplen.

Puntos clave de aprendizaje

- Comenzamos el análisis de presupuesto de capital en el capítulo 12 con la suposición de que la aceptación de cualquier propuesta de inversión no cambia la composición total de riesgo en los negocios de la empresa. Esta suposición nos permitió usar una sola tasa de rendimiento requerida para juzgar si aceptar o no el proyecto.

- Se estudiaron cuatro métodos alternativos de evaluación y selección de proyectos. El primero fue un método aditivo sencillo para evaluar el valor de un proyecto llamado

periodo de recuperación. Los otros tres métodos (tasa interna de rendimiento, valor presente neto e índice de rentabilidad) son *técnicas de flujo descontado*.

- El *periodo de recuperación (PR)* de una inversión nos dice el número de años requerido para recuperar la inversión inicial. Aunque esta medida nos da una guía aproximada de la liquidez de un proyecto, es una medida inadecuada de la rentabilidad. Se queda corta como medida de rentabilidad porque **1.** ignora los flujos de efectivo que ocurren después de la expiración del periodo de recuperación, **2.** ignora el valor del dinero en el tiempo y **3.** utiliza un criterio de aceptación poco preciso, a saber, un punto de corte determinado de manera subjetiva.

● La *tasa interna de rendimiento (TIR)* para una propuesta de inversión es la tasa de descuento que iguala el valor presente de los flujos de efectivo netos esperados con el flujo de salida inicial. Si la TIR de un proyecto es mayor o igual que una tasa de rendimiento requerida, el proyecto debe aceptarse.

● El *valor presente neto (VPN)* de un proyecto de inversión es el valor presente de los flujos de efectivo netos de la propuesta menos su flujo de salida inicial. Si el VPN de un proyecto es mayor o igual que cero, el proyecto debe aceptarse.

● El *índice de rentabilidad (IR)*, o razón costo-beneficio, de un proyecto es la razón entre el valor presente de los flujos de efectivo netos futuros y el flujo de salida inicial. Si el IR de un proyecto es mayor o igual que 1.00, el proyecto debe aceptarse.

● Cuando dos o más propuestas de inversión son *mutuamente excluyentes*, de manera que podemos seleccionar sólo una, los métodos de clasificación de propuestas de TIR, VPN e IR *pueden* dar resultados contradictorios. Si ocurre un conflicto en la clasificación, se deberá a una diferencia o una combinación de las tres diferencias siguientes en los proyectos: **1.** escala de inversión, **2.** patrón de flujo de efectivo y **3.** vida del proyecto. En todos los casos, las clasificaciones del valor presente neto llevarán a la selección del proyecto correcto. En resumen, si se usan las clasificaciones del valor presente neto, se elegirán los proyectos que prometen añadir el mayor incremento en valor monetario a la empresa.

● Un problema potencial con el método de la tasa interna de rendimiento es que *pueden* registrarse tasas internas de rendimiento múltiples en proyectos *no convencionales*, es decir, aquellos cuyos flujos de efectivo muestran varios cambios de signo. Cuando se tienen múltiples tasas internas de rendimiento, debe usarse un método alternativo de análisis.

● El *racionamiento de capital* ocurre en cualquier momento en que existe un límite, o una restricción, presupuestal sobre la cantidad de fondos que se pueden invertir durante un periodo específico, como un año. Cuando se raciona el capital durante varios periodos, es factible aplicar varios métodos alternativos (y algo complicados) al problema de racionamiento. Si ha de racionarse el capital sólo durante el periodo actual, la selección de proyectos en orden descendente de índice de rentabilidad en general llevará a la selección de una mezcla de proyectos que agrega el mayor valor para la empresa.

● El *análisis de sensibilidad* nos permite modificar las estimaciones de las variables de entrada a partir de un conjunto original de estimaciones (llamado el *caso base*) y determinar su efecto en los resultados medidos del proyecto, como valor presente neto (VPN) o tasa interna de rendimiento (TIR).

● Es importante dar seguimiento a los proyectos de manera continua para ayudar a asegurar su éxito. Por eso, las compañías deben realizar revisiones de avance seguidas de *post-auditorías*.

Apéndice A Tasas internas de rendimiento múltiples

Ciertos flujos de efectivo no convencionales tienen más de una tasa interna de rendimiento. Para ilustrar el problema, suponga que estamos considerando una propuesta de inversión que consiste en una nueva bomba de petróleo más efectiva que extraerá una cantidad fija del hidrocarburo de la tierra con mayor rapidez que la bomba existente.[4] Esta inversión requerirá un flujo de salida inicial de $1,600 para la bomba nueva. La bomba vieja, más lenta, generaría flujos de efectivo de $10,000 en cada uno de los dos años siguientes. La bomba nueva producirá un flujo de efectivo de $20,000 en un año, después de lo cual la fuente de suministro de petróleo se agotará. El valor de rescate de las dos bombas es despreciable. Los cálculos necesarios para determinar los flujos de efectivo netos incrementales adecuados que se deben al remplazo de la bomba son los siguientes:

		FINAL DEL AÑO		
		0	1	2
a)	Flujos de efectivo, bomba nueva	−$1,600	$20,000	0
b)	Flujos de efectivo, bomba existente	0	$10,000	$10,000
c)	Flujos de efectivo por el remplazo: renglón *a*) − renglón *b*)	**−$1,600**	**$10,000**	**−$10,000**

---

[4]Este problema se adaptó del que exponen James H. Lorie y Leonard J. Savage en "Three Problems in Rationing Capital", *Journal of Business* 28 (octubre, 1955), pp. 229-239.

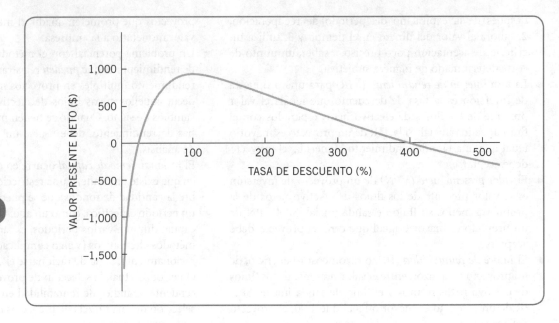

Figura 13A.1

Perfil de VPN para la propuesta de remplazo de bomba que muestra dos tasas internas de rendimiento

Entonces, sobre una base incremental, los flujos de efectivo netos que resultan del incremento en la eficiencia de la bomba nueva son −$1,600, +$10,000 y −$10,000. Cuando despejamos la tasa interna de rendimiento para estos flujos de efectivo, encontramos que no hay una tasa, sino dos: 25% y 400%.

Tome nota ● ●

$$\$1,600 = \frac{\$10,000}{(1 + TIR)^1} - \frac{\$10,000}{(1 + TIR)^2}$$

cuando $TIR = 0.25$ o 4.0

Esta situación inusual se ilustra en la figura 13A.1, la cual muestra el perfil del VPN de esta propuesta no convencional. Para una tasa de descuento del 0%, el valor presente neto del proyecto es simplemente la suma de todos los flujos de efectivo. Es −$1,600 porque los flujos de salida totales exceden los flujos de entrada totales. Conforme aumenta la tasa de descuento, el valor presente del flujo de salida del segundo año disminuye con respecto al flujo de entrada del primer año y el valor presente neto de la propuesta se vuelve positivo cuando la tasa de descuento es mayor que 25 por ciento. Cuando la tasa de descuento aumenta más allá del 100%, el valor presente de todos los flujos de efectivo futuros (años 1 y 2) disminuye en relación con el flujo de salida inicial de −$1,600. Al 400%, el valor presente neto de nuevo es cero.

Este tipo de propuesta difiere del caso habitual mostrado antes en la figura 13.1, donde el valor presente neto es una función decreciente de la tasa de descuento y donde sólo hay una tasa interna de rendimiento que iguala el valor presente de los flujos de efectivo netos futuros con el flujo de salida inicial. Una propuesta no convencional puede tener cualquier número de tasas internas de rendimiento dependiendo del patrón de flujos de efectivo. Considere la siguiente serie de flujos de efectivo:

	FINAL DEL AÑO			
	0	1	2	3
Flujos de efectivo	−$1,000	$6,000	−$11,000	$6,000

En este ejemplo, las tasas de descuento de 0, 100 y 200% dan como resultado el valor presente neto de todos los flujos de efectivo iguales a cero.

El número de tasas internas de rendimiento tiene un límite superior igual al número de cambios de signo en los flujos de efectivo. En el ejemplo tenemos tres cambios y hay tres tasas internas de rendimiento. Aunque los cambios de signo múltiples son una condición necesaria para múltiples tasas internas de rendimiento, no son una condición suficiente para tal ocurrencia. El hecho de que haya varias tasas internas de rendimiento también depende de la magnitud de los flujos de efectivo. Para la siguiente serie de flujos de efectivo, sólo hay una tasa interna de rendimiento (32.5%), a pesar de dos cambios de signo:

	FINAL DEL AÑO		
	0	1	2
Flujos de efectivo	−$1,000	$1,400	−$100

Ante una propuesta con múltiples tasas internas de rendimiento, ¿cómo podemos decidir cuál es la tasa correcta? En nuestro primer ejemplo, ¿el porcentaje correcto es 25 o 400? De hecho, ninguna de las dos posibilidades es correcta porque ninguna es una medida del valor de la inversión. Si la tasa de rendimiento requerida de la empresa es del 20%, ¿debe aceptarse la inversión? A pesar del hecho de que ambas tasas internas de rendimiento son mayores que la tasa de rendimiento requerida, una mirada a la figura 13A.1 es suficiente para revelar que para una tasa de descuento del 20% el proyecto tiene un valor presente neto negativo (−$211) y, por lo tanto, no debe aceptarse.

$$VPN = \frac{\$10,000}{(1 + 0.20)^1} - \frac{\$10,000}{(1 + 0.20)^2} - \$1,600$$

$$= \$8,333 - \$6,944 - \$1,600 = -\$211$$

Una manera alternativa de ver el problema de la bomba es que la empresa tiene la oportunidad de acelerar en un año la percepción de los flujos de efectivo del segundo año a cambio de pagar $1,600. Entonces la pregunta relevante se convierte en: ¿cuánto vale para la empresa tener $10,000 disponibles por un año? Esta pregunta, a la vez, depende de las oportunidades de tasa de rendimiento sobre la inversión que tenga la empresa en ese periodo. Si la empresa puede ganar 20% al usar estos fondos y obtener estas ganancias al final del periodo, el valor de esta oportunidad sería $2,000 a recibirse al final del segundo año. El valor presente de $2,000 a una tasa de descuento del 20% es $1,389 ($2,000/$(1 + 0.20)^2$), lo cual al sumarse al flujo de salida de $1,600 da, una vez más, un valor presente neto de −$211. De manera similar, otros proyectos con varias tasas internas de rendimiento se evalúan mejor usando el enfoque del valor presente neto.

Apéndice B Análisis de la cadena de remplazo

En este capítulo observamos que es posible encontrar un conflicto en la clasificación de proyectos que son mutuamente excluyentes con vidas útiles desiguales. La pregunta clave es: ¿qué pasa al final del proyecto con vida más corta? Lo más probable es que la empresa **1.** remplace la inversión con un proyecto idéntico (o similar) o **2.** reinvierta en algunos otros proyectos. Vimos que, cuando los proyectos alternativos no se remplazan al final de sus vidas útiles (el segundo caso), no necesitamos tomar en cuenta decisiones de inversión futuras. En estos casos simplemente elegimos el proyecto con el valor presente neto más alto.

Ahora centramos la atención en la primera situación. Nos enfrentamos con la elección entre inversiones mutuamente excluyentes con vidas útiles desiguales que requerirán remplazos. Por ejemplo, tal vez necesitemos comprar una de dos máquinas alternativas, una de las cuales es más durable y, por ende, tiene una vida más larga que la otra. Como la inversión inicial afecta las decisiones posteriores, debe evaluarse la secuencia de decisiones asociadas con cada alternativa. Esta evaluación en general ve la elección como una que incluye una serie de réplicas (o "cadena de remplazos") de las alternativas respectivas sobre algún horizonte de inversión común.

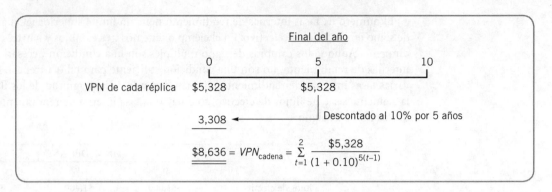

Figura 13B.1

Línea de tiempo para calcular el VPN de la cadena de remplazo para el proyecto A ($VPN_5 = \$5,328$; $k = 10\%$, y $R = 2$)

Enfoque de cadena de remplazo (vida común)

Repetir cada proyecto hasta la fecha más temprana en que sea posible concluir todos los proyectos el mismo año da como resultado múltiples cadenas de remplazo semejantes, para cubrir la vida común más corta. A la conclusión de cada cadena de remplazo, la empresa tiene opciones idénticas sin importar qué elección se hizo al principio.

Después despejamos el valor presente neto de cada cadena de remplazo, VPN_{cadena}, de la siguiente fórmula:

$$VPN_{cadena} = \sum_{t=1}^{R} \frac{VPN_n}{(1 + k)^{n(t-1)}} \tag{13B.1}$$

donde n = vida de una réplica del proyecto, en años

VPN_n = valor presente neto de una réplica de un proyecto con vida útil de n años

R = número de réplicas necesarias para tener la vida en común más corta, $(R) \times (n)$, para todas las alternativas mutuamente excluyentes bajo consideración

k = tasa de descuento apropiada específica del proyecto

De hecho, la empresa obtiene un valor presente neto al principio de cada remplazo. Por consiguiente, el valor de cada cadena de remplazo es simplemente el valor presente de la secuencia de los VPN que genera la cadena.

Una ilustración

Suponga lo siguiente con respecto a las alternativas de inversión A y B mutuamente excluyentes; ambas requieren remplazos futuros:

	PROYECTO A	PROYECTO B
Vida con una sola réplica (n)	5 años	10 años
Valor presente neto de una réplica calculado a la tasa de rendimiento requerida por el proyecto específico (VPN_n)	$5,328	$8,000
Número de réplicas necesarias para tener la vida común más corta (R)	2	1
Tasa de descuento específica del proyecto (k)[a]	10%	10%

[a]Las tasas de descuento para los proyectos alternativos pueden diferir.

A primera vista, el proyecto B parece mejor. El valor presente neto de su única réplica de $8,000 es más alto que el valor presente neto de $5,328 que implica el proyecto A. Sin embargo, la necesidad de hacer remplazos futuros indica que consideremos el valor que dan ambas alternativas para la misma vida común, en este caso 10 años. La figura 13B.1 muestra cómo encontrar el valor presente neto para las dos réplicas del proyecto A, una cadena de remplazo de 10 años de duración.

El valor presente neto de la cadena de remplazo para el proyecto B implica sólo una réplica y, por lo tanto, se conoce; es decir, VPN_{cadena} del proyecto B = \$8,000. Como

$$VPN_{cadena} \text{ del proyecto A} = \$8,636 > VPN_{cadena} \text{ del proyecto B} = \$8,000,$$

se prefiere el proyecto A.[5]

Preguntas

1. Explique qué significa el *valor del dinero en el tiempo*. ¿Por qué "un pájaro en mano vale más que dos o más volando"? ¿Qué enfoque de presupuesto de capital ignora este concepto? ¿Es óptimo?

2. ¿Por qué el periodo de recuperación sesga el proceso de selección de un activo hacia los activos con vida útil corta?

3. ¿Por qué el método del valor presente neto favorece los proyectos grandes sobre los pequeños cuando se usa para elegir entre proyectos mutuamente excluyentes? ¿Es esto un problema?

4. Compare el método de la tasa interna de rendimiento para la evaluación y selección de proyectos con el método del valor presente neto. ¿Por qué estas dos técnicas de flujos de efectivo descontado conducen a conflictos en la clasificación de proyectos?

5. Aunque conceptualmente no tiene sentido, el periodo de recuperación es de uso generalizado en los negocios como criterio para asignar prioridades a los proyectos de inversión. ¿Por qué no tiene sentido y por qué es de uso generalizado?

6. ¿Qué son proyectos de inversión *mutuamente excluyentes*? ¿Qué es un proyecto *dependiente*?

7. ¿Mejora la eficiencia económica de un país cuando se emplean técnicas modernas de presupuesto de capital? ¿Por qué?

8. Si el *racionamiento de capital* no es óptimo, ¿por qué lo usaría una compañía?

9. El método de la tasa interna de rendimiento implica que los flujos de efectivo intermedios se reinvierten a la tasa interna de rendimiento. ¿En qué circunstancias es probable que esta suposición lleve a una medida con un sesgo serio del rendimiento económico del proyecto?

10. Algunas personas han sugerido combinar el método de periodo de recuperación (PR) con el análisis de valor presente para calcular un *periodo de recuperación "descontado"*. En vez de usar flujos de entrada acumulados se usan los *valores presentes* de los flujos de entrada acumulados (descontados al costo de capital) para ver cuánto tarda el "pago" de un proyecto con flujos de efectivo descontados. Para una empresa no sujeta a restricciones de capital, si el periodo de recuperación "descontado" de un proyecto independiente es menor que algún periodo de recuperación "descontado" máximo aceptable, el proyecto se acepta; de lo contrario, se rechaza. Suponga que el periodo de recuperación "descontado" de un proyecto independiente es mayor que el periodo de recuperación "descontado" máximo aceptable de una compañía, pero menor que la vida útil del proyecto; ¿el rechazo de este proyecto le ocasionaría alguna preocupación? ¿Por qué? ¿El método de periodo de recuperación "descontado" supera todos los problemas encontrados al usar el método de periodo de recuperación "tradicional"? ¿Qué ventajas (si las hay) ve en el método de valor presente neto sobre el método de periodo de recuperación "descontado"?

[5]Observe que sólo descontamos el VPN de la segunda réplica del proyecto A con una tasa "riesgosa" del 10 por ciento. El uso de la tasa *riesgosa* específica del proyecto es el procedimiento analizado con más frecuencia. Pero puede haber casos en que descontar el VPN de las réplicas futuras al presente a la tasa libre de riesgo sea más apropiado. La elección de la tasa de descuento para calcular el valor presente neto de una cadena de réplicas de proyecto debe depender de la naturaleza de la incertidumbre (o del riesgo) *entre réplicas*. Para leer un estudio de este aspecto y los procedimientos de presupuesto de capital alternativos que reflejen correctamente la naturaleza del riesgo entre réplicas, consulte Ronald E. Shrieves y John M. Wachowicz, "Proper Risk Resolution in Replacement Chain Analysis", *The Engineering Economist* 34 (invierno, 1989), pp. 91-114.

1. Briarcliff Stove Company está considerando una nueva línea de productos para complementar su línea de estufas. Se anticipa que la nueva línea requerirá una inversión de $700,000 en el tiempo 0 y $1.0 millón en el año 1. Se esperan flujos de entrada después de impuestos de $250,000 en el año 2, $300,000 en el año 3, $350,000 en el año 4, y $400,000 cada año posterior hasta el año 10. Aunque la línea de productos puede ser viable después del año 10, la compañía prefiere ser conservadora y terminar los cálculos en ese tiempo.

   a) Si la tasa de rendimiento requerida es del 15%, ¿cuál es el valor presente neto del proyecto? ¿Es aceptable?
   b) ¿Cuál es la tasa interna de rendimiento?
   c) ¿Cuál sería el resultado si la tasa de rendimiento requerida fuera del 10%?
   d) ¿Cuál es el periodo de recuperación del proyecto?

2. Carbide Chemical Company está considerando el remplazo de dos máquinas viejas con una nueva, más eficiente. Ha determinado que los flujos de efectivo incrementales operativos relevantes después de impuestos de esta propuesta de remplazo son los siguientes:

	FINAL DEL AÑO			
	0	1	2	3
Flujos de efectivo	−$404,424	$86,890	$106,474	$91,612

	FINAL DEL AÑO				
	4	5	6	7	8
Flujos de efectivo	$84,801	$84,801	$75,400	$66,000	$92,400

   ¿Cuál es el valor presente neto del proyecto si la tasa de rendimiento requerida es del 14%? ¿Es aceptable el proyecto?

3. Acme Blivet Company está evaluando tres situaciones de inversión: **1.** producir una nueva línea de piezas de aluminio, **2.** ampliar la línea de piezas de aluminio existente para incluir nuevos tamaños y **3.** desarrollar una línea nueva, con mayor calidad. Si sólo se emprende el proyecto en cuestión, los valores presentes esperados y las cantidades de inversión requeridas son los siguientes:

PROYECTO	INVERSIÓN REQUERIDA	VALOR PERSENTE DE FLUJOS DE EFECTIVO FUTUROS
1	$200,000	$290,000
2	115,000	185,000
3	270,000	400,000

   Si se emprenden los proyectos 1 y 2 de manera conjunta, no habrá ahorros; la inversión requerida y los valores presentes serán simplemente la suma de las partes. Con los proyectos 1 y 3, es posible ahorrar en la inversión porque una de las máquinas adquiridas se puede usar en ambos procesos de producción. La inversión total requerida para los proyectos 1 y 3 combinados es de $440,000. Si se emprenden los proyectos 2 y 3, se pueden lograr ahorros en marketing y al producir los artículos, pero no en la inversión. El valor presente esperado de los flujos de efectivo futuros para los proyectos 2 y 3 combinados es de $620,000. Si se aceptan los tres proyectos al mismo tiempo, se presentan los ahorros mencionados. Sin embargo, será necesaria una ampliación de la planta que costará $125,000, ya que no se dispone de espacio para los tres proyectos. ¿Cuáles proyectos deben seleccionarse?

Problemas

1. Lobers, Inc., tiene dos propuestas de inversión con las siguientes características:

		PROYECTO A			PROYECTO B	
PERIODO	COSTO	GANANCIAS DESPUÉS DE IMPUESTOS	FLUJO DE EFECTIVO NETO	COSTO	GANANCIAS DESPUÉS DE IMPUESTOS	FLUJO DE EFECTIVO NETO
0	$9,000	–	–	$12,000	–	–
1		$1,000	$5,000		$1,000	$5,000
2		1,000	4,000		1,000	5,000
3		1,000	3,000		4,000	8,000

Para cada proyecto calcule su periodo de recuperación, su valor presente neto y su índice de rentabilidad usando una tasa de descuento del 15 por ciento.

2. En el problema 1, ¿qué crítica puede hacerse contra el método de periodo de recuperación?

3. Los siguientes son ejercicios de tasa interna de rendimiento:
   a) Una inversión de $1,000 hoy tendrá un rendimiento de $2,000 al final del año 10. ¿Cuál es su tasa interna de rendimiento?
   b) Una inversión de $1,000 reditúa $500 al final de cada uno de los 3 años siguientes. ¿Cuál es la tasa interna de rendimiento?
   c) Una inversión de $1,000 hoy reditúa $900 al final del año 1, $500 al final del año 2 y $100 al final del año 3. ¿Cuál es su tasa interna de rendimiento?
   d) Una inversión de $1,000 tendrá un rendimiento de $130 por año para siempre. ¿Cuál es su tasa interna de rendimiento?

4. Dos proyectos *mutuamente excluyentes* tienen las siguientes proyecciones de flujos de efectivo:

	FINAL DEL AÑO				
	0	1	2	3	4
Proyecto A	–$2,000	$1,000	$1,000	$1,000	$1,000
Proyecto B	– 2,000	0	0	0	6,000

   a) Determine la tasa interna de rendimiento para cada proyecto.
   b) Determine el valor presente neto para cada proyecto con tasas de descuento de 0, 5, 10, 20, 30 y 35 por ciento.
   c) Grafique el valor presente neto de cada proyecto para las diferentes tasas de descuento.
   d) ¿Qué proyecto seleccionaría? ¿Por qué? ¿Qué suposiciones son inherentes a su decisión?

5. Zaire Electronics puede optar por una de dos inversiones en el tiempo 0. Suponiendo una tasa de rendimiento requerida del 14%, determine para cada proyecto a) el periodo de recuperación, b) el valor presente neto, c) el índice de rentabilidad y d) la tasa interna de rendimiento. Suponga que de acuerdo con el SMARC, los bienes se ubican en la clase de propiedad de cinco años y que la tasa de impuestos corporativa es del 34 por ciento. Las inversiones iniciales requeridas y los ahorros antes de depreciación e impuestos se muestran en la tabla.

		FINAL DEL AÑO						
PROYECTO	INVERSIÓN	1	2	3	4	5	6	7
A	$28,000	$8,000	$8,000	$8,000	$8,000	$8,000	$8,000	$8,000
B	20,000	5,000	5,000	6,000	6,000	7,000	7,000	7,000

6. Thoma Pharmaceutical Company puede comprar equipo de pruebas de ADN por $60,000. Se espera que este equipo reduzca los costos de mano de obra del personal clínico en $20,000 anuales. El equipo tiene una vida útil de cinco años, pero se ubica en la clase de propiedad de tres años para fines de recuperación de costo (depreciación). No se espera un valor de rescate al final. La tasa de impuestos corporativa para Thoma es del 38% (impuestos federales y estatales combinados), y su tasa de rendimiento requerida es del 15 por ciento. (Si la ganancia después de impuestos es negativa en cualquier año dado, la empresa compensará la pérdida con otros ingresos de ese año). Con base en esta información, ¿cuál es el valor presente neto del proyecto? ¿Es aceptable?

7. En el problema 6 suponga que se espera un 6% de inflación en ahorros de costos de mano de obra durante los cuatro años anteriores, de manera que el ahorro en el primer año será de $20,000, el ahorro en el segundo año será de $21,200, etcétera.

   a) Si la tasa de rendimiento requerida es todavía del 15%, ¿cuál es el valor presente neto del proyecto? ¿Es aceptable?

   b) Si se tuviera un requerimiento de capital de $10,000 además del costo del equipo, y esta inversión adicional se necesitara durante la vida del proyecto, ¿cuál sería el efecto sobre el valor presente neto? [Todo lo demás es igual que en el problema 7, inciso a)].

8. Lake Tahow Ski Resort compara media docena de proyectos de mejoramiento de capital. Ha asignado $1 millón al presupuesto de capital. Se han determinado las siguientes propuestas y sus índices de rentabilidad. Los proyectos son independientes entre sí.

PROYECTO	CANTIDAD	ÍNDICE DE RENTABILIDAD
1. Prolongar el teleférico 3	$500,000	1.22
2. Construir una nueva tienda de deportes	150,000	0.95
3. Prolongar el teleférico 4	350,000	1.20
4. Construir un nuevo restaurante	450,000	1.18
5. Construir otra ala del complejo de habitaciones	200,000	1.19
6. Construir una pista de patinar techada	400,000	1.05

   a) Si se supone un racionamiento de capital estricto sólo para el periodo actual, ¿qué inversión debe aceptarse? (*Sugerencia:* Si no utiliza todo el presupuesto capital, intente otras combinaciones de proyectos y determine el valor presente neto total para cada combinación).

   b) ¿Es ésta una estrategia óptima?

9. La ciudad de San José debe remplazar algunos de sus camiones mezcladores de concreto por nuevos. Ha recibido dos ofertas para licitación y ha evaluado con detalle las características de desempeño de los camiones. El modelo Rockbuilt, que cuesta $74,000, es un equipo de primera línea. Tiene una vida de ocho años, suponiendo que el motor se reconstruye en el quinto año. Se esperan costos anuales de mantenimiento de $2,000 los primeros cuatro años, seguidos de costos totales por mantenimiento y reconstrucción de $13,000 en el quinto año. Durante los últimos tres años, se espera que los costos de mantenimiento sean de $4,000 anuales. Se estima que al final de ocho años el camión tendrá un valor de rescate de $9,000.

   Una oferta de Bulldog Trucks, Inc., es de $59,000 por camión. Los costos de mantenimiento serán más altos. En el primer año se espera que sean de $3,000 y que aumenten $1,500 cada año hasta el octavo. En el cuarto año el motor deberá reconstruirse, lo que costará $15,000 además de los costos de mantenimiento de ese año. Se estima que al final de los ocho años, el Bulldog tendrá un costo de rescate de $5,000.

   a) Si el costo de oportunidad de la ciudad de San José es del 8%, ¿qué oferta debe aceptarse? Ignore las consideraciones fiscales, ya que la ciudad no paga impuestos.

   b) Si su costo de oportunidad fuera del 15%, ¿cambiaría su respuesta?

Soluciones a los problemas para autoevaluación

1. *a)*

AÑO	FLUJO DE EFECTIVO	FACTOR DE VALOR PRESENTE DESCONTADO (15%)	VALOR PRESENTE
0	$ (700,000)	1.000	$(700,000)
1	(1,000,000)	0.870	(870,000)
2	250,000	0.756	189,000
3	300,000	0.658	197,400
4	350,000	0.572	200,200
5-10	400,000	2.164*	865,600**
		Valor presente neto =	$(117,000)

*FIVPA de 5.019 por 10 años menos *FIVPA* de 2.855 por 4 años.
**Total para los años 5 a 10.

Como el valor presente neto es negativo, el proyecto es *inaceptable*.

b) La tasa interna de rendimiento es del **13.21 por ciento**. Si se usara el método de prueba y error, tendríamos lo siguiente:

AÑO	FLUJO DE EFECTIVO	FACTOR DE DESCUENTO, 14%	VALOR PRESENTE, 14%	FACTOR DE DESCUENTO, 13%	VALOR PRESENTE, 13%
0	$ (700,000)	1.000	$(700,000)	1.000	$(700,000)
1	(1,000,000)	0.877	(877,000)	0.885	(885,000)
2	250,000	0.769	192,250	0.783	195,750
3	300,000	0.675	202,500	0.693	207,900
4	350,000	0.592	207,200	0.613	214,550
5-10	400,000	2.302*	920,800**	2.452*	980,800**
		Valor presente neto	$ (54,250)		$ 14,000

*FIVPA para 10 años menos *FIVPA* para 4 años.
**Total para los años 5 a 10.

Para aproximar la tasa real, *interpolamos* entre 13 y 14% como sigue:

$$0.01 \left[X \begin{bmatrix} 0.13 & \$14,000 \\ TIR & 0 \\ 0.14 & \$(54,250) \end{bmatrix} \$14,000 \right] \$68,250$$

$$\frac{X}{0.01} = \frac{\$14,000}{\$68,250} \qquad \text{Por lo tanto,} \qquad X = \frac{(0.01) \times (\$14,000)}{\$68,250} = 0.0021$$

y $TIR = 0.13 + X = 0.13 + 0.0021 = 0.1321$, es decir, **13.21 por ciento**. Como la tasa interna de rendimiento es menor que la tasa de rendimiento requerida, el proyecto no se acepta.

c) El proyecto sería *aceptable*.

d) Periodo de recuperación = **6 años**. (−$700,000 − $1,000,000 + $250,000 + $300,000 + $350,000 + $400,000 + $400,000 = 0).

2.

AÑO	FLUJO DE EFECTIVO	FACTOR DE DESCUENTO DE VALOR PRESENTE (14%)	VALOR PRESENTE
0	$(404,424)	1.000	$(404,424)
1	86,890	0.877	76,203
2	106,474	0.769	81,879
3	91,612	0.675	61,838
4	84,801	0.592	50,202
5	84,801	0.519	44,012
6	75,400	0.456	34,382
7	66,000	0.400	26,400
8	92,400	0.351	32,432
		Valor presente neto = $	2,924

Puesto que el valor presente neto es positivo, el proyecto es *aceptable*.

3.

PROYECTO(S)	INVERSIÓN REQUERIDA	VALOR PRESENTE DE FLUJOS DE EFECTIVO FUTUROS	VALOR PRESENTE NETO
1	$200,000	$290,000	$ 90,000
2	115,000	185,000	70,000
3	270,000	400,000	130,000
1, 2	315,000	475,000	160,000
1, 3	**440,000**	**690,000**	**250,000**
2, 3	385,000	620,000	235,000
1, 2, 3	680,000	910,000	230,000

Los proyectos 1 y 3 deben seleccionarse porque implican el valor presente neto más alto.

Referencias seleccionadas

Aggarwal, Raj. *Capital Budgeting Under Uncertainty*. Englewood Cliffs, NJ: Prentice Hall, 1993.

Bacon, Peter W. "The Evaluation of Mutually Exclusive Investments". *Financial Management* 6 (verano, 1977), 55-58.

Barwise, Patrick, Paul R. Marsh y Robin Wensley. "Must Finance and Strategy Clash?" *Harvard Business Review* 67 (septiembre-octubre, 1989), 85-90.

Bierman, Harold, Jr. y Seymour Smidt. *The Capital Budgeting Decision*, 8a. ed. Nueva York: Macmillan, 1993.

Block, Stanley. "Are There Differences in Capital Budgeting Procedures Between Industries? An Empirical Study". *The Engineering Economist* 50 (enero-marzo, 2005), 55-67.

Brounen, Dirk, Abe de Jong y Kees Koedijk. "Corporate Finance in Europe: Confronting Theory with Practice". *Financial Executive* 33 (invierno, 2004), 71-101.

Ehrhardt, Michael C. y John M. Wachowicz, Jr. "Capital Budgeting and Initial Cash Outlay (ICO) Uncertainty". *Financial Decisions* 18 (verano, 2006), artículo 2: 1-16 (disponible en línea en www.financialdecisionsonline.org/current/EhrhardtWachowicz.pdf).

Gitman, Lawrence J. y Pieter A. Vandenberg. "Cost of Capital Techniques Used by Major US Firms: 1997 vs. 1980". *Financial Practice and Education* 10 (otoño/invierno, 2000), 53-68.

Gordon, Lawrence A. y Mary D. Myers. "Postauditing Capital Projects: Are You in Step with the Competition?" *Management Accounting* 72 (enero, 1991), 39-42.

Graham, John y Campbell Harvey. "How Do CFOs Make Capital Budgeting and Capital Structure Decisions?". *Journal of Applied Corporate Finance* 15 (primavera, 2002), 8-23 (disponible en línea en faculty.fuqua.duke.edu/~jgraham/website/surveyJACF.pdf).

Harris, Milton y Arthur Raviv. "The Capital Budgeting Process: Incentives and Information". *Journal of Finance* 51 (septiembre, 1996), 1139-1174.

_____. "Capital Budgeting and Delegation". *Journal of Financial Economics* 50 (diciembre, 1998), 259-289.

Herbst, Anthony. "The Unique, Real Internal Rate of Return: Caveat Emptor!". *Journal of Financial and Quantitative Analysis* 13 (junio, 1978), 363-370.

Kelleher, John C. y Justin J. MacCormack. "Internal Rate of Return: A Cautionary Tale". *McKinsey on Finance* (verano, 2006), 16-19.

Levy, Haim y Marshall Sarnat. *Capital Investment and Financial Decisions*, 5a. ed. Englewood Cliffs, NJ: Prentice Hall, 1994.

Logue, Dennis E. y T. Craig Tapley. "Performance Monitoring and the Timing of Cash Flows". *Financial Management* 14 (otoño, 1985), 34-39.

Lorie, James H. y Leonard J. Savage. "Three Problems in Rationing Capital". *Journal of Business* 28 (octubre, 1955), 229-239.

McConnell, John J. y Chris J. Muscarella. "Corporate Capital Expenditure Decisions and the Market Value of the Firm". *Journal of Financial Economics* 14 (septiembre, 1985), 399-422.

Pinches, George E. "Myopia, Capital Budgeting and Decision Making". *Financial Management* 11 (otoño, 1982), 6-19.

Schwab, Bernhard y Peter Lusztig. "A Comparative Analysis of the Net Present Value and the Benefit-Cost Ratios as Measures of the Economic Desirability of Investments". *Journal of Finance* 24 (junio, 1969), 507-516.

Seitz, Neil y Mitch Ellison. *Capital Budgeting and Long-Term Financing Decisions*, 4a. ed. Mason, OH: South-Western, 2004.

Shrieves, Ronald E. y John M. Wachowicz Jr. "Proper Risk Resolution in Replacement Chain Analysis". *Engineering Economist* 34 (invierno, 1989), 91-114.

_____. "Free Cash Flow (FCF), Economic Value Added (EVA), and Net Present Value (NPV): A Reconciliation of Variations in Discounted-Cash-Flow (DCF) Valuation". *Engineering Economist* 46 (núm. 1, 2001), 33-52.

Smith, Kimberly J. "Postauditing Capital Investments". *Financial Practice and Education* 4 (primavera-verano, 1994), 129-137.

Smyth, David. "Keeping Control with Post Completion Audits". *Accountancy* 106 (agosto, 1990), 163-164.

Van Horne, James C. "The Variation of Project Life as a Means for Adjusting for Risk". *Engineering Economist* 21 (primavera, 1976), 151-158.

Weingartner, H. Martin. "Capital Rationing: Authors in Search of a Plot". *Journal of Finance* 32 (diciembre, 1977), 1403-1431.

La parte V del sitio Web, *Wachowicz's Web World*, contiene vínculos a muchos sitios de finanzas y artículos en línea relacionados con los temas cubiertos en este capítulo. (http://web.utk.edu/~jwachowi/part5.html)

14

Riesgo y opciones administrativas (reales) de presupuesto de capital

Contenido

- **El problema de riesgo del proyecto**
  Una ilustración • Esperanza y medidas de dispersión: Un ejemplo de flujo de efectivo

- **Riesgo total del proyecto**
  Enfoque del árbol de probabilidades • Enfoque de simulación • Uso de la información de la distribución de probabilidad

- **Contribución al riesgo total de la empresa: Enfoque del portafolio de la empresa**
  Esperanza y medición del riesgo del portafolio • Una ilustración • Correlación entre proyectos • Combinaciones de inversiones riesgosas

- **Opciones administrativas (reales)**
  Implicaciones para la valuación • Opción de expandir (o de contraer) • Opción de abandonar • Opción de posponer • Algunas observaciones finales

- **Puntos clave de aprendizaje**

- **Preguntas**

- **Problemas para autoevaluación**

- **Problemas**

- **Soluciones a los problemas para autoevaluación**

- **Referencias seleccionadas**

Objetivos

Después de estudiar el capítulo 14, usted será capaz de:

- Definir el grado de "riesgo" de un proyecto de inversión de capital.

- Comprender cómo se mide el riesgo del flujo de efectivo para un periodo en particular, incluyendo los conceptos de valor esperado, desviación estándar y coeficiente de variación.

- Describir los métodos para evaluar el riesgo total del proyecto, incluyendo los enfoques de probabilidad y de simulación.

- Juzgar proyectos con respecto a su contribución al riesgo total de la empresa (enfoque empresa-portafolio).

- Comprender cómo la presencia de opciones (reales) administrativas mejora el valor de un proyecto de inversión.

- Listar, analizar y evaluar los diferentes tipos de opciones administrativas (reales).

"¿Riesgo? El riesgo es nuestro negocio. De eso se trata esta nave estelar.
¡Por eso estamos a bordo!"

—JAMES T. KIRK
capitán de la nave estelar *Enterprise*

En el capítulo anterior se supuso que la aceptación de cualquier propuesta de inversión no alteraba la constitución de riesgo de negocios de una empresa desde la perspectiva de los proveedores de capital. Esta suposición permitió el uso de una sola tasa de rendimiento requerida al determinar qué proyectos de presupuesto de capital debe seleccionar una empresa. Sin embargo, sabemos que los diferentes proyectos de inversión con frecuencia tienen distintos grados de riesgo. El proyecto que se espera que dé un alto rendimiento puede ser tan riesgoso que ocasione un incremento significativo en el riesgo percibido de la empresa. A la vez, esto podría ser causa de una disminución en el valor de la compañía, a pesar del considerable potencial del proyecto. En este capítulo se consideran varias maneras en que la administración puede medir el riesgo de un proyecto o un grupo de proyectos. Nuestro último objetivo es comprender mejor cómo es que el riesgo repercute en el valor. Sin embargo, para lograrlo, primero debemos ser capaces de medir el riesgo de un proyecto en una variedad de circunstancias.

A partir de la información acerca del riesgo esperado de una propuesta o propuestas de inversión, junto con información sobre el rendimiento esperado, la administración debe hacer una evaluación y llegar a una decisión. La decisión de aceptar o rechazar una propuesta de inversión dependerá del rendimiento ajustado por riesgo que los proveedores de capital requieren. Puesto que las tasas de rendimiento requerido se consideran en el siguiente capítulo, se diferirá la evaluación real de inversiones riesgosas hasta ese momento.

En este capítulo se desarrolla la información necesaria para evaluar inversiones riesgosas. Además del riesgo, los proyectos de inversión algunas veces contienen opciones para que la administración tome la decisión más adelante. Una vez que se acepta un proyecto, la administración puede tener flexibilidad para hacer cambios que afectarán los flujos de efectivo posteriores y/o la vida del proyecto. Esta flexibilidad se llama *opción administrativa* o *real*. Este capítulo comienza con una introducción general al riesgo del proyecto y sigue con la consideración de su medición específica. Luego se examina un proyecto de inversión con respecto a su riesgo portafolio-empresa, es decir, el riesgo marginal de un proyecto para la empresa como un todo. Por último, se estudia el efecto de las opciones administrativas (reales) sobre el carácter deseable del proyecto.

El problema de riesgo del proyecto

Por ahora definiremos el "riesgo" de un proyecto de inversión como la variabilidad de sus flujos de efectivo con respecto a los esperados. Cuanto mayor sea la variabilidad, más riesgoso será el proyecto. Para cada proyecto bajo consideración, podemos hacer estimaciones de los flujos de efectivo futuros. En lugar de estimar sólo el resultado de flujo de efectivo más probable para cada año en el futuro, como se hizo en el capítulo 12, estimamos varios resultados posibles. De esta manera podemos considerar un rango de flujos de efectivo posibles para un periodo futuro dado y no sólo el flujo más probable.

● ● ● Una ilustración

Para ejemplificar la formulación de múltiples pronósticos de flujos de efectivo para un periodo futuro, suponga que tenemos dos propuestas de inversión bajo estudio. Suponga además que nos interesa pronosticar los siguientes estados alternativos de la economía: recesión grave, recesión moderada, estado normal, crecimiento leve y crecimiento importante. Después de evaluar el futuro para cada uno de estos estados posibles, estimamos los siguientes flujos de efectivo netos para el próximo año:

	FLUJOS DE EFECTIVO ANUALES: AÑO 1	
ESTADO DE LA ECONOMÍA	PROPUESTA A	PROPUESTA B
Recesión grave	$3,000	$2,000
Recesión moderada	3,500	3,000
Estado normal	4,000	4,000
Crecimiento leve	4,500	5,000
Crecimiento importante	5,000	6,000

Vemos que la dispersión de los flujos de efectivo posibles para la propuesta B es mayor que para la propuesta A. Por lo tanto, podemos decir que la propuesta B es más riesgosa. Sin embargo, para cuantificar nuestro análisis de riesgo necesitamos información adicional. En particular, necesitamos conocer la probabilidad de ocurrencia de los diferentes estados de la economía. Suponga que nuestra estimación de la probabilidad de una recesión grave es del 10%, de una recesión moderada es del 20%, de una economía normal es del 40%, de un crecimiento leve, del 20% y de un crecimiento importante, del 10 por ciento. Dada esta información, ahora podemos formular una distribución de probabilidad de los flujos de efectivo posibles para las propuestas A y B, como sigue:

	PROPUESTA A		PROPUESTA B	
ESTADO DE LA ECONOMÍA	PROBABILIDAD	FLUJO DE EFECTIVO	PROBABILIDAD	FLUJO DE EFECTIVO
Recesión grave	0.10	$3,000	0.10	$2,000
Recesión moderada	0.20	3,500	0.20	3,000
Estado normal	0.40	4,000	0.40	4,000
Crecimiento leve	0.20	4,500	0.20	5,000
Crecimiento importante	0.10	5,000	0.10	6,000
	1.00		1.00	

Podemos graficar las distribuciones de probabilidad; los resultados se muestran en la figura 14.1. Como se ve, la dispersión de los flujos de efectivo es mayor para la propuesta B que para la A, a pesar de que el resultado más probable es el mismo para ambas propuestas, a saber, $4,000. De acuerdo con el análisis en el capítulo 13 (y suponiendo flujos de salida iniciales iguales y vidas de proyecto de un año), la empresa clasificaría las propuestas como iguales. La pregunta crucial es si debe considerarse la dispersión de los flujos de efectivo. Si el riesgo está asociado con la distribución de probabilidad de los flujos de efectivo posibles, de manera que a mayor dispersión, mayor riesgo, la propuesta B sería la inversión más riesgosa. Si la administración, los accionistas y los acreedores tienen aversión al riesgo, la propuesta A sería preferible a la propuesta B.

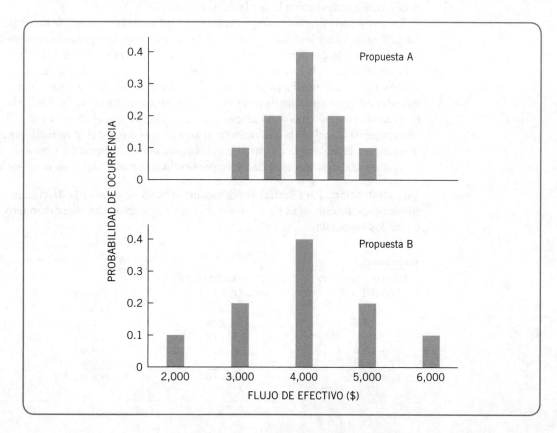

Figura 14.1

Comparación de dos propuestas usando las distribuciones de probabilidad de los flujos de efectivo posibles

● ● ● Esperanza y medidas de dispersión: Un ejemplo de flujo de efectivo

Las distribuciones de probabilidad de la figura 14.1 se pueden resumir en términos de dos parámetros de la distribución: **1.** el *valor esperado* y **2.** la *desviación estándar*. Como recordará, estudiamos estos parámetros (en relación con los rendimientos seguros) en el capítulo 5. Esta vez centraremos la atención en los flujos de efectivo y no en los rendimientos porcentuales. Se presentan los cálculos matemáticos del valor esperado y la desviación estándar, una vez más, como repaso. Después se ilustran estos cálculos con el ejemplo anterior de flujos de efectivo.

Valor esperado El promedio ponderado de los resultados posibles, donde las ponderaciones son las probabilidades de ocurrencia.

La distribución de probabilidad del **valor esperado** de un flujo de efectivo para el periodo t, $\overline{FE}_t$, se define como

$$\overline{FE}_t = \sum_{x=1}^{n} (FE_{xt})(P_{xt}) \tag{14.1}$$

donde FE_{xt} es el flujo de efectivo del resultado posible x en el periodo t, P_{xt} es la probabilidad de que ocurra ese flujo de efectivo, y n es el número total de flujos de efectivo que pueden ocurrir en el periodo t. Así, el valor esperado del flujo de efectivo es simplemente un promedio ponderado de los flujos de efectivo posibles, donde las ponderaciones son las probabilidades de ocurrencia.

Desviación estándar Medida estadística de la variabilidad de una distribución alrededor de su media. Es la raíz cuadrada de la *varianza*.

La medida convencional de la dispersión es la **desviación estándar**, que completa los dos parámetros que describen una distribución de flujo de efectivo. Cuanto más estrecha es la distribución, menor es la medida; cuanto más amplia es la distribución, mayor es la medida. La desviación estándar del flujo de efectivo en el periodo t, σ_t, se puede expresar matemáticamente como

$$\sigma_t = \sqrt{\sum_{x=1}^{n} (FE_{xt} - \overline{FE}_t)^2 (P_{xt})} \tag{14.2}$$

donde $\sqrt{\ }$ representa el signo de raíz cuadrada. El cuadrado de la desviación estándar, σ_t^2, se conoce como la *varianza* de la distribución. Aunque todo esto parece intimidante, de hecho es fácil calcular la desviación estándar con la ayuda de una calculadora.

La desviación estándar es simplemente una medida de la estrechez de una distribución de probabilidad. Para una distribución normal, o con forma de campana, aproximadamente el 68% del área total de la distribución cae dentro de una desviación estándar a cualquiera de los lados del valor esperado. Esto significa que sólo hay un 32% de probabilidad de que el resultado real esté a más de una desviación estándar de la media. La probabilidad de que el resultado real caiga dentro de dos desviaciones estándar del valor esperado de la distribución es aproximadamente del 95%, y la probabilidad de que esté cuando mucho a tres desviaciones estándar es mayor que el 99 por ciento. El apéndice al final del libro presenta la tabla V, la cual muestra el área de una distribución normal que está a un número de desviaciones estándar a la izquierda y a la derecha del valor esperado. Como se verá más adelante en el capítulo, la desviación estándar sirve para evaluar la probabilidad de ocurrencia de los eventos.

Una ilustración. Para ilustrar la obtención del valor esperado y la desviación estándar de una distribución de probabilidad de los flujos de efectivo posibles, considere de nuevo el ejemplo anterior de las dos propuestas.

Propuesta A

FLUJO DE EFECTIVO POSIBLE, FE_{X1}	PROBABILIDAD DE OCURRENCIA, P_{X1}	$(FE_{X1})(P_{X1})$	$(FE_{X1} - \overline{FE}_1)^2(P_{X1})$
$3,000	0.10	$ 300	($3,000 − $4,000)²(0.10)
3,500	0.20	700	(3,500 − 4,000)²(0.20)
4,000	0.40	1,600	(4,000 − 4,000)²(0.40)
4,500	0.20	900	(4,500 − 4,000)²(0.20)
5,000	0.10	500	(5,000 − 4,000)²(0.10)
	$\Sigma = 1.00$	$\Sigma = \mathbf{\$4,000} = \overline{FE}_1$	$\Sigma = \$300,000 = \sigma_1^2$
			$(\$300,000)^{0.5} = \mathbf{\$548} = \sigma_1$

Propuesta B

FLUJO DE EFECTIVO POSIBLE, FE_{X1}	PROBABILIDAD DE OCURRENCIA, P_{X1}	$(FE_{X1})(P_{X1})$	$(FE_{X1} - \overline{FE}_1)^2(P_{X1})$
$2,000	0.10	$ 200	$($2,000 - $4,000)^2(0.10)$
$3,000	0.20	600	$(\ 3,000 - \ 4,000)^2(0.20)$
$4,000	0.40	1,600	$(\ 4,000 - \ 4,000)^2(0.40)$
$5,000	0.20	1,000	$(\ 5,000 - \ 4,000)^2(0.20)$
$6,000	0.10	600	$(\ 6,000 - \ 4,000)^2(0.10)$
	$\Sigma = 1.00$	$\Sigma = \mathbf{\$4,000} = \overline{FE}_1$	$\Sigma = \$1,200,000 = \sigma_1^2$
			$(\$1,200,000)^{0.5} = \mathbf{\$1,095} = \sigma_1$

El valor esperado de la distribución del flujo de efectivo para la propuesta A es $4,000, igual que para la propuesta B. Sin embargo, la desviación estándar en la propuesta A es $548, mientras que la desviación estándar en la propuesta B es $1,095. Por lo tanto, la propuesta B tiene una desviación estándar más alta, lo que indica una mayor dispersión de los resultados posibles, de manera que decimos que tiene mayor riesgo.

Coeficiente de variación (CV)
La razón entre la desviación estándar de una distribución y la media de esa distribución. Es una medida del riesgo *relativo*.

Coeficiente de variación. Una medida de la dispersión relativa de una distribución es el **coeficiente de variación** (CV). Matemáticamente se define como la razón de la desviación estándar de una distribución con respecto al valor esperado de esta última. Es una medida sencilla del riesgo por unidad de valor esperado. Para la propuesta A, el coeficiente de variación es

$$CV_A = \$548/\$4,000 = \mathbf{0.14}$$

y para la propuesta B es

$$CV_B = \$1,095/\$4,000 = \mathbf{0.27}$$

Puesto que el coeficiente de variación para la propuesta B excede al de la propuesta A, tiene un grado mayor de riesgo relativo. Se harán referencias frecuentes al valor esperado, la desviación estándar y el coeficiente de variación en el resto de este capítulo.[1]

Riesgo total del proyecto

Si los inversionistas y acreedores muestran aversión al riesgo —y toda la evidencia disponible sugiere que de hecho la tienen—, es necesario que la administración incorpore el riesgo de una propuesta de inversión en su análisis del valor de la propuesta. De otra manera, es probable que las decisiones de presupuesto de capital no estén de acuerdo con el objetivo de maximizar el precio de las acciones. Una vez que hemos establecido la necesidad de tomar en cuenta el riesgo, procedemos a medirlo para las propuestas de inversión individuales. Pero recuerde que el riesgo de los flujos de efectivo para un proyecto puede cambiar con el paso del tiempo —y con frecuencia así sucede— en el futuro en que ocurren esos flujos. En otras palabras, las distribuciones de probabilidad no necesariamente son las mismas para un periodo y el siguiente.

Este concepto se ilustra en la figura 14.2 para un proyecto de inversión hipotético. Las distribuciones son como las mostradas en la figura 14.1, excepto que son *continuas* en lugar de *discretas*. Esto significa que los resultados de flujos de efectivo para cada periodo pueden tomar cualquier valor dentro del intervalo dado y no sólo ciertos valores dentro de un intervalo. Entonces se dibuja una línea continua para cada gráfica de la figura 14.2 en vez de la serie de barras que aparece en la figura 14.1. Como antes, cuanto más estrecha y puntiaguda sea la distribución, menor será el riesgo. El valor esperado de cada distribución se describe con la línea horizontal punteada. Vemos que ambos, el valor esperado del flujo de efectivo y la dispersión de la distribución de probabilidad, cambian con el tiempo. Debemos atender este factor para poder cuantificar el riesgo de una propuesta de inversión prospectiva.

---

[1]Suponemos que el riesgo se puede juzgar sólo en relación con el valor esperado y la desviación estándar de una distribución de probabilidad. Queda implícito que la forma de la distribución no es importante. Esto se cumple cuando la distribución es relativamente simétrica, o en "forma de campana". Sin embargo, si tiene un sesgo significativo a la izquierda o derecha, la administración debe tomar en cuenta también este hecho. Aunque es posible incorporar una medida del sesgo en nuestro análisis de riesgo, es difícil hacerlo matemáticamente. Por sencillez, manejaremos sólo el valor esperado y la desviación estándar de una distribución de probabilidad normal.

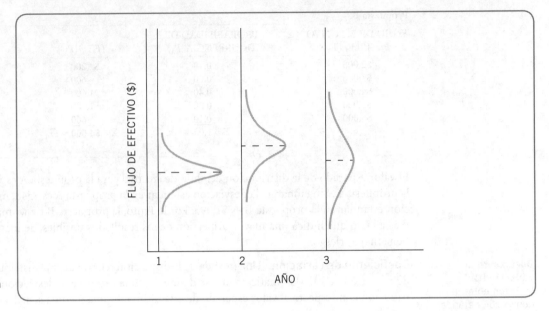

Figura 14.2

Distribuciones de
probabilidad de los
flujos de efectivo
posibles, que indican
el cambio en el valor
esperado y el riesgo a
través del tiempo

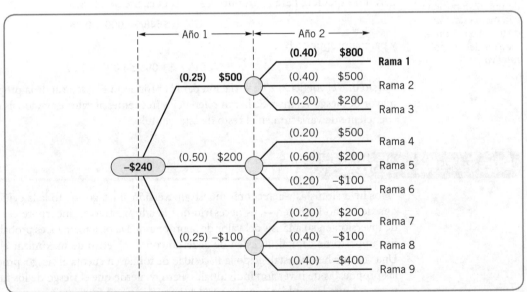

Figura 14.3

Ilustración gráfica
de un árbol de
probabilidades que
muestra cómo los
flujos en el segundo
año tienen una
correlación moderada
con los del primer
año; esto es, es más
probable (pero no
está garantizado) que
tenga un buen flujo
de efectivo en el año
2 si el flujo del año 1
es bueno

● ● ● Enfoque del árbol de probabilidades

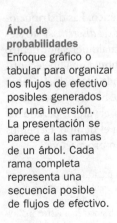

**Árbol de
probabilidades**
Enfoque gráfico o
tabular para organizar
los flujos de efectivo
posibles generados
por una inversión.
La presentación se
parece a las ramas
de un árbol. Cada
rama completa
representa una
secuencia posible
de flujos de efectivo.

Una manera de manejar el problema es con un **árbol de probabilidades**. El árbol de probabilidades es un enfoque gráfico o tabular para organizar las secuencias de flujos de efectivo posibles que genera una inversión. Ahí se especifican los flujos de efectivo futuros probables de un proyecto según su relación con los resultados en los periodos anteriores. De esta manera, podemos construir un análisis de cómo se correlacionan los flujos de efectivo en el tiempo. Por ejemplo, si ocurre que un proyecto tiene flujo de efectivo bueno (alto) en el primer periodo, es muy posible que tenga buenos flujos de efectivo en periodos posteriores. Aunque con frecuencia existe un vínculo entre lo que ocurre en un periodo y lo que ocurre en el siguiente, esto no siempre es cierto. Si pensamos que los flujos de efectivo son independientes de un periodo a otro, simplemente especificamos una distribución de probabilidad de los resultados de flujo de efectivo para cada periodo. Si hay un vínculo, debemos tomar en cuenta esta dependencia.

Con un árbol de probabilidades intentamos desplegar los eventos futuros como podrían ocurrir. La figura 14.3 muestra un árbol de probabilidades para un proyecto de dos periodos. Cada rama completa representa una secuencia posible de flujos de efectivo. Para cada una de las nueve ramas

Tabla 14.1

Ilustración tabular de un árbol de probabilidades*

	AÑO 1		AÑO 2		
PROBABILIDAD INICIAL $P(1)$	FLUJO DE EFECTIVO NETO		PROBABILIDAD CONDICIONAL $P(2\mid 1)$	FLUJO DE EFECTIVO NETO	PROBABILIDAD CONJUNTA $P(1,2)$
0.25	$500		**0.40**	$800	**0.10**
			0.40	500	0.10
			0.20	200	0.05
			1.00		
0.50	200		0.20	500	0.10
			0.60	200	0.30
			0.20	−100	0.10
			1.00		
0.25	−100		0.20	200	0.05
			0.40	−100	0.10
1.00			0.40	−400	0.10
			1.00		1.00

*Inversión inicial en el tiempo 0 = $240.

en la figura, se dan los flujos de efectivo al igual que las probabilidades. Vemos que si el resultado en el periodo 1 es muy bueno (llevándonos a la rama de $500), se obtiene un conjunto de resultados posibles diferente en el periodo 2 ($800, $500 o $200) que si el resultado fuera malo en el periodo 1 (llevándonos a la rama de −$100). Por lo tanto, en el tiempo 0 el árbol de probabilidades representa nuestra mejor estimación de lo que es posible que ocurra en el futuro, dependiendo de lo que suceda antes (en periodos anteriores).

Para el primer periodo, el resultado de flujo de efectivo no depende de lo que pasó antes. Entonces se dice que la probabilidad asociada con la porción inicial de cada rama completa es una *probabilidad inicial*. Sin embargo, para el segundo periodo, los resultados de flujo de efectivo dependen de lo que ocurrió antes. Por lo tanto, se dice que las probabilidades implicadas en los periodos subsiguientes son *probabilidades condicionales*. Por último, la *probabilidad conjunta* es la probabilidad de que ocurra una secuencia dada de flujos de efectivo. Para ilustrar esto, nos referiremos a nuestro ejemplo de dos periodos.

Suponga que estamos considerando el proyecto de inversión descrito en la figura 14.3, que requiere un flujo de salida o inversión inicial de $240. Dado un flujo de efectivo resultante de $500 en el año 1, hay una probabilidad condicional del 40% de que ocurra un flujo de entrada de $800 en el año 2, un 40% de que el flujo de efectivo sea de $500, y un 20% de que sea de $200. La probabilidad conjunta de que un flujo de entrada de $500 en el año 1 vaya seguido de un flujo de entrada de $800 en el periodo 2 (es decir, la probabilidad de completar la trayectoria indicada en **negritas** de la rama 1) es simplemente el producto de la probabilidad inicial y la probabilidad condicional, o 0.25 × 0.40 = **0.10**. (Véase la tabla 14.1).

De manera similar, la probabilidad conjunta de que a un flujo de efectivo de $500 en el año 1 siga uno de $500 en el año 2 es 0.25 × 0.40 = **0.10**, y la probabilidad de que a un flujo de efectivo de $500 en el año 1 siga uno de $200 en el año 2 es 0.25 × 0.20 = **0.05**. Si el flujo de efectivo en el año 1 resulta ser $200, hay una probabilidad de 0.20 de que el flujo del año 2 sea $500, 0.60 de que sea $200, y 0.20 de que sea −$100. Igual que antes, podemos calcular las probabilidades conjuntas para las tres ramas completas representadas por estas figuras. Se encontró que son 0.10, 0.30 y 0.10, respectivamente. Del mismo modo, se pueden determinar las probabilidades conjuntas para el último conjunto de tres ramas completas, donde ocurre un flujo de efectivo neto de −$100 en el año 1.

Descuento a valor presente con la tasa libre de riesgo. En el capítulo anterior calculamos *un solo* valor presente neto para cada proyecto descontando los flujos de efectivo a la tasa de rendimiento requerida que "ajustaba" los flujos de efectivo futuros según el valor del dinero en el tiempo y el riesgo. Sin embargo, al usar el enfoque del árbol de probabilidades intentamos reunir información sobre una distribución de probabilidad completa de valores presentes netos. No queremos "ajustar" por riesgo en este punto, más bien estudiarlo. Por lo tanto, descontamos los diferentes flujos de efectivo a sus valores presentes *a una tasa libre de riesgo*. Esta tasa se usa porque en este enfoque se trata de aislar el valor del dinero en el tiempo descontando para luego analizar el riesgo por separado. Al incluir una prima por riesgo en la tasa de descuento podríamos contar doble el riesgo con respecto a este método. Estaríamos compensando el riesgo en el proceso de descuento y luego de nuevo en el análisis de la dispersión de la distribución de probabilidad de los valores presentes netos posibles. Por esta razón, usamos la tasa libre de riesgo para fines de descuento.

En el ejemplo, el valor esperado de la distribución de probabilidad de los valores presentes netos posibles es

$$\overline{VPN} = \sum_{i=1}^{z} (VPN_i)(P_i) \tag{14.3}$$

donde VPN_i es el valor presente neto calculado a la tasa libre de riesgo para la serie de flujos de efectivo i (rama i completa de flujos de efectivo), P_i es la probabilidad conjunta de que ocurra esa secuencia de flujos de efectivo, y z es el número total de secuencias de flujos de efectivo (o ramas). Para el ejemplo, existen nueve secuencias posibles de flujos de efectivo netos, de manera que $z = 9$. La primera secuencia (rama) está representada por un flujo de efectivo neto de $-\$240$ en el tiempo 0, $\$500$ en el año 1 y $\$800$ en el año 2. La probabilidad conjunta de esa secuencia en particular es 0.10. Si la tasa libre de riesgo usada como tasa de descuento es del 8%, el valor presente neto de esta secuencia es

$$VPN_1 = \frac{\$500}{(1 + 0.08)^1} + \frac{\$800}{(1 + 0.08)^2} - \$240 = \mathbf{\$909}$$

La segunda secuencia de flujos de efectivo está representada por un flujo de efectivo neto de $-\$240$ en el tiempo 0, $\$500$ en el año 1 y $\$500$ en el año 2. El valor presente neto de esta secuencia es

$$VPN_2 = \frac{\$500}{(1 + 0.08)^1} + \frac{\$500}{(1 + 0.08)^2} - \$240 = \mathbf{\$652}$$

De la misma forma se pueden determinar los valores presentes netos para las otras siete secuencias de flujos de efectivo. Cuando estos valores se multiplican por sus respectivas probabilidades conjuntas de ocurrencia (última columna en la tabla 14.1) y luego se suman, se obtiene el valor esperado del valor presente neto de la distribución de probabilidad de los valores presentes netos posibles (redondeados al dólar más cercano). Los cálculos se muestran en la tabla 14.2, y vemos que el valor esperado del valor presente neto es $116.

Es importante observar que un valor esperado del valor presente neto ($\overline{VPN}$) no puede usarse como una indicación clara de aceptación para el proyecto. Esto se debe a que todavía no se ha considerado el riesgo. De igual forma, el valor esperado del valor presente neto *no* representa el incremento en el valor de la empresa si el proyecto se aceptara. El VPN correcto que debe usarse para este fin requiere que los flujos de efectivo esperados para cada periodo se descuenten a la tasa de rendimiento requerida ajustada por riesgo.

Tabla 14.2

Cálculo del valor esperado del valor presente neto para el ejemplo

(1) SECUENCIA DE FLUJO DE EFECTIVO	(2) VALOR PRESENTE NETO	(3) PROBABILIDAD CONJUNTA DE OCURRENCIA	(4) (2) × (3)
1	$ 909	0.10	$ 91
2	652	0.10	65
3	394	0.05	20
4	374	0.10	37
5	117	0.30	35
6	−141	0.10	−14
7	−161	0.05	− 8
8	−418	0.10	−42
9	−676	0.10	−68
			Promedio ponderado = $116 = $\overline{VPN}$

Cálculo de la desviación estándar. La desviación estándar de la distribución de probabilidad de los valores presentes netos posibles, σ_{VPN}, se determina con la fórmula

$$\sigma_{VPN} = \sqrt{\sum_{i=1}^{z} (VPN_i - \overline{VPN})^2 (P_i)}$$ (14.4)

donde las variables son las mismas que se definieron antes. La desviación estándar para el problema del ejemplo es

$$
\begin{aligned}
\sigma_{VPN} = [\ &(\$909 - \$116)^2(0.10) &&+ (-\$652 - \$116)^2(0.10) \\
+\ &(\ 394 - \ 116)^2(0.05) &&+ (\ \ 374 - \ 116)^2(0.10) \\
+\ &(\ 117 - \ 116)^2(0.30) &&+ (\ -141 - \ 116)^2(0.10) \\
+\ &(-161 - \ 116)^2(0.05) &&+ (\ -418 - \ 116)^2(0.10) \\
+\ &(-676 - \ 116)^2(0.10)]^{0.5} = [\$197.277]^{0.5} = \mathbf{\$444}
\end{aligned}
$$

Redondeando al dólar más cercano, el proyecto tiene un valor esperado del valor presente neto de $116 y una desviación estándar de $444. Aunque el cálculo matemático de la desviación estándar es factible para casos sencillos, no lo es para situaciones complejas. En esos casos debemos recurrir a la simulación para aproximar la desviación estándar.

●●● Enfoque de simulación

Al considerar inversiones riesgosas, también podemos usar simulación para aproximar el valor esperado del valor presente neto, el valor esperado de la tasa interna de rendimiento o el valor esperado del índice de rentabilidad y la dispersión alrededor del valor esperado. *Simulación* significa probar los resultados posibles de una inversión antes de aceptarla. La prueba en sí se basa en un modelo asociado con la información probabilística. Usando un modelo de simulación, propuesto por David Hertz, podemos considerar, por ejemplo, los siguientes factores para derivar una secuencia de flujo de efectivo de un proyecto:[2]

Análisis de mercado

1. Tamaño del mercado.
2. Precio de venta.
3. Tasa de crecimiento del mercado.
4. Participación de mercado (que controla el volumen de ventas físicas).

Análisis del costo de la inversión

5. Inversión requerida.
6. Vida útil de instalaciones.
7. Valor residual de la inversión.

Costos de operación y fijos

8. Costos de operación.
9. Costos fijos.

Se asignan distribuciones de probabilidad a cada uno de estos factores con base en la evaluación de la administración de los resultados posibles. Se hace un diagrama de los resultados posibles para cada factor de acuerdo con su probabilidad de ocurrencia. Una vez determinadas las distribuciones de probabilidad, el siguiente paso es determinar la tasa interna de rendimiento (o el valor presente neto calculado a la tasa libre de riesgo) que se obtendrá con una combinación aleatoria de los nueve factores listados.

[2]David B. Hertz, "Risk Analysis in Capital Investment", *Harvard Business Review* 42 (enero-febrero, 1964), pp. 95-106.

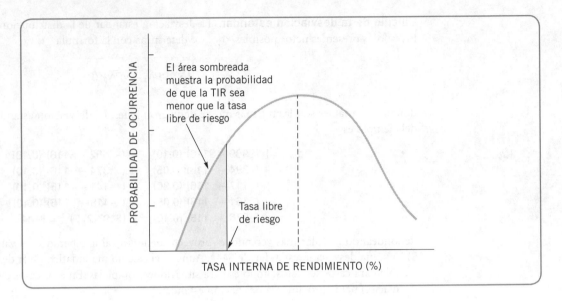

En la figura aparece el texto: "El área sombreada muestra la probabilidad de que la TIR sea menor que la tasa libre de riesgo", "Tasa libre de riesgo", eje vertical "PROBABILIDAD DE OCURRENCIA", eje horizontal "TASA INTERNA DE RENDIMIENTO (%)"

Figura 14.4

Distribución de probabilidad para la tasa interna de rendimiento

Para ilustrar el proceso de simulación, suponga que el factor tamaño del mercado tiene la siguiente distribución de probabilidad:

Tamaño del mercado (en miles de unidades)	450	500	550	600	650	700	750
Probabilidad de ocurrencia	0.05	0.10	0.20	0.30	0.20	0.10	0.05

Ahora suponga que tenemos una ruleta con 100 ranuras numeradas, en la que los números del 1 al 5 representan un tamaño de mercado de 450,000 unidades, del 6 al 15 representan un tamaño de mercado de 500,000 unidades, del 16 al 35 representan un tamaño de mercado de 550,000 unidades, etcétera, hasta 100. Como en la ruleta, hacemos girar la rueda y la pelota cae en una de las 100 ranuras numeradas. Suponga que la pelota cae en el número 26. Entonces, para esta prueba simulamos un tamaño de mercado de 550,000 unidades. Por fortuna, no necesitamos una ruleta para realizar una simulación. El mismo tipo de operación se puede llevar a cabo en una computadora de una manera mucho más eficiente.

Se realizan pruebas de simulación para cada uno de los ocho factores. En forma conjunta, los primeros cuatro factores (análisis de mercado) dan las ventas anuales para cada año. Los factores 8 y 9 proporcionan los costos anuales operativos y fijos. Juntos, estos seis factores permiten calcular los ingresos incrementales anuales. Cuando los valores de prueba para estos seis factores se combinan con los valores de prueba para la inversión requerida, la vida útil y el valor residual del proyecto, tenemos suficiente información para calcular la tasa interna de rendimiento (o el valor presente neto) para esa corrida de prueba. Así, la computadora simula los valores de prueba para cada uno de los nueve factores y luego calcula la tasa interna de rendimiento con base en los valores simulados. El proceso se repite muchas veces. Cada vez se obtiene una combinación de valores para los nueve factores y la tasa interna de rendimiento para esa combinación. Cuando el proceso se ha repetido de manera suficiente se pueden graficar las tasas internas de rendimiento como una distribución de frecuencias, como la mostrada en la figura 14.4. A partir de esta distribución de frecuencias podemos identificar el valor esperado de la tasa interna de rendimiento y la dispersión alrededor de este rendimiento esperado.

● ● ● Uso de la información de la distribución de probabilidad

El valor esperado y la desviación estándar de la distribución de probabilidad de los valores presentes netos (o de las tasas internas de rendimiento) posibles, ya sea derivados de un árbol de probabilidad, una simulación o algún otro medio, nos dan una cantidad considerable de información para evaluar el riesgo de la propuesta de inversión. Por ejemplo, si la distribución de probabilidad de los valores presentes netos se aproxima a la normal, podemos calcular la probabilidad de que la propuesta dé un valor presente neto menor que (o mayor que) una cantidad especificada. La probabilidad se encuentra determinando el área bajo la curva de la distribución de probabilidad a la izquierda (o a la derecha) de un punto de interés en particular.

Para seguir construyendo los resultados en el árbol de probabilidades anterior (pero suponiendo una distribución normal), suponga que queremos encontrar la probabilidad de que el valor presente neto sea cero o menos. Para determinar esta probabilidad, primero calculamos a cuántas desviaciones estándar está el cero del valor esperado del valor presente neto del proyecto, $116. Para hacer esto, primero tomamos la diferencia entre cero y $116, y estandarizamos esta diferencia dividiéndola entre la desviación estándar de los valores presentes netos posibles. La fórmula general es

$$Z = \frac{VPN^* - \overline{VPN}}{\sigma_{VPN}} \tag{14.5}$$

donde Z (la puntuación Z) nos dice a cuántas desviaciones estándar está el VPN^*, el resultado que nos interesa, del valor esperado; el $\overline{VPN}$ es el valor esperado del valor presente neto, y σ_{VPN} es la desviación estándar de la distribución de probabilidad. En nuestro caso,

$$Z = \frac{0 - \$116}{\$444} = -0.26$$

La figura nos dice que un valor presente neto de cero está 0.26 desviaciones estándar *a la izquierda* del valor esperado de la distribución de probabilidad de los valores presentes netos posibles. (El valor de puntuación Z *negativo* nos recuerda que estamos viendo *a la izquierda* de la media).

Para determinar la probabilidad de que el valor presente neto del proyecto sea cero o menos, consultamos una tabla de la distribución de probabilidad normal (tabla V del apéndice al final del libro). Encontramos que para una distribución normal existe una probabilidad de 0.4013 de que una observación esté a más de 0.25 desviaciones estándar a la izquierda del valor esperado de esa distribución. Hay una probabilidad de 0.3821 de que esté a más de 0.30 desviaciones estándar del valor esperado. Interpolando, vemos que hay "aproximadamente" un 40% de probabilidad de que el valor presente neto de la propuesta sea cero o menos. Entonces, también sabemos que hay un 60% de probabilidad de que el valor presente neto de la propuesta sea mayor que cero. Expresando las diferencias con respecto al valor esperado en términos de desviaciones estándar, podemos determinar la probabilidad de que el valor presente neto de una inversión sea mayor o menor que una cantidad dada.[3]

Problemas con la interpretación. Aunque los procedimientos anteriores nos permiten calcular la probabilidad de que el valor presente neto sea menor que algún valor específico (como cero), puede ser difícil interpretar los resultados. Esto se debe a que el valor presente neto, como recordará, se calcula a una tasa libre de riesgo y no a la tasa de rendimiento requerida del proyecto. Por lo tanto, ¿qué significa en realidad cuando decimos, por ejemplo, que la probabilidad del valor presente neto es 40% negativa?

Una clave para responder a esta pregunta está en observar que la probabilidad de que una tasa interna de rendimiento del proyecto sea menor que la tasa libre de riesgo es igual a la probabilidad de que el valor presente neto del proyecto sea menor que cero, donde la tasa libre de riesgo se usa en el descuento.[4] Si vemos una *pérdida de oportunidad* como cualquier rendimiento menor que la tasa libre de riesgo, entonces el 40% de probabilidad de que el VPN sea menor que cero se puede interpretar como 40% de posibilidad de incurrir en la pérdida de oportunidad —al ganar una tasa de rendimiento menor que la tasa libre de riesgo— si el proyecto se acepta. En resumen, se tiene una oportunidad del 40% de que la empresa esté mejor con tan sólo invertir en valores del Tesoro en vez

---

[3]En estos ejemplos hemos supuesto una distribución normal. Aunque esta propiedad es muy deseable para fines de cálculo, no es necesaria para usar el enfoque anterior. Aun cuando la distribución no sea normal, en general podemos hacer afirmaciones relativamente fuertes de la probabilidad usando la *desigualdad de Chebyshev*, que coloca un límite superior sobre la proporción de valores que caen en las colas de cualquier distribución.

[4]Frederick S. Hillier, "The Derivation of Probabilistic Information for the Evaluation of Risky Investments". *Management Science* 9 (abril, 1963), p. 450.

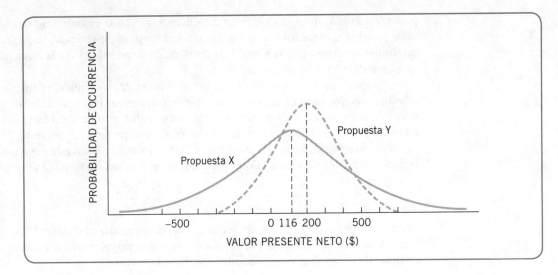

Distribuciones de
probabilidad de los
valores presentes
netos de dos
proyectos

de invertir en este proyecto. Sin embargo, aun con esta prospectiva agregada sobre el riesgo, a saber, la posibilidad de una pérdida de oportunidad, todavía no tenemos una indicación clara de aceptar o rechazar. La idea de si una posibilidad del 40% de una pérdida de oportunidad debe gobernar la aceptación de proyecto sigue siendo una decisión subjetiva de la administración.

Comparaciones de distribuciones de probabilidad. El conocimiento de las distribuciones de probabilidad del VPN o de la TIR puede resultar útil en especial en la evaluación del riesgo para proyectos que compiten. Suponga que la empresa está considerando otra propuesta de inversión, llamada proyecto Y. La distribución de probabilidad para esta propuesta se muestra en la figura 14.5, al igual que el árbol de probabilidades para nuestra propuesta, que llamamos proyecto X. Vemos que el valor esperado del valor presente neto para el proyecto Y es $200, que es más alto que la cifra de $116 para el proyecto X. Más aún, existe menos dispersión en los datos del proyecto Y que en los del proyecto X. Por lo tanto, diríamos que el proyecto Y domina al X de acuerdo con el riesgo y el rendimiento totales de los proyectos. La aceptación del proyecto Y depende de la tolerancia al riesgo de la administración. Estudiaremos ese aspecto en el siguiente capítulo. En éste nos centramos en aprender cómo medir el riesgo.

Contribución al riesgo total de la empresa: Enfoque del portafolio de la empresa

En la sección anterior medimos el riesgo para una sola propuesta de inversión independiente. Cuando se trata de múltiples proyectos de inversión, tal vez queramos estudiar el riesgo combinado. En ese caso, necesitamos usar un procedimiento de medición que difiere del procedimiento de un solo proyecto. El punto de vista corresponde al enfoque del portafolio en el análisis de valores estudiado en el capítulo 5. Sin embargo, ahora lo aplicamos a proyectos de inversión de capital. Las circunstancias limitadas en las que este enfoque es factible se analizarán en el capítulo 15, al examinar los criterios de aceptación para inversiones riesgosas. El propósito aquí es sólo mostrar cómo medir el riesgo para combinaciones de inversiones riesgosas, suponiendo que se desea tal medida.

Si una empresa agrega un proyecto para el que es probable que los flujos de efectivo futuros tengan una alta correlación con los de los activos actuales, el riesgo total de la empresa aumentará más que si agrega un proyecto que tiene una correlación baja con esos activos. Dada esta realidad, una empresa buscará proyectos que se puedan combinar para reducir su riesgo relativo.

La figura 14.6 ilustra los patrones de flujo de efectivo esperados para dos proyectos en el tiempo. La propuesta A es cíclica, mientras que la propuesta B es algo contracíclica. Al combinar los dos proyectos, vemos que se reduce la dispersión del flujo de efectivo total. La combinación de los proyectos

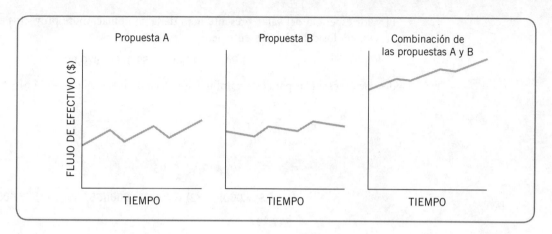

Figura 14.6

Efecto de la diversificación sobre los flujos de efectivo

de manera que se reduzca el riesgo se conoce como *diversificación*, y el principio es el mismo que para la diversificación de los valores. Intentamos reducir las desviaciones de los rendimientos con respecto al valor esperado del rendimiento.

● ● ● Esperanza y medición del riesgo del portafolio

El valor esperado del valor presente neto para una combinación (o portafolio) de proyectos de inversión, $\overline{VPN}_p$, es simplemente la suma de los valores esperados de cada valor presente neto, donde el descuento se toma a una tasa libre de riesgo. Sin embargo, la desviación estándar de la distribución de probabilidad de los valores presentes netos del portafolio (σ_p) *no* es la suma de las desviaciones estándar de los proyectos individuales que componen el portafolio. En vez de ello, es

$$\sigma_p = \sqrt{\sum_{j=1}^{m} \sum_{k=1}^{m} \sigma_{j,k}} \qquad (14.6)$$

donde m es el número total de proyectos en el portafolio y $\sigma_{j,k}$ es la covarianza entre los valores presentes netos posibles para los proyectos j y k. (Esta compleja expresión se ilustrará a continuación).

El término covarianza en la ecuación (14.6) es

$$\sigma_{j,k} = r_{j,k}\sigma_j\sigma_k \qquad (14.7)$$

donde $r_{j,k}$ es el coeficiente de correlación esperado entre los valores presentes netos posibles para los proyectos j y k, σ_j es la desviación estándar del proyecto j, y σ_k es la desviación estándar para el proyecto k. Las desviaciones estándar de las distribuciones de probabilidad de los valores presentes netos posibles para los proyectos j y k se determinan mediante los métodos aplicados en la sección anterior. Cuando $j = k$ en la ecuación (14.7), el coeficiente de correlación es 1, y $\sigma_j\sigma_k$ se convierte en σ_j^2 (es decir, la covarianza del valor presente neto del proyecto j, en sí, es su varianza).

● ● ● Una ilustración

Para ilustrar estos conceptos, suponga que una empresa tiene un solo proyecto de inversión, 1, y que está considerando invertir en un proyecto adicional, 2. Suponga también que los proyectos tienen los siguientes valores esperados del valor presente neto, las desviaciones estándar y el coeficiente de correlación:

	VALOR ESPERADO DEL VALOR PRESENTE NETO	DESVIACIÓN ESTÁNDAR	COEFICIENTE DE CORRELACIÓN
Proyecto 1	$12,000	$14,000	entre 1 y 2 0.40
Proyecto 2	8,000	6,000	

El valor esperado del valor presente neto de la combinación de proyectos es la suma de los dos valores esperados del valor presente neto:

$$\overline{VPN}_p = \$12{,}000 + \$8{,}000 = \mathbf{\$20{,}000}$$

La desviación estándar para esta combinación, usando las ecuaciones (14.6) y (14.7), es

$$\sigma_p = \sqrt{\sum_{j=1}^{2}\sum_{k=1}^{2} r_{j,k}\sigma_j\sigma_k}$$

$$= \sqrt{r_{1,1}\sigma_1^2 + 2(r_{1,2}\sigma_1\sigma_2) + r_{2,2}\sigma_2^2}$$

$$= \sqrt{(1)(\$14{,}000)^2 + (2)(0.40)(\$14{,}000)(\$6{,}000) + (1)(\$6{,}000)^2}$$

$$= \mathbf{\$17{,}297}$$

De esta forma, el valor esperado de los valores presentes netos de la empresa aumenta de $12,000 a $20,000 y la desviación estándar de los valores presentes netos posibles aumenta de $14,000 a $17,297 con la aceptación del proyecto 2. El coeficiente de variación —desviación estándar entre el valor esperado del valor presente neto— es $14,000/$12,000 = **1.17** sin el proyecto 2 y $17,297/$20,000 = **0.86** si se incluye. Si empleamos el coeficiente de variación como medida del riesgo relativo de la empresa, concluimos que la aceptación del proyecto 2 lo reduciría.

Al aceptar proyectos con grados de correlación relativamente bajos con los proyectos existentes, una empresa se diversifica y, al hacerlo, puede bajar su riesgo global. Observe que a un menor grado de correlación positiva entre los valores presentes netos de los proyectos corresponde una desviación estándar menor de los valores presentes netos posibles, si todo lo demás se mantiene igual. El hecho de que el coeficiente de variación disminuya cuando se agrega un proyecto de inversión también depende del valor esperado del valor presente neto de ese proyecto.

● ● ● Correlación entre proyectos

Estimar la correlación entre los valores presentes netos posibles para pares de proyectos requiere la ecuación (14.7). Estas correlaciones son los ingredientes clave para analizar el riesgo en el contexto del portafolio de una empresa. Cuando los proyectos prospectivos son similares a los proyectos en los que la compañía ha tenido experiencia, es factible calcular los **coeficientes de correlación** usando datos históricos. Para otras inversiones, las estimaciones de los coeficientes de correlación deben basarse sólo en una evaluación del futuro.

La administración puede tener una razón para esperar sólo una leve correlación entre los proyectos de inversión relacionados con la investigación y el desarrollo de un probador electrónico y de un nuevo producto alimenticio. Por otro lado, cabe esperar una correlación positiva alta entre proyectos de inversión en una fresadora y un torno si ambas máquinas se usan en la producción de montacargas industriales. La ganancia de una máquina que se usa en una línea de producción tendrá una correlación alta, cuando no perfecta, con la ganancia de la línea de producción en sí.

La correlación entre los valores presentes netos esperados de las distintas inversiones puede ser positiva, negativa o cero, dependiendo de la naturaleza de la asociación. Una correlación de 1 indica que los valores presentes netos de dos inversiones varían directamente en la misma proporción. Un coeficiente de correlación de −1 indica que varían inversamente en la misma proporción. Por último, una correlación igual a 0 indica que son independientes o no están relacionados. Para la mayoría de los pares de inversiones, el coeficiente de correlación se ubica entre 0 y 1. La razón de la falta de proyectos de inversión con correlación negativa es que casi todos tienen una correlación positiva con la economía y, por ende, entre ellos.

Las estimaciones de los coeficientes de correlación deben ser tan objetivas como sea posible si queremos que la desviación estándar total obtenida con la ecuación (14.6) sea realista. No es irracional esperar que la administración realice estimaciones bastante precisas de estos coeficientes. Cuando la

Coeficiente de correlación Medida estadística estandarizada de la relación lineal entre dos variables. Su rango es de −1.0 (correlación negativa perfecta) pasando por 0 (sin correlación) a +1.0 (correlación positiva perfecta).

correlación real difiere de la correlación esperada, la situación puede aprovecharse como un proceso de aprendizaje, y conviene revisar las estimaciones sobre otros proyectos.

● ● ● Combinaciones de inversiones riesgosas

Ahora contamos con un procedimiento para determinar el valor esperado total y la desviación estándar de una distribución de probabilidad de los valores presentes netos posibles para una combinación de inversiones. Para nuestros fines, definimos una *combinación* como la que incluye todos los proyectos de inversión existentes en la empresa más uno o más proyectos bajo consideración. Suponemos entonces que la empresa tiene proyectos de inversión existentes y que se espera que esos proyectos generen flujos de efectivo en el futuro. Así, los proyectos existentes constituyen un subconjunto contenido en todas las combinaciones potenciales futuras. Denotamos el portafolio de proyectos existentes con la letra E.

Suponga además que una empresa está considerando cuatro proyectos de inversión nuevos, los cuales son independientes entre sí. Si estas propuestas se etiquetan 1, 2, 3 y 4, tenemos las siguientes combinaciones posibles de inversiones riesgosas:

E	E + 1	E + 1 + 2	E + 1 + 2 + 3	E + 1 + 2 + 3 + 4
	E + 2	E + 1 + 3	E + 1 + 2 + 4	
	E + 3	E + 1 + 4	E + 1 + 3 + 4	
	E + 4	E + 2 + 3	E + 2 + 3 + 4	
		E + 2 + 4		
		E + 3 + 4		

Tenemos 16 combinaciones de proyectos posibles. Una de estas posibilidades consiste en el rechazo de todos los nuevos proyectos bajo consideración, de manera que la firma se queda sólo con los proyectos existentes, la combinación E. Los valores esperados del valor presente neto, la desviación estándar y el coeficiente de variación para cada combinación se calculan de la manera descrita. Los resultados pueden graficarse después.

La figura 14.7 es un diagrama de dispersión de las 16 combinaciones posibles. En este caso, el valor esperado del valor presente neto se mide en el eje vertical, y el riesgo (la desviación estándar o, de manera alternativa, el coeficiente de variación) se mide en el eje horizontal. Cada punto representa una combinación de proyectos. Juntos, estos puntos forman el conjunto total de combinaciones factibles de oportunidades de inversión disponibles para la empresa.

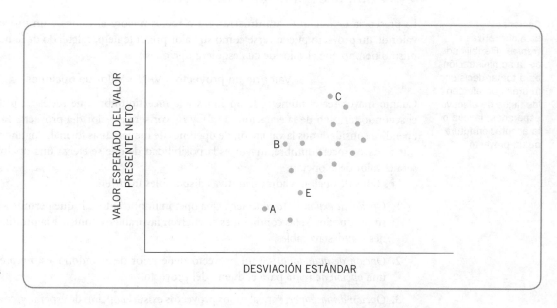

Figura 14.7

Diagrama de dispersión que muestra el conjunto de combinaciones (portafolios) posibles de proyectos

Vemos que ciertos puntos dominan a otros en el sentido de que representan: **1.** un valor esperado del valor presente neto más alto y el mismo nivel de riesgo, o **2.** un nivel de riesgo más bajo y el mismo valor esperado del valor presente neto o **3.** ambos, un valor esperado más alto del valor presente neto y un nivel menor de riesgo. Las combinaciones dominantes aquí se han identificado específicamente en la figura 14.7 como los puntos A, B y C. (El punto E representa un portafolio que incluye todos los proyectos existentes).

Aunque el proceso de selección en sí se reserva para el capítulo 15, observamos que la combinación elegida al final determina los nuevos proyectos de inversión que se aceptarán. Si se elige la combinación B y ésta consiste en los proyectos de inversión E más 1 y 4, estos proyectos de inversión serán aceptados. Las propuestas de inversión que no están en la combinación que se elige al final serán rechazadas. En el ejemplo se rechazarían los proyectos 2 y 3. Si la combinación elegida seleccionada consiste sólo en los proyectos de inversión existentes (E), todas las nuevas propuestas de inversión que se analizan se rechazarán. La selección de cualquier otra combinación implica la aceptación de una o más de las propuestas de inversión bajo consideración.

El valor esperado incremental del valor presente neto y el nivel de riesgo se pueden determinar midiendo las distancias horizontal y vertical del punto E al punto que representa la combinación elegida. Se puede pensar en estas distancias como la contribución incremental del valor esperado del valor presente neto y del nivel de riesgo para la empresa como un todo. En el capítulo 15 exploramos cómo puede hacerse la selección real y en qué circunstancias es apropiado este enfoque. Nuestro propósito aquí es medir el riesgo para las combinaciones de inversiones riesgosas, con la finalidad de informar a la administración.

Opciones administrativas (reales)

Hasta ahora hemos supuesto que los flujos de efectivo en un proyecto de presupuesto de capital ocurren durante algún horizonte de tiempo y luego se descuentan para obtener su valor presente. Sin embargo, los proyectos de inversión no necesariamente quedan grabados en piedra una vez que se aceptan. Los administradores pueden hacer cambios que afectan los flujos de efectivo posteriores y/o la vida del proyecto (y a menudo los hacen). La devoción incondicional a los tradicionales métodos de flujo de efectivo descontado (FED) con frecuencia ignora la flexibilidad administrativa en el futuro; es decir, la flexibilidad para alterar decisiones anteriores cuando las condiciones cambian.

● ● ● Implicaciones para la valuación

Opciones administrativas (reales) Flexibilidad de la administración para tomar decisiones futuras que afectan los flujos de efectivo esperados, la vida o la aceptación futura de un proyecto.

La presencia de **opciones administrativas** o **reales** mejora el valor de un proyecto de inversión. El valor de un proyecto puede verse como su valor presente neto, calculado de la manera tradicional, al mismo tiempo que el valor de cualesquiera opciones:

$$\text{Valor de un proyecto} = \text{VPN} + \text{Valor de opciones} \qquad (14.8)$$

Cuanto mayor sea el número de opciones y la incertidumbre que rodea su utilización, mayor será el segundo término de la ecuación (14.8), y mayor será el valor del proyecto. En el capítulo 22 y su apéndice consideramos la valuación de opciones de manera más formal. Por ahora, es suficiente decir que a mayor incertidumbre, mayor es la posibilidad de que se ejerza una opción y, por ello, mayor será el valor de la opción.

Los tipos de opciones administrativas disponibles incluyen:

1. *Opción de expandir (o contraer)*. Una opción importante es la que permite a la empresa expandir su producción si las condiciones se vuelven favorables y contraer la producción si las condiciones son desfavorables.

2. *Opción de abandonar*. Si un proyecto tiene valor de abandono, esto representa efectivamente una *opción de venta* para el dueño del proyecto.

3. *Opción de posponer*. Para algunos proyectos existe la opción de esperar y, con ello, obtener nueva información.

Algunas veces estas opciones se manejan de manera informal como factores cualitativos al juzgar el valor de un proyecto. El tratamiento que se da a estas opciones puede consistir sólo en el reconocimiento de que "si tal cosa ocurre, tendremos la oportunidad de hacer esto o aquello".

Las opciones administrativas son más difíciles de evaluar que las opciones financieras; encontrará que las fórmulas para las opciones financieras reunidas en el apéndice del capítulo 22 con frecuencia no funcionan cuando se aplican a las opciones administrativas. Más bien, debemos recurrir a enfoques menos precisos como los *árboles de decisiones* (esto es, diagramas de problemas de decisiones) y las simulaciones.

● ● ● Opción de expandir (o de contraer)

En un proyecto como instalar una planta de manufactura, la administración con frecuencia tiene la opción de hacer una inversión de seguimiento. Por ejemplo, Gummy Glue Company está evaluando un nuevo pegamento revolucionario. La compañía puede construir una planta capaz de producir 25,000 galones de pegamento al mes. Sin embargo, ese nivel de producción no es económico desde los puntos de vista de manufactura y de marketing. Como resultado, se espera que el valor presente neto del proyecto sea de −$3 millones. De acuerdo con el análisis de FED tradicional, el proyecto debería rechazarse.

No obstante, el nuevo pegamento podría ser un ganador. Si las ventas aumentaran en forma drástica, la Gummy Glue Company podría ampliar su planta, digamos, en dos años. Con la expansión, la producción podría triplicarse y la planta estaría operando con una elevada eficiencia. Pero la oportunidad de lograr este alto nivel de demanda no estaría disponible a menos que ahora se invierta en la primera etapa. Si Gummy Glue no hace la inversión inicial, la compañía nunca tendrá lo que los estrategas de negocios llaman la ventaja de ser el *primero en moverse* (es decir, de ser el primero en el mercado).

Supongamos que existe una oportunidad del 50% de que el mercado sea mucho más grande en dos años. Si es así, el valor presente neto de la inversión para la segunda etapa (expansión) *al final del año 2* será de $15 millones. Cuando este valor se descuenta al presente a la tasa de rendimiento requerida, el valor presente neto en el tiempo 0 es de $11 millones. Si el mercado se debilita en los siguientes dos años, la compañía no invertirá más y el valor presente neto incremental al final del año 2, por definición, será cero. La situación se describe en el árbol de decisiones de la figura 14.8.

La media de la distribución de los posibles valores presentes netos asociados con la opción es $(0.5)(\$11\ \text{millones}) + (0.5)(\$0) = \textbf{\$5.5 millones}$. Usando la ecuación (14.8), determinamos el valor del proyecto como sigue:

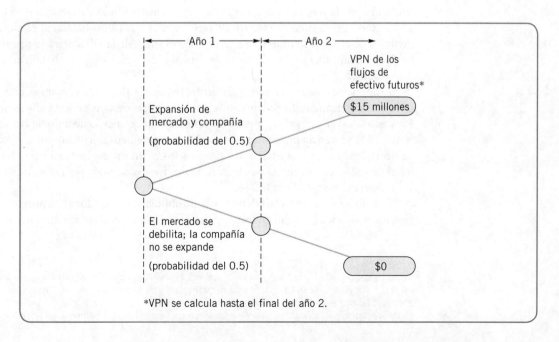

Figura 14.8

Árbol de decisiones que muestra la opción de expansión de Gummy Glue Company

$$\text{Valor del proyecto} = -\$3.0 \text{ millones} + \$5.5 \text{ millones}$$
$$= \textbf{\$2.5 millones}$$

Aunque nuestro punto de vista inicial del proyecto revelaba un valor presente neto negativo, encontramos que la opción de expandir compensa de sobra el VPN negativo. Como este proyecto abarca una opción valiosa, debería aceptarse. En el caso de decisiones secuenciales de este tipo, un árbol de decisiones permite analizar eventos fortuitos posteriores.

● ● ● Opción de abandonar

La opción de abandonar es la de suspender un proyecto después de emprenderlo. Esto puede consistir en vender los activos del proyecto o emplearlos en otra área de la empresa. En cualquier caso, es posible estimar un valor de abandono. Ciertos proyectos, sin embargo, no tienen un valor de mercado externo o un uso alternativo; en tales casos, el valor de abandono del proyecto es cero.

Valor de abandono
Valor de un proyecto si sus activos se vendieran al exterior; o, de manera alternativa, su valor de oportunidad si los activos se emplearan en otra parte de la empresa.

El razonamiento que se emplea para determinar si se abandona un proyecto es el mismo que se aplica en el presupuesto de capital. Los fondos deben retirarse o desviarse de un proyecto siempre que éste no justifique económicamente su continuación. En general, un proyecto de inversión debe abandonarse cuando **1.** su valor de abandono excede el valor presente de los flujos de efectivo subsiguientes del proyecto y **2.** es mejor abandonar el proyecto en ese momento que en una fecha futura. Cuando existe la posibilidad de abandono, el valor de un proyecto de inversión puede ser más alto. Así, decimos que

$$\text{Valor del proyecto} = \begin{array}{c}\text{VPN sin} \\ \text{opción de} \\ \text{abandono}\end{array} + \begin{array}{c}\text{Valor de la} \\ \text{opción de} \\ \text{abandono}\end{array} \qquad (14.9)$$

El reconocimiento de una opción de abandono puede tener un efecto significativo sobre la selección de proyectos.

Para ilustrarlo, suponga que Acme Tractor Company está considerando abrir una nueva planta para producir la podadora de césped Acme Mulchmaster III. Esta máquina se producirá sólo durante uno o dos años porque el Acme Mulchmaster IV, ahora en desarrollo, la remplazará. La propuesta costará $3 millones y los flujos de efectivo y sus probabilidades de ocurrencia se muestran en una secuencia de probabilidades condicionales en la tabla 14.3. Para simplificar el ejemplo, supongamos que después del segundo año, se espera que la propuesta no proporcione flujos de efectivo ni valor residual. También suponemos un valor de abandono de $1.5 millones al final de primer año. Hay nueve secuencias de flujos de efectivo posibles durante el horizonte de dos años. La primera secuencia (indicada por la trayectoria en **negritas**) representa un flujo de efectivo de $1 millón en el primer año seguido de un flujo de efectivo de cero en el año 2. La probabilidad conjunta de cada secuencia de flujos de efectivo se muestra en la última columna de la tabla. Para la primera secuencia, la probabilidad conjunta es el producto de la probabilidad inicial y la probabilidad condicional, o 0.25 × 0.25 = **0.0625**.

Si suponemos una tasa de rendimiento requerida del 10% y usamos esta tasa para descontar, podemos determinar el valor presente neto esperado de la propuesta sin la opción de abandono.[5] Para esto **1.** calculamos el valor presente neto de cada secuencia de flujo de efectivo posible, **2.** ponderamos cada secuencia multiplicando el valor presente neto calculado por la probabilidad (conjunta) de ocurrencia de esa secuencia y **3.** sumamos los valores presentes netos ponderados por la probabilidad de todas las secuencias posibles. Al realizar estos cálculos para el ejemplo, encontramos que el valor presente neto es de $445,246.

Sin embargo, cuando consideramos la posibilidad de abandonar el proyecto en una fecha posterior, los resultados cambian en forma drástica. Siguiendo el razonamiento del abandono especificado,

---

[5]Antes en este capítulo usamos un enfoque de árbol de probabilidades similar. Ahí descontamos los diferentes flujos de efectivo a su valor presente neto a la *tasa libre de riesgo*. Elegimos esa tasa porque quisimos aislar el valor del dinero en el tiempo haciendo el descuento y después analizamos el riesgo por separado. Aquí descontamos los flujos de efectivo a la tasa de rendimiento requerida que "ajusta" los flujos de efectivo futuros según el valor del dinero en el tiempo y el riesgo.

Tabla 14.3		AÑO 1		AÑO 2		
		PROBABILIDAD INICIAL $P(1)$	FLUJO DE EFECTIVO (EN MILLONES)	PROBABILIDAD CONDICIONAL $P(2\mid 1)$	FLUJO DE EFECTIVO (EN MILLONES)	PROBABILIDAD CONJUNTA $P(1,2)$
Secuencia de la distribución de probabilidad para el ejemplo de abandono: caso base[a]				0.25	$0.0	0.0625
		0.25	$1.0	0.50	1.0	0.1250
				0.25	2.0	0.0625
				1.00		
				0.25	1.0	0.1250
		0.50	2.0	0.50	2.0	0.2500
				0.25	3.0	0.1250
				1.00		
				0.25	2.0	0.0625
		0.25	3.0	0.50	3.0	0.1250
				0.25	3.5	0.0625
		1.00		1.00		1.0000

Valor de abandono[b]   1.5

[a]La inversión inicial en el tiempo 0 es de $3 millones.
[b]Si el proyecto se abandonara, habría un flujo de entrada *adicional* al final del año 1 de $1.5 millones.

Acme Tractor retiraría la inversión del proyecto si el valor de abandonarlo al final del año 1 excediera el valor presente de los flujos de efectivo subsiguientes descontados al 10 por ciento. Puesto que se esperan flujos de efectivo sólo durante dos periodos, la posibilidad de abandonar el proyecto después del año 1 no existe. En consecuencia, no necesitamos determinar si sería mejor abandonar el proyecto en alguna fecha posterior. De nuevo con respecto a la tabla 14.3, encontramos que deberíamos abandonar el proyecto al final del primer año si el flujo de efectivo en ese año resulta ser $1 millón. La razón es que si el flujo de efectivo del primer año es $1 millón, el valor esperado de los flujos de efectivo posibles el segundo año también es $1 millón [es decir, (0.25)($0.0) + (0.50)($1.0) + (0.25)($2.0) = $1 millón]. Cuando se descuenta este valor esperado de $1 millón para el segundo año hasta el final del año 1, el valor presente es sólo $909,091, que es menor que $1.5 millones del valor de abandono al final del año 1. Pero si el flujo de efectivo en el año 1 resulta ser $2 millones o $3 millones, el abandono no valdría la pena porque en ambos casos los valores esperados de los flujos de efectivo posibles del año 2 descontados al final del año 1 exceden $1.5 millones.

Cuando tomamos en consideración el abandono, debemos revisar los flujos de efectivo proyectados que se muestran en la tabla 14.3. Las cifras revisadas se dan en la tabla 14.4. Cuando recalculamos el valor presente neto para la propuesta con base en la información revisada, encontramos que es $579,544. Esta mejora significativa en el valor presente neto esperado con respecto al caso base ocurre porque una porción de los resultados posibles de flujo de efectivo futuros se elimina si el proyecto se abandona cuando las condiciones del mercado se vuelven desfavorables.

Cuanto mayor es la variabilidad de los flujos de efectivo posibles para un proyecto, más valiosa será la opción de abandono. Ésta, como otras opciones administrativas, permite a la empresa beneficiarse en los buenos tiempos y mitigar el efecto de los malos tiempos ejerciendo esta opción. En la medida en que esta opción tenga un valor, reconocer su existencia puede transformar una indicación para rechazar un proyecto en una de aceptación.

Además de utilizarse para evaluar nuevas propuestas de inversión, el procedimiento descrito permite evaluar proyectos existentes de manera continua; esto es, decidir si es mejor continuar con el proyecto, modificarlo para reflejar las condiciones cambiantes, o abandonarlo y usar los fondos liberados en otro lado. Así, aunque un proyecto sea rentable, es posible que tenga sentido abandonarlo si su valor de abandono es suficientemente alto. El momento óptimo para suspenderlo se encuentra determinando cuál combinación de flujos de efectivo esperados futuros restantes y qué valores de abandono futuros tienen el valor presente más alto. Mediante la evaluación continua de proyectos, una compañía podrá eliminar aquellos que ya no son económicamente viables.

Tabla 14.4

Secuencia de la distribución de probabilidad para el ejemplo de abandono: caso revisado[a]

AÑO 1		AÑO 2		
PROBABILIDAD INICIAL $P(1)$	FLUJO DE EFECTIVO (EN MILLONES)	PROBABILIDAD CONDICIONAL $P(2\|1)$	FLUJO DE EFECTIVO (EN MILLONES)	PROBABILIDAD CONJUNTA $P(1,2)$
0.25	$2.5[b]	1.00	$0.0	0.2500
		0.25	1.0	0.1250
0.50	2.0	0.50	2.0	0.2500
		0.25	3.0	0.1250
		1.00		
		0.25	2.0	0.0625
0.25	3.0	0.50	3.0	0.1250
		0.25	3.5	0.0625
1.00		1.00		1.0000

[a]La inversión inicial en el tiempo 0 es de $3 millones.
[b]Si el proyecto se abandona después del año 1, el flujo de efectivo en el año 1 de $1 millón aumenta a $2.5 millones cuando se suman $1.5 millones del flujo de efectivo de abandono. Observe también que el flujo de efectivo en el año 2 cae a cero.

En el contexto de nuestro análisis de riesgo en la primera parte de este capítulo, la existencia de más incertidumbre se consideró negativa. Sin embargo, en el contexto de las opciones administrativas (reales), más incertidumbre se considera positiva. La volatilidad hace más valiosa la opción siempre y cuando esta última permanezca abierta. Así, tenemos dos consideraciones de riesgo en este capítulo. Determinar qué punto de vista dominará es algo que dependerá de la situación.

● ● ● Opción de posponer

Para algunos proyectos de inversión, existe una opción de esperar; esto es, el proyecto no tiene que emprenderse de inmediato. Al esperar, una empresa podrá obtener nueva información sobre el mercado, precios, costos y quizá otros aspectos. No obstante, esperar ocasiona que una empresa renuncie a los flujos de efectivo inmediatos y, tal vez, a la ventaja de *ser el primero*. Cuando toma una decisión con respecto a un nuevo producto, la administración tiene la opción de lanzar el producto ahora o diferir su introducción. Si el producto se lanza ahora, la compañía obtendrá los flujos de efectivo antes que si espera. Pero si espera, es posible que ejecute un lanzamiento más ventajoso. Al igual que sucede con otras opciones administrativas, a mayor volatilidad de los resultados posibles, mayor valor tendrá la opción de posponer.

De cualquier forma, debemos asegurarnos de que la opción sigue abierta. En general, no es bueno esperar hasta tener la última pieza de información. Para entonces, otros habrán explotado la oportunidad, y los márgenes de ganancia serán insatisfactorios.

● ● ● Algunas observaciones finales

Las opciones administrativas analizadas —expandir (o contraer), abandonar y posponer— tienen algo en común. Como tienen que limitar los resultados débiles o negativos, cuanto mayor incertidumbre se asocie con el futuro, más valiosas serán estas opciones. El reconocimiento de la flexibilidad administrativa puede alterar una decisión inicial de aceptar o rechazar un proyecto. Una decisión de rechazar a la que se llegó usando el análisis tradicional de FED podría invertirse si el valor de la opción es suficientemente alto. Una decisión de aceptar quizá se convierta en una de posponer si el valor de la opción compensa de sobra el hecho de no tener los flujos de efectivo inmediatos. Aunque un enfoque de FED para determinar el valor presente neto es un punto de partida apropiado, en muchos casos necesita modificarse para dar cabida a las opciones administrativas.

Puntos clave de aprendizaje

- El riesgo de un proyecto de inversión se puede ver como la variabilidad de sus flujos de efectivo con respecto a los esperados.

- Los resultados posibles de un proyecto de inversión se expresan en forma de distribuciones de probabilidad de los flujos de efectivo posibles. Dada una distribución de probabilidad de flujos de efectivo, podemos expresar el riesgo de manera cuantitativa como la *desviación estándar* de la distribución.

- Una medida del riesgo relativo de una distribución es el *coeficiente de variación (CV)*. Matemáticamente se define como la razón de la desviación estándar de una distribución entre el valor esperado de esa distribución.

- Un enfoque para evaluar inversiones riesgosas es el análisis directo de la distribución de probabilidad para los posibles valores presentes netos de un proyecto, calculado a la tasa libre de riesgo. Los métodos del *árbol de probabilidades* o la *simulación* permiten estimar el valor esperado y la desviación estándar de la distribución. La administración utiliza entonces esa información para determinar la probabilidad de que el valor presente neto real sea más bajo que cierta cantidad, como cero.

- La probabilidad de que la tasa interna de rendimiento de un proyecto sea menor que la tasa libre de riesgo es igual a la probabilidad de que su valor presente neto sea menor que cero, donde la tasa libre de riesgo se usa al descontar. Si vemos una *pérdida de oportunidad* como cualquier rendimiento menos el rendimiento libre de riesgo, entonces la probabilidad de un VPN menor que cero se interpreta

como la posibilidad de incurrir en una pérdida de oportunidad si el proyecto se acepta.

- Los proyectos de inversión también se juzgan con respecto a su contribución al riesgo total de la empresa, lo cual implica un enfoque de portafolios de la empresa en la evaluación del riesgo.

- Al diversificar los proyectos que no tienen un alto grado de correlación con los activos existentes, una empresa podrá reducir la desviación estándar de la distribución de probabilidad de los valores presentes netos posibles con respecto al valor esperado de la distribución. Las correlaciones entre pares de proyectos son ingredientes clave al analizar el riesgo en el contexto del portafolio de la empresa.

- Con frecuencia, las *opciones administrativas* son una consideración importante en el presupuesto de capital. El término simplemente significa la flexibilidad que tiene la administración para alterar una decisión anterior.

- El valor de un proyecto de inversión se puede ver como el valor presente neto calculado tradicionalmente junto con el valor de cualesquiera opciones administrativas. Cuanto mayor es la incertidumbre que rodea al uso de una opción, mayor es su valor.

- Las opciones administrativas incluyen la opción de expandir (o contraer), la opción de abandonar y la opción de posponer. La consideración de estas diferentes opciones algunas veces convierte una *decisión de rechazo* tomada al evaluar un proyecto de presupuesto de capital en una *decisión de aceptar*, y una *decisión de aceptar* en una *decisión de posponer*.

Preguntas

1. ¿Por qué debemos tener en cuenta el riesgo al presupuestar el capital? ¿Por qué no sólo trabajamos con los flujos de efectivo esperados como lo hicimos en el capítulo 13?

2. ¿La desviación estándar es una medida adecuada del riesgo? ¿Se le ocurre una medida mejor?

3. ¿Cómo se "estandariza" la dispersión de una distribución de probabilidad para hacer generalizaciones acerca del riesgo de un proyecto?

4. El riesgo en el presupuesto de capital se juzga analizando la distribución de probabilidad de los rendimientos posibles. ¿Qué forma de distribución esperaría encontrar para un proyecto seguro cuyos rendimientos fueran absolutamente ciertos? ¿Para un proyecto muy riesgoso?

5. Si el proyecto A tiene un valor esperado del valor presente neto de $200 y una desviación estándar de $400, ¿es más riesgoso que el proyecto B, con valor esperado de $140 y desviación estándar de $300? Explique.

6. En el enfoque de *árbol de probabilidades* para analizar el riesgo de un proyecto, ¿cuáles son las *probabilidades iniciales*, *condicionales* y *conjuntas*?

7. ¿Por qué se usa la tasa libre de riesgo para descontar flujos de efectivo a su valor presente al evaluar el riesgo de las inversiones de capital?

8. ¿Cuáles son los beneficios de usar la *simulación* para evaluar los proyectos de inversión de capital?

9. ¿Qué papel tiene la correlación entre los valores presentes netos en el riesgo de un portafolio de proyectos de inversión?

10. ¿Qué quiere decir "dominancia" en el sentido de un portafolio?

11. En el *enfoque de portafolios*, ¿cómo sabemos si los proyectos específicos se aceptaron o rechazaron?

12. ¿Qué son las *opciones administrativas* y por qué son importantes?

13. En términos generales, ¿qué determina el valor de una opción administrativa?

14. Mencione los diferentes tipos de opciones administrativas y describa en qué difieren una de la otra.

Problemas para autoevaluación

1. Naughty Pine Lumber Company está evaluando una nueva sierra con una vida de dos años. Cuesta $3,000 y los flujos de efectivo futuros después de impuestos dependen de la demanda de los productos de la compañía. La ilustración tabular de un árbol de probabilidades de los flujos de efectivo futuros asociados con la nueva sierra es la siguiente:

AÑO 1		AÑO 2		
PROBABILIDAD INICIAL $P(1)$	FLUJO DE EFECTIVO NETO	PROBABILIDAD CONDICIONAL $P(2\|1)$	FLUJO DE EFECTIVO NETO	RAMA
		0.30	$1,000	1
0.40	$1,500	0.40	1,500	2
		0.30	2,000	3
		1.00		
		0.40	2,000	4
0.60	2,500	0.40	2,500	5
		0.20	3,000	6
1.00		1.00		

a) ¿Cuáles son las *probabilidades conjuntas* de ocurrencia de las distintas ramas?

b) Si la tasa libre de riesgo es del 10%, ¿cuál es *i*) el valor presente neto de cada una de las seis ramas completas y *ii*) el valor esperado y la desviación estándar de la distribución de probabilidad de los valores presentes netos posibles?

c) Suponiendo una distribución normal, ¿cuál es la probabilidad de que el valor presente neto real sea menor que cero? ¿Cuál es el significado de esta probabilidad?

2. Zello Creamery Company quiere desarrollar una nueva línea de productos: pudines. El valor esperado y la desviación estándar de la distribución de probabilidad de los valores presentes netos posibles para la línea de productos son $12,000 y $9,000, respectivamente. Las líneas existentes en la compañía incluyen helado, queso cottage y yogurt. Los valores esperados del valor presente neto y la deviación estándar para estas líneas de productos son los siguientes:

	VALOR PRESENTE NETO ESPERADO	σ_{VPN}
Helado	$16,000	$8,000
Queso cottage	20,000	7,000
Yogurt	10,000	4,000

Los coeficientes de correlación entre los productos son

	HELADO	QUESO COTTAGE	YOGURT	PUDÍN
Helado	1.00			
Queso cottage	0.90	1.00		
Yogurt	0.80	0.84	1.00	
Pudín	0.40	0.20	0.30	1.00

a) Calcule el valor esperado y la desviación estándar de la distribución de probabilidad de los valores presentes netos posibles para una combinación de los tres productos existentes.

b) Calcule el valor esperado y la desviación estándar para una combinación que consiste en los productos existentes más el pudín. Compare sus resultados de los incisos *a*) y *b*). ¿Qué puede decir acerca de la línea de pudines?

3. Zydeco Enterprises está considerando emprender un proyecto especial que requiere un desembolso inicial de $90,000. El proyecto tendrá una vida de dos años, después de lo cual no habrá un valor de rescate o terminal. Los posibles flujos de efectivo incrementales después de impuestos y las probabilidades asociadas son los siguientes:

AÑO 1		AÑO 2		
PROBABILIDAD INICIAL $P(1)$	FLUJO DE EFECTIVO NETO	PROBABILIDAD CONDICIONAL $P(2\mid1)$	FLUJO DE EFECTIVO NETO	RAMA
		0.30	$20,000	1
0.30	$60,000	0.50	30,500	2
		0.20	40,000	3
		1.00		
		0.30	40,000	4
0.40	70,000	0.40	50,000	5
		0.30	60,000	6
		1.00		
		0.20	60,000	7
0.30	80,000	0.50	70,000	8
		0.30	80,000	9
1.00		1.00		

La tasa de rendimiento requerida de la compañía para esta inversión es del 8 por ciento.

a) Calcule el valor presente neto esperado de este proyecto.

b) Suponga que la posibilidad de abandono existe y que el valor de abandono del proyecto al final del año 1 es $45,000 después de impuestos. Para este proyecto, ¿sería el abandono después de un año la elección correcta? Calcule el nuevo valor presente neto esperado suponiendo que la compañía abandona el proyecto si vale la pena hacerlo. Compare sus cálculos con los del inciso *a*). ¿Cuáles son las implicaciones para usted como administrador?

Problemas

1. George Gau, Inc., puede invertir en uno de dos proyectos mutuamente excluyentes de un año que requieren desembolsos iniciales. Las dos propuestas tienen la siguiente distribución de probabilidad discreta de los flujos de entrada netos durante el primer año:

PROYECTO A		PROYECTO B	
PROBABILIDAD	FLUJO DE EFECTIVO	PROBABILIDAD	FLUJO DE EFECTIVO
0.20	$2,000	0.10	$2,000
0.30	4,000	0.40	4,000
0.30	6,000	0.40	6,000
0.20	8,000	0.10	8,000
1.00		1.00	

a) Sin calcular una media y un coeficiente de variación, ¿puede seleccionar la mejor propuesta, suponiendo que la administración tiene aversión al riesgo?

b) Verifique su respuesta intuitiva.

2. Smith, Jones and Nguyen, Inc., tiene varios proyectos de inversión posibles. Para cada uno, el flujo de salida total requerido ocurrirá en el periodo inicial. Los flujos de salida, los valores presentes netos esperados y las desviaciones estándar están dados en la siguiente tabla. Todos los proyectos se han descontado a la tasa libre de riesgo, y se supone que sus valores presentes netos posibles tienen distribuciones normales.

PROYECTO	COSTO	VALOR PRESENTE NETO ESPERADO	DESVIACIÓN ESTÁNDAR
A	$100,000	$10,000	$20,000
B	50,000	10,000	30,000
C	200,000	25,000	10,000
D	10,000	5,000	10,000
E	500,000	75,000	75,000

a) ¿Existen algunos proyectos que están claramente dominados por otros con respecto al valor esperado y la desviación estándar? ¿Y con respecto al valor esperado y el coeficiente de variación?

b) ¿Cuál es la probabilidad de que cada proyecto tenga un valor presente neto menor que cero?

3. La distribución de probabilidad de los valores presentes netos posibles para el proyecto X tiene un valor esperado de $20,000 y una desviación estándar de $10,000. Suponiendo una distribución normal, calcule la probabilidad de que el valor presente neto sea cero o menos, de que sea mayor de $30,000 y de que sea menor de $5,000.

4. Xonics Graphics, Inc., está evaluando una nueva tecnología para su equipo de reproducción. La tecnología tendrá una vida de tres años, costará $1,000 y tendrá un impacto sobre los flujos de efectivo que está sujeto a riesgo. La administración estima que existe una posibilidad del 50% de que la tecnología ahorre $1,000 y 50% de que no haya ahorros. Si no los hay, los ahorros en los últimos dos años también serán cero. Aun en este caso existe la posibilidad de que en el segundo año se requiera un desembolso adicional de $300 para regresar al proceso original, ya que la nueva tecnología podría disminuir la eficiencia. La administración asigna un 40% de probabilidad a este evento si la nueva tecnología "fracasa" durante el primer año. Si la tecnología tiene éxito el primer año, se piensa que los flujos de efectivo del segundo año serán $1,800, $1,400 y $1,000, con probabilidades respectivas de 0.20, 0.60 y 0.20. En el tercer año, se espera que los flujos de efectivo sean $200 más o $200 menos que el flujo de efectivo en el periodo 2, con igual oportunidad de ocurrencia. (Una vez más, estos flujos de efectivo dependen de que el flujo de efectivo en el periodo 1 sea de $1,000).

a) Establezca una versión tabular de un árbol de probabilidades para describir las posibilidades de flujo de efectivo y las probabilidades iniciales, condicionales y conjuntas.

b) Calcule el valor presente neto para cada una de las posibilidades de tres años (es decir, para cada una de las ocho ramas completas en el árbol de probabilidades) usando una tasa libre de riesgo del 5 por ciento.

c) Calcule el valor esperado del valor presente neto para el proyecto representado en el árbol de probabilidades.

d) ¿Cuál es el riesgo del proyecto?

5. Flotsam and Jetsam Wreckage Company invertirá en dos de tres propuestas posibles, cuyos flujos de efectivo siguen una distribución normal. El valor presente neto esperado (descontado a la tasa libre de riesgo) y la desviación estándar para cada propuesta se indican en la tabla.

	PROPUESTA		
	1	2	3
Valor presente neto esperado	$10,000	$8,000	$6,000
Desviación estándar	4,000	3,000	4,000

Suponiendo los siguientes coeficientes de correlación para cada combinación posible de dos proyectos, ¿cuál combinación domina a las otras?

COMBINACIONES DE PROPUESTAS	COEFICIENTES DE CORRELACIÓN
1 con 2	0.60
1 con 3	0.40
2 con 3	0.50

6. La Corporación Plaza se encuentra ante varias combinaciones de inversiones riesgosas.

COMBINACIÓN	VALOR PRESENTE NETO ESPERADO	DESVIACIÓN ESTÁNDAR
A	$100,000	$200,000
B	20,000	80,000
C	75,000	100,000
D	60,000	150,000
E	50,000	20,000
F	40,000	60,000
G	120,000	170,000
H	90,000	70,000
I	50,000	100,000
J	75,000	30,000

a) Grafique el portafolio anterior.

b) ¿Cuáles combinaciones dominan a las otras?

7. Bertz Merchandising Company utiliza un enfoque de simulación para juzgar los proyectos de inversión. Se emplean tres factores: demanda del mercado, en unidades; precio por unidad menos costo por unidad (después de impuestos); y la inversión requerida en el tiempo 0. Se piensa que estos factores son independientes entre sí. Al analizar un nuevo producto de "moda" con vida de un año, Bertz estima las siguientes distribuciones de probabilidad:

DEMANDA DEL MERCADO		PRECIO MENOS COSTO POR UNIDAD (después de impuestos)		INVERSIÓN REQUERIDA	
PROBABILIDAD	UNIDADES	PROBABILIDAD	DÓLARES	PROBABILIDAD	DÓLARES
0.15	26,000	0.30	$6.00	0.30	$160,000
0.20	27,000	0.40	6.50	0.40	165,000
0.30	28,000	0.30	7.00	0.30	170,000
0.20	29,000	1.00		1.00	
0.15	30,000				
1.00					

a) Use una tabla de números aleatorios o algún otro proceso aleatorio para simular 20 pruebas o más de estos tres factores y calcule la tasa interna de rendimiento sobre la inversión de este año para cada prueba.

b) Aproximadamente, ¿cuál es el rendimiento más probable? ¿Qué tan riesgoso es este proyecto?

8. Bates Pet Motel Company está considerando abrir una nueva sucursal. Si construye una oficina de 100 jaulas para mascotas en ese nuevo lugar, el desembolso inicial será de $100,000, y es probable que el proyecto produzca flujos de efectivo netos de $17,000 anuales durante 15 años, después de los cuales expirará el arrendamiento del terreno y el proyecto no tendrá valor de rescate o residual. La tasa de rendimiento requerida por la compañía es del 18 por ciento. Si el lugar resulta favorable, Bates Pet Motel podrá expandirse con otras 100 jaulas después de cuatro años. Esta segunda etapa de expansión requeriría un desembolso de $20,000. Con las 100 jaulas adicionales instaladas, se esperarían flujos de efectivo netos incrementales de $17,000 anuales de los años 5 al 15. La compañía piensa que tiene una posibilidad del 50% de que el lugar sea favorable.

a) ¿Es aceptable el proyecto inicial? ¿Por qué?

b) ¿Cuál es el valor de la opción de expandir? ¿Cuál es el valor del proyecto con esta opción? ¿Es aceptable ahora el proyecto? ¿Por qué?

Soluciones a los problemas para autoevaluación

1. *a)*

	RAMA						
	1	2	3	4	5	6	TOTAL
Probabilidad conjunta	**0.12**	**0.16**	**0.12**	**0.24**	**0.24**	**0.12**	1.00

b) A la tasa libre de riesgo del 10%, *i*) el valor presente neto de cada una de las seis ramas completas y *ii*) el valor esperado y la desviación estándar de la distribución de probabilidad de los valores presentes netos posibles son los siguientes (redondeados):

AÑO 0	AÑO 1	AÑO 2	RAMA	VPN
		$ 826	1	$ −810
	$1,364	1,240	2	−396
		1,653	3	17
−$3,000				
		1,653	4	926
	2,273	2,066	5	$1,339
		2,479	6	1,752

$$\overline{VPN} = 0.12(-\$810) + 0.16(-\$396) + 0.12(\$17) + 0.24(\$926) + 0.24(\$1,339)$$
$$+ 0.12(\$1,752) = \mathbf{\$595}$$

$$\sigma_{VPN} = [0.12(-\$810 - \$595)^2 + 0.16(-\$396 - \$595)^2 + 0.12(\$17 - \$595)^2$$
$$+ 0.24(\$926 - \$595)^2 + 0.24(\$1,339 - \$595)^2 + 0.12(\$1,752 - \$595)^2]^{0.5}$$
$$= \mathbf{\$868}$$

c) Al estandarizar la diferencia con respecto a cero, tenemos −$595/$868 = −0.685. Buscando en la tabla V del apéndice al final del libro, encontramos que −0.685 corresponde a una área aproximada de 0.25. Por lo tanto, existe cerca de una oportunidad de cada cuatro de que el valor presente neto sea cero o menor.

2. *a*) Valor presente neto esperado = $16,000 + $20,000 + $10,000 = **$46,000**

$$\text{Desviación estándar} = [(\$8,000)^2 + (2)(0.9)(\$8,000)(\$7,000)$$
$$+ (2)(0.8)(\$8,000)(\$4,000) + (\$7,000)^2$$
$$+ (2)(0.84)(\$7,000)(\$4,000) + (\$4,000)^2]^{1/2}$$
$$= [\$328,040,000]^{0.5} = \mathbf{\$18,112}$$

b) Valor presente neto esperado = $46,000 + $12,000 = **$58,000**

$$\text{Desviación estándar} = [\$328,040,000 + (\$9,000)^2$$
$$+ (2)(0.4)(\$9,000)(\$8,000)$$
$$+ (2)(0.2)(\$9,000)(\$7,000)$$
$$+ (2)(0.3)(\$9,000)(\$4,000)]^{1/2}$$
$$= [\$513,440,000]^{0.5} = \mathbf{\$22,659}$$

El coeficiente de variación para los proyectos existentes $(\sigma/\overline{VPN})$ = $18,112/$46,000 = 0.39. Coeficiente de variación para los proyectos existentes más los pudines = $22,659/$58,000 = 0.39. Aunque la línea de pudín tiene un coeficiente de variación más alto ($9,000/$12,000 = 0.75) que los proyectos existentes, lo que indica un mayor riesgo, la correlación de esta línea de productos con las líneas existentes es suficientemente baja como para llevar al coeficiente de variación para todos los productos, incluyendo los pudines, al nivel del coeficiente de variación que tienen sólo los productos existentes.

3. *a*)

AÑO 0	AÑO 1	AÑO 2	RAMA	VPN
		$20,000	1	−$17,298
	$60,000	30,000	2	− 8,724
		40,000	3	− 151
		40,000	4	9,108
−$90,000	70,000	50,000	5	17,682
		60,000	6	26,255
		60,000	7	35,514
	80,000	70,000	8	44,088
		80,000	9	52,661

$$\text{VPN esperado} = (0.30)(0.30)(-\$17,298) + (0.30)(0.50)(-\$8,724) + (0.30)(0.20)(-\$151)$$
$$+ (0.40)(0.30)(\$9,108) + (0.40)(0.40)(\$17,682) + (0.40)(0.30)(\$26,255)$$
$$+ (0.30)(0.20)(\$35,514) + (0.30)(0.50)(\$44,088) + (0.30)(0.30)(\$52,661)$$
$$= \mathbf{\$17,682}$$

b) Deberíamos abandonar el proyecto al final del primer año si el flujo de efectivo en ese año es de $60,000. La razón es que dado un flujo de efectivo de $60,000 el primer año, el valor esperado de $29,000 de los flujos de efectivo posibles del segundo año [esto es, (0.30)($20,000) + (0.50)($30,000) + (0.20)($40,000 = $29,000], cuando se descuenta al final del año 1 es sólo de $26,854, y este valor es menor que el valor de abandono de $45,000 al final del año 1. Sin embargo, si el flujo de efectivo en el año 1 es de $70,000 u $80,000, el abandono no valdría la pena porque en ambos casos los valores esperados de los flujos de efectivo posibles en el año 2 descontados al final del año 1 exceden $45,000.

Cuando optamos por el abandono, los flujos de efectivo originales proyectados para las ramas 1, 2 y 3 se sustituyen por una sola rama que tiene un flujo de efectivo de $105,000 ($60,000 más $45,000 del abandono) en el año 1 y un VPN de $7,230. Recalculando el valor presente neto esperado para la propuesta con base en la información revisada, encontramos que es

$$(0.30)(\$7,230) + (0.40)(0.30)(\$9,108) + (0.40)(0.40)(\$17,682) + (0.40)(0.30)(\$26,255)$$
$$+ (0.30)(0.20)(\$35,514) + (0.30)(0.50)(\$44,088) + (0.30)(0.30)(\$52,661) = \mathbf{\$22,725}.$$

Así, el valor presente neto esperado aumenta cuando se considera la posibilidad de abandono en la evaluación. Parte del lado negativo del riesgo se elimina con la opción de abandono.

Referencias seleccionadas

Amram, Martha y Nalin Kulatilaka. *Real Options: Strategic Investments in an Uncertain World*. Boston, MA: Harvard Business School Press, 1999.

Bailes, Jack C. y James F. Nielsen. "Using Decision Trees to Manage Capital Budgeting Risk". *Management Accounting Quarterly* 2 (invierno, 2001), 14-17.

Berger, Philip G., Eli Ofek e Itzhak Swarg. "Investor Valuation of the Abandonment Option". *Journal of Financial Economics* 42 (octubre, 1996), 257-287.

Bey, Roger P. "Capital Budgeting Decisions When Cash Flows and Project Lives Are Stochastic and Dependent". *Journal of Financial Research* 6 (otoño, 1983), 175-187.

Black, Stanley. "Are 'Real Options' Actually Used in the Real World?". *The Engineering Economist* 52 (núm. 3, 2007), 255-267.

Brennen, Michael J. y Eduardo S. Schwartz. "A New Approach to Evaluating Natural Resource Investments". *Midland Corporate Finance Journal* 13 (primavera, 1985), 37-47.

Butler, J. S. y Barry Schachter. "The Investment Decision: Estimation Risk and Risk Adjusted Discount Rates". *Financial Management* 18 (invierno, 1989), 13-22.

Copeland, Tom y Vladimir Antikarov. *Real Options (Revised Edition): A Practitioner's Guide*. Nueva York, NY: Texere, 2003.

Cromwell, Nancy O. y Charles W. Hodges. "Teaching Real Options in Corporate Finance". *Journal of Financial Education* 24 (primavera, 1998), 33-48.

Dixit, Avinash. "Entry and Exit Decisions Under Uncertainty". *Journal of Political Economy* 97 (junio, 1989), 620-638.

_____ y Robert S. Pindyck. "The Options Approach to Capital Investment". *Harvard Business Review* 73 (mayo-junio, 1995), 105-115.

Hertz, David B. "Risk Analysis in Capital Investment". *Harvard Business Review* 42 (enero-febrero, 1964), 95-106.

_____. "Investment Policies That Pay Off". *Harvard Business Review* 46 (enero-febrero, 1968), 96-108.

Hillier, Frederick S. "The Derivation of Probabilistic Information for the Evaluation of Risky Investments". *Management Science* 9 (abril, 1963), 443-457.

Ingersoll, Jonathan E., Jr. y Stephen A. Ross. "Waiting to Invest: Investment Under Uncertainty". *Journal of Business* 65 (1992), 1-29.

Journal of Applied Corporate Finance 17 (primavera, 2005). Todo el número (12 artículos) resalta las opciones reales y la estrategia corporativa.

Kulatilaka, Nalin y Alan J. Marcus. "Project Valuation Under Uncertainty: When Does DCF Fail?". *Journal of Applied Corporate Finance* 5 (otoño, 1992), 92-100.

Kwan, Clarence C. Y. y Yufei Yuan. "Optimal Sequential Selection in Capital Budgeting: A Shortcut". *Financial Management* 17 (primavera, 1988), 54-59.

Luehrman, Timothy A. "Investment Opportunities as Real Options: Getting Started on the Numbers". *Harvard Business Review* 76 (julio-agosto, 1998), 51-67.

Magee, J. F. "How to Use Decision Trees in Capital Investment". *Harvard Business Review* 42 (septiembre-octubre, 1964), 79-96.

Miller, Luke T. y Chan S. Park. "Decision Making Under Uncertainty: Real Options to the Rescue?". *The Engineering Economist* 47 (núm. 2, 2002), 105-150.

Mun, Johnathan. *Real Options Analysis: Tools and Techniques for Valuing Strategic Investments and Decisions*, 2a. ed. Hoboken, NJ: John Wiley & Sons, 2006.

Número especial, Partes I, II y III: "Real Options: Strategic Planning Under Uncertainty". *The Engineering Economist* 47 (núms. 2, 3 y 4, 2002). Tres números que contienen un total de 12 artículos relacionados con "Real Options".

Park, Chan S. y Hemantha S. B. Herath. "Exploiting Uncertainty – Investment Opportunities as Real Options: A New Way of Thinking in Engineering Economics". *The Engineering Economist* 45 (núm. 1, 2000), 1-36. Ganador del premio Eugene L. Grant 2001 por ser el major trabajo publicado en *The Engineering Economist* en 2000.

Robichek, Alexander A. "Interpreting the Results of Risk Analysis". *Journal of Finance* 30 (diciembre, 1975), 1384-1386.

_____ y James Van Horne. "Abandonment Value and Capital Budgeting". *Journal of Finance* 22 (diciembre, 1967), 557-589; Edward A. Dyl y Hugh W. Long, "Comment", *Journal of Finance* 24 (marzo, 1969), 88-95; y Robichek y Van Horne, "Reply", *ibid.*, 96-97.

Ross, Stephen A. "Uses, Abuses, and Alternatives to the Net Present Value Rule". *Financial Management* 24 (otoño, 1995), 96-101.

Shrieves, Ronald E. y John M. Wachowicz, Jr. "A Utility Theoretic Basis for 'Generalized' Mean-Coefficient of Variation (MCV) Analysis". *Journal of Financial and Quantitative Analysis* 16 (diciembre, 1981), 671-683.

Triantis, Alex y Adam Borison. "Real Options: State of the Practice". *Journal of Applied Corporate Finance* 14 (verano, 2001), 8-24.

Trigeorgis, Lenos. "Real Options and Interactions with Financial Flexibility". *Financial Management* 22 (otoño, 1993), 202-224.

_____. "Making Use of Real Options Simple: An Overview and Applications in Flexible/Modular Decision Making". *The Engineering Economist* 50 (enero-marzo, 2005), 25-53.

_____ y Scott P. Mason. "Valuing Managerial Flexibility". *Midland Corporate Finance Journal* 5 (primavera, 1987), 14-21.

Van Horne, James. "Capital-Budgeting Decisions Involving Combinations of Risky Investments". *Management Science* 13 (octubre, 1966), 84-92.

_____. "The Analysis of Uncertainty Resolution in Capital Budgeting for New Products". *Management Science* 15 (abril, 1969), 376-386.

_____. "Capital Budgeting Under Conditions of Uncertainty as to Project Life". *The Engineering Economist* 17 (primavera, 1972), 189-199.

_____. "Variation of Project Life as a Means of Adjusting for Risk". *The Engineering Economist* 21 (verano, 1976), 151-158.

Wachowicz, John M., Jr. y Ronald E. Shrieves. "An Argument for 'Generalized' Mean-Coefficient of Variation Analysis." *Financial Management* 9 (invierno, 1980), 51-58.

La parte V del sitio Web del libro, *Wachowicz's Web World*, contiene vínculos a muchos sitios de artículos en línea relacionados con los temas cubiertos en este capítulo. (http://web.utk.edu/~jwachowi/part5.html)

15

Rendimientos requeridos
y costo de capital

Contenido

- **Creación de valor**
  Atractivo de la industria • Ventaja competitiva

- **Costo total del capital de la empresa**
  Costo de deuda • Costo de acciones preferenciales •
  Costo de capital accionario: Modelo de descuento de
  dividendos • Costo de capital accionario: Modelo
  de fijación de precios de activos de capital • Costo de
  capital accionario: Enfoque del costo de deuda antes
  de impuestos más prima de riesgo • Promedio
  ponderado del costo de capital • Algunas limitaciones
  • Lógica que sustenta el costo promedio ponderado •
  Valor económico agregado (EVA)

- **El MPAC: Tasas de rendimiento requeridas
  específicas para proyectos y grupos**
  Enfoque del modelo de fijación de precios de
  activos de capital para la selección de proyectos •
  Rendimiento requerido específico del grupo • Algunos
  requisitos • Atribución de fondos de deuda a grupos

- **Evaluación de proyectos con base en su riesgo
  total**
  Enfoque de la tasa de descuento ajustada por el
  riesgo • Enfoque de la distribución de probabilidad •
  Contribución al riesgo total de la empresa: Enfoque
  de portafolio-empresa • Implicaciones conceptuales

- **Puntos clave de aprendizaje**

- **Apéndice A: Ajuste de beta por apalancamiento
  financiero**

- **Apéndice B: Valor presente ajustado**

- **Preguntas**

- **Problemas para autoevaluación**

- **Problemas**

- **Soluciones a los problemas para autoevaluación**

- **Referencias seleccionadas**

Objetivos

Después de estudiar el capítulo 15, usted será capaz de:

- Explicar cómo crea valor una empresa e identificar
  las fuentes clave de creación de valor.

- Definir el "costo de capital" global de la empresa.

- Calcular los costos de los componentes individuales
  del costo total del capital de la empresa: costo de deuda, costo de acciones preferenciales y costo de capital
  accionario.

- Explicar y usar modelos alternativos para determinar el costo del capital accionario, incluyendo el
  enfoque de descuento de dividendos, el modelo de
  fijación de precios de activos de capital (MPAC) y el
  enfoque de costo de deuda antes de impuestos más
  prima de riesgo.

- Calcular el promedio ponderado del costo de capital
  para la empresa (PPCC) y comprender su fundamento, uso y limitaciones.

- Explicar cómo se relaciona el concepto de valor económico agregado (EVA) con la creación de valor y el
  costo de capital de una empresa.

- Comprender el papel del modelo de fijación de
  precios de activos de capital al calcular las tasas
  de rendimiento requeridas específicas de un proyecto
  y específicas de un grupo.

Adivinar es barato. Adivinar mal es costoso.

—PROVERBIO CHINO

Luego de considerar el riesgo en un proceso de presupuesto de capital, necesitamos comprender cómo afecta el riesgo a la valuación de la empresa. Su efecto sobre el valor se muestra a través de los rendimientos que los mercados financieros esperan que las corporaciones proporcionen sobre la deuda, las acciones y otros instrumentos financieros. En general, cuanto mayor es el riesgo, más altos son los rendimientos que esperan los mercados financieros sobre una inversión de capital. Así, el vínculo entre una inversión de capital y la valuación es el rendimiento requerido usado para determinar si un proyecto de presupuesto de capital será aceptado o no.

El criterio de aceptación para las inversiones de capital es quizá el tema más difícil y controvertido en finanzas. Sabemos que, en teoría, la tasa de rendimiento mínimo aceptable sobre un proyecto debe ser la tasa que deje el precio de mercado de las acciones ordinarias de la compañía sin cambio. La dificultad está en determinar esa tasa en la práctica. Como predecir el efecto de las decisiones de inversiones de capital sobre los precios de las acciones es una ciencia inexacta (algunos lo llamarían una forma de arte), estimar la tasa de rendimiento requerida adecuada también es inexacto. En vez de evadir este aspecto, lo atacamos de frente y proponemos un marco de trabajo general para medir la tasa de rendimiento requerida. La idea es simplemente una. Intentamos determinar el costo de oportunidad de un proyecto de inversión de capital relacionándolo con una inversión en el mercado financiero con el mismo riesgo.

Creación de valor

Si el rendimiento sobre un proyecto excede lo que requieren los mercados financieros, se dice que gana un *rendimiento excedente*. Este rendimiento excedente, como lo definimos, representa la creación de valor. Dicho en forma sencilla, el proyecto gana más de lo que usa como soporte económico. Encontrar y emprender estos proyectos creadores de valor (VPN positivo) aumenta el precio de las acciones ordinarias de una compañía.

La creación de valor tiene varias fuentes, pero quizá la más importante sea el atractivo de la industria y la ventaja competitiva. Éstos son factores que generan proyectos con valores presentes netos positivos, es decir, los que proporcionan rendimientos esperados mayores que los requeridos por los mercados financieros.

● ● ● Atractivo de la industria

Las características favorables de la industria incluyen el posicionamiento en la etapa de crecimiento del ciclo de un producto, barreras para restringir la entrada de productos competidores y otros mecanismos de protección, como las patentes, el poder monopólico temporal y/o la fijación de precios en el oligopolio donde casi todos los competidores son rentables. En resumen, el atractivo de la industria tiene que ver con la posición relativa de una industria en el espectro de oportunidades de inversión que crean valor.

● ● ● Ventaja competitiva

La ventaja competitiva implica la posición relativa de una compañía dentro de una industria. La compañía puede tener múltiples divisiones, en cuyo caso la ventaja competitiva debe juzgarse industria por industria. Las vías hacia la ventaja competitiva son varias: ventaja de costos, ventaja de marketing y precio, ventaja de calidad percibida y capacidad organizacional superior (cultura corporativa). La ventaja competitiva se erosiona con la competencia. El costo relativo, la calidad o la superioridad en marketing, por ejemplo, son notorios y serán blancos de ataque. Una compañía exitosa continuamente identifica y explota las oportunidades de rendimientos excedentes. Una compañía competitiva en general podrá sostener su ventaja competitiva sólo con una secuencia de ventajas a corto plazo.

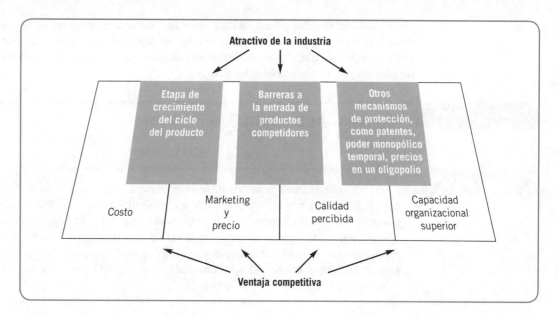

Figura 15.1

Fuentes clave para la
creación de valor

Así, el atractivo y la ventaja competitiva son las fuentes principales de la creación de valor. Cuanto más favorables sean estas características, más probable es que la compañía tenga rendimientos esperados superiores a lo que requieren los mercados financieros para el riesgo implicado. Estos conceptos se ilustran en la figura 15.1.

Costo total del capital de la empresa

Costo de capital
Tasa de rendimiento requerida sobre los diferentes tipos de financiamiento. El costo total de capital es un promedio ponderado de las tasas de rendimiento requeridas individuales (costos).

Costo de capital accionario Tasa de rendimiento requerida sobre las inversiones de los accionistas ordinarios de la compañía.

Costo de deuda (capital) Tasa de rendimiento requerida sobre las inversiones de los acreedores de una compañía.

Costo de acciones preferenciales (capital) Tasa de rendimiento requerida sobre las inversiones de los accionistas preferenciales de la compañía.

Una compañía puede verse como una colección de proyectos. Como resultado, el uso de un **costo total del capital** como criterio de aceptación (tasa de rendimiento mínimo aceptable) para decisiones de inversión es apropiado sólo en ciertas circunstancias. Estas circunstancias son que los proyectos actuales de la empresa tengan un riesgo similar y que las propuestas de inversión bajo consideración sean de la misma naturaleza. Si las propuestas de inversión varían ampliamente con respecto al riesgo, la tasa de rendimiento requerida para la compañía como un todo no es apropiada como el único criterio de aceptación. La ventaja de usar la tasa general de rendimiento requerida de la empresa es, desde luego, su sencillez. Una vez calculada, los proyectos se pueden evaluar usando una tasa que no cambie a menos que las condiciones subyacentes de negocios y financieras se modifiquen. Usar la tasa de rendimiento mínimo aceptable evita el problema de calcular las tasas de rendimiento requeridas individuales para cada propuesta de inversión. Sin embargo, es importante observar que si se usa la tasa general de rendimiento requerida de la empresa como criterio de aceptación, los proyectos deben corresponder a las condiciones anteriores. De otra manera, debe determinarse un criterio de aceptación individual para cada proyecto, tema que trataremos más adelante en este capítulo.

El costo total del capital de una empresa es un promedio proporcional de los costos de los diferentes componentes del financiamiento de una empresa. El **costo de capital accionario** es la medida más difícil y ocupará la mayor parte de nuestra atención. También consideramos el componente de **costos de deuda** y **acciones preferenciales**. Nos basaremos en los cálculos del rendimiento (rédito) para determinar las cifras de costos porque "costo" y "rendimiento" son en esencia los dos lados de una misma moneda.[1] Nuestra preocupación en este tema será el costo *marginal* de una fuente específica de financiamiento. El uso de costos marginales surge del hecho de que usamos el costo de capital para decidir si invertimos en *nuevos* proyectos. Los costos de financiamiento anteriores no tienen relevancia en esta decisión. Todos los costos se expresarán como después de impuestos, para conformar la expresión de los flujos de efectivo del proyecto de inversión después de impuestos. Una vez examinados los costos explícitos de las diferentes fuentes de financiamiento, asignaremos

[1]Por ejemplo, si le damos $10, usted registrará un rendimiento de $10 mientras que nosotros experimentamos un costo de $10.

pesos a cada fuente. Por último, calcularemos un promedio ponderado de los componentes del costo de financiamiento para obtener un costo total del capital de la empresa. En el desarrollo de este capítulo supondremos que el lector ha estudiado los materiales fundamentales en los capítulos 3 y 4 sobre las matemáticas de finanzas y valuación.

Pregunta

¿Qué es en realidad el costo de capital?

Respuesta

La tasa de rendimiento requerida de la empresa será la que satisfaga a *todos* los proveedores de capital. Para tener una idea de lo que realmente significa este *costo de capital*, veremos un ejemplo personal sencillo. Suponga que pide prestado dinero a dos amigos (a dos costos diferentes), agregue parte de su propio dinero, con la expectativa de al menos cierto rendimiento mínimo y busque una inversión. ¿Cuál es el rendimiento mínimo que puede ganar para satisfacer el rendimiento esperado de todos los proveedores de capital (como se lista en la columna 2 de la tabla siguiente)?

	(1)	(2)	(3)	(2) × (3)	(1) × (2)
PROVEEDORES DE CAPITAL	CAPITAL INVERTIDO	COSTO PORCENTUAL ANUAL (RENDIMIENTO DEL INVERSIONISTA)	PROPORCIÓN DEL FINANCIAMIENTO TOTAL	COSTO PONDERADO	COSTO ANUAL EN DÓLARES (RENDIMIENTO DEL INVERSIONISTA)
Bubba	$ 2,000	5%	20%	1.0%	$ 100
Dolly	3,000	10	30	3.0	300
Usted	5,000	15	50	7.5	750
	$10,000		100%	11.5%	$1,150

Suponga que su "empresa" gana un rendimiento porcentual del 11.5% anual (el promedio ponderado del costo de capital empleado) sobre los $10,000 de capital invertido. La cantidad de $1,150 obtenida justo cumple con los requerimientos de rendimiento de todos los proveedores de capital. Ahora, sustituya a "Bubba", "Dolly" y "Usted" con los términos "Deuda", "Acciones preferenciales" y "Acciones ordinarias" (sí, todavía necesitamos considerar las implicaciones fiscales; pero supongamos por el momento que no hay impuestos). Con estos nuevos términos en donde les corresponde, debe comenzar a entender la dirección que tomaremos para encontrar la tasa de rendimiento requerida de la empresa —*el costo de capital*—, la cual será justo satisfactoria para todos los proveedores de capital.

● ● ● Costo de deuda

Aunque los pasivos de una compañía son muy variados, nos centramos sólo en la deuda no estacional que conlleva un costo de interés explícito. Ignoramos las cuentas por cobrar, los gastos acumulados y otras obligaciones que no tienen costo de interés explícito. En su mayor parte, nuestra atención está dedicada a la deuda a largo plazo. Sin embargo, la deuda a corto plazo continua, como un préstamo respaldado por cuentas por cobrar, también califica. (Un préstamo bancario para financiar los requerimientos de inventario estacionales no calificaría). La suposición es que la empresa aplica un **enfoque de cobertura (igualando el vencimiento)** para el financiamiento del proyecto. Esto es, la empresa financia un proyecto de capital cuyos beneficios se extienden varios años, con financiamiento que, por naturaleza, suele ser a largo plazo.

Enfoque de cobertura (igualando el vencimiento) Método de financiamiento en el que cada activo se compensa con un instrumento de financiamiento aproximadamente con el mismo plazo de vencimiento.

El costo explícito de la deuda puede obtenerse despejando la tasa de descuento, k_d, que es igual al precio de mercado de la emisión de deuda con el valor presente del interés más los pagos al principal y luego ajustando el costo explícito obtenido según la parte deducible de impuestos de los pagos de interés. La tasa de descuento, k_d, conocida como *rendimiento al vencimiento*, se despeja usando la fórmula

$$P_0 = \sum_{t=1}^{n} \frac{I_t + P_t}{(1 + k_d)^t} \qquad (15.1)$$

donde P_0 es el precio de mercado actual de la emisión de deuda; Σ denota la suma para los periodos 1 a n, el plazo de vencimiento final; I_t es el pago de interés en el periodo t; y P_t es el pago del principal en el periodo t. Si el pago al principal ocurre sólo al final del plazo de vencimiento, sólo ocurrirá P_n. Al despejar k_d, la tasa de descuento que iguala el valor presente de los flujos de efectivo de los proveedores de capital de deuda con el precio de mercado actual de la nueva emisión de deuda, obtenemos la tasa de rendimiento requerida por los prestamistas de la compañía. Esta tasa de rendimiento requerida por los prestamistas se puede ver como el costo de deuda antes de impuestos de la compañía emisora. [Casi todo esto debe serle familiar por el análisis del rendimiento al vencimiento (RAV) sobre bonos en el capítulo 4].

El costo de la deuda después de impuestos, que denotamos por k_i, se puede aproximar por

$$k_i = k_d(1 - t) \qquad (15.2)$$

donde k_d se estableció antes y t se define ahora como la tasa de impuestos marginales de la compañía. Como los cargos de interés son deducibles de impuestos para el emisor, el costo después de impuestos de la deuda es sustancialmente menor que el costo antes de impuestos. Si el costo antes de impuestos, k_d, en la ecuación (15.1) se calculaba en 11% y la tasa de impuestos marginal (federal más estatal) era del 40%, el costo de la deuda después de impuestos sería

$$k_i = 11.00(1 - 0.40) = \mathbf{6.60\%}$$

Debe observar que el 6.60% del costo después de impuestos en nuestro ejemplo representa el costo marginal, o incremental, de la deuda adicional. No representa el costo de los fondos de deuda ya empleados.

Implícito en el cálculo de un costo de deuda después de impuestos es el hecho de que la empresa tiene ingreso gravable. De otra manera, no obtiene el beneficio de impuestos asociado con los pagos de interés. El costo explícito de la deuda para una empresa sin ingreso gravable es el costo antes de impuestos, k_d.

● ● ● Costo de acciones preferenciales

El costo de las acciones preferenciales es una función de su dividendo establecido. Como se verá en el capítulo 20, este dividendo no es una obligación contractual de la empresa, más bien se paga a discreción del consejo directivo de la compañía. En consecuencia, a diferencia de la deuda, no crea un riesgo de bancarrota legal. Sin embargo, para los dueños de acciones ordinarias, la acción preferencial es un valor que tiene prioridad sobre sus valores en lo que se refiere al pago de dividendos y a la distribución de los activos si la compañía se disuelve. La mayoría de las corporaciones que emiten acciones preferenciales tienen la intención de pagar el dividendo establecido. El rendimiento requerido por el mercado para estas acciones, o simplemente el rendimiento sobre acciones preferenciales, sirve como nuestra estimación del costo de las acciones preferenciales. Como la acción preferencial no tiene fecha de vencimiento, su costo, k_p, puede representarse como

$$k_p = D_p/P_0 \qquad (15.3)$$

donde D_p es el dividendo anual establecido y P_0 es el precio actual de mercado de la acción preferencial.[2] Si una compañía pudiera vender el 10% de su emisión de acciones preferenciales ($50 de valor nominal) al precio actual de mercado de $49 por acción, el costo de la acción preferencial sería $5/$49 = **10.20%**. Observe que este costo no está ajustado por impuestos porque el dividendo de la acción preferencial usado en la ecuación (15.3) ya es una cifra después de impuestos, es decir, estos dividendos se pagan después de impuestos. Así, el costo explícito de la acción preferencial es mayor que el de la deuda.

---

[2]Casi todas las emisiones de acciones preferenciales tienen una *cláusula de retiro* (una previsión que permite a la compañía forzar el retiro). Si el emisor anticipa retirar las acciones preferenciales en una fecha específica, podemos aplicar una versión modificada de la fórmula usada para despejar el rendimiento sobre la deuda, ecuación (15.1), y así encontrar el rendimiento (costo) de la acción preferencial que será retirada. En la ecuación (15.1) el dividendo preferencial periódico sustituye al pago de interés periódico y el "precio de retiro" sustituye al pago del principal al vencimiento final (fecha de retiro). La tasa de descuento que iguala todos los pagos con el precio de la acción preferencial es el costo de esta acción.

Sin embargo, la acción preferencial ofrece una característica deseable para el inversionista corporativo. La ley fiscal prevé que, en general, el 70% de los dividendos que una corporación recibe de otra están exentos del gravamen federal. Esta atracción en el lado de la demanda suele dar como resultado rendimientos sobre las acciones preferenciales apenas abajo de los de los bonos emitidos por la misma compañía. Entonces es sólo después de impuestos que la empresa emisora logra apreciar el atractivo del financiamiento mediante deuda.

● ● ● Costo de capital accionario: Modelo de descuento de dividendos

Tome nota

El costo de capital accionario es, sin duda, el costo más difícil de medir. El capital accionario puede reunirse de manera interna reteniendo utilidades o de forma externa vendiendo acciones ordinarias. En teoría, se puede pensar en el costo de ambos como la tasa de rendimiento mínimo aceptable que la compañía debe ganar sobre la porción de capital financiada de un proyecto de inversión para mantener sin cambio el precio de mercado de las acciones ordinarias de la empresa. Si la empresa invierte en proyectos que tienen un rendimiento esperado menor que este rendimiento requerido, el precio de mercado de las acciones sufrirá en el largo plazo.

En el contexto de los modelos de valuación del descuento de dividendos presentado en el capítulo 4, el costo del capital accionario, k_e, puede interpretarse como la tasa de descuento que iguala el valor presente de todos los dividendos futuros esperados por acción —como los que perciben los inversionistas al margen— con el precio de mercado actual por acción. Recuerde del capítulo 4 que

$$P_0 = \frac{D_1}{(1 + k_e)^1} + \frac{D_2}{(1 + k_e)^2} + \ldots + \frac{D_\infty}{(1 + k_e)^\infty} \tag{15.4}$$

$$= \sum_{t=1}^{\infty} \frac{D_t}{(1 + k_e)^t}$$

donde P_0 es el precio de mercado de una acción en el tiempo 0, D_t es el dividendo por acción esperado a pagar al final del periodo t, k_e es la tasa de descuento apropiada y Σ representa la suma de los dividendos futuros descontados del periodo 1 al infinito, descrito por el símbolo ∞.

Estimación de dividendos futuros. Si estimamos con precisión la secuencia de dividendos futuros que espera el mercado, es sencillo despejar la tasa de descuento que iguala esta secuencia de efectivo con el precio de mercado actual de la acción. Como los dividendos futuros esperados no se pueden observar directamente, deben estimarse. Aquí reside la mayor dificultad al estimar el costo del capital accionario. Dados patrones razonablemente estables del crecimiento en el pasado, es posible proyectar esta tendencia hacia el futuro. Sin embargo, se debe atemperar la proyección con el sentimiento actual del mercado. Un panorama de este sentimiento puede obtenerse al revisar los diferentes análisis acerca de la compañía en las revistas y los periódicos financieros.

Por ejemplo, si se espera que los dividendos crezcan a una tasa del 8% anual en el futuro cercano, el modelo de crecimiento constante presentado en el capítulo 4 servirá para determinar la tasa de rendimiento requerida. Si el dividendo esperado el primer año fuera $2 y el precio corriente de mercado fuera $27, tendríamos

$$k_e = (D_1/P_0) + g \tag{15.5}$$
$$= (\$2/\$27) + 0.08 = \textbf{15.4\%}$$

Esta tasa se usaría entonces como una estimación del rendimiento requerido por la empresa sobre el capital accionario. El elemento clave en la ecuación (15.5) es una medida exacta del crecimiento en los dividendos por acción, g, según lo perciben los inversionistas al margen.

Etapas de crecimiento. Si se espera que el crecimiento en los dividendos disminuya en el futuro, el modelo de crecimiento constante no funciona. Como se explicó en el capítulo 4, es pertinente hacer una modificación a la ecuación (15.4). Con frecuencia, la transición en el crecimiento de los dividendos va de una tasa de crecimiento mayor que la normal a una que se considera normal. Si se espera que los dividendos crezcan a una tasa compuesta del 15% durante cinco años, a una tasa del 10% los siguientes cinco años y que luego crezcan a una tasa del 5%, tendríamos

$$P_0 = \sum_{t=1}^{5} \frac{D_0(1.15)^t}{(1 + k_e)^t} + \sum_{t=6}^{10} \frac{D_5(1.10)^{t-5}}{(1 + k_e)^t} + \sum_{t=11}^{\infty} \frac{D_{10}(1.05)^{t-10}}{(1 + k_e)^t} \qquad (15.6)$$

Vemos que el dividendo actual, D_0, es la base sobre la que se construye el crecimiento esperado en el futuro. Al despejar k_e obtenemos el costo del capital accionario. Podemos usar el método ilustrado en el capítulo 4 para despejar k_e. Por ejemplo, si el dividendo actual, D_0, fuera de \$2 por acción y el precio de mercado por acción, P_0, fuera \$70, k_e en la ecuación (15.6) sería 10.42 por ciento. Para otros patrones de crecimiento futuro esperado, la ecuación (15.4) se puede modificar con facilidad para manejar la situación particular.

Desde luego, cuantos más segmentos de crecimiento especifiquemos, más se aproximará el patrón de crecimiento a una relación curvilínea. En el capítulo 4 aprendimos cómo determinar el valor presente de la última etapa de crecimiento en la ecuación (15.6). Esta última etapa no es otra cosa que un modelo de crecimiento constante seguido de periodos de crecimiento arriba del normal.

● ● ● **Costo de capital accionario: Modelo de fijación de precios de activos de capital**

En vez de estimar la secuencia de dividendos futuros de una empresa y luego despejar el costo del capital accionario, podemos enfocarnos directamente en el problema estimando la tasa de rendimiento requerida sobre las acciones ordinarias de la compañía. A partir del análisis del modelo de fijación de precios de activos de capital (MPAC) en el capítulo 5, sabemos que el MPAC implica la siguiente tasa de rendimiento requerida, R_j, para una acción ordinaria:

$$R_j = R_f + (\bar{R}_m - R_f)\beta_j \qquad (15.7)$$

donde R_f es la tasa libre de riesgo, $\bar{R}_m$ es el rendimiento esperado para el portafolio de mercado y β_j es el coeficiente beta de la acción j. En el capítulo 5 vimos que por la aversión del mercado al riesgo sistemático, para valores más altos de la beta de una acción, el rendimiento requerido es mayor. La relación entre rendimiento y riesgo se describe en la ecuación (15.7) y se conoce como la *recta del mercado de valores* (véase la figura 5.6 en el capítulo 5). Implica que en un mercado en equilibrio, los precios de los valores serán tales que existe una compensación entre la tasa de rendimiento requerida y el riesgo sistemático medido por beta.

Beta. Beta es una medida de la posibilidad de respuesta de los rendimientos excedentes de un valor (excedentes con respecto a la tasa libre de riesgo) a los del mercado, usando algunos índices de base amplia, como el índice S&P 500, como sustituto para el portafolio de mercado. Si la relación histórica entre los rendimientos de los valores y los del portafolio de mercado parece un representante razonable para el futuro, se pueden usar los rendimientos del pasado para calcular la beta de una acción. Esto se ilustró en el capítulo 5, donde se ajustó una *recta característica* a la relación entre los rendimientos excedentes a la tasa libre de riesgo para una acción y los del índice de mercado. *Beta* se define como la pendiente de esta recta. Para liberarnos de la necesidad de calcular la información de beta directamente, varios servicios (como Value Line Investment Survey, Standard & Poor's Stock Reports y Reuters [www.reuters.com/finance/stocks]) proporcionan datos históricos para un gran número de acciones en circulación. Estos servicios nos permiten obtener rápidamente la beta para una acción, facilitando con ello el cálculo del costo del capital accionario.

Si se piensa que el pasado es un buen representante para el futuro, podemos usar la ecuación (15.7) para calcular el costo de capital accionario para una compañía. Para ilustrar, suponga que se encontró que beta para Schlosky's Paint Company es 1.20, con base en los datos del rendimiento mensual excedente de los últimos cinco años. Este valor de beta nos dice que el rendimiento excedente de las acciones sube o baja en un porcentaje un poco mayor que el rendimiento para el mercado. (Una beta igual a 1.00 significa que los rendimientos excedentes para la acción varían proporcionalmente con los rendimientos excedentes para el portafolio de mercado). Entonces la acción de Schlosky's Paint Company tiene más riesgo inevitable, o sistemático, que el mercado como un todo. La administración piensa que es probable que esta relación pasada se cumpla en el futuro. Más aún, supone que se espera que prevalezca una tasa de rendimiento del 13% sobre las acciones en general y una tasa libre de riesgo del 8 por ciento.

Ésta es toda la información que necesitamos para calcular la tasa de rendimiento requerida sobre el capital accionario para Schlosky's Paint Company. De acuerdo con la ecuación (15.7), el costo del capital accionario será

$$R_j = 0.08 + (0.13 - 0.08)(1.20) = \textbf{14\%}$$

Así, la tasa de rendimiento requerida estimada para Schlosky's Paint Company es aproximadamente del 14 por ciento. En esencia, decimos que ésta es la tasa de rendimiento que los inversionistas esperan que la compañía gane sobre su capital accionario.

Tasa libre de riesgo y rendimiento del mercado. Además de beta, es importante que los números empleados para la tasa libre de riesgo y el rendimiento esperado del mercado en la ecuación (15.7) sean la mejor estimación posible del futuro. La estimación de rendimiento libre de riesgo crea controversia, no en cuanto al tipo de rendimiento que se debe usar, sino al vencimiento relevante del valor. La mayoría está de acuerdo en que un valor del Tesoro, respaldado por la fe y el crédito del gobierno de Estados Unidos, es el instrumento adecuado si se desea hacer una estimación del rendimiento "libre de riesgo". Pero la elección de un plazo de vencimiento apropiado es otro asunto. Puesto que el MPAC es un modelo de un periodo, algunos aseguran que lo mejor es una tasa a corto plazo, como la de las letras del Tesoro a tres meses. Otros argumentan que, puesto que los proyectos de inversión de capital tienen una vida larga, debe usarse un bono del Tesoro a largo plazo. Otros más, incluidos los autores, se sienten más a gusto con una tasa de término intermedio, como la de los valores a mediano plazo del Tesoro. Ésta es una posición media en un campo bastante controvertido. Con una *curva de rendimiento* con pendiente hacia arriba (gráfica de la relación entre rendimiento y vencimiento), cuanto más largo sea el plazo de vencimiento, mayor será la tasa libre de riesgo.

Para el rendimiento esperado sobre el portafolio de mercado de acciones, como suele describirse por el índice S&P 500, se pueden usar estimaciones consensuales de los analistas de valores, economistas y otros especialistas que predicen con regularidad estos rendimientos. Goldman Sachs, Merrill Lynch y otros bancos inversionistas emiten pronósticos, con frecuencia cada mes. Estos rendimientos anuales estimados se usan para el futuro inmediato. El rendimiento esperado sobre el portafolio de mercado ha excedido la tasa libre de riesgo entre un 5 y 8% en años recientes. Dicho de otra manera, la prima de riesgo del mercado "anticipada" o *ex ante* ha estado entre el 5 y 8%. Éste no es el rango de primas de riesgo que se registra en realidad durante un periodo, más bien es la prima de riesgo esperada por invertir en el portafolio de mercado y no en valores libres de riesgo. Como resultado de los cambios en la inflación esperada, las tasas de interés y el grado de aversión al riesgo del inversionista en sociedad, tanto la tasa libre de riesgo como el rendimiento de mercado esperado cambian con el tiempo. Por consiguiente, la cifra del 14% que calculamos antes sería una estimación del rendimiento requerido sobre el capital accionario sólo en un momento específico.

Si las mediciones fueran exactas y la suposición de un mercado de capital perfecto se cumpliera,[3] el costo del capital accionario determinado por este método sería el mismo que el proporcionado por un modelo de descuento de dividendos. Recuerde que esta última estimación es la tasa de descuento

[3]Como se analizó en el capítulo 5, el modelo de fijación de precios de activos de capital supone la presencia de mercados de capital perfectos. Cuando esta suposición se relaja para tomar en cuenta las condiciones reales, el riesgo no sistemático de una acción puede adquirir cierto grado de importancia. Sabemos que el riesgo total de un valor está compuesto de sus riesgos sistemático y no sistemático. La suposición del modelo de precios de activos de capital es que el riesgo no sistemático puede diversificarse de manera que nos quede sólo riesgo sistemático.

Si existen imperfecciones en los mercados de capital, éstos podrían impedir la diversificación eficiente por los inversionistas. (Un ejemplo de una imperfección es la presencia de costos significativos de bancarrota). Cuanto mayor sean las imperfecciones que se piensa que existen, mayor será la concesión que se debe hacer en el rendimiento sobre acciones ordinarias para obtener también una compensación por el riesgo no sistemático. Como resultado, será necesario ajustar hacia arriba la tasa de rendimiento requerida sobre el capital accionario.

que iguala el valor presente de la secuencia de dividendos futuros esperados con el precio de mercado de la acción. A estas alturas, debe ser evidente que sólo podemos esperar una aproximación del costo del capital accionario. Pensamos que los métodos sugeridos permiten hacer una aproximación más o menos exacta, dependiendo de la situación. Para una compañía grande cuyas acciones circulan en la Bolsa de Nueva York y cuyo riesgo sistemático es cercano al del mercado como un todo, en general, podemos hacer estimaciones con más confianza que para una compañía de tamaño moderado cuyas acciones se comercian de manera inactiva en el mercado secundario y cuyo riesgo sistemático es muy grande. Debemos convivir con la inexactitud implicada en el proceso de medición y tratar de hacer el trabajo lo mejor posible.

● ● ● Costo de capital accionario: Enfoque del costo de deuda antes de impuestos más prima de riesgo

En vez de estimar la tasa de rendimiento requerida sobre el capital accionario usando los métodos complejos descritos, algunas personas usan un enfoque relativamente sencillo, rápido y fácil. El costo de la deuda antes de impuestos para la compañía forma la base para estimar el costo del capital accionario de la empresa. El costo de la deuda antes de impuestos será mayor que la tasa libre de riesgo por una prima de riesgo. Cuanto mayor sea el riesgo de la empresa, mayor será esta prima y más interés deberá pagar la empresa al solicitar un préstamo. Esta relación se ilustra en la figura 15.2. En el eje horizontal se observa que la deuda de la empresa tiene un riesgo sistemático igual a β_d. Como resultado, el rendimiento requerido es k_d, que es mayor que la tasa libre de riesgo de R_f.

Además de esta prima de riesgo, la acción ordinaria de una compañía debe ofrecer un rendimiento esperado más alto que la deuda de la misma compañía. La razón es que hay un mayor riesgo sistemático implicado. Este fenómeno también se ilustra en la figura 15.2. Vemos que para un capital accionario beta de β_e, se requiere un rendimiento esperado de k_e, y este porcentaje es mayor que el costo de la deuda antes de impuestos de la compañía, k_d. La prima de riesgo histórica (era moderna) en el rendimiento esperado para las acciones sobre los bonos corporativos ha sido alrededor del 5 por ciento. Si esto parecía razonable para una compañía en particular, podemos usar el costo de deuda antes de impuestos de la empresa como base y sumarle una prima de alrededor del 5% para estimar su costo de capital accionario.

Para ejemplificar, suponga que los bonos de Schlosky's Paint Company se venden en el mercado y dan un rendimiento del 9 por ciento. Usando el enfoque descrito, encontramos que el costo aproximado del capital accionario de la compañía sería

$$k_e = \begin{matrix} \text{Costo de deuda} \\ \text{antes de} \\ \text{impuestos } (k_d) \end{matrix} + \begin{matrix} \text{Prima de riesgo en el rendimiento} \\ \text{esperado de las acciones sobre} \\ \text{deuda} \end{matrix} \quad (15.8)$$

$$= \quad 9\% \quad + \quad 5\% = \mathbf{14\%}$$

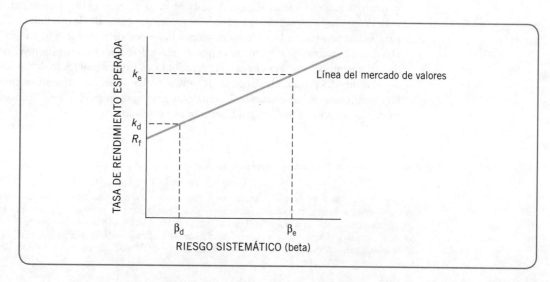

Figura 15.2

Recta del mercado de valores (RMV) con deuda y acciones ilustradas

Este porcentaje se usaría entonces como estimación del costo del capital accionario. La ventaja de este enfoque es que no se tiene que usar la información de beta y hacer los cálculos que implica la ecuación (15.7). Una desventaja es que no permite cambiar la prima de riesgo con el tiempo. Además, como la prima de riesgo del 5% se basa en un promedio para todas las compañías, el enfoque no es exacto como cualquiera de los otros métodos estudiados para estimar el rendimiento requerido sobre el capital accionario en el caso de una compañía específica. No obstante, sí ofrece un método alternativo para estimar el costo del capital accionario que cae dentro del marco de trabajo global del modelo de precios de activos de capital. También permite efectuar una verificación rápida de la racionalidad de las respuestas que obtenemos al aplicar técnicas de estimación más complejas.

● ● ● Promedio ponderado del costo de capital

Una vez que hemos calculado los costos de los componentes individuales del financiamiento de la empresa,[4] asignamos pesos a cada fuente de financiamiento de acuerdo con algún estándar y luego calculamos un promedio ponderado del costo de capital (PPCC). Así, el costo total del capital de la empresa puede expresarse como

$$\text{Costo de capital} = \sum_{x=1}^{n} k_x(W_x) \tag{15.9}$$

donde k_x es el costo después de impuestos del x-ésimo método de financiamiento, W_x es el peso otorgado a ese método de financiamiento como porcentaje del financiamiento total de la empresa, y Σ denota la suma de los métodos de financiamiento 1 a n. Para ilustrar los cálculos necesarios, suponga que una empresa tiene el siguiente financiamiento en la fecha del último balance general, donde las cantidades en la tabla representan valores de mercado.

	CANTIDAD FINANCIADA	PROPORCIÓN DEL FINANCIAMIENTO TOTAL
Deuda	$ 30 millones	30%
Acciones preferenciales	10 millones	10
Capital de acciones ordinarias	60 millones	60
	$100 millones	100%

Tome nota

Recuerde que el capital de acciones ordinarias en nuestros libros es la suma total de las acciones ordinarias a valor nominal, además del capital pagado y las ganancias retenidas. Pero para fines de valor de mercado, se representa por el precio de mercado actual por acción ordinaria multiplicado por el número de acciones en circulación. Al calcular proporciones, es importante usar ponderaciones del *valor de mercado* y no del *valor en libros*. Como estamos tratando de maximizar el valor de la empresa para sus accionistas, sólo las ponderaciones del valor de mercado son congruentes con nuestro objetivo. Los valores de mercado se emplean en el cálculo de costos de los diversos componentes del financiamiento, de manera que las ponderaciones de valor de mercado deben usarse para determinar el promedio ponderado del costo de capital. (Además, implícitamente estamos suponiendo que las proporciones de financiamiento actuales se mantendrán en el futuro. Tendremos más que decir sobre este aspecto un poco más adelante en este capítulo).

[4]Deuda, acciones preferenciales y capital accionario son los principales tipos de financiamiento, por lo que, en general, tenemos

$$\text{Costo de capital} = k_i(W_i) + k_p(W_p) + k_e(W_e)$$

Sin embargo, existen otros tipos de financiamiento como arrendamiento y valores convertibles. Como la determinación de los costos de estas otras fuentes de financiamiento implica algunos aspectos especiales y bastantes complejos, los estudiaremos en capítulos individuales con la finalidad de darles la atención adecuada. Para los fines de este capítulo, conocer los costos de financiamiento con deuda, acciones preferenciales y capital accionario es suficiente para ilustrar el costo total del capital para la compañía. Cuando se determinen los costos de otros tipos de financiamiento, se podrán insertar en el esquema de ponderaciones que se analiza aquí.

Para continuar con el ejemplo, suponga que la empresa calculó los siguientes costos después de impuestos para las fuentes de financiamiento que los componen:

	COSTO
Deuda	6.6%
Acciones preferenciales	10.2
Acciones ordinarias	14.0

Consejo

Como se explicó, las acciones ordinarias deben ofrecer un rendimiento esperado más alto que la deuda de la misma compañía. Por lo tanto, no confíe en *cualquier* cálculo de costo de capital accionario que produce una estimación de costo menor que el costo antes de impuestos de la deuda de la empresa.

De nuevo resaltamos que estos costos deben ser costos actuales basados en las condiciones del mercado financiero vigentes. Los costos de financiamiento integrados no tienen relevancia sobre la tasa de rendimiento requerida para aplicarse a nuevos proyectos. Dados los costos mostrados, el costo de capital promedio ponderado para este ejemplo se determina como sigue:

	(1) COSTO	(2) PORCENTAJE DEL FINANCIAMIENTO TOTAL	(1) × (2) COSTO PONDERADO
Deuda	6.6%	30%	1.98%
Acciones preferenciales	10.2	10	1.02
Acciones ordinarias	14.0	60	8.40
		100%	**11.40%**

Así, de acuerdo con la suposición de este ejemplo, el 11.4% representa el costo promedio ponderado de las fuentes de financiamiento que lo componen, donde cada componente se pondera de acuerdo con las proporciones del valor de mercado.

● ● ● Algunas limitaciones

Con el cálculo del promedio ponderado del costo de capital, la pregunta crucial es si la cifra representa el costo de capital real de la empresa. La respuesta depende de qué tan exacta fue la medición de los costos marginales individuales, sobre el sistema de ponderaciones, y de otros supuestos. Por ahora, suponga que podemos medir con exactitud los costos marginales de las fuentes individuales de financiamiento y examinemos la importancia del sistema de ponderaciones.

Sistema de ponderaciones. La suposición crucial en cualquier sistema de ponderaciones es que la empresa, de hecho, reunirá capital en las proporciones especificadas. Como la empresa reúne capital *marginalmente* para hacer inversiones *marginales* en nuevos proyectos, es necesario trabajar con el costo de capital marginal para la empresa como un todo. Esta tasa depende del paquete de fondos empleado para financiar proyectos de inversión. En otras palabras, lo que nos concierne es el capital nuevo o incremental, no el capital reunido en el pasado. Para que el promedio ponderado del costo de capital represente un costo marginal, los pesos empleados deben ser marginales. Es decir, los pesos deben corresponder a la proporción de insumos financieros que la empresa piensa emplear. Si no es así, el capital se reúne de manera marginal en proporciones distintas a las usadas para calcular este costo. Como resultado, el promedio ponderado real del costo de capital diferirá del calculado que se usó para tomar las decisiones de inversión. Si el costo real es mayor que el medido, se aceptarán ciertos proyectos de inversión que dejarán a los inversionistas en peor situación que antes. Por otro lado, si el costo real es menor que el costo medido, algunos proyectos que podrían incrementar la riqueza del inversionista serán rechazados. Por lo tanto, el promedio ponderado del costo de capital del 11.4% calculado en el ejemplo es realista sólo si la empresa tiene la intención de financiarse en el futuro en las mismas proporciones implicadas en su estructura de capital.

Reunir capital es un asunto "escabroso" y las proporciones estrictas difícilmente se mantienen. Por ejemplo, una empresa puede tener dificultad para financiar cada proyecto exactamente con un 30% de deuda, 10% de acciones preferenciales y 60% de acciones ordinarias. En la práctica, puede financiar con deuda en un caso y con acciones preferenciales o capital accionario en otro. Con el tiempo, sin embargo, la mayoría de las empresas pueden financiar de manera casi proporcional. Es en este sentido que tratamos de medir el costo marginal de capital para el paquete de financiamiento empleado.

Costos de flotación
Costos asociados con la emisión de valores, como colocación, respaldo, costos legales y cuotas de listado e impresión.

Costos de flotación. Los costos de flotación implicados en la venta de instrumentos de deuda, acciones preferenciales o acciones ordinarias afectan la rentabilidad de las inversiones de una empresa. En muchos casos, la nueva emisión debe tener un precio menor que el precio de mercado del financiamiento existente. Además, existen costos de flotación en efectivo. Debido a los costos de flotación, la cantidad de fondos que recibe una empresa es menor que el precio al que se vende la emisión. La presencia de los costos de flotación en el financiamiento requiere que se haga un ajuste en la evaluación de las propuestas de inversión.

Un enfoque que se conoce como método de *ajuste al desembolso inicial* (ADI), trata los costos de flotación del financiamiento como una adición al desembolso de efectivo inicial para el proyecto. De acuerdo con este procedimiento, el valor presente neto de un proyecto se calcula como sigue:[5]

$$VPN = \sum_{t=1}^{n} \frac{FE_t}{(1+k)^t} - (FSI + \text{Costos de flotación}) \qquad (15.10)$$

donde FE_t es el flujo de efectivo del proyecto en el tiempo t, FSI es el desembolso o flujo de salida inicial requerido para el proyecto, y k es el costo de capital de la empresa.

Suponga que una propuesta de inversión cuesta $100,000 y que, para financiar el proyecto, la compañía debe reunir $60,000 de fuentes externas. Puede recurrir tanto a deuda como a acciones ordinarias, y los costos de flotación después de impuestos ascienden a $4,000.[6] Por lo tanto, deben agregarse $4,000 a los $100,000, lo que da un total de desembolso inicial de $104,000. De esta manera, la propuesta tiene una "penalización" apropiada por los costos de flotación asociados con este financiamiento. Después, los flujos de efectivo futuros esperados que corresponden al proyecto se descuentan al promedio ponderado del costo de capital. Si se espera que el proyecto arroje flujos de entrada anuales después de impuestos de $24,000 durante 20 años y el promedio ponderado del costo de capital fuera del 20%, el valor presente neto sería

$$VPN = \sum_{t=1}^{20} \frac{\$24,000}{(1+0.20)^t} - (\$100,000 + \$4,000)$$

$$= \$24,000(FIVPA_{20\%,20}) - \$104,000$$

$$= \$116,870 - \$104,000 = \mathbf{\$12,870}$$

Esta cantidad contrasta con un valor presente neto de $116,870 − $100,000 = **$16,870** si no se hace un ajuste por los costos de flotación.

Un segundo enfoque, más tradicional, pide un ajuste hacia arriba del costo de capital cuando los costos de flotación están presentes. Este método, conocido como procedimiento de *ajuste a la tasa de*

---

[5]De manera alternativa, al expresar los costos de flotación como un porcentaje de la inversión inicial, f = costos de flotación/FSI), podemos rescribir la ecuación (15.10) como sigue:

$$VPN = \sum_{t=1}^{n} \frac{FE_t}{(1+k)^t} - FSI(1+f)$$

Esta fórmula alternativa puede ser útil cuando estimar los costos de flotación futuros reales resulta difícil. En vez de ello, podemos usar un porcentaje de costo de flotación basado en la experiencia histórica.

[6]Los costos de flotación del capital accionario no son deducibles de impuestos. Sin embargo, los costos de flotación de la deuda constituyen un gasto deducible de impuestos amortizado durante la vida de la emisión de deuda. Por lo tanto, reducimos los costos de flotación totales en efectivo con los beneficios de protección fiscal del valor presente neto del costo de flotación de la deuda, obtenidos durante de la vida de la emisión de deuda.

descuento (ATD), ajusta así la tasa de descuento para un proyecto según los costos de flotación y no según los flujos de efectivo del proyecto. Con este procedimiento, cada costo de capital componente se recalcula encontrando la tasa de descuento que iguala el valor presente de los flujos de efectivo a los proveedores de capital con los *ingresos netos* de una emisión de valores, y no con el precio de mercado del valor.[7] Los componentes de costo "ajustados" que resultan se ponderan y combinan para producir un costo total de capital "ajustado" para la empresa.

La cifra del costo de capital "ajustada" calculada de esta manera siempre será mayor que la cifra de costo de capital "no ajustada", que describimos en este capítulo. Sin embargo, los VPN calculados con los métodos del ajuste al desembolso inicial (ADI) y del ajuste a la tasa de descuento (ATD), con raras excepciones, tendrán valores numéricos diferentes y, de hecho, pueden tener signos opuestos. Así, la pregunta de cuál método es "correcto" es un asunto relevante.

Quienes prefieren el método ADI argumentan que es superior al método ATD porque: **1.** es más sencillo y/o **2.** la tasa de descuento obtenida con el enfoque de ATD no es el costo de capital "verdadero", por lo que no indica el valor de mercado "verdadero" de los flujos de efectivo de un proyecto.[8] Nosotros tendemos a estar de acuerdo con ambos argumentos y, por lo tanto, favorecemos el método ADI. Sugerimos que se haga un ajuste por costo de flotación al desembolso de efectivo inicial del proyecto y que se use el promedio ponderado del costo de capital "no ajustado" como tasa de descuento. Sin embargo, debemos señalar que en muchas circunstancias (por ejemplo, cuando el financiamiento externo es una pequeña proporción del financiamiento total del proyecto), las diferencias en los VPN obtenidos con los dos métodos serán pequeñas. En esos casos, el método de ATD es aceptable.

Pregunta

Algunos proyectos que una empresa acepta sin duda darán como resultado rendimientos de cero o negativos. Por lo tanto, ¿debería la empresa ajustar su tasa de rendimiento mínimo aceptable hacia arriba para asegurarse de que el rendimiento promedio ponderado sobre su nueva inversión total exceda el costo de capital de la empresa?

Respuesta

No. Elevar de manera arbitraria la tasa de rendimiento mínimo aceptable de una empresa significa que rechazaría algunos proyectos que, de otra manera, tendrían valores presentes netos positivos. La empresa puede maximizar su capacidad para compensar las inversiones que no ganan sólo si acepta todos los proyectos con valores presentes netos positivos.

● ● ● Lógica que sustenta el costo promedio ponderado

El razonamiento que fundamenta el uso de un costo de capital promedio ponderado es que financiando en las proporciones especificadas y aceptando proyectos que rinden más que el promedio ponderado del rendimiento requerido, la empresa puede aumentar el precio de mercado de sus acciones. Este incremento ocurre porque se espera que los proyectos de inversión tengan un rendimiento mayor sobre sus porciones financiadas por acciones que el rendimiento requerido sobre el capital accionario, k_e. Una vez que estas expectativas son claras para el mercado, el precio de mercado de las acciones de la empresa debe subir, si todo lo demás se mantiene sin cambio. La empresa ha aceptado proyectos que se espera que proporcionen un rendimiento mayor que el requerido por los inversionistas al margen, con base en el riesgo implicado.

Debemos regresar a la suposición crucial de que, con el tiempo, la empresa financia proyectos en las proporciones especificadas. Si lo hace, el riesgo financiero de la compañía permanece aproxima-

---

[7]Para efectos de cálculo, en las ecuaciones (15.1), (15.3) y (15.5), el *precio* de mercado corriente de todo valor (P_0) se sustituye con el *ingreso neto* corriente para cada valor de nueva emisión (NP_0). Por ejemplo, considere la ecuación (15.3), que establece que $k_p = D_p/P_0$. Usando el procedimiento ATD, una ecuación (15.3) modificada daría $k_p = D_p/NP_0$.

[8]Para una defensa del procedimiento ADI, véase John R. Ezzell y R. Burr Porter, "Flotation Costs and the Weighted Average Cost of Capital", *Journal of Financial and Quantitative Analysis* 11 (septiembre, 1976), pp. 403-413.

damente sin cambio. Como se verá en el capítulo 17, los costos "implícitos" de financiamiento están representados en el promedio ponderado del costo de capital en virtud del hecho de que una empresa tiene que complementar el financiamiento no accionario con financiamiento accionario. No reúne capital continuamente con fondos de deuda que se supone son más baratos sin aumentar su capital accionario base. La mezcla de financiamiento de la empresa no tiene que ser óptima para que use el promedio ponderado del costo de capital para fines de presupuesto de capital. La consideración importante es que los promedios se basen en los planes de financiamiento futuros de la compañía. De no ser así, el costo de capital promedio ponderado calculado no corresponderá al costo real de los fondos obtenidos. Como resultado, es probable que las decisiones de presupuesto de capital sean menos que óptimas.

Pregunta

Felsham Industries planea financiar _todos_ sus proyectos de presupuesto de capital nuevos para este año con deuda a largo plazo. Por lo tanto, su costo de capital este año debe ser el costo después de impuestos de su nueva deuda. ¿Es esto correcto?

Respuesta

Incorrecto. Las empresas con frecuencia financian nuevos proyectos con deuda a largo plazo un año y capital accionario el siguiente. La estructura de capital de la empresa variará un poco de un año a otro con respecto a su nivel óptimo. La estructura de capital meta a largo plazo de la empresa, junto con sus componentes de costos y ponderaciones de valor de mercado, es lo que debe usar para determinar su costo de capital. Hacerlo de otra manera causará que el costo de capital de la empresa (tasa de rendimiento mínimo aceptable) sea demasiado generoso (bajo) en los años en que se usa principalmente financiamiento mediante deuda e indebidamente severo (alto) en años en que se usa principalmente capital accionario para financiar nuevos proyectos.

El uso de una cifra de costo de capital promedio ponderado también debe calificarse por los puntos señalados antes. Supone que las propuestas de inversión bajo consideración no difieren en el riesgo sistemático, o inevitable, con respecto al de la empresa y que el riesgo no sistemático de las propuestas no ocasiona diversificación de los beneficios para la empresa. Sólo en estas circunstancias se obtiene una cifra de costo de capital apropiada como criterio de aceptación. Estas suposiciones son extremadamente limitantes. Pueden implicar que los proyectos de la empresa sean muy similares con respecto al riesgo y que sólo se consideren proyectos con riesgo similar.

No obstante, en la práctica, el problema es de grado. Si las condiciones observadas se cumplen aproximadamente, entonces se puede usar el promedio ponderado del costo de capital como criterio de aceptación. Si una empresa produjera sólo un producto y todas las propuestas consideradas fueran conjuntas con la comercialización y la producción del producto, el uso del costo total del capital de la empresa como criterio de aceptación tal vez sería adecuado. (Aun así, puede haber diferencias significativas en el riesgo entre las propuestas de inversión para garantizar la consideración por separado). Para una empresa de productos múltiples con propuestas de inversión de riesgo variable, el uso de un rendimiento requerido global no es apropiado. Aquí se debe usar una tasa de rendimiento requerida basada en las características de riesgo de la propuesta específica. Determinaremos estas tasas de rendimiento requeridas específicas para el proyecto con los métodos propuestos en la siguiente sección. Así, la clave para usar el costo total del capital como tasa de rendimiento requerida del proyecto es la similitud del proyecto con respecto al riesgo de los proyectos existentes en las propuestas de inversión bajo consideración.

Valor económico agregado (EVA)
Una medida del desempeño de un negocio. Es un tipo de ganancia económica que es igual a la ganancia operativa neta después de impuestos de una compañía menos un cargo monetario de costo de capital (que posiblemente incluye algunos ajustes).

● ● ● Valor económico agregado (EVA)

Otra manera de expresar el hecho de que, para crear valor, una compañía debe ganar rendimientos sobre el capital invertido mayores que sus costos de capital es mediante el concepto de **valor econó-**

mico agregado, conocido con frecuencia por sus siglas en inglés (EVA, *economic value added*). El EVA es la marca del nombre de un enfoque específico para calcular la *ganancia económica* desarrollada por la empresa consultora Stern Stewart & Co. El concepto de ganancia económica (o ingreso residual) se ha analizado en la literatura económica durante más de 100 años. Sin embargo, el EVA se introdujo a fines de la década de 1980. En esencia, el EVA es la ganancia económica que obtiene una compañía después de deducir los costos de capital. De manera más específica, es la **ganancia operativa neta después de impuestos (GONDI)** menos el cargo de una cantidad monetaria de costo de capital por el capital empleado. Aunque el cálculo básico de EVA parece bastante sencillo, el método específico de Stern Stewart para calcularlo incluye una larga lista de ajustes posibles para las cifras contables. Los ajustes se sugieren para que la GONDI refleje más el efectivo y no la contabilidad acumulada para el desempeño. También se sugieren ajustes al valor en libros del capital empleado, como la capitalización de los gastos de investigación y desarrollo para reflejar mejor la naturaleza de inversión de estos gastos.

Ganancia operativa neta después de impuestos (GONDI)
La ganancia potencial neta después de impuestos de una compañía si estuviera financiada por completo con capital accionario o "no apalancado".

Infosys Technologies Limited, una de las compañías de tecnología de la información más grandes de India, sigue el enfoque de Stern Stewart & Co. para el EVA. Con base en las cifras reportadas por Infosys Technologies en el informe anual de 2007, se presenta una versión condensada del cálculo del EVA para el año fiscal 2007:

	(En millones de rupias: Rs)
Ganancia operativa neta (ajustada) después de impuestos	34,910 Rs.
Menos: Capital promedio empleado × Costo de capital	
94,170 Rs. × 14.97%	13,690
Valor económico agregado	21,220 Rs.

Esto nos dice que Infosys Technologies ganó alrededor de 21,220 millones de rupias más que lo requerido para cubrir los costos, incluyendo el costo de capital.

Sarbanes-Oxley ayuda al costo de capital

financialexecutive

A pesar de los llamados recientes en el Congreso de Estados Unidos para disminuir las repercusiones de la ley Sarbanes-Oxley, un profesor de administración de la Sloan School of Management del MIT y sus coautores encuentran que los estándares de reporte y divulgación de la ley han traído beneficios financieros significativos, incluso para empresas pequeñas a las que algunos han buscado exentar de la ley.

Lejos de aumentar los costos corporativos, dice el profesor del MIT Ryan LaFond, "hemos encontrado una historia muy diferente pero congruente acerca de la ley Sarbanes-Oxley. Las empresas con fuertes controles internos implantados y las que remedian debilidades previas en sus controles obtienen un costo de capital mucho menor", que baja tanto como 150 puntos base (1.5%) para las empresas que pueden demostrar tal cumplimiento.

LaFond comparó divulgaciones financieras no auditadas anteriores a la ley Sarbanes-Oxley con opiniones de auditoría emitidas después de la promulgación de la ley. "Nuestros resultados indican que el mercado agregaba costos más altos al pedir préstamos de capital aun antes del informe de control

interno formal requerido por la ley", dice. "Las compañías con pruebas de controles internos deficientes tienden a tener menor calidad en la información financiera, lo que indica problemas para los inversionistas, lo cual a la vez ocasiona que el mercado evalúe un costo de capital más alto".

Pero la penalización del mercado se invierte —y los costos de capital son menores— después que el cumplimiento de la ley Sarbanes-Oxley permite a las compañías probar a los inversionistas que han mantenido o establecido sistemas financieros sólidos. "Un subconjunto de las empresas que revisamos tenían controles internos deficientes", dice LaFond. "La prueba real de nuestro estudio es si su costo de capital baja una vez que la auditoría de Sarbanes-Oxley demuestra al mercado que los problemas de control interno están resueltos. Y esos costos siguen bajando de manera constante".

LaFond está de acuerdo en que Sarbanes-Oxley suma costos para los negocios, pero predice que es muy probable que la carga disminuya con el tiempo. "La mayoría de las empresas de auditoría le dirán que había un costo alto, de una sola vez, con la finalidad de hacer que se actualizaran para cumplir con los requerimientos de la ley, pero al avanzar, no será tan costoso. Ya existe evidencia de que las cuotas de auditoría son cada vez menores".

La fortaleza de EVA proviene de su reconocimiento explícito de que una empresa en realidad no crea valor para los accionistas sino hasta que logra cubrir todos sus costos de capital. Los cálculos de *ganancia contable* consideran explícitamente los cargos de deuda financiera, pero excluyen los costos relacionados con el financiamiento de capital accionario. La *ganancia económica* y, por lo tanto, el EVA difieren de la ganancia contable en que incluye un cargo para *todo* el capital de la compañía: deuda y capital accionario. En resumen, una empresa que muestra una ganancia contable positiva podría, de hecho, estar destruyendo su valor porque los accionistas quizá no están obteniendo su rendimiento requerido. De esta forma, un valor positivo del EVA, en general, indica que se crea valor para los accionistas, mientras que un valor negativo del EVA sugiere destrucción de valor.[9]

La aceptación del EVA aumenta cada vez más porque sirve como un recordatorio constante para los administradores de que en realidad no han hecho un buen trabajo a menos que obtengan un rendimiento que cubra su costo de capital. Será un mecanismo útil en la medida en que la compañía comprenda que el concepto del EVA vincula mejor la estrategia corporativa y las inversiones con el valor de los accionistas. También ayuda a recalcar por qué es importante para todos los administradores comprender el concepto de costo de capital.

El MPAC: Tasas de rendimiento requeridas específicas para proyectos y grupos

Cuando existen proyectos de inversión de la empresa y las propuestas de inversión bajo consideración no se parecen en cuanto al riesgo, el uso del costo de capital de la empresa como único criterio de aceptación no funciona. En esos casos, debemos formular un criterio de aceptación específico para el proyecto específico. Una manera de hacerlo se apoya en el modelo de fijación de precios de activos de capital (MPAC). Este enfoque se describe en esta sección.

● ● ● Enfoque del modelo de fijación de precios de activos de capital para la selección de proyectos

Suponemos inicialmente que los proyectos serán financiados por completo por capital accionario, que la empresa que considera estos proyectos está financiada en su totalidad por capital accionario, y que toda la información beta pertenece a situaciones de capital accionario. Más adelante modificaremos el enfoque con apalancamiento financiero, pero nuestra comprensión de los aspectos básicos es más sencilla si primero ignoramos esta consideración. Esta situación simplificada da como resultado que el costo de capital total de la empresa es simplemente su costo de capital accionario. Para una empresa de este tipo, el enfoque del MPAC para determinar un rendimiento requerido es equivalente a determinar el costo de su capital accionario. Sin embargo, en vez de la relación esperada entre los rendimientos excedentes de las acciones ordinarias (rendimientos excedentes con respecto a la tasa libre de riesgo) y los del portafolio de mercado, nos preocupamos por la relación esperada de los rendimientos excedentes de un proyecto con los del portafolio de mercado. El rendimiento requerido de un proyecto financiado por capital accionario será entonces

$$R_k = R_f + (\bar{R}_m - R_f)\beta_k \qquad (15.11)$$

donde β_k es la pendiente de la *recta característica* que describe la relación entre los rendimientos excedentes del proyecto k y los del portafolio de mercado. Como se observa, el lado derecho de esta ecuación es idéntico al de la ecuación (15.7) excepto que sustituimos la beta del proyecto por la de las acciones. R_k se convierte entonces en el rendimiento requerido para el proyecto, el cual compensa su riesgo sistemático.

Suponiendo que la empresa intenta financiar un proyecto por completo con capital accionario, el criterio de aceptación será invertir en el proyecto si el rendimiento esperado cumple o excede el

---

[9]Conceptualmente, los enfoques de flujo de efectivo libre, valor económico agregado y valor presente neto para la valuación y la toma de decisiones son equivalentes. Véase Ronald E. Shrieves y John M. Wachowicz, Jr., "Free Cash Flow (FCF), Economic Value Added (EVA), and Net Present Value (NPV): A Reconciliation of Discounted-Cash-Flow (DCF) Valuation", *The Engineering Economist* 46 (núm. 1, 2001), pp. 33-52.

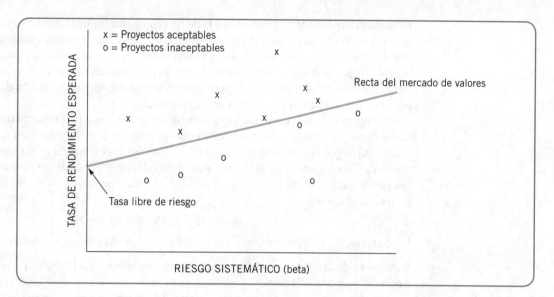

Figura 15.3

Creación de valor por los proyectos aceptables que se espera proporcionen rendimientos mayores que sus rendimientos requeridos respectivos

rendimiento requerido, R_k, determinado por la ecuación (15.11).[10] Para ilustrar el criterio de aceptación para los proyectos que usan este concepto, véase la figura 15.3. La recta ahí representa la línea del mercado de valores, esto es, la relación determinada por el mercado entre la tasa de rendimiento requerida y el riesgo sistemático. Todos los proyectos con tasas internas de rendimiento que caen en la recta o por encima de ésta deben aceptarse, porque se espera que proporcionen rendimientos mayores o iguales que sus rendimientos requeridos respectivos. Los proyectos aceptables se denotan con x. Todos los proyectos que caen por debajo de la recta, indicados con o, serían rechazados. Observe que cuanto mayor es el riesgo sistemático de un proyecto, mayor es el rendimiento que se requiere. Si un proyecto no tiene riesgo sistemático, sólo se requiere la tasa libre de riesgo. Sin embargo, para los proyectos con más riesgo se demanda una prima de riesgo que aumenta con el grado de riesgo sistemático del proyecto. En este contexto, la meta de la empresa es buscar oportunidades de inversión que estén por arriba de la recta.

Aplicación del modelo: Uso de compañías semejantes. La dificultad para aplicar el enfoque del MPAC a la selección de proyectos es la estimación de beta para un proyecto. Recuerde del capítulo 5 que la obtención de la *recta característica* (cuya pendiente es igual a beta) se basa en una serie de periodos de rendimiento para una acción y para las del portafolio de mercado. Entonces es necesario estimar los rendimientos por periodo de un proyecto en términos de sus flujos de efectivo periódicos y su cambio en valor del principio al final de cada periodo. La dificultad reside en estimar el valor de un proyecto de un periodo. Por desgracia, es imposible observar directamente los valores de los bienes no comerciados públicamente, de manera que no podemos calcular beta como en el caso de las acciones públicas que presentamos antes.

No obstante, en muchos casos un proyecto es suficientemente similar para una compañía cuyas acciones se manejan públicamente, de manera que podemos usar la beta de la compañía para obtener la tasa de rendimiento requerida sobre el capital accionario para un proyecto. Para proyectos grandes con frecuencia se pueden identificar las compañías que cotizan en la bolsa que están implicadas por completo o casi por completo en el mismo tipo de operación. Lo importante es identificar una compañía o varias con características de riesgo sistemático similar al del proyecto en cuestión.

Suponga que una compañía de productos químicos está considerando la formación de una división de bienes raíces. Como hay varias compañías en este ramo con acciones en la bolsa, podríamos simplemente determinar la beta para una o un grupo de ellas, y usarla en la ecuación (15.11) con la finalidad de obtener la tasa de rendimiento requerida para el proyecto. Observe que la tasa de

[10]De manera alternativa, la tasa de rendimiento requerida, R_k, se puede usar como la tasa de descuento apropiada para calcular el valor presente neto de un proyecto, en cuyo caso el criterio de aceptación sería invertir en el proyecto si su valor presente neto es mayor o igual que cero.

rendimiento requerida relevante no es la de una compañía química, sino una de bienes raíces. Dicho de otra manera, el mercado ve el negocio de bienes raíces de la compañía química de la misma manera que ve otras empresas dedicadas sólo a bienes raíces. Al concentrarnos en compañías con la misma línea de negocios donde la empresa desea entrar, podemos encontrar sustitutos que se aproximen al riesgo sistemático del proyecto. Es poco probable tener un duplicado exacto del riesgo del proyecto, pero con frecuencia son posibles las aproximaciones.

Para ilustrar el cálculo, suponga que la mediana de beta para una muestra de compañías de bienes raíces cuyas acciones se comercian en la bolsa y cuyos negocios básicos fueron similares al proyecto contemplado por la compañía química es 1.6. Podemos usar esta beta como sustituto para la beta del proyecto.[11] Si esperamos que el rendimiento promedio sobre el portafolio de acciones del mercado sea del 13% y que la tasa libre de riesgo sea del 8%, el rendimiento requerido sobre el capital accionario para el proyecto será

$$R_k = 0.08 + (0.13 - 0.08)1.6 = \textbf{16\%}$$

Por lo tanto, el 16% se usará como el rendimiento requerido del capital accionario para el proyecto.

Búsqueda de compañías semejantes. Deberíamos tratar de identificar compañías de naturaleza similar al proyecto en cuestión. La búsqueda de estas compañías suele tener una base por sector industrial. Una opción es consultar los códigos del **North American Industry Classification System** (NAICS) para determinar una muestra inicial.[12] Cuando un proyecto cae en la clasificación de una sola industria, la búsqueda es relativamente sencilla. Las betas de las compañías semejantes deben ordenarse. Más que calcular un promedio aritmético de las betas de la muestra, sugerimos tomar el valor de la mediana o la moda a partir del arreglo ordenado. Esta elección ayuda a minimizar los efectos de los valores atípicos en el grupo. La idea es obtener una beta que refleje ampliamente el riesgo de negocios del proyecto de inversión.

A menos que podamos encontrar una compañía o compañías cuyas acciones estén en el mercado de valores para usarla como sustituto para el proyecto, la obtención de beta para un proyecto específico es complicada. Por esta razón, restringiremos nuestro análisis al uso de la información de la compañía semejante. En ocasiones un fondo mutuo se especializa en acciones ordinarias en una industria específica. En tal caso, podríamos usar la beta del fondo y la razón del apalancamiento industrial para medir el riesgo sistemático del proyecto.

Rendimiento requerido con apalancamiento. Si la empresa financia constantemente sus proyectos sólo con capital accionario, usaríamos el rendimiento requerido sobre ese capital, R_k, como la tasa de rendimiento requerida para el proyecto. Sin embargo, si se usa financiamiento mediante deuda, necesitaremos determinar un promedio ponderado del rendimiento requerido. Aquí el sistema de ponderación es el mismo que el ilustrado antes para el costo total del capital de la empresa. En vez de variar la proporción del financiamiento mediante deuda de cada proyecto, un enfoque más congruente es aplicar los mismos pesos a todos los proyectos. Es de esperarse que estas ponderaciones correspondan a la proporción en la que la empresa piensa financiar en el tiempo. Por ejemplo, si piensa financiar con una parte de deuda por cada tres partes de capital accionario, y el costo después de impuestos es del 6.60% y el rendimiento requerido sobre el capital accionario es del 16%, el rendimiento requerido (promedio ponderado) global para el proyecto será

$$\begin{bmatrix}\text{Promedio ponderado del} \\ \text{rendimiento requerido}\end{bmatrix} = \begin{bmatrix}\text{Costo de} \\ \text{deuda}\end{bmatrix}\begin{bmatrix}\text{Proporción} \\ \text{de deuda}\end{bmatrix} + \begin{bmatrix}\text{Costo del capital} \\ \text{accionario}\end{bmatrix}\begin{bmatrix}\text{Proporción del} \\ \text{capital accionario}\end{bmatrix}$$

$$= (0.066)(0.25) + (0.16)(0.75) = \textbf{13.65\%}$$

Si se espera que el proyecto proporcione una tasa interna de rendimiento mayor o igual que esta tasa, el proyecto se aceptaría. Si no es así, se rechazaría. De esta forma, aun para una empresa apalancada, el criterio de aceptación sigue específicamente relacionado con el riesgo sistemático del proyecto a través del costo de capital accionario.

North American Industry Classification System (NAICS) Codes, o Sistema de códigos de clasificación de industrias en Norteamérica Un sistema de clasificación estandarizada de negocios por tipos de actividad económica desarrollada en conjunto por Canadá, México y Estados Unidos. Asigna un código numérico de cinco o seis dígitos dependiendo de cómo se define un negocio.

---

[11]Si la compañía semejante no tiene un financiamiento similar al de nuestra empresa, necesitamos ajustar la beta de la empresa según la diferencia en el riesgo financiero relativo. Tendremos más que decir sobre esto más adelante en el capítulo.

[12]NAICS sustituye al sistema anterior: *Stanford Industrial Classification (SIC) System.*

● ● ● Rendimiento requerido específico del grupo

En vez de determinar los rendimientos requeridos específicos de los proyectos, algunas compañías clasifican sus proyectos en grupos con riesgos más o menos equivalentes y luego aplican el mismo rendimiento requerido determinado por el MPAC para todos los proyectos incluidos en el grupo. Una ventaja de este procedimiento es que no toma tanto tiempo como calcular los rendimientos para cada proyecto. Otra ventaja es que con frecuencia es más sencillo encontrar compañías semejantes para un grupo que para los proyectos individuales. Por "grupo" entendemos algunas subunidades de la compañía que realizan un conjunto de actividades que se pueden diferenciar de las demás actividades de la empresa. En general, estas actividades se distinguen en cuanto a las líneas de productos o servicios así como por las líneas de la administración. Muchas veces las subunidades son divisiones o subsidiarias de la compañía.

Subsidiaria Una compañía en la que más de la mitad de sus acciones con voto pertenecen a otra compañía (la compañía matriz).

Si los productos o servicios del grupo son similares con respecto al riesgo y las nuevas propuestas son del mismo tipo, el rendimiento requerido específico de un grupo es un criterio de aceptación adecuado. Representa la tasa cobrada por la compañía contra el grupo por el capital usado. En otras palabras, es la tasa de rendimiento que la compañía espera que gane el grupo sobre sus inversiones de capital. Cuanto mayor sea el riesgo sistemático del grupo, mayor será el rendimiento requerido.

El cálculo de la tasa de rendimiento requerida es igual que para el proyecto específico. Para cada grupo, se identifican las compañías semejantes con acciones en la bolsa. Con base en estas semejanzas, se obtiene una beta para cada grupo y se calcula un rendimiento requerido sobre el capital accionario. Si se utiliza deuda, se obtiene un promedio ponderado del rendimiento requerido para el grupo de la misma manera que en la sección anterior. Una vez calculados estos rendimientos requeridos, se asigna o transfiere el capital a toda la empresa con base en la capacidad de cada grupo para ganar su tasa de rendimiento requerida. Este enfoque proporciona un marco de trabajo congruente para asignar el capital entre grupos con riesgos muy diferentes.

El "enfoque de rendimiento requerido para un grupo específico" para la selección de proyectos se ilustra en la figura 15.4. Aquí, las barras horizontales representan los rendimientos requeridos, o tasas de rendimiento mínimo aceptable, para cuatro grupos diferentes. El costo de capital para la empresa como un todo se describe por la línea punteada. Los proyectos de un grupo que brindan rendimientos esperados por arriba de la barra de su grupo específico deben aceptarse. Los que están por debajo de las barras respectivas deben rechazarse. Este criterio significa que para los dos grupos de "bajo riesgo", algunos proyectos aceptados pueden dar rendimientos esperados por debajo del costo total del capital, pero por arriba del rendimiento requerido del grupo. Para los dos grupos más "riesgosos", los proyectos rechazados pudieron haber dado rendimientos esperados mayores que el costo total del capital de la empresa, pero menores que el rendimiento requerido del grupo. En resumen, se asigna el capital con base en el rendimiento-riesgo específico para el riesgo sistemático del grupo. De otra manera, las decisiones de aceptar o rechazar estarían sesgadas en favor de proyectos malos de alto riesgo y en contra de los buenos de bajo riesgo.

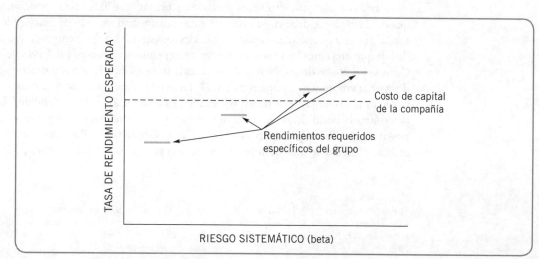

Figura 15.4

Comparación del costo de capital y los rendimientos requeridos específicos del grupo para una compañía

Volkswagen AG y el costo de capital para su división automotriz

VOLKSWAGEN

AKTIENGESELLSCHAFT

El Informe anual 2006 de Volkswagen AG ofrece un ejemplo excelente del cálculo del costos de capital de una compañía (véase más adelante). Observe en especial cómo Volkswagen emplea el modelo de fijación de precios de activos de capital (MPAC) para determinar su costo divisional del capital accionario. Sin embargo, al determinar la prima de riesgo de mercado (es decir, el rendimiento esperado para el portafolio de mercado menos la tasa libre de riesgo), la compañía no usa el índice S&P 500 como su sustituto para el portafolio de mercado. En vez de ello, utiliza el índice DAX de la Bolsa de Valores de Frankfurt.

**COSTO DE CAPITAL
DIVISIÓN AUTOMOTRIZ**

	2006	2005
Tasa libre de riesgo	3.8%	3.3%
Prima de riesgo de mercado DAX	6.0	6.0
Prima de riesgo específica para Volkswagen	0.2	–
(factor beta para Volkswagen)	(1.03)	(1.00)
Costo de capital accionario después de impuestos	**10.0**	**9.3**
Costo de deuda	4.3	3.7
Impuesto (tasa promedio 35%)	−1.5	−1.3
Costo de deuda después de impuestos	**2.8**	**2.4**
Proporción de capital accionario	66.7	66.7
Proporción de deuda	33.3	33.3
Costo de capital después de impuestos	**7.6**	**7.0**

Fuente: Volkswagen AG Annual Report 2006, p. 77. © 2006 Volkswagen AG. Usado con permiso. Todos los derechos reservados.

● ● ● Algunos requisitos

Ya sea que los rendimientos requeridos sean específicos de un proyecto o de un grupo, existen ciertos problemas en la aplicación del MPAC. Por un lado, la cantidad de financiamiento no accionario que se atribuye al proyecto es una consideración importante. Para que el procedimiento funcione, el financiamiento no accionario debe aproximarse a la misma cantidad relativa que la usada por la compañía semejante. En otras palabras, la proporción de financiamiento no accionario asignada a un proyecto no debe estar significativamente fuera de la línea de la compañía semejante que se usa. De otra forma, no se obtendrá una semejanza razonable para el riesgo sistemático del proyecto. Cuando las proporciones no son las mismas, debe ajustarse la beta de la compañía semejante antes de usarla para determinar el costo del capital accionario para el proyecto. Un procedimiento de ajuste de beta se presenta en el apéndice A de este capítulo. Usando este procedimiento, se obtiene una beta ajustada para la compañía semejante: una beta que supone que la compañía semejante tiene la misma proporción relativa del financiamiento no accionario como el que se contempla para el proyecto. Una vez que se ha obtenido esta beta ajustada, es posible determinar el costo de capital accionario para el proyecto de la misma manera que antes.

Además de cualquier problema práctico encontrado, se hace una suposición subyacente en el enfoque del MPAC que debe cuestionarse. Como sabemos, el modelo de fijación de precios de activos de capital supone que sólo es importante el riesgo sistemático de la empresa. No obstante, la probabilidad de que una empresa se vuelva insolvente depende de su riesgo total, no sólo del riesgo sistemático. Cuando los costos de insolvencia o bancarrota son significativos, los inversionistas pueden ser atendidos por la empresa que pone atención al efecto de un proyecto sobre el riesgo total de la empresa. El riesgo total se compone de riesgo sistemático y no sistemático. La variabilidad de los flujos de efectivo determina la posibilidad de que una compañía se vuelva insolvente y esta variabilidad depende del riesgo total de la empresa, no sólo de su riesgo sistemático.[13] Por esto, una compañía tal vez quiera estimar el efecto de un nuevo proyecto sobre el riesgo sistemático y sobre el riesgo total.

---

[13]Cuando existen costos de bancarrota significativos, estos costos trabajan en detrimento de los accionistas como dueños residuales de la compañía. Por consiguiente, es importante para la empresa mantener la probabilidad de quiebra dentro límites razonables. Para hacerlo, la compañía debe considerar el efecto del proyecto sobre el riesgo total (sistemático y no sistemático) de la empresa. Este enfoque se utiliza en la última sección del capítulo.

● ● ● Atribución de fondos de deuda a grupos

Cuando se determina el promedio ponderado del rendimiento requerido para un grupo, la mayoría de los analistas usan el costo de pedir un préstamo después de impuestos global de la compañía como el componente del costo de la deuda. Sin embargo, la noción de que los costos de capital accionario difieren según el riesgo subyacente de un grupo también se aplica al costo de los fondos de deuda. Ambos tipos de costos se determinan en los mercados de capital de acuerdo con la relación riesgo-rendimiento. Cuanto mayor sea el riesgo, mayor será la tasa de interés requerida sobre los fondos de deuda. Aunque se pueden esgrimir razones para diferenciar los costos de deuda entre los grupos de acuerdo con sus riesgos sistemáticos, pocas compañías lo hacen. Por un lado, existen dificultades mecánicas al calcular la beta, porque el índice de mercado debe incluir instrumentos de deuda. Además, conceptualmente, el grupo en sí no es el último responsable de su deuda. La compañía como un todo lo es. Debido a la diversificación de los flujos de efectivo entre grupos, la probabilidad del pago para el todo (la empresa) puede ser mayor que la suma de las partes (los grupos). Por estas razones, pocas compañías han intentado aplicar el modelo de fijación de precios de activos de capital a los costos de deuda de los grupos como tienen que hacerlo con los costos de capital accionario. Aun así, resulta apropiado variar los costos de deuda para grupos dependiendo de su riesgo, aun cuando el ajuste es en parte subjetivo.

Si una proporción de la deuda mucho mayor que el promedio se adscribe a un grupo, tendrá asignado un rendimiento requerido menor que el que sería en otro caso. Pero, ¿es esa cifra el rendimiento requerido "verdadero" para ese grupo? ¿Debe permitirse a un grupo que disminuya significativamente su rendimiento requerido por sólo tomar más apalancamiento? ¿Es justo para los otros grupos? Además del aspecto de incentivos, ¿qué problemas se generan para la compañía como un todo con esta política?

Primero, un apalancamiento alto para un grupo puede ocasionar que el costo de los fondos de deuda para toda la compañía se eleve. Este incremento marginal no debe asignarse a los grupos, más bien debe apuntar justo al grupo responsable. Segundo, el alto apalancamiento en que incurrió un grupo puede aumentar la incertidumbre de la deducción fiscal asociada con la deuda de la compañía como un todo. Por último, el alto apalancamiento para un grupo aumenta la volatilidad de los rendimientos para los accionistas de la compañía, junto con la posibilidad de costos de insolvencia y quiebra. A la vez, esto ocasionará que los inversionistas aumenten el rendimiento requerido sobre el capital accionario para compensar el aumento en el riesgo. (La manera de hacer esto se estudiará en el capítulo 17).

Por estas razones, el costo "verdadero" de la deuda para el grupo de apalancamiento alto puede ser considerablemente mayor que la idea original. Si es así, debe agregarse algún tipo de prima al rendimiento requerido del grupo para reflejar con más exactitud el costo "verdadero" de capital para el grupo. La dificultad está en decidir qué prima es adecuada para asignar como factor de ajuste. Cualquier ajuste suele ser, al menos en parte, subjetivo. Aunque sólo es una aproximación, es mejor hacer cierto ajuste a los rendimientos requeridos de todos los grupos cuando se trata de diferencias significativas en los costos de deuda o en las proporciones de financiamiento por deuda.

Evaluación de proyectos con base en su riesgo total

Cuando por razones prácticas o teóricas no es adecuado calcular una tasa de rendimiento requerida para un proyecto o un grupo usando el enfoque del MPAC, o cuando simplemente queremos complementar ese enfoque por las mismas razones, recurrimos a medios más subjetivos para evaluar inversiones riesgosas. Muchas empresas manejan el problema de manera muy informal. Los encargados de tomar decisiones sólo intentan incorporar el riesgo en su juicio con base en su "sentimiento" por los proyectos que se evalúan. Este "sentimiento" se puede mejorar discutiendo con otros familiarizados con las propuestas y los riesgos inherentes. Con frecuencia el resultado de esas discusiones es una "tasa de descuento ajustada por riesgo" que se aplica al proyecto o los grupos.

● ● ● Enfoque de la tasa de descuento ajustada por el riesgo

Para las propuestas de inversión que tienen un riesgo similar al de un proyecto "promedio" para la empresa, ya hemos visto que el costo total del capital de la empresa puede servir como tasa de rendi-

Tasa de descuento ajustada por el riesgo (TDAR) Rendimiento requerido (tasa de descuento) que aumenta con respecto al costo total del capital de la empresa para proyectos o grupos que tienen un riesgo mayor que el "promedio" y disminuye para proyectos o grupos con un riesgo menor que riesgo "promedio".

miento requerida. El enfoque de la **tasa de descuento ajustada por el riesgo** (TDAR) para la selección de propuestas de inversión se refiere a proyectos o grupos cuyos resultados se considera que tienen mayor o menor riesgo que el proyecto "promedio" de la empresa.

Tome nota

El enfoque TDAR requiere:

● Ajustar el rendimiento requerido (tasa de descuento) *hacia arriba* a partir del costo total del capital de la empresa para proyectos o grupos que muestran un riesgo *mayor* que el "promedio", y

● Ajustar la tasa de rendimiento requerida (tasa de descuento) *hacia abajo* a partir del costo total del capital de la empresa, para proyectos o grupos que tienen un riesgo *menor* que el "promedio".

Así, en el método de TDAR, la tasa de descuento se "ajusta" por riesgo aumentándola con respecto al costo total del capital para compensar el mayor riesgo y disminuyéndola para menor riesgo. El rendimiento requerido del proyecto o grupo específico se convierte entonces en la tasa de descuento ajustada por riesgo.

Una manera de visualizar el enfoque TDAR es recurrir a un "viejo amigo", el *perfil de VPN*. En el capítulo 13 usamos un perfil de VPN (figura 13.1) para ilustrar los métodos de VPN y TIR, cuando se aplicaron al proyecto de descamado de pescado en Faversham Fish Farm. Con una TIR aproximada del 17% y un valor presente neto de $10,768 a un costo de capital del 12% para la empresa, recomendamos que el proyecto se aceptara. Sin embargo, la aceptación se basó en la suposición de que el proyecto tenía riesgo "promedio" y se usó el costo de capital de la empresa, la cual fue la tasa de descuento o de rendimiento mínimo apropiada.

En la figura 15.5 modificamos un poco el perfil de VPN del capítulo 13 para resaltar no sólo el uso del riesgo "promedio" TDAR (o costo de capital del 12%), sino también lo que pasaría con nuestro

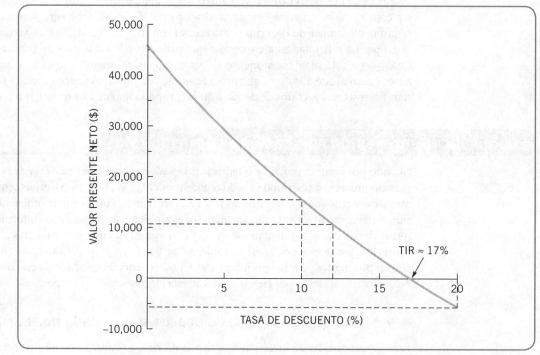

Figura 15.5

Perfil del VPN para el ejemplo de la instalación de descamado del capítulo 13, que resalta el VPN a tres tasas de descuento alternativas ajustadas por riesgo

análisis en otras dos situaciones posibles. ¿Qué pasaría si, por ejemplo, con respecto a los otros proyectos de la empresa, el proyecto de descamado tuviera realmente un riesgo "por debajo del promedio" (digamos, con un 10% de TDAR)? O, de manera alternativa, ¿qué sucedería si el proyecto tuviera un riesgo "por arriba del promedio" (y requiere, digamos, una TDAR del 20%)?

En la figura 15.5 se observa claramente que a una tasa de descuento del 10%, el proyecto todavía es aceptable. El VPN del proyecto es $15,516 y su TIR es mayor que el 10% de TDAR. Sin embargo, suponiendo que una tasa de descuento "por arriba del promedio" es apropiada, el proyecto no sería aceptable. El VPN del proyecto para una TDAR del 20% es negativo y la TIR del 17% es menor que la tasa de rendimiento mínimo ajustada por riesgo apropiada.

Además, si el enfoque de TDAR parece conocido, así debe ser. Una tasa de retorno requerida determinada por el MPAC se puede considerar simplemente un tipo especial de tasa ajustada por riesgo, pero con algún ajuste relativo a un rendimiento base libre de riesgo. Pero el enfoque de TDAR, a diferencia del MPAC, en general se apoya en formas bastante informales y subjetivas para determinar el ajuste de riesgo requerido. Los problemas con este enfoque, por supuesto, son que la información usada para hacer los ajustes por riesgo con frecuencia está incompleta y el tratamiento aplicado a esta información puede no ser congruente de un proyecto a otro con el paso del tiempo.

Otros enfoques para la selección de proyectos intentan usar mejor, de manera más congruente, la información de la propuesta. Sabemos por el análisis en el capítulo 14 que el rendimiento esperado y el riesgo se pueden cuantificar de manera sistemática. A partir de esta información, la pregunta es si un proyecto debe aceptarse o rechazarse. Comenzamos a responder examinando cómo puede la administración evaluar una sola propuesta de inversión y luego analizar las combinaciones de inversiones riesgosas. Los métodos que emplearemos se orientan al riesgo en el sentido de que la administración no considera de manera explícita el efecto de la selección de proyectos de la empresa sobre los portafolios de los inversionistas. La atención se centra en el riesgo total, la suma de los riesgos sistemático y no sistemático. La administración evalúa el efecto probable de la selección de proyectos sobre la variabilidad de los flujos de efectivo y las ganancias de la empresa. A partir de esta evaluación, la administración podrá estimar el efecto posible sobre el precio de las acciones. El factor crucial desde el punto de vista de valuación de acciones es con qué precisión puede la administración establecer la relación entre el precio de la acción y la información de riesgo-rendimiento para una propuesta de inversión. Como veremos, el vínculo tiende a ser subjetivo, lo cual demerita la precisión de estos enfoques.

● ● ● Enfoque de la distribución de probabilidad

Recordará del capítulo 14 que un conjunto de datos que se pueden generar para una propuesta de inversión es la distribución de probabilidad de los valores presentes netos posibles. (Recuerde, en el enfoque de la distribución de probabilidad no se hacen "ajustes" iniciales por riesgo, más bien estudiamos este último. Por lo tanto, los diferentes flujos de efectivo se descuentan a sus valores presentes netos a la tasa libre de riesgo). También vimos que al estandarizar la dispersión en términos del número de desviaciones estándar que se aleja del valor esperado de la distribución, podemos determinar la probabilidad de que el valor presente neto del proyecto sea cero o menor. En la evaluación de una sola propuesta, es poco probable que la administración acepte una propuesta de inversión que tiene un valor esperado del valor presente neto de cero a menos que la distribución de probabilidad no tenga dispersión. En este caso especial, tendríamos, por definición, una propuesta libre de riesgo siempre y cuando proporcione un rendimiento libre de riesgo. Para inversiones riesgosas, el valor presente neto esperado tendría que ser mayor que cero. Qué tanto debe exceder de cero para garantizar la aceptación es algo que depende de la cantidad de dispersión de la distribución de probabilidad y las preferencias de la administración con respecto al riesgo.

Un problema real con este enfoque es que no podemos relacionarlo directamente con el efecto de la selección de proyectos sobre el precio de las acciones. Simplemente se presenta a la administración la información acerca del rendimiento esperado y el riesgo de un proyecto. Con base en esta información se llega a una decisión. Sin embargo, no hay una relación "directa" entre una decisión basada en esta información y la reacción posible de los accionistas bien diversificados de la compañía. Así, el

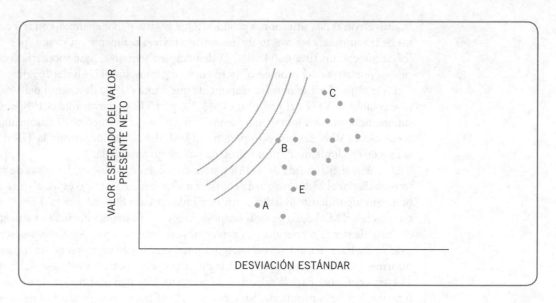

Figura 15.6

Diagrama de dispersión que muestra el conjunto de combinaciones (portafolios) factibles de proyectos con un mapa de la indiferencia de la administración superpuesto en el diagrama

éxito al usar este método depende por completo de qué tan perceptiva es la administración al juzgar la relación entre rentabilidad y riesgo que conciben los inversionistas. Más aún, no existe un análisis de las repercusiones del proyecto sobre el riesgo total de la empresa. En esencia, el proyecto se evalúa en aislamiento; es decir, separado del portafolio de los accionistas de la empresa y separado de los proyectos ya existentes en la empresa.

● ● ● Contribución al riesgo total de la empresa: Enfoque de portafolio-empresa

En el capítulo 14 vimos que el riesgo marginal de una propuesta individual a la empresa como un todo depende de su correlación con los proyectos existentes al igual que de su correlación con las propuestas bajo consideración que podrían aceptarse. La información adecuada es el valor esperado y la desviación estándar de la distribución de probabilidad de los valores presentes netos posibles para todas las combinaciones factibles de los proyectos existentes y las propuestas de inversión bajo consideración. Suponga que, por ahora, la administración está interesada sólo en el efecto marginal de una propuesta de inversión sobre la composición del riesgo de la empresa como un todo.

La selección de la combinación más deseable de inversiones dependerá de las preferencias de riesgo de la administración con respecto al valor presente neto esperado y la desviación estándar. La figura 15.6 muestra diferentes combinaciones de inversiones riesgosas disponibles para la empresa. Esta figura es la misma que la 14.7 del capítulo 14, excepto que ahora superponemos una serie de **curvas de indiferencia** de la administración, la cual es indiferente a cualquier combinación de valor esperado del valor presente neto y desviación estándar sobre una curva en particular. Si nos desplazamos a la izquierda de la figura 15.6, cada curva sucesiva representa un nivel mayor de satisfacción. Cada punto representa una combinación de todos los proyectos de inversión existentes para la empresa además de una o más propuestas bajo consideración. Vemos que ciertos puntos dominan a otros en el sentido de que representan un valor esperado más alto del valor presente neto y la misma desviación estándar, una desviación estándar menor y el mismo valor esperado del valor presente neto, o tanto un valor esperado más alto y una desviación estándar menor. Los puntos que dominan a otros son los localizados en la orilla izquierda de la figura. Con información de este tipo, la administración puede eliminar la mayoría de las combinaciones de inversiones riesgosas simplemente porque están dominadas por otras combinaciones.

En este caso, la administración tal vez considere sólo tres combinaciones de inversiones riesgosas: A, B y C. Entre éstas podría elegir la que piense que ofrece la mejor combinación de rendimiento

Curva de indiferencia Una línea que representa todas las combinaciones de rendimiento esperado y riesgo que proporcionan a un inversionista una cantidad igual de satisfacción.

esperado y riesgo. Si fuera moderadamente adversa al riesgo, como indica el mapa de indiferencia mostrado en la figura 15.6, tal vez elegiría la combinación B. Esta combinación está determinada por la intersección de un punto en la figura —el punto B— con la curva de indiferencia más alta que se puede lograr. El punto B representa el portafolio de los proyectos existentes y las propuestas bajo consideración que posee la combinación más deseable de valor esperado del valor presente neto y desviación estándar. Aunque la combinación C ofrece un valor esperado del valor presente neto un poco más alto, también tiene una desviación estándar mayor. La combinación A tiene menor riesgo, pero también menor valor esperado del valor presente neto.

Como se vio en el capítulo 14, la selección final determina la nueva propuesta o propuestas de inversión que serán aceptadas. Una excepción ocurrirá sólo cuando la combinación seleccionada esté compuesta sólo de proyectos existentes. En esta situación, ninguna propuesta de inversión bajo consideración sería aceptada. Si el portafolio de los proyectos existentes estuviera representado por la combinación E en la figura, la selección de cualquiera de las tres combinaciones más alejadas implicaría la aceptación de una o más nuevas propuestas de inversión. Las propuestas de inversión bajo consideración que no estuvieran en la combinación seleccionada al final, por supuesto, serán rechazadas.

● ● ● Implicaciones conceptuales

Con base en la información que se acaba de presentar, la administración determina qué propuestas de inversión bajo consideración ofrecen la mejor contribución marginal de valor esperado del valor presente neto y desviación estándar para la empresa como un todo. Al determinar la desviación estándar para una combinación, la administración debe considerar la correlación entre una propuesta de inversión y el conjunto de inversiones existentes y otras nuevas propuestas de inversión. Esta evaluación sugiere que el riesgo total de la empresa es lo importante. Las decisiones de inversión se harían entonces a la luz de su efecto marginal sobre el riesgo total.

Este enfoque implica que desde el punto de vista de los accionistas, la administración debe preocuparse por la solvencia de la empresa. Como se analizó, esa solvencia depende del riesgo total de la empresa. A causa de una correlación menos que perfecta entre ellos, ciertos proyectos tienen propiedades de diversificación. Como resultado, el riesgo total de la empresa será menor que la suma de las partes. Es presumible que la administración procurará aceptar propuestas de inversión de manera que mantenga la probabilidad de insolvencia dentro de límites razonables, mientras que obtenga la mejor combinación de rendimiento esperado y riesgo.

Como se indicó, el problema con este enfoque es que ignora el hecho de que los inversionistas pueden diversificar los portafolios de las acciones ordinarias que poseen. No dependen de la empresa para diversificar el riesgo. Por lo tanto, la diversificación hecha por la empresa quizá no sea valiosa en el sentido de hacer algo por los inversionistas que no pueden hacer por sí mismos. En la medida en que los inversionistas se preocupen sólo por el riesgo inevitable o sistemático de un proyecto, debe usarse el MPAC ilustrado antes.

Enfoque dual. Es razonable usar ambos enfoques. El MPAC sirve como el fundamento para juzgar las implicaciones de valuación de un proyecto de inversión. En el grado en que exista la posibilidad de insolvencia y en que los costos de bancarrota que resulten sean considerables, el proyecto también se juzgará en un contexto del riesgo total de la empresa. Si ambos enfoques dan señales claras de aceptar o rechazar, esas señales deberán seguirse. Un problema obvio ocurre cuando un enfoque da una señal de aceptación, pero el otro indica rechazo. En este caso, la administración debe conceder más peso a una u otra señal, dependiendo del enfoque que sea más aplicable.

Si las acciones de una compañía grande están en la bolsa y si la posibilidad de insolvencia es remota, existen razones fuertes para usar la señal dada por el modelo de fijación de precios de activos de capital. Si las acciones se manejan en un mercado con altos costos de transacciones e información, si la posibilidad de insolvencia es significativa y si la expresión de los rendimientos del proyecto en términos de rendimientos basados en el mercado es rudimentaria, debe confiarse más en el enfoque de riesgo total de la empresa. Aun en este caso, se debe reconocer que una porción de riesgo sistemático se podría diversificar para eliminarse.

Puntos clave de aprendizaje

- En teoría, la tasa de rendimiento requerida por un proyecto de inversión debería ser la tasa que hace que el precio de mercado de la acción no cambie. Si un proyecto de inversión gana más que lo requerido por los mercados financieros para el riesgo en cuestión, se crea valor. Las fuentes clave de creación de valor son el atractivo de la industria y la ventaja competitiva.

- Si los proyectos de inversión y las propuestas de inversión bajo consideración son similares en relación con el riesgo, es apropiado usar el *costo total de capital* como criterio de aceptación.

- El *costo total de capital* es un promedio ponderado de las tasas de rendimiento (costos) requeridas individuales para los distintos instrumentos con los que la empresa intenta financiarse.

- Sin duda, el componente del costo más complicado de medir es el *costo de capital accionario*. Usando un modelo de descuento de dividendos, este costo es la tasa de descuento que iguala el valor presente de la secuencia de dividendos futuros esperados con el precio de mercado de la acción ordinaria. De manera alternativa, podemos estimar el costo de capital accionario con el modelo de fijación de precios de activos de capital o sumar una prima de riesgo al costo antes de impuestos de la deuda de la empresa.

- Una vez calculados los costos marginales de los componentes individuales del financiamiento de la empresa, asignamos pesos a cada fuente de financiamiento y calculamos el promedio ponderado del costo de capital. Las ponderaciones empleadas deben corresponder a las proporciones en que la empresa pretende financiarse a largo plazo.

- La presencia de *costos de flotación* en el financiamiento requiere un ajuste en la evaluación de las propuestas de inversión. Un enfoque maneja los costos de flotación del financiamiento como una adición al desembolso de efectivo inicial para el proyecto. Un segundo enfoque requiere un ajuste hacia arriba del costo de capital cuando los costos de flotación están presentes. En teoría, es más adecuado hacer un ajuste por los costos de flotación al desembolso de efectivo inicial del proyecto y luego usar el promedio ponderado "no ajustado" del costo de capital como tasa de descuento.

- La clave para usar el costo total de capital como tasa de rendimiento requerida para el proyecto es la similitud del proyecto con respecto al riesgo de los proyectos existentes y las inversiones bajo consideración.

- Cuando los proyectos de inversión, existentes y nuevos, varían ampliamente en cuanto al riesgo, el uso del costo total de capital de la empresa como criterio de aceptación no es apropiado. En esos casos, debemos determinar un criterio de aceptación para cada proyecto o grupo de proyectos de inversión bajo consideración.

- Un medio para calcular una *tasa de rendimiento requerida específica del proyecto* para una propuesta es con el modelo de fijación de precios de activos de capital. Aquí, la idea es identificar las compañías que cotizan en la bolsa cuya línea de negocios y riesgo sistemático tengan un paralelo cercano al proyecto en cuestión. Estas compañías sirven como sustitutos para desarrollar la información *beta* que puede ajustarse para el apalancamiento financiero. (Véase el apéndice A de este capítulo). Una vez que se calcula una beta representativa, puede determinarse el rendimiento requerido sobre el capital accionario. Si se emplea financiamiento mediante deuda, se calcula un promedio ponderado del rendimiento requerido para el proyecto, con base en las proporciones que usa la empresa en su financiamiento.

- También se puede determinar una *tasa de rendimiento requerida para un grupo específico* para una división, una subsidiaria o alguna otra subunidad de la empresa con el modelo de precios de activos de capital. Sin embargo, es probable que surjan ciertos problemas por la utilización diferencial de financiamiento no accionario entre varios grupos de una compañía.

- El método de selección de inversiones de *tasa de descuento ajustada por riesgo (TDAR)* requiere un "ajuste" del rendimiento requerido, o tasa de descuento, hacia arriba (o hacia abajo) del costo total del capital de la empresa para proyectos o grupos que muestran un riesgo mayor (o menor) que el "promedio". El enfoque de TDAR, a diferencia del enfoque del MPAC, en general, se apoya en maneras subjetivas y relativamente informales para determinar el ajuste por riesgo requerido.

- Una manera práctica de evaluar inversiones riesgosas es analizar el valor esperado y la desviación estándar de la distribución de probabilidad de los rendimientos posibles para una propuesta de inversión y, con base en esta información, llegar a una decisión. Cuanto mayor sea la dispersión de la distribución, mayor será el valor esperado que se supone será requerido por la administración. El problema con este enfoque es que la relación entre la decisión de inversión y el precio anticipado de la acción no es directa.

- La solvencia depende del riesgo total de la empresa. Cuando la posibilidad de insolvencia de una empresa es real y potencialmente costosa, la administración debe preocuparse por el efecto marginal de un proyecto de inversión sobre el riesgo total de la empresa. Analizando el rendimiento esperado y el riesgo de varias combinaciones posibles de proyectos existentes y propuestas de inversión bajo consideración, la administración está en condiciones de seleccionar la mejor combinación, con frecuencia confiando en la dominancia.

> **Apéndice A** Ajuste de beta por apalancamiento financiero

La beta de las acciones ordinarias para una empresa con apalancamiento financiero refleja tanto el *riesgo del negocio* como el *riesgo financiero* de la compañía. En un intento por calcular indirectamente el costo del capital accionario de un proyecto (o de un grupo), necesitamos usar una compañía semejante que tenga un riesgo de negocios similar al de nuestro proyecto. Por desgracia, la empresa semejante tal vez use una proporción significativamente diferente de deuda que la usada por nuestra empresa. Por lo tanto, será necesario ajustar la beta de la compañía semejante para esta diferencia en la estructura de capital.

A continuación, presentamos una manera de ajustar betas para diferencias en estructura de capital. Este ajuste se hace con las suposiciones del modelo de fijación de precios de activos de capital con impuestos. Al final, calificamos los resultados en parte por consideraciones que haremos en el capítulo 17.

La tasa de rendimiento requerida para las acciones ordinarias en una empresa con apalancamiento financiero (empresa "apalancada") es

$$R_j = R_f + (\bar{R}_m - R_f)\beta_j \tag{15A.1}$$

donde R_f = tasa libre de riesgo

$\bar{R}_m$ = rendimiento esperado sobre el portafolio de mercado

β_j = beta que mide el riesgo sistemático del capital accionario de la empresa apalancada

La ecuación (15A.1) también puede expresarse como[14]

$$R_j = R_f + (\bar{R}_m - R_f)\beta_{ju}[1 + (B/S)(1 - T_c)] \tag{15A.2}$$

donde β_{ju} = beta que mide el riesgo sistemático del capital accionario de la empresa en *ausencia de apalancamiento financiero* (la beta si la empresa estuviera financiada por todo su capital accionario o "sin apalancamiento")

B/S = razón entre deuda y capital accionario en términos del mercado de valores

T_c = Tasa de impuesto corporativo

Si rescribimos la ecuación (15A.2), podemos ver con claridad que la tasa de rendimiento requerida sobre el capital accionario se compone de la tasa libre de riesgo, más una prima por el riesgo del negocio y una prima por el riesgo financiero:

Rendimiento requerido	=	Tasa libre de riesgo	+	Prima de riesgo del negocio	+	Prima de riesgo financiero
R_j	=	R_f	+	$(\bar{R}_m - R_f)\beta_{ju}$	+	$(\bar{R}_m - R_f)\beta_{ju}(B/S)(1 - T_c)$

La beta medida para la acción, β_j, abarca ambos riesgos y es simplemente

$$\beta_j = \beta_{ju}[1 + (B/S)(1 - T_c)] \tag{15A.3}$$

Reordenando la ecuación (15A.3), la beta no apalancada para la acción se expresa como:

$$\beta_{ju} = \frac{\beta_j}{1 + (B/S)(1 - T_c)} \tag{15A.4}$$

Dadas estas expresiones, podemos obtener la beta no apalancada para una acción en particular. Suponga que la beta medida (apalancada), β_j, para el valor *j* es 1.4; la razón entre deuda y capital accionario, *B/S*, es 0.70, y la tasa fiscal es del 40 por ciento. La beta no apalancada sería

$$\beta_{ju} = \frac{1.4}{1 + (0.70)(0.60)} = \mathbf{0.99}$$

Si ahora deseamos determinar la beta con una cantidad diferente de apalancamiento financiero empleado, utilizaríamos la ecuación (15A.3). Al emplear el valor *j* como un sustituto para el riesgo

[14]Véase Robert S. Hamada, "Portfolio Analysis, Market Equilibrium and Corporation Finance", *Journal of Finance* 24 (marzo, 1969), pp. 19-30.

sistemático del negocio, requeriríamos una razón entre deuda y capital accionario de 0.30 en vez de 0.70 para el valor ajustado *j*. Por consiguiente, la beta ajustada sería

$$\beta_j \text{ ajustada} = \beta_{ju}[1 + (B/S)(1 - T_c)]$$
$$= (0.99)[1 + (0.30)(0.60)] = \textbf{1.17}$$

Esta beta es mayor que la cifra de 0.99 para un valor no apalancado *j*, pero menor que 1.40 para el valor real con apalancamiento más alto, valor *j*.

En resumen, podemos obtener una beta ajustada para un valor cuando la empresa semejante usa una proporción diferente de deuda que la nuestra. Primero estimamos la beta para la acción en ausencia de apalancamiento y luego ajustamos esta cifra por la proporción de apalancamiento que deseamos usar. El resultado final es una aproximación de la beta que prevalecería si la compañía semejante usara la proporción deseada de deuda.

Observe que el procedimiento de ajuste supone que se cumplen todos los principios del modelo de precios de activos de capital, excepto por la presencia de impuestos corporativos. Con los impuestos corporativos se supone que el valor aumenta de manera lineal con el apalancamiento. El capítulo 17 introduce imperfecciones adicionales en una evaluación global del efecto de la estructura de capital sobre la valuación. Por lo tanto, el procedimiento de ajuste presentado permite obtener una beta aproximada cuando la proporción de la deuda se varía, pero es sólo una aproximación. Para ajustes más grandes de beta, el procedimiento es burdo.

Apéndice B Valor presente ajustado

Valor presente ajustado (VPA)
La suma del valor descontado de los flujos de efectivo operativos de un proyecto (suponiendo financiamiento accionario) más el valor de los beneficios de interés fiscalmente protegidos asociados con el financiamiento del proyecto menos cualesquiera costos de flotación.

En gran parte del análisis del capítulo 15, nos centramos en el promedio ponderado del costo de capital (PPCC) como un criterio de aceptación. Esto, desde luego, es un costo de capital combinado donde se incluyen todos los componentes de costo. Un criterio de aceptación alternativo es el método de **valor presente ajustado (VPA)**, que propuso Stewart C. Myers.[15] Con un enfoque de VPA, los flujos de efectivo del proyecto se desglosan en dos componentes: flujos de efectivo operativos y ciertos flujos de efectivo asociados con el financiamiento del proyecto. Estos componentes luego se valúan de manera que

$$VPA = \frac{\text{Valor del proyecto}}{\text{no apalancado}} + \frac{\text{Valor del financiamiento}}{\text{del proyecto}} \qquad (15B.1)$$

La descomposición de los flujos de efectivo se realiza de manera que se puedan usar tasas de descuento diferentes sobre los componentes. Como los flujos de efectivo operativos son más riesgosos que los flujos de efectivo relacionados con el financiamiento, se descuentan a una tasa más alta.

De manera más formal, el valor presente ajustado es

$$VPA = \left[\sum_{t=1}^{n} \frac{FE_t}{(1 + k_{eu})^t} - FSI\right] + \left[\sum_{t=1}^{n} \frac{(I_t)(T_c)}{(1 + k_d)^t} - F\right] \qquad (15B.2)$$

donde FE_t es el flujo de efectivo operativo después de impuestos en el tiempo *t*; *FSI* es el flujo de salida inicial requerido para el proyecto; k_{eu} es la tasa de rendimiento requerida en ausencia de apalancamiento financiero (es decir, si la empresa estuviera financiada sólo por capital accionario o "no apalancado"); I_t es el pago de interés sobre la deuda en el tiempo *t*; T_c es la tasa fiscal corporativa; k_d es el costo del financiamiento mediante deuda antes de impuestos; y *F* es el costo de flotación después de impuestos (en términos de valor presente) asociado con el financiamiento (deuda o capital accionario, o ambos). El primer término entre corchetes en el lado derecho de la ecuación (15B.2) representa el valor presente neto de los flujos de efectivo operativos descontados al costo no apalancado del capital accionario. El primer componente dentro del segundo término entre corchetes es el valor presente de las **deducciones fiscales** del interés sobre la deuda empleada para financiar el proyecto. La tasa de descuento usada en este componente es el costo corporativo antes de impuestos de pedir prestado. Se usa esta tasa porque la obtención de los beneficios por las deducciones fiscales conlleva

Deducción fiscal
Gasto deducible de impuestos. El gasto protege (defiende) una cantidad de dinero equivalente del ingreso que genera impuestos, reduciendo el ingreso gravable.

[15]Stewart C. Myers. "Interactions of Corporate Financing and Investment Decisiones – Implications for Capital Budgeting", *Journal of Finance* 29 (marzo, 1974), pp. 1-25.

Tabla 15B.1

Programa para determinar el valor presente de los beneficios de las deducciones fiscales del interés relacionado con la nueva máquina para fabricar cartón (en miles)

FINAL DE AÑO	(1) DEUDA A PAGAR AL FINAL DEL AÑO $(1)_{t-1} - \$125$	(2) INTERÉS ANUAL $(1)_{t-1} \times 0.10$	(3) BENEFICIOS DE DEDUCCIONES FISCALES $(2) \times 0.40$	(4) VP DE BENEFICIOS AL 10%
0	$1,000	–	–	–
1	875	$100	$40	$ 36
2	750	88	35	29
3	625	75	30	23
4	500	62	25	17
5	375	50	20	12
6	250	38	15	8
7	125	25	10	5
8	0	12	5	2
				$132

un riesgo comparable al del costo de fondos de deuda. Por último, se restan cualesquiera costos de flotación para llegar al valor presente ajustado del proyecto.

Una ilustración

Tennessee-Atlantic Paper Company está considerando la compra de una nueva máquina para fabricar cartón que cuesta $2 millones. Se espera que produzca ahorros después de impuestos de $400,000 anuales durante ocho años. La tasa de rendimiento requerida sobre el capital accionario no apalancado es del 13 por ciento. Para una empresa que se financia sólo con capital accionario, el valor presente neto del proyecto sería

$$VPN = \sum_{t=1}^{8} \frac{\$400,000}{(1 + 0.13)^t} - \$2,000,000 = -\$80,400$$

En estas circunstancias el proyecto se rechazaría. Wally Bord, el gerente de planta en la fábrica de papel está triste porque realmente quiere la máquina.

Pero, ¡no todo está perdido! Después de todo, es política de la compañía financiar proyectos de inversión de capital con un 50% de deuda, porque ésa es la meta de endeudamiento para el total de capitalización de la compañía. Tennessee-Atlantic puede solicitar un préstamo de $1 millón al 10% de interés para financiar parte de la nueva máquina. (El saldo vendrá de los fondos de capital accionario). La cantidad principal del préstamo se pagará al final de cada año, en pagos iguales de $125,000 durante ocho años. (De esta manera, la cantidad solicitada en préstamo disminuye con el tiempo, supondremos que junto con el valor del activo depreciado). Si la tasa de impuestos (federales y estatales) de la compañía es del 40%, ahora tenemos información suficiente para calcular los beneficios de la deducción fiscal del interés y su valor presente neto. Nuestros resultados se muestran en la tabla 15B.1. Vemos en la columna (4) que el valor presente de estos beneficios da un total de $132,000.

El valor presente ajustado del proyecto es ahora

$$VPA = -\$80,400 + \$132,000 = \$51,600$$

Wally Bord está contento porque ahora parece que el proyecto es aceptable y pronto oirá el ruido de la flamante máquina nueva.

¡Pero no olvidemos los costos de flotación! Éstos son las cuotas legales, de colocación, impresión y otras implicadas en la emisión de valores. Estos costos pertenecen tanto a nuevas deudas como a las acciones, donde las referentes a la emisión de nuevas acciones suelen ser más altas. Suponga en el ejemplo que la Tennessee-Atlantic incurre en costos de flotación después de impuestos (en términos de valor presente) de $40,000. Estos costos reducen los flujos de efectivo de la compañía de manera que el valor presente ajustado se convierte en

$$VPA = -\$80,400 + \$132,000 - \$40,000 = \$11,600$$

El proyecto todavía es aceptable, pero arroja menos beneficios que cuando no había costos de flotación.

El método PPCC contra el método VPA

Hemos examinado dos maneras de determinar el valor de un proyecto. Un método usa el promedio ponderado del costo de capital (PPCC) de la empresa y el otro se basa en encontrar el valor presente ajustado (VPA). El VPA, de hecho, es una regla general teórica para la que se puede demostrar que contiene al método PPCC como caso especial. En su artículo original donde defiende el método VPA, Myers señala ciertos sesgos implicados en el método PPCC. A su artículo han seguido varios cuestionamientos en ambos sentidos.[16]

Siempre que ocurre una inversión de capital, existe una interacción entre inversión y financiamiento. Como regla general, siempre que la empresa mantenga una razón de endeudamiento relativamente constante en el tiempo e invierta en proyectos como los que ya tiene, el método PPCC brinda un panorama bastante preciso del valor del proyecto. Esto sólo intenta decir que el riesgo financiero y el riesgo de negocios no cambian mucho con el tiempo. Si una compañía debe cambiar radicalmente sus patrones de financiamiento anteriores y/o invertir en una línea completamente nueva de negocios (como la producción de películas por la producción de bebidas gaseosas), entonces el enfoque de VPA puede, en teoría, dar una respuesta más precisa.

Una ventaja importante del método PPCC es su sencillez para entenderlo y su uso difundido. El método VPA es del agrado de muchos académicos, pero no se usa ampliamente en los negocios. Además, no deja de tener sus propias dificultades. Hace la suposición implícita de que no hay imperfecciones en el mercado diferentes a los impuestos corporativos y los costos de flotación. En otras palabras, todo lo que importa es tomar en cuenta los beneficios de las deducciones fiscales del interés y los costos de flotación cuando se trata de decisiones de financiamiento. Exploraremos otras imperfecciones del mercado en el capítulo 17, cuando evaluemos las decisiones de estructura de capital desde una perspectiva más amplia. Por ahora, es suficiente reconocer las diferencias de enfoque y que en muchas situaciones los dos enfoques (aplicados correctamente) conducen a decisiones de aceptación o rechazo idénticas.

Preguntas

1. ¿Por qué es importante usar las ponderaciones *marginales* al calcular un promedio ponderado del costo de capital?
2. ¿En qué circunstancias es apropiado usar el promedio ponderado del costo de capital como criterio de aceptación?
3. ¿Los fondos suministrados por fuentes como cuentas por pagar y acumulados tienen un costo de capital? Explique.
4. ¿Qué pasará con el costo de fondos de deuda para fines de costo de capital si una compañía debe pasar un periodo en el que tiene ganancias muy pequeñas y no paga impuestos?
5. En un modelo de descuento de dividendos, ¿cómo estimaría el costo del capital accionario? ¿Cuál es la variable crítica en este modelo?
6. ¿Cuál es la suposición crítica inherente en el modelo de fijación de precios de activos de capital (MPAC) en lo que se refiere al criterio de aceptación para inversiones riesgosas?
7. En vez de usar el rendimiento esperado sobre el portafolio de mercado y la tasa libre de riesgo en un enfoque de MPAC para estimar el rendimiento requerido sobre el capital accionario, ¿cómo se puede usar el costo de deuda de la empresa en un enfoque tipo MPAC para estimar el rendimiento requerido sobre el capital accionario?
8. ¿Cuál es el propósito de las compañías semejantes en la aplicación del modelo de fijación de precios de activos de capital para estimar los rendimientos requeridos?
9. Mencione las diferencias entre el rendimiento requerido específico de un proyecto y el rendimiento requerido específico de un grupo.

[16]Véase James Miles y John R. Ezzell, "The Weighted Average Cost of Capital, Perfect Capital Markets, and Project Life: A Clarification", *Journal of Financial and Quantitative Analysis* 15 (septiembre, 1980), pp. 719-730; Donald R. Chambers, Robert S. Harris y John J. Pringle, "Treatment of Financing Mix in Analyzing Investment Opportunities", *Fianancial Management* 11 (verano, 1982), pp. 24-41; y Robert A. Taggart, Jr., "Consistent Valuation and Cost of Capital Expressions with Corporate and Personal Taxes", Working Paper, National Bureau of Economic Research (agosto, 1989).

10. Cuando se evalúa un proyecto con base en su riesgo total, ¿quién determina si el proyecto es aceptable? ¿Cómo? ¿Es probable que se maximice el precio por acción?

11. ¿Cuál es el enfoque de tasa de descuento ajustada por riesgo (TDAR) para la selección de proyectos? ¿En qué es similar al enfoque de MPAC? ¿En qué difiere?

12. ¿Cuál es la diferencia entre la evaluación del valor esperado del valor presente neto y la desviación estándar para un proyecto de inversión individual y los de un grupo o combinación de proyectos?

13. ¿Deben las compañías en la misma industria tener aproximadamente las mismas tasas de rendimiento requeridas sobre proyectos de inversión? ¿Por qué?

14. Si usted usa fondos de deuda para financiar un proyecto, ¿es el costo de deuda después de impuestos la tasa de rendimiento requerida para el proyecto? Mientras que el proyecto gane más que suficiente para pagar el interés y el servicio al principal, ¿beneficia o no a la empresa?

15. Si el costo de los procedimientos de bancarrota (cuotas de abogados, cuotas al consejo directivo, retrasos, ineficiencias, etcétera) se elevaran sustancialmente, ¿tendría esto efecto sobre la tasa de rendimiento requerida de la compañía y sobre la forma en que la compañía ve las oportunidades de inversión?

16. ¿Debe una compañía con múltiples divisiones establecer tasas de rendimiento requeridas o costos de capital por separado para cada división, en vez de usar el costo total del capital de la compañía? Explique.

17. Para una corporación que invierte en proyectos de capital, ¿cómo se crea valor usando los cálculos de rendimiento requerido?

18. ¿Cuáles son las fuentes de creación de valor a través de decisiones de inversión de capital?

Problemas para autoevaluación

1. Silicon Wafer Company paga ahora un dividendo de $1 por acción y tiene un precio por acción de $20.

   a) Si se esperaba que este dividendo aumentara a una tasa del 12% para siempre, ¿cuál es el rendimiento esperado, o requerido, sobre el capital accionario usando el enfoque del modelo de descuento de dividendos?

   b) En vez de la situación en el inciso *a*), suponga que se esperaba que el dividendo aumentara a una tasa del 20% durante cinco años y al 10% anual de ahí en adelante. ¿Ahora cuál es el rendimiento esperado, o requerido, sobre el capital accionario?

2. Con base en el modelo de fijación de precios de activos de capital, determine el rendimiento requerido sobre el capital accionario para las siguientes situaciones:

SITUACIÓN	RENDIMIENTO ESPERADO SOBRE PORTAFOLIO DE MERCADO	TASA LIBRE DE RIESGO	BETA
1	15%	10%	1.00
2	18	14	0.70
3	15	8	1.20
4	17	11	0.80
5	16	10	1.90

¿Qué generalizaciones puede hacer?

3. Sprouts-N-Steel Company tiene dos divisiones: alimentos saludables y metales especializados. Cada división emplea deuda igual al 30% y acciones preferenciales igual al 10% de sus requerimientos totales, y capital accionario para el porcentaje restante. La tasa de préstamos actual es del 15%, y la tasa de impuestos de la compañía es del 40 por ciento. Por ahora, la acción preferencial puede venderse con un rendimiento del 13 por ciento.

   Sprouts-N-Steel desea establecer un rendimiento mínimo estándar para cada división con base en el riesgo de la misma. Este estándar serviría como precio de transferencia de capital a la división. La compañía ha pensado en el uso del modelo de fijación de precios de activos de capital para esto. Ha identificado dos muestras de compañías, con betas de valor modal de 0.90 para alimentos saludables y 1.30 para metales especializados. (Suponga que las compañías en la muestra tienen estructuras de capital similares a la de Sprouts-N-Steel). La tasa libre de riesgo actual es del 12% y el rendimiento esperado sobre el portafolio de mercado es del 17 por ciento. De acuerdo con el enfoque del MPAC, ¿qué promedio ponderado de los rendimientos requeridos sobre la inversión recomendaría para estas dos divisiones?

4. Usted está evaluando dos proyectos independientes en cuanto a su efecto sobre el riesgo y el rendimiento totales de su corporación. Se esperan los siguientes resultados de los proyectos:

	VALOR ESPERADO DEL VALOR PRESENTE NETO DE LA COMPAÑÍA (EN MILLONES)	DESVIACIÓN ESTÁNDAR DEL VALOR PRESENTE NETO (EN MILLONES)
Sólo proyectos existentes	$6.00	$3.00
Más proyecto 1	7.50	4.50
Más proyecto 2	8.20	3.50
Más proyectos 1 y 2	9.70	4.80

a) ¿En cuál de los nuevos proyectos (si acaso) invertiría? Explique.
b) ¿Qué haría si un enfoque del MPAC al problema sugiriera una decisión diferente?

Problemas

1. Zapata Enterprises está financiada por dos fuentes de fondos: bonos y acciones ordinarias. El costo de capital para los fondos proporcionados por los bonos es k_i, y k_e es el costo de capital para los fondos de capital accionario. La estructura de capital consiste en un valor de B dólares en bonos y S dólares en acciones, donde las cantidades representan valores de mercado. Calcule el promedio ponderado global del costo de capital, k_o.

2. Suponga que B (en el problema 1) es $3 millones y S es $7 millones. Los bonos tienen un rendimiento del 14% al vencimiento y se espera que las acciones paguen $500,000 en dividendos este año. La tasa de crecimiento de los dividendos ha sido del 11% y se espera que continúe a la misma tasa. Determine el costo de capital si la tasa de impuestos sobre el ingreso de la corporación es del 40 por ciento.

3. El 1 de enero de 20X1, International Copy Machines (ICOM), uno de los favoritos del mercado de valores, se valuó en $300 por acción. Este precio se basó en un dividendo esperado al final del año de $3 por acción y una tasa de crecimiento anual esperada en los dividendos del 20% en el futuro. Para enero de 20X2, los indicadores económicos han bajado y los inversionistas han revisado su estimación del crecimiento de los dividendos futuros de ICOM hacia abajo al 15 por ciento. ¿Cuál debe ser el precio de las acciones ordinarias de la empresa en enero de 20X2? Suponga lo siguiente:

a) Un modelo de valuación del crecimiento de dividendos constante es una representación razonable de la manera en que el mercado valora a ICOM.
b) La empresa no cambia la composición del riesgo de sus activos ni su apalancamiento financiero.
c) El dividendo esperado al final de 20X2 es $3.45 por acción.

4. K-Far Stores lanzó un programa de expansión que debe dar como resultado la saturación de la región comercial del área de la bahía en California dentro de seis años. Como resultado, la compañía está pronosticando un crecimiento en los ingresos del 12% por tres años y del 6% del cuarto al sexto, después de lo cual se esperan ingresos constantes para siempre. La compañía espera aumentar este dividendo anual por acción, con precio más reciente de $2, manteniendo este patrón de crecimiento. Actualmente, el precio de mercado de la acción es de $25 por acción. Estime el costo del capital accionario de la compañía.

5. Manx Company se formó recientemente para fabricar un nuevo producto. Tiene la siguiente estructura de capital en términos de valor de mercado:

Bonos	$ 6,000,000
Acciones preferenciales	2,000,000
Acciones ordinarias (320,000 acciones)	8,000,000
	$16,000,000

La compañía tiene una tasa de impuestos marginal del 40 por ciento. Un estudio de compañías que cotizan en la bolsa en esta línea de negocios sugiere que el rendimiento requerido sobre el capital accionario es de alrededor del 17 por ciento. (Se usó el MPAC para determinar la tasa de rendimiento requerida). La deuda de Manx Company por ahora da un rendimiento del 13% y sus acciones preferenciales dan el 12 por ciento. Calcule el promedio ponderado presente de costos de capital de la empresa.

6. R-Bar-M Ranch en Montana desea un nuevo granero mecanizado, que requerirá un desembolso inicial de $600,000. Se espera que el granero proporcione un ahorro anual después de impuestos de $90,000 indefinidamente (por razones prácticas de cálculos, para siempre). El rancho, que está incorporado y tiene un mercado público para sus acciones, tiene un promedio ponderado del costo de capital del 14.5 por ciento. Por este proyecto, Mark O. Witz, el presidente, intenta suministrar $200,000 con una nueva deuda emitida y otros $200,000 con una nueva emisión de acciones ordinarias. El saldo del financiamiento se suministraría internamente reteniendo utilidades.

El valor presente de los costos de flotación después de impuestos sobre la emisión de deuda asciende al 2% del total de la deuda reunida, mientras que los costos de flotación sobre la nueva emisión de acciones ordinarias es del 15% de la emisión. ¿Cuál es el valor presente neto del proyecto después de tomar en cuenta los costos de flotación? ¿Debe el rancho invertir en el nuevo granero?

7. Cohn and Sitwell, Inc., piensa fabricar unas perforadoras especiales y otras partes y equipos para plataformas petroleras. El proyecto propuesto actualmente se considera complementario a sus otras líneas de negocios y la compañía tiene cierta experiencia, pues tiene mucho personal de ingeniería mecánica. Como se requieren grandes desembolsos para entrar al negocio, la administración se pregunta si Cohn and Sitwell está obteniendo un rendimiento adecuado. Como piensa que el nuevo proyecto es suficientemente diferente a las operaciones existentes de la compañía, siente que debe usar una tasa de rendimiento requerida que no sea la empleada por la compañía.

El personal del gerente financiero ha identificado varias compañías (con estructuras de capital similares a la de Cohn and Sitwell) implicadas sólo en la manufactura y venta de equipo de perforación petrolera cuyas acciones ordinarias se venden en el mercado de valores. Durante los últimos cinco años, la mediana promedio de beta para estas compañías ha sido 1.28. El personal cree que 18% es una estimación razonable para el rendimiento promedio sobre las acciones "en general" para el futuro previsible y que la tasa libre de riesgo será alrededor del 12 por ciento. En proyectos de financiamiento, Cohn and Sitwell usa el 40% de deuda y 60% de capital accionario. El costo de la deuda después de impuestos es del 8 por ciento.

   a) Con base en esta información, determine una tasa de rendimiento requerida para el proyecto usando el MPAC.

   b) ¿Es posible que la figura obtenida sea una estimación realista de la tasa de rendimiento requerida sobre el proyecto?

8. Acosta Sugar Company estima que el rendimiento global para el índice de S&P 500 será del 15% durante los siguientes 10 años. La compañía también cree que la tasa de interés sobre los valores del Tesoro tendrá un promedio del 10% en este intervalo. Además está pensando expandirse con una nueva línea de producto: almendras.

No tiene experiencia en esta línea, pero ha podido obtener información sobre las diferentes compañías que producen y procesan frutos secos. Aunque ninguna de las compañías estudiadas produce sólo almendras, la administración de Acosta piensa que la beta para tal compañía sería 1.10, una vez que la operación de las almendras esté en marcha. Existe cierta incertidumbre acerca de la beta que se tendrá en realidad. (Suponga que Acosta y todas las empresas semejantes están financiadas sólo por capital accionario). La administración ha asignado las siguientes probabilidades a los resultados posibles:

Probabilidad	0.2	0.3	0.2	0.2	0.1
Beta	1.00	1.10	1.20	1.30	1.40

   a) ¿Cuál es la tasa de rendimiento requerida para el proyecto usando la moda-promedio de *beta* de 1.10?

b) ¿Cuál es el rango requerido de tasas de rendimiento?

c) ¿Cuál es el valor esperado de la tasa de rendimiento requerida?

9. Able Elba Palindrome, Inc., está evaluando un proyecto de inversión de capital. Los flujos de efectivo después de impuestos para el proyecto son los siguientes:

AÑO	FLUJO DE EFECTIVO ESPERADO
0	$–400,000
1	50,000
2	50,000
3	150,000
4	350,000

La tasa libre de riesgo es del 8%, el promedio ponderado del costo de capital de la empresa es del 10%, y la tasa de descuento ajustada por riesgo determinada por la administración para este proyecto es del 15 por ciento. ¿Debe aceptarse el proyecto? Explique.

10. Totally Tubular Tube Company desea evaluar tres nuevas propuestas de inversión. La empresa está preocupada por el efecto de las propuestas sobre su riesgo total. En consecuencia, ha determinado los valores esperados y las desviaciones estándar de las distribuciones de probabilidad de los valores presentes netos posibles para las posibles combinaciones de los proyectos existentes, E, y las propuestas de inversión bajo consideración.

COMBINACIÓN	VALOR ESPERADO DEL VALOR PRESENTE NETO (EN MILLONES)	DESVIACIÓN ESTÁNDAR (EN MILLONES)
E	$6.50	$5.25
E + 1	6.80	5.00
E + 2	7.60	8.00
E + 3	7.20	6.50
E + 1 + 2	7.90	7.50
E + 1 + 3	7.50	5.60
E + 2 + 3	8.30	8.50
E + 1 + 2 + 3	8.60	9.00

¿Qué combinación cree usted que es la más deseable? ¿Qué propuestas deberían aceptarse? ¿Cuáles deberían rechazarse?

Problema para el apéndice A

11. Willie Sutton Bank Vault Company tiene una razón entre deuda y capital accionario (en términos de mercado de valores) de 0.75. Su costo actual de fondos de deuda es del 15% y tiene una tasa de impuestos marginal del 40 por ciento. Willie Sutton Bank Vault está considerando el negocio de cajeros bancarios automatizados, un campo que incluye electrónica y es muy diferente de su propia línea de negocios, de manera que la compañía busca un punto de comparación o una compañía semejante. Peerless Machine Company, cuyas acciones están en el mercado de valores, produce sólo equipo para cajeros automáticos; tiene una razón entre deuda y capital accionario (en términos del valor de mercado) de 0.25, una beta de 1.15 y una tasa de impuestos efectiva de 0.40.

a) Si Willie Sutton Bank Vault Company desea entrar al negocio de cajeros bancarios automatizados, ¿qué riesgo sistemático (beta) está implicado si intenta emplear la misma cantidad de apalancamiento que usa ahora, en el nuevo proyecto?

b) Si la tasa libre de riesgo actualmente es del 13% y el rendimiento esperado sobre el portafolio de mercado es del 17%, qué rendimiento debe requerir la compañía para el proyecto si usa el enfoque de MPAC?

Problema para el apéndice B

12. Aspen Plowing, Inc., está considerando invertir en un nuevo camión para retirar la nieve con un costo de $30,000. Es probable que el camión proporcione flujos de efectivo operativos incremen-

tales después de impuestos de $10,000 anuales durante seis años. El costo no apalancado de capital accionario para la empresa es del 16 por ciento. La compañía pretende financiar el proyecto con 60% de deuda, con una tasa de interés del 12 por ciento. El préstamo se pagará por completo en pagos anuales iguales al principal al final de cada uno de los seis años. Los costos de flotación (en términos de valor presente) sobre el financiamiento son de $1,000 y la compañía está en la categoría de impuestos del 30 por ciento.

a) ¿Cuál es el valor presente ajustado (VPA) del proyecto? ¿Es aceptable el proyecto?

b) ¿Qué pasa si se esperan flujos de efectivo operativos incrementales después de impuestos de $8,000 por año en vez de $10,000?

Soluciones a los problemas para autoevaluación

1. a) $k_e = D_1/P_0 + g$ $D_1 = D_0(1.12) = \$1(1.12) = \$1.12$
$k_e = \$1.12/\$20 + 12\% = $ **17.6%**

b) Con el enfoque de prueba y error ilustrado en los capítulos 3 y 4, podemos determinar que la tasa de descuento necesaria para descontar la secuencia de dividendos en efectivo para $20 debe caer entre el 18 y 19% como sigue:

FINAL DE AÑO	DIVIDENDO POR ACCIÓN	VALOR PRESENTE AL 18%	VALOR PRESENTE AL 19%
1	$1.20	$1.02	$1.01
2	1.44	1.03	1.02
3	1.73	1.05	1.03
4	2.07	1.07	1.03
5	2.49	1.09	1.04
Valor presente, años 1 a 5		$5.26	$5.13

Dividendo del año 6 = $2.49 (1.10) = $2.74

Precios de mercado al final del año 5 usando el modelo de valuación de dividendos de crecimiento constante: $P_5 = D_6/(k_e - g)$

$$P_5 = \$2.74/(0.18 - 0.10) = \$34.25, \qquad P_5 = \$2.74/(0.19 - 0.10) = \$30.44$$

El valor presente en el tiempo 0 para cantidades recibidas al final del año 5:

$$\$34.25 \text{ al } 18\% = \$14.97, \qquad \$30.44 \text{ al } 19\% = \$12.76$$

	18%	19%
Valor presente, años 1 a 5	$ 5.26	$ 5.13
Valor presente, año 6 en adelante	14.97	12.76
Valor presente de todos los dividendos	$20.23	$17.89

Por lo tanto, la tasa de descuento está más cerca del 18% que del 19 por ciento. Interpolando, obtenemos

$$0.01 \left[X \begin{bmatrix} 0.18 & \$20.23 \\ k_e & \$20.00 \\ 0.19 & \$17.89 \end{bmatrix} \$0.23 \right] \$2.34$$

$$\frac{X}{0.01} = \frac{\$0.23}{\$2.34} \qquad \text{Por lo tanto,} \qquad X = \frac{(0.01) \times (\$0.23)}{\$2.34} = 0.0010$$

y $k_e = 0.18 + X = 0.18 + 0.0010 = $ **18.10%**, que es el rendimiento estimado sobre el capital accionario que requiere el mercado.

2.

SITUACIÓN	ECUACIÓN: $R_f + (\bar{R}_m + R_f)\beta$	RENDIMIENTO REQUERIDO
1	10% + (15% − 10%)1.00	**15.0%**
2	14% + (18% − 14%)0.70	**16.8**
3	8% + (15% − 8%)1.20	**16.4**
4	11% + (17% − 11%)0.80	**15.8**
5	10% + (16% − 10%)1.90	**21.4**

Cuanto mayor es la tasa libre de riesgo, mayor será el rendimiento esperado sobre el portafolio de mercado; cuanto mayor es la beta, mayor será el rendimiento requerido sobre el capital accionario, si todo lo demás permanece igual. Además, cuanto mayor es la prima de riesgo de mercado ($\bar{R}_m − R_f$), mayor será el rendimiento requerido, si todo lo demás permanece igual.

3. Costo de deuda = 15%(1 − 0.4) = 9%

Costo de acciones preferenciales = 13%

Costo de capital accionario para la división de alimentos saludables
= 0.12 + (0.17 − 0.12)0.90 = 16.5%

Costo de capital accionario para la división de metales especializados
= 0.12 + (0.17 − 0.12)1.30 = 18.5%

Promedio ponderado del rendimiento requerido para la división de alimentos saludables
= 9%(0.3) + 13%(0.1) + 16.5%(0.6) = **13.9%**

Promedio ponderado del rendimiento requerido para la división de metales especializados
= 9%(0.3) + 13%(0.1) + 18.5%(0.6) = **15.1%**

Como se mencionó en el texto, puede elaborarse un caso conceptual para ajustar los costos de financiamiento no accionario de las dos divisiones para las diferencias en riesgos sistemáticos. Sin embargo, no lo hicimos.

4. *a*) Los coeficientes de variación (desviación estándar/$\overline{VPN}$) y la gráfica de riesgo contra rendimiento para las alternativas son los siguientes:

Proyectos existentes (E)	0.50
Más proyecto 1 (E1)	0.60
Más proyecto 2 (E2)	0.43
Más proyectos 1 y 2 (E12)	0.49

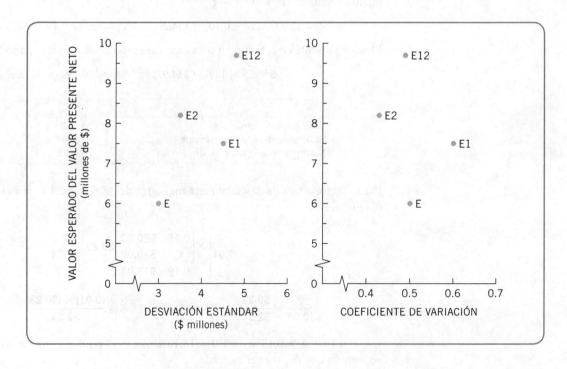

Un encargado de tomar decisiones con una aversión al riesgo moderada tal vez prefiera los proyectos existentes más ambos nuevos proyectos entre las tres combinaciones posibles. Si es así, ambos nuevos proyectos serán aceptados. La decisión real dependerá de sus propias preferencias de riesgo. Una persona con mucha aversión al riesgo tal vez prefiera los proyectos existentes más sólo el proyecto 2. Será de esperarse que la presencia de costos de bancarrota influya en estas preferencias.

b) Si el MPAC lleva a una decisión diferente, la clave para decidir sería la importancia de las imperfecciones del mercado. Como se señaló, si las acciones de una compañía se comercian en mercados imperfectos, y si la posibilidad de insolvencia y los costos de bancarrota son significativos, debe apoyarse más el proceso en un enfoque de variabilidad total porque reconoce los riesgos sistemático y no sistemático. Si las cosas se dirigen a imperfecciones del mercado mínimas, debe darse más importancia a los resultados del MPAC.

Referencias seleccionadas

Amihud, Yakov y Haim Mendelson. "The Liquidity Route to a Lower Cost of Capital". *Journal of Applied Corporate Finance* 12 (invierno, 2000), 8-25.

Arditti, Fred D. y Haim Levy. "The Weighted Average Cost of Capital as a Cutoff Rate: A Critical Analysis of the Classical Textbook Weighted Average". *Financial Management* 6 (otoño, 1977), 24-34.

Ariel, Robert. "Risk Adjusted Discount Rates and the Present Value of Risky Costs". *The Financial Review* 33 (febrero, 1998), 17-29.

Block, Stanley. "Divisional Cost of Capital: A Study of Its Use by Major US Firms". *The Engineering Economist* 48 (núm. 4, 2003), 345-362.

Booth, Laurence. "Finding Value Where None Exists: Pitfalls in Using Adjusted Present Value". *Journal of Applied Corporate Finance* 15 (primavera, 2002), 95-104.

Brounen, Dirk, Abe de Long y Kees Koedijk. "Corporate Finance in Europe: Confronting Theory with Practice". *Financial Management* 33 (invierno, 2004), 71-101.

Bruner, Robert F., Kenneth M. Eades, Robert S. Harris y Robert C. Higgins. "Best Practices in Estimating the Cost of Capital: Survey and Synthesis". *Financial Practice and Education* 8 (primavera/verano, 1998), 13-28.

Chambers, Donald R., Robert S. Harris y John J. Pringle. "Treatment of Financing Mix in Analyzing Investment Opportunities". *Financial Management* 11 (verano, 1982), 24-41.

Conine, Thomas E., Jr. y Maurry Tamarkin. "Division Cost of Capital Estimation: Adjusting for Leverage". *Financial Management* 14 (primavera, 1985), 54-58.

Ehrhardt, Michael C. y Yatin N. Bhagwat. "A Full-Information Approach for Estimating Divisional Betas". *Financial Management* 20 (verano, 1991), 60-69.

Ezzell, John R. y R. Burr Porter. "Flotation Costs and the Weighted Average Cost of Capital". *Journal of Financial and Quantitative Analysis* 11 (septiembre, 1976), 403-413.

Fama, Eugene F. y Kenneth French. "The Corporate Cost of Capital and the Return on Corporate Investment". *Journal of Finance* 54 (diciembre, 1995), 1939-1968.

Fuller, Russell J. y Halbert S. Kerr. "Estimating the Divisional Cost of Capital: An Analysis of the Pure-Play Technique". *Journal of Finance* 36 (diciembre, 1981), 997-1009.

Gitman, Lawrence J. y Pieter A. Vandenberg. "Cost of Capital Techniques Used by Major US Firms: 1997 vs. 1980". *Financial Practice and Education* 10 (otoño/invierno, 2000), 53-68.

Greenfield, Robert L., Maury R. Randall y John C. Woods. "Financial Leverage and Use of the Net Present Value Investment Criterion". *Financial Management* 12 (otoño, 1983), 40-44.

Gup, Benton E. y Samuel W. Norwood III. "Divisional Cost of Capital: A Practical Approach". *Financial Management* 11 (primavera, 1982), 20-24.

Hamada, Robert S. "Portfolio Analysis, Market Equilibrium and Corporation Finance". *Journal of Finance* 24 (marzo, 1969), 19-30.

Harrington, Diana R. "Stock Prices, Beta and Strategic Planning". *Harvard Business Review* 61 (mayo-junio, 1983), 157-164.

Harris, Robert S., Thomas J. O'Brien y Doug Wakeman. "Divisional Cost-of-Capital Estimation for Multi Industry Firms". *Financial Management* 18 (verano, 1989), 74-84.

Harris, Robert S. y John J. Pringle. "Risk-Adjusted Discount Rate – Extensions from the Average-Risk Case". *Journal of Financial Research* 8 (otoño, 1985), 237-244.

Krueger, Mark K. y Charles M. Linke. "A Spanning Approach for Estimating Divisional Cost of Capital". *Financial Management* 23 (verano, 1994), 64-70.

Lessard, Donald R. y Richard S. Bower. "An Operational Approach to Risk Screening". *Journal of Finance* 27 (mayo, 1973), 321-338.

Lewellen, Wilbur G. y Douglas R. Emery. "Corporate Debt Management and the Value of the Firm". *Journal of Financial and Quantitative Analysis* 21 (diciembre, 1986), 415-425.

Miles, James A. y John R. Ezzell. "The Weighted Average Cost of Capital, Perfect Capital Markets, and Project Life: A Clarification". *Journal of Financial and Quantitative Analysis* 15 (septiembre, 1980), 719-730.

_____. "Reforming Tax Shield Valuation: A Note". *Journal of Financial Economics* 40 (diciembre, 1985), 1485-1492.

Myers, Stewart C. "Interactions of Corporate Financing and Investment Decisions – Implications for Capital Budgeting". *Journal of Finance* 29 (marzo, 1974), 1-25.

_____. "Determinants of Corporate Borrowing". *Journal of Financial Economics* 5 (noviembre, 1977), 147-175.

Pagano, Michael S. y David E. Stout. "Calculating a Firm's Cost of Capital". *Management Accounting Quarterly* 5 (primavera, 2004), 13-20.

Parasuraman, N. R. "Ascertaining the Divisional Beta for Project Evaluation – the Pure Play Method – a Discussion". *The Chartered Accountant* 31 (noviembre, 2002), 546-549 (disponible en línea en www.icai.org/pdf/p546-549.pdf).

Porter, Michael E. *Competitive Advantage*. Nueva York: Free Press, 1999.

Pratt, Shannon P. *Cost of Capital: Estimation and Applications*, 2a. ed. Nueva York: John Wiley & Sons, 2002.

Rosenburg, Barr y Andrew Rudd. "The Corporate Use of Beta". *Issues in Corporate Finance*. Nueva York: Stern, Stewart, Putnam & Macklis, Inc., 1983.

Shapiro, Alan C. "Corporate Strategy and the Capital Budgeting Decision". *Midland Corporate Finance Journal* 3 (primavera, 1985), 22-36.

_____ y Sheridan Titman. "An Integrated Approach to Corporate Risk Management". *Midland Corporate Finance Journal* 3 (verano, 1985), 41-56.

Shrieves, Ronald E. y John M. Wachowicz, Jr. "Free Cash Flow (FCF), Economic Value Added (EVA), and Net Present Value (NPV): A Reconciliation of Variations of Discounted-Cash-Flow (DCF) Valuation". *The Engineering Economist* 46 (núm. 1, 2001), 33-52.

Stein, Jeremy C. "Rational Capital Budgeting in an Irrational World". *Journal of Business* 69 (1996), 429-455.

Stewart, G. Bennett. *The Quest for Value*. Nueva York: Harper Collins, 1991.

Van Horne, James C. "An Application of the Capital Asset Pricing Model to Divisional Required Returns". *Financial Management* 9 (primavera, 1980), 14-19.

Weaver, Samuel C. "Using Value Line to Estimate the Cost of Capital and Industry Capital Structure". *Journal of Financial Education* 29 (otoño, 2003), 55-71.

La parte VI del sitio Web del libro, *Wachowicz's Web World*, contiene vínculos a muchos sitios en Internet y artículos en línea relacionados con los temas cubiertos en este capítulo. (http://web.utk.edu/~jwachowi/part6.html)

16

Apalancamiento financiero y operativo

Contenido

- **Apalancamiento operativo**
  Análisis de punto de equilibrio • Grado de apalancamiento operativo (GAO) • El GAO y el punto de equilibrio • El GAO y el riesgo del negocio

- **Apalancamiento financiero**
  Análisis del punto de equilibrio UAII-UPA o de indiferencia • Grado de apalancamiento financiero (GAF) • El GAF y riesgo financiero

- **Apalancamiento total**
  Grado de apalancamiento total (GAT) • El GAT y el riesgo total para la empresa

- **Capacidad del flujo de efectivo para cubrir la deuda**
  Razones de cobertura • Probabilidad de insolvencia

- **Otros métodos de análisis**
  Comparación de las razones de la estructura de capital • Investigación de analistas de inversiones y prestamistas • Clasificación de valores

- **Combinación de métodos**

- **Puntos clave de aprendizaje**

- **Preguntas**

- **Problemas para autoevaluación**

- **Problemas**

- **Soluciones a los problemas para autoevaluación**

- **Referencias seleccionadas**

Objetivos

Después de estudiar el capítulo 16, usted será capaz de:

- Definir el apalancamiento operativo y financiero e identificar las causas de ambos.

- Calcular el punto de equilibrio operativo de una empresa (cantidad) y su punto de equilibrio (ventas).

- Definir, calcular e interpretar el grado de apalancamiento operativo, financiero y total de una empresa.

- Comprender el análisis de punto de equilibrio UAII-UPA o de indiferencia y construir e interpretar un diagrama de UAII-UPA.

- Definir, analizar y cuantificar el "riesgo total de la empresa" y sus dos componentes: el "riesgo del negocio" y el "riesgo financiero".

- Comprender la importancia de determinar la cantidad apropiada de apalancamiento financiero para una empresa.

"De nada sirve dejar fuera de sus cálculos al dragón vivo, si usted vive cerca de él".

—J. R. R. TOLKIEN
The Hobbit

Apalancamiento
El uso de costos
fijos en un intento
por aumentar
(o apalancar) la
rentabilidad.

**Apalancamiento
operativo** El uso
de costos fijos de
operación por la
empresa.

**Apalancamiento
financiero** El uso
de costos fijos de
financiamiento por
la empresa.

Cuando se usa una palanca de manera adecuada, una fuerza aplicada en un punto se transforma, o magnifica, en otra fuerza o movimiento más grande en algún otro punto. Esto viene a la mente cuando consideramos una *palanca mecánica*, como la que se genera cuando usamos una barreta. Sin embargo, en el contexto de los negocios, el **apalancamiento** se refiere al uso de costos fijos en un intento por aumentar (o apalancar) la rentabilidad. En este capítulo exploraremos los principios del **apalancamiento operativo** y del **apalancamiento financiero**. El primero se debe a los costos fijos operativos asociados con la producción de bienes y servicios, mientras que el segundo se debe a la existencia de costos fijos de financiamiento, en particular, el interés sobre la deuda. Ambos tipos de apalancamiento afectan el nivel de variabilidad de las utilidades después de impuestos de la empresa y, por ende, su riesgo y rendimiento globales.

Apalancamiento operativo

El apalancamiento operativo está presente siempre que una empresa tenga costos fijos de operación, sin importar el volumen. Por supuesto, a la larga, todos los costos son variables. En consecuencia, es necesario que nuestro análisis se realice para el corto plazo. Incurrimos en costos fijos de operación con la idea de que las ventas producirán ingresos más que suficientes para cubrir todos los costos de operación fijos y variables. Uno de los ejemplos más drásticos de un apalancamiento operativo es el de la industria de líneas aéreas, donde una gran proporción de los costos operativos totales son fijos. Más allá de cierto factor de carga para el equilibrio, cada pasajero adicional representa en esencia ganancia operativa directa (utilidades antes de interés e impuestos o UAII) para la línea aérea.

Es importante observar que los costos fijos de operación no varían cuando cambia el volumen. Estos costos incluyen aspectos como depreciación de edificios y equipo, seguros, parte de las facturas de servicios (luz, agua, gas) totales y parte del costo de administración. Por otro lado, los costos operativos variables cambian directamente con el nivel de producción. Estos costos incluyen materias primas, costos de mano de obra directa, parte de las facturas de servicios totales, comisiones de venta directas y ciertas partes de los gastos administrativos generales.

Un efecto potencial interesante de la presencia de costos fijos de operación (apalancamiento operativo) es que un cambio en el volumen de ventas da como resultado un cambio *más que proporcional* en la ganancia (o pérdida) operativa. Así, al igual que se usa una palanca para convertir una fuerza aplicada en un punto en una fuerza mayor en otro punto, la presencia de costos fijos de operación provoca un cambio porcentual en el volumen de ventas para producir un cambio porcentual magnificado en la ganancia (o pérdida) operativa. (Una advertencia: recuerde, el apalancamiento es una espada de doble filo; así como pueden magnificarse las ganancias de una compañía, también se pueden magnificar las pérdidas).

Este efecto de magnificar se ilustra en la tabla 16.1. En el cuadro A encontramos tres empresas diferentes que tienen cantidades distintas de apalancamiento operativo. La empresa F tiene una cantidad fuerte de costos fijos de operación (CF) en relación con sus costos variables (CV). La empresa V tiene una cantidad mayor (en dólares) de costos variables de operación que de costos fijos de operación. Por último, la empresa 2F tiene el doble de costos fijos de operación que la empresa F. Observe que, de las tres empresas, la compañía 2F tiene **1.** la mayor cantidad *absoluta* de costos fijos en dólares y **2.** la mayor cantidad *relativa* de costos fijos según se miden con las razones (CF/costos totales) y (CF/ventas).

Cada empresa está sujeta a un incremento del 50% anticipado en ventas para el próximo año. ¿Qué empresa cree que será la más sensible al cambio en las ventas? En otras palabras, para un cambio porcentual en ventas dado, ¿qué empresa mostrará el mayor cambio porcentual en las ganancias operativas (UAII)? (Muchos elegirán la empresa 2F, porque tiene el mayor valor absoluto o la mayor cantidad relativa de costos fijos, pero estarán en un error).

Tabla 16.1

Efecto del apalancamiento operativo que muestra que los cambios en ventas dan como resultado cambios más que proporcionales en las ganancias operativas (UAII)

Cuadro A: Tres empresas antes del cambio en ventas

	Empresa F	Empresa V	Empresa 2F
Ventas	$10,000	$11,000	$19,500
Costos operativos			
Fijos (CF)	7,000	2,000	14,000
Variables (CV)	2,000	7,000	3,000
Ganancia operativa (UAII)	$ 1,000	$ 2,000	$ 2,500
Razones de apalancamiento operativo			
CF/costos totales	0.78	0.22	0.82
CF/ventas	0.70	0.18	0.72

Cuadro B: Tres empresas después de aumentos del 50% en ventas el siguiente año

	Empresa F	Empresa V	Empresa 2F
Ventas	$15,000	$16,500	$29,250
Costos operativos			
Fijos (CF)	7,000	2,000	14,000
Variables (CV)	3,000	10,500	4,500
Ganancia operativa (UAII)	$ 5,000	$ 4,000	$10,750
Cambio porcentual en UAII			
$(UAII_t - UAII_{t-1})/UAII_{t-1}$	400%	100%	330%

Los resultados se presentan en el cuadro B de la tabla 16.1. Para cada empresa, ventas y costos variables aumentan en un 50 por ciento. Los costos fijos no cambian. Todas las empresas muestran los efectos del apalancamiento operativo (esto es, los cambios en ventas dan como resultado cambios más que proporcionales en las ganancias operativas). Pero la empresa F es la más sensible, con un 50% de incremento en ventas que lleva a un incremento del 400% en la ganancia operativa. Como acabamos de ver, sería un error suponer que la empresa con los mayores valores absolutos o relativos de costos fijos automáticamente registrará los efectos más drásticos del apalancamiento operativo. Más adelante veremos una manera sencilla para determinar qué empresa es la más sensible a la presencia de apalancamiento operativo. Pero antes, necesitamos aprender cómo examinar el apalancamiento operativo mediante el análisis de punto de equilibrio.

Análisis de punto de equilibrio Una técnica usada para estudiar la relación entre los costos fijos, los costos variables, el volumen de ventas y las ganancias. También se conoce como *análisis costo/volumen/ganancia (C/V/G)*.

Gráfica de punto de equilibrio Representación gráfica de la relación entre los ingresos totales y los costos totales para varios niveles de producción y ventas; indica las áreas de ganancias y de pérdidas.

Punto de equilibrio Volumen de ventas requerido para que los ingresos totales y los costos totales sean iguales; puede expresarse en unidades o en dinero de ventas.

● ● ● Análisis del punto de equilibrio

Para ilustrar el **análisis de punto de equilibrio** que se aplica al estudio del apalancamiento operativo, considere una empresa que produce cascos para niño para montar en bicicleta que se venden en $50 por unidad. La compañía tiene costos fijos de operación anuales de $100,000 y costos variables de operación de $25 por unidad sin importar el volumen vendido. Deseamos analizar la relación entre los costos operativos totales y los ingresos totales. Una manera de hacerlo es con la **gráfica del punto de equilibrio** de la figura 16.1, la cual muestra la relación entre los ingresos totales, los costos de operación totales y las ganancias para varios niveles de producción y ventas. Como en este momento sólo nos interesan los costos operativos, definimos *ganancias* aquí como las ganancias operativas antes de impuestos. Esta definición excluye a propósito el interés sobre la deuda y los dividendos de las acciones preferenciales. Estos costos no son parte de los costos de operación totales de la empresa y no son relevantes para el análisis del apalancamiento operativo. Sin embargo, se tomarán en cuenta al analizar el apalancamiento financiero en la siguiente sección.

Punto de equilibrio (cantidad). La intersección de la línea de costos totales con la línea de ingresos totales determina el **punto de equilibrio**. El punto de equilibrio es el volumen de ventas que se requiere para que los ingresos totales y los costos de operación totales sean iguales o para que la ganancia operativa sea igual a cero. En la figura 16.1 este punto de equilibrio es 4,000 unidades de producción (o $200,000 en ventas). Matemáticamente, encontramos este punto (en unidades) observando que la ganancia operativa (UAII) es igual a los ingresos totales menos los costos operativos fijos y variables:

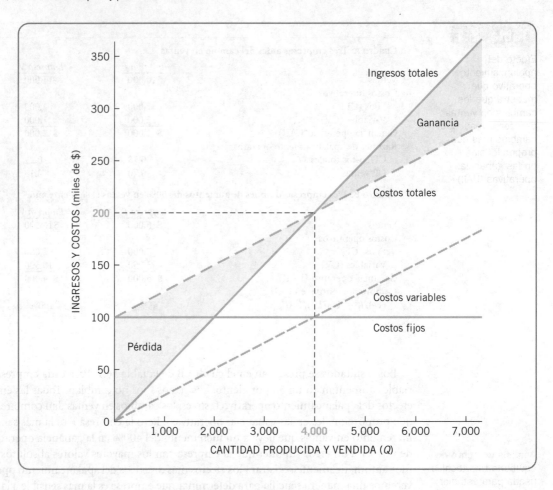

Figura 16.1

Gráfica de punto de equilibrio con el punto de equilibrio expresado en unidades y ventas en dólares

$$UAII = P(Q) - V(Q) - CF = Q(P - V) - CF \qquad (16.1)$$

donde $UAII$ = utilidades antes de interés e impuestos (ganancia operativa)

P = precio por unidad

V = costo variable por unidad

$(P - V)$ = contribución marginal por unidad

Q = cantidad (de unidades) producida o vendida

CF = costos fijos

En el punto de equilibrio (Q_{PE}), UAII es cero. Por lo tanto,

$$0 = Q_{PE}(P - V) - CF \qquad (16.2)$$

Reordenando los términos de la ecuación (16.2), el punto de equilibrio es

$$Q_{PE} = CF/(P - V) \qquad (16.3)$$

Contribución marginal por unidad
Cantidad de dinero disponible de cada unidad de ventas para cubrir los costos fijos operativos y proporcionar ganancias operativas.

Así, el punto (cantidad) de equilibrio es igual a los costos fijos divididos entre la **contribución marginal por unidad** $(P - V)$. En el ejemplo,

$$Q_{PE} = \$100{,}000/(\$50 - \$25) = \textbf{4,000 unidades}$$

Para los incrementos adicionales del volumen por arriba del punto de equilibrio, hay incrementos en las ganancias, lo cual se representa con el área más oscura en la figura 16.1. Asimismo, cuando el volumen se ubica por debajo del punto de equilibrio, las pérdidas aumentan; esto se representa por el área más clara.

Punto de equilibrio (ventas). Con frecuencia es útil calcular el punto de equilibrio en términos de dólares de ventas en vez de unidades. Algunas veces, como en el caso de una empresa que vende productos múltiples, es una necesidad. Sería imposible, por ejemplo, obtener un punto de equilibrio que tenga sentido en unidades totales para una empresa como General Electric, en cambio, un punto de equilibrio en ingresos por ventas puede imaginarse con facilidad. Al determinar un punto de equilibrio general para una empresa de varios productos, suponemos que las ventas de cada producto son una proporción constante de las ventas totales de la empresa.

Al reconocer que en el punto de equilibrio (ventas) la empresa justo puede cubrir sus costos operativos fijos y variables, recurrimos a la siguiente fórmula:

$$V_{PE} = CF + CV_{PE} \qquad (16.4)$$

donde V_{PE} = ingresos en el punto de equilibrio de ventas
CF = costos fijos
CV_{PE} = costos variables totales en el punto de equilibrio

Por desgracia, ahora tenemos una sola ecuación con dos incógnitas: V_{PE} y CV_{PE}. Esta ecuación no se puede resolver. Por suerte, existe un truco que nos permite convertir la ecuación (16.4) en una ecuación con una sola incógnita. Primero debemos rescribir la ecuación (16.4) como sigue:

$$V_{PE} = CF + (CV_{PE}/V_{PE})V_{PE} \qquad (16.5)$$

Como se supone que la relación entre los costos variables totales y las ventas es constante en el análisis de punto de equilibrio lineal, podemos sustituir (CV_{PE}/V_{PE}) con la razón de los costos variables totales a las ventas (CV/V) para *cualquier* nivel de ventas. Por ejemplo, podemos usar los costos variables totales y las cifras de ventas del estado de ingresos más reciente de la empresa para obtener una razón (CV/V) adecuada. En resumen, después de sustituir la razón (CV_{PE}/V_{PE}) con la razón "genérica" (CV/V) en la ecuación (16.5), obtenemos

$$V_{PE} = CF + (CV/V)V_{PE}$$
$$V_{PE}[1 - (CV/V)] = CF$$
$$V_{PE} = CF/[1 - (CV/V)] \qquad (16.6)$$

Para nuestro ejemplo de la empresa que fabrica los cascos para montar en bicicleta, la razón total de costos variables a ventas es 0.50 sin importar el volumen de ventas. Por lo tanto, usando la ecuación (16.6) para obtener el punto de equilibrio (ventas), tenemos

$$V_{PE} = \$100,000/[1 - 0.50) = \mathbf{\$200,000}$$

Para $50 por unidad, este punto de equilibrio (ventas) de $200,000 es congruente con el punto de equilibrio (cantidad) de 4,000 unidades determinado antes [es decir, (4,000)($50) = $200,000].

> **Consejo**
>
> Es posible modificar con facilidad la ecuación (16.3) del *punto de equilibrio (cantidad)* y la ecuación (16.6) del *punto de equilibrio (ventas)* para calcular el volumen de ventas (en unidades o dinero) que se requiere para generar un ingreso operativo (UAII) "meta". Simplemente sume su meta o el ingreso operativo mínimo deseado a los costos fijos (*CF*) en cada ecuación. Las respuestas obtenidas serán sus metas de volumen y ventas —en unidades y dólares, respectivamente— necesarias para generar su ingreso operativo meta.

Grado de apalancamiento operativo (GAO)

Grado de apalancamiento operativo (GAO) Cambio porcentual en la ganancia operativa de una empresa (UAII) que se obtiene con un cambio de 1% en la producción (ventas).

Antes dijimos que un efecto potencial del apalancamiento operativo es que el resultado de un cambio en el volumen de ventas es un cambio *más que proporcional* en la ganancia (o pérdida) operativa. Una medida cuantitativa de esta sensibilidad de la ganancia operativa de una empresa a un cambio en sus ventas se llama **grado de apalancamiento operativo (GAO)**. El grado de apalancamiento operativo de una empresa para un nivel particular de producción (o ventas) es simplemente el cambio porcentual en la ganancia operativa sobre el cambio porcentual en la producción (o ventas) que ocasiona el cambio en las ganancias. Así,

$$\begin{array}{l}\text{Grado de apalancamiento}\\\text{operativo (GAO) con } Q \text{ unidades}\\\text{de producción (o ventas)}\end{array} = \dfrac{\begin{array}{c}\text{Cambio porcentual en la}\\\text{ganancia operativa (UAII)}\end{array}}{\begin{array}{c}\text{Cambio porcentual en la}\\\text{producción (o las ventas)}\end{array}} \qquad (16.7)$$

La sensibilidad de la empresa a un cambio en las ventas según lo mide el GAO será diferente en cada nivel de producción (o ventas). Por lo tanto, siempre es necesario indicar el nivel de producción (o ventas) en el que se mide el GAO; esto es, decimos *GAO para Q unidades*.

Consejo

> Cuando use la ecuación (16.7) para describir el GAO al nivel de ventas actual de la empresa, recuerde que está manejando cambios porcentuales *futuros* en la UAII y las ventas, y no cambios porcentuales *pasados*. Al usar los cambios porcentuales del último periodo en la ecuación obtenemos *lo que era* el GAO y no *lo que es* actualmente.

Con frecuencia es difícil trabajar directamente con la ecuación (16.7) para despejar GAO a un nivel dado de ventas porque un cambio porcentual anticipado en la UAII (el numerador de la ecuación) no se puede observar en datos históricos. Así, aunque la ecuación (16.7) es crucial para *definir* y *comprender* el GAO, unas cuantas fórmulas sencillas alternativas derivadas de ella son más útiles para *calcular* en realidad los valores de GAO:

$$GAO_{Q \text{ unidades}} = \frac{Q(P - V)}{Q(P - V) - CF} = \frac{Q}{(Q - Q_{PE})} \qquad (16.8)$$

$$GAO_{V \text{ dólares de ventas}} = \frac{S - CV}{S - CV - CF} = \frac{UAII + CF}{UAII} \qquad (16.9)$$

La ecuación (16.8) es en especial adecuada para calcular el grado de apalancamiento operativo para un solo producto o para una empresa de un solo producto.[1] Sólo requiere información sobre dos cifras, Q y Q_{PE}, ambas establecidas en términos de unidades. Por otro lado, la ecuación (16.9) es útil para encontrar el grado de apalancamiento operativo para empresas de varios productos. También requiere sólo dos datos, *UAII* y *CF*, ambos establecidos en términos de unidades monetarias.

Suponga que deseamos determinar el grado de apalancamiento operativo a 5,000 unidades de producción y ventas para nuestra empresa hipotética. Usando la ecuación (16.8), tenemos

$$GAO_{5,000 \text{ unidades}} = \frac{5,000}{(5,000 - 4,000)} = 5$$

Para 6,000 unidades de producción y ventas, tenemos

$$GAO_{6,000 \text{ unidades}} = \frac{6,000}{(6,000 - 4,000)} = 3$$

Tome nota

> Observe que cuando se incrementó la producción de 5,000 a 6,000 unidades, el grado de apalancamiento operativo disminuyó de 5 a 3. Así, cuanto más aleje el nivel de producción del punto de equilibrio, menor será el grado de apalancamiento. Lo que determina la sensibilidad de las ganancias operativas de una empresa a un cambio en la producción o las ventas es qué tan cerca opera de su punto de equilibrio, y no su cantidad absoluta o relativa de costos fijos de operación.

---

[1] El problema 4 para autoevaluación al final de este capítulo le pide que obtenga matemáticamente la ecuación (16.8) a partir de la ecuación (16.7).

Tabla 16.2

Ganancia operativa y grado de apalancamiento operativo para varios niveles de producción (ventas) para la empresa del ejemplo

CANTIDAD PRODUCIDA Y VENDIDA (Q)	GANANCIA OPERATIVA ($UAII$)	GRADO DE APALANCAMIENTO OPERATIVO (GAO)
0	$-100{,}000	0.00
1,000	−75,000	−0.33
2,000	−50,000	−1.00
3,000	−25,000	−3.00
$Q_{PE} = 4{,}000$	0	**Infinito**
5,000	25,000	5.00
6,000	50,000	3.00
7,000	75,000	2.33
8,000	100,000	2.00

Pregunta

¿Qué significa en realidad "$GAO_{5{,}000 \text{ unidades}} = 5$"?

Respuesta

Significa que un cambio de 1% en las *ventas* a partir de la posición de 5,000 unidades vendidas ocasiona un cambio del 5% en la UAII. De hecho, cualquier cambio porcentual en ventas desde la posición de 5,000 unidades ocasiona un cambio en la UAII cinco veces más grande. Por ejemplo, una *disminución* del 3% en las ventas dará una *disminución* del 15% en la UAII, y un *incremento* del 4% en las ventas dará como resultado 20% de *aumento* en la UAII.

● ● ● El GAO y el punto de equilibrio

La tabla 16.2 muestra la ganancia operativa y el grado de apalancamiento operativo para varios niveles de producción (ventas). Vemos que cuanto más nos alejamos del punto de equilibrio de la empresa, *mayor* es el valor absoluto de la ganancia o pérdida operativa y *menor* es la sensibilidad relativa de la ganancia operativa a los cambios en la producción (ventas) según lo mide el GAO. La relación *lineal* entre las ganancias operativas y la producción (ventas) se puso de manifiesto antes con la gráfica del punto de equilibrio en la figura 16.1. En la figura 16.2 graficamos la relación *no lineal* distintiva entre el GAO y la producción (ventas).

Dadas las funciones estables y lineales de costo e ingresos del ejemplo, vemos que el GAO se acerca a infinito positivo (o negativo) conforme las ventas se acercan al punto de equilibrio desde arriba (o desde abajo). El GAO se acerca a 1 cuando las ventas crecen más allá del punto de equilibrio. Esto implica que el efecto de magnificación sobre las ganancias operativas que ocasiona la presencia de los costos fijos disminuye a una simple relación 1 a 1 cuando las ventas continúan creciendo y sobrepasan el punto de equilibrio. La figura 16.2 indica que incluso empresas con costos fijos grandes tendrán un GAO bajo si operan por arriba de su punto de equilibrio. Asimismo, una empresa con costos fijos muy pequeños tendrá un GAO enorme si opera cerca de su punto de equilibrio.[2]

---

[2]La gráfica de la figura 16.2 es una hipérbola rectangular con *asíntotas* $Q = Q_{PE}$ y $GAO = 1$. Todas las empresas que tienen estructuras de costo lineales estables tendrán gráficas de apariencia similar (pero la gráfica de cada empresa se centrará arriba de su punto de equilibrio respectivo). Graficar el *GAO* contra las ventas en dólares y no en unidades vendidas producirá un resultado parecido.

Es interesante ver que podemos generar una gráfica estandarizada que sirva para todas las empresas si graficamos *GAO* contra Q/Q_{PE} o contra V/V_{PE}; es decir, *GAO* contra la proximidad *relativa* al punto de equilibrio. (Los autores agradecen al profesor James Gahlon por compartir este conocimiento al igual que otras observaciones útiles acerca del apalancamiento). La interpretación aquí sería que la proximidad relativa de una empresa a su punto de equilibrio determina su *GAO*. Más aún, todas las empresas que operan a la misma distancia relativa de sus puntos de equilibrio (por ejemplo, a 1.5 veces Q_{PE} o V_{PE}) tendrán el mismo *GAO*.

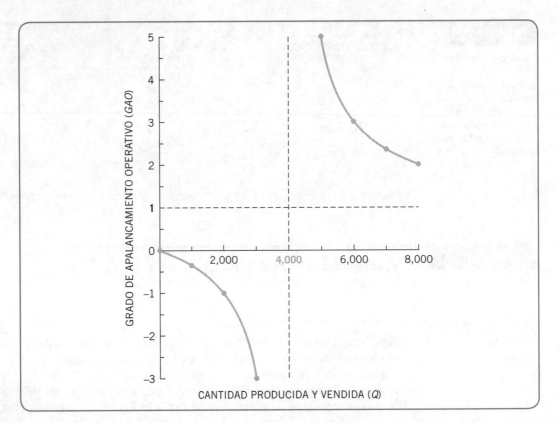

Figura 16.2

Gráfica del *GAO* contra la cantidad producida y vendida, que muestra que la cercanía al punto de equilibrio significa mayor sensibilidad de las ganancias operativas a los cambios en la cantidad producida y vendida

Pregunta

¿De qué manera será útil el conocimiento del GAO de una empresa para el gerente financiero?

Respuesta

El gerente conocería *con anticipación* qué efecto tendría un cambio potencial en las ventas sobre la ganancia operativa. En ocasiones, en respuesta a ese conocimiento anticipado, la empresa podría decidir hacer algunos cambios en su política de ventas y/o en su estructura de costos. Como regla general, las empresas no quieren operar en condiciones de un alto grado de apalancamiento operativo porque, en esa situación, una leve caída en las ventas podría redundar en una pérdida operativa.

● ● ● El GAO y el riesgo del negocio

Riesgo del negocio
La incertidumbre inherente en las operaciones físicas de la empresa. Su efecto se muestra en la variabilidad del ingreso operativo de la empresa (UAII).

Es importante reconocer que el grado de apalancamiento operativo es sólo un componente del **riesgo del negocio** global de la empresa. Los otros factores importantes que dan lugar al riesgo del negocio son la variabilidad o incertidumbre de las ventas y los costos de producción. El grado de apalancamiento operativo magnifica el efecto de estos otros factores sobre la variabilidad de las ganancias operativas. Sin embargo, el grado de apalancamiento operativo en sí no es la fuente de variabilidad. Un GAO alto no tiene significado si la empresa mantiene ventas constantes y estructura de costos constante. De igual manera, sería un error tratar el grado de apalancamiento operativo de la empresa como sinónimo de su riesgo de negocios. Sin embargo, debido a la variabilidad subyacente de las ventas y los costos de producción, el grado de apalancamiento operativo magnificará la variabilidad de las ganancias operativas y, por ende, el riesgo del negocio de la compañía. El grado de apalancamiento operativo debe verse entonces como una medida del "riesgo potencial" que se vuelve "activo" sólo en la presencia de la variabilidad de las ventas y los costos de producción.

Ahora que comprende mejor el GAO, ¿cómo puede decir a partir sólo de la información en el cuadro A de la tabla 16.1 qué empresa (F, V o 2F) será más sensible al incremento anticipado del 50% en las ventas para el siguiente año?

Sencillo: calcule el GAO —usando $[UAII + CF)/UAII]$— para cada empresa y luego elija la que tiene el mayor GAO.

$$\text{Empresa F:}\quad GAO_{\$10,000 \text{ de ventas}} = \frac{\$1,000 + \$7,000}{\$1,000} = 8$$

$$\text{Empresa V:}\quad GAO_{\$11,000 \text{ de ventas}} = \frac{\$2,000 + \$2,000}{\$2,000} = 2$$

$$\text{Empresa 2F:}\quad GAO_{\$19,500 \text{ de ventas}} = \frac{\$2,500 + \$14,000}{\$2,500} = 6.6$$

En resumen, la empresa F (con GAO de 8) es la más sensible a la presencia de apalancamiento operativo. Por eso, un 50% de incremento en ventas el siguiente año ocasiona 400% ($8 \times 50\%$) de incremento en las ganancias operativas.

Apalancamiento financiero

El apalancamiento financiero incluye el uso de financiamiento de costo fijo. Es interesante ver que el apalancamiento financiero se adquiere por elección, pero el apalancamiento operativo algunas veces no. La cantidad de apalancamiento operativo (la cantidad fija de costos de operación) empleado por una empresa algunas veces está determinada por los requerimientos físicos de las operaciones de la empresa. Por ejemplo, una fundidora de acero, en virtud de su fuerte inversión en planta y equipo, tendrá un alto componente de costo fijo de operación sujeto a depreciación. Por otro lado, el apalancamiento financiero siempre es opcional. Ninguna empresa tiene un requisito de deuda a largo plazo o de financiamiento con acciones preferenciales. En vez de ello, las empresas pueden financiar las operaciones y los gastos de capital con fuentes internas y la emisión de acciones ordinarias. De cualquier manera, es rara la empresa que no tiene apalancamiento financiero. ¿Por qué, entonces, vemos tal dependencia en el apalancamiento financiero?

El apalancamiento financiero se usa con la esperanza de aumentar el rendimiento para el accionista ordinario. Se dice que un apalancamiento favorable o positivo ocurre cuando la empresa usa fondos obtenidos a un costo fijo (fondos obtenidos emitiendo deuda con una tasa de interés fija o acciones preferenciales con una tasa de dividendos constante) para ganar más que el costo de financiamiento fijo pagado. Cualesquiera ganancias restantes después de cumplir con los costos fijos de financiamiento pertenecen a los accionistas ordinarios. Un apalancamiento desfavorable o negativo ocurre cuando la empresa no gana tanto como los costos fijos de financiamiento. Lo favorable del apalancamiento financiero, o del "comercio sobre el capital accionario", como en ocasiones se le llama, se juzga en términos de su efecto sobre las utilidades por acción para los accionistas ordinarios. De hecho, el apalancamiento financiero es el segundo paso en un proceso de magnificación de dos pasos. En el primer paso, el apalancamiento operativo magnifica el efecto de los cambios en ventas sobre los cambios en la ganancia operativa. En el segundo paso, el gerente financiero tiene la opción de usar apalancamiento financiero para magnificar aún más el efecto de cualquier cambio resultante en la ganancia operativa sobre los cambios en la ganancia por acción. En la siguiente sección estaremos interesados en determinar la relación entre utilidades por acción (UPA) y la ganancia operativa (UAII) bajo diferentes alternativas financieras y los **puntos de indiferencia** entre estas alternativas.

Punto de indiferencia (punto de indiferencia UAII-UPA) Nivel de UAII que producen el mismo nivel de UPA para dos (o más) estructuras de capital alternativas.

● ● ● Análisis del punto de equilibrio UAII-UPA o de indiferencia

Análisis de punto de equilibrio UAII-UPA
Análisis del efecto de las alternativas de financiamiento sobre las utilidades por acción. El punto de equilibrio es el nivel de UAII para el que el valor de UPA es el mismo para dos (o más) alternativas.

Cálculo de utilidades por acción. Para ilustrar un **análisis del punto de equilibrio UAII-UPA** de apalancamiento financiero, suponga que Cherokee Tire Company, con un financiamiento a largo plazo de $10 millones que consisten por completo en capital accionario, desea reunir otros $5 millones para expansión mediante uno de tres planes de financiamiento posibles. La compañía puede lograr financiamiento adicional con una nueva emisión de: **1.** sólo acciones ordinarias, **2.** sólo deuda al 12% de interés, o **3.** sólo acciones preferenciales con un dividendo del 11 por ciento. Las utilidades anuales antes de interés e impuestos actualmente son de $1.5 millones, pero con la expansión se espera que aumenten a $2.7 millones. La tasa fiscal es del 40% y tiene en circulación 200,000 acciones ordinarias que se pueden vender a $50 por acción bajo la primera opción de financiamiento, lo que se traduce en 100,000 acciones ordinarias adicionales.

Para determinar los puntos de equilibrio UAII-UPA, o de indiferencia, entre las diferentes alternativas de financiamiento, comenzamos por calcular las utilidades por acción, UPA, para algún nivel hipotético de UAII usando la siguiente fórmula:

$$UPA = \frac{(UAII - I)(1 - t) - PD}{NA} \qquad (16.10)$$

donde I = interés anual pagado
PD = pago de dividendos preferenciales anuales
t = tasa de impuestos corporativa
NA = número de acciones ordinarias en circulación

Suponga que deseamos saber cuál sería la utilidad por acción con los tres planes alternativos de financiamiento adicional si la UAII fuera de $2.7 millones. Los cálculos se presentan en la tabla 16.3. Observe que el interés sobre la deuda se deduce antes de impuestos, mientras que los dividendos de acciones preferenciales se deducen después de impuestos. Como resultado, las utilidades disponibles para los accionistas ordinarios (UDAO) son más altas con la alternativa de deuda que con la de acciones preferenciales, a pesar del hecho de que la tasa de interés sobre la deuda es más alta que la tasa de dividendos para las acciones preferenciales.

Gráfica UAII-UPA. Dada la información de la tabla 16.3, podemos construir una *gráfica de punto de equilibrio UAII-UPA* similar a la del apalancamiento operativo. En el eje horizontal graficamos las utilidades antes de interés e impuestos y en el eje vertical las utilidades por acción. Para cada alternativa de financiamiento, debemos dibujar una línea recta que refleje el valor de UPA para todos los niveles posibles de UAII. Como dos puntos determinan una línea recta, necesitamos dos puntos de datos para cada alternativa financiera. El primero es la UPA calculada para un nivel hipotético de UAII. Para el nivel esperado de $2.7 millones de UAII, vemos en la tabla 16.3 que las utilidades por acción son $5.40, $6.30 y $5.35 para las alternativas de acciones ordinarias, deuda y acciones prefe-

Tabla 16.3		ACCIONES ORDINARIAS	DEUDA	ACCIONES PREFERENCIALES
Cálculo de utilidades por acción para las tres alternativas de financiamiento adicional	Utilidades antes de interés e impuestos (*UAII*)	$2,700,000	$2,700,000	$2,700,000
	Interés (*I*)	–	600,000	–
	Utilidades antes de impuestos (*UAI*)	$2,700,000	$2,100,000	$2,700,000
	Impuestos sobre la renta (UAI × *t*)	1,080,000	840,000	1,080,000
	Utilidades después de impuestos (*UDI*)	$1,620,000	$1,260,000	$1,620,000
	Dividendos de acciones preferenciales (*DAP*)	–	–	550,000
	Utilidades disponibles para accionistas ordinarios (*UDAO*)	$1,620,000	$1,260,000	$1,070,000
	Número de acciones ordinarias en circulación (*NA*)	300,000	200,000	200,000
	Utilidades por acción (UPA)	**$5.40**	**$6.30**	**$5.35**

renciales. Simplemente graficamos estos niveles de utilidades por acción que corresponden al nivel de UAII de $2.7 millones. Técnicamente, no importa qué nivel hipotético de UAII se elija para calcular la UPA. En papel para graficar con precisión, un valor de UAII es tan bueno como otro. Sin embargo, parece tener sentido elegir el nivel de UAII más probable o esperado, en vez de algún nivel con escasa probabilidad de ocurrir.

El segundo dato —seleccionado principalmente porque es un cálculo sencillo— corresponde a un valor de UPA de cero. Esto es sólo la UAII necesaria para cubrir todos los costos fijos financieros para un plan dado de financiamiento, y se grafica en el eje horizontal. Podemos usar la ecuación (16.10) para determinar la intersección en el eje horizontal para cada alternativa. Igualamos a cero el numerador de la ecuación y despejamos UAII. Para la alternativa de acciones ordinarias tenemos

$$0 = (UAII - I)(1 - t) - PD \qquad (16.11)$$
$$= (UAII - 0)(1 - 0.40) - 0$$
$$= (UAII)(0.60)$$
$$UAII = 0/(0.60) = \mathbf{0}$$

Observe que no hay costos fijos de financiamiento (ya sea anterior o nuevo). Por lo tanto, UPA es igual a cero para UAII igual a cero.[3] Para la alternativa de deuda tenemos

$$0 = (UAII - I)(1 - t) - PD$$
$$= (UAII - \$600,000)(1 - 0.40) - 0$$
$$= (UAII)(0.60) - \$360,000$$
$$UAII = \$360,000/(0.60) = \mathbf{\$600,000}$$

Así, el cargo de interés después de impuestos dividido entre 1 menos la tasa de impuestos nos da la UAII necesaria para cubrir estos pagos de interés. En resumen, debemos tener $600,000 para cubrir los cargos de interés, de manera que $600,000 se convierte en la intersección con el eje horizontal. Por último, para la alternativa de acciones preferenciales tenemos

$$0 = (UAII - I)(1 - t) - PD$$
$$= (UAII - 0)(1 - 0.40) - \$550,000$$
$$= (UAII)(0.60) - \$550,000$$
$$UAII = \$550,000/(0.60) = \mathbf{\$916,667}$$

Dividimos el total de dividendos preferenciales anuales entre 1 menos la tasa de impuestos para obtener la UAII necesaria para cubrir estos dividendos. Necesitamos $916,667 en la UAII para cubrir $550,000 en dividendos de acciones preferenciales, suponiendo que la tasa de impuestos es del 40 por ciento. De nuevo, los dividendos preferenciales se deducen después de impuestos, de manera que se necesitan más utilidades antes de impuestos para cubrirlos que para pagar el interés. Dadas las intersecciones en el eje horizontal y las utilidades por acción para algún nivel hipotético de UAII (como la UAII "esperada"), dibujamos una recta a través de cada conjunto de puntos. La gráfica del punto de equilibrio, o de indiferencia, para Cherokee se muestra en la figura 16.3.

Vemos en la figura 16.3 que el punto de indiferencia de las utilidades por acción entre las alternativas de financiamiento con deuda y acciones ordinarias es $1.8 millones en UAII.[4] Si la UAII está abajo de ese punto, la alternativa de acciones ordinarias dará utilidades por acción más altas. Arriba de ese punto la alternativa de deuda genera mayores utilidades por acción. El punto de indiferencia entre las alternativas de acciones preferenciales y acciones ordinarias es $2.75 millones en UAII. Arriba de ese punto, la alternativa de acciones preferenciales genera utilidades por acción más favorables. Abajo de ese punto, las acciones ordinarias llevan a mayores utilidades por acción. Observe que no hay un

[3]Si alguno de los financiamientos de la empresa anteriores a la expansión tuviera costos fijos, la intersección en el eje horizontal para el financiamiento con acciones ordinarias no sería cero. Obtenemos un valor de cero para la UAII sólo porque I y PD son ambos cero en la ecuación (16.11).

[4]En realidad, $1.8 millones en UAII se conoce con más precisión como "punto de equilibrio" más que de "indiferencia". El gerente financiero tal vez no sienta verdadera *indiferencia* entre los dos planes alternativos de financiamiento en ese nivel de UAII. Aunque ambos planes producen el mismo nivel de UPA con $1.8 millones en UAII, no lo hacen incurriendo en el mismo nivel de riesgo financiero, un aspecto que estudiaremos en seguida. Sin embargo, "punto de indiferencia" es parte de la terminología común en el análisis UAII-UPA, por lo que debemos familiarizarnos con él.

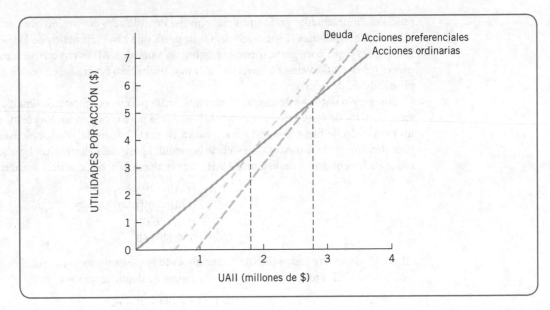

Figura 16.3

Gráfica de punto de equilibrio o de indiferencia UAII-UPA para tres alternativas de financiamiento adicional

punto de indiferencia entre las alternativas de deuda y acciones preferenciales. La alternativa de deuda domina para todos los niveles de UAII y por una cantidad constante de utilidades por acción, a saber, 95 centavos.

Punto de indiferencia determinado matemáticamente. El punto de indiferencia entre dos métodos alternativos de financiamiento se puede determinar matemáticamente usando primero la ecuación (16.10) para expresar la UPA para cada alternativa y luego igualando estas expresiones como sigue:

$$\frac{(UAII_{1,2} - I_1)(1 - t) - PD_1}{NA_1} = \frac{(UAII_{1,2} - I_2)(1 - t) - PD_2}{NA_2} \qquad (16.12)$$

donde $UAII_{1,2}$ = punto de indiferencia $UAII$ entre las dos alternativas de financiamiento que nos incumben, en este caso, los métodos 1 y 2

I_1, I_2 = interés anual pagado bajo los métodos de financiamiento 1 y 2

PD_1, PD_2 = pago de dividendos anuales por acciones preferenciales bajo los métodos de financiamiento 1 y 2

t = tasa de impuestos corporativa

NA_1, NA_2 = número de acciones ordinarias en circulación bajo los métodos de financiamiento 1 y 2

Suponga que deseamos determinar el punto de indiferencia entre las alternativas de financiamiento de acciones ordinarias y deuda en el ejemplo. Tendríamos

$$\overset{\textit{Acciones ordinarias}}{\frac{(UAII_{1,2} - 0)(1 - 0.40) - 0}{300,000}} = \overset{\textit{Deuda}}{\frac{(UAII_{1,2} - \$600,000)(1 - 0.40) - 0}{200,000}}$$

Con la multiplicación cruzada y el reacomodo de términos obtenemos

$$(UAII_{1,2})(0.60)(200,000) = (UAII_{1,2})(0.60)(300,000) - (0.60)(\$600,000)(300,000)$$
$$(UAII_{1,2})(60,000) = \$108,000,000,000$$
$$UAII_{1,2} = \mathbf{\$1,800,000}$$

El punto de indiferencia UAII-UPA, donde las utilidades por acción para los dos métodos de financiamiento son iguales, es $1.8 millones. Esta cantidad se verifica gráficamente en la figura 16.3. Así, los puntos de indiferencia se pueden determinar de las dos maneras: gráfica y matemáticamente.

Efecto sobre el riesgo. Hasta ahora lo que nos ha preocupado del análisis UAII-UPA es lo que ocurre con el rendimiento para los accionistas ordinarios según se mide por las utilidades por acción. Vimos en el ejemplo que si la UAII está arriba de $1.8 millones, el financiamiento mediante deuda es la mejor alternativa desde el punto de vista de las utilidades por acción. Sin embargo, del análisis anterior sabemos que el efecto sobre el rendimiento esperado es sólo un lado de la moneda. El otro lado es el efecto que tiene el apalancamiento financiero sobre el riesgo. Una gráfica de UAII-UPA no nos permite hacer un análisis preciso del riesgo. De cualquier forma, es posible hacer ciertas generalizaciones. Por un lado, el gerente financiero debe comparar el punto de indiferencia entre dos alternativas, como financiamiento por deuda contra financiamiento por acciones ordinarias, con el nivel más probable de UAII. Cuanto más alto sea el nivel esperado de UAII, suponiendo que excede el punto de indiferencia, la preferencia por el financiamiento con deuda será más fuerte, si todo lo demás permanece igual.

Además, el gerente financiero debe evaluar la posibilidad de que, en el futuro, la UAII baje del punto de indiferencia. Como antes, nuestra estimación de la UAII esperada es de $2.7 millones. Ante el riesgo de negocios de la compañía y las fluctuaciones posibles en la UAII resultantes, el gerente financiero debe evaluar la probabilidad de que la UAII baje de $1.8 millones. Si la probabilidad es despreciable, apoyará la alternativa de deuda. Por otro lado, si la UAII actual está un poco arriba del punto de indiferencia y la probabilidad de que baje de este punto es alta, el gerente de finanzas concluirá que la alternativa de deuda es demasiado riesgosa.

Este concepto se ilustra en la figura 16.4, donde se superponen dos distribuciones de probabilidad de los valores posibles de UAII en la gráfica de indiferencia de la figura 16.3. En la figura 16.4, sin embargo, nos centramos sólo en las alternativas de deuda y acciones ordinarias. Para la distribución *segura* (en pico), prácticamente no existe probabilidad de que la UAII baje del punto de indiferencia. Por lo tanto, podemos concluir que debe recurrirse a la deuda porque el efecto sobre el rendimiento para los accionistas es sustancial, mientras que el riesgo es despreciable. Para la distribución *riesgosa* (plana), existe una probabilidad significativa de que la UAII esté por debajo del punto de indiferencia. En este caso, el gerente de finanzas puede concluir que la alternativa de deuda es demasiado riesgosa.

En resumen, cuanto mayor sea el nivel de UAII esperado por arriba del punto de indiferencia y cuanto menor sea la probabilidad de la fluctuación hacia abajo, mejor se ve la idea de recurrir al financiamiento con deuda. El análisis de punto de equilibrio UAII-UPA es sólo uno de varios

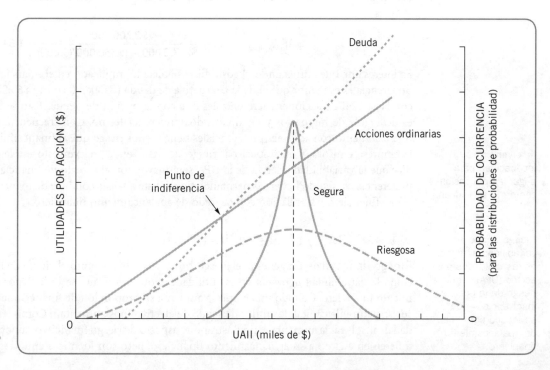

Figura 16.4

Gráfica de punto de equilibrio UAII-UPA o de indiferencia y distribuciones de probabilidad de la UAII para las alternativas de deuda y acciones ordinarias para el financiamiento adicional

métodos usados para determinar la cantidad apropiada de deuda que ha de tener una empresa. Ningún método de análisis es satisfactorio por sí mismo, pero cuando se aplican varios métodos simultáneos, es posible generalizar.

● ● ● Grado de apalancamiento financiero (GAF)

Grado de apalancamiento financiero (GAF) Cambio porcentual en las utilidades por acción (UPA) de una empresa que resulta de un cambio de 1% en la ganancia operativa (UAII).

Una medida cuantitativa de la sensibilidad de las utilidades por acción de una empresa al cambio en su ganancia operativa se llama **grado de apalancamiento financiero (GAF)**. El grado de apalancamiento financiero para un nivel dado de ganancias operativas es simplemente el cambio porcentual en las utilidades por acción sobre el cambio porcentual en la ganancia operativa que ocasiona el cambio en las utilidades por acción. Así,

$$\text{Grado de apalancamiento financiero (GAF) para UAII de } X \text{ dólares} = \frac{\text{Cambio porcentual en las utilidades por acción (UPA)}}{\text{Cambio porcentual en la ganancia operativa (UAII)}} \qquad (16.13)$$

Mientras que la ecuación (16.13) es útil para *definir el GAF*, una sencilla fórmula alternativa derivada de la ecuación (16.13) es más útil para *calcular el GAF*:

$$GAF_{UAII \text{ de } X \text{ dólares}} = \frac{UAII}{UAII - I - [PD/(1-t)]} \qquad (16.14)$$

La ecuación (16.14) establece que el GAF en un nivel específico de ganancia operativa se calcula dividiendo la ganancia operativa entre la diferencia en dólares que existe entre la ganancia operativa y la cantidad *antes de impuestos* de ganancia operativa necesaria para cubrir los costos fijos de financiamiento totales. (Recuerde que es mayor la cantidad de ganancias antes de impuestos que cubre los dividendos preferenciales que la que cubre el interés: de ahí que tengamos que dividir los dividendos preferenciales entre 1 menos la tasa de impuestos en la fórmula).

Para la empresa del ejemplo, usando la alternativa de financiamiento con deuda para $2.7 millones de UAII, tenemos

$$GAF_{UAII \text{ de } \$2.7 \text{ millones}} = \frac{\$2,700,000}{\$2,700,000 - \$600,000} = \mathbf{1.29}$$

Para la alternativa de financiamiento con acciones preferenciales, el grado de apalancamiento financiero es

$$GAF_{UAII \text{ de } \$2.7 \text{ millones}} = \frac{\$2,700,000}{\$2,700,000 - [\$550,000/(0.60)]} = \mathbf{1.51}$$

Es interesante que aun cuando el costo fijo establecido implicado en el financiamiento con acciones preferenciales es menor que el de la alternativa de deuda ($550,000 contra $60,000), el GAF es mayor con la opción de acciones preferenciales que con la opción de deuda. Esto se debe a que el interés es deducible de impuestos y los dividendos preferenciales no. Con frecuencia se argumenta que el financiamiento con acciones preferenciales tiene menos riesgo que el financiamiento con deuda para la empresa emisora. Con respecto al riesgo de **insolvencia**, tal vez esto es cierto. Pero el GAF nos dice que la variabilidad relativa de la UPA será mayor con el arreglo de financiamiento con acciones preferenciales, si todo lo demás permanece igual. Este análisis conduce de manera natural al tema del riesgo financiero y su relación con el grado de apalancamiento financiero.

Insolvencia Incapacidad para pagar las obligaciones conforme se vencen.

● ● ● El GAF y el riesgo financiero

Riesgo financiero La variabilidad agregada en las utilidades por acción (UPA) —más el riesgo de la posible insolvencia— que se induce por el uso de apalancamiento financiero.

Riesgo financiero. En general, el **riesgo financiero** abarca tanto el riesgo de la insolvencia posible como la variabilidad *agregada* en las utilidades por acción que se induce por el uso del apalancamiento financiero. Cuando una empresa aumenta su proporción de financiamiento de costos fijos en su estructura de capital, los flujos de salida de efectivo fijos aumentan. Como resultado, la probabilidad de insolvencia aumenta. Para ilustrar este aspecto de riesgo financiero, suponga que dos empresas difieren en cuanto a su apalancamiento financiero, pero son idénticas en todos los demás aspectos.

Tabla 16.4

Ejemplo del efecto del apalancamiento financiero que muestra que este apalancamiento afecta tanto el nivel como la variabilidad de las utilidades por acción

	EMPRESA A (100% CAPITAL ACCIONARIO)	EMPRESA B (50% CAPITAL ACCIONARIO)
Cuadro A: Pronóstico de información de estado de pérdidas y ganancias		
Utilidades esperadas antes de interés e impuestos [$E(UAII)$]	$80,000	$80,000
Interés (I)	–	30,000
Utilidades esperadas antes de impuestos [$E(UAI)$]	$80,000	$50,000
Impuestos esperados [$E(UAI) \times t$]	32,000	20,000
Utilidades esperadas disponibles para accionistas ordinarios [$E(UDAO)$]	$48,000	$30,000
Número de acciones ordinarias en circulación (NA)	4,000	2,000
Utilidades esperadas por acción [$E(UPA)$]	$12.00	$15.00
Cuadro B: Componentes de riesgo		
Desviación estándar de utilidades por acción (σ_{UPA})*	$6.00	$12.00
Coeficiente de variación de utilidades antes de interés e impuestos [$\sigma_{UAII}/E(UAII)$]	0.50	0.50
$GAF_{UAII \text{ esperada en } \$800,000}$ [$E(UAII)]/[E(UAII) - I - PD/(1-t)$]	1.00	1.60
Coeficiente de variación de utilidades por acción [$\sigma_{UPA}/E(UPA)$] o $\sigma_{UAII}/E(UAII)] \times [GAF_{E(UAII)}$]	0.50	0.80

*Para cualquier variable aleatoria X, $\sigma_{(a+bx)} = (b)(\sigma_x)$: por lo tanto, $\sigma_{UPA} = (1/\text{número de acciones ordinarias en circulación}) (1-t)(\sigma_{UAII})$. Ejemplo para 50% de deuda: $(1/2,000)(1 - 0.40)(\$40,000) = \$12.00$.

Cada una tiene utilidades anuales esperadas antes de interés e impuestos de $80,000. La empresa A no tiene deuda. La empresa B tiene $200,000 al 15% en bonos perpetuos en circulación. Así, los cargos financieros fijos anuales totales para la empresa B son $30,000, mientras que la empresa A no tiene cargos financieros fijos. Si las utilidades en efectivo para ambas empresas son 75% más bajas que las esperadas, a saber, $20,000, la empresa B no podrá cubrir sus cargos financieros con éstas. Vemos entonces que la probabilidad de insolvencia aumenta con los cargos financieros en los que incurre la empresa.

El segundo aspecto de riesgo financiero implica la dispersión relativa de las utilidades por acción. Para ilustrar esto, suponga que la UAII esperada en el futuro para las empresas A y B son variables aleatorias cuyos valores esperados de las distribuciones de probabilidad son $80,000 y las desviaciones estándar son $40,000. Como antes, la empresa A no tiene deuda, sino más bien 4,000 acciones ordinarias con valor nominal de $10 en circulación. La empresa B tiene $200,000 en bonos al 15% y 2,000 acciones ordinarias con valor nominal de $10 en circulación.

El cuadro A en la tabla 16.4 indica que la utilidad esperada disponible para los accionistas ordinarios de la empresa A es $48,000, mientras que para la empresa B esta cifra es igual a sólo $30,000. Al dividir la utilidad esperada disponible para los accionistas ordinarios entre el número de acciones ordinarias en circulación, vemos que la empresa B tiene utilidades por acción esperadas más altas que la empresa A: es decir, $15 y $12, respectivamente. La desviación estándar de las utilidades por acción está determinada como $6 para la empresa A y $12 para la empresa B.

El riesgo total de una empresa es igual al riesgo de negocios más el riesgo financiero. El coeficiente de variación de las utilidades por acción, que es simplemente la desviación estándar dividida entre el valor esperado, nos da una medida de la dispersión relativa de las utilidades por acción. Usamos este estadístico como medida del **riesgo total de la empresa**. En el cuadro B de la tabla 16.4 vemos que para la empresa A (la situación del 100% de capital accionario), el coeficiente de variación de las utilidades por acción es 0.50. Observe que esta cifra es exactamente igual al coeficiente de variación de las utilidades antes de interés e impuestos de la empresa. Esto nos dice que aun en ausencia de apalancamiento financiero, los accionistas de la empresa están de todas maneras expuestos al riesgo: el riesgo de negocios. Una buena medida cuantitativa del riesgo de negocios de la empresa es entonces el coeficiente de variación de la UAII. Para la empresa B (la situación del 50% de deuda), el coeficiente

Riesgo total de la empresa Variabilidad en las utilidades por acción (UPA). Es la suma del riesgo de negocios más el financiero.

de variación de las utilidades por acción es 0.80. Como la empresa B es exactamente igual a la empresa A, excepto por el uso de apalancamiento financiero, podemos usar la diferencia entre los coeficientes de variación de las utilidades por acción para las empresas A y B; es decir, 0.80 − 0.50 = **0.30**, como medida de la variabilidad *agregada* en las utilidades por acción para la empresa B que se induce por el uso del apalancamiento; en resumen, esta *diferencia* es una medida del riesgo financiero. De manera equivalente, esta medida de riesgo financiero es igual a la diferencia entre el coeficiente de variación de las utilidades por acción para la empresa B y su coeficiente de variación de las utilidades antes de interés e impuestos.

Tome nota

En resumen, entonces

- *Riesgo total de la empresa = riesgo de negocios + riesgo financiero.*
- El coeficiente de variación de las utilidades por acción, CV_{UPA}, es una medida relativa del *riesgo total de la empresa*: $CV_{UPA} = \sigma_{UPA}/E(UPA)$.
- El coeficiente de variación de las utilidades antes de interés e impuestos, CV_{UAII}, es una medida relativa del *riesgo de negocios*: $CV_{UAII} = \sigma_{UAII}/E(UAII)$.
- Por lo tanto, la diferencia entre el coeficiente de variación de las utilidades por acción (CV_{UPA}) y el coeficiente de variación de las utilidades antes de interés e impuestos (CV_{UAII}) es una medida relativa del *riesgo funcional*: ($CV_{UPA} − CV_{UAII}$).

En la tabla 16.4 vimos que el riesgo total de la empresa en nuestro ejemplo, según lo mide el coeficiente de variación de las utilidades por acción, es más alto con el financiamiento del 50% de bonos que con el 100% de capital accionario. Sin embargo, el nivel esperado de utilidades por acción también es más alto. Fuimos testigos, una vez más, del tipo de compensación entre rendimiento y riesgo que caracteriza a la mayoría de las decisiones de apalancamiento financiero.

Riesgo de magnificación del GAF. Nuestra medida relativa del riesgo total de la empresa, el coeficiente de variación de utilidades por acción, se puede calcular directamente dividiendo la desviación estándar de las utilidades por acción entre las utilidades por acción esperadas. Sin embargo, dadas las suposiciones del ejemplo, se puede demostrar que esta medida también es igual al coeficiente de variación de las utilidades antes de interés e impuestos multiplicado por el grado de apalancamiento financiero al nivel esperado de UAII.[5] La empresa A del ejemplo no tiene apalancamiento financiero y el GAF resultante es igual a 1; en resumen, existe magnificación del riesgo de negocios medido por el CV_{UAII}. Para la empresa A, entonces, el CV_{UPA} es igual al CV_{UAII}, y por ello, su riesgo total es igual a su riesgo de negocios. Por otro lado, el CV_{UPA} de la empresa B es igual a su CV_{UAII} (su medida de riesgo de negocios) por 1.6 (su GAF a la UAII esperada). Así, para las empresas que usan apalancamiento financiero, su GAF actuará para magnificar el efecto del riesgo de negocios sobre la variabilidad de las utilidades por acción. De esta manera, aunque el GAF no es sinónimo de riesgo financiero, su magnitud determina la cantidad relativa de riesgo adicional inducido por el uso de apalancamiento financiero. Como resultado, las empresas con alto riesgo de negocios con frecuencia usarán una mezcla de financiamiento que incluye un GAF limitado y viceversa.

[5]Demostración:

$$\frac{\sigma_{UPA}}{E(UPA)} = \frac{(1/NA)(1-t)(\sigma_{UAII})}{[E(UAII)(1-t) - I(1-t) - PD]/NA}$$

$$= \frac{\sigma_{UAII}}{E(UAII) - I - [PD/(1-t)]}$$

$$= \frac{\sigma_{UAII}}{E(UAII)} \times \frac{E(UAII)}{E(UAII) - I - [PD/(1-t)]}$$

$$= CV_{UAII} \times GAF_{E(UAII)}$$

Apalancamiento total

Apalancamiento total (o combinado) El uso de los costos fijos tanto operativos como financieros por la empresa.

Grado de apalancamiento total (GAT) Cambio porcentual en las utilidades por acción (UPA) de una empresa que resulta de un cambio de 1% en la producción (ventas). Esto también es igual al grado de apalancamiento operativo (GAO) de la empresa, multiplicado por el grado de apalancamiento financiero (GAF) a un nivel específico de producción (ventas).

Cuando el apalancamiento financiero se combina con el apalancamiento operativo, el resultado se conoce como **apalancamiento total** (o **combinado**). El efecto de combinar el apalancamiento financiero y operativo es una magnificación de dos pasos de un cambio en las ventas en un cambio relativo mayor en las ganancias por acción. Una medida cuantitativa de esta sensibilidad total de las utilidades por acción de una empresa a un cambio en las ventas se llama **grado de apalancamiento total (GAT)**.

● ● ● Grado de apalancamiento total (GAT)

El grado de apalancamiento total de una empresa para un nivel específico de producción (ventas) es igual al cambio porcentual en las utilidades por acción sobre el cambio porcentual en la producción (ventas) que ocasiona el cambio en las utilidades por acción. Así,

$$\text{GAT a } Q \text{ unidades (o } S \text{ dólares) de producción (ventas)} = \frac{\text{Cambio porcentual en las utilidades por acción (UPA)}}{\text{Cambio porcentual en la producción (ventas)}} \quad (16.15)$$

Con fines de cálculo, podemos usar el hecho de que el grado de apalancamiento total es sólo el producto del grado de apalancamiento operativo y el grado de apalancamiento financiero:

$$GAT_{Q \text{ unidades (o } S \text{ dólares)}} = GAO_{Q \text{ unidades (o } S \text{ dólares)}} \times GAF_{UAII \text{ de } X \text{ dólares}} \quad (16.16)$$

Además, al multiplicar los GAO, ecuaciones (16.8) y (16.9), por el GAF, ecuación (16.14), obtenemos

$$GAT_{Q \text{ unidades}} = \frac{Q(P - V)}{Q(P - V) - CF - I - [PD/(1 - t)]} \quad (16.17)$$

$$GAT_{S \text{ dólares de ventas}} = \frac{UAII + CF}{UAII - I - [PD/(1 - t)]} \quad (16.18)$$

Estas ecuaciones alternativas nos dicen que para una empresa dada, cuanto más altos sean los costos financieros *antes de impuestos*, mayor será el grado de apalancamiento total con respecto al que se tendría sin apalancamiento financiero.

Suponga que nuestra empresa fabricante de cascos para montar en bicicleta que ilustró el apalancamiento operativo tiene una deuda de $200,000 con 8% de interés. Recuerde que el precio de venta es $50 por unidad, los costos variables de operación son $25 por unidad, y los costos fijos operativos son $100,000. Suponga que la tasa de impuestos es del 40% y que deseamos determinar el grado de apalancamiento total para 8,000 unidades de producción y ventas. Entonces, al usar la ecuación (16.17), tenemos

$$GAT_{8,000 \text{ unidades}} = \frac{8,000(\$50 - \$25)}{8,000(\$50 - \$25) - \$100,000 - \$16,000} = 2.38$$

Así, un incremento del 10% en el número de unidades producidas y vendidas da como resultado 2.38% de aumento en las utilidades por acción.

Al establecer el grado de apalancamiento total para el ejemplo en términos del producto de su grado de apalancamiento operativo por su grado de apalancamiento financiero, obtenemos

$$GAO_{8,000 \text{ unidades}} \times GAF_{UAII \text{ de } \$100,000} = GAT_{8,000 \text{ unidades}}$$

$$\frac{8,000(\$50 - \$25)}{8,000(\$50 - \$25) - \$100,000} \times \frac{\$100,000}{\$100,000 - \$16,000} = 2.38$$

$$2.00 \times 1.19 = 2.38$$

En ausencia de apalancamiento financiero, el grado de apalancamiento total de la empresa sería igual a su grado de apalancamiento operativo con valor de 2 (recuerde, el GAF para una empresa sin apalancamiento financiero es igual a 1). Vemos, sin embargo, que el apalancamiento financiero de la empresa magnifica su GAO por un factor de 1.19 para producir un grado de apalancamiento total igual a 2.38.

• • • El GAT y el riesgo total para la empresa

Los apalancamientos operativo y financiero se pueden combinar de varias maneras diferentes para obtener un grado de apalancamiento total y un nivel de riesgo total deseable para la empresa. Un riesgo de negocios alto puede compensarse con un riesgo financiero bajo y viceversa. El nivel global adecuado de riesgo de la empresa implica una compensación entre el riesgo total de la empresa y el rendimiento esperado. Esta compensación debe hacerse sin olvidar el objetivo de maximizar el valor del accionista. El análisis, hasta ahora, ha tratado de mostrar cómo se pueden usar ciertas herramientas para obtener información acerca de los dos tipos de apalancamiento —operativo y financiero— y su efecto combinado.

Capacidad del flujo de efectivo para cubrir la deuda

Al tratar de determinar el apalancamiento financiero adecuado para una empresa, también analizamos la capacidad de su flujo de efectivo para cubrir los cargos financieros fijos. Cuanto mayor sea la cantidad en dólares de los valores que emite la empresa y menor su plazo de vencimiento, mayores serán los cargos financieros de la empresa. Estos cargos incluyen pagos al principal y el interés sobre la deuda, pagos de arrendamiento de capital y dividendos de acciones preferenciales. Antes de tomar cargos financieros fijos adicionales, la empresa debe estudiar sus flujos de efectivo futuros esperados, ya que los cargos financieros fijos deben cubrirse con efectivo. La incapacidad para cubrir estos cargos, con la excepción de los dividendos de acciones preferenciales, puede dar como resultado la insolvencia financiera. Cuanto mayores y más estables sean los flujos de efectivo futuros esperados de la empresa, mayor será la **capacidad de endeudamiento** de una compañía.

Capacidad de endeudamiento Cantidad máxima de deuda (y otros cargos financieros fijos) que puede cubrir una empresa de manera adecuada.

Razones de cobertura Razones que relacionan los cargos financieros de una empresa con su capacidad para cubrirlos.

Razón de cobertura de interés Utilidades antes de interés e impuestos divididas entre los cargos de interés. Indica la capacidad de una empresa para cubrir los cargos de interés. También se llama *índice de cobertura de intereses*.

Carga del servicio de la deuda Efectivo requerido durante un periodo específico, que suele ser un año, para solventar los gastos de interés y los pagos al principal. También se llama simplemente *servicio de la deuda*.

• • • Razones de cobertura

Entre las formas que nos permiten conocer la capacidad de endeudamiento de una empresa está el análisis de **razones de cobertura**. Estas razones, como recordará del capítulo 6, están diseñadas para relacionar los cargos financieros de una empresa con su capacidad para cubrirlos. Para calcular estas razones, se suelen usar las utilidades antes de interés e impuestos como una medida aproximada de la disponibilidad de efectivo para cubrir los cargos fijos de financiamiento. Quizá la razón de cobertura de más amplio uso es la **razón de cobertura de interés** o *índice de cobertura de intereses*. Esta razón es simplemente la utilidad antes de interés e impuestos en un periodo dado entre los cargos de interés de ese periodo:

$$\text{Razón de cobertura de interés (o índice de cobertura de intereses)} = \frac{\text{Utilidades antes de interés e impuestos (UAII)}}{\text{Gastos de interés}} \qquad (16.19)$$

Suponga, por ejemplo, que las utilidades anuales más recientes antes de interés e impuestos para una compañía fueron de $6 millones y los pagos de interés anual sobre todas las obligaciones de deuda fueron $1.5 millones. Entonces, la UAII "cubre" los cargos de interés cuatro veces. Esto nos dice que la UAII puede bajar hasta un 75% y la empresa todavía podría cubrir sus pagos de interés con las utilidades.

Una razón de cobertura de interés de 1 indica que las utilidades apenas son suficientes para satisfacer la carga de intereses. Las generalizaciones acerca de lo que es una razón de cobertura adecuada no son apropiadas a menos que se haga referencia al tipo de negocio en el que la firma opera. En un negocio muy estable, una razón de cobertura relativamente baja tal vez sea adecuada, mientras que quizá no sea buena en un negocio sumamente cíclico.

Observe que la razón de cobertura de interés no nos da información sobre la capacidad de la empresa para cumplir los pagos al principal de sus deudas. La incapacidad para cumplir estos pagos constituye la misma falla legal que no cumplir un pago de interés. Por lo tanto, es útil calcular la razón de cobertura para toda la **carga del servicio de la deuda**. Esta razón es

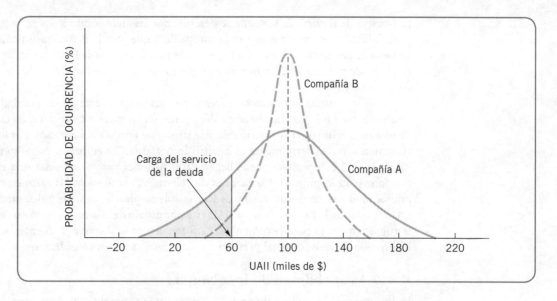

Figura 16.5

UAII posible en
relación con la
carga del servicio
de la deuda para las
compañías A y B

$$\text{Cobertura del servicio}\atop\text{de la deuda} = \frac{\text{Utilidades antes de interés e impuestos (UAII)}}{\text{Gasto de intereses} + \dfrac{\text{Pagos del principal}}{1 - \text{Tasa de impuestos}}} \quad (16.20)$$

Aquí los pagos del principal se ajustan hacia arriba para efectos fiscales. La razón es que la UAII representa utilidades *antes de impuestos*. Como los pagos del principal no son deducibles de impuestos, deben pagarse de las utilidades *después de impuestos*. Por lo tanto, debemos ajustar los pagos del principal de manera que sean congruentes con la UAII. Si los pagos del principal en el ejemplo anterior fueran $1 millón por año y la tasa de impuestos fuera del 40%, la razón de cobertura del servicio de la deuda sería

$$\text{Cobertura del servicio}\atop\text{de la deuda} = \frac{\$6 \text{ millones}}{\$1.5 \text{ millones} + \dfrac{\$1 \text{ millón}}{1 - 0.40}} = \mathbf{1.89}$$

Una razón de cobertura de 1.89 significa que la UAII puede caer sólo 47% antes de que la cobertura de las utilidades sea insuficiente para pagar la deuda.[6] Es obvio que cuanto más cerca de 1 esté la razón de cobertura, peor será la situación, si todo lo demás permanece igual. Sin embargo, aun cuando esta razón de cobertura sea menor que 1, una compañía puede todavía cumplir con sus obligaciones si logra renegociar parte de su deuda cuando se venza el principal, o si vende sus activos.

Parte del análisis global del riesgo financiero asociado con el apalancamiento financiero debe centrarse en la capacidad de la empresa para cumplir con los cargos fijos totales. El arrendamiento de capital no es deuda en sí, pero su efecto sobre los flujos de efectivo es exactamente el mismo que el pago de interés y principal sobre una obligación de deuda. (Véase en el capítulo 21 un análisis de arrendamiento financiero). Los pagos de arrendamiento financiero anual, por lo tanto, deben sumarse al numerador y el denominador de la ecuación (16.20) para reflejar de manera adecuada la carga de flujo de efectivo total asociada con el financiamiento.

Al igual que con la razón de cobertura de interés, las generalizaciones de una "regla empírica" acerca de lo que constituye una buena o mala razón de pago de deuda a menudo son inapropiadas. Las características de una razón buena o mala varían de acuerdo con el riesgo del negocio de la empresa. Este hecho se ilustra en la figura 16.5, la cual muestra las distribuciones de probabilidad de la UAII para dos compañías hipotéticas. El valor esperado de la UAII es el mismo para ambas compañías, lo mismo que la carga del servicio de la deuda, como lo describe el denominador de la ecuación (16.20). Por lo tanto, las razones de cobertura del servicio de la deuda también son las mismas, a saber, $100,000/$60,000 = **1.67**. Sin embargo, la compañía A tiene un riesgo de negocios mucho mayor, como lo indica la mayor variabilidad de su UAII. La probabilidad de que la UAII caiga por debajo

---

[6]Este porcentaje se determina como $1 - (1/1.89) = 0.47$.

de la carga de servicio de la deuda se describe por las áreas sombreadas en la figura. Vemos que esta probabilidad es mucho mayor para la compañía A que para la B. Aunque una razón de cobertura del servicio de deuda de 1.67 puede ser apropiada para la compañía B, tal vez no lo sea para la compañía A. Dicho de manera sencilla, es más fácil para una compañía con flujos de efectivo estables cumplir con más cargos fijos.

En última instancia, deseamos hacer generalizaciones acerca de la cantidad apropiada de deuda (y arrendamiento) que una empresa debe tener en su mezcla financiera. Es claro que la capacidad de una compañía para pagar su deuda, a la larga, está ligada a sus ingresos. Por lo tanto, las razones de cobertura son una herramienta de análisis importante. Sin embargo, son sólo una herramienta mediante la cual una persona puede llegar a conclusiones para determinar una mezcla financiera que funcione para la empresa. Las razones de cobertura, como todas las razones, están sujetas a ciertas limitaciones y, en consecuencia, no es aconsejable emplearlas como el único medio para determinar el financiamiento. El hecho de que la UAII esté por debajo de la carga de servicio de la deuda no significa la ruina inmediata para la compañía. Con frecuencia se dispone de fuentes alternativas de fondos, incluyendo la renovación del préstamo, y estas fuentes deben considerarse.

● ● ● Probabilidad de insolvencia

La pregunta vital para la empresa no es tanto si una razón de cobertura bajará de 1, sino ¿cuáles son las posibilidades de insolvencia? Los cargos fijos financieros agregan peligro de insolvencia. Por lo tanto, la respuesta depende de si todas las fuentes de pago —utilidades, efectivo, nuevo arreglo financiero o la venta de activos— son colectivamente deficientes. La razón de cobertura indica sólo parte de la historia. Para estudiar la pregunta amplia de insolvencia debemos obtener información sobre la desviación posible de los flujos de efectivo reales con respecto a los esperados. Como se vio en el capítulo 7, se pueden elaborar presupuestos de efectivo para una variedad de resultados posibles, con la probabilidad de cada uno. Esta información es muy valiosa para el gerente de finanzas al evaluar la capacidad de la empresa para cumplir con sus obligaciones fijas. No sólo se toman en cuenta las utilidades esperadas al determinar esta capacidad, sino también otros factores de flujo de efectivo, como la compra o venta de activos, la liquidez de la empresa, los pagos de dividendos y los patrones estacionales. Dadas las probabilidades de una serie de flujos de efectivo en particular, el gerente de finanzas está en condiciones de determinar los cargos financieros fijos que la compañía puede cumplir al mismo tiempo que permanece dentro de los límites tolerables de insolvencia para la administración.

La administración quizás piense que el 5% de probabilidad de quedar sin efectivo es lo máximo que puede tolerar, y que esta probabilidad corresponde a un presupuesto de efectivo que se elaboró haciendo suposiciones pesimistas. En este caso, podría endeudarse hasta el punto en que el saldo de efectivo con el presupuesto pesimista sea apenas suficiente para cubrir los cargos fijos asociados con la deuda. En otras palabras, la deuda aumentaría hasta el punto en que la salida de efectivo adicional ocasionara que la probabilidad de insolvencia fuera igual a la tolerancia de riesgo establecida por la administración. Observe que el método de análisis simplemente brinda un medio para evaluar el efecto de aumentos en la deuda sobre el riesgo de insolvencia. Con base en esta información, la administración llegaría al nivel de deuda más apropiado.

El análisis de la capacidad del flujo de efectivo de la empresa para pagar los cargos fijos financieros es quizá la mejor manera de analizar el riesgo financiero, pero existe una pregunta real con respecto a si todos (o la mayoría de) los participantes en los mercados financieros analizan una compañía de la misma manera. Los prestamistas y los inversionistas institucionales meticulosos sin duda analizan la cantidad de cargos financieros fijos y evalúan el riesgo financiero de conservar la capacidad de la empresa para servir estos cargos. Sin embargo, los inversionistas individuales pueden juzgar el riesgo financiero más por las proporciones de deuda en el valor en libros y el capital accionario. Puede haber o no una correspondencia razonable entre la razón de deuda al capital accionario y la cantidad de cargos fijos con respecto a la capacidad del flujo de efectivo de la empresa para satisfacer los cargos. Algunas empresas pueden tener razones entre deuda y capital accionario relativamente altas, pero una capacidad sustancial del flujo de efectivo para pagar la deuda. En consecuencia, el análisis de razones entre deuda y capital accionario, por sí solo, puede ser engañoso, y el análisis de la magnitud y la estabilidad de los flujos de efectivo con respecto a los cargos fijos financieros es sumamente importante para determinar la mezcla financiera apropiada para la empresa.

Otros métodos de análisis

● ● ● Comparación de las razones de la estructura de capital

Otro método para analizar la mezcla financiera adecuada para una compañía es evaluar la **estructura de capital** de otras compañías que tienen un riesgo de negocios similar. Las compañías consideradas en esta comparación son a menudo las de la misma industria. Si la empresa está contemplando una estructura de capital significativamente diferente a la de compañías similares, este hecho será sobresaliente en el mercado de valores, lo cual no quiere decir que la empresa esté equivocada. Otras compañías de la industria tal vez sean demasiado conservadoras en el uso de su deuda. La estructura de capital óptima para todas las compañías en la industria puede tener una proporción más alta entre deuda y capital accionario que el promedio de la industria. Como resultado, la empresa tal vez esté en condiciones de justificar más deuda que el promedio de la industria. Si el apalancamiento financiero de la empresa es notoriamente diferente en cualquier dirección, la compañía debe estar preparada para justificar su posición, ya que los analistas de inversiones y los acreedores tienden a evaluar a las empresas por sector industrial.

Existen amplias variaciones en el uso de apalancamiento financiero en las empresas. No obstante, una buena parte de la variación se elimina si se clasifican las empresas por su industria, porque hay una tendencia para las empresas en un sector industrial a agruparse cuando se trata de razones de deuda. Para las industrias seleccionadas, las razones entre deuda y valor neto para un periodo reciente se ven como sigue:

INDUSTRIA	DEUDA ENTRE VALOR NETO
Instrumentos ópticos y lentes (manufactura)	1.2
Preparaciones farmacéuticas (manufactura)	1.2
Plantas de empacado de carne (manufactura)	1.8
Componentes electrónicos (manufactura)	1.8
Alfombras y tapetes (manufactura)	1.9
Gabinetes de madera para cocina (manufactura)	2.9
Estaciones de servicio de gasolina (venta)	3.2
Contratistas generales (negocios familiares)	5.0

Mientras que los fabricantes de instrumentos ópticos y las compañías farmacéuticas no usan mucho apalancamiento financiero, los contratistas generales recurren ampliamente al endeudamiento para financiar sus proyectos. De manera que al hacer comparaciones de estructura de capital, analice a otras compañías en la misma industria. En resumen, compare manzanas con manzanas y no manzanas con naranjas.

● ● ● Investigación de analistas de inversiones y prestamistas

La empresa puede beneficiarse al hablar con analistas de inversiones, inversionistas institucionales y ejecutivos de banca de inversión para obtener sus puntos de vista sobre las cantidades apropiadas de apalancamiento financiero. Estos analistas examinan muchas compañías y están en el negocio de recomendar acciones. Por consiguiente, influyen en el mercado financiero. Sus opiniones con respecto a cómo evalúa el mercado el apalancamiento financiero serán valiosas. Asimismo, una empresa querrá entrevistar a los prestamistas para ver cuánta deuda puede aceptar antes de que el costo del préstamo se eleve. Por último, es posible que la administración de una empresa haya desarrollado cierto "sentido" de lo que ocurre con el precio de mercado de las acciones de la compañía cuando ha emitido deuda en el pasado.

● ● ● Clasificación de valores

El gerente de finanzas debe considerar el efecto de una alternativa de financiamiento sobre la clasificación de sus valores. Siempre que una compañía vende deuda o acciones preferenciales a los inversionistas públicos, en vez de recurrir a los prestamistas privados como los bancos, debe hacer que califiquen su emisión en uno o más servicios de clasificación. Las principales agencias de clasificación

Tabla 16.5				
	MOODY'S INVESTORS SERVICE		STANDARD & POOR'S	
Aaa	Mejor calidad	AAA	Grado más alto	
Aa	Alta calidad	AA	Alto grado	
A	Grado arriba del medio	A	Grado medio alto	
Baa	Grado medio	BBB	Grado medio	
Ba	Posee elementos especulativos	BB	Especulativo	
B	Falta general de características de inversión deseable	B	Muy especulativo	
Caa	Mala posición: puede estar en incumplimiento	CCC-CC	Especulación absoluta	
Ca	Altamente especulativo; suele no cumplir	C	Petición de bancarrota entregada	
C	Grado más bajo	D	En incumplimiento de pago	

Clasificaciones de agencias de inversión

Nota: Las cuatro primeras categorías indican valores "con calidad para inversión"; las categorías que aparecen debajo de la línea punteada están reservadas para valores que no califican como buenas inversiones.

son Moody's Investors Service y Standard & Poor's. El emisor de nuevos valores corporativos contrata a la agencia para evaluar la emisión en cuanto a calidad, al igual que para actualizar la calificación durante la vida de la emisión. Por este servicio, el emisor paga una cuota. Además, la agencia cobra la suscripción a su publicación de calificaciones. Aunque la calificación de una nueva emisión es actual, los cambios en la clasificación de los valores existentes tienden a atrasarse con respecto a los eventos que inducen el cambio.

Ambas agencias usan casi las mismas letras para calificar. Las calificaciones de Moody's y Standard & Poor's, al igual que sus descripciones breves, se presentan en la tabla 16.5. Al calificar, las agencias intentan jerarquizar las emisiones en el orden de la probabilidad de incumplimiento percibida. Los valores de grado más alto, que se consideran con un riesgo de incumplimiento despreciable, se califican con AAA.

Las calificaciones de crédito en las primeras cuatro categorías (para Moody's, Aaa-Baa; para Standard & Poor's, AAA-BBB) se consideran calidad "grado de inversión", mientras las calificaciones en las otras categorías significan "grado especulativo". Las calificaciones de las agencias gozan de respeto y son reconocidas por varias agencias regulatorias de gobierno como medidas de riesgo de incumplimiento. De hecho, muchos inversionistas las aceptan sin investigar más el riesgo de incumplimiento.

Las agencias calificadoras analizan varios aspectos antes de asignar una calificación: niveles y tendencias en las razones de liquidez, deuda, rentabilidad y cobertura; el riesgo de la empresa, tanto histórico como esperado; requerimientos de capital presentes y futuros posibles; características específicas asociadas con el instrumento que se emite, y tal vez lo más importante, la capacidad del flujo de efectivo de la empresa para pagar el interés y el principal. Si se contempla una oferta pública de valores, el gerente de finanzas debe estar consciente de las calificaciones cuando determina cuánto apalancamiento financiero es adecuado. Si el hecho de optar por deuda adicional baja la calificación de los valores de la empresa de un grado de inversión a un grado especulativo (convirtiendo el valor en poco recomendable para invertir), el gerente deberá estudiar este factor antes de tomar una decisión.

Combinación de métodos

Hemos visto que la variabilidad en las ventas y los costos de producción, aunada al apalancamiento operativo, afecta la variabilidad de la ganancia operativa y, por ende, el riesgo de negocios de una empresa. Además de incurrir en riesgo de negocios, muchas empresas conscientemente se exponen al riesgo financiero usando apalancamiento financiero en menor o mayor grado. La mayor parte de este capítulo se ha dedicado a examinar métodos de análisis que se relacionan con la pregunta: a la luz del riesgo de negocios de una empresa, ¿cuál es la cantidad apropiada de apalancamiento financiero para una compañía? Los métodos estudiados incluyen realizar un análisis UAII-UPA, evaluar la capacidad de los flujos de efectivo de la empresa para pagar los cargos financieros fijos, comparar las razones de estructura de capital de otras compañías con riesgo de negocios similar, entrevistar a analistas de inversiones y prestamistas, y evaluar el efecto de una decisión de apalancamiento financiero en la calificación de los valores de la empresa. Además de la información que ofrecen estas técnicas, el gerente de finanzas querrá conocer los diferentes costos de interés para varios niveles de endeudamiento. La estructura de vencimiento de la deuda también es importante, pero nos ocuparemos de esto más adelante en el libro. Aquí nos enfocamos sólo en el tema amplio de la cantidad de apalancamiento financiero que conviene emplear. Todos los análisis deben guiarse por el marco conceptual presentado en el siguiente capítulo.

El costo implícito del apalancamiento financiero —es decir, el efecto que el apalancamiento financiero tiene sobre el valor de las acciones ordinarias de la empresa— no es fácil de aislar y determinar. De todas maneras, al realizar varios análisis, el gerente de finanzas debe ser capaz de determinar, dentro de cierto rango, la estructura de capital adecuada para la empresa. Por necesidad, la decisión final tiene que ser algo subjetiva, pero debe basarse en la mejor información disponible. De esta manera, la empresa puede obtener la estructura de capital más adecuada para su situación, la que espera que maximice el precio de mercado de las acciones ordinarias de la empresa.

Puntos clave de aprendizaje

- El *apalancamiento* se refiere al uso de costos fijos en un intento por aumentar (o nivelar) la rentabilidad. El *apalancamiento operativo* se debe a los costos fijos de operación asociados con la producción de bienes y servicios, mientras que el *apalancamiento financiero* se debe a la existencia de costos fijos de financiamiento, en particular, el interés sobre la deuda. Ambos tipos de apalancamiento afectan el nivel y la variabilidad de las utilidades después de impuestos de la empresa y, por lo tanto, su riesgo y rendimiento globales.

- Podemos estudiar la relación entre los costos operativos totales y los ingresos totales usando una *gráfica de punto de equilibrio*, que muestra la relación entre los ingresos totales, los costos operativos totales y las ganancias operativas para varios niveles de producción y ventas.

- El *punto de equilibrio* es el volumen de ventas requerido para que los ingresos totales y los costos totales sean iguales. Puede expresarse en unidades o en dólares de ventas.

- Una medida cuantitativa de la sensibilidad de las ganancias operativas de una empresa a un cambio en sus ventas se llama *grado de apalancamiento operativo (GAO)*. El GAO de una empresa para un nivel dado de producción (ventas) es el cambio porcentual en la ganancia operativa entre el cambio porcentual en la producción (ventas) que ocasiona el cambio en las ganancias. Cuanto más cerca de su punto de equilibrio opere una empresa, más alto será el valor absoluto de su GAO.

- El grado de apalancamiento operativo contribuye sólo como un componente del riesgo de negocios global de la empresa. Los otros factores principales que dan lugar al riesgo de negocios son la variabilidad y la incertidumbre en las ventas y los costos de producción. El grado de apalancamiento operativo de una empresa magnifica el efecto de estos otros factores sobre la variabilidad de las ganancias operativas.

- El apalancamiento financiero es el segundo paso de un proceso de magnificación. En el paso uno, el apalancamiento operativo magnifica el efecto de los cambios en las ventas sobre los cambios en la ganancia operativa. En el paso dos, el apalancamiento financiero se puede usar para magnificar aún más el efecto de cualesquiera cambios resultantes en la ganancia operativa sobre los cambios en las utilidades por acción.

- El *análisis de punto de equilibrio UAII-UPA*, o de *indiferencia*, sirve para estudiar el efecto de las alternativas de financiamiento sobre las utilidades por acción. El punto de equilibrio es el nivel de UAII en el que la UPA es igual para dos (o más) alternativas. Cuanto más alto sea el nivel esperado de UAII, suponiendo que excede el punto de indiferencia, mayor razón habrá para el financiamiento con deuda, si todo lo demás se mantiene igual. Además, el gerente de finanzas debe evaluar la probabilidad de que la UAII en el futuro, de hecho, sea menor que el punto de indiferencia.

- Una medida cuantitativa de la sensibilidad de las utilidades por acción a un cambio en la ganancia operativa de una empresa se llama *grado de apalancamiento financiero (GAF)*. El GAF para un nivel dado de ganancia operativa es el cambio porcentual en las utilidades por acción entre el cambio porcentual en la ganancia operativa que ocasiona el cambio en las utilidades por acción.

- El *riesgo financiero* engloba tanto el riesgo de la posible insolvencia como la variabilidad "agregada" en las utilidades por acción inducida por el uso de apalancamiento financiero.

- Cuando el apalancamiento financiero se combina con el apalancamiento operativo, el resultado se conoce como *apalancamiento total (o combinado)*. Una medida cuantitativa de la sensibilidad total de las utilidades por acción de una empresa a un cambio en sus ventas se llama *grado de apalancamiento total (GAT)*. El GAT de una empresa para un nivel dado de producción (ventas) es igual al cambio porcentual en las utilidades por acción entre el cambio porcentual en la producción (ventas) que ocasiona el cambio en las utilidades por acción.

● Al intentar determinar el apalancamiento financiero apropiado para una empresa debe evaluarse la capacidad de su flujo de efectivo para pagar la deuda. La *capacidad de endeudamiento* de una empresa se puede evaluar analizando las razones de cobertura y la probabilidad de insolvencia para varios niveles de deuda.

● Otros métodos para analizar la mezcla de financiamiento adecuada para una compañía incluyen comparar las razones de estructura de capital de otras compañías con riesgo

de negocios similar, entrevistar a analistas de inversiones y prestamistas, y evaluar el efecto de una decisión de apalancamiento financiero sobre la calificación de los valores de la empresa. Al decidir la estructura de capital apropiada deben tomarse en cuenta todos estos factores. Además, ciertos conceptos que implican la valuación deben guiar la decisión. Estos conceptos se estudiarán en el siguiente capítulo.

Preguntas

1. Defina *apalancamiento operativo* y *grado de apalancamiento operativo (GAO)*. ¿Cuál es la relación entre ellos?

2. Clasifique los siguientes costos de manufactura a corto plazo como típicamente fijos o típicamente variables. ¿Qué costos son variables según el criterio de la administración? ¿Algunos de estos costos son fijos a la larga?

   a) Seguros.
   b) Mano de obra directa.
   c) Pérdida por deuda incobrable.
   d) Investigación y desarrollo.
   e) Publicidad.
   f) Materias primas.
   g) Agotamiento de materiales.
   h) Depreciación.
   i) Mantenimiento.

3. ¿Cuál sería el efecto sobre el punto de equilibrio operativo de la empresa de los siguientes cambios individuales?

   a) Un incremento en el precio de venta.
   b) Un incremento en el salario mínimo pagado a los empleados de la compañía.
   c) Un cambio de depreciación lineal a depreciación acelerada.
   d) Un incremento en las ventas.
   e) Una política de crédito liberal con los clientes.

4. ¿Existen negocios que estén libres de riesgo?

5. Su amigo, Jacques Fauxpas, sugiere: "Las empresas con altos costos operativos fijos muestran fluctuaciones extremadamente drásticas en las ganancias operativas para cualquier cambio dado en el volumen de ventas". ¿Está de acuerdo con Jacques? ¿Por qué?

6. Se puede tener un alto grado de apalancamiento operativo (GAO) y aun así tener un bajo riesgo de negocios. ¿Por qué? Asimismo, se puede tener un GAO bajo y aun así tener un alto riesgo de negocios. ¿Por qué?

7. Defina *apalancamiento financiero* y *grado de apalancamiento financiero (GAF)*. ¿Cuál es la relación entre ellos?

8. Analice las similitudes y diferencias entre el apalancamiento financiero y el apalancamiento operativo.

9. ¿Puede analizarse cuantitativamente el concepto de apalancamiento financiero? Explique.

10. La gráfica de UAII-UPA sugiere que a una razón de deuda más alta corresponden mayores utilidades por acción para cualquier nivel de UAII por arriba del punto de indiferencia. ¿Por qué las empresas algunas veces eligen financiamientos alternativos que no maximizan la UPA?

11. ¿Por qué el porcentaje de deuda para una empresa de servicio de energía eléctrica es más alto que el de una compañía manufacturera típica?

12. ¿La razón de deuda a capital accionario es un buen sustituto del riesgo financiero según lo representa la capacidad del flujo de efectivo de una compañía para pagar la deuda? ¿Por qué?

13. ¿Cómo puede una compañía determinar en la práctica si tiene demasiado endeudamiento? ¿Y muy poco endeudamiento?

14. ¿Cómo se pueden usar las razones de cobertura para determinar una cantidad adecuada de deuda? ¿Existen reglas abreviadas para el uso de estas razones?

15. En el apalancamiento financiero, ¿por qué no sólo se aumenta el apalancamiento siempre que la empresa pueda ganar más con el empleo de los fondos proporcionados que lo que cuestan? ¿No aumentarían las utilidades por acción?

16. Describa cómo una compañía podría determinar su capacidad de endeudamiento aumentando su deuda hipotéticamente hasta que la probabilidad de quedarse sin efectivo llegue a cierto grado de tolerancia.

17. ¿Cómo puede la calificación de los bonos de una compañía influir en una decisión de estructura de capital?

Problemas para autoevaluación

1. Stallings Specialty Paint Company tiene costos fijos de operación de $3 millones al año. Los costos variables de operación son de $1.75 por cada media pinta de pintura producida, y el precio de venta promedio es $2 por media pinta.

  a) ¿Cuál es el punto de equilibrio operativo anual en términos de medias pintas (Q_{PE})? ¿Y en dólares de ventas (V_{PE})?

  b) Si los costos variables de operación disminuyen a $1.68 por media pinta, ¿qué pasa con el punto de equilibrio operativo (Q_{PE})?

  c) Si los costos fijos aumentan a $3.75 millones por año, ¿cuál sería el efecto sobre el punto de equilibrio operativo (Q_{PE})?

  d) Calcule el grado de apalancamiento operativo (GAO) para el nivel actual de ventas de 16 millones de medias pintas.

  e) Si se espera que las ventas aumenten 15% de la posición actual de 16 millones de medias pintas, ¿cuál sería el cambio porcentual resultante en la ganancia operativa (UAII) a partir de esta posición?

2. Gahlon Gearing, Ltd., tiene un GAO de 2 para el nivel actual de producción y ventas de $10,000 unidades. El ingreso operativo resultante es $1,000.

  a) Si se espera que las ventas aumenten 20% con respecto a esta posición de ventas de 10,000 unidades, ¿cuál sería la cifra de ganancia operativa resultante?

  b) Para la nueva posición de ventas de la compañía de 12,000 unidades, ¿cuál será el "nuevo" GAO de la empresa?

3. En la actualidad, David Ding Baseball Bat Company tiene $3 millones de deuda, con un interés del 12 por ciento. Desea financiar un programa de expansión de $4 millones y está considerando tres alternativas: deuda adicional al 14% de interés (opción 1), acciones preferenciales con 12% de dividendos (opción 2), y venta de acciones ordinarias a $16 por acción (opción 3). La compañía tiene 800,000 acciones ordinarias en circulación y está en la categoría del 40% de impuestos.

  a) Si los ingresos antes de interés e impuestos son ahora $1.5 millones, ¿cuáles serían las utilidades por acción para las tres opciones, suponiendo que no hay un incremento inmediato en la ganancia operativa?

  b) Desarrolle una gráfica de punto de equilibrio o de indiferencia para estas alternativas. ¿Cuáles son los puntos de indiferencia aproximados? Para verificar uno de estos puntos, determine matemáticamente el punto de indiferencia entre el plan de deuda y el plan de acciones ordinarias. ¿Cuáles son las intersecciones en el eje horizontal?

  c) Calcule el grado de apalancamiento financiero (GAF) para cada opción al nivel de UAII esperado de $1.5 millones.

  d) ¿Qué opción prefiere? ¿Cuánto deberá aumentar la UAII antes de que la siguiente opción sea "mejor" (en términos de UPA)?

4. Demuestre cómo obtener la ecuación (16.8),

$$GAO_{Q\,unidades} = \frac{Q(P - V)}{Q(P - V) - CF} = \frac{Q}{Q - Q_{PE}}$$

a partir de la ecuación (16.7),

$$\frac{\text{Grado de apalancamiento operativo (GAO)}}{\text{con } Q \text{ unidades de producción (o ventas)}} = \frac{\text{Cambio porcentual en la ganancia operativa (UAII)}}{\text{Cambio porcentual en la producción (o ventas)}}$$

5. Archimedes Torque and Gear Company tiene $7.4 millones en deuda a largo plazo con el siguiente programa de pagos:

	CANTIDAD
Serie de bonos al 15%, $100,000 pagaderos anualmente en capital	$2,400,000
Bonos de primera hipoteca al 13%, $150,000 pagaderos anualmente en capital	3,000,000
Certificados de inversión al 18%, sólo interés hasta el vencimiento en 10 años	2,000,000
	$7,400,000

Las acciones ordinarias de Archimedes tienen valor en libros de $8.3 millones y valor de mercado de $6 millones. La tasa de impuestos corporativa, federal y estatal, es del 50 por ciento. El negocio de Archimedes es cíclico; su UAII esperada es de $2 millones, con desviación estándar de $1.5 millones. La razón promedio entre deuda y capital accionario de otras compañías es 0.47.

a) Determine las razones de cobertura de interés y de servicio de deuda para la compañía.

b) ¿Cuáles son las probabilidades de que estas dos razones bajen de 1:1?

c) ¿Tiene Archimedes demasiada deuda?

6. Aberez Company y Vorlas Vactor, Inc., tienen las siguientes características financieras:

	ABEREZ		VORLAS VACTOR	
	Compañía	Norma de la industria	Compañía	Norma de la industria
Deuda a capital accionario	1.10	1.43	0.78	0.47
Calificación de bonos	Aa	A	Ba	Baa
Cobertura de interés	6.10	5.70	7.30	7.10
Efectivo y valores comerciales a activos totales	0.08	0.07	0.10	0.13

Con base en estos datos, ¿qué compañía tiene el mayor grado de riesgo financiero? ¿Por qué?

Problemas

1. Andrea S. Fault Seismometer Company es una empresa financiada en su totalidad con capital accionario. Tiene ingresos mensuales después de impuestos de $24,000 sobre ventas de $880,000. La tasa de impuestos de la compañía es del 40 por ciento. El único producto de la compañía, el sismómetro de escritorio, se vende en $200, de los cuales $150 son costos variables.

a) ¿Cuál es el costo fijo operativo mensual de la compañía?

b) ¿Cuál es el punto de equilibrio operativo mensual en unidades? ¿En dólares?

c) Calcule y grafique el grado de apalancamiento operativo (GAO) contra la cantidad producida y vendida para los siguientes niveles posibles de ventas mensuales: 4,000 unidades; 4,400 unidades; 4,800 unidades; 5,200 unidades; 5,600 unidades, y 6,000 unidades.

d) ¿Qué le dice la gráfica que dibujó (véase el inciso *c*) —y en especial el GAO de la compañía para la cifra de ventas actual— acerca de la sensibilidad de las ganancias operativas de la compañía a los cambios en ventas?

2. ¿Cuál sería el efecto de lo siguiente sobre el punto de equilibrio de Andrea S. Fault Company (problema 1)?

a) Un incremento en el precio de venta de $50 por unidad (suponga que el volumen de ventas permanece constante).

b) Una disminución en los costos fijos de operación de $20,000 por mes.

c) Una disminución en los costos variables de $10 por unidad y un aumento en los costos fijos de $60,000 por mes.

3. Crazy Horse Hotel tiene capacidad en sus establos para 50 caballos. La cuota por albergar un caballo es de $100 al mes. El total de costos fijos de operación (mantenimiento, depreciación y otros) es de $1,200 al mes. Los costos variables de operación por caballo son $12 al mes para alfalfa y cuidados para pernoctar, y $8 al mes para compra de granos.

a) Determine el punto de equilibrio operativo mensual (en caballos en el establo).

b) Calcule la ganancia operativa mensual si se recibe un promedio de 40 caballos.

4. Cybernauts, Ltd., es una nueva empresa que desea determinar una estructura de capital apropiada. Puede emitir 16% de deuda o 15% de acciones preferenciales. La capitalización total de la

compañía será de $5 millones y puede vender acciones comunes a $20 la acción. Se espera que la compañía tenga una tasa de impuestos del 50% (federales más estatales). Se están considerando cuatro estructuras de capital posibles, como sigue:

PLAN	DEUDA	PREFERENCIALES	CAPITAL ACCIONARIO
1	0%	0%	100%
2	30	0	70
3	50	0	50
4	50	20	30

a) Construya una gráfica de UAII-UPA para los cuatro planes. (Se espera que la UAII sea de $1 millón). Asegúrese de identificar los puntos de indiferencia relevantes y determine las intersecciones en el eje horizontal.

b) Con la ecuación (16.12), verifique el punto de indiferencia de la gráfica entre los planes 1 y 3, y entre los planes 3 y 4.

c) Calcule el grado de apalancamiento financiero (GAF) para cada alternativa para un nivel de UAII esperado de $1 millón.

d) ¿Cuál plan es mejor? ¿Por qué?

5. Hi-Grade Regulator Company tiene actualmente 100,000 acciones ordinarias en circulación con un precio de mercado de $60 por acción. También tiene $2 millones en bonos al 6 por ciento. La compañía está considerando un programa de expansión de $3 millones que puede financiar en su totalidad con acciones ordinarias a $60 por acción (opción 1), bonos directos al 8% de interés (opción 2), acciones preferenciales al 7% (opción 3), y la mitad en acciones ordinarias a $60 por acción y la mitad en bonos al 8% (opción 4).

a) Para un nivel esperado de UAII de $1 millón después del programa de expansión, calcule las utilidades por acción para cada método alternativo de financiamiento. Suponga una tasa de impuestos del 50 por ciento.

b) Construya una gráfica UAII-UPA. Calcule los puntos de indiferencia entre las alternativas. ¿Cuál es su interpretación de los puntos?

6. Hi-Grade Regulator Company (véase el problema 5) espera que el nivel de UAII después de la expansión sea de $1 millón, con una probabilidad de dos tercios de que se ubique entre $600,000 y $1,400,000.

a) ¿Qué alternativa de financiamiento prefiere? ¿Por qué?

b) Suponga que el nivel esperado de UAII es de $1.5 millones y que existe una probabilidad de dos tercios de que se ubique entre $1.3 y $1.7 millones. ¿Qué alternativa de financiamiento prefiere? ¿Por qué?

7. Fazio Pump Corporation tiene actualmente 1.1 millones de acciones ordinarias en circulación y $8 millones en deuda con una tasa de interés del 10% en promedio. Está considerando un programa de expansión de $5 millones financiado con acciones ordinarias realizadas a $20 por acción (opción 1), o deuda con una tasa de interés del 11% (opción 2), o acciones preferenciales con tasa de dividendos del 10% (opción 3). Se espera que las utilidades antes de interés e impuestos (UAII) después de reunir los nuevos fondos sean de $6 millones; la tasa de impuestos de la compañía es del 35 por ciento.

a) Determine las utilidades probables por acción después del financiamiento a partir de las tres alternativas.

b) ¿Qué pasaría si la UAII fuera de $3 millones? ¿De 4 millones? ¿De 8 millones?

c) ¿Qué pasaría en las condiciones originales si la tasa de impuestos fuera del 46%? ¿Y si la tasa de interés sobre la nueva deuda fuera del 8% y la tasa de dividendos de las acciones preferenciales fuera del 7%? ¿Y si las acciones ordinarias se pudieran vender en $40 por acción?

8. Boehm-Gau Real Estate Speculators, Inc., y Northern California Electric Utility Company tienen las siguientes cifras de UAII y de carga de servicio de deuda:

	BOEHM-GAU	NORTHERN CALIFORNIA
UAII esperada	$5,000,000	$100,000,000
Interés anual	1,600,000	45,000,000
Pagos anuales de deuda al principal	2,000,000	35,000,000

La tasa de impuestos para Boehm-Gau es del 40% y para Northern California Electric Utility es del 36 por ciento. Calcule las razones de cobertura de interés y de servicio de deuda para las dos compañías. ¿Con cuál compañía se sentiría mejor si usted fuera prestamista? ¿Por qué?

9. Las razones de deuda de cuatro compañías son

COMPAÑÍA	DEUDA TOTAL/ ACTIVOS TOTALES	DEUDA A LARGO PLAZO/ CAPITALIZACIÓN TOTAL*
A	0.56	0.43
B	0.64	0.66
C	0.47	0.08
D	0.42	0.26

*La capitalización total representa deuda a largo plazo más capital accionario.

Las compañías son parte de las siguientes industrias: supermercados, química, del vestido y aerolíneas (no en ese orden). Indique la correspondencia de cada compañía con la industria respectiva.

Soluciones a los problemas para autoevaluación

1. *a)* $Q_{PE} = \dfrac{\$3M}{(\$2.00 - \$1.75)} =$ **12 millones de medias pintas**

$V_{PE} = \dfrac{\$3M}{1 - (\$1.75/\$2.00)} =$ **\$24 millones en ventas anuales**

b) $Q_{PE} = \dfrac{\$3M}{(\$2.00 - \$1.68)} =$ **9.375 millones de medias pintas**

c) $Q_{PE} = \dfrac{\$3.75M}{(\$2.00 - \$1.75)} =$ **15 millones de medias pintas**

d) $GAO_{16 \text{ millones de unidades}} = \dfrac{16M}{(16M - 12M)} =$ **4**

e) $(15\%) \times 4 =$ **60% de incremento en UAII**

2. *a)* (Cambio porcentual en ventas) × GAO = cambio porcentual en UAII
$(20\%) \times 2 = 40\%$ de cambio en UAII
Por lo tanto, $\$1,000 \times (1 + 0.40) =$ **\$1,400**

b) $GAO_{10,000 \text{ unidades}} = \dfrac{10,000}{10,000 - Q_{PE}} =$ **2**

Por lo tanto, Q_{PE} debe ser igual a 5,000 unidades.

$GAO_{12,000 \text{ unidades}} = \dfrac{12,000}{12,000 - 5,000} =$ **1.7**

3. *a)* (Se omitieron 000)

	DEUDA	ACCIONES PREFERENCIALES	ACCIONES ORDINARIAS
Ganancia operativa (UAII)	$1,500	$1,500	$1,500
Interés sobre deuda existente	360	360	360
Interés sobre deuda nueva	560	–	–
Ganancia antes de impuestos	$ 580	$1,140	$1,140
Impuestos	232	456	456
Ganancia después de impuestos	$ 348	$ 684	$ 684
Dividendos de acciones preferenciales	–	480	–
Ingresos disponibles para los accionistas ordinarios	$ 348	$ 204	$ 684
Número de acciones	800	800	1,050
Utilidades por acción	**$0.435**	**$0.255**	**$0.651**

b)

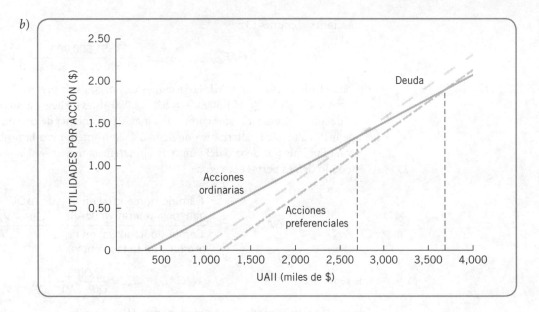

Aproxime los puntos de indiferencia:

Deuda (1) y acciones ordinarias (3): **$2.7 millones en UAII**
Acciones preferenciales (2) y ordinarias (3): **$3.7 millones en UAII**

La deuda domina a las acciones preferenciales por el mismo margen en todos los casos. No hay punto de indiferencia entre estas dos alternativas de financiamiento.

Matemáticamente, el punto de indiferencia entre la deuda (1) y las acciones ordinarias (3), con los tres ceros omitidos, es

$$\underset{Deuda\ (1)}{\frac{(UAII_{1,3} - \$920)(1 - 0.40) - 0}{800}} = \underset{Acciones\ ordinarias\ (3)}{\frac{(UAII_{1,3} - \$360)(1 - 0.40) - 0}{1,050}}$$

Al efectuar la multiplicación cruzada y reacomodar términos se obtiene

$$(UAII_{1,3})(0.60)(1,050) - (\$920)(0.60)(1,050) = (UAII_{1,3})(0.60)(800) - (\$360)(0.60)(800)$$
$$(UAII_{1,3})(630) - (\$579,600) = (UAII_{1,3})(480) - (\$172,800)$$
$$(UAII_{1,3})(150) = \$406,800$$
$$UAII_{1,3} = \textbf{\$2,712}$$

Observe que para la alternativa de deuda, el total antes de interés e impuestos es *$920*, y ésta es la intersección en el eje horizontal. Para las acciones preferenciales, dividimos $480 entre $(1 - 0.4)$ para obtener $800. Cuando esto se suma a $360 del interés sobre la deuda existente, la intersección se convierte en *$1,160*.

c) Deuda (1):

$$GAF_{UAII\ de\ \$1.5\ millones} = \frac{\$1,500,000}{\$1,500,000 - \$920,000} = \textbf{2.59}$$

Acciones preferenciales (2):

$$GAF_{UAII\ de\ \$1.5\ millones} = \frac{\$1,500,000}{\$1,500,000 - \$360,000 - [\$480,000/(1 - 0.40)]} = \textbf{4.41}$$

Acciones comunes (3):

$$GAF_{UAII \, de \, \$1.5 \, millones} = \frac{\$1,500,000}{\$1,500,000 - \$360,000} = \mathbf{1.32}$$

d) Para el nivel actual de UAII, las acciones ordinarias son preferibles. La UAII necesitaría aumentar a $2,712,000 - $1,500,000 = **$1,212,000** antes de llegar a un punto de indiferencia con la deuda. Uno deseará estar confortablemente por encima de este punto de indiferencia antes de inclinarse por la alternativa de deuda. Cuanto menor sea la probabilidad de que la UAII real se ubique por debajo del punto de indiferencia, mayor será la preferencia por la deuda, si todo lo demás permanece igual.

4.

$$GAO_{Q \, unidades} = \frac{\text{Cambio porcentual en la ganancia operativa (UAII)}}{\text{Cambio porcentual en la producción (o las ventas)}} = \frac{\left[\frac{\Delta Q(P - V)}{Q(P - V) - CF}\right]}{\Delta Q/Q}$$

que se reduce a

$$GAO_{Q \, unidades} = \frac{Q(P - V)}{Q(P - V) - CF}$$

Dividiendo numerador y denominador entre $(P - V)$ nos da

$$GAO_{Q \, unidades} = \frac{Q}{Q - [CF/(P - V)]} = \frac{Q}{Q - Q_{PE}}$$

5. *a*) El interés total anual se determina como sigue:

15% de $2.4 millones	=	$ 360,000
13% de $3.0 millones	=	390,000
18% de $2.0 millones	=	360,000
		$1,110,000

Razón de cobertura de interés = $2,000,000/$1,110,000 = **1.80**

Pagos anuales totales al principal = $100,000 + $150,000 = $250,000

$$\text{Razón de cobertura del servicio de la deuda} = \frac{\$2,000,000}{\$1,110,000 + [\$250,000/(1 - 0.50)]} = \mathbf{1.24}$$

b) Desviación requerida de la UAII con respecto a su valor medio antes de que la razón en cuestión sea 1:1,

Cobertura de interés: $1,110,000 - $2,000,000 = -$890,000

Cobertura de pago de deuda: $1,610,000 - $2,000,000 = -$390,000

Al estandarizar cada desviación con respecto a su media obtenemos los siguientes valores Z:

Cobertura de interés: $\dfrac{-\$890,000}{\$1,500,000} = -0.593$ desviaciones estándar (a la izquierda de la media)

Cobertura de servicio de la deuda: $\dfrac{-\$390,000}{\$1,500,000} = -0.260$ desviaciones estándar (a la izquierda de la media)

La tabla V del apéndice al final del libro permite determinar la proporción del área bajo la curva normal que está a Z desviaciones estándar a la izquierda de la media. Esta proporción corresponde a la probabilidad de que ocurra una cifra de UAII que produzca razones de cobertura menores que 1:1. Para las razones de cobertura de interés y de cobertura del servicio de la deuda menores que 1:1, estas probabilidades son aproximadamente 28% y 40%, respectivamente. Estas probabilidades suponen que la distribución de la UAII posible es normal.

c) Existe una probabilidad sustancial, 40%, de que la compañía no pueda cubrir sus pagos de interés y principal. Su razón de deuda (usando valores en libros o de mercado) es mucho más alta que la norma de la industria de 0.47. Aunque la información es limitada, con base en lo que sabemos, parecería que la empresa Archimedes tiene demasiada deuda. Sin embargo, otros factores, como la liquidez, podrían mitigar esta conclusión.

6. Aberez tiene una razón de deuda menor que la norma de su industria. Vorlas tiene una razón más alta con respecto a su industria. Ambas compañías exceden modestamente las normas de su industria con respecto a la cobertura de interés. La menor razón de deuda a capital accionario y la cobertura de interés más alta para el sector industrial de Vorlas sugieren que su industria puede tener más riesgo de negocios que la industria en la que opera Aberez. La razón de liquidez de Aberez es más alta que la norma de su industria, mientras que para Vorlas es menor que la de su industria. Aunque las tres razones financieras para Vorlas son mejores que las de Aberez, son menores con respecto a la norma de su industria. Por último, la calificación de los bonos de Aberez (grado Aa y más alta que la norma de su industria) es mucho mejor que para los de Vorlas. La calificación de los bonos de Vorlas es un grado menor que el menor de los grados para bonos calificados para inversión. También es menor que la calificación de bonos típica de una compañía en su industria. Si los estándares de la industria son una representación razonable del negocio y el riesgo financiero subyacentes, diríamos que Vorlas tiene un grado de riesgo mayor.

Referencias seleccionadas

Donaldson, Gordon. *Corporate Debt Capacity*. Boston: Division of Research, Harvard Business School, 1961.

_____. "Strategy for Financial Emergencies". *Harvard Business Review* 47 (noviembre-diciembre, 1969), 67-79.

Gahlon, James. "Operating Leverage as a Determinant of Systematic Risk". *Journal of Business Research* 9 (septiembre, 1981), 297-308.

_____ y James Gentry. "On the Relationship Between Systematic Risk and the Degrees of Operating and Financial Leverage". *Financial Management* 11 (verano, 1982), 15-23.

Harvey, Campbell R. y John R. Graham. "The Theory and Practice of Corporate Finance: Evidence from the Field". *Journal of Financial Economics* 60 (mayo/junio, 2001), 187-243.

Hong, Hai y Alfred Rappaport. "Debt Capacity, Optimal Capital Structure, and Capital Budgeting". *Financial Management* 7 (otoño, 1978), 7-11.

Levy, Haim y Robert Brooks. "Financial Break-Even Analysis and the Value of the Firm". *Financial Management* 15 (otoño, 1986), 22-26.

Myers, Stewart C. "Capital Structure Puzzle". *Journal of Finance* 39 (julio, 1984), 575-592.

Piper, Thomas R. y Wolf A. Weinhold. "How Much Debt Is Right for Your Company?" *Harvard Business Review* 60 (julio-agosto, 1982), 106-114.

Zivney, Terry L. "Alternative Formulations of Degrees of Leverage". *Journal of Financial Education* 26 (primavera, 2000), 77-81.

La parte VI del sitio Web del libro, *Wachowicz's Web World*, contiene vínculos a muchos sitios de finanzas y artículos en línea relacionados con los temas cubiertos en este capítulo. (http://web.utk.edu/~jwachowi/part6.html)

17

Determinación de la estructura de capital

Contenido

- **Panorama conceptual**
  Enfoque del ingreso operativo neto • Enfoque tradicional

- **Principio del valor total**
  Ilustración del respaldo del arbitraje

- **Presencia de imperfecciones del mercado y aspectos de incentivos**
  Costos de bancarrota • Costos de agencia • Deuda y el incentivo para administrar con eficiencia • Restricciones institucionales • Costos de las transacciones

- **Efecto de los impuestos**
  Impuestos corporativos • Incertidumbre de los beneficios del escudo fiscal • Impuestos corporativos más los personales

- **Impuestos e imperfecciones del mercado combinados**
  Costos de bancarrota, costos de agencia e impuestos • Efecto de imperfecciones adicionales

- **Señales financieras**
- **Tiempos y flexibilidad financiera**
- **Lista de verificación de financiamiento**
- **Puntos clave de aprendizaje**
- **Preguntas**
- **Problemas para autoevaluación**
- **Problemas**
- **Soluciones a los problemas para autoevaluación**
- **Referencias seleccionadas**

Objetivos

Después de estudiar el capítulo 17, usted será capaz de:

- Definir "estructura de capital".

- Explicar el enfoque de ingreso operativo neto (ION) para la estructura de capital y la valuación de una empresa, y calcular el valor de una empresa usando este enfoque.

- Explicar el enfoque tradicional para la estructura de capital y la valuación de una empresa.

- Analizar la relación entre apalancamiento financiero y el costo de capital según lo establecieron originalmente Modigliani y Miller (MM), y evaluar sus argumentos.

- Describir las distintas imperfecciones del mercado y otros factores del "mundo real" que tiendan a diluir la posición original de MM.

- Presentar varios argumentos razonables para creer que en teoría existe una estructura de capital óptima.

- Explicar cómo se pueden usar los cambios en la estructura financiera como señales financieras y dar algunos ejemplos.

"Cuando has eliminado lo imposible, lo que queda, no importa cuán improbable sea, debe ser la verdad".

—SHERLOCK HOLMES
El signo de los cuatro

Estructura de capital La mezcla (o proporción) del financiamiento a largo plazo permanente de una compañía representada por la deuda, las acciones preferenciales y las acciones ordinarias.

En el capítulo anterior estudiamos la pregunta de cuánta deuda debe tener una compañía en su estructura de capital. El rendimiento incremental esperado y el riesgo para los accionistas ordinarios engloban una gran parte de la respuesta. Ahora exploraremos los fundamentos de la valuación para la pregunta referente a la estructura de capital. Como veremos, una gran controversia rodea este aspecto. A pesar de la naturaleza no establecida del asunto, esperamos que esta presentación brinde el fundamento conceptual necesario para guiar al gerente financiero en las decisiones de estructura de capital.

A lo largo de nuestro análisis supondremos que las decisiones de administración referentes a la inversión y los activos de la empresa son constantes. Hacemos esto en un intento de aislar el efecto de un cambio en la mezcla de financiamiento sobre el precio por acción. El enfoque difiere del anterior en que ahora nos preocupa cómo se determinan los precios de los valores en los mercados financieros, esto es, cómo valúan a una compañía los proveedores de capital en relación con otras empresas cuando la compañía cambia su estructura de capital. Veremos que las imperfecciones del mercado financiero tienen un papel importante en este proceso de valuación. Por sencillez, consideramos sólo el financiamiento de deuda contra capital accionario, aunque los principios estudiados se aplican también al financiamiento mediante acciones preferenciales.

Panorama conceptual

La pregunta clave que nos ocupa es si una empresa puede afectar su valuación total (deuda más capital accionario) y su costo de capital al cambiar su mezcla de financiamiento. Debemos tener cuidado de no confundir los efectos de un cambio en la mezcla de financiamiento con los resultados de las decisiones de la administración de inversiones o activos que toma la empresa. Por lo tanto, se supone que los cambios en la mezcla de financiamiento ocurren emitiendo deuda y con la recompra de acciones ordinarias, o emitiendo acciones ordinarias y retirando deuda. En lo que sigue, nuestra atención se dirige a lo que ocurre con la valuación total de la empresa y con su rendimiento requerido cuando varía la razón entre deuda y capital accionario o la cantidad relativa de apalancamiento financiero.

Para facilitar la ilustración, supongamos que nos ocupa una compañía cuyas ganancias no se espera que crezcan y que paga todas sus utilidades a los accionistas en la forma de dividendos. Más aún, suponemos que vivimos en un mundo en el que no hay impuestos sobre la renta. Más tarde se relajará esta suposición para considerar los aspectos fiscales del mundo real y manejaremos los impuestos como una imperfección del mercado financiero.

En el análisis que sigue nos concentraremos en tres tasas de rendimiento diferentes. La primera es

$$k_i = \frac{I}{B} = \frac{\text{Interés anual sobre la deuda}}{\text{Valor de mercado de la deuda circulante}} \qquad (17.1)$$

En esta ecuación, k_i es el rendimiento sobre la deuda de la compañía, suponiendo que esta deuda es perpetua.[1] La segunda tasa de rendimiento que nos ocupa es

$$k_e = \frac{E}{S} = \frac{\text{Utilidades disponibles para accionistas ordinarios}}{\text{Valor de mercado de acciones ordinarias en circulación}} \qquad (17.2)$$

---

[1]En el capítulo 4 vimos que el precio de un valor que se espera que dé una entrada periódica fija de R para siempre es $P = R/k$, donde k es el rendimiento sobre una inversión perpetua. Reacomodando términos, tenemos $k = R/P$, que es equivalente a la ecuación (17.1).

Con nuestras suposiciones de una empresa cuyas utilidades no se espera que crezcan y que tiene un pago de dividendos del 100%, su razón utilidades/precio representa la tasa de descuento del mercado que iguala el valor presente de la secuencia perpetua de dividendos futuros constantes esperados con el precio de mercado actual de las acciones ordinarias.[2] Esto no quiere decir que esta ecuación en particular deba usarse como regla general para describir el rendimiento requerido sobre el capital accionario (véase el capítulo 15). La usamos aquí sólo porque funciona para nuestra situación de ejemplo que tiene crecimiento cero, una situación elegida específicamente por su sencillez para ilustrar la teoría de estructura de capital. La tasa final considerada es

$$k_o = \frac{O}{V} = \frac{\text{Ingreso operativo neto}}{\text{Valor de mercado total de la empresa}} \qquad (17.3)$$

donde $V = B + S$ (esto es, el valor total de mercado de la empresa es la suma del valor de mercado de su deuda y el capital accionario) y $O = I + E$ (es decir, el ingreso operativo neto de la empresa es igual al interés pagado más las utilidades disponibles para los accionistas ordinarios). Aquí, k_o es una **tasa de capitalización** global para la empresa. Se define como el costo de capital promedio ponderado y también se puede expresar como

Tasa de capitalización La tasa de descuento usada para determinar el valor presente de una secuencia de flujos de efectivo futuros esperados.

$$k_o = k_i\left[\frac{B}{B+S}\right] + k_e\left[\frac{S}{B+S}\right] \qquad (17.4)$$

Queremos saber qué pasa con k_i, k_e y k_o cuando aumenta la cantidad de apalancamiento financiero, denotado por B/S.

● ● ● Enfoque del ingreso operativo neto

Enfoque del ingreso operativo neto (ION) (para la estructura de capital) Teoría de la estructura de capital en la que el costo de capital promedio ponderado y el valor total de la empresa permanecen constantes mientras que el apalancamiento financiero cambia.

Un enfoque para la valuación de los ingresos de una compañía se conoce como el **enfoque del ingreso operativo neto (ION)**. Para ilustrarlo, suponga que una empresa tiene una deuda de $1,000 al 10% de interés, que el ingreso operativo neto (ION o UAII) anual esperado es $1,000 y que la tasa de capitalización global, k_o, es del 15 por ciento. A partir de esta información, podemos calcular el valor de la empresa como sigue:

O	Ingreso operativo neto	$1,000
k_o	Tasa de capitalización global	÷0.15
V	Valor total de la empresa (O/k_o)	$6,667
B	Valor de mercado de la deuda	1,000
S	Valor de mercado de las acciones ($V - B$)	$5,667

Las utilidades disponibles para los accionistas ordinarios, E, es simplemente el ingreso operativo neto menos los pagos de interés, $O - I$, es decir $1,000 - $100 = **$900**. El rendimiento requerido implícito sobre el capital accionario es

$$k_e = \frac{E}{S} = \frac{\$900}{\$5,667} = \textbf{15.88\%}$$

Con este enfoque, el ingreso operativo neto se capitaliza (descuenta) a la tasa de capitalización de la empresa para obtener su valor total de mercado. El valor de mercado de la deuda se deduce entonces del valor total de mercado para obtener el valor de mercado de las acciones ordinarias. Observe que con este enfoque la tasa de capitalización global, k_o, al igual que el costo de los fondos de la deuda, k_i, permanece igual independientemente del apalancamiento empleado. Sin embargo, el rendimiento requerido sobre el capital accionario, k_e, aumenta linealmente con el apalancamiento financiero medido por B/S.

[2]Dividir el numerador y el denominador de la ecuación (17.2) entre el número de acciones en circulación revela que la tasa de descuento del mercado, en este caso, es equivalente a la razón utilidades/precio.

A manera de ejemplo, suponga que la empresa aumenta la cantidad de deuda de $1,000 a $3,000 y usa los fondos de la emisión de deuda para readquirir acciones ordinarias. Entonces la valuación de la empresa será la siguiente:

O	Ingreso operativo neto	$1,000
k_o	Tasa de capitalización global	÷0.15
V	Valor total de la empresa (O/k_o)	$6,667
B	Valor de mercado de la deuda	3,000
S	Valor de mercado de las acciones ($V - B$)	$3,667

Las utilidades disponibles para los accionistas ordinarios, E, son iguales al ingreso operativo neto menos los pagos de interés ahora más altos, o $1,000 − $300 = **$700**. El rendimiento requerido implícito sobre el capital accionario es

$$k_e = \frac{E}{S} = \frac{\$700}{\$3,667} = \textbf{19.09\%}$$

Vemos que el rendimiento requerido sobre el capital accionario, k_e, se incrementa cuando aumenta el apalancamiento. Este enfoque implica que la valuación total de la empresa no se ve afectada por la estructura de capital. La razón es que ambos (el ingreso operativo neto y la tasa de capitalización) aplicados a ese ingreso permanecen constantes frente a los cambios en la estructura de capital. La figura 17.1 muestra gráficamente el enfoque del ION.

Es importante observar que no sólo el valor total de la empresa permanece inalterable ante los cambios en el apalancamiento financiero; tampoco se ve afectado el precio de la acción. Para ilustrar esto, suponga que la empresa con una deuda de $1,000 tiene 100 acciones ordinarias en circulación. Por lo tanto, el precio de mercado por acción es de $5,667/100 = **$56.67**. Luego, la empresa emite una deuda adicional por $2,000 y, al mismo tiempo, readquiere $2,000 de acciones a $56.67 la acción, o 35.29 acciones si permitimos fracciones de acción. Ahora tiene 100 − 35.29 = **64.71** acciones en circulación. Vimos que el valor total del mercado de las acciones de la empresa después del cambio en la estructura de capital es de $3,667. Por consiguiente, el precio de mercado por acción es de $3,667/64.71 = **$56.67**, igual que antes del incremento en el apalancamiento financiero que resulta de la **recapitalización**.

Recapitalización
Una alteración de la estructura de capital de una empresa. Por ejemplo, la empresa puede vender bonos para obtener el efectivo necesario para la recompra de algunas de sus acciones ordinarias en circulación.

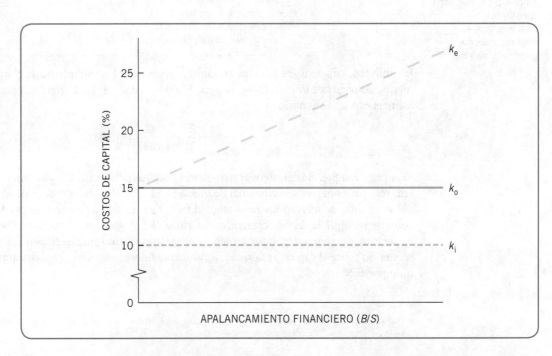

Figura 17.1

Enfoque de costos de capital e ingreso operativo neto (ION) para la estructura de capital

Deuda financiera

Nuestra compañía mantiene niveles de endeudamiento que consideramos prudentes según nuestros flujos de efectivo, la razón de cobertura de interés y el porcentaje de deuda con respecto al capital. Recurrimos al financiamiento mediante deuda para disminuir nuestro costo total de capital, lo cual aumenta nuestro rendimiento sobre el capital accionario.

Fuente: The Coca-Cola Company, Reporte anual 2006 (Forma 10-K), p. 59. Reproducido con permiso de The Coca-Cola Company.
"Coca-Cola", la botella de silueta y el listón dinámico son marcas registradas de The Coca-Cola Company.

La suposición crucial en este enfoque es que k_o es constante, independientemente de la cantidad de apalancamiento financiero. El mercado capitaliza el ingreso operativo neto de la empresa y con ello determina el valor de la empresa como un todo. El resultado es que la mezcla del financiamiento con deuda y con capital accionario no es importante. Un incremento en los fondos de deuda al parecer "menos costosos" se compensa de manera exacta con el incremento en la tasa de rendimiento requerida sobre el capital accionario, k_e. Entonces el promedio ponderado de k_e y k_i permanece constante cuando cambia el apalancamiento financiero. Al tiempo que una empresa aumenta el uso de apalancamiento financiero, se convierte en más riesgosa. Los inversionistas penalizan las acciones elevando el rendimiento requerido sobre el capital accionario directamente de acuerdo con el incremento en la razón entre deuda y capital accionario. Siempre y cuando k_i permanezca constante, k_e es una función lineal constante de la razón entre deuda y capital accionario (medida en términos del valor de mercado). Como el costo de capital de la empresa, k_o, no puede alterarse mediante apalancamiento financiero, el enfoque del ingreso operativo neto implica que no existe una estructura de capital óptima.

Hasta ahora, nuestro análisis del enfoque del ingreso operativo neto se ha limitado a las definiciones. Le falta la significancia del comportamiento. Dos teóricos de finanzas ganadores del Premio Nobel, Modigliani y Miller, ofrecieron un apoyo conductual para la independencia de la valuación total y el costo de capital de la empresa con respecto a su estructura de capital.[3] Sin embargo, antes de estudiar las implicaciones de su posición, examinaremos el llamado **enfoque tradicional** para la estructura de capital y la valuación.

Enfoque tradicional (para la estructura de capital) Teoría de estructura de capital en la que existe una estructura de capital óptima y donde la administración puede aumentar el valor total de la empresa mediante el uso juicioso del apalancamiento financiero.

Estructura de capital óptima La estructura de capital que minimiza el costo de capital de la empresa y con ello maximiza su valor.

● ● ● Enfoque tradicional

El enfoque tradicional de la estructura de capital y la valuación supone que existe una **estructura de capital óptima** y que la administración puede aumentar el valor total de la empresa mediante el uso juicioso del apalancamiento financiero. Este enfoque sugiere que la empresa puede reducir inicialmente su costo de capital y aumentar su valor total a través del apalancamiento creciente. Aunque los inversionistas elevan la tasa de rendimiento requerida sobre las acciones, el incremento en k_e no compensa por completo el beneficio de usar fondos de deuda "menos costosos". Conforme se registra más y más apalancamiento financiero, los inversionistas penalizan cada vez más el rendimiento requerido sobre las acciones hasta que, con el tiempo, este efecto compensa con creces los beneficios de los fondos de deuda "más baratos".

En una variación del enfoque tradicional, ilustrada en la figura 17.2, se supone que k_e aumenta a una tasa creciente junto con el apalancamiento financiero, mientras que se supone que k_i aumenta sólo después de que ocurre un incremento significativo en el apalancamiento financiero. Al principio, el costo de capital promedio ponderado declina con el apalancamiento porque el aumento en k_e no

[3]Franco Modigliani y Merton Miller, "The Cost of Capital, Corporation Finance and the Theory of Investment". *American Economic Review* 48 (junio de 1958), pp. 261–297.

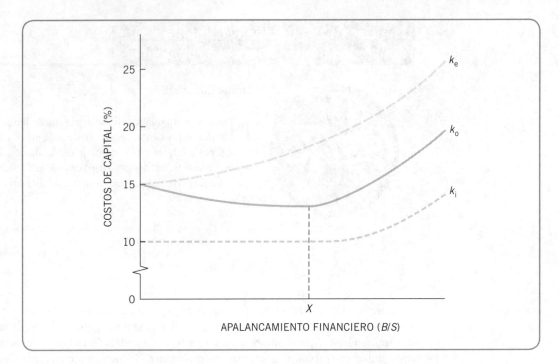

Figura 17.2

Los costos de capital y el enfoque tradicional para la estructura de capital

compensa por completo el uso de fondos de deuda más baratos. Como resultado, el costo de capital promedio ponderado, k_o, declina con el uso moderado del apalancamiento financiero. Pero después de cierto punto, el incremento en k_e compensa de sobra el uso de los fondos de deuda más baratos en la estructura de capital, y k_o comienza a aumentar. El incremento en k_o sigue apoyado, una vez que k_i comienza a crecer. La estructura de capital óptima es el punto en el que k_o tiene su valor más bajo. En la figura, esta estructura de capital óptima está representada por el punto X. En esta posición de estructura de capital óptima, representada por el punto X, el costo de capital promedio ponderado de la empresa está en su punto más bajo y, además, el valor total de la empresa estará en su punto más alto. Esto se debe a que cuanto menor es la tasa de capitalización, k_o, aplicada a la secuencia de ingreso operativo neto de la empresa, más alto será el valor presente de esa secuencia. Así, el enfoque tradicional para la estructura de capital implica que **1.** el costo de capital depende de la estructura de capital de la empresa y **2.** existe una estructura de capital óptima.

Principio del valor total

Modigliani y Miller (MM) en su posición original postulan que la relación entre el apalancamiento financiero y el costo de capital se explica por el enfoque del ingreso operativo neto. Realizan un ataque formidable a la posición tradicional ofreciendo una justificación conductual del hecho de que la tasa de capitalización global de la empresa, k_o, permanezca constante para el rango completo de posibilidades de apalancamiento financiero.

Modigliani y Miller argumentan que el riesgo total para todos los titulares de valores de una empresa no se altera con los cambios en su estructura de capital. Por lo tanto, el valor total de la empresa debe ser el mismo, sin importar cuál sea su mezcla financiera. Dicho de manera sencilla, la posición de MM se basa en la idea de que sin importar cómo se divida la estructura de capital de una empresa entre deuda, capital accionario y otras responsabilidades, el valor de la inversión se conserva. Es decir, puesto que el valor de la inversión total de una corporación depende de su rentabilidad y su riesgo subyacentes, el valor de la empresa no se modifica con los cambios en su estructura de capital. Entonces, en ausencia de impuestos y otras imperfecciones del mercado, el valor de todo el conjunto no cambia cuando se divide entre deuda, capital accionario y otros valores. Esta idea se ilustra con las dos gráficas de pastel de la figura 17.3. Mezclas diferentes de deuda y capital accionario no alteran el tamaño completo del pastel; en otras palabras, el valor total de la empresa es el mismo.

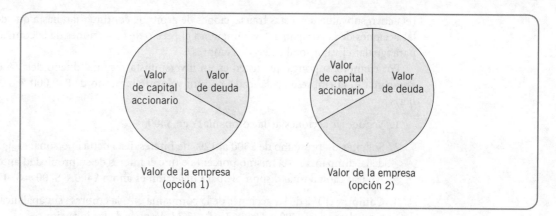

Figura 17.3

Ilustración del principio del valor total que muestra que el valor de una empresa es independiente de su estructura de capital

El fundamento de esta posición es la idea de que los inversionistas pueden sustituir el apalancamiento financiero personal por el corporativo. Así, los inversionistas tienen la habilidad, mediante el préstamo personal, de replicar cualquier estructura financiera que adopte la empresa. Como la empresa no puede hacer por sus inversionistas (en términos del uso de apalancamiento financiero) nada que ellos no puedan hacer por sí mismos, los cambios en la estructura de capital no son de valor en el mundo de los mercados de capital perfectos que MM suponen. Así, dos empresas iguales en todos los aspectos, menos en su estructura de capital, deben tener el mismo valor total. Si no es así, será posible el **arbitraje**, y su ocurrencia ocasionará que dos empresas se vendan en el mercado al mismo valor total. En otras palabras, el arbitraje impide a los sustitutos perfectos vender a precios diferentes en el mismo mercado.

Arbitraje Encontrar dos activos que son iguales en esencia, comprar el más barato y vender el más costoso.

● ● ● Ilustración del respaldo del arbitraje

Considere dos compañías (con crecimiento cero) idénticas en todos aspectos, excepto que la compañía NA opera sin apalancamiento financiero, mientras que la compañía A tiene $30,000 en bonos circulantes al 12 por ciento. De acuerdo con el enfoque tradicional de la estructura de capital, la compañía A puede tener valor total más alto y costo de capital promedio ponderado más bajo que la compañía NA. Por sencillez, suponemos que la deuda de la compañía A tiene valor de mercado igual a su valor nominal (lo que implica que la tasa de cupón sobre su deuda es igual a la tasa de interés requerida por el mercado actual). También suponemos que el rendimiento requerido sobre el capital accionario de la compañía A es del 16% (un poco mayor que para la compañía NA). Se supone que la valuación de las dos empresas procede como sigue:

		COMPAÑÍA NA	COMPAÑÍA A
O	Ingreso operativo neto	$10,000	$10,000
I	Interés sobre la deuda	—	3,600
E	Utilidades disponibles para los accionistas ordinarios $(O - I)$	$10,000	$ 6,400
k_e	Rendimiento requerido sobre capital accionario	÷0.15	÷0.16
S	Valor de mercado de las acciones (E/k_e)	$66,667	$40,000
B	Valor de mercado de la deuda	—	30,000
V	Valor total de la empresa $(B + S)$	$66,667	$70,000
k_o	Tasa de capitalización global implicada $[k_i(B/V) + k_e(S/V)]$	0.15	0.143
B/S	Razón entre deuda y capital accionario	0	0.75

Modigliani y Miller aseguran que la situación que se acaba de describir no puede continuar porque el arbitraje llevará a igualar los valores totales de las dos empresas. La compañía A no puede controlar un valor total más alto simplemente porque tiene una mezcla financiera diferente a la de la compañía NA. Modigliani y Miller argumentan que los inversionistas de la compañía A podrían mantener su mismo rendimiento monetario total por un desembolso de inversión personal menor y sin aumentar el riesgo financiero participando en el arbitraje. Esto haría que los inversionistas vendieran sus acciones de la compañía A (el activo sobrevaluado) y compraran acciones de la compañía NA (el activo subvaluado). Estas transacciones de arbitraje continuarían hasta que declinara el precio de las acciones de la compañía A y aumentara el precio de las acciones de la compañía NA lo suficiente para igualar el valor total de las dos empresas.

Por ejemplo, suponga que usted es un inversionista racional dueño del 1% de las acciones de la compañía A, la empresa apalancada, con un valor de mercado de $40,000 \times 0.01 = 400. Usted debería

1. Vender las acciones de la compañía A en $400.

2. Solicitar un préstamo de $300 al 12% de interés. Esta deuda personal es igual al 1% de la deuda de la compañía A (el mismo porcentaje que el interés de su propiedad anterior en la compañía A). (Su capital total disponible para inversión es ahora $400 + $300 = 700).

3. Comprar el 1% de las acciones de la compañía NA, la empresa sin apalancamiento, por $666.67 y quedarse con $700 - $666.67 = 333.33 después de las inversiones.

Antes de esta serie de transacciones, su rendimiento esperado sobre la inversión en las acciones de la compañía A era del 16% sobre la inversión de $400, o $64. Su rendimiento sobre la inversión en la compañía NA es del 15% para una inversión de $666.67, o $100. De este rendimiento, usted debe deducir los cargos de interés sobre su préstamo personal, de manera que el rendimiento neto en dólares estará determinado como sigue:

Rendimiento sobre la inversión en la compañía NA	$100
Menos: interés pagado ($300 × 0.12)	36
Rendimiento neto	$ **64**

Su rendimiento neto en dólares, $64, es el mismo que el de la inversión en la compañía A. Sin embargo, su desembolso personal en efectivo de $366.67 ($666.67 menos el préstamo personal de $300) es $33.33 menos que la inversión anterior de $400 en la compañía A, la compañía apalancada. Debido a la inversión personal menor, usted preferirá invertir en la compañía NA en las condiciones que describimos. En esencia, usted "apalanca" las acciones ordinarias de la empresa sin apalancamiento al solicitar un préstamo personal.

La acción de cierto número de inversionistas que realizan transacciones de arbitraje similares tenderá a **1.** *elevar* el precio de las acciones de la compañía NA al tiempo que *baja* su rendimiento requerido sobre el capital accionario y **2.** *reducir* el precio de las acciones de la compañía A al tiempo que *aumenta* su rendimiento requerido sobre el capital accionario. Este proceso de arbitraje continuará hasta que ya no haya oportunidad de reducir la inversión personal y lograr el mismo rendimiento monetario. En este equilibrio, el valor total de las dos empresas debe ser el mismo. Como resultado, el costo de capital promedio ponderado para las dos empresas, k_o, también debe ser el mismo.

El elemento importante en este proceso es la presencia en el mercado de los inversionistas racionales que están dispuestos a sustituir el apalancamiento financiero personal, o "hecho en casa", por el apalancamiento financiero de la corporación. Con base en el proceso de arbitraje ilustrado, Modigliani y Miller concluyen que una empresa no puede cambiar su valor total o su costo de capital promedio ponderado usando apalancamiento financiero. Del análisis anterior del enfoque ION —el enfoque que defienden MM—, vimos que no sólo no se altera el valor total de la empresa por los cambios en el apalancamiento financiero, sino que tampoco se ve afectado el precio de la acción. En consecuencia, las decisiones de financiamiento no importan desde el punto de vista de nuestro objetivo de maximizar el precio de mercado por acción. Una estructura de capital es tan buena como la otra.

Presencia de imperfecciones del mercado y aspectos de incentivos

Con mercados de capital perfectos, el argumento de arbitraje asegura la validez de la teoría de MM de que el costo de capital y la valuación total de una empresa son independientes de la estructura de capital. Para rebatir la posición de MM, necesitamos buscar razones para que el proceso de arbitraje no sea perfecto. Los siguientes son argumentos importantes en contra de las ideas de MM.

● ● ● Costos de bancarrota

Si existe una posibilidad de bancarrota, y si los costos administrativos y otros asociados con ella son significativos, la empresa apalancada será menos atractiva para los inversionistas que la empresa sin apalancamiento. Con los mercados de capital perfectos, se suponen costos de bancarrota de cero. Si la empresa quiebra, se espera que los activos se puedan vender a sus valores económicos sin tener costos de liquidación o legales. Los ingresos de la venta se distribuyen según las prioridades de las reclamaciones sobre los activos como se describe en el apéndice del capítulo 23. Sin embargo, si los mercados de capital no son perfectos, puede haber costos administrativos y tal vez sea necesario liquidar los activos por una cantidad menor que su valor económico. Estos costos administrativos y el "déficit" en el valor de liquidación con respecto al valor económico representan una fuga en el sistema desde el punto de vista de los titulares de la deuda y las acciones. (Véase en el apéndice del capítulo 23 un análisis de los aspectos administrativos de la bancarrota).

En el caso de bancarrota, los accionistas como un todo reciben menos de lo que recibirían en ausencia de costos de bancarrota. En la medida en que la empresa apalancada tiene mayores posibilidades de bancarrota que la no apalancada, será una inversión menos atractiva, si todo lo demás permanece igual. La posibilidad de bancarrota no es una función lineal de la razón entre deuda y capital accionario, más bien aumenta a una tasa creciente más allá de cierto umbral. Como resultado, el costo esperado de bancarrota también aumenta de esta forma acelerada y se esperaría que tenga un efecto negativo correspondiente sobre el valor de la empresa.

Dicho de otra forma, es probable que los inversionistas penalicen el precio de las acciones conforme aumente el apalancamiento. La naturaleza de la penalización se ilustra en la figura 17.4 para el caso de un mundo sin impuestos. Aquí, la tasa de rendimiento requerida para los inversionistas, k_e, se divide en dos componentes: la tasa libre de riesgo, R_f, más una prima por el riesgo del negocio. La prima se describe en el eje vertical por la diferencia entre la tasa de rendimiento requerida para una estructura de capital constituida en su totalidad por acciones y la tasa libre de riesgo. Cuando se agrega deuda, la tasa de rendimiento requerida sube, y este incremento representa una prima de riesgo financiero. En la ausencia de costos de bancarrota, el rendimiento requerido aumentaría de manera lineal según MM, y esta relación se muestra en la figura. Sin embargo, al tomar en cuenta los costos de bancarrota y una probabilidad creciente de que ocurra al aumentar el apalancamiento financiero, se esperaría que la tasa de rendimiento requerida sobre el capital accionario subiera a una tasa creciente más allá de cierto punto. Al principio puede haber una probabilidad despreciable de

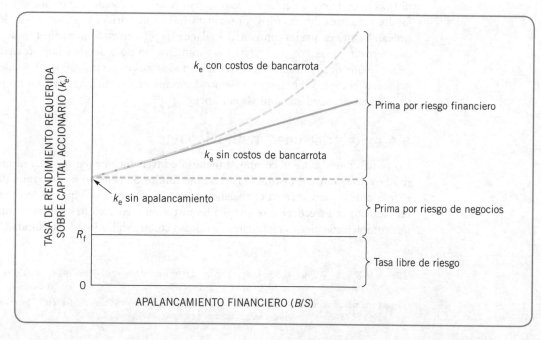

Figura 17.4

Tasa de rendimiento requerida por el capital accionario cuando existen costos de bancarrota

bancarrota, de manera que habría poca o ninguna penalización. Cuando aumenta el apalancamiento financiero, también lo hace la penalización. Para el apalancamiento extremo, sin duda la penalización se vuelve sustancial.

●●● Costos de agencia

Costos de agencia Costos asociados con la supervisión de la administración para asegurarse de que se comporta de manera congruente con los acuerdos contractuales de la empresa con los acreedores y los accionistas.

Relacionados estrechamente con los costos de bancarrota con respecto al efecto sobre la estructura de capital y el valor, se encuentran los **costos de agencia**. Podemos pensar en los administradores como en *agentes* de los propietarios de la compañía, los accionistas. Estos accionistas, con la esperanza de que los agentes actuarán a favor de sus intereses, delegan en ellos la autoridad de la toma de decisiones. Para que la administración tome decisiones óptimas en nombre de los accionistas, es importante que no sólo tenga los incentivos correctos (salarios, bonos, opciones de compra de acciones y "privilegios"), sino también que esté supervisada. Esta supervisión puede realizarse a través de métodos como la integración de los agentes, las auditorías financieras y la restricción explícita de las decisiones administrativas. Los acreedores supervisan el comportamiento de la administración y los accionistas imponiendo convenios de protección en los acuerdos de préstamo entre prestatarios y prestamistas (véase el capítulo 20). Las actividades de supervisión mencionadas necesariamente implican costos.

Jensen y Meckling desarrollaron una teoría compleja de costos de agencia.[4] Entre otras cosas, demuestran que, sin importar quién paga los gastos de supervisión, el costo en última instancia recae sobre los accionistas. Por ejemplo, los tenedores de deuda, anticipando los gastos de supervisión, cobran un interés más alto. Cuanto mayores sean los costos de supervisión probables, más alto será el interés y más bajo será el valor de la empresa para sus accionistas, si todo lo demás permanece igual. La presencia de costos de supervisión desalienta la emisión de deuda, en particular más allá de una cantidad prudente. Es posible que la cantidad de supervisión requerida por los tenedores de deuda aumente con la cantidad de deuda circulante. Cuando la deuda es mínima o inexistente, los prestamistas pueden ejercer una supervisión limitada, mientras que con una deuda mayor, tal vez insistan en una supervisión exhaustiva. Los costos de supervisión, igual que los de bancarrota, tienden a elevarse a una tasa creciente con el apalancamiento financiero, como se ilustra en la figura 17.4.

●●● Deuda y el incentivo para administrar con eficiencia

Pensar que los altos niveles de endeudamiento crean incentivos para que la administración sea más eficiente es una noción que trabaja en dirección opuesta a la bancarrota y los costos de agencia.[5] El aceptar una obligación de flujo de efectivo para pagar una deuda asegura que "los pies de la administración estén cerca del fuego". Como resultado, se dice que hay un incentivo para no despilfarrar fondos en gastos innecesarios, ya sea para inversión, "privilegios", un avión de la compañía o algo similar. La idea es que las compañías apalancadas pueden estar en mejor forma porque la administración recorta gastos. Por el contrario, la compañía con poca deuda y *flujo de efectivo libre* significativo (efectivo que queda después de invertir en todos los proyectos valiosos) puede tener la tendencia a malgastar el dinero. En ausencia de otros incentivos, "sentir angustia" de no poder pagar la deuda tiene un efecto saludable sobre la eficiencia.

●●● Restricciones institucionales

Las restricciones sobre el comportamiento de inversión pueden retardar el proceso de arbitraje. A muchos inversionistas institucionales, como fondos de pensión y compañías de seguros de vida, no se les permite participar en el apalancamiento "hecho en casa" que se describió antes. Los cuerpos regulatorios con frecuencia restringen las inversiones en acciones y bonos a una lista de compañías que cumplen con ciertos estándares de calidad como exhibir sólo una cantidad "segura" de apalanca-

[4]Michael C. Jensen y William H. Meckling. "Theory of the Firm: Managerial Behavior, Agency Costs and Ownership Structure". *Journal of Financial Economics* 3 (octubre de 1976), pp. 305-360.

[5]Varias personas argumentan esto, pero quizá quien mejor lo expresa es Michael C. Jensen, "The Takeover Controversy: Analysis and Evidence". *Midland Corporate Finance Journal* 4 (verano, 1986), pp. 12-21.

miento financiero. Si una compañía excede esa cantidad, sus valores pueden ser eliminados de la *lista aprobada*, lo que evitaría que ciertas instituciones invirtieran ahí. Esta reducción en la demanda de inversionistas institucionales puede tener un efecto adverso en el valor de mercado de los instrumentos financieros de la compañía.

● ● ● Costos de las transacciones

Los costos de las transacciones tienden a restringir el proceso de arbitraje. El arbitraje tendrá lugar sólo hasta los límites impuestos por los costos de las transacciones, después de lo cual ya no es redituable. Como resultado, la empresa apalancada puede tener un valor total ligeramente mayor o menor que el que dicta la teoría. La dirección del efecto neto de esta imperfección es impredecible.

Con la excepción del incentivo para administrar con eficiencia y de los costos de las transacciones, los factores analizados limitan la cantidad de deuda que una empresa querrá emitir. En particular, el apalancamiento financiero extremo levará la carga de varios costos y restricciones. Si las imperfecciones del mercado afectan de manera sistemática el proceso de arbitraje, entonces las decisiones de estructura de capital cobrarán especial importancia. Para tener un panorama completo, debemos incluir el relevante papel de los impuestos, el cual estudiaremos a continuación.

Efecto de los impuestos

Cuando tomamos en consideración los impuestos, casi todos los expertos financieros están de acuerdo en que el uso juicioso del apalancamiento financiero puede tener un efecto favorable sobre la valuación total de una compañía. Debemos considerar dos impuestos: el corporativo y el personal. Como sus efectos son diferentes, los estudiaremos por separado. Al final, uniremos sus efectos separados junto con los de las imperfecciones del mercado consideradas. Por ahora, suponemos que no hay otras imperfecciones del mercado que no sean la presencia de impuestos corporativos.

● ● ● Impuestos corporativos

La ventaja de la deuda en un mundo de impuestos corporativos es que los pagos de interés son un gasto deducible de impuestos para la empresa emisora de la deuda. Sin embargo, los dividendos pagados no son un gasto deducible de impuestos para la corporación que los paga. En consecuencia, la cantidad total de fondos disponibles para pagar a ambos (los prestamistas y los accionistas) es mayor si se recurre al endeudamiento.

Para ilustrar esto, suponga que el ingreso operativo es $2,000 para las compañías ND y D. Estas dos compañías son iguales en todo, excepto por el uso de apalancamiento financiero. La compañía D tiene $5,000 en deuda al 12% de interés, mientras que la compañía ND no tiene deuda. Si la tasa de impuestos (federales más estatales) es del 40% para cada compañía, tenemos

	COMPAÑÍA ND	COMPAÑÍA D
Ingreso operativo neto	$2,000	$2,000
Interés sobre la deuda (también, ingreso para prestamistas)	—	600
Ingreso antes de impuestos	$2,000	$1,400
Impuestos (tasa del 40%)	800	560
Ingreso disponible para accionistas ordinarios	$1,200	$ 840
Ingreso total disponible para *todos* los dueños de valores (deuda más capital accionario)	$1,200	$1,440
Diferencia en el ingreso disponible para *todos* los dueños de valores (deuda más capital accionario)	**$240**	

Entonces, el ingreso total disponible para ambos (tenedores de deuda y accionistas) es mayor para la compañía D con deuda que para la compañía ND sin deuda. La razón es que los tenedores de deuda reciben pagos de interés antes de la deducción de impuestos a nivel corporativo, mientras que el ingreso para los accionistas está disponible sólo después de pagar los impuestos corporativos.

Escudo fiscal Un gasto deducible de impuestos. El gasto protege (como escudo) una cantidad monetaria equivalente del ingreso de ser gravada reduciendo el ingreso gravable.

En esencia, el gobierno paga un subsidio a la empresa apalancada por estar endeudada. Como el interés sobre la deuda reduce el ingreso gravable, se le llama **escudo fiscal**. El ingreso total disponible para todos los inversionistas aumenta en una cantidad igual al interés del escudo fiscal multiplicado por la tasa de impuestos corporativa. En nuestro ejemplo, esto asciende a $600 \times 0.40 = $**240**. Esta cifra representa un beneficio del escudo fiscal que ofrece el gobierno a la compañía apalancada. Si la deuda empleada por una compañía es permanente, el valor presente anual del beneficio del escudo fiscal usando la fórmula de flujo de efectivo perpetuo es

$$\text{Valor presente de los beneficios del escudo fiscal de la deuda} = \frac{(r)(B)(t_c)}{r} = (B)(t_c) \qquad (17.5)$$

donde r es la tasa de interés sobre la deuda, B es el valor de mercado de la deuda, y t_c es la tasa de impuestos corporativa. Para la compañía D en nuestro ejemplo, tenemos

$$\text{Valor presente de los beneficios del escudo fiscal de la deuda} = (\$5,000)(0.40) = \$\mathbf{2,000}$$

La conclusión es que el escudo fiscal de interés es algo valioso y que el valor global de la compañía D es $2,000 más alto por tener deuda de lo que sería si no estuviera endeudada. Esta valuación más alta ocurre porque la secuencia de ingresos para todos los inversionistas es $240 mayor por año que en la ausencia de deuda. El valor presente de $240 por año descontado al 12% es $240/0.12 = $**2,000**. Está implícito que el riesgo asociado con los beneficios del escudo fiscal es el de la secuencia de pagos de interés, de manera que la tasa de descuento apropiada es la tasa de interés sobre la deuda. Entonces, tenemos

$$\text{Valor de la empresa apalancada} = \text{Valor de la empresa sin apalancamiento} + \text{Valor presente de los beneficios del escudo fiscal de la deuda} \qquad (17.6)$$

Para la situación del ejemplo, suponga que la tasa de capitalización del capital accionario para la compañía ND, que no tiene deuda, es del 16 por ciento. Suponiendo crecimiento cero, y pago del 100% de las utilidades, el valor de la compañía (no apalancada) es $1,200/0.16 = $**7,500**. El valor de los beneficios del escudo fiscal es $2,000, de manera que el valor total de la compañía D, la empresa apalancada, es $7,500 + $2,000 = $**9,500**.

En las ecuaciones (17.5) y (17.6) vemos que cuanto mayor es la cantidad de deuda, mayor será el beneficio del escudo fiscal y mayor el valor de la empresa, si todo lo demás permanece igual. Asimismo, a un mayor apalancamiento financiero corresponde un menor costo de capital de la empresa. Así, la proposición original de MM ajustada por los impuestos corporativos sugiere que la estrategia óptima es tener la cantidad máxima de apalancamiento financiero.[6] Esto implica una estructura de capital que consiste casi por completo en deuda. Como esto no es coherente con el comportamiento observado de las corporaciones, debemos buscar otras explicaciones.

● ● ● Incertidumbre de los beneficios del escudo fiscal

Los ahorros de impuestos asociados con la deuda en general no son ciertos, como implica la explicación anterior. Si el ingreso gravable debe ser menor o volverse negativo, el beneficio del escudo fiscal de la deuda se reduce o incluso se elimina. Más aún, si la empresa va a la bancarrota y liquida, los ahorros de impuestos futuros asociados con la deuda dejan de existir por completo. Existe incertidumbre no sólo en cuanto a los beneficios del escudo fiscal asociados con la deuda, sino también con respecto a los asociados con otros escudos fiscales (como el pago de arrendamiento). Esto sólo complica la incertidumbre global. Por último, existe la incertidumbre de que el Congreso modifique la tasa de impuestos corporativa.

---

[6]Franco Modigliani y Merton H. Miller, "Corporate Income Taxes and the Cost of Capital: A Correction", *American Economic Review* 64 (junio, 1963), pp. 433-442.

Todos estos aspectos hacen que los beneficios del escudo fiscal asociados con el financiamiento basado en deuda sean menos que ciertos. Conforme aumenta el apalancamiento financiero, la incertidumbre asociada con los beneficios del escudo fiscal de los intereses es un aspecto que cada vez cobra más importancia. Como resultado, esta incertidumbre podría reducir el valor de los beneficios del escudo fiscal para la corporación mostrados en la ecuación (17.6). Con un apalancamiento financiero extremo, la disminución en el valor de los beneficios del escudo fiscal para la corporación puede ser bastante significativa.

● ● ● Impuestos corporativos más los personales

Con la combinación de impuestos corporativos e impuestos personales sobre la deuda y el ingreso por acciones, es probable que el valor presente de los beneficios del escudo fiscal de los intereses mostrado en la ecuación (17.5) disminuya. La magnitud de los beneficios del escudo fiscal resultante es una cuestión empírica sujeta a mucho debate. Sin embargo, el consenso general es que los impuestos personales actúan para reducir pero no para eliminar la ventaja de los impuestos corporativos asociados con la deuda. Como resultado, una estrategia de apalancamiento óptima todavía pediría que la corporación tuviera una proporción de deuda considerable. Esto ocurre a pesar del hecho de que la incertidumbre de los beneficios del escudo fiscal puede disminuir el efecto fiscal "neto" con un apalancamiento extremo. Como las corporaciones en general no están altamente apalancadas, debemos buscar otros factores que afecten la valuación de la corporación cuando se altera la proporción de deuda en su estructura de capital.

Impuestos e imperfecciones del mercado combinados

La última afirmación nos lleva de regreso a la influencia de las diferentes imperfecciones del mercado consideradas antes. Sólo si de alguna manera restringen el uso del financiamiento con deuda se puede explicar el comportamiento de la estructura de capital observada de las corporaciones.

● ● ● Costos de bancarrota, costos de agencia e impuestos

Si se acepta que hay costos de bancarrota y si la probabilidad de bancarrota aumenta a una tasa creciente con el uso de apalancamiento financiero, es probable que los prestamistas e inversionistas penalicen el apalancamiento extremo. (Como se vio, los costos de bancarrota representan una fuga en el sistema para los poseedores de valores). En un mundo donde existen tanto costos de bancarrota como impuestos, una estructura de capital óptima existiría aun cuando todas las suposiciones de comportamiento de MM se cumplieran. El costo de capital de una empresa declinaría al usar por primera vez el apalancamiento financiero debido a la ventaja fiscal a partir de la deuda. Gradualmente, sin embargo, el prospecto de bancarrota cobrará más importancia, ocasionando que el costo de capital disminuya a una tasa decreciente conforme aumenta el apalancamiento financiero. Cuando el apalancamiento financiero es extremo, el efecto de bancarrota puede compensar de sobra el efecto de los impuestos, con el resultado de que el costo de capital de la empresa se elevará.

La presencia de costos de agencia, o supervisión, acentúa este crecimiento en el costo de capital. De nuevo, con incrementos en el apalancamiento financiero más allá de cierto umbral, los costos de agencia aumentan a una tasa creciente. La influencia combinada de los costos de bancarrota y de agencia sirve para limitar el rango sobre el cual los beneficios netos del escudo fiscal tienen un efecto positivo sobre el precio por acción. En resumen, tenemos

$$
\begin{array}{c}
\text{Valor de} \\
\text{la empresa} \\
\text{apalancada}
\end{array}
=
\begin{array}{c}
\text{Valor de} \\
\text{la empresa} \\
\text{no apalancada}
\end{array}
+
\begin{array}{c}
\text{Valor presente de los} \\
\text{beneficios del escudo} \\
\text{fiscal de la deuda}
\end{array}
-
\begin{array}{c}
\text{Valor presente de} \\
\text{costos de bancarrota} \\
\text{y agencia}
\end{array}
\quad (17.7)
$$

Conforme aumenta el apalancamiento financiero, el segundo término en el lado derecho aumenta, de manera que el valor de la empresa también aumenta. Con más apalancamiento financiero cada vez, la creciente incertidumbre que rodea a los beneficios del escudo fiscal reduce en forma gradual el incremento en el valor. A pesar de esto, si consideramos sólo el efecto neto de impuestos, una alta proporción de deuda sería óptima.

Este efecto se ilustra en la figura 17.5 con la línea continua. Vemos que la incertidumbre en los beneficios del escudo fiscal hace que la línea del costo de capital se curve ligeramente hacia arriba

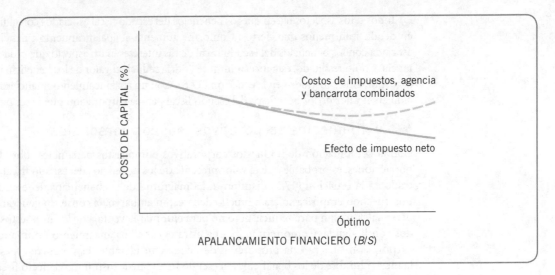

Figura 17.5

Costo de capital con
costos de impuestos,
bancarrota y agencia
combinados

cuando ocurre más apalancamiento financiero. El efecto neto de impuestos (corporativos más personales) tiene todavía un impacto favorable sobre el costo de capital y sobre el valor de las acciones. Cuando la empresa tiene poca deuda, los costos de bancarrota y agencia se ven como insignificantes. Conforme se recurre a mayor endeudamiento, estos costos llegan a ser significativos, como lo refleja la línea punteada. Cada vez más, estos costos compensan los beneficios netos del escudo fiscal. En el punto en que los costos marginales de bancarrota/agencia son iguales a los beneficios marginales del escudo fiscal, el costo de capital se minimiza y el precio de la acción se maximiza. Por definición, esto representa la estructura de capital óptima, como lo denota la marca a lo largo del eje horizontal en la figura 17.5. Para visualizar el efecto del apalancamiento financiero sobre el precio de la acción, sustituya el valor de la acción por el costo de capital en el eje vertical y voltee de cabeza la figura.

● ● ● Efecto de imperfecciones adicionales

Si otras imperfecciones y factores de comportamiento diluyen la posición de MM, el punto en el que la línea de costo de capital da vuelta hacia arriba estará antes que el descrito en la figura. Considere ahora el costo de solicitar un préstamo. Después de cierto punto de apalancamiento financiero, la tasa de interés cobrada por los acreedores suele subir. Con un mayor apalancamiento financiero, desde luego, tendremos una tasa de interés más alta. Como resultado, el costo de la deuda subirá después de un punto. Este fenómeno se ilustró en la figura 17.2. A la vez, este factor ejerce una fuerza ascendente sobre la línea del costo total de capital. Las restricciones institucionales sobre los prestamistas también pueden hacer que la línea del costo de capital suba más pronto que en la figura 17.5. Debido al apalancamiento financiero extremo, una compañía tal vez ya no sea capaz de vender valores de deuda a las instituciones. En tal caso, la compañía debe buscar inversionistas no restringidos, los cuales demandarán tasas de interés aún más altas. Si las imperfecciones institucionales son suficientemente serias, los fondos de deuda quizá no estén disponibles más allá de un punto específico de apalancamiento financiero. En ese caso, habría una discontinuidad en la figura 17.5.

Otras imperfecciones del mercado de capital trabajan para entorpecer el proceso de arbitraje, de manera que el apalancamiento financiero "hecho en casa" no es un sustituto perfecto para la corporación. Recuerde que estas imperfecciones incluyen restricciones institucionales y costos de transacciones. Si se da más importancia a las imperfecciones del mercado, el proceso de arbitraje se volverá menos efectivo y habrá razones más fuertes para optar por una estructura de capital óptima.

Existen varias razones para creer que, en teoría, existe una estructura de capital óptima. Dependiendo del punto de vista personal en cuanto a las fortalezas de los diferentes mercados de capital y las imperfecciones de comportamiento, la estructura de capital óptima esperada podría ocurrir antes o después en la escala de las razones posibles entre deuda y capital accionario.

Señales financieras

Estrechamente relacionado con los costos de supervisión y de agencia está el concepto de *señalización*. Como es difícil hacer cumplir los estrictos contratos administrativos, un gerente puede usar los cambios en la estructura de capital para transmitir información sobre la rentabilidad y el riesgo de la empresa. La implicación es que el público interno (la administración) sabe algo de la empresa que el público externo (constituido por los accionistas) no sabe. Como administrador, su pago y sus prestaciones dependen del valor de mercado de la empresa, lo cual da un incentivo para dar a conocer a los inversionistas cuándo está subvaluada la empresa. Usted podría hacer el anuncio de que "nuestra empresa está subvaluada", pero tal vez los inversionistas queden tan convencidos de esto como cuando lo oyen presumir la inteligencia de su hijo. Así que, en vez de ello, usted decide alterar la estructura de capital de su empresa emitiendo más deuda. El incremento en apalancamiento implica una probabilidad más alta de bancarrota. Como lo penalizarían (por contrato) si ocurriera la bancarrota, los inversionistas concluyen que existe una buena razón para creer que las cosas están mejor de lo que refleja el precio de la acción. Sus acciones son más elocuentes que sus palabras. El aumento en el apalancamiento es una señal positiva.

De manera más formal, el efecto de una señal supone que hay información asimétrica (desigual) entre la administración y los accionistas. Suponga que la administración está considerando financiamiento adicional a largo plazo y que emitirá bonos o acciones ordinarias. La administración querrá elegir el valor sobrevaluado si está actuando en favor del interés de los accionistas actuales. Es decir, emitirá acciones ordinarias si piensa que las existentes están sobrevaluadas, y emitirá deuda si cree que las acciones están subvaluadas. No obstante, los inversionistas están conscientes de este fenómeno e interpretan la emisión de deuda como "buenas noticias" y la emisión de acciones ordinarias como "malas noticias".

Esto no quiere decir que los cambios en la estructura de capital necesariamente impliquen cambios en la valuación. Más bien, lo significativo es la señal transmitida por el cambio. Esta señal pertenece a la rentabilidad y el riesgo subyacentes de la empresa, porque eso es lo importante para la valuación. El tema de las señales financieras es de considerable interés en la investigación financiera, pero es difícil evaluar los diferentes modelos desarrollados alrededor de ellas. A menos que el contrato administrativo sea muy preciso, el administrador se verá tentado a enviar señales falsas. Todavía más, existen formas más efectivas y menos costosas de transmitir información que alterar la estructura de capital de la empresa. Hablaremos más de las señales financieras al estudiar la política de dividendos en el capítulo 18 y los aspectos de nuevas emisiones de valores en el capítulo 19.

Tiempos y flexibilidad financiera

Una vez que la compañía ha determinado una estructura de capital adecuada, todavía tiene el problema de determinar el *momento* adecuado para emitir los valores. Cuando se requiere financiamiento externo, con frecuencia una compañía se hace la pregunta de cómo determinar el momento apropiado para una emisión y si conviene recurrir a la deuda o emitir acciones ordinarias. Como el financiamiento es un asunto "escabroso", es difícil para una compañía mantener una proporción estricta en su estructura de capital. A menudo se debe decidir si conviene financiar ahora con una emisión de acciones y después con una emisión de deuda, o viceversa. En consecuencia, la administración se ve forzada a evaluar métodos alternativos de financiamiento a la luz de las condiciones de mercado generales y las expectativas de la compañía misma.

Si se tuviera certeza sobre el futuro, sería fácil determinar hoy una secuencia de financiamiento para muchos años venideros. La secuencia se programaría temporalmente para aprovechar los cambios futuros conocidos en el mercado bursátil y en el mercado de valores de renta fija. Por desgracia, los precios en el mercado financiero, en particular en el mercado de capital accionario, son inestables. En vez de tomar decisiones basadas en algo seguro, deben tomarse con base en la mejor estimación del futuro que tiene la administración. Además, existen las señales financieras y la emisión de incentivos mencionadas. En general, el anuncio de una emisión de deuda tiene un efecto favorable en el precio de la acción, como sabemos a partir del análisis anterior.

Sin embargo, si una empresa elige la deuda alternativa, puede sacrificar cierta cantidad de flexibilidad. Por *flexibilidad* entendemos el grado en el que las decisiones financieras de hoy mantendrán

Cameco Corporation y la flexibilidad financiera

Acceso rápido al capital

Cameco tiene un ambicioso plan de crecimiento en la industria de la energía nuclear. Las oportunidades de invertir son impredecibles y con frecuencia implican mucho capital. Intentamos mantener la flexibilidad financiera para buscar oportunidades conforme surgen. Por eso, mantenemos una estructura financiera conservadora con una meta de no más del 25% de deuda neta con respecto al capital total.

Fuente: Cameco Corporation, Reporte anual 2006 (www.cameco.com/investor_relations/annual/2006/html/mda/fuel_services.php). Derechos reservados © 2006 Cameco Corporation. Usado con permiso. Todos los derechos reservados.

abiertas las opciones futuras. Recuerde que una compañía no puede emitir deuda todo el tiempo sin construir su base de capital accionario. Tarde o temprano, el riesgo de incumplimiento se vuelve demasiado grande. Por lo tanto, la base de capital accionario debe crecer con el tiempo, y aquí es donde la flexibilidad cobra importancia. Si una compañía emprende una emisión sustancial de deuda y las cosas empeoran, puede verse forzada a emitir acciones ordinarias en términos desfavorables en el futuro. Para preservar su flexibilidad del uso de fondos del mercado de capital, puede ser mejor para una empresa emitir acciones ordinarias ahora para conservar la capacidad de endeudamiento disponible en caso de necesidades futuras. La preservación de la capacidad de endeudamiento puede ser una consideración significativa para la compañía cuyos requerimientos de fondos son repentinos e impredecibles. Esto da a la compañía poder de maniobra financiera al dejar abiertas sus opciones financieras.

Debemos tener presente que si los mercados financieros son eficientes, toda la información disponible se refleja en el precio del valor. En estas circunstancias, el precio de mercado del valor es la mejor estimación del mercado acerca del precio de ese valor. Si la administración no es mejor que el inversionista promedio en la predicción de los precios de mercado futuros, los esfuerzos de la compañía para programar el momento de ofrecer valores habrán sido en vano. En otras palabras, la administración estará equivocada tantas veces como esté en lo correcto. Si los tiempos son valiosos, las expectativas de la administración deben ser más correctas que las del mercado. En la parte 7 examinaremos métodos específicos de financiamiento a largo plazo, los tiempos de emisión de un valor específico y la flexibilidad que brinda el instrumento.

Lista de verificación de financiamiento

Hemos descubierto varios métodos de análisis que se apoyan en la pregunta: ¿Cuál es la estructura de capital adecuada para nuestra compañía? En particular nos preocupa la mezcla de deuda y capital accionario, y reservamos para capítulos posteriores las características específicas de los instrumentos financieros a largo plazo típicos. Ahora daremos una lista de verificación, obtenida a partir de los capítulos 16 y 17, sobre aquello que debe considerarse.

- ☑ **Impuestos** El grado en el que una compañía está sujeta al gravamen es muy importante. Gran parte de la ventaja del endeudamiento se relaciona con los impuestos. Si, debido a la rentabilidad marginal, una compañía paga poco o nada de impuestos, la deuda es menos atractiva que si está sujeta a la tasa de impuestos corporativa completa.
- ☑ **Costo explícito** Cuanto más alta es la tasa de interés sobre la deuda y más alta la tasa de dividendos de acciones preferenciales, menos atractivo será el método de financiamiento, si todo lo demás permanece igual.
- ☑ **Capacidad del flujo de efectivo para pagar la deuda** El análisis en este caso se centra en el riesgo financiero y el riesgo de negocios de una compañía. Las respuestas a las preguntas hechas aquí son cruciales para determinar la capacidad de endeudamiento de una empresa. ¿Qué tan grandes

y estables son los flujos de efectivo futuros esperados de la empresa? ¿Cómo se ven las razones de *cobertura de interés* y de *cobertura del servicio de la deuda*, y cómo se comparan con las razones de otras empresas de la misma industria? ¿Cuál es la probabilidad de que la UAII sea menor que la *carga de servicio de deuda* de la empresa? ¿Cuál es la probabilidad de insolvencia?

☑ **Costos de agencia y aspectos de incentivos** ¿Están dispuestos los accionistas a soportar los costos crecientes de supervisión requeridos por los prestamistas cuando aumenta la deuda? ¿Será más eficiente la administración si tiene la obligación del pago de la deuda? Deben contestarse éstas y otras preguntas del mismo tipo.

☑ **Señales financieras** ¿Cuál es la reacción más probable del mercado de valores ante una decisión financiera específica y por qué? Un efecto, si lo hay, se basa en la información asimétrica entre la administración y los titulares de los valores.

☑ **Análisis UAII-UPA** ¿En qué punto son iguales las utilidades antes de interés e impuestos (UAII) y las utilidades por acción (UPA) de una compañía según métodos de financiamiento alternativos? ¿Cuál es la relación con el nivel existente de UAII y cuál es la probabilidad de estar por debajo del *punto de indiferencia UAII-UPA*?

☑ **Razones de estructura de capital** ¿Qué efecto tiene un método de financiamiento sobre las razones de estructura de capital de una empresa (esto es, las razones entre deuda y capital accionario, entre deuda y activos totales, y entre deuda y valor neto)? ¿Cómo se comparan con la razones de otras compañías de la misma industria? ¿Cuál es el efecto más probable de un cambio en estas razones sobre los analistas de inversión y los prestamistas?

☑ **Calificación de valores** ¿Es posible que un método específico de financiamiento suba o baje la calificación de los valores de una compañía? Ningún administrador financiero puede ignorar esta consideración, aunque no necesariamente debe ser una restricción obligatoria.

☑ **Tiempos** ¿Es éste un buen momento para recurrir al endeudamiento? ¿Es buen momento para emitir acciones? Siempre que se vaya a emitir valores, debe consultarse la vitalidad de la deuda y de los mercados bursátiles.

☑ **Flexibilidad** Si una compañía requiere financiamiento continuo, ¿cómo afecta el método elegido esta vez al financiamiento futuro? ¿Qué tan importante es que una compañía tenga flexibilidad para usar fondos de los mercados de deuda en el futuro?

Estos aspectos y preguntas importantes deben estudiarse al considerar el grado adecuado de apalancamiento financiero para una compañía. Si el administrador financiero emprende varios tipos de análisis, estará en condiciones de determinar, dentro de cierto rango, la estructura de capital adecuada para su compañía. La decisión final es un tanto subjetiva, pero se puede basar en la mejor información disponible. Con suerte, esta decisión será congruente con la maximización del valor de los accionistas.

Puntos clave de aprendizaje

- Se ha generado una gran controversia acerca de si una empresa puede influir en su valuación total (deuda más capital accionario) y su costo de capital al cambiar su mezcla de financiamiento.

- El *enfoque tradicional* para la estructura de capital y la valuación supone que existe una *estructura de capital óptima* y que la administración puede aumentar el valor total de la empresa (y el valor de mercado por acción) mediante el uso juicioso del apalancamiento financiero.

- Por otro lado, Modigliani y Miller (MM) aseguran que en ausencia de impuestos y otras imperfecciones del mercado, el valor total de una empresa y su costo de capital son independientes de la estructura de capital.

- La posición de MM, que es la misma del *enfoque del ingreso operativo neto (ION)*, se basa en el concepto de que el valor de la inversión se conserva. No importa cómo se divida el "pastel" del valor de la inversión entre deuda y capital accionario, el "pastel completo" (o el valor de inversión de una empresa) permanece igual. Por lo tanto, se dice que el apalancamiento es irrelevante. El apoyo conductual para la posición de MM se basa en el proceso de *arbitraje*.

- Los costos de bancarrota y de agencia representan una desventaja para el apalancamiento financiero, en particular para el apalancamiento financiero extremo.

- En un mundo de impuestos sobre la renta corporativa, existe una ventaja sustancial en el uso de deuda, y podemos medir el valor presente de los beneficios del escudo fiscal de la deuda. Esta ventaja disminuye con la incertidumbre de esos beneficios, en particular si el apalancamiento financiero es alto.

- Cuanto consideramos los impuestos sobre la renta personal, encontramos que la ventaja fiscal de la deuda se reduce aún más.
- Una combinación del efecto neto de impuestos con los costos de bancarrota y agencia dará como resultado una estructura de capital óptima. Otras imperfecciones del mercado impiden el equilibrio en los precios de los valores con base en el rendimiento y el riesgo esperados. En consecuencia, el apalancamiento financiero puede afectar el valor de la empresa.
- Las *señales* financieras se presentan cuando los cambios en la estructura de capital transmiten información a los accionistas. El resultado del comportamiento de la administración es que una nueva emisión de deuda se percibe como "buenas noticias" por los inversionistas, mientras que una nueva emisión de valores se interpreta como "malas noticias".
- Una vez que una compañía determina una estructura de capital adecuada, todavía tiene el problema de determinar los *momentos* idóneos para emitir deuda o valores de capital accionario. Y cuando se contempla un financiamiento secuencial, la elección entre deuda y capital accionario influye en la *flexibilidad* del financiamiento futuro de la empresa.
- Una lista de verificación de consideraciones prácticas y conceptuales, obtenida a partir de este capítulo y el anterior, ayudará como guía para determinar la estructura de capital de una empresa.

 ## Preguntas

1. Compare el ingreso operativo neto (ION) con el enfoque de Modigliani y Miller (MM) para la teoría de estructura de capital.
2. ¿Por qué podría sospechar que la estructura de capital óptima diferirá significativamente de una industria a otra? ¿Producirán los mismos factores diferentes estructuras de capital óptimas dentro de todos los sectores industriales?
3. ¿Qué factores determinan la tasa de interés que debe pagar una empresa por los fondos de deuda? ¿Es razonable esperar que esta tasa suba con una razón creciente entre deuda y capital accionario? ¿Por qué?
4. ¿Cuál es el *principio del valor total* aplicado a la estructura de capital?
5. Defina el concepto de *arbitraje*. ¿Cómo afecta este aspecto a la estructura de capital?
6. Si no hubiera imperfecciones en los mercados financieros, ¿qué estructura de capital debería buscar la empresa? ¿Por qué es importante considerar las imperfecciones de los mercados en finanzas? ¿Qué imperfecciones son las más importantes?
7. ¿Qué son los costos de bancarrota? ¿Qué son los costos de agencia? ¿Cómo afectan la valuación de la empresa en lo que se refiere al apalancamiento financiero?
8. ¿Por qué los prestamistas institucionales ya no prestan dinero a corporaciones cuando éstas tienen demasiada deuda?
9. Suponga que una compañía tiene ganancias despreciables y no paga impuestos. ¿Cómo afecta esto a la estructura de capital óptima de la empresa?
10. Si la tasa de impuestos corporativa se redujera a la mitad, ¿cuál sería el efecto sobre el financiamiento con deuda?
11. En la actualidad, los dividendos se gravan dos veces. La corporación debe pagar impuestos sobre sus utilidades y luego los accionistas deben pagar impuestos sobre los dividendos recibidos. ¿Cuál sería el efecto sobre el financiamiento corporativo si este doble gravamen se eliminara permitiendo que las compañías dedujeran los pagos de dividendos como gasto?
12. ¿Por qué los cambios en la estructura de capital son más elocuentes que las palabras si la administración piensa que sus acciones están subvaluadas? ¿Cuál es la dirección probable de la señal financiera?

 ## Problemas para autoevaluación

1. Qwert Typewriter Corporation y Yuiop Typewriters, Inc., son idénticas excepto por su estructura de capital. Qwert tiene 50% de deuda y 50% de financiamiento con capital accionario, mientras que Yuiop tiene 20% de deuda y 80% de capital accionario. (Todos los porcentajes están expre-

sados en términos de valor de mercado). La tasa de préstamos para ambas compañías es del 13% en un mundo sin impuestos, y se supone que los mercados de capital son perfectos. No se espera que aumenten las utilidades de ninguna de las dos compañías, y todas las utilidades se pagan a los accionistas en forma de dividendos.

a) Si usted posee el 2% de las acciones ordinarias de Qwert, ¿cuál es su rendimiento en dólares si la compañía tiene un ingreso operativo neto de $360,000 y su tasa de capitalización global, k_o, es del 18%? ¿Cuál es la tasa de capitalización accionaria implícita, k_e?

b) Yuiop tiene el mismo ingreso operativo neto que Qwert. ¿Cuál es la tasa de capitalización accionaria implícita de Yuiop? ¿Por qué difiere de la de Qwert?

2. Enoch-Arden Corporation tiene utilidades antes de interés e impuestos de $3 millones y una tasa de impuestos del 40 por ciento. Puede pedir prestado a una tasa de interés del 14%, mientras que su capital accionario tiene una tasa de capitalización del 18% en ausencia de préstamos. No se espera que aumenten las utilidades de la compañía, y todas las utilidades se pagan a los accionistas en la forma de dividendos. En presencia de impuestos corporativos pero no personales, ¿cuál es el valor de la compañía en un mundo de acuerdo con MM sin apalancamiento financiero? ¿Con $4 millones de deuda? ¿Con $7 millones de deuda?

3. L'Etoile du Nord Resorts está considerando varios niveles de endeudamiento. Por ahora no tiene deuda y su valor total de mercado es de $15 millones. Piensa que optando por apalancamiento financiero puede lograr una ventaja "neta" de impuestos corporativos y personales (un valor presente positivo de beneficios de escudo fiscal) igual al 20% del valor de mercado de la deuda. Sin embargo, la compañía está preocupada por los costos de bancarrota y agencia al igual que por los prestamistas que pueden aumentar su tasa de interés requerida si la empresa pide demasiado dinero prestado. La compañía cree que puede solicitar un préstamo de hasta $5 millones sin incurrir en estos costos adicionales. No obstante, se espera que con cada incremento adicional de $5 millones de préstamo, se incurra en estos tres costos. Más aún, se espera que estos costos aumenten a una tasa creciente con el apalancamiento financiero. Se espera que el valor presente del costo sea el siguiente para varios niveles de endeudamiento:

Deuda (en millones	$5	$10	$15	$20	$25	$30
Valor presente del costo de bancarrota, agencia y tasa de interés más alta (en millones)	0	0.6	1.2	2	3.2	5

¿Existe una cantidad de deuda óptima para la compañía? Si es así, ¿cuál es?

Problemas

1. Lex I, Cographer Dictionary Company tiene ingreso operativo neto de $10 millones y $20 millones de deuda con una tasa de interés del 7 por ciento. No se espera que aumenten las utilidades de la compañía, y todas éstas se pagan a los accionistas en forma de dividendos. En todos los casos, suponga que no hay impuestos.

a) Usando el enfoque del ingreso operativo neto con una tasa de capitalización accionaria del 12.5% en el nivel de deuda de $20 millones, calcule el valor total de la empresa y la tasa de capitalización global implicada, k_o.

b) Ahora, suponga que la empresa emite $10 millones adicionales de deuda y usa los fondos para retirar acciones ordinarias. Además, suponga que la tasa de interés y la tasa de capitalización global son las mismas que en el inciso *a)*. Calcule el nuevo valor total de la empresa y la nueva tasa de capitalización para el capital accionario.

2. Wannabee Company y Gottahave Company son idénticas en todos aspectos, excepto que Wannabee no tiene apalancamiento financiero, mientras que Gottahave tiene $2 millones en bonos circulantes al 12 por ciento. No hay impuestos y se supone que los mercados de capital son perfectos. No se espera que aumenten las utilidades de ninguna de las dos compañías, y todas las utilidades se pagan a los accionistas en forma de dividendos. La valuación de las dos empresas se muestra a continuación:

		WANNABEE	GOTTAHAVE
O	Ingreso operativo neto	$ 600,000	$ 600,000
I	Interés sobre la deuda	0	240,000
E	Utilidades disponibles para los accionistas ordinarios $(O - I)$	$ 600,000	$ 360,000
k_e	Tasa de capitalización del capital accionario	÷0.15	÷0.16
S	Valor de mercado de las acciones (E/k_e)	$4,000,000	$2,250,000
B	Valor de mercado de la deuda	0	2,000,000
V	Valor total de la empresa $(B + S)$	$4,000,000	$4,250,000
k_o	Tasa de capitalización global implícita $[k_i (B/V) + k_e (S/V)]$	0.15	0.1412
B/S	Razón entre deuda y capital accionario	0	0.89

a) Usted es dueño de $22,500 del valor de las acciones de Gottahave. Muestre el proceso y la cantidad por la que podría reducir sus desembolsos usando arbitraje.

b) ¿Cuándo se detendrá este proceso de arbitraje?

3. T. Boom Pickens Corporation tiene una estructura de capital de $1 millón y siempre mantiene este valor en libros. Pickens actualmente gana $250,000 al año antes de los impuestos del 50%, tiene una estructura de capital integrada en su totalidad por capital accionario de 100,000 acciones, y paga todas las utilidades en dividendos. La compañía está considerando emitir deuda con la finalidad de retirar algunas acciones ordinarias. El costo de la deuda y el precio por acción resultante para varios niveles de endeudamiento se indican en la siguiente tabla. Se supone que la nueva estructura de capital se lograría comprando acciones ordinarias al precio actual de $10 por acción. En otras palabras, la tabla que sigue es un programa de condiciones alternativas en un solo punto en el tiempo.

CANTIDAD DE DEUDA	COSTO DE DEUDA PROMEDIO ANTES DE IMPUESTOS	PRECIO RESULTANTE POR ACCIÓN
$ 0	–	$10.00
100,000	10.0%	10.00
200,000	10.0	10.50
300,000	10.5	10.75
400,000	11.0	11.00
500,000	12.0	10.50
600,000	14.0	9.50

a) Por observación, ¿cuál cree que es la estructura óptima de capital (aquella que minimiza el costo total del capital de la empresa)? ¿Por qué?

b) Construya una gráfica que relacione los costos de capital después de impuestos $(k_e, k_i$ y $k_o)$ con las razones de apalancamiento financiero (B/S) con base en los datos.

c) ¿Se confirmó lo que pensó en el inciso a)?

4. Gioanni Chantel Truffles, Inc., registra $1 millón de utilidades antes de intereses e impuestos. Actualmente está financiada en su totalidad por capital accionario. Puede emitir $3 millones en deuda perpetua al 15% de interés para readquirir acciones y, así, recapitalizar a la corporación. No hay impuestos personales.

a) Si la tasa fiscal corporativa es del 40%, ¿cuál es el ingreso disponible para todos los poseedores de valores si la compañía sigue financiada en su totalidad por acciones? ¿Y si se recapitaliza?

b) ¿Cuál es el valor presente de los beneficios del escudo fiscal de la deuda?

c) La tasa de capitalización del capital accionario para las acciones ordinarias de la compañía es del 20%, mientras permanezca financiada en su totalidad por capital accionario. ¿Cuál será el valor de la empresa si permanece financiada de esta forma? ¿Cuál será el valor de la empresa si se recapitaliza?

5. Stinton Vintage Wine Company es un negocio familiar y no tiene deuda. La familia Stinton está considerando entrar al mercado de valores vendiendo parte de las acciones de su compañía. Los banqueros inversionistas les dicen que el valor total de mercado de la compañía es de $10 millones si no se recurre al endeudamiento. Además de vender acciones, la familia desea considerar emitir deuda que, para fines de cálculos, sería perpetua. Usarían la deuda para comprar y retirar acciones ordinarias, de manera que el tamaño de la compañía sería el mismo. Con base en varios estudios de valuación, el valor presente de los beneficios del escudo fiscal se estima en 22% de la

cantidad del préstamo cuando se toman en cuenta los impuestos tanto corporativos como personales. El banco de inversión de la compañía estima los siguientes valores presentes para los costos de bancarrota asociados con varios niveles de endeudamiento:

DEUDA	VALOR PRESENTE DE COSTOS DE BANCARROTA
$1,000,000	$ 0
2,000,000	50,000
3,000,000	100,000
4,000,000	200,000
5,000,000	400,000
6,000,000	700,000
7,000,000	1,100,000
8,000,000	1,600,000

De acuerdo con esta información, ¿qué cantidad de deuda debe elegir la familia?

6. Rebecca Isbell Optical Corporation intenta determinar una estructura de capital apropiada. Sabe que, conforme aumenta su apalancamiento financiero, su costo de préstamos aumentará con el tiempo al igual que la tasa de rendimiento requerida sobre sus acciones ordinarias. La compañía hizo las siguientes estimaciones para varias razones de apalancamiento financiero.

DEUDA DIVIDIDA ENTRE (DEUDA + CAPITAL ACCIONARIO)	TASA DE INTERÉS SOBRE PRÉSTAMOS	TASA DE RENDIMIENTO REQUERIDA SOBRE CAPITAL ACCIONARIO	
		SIN COSTOS DE BANCARROTA	CON COSTOS DE BANCARROTA
0	–	10.00%	10.00%
0.10	8.0%	10.50	10.50
0.20	8.0	11.00	11.25
0.30	8.5	11.50	12.00
0.40	9.0	12.25	13.00
0.50	10.0	13.25	14.50
0.60	11.0	14.50	16.25
0.70	12.5	16.00	18.50
0.80	15.0	18.00	21.00

a) Para una tasa de impuestos del 50%, ¿cuál es el costo de capital promedio ponderado de la compañía para varias razones de apalancamiento en ausencia de costos de bancarrota?

b) Con costos de bancarrota, ¿cuál es la estructura de capital óptima?

7. Art Wyatt Pool Company desea financiar un programa de expansión de $15 millones y quiere decidir entre deuda y capital accionario externo. La administración cree que el mercado no aprecia el potencial de ganancias de la compañía y que las acciones ordinarias están subvaluadas. ¿Qué tipo de valores (deuda o acciones ordinarias) supone que la compañía emitirá para financiarse, y cuál será la reacción del mercado? ¿Qué tipo de valores cree que se emitirían si la administración piensa que las acciones están sobrevaluadas? Explique.

Soluciones a los problemas para autoevaluación

1. *a*) Qwert Typewriter Company:

O	Ingreso operativo neto	$ 360,000
k_o	Tasa de capitalización global	÷0.18
V	Valor total de la empresa $(B + S)$	$2,000,000
B	Valor de mercado de la deuda (50%)	1,000,000
S	Valor de mercado de las acciones (50%)	$1,000,000
O	Ingreso operativo neto	$ 360,000
I	Interés sobre la deuda (13%)	130,000
E	Utilidades disponibles para los accionistas ordinarios $(O - I)$	$ 230,000
	2% de $230,000 = **$4,600**	

Tasa de capitalización accionaria implicada, $k_e = E/S = \$230,000/\$1,000,000 = \textbf{23\%}$.

b) Yuiop Typewriters, Inc.:

O	Ingreso operativo neto	$ 360,000
k_o	Tasa de capitalización global	÷0.18
V	Valor total de la empresa (B + S)	$2,000,000
B	Valor de mercado de la deuda (20%)	400,000
S	Valor de mercado de las acciones (80%)	$1,600,000
O	Ingreso operativo neto	$ 360,000
I	Interés sobre la deuda (13%)	52,000
E	Utilidades disponibles para los accionistas ordinarios (O – I)	$ 308,000

Tasa de capitalización accionaria implicada, $k_e = E/S = $308,000/$1,600,000 = $**19.25%**. Yuiop tiene una tasa de capitalización accionaria menor que Qwert porque tiene menor nivel de deuda en su estructura de capital. Como la tasa de capitalización accionaria es una función lineal de la razón entre deuda y capital accionario cuando usamos el enfoque del ingreso operativo neto, la disminución en la tasa de capitalización compensa exactamente la desventaja de no emplear tantos fondos de deuda menos costosos.

2. Valor de la empresa no apalancada:

Utilidades antes de interés e impuestos	$ 3,000,000
Interés	0
Utilidades antes de impuestos	$ 3,000,000
Impuestos (40%)	1,200,000
Utilidades después de impuestos	$ 1,800,000
Tasa de capitalización de capital accionario, k_e	÷0.18
Valor de la empresa (no apalancada)	**$10,000,000**

Valor con $4 millones de deuda:

$$\begin{array}{c} \text{Valor de la} \\ \text{empresa apalancada} \end{array} = \begin{array}{c} \text{Valor de la} \\ \text{empresa no apalancada} \end{array} + \begin{array}{c} \text{Valor presente de los beneficios} \\ \text{del escudo fiscal de la deuda} \end{array}$$

$$= \$10,000,000 + (\$4,000,000)(0.40)$$
$$= \mathbf{\$11,600,000}$$

Valor con $7 millones de deuda:

$$= \$10,000,000 + (\$7,000,000)(0.40)$$
$$= \mathbf{\$12,800,000}$$

Debido al subsidio de impuestos, la empresa puede aumentar su valor de manera lineal con más deuda.

3. (En millones):

(1)	(2)	(3)	(4)	
NIVEL DE DEUDA	VALOR DE EMPRESA NO APALANCADA	VP DE BENEFICIOS DEL ESCUDO FISCAL DE LA DEUDA (1) × 0.20	VP DE COSTOS DE BANCARROTA, AGENCIA E INTERÉS MÁS ALTO	VALOR DE LA EMPRESA (2) + (3) − (4)
$ 0	$15	$0	$0.0	$15.0
5	15	1	0.0	16.0
10	15	2	0.6	16.4
15	15	3	1.2	16.8
20*	**15**	**4**	**2.0**	**17.0**
25	15	5	3.2	16.8
30	15	6	5.0	16.0

*El valor de mercado de la empresa se maximiza con $20 millones de deuda.

Referencias seleccionadas

Arditti, Fred D. "The Weighted Average Cost of Capital: Some Questions on Its Definition, Interpretation, and Use". *Journal of Finance* 28 (septiembre, 1973), 1001-1009.

Barclay, Michael J. y Clifford W. Smith, Jr. "The Capital Structure Puzzle: The Evidence Revisited". *Journal of Applied Corporate Finance* 17 (invierno, 2005), 8-17.

Baxter, Nevins D. "Leverage, Risk of Ruin, and the Cost of Capital". *Journal of Finance* 22 (septiembre, 1967), 395-404.

Berlin, Mitchell. "Debt Maturity: What Do Economists Say? What Do CFOs Say?" *Federal Reserve Bank of Philadelphia Business Review* (primer trimestre, 2006), 3-9 (disponible en línea en www.phil.frb.org/files/br/Ql_06_DebtMaturity.pdf)

Brounen, Dirk, Abe de Long y Kees Koedijk. "Corporate Finance in Europe: Confronting Theory with Practice". *Financial Management* 33 (invierno, 2004), 71-101.

Davis, Henry A. y William W. Sihler. *Building Value with Capital-Structure Strategies*. Morristown, NJ: Financial Executives Research Foundation, 1998.

Deangelo, Harry y Ronald W. Masulis. "Optimal Capital Structure Under Corporate and Personal Taxation". *Journal of Financial Economics* 8 (marzo, 1980), 3-29.

Graham, John y Campbell Harvey. "How Do CFOs Make Capital Budgeting and Capital Structure Decisions?" *Journal of Applied Corporate Finance* 15 (primavera, 2002), 8-23.

Groth, John C. y Ronald C. Anderson. "Capital Structure: Perspectives for Managers". *Management Decision* 35 (núm. 7, 1997), 522-561.

Harris, Milton y Arthur Raviv. "The Theory of Capital Structure". *Journal of Finance* 46 (marzo, 1991), 297-355.

Haugen, Robert A. y Lemma W. Senbet. "The Irrelevance of Bankruptcy Costs to the Theory of Optimal Capital Structure". *Journal of Finance* 33 (junio, 1978), 383-394.

_____. "Corporate Finance and Taxes: A Review". *Financial Management* 15 (otoño, 1986), 5-21.

Hovakimian, Armen, Tim Opler y Sheridan Titman. "The Debt-Equity Choice". *Journal of Financial and Quantitative Analysis* 36 (marzo, 2001), 1-24.

Jensen, Michael C. "The Takeover Controversy: Analysis and Evidence". *Midland Corporate Finance Journal* 4 (verano, 1986), 12-21.

_____ y William E. Meckling. "Theory of the Firm: Managerial Behavior, Agency Cost and Ownership Structure". *Journal of Financial Economics* 3 (octubre, 1976), 305-360.

Leary, Mark T. y Michael R. Roberts. "Do Firms Rebalance Their Capital Structures?". *Journal of Finance* 60 (diciembre, 2005), 2575-2619.

Litzenberger, Robert H. "Some Observations on Capital Structure and the Impact of Recent Recapitalizations on Share Prices". *Journal of Financial and Quantitative Analysis* 21 (marzo, 1986), 47-58.

_____ y James C. Van Horne. "Elimination of the Double Taxation of Dividends and Corporate Financial Policy". *Journal of Finance* 33 (junio, 1978), 737-749.

Maloney, Michael T., Robert E. McCormick y Mark L. Mitchell. "Managerial Decision Making and Capital Structure". *Journal of Business* 66, núm. 2 (1993), 189-217.

Mello, Antonio S. y John E. Parsons. "Measuring the Agency Costs of Debt". *Journal of Finance* 47 (diciembre, 1992), 1887-1904.

Miller, Merton H. "Debt and Taxes". *Journal of Finance* 32 (mayo, 1977), 266-268.

_____. "The Modigliani-Miller Propositions After Thirty Years". *Journal of Applied Corporate Finance* 2 (primavera, 1989), 6-18.

Modigliani, Franco y M. H. Miller. "The Cost of Capital, Corporate Finance, and the Theory of Investment". *American Economic Review* 48 (junio, 1958), 261-297.

_____. "The Cost of Capital Corporation Finance, and the Theory of Investment: Reply". *American Economic Review* 51 (septiembre, 1959), 655-669; "Taxes and the Cost of Capital: A Correction". *American Economic Review* 53 (junio, 1963), 433-443; "Reply". *American Economic Review* 55 (junio, 1965), 524-527; "Reply to Heins and Sprenkle". *American Economic Review* 59 (septiembre, 1969), 592-595.

Myers, Stewart C. "Capital Structure Puzzle". *Journal of Finance* 39 (julio, 1984), 575-592.

_____ y Nicholas S. Mujluf. "Corporate Financing and Investment Decisions When Firms Have Information That Investors Do Not Have". *Journal of Financial Economics* 13 (junio, 1984), 187-222.

Opler, Tim C. y Sheridan Titman. "Financial Distress and Corporate Performance". *Journal of Finance* 49 (julio, 1994), 1015-1040.

Rajan, Raghuram G. y Luigi Zingales. "What Do We Know about Capital Structure: Some Evidence from International Data". *Journal of Finance* 50 (diciembre, 1995), 1421-1460.

Ross, Stephen A. "The Determination of Financial Structure: The Incentive-Signaling Approach". *Bell Journal of Economics* 8 (primavera, 1977), 23-40.

Van Horne, James C. "Optimal Initiation of Bankruptcy Proceedings by Debt Holders". *Journal of Finance* 31 (1976), 897-910.

Zuberi, Azmat y Chris Hui. "Optimizing Your Capital Structure". *Finance Asia* 8 (diciembre 2003/enero 2004), 91-93.

La parte VI del sitio Web del libro, *Wachowicz's Web World*, contiene muchos vínculos a sitios de finanzas y artículos en línea relacionados con los temas cubiertos en este capítulo. (http://web.utk.edu/~jwachowi/part6.html)

18

Política de dividendos

Contenido

- **Políticas de dividendos pasivas contra activas**
  Los dividendos como pasivo residual • Irrelevancia de los dividendos • Argumentos para la relevancia de los dividendos • Pruebas empíricas de la política de dividendos • Implicaciones para la política corporativa

- **Factores que influyen en la política de dividendos**
  Reglas legales • Necesidades de fondos de la empresa • Liquidez • Habilidad para obtener préstamos • Restricciones en contratos de deuda • Control • Algunas observaciones finales

- **Estabilidad de los dividendos**
  Valuación de la estabilidad de los dividendos • Razones de pago meta • Dividendos normales y adicionales

- **Dividendos en acciones y fraccionamiento de acciones**
  Dividendos en acciones • Fraccionamiento de acciones • Valor para inversionistas de los dividendos en acciones y de las acciones fraccionadas • Fraccionamiento inverso de acciones

- **Recompra de acciones**
  Método de recompra • Recompra como parte de la política de dividendos • Decisión de inversión o financiamiento • Posible efecto de señalización

- **Consideraciones administrativas**
  Aspectos de procedimiento • Planes de reinversión de dividendos

- **Puntos clave de aprendizaje**
- **Preguntas**
- **Problemas para autoevaluación**
- **Problemas**
- **Soluciones a los problemas para autoevaluación**
- **Referencias seleccionadas**

Objetivos

Después de estudiar el capítulo 18, usted será capaz de:

- Comprender la retención de dividendos comparada con el dilema de distribución que enfrenta la empresa.

- Explicar el argumento de Modigliani y Miller (MM) de que los dividendos son irrelevantes.

- Explicar los argumentos en contra de MM: que los dividendos *sí* importan.

- Identificar y analizar los factores que afectan las políticas de dividendos y de retención de utilidades.

- Definir, comparar y justificar los dividendos en efectivo, los dividendos de acciones, el fraccionamiento de acciones y la reversión del fraccionamiento de acciones.

- Definir "recompra de acciones" y explicar por qué (y cómo) una firma puede readquirir las acciones.

- Resumir los procedimientos de pago estándar de dividendos en efectivo y las fechas cruciales.

- Definir y analizar los planes de reinversión de dividendos (PRID).

> *"'Al contrario', continuó Tweedledee, 'si fue así, podía ser; y si así*
> *fuera, sería; pero como no es, no es. Eso es lógico'".*
>
> —LEWIS CARROLL
> *Alicia a través del espejo*

Razón de pago de dividendos Dividendos en efectivo anuales divididos entre las utilidades anuales; de otra manera, dividendos por acción entre utilidades por acción. La razón indica el porcentaje de utilidades de una compañía que se paga a los accionistas en efectivo.

La política de dividendos es una parte integral de la decisión de financiamiento de la empresa. La **razón de pago de dividendos** determina la cantidad de las utilidades que se pueden retener en la empresa como fuente de financiamiento. Sin embargo, retener una cantidad grande de utilidades actuales significa que se tendrá menos dinero disponible para el pago de dividendos. Por eso, un aspecto importante de la política de dividendos de la empresa es determinar la asignación adecuada de las ganancias entre el pago de dividendos y las adiciones a las utilidades retenidas de la empresa. Pero también son importantes otros aspectos referentes a la política global de dividendos: aspectos legales, de liquidez y de control; la estabilidad de los dividendos; los dividendos de las acciones y los fraccionamientos; la recompra de acciones y las consideraciones administrativas.

Políticas de dividendos pasivas contra activas

● ● ● Los dividendos como pasivo residual

Nos centraremos primero en una pregunta dividida en dos partes. ¿Puede el pago de dividendos en efectivo afectar el valor de los accionistas y, si es así, qué razón de pago de dividendos maximizará la riqueza de los accionistas? Al igual que hicimos al estudiar los efectos del apalancamiento financiero, supondremos que el riesgo de negocios se mantiene constante. Para evaluar la pregunta de si la razón de pago de dividendos afecta la fortuna de los accionistas, es necesario examinar primero la política de dividendos de la empresa sólo como una decisión de financiamiento que incluye la retención de utilidades. Cada periodo, la empresa debe decidir si retiene sus ganancias o si distribuye parte de éstas o todas entre los accionistas como dividendos en efectivo. (Por ahora, dejamos al margen la recompra de acciones). Siempre que la compañía esté frente a proyectos de inversión con rendimientos que excedan los requeridos (es decir, proyectos con VPN positivo), la empresa usará las utilidades, además de la cantidad en valores principales que apoyará el aumento en la cantidad base del capital accionario, para financiar estos proyectos. Si la empresa tiene ganancias restantes después de financiar todas las oportunidades de inversión aceptables, las distribuirá entre los accionistas en la forma de dividendos en efectivo. De no ser así, no habrá dividendos. Si el número de oportunidades de inversión aceptables implica una cantidad monetaria total que excede la cantidad retenida de utilidades más los valores principales que estas ganancias retenidas apoyan, la empresa financiará las necesidades no cubiertas con una combinación de una nueva emisión de acciones y los valores principales.

Cuando tratamos la política de dividendos de modo tan estricto como una decisión de financiamiento, el pago de dividendos en efectivo es un pasivo residual. El porcentaje de ganancias pagadas como dividendos fluctuará de un periodo a otro para seguir las fluctuaciones en la cantidad de oportunidades de inversión aceptables disponibles para la empresa. Si estas oportunidades abundan, es probable que el porcentaje de ganancias pagadas sea cero. Por otro lado, si la empresa no puede encontrar oportunidades de inversión redituables, los dividendos pagados serán el 100% de las ganancias. Para situaciones entre estos dos extremos, la razón de pago de dividendos será una fracción entre cero y uno.

El manejo de la política de dividendos como un pasivo residual, determinada sólo por la disponibilidad de propuestas de inversión aceptables, implica que los dividendos son irrelevantes. ¿Los dividendos en realidad son sólo un medio de distribuir los fondos no empleados? Más bien, ¿debe ser el pago de dividendos una variable de decisión activa con las retenciones de utilidades como residuales? Para contestar estas preguntas debemos examinar el argumento de que los dividendos son irrelevantes, lo que significa que los cambios en la razón de pago de dividendos (manteniendo constantes las oportunidades de inversión) no afectan la riqueza del accionista.

● ● ● Irrelevancia de los dividendos

Miller y Modigliani (MM) ofrecen el argumento más completo para la irrelevancia de los dividendos.[1] Aseguran que, dada la decisión de inversión de la empresa, la razón de pago de dividendos es sólo un detalle y que no afecta la riqueza de los accionistas. MM argumentan que el valor de la empresa está determinado sólo por la capacidad de generar ganancias de los activos de la empresa o por su política de inversión, y que la manera en que se dividen las ganancias entre dividendos y utilidades retenidas no afecta este valor. Como señalamos en el capítulo anterior, cuando consideramos la decisión de estructura de capital, MM suponen mercados de capital perfectos en los que no hay costos de transacciones ni costos de flotación para las compañías emisoras de valores, y tampoco hay impuestos. Más aún, se supone que las ganancias futuras de la empresa se conocen con certidumbre. (Más adelante en este capítulo se eliminará la última suposición).

Dividendos actuales contra retención de utilidades. El argumento crucial de MM es que el efecto de los pagos de dividendos sobre la riqueza de los accionistas se compensa exactamente con otros medios de financiamiento. Consideremos primero vender acciones ordinarias adicionales para elevar el capital accionario en vez de simplemente retener ganancias. Después de que la empresa ha tomado su decisión de inversión, debe decidir si **1.** retiene utilidades o **2.** paga dividendos y vende nuevas acciones ordinarias por la cantidad de estos dividendos para financiar las inversiones. MM sugieren que la suma del valor descontado por acción ordinaria después del financiamiento más los dividendos actuales pagados es exactamente igual al valor de mercado por acción ordinaria antes del pago de los dividendos actuales. En otras palabras, la declinación en el precio de mercado de la acción ordinaria, por la **dilución** ocasionada por el financiamiento de capital accionario externo, se compensa de manera exacta con el pago de dividendos. Así, se dice que el accionista es indiferente ante recibir dividendos o que la empresa retenga sus utilidades.

Dilución Disminución en el cobro proporcional de las ganancias y los activos de la acción ordinaria debida a la emisión de acciones adicionales.

Tome nota

En este punto, hay razón para preguntar: ¿cómo se relaciona todo esto con los capítulos anteriores, cuando decimos que los dividendos son el fundamento de la valuación de las acciones ordinarias? ¿Existe alguna contradicción? Aunque es cierto que el valor de mercado de una acción ordinaria es el valor presente de todos los dividendos futuros esperados, el tiempo y el monto de los dividendos puede variar. Sigue siendo cierto el argumento de que una compañía de la cual se espera que *nunca* pague dividendos —ni siquiera un dividendo de liquidación— carece de valor para un inversionista. La posición de irrelevancia de los dividendos simplemente argumenta que el valor presente de los dividendos futuros permanece sin cambio aun cuando la política de dividendos modifique sus tiempos y monto. No argumenta que los dividendos, incluyendo los de liquidación, nunca se paguen. Por el contrario, sólo asegura que posponer los dividendos (pero cuando la magnitud del dividendo futuro puede aumentar) es un asunto de indiferencia en lo que se refiere al precio de mercado de la acción ordinaria.

Valor de conservación. Dadas las suposiciones de certidumbre y de mercados de capital perfectos de MM, la irrelevancia de los dividendos se concluye de manera natural. Igual que en el ejemplo de apalancamiento financiero en el capítulo anterior, el *principio de valor total* asegura que la suma del valor de mercado más los dividendos corrientes de dos empresas, idénticas en todos los aspectos excepto el pago de dividendos, será la misma.

Los inversionistas están en condiciones de replicar cualquier secuencia de dividendos que la compañía pueda pagar, pero actualmente no se hace. Si los dividendos son menores que lo deseado, los inversionistas podrían vender algunas acciones para obtener la distribución de efectivo que quieren. Si los dividendos son mayores que lo deseado, podrían usar los dividendos para comprar acciones adicionales de la compañía. Así, los inversionistas tienen la posibilidad de fabricar dividendos "a la medida" de la misma manera que pueden diseñar un apalancamiento financiero "hecho en casa" si no están contentos

[1]Merton H. Miller y Franco Modigliani, "Dividend Policy, Growth, and the Valuation of Shares", *Journal of Business* 34 (octubre, 1961), 411-433.

con la estructura de capital actual de la compañía. Para que una decisión corporativa tenga valor, la compañía debe estar en condiciones de hacer algo por los accionistas que ellos no puedan hacer por sí mismos. Como los inversionistas tienen la posibilidad de fabricar sus dividendos a la medida, que son sustitutos perfectos de los dividendos corporativos según las suposiciones anteriores, la política de dividendos es irrelevante. Como resultado, una política de dividendos es tan buena como la otra. La empresa no puede crear valor simplemente alterando la mezcla de dividendos y ganancias retenidas. Igual que en la teoría de estructura de capital, existe una conservación del valor tal que la suma de las partes siempre es la misma. El tamaño total del pastel no cambia por el solo hecho de cortarlo en rebanadas.

● ● ● Argumentos para la relevancia de los dividendos

Se han dado varios argumentos en apoyo de la posición contraria, a saber, que los dividendos son relevantes en condiciones de incertidumbre. En otras palabras, los inversionistas no son indiferentes con respecto a si reciben rendimientos en forma de dividendos o como plusvalía del precio de las acciones. Examinaremos estos argumentos en diferentes condiciones de incertidumbre.

Preferencia por los dividendos. Ciertos inversionistas tienen preferencia por los dividendos sobre las ganancias de capital. El pago de dividendos tiene el poder de resolver la incertidumbre en sus mentes con respecto a la rentabilidad de la compañía. Los dividendos se reciben de manera continua, mientras que el prospecto de obtener ganancias de capital es para el futuro. Por consiguiente, los inversionistas en una compañía que paga dividendos resuelven su incertidumbre antes que quienes invierten en una compañía que no paga dividendos. En la medida en que el inversionista prefiera una resolución más pronta de la incertidumbre, estará dispuesto a pagar un precio más alto por la acción que ofrece el mayor dividendo, si todo lo demás permanece constante. Si, de hecho, los inversionistas pueden fabricar dividendos "hechos en casa", esa preferencia es irracional. De cualquier forma, suficientes declaraciones de inversionistas hacen difícil descartar este argumento. Quizá, por razones psicológicas o de inconveniencia, los inversionistas prefieren no fabricar dividendos "hechos en casa", sino obtenerlos de manera real y directa de la compañía.

Impuestos para el inversionista. Cuando se toman en cuenta los impuestos, hay varios efectos. En el grado en que la tasa de impuestos personales sobre ganancias de capital sea menor que el ingreso de dividendos, habrá una ventaja en la retención de ganancias. (Recientemente, en Estados Unidos estas tasas han sido las mismas que para los individuos). Además, el impuesto sobre ganancias de capital se difiere hasta la venta de acciones (cuando se *obtiene* cualquier ganancia). En efecto, el accionista tiene una opción de tiempo valiosa cuando la empresa retiene ganancias en oposición al pago de dividendos. También puede evitarse el impuesto sobre ganancias de capital si los valores apreciados se donan a causas caritativas o si el dueño de los valores muere. Por estas razones, el impuesto efectivo sobre ganancias de capital (en términos de valor presente) es menor que el del ingreso por dividendos, aun cuando la tasa de impuestos federal en los dos tipos de ingreso sea la misma. Esto sugiere que una acción que paga dividendos deberá pagar un rendimiento esperado antes de impuestos más alto que la acción que no paga dividendos con el mismo riesgo. De acuerdo con esto, cuanto mayor sea el **rendimiento de dividendos** sobre la acción, mayor será el rendimiento requerido antes de impuestos, si todo lo demás sigue igual.

Rendimiento de dividendos Dividendo anual anticipado dividido entre el precio de mercado de la acción.

Sin embargo, no todos los inversionistas experimentan el mismo gravamen sobre los dos tipos de ingreso que acabamos de analizar. Ciertos inversionistas institucionales, como los fondos de retiro y pensión, no pagan impuestos sobre el ingreso por dividendos ni sobre las ganancias de capital obtenidas. Esos inversionistas serán indiferentes desde el punto de vista fiscal entre un dólar de ingreso por dividendos y un dólar de ganancias de capital. Para los inversionistas corporativos, los dividendos entre compañías se gravan a una tasa menor que la aplicable a las ganancias de capital. Por ejemplo, si Alpha Corporation es dueña de 100 acciones de Omega Corporation, que paga $1 de dividendo anual por acción, el 70% del ingreso por dividendo de Alpha Corporation está exento de impuestos. En otras palabras, Alpha Corporation pagará impuestos sobre $30 de ingreso por dividendo a la tasa corporativa. El efecto fiscal global será menor que si Omega Corporation tuviera una valuación de acciones de $100 y todo se gravara a la tasa de ganancias de capital. De acuerdo con esto, quizá haya preferencia por los dividendos actuales por parte de los inversionistas corporativos. Además, existe un número creciente de inversionistas institucionales.

Si hay clientelas de inversionistas que tienen preferencias por dividendos diferentes, las corporaciones pueden ajustar su razón de pago de dividendos para aprovechar la situación. Suponga que dos quintos de todos los inversionistas prefieren una razón de pago de dividendos igual a cero, un quinto prefiere una razón del 25%, y los dos quintos restantes prefieren una razón del 50 por ciento. Si la mayoría de las compañías pagan el 25% de sus ganancias en dividendos, habrá un exceso de demanda por las acciones de las compañías que pagan cero dividendos y por las acciones de compañías cuya razón de pago de dividendos es del 50 por ciento. Es de esperar que varias compañías reconozcan esta demanda excesiva y ajusten sus razones de pago para aumentar el precio de sus acciones. El proceder de estas compañías eliminará la demanda en exceso. En el equilibrio, las razones de pago de dividendos de las corporaciones estarán de acuerdo con los deseos de los grupos de inversionistas. En este punto, ninguna compañía podrá afectar el precio de su acción alterando sus dividendos. Como resultado, aun con impuestos, la razón de pago de dividendos sería irrelevante.

En la actualidad, tenemos una situación sin resolver en la que el efecto de impuestos sobre los dividendos no está claro. Antes de considerar alguna evidencia empírica referente al efecto de los dividendos sobre el precio de la acción, debemos ver otros factores que pueden influir en el pago de dividendos.

Costos de flotación. La irrelevancia del pago de dividendos se basa en la idea de que, cuando existen oportunidades de inversión favorables y se pagan los dividendos, los fondos pagados deben sustituirse por fondos adquiridos por la empresa mediante financiamiento externo. La introducción de costos de flotación asociados con el financiamiento externo favorece la retención de las ganancias en la empresa. Por cada dólar pagado en dividendos, la empresa tiene menos de un dólar después de los costos de flotación por dólar de financiamiento externo.

Costos de transacciones y divisibilidad de los valores. Los costos de las transacciones implicadas en la venta de valores tienden a restringir el proceso de arbitraje de la misma manera que se describió en el caso de la deuda. Los accionistas que desean ingresos corrientes deben pagar cuotas de corretaje en la venta de porciones de su propiedad de acciones si el dividendo pagado no es suficiente para satisfacer su deseo actual de ingreso. Esta cuota, por dólar de acciones vendidas, varía inversamente con el volumen de la venta. Para una venta pequeña, la cuota de corretaje puede ser un porcentaje significativo de la venta total. Como resultado, los accionistas con deseos de consumo que exceden los dividendos actuales preferirán que la compañía pague dividendos adicionales. Los mercados de capital perfectos también suponen que los valores son infinitamente divisibles. El hecho de que una acción sea la unidad más pequeña de capital accionario puede "salirse de proporción" al tratar de vender acciones para obtener ingreso corriente. Esto también actúa como elemento disuasivo para la venta de acciones en vez de pretender dividendos. Por otro lado, los accionistas que no desean dividendos para consumo actual necesitarán reinvertir sus dividendos. De nuevo, los costos de las transacciones y los problemas de divisibilidad funcionan en desventaja del accionista, aunque esta vez disuadiendo la compra de acciones. Entonces los costos de las transacciones y los problemas de divisibilidad desaniman en ambos sentidos, y no es posible obtener inferencias de dirección en cuanto el pago de dividendos o la retención de ganancias.

Restricciones institucionales. Ciertos inversionistas institucionales están restringidos en los tipos de acciones ordinarias que pueden comprar o en los porcentajes del portafolio para los diferentes tipos de acciones ordinarias. La lista prescrita de valores elegibles para estos inversionistas se determina en parte por los tiempos para pagar los dividendos. Si una compañía no paga dividendos o no los ha pagado en un periodo suficientemente largo, no se permite a algunos inversionistas institucionales invertir en las acciones de esa compañía.

Las universidades, por otro lado, algunas veces tienen restricciones sobre el gasto de las ganancias de capital por las donaciones. Además, varios fideicomisos tienen una prohibición contra la liquidación del principal. En el caso de acciones ordinarias, el beneficiario del fideicomiso tiene derecho al ingreso de dividendos, pero no a las ganancias por la venta de acciones ordinarias. Como resultado de esta estipulación, el administrador que maneja las inversiones puede sentirse restringido para dar atención especial al rendimiento de los dividendos y buscar acciones que paguen dividendos razonables. Aunque estas dos influencias son pequeñas dentro del todo, funcionan a favor de una preferencia por dividendos y no por la retención de utilidades y las ganancias de capital.

Costos de flotación
Costos asociados con la emisión de valores, como los costos de colocación, legales, de listado y de impresión.

Señales financieras. Las señales financieras son diferentes de los otros argumentos presentados en esta sección en cuanto a que dependen de las imperfecciones en el mercado de información financiera. Esto sugiere que los dividendos tienen un efecto en el precio por acción porque comunican información, o señales, acerca de la rentabilidad de la empresa. Es de esperarse que la empresa con buenas noticias sobre su rentabilidad futura quiera comunicarlo a los inversionistas. En vez de hacer un simple anuncio, puede aumentar los dividendos para imprimir convicción a su noticia. Cuando una empresa tiene una razón meta de pago de dividendos que ha sido estable en el tiempo y esta razón aumenta, los inversionistas pensarán que la administración está anunciando un cambio positivo en la rentabilidad futura esperada de la empresa. La señal para los inversionistas es que la administración y el consejo directivo en verdad piensan que las cosas están mejor de lo que refleja el precio de la acción.

De acuerdo con esto, el precio de la acción tendrá una reacción favorable ante este incremento en los dividendos. La idea es que las ganancias contables reportadas de una compañía tal vez no sean un reflejo adecuado de las ganancias económicas. En la medida en que los dividendos dan información no proporcionada en el reporte sobre las ganancias económicas, el precio de la acción responderá. Dicho de otro modo, los dividendos en efectivo son más elocuentes que las palabras. Así, se dice que los inversionistas toman en cuenta los dividendos como pronóstico del desempeño futuro de una empresa. Los dividendos transmiten las expectativas de la administración para el futuro.

Pruebas empíricas de la política de dividendos

Aunque existen varios factores que pueden explicar el efecto de los dividendos sobre la valuación, muchos son difíciles de probar. La mayoría de las pruebas empíricas se han concentrado en el efecto de los impuestos y en las señales financieras. Esto no quiere decir que aspectos como la preferencia por los dividendos, los costos de flotación, los costos de las transacciones y las restricciones institucionales no tengan efecto. Más bien, cualquier resultado que pudieran tener estos factores queda oculto por los efectos de los impuestos y las señales financieras.

Con el efecto fiscal, cuando los dividendos se gravan más (en términos de valor presente) que las ganancias de capital, los precios de las acciones y los rendimientos antes de impuestos deben reflejar este gravamen diferencial. Los resultados empíricos se han mezclado en cuanto a si las acciones con dividendos más altos ofrecen mayores rendimientos esperados antes de impuestos que las acciones con dividendos bajos para compensar el efecto de los impuestos. Pero en años recientes, la evidencia está ampliamente de acuerdo con la neutralidad de los dividendos.

En contraste con los resultados mixtos por el efecto de los impuestos, la evidencia sobre las señales financieras apoya de manera sistemática el efecto de un aviso de dividendos: los incrementos en los dividendos llevan a rendimientos adicionales positivos de las acciones, mientras que los decrementos en dividendos conducen a rendimientos adicionales negativos. Por lo tanto, parece que los dividendos transmiten información. ¿Dónde nos deja todo esto con respecto a la dirección para una política de dividendos?

Implicaciones para la política corporativa

Una compañía debe luchar por establecer una política de dividendos que maximice la riqueza de los accionistas. Casi todos están de acuerdo en que si una compañía no tiene oportunidades de inversión suficientemente redituables, debe distribuir cualquier exceso de fondos entre sus accionistas. La empresa no tiene que pagar la porción exacta no empleada de las ganancias cada periodo. En realidad, tal vez quiera estabilizar la cantidad absoluta de dividendos pagados de un periodo a otro. Pero a la larga, las ganancias retenidas totales, más los valores principales adicionales que apoyará la base creciente de capital accionario, van a corresponder a la cantidad de nuevas oportunidades de inversión redituables. La política de dividendos todavía sería un pasivo residual determinado por la cantidad de oportunidades de inversión.

Para justificar que la empresa pague un dividendo mayor que el que dicta el monto de las utilidades que quedan después de aprovechar todas las oportunidades de inversión aceptables, debe haber en el mercado una preferencia neta por los dividendos. Es difícil que los argumentos descritos lleguen al núcleo del asunto. Sólo las restricciones institucionales y algunas preferencias de los inversionistas por los dividendos hablan en su favor. Los otros argumentos sugieren un efecto neutral o un sesgo que favorece la retención de utilidades. Sí parece que hay cierto valor positivo asociado con un dividendo modesto comparado con ningún dividendo. Esto puede deberse al efecto de las restricciones institucionales y de las señales. Más allá de eso, el panorama es brumoso y algunos aseguran que incluso un dividendo modesto no tiene efecto en la valuación. Unos cuantos académicos piensan que un excedente significativo en los dividendos con respecto a lo que dicta una política pasiva llevará a una mejora en el precio de la acción. Con los impuestos personales y los costos de flotación, los accionistas están "atrasados en el dinero" cuando una compañía emite acciones para pagar dividendos. Antes de hacer una observación final, consideraremos algunos aspectos prácticos para el enfoque de la decisión de una política de dividendos.

Factores que influyen en la política de dividendos

Hasta ahora hemos analizado sólo los aspectos teóricos de la política de dividendos. Cuando una compañía establece esta política, analiza varios asuntos más. Estas consideraciones adicionales deben relacionarse con los conceptos teóricos que rodean el pago de dividendos y la valuación de la empresa. En lo que sigue, consideraremos varios factores prácticos que las empresas de hecho analizan (y deben hacerlo) al estudiar una decisión de política de dividendos.

● ● ● Reglas legales

Las leyes del estado de constitución de una empresa deciden la legalidad de cualquier distribución a los accionistas ordinarios. Las reglamentaciones que estudiaremos son importantes al establecer las fronteras legales dentro de las cuales puede operar la política de dividendos final de la empresa. Estas reglas legales tienen que ver con el deterioro del capital, la insolvencia y la retención indebida de las utilidades.

Regla del deterioro del capital. Aunque las leyes estatales en EUA varían considerablemente, muchos estados prohíben el pago de dividendos si éstos deterioran el capital. Algunos estados definen *capital* como el valor a la par total de las acciones ordinarias. Si el capital accionario de una empresa consiste en $4 millones en acciones ordinarias (valor a la par), $3 millones en capital adicional pagado y $2 millones en utilidades retenidas, el capital total sería de $4 millones. Esta compañía no podría pagar dividendos en efectivo por más de $5 millones sin deteriorar el capital (es decir, sin reducir el capital de los accionistas a menos de $4 millones).

En otros estados la definición de *capital* incluye no sólo el valor a la par de las acciones ordinarias, sino también el capital adicional pagado. De acuerdo con estas reglas estatales, se pueden pagar dividendos sólo "en la medida en que se retengan ganancias". Observe que no dijimos que los dividendos se pueden pagar "de las ganancias retenidas". Una compañía paga dividendos "del efectivo", mientras que incurre en una reducción correspondiente en la cuenta de ganancias retenidas.

Es interesante señalar que en algunos estados los dividendos para los accionistas ordinarios pueden exceder no sólo el valor en libros de las ganancias retenidas de la empresa, sino también el valor en libros total del capital accionario. Por ejemplo, Holiday Corporation (la matriz de Holiday Inns of America) pagó dividendos de $65 por acción en 1987 como parte de una estrategia contra una toma de poder. Estos $1,550 millones de dividendos crearon un saldo en libros negativo de $770 millones para el capital accionario total de Holiday. Según las leyes "tradicionales" de deterioro de capital, esto no habría sido posible porque el valor en libros del *capital* ahora es negativo. Holiday, una corporación en Delaware, puede hacer este enorme pago de dividendos (legalmente, de acuerdo con la legislación de Delaware) sólo si éstos provienen del *superávit*. En Delaware, *capital* significa "valor a la par" de las acciones ordinarias de una empresa, y *superávit* es lo mismo que "valor justo" (esto es, valor de mercado) de sus activos menos el total de deudas más *capital*. En resumen, en Delaware —y otros estados con reglamentaciones parecidas— se puede usar el "valor justo" y no el "valor en libros" de los activos de una empresa para juzgar si un pago de dividendos deteriora el *capital*. De paso, elegimos destacar una compañía en Delaware en nuestro ejemplo por una razón importante. Delaware es el estado donde se constituyeron cerca del 60% de las compañías del *Fortune* 500 y del 50% de todas las compañías en la Bolsa de Valores de Nueva York.

Regla de insolvencia. Algunos estados prohíben el pago de dividendos en efectivo si la compañía es insolvente. La *insolvencia* se define ya sea en el sentido legal, cuando los pasivos totales de una compañía exceden a sus activos "a valor justo", o en un sentido (técnico) "monetario" como la incapacidad de la empresa para pagar a sus acreedores cuando las obligaciones se vencen. Como la incapacidad de la empresa para pagar sus obligaciones depende de su liquidez más que de su capital, la restricción por insolvencia monetaria (técnica) brinda protección a los acreedores. Cuando el efectivo está limitado, una compañía queda restringida para favorecer a los accionistas en detrimento de los acreedores.

Regla de retención indebida de ganancias. El código del sistema fiscal estadounidense prohíbe la retención indebida de ganancias. Aunque *retención indebida* tiene una definición vaga, se entiende como retención significativamente mayor que las necesidades de inversión presente y futura de la compañía. El propósito de la ley es evitar que las compañías retengan utilidades con la finalidad de evadir impuestos. Por ejemplo, una compañía puede retener todas sus ganancias y reunir una cantidad sustancial de efectivo y valores comerciales. Después podría venderse en su totalidad, y los accionistas estarían sujetos sólo a un impuesto de ganancias de capital, el cual se pospone en relación con lo que ocurriría si se pagaran los dividendos. Si el Internal Revenue Service (IRS, el sistema fiscal de EUA) logra probar una retención injustificada, tiene autoridad para imponer tasas de impuestos de penalización sobre la acumulación de ganancias. Siempre que una compañía logra una posición de liquidez sustancial, debe asegurarse de poder justificar la retención de fondos ante el IRS. De otra manera, sería más prudente pagar el exceso de fondos como dividendos a los accionistas.

● ● ● Necesidades de fondos de la empresa

Una vez establecidas las fronteras legales de la política de dividendos de la empresa, el siguiente paso es una evaluación de sus necesidades de fondos. En este aspecto, se usarán presupuestos de capital, fuentes proyectadas y declaración de usos de fondos, así como el estado de flujo de efectivo proyectado (temas del capítulo 7). La clave es determinar los flujos de efectivo posibles y la posición de efectivo de la compañía en ausencia de cambios en la política de dividendos. Además de analizar los resultados esperados, debemos factorizar el riesgo de negocios de manera que podamos obtener un rango de resultados posibles de flujos de efectivo, un procedimiento detallado en el capítulo 7.

Para seguir con el análisis de los aspectos teóricos de la política de dividendos, la empresa deseará determinar si queda algo después de cubrir sus necesidades de fondos, incluyendo el financiamiento de proyectos de inversión aceptables. La empresa deberá examinar su situación en un número razonable de años en el futuro para suavizar las fluctuaciones. La capacidad probable de la compañía para sostener un pago de dividendos debería analizarse en relación con las distribuciones de probabilidad de los flujos de efectivo posibles en el futuro y los saldos de efectivo. Con base en este análisis, una compañía podrá determinar sus fondos residuales futuros posibles.

● ● ● Liquidez

La liquidez de una compañía es una consideración primordial en muchas decisiones de dividendos. Como los dividendos representan un flujo de salida, cuanto más altas sean las posiciones de efectivo y la liquidez global de una compañía, mayor será su capacidad para pagar dividendos. Una compañía en crecimiento y redituable tal vez no tenga liquidez porque sus fondos se destinan a activos fijos y a capital de trabajo permanente. Como la administración de esta compañía deseará mantener algún colchón de liquidez para darle flexibilidad financiera y protección contra la incertidumbre, quizás esté renuente a poner en peligro esta posición al pagar grandes dividendos.

● ● ● Habilidad para obtener préstamos

Una posición de liquidez no es la única manera de dar flexibilidad financiera y, por ende, protegerse contra la incertidumbre. Si una empresa posee la habilidad de obtener préstamos en un tiempo relativamente corto, tendrá cierta flexibilidad financiera. Esta habilidad para obtener préstamos puede manifestarse como una línea de crédito o un acuerdo de crédito revolvente con un banco, o simplemente como la disposición informal de una institución financiera para extender un crédito. Además, la flexibilidad financiera puede derivarse de la habilidad de una empresa para ir al mercado de capital con una emisión de bonos. Una compañía grande y establecida tiene mayor acceso al mercado de capital. Una mayor habilidad de la empresa para obtener préstamos significa más flexibilidad financiera y mayor capacidad para pagar dividendos en efectivo. Con el acceso rápido a los fondos de deuda, la administración tendrá que preocuparse menos por el efecto que tiene ese dividendo en efectivo sobre su liquidez.

● ● ● Restricciones en contratos de deuda

Convenio Una restricción sobre el prestatario impuesta por el prestamista: por ejemplo, el prestatario debe mantener una cantidad mínima de capital de trabajo.

Los **convenios** de protección en un contrato fiduciario de bonos o un acuerdo de préstamo con frecuencia incluyen una restricción en el pago de dividendos. Los prestamistas usan esa restricción para preservar la capacidad de la compañía para pagar su deuda. Es común que se exprese como un porcentaje máximo de las ganancias acumuladas retenidas (reinvertidas) en la empresa. Cuando esta restricción está vigente, influye de manera natural en la política de dividendos de la compañía. Algunas veces la administración ve con buenos ojos esta restricción impuesta por los prestamistas, porque entonces no tiene que justificar la retención de las utilidades ante sus accionistas. Con señalar la restricción basta.

● ● ● Control

Si una compañía paga dividendos sustanciales, después tal vez necesite reunir capital mediante la venta de acciones para financiar las oportunidades de inversión redituables. En esas circunstancias, el interés de control de una compañía podría diluirse si los accionistas que controlan no quieren o no pueden suscribirse para acciones adicionales. Estos accionistas tal vez prefieran un pago de dividendo bajo y el financiamiento de las necesidades de inversión reteniendo ganancias. Esa política de dividendos quizá no maximice la riqueza global de los accionistas, pero beneficiará a quienes tienen el control.

El control puede operar de otra manera muy diferente. Cuando una compañía busca otra empresa para adquirirla o cuando algunos individuos están interesados en comprarla, un pago de dividendos bajo funcionará para ventaja de los "externos" que buscan control. Los externos quizá logren convencer a los accionistas de que la compañía no maximiza su riqueza y que ellos (los externos) harían un mejor trabajo. En consecuencia, las compañías en peligro de ser adquiridas en ocasiones establecen un pago alto de dividendos para complacer a los accionistas.

● ● ● Algunas observaciones finales

Al determinar un pago de dividendos, la compañía típica analizará varios de los factores descritos. Estos factores establecen las fronteras legales y de otro tipo dentro de las cuales se puede pagar un dividendo. Cuando una compañía paga un dividendo que excede sus fondos residuales, implica que la administración y el consejo de directores creen que el pago tiene un efecto favorable sobre la riqueza de los accionistas. Lo frustrante es que tenemos muy poco para poder hacer generalizaciones claras a partir de la evidencia empírica. La falta de un paso firme para predecir el efecto a largo plazo de una política de dividendos específica sobre la valuación hace que la elección del dividendo sea la decisión de política más difícil.

Las consideraciones de esta sección permiten a la compañía determinar con exactitud razonable cuál sería una estrategia de dividendos pasiva adecuada. Una política de dividendos activa implica un acto de fe, porque demanda que una porción de los dividendos acumulados pagados al final se sustituyan con financiamiento de acciones ordinarias. Tal estrategia se emprende en una zona brumosa, pero en la que la mayoría de los académicos tienen dificultad para creer que la riqueza de los accionistas puede mejorar. A pesar de todo, muchas compañías creen que el pago de dividendos afecta el precio de la acción y se comportan de manera congruente con la importancia del dividendo.

Estabilidad de los dividendos

La estabilidad del pago de dividendos es una característica atractiva para muchos inversionistas. Por *estabilidad* queremos decir mantener la posición de los pagos de dividendos de la empresa en relación con una tendencia lineal, de preferencia una con pendiente ascendente. Con todo lo demás sin cambio, una acción podrá demandar un precio más alto si paga un dividendo estable en el tiempo que si paga a partir de un porcentaje fijo de las utilidades. Suponga que la compañía A tiene una razón de pago de dividendos a largo plazo del 50% de las ganancias. Paga este porcentaje cada año, aunque sus ganancias son cíclicas. Las ganancias y los dividendos por acción de la compañía A se muestran en la figura 18.1. La compañía B, por otro lado, tiene exactamente las mismas ganancias y una razón de pago de dividendos a largo plazo del 50%, pero mantiene un dividendo relativamente estable en el tiempo. Cambia la cantidad absoluta del pago de dividendos sólo para seguir la tendencia subyacente de las ganancias. La figura 18.2 indica las utilidades y los dividendos por acción de la compañía B.

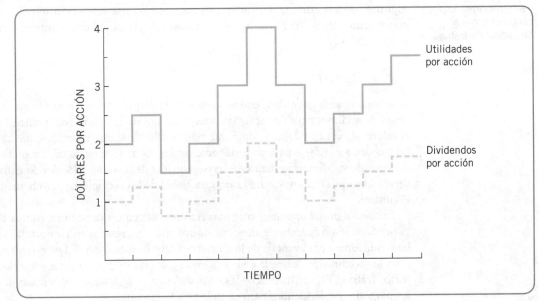

Figura 18.1

Política de dividendos de la compañía A que muestra adherencia estricta a una razón de pago de dividendos del 50% constante

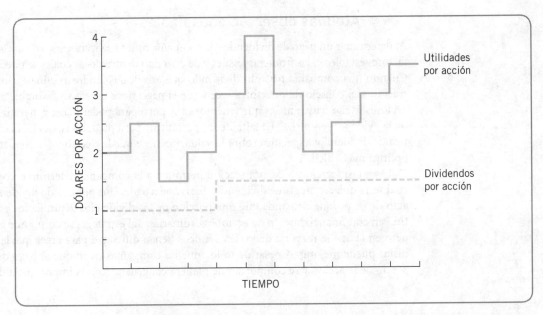

Figura 18.2

Política de dividendos de la compañía B que muestra una razón de pago de dividendos del 50% a largo plazo, pero el dividendo aumenta sólo cuando está apoyado por un incremento en las utilidades

En el largo plazo, la cantidad total de dividendos pagados por estas dos empresas es la misma. Sin embargo, el precio de mercado por acción de la compañía B puede ser más alto que el de la compañía A, con todo lo demás igual. Los inversionistas quizá valoren más la estabilidad del dividendo y paguen más a la compañía que lo ofrece. En la medida en que los inversionistas valoren la estabilidad del dividendo, la política de dividendos de la compañía B sería mejor que la de la compañía A. Esta política abarca no sólo el porcentaje de pago de dividendos en relación con las utilidades, sino también la manera en la que los dividendos reales se pagan. En vez de variar los dividendos directamente con los cambios en las utilidades por acción, la compañía B sube su dividendo sólo cuando tiene una confianza razonable en que puede mantener un pago más alto.

● ● ● Valuación de la estabilidad de los dividendos

Los inversionistas tal vez estén dispuestos a pagar una prima por la estabilidad de los dividendos en virtud de su contenido de información, el deseo de los inversionistas de un ingreso corriente, y ciertas consideraciones de información.

Contenido de información. Cuando las ganancias bajan y una compañía no reduce sus dividendos, el mercado tendrá más confianza en la acción que si los dividendos disminuyeran. El dividendo estable transmite la visión de la administración de que el futuro de la compañía es mejor que lo que sugiere la disminución en las ganancias. Así, con el contenido de información de los dividendos, la administración logra influir en las expectativas de los inversionistas. La administración no podrá mentir al mercado de modo permanente. Si hay una tendencia a la baja en las utilidades, un dividendo estable no transmitirá para siempre la impresión de un futuro promisorio. Más aún, si una empresa está en un negocio inestable con grandes fluctuaciones en las utilidades, un dividendo estable no da la ilusión de estabilidad subyacente.

Deseos de ingreso corriente. Un segundo factor puede actuar a favor de dividendos estables. Los inversionistas que desean un ingreso periódico específico preferirán una compañía con dividendos estables que una con dividendos inestables, aun cuando ambas compañías tengan el mismo patrón de ganancias y pago de dividendos a la larga. Aunque los inversionistas siempre tienen la opción de vender una parte de sus acciones ordinarias para obtener ingresos cuando el dividendo no es suficiente para cubrir sus necesidades actuales, muchos de ellos tienen aversión a recurrir al principal. Todavía más, cuando una compañía reduce sus dividendos, las utilidades suelen bajar y el precio de mercado de las acciones ordinarias se deprime. En general, los inversionistas conscientes del ingreso califican a los dividendos estables positivamente, aun cuando siempre puedan vender unas cuantas acciones para completar su ingreso.

Consideraciones institucionales. Un dividendo estable puede ser ventajoso desde el punto de vista legal al permitir que ciertos inversionistas institucionales compren las acciones ordinarias. Varias dependencias gubernamentales preparan listas de valores *aprobados (o legales)* en las que pueden invertir fondos de pensión, bancos de ahorro, fideicomisos, compañías de seguros y otras instituciones. Para calificar, una compañía con frecuencia debe tener un patrón ininterrumpido de dividendos. Un corte en ellos podría dar como resultado su eliminación de las listas de aprobación.

Los argumentos presentados en apoyo a la noción de que los dividendos estables tienen un efecto positivo en el precio de mercado de las acciones son sólo sugerencias. Existe poca evidencia empírica que arroje luz sobre esta cuestión. Aunque los estudios de acciones individuales suelen sugerir que los dividendos estables amortiguan el precio de mercado de la acción cuando las ganancias bajan, no ha habido estudios completos de una muestra grande de acciones que analicen la relación entre la estabilidad del dividendo y la valuación. De cualquier forma, la mayoría de las compañías luchan por la estabilidad en sus pagos de dividendos. Esto es congruente con la creencia de que los dividendos estables tienen un efecto positivo sobre el valor.

● ● ● Razones de pago meta

Un gran número de compañías parecen seguir la política de una razón meta de pago de dividendos a largo plazo. John Lintner asegura que los dividendos están ajustados por cambios en las utilidades, pero con un retraso.[2] Cuando las ganancias aumentan a un nuevo nivel, una compañía aumenta sus dividendos sólo cuando siente que será capaz de mantener el incremento en las utilidades. Las compañías también están renuentes a reducir la cantidad absoluta de sus dividendos en efectivo. Ambos factores ayudan a explicar por qué los cambios en los dividendos se atrasan con respecto a los cambios en las utilidades. Cuando la economía está en una etapa de crecimiento, la relación del retraso se vuelve evidente si las utilidades retenidas aumentan en relación con los dividendos. En una contracción económica, las ganancias retenidas disminuyen en relación con los dividendos.

● ● ● Dividendos normales y adicionales

Dividendo adicional
Un dividendo no recurrente pagado a los accionistas además del dividendo normal. Es un recurso para circunstancias especiales.

Dividendo normal
El dividendo que, en circunstancias normales, se espera que la empresa pague.

Un camino para que una compañía aumente su distribución de efectivo entre los accionistas en periodos de prosperidad es declarar un **dividendo adicional** además del **dividendo normal** que generalmente se paga trimestral o semestralmente. Al declarar un dividendo adicional, la compañía advierte a los inversionistas que el dividendo no es un incremento en la tasa de dividendos establecida. La declaración de un dividendo adicional es en especial adecuada para compañías con ganancias que fluctúan. El uso de dividendos adicionales permite a la compañía mantener un registro estable de dividendos normales y también distribuir parte de la recompensa de prosperidad. Si una compañía paga dividendos adicionales de forma continua, abate su propósito. El dividendo adicional se convierte en esperado. Sin embargo, cuando se etiqueta bien, un dividendo adicional o especial logra transmitir información positiva al mercado con respecto al desempeño presente y futuro de la empresa.

Dividendos en acciones y fraccionamiento de acciones

Los dividendos en acciones y el fraccionamiento de acciones se usan con frecuencia para diferentes fines. En el sentido económico, existe poca diferencia entre los dos. Sólo desde el punto de vista de contabilidad, la diferencia tiene significado.

● ● ● Dividendos en acciones

Dividendo en acciones Un pago de acciones adicionales a los accionistas. Con frecuencia se usa en vez del dividendo en efectivo o además de éste.

Un **dividendo en acciones** es el pago de acciones adicionales de las acciones ordinarias a los accionistas. Sólo representa un cambio en los registros de los libros dentro de la cuenta de capital accionario en el balance general de la empresa. La propiedad proporcional del accionista en la compañía permanece sin cambio. Las autoridades de contabilidad distinguen entre dividendos en acciones de un bajo y alto porcentaje.[3]

Dividendos en acciones de bajo porcentaje. Si el dividendo en acciones representa un incremento menor que el 25% (caso común) de las acciones ordinarias circulantes previamente, se le llama *dividendo en acciones de bajo porcentaje*. La contabilidad para este tipo de dividendos en acciones implica transferir una cantidad de ganancias retenidas a las acciones ordinarias y al capital adicional pagado.

Suponga que Chen Industries tenía un total en la cuenta de capital accionario —antes de emitir un dividendo en acciones— mostrado en el lado izquierdo de la tabla 18.1. Chen Industries paga después un 5% del dividendo en acciones, por una cantidad de 20,000 acciones adicionales (400,000 × 0.05). El valor de mercado justo es de $40 por acción. Por cada 20 acciones ordinarias que posee, el accionista recibe una acción adicional. El total en la cuenta de capital accionario después del dividendo en acciones se ve en el lado derecho de la tabla 18.1.

Con un 5% de dividendo en acciones, $800,000 ($40 × 20,000 acciones) en valor de mercado de las acciones adicionales se transfieren (en papel) de la cuenta de utilidades retenidas a las cuentas de acciones ordinarias y capital accionario adicional pagado. Puesto que el valor a la par por acción no cambia,

---

[2]Véase John Lintner, "Distribution of Income of Corporations", *American Economic Review* 46 (mayo, 1956), pp. 97-113.

[3]Los tratamientos contables sugeridos que se analizan para los dividendos en acciones algunas veces se modifican para reflejar las leyes del estado en que se constituye la empresa. Esto es cierto en especial en situaciones que implican un "rango de transición" centrado en el área gris donde un pequeño porcentaje de dividendos en acciones cambia a un porcentaje grande de dividendos en acciones.

Tabla 18.1

Cinco por ciento
de dividendo en
acciones para Chen
Industries

Antes		Después	
Acciones ordinarias		Acciones ordinarias	
(valor a la par de $5; 400,000 acciones)	$ 2,000,000	(valor a la par de $5; **420,000** acciones)	**$ 2,100,000**
Capital adicional pagado	1,000,000	Capital adicional pagado	**1,700,000**
Utilidades retenidas	7,000,000	Utilidades retenidas	**6,200,000**
Total de capital accionario	$10,000,000	Total de capital accionario	$10,000,000

Nota: Precio actual de mercado por acción = $40.

Tabla 18.2

Cien por ciento
de dividendo en
acciones para Chen
Industries

Antes		Después	
Acciones ordinarias		Acciones ordinarias	
(valor a la par de $5; 400,000 acciones)	$ 2,000,000	(valor a la par de $5; **800,000** acciones)	**$ 4,000,000**
Capital adicional pagado	1,000,000	Capital adicional pagado	1,000,000
Utilidades retenidas	7,000,000	Utilidades retenidas	**5,000,000**
Total de capital accionario	$10,000,000	Total de capital accionario	$10,000,000

el incremento en el número de acciones se refleja en un aumento de $100,000 ($5 × 20,000 acciones) en la cuenta de acciones ordinarias. El residuo de $700,000 entra a la cuenta de capital accionario adicional pagado. El capital accionario total de la compañía sigue siendo el mismo, a saber, $10 millones.

Como el número de acciones ordinarias en circulación aumenta en 5%, las utilidades por acción de la compañía se reducen en forma proporcional. Suponga que la ganancia neta después de impuestos para el periodo que acaba de terminar es de $1 millón. Antes del dividendo en acciones, las utilidades por acción eran $2.50 ($1,000,000/400,000 acciones). Después del dividendo en acciones, las utilidades por acción serán $2.38 ($1,000,000/420,000 acciones). Los accionistas tienen más acciones, pero menos ganancias por acción. Sin embargo, cada reclamación de propiedad proporcional de los accionistas contra las ganancias totales disponibles para los accionistas ordinarios no cambia.

Dividendos en acciones de alto porcentaje. Habrá que explicar de una manera diferente los *dividendos en acciones de alto porcentaje* (por lo común, el 25% o más de las acciones ordinarias en circulación anteriormente). Aunque no se espera que un porcentaje bajo de dividendos en acciones tenga mucho efecto sobre el valor de mercado por acción, en un porcentaje alto se espera que materialmente reduzcan ese precio. En el caso de dividendos en acciones de alto porcentaje, por lo tanto, el conservadurismo pide la reclasificación de una cantidad limitada al valor a la par de las acciones adicionales en vez de una cantidad relacionada con el valor de mercado de las acciones antes de los dividendos en acciones.

Suponga que Chen Industries decide emitir un dividendo del 100% en acciones en vez del dividendo original del 5% en acciones. En la tabla 18.2 vemos la sección de capital accionario total de los accionistas en el balance general de Chen Industries tanto antes como después del dividendo del 100% en acciones.

Debido a este dividendo, $2,000,000 ($5 × $400,000 acciones) en valor a la par de las 400,000 acciones adicionales se transfieren de la cuenta de ganancias retenidas a la de acciones ordinarias (a la par). El capital accionario de los accionistas de la compañía permanece sin cambio en $10 millones.

**Fraccionamiento
de acciones** Un
incremento en el
número de acciones
en circulación
mediante la reducción
del valor a la par de
cada una: por ejemplo,
un fraccionamiento de
2 por 1 donde el valor
a la par por acción se
reduce a la mitad.

● ● ● Fraccionamiento de acciones

Con un **fraccionamiento de acciones** el número de acciones aumenta mediante la reducción proporcional en el valor a la par de la acción. En el último ejemplo, Chen Industries emitió un dividendo del 100% de acciones. Un fraccionamiento de acciones de 2 por 1 tendrá consecuencias económicas similares a las de un dividendo del 100% de acciones, pero requeriría un tratamiento contable diferente.

Tabla 18.3

Fraccionamiento de acciones de 2 por 1 en el caso de Chen Industries

	Antes		*Después*	
Acciones ordinarias			Acciones ordinarias	
(valor a la par de $5; 400,000 acciones)	$ 2,000,000		(valor a la par de **$2.50**; **800,000** acciones)	$ 2,000,000
Capital adicional pagado	1,000,000		Capital adicional pagado	1,000,000
Utilidades retenidas	7,000,000		Utilidades retenidas	7,000,000
Total de capital accionario	$10,000,000		Total de capital accionario	$10,000,000

La tabla 18.3 muestra la cuenta de capital accionario total para los accionistas de Chen Industries antes y después del fraccionamiento de acciones de 2 por 1.

Con un dividendo en acciones, el valor a la par no se reduce, mientras que con un fraccionamiento de acciones, sí. Como resultado, la acción ordinaria, el capital adicional pagado y las ganancias retenidas permanecen sin cambio con un fraccionamiento de acciones. El capital accionario total, por supuesto, también se queda igual. El único cambio es el valor a la par de las acciones ordinarias, las cuales ahora valen la mitad por acción. Entonces, excepto en el tratamiento contable, el dividendo en acciones y el fraccionamiento de acciones son muy similares. Un fraccionamiento de acciones (o, de manera alternativa, un dividendo en acciones en porcentaje alto) suele reservarse para ocasiones en las que una compañía desea lograr una reducción sustancial en el precio de mercado por acción ordinaria. Un motivo importante para un fraccionamiento es colocar la acción en un rango comercial de mayor demanda, para atraer (se espera) a más compradores.

Una compañía pocas veces mantendrá el mismo dividendo en efectivo por acción antes y después de un fraccionamiento de acciones. Pero podría aumentar el dividendo efectivo para los accionistas. Por ejemplo, una compañía puede fraccionar sus acciones ordinarias en 2 por 1 y establecer una tasa de dividendo anual de $1.20 por acción cuando antes la tasa quizá fue de $2 por acción. Un accionista que tenía 100 acciones antes del fraccionamiento recibiría $200 en dividendos por año. Después del fraccionamiento, el accionista tendrá 200 acciones y recibirá $240 en dividendos por año.

● ● ● Valor para inversionistas de los dividendos en acciones y de las acciones fraccionadas

En teoría, un dividendo en acciones o un fraccionamiento de acciones no tiene valor para los inversionistas. Estos últimos reciben la propiedad de acciones adicionales, pero su propiedad proporcional de la compañía no se altera. El precio de mercado de la acción debería declinar en proporción, de manera que el valor total de cada accionista permanece igual. Para ilustrar con un dividendo en acciones, suponga que usted posee 100 acciones ordinarias con valor de $40 cada una o $4,000 en total. Después del 5% de dividendo en acciones, el precio por acción debería bajar a $38.10 ($40/1.05). Sin embargo, sus acciones todavía tienen un valor total de $4,000 ($38.10 × 105 acciones). En estas condiciones, el dividendo en acciones no representa valor para usted; sólo tiene un número mayor de acciones que representan el mismo interés sobre su propiedad. En teoría, el dividendo en acciones o el fraccionamiento es un cambio nada más de apariencia.

En la medida en que el inversionista desee vender unas cuantas acciones para obtener ingresos, el dividendo/fraccionamiento de acciones podría facilitarlo. Por supuesto, sin ello el accionista también podría vender unas cuantas acciones de su propiedad original para obtener ingresos. En cualquier caso, la venta de acciones representa la venta del principal y está sujeta al impuesto de ganancias de capital. Es probable que ciertos inversionistas no consideren la venta de acciones adicionales que resulta del dividendo o fraccionamiento de acción como una venta de principal. Para ellos representa una ganancia inesperada. Tienen la opción de vender las acciones adicionales y retener su cantidad original. El dividendo/fraccionamiento de acciones suele tener un efecto psicológico favorable en estos accionistas.

Efecto sobre dividendos en efectivo. El dividendo en acciones o el fraccionamiento puede ir acompañado de un incremento en el dividendo en efectivo. En el primero de los dos casos, suponga que un inversionista posee 100 acciones de una compañía que paga $1 de dividendo anual. La compañía declara un 10% de dividendo en acciones y, al mismo tiempo, anuncia que el dividendo en efectivo por acción no cambia. El inversionista tendrá entonces 110 acciones y dividendos en efectivo totales de $110 en vez de $100, que recibía antes. En este caso, un dividendo en acciones aumenta los dividendos en efectivo totales. El hecho de que este incremento en el dividendo en efectivo tenga un efecto positivo sobre la riqueza del accionista dependerá de la compensación entre los dividendos actuales y las utilidades retenidas, lo que se estudiará más adelante. Es claro que el dividendo en efectivo en este caso representa una decisión de la empresa de dar un incremento moderado en la cantidad de dividendos en efectivo. Sin embargo, la empresa no necesita el dividendo en acciones para hacerlo. Puede sólo aumentar su dividendo en efectivo por acción de $1 a $1.10.

Algunas veces se usa un dividendo en acciones para conservar el efectivo. En vez de aumentar el dividendo en efectivo conforme suben las ganancias, una compañía tal vez quiera retener una porción mayor de sus utilidades y declarar un dividendo en acciones modesto. Esta decisión de hecho equivale a disminuir la razón de pago de dividendos: conforme aumentan los ingresos y el dividendo se queda aproximadamente igual, la razón de pago de dividendos disminuye. El hecho de que el valor de los accionistas se incremente con este procedimiento dependerá de las consideraciones estudiadas. La decisión de retener una proporción más alta de las utilidades, desde luego, puede lograrse sin un dividendo en acciones. Aunque el dividendo en acciones tiende a complacer a ciertos inversionistas en virtud de su efecto psicológico, la sustitución de dividendos en efectivo por acciones ordinarias implica un costo administrativo considerable. Administrar los dividendos en acciones es mucho más costoso que administrar los dividendos en efectivo. Este gasto en efectivo es una desventaja de los dividendos en acciones.

Rango comercial de mayor demanda. Un fraccionamiento de acciones y, en menor grado, un dividendo en acciones se usan para colocar la acción en un rango menor y de mayor demanda comercial, el cual atraerá a más compradores y también modificará la mezcla de accionistas, ya que los dueños individuales aumentarán y los dueños institucionales disminuirán.

Pregunte al arlequín

The Motley Fool
Para educar, divertir y enriquecer℠

P ¿Qué son los "fraccionamientos de acciones"?

R Preguntarse si comprar una acción antes o después de un fraccionamiento es lo mismo que preguntar "¿Debo comer este emparedado de mantequilla de maní antes o después de que mamá lo corte a la mitad?".

Las acciones no se abaratan cuando se fraccionan. Es verdad que usted obtiene más acciones, pero cada una vale menos. Imagine que tiene 100 acciones de Sisyphus Transport Corp. (*ticker*: UPDWN). Se venden a $60 cada una y dan un total de $6,000. Cuando Sisyphus fraccione a 2 por 1, usted tendrá 200 acciones que valdrán alrededor de $30 cada una. El valor total: (toquen el tambor, por favor) $6,000. (Bostezo).

Algunas personas se emocionan con acciones que se van a fraccionar, pensando que el precio subirá. Los precios de las acciones algunas veces se disparan un poco al fraccionarlas. Pero son movimientos artificiales, sustentables sólo si el negocio crece para justificarlos. La razón real para sonreír ante el anuncio de un fraccionamiento es que señala que la administración es optimista. No es probable que fraccionen sus acciones si esperan que el precio baje.

Los fraccionamientos son muy variados, como 3 a 2, o 4 a 1. Incluso existe el "fraccionamiento inverso" cuando usted termina con menos acciones, cada una con un mayor valor. Los fraccionamientos inversos suelen emplearse por compañías en dificultades, para evitar que se vean como las acciones de centavos que son. Si una acción se vende con incrementos de bandera roja de $2 por acción y hace un fraccionamiento inverso de 1 a 10, el precio por acción sube a $20 y quienes tenían 100 acciones ahora tienen 10.

Las compañías con frecuencia fraccionan sus acciones para que el precio sea atractivo psicológicamente. Algunas veces, no fraccionar significa que pocas personas pueden pagar siquiera una acción. Si Microsoft no hubiera fraccionado siete veces durante la última década, cada acción valdría hoy más de $6,500.

Con las acciones, igual que con cualquier compra, examine qué está obteniendo por el precio. Estudie a la compañía y compare el precio de la acción con otros números, como las ganancias. Un precio bajo puede atraer, pero una acción de $200 puede ser mejor que una de $20. Si sus fondos son limitados, podrá comprar menos acciones.

Siempre es divertido tener de pronto más acciones, pero los fraccionamientos son igual que obtener cambio de un dólar. No son un motivo para celebrar.

Fuente: The Motley Fool (www.fool.com). Reproducido con permiso de The Motley Fool.

Contenido de información. La declaración de un dividendo en acciones o un fraccionamiento de acciones trasmiten información a los inversionistas. Como se dijo, es posible que se presente una situación en la que la administración tenga información más favorable acerca de la compañía que los inversionistas. En vez de simplemente emitir un aviso a la prensa, la administración puede usar un dividendo en acciones o fraccionarlas para establecer de manera más convincente su creencia sobre los prospectos favorables de la compañía. El hecho de que esa señal tenga un efecto positivo o no en el precio es una pregunta empírica. Aquí la evidencia es abrumadora. Existe una reacción positiva, estadísticamente significativa, del precio de la acción cuando hay un anuncio de dividendos o fraccionamiento de acciones.[4] El efecto de la información es que la acción está subvaluada y debería tener un precio más alto. Pero debemos tener cuidado de cómo interpretamos los resultados. En realidad, resulta que los dividendos y fraccionamientos de acciones muchas veces preceden a incrementos en los dividendos en efectivo y las ganancias. El mercado parece observar los dividendos en acciones y los fraccionamientos como los primeros indicadores de mayores dividendos y mayor capacidad de generar ganancias. Entonces no es en sí el dividendo en acciones o el fraccionamiento lo que ocasiona una reacción positiva en el precio de la acción, sino la información positiva que transmite esa señal. Además, la compañía debe, en algún momento, entregar dividendos y ganancias mejorados para que el precio de la acción siga siendo alto.

● ● ● Fraccionamiento inverso de acciones

En vez de aumentar el número de acciones ordinarias en circulación, una compañía puede reducir el número. Esto se logra con un **fraccionamiento inverso de acciones**. Si la empresa en los ejemplos anteriores, Chen Industries, hubiera realizado un fraccionamiento inverso de 1 por 4 acciones, por cada cuatro acciones el accionista recibiría una nueva acción a cambio. El nuevo valor a la par se convierte en $20 ($5 × 4), y habrá 100,000 acciones circulantes (400,000 acciones/4) en vez de 400,000. El fraccionamiento inverso permite aumentar el precio de mercado por acción cuando se considera que la acción se vende a un precio muy bajo. En algunos casos, un fraccionamiento inverso es un intento por seguir en la lista de una bolsa de valores importante cuando el precio de la acción ha caído tanto que hay riesgo de salir de la lista.

Igual que con los dividendos en acciones y los fraccionamientos directos, es probable que haya algún efecto de la información o las señales asociadas con el anuncio de un fraccionamiento inverso de acciones. Es común que la señal sea negativa, como la que se presentaría si la compañía admitiera que tiene problemas financieros. Sin embargo, la dificultad financiera no necesita ser el factor importante para el fraccionamiento inverso. Quizá la compañía simplemente quiere mover el precio de la acción a un rango más alto de comercio donde los costos comerciales totales y los gastos de servicio son más bajos. De cualquier modo, la evidencia empírica es congruente con una declinación estadísticamente significativa en el precio de la acción cercana a la fecha del aviso del fraccionamiento inverso, si todo lo demás permanece constante.[5] La declinación está mitigada por el desempeño anterior de la compañía en términos de ganancias, pero una compañía sana debería pensar dos veces antes de emprender un fraccionamiento inverso de acciones. Existen demasiadas manzanas podridas en la canasta para no quedar afectado por asociación.

Fraccionamiento inverso de acciones
Un fraccionamiento de acciones en el que el número de acciones circulantes disminuye; por ejemplo, en un fraccionamiento inverso de 1 por 2, cada accionista recibe una nueva acción por cada dos acciones que posee.

---

[4]Véase Guy Charest, "Split Information, Stock Returns and Market Efficiency", *Journal of Financial Economics* 6 (junio-septiembre, 1978), pp. 265-296; Eugene F. Fama, Lawrence Fisher, Michael Jensen y Richard Roll, "The Adjustment of Stock Prices to New Information", *International Economic Review* 10 (febrero, 1969), pp. 1-21; Mark S. Grinblatt, Ronald W. Masulis y Sheridan Titman, "The Valuation Effects of Stock Splits and Stock Dividends", *Journal of Financial Economics* 13 (diciembre, 1984), pp. 461-490; y J. Randall Woolridge, "Stock Dividends as Signals", *Journal of Financial Research* 6 (primavera, 1983), pp. 1-12.

[5]Véase J. Randall Woolridge y Donald R. Chambers, "Reverse Splits and Shareholder Wealth", *Financial Management* 12 (otoño, 1983), pp. 5-15; y R. C. Radcliffe y W. Gillespie, "The Price Impact of Reverse Splits", *Financial Analysts Journal* 35 (enero-febrero, 1979), pp. 63-67.

Recompra de acciones

Recompra de acciones Recompra de acciones por la empresa emisora, ya sea en el mercado abierto (secundario) o por *oferta de autocompra*.

En años recientes, la recompra de acciones ordinarias por parte de las corporaciones ha crecido en forma drástica.[6] Algunas compañías readquieren sus acciones ordinarias con la finalidad de tenerlas disponibles para administrar los planes accionarios. De esta manera, el número total de acciones no aumenta con el ejercicio de las opciones. Otra razón para la **recompra de acciones** es tener acciones disponibles para la adquisición de otras compañías. En ciertos casos, las compañías que ya no quieren ser propiedad de accionistas se convierten en "privadas" recomprando todas sus acciones a los accionistas externos. Todavía en otras situaciones, se recompran acciones con la plena intención de retirarlas. Cuando observamos el efectivo total que las corporaciones distribuyen entre los accionistas —dividendos, recompra de acciones y ofertas de autocompra en efectivo en conexión con las adquisiciones—, los dividendos son sólo un mecanismo (y no siempre el más importante) de distribución de efectivo.

● ● ● Método de recompra

Oferta de autocompra Oferta de una empresa para readquirir algunas de sus propias acciones.

Subasta holandesa Un procedimiento de compra (venta) de valores, que debe su nombre al sistema usado en las subastas de flores en Holanda. Un comprador (vendedor) busca ofertas dentro de un rango de precios específico, en general por un bloque grande de acciones o bonos. Después de evaluar el rango de ofertas de precios recibido, el comprador (vendedor) acepta el precio menor que le permitirá adquirir el bloque entero (o deshacerse de éste por completo).

Los tres métodos más comunes de recompra de acciones son la **oferta de autocompra** a *precio fijo*, una *oferta de autocompra* en **subasta holandesa**, y la *compra en el mercado abierto*. Con una oferta de autocompra a precio fijo, la compañía hace una oferta formal a los accionistas para comprar cierto número de acciones, generalmente a un precio establecido. Este precio de oferta es mayor que el precio vigente en el mercado. Los accionistas pueden vender sus acciones al precio especificado o quedarse con ellas. Casi siempre, el periodo de la oferta de autocompra es entre dos y tres semanas. Si los accionistas ofrecen más acciones que las buscadas originalmente por la compañía, ésta puede elegir comprar todo o parte del excedente. Sin embargo, no tiene la obligación de hacerlo. En general, los costos de transacciones de la empresa al hacer la oferta de autocompra son más altos que en los que incurre con la compra de acciones en el mercado abierto.

Con una oferta de autocompra en subasta holandesa, la compañía especifica el número de acciones que desea recomprar, además del precio mínimo y máximo que está dispuesta a pagar. El precio mínimo suele ser un poco más alto que el precio vigente en el mercado. Los accionistas después tienen la oportunidad de presentar a la compañía el número de acciones que cada uno está dispuesto a vender y su precio de venta mínimo aceptable dentro del rango de precios de la compañía. Al recibir las ofertas, la compañía las organiza en orden creciente de precio. Después determina el precio más bajo que le permitirá recomprar todas las acciones especificadas. Este precio se paga a todos los accionistas que ofrecieron acciones a ese precio o menor. Si se ofrece comprar más acciones de las especificadas al precio de compra o menor, la compañía hará compras en forma proporcional. Si se ofrecen muy pocas acciones, la empresa cancela la oferta o recompra todas las acciones ofrecidas al precio máximo establecido.

A diferencia de una oferta de autocompra, la compañía no conoce de antemano el precio de compra. En ambos tipos de ofertas de compra, la empresa inicia con incertidumbre en cuanto al número de acciones de que se trata. La subasta holandesa se emplea a menudo en la recompra, y algunas veces excede el número de ofertas propias a precio fijo en un año dado. Las compañías grandes tienden a usar la subasta holandesa y no la oferta de autocompra a precio fijo más que las compañías pequeñas.

En las compras en el mercado abierto, una compañía compra sus acciones como lo hace cualquier otro inversionista, a través de una casa bursátil. Es común que se negocie la cuota que cobra la casa bursátil. Ciertas reglas de la comisión de valores restringen la manera en que una compañía lanza una oferta para la compra de sus propias acciones. Como resultado, se requiere un periodo largo para que una compañía acumule un bloque de acciones relativamente grande. Por esta razón, la oferta de autocompra es más adecuada cuando la compañía busca una cantidad grande de acciones.

Antes de que la compañía recompre sus acciones, debe informar a los accionistas sobre sus intenciones. En una oferta de autocompra, estas intenciones se anuncian con la oferta misma. Aun

---

[6]Fuera de Estados Unidos, la recompra de acciones ordinarias es menos común. En algunos países la recompra ni siquiera es legal. En otros, las consecuencias fiscales para los inversionistas la hacen poco deseable.

así, la compañía no debe ocultar otra información. Sería poco ético para una compañía minera, por ejemplo, retener información sobre el descubrimiento de un enorme yacimiento mineral al mismo tiempo que hace una oferta para recomprar acciones. En las compras en el mercado abierto, en especial, es necesario dar a conocer las intenciones de recompra de la compañía. De otra manera, los accionistas pueden vender sus acciones sin conocer un programa de recompra que podría aumentar las utilidades por acción. A partir de la información completa de la cantidad de recompra y el objetivo de la compañía, los accionistas pueden vender sus acciones si así lo deciden. Sin la comunicación apropiada, el accionista que vende puede ser penalizado. Cuando la cantidad de acciones de recompra es sustancial, una oferta de autocompra es en especial adecuada, ya que da a todos los accionistas el mismo trato.

● ● ● Recompra como parte de la política de dividendos

Si una empresa tiene exceso de efectivo y un número insuficiente de oportunidades de inversión redituables para justificar el uso de estos fondos, puede distribuirlos entre los accionistas. La distribución se logra ya sea mediante la recompra de acciones o pagando los fondos como mayores dividendos. En la ausencia de impuestos sobre ingresos personales y costos de transacciones, las dos alternativas, en teoría, no son diferentes para los accionistas. Con la recompra, menos acciones permanecen en circulación, suben las utilidades por acción y, en última instancia, los dividendos por acción. Como resultado, el precio de mercado por acción debe subir también. En teoría, la ganancia de capital que surge de la recompra debe ser igual al dividendo que, de otra manera, se hubiera pagado.

Suponga que Deuce Hardware Company está considerando la distribución de $1.5 millones, ya sea en dividendos en efectivo o con la recompra de sus propias acciones. Las cifras clave de la compañía justo antes de la distribución de los $1.5 millones son las siguientes:

Utilidades después de impuestos	$2,000,000
Número de acciones ordinarias en circulación	÷500,000
Utilidades por acción (UPA)	$ 4
Precio actual de mercado por acción	$ 63
Dividendo esperado por acción	$ 3

Como los accionistas esperan un dividendo en efectivo de $3 por acción ($1,500,000/500,000 acciones), el valor de $63 de una acción antes de pagar el dividendo consiste en $3 por acción de dividendo esperado más $60 del precio de mercado que se espera que se registre después de la distribución del dividendo en efectivo.

De manera alternativa, la empresa puede elegir recomprar algunas de sus acciones y hacer una oferta de autocompra a los accionistas a $63 por acción. Entonces podría recomprar 23,810 acciones ($1,500,000/$63). Las utilidades por acción después de la recompra serían

$$UPA = \$2,000,000/(500,000 - 23,810) = \textbf{\$4.20}$$

Si la empresa opta por pagar un dividendo en efectivo, su razón precio/utilidades después del dividendo sería 15 ($60/$4). Si esta razón precio/utilidades se queda en 15 después de la recompra de acciones, el precio total de mercado por acción será de $63 ($4.20 × 15). Los accionistas de la compañía ganan lo mismo con el dividendo en efectivo o la recompra. Con la opción de dividendo en efectivo, los accionistas terminan con $3 de dividendo por acción más un valor de $60 por acción, mientras que con la opción de recompra, tienen acciones con valor de $63 cada una. Entonces la cantidad distribuida a los accionistas es $3 por acción, en la forma de dividendos o de apreciación de la acción (con el resultado de una ganancia de capital).

En la medida en que la tasa de impuesto personal sobre ganancias de capital sea menor que la de ingresos por dividendos, la recompra de acciones ofrece una ventaja fiscal sobre el pago de dividendos para el inversionista sujeto a pago de impuestos. Además, el impuesto sobre ganancias de capital se pospone hasta que se vende la acción, mientras que con los dividendos el impuesto debe pagarse en el momento.

La recompra de acciones parece muy adecuada cuando la empresa tiene una gran cantidad de efectivo que distribuir. Pagar estos fondos mediante un dividendo adicional daría como resultado un impuesto impostergable para los accionistas. El efecto fiscal puede aliviarse pagando los fondos como dividendos adicionales en un periodo, pero tal vez ocasione que los inversionistas esperen que el dividendo adicional se mantenga continuamente en el futuro. Además, la empresa debe tener cuidado de no iniciar un programa estable de recompra de acciones en vez de pagar dividendos. El IRS podría ver las recompras sucesivas como equivalente a dividendos en efectivo y no otorgar una ventaja fiscal a los accionistas que redimen sus acciones.

● ● ● Decisión de inversión o financiamiento

Autocartera (o acciones de tesorería) Acciones ordinarias que se recompran y que quedan en manos de la compañía emisora.

Algunos ven la recompra de acciones como una inversión y no como una decisión de financiamiento. Y de hecho, en un sentido estricto, lo es, aun cuando las acciones que se poseen como **autocartera** no arrojen un rendimiento esperado como otras inversiones. Ninguna compañía puede existir "invirtiendo" sólo en sus propias acciones. La decisión de recomprar acciones debe incluir la distribución del exceso de fondos cuando las oportunidades de inversión de la empresa no son suficientemente atractivas para garantizar el uso de esos fondos, ya sea ahora o en el futuro cercano. Así, la recompra de acciones en realidad no puede manejarse como una decisión de inversión según se define el término.

La recompra de acciones se ajusta más a un tipo de decisión de financiamiento que posee motivaciones de estructura de capital o de política de dividendos. Por ejemplo, algunas veces el objetivo de una recompra de acciones es alterar la estructura de capital de la compañía. Al emitir deuda y recomprar acciones, una empresa puede cambiar de inmediato su razón entre deuda y capital accionario hacia una mayor proporción de deuda. Otras veces, cuando hay exceso de efectivo, la recompra de acciones se puede ver como parte de la política global de dividendos de la empresa.

● ● ● Posible efecto de señalización

La recompra de acciones también puede tener un efecto de señalización. Por ejemplo, suponga que la administración cree que las acciones ordinarias de la empresa están subvaluadas y que están personalmente restringidas al no poder responder a una oferta de autocompra con acciones que se poseen individualmente. En ese caso, la "prima" de la oferta de autocompra (cantidad por la cual el precio de recompra puede exceder el precio existente de la acción) reflejaría la creencia de

---

Dividendos y recompra de acciones en British Petroleum (BP)

El dividendo total pagado en 2006 fue de $7,686 millones, comparado con $7,359 millones en 2005. El dividendo pagado por acción fue de 38.40 centavos, un incremento del 10% con respecto a 2005. En términos reales, el dividendo fue un 10% más alto.

Nuestra política de dividendos es que crezca el dividendo por acción progresivamente. Siguiendo esta política y estableciendo los niveles de dividendos, el consejo se guía por varias consideraciones, incluyendo las circunstancias prevalecientes del grupo, los patrones de inversión futuros y la sustentabilidad del grupo y del entorno de mercado. Determinamos el dividendo en dólares estadounidenses, la moneda económica de BP.

BP intenta continuar la operación del Plan de Reinversión del Dividendo (PRID) para los accionistas que desean recibir su dividendo en forma de acciones en vez de efectivo. El Plan de Acceso Directo de BP para accionistas en Estados Unidos y Canadá también incluye una característica de reinversión de dividendos.

Seguimos comprometidos en regresar todos los flujos de efectivo libres en exceso de inversión y las necesidades de dividendos de nuestros accionistas, si las circunstancias lo permiten.

Durante 2006, la compañía recompró 1,334 millones de sus propias acciones a un costo de $15,481 millones. De éstos, $358 millones se cancelaron y el resto se mantienen en autocartera. La recompra de acciones tenía un valor nominal de $333 millones y representó el 6.5% de las acciones ordinarias en la emisión, el neto de la autocartera al final de 2005. Desde el inicio del programa de recompra de acciones en 2000, hemos recomprado 3,996 millones de acciones a un costo de $40,700 millones. BP intenta continuar su programa de recompra de acciones, sujeto a las condiciones y restricciones del mercado y a la renovación de la autoridad en abril de 2007 [Conferencia Anual General].

Fuente: BP Annual Review 2006, p. 27. Derechos reservados © 2007 BO p.l.c. Usado como permiso. Todos los derechos reservados.

la administración acerca del grado de subvaluación. La idea es que los hechos concretos dicen más que las palabras.[7]

Es interesante ver que las ofertas propias de compra en subasta holandesa parecen tener un menor efecto positivo de señalización que las ofertas de autocompra a precio fijo. Una razón es que el resultado de una subasta holandesa suele tener una "prima" más baja que la oferta de autocompra a precio fijo. Los programas de compra en el mercado abierto en general ofrecen sólo un modesto efecto positivo de señalización. Una explicación es que esos programas con frecuencia sólo se ven estimulados después de un periodo de declinación en el precio de la acción, al contrario de los dos tipos de oferta de autocompra.[8]

Aunque los dividendos en efectivo y las recompras de acciones son similares en cuanto al contenido informativo en el sentido de que ambos usan efectivo para enviar una señal positiva, también dan cierta información distinta. El dividendo en efectivo normal ofrece un refuerzo continuo de la habilidad subyacente de la empresa para generar efectivo. Es algo similar a emitir un boletín de prensa trimestral, y esto puede crear hábito. Por el contrario, la recompra de acciones no es un acon-

Punto de debate: ¿Son benéficas las recompras de acciones?

Los mercados responden positivamente a los avisos de recompra porque ofrecen nueva información, o "señales", acerca del futuro de la compañía.

Una señal puede ser que la administración piensa que la acción está subvaluada, una interpretación en general confirmada si los ejecutivos también compran un número significativo de acciones de manera personal.

Otra señal puede ser que la administración tiene confianza en que no necesitará el efectivo para cubrir compromisos futuros como pagos de interés y gastos de capital, quizá porque las operaciones fundamentales han mejorado más que lo que el mercado supone.

Aun así, en muchos casos, la razón más significativa de por qué los inversionistas responden positivamente es porque se sienten aliviados de que la administración no va a gastar el efectivo de la compañía en una fusión rápida o mal analizada, o en una adquisición o algún otro proyecto con un valor presente neto negativo.

Ese escepticismo podría estar bien fundado. En muchas industrias, los directores ejecutivos y sus equipos de administración han hecho malas asignaciones de efectivo y han destruido el valor de los accionistas.

Por ejemplo, desde mediados de la década de 1960 hasta mediados de la de 1990, la dispersión entre el rendimiento sobre el capital invertido y el costo de capital en la industria del petróleo era casi siempre negativa, una consecuencia de mala disciplina de capital y diversificación en actividades no relacionadas como venta al por menor, minería y automatización de oficinas.

Los inversionistas (y ejecutivos) de todas formas necesitan tener en mente que un anuncio de recompra también podría enviar señales negativas.

En vez de sentir alivio de que su efectivo no se desperdicie, algunos inversionistas se sentirán decepcionados de que los ejecutivos de una compañía parezcan admitir que no pueden encontrar oportunidades de inversión valiosas; una explicación de por qué los precios de las acciones de algunas compañías declinan al darse el anuncio. En negocios en los que los consejos directivos vinculan la compensación con la UPA, los mercados pueden sospechar que los administradores están promoviendo los efectos a corto plazo de una recompra de acciones para sus propios fines en vez de invertir los fondos de la compañía con la idea de fortalecer la salud de ésta a largo plazo. Los ejecutivos interesados en el valor deben entonces resistir la presión para efectuar una recompra de acciones, si esto significa no aprovechar inversiones que crean valor.

Estarán en mejor posición para hacerlo si comprenden el valor real de las recompras para sus accionistas.

Fuente: Richard Dobbs y Werner Rehm, "Debating Point: Are Share Buybacks a Good Thing?" *Financial Times* – Special Report: Corporate Finance (28 de junio, 2006), p. 6. (www.ft.com) © The Financial Times Limited 2006. Usado con permiso. Todos los derechos reservados.

[7]Varios estudios empíricos encuentran evidencia que apoya el efecto de señalización positivo que implican las recompras de acciones, en particular en el caso de las ofertas de autocompra en comparación con las compras en el mercado abierto. Véase Larry Y. Dann, "Common Stock Repurchases: An Analysis of Returns to Bondholders and Stockholders", *Journal of Financial Economics* 9 (junio, 1981), pp. 113-138; Theo Vermaelen, "Common Stock Repurchases and Market Signaling", *Journal of Financial Economics* 9 (junio, 1981), pp. 139-183; y Theo Vermaelen, "Repurchase Tender Offers, Signaling, and Managerial Incentives", *Journal of Financial and Quantitative Analysis* 19 (junio, 1984), pp. 163-182.

[8]Robert Comment y Gregg A. Jarrell, "The Relative Signaling Power of Dutch-Auction and Fixed-Price Self-Tender Offers and Open-Market Share Repurchases", *Journal of Finance* 46 (septiembre, 1991), 1243-1271. Véase también Laurie Simon Bagwell, "Dutch Auction Repurchases: An Analysis of Shareholder Heterogeneity", *Journal of Finance* 47 (marzo, 1992), pp. 71-105.

tecimiento regular. Puede verse más como un boletín de prensa "extra" usado en ocasiones cuando la administración piensa que las acciones ordinarias de la empresa están demasiado subvaluadas.[9] Puesto que tanto los dividendos en efectivo como las recompras de acciones se hacen con dinero, la administración tiene la motivación para no enviar señales falsas e implícitamente se compromete consigo misma a proveer flujos de efectivo congruentes con la señal transmitida.

Consideraciones administrativas

Fechas de registro
La fecha, establecida por el consejo de directores, en que se declara un dividendo, y en la cual un inversionista debe ser accionista en el registro para tener derecho al dividendo próximo.

Fecha sin dividendo
La primera fecha en la que un comprador de acciones ya no tiene derecho al dividendo que se acaba de declarar.

Fecha de declaración
La fecha en que el consejo de directores anuncia la cantidad y fecha del siguiente dividendo.

Fechas de pago
La fecha en que la corporación de hecho paga el dividendo declarado.

Plan de reinversión de dividendos (PRID)
Un plan opcional que permite a los accionistas reinvertir de manera automática los pagos de dividendos en acciones adicionales de la compañía.

● ● ● Aspectos de procedimiento

Cuando el consejo directivo de una corporación declara un dividendo de efectivo, especifica una **fecha de registro**. Al cierre de ese día, la compañía extrae una lista de accionistas de sus libros de transferencia de acciones. Los accionistas en la lista tienen derecho al dividendo, mientras que los accionistas que llegan a los libros después de la fecha de registro no lo tienen. Por ejemplo, suponga que cuando el consejo de directores de United Chemical Company se reunió el 8 de mayo, declaró un dividendo de $1 por acción pagadero el 15 de junio a los accionistas del registro del 31 de mayo. Beth Broach posee algunas acciones de United Chemical compradas mucho antes del 31 de mayo, de manera que tiene derecho al dividendo aun cuando pueda vender antes del pago efectivo el 15 de junio.

Es posible que surja un problema con la venta de acciones en días muy cercanos a la fecha de registro. El comprador y el vendedor de las acciones tienen varios días para *hacer la liquidación*; es decir, para pagar las acciones o entregarlas, en el caso del vendedor. Para evitar confusión acerca de cuál inversionista tiene derecho al dividendo cuando las acciones se venden justo antes de la fecha de registro, la comunidad bursátil establece una regla mediante la cual los accionistas tienen derecho a los dividendos sólo si compran la acción al menos dos días hábiles antes de la fecha de registro. Si la acción se compra después, el accionista no tiene derecho al dividendo. La fecha en sí se conoce como **fecha sin dividendo**.

La figura 18.3 indica las fechas importantes de los dividendos para el ejemplo en una línea de tiempo. El 8 de mayo era la fecha en que el consejo de directores declaró los dividendos (**fecha de declaración**), pagaderos el 15 de junio (**fecha de pago**) a los accionistas en el registro del 31 de mayo (fecha de registro). Si el 31 de mayo fuera viernes, dos días hábiles antes sería el 29 de mayo (fecha sin dividendo). Para recibir el dividendo, un nuevo accionista debe comprar la acción el 28 de mayo o antes. Si compra el 29 de mayo o después, se dice que la acción es *sin dividendo*. Esto es, se comercia sin el derecho al dividendo declarado.

● ● ● Planes de reinversión de dividendos

Un gran número de compañías han establecido **planes de reinversión de dividendos (PRID)**. Con estos planes, los accionistas tienen la opción de reinvertir sus dividendos en efectivo en acciones adicionales de la compañía. Existen dos tipos básicos de PRID, dependiendo de si las acciones adicionales provienen de acciones ordinarias ya existentes o de una nueva emisión. Si se recurre a acciones ordinarias existentes, la compañía transfiere los dividendos en efectivo de todos los accionistas que deseen reinvertir a un banco, el cual funge como fiduciario. Luego, el banco compra acciones ordinarias de

Figura 18.3

Fechas importantes para los dividendos de United Chemical Company

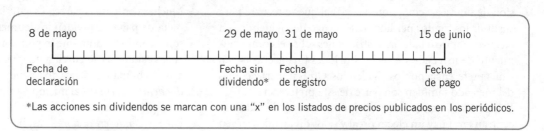

[9]Véase Paul Asquith y David W. Mullins, Jr., "Signaling with Dividends, Stock Repurchases, and Equity Issues", *Financial Management* 15 (otoño, 1986), pp. 27-44.

la compañía en el mercado abierto. Algunas compañías incluso absorben los costos de corretaje implicados en la compra de las acciones ordinarias requeridas para la reinversión. Para los PRID en los que los accionistas deben pagar los costos de corretaje, estos costos son relativamente bajos, ya que el banco compra acciones por volumen.

El otro tipo de plan de reinversión implica que la empresa emita nuevas acciones ordinarias. Sólo con este método la empresa puede de hecho reunir fondos nuevos. Este tipo de plan ha gozado de especial aceptación por parte de las compañías que necesitan capital nuevo para construcción o mejoras. Efectivamente, estos planes reducen el pago de dividendos en efectivo. Por ejemplo, suponga que una empresa que tiene actualmente un PRID de "nuevas acciones" reporta el 60% como su razón de pago de dividendos. Pero después de restar todos los dividendos que están reinvertidos en nuevas acciones ordinarias, el pago "real" podría ser tan sólo del 40 por ciento. Los ahorros de efectivo para una empresa grande podrían llegar fácilmente a millones de dólares. Con un PRID de nuevas acciones, éstas provienen directamente de la compañía, de manera que no hay costos de corretaje implicados. Algunos de estos planes de nuevas acciones incluso permiten a los participantes comprar acciones adicionales con un descuento con respecto al precio de la acción vigente en el mercado. Es común que el descuento sea del 3 al 5%, y sirve como una inducción para la reinversión. Aunque se reinvierta, el dividendo es gravable para el accionista como ingreso ordinario y ésta es una desventaja importante para el accionista sujeto a pago de impuestos. Las compañías que ofrecen un PRID incluyen compañías de servicios públicos, bancos, complejos industriales y otras.

Puntos clave de aprendizaje

- La pregunta crucial en la política de dividendos es, dada la decisión de inversión de la empresa, ¿tienen los dividendos influencia sobre el valor de la empresa?

- Si los dividendos son irrelevantes, como aseguran Modigliani y Miller (MM), la empresa debería retener las utilidades sólo para mantener la disponibilidad de propuestas de inversión aceptables. Si no hay suficientes oportunidades de inversión que ofrezcan rendimientos mayores que los requeridos, los fondos no usados deben pagarse como dividendos.

- Con mercados de capital perfectos y en ausencia de impuestos, los accionistas pueden desarrollar dividendos "hechos en casa" haciendo que el pago de dividendos de la empresa sea irrelevante. Con impuestos diferenciales (en términos de valor presente) sobre los dividendos en efectivo y las ganancias de capital, parece haber un sesgo en favor de la retención de utilidades.

- La imperfección del mercado de los costos de flotación ocasiona un sesgo en favor de la retención de utilidades porque este financiamiento de capital accionario "interno" es menos costoso que el financiamiento "externo" (emisión de nuevas acciones ordinarias) al que se recurre para sustituir los fondos perdidos con el pago de dividendos en efectivo. Por otro lado, las restricciones sobre el comportamiento de inversión de las instituciones financieras llevan a una preferencia por los dividendos. Otras imperfecciones del mercado también son parte de esta preferencia.

- Las pruebas empíricas de la política de dividendos se centran en si hay un efecto fiscal y si los dividendos sirven como señal para transmitir información. La evidencia es contradictoria con respecto al efecto fiscal y va de un efecto neutral a uno negativo (contra el pago de dividen-

dos). Sin embargo, parece que hay un acuerdo en cuanto a que los dividendos dan señales financieras.

- En el análisis final, los expertos en finanzas no logran establecer con certeza si el pago de dividendos de la empresa debe ser más que una variable de decisión pasiva. La mayoría de los académicos piensan que no. Se admite que muchas compañías se comportan como si la política de dividendos fuera relevante, pero los argumentos no son concluyentes.

- Cuando una compañía se enfrenta a una decisión en torno a los dividendos, las consideraciones de la administración incluyen reglas legales, necesidades de fondos de la empresa, riesgo de negocios, liquidez, habilidad para obtener préstamos, ponderación de cualquier información de valuación, control y restricciones en los contratos de deuda.

- Muchas personas sienten que la estabilidad de los dividendos tiene un efecto positivo sobre el precio de mercado de las acciones. Los dividendos estables tienden a resolver la incertidumbre en las mentes de los inversionistas, en particular cuando se reducen las utilidades por acción. También pueden tener un efecto positivo en los inversionistas interesados en el ingreso corriente periódico. Muchas compañías parecen seguir la política de una razón meta de pago de dividendos, aumentando los dividendos sólo cuando piensan que se podrá mantener el incremento en las ganancias. Recurrir a un *dividendo adicional* permite a una compañía cíclica mantener un registro estable de *dividendos normales* al mismo tiempo que paga dividendos adicionales cuando los ingresos son muy altos.

- Un *dividendo en acciones* implica pagar a los accionistas con acciones ordinarias adicionales. Este procedimiento se utiliza con frecuencia para conservar el efectivo y reducir la razón de pago de dividendos de la empresa. En teoría, un dividendo/fraccionamiento en sí no tiene valor para los accionistas a menos que aumente el pago total de dividendos en efectivo.

● Cuando la intención es reducir el precio de mercado por acción, se usa un *fraccionamiento de acciones* o bien un *dividendo en acciones en porcentaje alto*. Con el fraccionamiento, el número de acciones aumenta en los términos de la división. Por ejemplo, 3 a 1 significa que el número de acciones en circulación se triplica.

● Tanto los dividendos de las acciones como el fraccionamiento parecen contener información o efectos de señalización. El precio por acción tiende a subir cerca del momento del anuncio de dividendos/fraccionamiento, como corresponde a una señal positiva. El mercado parece ver esto como un indicador de grandes dividendos en efectivo y capacidad de generar ganancias. En un *fraccionamiento inverso de acciones* el número de acciones en circulación se reduce y la señal para el mercado suele ser negativa.

● Una recompra de las acciones por parte de la compañía debe manejarse en el marco de la política de dividendos de la empresa cuando ésta tiene más fondos de los necesarios para inversiones presentes y futuras. El uso de estos fondos excesivos para recomprar acciones es una alternativa a la distribución en la forma de dividendos en efectivo.

● Con el diferencial de impuestos (en términos de valor presente) entre los dividendos en efectivo y las ganancias de capital, existe una ventaja fiscal en la recompra de acciones ordinarias. A causa de las objeciones del IRS (el sistema fiscal de EUA), las recompras de acciones ordinarias que ocurren con regularidad no se pueden poner en práctica en lugar del pago de dividendos regulares.

● El proceso de pago de dividendos se inicia en el consejo de directores de la empresa, el cual en una fecha en particular (*fecha de declaración*) declara la existencia de un dividendo, pagadero en una fecha posterior (*fecha de pago*) a los accionistas registrados hasta una fecha dada (*fecha de registro*). En el segundo día hábil antes de la fecha de registro (*fecha sin dividendo*), las acciones quedan sin dividendo, lo que significa que éstas se comerciarán sin el derecho al dividendo declarado.

● Los *planes de reinversión de dividendos (PRID)* permiten a los accionistas reinvertir de manera automática los pagos de dividendos en acciones adicionales de la compañía.

Preguntas

1. Compare una política de dividendos pasiva con una activa.
2. ¿Cómo fabrica un inversionista dividendos "hechos en casa"? ¿Cuál es el efecto de las actividades de varios accionistas que toman esta medida, si todo lo demás se mantiene constante?
3. ¿Cómo afectan los impuestos al rendimiento para distintos inversionistas? ¿Deben tomarse en cuenta los impuestos en la decisión de la política de dividendos?
4. ¿Por qué las compañías con tasas de crecimiento altas tienden a tener razones de pago de dividendos bajas, mientras que las compañías con tasas de crecimiento bajas tienden a tener razones de pago de dividendos altas?
5. ¿Qué es la señalización financiera en cuanto a los dividendos en efectivo, dividendos/fraccionamientos de acciones y recompra de acciones?
6. Desde un punto de vista administrativo, ¿cómo afectan la liquidez de una empresa y su habilidad para obtener préstamos a su razón de pago de dividendos?
7. Como gerente de finanzas de una empresa, ¿recomendaría al consejo de directores que la empresa adoptara como política el pago de dividendos estable por acción o una razón de pago de dividendos estable? ¿Cuáles son las desventajas de cada una? ¿Influye la industria de la empresa en su decisión? ¿Por qué?
8. ¿Qué es una *razón meta de pago de dividendos*? ¿Qué es un *dividendo en efectivo adicional*?
9. Defina *dividendo en acciones* y *fraccionamiento de acciones*. ¿Cuál es el efecto de cada uno en el valor de la acción?
10. ¿Son valiosos para los inversionistas los *dividendos en acciones*? ¿Por qué?
11. Si deseamos subir el precio por acción, ¿es una buena idea hacer un *fraccionamiento inverso*? Explique.
12. Como inversionista, ¿prefiere que la empresa recompre sus acciones ordinarias por una *oferta de autocompra* o en las operaciones en el mercado abierto? ¿Por qué?
13. Si la recompra de acciones tiene un efecto fiscal favorable, ¿por qué una compañía querría alguna vez pagar dividendos en efectivo?
14. Cuando las ganancias se reducen, ¿por qué los consejos de directores de las compañías se muestran renuentes a reducir los dividendos?

15. ¿Por qué los prestamistas con frecuencia imponen restricciones formales en el contrato de deuda sobre la cantidad de dividendos que se pueden pagar?
16. ¿Qué es un *plan de reinversión de dividendos (PRID)* y cómo puede ayudar a los accionistas?
17. ¿La política de dividendos es un tipo de decisión de financiamiento o un tipo de decisión de inversión? Explique.

Problemas para autoevaluación

1. Borowiak Rose Water Company espera, con cierto grado de certidumbre, generar el siguiente ingreso neto y tener los siguientes gastos de capital durante los próximos cinco años (en miles de dólares):

	AÑO				
	1	2	3	4	5
Ingreso neto	$2,000	$1,500	$2,500	$2,300	$1,800
Gastos de capital	1,000	1,500	2,000	1,500	2,000

La compañía ahora tiene 1 millón de acciones ordinarias en circulación y paga dividendos anuales de $1 por acción.
a) Determine los dividendos por acción y el financiamiento externo requerido cada año si la política de dividendos se maneja como decisión residual.
b) Determine las cantidades de financiamiento externo que serán necesarias cada año si se mantiene el dividendo anual actual por acción.
c) Determine los dividendos por acción y las cantidades de financiamiento externo que serán necesarias si se mantiene una razón de pago de dividendos del 50 por ciento.
d) ¿Bajo cuál de las tres políticas de dividendos se maximizan los dividendos agregados (dividendos totales durante cinco años)? ¿Y con cuál se minimiza el financiamiento externo requerido (financiamiento total en los cinco años)?

2. Las utilidades por acción de Dew Drop Inn, Inc. durante más de 10 años fueron las siguientes:

	AÑO									
	1	2	3	4	5	6	7	8	9	10
UPA	$1.70	$1.82	$1.44	$1.88	$2.18	$2.32	$1.84	$2.23	$2.50	$2.73

a) Determine los dividendos anuales por acción bajo las siguientes políticas:
   i) Una razón constante de pago de dividendos del 40% (al centavo más cercano).
   ii) Un dividendo regular de 80 centavos y un dividendo adicional para llevar la razón de pago al 40% que, de otra manera, bajaría.
   iii) Un dividendo estable que ocasionalmente sube. La razón de pago puede estar entre el 30 y 50% en cualquier año dado, pero debe tener un promedio aproximado del 40 por ciento.
b) ¿Cuáles son las implicaciones de valuación de cada una de estas políticas?

3. Klingon Fastener Company tiene la siguiente cuenta de capital accionario:

Acciones ordinarias (valor a la par de $8)	$ 2,000,000
Capital adicional pagado	1,600,000
Utilidades retenidas	8,400,000
Total de capital accionario	$12,000,000

El precio actual de mercado de la acción es de $60.
a) ¿Qué le pasaría a esta cuenta y al número de acciones en circulación con: **1.** un 10% de dividendo en acciones, **2.** un fraccionamiento de 2 por 1 y **3.** un fraccionamiento inverso de 1 por 2?
b) En ausencia de un efecto de señalización o de información, ¿a qué precio debería venderse la acción ordinaria después del 10% de dividendo en acciones? ¿Qué pasaría con el precio de la acción si hubiera un efecto de señalización?

Problemas

1. La cuenta de capital accionario de DeWitt Company (valor en libros) al 31 de diciembre, 20X1, es la que sigue:

Acciones ordinarias (valor a la par de $5; 1,000,000 de acciones)	$ 5,000,000
Capital adicional pagado	5,000,000
Utilidades retenidas	15,000,000
Capital accionario total	$25,000,000

En la actualidad, DeWitt está bajo presión de los accionistas para pagar algunos dividendos. El saldo en efectivo de DeWitt es de $500,000, los cuales se necesitan en su totalidad para fines de transacciones. La acción se está vendiendo a $7.

   a) Reformule la cuenta de capital accionario si la compañía paga un dividendo en acciones del 15 por ciento.

   b) Reformule la cuenta de capital accionario si la compañía paga un dividendo en acciones del 25 por ciento.

   c) Reformule la cuenta de capital accionario si la compañía declara un fraccionamiento de 5 por 4.

2. Tijuana Brass Instruments Company maneja los dividendos como una decisión residual. Espera generar $2 millones en utilidades netas después de impuestos el próximo año. La compañía tiene una estructura de capital integrada plenamente con capital accionario y su costo de capital es del 15 por ciento. La compañía maneja este costo como el costo de oportunidad del financiamiento accionario "interno" (ganancias retenidas). En virtud de los costos de flotación y la subvaluación, no se apoya en el financiamiento de capital accionario "externo" (nuevas acciones ordinarias) sino hasta que el financiamiento interno se agota.

   a) ¿Cuánto debe pagar en dividendos (de los $2 millones en ganancias) si la compañía tiene $1.5 millones en proyectos de los que se esperan rendimientos mayores del 15 por ciento?

   b) ¿Cuánto debe pagar en dividendos si tiene $2 millones en proyectos de los que se esperan rendimientos mayores del 15 por ciento?

   c) ¿Cuánto debe pagar en dividendos si tiene $3 millones en proyectos de los que se esperan rendimientos mayores del 16 por ciento? ¿Qué más debería hacer?

3. Para cada una de las compañías descritas aquí, ¿esperaría usted que tuvieran una razón de pago de dividendos baja, media o alta? Explique por qué.

   a) Una compañía con una gran proporción de propiedad interna; todos los dueños son individuos de altos ingresos.

   b) Una compañía en crecimiento con abundancia de buenas oportunidades de inversión.

   c) Una compañía que tiene liquidez alta y mucha capacidad para obtener préstamos que aún no ha aprovechado; además, está experimentando un crecimiento normal.

   d) Una compañía que paga dividendos que experimenta una baja no esperada en utilidades cuando tiene una línea de tendencia con pendiente hacia arriba.

   e) Una compañía con ingresos volátiles y riesgo de negocios alto.

4. Jumbo Shrimp Corporation y Giant Shrimp Company están en la misma industria; ambas cotizan en la bolsa de valores con un gran número de accionistas y tienen las siguientes características:

	JUMBO	GIANT
Flujo de efectivo anual esperado (en miles)	$ 50,000	$35,000
Desviación estándar del flujo de efectivo (en miles)	30,000	25,000
Gastos de capital anuales (en miles)	42,000	40,000
Efectivo y valores comerciales (en miles)	5,000	7,000
Deuda existente a largo plazo (en miles)	100,000	85,000
Línea de crédito a corto plazo sin aprovechar (en miles)	25,000	10,000
Costos de flotación sobre emisión de acciones ordinarias como porcentaje de ganancias	5	8

Con base en esta información, ¿cuál compañía es probable que tenga una razón de pago de dividendos alta? ¿Por qué?

5. Oprah Corporation y la Harpo Corporation han tenido patrones de utilidades notablemente similares los últimos cinco años. De hecho, ambas compañías han tenido utilidades idénticas por acción. Aún más, ambas empresas están en la misma industria, fabrican el mismo producto y se enfrentan al mismo riesgo financiero y de negocios. En resumen, estas empresas son como copias una de la otra en todos aspectos, excepto uno: Oprah paga un porcentaje constante de sus ganancias (50%) en dividendos, mientras que Harpo paga un dividendo en efectivo constante. El gerente financiero de Oprah está sorprendido por el hecho de que el precio de las acciones de su empresa, en general, ha sido más bajo que el de las acciones de Harpo, aun cuando en algunos años el dividendo de Oprah fue sustancialmente mayor.

   a) ¿Qué podría explicar la condición que sorprende al gerente financiero de Oprah?
   b) ¿Qué podrían hacer ambas compañías para aumentar el precio de mercado de sus acciones?

	OPRAH			HARPO		
AÑOS	UPA	DIVIDENDO	PRECIO DE MERCADO	UPA	DIVIDENDO	PRECIO DE MERCADO
1	$1.00	$0.50	$6.00	$1.00	$0.23	$4.75
2	0.50	0.25	4.00	0.50	0.23	4.00
3	−0.25	nil	2.00	−0.25	0.23	4.25
4	0.50	0.25	3.50	0.50	0.23	4.50

6. Chris Clapper Copper Company declaró un dividendo en acciones del 25% el 10 de marzo para los accionistas registrados hasta el 1 de abril. El precio de mercado de las acciones es de $50 por acción. Usted es dueño de 160 acciones.

   a) Si vende sus acciones el 20 de marzo, ¿cuál sería el precio por acción, si todo lo demás sigue igual (sin efecto de señalización)?
   b) Después que se paga el dividendo, ¿cuántas acciones tendrá?
   c) ¿A qué precio esperaría vender la acción el 2 de abril, si todo lo demás sigue igual (sin efecto de señales)?
   d) ¿Cuál será el valor total de su propiedad antes y después del dividendo en acciones, si todo lo demás sigue igual?
   e) Si hubiera un efecto de información o de señalización, ¿cuál sería el efecto sobre el precio de la acción?

7.

CAPITAL ACCIONARIO DE SHERILL CORPORATION EL 30 DE DICIEMBRE, 20X3	
Acciones ordinarias (valor a la par de $1; 1,000,000 de acciones)	$1,000,000
Capital adicional pagado	300,000
Utilidades retenidas	1,700,000
Capital accionario total	$3,000,000

La empresa ganó $300,000 después de impuestos en 20X3 y pagó el 50% de estas ganancias como dividendos en efectivo. El precio de la acción de esta empresa el 30 de diciembre fue de $5.

   a) Si la empresa declara un dividendo en acciones del 3% el 31 de diciembre, ¿cuál sería la cuenta de capital accionario reformulada?
   b) Suponiendo que la empresa no pagó dividendos en acciones, ¿cuál sería la utilidad por acción para 20X3? ¿Y a cuánto ascenderían los dividendos por acción?
   c) Suponiendo un 3% de dividendos en acciones, ¿qué pasaría con las utilidades por acción (UPA) y los dividendos por acción (DPA) para 20X3?
   d) ¿Cuál sería el precio de la acción después del 3% de dividendos en acciones si no hubiera efectos de señalización ni otros efectos?

8. Johore Trading Company tiene 2.4 millones de acciones ordinarias en circulación, y el precio actual de mercado por acción es de $36. Su capitalización accionaria es la siguiente:

Acciones ordinarias (valor a la par de $2.00; 2,400,000 acciones)	$ 4,800,000
Capital adicional pagado	5,900,000
Utilidades retenidas	87,300,000
Capital accionario total	$98,000,000

a) Si la compañía declara un dividendo en acciones del 12%, ¿qué pasaría con estas cuentas? ¿Qué pasa con un dividendo en acciones del 25 por ciento? ¿Y del 5 por ciento?

b) Si en vez de ello, la compañía declara un fraccionamiento de acciones de 3 por 2, ¿qué pasaría con las cuentas? ¿Qué pasaría con un fraccionamiento de 2 por 1? ¿Y de 3 por 1?

c) ¿Qué sucedería si hubiera un fraccionamiento inverso de 1 por 4? ¿Y de 1 por 6?

9. Los dueños de H. M. Hornes Company son varios texanos adinerados. La empresa ganó $3,500,000 después de impuestos este año. Con 1 millón de acciones en circulación, las utilidades por acción fueron de $3.50. La acción se ha vendido en días recientes en $72 entre los accionistas actuales. Dos dólares de este valor se explican por la anticipación del inversionista de un dividendo en efectivo. Como gerente financiero de H. M. Hornes, usted ha contemplado la alternativa de readquirir algunas de las acciones ordinarias de la compañía con una oferta de autocompra a $72 por acción.

a) ¿Cuántas acciones ordinarias podría readquirir la empresa si se seleccionara esta alternativa?

b) Ignorando los impuestos, ¿qué alternativa debería seleccionarse?

c) Considerando impuestos, ¿qué alternativa debería elegirse?

Soluciones a los problemas para autoevaluación

1. *a)*

AÑO	INGRESO DISPONIBLE PARA DIVIDENDOS (EN MILES)	DIVIDENDOS POR ACCIÓN	FINANCIAMIENTO EXTERNO REQUERIDO (EN MILES)
1	$1,000	$1.00	$ 0
2	0	0	0
3	500	0.50	0
4	800	0.80	0
5	0	0	200
	$2,300		$200

2. *b)* (EN MILES)

AÑO	(1) INGRESO NETO	(2) DIVIDENDOS	(3) GASTOS DE CAPITAL	(4) FINANCIAMIENTO EXTERNO REQUERIDO (2) + (3) − (1)
1	$2,000	$1,000	$1,000	$ 0
2	1,500	1,000	1,500	1,000
3	2,500	1,000	2,000	500
4	2,300	1,000	1,500	200
5	1,800	1,000	2,000	1,200
		$5,000		$2,900

c)

AÑO	(1) INGRESO NETO (EN MILES)	(2) DIVIDENDOS (EN MILES)	(3) DIVIDENDOS POR ACCIÓN	(4) GASTOS DE CAPITAL (EN MILES)	(5) FINANCIAMIENTO EXTERNO REQUERIDO (2) + (4) − (1) (EN MILES)
1	$2,000	$1,000	$1.00	$1,000	$ 0
2	1,500	750	0.75	1,500	750
3	2,500	1,250	1.25	2,000	750
4	2,300	1,150	1.15	1,500	350
5	1,800	900	0.90	2,000	1,100
		$5,050			$2,950

d) Los dividendos agregados son los más altos con la alternativa C, que incluye una razón de pago de dividendos del 50 por ciento. Sin embargo, son sólo un poco más altos que con la alternativa B. El financiamiento externo se minimiza con la alternativa A, la política de dividendo residual.

2. *a*)

AÑO	POLÍTICA 1	POLÍTICA 2	POLÍTICA 3
1	$0.68	$0.80	$0.68
2	0.73	0.80	0.68
3	0.58	0.80	0.68
4	0.75	0.80	0.80
5	0.87	0.87	0.80
6	0.93	0.93	0.80
7	0.74	0.80	0.80
8	0.89	0.89	1.00
9	1.00	1.00	1.00
10	1.09	1.09	1.00

Otras secuencias de dividendos son posibles con la política 3. Ésta es sólo una solución.

b) La política 1 y, en un grado mucho menor, la política 2 dan como resultado dividendos fluctuantes en el tiempo, ya que la compañía es cíclica. Como el dividendo regular mínimo es de $0.80, la política 2 tiene una razón de pago promedio de más del 40 por ciento. Los accionistas pueden llegar a contar con el dividendo adicional y decepcionarse cuando no se pague, como en el año 7. En la medida en que los inversionistas valoren los dividendos estables y dividendos periódicos más altos en el tiempo, y en la medida en que el 40% sea una razón de pago promedio óptima, la política 3 de dividendos será la preferida y es probable que maximice el precio por acción. ·

3. *a*) Número actual de acciones = $2,000,000/valor a la par de $8 = 250,000.

	(1) DIVIDENDO EN ACCIONES	(2) FRACCIONAMIENTO DE ACCIONES	(3) FRACCIONAMIENTO INVERSO
Acciones ordinarias (a la par)	$ 2,200,000 ($8)	$ 2,000,000 ($4)	$ 2,000,000 ($16)
Capital adicional pagado	2,900,000	1,600,000	1,600,000
Utilidades retenidas	6,900,000	8,400,000	8,400,000
Capital accionario total	$12,000,000	$12,000,000	$12,000,000
Número de acciones	275,000	500,000	125,000

b) El valor de mercado total de la empresa antes del dividendo en acciones es $60 × 250,000 acciones = $15 millones. Sin cambio en el valor total de la empresa, el precio de mercado por acción después del dividendo en acciones debería ser $15,000,000/275,000 acciones = **$54.55 por acción**. Si hay un efecto de señalización, el valor total de la empresa podría subir, y el precio por acción podría ser un poco más alto que $54.55. De acuerdo con los hallazgos empíricos, la magnitud del efecto quizá no vaya más allá de algunos dólares por acción.

Referencias seleccionadas

Asquith, Paul y David W. Mullins, Jr. "The Impact of Initiating Dividend Payments on Shareholders' Wealth". *Journal of Business* 56 (enero, 1983), 77-96.

_____. "Signaling with Dividends, Stock Repurchases, and Equity Issues". *Financial Management* 15 (otoño, 1986), 27-44.

Bagwell, Laurie Simon. "Dutch Auction Repurchases: An Analysis of Shareholder Heterogeneity". *Journal of Finance* 47 (marzo, 1992), 71-105.

_____ y John B. Shoven. "Cash Distributions to Shareholders". *Journal of Economic Perspectives* 3 (verano, 1989), 129-140.

Baker, H. Kent, Aaron L. Phillips y Gary E. Powell. "The Stock Distribution Puzzle: A Synthesis of the Literature on Stock Splits and Stock Dividends". *Financial Practice and Education* 5 (primavera/verano, 1995), 24-37.

Baker, H. Kent y Gary E. Powell. "Determinants of Corporate Dividend Policy: A Survey of NYSE Firms". *Financial Practice and Education* 10 (primavera/verano, 2000), 29-40.

Baker, H. Kent y David M. Smith. "In Search of a Residual Dividend Policy". *Review of Financial Economics* 15 (número 1, 2006), 1-18.

Benartzi, Shlomo, Roni Michaely y Richard Thaler: "Do Changes in Dividends Signal the Future or the Past?". *Journal of Finance* 52 (julio, 1997), 1007-1034.

Black, Fischer. "The Dividend Puzzle". *Journal of Portfolio Management* 2 (invierno, 1976), 5-8.

_____ y Myron Scholes. "The Effects of Dividend Yield and Dividend Policy on Common Stock Prices and Returns". *Journal of Financial Economics* 1 (mayo, 1974), 1-22.

Bline, Dennis M. y Charles P. Cullinan. "Distributions to Stockholders: Legal Distinctions and Accounting Implications for Classroom Discussion". *Issues in Accounting Education* 10 (otoño, 1995), 307-316.

Brennan, Michael J. y Thomas E. Copeland. "Stock Splits, Stock Prices, and Transaction Costs". *Journal of Financial Economics* 22 (octubre, 1988), 83-101.

Charest, Guy. "Split Information, Stock Returns and Market Efficiency". *Journal of Financial Economics* 6 (junio-septiembre, 1978), 265-296.

Comment, Robert y Gregg A. Jarrell. "The Relative Signaling Power of Dutch-Auction and Fixed-Price Self-Tender Offers and Open-Market Share Repurchases". *Journal of Finance* 46 (septiembre, 1991), 1243-1271.

Ehrbar, Al. "When to Do a Stock Buyback". *Corporate Board Member* 9 (mayo/junio, 2006), 60-70.

Fama, Eugene F., Lawrence Fisher, Michael Jensen y Richard Roll. "The Adjustment of Stock Prices to New Information". *International Economic Review* 10 (febrero, 1969), 1-21.

Grinblatt, Mark S., Ronald W. Masulis y Sheridan Titman. "The Valuation Effects of Stock Splits and Stock Dividends". *Journal of Financial Economics* 13 (diciembre, 1984), 461-490.

Hansell, Gerry y Eric E. Olsen. "The Case for Reconsidering Dividends". *Shareholder Value* 3 (mayo/junio, 2003), 32-35.

Healy, Paul M. y Krishna G. Palepu. "Earnings Information Conveyed by Dividend Initiations and Omissions". *Journal of Financial Economics* 21 (septiembre, 1988), 149-175.

Ikenberry, David L., Graeme Rankin y Earl K. Stice. "What Do Stock Splits Really Signal?". *Journal of Financial and Quantitative Analysis* 31 (septiembre, 1996), 357-375.

Judd, Elizabeth. "Demystifying Share Buybacks". *Shareholder Value* 2 (julio/agosto, 2002), 28-33.

Julio, Brandon y David L. Ikenberry. "Reappearing Dividends". *Journal of Applied Corporate Finance* 16 (otoño, 2004), 89-100.

Lakonishok, Josef y Theo Vermaelen. "Anomalous Price Behavior Around Repurchase Tender Offers". *Journal of Finance* 45 (junio, 1990), 455-478.

Lease, Ronald C., Kose John, Avner Kalay, Uri Loewenstein y Oded H. Sarig. *Dividend Policy: Its Impact on Firm Value*. Boston, MA: Harvard Business School Press, 2000.

Lintner, John. "Distribution of Income of Corporations Among Dividends, Retained Earnings, and Taxes". *American Economic Review* 46 (mayo, 1956), 97-113.

Litzenberger, Robert H. y Krishna Ramiswamy. "Dividends, Short Selling Restrictions, Tax Induced Investor Clienteles and Market Equilibrium". *Journal of Finance* 35 (mayo, 1980), 469-482.

_____. "The Effects of Dividends on Common Stock Prices: Tax Effects or Information Effects?". *Journal of Finance* 37 (mayo, 1982), 429-444.

Litzenberger, Robert H. y James C. Van Horne. "Elimination of the Double Taxation of Dividends and Corporate Financial Policy". *Journal of Finance* 33 (junio, 1978), 737-749.

Markese, John. "Common Stock Dividends: What Are They Worth?". *AAII Journal* 11 (julio, 1989), 29-33.

McNichols, Maureen y Ajay Dravid. "Stock Dividends, Stock Splits, and Signaling". *Journal of Finance* 45 (julio, 1990), 857-879.

Miller, Merton H. "Behavioral Rationality in Finance: The Case of Dividends". *Midland Corporate Finance Journal* 4 (invierno, 1987), 6-15.

_____ y Franco Modigliani. "Dividend Policy, Growth, and the Valuation of Shares". *Journal of Business* 34 (octubre, 1961), 411-433.

_____, Merton H. y Kevin Rock. "Dividend Policy under Asymmetric Information". *Journal of Finance* 40 (septiembre, 1985), 1031-1051.

O'Byrne, Stephen F. y Justin Pettit. "Stock Splits: What Good Are They?". *Shareholder Value* 2 (mayo/junio, 2002), 34-39.

Roberts, Michael, William D. Samson y Michael T. Dugan. "The Stockholders' Equity Section: Form Without Substance?". *Accounting Horizons* 4 (diciembre, 1990), 35-46.

Szewczyk, Samuel H. y George P. Tsetsekos. "The Effect of Managerial Ownership on Stock Split-Induced Abnormal Returns". *Financial Review* 28 (agosto, 1993), 351-370.

Van Horne, James C. y John G. McDonald. "Dividend Policy and New Equity Financing". *Journal of Finance* 26 (mayo, 1971), 507-519.

Vermaelen, Theo. "Common Stock Repurchases and Market Signaling". *Journal of Financial Economics* 9 (junio, 1981), 139-183.

_____. "Repurchase Tender Offers, Signaling, and Managerial Incentives". *Journal of Financial and Quantitative Analysis* 19 (junio, 1984), 163-182.

Woolridge, J. Randall. "Stock Dividends as Signals". *Journal of Financial Research* 6 (primavera, 1983), 1-12.

_____ y Donald R. Chambers. Reverse Splits and Shareholder Wealth". *Financial Management* 12 (otoño, 1983), 5-15.

La parte VI del sitio Web del libro, *Wachowicz's Web World*, contiene vínculos a muchos sitios de finanzas y artículos en línea relacionados con los temas cubiertos en este capítulo. (http://web.utk.edu/~jwachowi/part6.html)

19

El mercado de capital

Contenido

- **Un breve repaso**
- **Emisión pública**
  Suscripción tradicional • Oferta del mejor esfuerzo
  • Registro de anaquel
- **Suscripción privilegiada**
  Derecho privativo • Términos de la oferta • Valor
  de los derechos • Acuerdo de espera y privilegio
  de suscripción en exceso • Suscripción privilegiada
  contra emisión pública
- **Reglamento de la oferta de valores**
  Reglamento federal • Reglamento estatal
- **Colocación privada**
  Características • Acontecimientos en el mercado
- **Financiamiento inicial**
  Capital de riesgo • Oferta pública inicial
- **Efectos de señalización**
  Expectativas de flujos de efectivo futuros •
  Información asimétrica (desigual)
- **Mercado secundario**
- **Puntos clave de aprendizaje**
- **Preguntas**
- **Problemas para autoevaluación**
- **Problemas**
- **Soluciones a los problemas para
  autoevaluación**
- **Referencias seleccionadas**

Objetivos

Después de estudiar el capítulo 19, usted será capaz de:

- Comprender las características del mercado de capital y la diferencia entre un mercado primario y uno secundario.

- Describir los tres métodos primordiales que utilizan las compañías para reunir fondos externos a largo plazo: emisión pública, suscripción privilegiada y colocación privada.

- Explicar el papel de la banca en el proceso de emisión de nuevos valores, incluyendo la suscripción tradicional, la oferta del mejor esfuerzo, el registro de anaquel y los acuerdos de espera.

- Calcular el valor teórico de un derecho (suscripción) y describir las relaciones entre el precio de mercado de la acción, el precio de suscripción y el valor del derecho.

- Comprender el proceso de registro en la Comisión de Valores de EUA (SEC), incluyendo el papel de las declaraciones de registro, las notas rojas, los prospectos y los anuncios de emisión o reglamentarios.

- Comprender el papel que desempeñan el capital de riesgo y la oferta pública inicial (OPI) en el financiamiento en las primeras etapas de crecimiento de la compañía.

- Analizar los efectos de señalización potenciales que con frecuencia acompañan a la emisión de nuevos valores a largo plazo.

Pregunta: "Señor Morgan, ¿el mercado va a subir o bajar?".
Respuesta: "Sí".

—CONVERSACIÓN ENTRE UN PERIODISTA Y J. P. MORGAN

En los capítulos 17 y 18 estudiamos cómo determinan las empresas su mezcla de financiamiento a largo plazo permanente y cómo se financian "internamente" reteniendo utilidades. Ahora necesitamos averiguar cómo reúnen el financiamiento a largo plazo "externamente". De manera más específica, el objetivo de este capítulo es observar las formas de vender inicialmente las emisiones de acciones y bonos en el mercado de capital. Conoceremos las emisiones públicas de valores colocadas a través de la banca de inversión, las suscripciones privilegiadas para los accionistas de la compañía y las colocaciones privadas de la empresa en la inversión institucional. Esta presentación amplía la sección del "Entorno financiero" del capítulo 2. Fue ahí donde estudiamos por primera vez los **mercados financieros** en general.

Mercados financieros Todas las instituciones y los procedimientos para reunir a compradores y vendedores de instrumentos financieros.

Un breve repaso

Mercado de capital El mercado de instrumentos financieros (como bonos y acciones) a plazo relativamente largo (más de un año de plazo de vencimiento original).

Mercado primario Mercado en el que se compran y venden nuevos valores por primera vez (mercado de "nuevas emisiones").

Mercado secundario Mercado para los valores ya existentes y no para nuevas emisiones.

El **mercado de capital**, como usted recordará, maneja bonos y acciones. Dentro del mercado de capital existe tanto un mercado primario como uno secundario. Un **mercado primario** es un mercado para "nuevas emisiones". Es ahí donde se reúnen fondos mediante el flujo de venta de nuevos valores que va de los compradores de valores (el sector ahorrador) a los emisores de valores (el sector de inversión). En un **mercado secundario** se compran y venden valores ya existentes. Las transacciones de estos valores ya existentes *no* suministran fondos adicionales para financiar las inversiones de capital. En este capítulo nos centraremos principalmente en las actividades del mercado primario dentro del mercado de capital.

La figura 19.1 ilustra el mercado de capital para valores corporativos. En la figura podemos observar la posición prominente de ciertas instituciones financieras al mover fondos del sector de ahorros al sector de inversiones por tres caminos principales: una emisión pública, una suscripción privile-

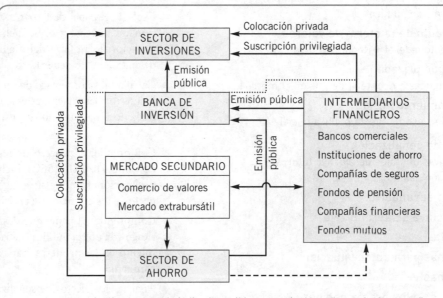

.... La línea punteada indica la posible presencia de un "acuerdo de espera".

⟵ Las flechas indican la dirección del flujo de dinero (los valores fluyen en dirección opuesta).

--- Las líneas discontinuas indican que los valores de los intermediarios financieros (por ejemplo, cuentas de ahorro o políticas de seguros) fluyen hacia el sector de ahorros.

Nota: No existe vínculo directo entre el sector de inversiones y el mercado secundario; por lo tanto, los valores emitidos con anterioridad y vendidos en el mercado secundario no suministran nuevos fondos a los emisores de valores originales.

Figura 19.1

Mercado de capital para valores corporativos

giada y una colocación privada. La banca de inversión, los intermediarios financieros y el mercado secundario son las instituciones clave que refuerzan el movimiento de fondos. Tal vez quiera usar la figura 19.1 como "mapa" para seguir el desarrollo del análisis en este capítulo.

Emisión pública

Emisión pública Venta de bonos o acciones al público en general.

Una compañía grande suele reunir fondos de dos maneras: pública y privada. Con una **emisión pública,** los valores se venden a cientos y con frecuencia miles de inversionistas de acuerdo con un contrato formal supervisado por las autoridades regulatorias federales y estatales. Por otro lado, una *colocación privada* se destina para un número limitado de inversionistas, algunas veces sólo uno, y con considerablemente menor regulación. Un ejemplo de una colocación privada es un préstamo que hace un pequeño grupo de compañías de seguros a una corporación. Los dos tipos de emisión de valores difieren más que nada en el número de inversionistas y en la regulación que rige la emisión.

Banca de inversión Institución financiera que suscribe (compra a un precio fijo en una fecha determinada) nuevos valores para su reventa.

Cuando una compañía emite valores para el público en general, es usual que recurra a los servicios de la **banca de inversión,** la cual actúa como intermediario para reunir a las partes que necesitan fondos con aquellas que tienen ahorros. La función principal de la banca de inversión es comprar los nuevos valores de la compañía emisora (al mayoreo) y después revenderlos a los inversionistas (al menudeo). Por este servicio, la banca de inversión recibe la diferencia, o *diferencial de la suscripción (spread)*, entre el precio que paga por el valor y el precio al que lo revende al público. Puesto que la mayoría de las compañías recurren sólo ocasionalmente al mercado de capital, no son especialistas en la distribución de valores. Por otro lado, la banca de inversión tiene la experiencia, los contactos y la organización de ventas necesarios para hacer un trabajo eficiente de comercialización de valores con los inversionistas. Como la banca de inversión está todo el tiempo en el negocio de comprar valores de las compañías para venderlos a los inversionistas, realiza este servicio a un costo menor que las empresas individuales.

Existen tres medios primordiales para que las compañías ofrezcan valores al público en general: una suscripción tradicional (o compromiso firme), una oferta del mejor esfuerzo y un registro de anaquel. En años recientes, el registro de anaquel ha llegado a dominar, al menos en el caso de las grandes corporaciones. Exploraremos estos tres métodos para ofrecer bonos y acciones a los inversionistas.

● ● ● Suscripción tradicional

Suscripción Asumir el riesgo de no poder vender un valor al precio establecido en virtud de la compra del valor para su reventa al público; se conoce también como *suscripción de compromiso firme.*

Un banco de inversión (o un grupo de bancos) que compra una emisión de valores **suscribe** la venta de la emisión entregando a la compañía un cheque por el precio de compra. En ese momento, la compañía emisora queda liberada del riesgo de no poder vender la emisión al público en general al precio establecido. Si la emisión no se vende bien, ya sea por un evento adverso en el mercado o porque está sobrevaluada, el suscriptor, no la compañía, absorberá la pérdida. Así, la banca de inversión asegura, o suscribe, el riesgo de fluctuaciones de precio adversas durante el periodo de la distribución.

Coalición de suscripción Una combinación temporal de bancos de inversión formada para vender una nueva emisión de valores.

Con frecuencia, la institución de banca de inversión con la que la compañía discute la oferta no maneja por sí sola la suscripción. Para dispersar el riesgo y obtener una mejor distribución, invita a otros bancos de inversión a participar en la oferta. El banco que origina la inversión suele ser el administrador y tiene la mayor participación. Se invita a otros bancos de inversión a la **coalición de suscripción** y su participación está determinada principalmente por su habilidad para vender valores.

Oferta competitiva contra oferta negociada. Una suscripción tradicional puede tener una base de *oferta competitiva* o de *oferta negociada.* Con una oferta competitiva, la compañía emisora especifica la fecha en que se recibirán las ofertas selladas, y las coaliciones de suscripción que compiten entregan sus ofertas en el momento y lugar especificados. La coalición de suscripción con la oferta más alta gana la emisión de valores. Con una oferta negociada, la compañía emisora selecciona una empresa de banca de inversión y trabaja directamente con ésta para determinar las características esenciales de la emisión. En conjunto, analizan y negocian un precio para el valor y la programación temporal de la emisión. Dependiendo del tamaño de la emisión, el banco de inversión invita a otras empresas a compartir el riesgo y vender la emisión. En cualquier caso, los bancos de inversión quedan compensados por su función de asumir el riesgo mediante el margen de colocación. Los gobiernos municipales y los servicios públicos con frecuencia utilizan el método de oferta competitiva (muchas veces porque así lo requiere la ley), mientras que el método negociado suele usarse con las acciones corporativas y la mayoría de las emisiones de bonos corporativos.

Creación de un mercado. En ocasiones, el suscriptor *crea un mercado* para un valor después de que éste se emite. En el caso de la primera oferta pública de acciones ordinarias de una compañía, crear un mercado es importante en especial para los inversionistas. Cuando el suscriptor forma un mercado, lleva un inventario de las acciones, cotiza un precio al que comprará la acción (precio de oferta) y un precio al que la venderá (precio de venta), y aguarda listo para comprar y vender a esos precios. Con esta actividad en el mercado secundario que facilita el banco de inversión, las acciones tienen mayor liquidez para los inversionistas. Esta liquidez agregada refuerza la posibilidad de éxito de la oferta original.

● ● ● Oferta del mejor esfuerzo

En vez de suscribir una emisión de valores, la banca de inversión puede vender la emisión con base en una **oferta del mejor esfuerzo**. Con este acuerdo, la banca de inversión acepta vender sólo el número de valores que pueda al precio establecido y no tiene responsabilidad por los valores que queden sin vender. En otras palabras, no asume el riesgo. Los bancos de inversión muchas veces no están dispuestos a suscribir valores de pequeñas compañías no tecnológicas. Para estas compañías, el único medio factible para colocar sus valores entre el público es mediante una oferta del mejor esfuerzo.

También hay algunas variaciones de la oferta del mejor esfuerzo básica. Por ejemplo, con un acuerdo de "todo o nada", los suscriptores completarán la oferta sólo si se vende la emisión completa. De otra manera, toda la emisión se cancela y cualquier dinero recibido debe regresarse a los inversionistas que pagaron parte de la emisión.

● ● ● Registro de anaquel

Una característica distintiva de las emisiones públicas es que, en general, el proceso de registro con la Comisión de Valores de Estados Unidos (SEC) toma por lo menos varias semanas. (El proceso en sí se describe más adelante en el capítulo). Suele pasar un mes o más entre el momento en que una compañía decide financiar y el momento en que la oferta del valor de hecho ser realiza. Como resultado de este lapso y de los costos fijos asociados con el registro, existe un incentivo para hacer una oferta pública grande y no pequeña.

Las corporaciones grandes, con alta calidad, al igual que las compañías medianas calificadas, pueden reducir el proceso de registro presentando una forma breve (Regla 415 de la SEC). Esta regla admite lo que se conoce como **registro de anaquel**, el cual permite a la compañía registrar valores que tal vez quiera ofrecer de vez en cuando y poner ese registro "en el estante" hasta que haga una oferta de venta. Al usar un registro de anaquel, una compañía puede llegar al mercado con una nueva emisión muy rápido y no tiene que esperar semanas o meses para la aprobación. Como resultado, la empresa tiene la flexibilidad de programar las emisiones según las condiciones del mercado, y las emisiones individuales en sí no necesitan ser grandes. (Hablaremos más del registro de anaquel más adelante, cuando tratemos la reciente "reforma de oferta de valores".)

Costos de flotación y otras ventajas. La empresa con valores "en reserva" puede requerir que las firmas de banca de inversión hagan una oferta competitiva para obtener el negocio de suscripción. Es obvio que la compañía seleccionará la oferta de bajo costo o que simplemente se rehúse a vender si las ofertas son inaceptables. En este respecto, las corporaciones grandes pueden poner a las instituciones de banca de inversión una contra otra, y la competencia resultante lleva a reducir los márgenes de suscripción. Además, los costos fijos totales (legales y administrativos) de las emisiones de deuda públicas sucesivas son menores cuando se logran con un solo registro de anaquel que con una serie de registros tradicionales. Por lo tanto, no es de sorprender que las grandes corporaciones recurran al registro de anaquel.

Oferta del mejor esfuerzo Oferta sobre un valor en la que los bancos de inversión acuerdan usar sólo su mejor esfuerzo para vender los valores del emisor. Los bancos de inversión no se comprometen a comprar los valores no vendidos.

Registro de anaquel Procedimiento que permite a una compañía registrar de antemano los valores que tal vez quiera vender y, en esencia, poner ese registro "en el estante" hasta que haga la oferta de venta; también se conoce como *regla 415 de la SEC*. Después, esos valores se pueden vender por partes cuando la compañía así lo elija.

Un número creciente de compañías buscan mercados de capital extranjeros para vender las nuevas emisiones de acciones ordinarias y bonos. Las ventas en el extranjero pueden hacerse por razones estratégicas o financieras. La venta de capital accionario internacional amplía la base de accionistas de la compañía. Reunir capital extranjero también puede dar a la compañía mayor visibilidad con los proveedores y clientes extranjeros.

La venta en el extranjero de valores nuevos a largo plazo toma la forma de una *oferta internacional* o de una *oferta de valores global*. Una oferta internacional consiste en la venta de nuevos valores fuera del país del emisor. Una oferta internacional bien estructurada por la empresa estadounidense no estaría sujeta a la Ley de valores de 1933. Una oferta global consiste en una oferta internacional combinada con una oferta en el país del emisor. Para una empresa estadounidense, hacer una oferta global incluiría un registro con la Comisión de Valores (SEC), a menos que la parte para Estados Unidos esté estructurada como una *colocación privada*.

Suscripción privilegiada

Suscripción privilegiada Venta de nuevos valores en la que se da preferencia a los accionistas existentes para adquirir esos valores hasta la proporción de acciones ordinarias que ya poseen; se conoce también como *oferta de derechos*.

Derecho privativo Privilegio de los accionistas de mantener su parte proporcional de la compañía comprando una parte proporcional de acciones de cualquier emisión nueva de acciones ordinarias, o de valores convertibles a acciones ordinarias.

Derecho Opción a corto plazo para comprar cierto número (o fracción) de valores de la corporación emisora; se llama también *derecho de suscripción*.

En vez de vender una emisión de valores para nuevos inversionistas, varias empresas ofrecen primero el valor a los accionistas existentes como una **suscripción privilegiada**. Este método de emisión también se conoce como *oferta de derecho*. Con frecuencia, la carta constitutiva o los estatutos de la corporación establecen que una nueva emisión de acciones ordinarias o una emisión de valores convertible en acciones ordinarias se ofrezcan primero a los accionistas existentes en virtud de su derecho privativo.

● ● ● Derecho privativo

Según el **derecho privativo**, los accionistas ordinarios existentes tienen el derecho de conservar su propiedad proporcional de la corporación; si la corporación emite acciones ordinarias, debe darse a los accionistas el derecho de suscribirse a las nuevas acciones de manera que puedan mantener su interés proporcional en la compañía. Suponga que usted es dueño de 100 acciones de una corporación que decide hacer una nueva oferta de acciones ordinarias, la cual aumentaría las acciones circulantes en 10 por ciento. Si usted tiene derecho privativo, deben darle la opción de comprar 10 acciones adicionales para que pueda conservar su propiedad proporcional en la compañía. Varios estados de EUA tienen leyes diferentes con respecto a los derechos privativos. Por ejemplo, algunos estados aceptan que exista el derecho privativo a menos que la carta constitutiva de la corporación lo niegue, mientras que otros estados niegan que exista tal derecho a menos que así se especifique en la carta constitutiva.

● ● ● Términos de la oferta

Cuando una compañía ofrece sus valores para venta mediante la suscripción privilegiada (ya sea porque "está obligada" a ello según un derecho privativo o porque simplemente "lo desea"), envía por correo a sus accionistas un **derecho** por cada acción ordinaria que poseen. Con una oferta de acciones ordinarias, los derechos dan a los accionistas la opción de comprar acciones adicionales de acuerdo con los términos de la oferta. Los términos especifican el número de derechos requeridos para suscribirse por una acción adicional, el precio de suscripción (compra) por acción y la fecha de expiración de la oferta. El propietario de los derechos tiene tres alternativas: **1.** ejercer los derechos a suscribirse por acciones adicionales; **2.** vender los derechos, porque son transferibles, o **3.** no hacer nada y dejar que los derechos expiren. Con inversionistas racionales, la última opción suele ocurrir sólo si el valor de un derecho es despreciable o si el accionista tiene sólo unas cuantas acciones. En general, el periodo de suscripción es de tres semanas o menos. Un accionista que desea comprar una acción adicional pero no tiene el número necesario de derechos, puede comprar derechos adicionales en el mercado abierto. Si actualmente usted tiene 85 acciones en una compañía y el número de derechos requerido para comprar una acción adicional es 10, sus 85 derechos le permitirán comprar sólo ocho acciones completas. Si desea comprar la novena acción, podrá hacerlo comprando cinco derechos adicionales.

Las compañías siguen un procedimiento para distribuir los derechos que resulta similar al diseñado para los dividendos en efectivo. El consejo de directores declara una fecha de registro y una **fecha de expiración de derechos**. Un inversionista que compra acciones de la empresa antes de la fecha de expiración de derechos recibe el derecho de suscribirse por acciones adicionales. Por lo tanto, se dice que la acción se comercia "con derechos" antes de la fecha de expiración de derechos. En esta fecha o después, se dice que la acción se comercia "sin derechos". Esto es, la acción se vende sin los derechos adjuntos.

Fecha de expiración de derechos La primera fecha en la que un comprador de acciones ya no recibe el derecho a suscribirse por acciones adicionales a través de la oferta de derechos anunciada recientemente.

● ● ● Valor de los derechos

Lo que da su valor a un derecho es que permite comprar nuevas acciones con descuento sobre el precio de mercado actual. El descuento se da para asegurar la venta con éxito de la nueva emisión. Para casi todas las ofertas de derechos, el precio de descuento de la suscripción con respecto al precio de mercado va del 10 al 20 por ciento. Técnicamente, el valor de mercado de un derecho es una función del precio de mercado actual de la acción, el precio de suscripción y el número de derechos requerido para comprar una acción adicional.

Suponga que se ha anunciado una oferta de derechos y que la acción todavía se vende "con derechos". Un inversionista que desea asegurar que posee una porción de acciones vendida "sin derechos" puede comprar acciones justo antes de que expiren los derechos por el precio de mercado "con derechos" de las acciones y simplemente conservarlas. De otra manera, el inversionista puede comprar el número de derechos necesarios para comprar una acción, guardar una cantidad de dinero igual al precio de suscripción y esperar hasta la fecha de suscripción para comprar la acción. La diferencia entre las dos opciones es que la primera da al inversionista un derecho además de una acción. Por lo tanto, la diferencia monetaria entre las dos alternativas debe ser igual al valor del derecho. Así, matemáticamente, el valor teórico de mercado de un derecho después del anuncio de la oferta cuando la acción aún se vende "con derechos" es

$$R_o = P_o - [(R_o)(N) + S] \qquad (19.1)$$

donde R_o = valor de mercado de un derecho cuando la acción se vende "con derechos"
$\quad P_o$ = precio de mercado de una acción que se vende "con derechos"
$\quad S$ = precio de suscripción por acción
$\quad N$ = número de derechos requeridos para comprar una acción

Al reacomodar los términos de la ecuación (19.1), obtenemos

$$R_o = \frac{P_o - S}{N + 1} \qquad (19.2)$$

Si el precio de mercado de una acción "con derechos" es de $100, el precio de suscripción es de $90 por acción y se requieren cuatro derechos para comprar una acción, el valor teórico de un derecho cuando la acción se vende "con derechos" es

$$R_o = \frac{\$100 - \$90}{4 + 1} = \$2$$

Observe que el valor de mercado de la acción "con derechos" contiene el valor de un derecho.

Cuando la acción queda "sin derechos", en teoría, el precio de mercado declina, porque los inversionistas ya no reciben el derecho a suscripción para acciones adicionales. El valor teórico de una acción cuando queda "sin derechos", P_x, es

$$P_x = \frac{(P_o)(N) + S}{N + 1} \qquad (19.3)$$

En nuestro ejemplo,

$$P_x = \frac{(\$100)(4) + \$90}{4 + 1} = \mathbf{\$98}$$

A partir de este ejemplo, vemos que, en teoría, el derecho no brinda valor adicional para el accionista que ejerce su derecho o lo vende. Observe que la acción del accionista valía $100 antes de la fecha de expiración de derechos. Después de esa fecha, su valor es de $98 por acción. La declinación en el precio de mercado se compensa exactamente con el valor del derecho. Así, en teoría, el accionista no recibe un beneficio adicional a partir de una oferta de derechos. El derecho sólo representa un rendimiento de capital.

El valor teórico de un derecho cuando la acción se vende "sin derechos", R_x, es

$$R_x = \frac{P_x - S}{N} \tag{19.4}$$

Si, en el ejemplo, el precio de mercado de una acción es de $98 cuando se queda "sin derechos", entonces

$$R_x = \frac{\$98 - \$90}{4} = \mathbf{\$2}$$

es decir, el mismo valor que antes.

Debemos estar conscientes de que el valor real de un derecho puede diferir algo de su valor teórico debido a los costos de transacciones, la especulación y el ejercicio irregular, y la venta de derechos en el periodo de suscripción. Sin embargo, el arbitraje actúa para limitar la desviación del valor real con respecto al valor teórico. Si el precio de un derecho es significativamente más alto que su valor teórico, los accionistas venderán sus derechos y comprarán las acciones en el mercado. Esa forma de proceder ejercerá presión hacia abajo sobre el precio de mercado del derecho y hacia arriba sobre su valor teórico. Esto último ocurre debido a la presión hacia arriba sobre el precio de mercado de la acción. Si el precio de mercado del derecho es significativamente menor que su valor teórico, los árbitros comprarán los derechos, ejercerán su opción a comprar acciones y luego venderán la acción en el mercado. Esto ejercerá presión hacia arriba sobre el precio de mercado del derecho y hacia abajo sobre su valor teórico. Estas acciones de arbitraje continuarán mientras sean redituables.

● ● ● Acuerdo de espera y privilegio de suscripción en exceso

Acuerdo de espera Una medida tomada para asegurar el éxito completo de una oferta de derechos en la que un banco o un grupo de bancos de inversión aceptan "esperar" para suscribir cualquier porción de la emisión no suscrita (no vendida).

Privilegio de suscripción en exceso El derecho a comprar, de forma prorrateada, cualesquiera acciones no suscritas en una oferta de derechos.

Una compañía puede asegurar el éxito completo de una oferta de derechos si tiene un banco de inversión o un grupo de bancos de inversión "en espera" para suscribir cualquier porción no vendida de la emisión. De hecho, la mayoría de las compañías usan un **acuerdo de espera** en una oferta de derechos. Por este compromiso de espera, la parte que suscribe cobra una cuota que varía con el riesgo implicado en la oferta. Con frecuencia las cuotas constan de dos partes: una tarifa fija y una tarifa adicional por cada acción no vendida que tendrá que comprar quien suscribe. Desde el punto de vista de la compañía emisora, cuanto mayor sea el riesgo de una oferta de derechos sin éxito, más deseable es el acuerdo de espera. No obstante, el costo agregado también debe considerarse.

Otro medio, menos usado, para aumentar la probabilidad de que se venda la emisión completa es a través de un **privilegio de suscripción en exceso**. Este mecanismo da a los accionistas no sólo el derecho de suscribirse por su parte proporcional de acciones en la oferta total de derechos, sino el derecho de suscribirse de más por las acciones no vendidas. Las suscripciones en exceso se otorgan con prorrateo relativo al número de acciones no vendidas. Por ejemplo, los accionistas se pueden suscribir a 460,000 acciones de la oferta de 500,000 derechos. Quizás algunos de ellos querrán comprar más acciones y sus suscripciones en exceso alcanzan un total de 100,000 acciones. Como resultado, la suscripción en exceso de cada accionista tiene cuatro décimos (40,000/100,000) de una acción por cada suscripción en exceso. El resultado de esto es que se vende la emisión completa. Aunque el uso de la suscripción en exceso aumenta las posibilidades de vender la emisión completa, no asegura que esto ocurra, como lo hace el acuerdo de espera. Siempre es posible que la combinación de suscripciones y suscripciones en exceso todavía se quede corta con respecto a la cantidad de acciones que desea vender la compañía.

● ● ● Suscripción privilegiada contra emisión pública

Al ofrecer nuevas acciones ordinarias primero a los accionistas existentes, la compañía da preferencia a los inversionistas familiarizados con sus operaciones. La herramienta principal de ventas es el descuento sobre el precio actual de mercado, mientras que con una emisión pública, la herramienta primordial de ventas es la organización de bancos de inversión. Como la emisión no está suscrita, los costos de flotación de una oferta de derechos son menores que los costos de la oferta al público en general. Más aún, muchos accionistas sienten que deben tener la primera oportunidad de comprar nuevas acciones.

Para compensar estas ventajas en la mente de algunos, la oferta de derechos tendrá que venderse a un precio más bajo que una emisión pública. Si una compañía va al mercado de capital accionario con frecuencia razonable, esto significa que habrá una dilución un poco mayor con las ofertas de derechos que con las emisiones públicas. Aunque esta consideración en teoría no es relevante, muchas compañías desean minimizar la dilución. Además, una oferta pública tenderá a arrojar una distribución más amplia de las acciones, algo deseable para la empresa.

Aun cuando estos factores pueden tener efecto sobre la riqueza de los accionistas, esperaríamos que su efecto fuera leve. La pregunta es por qué tantas compañías incurren en los costos asociados con una emisión pública cuando podrían vender sus valores mediante suscripción privilegiada (sin acuerdo de espera) a menor costo. Se han ofrecido varias explicaciones. Éstas incluyen la concentración de la propiedad de acciones que afecta el costo de comercialización de un valor y una mayor declinación en el precio de la acción asociado con la oferta de derechos.

Reglamento de la oferta de valores

Los gobiernos federal y estatal regulan la venta de nuevos valores al público, pero la autoridad federal tiene una mayor influencia.

● ● ● Reglamento federal

Con el colapso de la bolsa de valores en 1929 en Estados Unidos y la gran depresión que le siguió, se escuchó un grito de auxilio para proteger a los inversionistas de la mala información y el fraude. El Congreso realizó investigaciones extensas y propuso la legislación federal de la industria de valores. La **Ley de valores de 1933 (Ley de 1933)** se refiere a la venta de nuevos valores al público y requiere la revelación completa del material informativo para los inversionistas. La **Ley de bolsa de valores de 1934 (Ley de 1934)** se ocupa de la regulación de valores ya en circulación. También se estableció que la **Comisión de Valores de Estados Unidos** (*Securities and Exchange Commission*, SEC) debía hacer cumplir ambas leyes.

Registro de valores. En virtud de la Ley de 1933, la mayoría de las compañías que venden valores al público deben registrarse en la Comisión de Valores de Estados Unidos (SEC). Existen algunas exenciones, y a ciertos "emisores de negocios pequeños" se les pide que entreguen sólo información limitada. Sin embargo, casi todas las corporaciones que emiten valores deben presentar una **declaración de registro**.

La declaración de registro en general consta de dos partes: la parte I contiene los **prospectos** (véase la figura 19.2), que también estará disponible como comunicado separado para los suscriptores e inversionistas; la parte II es información adicional que requiere la SEC. La parte I (el prospecto) contiene información esencial, como la naturaleza e historia de la compañía, el uso de los ingresos derivados de la emisión de valores, declaraciones financieras certificadas, los nombres de los administradores y directores así como su propiedad de valores, condiciones competitivas, factores de riesgo, opiniones legales y una descripción del valor que se registra. La parte II contiene información variada que, aunque disponible para la inspección pública, no es parte del prospecto final que está disponible para los inversionistas una vez que se aprueba la declaración de registro.

Como uno de los objetivos básicos de la Ley de 1933 es que los inversionistas cuenten con información con respecto a los valores ofrecidos para la venta pública, la SEC permite la distribución de

---

Ley de valores de 1933 (Ley de 1933) En general, requiere que las ofertas públicas se registren ante el gobierno federal antes de poder venderlas; también se conoce como *Ley de verdad en valores*.

Ley de la Bolsa de Valores de 1934 (Ley de 1934) Regula el mercado secundario para valores a largo plazo: la bolsa de valores y el mercado extrabursátil.

Comisión de Valores de Estados Unidos (SEC) Organismo del gobierno de Estados Unidos responsable de la administración de las leyes federales de valores, incluyendo las Leyes de 1933 y 1934.

Declaración de registro Documento de divulgación presentado en la SEC para registrar una nueva emisión de valores. La declaración de registro incluye los prospectos y otra información requerida por la SEC.

Prospecto La parte I de la declaración de registro entregada a la SEC. Revela información acerca de la compañía emisora y de su nueva oferta, y está disponible como un comunicado separado para los inversionistas.

Figura 19.2

Muestra de la cubierta exterior de un prospecto que precisa los factores clave acerca de la oferta de valores, incluyendo al calce los miembros de la coalición de suscripción

---

$75,000,000
Acme Aglet Company
PRIMEROS BONOS HIPOTECARIOS AL 11% PAGADEROS EN 2039

Interés a pagar el 1 de septiembre y el 1 de marzo. Los bonos son redimibles con notificación de 30 días a la opción de la compañía al 111% hasta el 1 de marzo de 2010 inclusive, a precios decrecientes en adelante hasta el 1 de marzo de 2028 inclusive, y en adelante al 100 por ciento. Vencen el 1 de marzo de 2039.

Se solicitará registro en la lista de bonos de la Bolsa de Valores de Nueva York.

Ni la Comisión de Valores ni ninguna comisión de valores estatal ha aprobado o desaprobado estos valores o ha determinado si su complemento al prospecto o el prospecto que lo acompaña es cierto o está completo. Cualquier representación al contrario es una ofensa criminal.

	Precio al público (1)	Descuento de suscripción y comisiones (2)	Ingresos para la compañía (1)(3)
Por unidad..................	99.750%	0.875%	98.875%
Total	$74,812,500	$656,250	$74,156,250

(1) Más interés acumulado del 1 de marzo de 2009 a la fecha de entrega y pago.
(2) La compañía acuerda indemnizar a los diferentes compradores contra ciertas responsabilidades civiles.
(3) Antes de deducir los gastos pagaderos por la compañía estimados en $200,000.

Los nuevos bonos se ofrecen por los diferentes compradores nombrados aquí sujetos a venta previa, y si se emiten y los aceptan los compradores y sujetos a su derecho a rechazar las órdenes de compra de los nuevos bonos, todos o en parte. Se espera que los nuevos bonos estén listos para entrega alrededor del 12 de marzo, 2009 en la ciudad de Nueva York.

Markese, Gau, Gahlon, and Cammack
Incorporated

Ding, Sexton, Woatich, Murphy, and Kuhlemeyer, Inc.

Bhaduri, Norman, Banner, Vytovtova, and Childs, Inc.

Nguyen-Barnaby & Co.

A. E. Winston & Sons

Collins Brothers, Inc.

Cohn, Gonzalez, Espinosa, & Gallina
Securities Corporation

La fecha de este prospecto es 5 de marzo de 2009.

Nota roja El prospecto preliminar. Incluye una leyenda en rojo en la portada que estipula que el registro todavía no es efectivo.

un prospecto preliminar, llamado **nota roja**, mientras estudia la declaración de registro. El prospecto preliminar se conoce como "nota roja" porque incluye una leyenda en rojo en la portada que establece que, aunque ya se presentó el prospecto ante la SEC, la declaración de registro todavía no es efectiva y, por lo tanto, está sujeta a cambio.

La SEC revisa la declaración de registro para verificar que presente toda la información requerida y que no sea engañosa. Cualquier deficiencia se comunica a la empresa emisora en la forma de una *carta de comentarios*, en repuesta a la cual la empresa puede presentar una declaración corregida. Una vez que la SEC está satisfecha con la información, aprueba el registro, y entonces la compañía está en condiciones de emitir el prospecto final y vender sus valores. Si no, la SEC emite una *orden de suspensión* que evita la venta de los valores. La compañía puede corregir casi todas las deficiencias y, por lo general, se dará la aprobación en algún momento, excepto en casos en que se descubra fraude o representación engañosa. Ante violaciones serias a la Ley de 1933, la SEC tiene autoridad de acudir a la Corte y solicitar un requerimiento legal.

Debe señalarse que la SEC no revisa el valor de la inversión de los valores que se emiten, sólo la representación de la información completa y exacta de todos los hechos materiales que se refieren al valor. Los inversionistas deben tomar sus propias decisiones con base en los hechos. Un valor que se somete a registro tal vez haya sido emitido por una compañía riesgosa, mal administrada o no redituable. Mientras la información en el registro sea correcta, la SEC no evitará su venta. En resumen, la expresión latina *caveat emptor* —¡que el comprador tenga cuidado!— definitivamente se aplica a los valores registrados.

La Ley de 1933 estipula que la mayoría de los registros serán efectivos 20 días después de la entrega (o el vigésimo día después de la entrega de la última corrección). La SEC, a su juicio, podrá adelantar la fecha efectiva si así lo desea. En la práctica, el lapso habitual desde la presentación hasta la aprobación ("periodo de espera") es de alrededor de 40 días. Como se vio, las grandes corporaciones pueden usar el registro de anaquel. Una vez que se aprueba de antemano un registro que cubre un bloque de valores, la compañía está en condiciones de vender "del estante" si presenta una sencilla corrección para que la SEC acelere el periodo de espera "normal" de 20 días.

Una vez que el registro es efectivo, los prospectos finales se ponen a disposición de los inversionistas. Además, la SEC permite a la empresa emisora publicar en la prensa una notificación limitada de la oferta, que incluye el nombre de la compañía, una descripción breve del valor, el precio de oferta y los nombres de los bancos de inversión de la coalición de suscripción. Estas notificaciones se conocen como **anuncios de emisión o reglamentarios** (véase la figura 19.3) y se caracterizan por su apariencia austera y un marco negro.

Anuncio de emisión o reglamentario
Un aviso en los periódicos y revistas que da sólo los detalles básicos de una oferta de valores. Se caracteriza por su apariencia austera y un marco negro.

Reglamento del mercado secundario. La SEC regula la venta de valores en el mercado secundario además de la venta de nuevas emisiones. Regula las actividades de intercambio de valores, el mercado extrabursátil, los bancos de inversión y corretaje, la Asociación Nacional de Comerciantes de Valores y las compañías de inversión. Requiere informes mensuales de transacciones de valores internas realizadas por agentes, directores y grandes accionistas. Siempre que un grupo de inversionistas obtiene el 5% o más de las acciones de una compañía, debe entregar una forma (la forma 13D), que alerta a todos de la acumulación y de cambios posibles en la propiedad efectiva. En esta capacidad regulatoria, la SEC busca evitar prácticas manipulativas de los agentes de inversión y de los funcionarios y directores de las compañías, abusos internos (por parte de funcionarios y directores) en transacciones referentes a las acciones de la compañía, fraude de cualquier parte y otros abusos que afecten al público que invierte.

Ley Sarbanes-Oxley de 2002. Como respuesta a una serie de fraudes corporativos y contables recientes en Enron, Arthur Andersen, WorldCom y otras numerosas empresas, el Congreso de Estados Unidos aprobó la **Ley Sarbanes-Oxley de 2002 (SOX)**. Con más 100 páginas, ésta es la legislación de reforma a la ley de valores más amplia promulgada desde mediados de la década de 1930.

Ley Sarbanes-Oxley de 2002 (SOX)
Se ocupa, entre otros aspectos, de la gobernanza corporativa, la auditoría y contabilidad de las compañías, la remuneración de ejecutivos, y la divulgación oportuna y mejorada de la información corporativa.

Las disposiciones de la ley están dirigidas primordialmente a compañías que cotizan en bolsa, pero también al personal interno, auditores y abogados de cualquier compañía. Algunas características clave de la ley incluyen el establecimiento de un consejo que regule las empresas de contabilidad encargadas de hacer auditorías a las compañías públicas, nuevas auditorías y estándares independientes de comités de auditoría, un requerimiento de que los funcionarios de compañías en la bolsa certifiquen los informes entregados a la SEC, y mayor responsabilidad legal por violaciones a las leyes federales de valores.

Reforma a la oferta de valores. La SEC recientemente adoptó una serie de reglas nuevas que intentan mejorar de manera significativa el registro, las comunicaciones y los procesos de oferta según la Ley de valores de 1933. Estas reglas (conocidas en forma colectiva como "reforma a la oferta de valores") entraron en vigor el 1 de diciembre de 2005. Con el informe final de la SEC, con más de 450 páginas y más de 650 pies de página, este paquete de reformas representa sin duda un avance importante en los reglamentos de ofertas de valores.

Los avances tecnológicos que han aumentado la cantidad y la oportunidad de la información disponible acerca de las compañías en la bolsa propiciaron la reforma a la oferta de valores. Otra

Este anuncio no es una oferta para vender ni una solicitud de oferta para comprar estos valores.
La oferta se hace sólo a través del Suplemento del Prospecto y el Prospecto correspondiente.

Nueva emisión/5 de marzo de 2009

$75,000,000

Acme Aglet Company

BONOS DE PRIMERA HIPOTECA AL 11%,
VENCIMIENTO EL 1 DE MARZO DE 2039

Precio 99.75% e interés acumulado, si lo hay, desde el 1 de marzo de 2009

*Las copias del Suplemento del Prospecto y el Prospecto correspondiente están disponibles
en cualquier estado donde circule este anuncio sólo a partir de los suscritos que pueden
ofrecer legalmente estos valores en tales estados.*

Markese, Gau, Gahlon, and Cammack
Incorporated

**Ding, Sexton, Woatich,
Murphy, and Kuhlemeyer, Inc.**

Nguyen-Barnaby & Co.

A. E. Winston & Sons

**Bhaduri Norman, Banner,
Vytovtova, and Childs, Inc.**

Collins Brothers, Inc.

Cohn, Gonzalez, Espinosa, & Gallina
Securities Corporation

Figura 19.3

Muestra de un
anuncio de emisión
o reglamentario

**Emisores
experimentados bien
conocidos (WKSIs)**
En esencia, son
compañías grandes,
con comercio de
valores activo,
establecidas en los
registros de públicos
de antecedentes en
Estados Unidos.

motivación es el mayor detalle y confiabilidad de las compañías que cotizan en bolsa en respuesta a reglamentos gubernamentales más rígidos, algunos de los cuales se atribuyen directamente a la Ley Sarbanes-Oxley.

Un cambio clave que surgió por las reformas recientes es la división que emprendió la SEC del mundo de las compañías emisoras en grupos estratificados y la aplicación de reglas diferentes que se juzgan apropiadas para cada grupo. El grupo en la última categoría está constituido por "emisores inelegibles", seguido en orden ascendente por "emisores que no informan", "emisores no experimentados", "emisores experimentados" y, en el primer nivel, los **emisores experimentados bien conocidos** (*well-known seasoned issuers,* WKSIs, conocidos comúnmente como "wick-sees"). Los mayores ganadores en el nuevo proceso de revisión de la SEC son los WKSIs porque les da la menor vigilancia y la mayor flexibilidad. En esencia, son los emisores más seguidos en virtud de sus dimensiones y su actividad en el mercado de capital. Representan aproximadamente el 30% de todas las compañías en el comercio de valores.

Además del nuevo sistema de clasificación de los emisores, otros cambios importantes que vale la pena mencionar incluyen: **1.** mejoras en el proceso de "registro de anaquel" para "emisores experimentados" y WKSIs; **2.** creación de "registro de anaquel automático" para WKSIs; **3.** liberalización de las comunicaciones permitidas durante la oferta registrada, y **4.** establecimiento de un modelo de acceso a la entrega entre iguales para los prospectos finales. De acuerdo con las reglas anteriores, ciertos emisores calificados podían usar el registro de anaquel para registrar cantidades específicas de valores que podrían ofrecer en venta dentro de un periodo de dos años. Con los nuevos requerimientos, ambos, los "emisores experimentados" y los WKSIs pueden registrar una cantidad ilimitada de valores. Sin embargo, una nueva declaración de registro (en efecto, "renovación de la espera") se requerirá cada tres años. Además, sólo se permitirá a los WKSIs usar una nueva forma de registro de anaquel, el **registro de anaquel automático**. Este registro se vuelve efectivo automáticamente, de manera que las ventas pueden iniciar tan pronto como se presenta; en otras palabras, no hay necesidad de esperar una revisión o aprobación de la SEC. Las compañías que no son WKSIs todavía deben esperar a que la SEC declare sus registros efectivos.

En el área de las comunicaciones, una innovación importante bajo las nuevas reglas permite a las compañías emitir ciertos comunicados escritos y electrónicos diferentes a los prospectos preliminares y finales, llamados **prospectos de escritura libre**, durante una oferta. Así, los emisores y suscriptores podrán usar material de oferta adicional que antes no estaba permitido. La capacidad para usar un prospecto de escritura libre se basa en la categoría del emisor, donde los WKSIs tienen la mayor flexibilidad. Los prospectos de escritura libre tendrán que incluir una leyenda en un formato prescrito y, en algunos casos, deberán presentarse ante la SEC. Además, la información permitida para incluirse en los anuncios de emisión aumentó en forma sustancial y ahora cabe esperar que los anuncios de emisión se usen más como herramienta de marketing.

Por último, la Ley de valores de 1933 requiere la entrega de un prospecto final a cada inversionista en una oferta registrada. Con las nuevas reglas, el "acceso" oportuno a un prospecto final se juzga equivalente a la "entrega" o el "acceso a la entrega entre iguales". Por ejemplo, el acceso electrónico al prospecto final —como el que brinda el *Electronic Data Gathering, Analysis and Retrieval (EDGAR)* de la SEC, sitio Web www.sec.gov/edgar.shtml— es equivalente a la entrega física.

Los cambios efectuados por la "reforma a ofertas de valores" envían una señal de que la SEC parece moverse hacia la idea de la diseminación continua de información concerniente a las compañías en la bolsa. El "juego final" será que las compañías en la bolsa puedan emitir valores en cualquier momento, sin retraso y con requerimientos de presentación mínimos. Sin embargo, debido a las diferencias percibidas en la divulgación entre las compañías pequeñas y grandes, es probable que la mayor amplitud de acción se dé —por algún tiempo— sólo a los emisores más grandes y potentes, los WKSIs. Un vínculo en Internet con más información acerca de la "reforma a la oferta de valores" es (http://web.utk.edu/~jwachowi/part7.html#SOR).

● ● ● Reglamento estatal

Los estados individuales tienen comisiones de seguridad que regulan la oferta y la venta de nuevos valores en sus jurisdicciones. Igual que la SEC, estas comisiones buscan prevenir la venta fraudulenta de valores. Las leyes que sustentan los reglamentos del estado se conocen como **leyes de cielo azul**, en referencia a los distintos esquemas comunes a principios del siglo XX que promovían la venta de valores que no representaban más que un "pedazo de cielo azul". Los reglamentos estatales son en particular importantes cuando una emisión de valores se vende completa a personas del estado y, por consiguiente, podría no estar sujeta al escrutinio de la SEC. Además, es importante en otros casos donde la emisión podría estar sujeta sólo a una revisión limitada de la SEC. Por desgracia, las leyes de los estados individuales varían mucho en su efectividad. Algunos estados son estrictos, pero otros son bastante permisivos. El resultado es que pueden ocurrir promociones fraudulentas de valores.

Colocación privada

En vez de vender nuevos valores al público en general o a los accionistas existentes, una corporación puede vender la emisión completa a un solo comprador (por lo general, una institución financiera o un individuo acaudalado) o a un grupo de tales compradores. Este tipo de venta se conoce como **colocación privada (o directa)**, ya que la compañía negocia directamente con el inversionista (o

---

Registro de anaquel automático Una forma más flexible de registro de anaquel sólo disponible para los "emisores experimentados bien conocidos (WKSIs)", que se vuelve efectivo de manera automática al presentarlo en la SEC.

Prospectos de escritura libre Comunicados escritos o electrónicos, diferentes a los prospectos preliminares y finales, que constituyen una oferta de valores para una oferta registrada.

Leyes de cielo azul Leyes de los estados de EUA que regulan la oferta y la venta de valores.

Colocación privada (o directa) La venta de una emisión completa de valores no registrados (casi siempre bonos) directamente a un comprador o a un grupo de compradores (casi siempre intermediarios financieros).

inversionistas) los términos de la oferta, eliminando la función de suscripción del banco de inversión. **Intermediario financiero** es el término que quizá describa mejor los diversos tipos de instituciones financieras que invierten en colocaciones privadas. Los inversionistas en colocaciones privadas dominantes incluyen compañías de seguros, departamentos fiduciarios de bancos y fondos de pensión. A continuación, nos centraremos en la colocación privada de emisiones de deuda. Se estudiarán las colocaciones de capital accionario que implican a inversionistas de riesgo.

Intermediarios financieros
Instituciones financieras que aceptan dinero de ahorradores y usan los fondos para hacer préstamos y otras inversiones financieras en su nombre. Incluyen bancos comerciales, instituciones de ahorro, compañías de seguros, fondos de pensión, compañías financieras y fondos mutuos.

● ● ● Características

Una de las ventajas de una colocación privada que se mencionan con mayor frecuencia es la rapidez con que se realiza la transacción. Una emisión pública debe registrarse con la SEC, deben prepararse e imprimirse las notas rojas y los prospectos finales, y emprenderse negociaciones extensas. Todo esto requiere tiempo. Además, las emisiones públicas siempre implican riesgos con respecto al momento de venta. Las colocaciones privadas, por otro lado, no están sujetas a los requerimientos de registro de la SEC porque se piensa que las personas o instituciones con suficiente capital para comprar una emisión de valores completa están capacitadas para adquirir por su cuenta el tipo de información que divulga el registro. Además, con las colocaciones privadas, los términos se pueden diseñar según las necesidades del prestatario, y el financiamiento se puede consumar con rapidez. Sin embargo, debemos recordar que las grandes corporaciones calificadas también pueden llegar al mercado público con rapidez y con documentación limitada si usan el registro de anaquel.

Como la colocación privada es negociada, el momento exacto en el que aparece en el mercado no es un problema crucial. Si más tarde se vuelve necesario modificar cualquiera de los términos de la emisión, resulta conveniente el hecho de que casi siempre hay un solo inversionista o un grupo pequeño de inversionistas. Es más sencillo tratar con un inversionista (o con un grupo pequeño) que con un gran número de propietarios de valores.

Otra ventaja de la colocación privada de deuda es que el préstamo real no necesariamente tiene que realizarse en una exhibición. La compañía puede llegar a un acuerdo mediante el cual se le permite solicitar un préstamo hasta una cantidad fija durante un periodo. Por este acuerdo de crédito, el prestatario pagará una cuota de compromiso. Este tipo de acuerdos da flexibilidad a la compañía, al permitirle obtener dinero sólo cuando necesita los fondos. Además, puesto que la colocación privada no tiene que registrarse ante la SEC, la compañía evita hacer pública cierta información que preferirá conservar con carácter confidencial, como las fuentes de materia prima, un proceso de manufactura único o la remuneración de los ejecutivos.

● ● ● Acontecimientos en el mercado

Al vender nuevos bonos al público en general, la corporación emisora puede cambiar de manera drástica su estructura de capital y, con ello, terminar con una deuda mucho más alta. Los bonos ya circulantes se vuelven menos solventes y baja su precio. En general, los propietarios anteriores de bonos de la compañía no están en condiciones de prevenir legalmente este **riesgo del evento** (declinación en la solvencia como resultado del incremento en el apalancamiento financiero). Sin embargo, con una colocación privada, este riesgo del evento puede evitarse con convenios de protección estrictos. Según esos convenios, si la corporación sufre un cambio sustancial en la estructura de capital, los bonos deben pagarse de inmediato a su valor nominal. Así, desde la década de 1980, las colocaciones privadas adquirieron importancia cuando los prestamistas buscaron protegerse de algunos efectos adversos ocasionados por las restructuraciones corporativas prevalecientes.

Riesgo del evento
El riesgo de que la deuda existente sufra una declinación en solvencia por la emisión de valores de deuda adicionales, generalmente como resultado de restructuraciones corporativas.

Otra ventaja para los inversionistas institucionales es que la SEC (por medio de la Regla 144a) ahora les permite revender valores generados en el mercado de colocaciones privadas a otras instituciones grandes. Ahora las compañías estadounidenses, al igual que las extranjeras, pueden emitir bonos y acciones en el mercado sin tener que seguir los procedimientos de registro del mercado público. Después los *compradores institucionales calificados* pueden vender los valores a otros compradores de instituciones calificadas, sin tener que esperar un periodo de propiedad y sin sujetar al emisor o al dueño del valor a más reglamentos de la SEC. Como resultado, el mercado se amplía y tiene más liquidez.

Colocación privada con derechos de registro. Una *colocación privada con derechos de registro* es un giro novedoso en la colocación privada de valores. Combina una colocación privada estándar con un contrato que requiere que el emisor registre los valores ante la SEC para su reventa posible en el mercado público. Treinta días es el periodo habitual, aunque algunos emisores tienen hasta seis meses o un año antes de tener que registrarse. Con los *derechos de registro*, los compradores prácticamente tienen la garantía de que tendrán un valor emitido de manera pública y más bursatilizable, por lo general en unos cuantos meses. El emisor debe pagar una penalización en intereses si no cumple con las fechas de registro. Otra variación de este enfoque solicita que el emisor acepte intercambiar los valores de colocación privada por valores registrados que se emitirán en el futuro próximo. Los valores registrados tendrán términos y características idénticos a los valores iniciales. ¿Cuál es el beneficio de todo esto para el emisor? Simplemente que el emisor obtiene los ingresos de la venta de valores en seguida, tiempo adicional para trabajar en los detalles del registro y un costo de interés menor que el que obtendría sin registro.

Regla 144a de suscripción para colocación privada. La transacción mediante la llamada *Regla 144a de suscripción* es otra variación de la colocación privada tradicional. En este arreglo, el emisor vende sus valores inicialmente a un banco de inversión. Después, el banco de inversión revende estos valores a los mismos compradores institucionales que son candidatos en una colocación privada normal. De esta manera, el emisor subcontrata el marketing y la distribución de los valores. Este método de venta con frecuencia se combina con el de *derechos de registro*; esto brinda a los compradores finales la promesa, una vez más, de tener valores más bursatilizables.

El señuelo del mercado 144a

financialexecutive

Hal Scott, director de CCMR [Comité para la regulación del mercado de capital] y profesor de sistemas financieros internacionales en la Escuela de Leyes de Harvard, afirma que las compañías fuera de Estados Unidos buscan invertir en tres lugares principales: los mercados públicos en Londres y en Hong Kong y los mercados privados en Estados Unidos, los llamados mercados 144a que funcionan fuera de la jurisdicción de la SEC.

El mercado 144a es estrictamente para grandes jugadores, es decir, compañías que pueden navegar en un ámbito con menos leyes e inversionistas institucionales con suficiente experiencia para saber a qué se enfrentan.

En el mercado 144a, el costo de reunir capital es más alto porque el mercado es más pequeño y el comercio secundario de acciones es menos líquido. De cualquier manera, reunir capital en el mercado privado puede ser más efectivo en costos —y con frecuencia mucho más fácil— que el esfuerzo necesario para calificar para un listado de la bolsa pública.

"Uno se pregunta", dice Scott, "por qué las compañías extranjeras reúnen dinero en Estados Unidos [en el mercado privado 144a], aun con mayor costo de capital". Y él mismo responde: "no quieren sujetarse a la Ley Sarbanes-Oxley, y no quieren el riesgo de litigio que enfrentarían como compañía en la bolsa".

Al mismo tiempo, es obvio que las compañías que entran a la bolsa en mercados extranjeros encuentran apoyo de inversionistas que no se asustan con los mercados no protegidos por Sarbanes-Oxley y la SEC. Esos mercados, en apariencia, han encontrado un equilibrio confortable que satisface a inversionistas y emisores. Ese equilibrio, sostiene Scott, es lo que parece faltar en Estados Unidos; por si fuera poco, para agravar el desequilibrio, tenemos lo que él llama "un déficit de derechos de los accionistas".

"Si usted va al Reino Unido, verá que existe mucho menos regulación y casi no hay litigio, pero más derechos de los accionistas", asegura Scott. "Estamos compitiendo contra eso". Sin duda, los accionistas en Estados Unidos tienen menos derechos que los de Reino Unido cuando se trata de votar en relación con tomas de poder y la remuneración de los ejecutivos, o de hacer propuestas.

Fuente: Adaptado de Glenn Alan Cheney, "Soul-Searching over U.S. Competitiveness", *Financial Executive* (junio, 2007), pp. 18-21. (www.financialexecutives.org) © 2007 por Financial Executives International Incorporated. Usado con permiso. Todos los derechos reservados.

Financiamiento inicial

Cuando se constituye una compañía, es evidente que debe financiarse. Con frecuencia, el *financiamiento inicial* proviene de los fundadores y sus familiares y amigos. En el caso de algunas compañías, esto es suficiente para la puesta en marcha, y si retienen utilidades en el futuro ya no necesitarán financiamiento de capital accionario externo. Para otras, son necesarias las infusiones de capital accionario externo adicional. En esta sección estudiaremos el *capital de riesgo* y la *oferta pública inicial*.

● ● ● Capital de riesgo

El *capital de riesgo* representa los fondos invertidos en una nueva empresa. Los inversionistas acaudalados y las instituciones financieras son la mayor fuente de capital de riesgo. A veces se suministran fondos de deuda, pero casi siempre se recurre a las acciones ordinarias. Estas acciones casi siempre se colocan de manera privada. La regla 144 de la Ley de 1933 actualmente requiere que las nuevas emisiones de valores colocados de forma privada se conserven al menos dos años o se registren antes de poderlas revender sin restricción. (Es posible revender cantidades limitadas de valores de colocación privada un año después de la emisión). La idea de esta regla es proteger a los inversionistas "no experimentados" de la oferta de valores no probados. Pero el resultado es que los inversionistas que poseen estos valores no tienen liquidez durante un periodo. La esperanza de los inversionistas en las acciones de colocación privada (conocidas como acciones privilegiadas) es que la compañía va a prosperar y, después de unos cinco años, será suficientemente grande y redituable para registrar sus acciones y venderlas en el mercado público. (*Nota*: De acuerdo con la regla 144a de SEC, las acciones privilegiadas se pueden revender a compradores institucionales calificados sin un periodo de espera).

Acciones privilegiadas Acciones ordinarias de colocación privada que no se pueden revender de inmediato.

● ● ● Oferta pública inicial

Si la nueva empresa tiene éxito, tal vez los propietarios quieran "entrar en la bolsa" con una venta de acciones ordinarias a externos. Con frecuencia, este deseo surge de los capitalistas de riesgo que quieren obtener un rendimiento en efectivo sobre su inversión. En otra situación, los fundadores quieren sólo establecer un valor, y liquidez, de sus acciones ordinarias. Cualquiera que sea la motivación, los propietarios pueden decidir si convierten su empresa en una corporación emisora. Existen excepciones a este patrón de eventos: algunas compañías grandes y exitosas eligen permanecer como privadas. Por ejemplo, Bechtel Corporation es una de las empresas de construcción e ingeniería más grandes del mundo, pero sus acciones ordinarias son de propiedad privada.

Oferta pública inicial (OPI) La primera oferta de acciones ordinarias de una compañía al público en general.

La mayor parte de las ofertas públicas iniciales (OPI) se logran a través de suscriptores. En una OPI, como la acción ordinaria no se ha comerciado antes en el mercado público, no hay un precio de referencia de la acción que se pueda considerar. En consecuencia, hay más incertidumbre en el precio que cuando una compañía en la bolsa vende acciones ordinarias adicionales. Los estudios

Acciones extranjeras en Estados Unidos

Los inversionistas pueden comprar en cientos de compañías extranjeras destacadas, tan fácilmente como pueden adquirir acciones de compañías estadounidenses a través de recibos de depósito (ADR, por las siglas de *American depositary receipts*). En general, es difícil y costoso para los inversionistas en Estados Unidos invertir en acciones extranjeras porque tienen que tratar con mercados en distintos países que están abiertos en horarios diferentes y luego enfrentar los problemas que surgen al establecer acuerdos en divisas extranjeras. Un programa de ADR simplifica considerablemente el problema. Un ADR es una emisión de valores en Estados Unidos por un banco que representa un interés de propiedad en el valor extranjero. A diferencia del valor extranjero, el ADR se comercia en Estados Unidos igual que las acciones normales. Una transacción de ADR se puede realizar con facilidad en los canales de corretaje normales y su denominación está en dólares. Más aún, los accionistas reciben sus reportes anuales en inglés y sus dividendos en dólares.

Fuente: James J. Angel, *Market Mechanics: A Guide to US Stock Markets (release 1.2)*, The NASDAQ Stock Market Educational Foundation, Inc., p. 7. Derechos reservados 2002, The Nasdaq Stock Market, Inc. Usado con permiso. Todos los derechos reservados (www.nasdaq.com/about/market_mechanics.pdf)

El juego de las empresas escudo crece como estrategia de salida

Financial Week
The Home Page of Corporate Finance

La fusión inversa es grande para compañías pequeñas

¡Pssssst! ¿Quiere usted entrar en la bolsa y evitar la molestia de una oferta pública inicial? Compre una compañía escudo que ya comercia en la bolsa y haga una fusión inversa.

Esto quizá suene como una estrategia del luchador Hulk Hogan, pero cada vez es una forma más aceptada en el caso de compañías pequeñas que quieren emitir acciones sin los problemas de una OPI.

En una fusión inversa, una compañía privada compra todas o la mayoría de las acciones de otra que ya comercia en el mercado de valores y que no está implicada activamente en otro negocio, llamada compañía escudo, y así toma el control asegurando su permanencia en el listado.

Esta estrategia "realmente ha venido a remplazar las OPI para las compañías pequeñas", en los últimos cinco años, dice David Feldman del bufete de abogados Feldman Weinstein y experto en fusiones inversas. "Es menos costoso, más rápido, más sencillo y menos diluyente, prácticamente no existe interferencia reglamentaria previa al cierre del trato".

De acuerdo con el *Reverse Merger Report*, una publicación de la industria, hubo 186 fusiones inversas el año anterior al 8 de diciembre de 2005 y 218 el año siguiente.

Sin embargo, el valor en dólares de las transacciones ha subido, en especial el tercer trimestre, cuando la capitaliza-

ción de mercado promedio por trato fue de $90 millones, que sólo toma en cuenta las fusiones inversas cuyo resultado fue una compañía que puede comerciar activamente, dice la publicación.

Entre los factores que impulsan la reciente aceptación de las fusiones inversas está el hecho de que los bancos de inversión ya no están interesados en ayudar a las compañías pequeñas —con ventas menores a $100 millones— mediante una OPI, ya que no es tan redituable como en el pasado. De hecho, los reglamentos más estrictos y los requerimientos de auditoría hacen que las OPI para la empresa pequeña sean más costosas para todos los implicados.

Pero cotizar en la bolsa otorga a una compañía mayor reconocimiento y prestigio, y la capacidad de vender acciones, en teoría, a inversionistas institucionales grandes como los fondos mutuos o los fondos de pensión, para reunir dinero sin endeudarse. De ahí el atractivo.

Para ayudar a pulir la imagen de las fusiones inversas, la Bolsa de Valores de Nueva York hizo el trato de adquirir Archipelago Holdings. Durante la adquisición, el Big Board, que era una organización no lucrativa, eliminó su estructura de membresía para convertirse en una compañía que comercia valores, el NYSE Group Inc. Al mismo tiempo, adquirió los sistemas de comercio electrónicos de la más pequeña empresa Archipelago.

Aunque Archipelago no era una compañía escudo, otras empresas más grandes, como la cadena de renta de videos Blockbuster y Turner Broadcasting, que ahora es parte de Time Warner, han ingresado en la bolsa usando la ya tradicional fusión inversa de un escudo.

Fuente: Adaptado de Frank Byrt, "Shell Game Grows as an Exit Strategy", *Financial Week* (enero 15, 2007), pp. 3 y 18. (www.financialweek.com) Derechos reservados © 2007 por Crain Communications, Inc. Usado con permiso. Todos los derechos reservados.

empíricos sugieren que, en promedio, las OPI se venden con descuento significativo (más del 15%) sobre los precios que han prevalecido recientemente en el mercado después de la emisión.[1] Para las corporaciones, la implicación es que la oferta pública inicial de acciones necesitará tener un precio significativamente menor que el valor que la administración sostiene con base en su valor verdadero. Esta diferencia es el precio de admisión al mercado de valores. Cualquier oferta pública posterior no necesita estar tan subvaluada, porque existirá un precio de referencia y, con ello, habrá menos incertidumbre de precios.

Efectos de señalización

Cuando una compañía pública anuncia una emisión de valores, puede haber un efecto de información que causa una reacción en el mercado de valores. En estudios en los que se mantuvieron constantes otros factores que provocan movimientos en el mercado, los investigadores encontraron reacciones

[1]Para consultar una síntesis de estos estudios, véase Clifford W. Smith, Jr., "Investment Banking and the Capital Acquisition Process", *Journal of Financial Economics* 15 (enero-febrero, 1986), pp. 19-22.

Figura 19.4

Rendimientos relativos anormales de acciones (calculados como la diferencia entre el rendimiento real y el rendimiento pronosticado) en relación con el anuncio de una nueva emisión

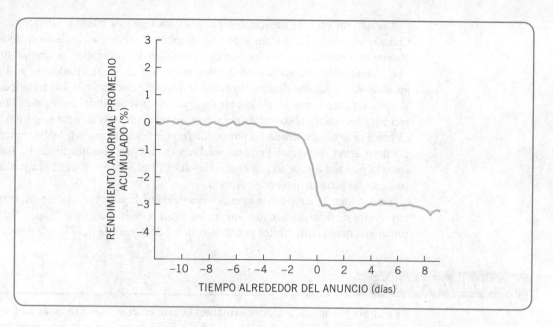

negativas en el precio de las acciones (o "rendimientos anormales") para las acciones ordinarias o las emisiones de valores convertibles.[2] Los anuncios con respecto a la deuda directa y las acciones preferenciales no tienden a mostrar efectos estadísticamente significativos. La reacción típica de los rendimientos ante un aviso de emisión de acciones se muestra en la figura 19.4. El tiempo alrededor del evento se muestra en el eje horizontal, mientras que el rendimiento anormal promedio acumulado, después de aislar efectos globales de movimientos en el mercado, se representa en el eje vertical. Como se observa, ocurre una reducción en el precio de la acción cerca de la fecha del anuncio (día 0) y tiende a promediar alrededor del 3 por ciento.

● ● ● Expectativas de flujos de efectivo futuros

Se han dado varias explicaciones de este fenómeno. Por un lado, el anuncio puede indicar a los inversionistas algo acerca de los flujos de efectivo esperados en el futuro. Cuando una compañía anuncia una emisión de valores, implica que los fondos reunidos se destinarán a uno o más proyectos, como inversión en activos, reducción de deuda, recompra de acciones o un aumento en los dividendos, o que se utilizarán para compensar los flujos de efectivo operativos más bajos que los esperados. En la medida en que la venta inesperada de valores se asocie con la última situación, el evento se interpreta como una mala noticia y el precio de la acción lo resentirá.

● ● ● Información asimétrica (desigual)

Un segundo efecto se relaciona con la información "asimétrica" (desigual) que poseen los inversionistas y la administración. La idea es que los inversionistas potenciales en valores tienen menos información que la administración, y esta última tiende a emitir valores cuando la evaluación del mercado del valor de la compañía es más alta que la de la administración.[3] Esto sería cierto en especial para las acciones ordinarias, un caso en el que los inversionistas sólo tienen una demanda residual sobre los ingresos y bienes. Como los flujos de efectivo se ven afectados cuando se ofrece un nuevo valor, el efecto de la información asimétrica es difícil de aclarar usando los datos de las nuevas emisiones.

[2]Encontrará una excelente síntesis de la evidencia empírica en Clifford W. Smith, Jr., "Investment Banking and the Capital Acquisition Process", *Journal of Financial Economics* 15 (enero-febrero, 1986), pp. 3-29. Véase también Paul Asquith y David W. Mullins, Jr., "Signaling with Dividends, Stock Repurchases, and Equity Issues", *Financial Management* 15 (otoño, 1986), pp. 27-44.

[3]Véase Stewart C. Myers y Nicholas S. Majluf, "Corporate Financing and Investment Decisions When Firms Have Information That Investors Do Not Have", *Journal of Financial Economics* 13 (junio, 1984), pp. 187-221.

Cuando un valor se intercambia por otro, los flujos de efectivo operativos no resultan afectados. Cuando los estudios empíricos sobre intercambio de ofertas se clasifican en aquellos que aumentan el apalancamiento financiero y los que lo disminuyen, los resultados son impactantes. Las transacciones que incrementan el apalancamiento van acompañadas de rendimientos positivos anormales sobre las acciones en los dos días anteriores al anuncio de intercambio. Las transacciones que disminuyen el apalancamiento van acompañadas de rendimientos negativos anormales. Los efectos más grandes son para los intercambios de deuda por acciones ordinarias (rendimiento positivo) y para los intercambios de acciones ordinarias por deuda (rendimiento negativo). Así, la evidencia apoya el efecto de la información asimétrica. En otras palabras, es más probable que los administradores emitan deuda cuando piensan que la acción ordinaria está subvaluada en el mercado y emitan acciones ordinarias cuando piensan que está sobrevaluada.

En resumen, la emisión de nuevos valores, al igual que las ofertas de intercambio, parecen ocasionar efectos de información que alteran los precios de las acciones. El administrador financiero debe tomar en cuenta estos efectos potenciales antes de llegar a la decisión de emitir valores.

Mercado secundario

La compra y venta de acciones existentes ocurre en el *mercado secundario*. Las transacciones en este mercado *no* suministran fondos adicionales a las empresas para adquirir plantas de producción o equipo nuevo. Sin embargo, la presencia de un mercado secundario viable aumenta la liquidez de los valores ya en circulación. Sin esta liquidez, las empresas que emiten nuevos valores tendrían que pagar rendimientos más altos porque los inversionistas tendrían problemas para encontrar un mercado de reventa para sus acciones y bonos. Así, el comercio constante de los valores existentes es crucial para la operación eficiente del mercado primario o de emisiones nuevas para valores a largo plazo.

El mercado secundario para valores a largo plazo consiste en el *intercambio organizado*, como la Bolsa de Valores de Nueva York, el American Stock Exchange y la New York Bond Exchange. Además, el mercado extrabursátil (*over-the-counter*, OTC) sirve como parte del mercado secundario de acciones y bonos no listados en una bolsa al igual que para varios valores listados. Comprende corredores y distribuidores que están listos para comprar y vender valores a precios cotizados. La mayoría de los bonos corporativos y un número creciente de acciones se comercian en el OTC. También, como vimos, el advenimiento de la Regla 144a de la SEC permite a compradores institucionales calificados comerciar de manera privada los valores colocados entre ellos.

Puntos clave de aprendizaje

- Cuando las compañías financian sus necesidades a largo plazo externamente, deben usar tres métodos primordiales: una *emisión pública* de valores colocados a través de bancos de inversión, una *suscripción privilegiada* para los propios accionistas de la compañía y una *colocación privada* con inversionistas institucionales.
- Cuando una compañía emite valores para el público en general, suele recurrir a los servicios de un *banco de inversión*. Las funciones principales de la banca de inversión son asumir el riesgo, o suscribir, y vender los valores. Para realizar estas funciones, se compensa al banco de inversión con el diferencial (*spread*) entre el precio que paga por los valores y el precio en el que los revende a los inversionistas.
- Una emisión pública puede ser una *suscripción tradicional* (*compromiso firme*) o una *oferta del mejor esfuerzo* o, en el caso de una corporación grande, un *registro de anaquel*.

- Con un registro de anaquel, una compañía vende valores "del estante" o anaquel sin los retrasos asociados con un proceso de registro largo. El registro de anaquel no sólo es más rápido, sino que el costo de la emisión es mucho menor que de otra manera.
- Una compañía puede dar a sus accionistas la primera oportunidad de comprar la emisión de un nuevo valor con base en una suscripción privilegiada. Este tipo de emisión también se conoce como *oferta de derechos*, porque los accionistas existentes reciben un derecho (suscripción) por cada acción que poseen. Un *derecho* representa una opción a corto plazo de comprar el nuevo valor al precio de suscripción. Se requiere cierto número de derechos para comprar un valor.
- La oferta de un valor al público en general y las ofertas con base en la suscripción privilegiada deben cumplir con los reglamentos federal y estatal. El organismo que hace

que se cumplan para el gobierno federal es la Comisión de Valores de EUA (*Securities and Exchange Commission, SEC*), cuya autoridad abarca tanto la venta de nuevos valores como el comercio de valores existentes en el mercado secundario.

- Las reglas recientes adoptadas por la SEC permiten que los *emisores experimentados bien conocidos (WKSIs)* usen una nueva forma de registro de anaquel, el *registro de anaquel automático*. La SEC también permite ahora un nuevo tipo de comunicado durante la oferta del valor, llamado *prospecto de escritura libre*.

- En vez de vender un nuevo valor al público en general o a los accionistas existentes, una corporación puede colocarlos de manera privada con un inversionista institucional o un grupo de ellos. Con una colocación privada, la compañía negocia directamente con el inversionista (o inversionistas). No hay suscripción ni registro de la emisión en la SEC. La colocación privada tiene la virtud de ser flexible y ofrece a las compañías medianas e incluso pequeñas la oportunidad de vender sus valores. Como resultado de que los inversionistas institucionales puedan vender colocaciones privadas a otro en el mercado secundario, esas ofertas han crecido en importancia en años recientes.

- En sus primeras etapas, una compañía necesita financiamiento. Una fuente es el *capitalista de riesgo*, que se especializa en financiar a empresas nuevas. Si la compañía tiene éxito, muchas veces "entrará a la bolsa" con una *oferta pública inicial* de acciones ordinarias.

- El anuncio de una emisión de deuda o acciones puede ir acompañado de una reacción del mercado accionario. El anuncio puede implicar información acerca de los flujos de efectivo futuros de la compañía o de si la administración cree que las acciones ordinarias están subvaluadas o sobrevaluadas. La evidencia empírica es congruente con ambas ideas, por lo que el administrador financiero debe tomar en cuenta los efectos de esta información cuando emite valores.

- La compra y venta de acciones y bonos existentes ocurre en el *mercado secundario*. La presencia de un mercado secundario viable aumenta la liquidez de los valores en circulación. Sin esta liquidez, las empresas que emiten nuevos valores tendrían que pagar rendimientos más altos porque los inversionistas tendrían problemas para encontrar un mercado de reventa para sus acciones y bonos.

Preguntas

1. ¿Cuál es la diferencia entre una emisión de valores pública y una privada?
2. ¿En qué difiere la suscripción tradicional (compromiso firme) de un registro de anaquel?
3. Como la oferta del mejor esfuerzo es "más barata" que la suscripción tradicional (compromiso firme), ¿por qué no la utilizan más compañías?
4. En una oferta de una nueva emisión de bonos, la empresa puede decidir venderlos a través de una colocación privada o de una emisión pública. Evalúe las dos alternativas.
5. Existe una relación inversa entre los costos de flotación y el tamaño de la emisión que se vende. Explique las fuerzas económicas que son causa de esta relación.
6. ¿Debe requerirse el derecho privativo a todas las compañías que emiten acciones ordinarias o valores convertibles en acciones ordinarias?
7. Muchas corporaciones importantes de Estados Unidos han usado ampliamente las ofertas de derechos en el pasado. ¿Por qué piensa que estas corporaciones han elegido reunir fondos con una oferta de derechos en vez de una emisión de acciones públicas, en especial cuando nunca se ejerce un porcentaje justo (del 2 al 5%) de los derechos?
8. ¿Qué papel tiene el precio de la suscripción en una oferta de derechos?
9. Defina un *acuerdo de espera* y un *privilegio de suscripción en exceso*. ¿Por qué se usan? ¿Cuál cree que se use con más frecuencia?
10. ¿Cuál es la principal autoridad reguladora en lo que se refiere a las ofertas de valores? ¿Cuál es su función?
11. ¿Cuáles de las siguientes compañías cree usted que preferirán una colocación privada de deuda a largo plazo en vez de una oferta pública?
    a) Una proveedora de energía eléctrica en Chicago.
    b) Un fabricante de componentes electrónicos con volumen anual de $13 millones.
    c) Un consorcio de compañías petroleras para financiar un proyecto de exploración de petróleo en el Ártico.
    d) Una compañía de reacondicionamiento de calzado deportivo que opera en el norte de California.

12. En general, ¿en qué difieren los costos de una colocación privada de una emisión de deuda y los de una suscripción tradicional (compromiso firme)?

13. ¿La disponibilidad de los registros de anaquel ha reducido la importancia de las colocaciones privadas? ¿Por qué?

14. ¿Qué espera ganar un capitalista de riesgo al invertir en una nueva empresa? ¿Qué tan líquida es la inversión?

15. ¿Por qué con frecuencia una oferta de acciones ordinarias nuevas va acompañada de una reacción en el precio de la acción alrededor del tiempo en que se publica el anuncio?

16. Defina un *registro de anaquel* y un *registro de anaquel automático*. ¿Qué tipo de compañías públicas pueden usar un *registro de anaquel* y/o un *registro de anaquel automático*?

Problemas para autoevaluación

1. Las acciones de Ocean Specific Company se venden en $150 por acción. La compañía emite derechos que permiten a los accionistas suscribirse por una acción adicional a un precio de suscripción de $125 cada una por cada nueve derechos que posea. Calcule el valor teórico de lo siguiente:

   a) Un derecho cuando la acción se vende "con derechos".

   b) Una acción "sin derechos".

   c) Un derecho cuando la acción se vende "sin derechos" y el precio de mercado real llega a $143 por acción.

2. Dim-Sum Restaurants, Inc., debe decidir entre una emisión pública de obligaciones a mediano plazo y la colocación privada de esta deuda con una compañía de seguros. En ambos casos, los fondos necesarios son $6 millones por 6 años sin pago al principal sino hasta el vencimiento final de los pagarés. Con la emisión pública, la tasa de interés será del 15%, la diferencia de suscripción será $10 por pagaré, y los pagarés tendrán un precio al público de $1,000 por pieza. Para obtener $6 millones en ingresos, la compañía deberá emitir algunos pagarés adicionales para compensar el diferencial. Los costos legales, de impresión y otros costos iniciales ascienden a $195,000 con la emisión pública. Para la emisión privada, la tasa de interés será del 15.5% y los costos iniciales sumarán $20,000.

   a) Ignorando el valor del dinero en el tiempo, ¿qué método tiene los costos totales más altos en los 6 años? En otras palabras, ¿a cuál método ayuda la consideración del valor del dinero en el tiempo?

   b) ¿Qué pasa si el plazo de vencimiento es de 12 años y todo lo demás permanece igual?

Problemas

1. Tex Turner Telecommunications Company necesita reunir $1,800 millones (valor nominal) en fondos de deuda durante los siguientes dos años. Si usa la suscripción tradicional (compromiso firme), la compañía espera tener seis suscripciones durante los dos años. Es posible que el diferencial (*spread*) de la suscripción sea $7.50 por bono, y los gastos inmediatos pagados por la compañía ascienden a $350,000 por suscripción. Con los registros de anaquel, el tamaño promedio de la oferta tal vez será de $75 millones. Aquí, el diferencial estimado es de $3 por bono, y se esperan gastos inmediatos de $40,000 por emisión.

   a) Ignorando los costos de interés y el valor del dinero en el tiempo, ¿cuáles son los costos absolutos totales de flotación durante los dos años para **1.** el método de suscripción tradicional de oferta de valores y **2.** el método de registro de anaquel?

   b) ¿Qué método tiene el menor costo total?

2. La escuela de arte Cliff Claven Artists emitirá 200,000 acciones ordinarias a $40 por acción a través de una suscripción privilegiada. Las 800,000 acciones ya en circulación tienen un precio de mercado "con derechos" de $50 por acción.

a) Calcule el número de derechos requerido para comprar una acción a $40.

b) Calcule el valor de un derecho.

c) Calcule el valor de la acción "sin derechos".

3. Las acciones de HAL Computer Corporation se venden en $50 por acción. La compañía emite derechos que permiten a los accionistas suscribirse por una nueva acción a $40 por cada cinco derechos que posean.

a) ¿Cuál es el valor teórico de un derecho si la acción se vende "con derechos"?

b) ¿Cuál es el valor teórico de una acción cuando es "sin derechos"?

c) ¿Cuál es el valor teórico de un derecho si la acción se vende "sin derechos" en $50?

4. Dos compañías diferentes están considerando ofrecer derechos. El precio de mercado por acción es de $48 en ambos casos. Para permitir fluctuaciones en el precio de mercado, la compañía X quiere establecer un precio de suscripción de $42, mientras que la compañía Y considera que un precio de suscripción de $41.50 es aceptable. El número de derechos necesarios para comprar una acción adicional es de 14 en el caso de la compañía X, y de 4 en el de la compañía Y.

a) ¿Qué compañía tendrá (potencialmente) el mayor incremento en el porcentaje de acciones circulantes? ¿Se trata de la emisión de acciones más grande en términos absolutos?

b) ¿En qué caso hay menos riesgo de que el precio de mercado sea más bajo que el precio de la suscripción?

5. Obtenga un prospecto de una emisión reciente de valores de una corporación. Analícela de acuerdo con lo siguiente:

a) *El tipo de valor que se ofrece.* ¿Tiene algunas características especiales? Si es un bono, ¿está asegurado? ¿Cómo está asegurado?

b) *El tamaño de la emisión y el tipo de compañía implicada.* ¿Qué tan sólida financieramente es la compañía? ¿Qué tan estables son sus ganancias? ¿Cuál es su crecimiento potencial? ¿Es apropiado el tamaño de la emisión?

c) *El costo de flotación.* ¿Cuál es el diferencial de suscripción? ¿Es un porcentaje demasiado alto de los ingresos? ¿Qué porción del diferencial es un apoyo para la suscripción? ¿Qué porción del diferencial es un apoyo para la venta? ¿Cuál es la concesión del distribuidor? ¿En qué condiciones se puede ganar?

d) *El grupo de empresas suscriptoras.* ¿Cuántos suscriptores hay? ¿Cuál es la participación máxima? ¿Cuál es la participación mínima? ¿Quién es el administrador? ¿Existen previsiones para el apoyo al precio durante el periodo de distribución?

e) *El precio.* ¿Tiene la emisión el precio adecuado desde el punto de vista de **1.** la compañía, **2.** el inversionista, **3.** el suscriptor? ¿Qué tan exitosa fue la emisión?

Soluciones a los problemas para autoevaluación

1. *a*) $R_o = \dfrac{P_o - S}{N + 1} = \dfrac{\$150 - \$125}{9 + 1} = \dfrac{\$25}{10} = \mathbf{\$2.50}$

b) $P_x = \dfrac{(P_o)(N) + S}{N + 1} = \dfrac{(\$150)(9) + \$125}{9 + 1} = \dfrac{\$1,475}{10} = \mathbf{\$147.50}$

c) $R_x = \dfrac{P_x + S}{N} = \dfrac{\$143 - \$125}{9} = \dfrac{\$18}{9} = \mathbf{\$2}$

2. *a*) *Emisión pública:*

Número de obligaciones de $1,000 valor nominal que se emitirán para reunir $6 millones (redondeado a la cifra más cercana) = $6,000,000/$990 = 6,061 o $6,061,000 en obligaciones.

Costo total de interés = $6,061,000 × 15% × 6 años = $5,454,900

Costos totales = $5,454,900 + $195,000 = **$5,649,900**

Colocación privada:

Costo total de interés = $6,000,000 × 15.5% × 6 años = $5,580,000

Costos totales = $5,580,000 + $20,000 = **$5,600,000**

La colocación pública tiene costos más altos. Cuando los pagos de interés se distribuyen en los 6 años, el valor del dinero en el tiempo actúa para mejorar la colocación privada. El diferencial en gastos inmediatos ocurre al inicio.

b) *Emisión pública:*

Costo total de interés = $6,061,000 × 15% × 12 años = $10,909,800
Costos totales = $10,909,800 + $195,000 = **$11,104,800**

Colocación privada:

Costo total de interés = $6,000,000 × 15.5% × 12 años = $11,160,000
Costos totales = $11,160,000 + $20,000 = **$11,180,000**

La colocación privada tiene costos totales más altos. Con un préstamo a largo plazo, el diferencial en la tasa de interés cobra mayor importancia.

Referencias seleccionadas

Allen, David S., Robert E. Lamy y G. Rodney Thompson. "The Shelf Registration and Self Selection Bias". *Journal of Finance* 45 (marzo, 1990), 275-287.

Asquith, Paul y David Mullins, Jr. "Equity Issues and Offering Dilution". *Journal of Financial Economics* 15 (enero-febrero, 1986), 61-90.

_____. "Signaling with Dividends, Stock Repurchases, and Equity Issues". *Financial Management* 15 (otoño, 1986), 27-44.

Berlin, Mitchell. "That Thing Venture Capitalists Do". *Business Review of the Federal Reserve Bank of Philadelphia* (enero/febrero, 1998), 15-26 (disponible en línea en www.phil.frb.org/econ/br/brjf98mb.pdf).

Fung, W. K. H. y Andrew Rudd. "Pricing New Corporate Bond Issues: An Analysis of Issue Cost and Seasoning Effects". *Journal of Finance* 41 (julio, 1986), 633-642.

Gompers, Paul A. "Optimal Investment, Monitoring, and Staging of Venture Capital". *Journal of Finance* 50 (diciembre, 1995), 1461-1489.

Hansen, Robert S. "The Demise of the Rights Issue". *Review of Financial Studies* 1 (otoño, 1988), 289-309.

_____ y John M. Pinkerton. "Direct Equity Financing: A Resolution of a Paradox". *Journal of Finance* 37 (junio, 1982), 651-665.

Hess, Alan C. y Peter A. Frost. "Tests for Price Effects of New Issues of Seasoned Securities". *Journal of Finance* 37 (marzo, 1982), 11-26.

Ibbotson, Roger G., Jody L. Sindelar y Jay R. Ritter. "The Market's Problems with the Pricing of Initial Public Offerings". *Journal of Applied Corporate Finance* 7 (primavera, 1994), 66-74.

Johnson, Greg, Thomas Funkhouser y Robertson Stephens. "Yankee Bonds and Cross-Border Private Placement". *Journal of Applied Corporate Finance* 10 (otoño, 1997), 34-45.

Keane, Simon M. "The Significance of the Issue Price in Rights Issues". *Journal of Business Finance* 4 (1972), 40-45.

Loughran, Tim y Jay R. Ritter. "The New Issues Puzzle". *Journal of Finance* 50 (marzo, 1995), 23-51.

Myers, Stewart C. y Nicholas S. Majluf. "Corporate Financing and Investment Decisions When Firms Have Information That Investors Do Not Have". *Journal of Financial Economics* 13 (junio, 1984), 187-221.

Q&A: Small Business & the SEC. Washington, DC: US Securities and Exchange Commission, 1997 (versión actualizada disponible en línea en www.sec.gov/smbus/qasbsec.htm).

Ritter, Jay R. "The Costs of Going Public". *Journal of Financial Economics* 19 (junio, 1987), 269-282.

Schultheis, Patrick J., Christian E. Montegut, Robert G. O'Conner, Shawn Linquist y J. Randall Lewis. *The Initial Public Offering: A Guidebook for Executives and Boards of Directors*, 2a. ed. (disponible para descargar gratis en www.bowne.com/securitiesconnect/pubs_download.asp?pubs=IPO&src=BSC)

Smith, Clifford W., Jr. "Investment Banking and the Capital Acquisition Process". *Journal of Financial Economics* 15 (enero-febrero, 1986), 3-29.

Ursel, Nancy D. "Rights Offerings and Corporate Financial Condition". *Financial Management* 35 (primavera, 2006), 31-52.

Wilhelm, William J., Jr. "Internet Investment Banking: The Impact of Information Technology on Relationship Banking". *Journal of Applied Corporate Finance* 12 (primavera, 1999), 21-27.

The Work of the SEC. Washington, DC: US Securities and Exchange Commission, 1997.

Wruck, Karen Hopper. "Equity Ownership Concentration and Firm Value: Evidence from Private Equity Financings". *Journal of Financial Economics* 23 (junio, 1989), 3-28.

Wu, Congsheng y Chuck C. Y. Kwok. "Why Do US Firms Choose Global Equity Offerings?". *Financial Management* 31 (verano, 2002), 47-65.

La parte VII del sitio Web del libro, *Wachowicz's Web World*, contiene vínculos a muchos sitios de finanzas y artículos en línea relacionados con los temas de este capítulo. (http://web.utk.edu/~jwachowi/part7.html)

20

Deuda a largo plazo, acciones preferenciales y acciones ordinarias

Contenido

- **Los bonos y sus características**
  Términos básicos • Fideicomisario y escritura fiduciaria • Calificación de bonos
- **Tipos de instrumentos de deuda a largo plazo**
  Obligaciones • Obligaciones subordinadas • Bonos de renta • Bonos especulativos (*junk bonds*) • Bonos hipotecarios • Certificados fiduciarios de equipo • Bursatilización de activos
- **Retiro de bonos**
  Fondos de amortización • Pagos en serie • Cláusula de compra
- **Acciones preferenciales y sus características**
  Característica de dividendos acumulados • Característica de participación • Derechos de voto (en situaciones especiales) • Retiro de acciones preferenciales • Uso en el financiamiento
- **Acciones ordinarias y sus características**
  Acciones autorizadas, emitidas y circulantes • Valor a la par • Valor en libros y valor de liquidación • Valor de mercado
- **Derechos de los accionistas ordinarios**
  Derecho al ingreso • Derechos de voto • Derechos de compra de nuevas acciones (posiblemente)
- **Acciones ordinarias de clase dual**
- **Puntos clave de aprendizaje**
- **Apéndice: Reembolso de una emisión de bonos**
- **Preguntas**
- **Problemas para autoevaluación**
- **Problemas**
- **Soluciones a los problemas para autoevaluación**
- **Referencias seleccionadas**

Objetivos

Después de estudiar el capítulo 20, usted será capaz de:

- Comprender la terminología y las características de bonos, acciones preferenciales y acciones ordinarias.

- Explicar cómo puede lograrse el retiro (reembolso) de bonos y acciones preferenciales de varias maneras diferentes.

- Explicar las diferencias entre los distintos tipos de valores a largo plazo en términos de los derechos sobre el ingreso y los activos, el vencimiento, los derechos de los titulares de valores y el tratamiento fiscal del ingreso proveniente de valores.

- Analizar las ventajas y desventajas de emitir o comprar los tres tipos diferentes de valores a largo plazo desde la perspectiva tanto del emisor como del inversionista.

527

"Una inversión que se hace con conocimiento siempre paga el mejor interés".

—BENJAMÍN FRANKLIN

En el capítulo 19 se exploró el *mercado de capital* para los valores corporativos: el mercado para instrumentos financieros a plazo relativamente largo. En este capítulo examinaremos los valores a largo plazo más importantes que emiten las empresas para satisfacer sus necesidades financieras a largo plazo —deuda a largo plazo (bonos), acciones preferenciales y acciones ordinarias— y evaluaremos sus características. Además, en el apéndice de este capítulo, analizaremos la rentabilidad potencial de que una compañía remplace una emisión de bonos existente con una nueva.

Los bonos y sus características

Bono Instrumento de deuda a largo plazo emitido por una corporación o por el gobierno.

Un **bono** es un instrumento de deuda a largo plazo con un vencimiento final casi siempre de 10 años o más. Si el valor tiene vencimiento final menor a 10 años, suele llamarse *nota*. Para entender por completo los bonos, debemos familiarizarnos con ciertos términos básicos y características comunes.

● ● ● Términos básicos

Valor a la par. El *valor a la par (o valor par o valor nominal)* de un bono representa la cantidad a pagar al prestador al vencimiento del bono. También se llama *denominación* o *principal*. El valor a la par suele ser de $1,000 por bono (o algún múltiplo de $1,000). Con la excepción importante de un bono con cupón cero, la mayoría de los bonos pagan un interés calculado con base en su valor a la par.

Tasa de cupón Tasa de interés establecida sobre un bono; pago de interés anual dividido entre el valor nominal del bono.

Tasa de cupón. La tasa de interés establecida sobre un bono recibe el nombre de **tasa de cupón**. Por ejemplo, una tasa de cupón del 13% indica que el emisor pagará a los titulares de bonos $130 anualmente por cada bono con valor a la par de $1,000 que posean.

Vencimiento. Los bonos casi siempre tienen una fecha de *vencimiento* establecido. Ésta es la fecha en que la compañía está obligada a pagar al titular el valor a la par del bono.

● ● ● Fideicomisario y escritura fiduciaria

Fideicomisario Persona o institución designada por el emisor de un bono como el representante oficial de los titulares de bonos. Por lo general, un banco funge como fideicomisario.

Una compañía que emite bonos al público designa a un **fideicomisario** calificado para representar los intereses de los titulares de bonos. Las obligaciones de un fideicomisario se especifican en la Ley de escrituras fiduciarias de 1939, administrada por la SEC. Las responsabilidades de un fideicomisario son autentificar la legalidad de la emisión de bonos al momento de la emisión, vigilar la condición financiera y el comportamiento del prestatario, asegurar que todas las obligaciones contractuales se realicen e iniciar las acciones pertinentes si el prestatario no cumple con estas obligaciones. La remuneración del fideicomisario corre a cargo de la corporación, una remuneración que se suma a los costos efectivos de solicitar un préstamo.

Escritura fiduciaria Acuerdo legal, también llamado *instrumento de garantía*, entre la corporación emisora y los titulares de bonos, que establece los términos de la emisión y nombra al fideicomisario.

El acuerdo legal entre la corporación emisora de bonos y el fideicomisario, quien representa a los titulares de bonos, está definido en la **escritura fiduciaria**. Esta escritura contiene los términos de la emisión de bonos al igual que cualesquiera restricciones impuestas por la compañía. Las restricciones, conocidas como *convenios de protección*, son muy similares a las contenidas en un acuerdo de préstamo a término. (Analizaremos con detalle los convenios de protección en el siguiente capítulo, cuando estudiemos los préstamos a término, así que no los describiremos por ahora). Los términos contenidos en una escritura fiduciaria se establecen de manera conjunta entre el prestatario, el suscriptor y el fideicomisario. Si la corporación no cumple cualquiera de las estipulaciones de la escritura fiduciaria, el fideicomisario, en nombre de los titulares de bonos, puede actuar para corregir la situación. Si no queda satisfecho, el fideicomisario puede exigir de inmediato el pago de todos los bonos circulantes.

● ● ● Calificación de bonos

La capacidad crediticia de un instrumento de deuda comerciado públicamente con frecuencia se juzga en términos de las calificaciones de crédito asignadas por las agencias calificadoras de inversiones. Las principales son Moody's Investors Service (Moody's) y Standard & Poor's (S&P). El emisor de un nuevo bono corporativo contrata a la agencia para que evalúe y califique el bono, y para que actualice la calificación durante la vigencia del mismo. Por este servicio, el emisor paga una cuota. Además, la calificadora cobra a los suscriptores de su publicación.

Con base en sus evaluaciones de la emisión de bonos, las agencias dan su opinión en la forma de calificación por letras, que se publican para consulta de los inversionistas. En sus calificaciones, las agencias intentan jerarquizar aspectos de acuerdo con la probabilidad percibida de falla. Las emisiones de calificación más alta, cuyo riesgo de falla se considera despreciable, reciben una triple A, seguidas de una doble A, una A, B-doble A (Moody's) o triple B (S&P), y así sucesivamente hasta llegar a C y D, que son las calificaciones más bajas de Moody's y S&P, respectivamente. Las primeras cuatro calificaciones mencionadas se consideran representativas de emisiones de calidad como inversión, mientras que los bonos con calificación más baja se consideran especulativos. (Las calificaciones que otorgan Moody's y S&P, junto con una breve descripción, se especifican en la tabla 16.5 del capítulo 16). Las calificaciones de las dos agencias se respetan ampliamente como medidas de riesgo de incumplimiento. De hecho, muchos inversionistas no analizan por separado el riesgo de una compañía.

Tipos de instrumentos de deuda a largo plazo

Los bonos se pueden emitir ya sea como *no garantizados* o *garantizados* (respaldados por activos). Las obligaciones, las obligaciones subordinadas y los bonos de renta forman las categorías importantes de los bonos no garantizados, mientras que los bonos hipotecarios representan el tipo más común de instrumentos garantizados de deuda a largo plazo.

● ● ● Obligaciones

Obligaciones
Instrumento de deuda no garantizada a largo plazo.

La palabra **obligación** suele aplicarse a los bonos no asegurados de una corporación. Como las obligaciones no están garantizadas por una propiedad específica, el titular de una obligación se convierte en acreedor general de la empresa en el caso de que ésta se liquide. Por lo tanto, los inversionistas consideran la capacidad de generar ganancias de la empresa como su garantía primordial. Aunque los bonos no están garantizados, los titulares de obligaciones tienen cierta protección por las restricciones impuestas en el contrato fiduciario, en particular cualquier *cláusula de compromiso negativo*, la cual impide que la corporación comprometa cualquiera de sus activos (no comprometidos) a otros acreedores. Esta disposición protege al inversionista en cuanto a que los activos del prestatario no tendrán una restricción adicional. Como los tenedores de obligaciones deben considerar el crédito general del prestatario para cubrir los pagos de principal e interés, en general sólo las compañías bien establecidas y solventes pueden emitir obligaciones.

● ● ● Obligaciones subordinadas

Obligaciones subordinadas
Instrumento de deuda no garantizada a largo plazo con un derecho menor sobre los activos y el ingreso que otras clases de deuda; se conoce como deuda junior.

Las **obligaciones subordinadas** representan deuda no respaldada con un derecho sobre los activos que se clasifica atrás de todas las deudas de mayor calificación (las deudas senior). En caso de liquidación, los titulares de obligaciones subordinadas suelen recibir un pago sólo si ya se pagó por completo a todos los acreedores senior. Estos titulares de obligaciones subordinadas aún están adelante de los accionistas preferenciales y ordinarios en caso de liquidación. La existencia de deuda subordinada funciona como ventaja para los titulares de bonos senior porque pueden asumir los pagos de los titulares subordinados. Para ilustrar, suponga que una corporación se liquida por $600,000. Tenía $400,000 en obligaciones directas circulantes, $400,000 en obligaciones subordinadas circulantes y $400,000 en obligaciones a acreedores generales. Se puede suponer que los titulares de obligaciones directas y los acreedores generales tendrán un pago igual y prioritario en la liquidación (que cada uno recibiría $300,000). El hecho (por ley) es que los titulares de obligaciones directas tienen derecho a usar los pagos de las obligaciones subordinadas, obteniendo $800,000 en los pagos totales para fines de determinar un pago parcial. Como resultado, tienen derecho a dos tercios ($800,000/$1,200,000) del valor de la liquidación, es decir, $400,000, mientras que los acreedores generales tienen derecho a sólo un tercio ($400,000/$1,200,000) del valor de liquidación, es decir, $200,000.

En virtud de la naturaleza de la reclamación, una emisión de obligaciones subordinadas tiene que dar un rendimiento significativamente más alto que una emisión de obligaciones normales para que sea atractiva para los inversionistas. Con frecuencia, las obligaciones subordinadas son convertibles en acciones ordinarias. Por lo tanto, esta característica de opción agregada puede permitir que las obligaciones subordinadas convertibles se vendan con un rendimiento que en realidad es menor que el pago que debiera hacer la compañía sobre una obligación ordinaria.

● ● ● Bonos de renta

Bono de renta Bono en el que el pago de interés depende de que la compañía tenga suficientes ganancias.

Una compañía se obliga a pagar interés sobre un **bono de renta** sólo cuando gana el interés. Puede haber una *característica acumulativa* por medio de la cual el interés no pagado en un año dado se acumule. Si la compañía genera ganancias en el futuro, tendrá que pagar el interés acumulado en la medida en que las ganancias lo permitan. Sin embargo, la obligación acumulada suele limitarse a no más de tres años. Como es evidente, este tipo de valor ofrece al inversionista una promesa bastante débil de un rendimiento fijo. De cualquier modo, el bono de renta tiene un nivel superior a las acciones preferenciales y ordinarias, lo mismo que con respecto a cualquier deuda subordinada. A diferencia de los dividendos de acciones preferenciales, el pago de interés es deducible de impuestos. Como los bonos de renta no gozan de gran aceptación entre los inversionistas, su emisión principalmente se limita sobre todo a situaciones que implican reorganizaciones.

● ● ● Bonos especulativos (*junk bonds*)

Bono especulativo (*junk bond*) Bono de alto riesgo, alto rendimiento (con frecuencia no garantizado) considerado por debajo de la calificación de inversión.

Durante la década de 1980 se desarrolló un mercado activo para bonos sin calificación de inversión. Éstos son bonos con calificación Ba (Moody's) o menor, y se llaman bonos "especulativos" o "de alto rendimiento". El mercado para los **bonos especulativos** fue promovido por un banco de inversión de Drexel Burnham Lambert, que dominó ese mercado hasta el deceso de Drexel en 1990. Varias compañías usaron el mercado para reunir miles de millones de dólares, desplazando al financiamiento bancario y de colocaciones privadas. Además, los bonos especulativos se usaron para adquisiciones y compras apalancadas (temas del capítulo 23).

Los principales inversionistas en bonos especulativos incluyen fondos de pensión, fondos mutuos de alto rendimiento y algunos individuos que invierten directamente. Existe una especie de mercado secundario, pero en caso de pánico financiero o de búsqueda de inversiones más seguras por parte de los inversionistas en los mercados de bonos, esta liquidez se esfuma. Al final de la década de 1980, los bonos emitidos en conexión con transacciones altamente apalancadas (compras apalancadas) comenzaron a experimentar dificultades y hubo incumplimiento en muchas emisiones. Los inversionistas perdieron la confianza y se registró una caída fuerte en las nuevas emisiones. El mercado se recuperó después de 1990, en particular para emisiones de calidad más alta. Aunque los bonos especulativos son un medio viable de financiamiento para algunas compañías, debe reconocerse que hay ventanas de oportunidad. En un mercado inestable, encontrarán pocos inversionistas.

● ● ● Bonos hipotecarios

Bono hipotecario Una emisión de bonos garantizados por una hipoteca sobre la propiedad del emisor.

Una emisión de **bonos hipotecarios** está respaldada por un *derecho prendario* (un derecho del acreedor) sobre activos específicos de la corporación, generalmente activos fijos. La propiedad específica que garantiza los bonos se describe con detalle en la *hipoteca*, el documento legal que da al titular de los bonos un derecho prendario sobre una propiedad. Al igual que sucede con otros acuerdos garantizados, el valor de mercado del colateral debe exceder la cantidad de la emisión de bonos por un margen razonable de seguridad. Si la corporación incumple en cualquiera de las condiciones del contrato del bono, el fideicomisario, en nombre de los tenedores de bonos, tiene el poder de *ejecutar la hipoteca*. En una ejecución de hipoteca, el fideicomisario se apodera de la propiedad y la vende, luego usa los ingresos para pagar a los titulares de los bonos. Si los ingresos resultantes de la venta son menores que la cantidad de la emisión de bonos en circulación, los titulares se convierten en acreedores generales por la cantidad residual.

Una compañía puede tener más de una emisión de bonos respaldados por la misma propiedad. Una emisión de bonos puede garantizarse con una *segunda hipoteca* sobre la propiedad que ya se usó para respaldar otra emisión de bonos bajo una *primera hipoteca*. En el caso de una ejecución de hipoteca, se paga la cantidad completa que se debe a los primeros titulares de bonos antes de cualquier distribución a los titulares de bonos de la segunda hipoteca.

● ● ● Certificados fiduciarios de equipo

Certificado fiduciario de equipo Valor de mediano a largo plazo que suelen emitir las compañías de transportación, como las de ferrocarriles o las aerolíneas, y que permite financiar la compra de equipo nuevo.

Aunque el financiamiento fiduciario de equipo es una forma de financiamiento por arrendamiento, el **certificado fiduciario de equipo** en sí representa una inversión de mediano a largo plazo. Las empresas ferroviarias suelen utilizar este método para financiar la adquisición de material rodante. Con él, una compañía ferroviaria conviene con un fideicomisario en comprar equipo de un fabricante. La compañía firma un contrato con el fabricante para la construcción del equipo específico. Cuando se entrega el equipo, se venden los certificados fiduciarios a los inversionistas. Los ingresos de la venta, junto con el pago anticipado de la compañía ferroviaria, se destinan para pagar al fabricante. El fideicomisario conserva la factura del equipo y, a su vez, renta el equipo a la empresa ferroviaria. El fideicomisario utiliza los pagos del arrendamiento para pagar un rendimiento fijo sobre los certificados circulantes —en realidad un dividendo— y para retirar las porciones especificadas de los certificados en intervalos regulares. En el último pago que hace la compañía ferroviaria, se retira la última parte de los certificados, y la factura del equipo pasa a manos de la compañía.

La vigencia del arrendamiento varía dependiendo del equipo implicado, pero es común un periodo de 15 años. Puesto que el material rodante es esencial para la operación de una empresa ferroviaria y tiene un valor de mercado establecido, los certificados fiduciarios de equipo tienen una posición muy alta como inversiones de ingreso fijo. Como resultado, las compañías de ferrocarriles pueden adquirir carros y locomotoras en términos financieros favorables. Las líneas aéreas también usan una forma de certificados fiduciarios de equipo para financiar la compra de aviones. Aunque estos certificados suelen venderse a inversionistas institucionales, algunas emisiones se venden al público.

● ● ● Bursatilización de activos

Bursatilización de activos Proceso de formar un paquete o grupo de activos para luego vender intereses en el paquete en la forma de *valores respaldados por activos (VRA)*.

Valores respaldados por activos (VRA) Valores de deuda cuyos pagos de intereses y principal se suministran a partir de los flujos de efectivo que provienen de un paquete discreto de activos.

La **bursatilización de activos** es el proceso de tomar un activo que genera un flujo de efectivo, agruparlo en un paquete junto con otros activos similares y luego emitir valores respaldados por el paquete de activos. El objetivo es reducir los costos financieros. Por ejemplo, Acme Aglet Company necesita efectivo, pero no tiene una calificación de crédito suficientemente alta para que una emisión de bonos sea económica. Entonces elige activos para un paquete, los elimina de su balance general y los vende a una entidad de propósito específico que está lejos de quebrar (llamada *vehículo de propósito especial*). De esta manera, si Acme va a la bancarrota, sus acreedores no podrán confiscar los activos del paquete. El vehículo de propósito especial, a la vez, reúne dinero vendiendo los **valores respaldados por activos (VRA)**, es decir, los valores garantizados por estos activos que acaba de comprar a la compañía Acme.

Los pagos de interés y principal sobre los valores respaldados por activos dependen del flujo de efectivo que llega por el paquete específico de activos. Así, se pueden emitir valores respaldados por activos que no están ligados a la baja calificación de crédito de Acme. Ahora la calificación de los valores es una función del flujo de efectivo subyacente a los activos. De esta manera, los valores respaldados por activos pueden obtener una calificación de crédito más alto —y una tasa de interés más baja— que lo que podría obtener la compañía misma.

Se ha *bursatilizado* una amplia gama de activos en el pasado, incluyendo cuentas por cobrar, préstamos de automóviles, cuentas por cobrar de tarjetas de crédito y arrendamientos. Recientemente han aparecido activos todavía más exóticos en la bursatilización: regalías de películas y música, cuentas por cobrar de servicios de energía eléctrica, afiliaciones a clubes de descanso y contratos de alarmas de seguridad. Lo que tienen en común todos estos activos es que generan flujos de efectivo predecibles.

Bursatilización: Todo es cuestión del paquete adecuado

En la bursatilización de una compañía, los activos y los flujos de efectivo asociados se extraen de un negocio para llevarlos a una entidad de propósito específico (EPE) como paquete. Después, la deuda se paga contra la EPE nada más.

"La bursatilización aísla un flujo de efectivo y lo protege de eventos extraños", explica Ted Yarbrough, director de bursatilización de productos globales en Citigroup.

Dependiendo de la calidad del crédito y el monto del préstamo, parte o toda la deuda puede lograr una calificación alta, y algunas veces también hay una parte subordinada con baja calificación o no calificada de la deuda. Pero esto no es un método fuera del balance general; los activos y la deuda de las EPE están consolidados en los estados financieros de la compañía.

Un financiamiento estructurado de esta manera puede lograr calificaciones de crédito más altas que los negocios en sí. Esto refleja en parte los aspectos estructurales —por ejemplo, el hecho de que una EPE pueda sobrevivir una bancarrota del grupo— y en parte el hecho de que los valores emitidos están "respaldados" o garantizados por aseguradores con altas calificaciones como Ambac, Figic o MBIA a cambio de una cuota.

Éste es un ejercicio complejo y costoso, pero ofrece el resultado de una deuda mucho más barata. Una vez establecida, más adelante puede usarse de nuevo una bursatilización si el negocio crece.

"Las técnicas de bursatilización ofrecen un apalancamiento incremental, pero las ventajas reales son el ahorro en costos y la eficiencia", afirma Yarbrough.

Algunas veces la bursatilización es más adecuada para parte del negocio y no para todo. Cuando se aplica a un negocio completo, como con Dunkin' Brands o Domino's, el nuevo financiamiento suele remplazar toda la deuda tradicional.

Rob Krugel, director del negocio de valores respaldados por activos en Lehman Brothers, señala: "En general, el electorado —agencias calificadoras y aseguradoras de bonos— requiere que se refinancie toda la deuda preexistente. Existe flexibilidad hacia adelante para emitir deuda fuera de la bursatilización al igual que deuda adicional dentro de ella. Por lo común, encontramos que la bursatilización es tan eficiente que no hay razón para emitir deuda fuera de la estructura".

Aunque la bursatilización incluye restricciones financieras, éstas serán en menor número y menos onerosas que con la deuda en la banca tradicional o en bonos. Los administradores, por ejemplo, tendrían mayor flexibilidad de pagar dividendos o recomprar las acciones.

Esto refleja el hecho de que los financiamientos en una bursatilización ven sólo los activos específicos y los flujos de efectivo introducidos a la EPE.

Con la ayuda de los aseguradores de bonos, las bursatilizaciones corporativas pueden lograr una calificación triple-A o por lo menos una equivalente a un grado de inversión, aun cuando la compañía en cuestión no lo hubiera logrado.

Esto atrae a la gama más amplia posible de inversionistas, incluyendo los fondos de pensión y los administradores de fondos en el lado de las calificaciones más altas, y protege los fondos en la parte inferior de la estructura de capital.

Krugel considera que la magia está en la separación legal de los activos y la creación de un paquete a la medida para los inversionistas en bursatilización. "No se modifica de manera fundamental el riesgo operativo del negocio, sino que se ponen en su lugar muchas protecciones en los casos que van mal".

Agrega que también es crucial que las EPE estén lejos de la bancarrota. Señala el caso de prueba del grupo de renta de automóviles en Estados Unidos, Alamo National.

Con el financiamiento por bursatilización en su lugar antes de que el grupo quebrara en 2001, logró sobrevivir al proceso de bancarrota y esto sirvió para la adquisición de financiamiento cuando la compañía fue comprada por la empresa Cerberus en 2003.

Fuente: Adaptado de Richard Beales, "It's all a question of the right packaging", *Financial Times* Special Report (25 de julio, 2007), p. 2. (www.ft.com) Derechos reservados © The Financial Times Limited 2007. Usado con permiso. Todos los derechos reservados.

Retiro de bonos

El *retiro* (o pago) de bonos se logra de varias maneras. Por ejemplo, los bonos pueden retirarse haciendo un solo pago de la suma al vencimiento, o bien, si los bonos son convertibles, se recurre a la *conversión* (canje por acciones ordinarias); también es factible convocar a los tenedores de bonos si hay opción de compra, o hacer pagos periódicos. El pago periódico de la deuda es posible si incluye un fondo de amortización o una emisión de bonos en serie. Nos ocuparemos de la compra de bonos más adelante, y del proceso de conversión en el capítulo 22. Pero primero estudiaremos el fondo de amortización y los bonos en serie.

●●● Fondos de amortización

La mayoría de las emisiones de bonos corporativos incluyen una cláusula de **fondo de amortización** que requiere que la corporación efectúe depósitos periódicos al fondo de amortización en un fideicomiso con la finalidad de retirar una cantidad nominal especificada de bonos cada periodo. El fondo de amortización de retiro de una emisión de bonos adopta cualquiera de dos formas. La corporación puede hacer un pago en efectivo al fideicomiso, el cual a su vez convoca a los tenedores de bonos para redimir los instrumentos al *precio de compra* del fondo de amortización. (Este precio suele ser menor que el precio de compra normal de un bono, que analizaremos en seguida). Los bonos en sí se sortean de acuerdo con sus números de serie; los resultados se publican en el *Wall Street Journal* y otros periódicos. La segunda opción disponible para la emisora es comprar los bonos en el mercado abierto y entregar un número dado de ellos al fideicomiso.

La corporación debe comprar los bonos en el mercado abierto siempre que el precio de mercado sea menor que el precio de compra del fondo de amortización. Cuando el precio de mercado excede el precio de compra, deben hacerse pagos en efectivo al fideicomiso. Si las tasas de interés aumentan o si la calidad del crédito se deteriora, el precio del bono bajará en relación con el precio de compra del fondo de amortización. Como resultado, la opción de la corporación de entregar efectivo o bonos al fideicomiso tiene un valor significativo. Igual que con cualquier opción, la característica de opción funciona a favor del titular —en este caso la corporación— y en contra de los tenedores de los bonos. Cuanto mayor sea la volatilidad de las tasas de interés o la volatilidad del valor de las empresas, más valiosa será la opción para la corporación.

Por otro lado, la cláusula del fondo de amortización puede beneficiar al tenedor del bono. Al entregar bonos cuyo costo es menor que el precio de compra, la compañía conserva el efectivo, lo que disminuye la probabilidad de incumplimiento. Debido al retiro ordenado de la deuda al fondo de amortización, conocido como *efecto de amortización*, algunos consideran que este tipo de deuda tiene menor riesgo de incumplimiento que la deuda sin fondo de amortización. Además, la actividad de recompra estable agrega liquidez al mercado, lo que resulta benéfico para los tenedores de bonos de la empresa.

Los dos factores analizados funcionan en direcciones opuestas. La opción de "entrega" funciona como desventaja para los dueños de bonos, pero la amortización de la deuda y otros factores que reducen el riesgo o aumentan la liquidez son una ventaja para los dueños de los bonos. La evidencia empírica limitada disponible apoya ambos efectos, pero sobre todo el efecto de amortización. Además, los pagos al fondo de amortización no necesariamente retiran la emisión completa de bonos. Es posible hacer un **pago global** al vencimiento.

●●● Pagos en serie

Todos los bonos de fondo de amortización en una emisión vencen en la misma fecha, aunque los bonos específicos se retiran antes de esa fecha. Sin embargo, los **bonos en serie** vencen periódicamente hasta el vencimiento final. Por ejemplo, una emisión de $20 millones de bonos en serie puede tener $1 millón de bonos predeterminados que vencen cada año durante 20 años. Con una emisión de bonos en serie, el inversionista puede elegir el plazo de vencimiento que mejor se ajuste a sus necesidades. Así, una emisión de bonos de este tipo puede ser atractiva para un grupo más amplio de inversionistas que una emisión en la que todos los bonos tienen el mismo plazo de vencimiento.

●●● Cláusula de compra (*call provision*)

Las emisiones de bonos corporativos con frecuencia contienen una **cláusula de compra**, la cual brinda a la corporación la opción de recomprar sus bonos al precio establecido (o serie de precios establecidos) antes de su vencimiento. Sin embargo, no todas las emisiones de bonos son susceptibles de retiro. En particular en épocas de tasas de interés bajas, algunas corporaciones emiten bonos sin opción a compra. Cuando un bono tiene opción a compra, el **precio de compra** suele estar por arriba del valor a la par del bono y con frecuencia declina en el tiempo. Muchas veces, el precio de compra durante el primer año se establece sumando el interés de ese año al valor nominal del bono.

De esta forma, si la tasa de cupón es del 14%, el precio de compra inicial será de 114 ($1,140 por un valor nominal de $1,000).[1]

Existen dos tipos de cláusulas de compra, de acuerdo con el momento en que éste se puede ejercer. En ocasiones, el valor se compra de inmediato, lo que significa simplemente que el emisor tiene la posibilidad de comprar el instrumento al precio de compra en cualquier momento. En otros casos, la cláusula de compra establece una fecha diferida. El diferimiento más común es de 5 años para bonos de servicios públicos y 10 años para bonos industriales. Durante este periodo, el inversionista está protegido contra la compra por parte del emisor. En años recientes, casi todas las emisiones de bonos corporativos tienen compra diferida y no inmediata.

La cláusula de compra da a la compañía flexibilidad en su financiamiento. Si las tasas de interés declinan significativamente, puede comprar los bonos y refinanciar la emisión a un costo de interés menor. Así, la compañía no tiene que esperar hasta el vencimiento para refinanciar. Además, la cláusula será ventajosa para la compañía si ésta encuentra que los acuerdos de protección en el contrato de los bonos son indebidamente restrictivos.

Valor del privilegio de compra. Aunque el privilegio de compra es un beneficio para la corporación emisora, funciona en detrimento de los inversionistas. Si las tasas de interés bajan y se retira la emisión, los inversionistas podrán invertir en otros bonos sólo sacrificando el rendimiento al vencimiento. En consecuencia, el privilegio de compra no es gratuito para el prestatario. Su costo, o valor, se mide en el momento de emitirlo por la diferencia entre el rendimiento del bono con opción de compra y el rendimiento que sería necesario si el valor no tuviera opción de compra. Este valor se determina por las fuerzas de la oferta y la demanda en el mercado de los valores con opción de compra.

Se puede pensar que el valor de un bono con opción de compra es

$$\text{Valor del bono con opción de compra} = \text{Valor de un bono sin opción de compra} - \text{Valor de la opción de compra} \qquad (20.1)$$

donde el bono sin opción de compra es idéntico al que tiene opción de compra en todos sentidos, excepto por la característica de retiro. Cuanto mayor es el valor de la característica de retiro, menor será el valor del bono con opción a compra en relación con el que no la tiene. El nivel y la volatilidad de las tasas de interés son los factores clave que dan valor a la opción de compra.

Si las tasas de interés son altas y se espera que bajen, es probable que la opción de compra tenga un valor significativo. Como el precio de compra limita el potencial máximo en el movimiento del precio, los dueños de bonos no obtienen el beneficio completo de una declinación importante en la tasa de interés. Justo cuando comienza la fiesta para los titulares de los bonos, éstos se retiran; los titulares podrán volver a invertir en otros bonos sólo con una tasa de cupón más baja que la del bono actual. Como resultado, los inversionistas demandan un rendimiento bastante más alto (y menor precio) sobre el bono con opción a compra que el que demandan por los bonos que carecen de ésta. En contraste, cuando las tasas de interés son bajas y se espera que suban, la amenaza de un retiro es despreciable. Como resultado, los rendimientos de los dos bonos (con opción a compra o sin ella) son muy parecidos. La volatilidad de las tasas de interés determina la magnitud del movimiento en el precio del bono. Cuanto mayor sea la volatilidad, mayor será la magnitud de la declinación *posible* de la tasa de interés. Al igual que con cualquier opción, una gran volatilidad del activo asociado redunda en una mayor volatilidad de la opción. (Véase el capítulo 21 y su apéndice para conocer más detalles de este principio).

En el apéndice de este capítulo, exploraremos cómo decide una compañía si será redituable comprar sus bonos. Al reembolsar (remplazar) los bonos mediante una emisión de bonos con un cupón más bajo, ciertos costos quedarán más que compensados y entonces la compra valdrá la pena.

Acciones preferenciales Un tipo de acciones que promete un dividendo fijo (por lo general), pero a la discreción del consejo de directores. Tienen preferencia sobre las acciones ordinarias en el pago de dividendos y el derecho sobre los bienes.

Acciones preferenciales y sus características

Las **acciones preferenciales** son una forma híbrida de financiamiento, ya que combina las características de deuda y de acciones ordinarias. En el caso de liquidación, los derechos del accionista preferencial

---

[1] Entre profesionales (y en las cotizaciones de bonos que aparecen en el periódico), los bonos siempre se cotizan como un porcentaje de su valor nominal. Por ejemplo, un bono susceptible de retiro a 105 en realidad será comprado al 105% de $1,000, o $1,050 por un valor nominal de $1,000.

sobre los activos van después de los derechos de los acreedores, pero antes de los derechos de los accionistas ordinarios. Es común que este derecho se restrinja al valor a la par de la acción. Si el valor a la par de la acción preferencial es de $100, el inversionista tendrá derecho a un máximo de $100 en la liquidación del monto del principal. Aunque la acción preferencial tiene estipulado un dividendo, el pago real del dividendo es discrecional y no una obligación fija de la compañía. El resultado de la omisión de un dividendo no es un incumplimiento de la obligación o insolvencia de la compañía. El consejo de directores tiene poder absoluto de omitir un dividendo de acción preferencial si así lo elige.

El rendimiento máximo para los accionistas preferenciales suele limitarse al dividendo especificado, y estos accionistas no comparten las ganancias residuales de la compañía. Así, si usted posee 100 acciones preferenciales de 10½% con valor a la par de $50, el rendimiento máximo que puede esperar en cualquier año es de $525, y este rendimiento está sujeto a discreción del consejo de directores. La corporación no puede deducir este dividendo en su declaración de impuestos. Este hecho es la principal desventaja de la acción preferencial como medio de financiamiento. En vista de que los pagos de interés sobre la deuda son deducibles para fines fiscales, la compañía que maneja el dividendo de la acción preferencial como una obligación fija encuentra el costo explícito bastante alto.

● ● ● Característica de dividendos acumulados

Característica de dividendos acumulados Requerimiento de que todos los dividendos acumulados no pagados sobre las acciones preferenciales se paguen antes de pagar los dividendos sobre las acciones ordinarias.

Casi todas las acciones preferenciales tienen una **característica de dividendos acumulados**, la cual establece que un dividendo no pagado en un solo año se acarrea hacia adelante. Antes de que la compañía pueda pagar el dividendo de sus acciones ordinarias, debe pagar los dividendos *moratorios* de sus acciones preferenciales. Suponga que un consejo de directores omite el dividendo sobre las acciones preferenciales del 8% de la compañía durante tres años consecutivos. Si la acción tiene un valor a la par de $100, la compañía tiene una moratoria de $24 sobre esa acción preferencial. Antes de pagar un dividendo a sus accionistas ordinarios, deberá pagar $24 a los accionistas preferenciales por cada acción preferencial que posean. Debe resaltarse que, sólo porque los dividendos de la acción preferencial están en moratoria, no hay garantía de que se vaya a pagar. Si la corporación no tiene intención de pagar los dividendos de las acciones ordinarias, no hay necesidad de cubrir la **deuda atrasada** sobre las acciones preferenciales. Los dividendos de las acciones preferenciales suelen omitirse por falta de utilidades, pero la corporación no tiene que pagarlos aun cuando sus utilidades se restablezcan.

Deuda atrasada Un pago vencido o retrasado que puede ser acumulativo.

● ● ● Característica de participación

Acción preferencial participativa Acción preferencial en la que el titular puede participar de los dividendos crecientes si los accionistas ordinarios reciben mayores dividendos.

Una *característica de participación* permite a los accionistas preferenciales participar de las ganancias residuales de la corporación de acuerdo con alguna fórmula especificada. Los accionistas preferenciales pueden tener derecho a compartir por igual con los accionistas ordinarios cualquier dividendo de las acciones ordinarias que rebase cierta cantidad. Suponga que una emisión preferencial del 6% (valor a la par de $100) es **acción preferencial participativa**, de manera que los accionistas tienen derecho a compartir por igual cualesquiera dividendos de las acciones ordinarias por arriba de $6 por acción. Si el dividendo de la acción ordinaria es de $7, los accionistas preferenciales recibirán $1 adicional de dividendos por cada acción que posean. La fórmula de participación puede variar mucho. La característica esencial es que los accionistas preferenciales tienen derecho prioritario sobre el ingreso y la oportunidad de obtener un rendimiento adicional si los dividendos de las acciones ordinarias exceden cierta cantidad. Por desgracia para el inversionista, casi todas las acciones preferenciales emitidas son no participativas, con el máximo rendimiento limitado a la tasa de dividendo especificada.

● ● ● Derechos de voto (en situaciones especiales)

En virtud de su derecho "preferencial" (o prioritario) sobre los bienes y las utilidades, los accionistas preferenciales normalmente carecen de voz en la administración a menos que la compañía no pueda pagar los dividendos de las acciones preferenciales durante un periodo especificado. La deuda atrasada en cuatro pagos trimestrales de dividendos puede constituir tal incumplimiento. En esas circunstancias, los accionistas preferenciales, como grupo, tendrían derecho a elegir un número específico de directores. Casi siempre, ese número de directores es pequeño en relación con el total. Además, para el momento en que los accionistas preferenciales obtengan voz en la administración, es probable que la compañía tenga serias dificultades financieras. En consecuencia, el poder de voto otorgado a los accionistas preferenciales será casi irrelevante.

Dependiendo del acuerdo entre la compañía y los accionistas preferenciales, éstos también podrían obtener poder de voto en otras circunstancias. La compañía puede no cumplir según las restricciones en el acuerdo que son similares a las encontradas en los acuerdos de préstamos o en una escritura fiduciaria de bonos. Una de las restricciones más frecuentes es que los dividendos de las acciones ordinarias están prohibidos si la compañía no satisface ciertas razones financieras. Sin embargo, observamos que el resultado del incumplimiento de ciertas cláusulas del acuerdo entre la corporación y sus accionistas preferenciales no es que la obligación se convierta en pagadera de inmediato, como lo es para los acuerdos de préstamos o contratos de bonos. Los accionistas preferenciales sólo tienen voz en la administración y la seguridad de que los dividendos de acciones ordinarias no se pagarán durante el periodo de incumplimiento. Así, los accionistas preferenciales no tienen el mismo poder legal en el incumplimiento que tienen los tenedores de deuda.

● ● ● Retiro de acciones preferenciales

El hecho de que las acciones preferenciales, como las acciones ordinarias, no tengan vencimiento, no significa que la mayoría de las acciones preferenciales seguirán en circulación para siempre. Invariablemente existen disposiciones para su retiro.

Cláusula de compra. Casi todas las emisiones de acciones preferenciales tienen un precio de compra establecido, más alto que el precio original de emisión y que puede disminuir con el tiempo. Igual que la cláusula de compra de bonos, la de las acciones preferenciales da flexibilidad a la compañía. La deuda a largo plazo, a diferencia de las acciones preferenciales, tiene un vencimiento final que asegura el retiro eventual de la emisión. Sin la opción de compra de las acciones preferenciales, la corporación podría retirarlas sólo por métodos más costosos y menos eficientes de compra de acciones en el mercado abierto, haciendo ofertas a los accionistas preferenciales a un precio más alto que el precio de mercado u ofreciéndoles otro valor a cambio.

Fondo de amortización. Muchas emisiones de acciones preferenciales ofrecen un fondo de amortización, el cual asegura en parte el retiro ordenado de acciones. Al igual que las emisiones de bonos, el fondo de amortización de las acciones preferenciales puede ser ventajoso para los inversionistas porque el proceso de retiro ejerce presión hacia arriba sobre el precio de mercado para los valores restantes.

Conversión. Ciertas emisiones de acciones preferenciales son convertibles en acciones ordinarias a elección del titular. Al convertirlas, desde luego, se retiran las acciones preferenciales. Puesto que casi todos los **valores convertibles** tienen una opción de compra, la compañía puede forzar la conversión retirando las acciones preferenciales si su precio de mercado es significativamente mayor que el de compra. Las acciones preferenciales convertibles se usan con frecuencia en la adquisición de otras compañías. En parte, su utilización en adquisiciones se deriva del hecho de que la transacción no es gravable para la compañía que se adquiere ni para los accionistas en el momento de la adquisición. Se convierte en una transacción gravable sólo cuando las acciones preferenciales se venden. Examinaremos con detalle los valores convertibles en el capítulo 22.

Valores convertibles
Bono o acción preferencial que se puede convertir en un número específico de acciones ordinarias a elección del titular.

● ● ● Uso en el financiamiento

Las acciones preferenciales no convertibles no tienen un uso amplio como medio de financiamiento a largo plazo. Una de sus desventajas es el hecho de que, para el emisor, el dividendo preferencial no es deducible de impuestos. Sin embargo, las compañías de servicios públicos las emplean con cierto grado de regularidad. ¿Por qué? Se les permite tomar en cuenta los dividendos preferenciales cuando fijan sus tarifas. Así, estos monopolios regulados pueden pasar el costo más alto de las acciones preferenciales a sus clientes.

No obstante, para el inversionista corporativo, las acciones preferenciales pueden ser más atractivas que los instrumentos de deuda porque, en general, el 70% de los dividendos recibidos por la corporación no están sujetos a impuestos.[2] No es de sorprender, entonces, que la mayoría de las acciones preferenciales pertenezcan a inversionistas corporativos.

---

[2]Los inversionistas corporativos que reciben dividendos de corporaciones en las que tienen menos del 20% pueden deducir el 70 por ciento. Los dividendos de corporaciones en las que poseen el 20% o más están sujetos a una deducción del 80 por ciento.

Acción preferencial de mercado de dinero Acción preferencial que tiene una tasa de dividendos que se reajusta cada 49 días en una subasta.

Razón precio/utilidades (P/U) El precio de mercado por acción de las acciones ordinarias de una empresa dividido entre las utilidades por acción en los 12 meses más recientes; también se conoce como *razón P/U retrospectiva.*

Este atractivo para los inversionistas corporativos ha dado lugar a acciones preferenciales de tasa flotante. En una variación como son las **acciones preferenciales en mercado de dinero**, la tasa de dividendos se establece por subasta cada 49 días. Dicho de otra manera, la tasa de dividendos se establece por las fuerzas de oferta y demanda para estar al día con las tasas del mercado de dinero en general. Una tasa típica puede ser 0.75 veces la tasa del papel comercial, y los emisores con crédito más sólido están en condiciones de ofrecer un descuento aún mayor. Mientras suficientes inversionistas oferten en cada subasta, la fecha de vencimiento efectiva del valor es a los 49 días. Como resultado, existe poca variación en el precio de mercado de la inversión en el tiempo. Para el emisor, la comparación de costos relevante es con el costo después de impuestos de otros métodos de financiamiento a corto plazo.

Además de estas consideraciones en el financiamiento a corto plazo, una ventaja del financiamiento con acciones preferenciales (a largo plazo) normales es su flexibilidad en el acuerdo de financiamiento. El dividendo no es una obligación legal de la corporación emisora de los valores. Si las ganancias se debilitan y la condición financiera de la compañía se deteriora, el dividendo puede omitirse. Con el financiamiento de deuda, debe pagarse el interés sin importar si las utilidades son cuantiosas o escasas. Para asegurarse, las compañías que están acostumbradas a pagar dividendos sobre sus acciones ordinarias sin duda ven el dividendo preferencial como una obligación fija. De cualquier manera, en circunstancias adversas, una compañía que omite el dividendo de acciones ordinarias también puede omitir su dividendo preferencial.

Otra ventaja de una emisión de acciones preferenciales directas (esto es, no convertibles) es que no tienen vencimiento final. En esencia, es un préstamo perpetuo. Desde el punto de vista de los acreedores, la acción preferencial se suma a la base de capital accionario de la compañía y con ello refuerza su condición financiera. La base de capital accionario adicional fortalece la capacidad de la compañía para solicitar préstamos en el futuro. Aunque el costo explícito después de impuestos de las acciones preferenciales es mucho más alto que el de los bonos, los beneficios implícitos que se acaban de mencionar logran compensar este costo. Además, el costo implícito del financiamiento con acciones

Valores preferenciales-fiduciarios (VPF): Una innovación a los valores a largo plazo

Los bancos de inversión en Wall Street han estado trabajando horas extra desde principios de la década de 1990 para diseñar docenas de nuevos valores exóticos que se ubiquen en un zona intermedia entre la deuda a largo plazo y el capital accionario. Algunos de los instrumentos de financiamiento más innovadores se conocen como *valores preferenciales fiduciarios (VPF)*.

El primer paso para emitir un VPF exige la creación de un *vehículo de propósito especial (VPE)*. El VPE es una subsidiaria propia (generalmente un fideicomiso de negocios o una sociedad limitada) de la compañía matriz. El VPE es simplemente un conducto; emite valores preferenciales (acciones) para el público inversionista. Luego, los ingresos se prestan a la compañía matriz. Para esta última, el interés pagado sobre el préstamo es deducible como gasto para fines fiscales. El interés recibido por el VPE se utiliza para pagar los dividendos en efectivo preferenciales a los inversionistas externos. El préstamo en sí está subordinado a las otras deudas de la compañía matriz y suele ser a largo plazo (30 años es común).

Otro aspecto es que el pago de interés sobre la deuda se puede diferir hasta un periodo máximo, digamos cinco años, lo que da a la matriz flexibilidad financiera poco común en una situación de deuda convencional. Hasta el final del periodo de diferimiento posible del interés, el VPE no puede

forzar a la matriz a la bancarrota por incumplimiento en el pago de interés. Además, si no se hacen pagos de interés sobre la deuda, la matriz no podrá pagar dividendos a los accionistas ordinarios, una característica tradicional de las acciones preferenciales acumulativas.

El VPE se ve como una entidad no gravable (o "compañía escudo") bajo las leyes fiscales estadounidenses. El valor a la par de los valores preferenciales-fiduciarios con frecuencia se establece en sólo $25, un precio que los inversionistas individuales encuentran atractivo. El dividendo pagado no califica para la deducción normal de dividendos del 70 por ciento si es recibido por otra corporación.

Los bancos de inversión han desarrollado algunas variaciones de los VPF. Quizá los de uso más amplio son los *MIPS, QUIPS* y *TOPRS*. El primero de éstos, MIPS, se refiere a valores preferenciales de ingreso mensual. El banco de inversión Goldman Sachs inventó los MIPS en 1993. Como el nombre implica, pagan dividendos mensuales. Los QUIPS son valores preferenciales de ingreso trimestral, es decir, pagan dividendos cada trimestre. TOPRS quiere decir valores redimibles preferenciales originados en fideicomiso y son un producto de Merrill Lynch y también pagan dividendos trimestrales. La aceptación de los VPF, en general, se debe no sólo a la ventaja fiscal para la empresa emisora, sino también a la flexibilidad financiera que ofrecen.

preferenciales, desde el punto de vista de la penalización de la **razón precio/utilidades (P/U)** de las acciones ordinarias, puede ser algo menor que el del financiamiento con deuda. En la medida en que los inversionistas estén preocupados por una bancarrota legal, verán la deuda como una forma más riesgosa de apalancamiento. A diferencia de los acreedores, los accionistas preferenciales no pueden forzar a la compañía a la bancarrota.

Acciones ordinarias y sus características

Acciones ordinarias Valores que representan la posición final de propiedad (y riesgo) en una corporación.

Los accionistas ordinarios de una compañía son sus dueños finales. Colectivamente, la compañía les pertenece y, por ello, asumen el riesgo fundamental asociado con la propiedad. Su responsabilidad, sin embargo, está restringida al monto de su inversión. En caso de liquidación, estos accionistas tienen un derecho residual sobre los bienes de la compañía después que se han reconocido los derechos de todos los acreedores y los accionistas preferenciales. Las **acciones ordinarias**, al igual que las acciones preferenciales, no tienen fecha de vencimiento. Pero los accionistas pueden liquidar sus inversiones vendiendo sus acciones en el mercado secundario.

● ● ● Acciones autorizadas, emitidas y circulantes

Acciones de tesorería/ (autocartera) Acciones ordinarias que se han recomprado y son propiedad de la compañía emisora.

El estatuto corporativo de una compañía especifica el número de *acciones ordinarias autorizadas*, el máximo que la compañía puede emitir sin corregir sus estatutos. Aunque la corrección de estatutos no es un procedimiento difícil, requiere la aprobación de los accionistas existentes, lo cual lleva tiempo. Por eso, una compañía desea tener cierto número de acciones autorizadas sin emitir. Estas acciones sin emitir dan flexibilidad para el subsidio de opciones, la búsqueda de fusiones y el fraccionamiento de acciones. Cuando se venden las acciones ordinarias autorizadas, se convierten en *acciones emitidas*. Las *acciones circulantes* se refieren al número de acciones emitidas y que, de hecho, están en manos del público. La corporación puede recomprar parte de las acciones emitidas y retenerlas como **acciones de tesorería**.

● ● ● Valor a la par

Valor a la par (valor nominal) El valor de denominación de una acción o bono.

Una acción ordinaria se puede autorizar ya sea con o sin **valor a la par**. El valor a la par de una acción es sólo una cifra registrada en el acta constitutiva de la corporación y tiene poco significado económico. Sin embargo, una compañía no debe emitir acciones ordinarias a un precio menor que el valor a la par, porque cualquier descuento sobre este valor (cantidad en la que el precio de emisión es menor que el valor a la par) se considera una responsabilidad contingente de los propietarios hacia los acreedores de la compañía. En caso de liquidación, los accionistas tendrían responsabilidad legal con los acreedores por cualquier descuento en el valor a la par. En consecuencia, los valores a la par de la mayoría de las acciones (si acaso tienen algún valor a la par) se establecen en cifras bastante bajas con respecto a sus valores de mercado. Suponga que Fawlty Pacemakers, Inc., está lista para iniciar sus negocios por primera vez después de vender 10,000 acciones ordinarias con valor a la par de $5 a $45 la acción. La porción de capital accionario de los accionistas en el balance general sería

Valor asignado (o establecido) Un valor nominal para una acción ordinaria sin valor a la par que suele ser más bajo que el precio de emisión real.

Acciones ordinarias (valor a la par de $5; 10,000 acciones emitidas y en circulación)	$ 50,000
Capital adicional pagado	400,000
Capital accionario total	$450,000

Capital adicional pagado Fondos recibidos por una compañía en la venta de acciones ordinarias que tienen un precio más alto que el valor establecido de la acción.

Las acciones ordinarias autorizadas sin valor a la par se llevan en los libros con el precio de mercado original o con un **valor asignado** (o **establecido**). La diferencia entre el precio de emisión y el valor a la par o establecido se refleja en el **capital adicional pagado**.

● ● ● Valor en libros y valor de liquidación

El *valor en libros por acción* para las acciones ordinarias es el capital accionario —activos totales menos pasivos y acciones preferenciales según se listan en el balance general— dividido entre el número de acciones en circulación. Suponga que Fawlty Pacemakers ahora tiene un año, ha generado $80,000 en utilidades después de impuestos, pero no paga dividendos. Por lo tanto, las utilidades retenidas son $80,000; el capital accionario ahora es de $450,000 + $80,000 = **$530,000**; el valor en libros por acción es $530,000/10,000 acciones = **$53**.

Aunque cabe esperar que el valor en libros por acción corresponda al *valor de liquidación (por acción)* de la compañía, la mayoría de las veces no es así. Con frecuencia, los activos se venden por menos de su valor en libros, en particular cuando hay costos de liquidación implicados. En algunos casos, ciertos activos —en especial los terrenos y los derechos sobre minerales— tienen valores modestos en libros en relación con su valor de mercado. Para la compañía, el valor de liquidación puede ser más alto que el valor en libros. Así, el valor en libros tal vez no corresponda al valor de liquidación y, como veremos, con frecuencia no corresponde al valor de mercado.

● ● ● Valor de mercado

El *valor de mercado por acción* es el precio actual al que se comercian las acciones. Para acciones con comercio activo, las cotizaciones del precio de mercado están disponibles. Para muchas acciones inactivas que tienen mercados pequeños, es difícil obtener los precios. Aun cuando se disponga de información, ésta tal vez refleje sólo la venta de unas cuantas acciones y no tipifique el valor de mercado de la empresa como un todo. En compañías de este tipo, debe tenerse cuidado al interpretar la información de los precios de mercado.

El valor de mercado de una acción ordinaria en general será diferente de su valor en libros y de su valor de liquidación. El valor de mercado por acción ordinaria es una función de los dividendos esperados actuales y futuros de la compañía, así como del riesgo percibido de la acción por parte de los inversionistas. Como estos factores tienen sólo una relación parcial con el valor en libros y el valor de liquidación de la compañía, el valor de mercado por acción tal vez no tenga una relación estrecha con estos valores.

Listado Admisión de un valor para su comercio en un intercambio organizado. Decimos que un valor admitido está en el *listado de valores*.

Por lo común, las acciones de una compañía nueva se comercian en el *mercado extrabursátil*, donde uno o más distribuidores mantienen un inventario de acciones ordinarias, las compran y venden en subasta, y piden los precios que ellos cotizan. Cuando la compañía crece en estatura financiera, en el número de accionistas y el volumen de transacciones, puede calificar para el **listado** en el mercado de valores, como la Bolsa de Valores de Nueva York. Sin embargo, muchas compañías prefieren permanecer como parte del mercado extrabursátil. El sistema de la National Association of Securities Dealers Automated Quotations (NASDAQ) para muchas de estas acciones extrabursátiles brinda una capacidad de mercado significativa para el inversionista.

Derechos de los accionistas ordinarios

● ● ● Derecho al ingreso

Los accionistas ordinarios tienen derecho a compartir las utilidades de la compañía sólo si se pagan los dividendos en efectivo. Los accionistas también prosperan con una apreciación del valor de mercado de sus acciones, pero dependen por completo del consejo de directores para la declaración de dividendos que les da ingresos de la compañía. Vemos pues que la posición del accionista ordinario difiere mucho de la del acreedor. Si la compañía incumple en el pago contractual de interés y principal a los acreedores, éstos podrán tomar medidas legales para asegurar que se efectúe el pago o que se liquide la compañía. Los accionistas ordinarios, por otro lado, no tienen recursos legales contra una compañía que no distribuye sus ganancias.

● ● ● Derechos de voto

Puesto que los accionistas ordinarios de una compañía son sus propietarios, tienen derecho a elegir un consejo de directores. En corporaciones grandes, los accionistas suelen ejercer sólo un control indirecto a través del consejo de directores que eligen. El consejo, a la vez, selecciona la administración y ésta, de hecho, controla las operaciones de la compañía. En una empresa de un solo propietario, en una sociedad o en una corporación pequeña, los dueños controlan la operación del negocio directamente.

En una corporación grande, hay situaciones en que las metas de la administración difieren de las de los accionistas ordinarios. Uno de los pocos recursos de un accionista que desea influir en la administración es a través del consejo de directores.

Como los accionistas ordinarios con frecuencia están dispersos geográficamente y, por lo tanto, desorganizados desde el punto de vista operativo, la administración muchas veces puede ejercer un control efectivo de la corporación grande si controla sólo un pequeño porcentaje de las acciones ordinarias circulantes. Al proponer una planilla de directores que favorezca sus intereses, la administración podrá mantener el control.

Poder, poder electrónico y disputa sustitutiva.

Poder Documento legal que otorga a una persona la autoridad para actuar en nombre de otra. En los negocios, generalmente se refiere a las instrucciones de un accionista con respecto al voto que le corresponde en virtud de las acciones ordinarias que posee.

El voto se puede ejercer en persona en la asamblea anual de accionistas o por **poder**. Una tarjeta o forma de poder permite al accionista otorgar su derecho a votar a otro individuo o individuos. Como muchos accionistas no asisten a la asamblea anual, votar por poder es un mecanismo para presentar su voto. La Comisión de Valores de Estados Unidos (SEC) regula la solicitud de otorgamiento de poder y también requiere que las compañías la difundan junto con la información a sus accionistas. La SEC revisó sus reglas de poderes en julio de 2007 para permitir a las compañías y a otras personas suministrar material a sus accionistas a través de Internet (el llamado poder electrónico), al tiempo que permite a los accionistas elegir la recepción de copias en papel si así lo desean. La SEC ha establecido que el propósito del poder electrónico es mejorar la comunicación con los accionistas y disminuir los costos de las solicitudes de otorgamiento de poder.

Antes de la asamblea anual, la administración solicita los poderes de los accionistas para votar por la planilla de directores recomendada y cualesquiera otras propuestas que requieran la aprobación de los accionistas. Si los accionistas están satisfechos con la compañía, en general entregan una forma de poder en favor de la administración, dándole autorización para votar en su nombre. Debido al sistema de poderes y por el hecho de que la administración pueda enviar información a los accionistas a expensas de la compañía, la administración tiene una clara ventaja en el proceso de votación.

Pero la fortaleza es vulnerable. Los externos pueden tomar el control de la compañía mediante una disputa sustitutiva. Cuando un grupo externo emprende una incursión de apoderados, se requiere que registre sus formas de otorgamiento de poder ante la SEC para evitar la presentación de información engañosa o falsa. En una disputa sustitutiva, las posibilidades favorecen el triunfo de la administración. Ésta dispone tanto de la organización como de los recursos de la compañía para luchar. Es probable que los disidentes tengan éxito sólo cuando el desempeño de la compañía ha sido malo y es evidente que la administración no es efectiva. Es interesante notar que las nuevas reglas de poder electrónico pueden llevar a más disputas sustitutivas, ya que los grupos de accionistas disidentes/activistas pueden usar el poder electrónico con mayor efectividad en términos de costos para lanzar sus candidatos al consejo de directores o llevar otros asuntos a votación.

Procedimientos de votación por mayoría relativa y votación acumulativa.

Votación por mayoría relativa Un método para elegir directores corporativos, donde cada acción ordinaria tiene un voto para cada puesto disponible de director, y quien obtenga el número mayor de votos "a favor" para el puesto abierto gana.

Votación acumulativa Método para elegir directores corporativos, donde cada acción ordinaria tiene tantos votos como directores a elegir haya, y cada accionista puede acumular estos votos y emitirlos de cualquier manera por uno o más directores en particular.

Dependiendo del estatuto corporativo, las reglas secundarias de la corporación y la ley estatal de corporaciones, es posible elegir el consejo de directores por varios métodos diferentes, cada uno con distintas variantes. Por lo general, los accionistas tienen un voto por cada acción ordinaria que poseen y pueden votar por cada puesto de director que esté abierto. Un accionista que posee 100 acciones tiene derecho a emitir 100 votos por cada puesto abierto.

En Estados Unidos, el sistema de **voto por mayoría relativa** ha predominado durante muchos años. (Pero rápidamente se está sustituyendo por la *votación por mayoría*, un tema que trataremos dentro de poco). Con la votación por mayoría relativa, los directores se eligen por una pluralidad de votos. Una "mayoría relativa" se entiende como la recepción de más votos "a favor" por un candidato o candidatos sin tomar en cuenta "abstenciones", "votos en contra" o no emitidos. Así, todos los puestos son ocupados por los candidatos con el número más alto de votos "a favor" en la votación. Es interesante que con la votación por mayoría relativa en "elecciones sin oposición" (es decir, elecciones donde el número de candidatos es igual al número de directores que deben elegirse), un candidato puede ser electo con un solo voto "a favor" aun cuando tenga otros votos de "abstención" o "en contra". Por lo tanto, en elecciones sin oposición, todos los candidatos tienen prácticamente la garantía de ser elegidos.

En un sistema de **votación acumulativo** quien obtiene más votos resulta electo, igual que en la votación por mayoría relativa. Con la votación acumulativa, el accionista puede acumular votos y votar por menos directores que el total de los que se están eligiendo. El número total de votos de cada accionista es igual al número de acciones que posee multiplicado por el número de directores en la elección. Si usted es accionista y posee 100 acciones, y se elegirán 12 directores, usted puede emitir $100 \times 12 = \mathbf{1,200}$ votos. Sus 1,200 votos completos puede usarlos para votar por un director, o los puede repartir entre el número de directores que desee.

Un sistema de votación acumulativa, al contrario de uno que se rige por la regla de mayoría, da a los intereses minoritarios una oportunidad mayor de elegir a cierto número de directores. El número mínimo de acciones necesario para elegir a un número específico de directores está determinado por la siguiente ecuación:[3]

$$\frac{\text{Número total de acciones}}{\text{Número total de directores a elegir}+1} \times \frac{\text{Número específico de}}{\text{directores buscado}} + 1 \qquad (20.2)$$

Si hay 3 millones de acciones con derecho a voto, si el número total de directores a elegir es 15 y si un grupo minoritario desea elegir a 2 directores, necesitará por lo menos el siguiente número de acciones:

$$\frac{3,000,000 \times 2}{15 + 1} + 1 = \mathbf{375,001}$$

En este ejemplo, $375,001/3,000,000 = \mathbf{12.5\%}$ de las acciones con derecho a voto es suficiente para elegir $2/15 = \mathbf{13.3\%}$ del consejo de directores.

Como se aprecia, el voto acumulativo da una mejor oportunidad para que los intereses minoritarios estén representados en el consejo directivo de una corporación. Como este sistema es más democrático, varios estados de EUA requieren que las compañías constituidas en ellos elijan a los directores de esta manera. Pero aun con el voto acumulativo, la administración puede tomar medidas para evitar de manera efectiva que los intereses de las minorías obtengan un lugar en el consejo. Un método implica reducir el número de directores en el consejo. Suponga que el grupo minoritario de hecho posee las 375,001 acciones. Con 15 directores a elegir, el grupo puede elegir a 2 directores. Sin embargo, si el consejo se reduce a 6 miembros, el grupo minoritario no podrá elegir directores porque el número mínimo de acciones necesarias para elegir un solo director es

$$\frac{3,000,000 \times 1}{6 + 1} + 1 = \mathbf{428,572}$$

Otro método para impedir que un interés minoritario obtenga representación es escalonar los periodos de gestión de los directores de manera que sólo una parte del consejo de directores se elija cada año. Si una empresa tiene 15 directores y el periodo es por 5 años, es posible lograr que sólo 3 directores se elijan cada año. Como resultado, un grupo minoritario necesita muchas más acciones —para ser exactos, 750,001 acciones— para elegir a un director que si se eligiera a los 15 directores en la elección de cada año.

Procedimientos de mayoría y mayoría relativa modificada: Una tendencia creciente. Recientemente en Estados Unidos ha habido un movimiento creciente, impulsado principalmente por los inversionistas institucionales y los grupos defensores de los accionistas, para que las compañías en el mercado de valores consideren al menos alguna forma de **votación por mayoría.** Aunque relativamente nueva en las corporaciones de Estados Unidos, el voto por mayoría es una práctica estándar en varios países europeos (como el Reino Unido, Alemania y Francia). Según la votación por mayoría, un candidato en una elección sin oposición es electo sólo si recibe una mayoría de votos afirmativos del total de votos emitidos (esto es, más del 50% de votos "a favor" más los votos de "abstención" o "en contra") para un puesto. Entonces, con la votación por mayoría, "abstención" o "en contra" tienen un significado real.

Es importante observar que las políticas de votación por mayoría en general llevan una previsión "intrínseca" para manejar las elecciones con oposición (esto es, elecciones en las que el número de candidatos excede el número de directores a elegir). En las elecciones con oposición, se aplicaría la votación por mayoría relativa. Además, la votación acumulativa se ve como incompatible con la votación por mayoría.

Votación por mayoría Método para elegir directores corporativos, donde cada acción ordinaria tiene un voto por cada puesto disponible de director y, en elecciones sin oposición, un candidato debe recibir una mayoría afirmativa de todos los votos emitidos para un puesto de elección al consejo.

---

[3]Esta fórmula supone que los votos minoritarios se emiten por igual sólo para el número específico de directores que se busca, y que los votos de la mayoría se emiten por igual para la lista completa de candidatos a directores de la mayoría.

Recientemente, varias empresas conocidas, como Dell, Intel y Motorola, han cambiado de votación por mayoría relativa a votación por mayoría. Otras compañías han hecho modificaciones a la mayoría relativa que simulan ciertos aspectos de la votación por mayoría. Una modificación a la mayoría relativa es adjuntar una "política de renuncia de directores". Por ejemplo, si un director electo no recibe una mayoría de votos emitidos para ese puesto, él o ella deben entregar su renuncia para la consideración de los otros miembros del consejo.

Para resaltar el hecho de que la votación por mayoría se convierte en la norma rápidamente, basta ver los resultados de una encuesta reciente sobre el método realizada por la empresa de abogados con sede en Chicago, Neal, Gerber & Eisenberg LLP. Su estudio reveló que hasta noviembre de 2007, el 66% de las compañías en el S&P 500 habían adoptado alguna forma de votación por mayoría, frente a un escaso 16% registrado en febrero de 2006.

● ● ● Derechos de compra de nuevas acciones (posiblemente)

Como se vio en el capítulo 19, el estatuto corporativo de una empresa puede requerir que una nueva emisión de acciones ordinarias o una emisión de valores convertibles en acciones ordinarias se ofrezcan primero a los accionistas existentes en virtud de su *derecho de prioridad*. Si el derecho de prioridad se aplica a una compañía en particular, los accionistas ordinarios existentes tendrán el derecho de conservar su parte proporcional en la corporación. Así, si la corporación emite acciones ordinarias, debe darse el derecho a los accionistas ordinarios de suscribirse a las nuevas acciones de manera que puedan conservar su interés proporcional en la compañía.

Acciones ordinarias de clase dual

Con la finalidad de que los fundadores de la compañía o algunos otros grupos retengan el control en la administración, una empresa puede emitir más de una clase de acciones ordinarias. Por ejemplo, las acciones ordinarias se clasifican de acuerdo con su poder de voto y sus derechos sobre el ingreso. Las acciones ordinarias clase A de una compañía pueden tener privilegios de voto inferiores, al tiempo que tienen derecho a la primera reclamación de los dividendos, mientras que las acciones ordinarias clase B pueden tener derecho de voto superior pero menores derechos de reclamación sobre los dividendos. Las acciones ordinarias de clase dual son comunes en nuevos proyectos donde las acciones promocionales suelen destinarse a los fundadores. Es común que los promotores de una corporación y su administración tengan las acciones ordinarias clase B, mientras que las acciones ordinarias clase A se venden al público.

Suponga que los accionistas ordinarios clase A y clase B de una compañía tienen derecho a un voto por acción, pero que la acción clase A se emite a un precio inicial de $20 por acción. Si se reúnen $2 millones en la oferta inicial con la emisión de 80,000 acciones ordinarias clase A por $1.6 millones y 200,000 acciones ordinarias clase B por $400,000, los accionistas clase B tendrán más del doble de votos que los de la clase A, aunque su inversión original sólo corresponda a una cuarta parte. Así, los propietarios de la clase B tendrán el control efectivo de la compañía. De hecho, éste es el objetivo de las **acciones ordinarias duales**.

Acciones ordinarias de clase dual Dos clases de acciones ordinarias, casi siempre designadas como clase A y clase B. La clase A suele tener menor fuerza para votar o no vota, y la clase B casi siempre tiene mayor fortaleza.

Para este control, los propietarios de la clase B deben estar dispuestos a ceder algo para hacer que las acciones ordinarias clase A sean atractivas para los inversionistas. Por lo general, toman un derecho menor sobre los dividendos y activos. Debe encontrarse un equilibrio adecuado entre el poder de voto y la reclamación de dividendos y activos si la compañía ha de negociar con efectividad los fondos de capital accionario de clase A. Algunas veces, las acciones ordinarias clase B simplemente se otorgan a los promotores de la compañía sin inversión en efectivo de su parte. Quizá el ejemplo más famoso de una compañía con acciones ordinarias clase dual es Ford Motor Company. Las acciones ordinarias clase B son propiedad de los miembros de la familia Ford, y las acciones ordinarias clase A son del público en general. Sin importar el número de acciones ordinarias clase A emitidas, las acciones ordinarias clase B constituyen el 40% del poder de voto de la Ford. De esta forma, los miembros de la familia retienen un poder de voto sustancial en la compañía, a pesar de que poseen menos acciones que el público en general.

Una acción, un voto, esperanzas frustradas

FINANCIAL
TIMES

El reporte de Bruselas anuncia una contrariedad para los activistas al apoyar medidas para "reforzar el control"

No existe evidencia de que las acciones con votos múltiples, los límites máximos de derechos de voto y los mecanismos similares para "reforzar el control" destruyan el valor o entorpezcan el control eficiente de la administración, de acuerdo con un informe de la influyente Comisión Europea que frustrará las esperanzas de los inversionistas activistas.

El muy esperado estudio, publicado el lunes, tendrá un papel crucial en el diseño de la política de la Comisión sobre la gobernanza corporativa.

El estudio refleja un cambio de postura de Charlie McCreevy, el comisionado del mercado interno en Estados Unidos, quien en el pasado ha favorecido el principio de "una acción, un voto", y contemplado la posibilidad de introducir una recomendación formal en Estados Unidos apoyando el régimen.

Pero el lunes adoptó una línea más cautelosa, al afirmar que "antes no teníamos claro el panorama de cómo este asunto afecta a las compañías listadas en Europa y el hecho de si tiene efecto sobre su desempeño".

Bruselas ahora enfrentará el asunto con una "mente abierta", dijo.

Aunque la Comisión seguirá el asunto con su propia evaluación de los efectos, el cambio sutil en su postura decepcionará a los activistas de la gobernanza corporativa y a los grupos de inversionistas.

Tienen una larga lucha contra los llamados mecanismos de mejoramiento del control, como las acciones prioritarias, argumentando que esos esquemas protegen a los privilegiados internos y cubren las ineficiencias de los administradores contra la presión de los accionistas.

Pero los estudios exhaustivos de organismos como Institutional Shareholder Services Europe, European Corporate Governance Institute y Shearman & Sterling, una empresa de abogados, no los respalda en este punto.

El estudio encuentra que "no hay respuesta satisfactoria a la pregunta de si la propiedad desproporcionada crea costos sociales al destruir el valor", y establece que "suficiente evidencia arroja dudas sobre los supuestos efectos negativos de la propiedad desproporcionada".

El estudio destaca que el 44% de las 464 compañías europeas examinadas tienen mecanismos que favorecen a un grupo de accionistas más que a otros.

Francia, Suecia, España, Hungría y Bélgica tienen la mayor proporción de compañías que se alejan del principio de "una acción, un voto".

El estudio también incluye una encuesta entre 445 inversionistas institucionales, los cuales representan al 13% de los activos europeos controlados por la administración.

La encuesta encontró que los inversionistas perciben la presencia de mecanismos que fortalecen el control como negativos; las acciones prioritarias, las acciones oro, las acciones de votos múltiples y los límites máximos de derechos de voto en particular son de escasa aceptación.

Peter Montagnon, jefe de asuntos de inversiones en la Association of British Insurers, dice que la Comisión ahora debería trabajar para asegurar "una mayor transparencia y dar una mejor explicación de cómo y por qué se usan estos mecanismos".

Fuente: Tobias Buck, "One-share, one-vote hopes dashed", *Financial Times* (5 de junio, 2007), p. 4. (www.ft.com) Derechos reservados © The Financial Times Limited 2007. Usado con permiso. Todos los derechos reservados.

Puntos clave de aprendizaje

- Un *bono* es un instrumento de deuda a largo plazo con plazo de vencimiento final que en general es de 10 años o más. Los términos básicos relacionados con los bonos incluyen los de valor a la par, tasa de cupón y vencimiento.
- Un *fideicomisario* es una persona o institución designada por un emisor de bonos como representante oficial del titular del bono, y una *escritura fiduciaria* es el acuerdo legal entre la corporación emisora de bonos y los tenedores de los bonos que establece los términos de la emisión de bonos y nombra al fideicomisario.

- Los bonos se pueden emitir ya sea como *garantizados* (respaldados por activos) o *no garantizados*. Las *obligaciones*, *obligaciones subordinadas* y los *bonos de renta* forman las principales categorías de bonos no garantizados; los *bonos hipotecarios* representan el tipo más común de instrumento de deuda garantizada a largo plazo.
- El *retiro* (recompra) de bonos puede lograrse de varias maneras. Por ejemplo, mediante el retiro de los bonos haciendo un solo pago al vencimiento final, mediante la conversión de los bonos que son convertibles, por medio

de una opción de compra, o con pagos periódicos. Los pagos periódicos de deuda son posibles si existe un *fondo de amortización* o si se trata de un *bono en serie*.

- Las acciones preferenciales son una forma híbrida de valores, ya que tienen características de deuda y de acción ordinaria. El pago de dividendos no es una obligación legal sino discrecional, aunque muchas compañías lo ven como obligación fija. El derecho de los accionistas preferenciales sobre los bienes y el ingreso está después del derecho de los acreedores, pero antes que el derecho de los accionistas ordinarios.

- Las acciones preferenciales, igual que las acciones ordinarias, no tienen vencimiento. Sin embargo, el retiro de las acciones preferenciales puede lograrse mediante la *cláusula de compra*, un *fondo de amortización* o una *conversión*.

- Debido a que generalmente hay un 70% de exención en dividendos para el inversionista corporativo, las acciones preferenciales suelen tener un rendimiento menor que los bonos corporativos. Las *acciones preferenciales de mercado de dinero* tienen especial atractivo para los portafolios de valores de las corporaciones. La desventaja principal para

el emisor es que los dividendos preferenciales pagados no son deducibles de impuestos.

- Los accionistas ordinarios de una compañía son sus propietarios finales. Como tales, tienen derecho a compartir sus ganancias residuales si se pagan dividendos en efectivo. Como dueños, sin embargo, tienen sólo un derecho residual sobre los activos en el caso de liquidación.

- Los accionistas ordinarios también tienen derecho a voz en la administración a través del consejo de directores que ellos eligen. Muchos accionistas votan mediante un *poder*. Los directores se pueden elegir siguiendo varios métodos, cada uno con algunas variantes. Estos métodos incluyen la *votación por mayoría relativa* y la *votación acumulativa*. En Estados Unidos existe una tendencia creciente para que las compañías en el mercado de valores consideren por lo menos alguna forma de *votación por mayoría*, una práctica habitual en varios países europeos.

- La existencia de diferentes clases de acciones ordinarias permite a los promotores y a la administración de una corporación retener el control de los votos sin tener que hacer una contribución de capital importante.

Apéndice Reembolso de una emisión de bonos

Reembolso Sustituir una emisión de deuda antigua con una nueva, casi siempre para reducir el costo de interés.

En este apéndice analizaremos la rentabilidad del reembolso de una emisión de bonos antes de su vencimiento. Por reembolso entendemos comprar la emisión y sustituirla por una nueva emisión de bonos. En este respecto, centraremos la atención sólo en una razón para reembolsar, la rentabilidad, que a su vez se debe a que las tasas de interés han declinado desde la emisión de los bonos.

Un ejemplo de reembolso

La decisión de reembolsar se puede ver como una forma de presupuesto de capital. Existe una salida de efectivo inicial seguida de ahorros en los intereses futuros. Estos ahorros están representados por la diferencia entre el flujo de salida de efectivo neto anual requerido para los bonos antiguos y el flujo de salida de efectivo neto anual para los nuevos. Calcular la salida de efectivo inicial es más complejo. En consecuencia, es mejor mostrar un ejemplo de este método de evaluación.[4]

Una compañía actualmente tiene una emisión de obligaciones en circulación de $20 millones al 12%, y para el vencimiento final de la emisión aún faltan 20 años. Como las tasas de interés actuales son significativamente menores que en el momento de la oferta original, la compañía ahora puede vender una emisión de $20 millones de bonos a 20 años con tasa de cupón del 10% que dará un neto de $19,600,000 después del diferencial de suscripción.

Prima de opción de compra El exceso del precio de compra de un valor con respecto a su valor a la par.

Para fines de cálculos de impuestos federales sobre la renta, el gasto de la emisión no amortizada (todavía no anulada) de los bonos antiguos, la prima de opción de compra, y el descuento no amortizado de los bonos antiguos, si se vendieran con descuento, son deducibles como gastos en el año del reembolso. Los bonos antiguos se vendieron hace 5 años con un descuento de $250,000 del valor a la par, de manera que la porción no amortizada ahora es de $200,000. Más aún, las cuotas legales y otros gastos de emisión implicados con los bonos antiguos tienen un saldo no amortizado de $100,000.

[4]Esta sección se basa en Oswald D. Bowlin, "The Refunding Decision: Another Special Case in Capital Budgeting", *Journal of Finance* 21 (marzo, 1966), pp. 55-68. El desarrollo en esta sección supone que el lector ha estudiado los capítulos 12 y 13.

El precio de compra de los bonos antiguos es 109 ($1,090 por bono con valor nominal de $1,000); los gastos de emisión sobre los nuevos bonos son $150,000; la tasa de impuestos sobre la renta es del 40%, y existe un periodo de 30 días de traslape. El periodo de traslape es el lapso entre el momento en que se venden los nuevos bonos y el momento en que se compran los bonos anteriores. Este traslape ocurre porque la mayoría de las compañías desean tener ingresos provenientes de la nueva emisión a la mano antes de retirar la emisión anterior. De otra manera, hay cierta cantidad de riesgo asociado con el retiro de la antigua emisión y con estar a "merced" del mercado de bonos para reunir los nuevos fondos. Durante el periodo de traslape, la compañía paga interés sobre ambas emisiones de bonos.

Marco de trabajo para el análisis. Con esta información de antecedentes en mente, podemos calcular el flujo de salida inicial de efectivo y los beneficios de efectivo futuros. El flujo de salida de efectivo neto al momento del reembolso es el siguiente:

Costo de retirar bonos antiguos (precio de compra, 109)		$21,800,000
Ingresos netos de la nueva emisión de bonos		19,600,000
Diferencia		$ 2,200,000
Gastos		
Gastos de emisión de nuevos bonos	$ 150,000	
Gastos de interés sobre bonos antiguos durante el traslape	200,000	350,000
Salida bruta de efectivo		$ 2,550,000
Menos: ahorro fiscal		
Gastos de interés sobre bonos antiguos durante el traslape	$ 200,000	
Prima de retiro	1,800,000	
Descuento no amortizado sobre bonos antiguos	200,000	
Gastos de emisión no amortizados sobre bonos antiguos	100,000	
Total	$2,300,000	
Ahorro de impuestos (40% de 2,300,000)		920,000
Flujo de efectivo neto		**$ 1,630,000**

Para facilidad de presentación, ignoramos cualquier interés que pudiera haberse ganado invirtiendo los ingresos del reembolso de bonos en valores comerciales durante el periodo de 30 días de traslape. El beneficio en efectivo anual neto se determina calculando la diferencia entre el flujo de salida en efectivo neto requerido sobre los bonos antiguos y el flujo de salida de efectivo neto sobre los nuevos o de reembolso. Por sencillez, suponemos que el interés se paga sólo una vez al final del año. El flujo de salida en efectivo anual neto sobre los bonos es

Gastos de interés, tasa de cupón del 12%		$ 2,400,000
Menos: ahorro fiscal		
Gasto de interés	$2,400,000	
Amortización de descuento de bonos ($200,000/20)	10,000	
Amortización de costos de emisión ($100,000/20)	5,000	
Total	$2,415,000	
Ahorro fiscal (40% de $2,415,000)		966,000
Flujo de salida en efectivo anual neto, bonos anteriores		**$ 1,434,000**

Para los nuevos bonos, el descuento, al igual que los costos de emisión, se pueden amortizar para fines fiscales de la misma manera que para los bonos antiguos. El flujo de efectivo anual neto sobre los nuevos bonos es el siguiente:

Gasto de interés, tasa de cupón del 10%		$ 2,000,000
Menos: ahorro fiscal		
Gasto de interés	$2,000,000	
Amortización de descuento de bono ($400,000/20)	20,000	
Amortización de costos de emisión ($150,000/20)	7,500	
Total	$2,027,500	
Ahorro fiscal (40% de $2,027,500)		811,000
Flujo de efectivo anual neto, bonos nuevos		**$ 1,189,000**
Diferencia entre flujos de efectivo anuales		
($1,434,000 − $1,189,000)		$ 245,000

Descuento. De esta forma, para un flujo de efectivo neto inicial de $1,630,000, la compañía puede lograr beneficios en efectivo anuales netos de $1,434,000 – $1,189,000 = **$245,000** durante los siguientes 20 años. Como los beneficios en efectivo netos ocurren en el futuro, deben descontarse a su valor presente. Pero, ¿qué tasa de descuento se debe usar? Algunos defienden el uso del costo de capital. Sin embargo, una operación de reembolso difiere de otras propuestas de inversión. Una vez que se venden los nuevos bonos, los beneficios en efectivo netos se conocen con certidumbre. Desde el punto de vista de la corporación, la operación de reembolso, en esencia, es un proyecto de inversión sin riesgo. El único riesgo asociado con los flujos de efectivo es que la empresa incumpla en el pago del principal o del interés. Como una prima de riesgo por incumplimiento está integrada en la tasa de mercado del interés que paga la empresa, un descuento más apropiado sería el costo después de impuestos de pedir prestado sobre el reembolso de bonos. Usando este costo, $(0.10) \times (1 - 0.40) = \mathbf{6\%}$, como factor de descuento, la operación de reembolso sería adecuada si el valor presente neto fuera positivo.[5] Para el ejemplo, el valor presente neto es $1,180,131 e indica que la operación de reembolso es redituable. La tasa interna de rendimiento es del 13.92% y de nuevo indica que el reembolso es redituable porque la tasa interna de rendimiento excede la tasa requerida del 6 por ciento.[6]

Otras consideraciones

Una operación de reembolso no necesariamente debe emprenderse en seguida sólo porque es redituable. Si las tasas de interés están declinando y se espera que esa disminución continúe, la administración tal vez prefiera retrasar el reembolso. En una fecha posterior, los bonos de reembolso se pueden vender a una tasa de interés aún menor, haciendo que la operación sea todavía más redituable. La decisión con respecto al tiempo debe basarse en las expectativas de las tasas de interés futuras.

Debemos observar varios puntos en cuanto a los cálculos en el ejemplo. Primero, la mayoría de las empresas reembolsan una emisión existente con una nueva emisión de bonos con plazo de vencimiento más largo. En el ejemplo supusimos que la nueva emisión de bonos tenía la misma fecha de vencimiento final que los bonos antiguos. El análisis necesita modificarse un poco cuando las fechas de vencimiento son diferentes. El procedimiento habitual es considerar sólo los beneficios en efectivo netos hasta el vencimiento de los bonos antiguos. Una segunda suposición en el ejemplo fue que ninguna de las emisiones implica fondos de amortización o bonos en serie. Si alguna de ellas requiere una reducción periódica de la deuda, debemos ajustar el procedimiento para determinar los beneficios en efectivo netos. Por último, los flujos de salida anuales asociados con los bonos reembolsados suelen ser menores que los asociados con la emisión original de bonos. Como resultado, existe una disminución en el grado de apalancamiento financiero de la empresa. Aunque es probable que estos efectos sean pequeños, en ocasiones es una consideración importante.

Preguntas

1. Compare los bonos en serie y los bonos que requieren un fondo de amortización.
2. ¿En qué difieren una emisión de bonos de renta y una emisión de bonos hipotecarios?
3. Explique por qué un funcionario de préstamos en un banco comercial estaría preocupado en particular de que la deuda que tiene un prestatario corporativo con los accionistas principales o con los funcionarios de la compañía sea una deuda subordinada.
4. ¿Qué son los "bonos especulativos"? ¿Cómo se pueden usar en el financiamiento de una compañía?
5. Al emitir deuda a largo plazo, ¿qué tipos de instrumentos de deuda es más probable que usen *a*) una empresa ferroviaria, *b*) compañías de servicios públicos, *c*) empresas industriales fuertes?
6. ¿Por qué los bonos con opción a compra suelen tener un rendimiento más alto al vencimiento que los bonos sin opción a compra, si todo lo demás se conserva constante? ¿Es probable que el

---

[5] Recuerde del capítulo 13 que el valor presente neto es el valor presente de los beneficios en efectivo menos el flujo de salida inicial.

[6] Un método alternativo de análisis es hacer una réplica de los flujos de salida de efectivo de la antigua emisión de bonos y luego determinar el valor presente de esta secuencia usando como tasa de descuento la tasa de interés a la que pueden venderse los nuevos bonos en el mercado actual. Si este valor presente excede el precio de compra de los bonos antiguos, el reembolso podría ser redituable. Entre quienes usan este enfoque se encuentran Jess B. Yawitz y James A. Anderson, "The Effect of Bond Refunding on Shareholder Wealth", *Journal of Finance* 32 (diciembre, 1979), pp. 1738-1746.

diferencial de rendimiento entre los bonos con opción a compra y los bonos sin opción a compra sea constante en el tiempo? ¿Por qué?

7. Como el pago de dividendos sobre acciones preferenciales no es un gasto deducible de impuestos, el costo explícito de esta forma de financiamiento es alto. ¿Cuáles son algunas ventajas de compensación para la empresa emisora y el inversionista que permiten que este tipo de valores se venda?

8. Desde el punto de vista del emisor de acciones preferenciales, ¿por qué es deseable tener una *opción de compra*?

9. ¿En qué difieren las acciones preferenciales de mercado de dinero de las acciones preferenciales normales?

10. ¿Por qué casi todas las emisiones de acciones preferenciales tienen una característica acumulativa? ¿Estaría mejor la compañía con una característica no acumulativa?

11. Si no se especifica algo en particular, ¿qué esperaría encontrar "comúnmente" con respecto a las siguientes características de una acción preferencial: característica acumulativa, participación, derechos de voto, opción de compra y derechos sobre activos?

12. ¿Por qué una compañía querría usar acciones ordinarias de clase dual en su financiamiento en vez de acciones ordinarias directas?

13. ¿Por qué las acciones ordinarias tienen un valor a la par bajo en relación con su valor de mercado?

14. El accionista ordinario se considera el propietario residual de una corporación. ¿Qué significa esto en términos de riesgo y rendimiento?

15. En cualquier intento de apoderamiento por un grupo externo para obtener el control de la compañía, la ventaja reside en la administración. ¿Cuáles son las razones de esta ventaja?

16. Si el Congreso eliminara el doble impuesto sobre los dividendos de modo que una compañía pudiera deducir los pagos de dividendos de la misma manera que deduce de impuestos los pagos de interés, ¿cuál sería el efecto sobre el financiamiento con acciones preferenciales y con acciones ordinarias?

Preguntas del apéndice

17. En la decisión de reembolsar, los flujos de efectivo diferenciales se descuentan al costo de la deuda después de impuestos. Explique por qué estos flujos de efectivo no se descuentan al costo de capital promedio.

18. ¿Es probable que los reembolsos de una corporación ocurran en forma estable en el tiempo? Si no, ¿cuándo es probable que ocurran esos reembolsos?

Problemas para autoevaluación

1. Phelps Corporation tiene en circulación $8 millones en bonos hipotecarios al 10% bajo una escritura fiduciaria abierta. La escritura permite emitir bonos adicionales siempre que se cumplan todas las siguientes condiciones:
   a) La cobertura de interés antes de impuestos [(ingreso antes de impuestos + interés de bonos)/interés de bonos] se mantiene mayor que 4.
   b) El valor depreciado neto de los activos hipotecados se mantiene en el doble de deuda hipotecaria.
   c) La razón entre deuda y capital accionario se mantiene por debajo de 0.5.
   Phelps Corporation tiene un ingreso neto después de impuestos de $2 millones y una tasa de impuestos del 40%, $40 millones en capital accionario y $30 millones en activos depreciados, cubiertos por la hipoteca. Suponiendo que el 50% de los ingresos de una nueva emisión se agregaran a la base de activos hipotecados y que la compañía no tiene pagos de fondos de amortización sino hasta el siguiente año, ¿qué cantidad de deuda adicional al 10% puede vender en cada una de las tres condiciones? ¿Qué acuerdo de protección está asociado?

2. Alvarez Apparel, Inc., puede vender acciones preferenciales con un costo de dividendo del 12 por ciento. Si vende bonos en el mercado actual, el costo de la tasa de interés sería del 14 por ciento. La compañía está en el intervalo del 40% de impuestos.
   a) ¿Cuál es el costo después de impuestos de cada uno de estos métodos de financiamiento?
   b) Powder Milk Biscuits, Inc., tiene un número limitado de acciones preferenciales como inversión. Está en el intervalo de impuestos del 40 por ciento. Si invirtiera en las acciones prefe-

renciales de Alvarez Apparel, ¿cuál sería su rendimiento después de impuestos? ¿Cuál sería su rendimiento después de impuestos si invirtiera en los bonos?

3. Thousand Islands Resorts tiene 1,750,000 acciones ordinarias autorizadas, cada una con valor a la par de $1. Con el paso de los años ha emitido 1,532,000 acciones, pero actualmente 63,000 se conservan como acciones de tesorería. El capital adicional pagado a la compañía es ahora $5,314,000.
   a) ¿Cuántas acciones hay en circulación?
   b) Si la compañía pudiera vender acciones a $19 cada una, ¿cuál es la cantidad máxima que podría reunir de acuerdo con la autorización existente, incluyendo las acciones de tesorería?
   c) ¿Cuáles serían las cuentas de acciones ordinarias y el capital adicional pagado después del financiamiento?

4. Roy's Orbs & Sons, Inc., tiene un consejo de nueve personas y 2 millones de acciones ordinarias en circulación. Su carta constitutiva considera la regla de votación acumulativa. Tammy Whynot, una nieta del fundador, controla directa o indirectamente 482,000 acciones. Como no está de acuerdo con la administración actual, quiere un grupo de sus propios directores en el consejo.
   a) Si todos los directores se eligen una vez al año, ¿cuántos directores podrá elegir ella?
   b) Si los periodos de gestión de los directores están escalonados de manera que sólo se eligen tres cada año, ¿cuántos podrá elegir ella?

Problemas

1. Gillis Manufaturing Company tiene en su estructura de capital $20 millones en obligaciones de amortización fiduciaria al 13.5 por ciento. El precio de compra de la amortización es de $1,000 por bono y anualmente se requieren pagos de amortización de $1 millón en valor nominal de los bonos. En la actualidad, el rendimiento al vencimiento sobre las escrituras fiduciarias en el mercado es del 12.21 por ciento. Para satisfacer el pago de amortización, ¿debe la compañía entregar el efectivo a la fiduciaria o a los titulares de los bonos? ¿Qué pasa si el rendimiento al vencimiento fuera del 14.60 por ciento?

2. Hace cinco años, Zapada International emitió $50 millones en bonos a 25 años y al 10%, a un precio de $990 por bono al público. El precio de compra originalmente era de $1,100 por bono el primer año después de su emisión, y este precio declinó $10 cada año subsiguiente. Zapada ahora está "comprando" los bonos para reembolsarlos a una tasa de interés menor.
   a) Ignorando los impuestos, ¿cuál es el rendimiento sobre la inversión para los titulares de bonos por los 5 años? (Suponga que el interés se paga una vez al año y que el inversionista es dueño de un bono).
   b) Si el titular del bono ahora puede invertir $1,000 en un valor a 20 años con riesgo equivalente que da el 8% de interés, ¿cuál es el rendimiento global para el periodo de propiedad de 25 años? ¿Cómo se compara esto con el rendimiento sobre los bonos que Zapada tendría si no se hubieran comprado? (Suponga de nuevo que el interés se paga una vez al año. Ambas tasas de rendimiento se pueden aproximar usando las tablas de valor presente al final de libro).

3. Crakow Machine Company desea solicitar un préstamo por $10 millones a 10 años. Puede emitir bonos sin opción de compra al 11.40% de interés o bonos con opción de compra después de 5 años al 12 por ciento. Por sencillez, suponemos que el bono se compra sólo al final del año 5. La tasa de interés que tal vez permanezca durante 5 años por un bono directo a 5 años se describe con la siguiente distribución de probabilidad:

Tasa de interés	9%	10%	11%	12%	13%
Probabilidad	0.1	0.2	0.4	0.2	0.1

Los costos de emisión y otros implicados al vender una emisión de bonos a 5 años tendrán un total de $200,000. Se supone que el precio de compra es a la par.
   a) ¿Cuál es la cantidad total absoluta de pagos de interés por la emisión sin opción de compra durante los 10 años? (No descuente). ¿Cuál es el valor esperado de los pagos de interés total

y otros costos si la compañía emite bonos con opción de compra? (Suponga que la compañía compra los bonos y emite nuevos sólo si existe un ahorro en los costos de interés después de los gastos de emisión). Con base en los costos totales, ¿debe la compañía emitir bonos con opción de compra o sin opción de compra?

b) ¿Cuál sería el resultado si la distribución de probabilidad de las tasas de interés dentro de 5 años fuera la siguiente?

Tasa de interés	7%	9%	11%	13%	15%
Probabilidad	0.2	0.2	0.2	0.2	0.2

Suponga que todas las condiciones restantes permanecen sin cambio.

4. *Proyecto de investigación.* Obtenga copias de varias escrituras fiduciarias de bonos. Ponga atención especial a las cláusulas restrictivas referentes a dividendos, capital de trabajo, deuda adicional y naturaleza del negocio. Intente relacionar el costo de la deuda para la empresa con estas previsiones relativamente restrictivas. ¿Qué haría para encontrar una medida del grado de restricción de manera que pudieran hacerse compensaciones con el costo de interés?

5. O.K. Railroad necesita reunir $9.5 millones para mejoras de capital. Una posibilidad es una nueva emisión de acciones preferenciales (dividendos del 8%, valor a la par de $100) que darían un rendimiento del 9% para los inversionistas. Los costos de flotación para una emisión de esta magnitud ascienden al 5% de la cantidad total de acciones preferenciales vendidas. Estos costos se deducen de los ingresos brutos para determinar los ingresos netos de la compañía. (Ignore las consideraciones fiscales).

a) ¿A qué precio por acción se ofrecerá la acción preferencial a los inversionistas? (Suponga que la emisión nunca se retira).

b) ¿Cuántas acciones debe emitir para reunir $9.5 millones para O.K. Railroad?

6. Lost Dutchman Silver Mining Company tiene 200,000 acciones preferenciales acumulativas de $7 en circulación, con valor a la par de $100. La acción preferencial tiene una cláusula de participación. Si los dividendos sobre las acciones ordinarias exceden $1 por acción, los accionistas preferenciales reciben dividendos adicionales por acción iguales a la mitad del excedente. En otras palabras, si el dividendo de la acción ordinaria fuera $2, los accionistas preferenciales recibirían un dividendo adicional de $0.50. La compañía tiene 1 millón de acciones ordinarias en circulación. ¿Cuáles serían los dividendos por acción preferente y ordinaria si las utilidades disponibles para dividendos en tres años sucesivos fueran a) $1,000,000, $600,000 y $3,000,000; b) $2,000,000, $2,400,000, y $4,600,000; c) $1,000,000, $2,500,000 y $5,700,000? (Suponga que todas las utilidades disponibles se pagan en dividendos, pero no se paga más).

7. Mel Content, un descontento accionista de Penultimate Corporation, desea tener representación en el consejo. La Penultimate Corporation, con 10 directores, tiene 1 millón de acciones en circulación.

a) ¿Cuántas acciones tendría que controlar Mel para asegurar un puesto de director con el sistema de votación por mayoría relativa?

b) Recalcule el inciso a) suponiendo un sistema de voto acumulativo.

c) Recalcule los incisos a) y b) suponiendo que el número de directores se reduce a 5.

Problema del apéndice

8. US Zither Corporation tiene $50 millones en bonos en circulación al 14%, que vencen en 25 años. USZ puede reembolsar esos bonos en el mercado actual con nuevos bonos a 25 años, vendidos al público a valor a la par ($1,000 por bono) con tasa de cupón del 12 por ciento. El margen para el emisor es del 1%, dejando $990 por bono en ingresos para la compañía. Los bonos antiguos tienen un descuento no amortizado de $1 millón, cuotas legales no amortizadas y otros gastos por $100,000, y un precio de compra de $1,140 por bono. La tasa de impuestos es del 40 por ciento. Existe un periodo de traslape de 1 mes durante el cual ambas emisiones están en circulación, y los gastos de emisión ascienden a $200,000. Calcule el valor presente del reembolso usando la tasa después de impuestos sobre los nuevos bonos como tasa de descuento. ¿Es redituable el reembolso?

Soluciones a los problemas para autoevaluación

1. (millones de dólares) Sea X = número de millones de dólares de nueva deuda que se puede emitir.

a) $\dfrac{[\$2/(1-0.40)] + [\$8(0.10)]}{[\$8(0.10)] + [(0.10)X]} = 4$

$\dfrac{\$3.33 + \$0.80}{\$0.80 + (0.10)X} = \dfrac{\$4.13}{\$0.80 + (0.10)X} = 4$

$4(\$0.80) + (4)(0.10)X = \$4.13$

$(0.40)X = \$0.93$

$X = \$0.93/0.40 = \mathbf{\$2.325}$

b) $\dfrac{\$30 + (0.5)X}{\$8 + X} = 2$

$2(\$8) = 2(X) = \$30 + (0.5)X$

$(1.5)X = \$14$

$X = \$14/(1.5) = \mathbf{\$9.33}$

c) $\dfrac{\$8 + X}{\$40} = 0.5$

$\$8 + X = (0.5)(\$40)$

$X = \$20 - \$8 = \mathbf{\$12}$

La condición a) es restrictiva y limita la cantidad de nueva deuda a \$2.325 millones.

2. a) Costo después de impuestos:
   Acciones preferenciales = **12%**
   Bonos = $14\%(1 - 0.40) = \mathbf{8.40\%}$

   b) El ingreso por dividendos para un inversionista corporativo tiene en general una exención de impuestos del 70 u 80 por ciento. Con una tasa fiscal corporativa del 40%, tenemos para la acción preferencial, ya sea
   rendimiento después de impuestos = $12\%(1 - [(0.30)(0.40)]) = \mathbf{10.56\%}$, o bien,
   $12\%(1 - [(0.20)(0.40)]) = \mathbf{11.04\%}$

   Para los bonos,

   rendimiento después de impuestos $= 14\%(1 - 0.40) = \mathbf{8.40\%}$

3. a)

Acciones emitidas	1,532,000
Acciones de tesorería	63,000
Acciones en circulación	**1,469,000**

b)

Acciones autorizadas	1,750,000
Acciones en circulación	1,469,000
Acciones disponibles	281,000
281,000 acciones × \$19 =	**\$5,339,000**

c)

Acciones ordinarias (valor a la par de \$1)	\$ 1,750,000
Capital adicional pagado*	10,372,000

*Consiste en \$18 × 281,000 acciones más \$5,314,000

4. *a*) Número de acciones necesarias para elegir un director =

$$\frac{2{,}000{,}000 \times 1}{(9+1)} + 1 = 200{,}001$$

Por lo tanto, puede elegir dos directores.

b) Número de acciones necesarias para elegir un director =

$$\frac{2{,}000{,}000 \times 1}{(3+1)} + 1 = 500{,}001$$

No puede elegir directores.

Referencias seleccionadas

Anderson, James S. "Asset Securitization: An Overview for Issuers and Investors". *TMA Journal* 15 (noviembre/diciembre, 1995), 38-42.

Ang, James S. "The Two Faces of Bond Refunding". *Journal of Finance* 30 (junio, 1975), 869-874.

Bowlin, Oswald D. "The Refunding Decision: Another Special Case in Capital Budgeting". *Journal of Finance* 21 (marzo, 1966), 55-68.

Crabbe, Leland E. y Jean Helwege. "Alternative Tests of Agency Theories of Callable Corporate Bonds". *Financial Management* 23 (invierno, 1994), 3-20.

DeAngelo, Harry y Linda DeAngelo. "Managerial Ownership of Voting Rights: A Study of Public Corporations with Dual Classes of Common Stock". *Journal of Financial Economics* 14 (marzo, 1985), 33-70.

_____. "Proxy Contests and the Governance of Publicly Held Corporations". *Journal of Financial Economics* 23 (junio, 1989), 29-59.

Donaldson, Gordon. "In Defense of Preferred Stock". *Harvard Business Review* 40 (julio-agosto, 1962), 123-136.

_____. "Financial Goals: Management vs. Stockholders". *Harvard Business Review* 41 (mayo-junio, 1963), 116-129.

Dyl, Edward A. y Michael D. Joehnk. "Sinking Funds and the Cost of Corporate Debt". *Journal of Finance* 34 (septiembre, 1979), 887-894.

Emerick, Dennis y William White. "The Case for Private Placements: How Sophisticated Investors Add Value to Corporate Debt Issuers". *Journal of Applied Corporate Finance* 5 (otoño, 1992), 83-91.

Finnerty, John D. y Douglas R. Emery. "Corporate Securities Innovation: An Update". *Journal of Applied Finance* 12 (primavera/verano, 2002), 21-47.

Fooladi, Iraj y Gordon S. Roberts. "On Preferred Stock". *Journal of Financial Research* 9 (invierno, 1986), 319-324.

Gilman, Lois. "Majority Voting Now Has the Majority". *Corporate Board Member* 11 (marzo/abril, 2008), 26.

Ho, Andrew y Michael Zaretsky. "Valuation of Sinking Fund Bonds". *Journal of Fixed Income* 48 (marzo-abril, 1992), 59-67.

Kalotay, Andrew J. "On the Management of Sinking Funds". *Financial Management* 10 (verano, 1981), 34-40.

_____, George O. Williams y Frank J. Fabozzi. "A Model for Valuing Bonds and Embedded Options". *Financial Analysts Journal* 49 (mayo-junio, 1993), 35-46.

Khanna, Arun y John J. McConnell. "MIPS, QUIPS, and TOPrS: Old Wine in New Bottles". *Journal of Applied Corporate Finance* 11 (primavera, 1998), 39-44.

Markese, John. "Shareholder Voting Rights: Differences Among Classes". *AAII Journal* 11 (febrero, 1989), 35-37.

Mitchell, Karlyn. "The Call, Sinking Fund, and Term-to-Maturity Features of Corporate Bonds: An Empirical Investigation". *Journal of Financial and Quantitative Analysis* 26 (junio, 1991), 201-222.

Ofer, Aharon R. y Robert A. Taggart Jr. "Bond Refunding: A Clarifying Analysis". *Journal of Finance* 32 (marzo, 1977), 21-30.

Pound, John. "Proxy Contests and the Efficiency of Shareholder Oversight". *Journal of Financial Economics* 20 (enero-marzo, 1988), 237-265.

Van Horne, James C. "Implied Fixed Costs in Long-Term Debt Issues". *Journal of Financial and Quantitative Analysis* 8 (diciembre, 1973), 821-833.

_____. *Financial Market Rates and Flows*, 6a. ed. Upper Saddle River, NJ: Prentice Hall, 2001, capítulos 7 y 11.

La pare VII del sitio Web del libro, *Wachowicz's Web World*, contiene vínculos a muchos sitios de finanzas y artículos en línea relacionados con los temas cubiertos en este capítulo. (http://web.utk.edu/~jwachowi/part7.html)

21

Préstamos a plazo
y arrendamientos

Contenido

- **Préstamos a plazo**
  Costos y beneficios • Acuerdos de crédito revolvente • Préstamos a plazo de compañías de seguros • Notas a mediano plazo

- **Previsiones de los acuerdos de préstamos**
  Formulación de previsiones • Negociación de las restricciones

- **Financiamiento de equipo**
  Fuentes y tipos de financiamiento de equipo

- **Arrendamiento financiero**
  Formas de arrendamiento financiero • Manejo contable • Manejo fiscal • Razón económica para arrendar

- **Evaluación del arrendamiento financiero en relación con la deuda financiera**
  Ejemplo para el análisis • Valor presente para la alternativa de arrendamiento • Valor presente para la alternativa de préstamo • Otras consideraciones • La importancia de la tasa de impuestos

- **Puntos clave de aprendizaje**

- **Apéndice: Manejo contable de arrendamientos**

- **Preguntas**

- **Problemas para autoevaluación**

- **Problemas**

- **Soluciones a los problemas para autoevaluación**

- **Referencias seleccionadas**

Objetivos

Después de estudiar el capítulo 21, usted será capaz de:

- Describir los diferentes tipos de préstamos a plazo y analizar los costos y beneficios de cada uno.

- Explicar la naturaleza y el contenido de los acuerdos de préstamos incluyendo las cláusulas (restrictivas) de protección.

- Analizar las fuentes y los tipos de financiamiento de equipo.

- Comprender y explicar el financiamiento de arrendamiento en sus diferentes formas.

- Comparar el financiamiento de arrendamiento con la deuda financiera por medio de una evaluación numérica del valor presente de los flujos de efectivo de salida.

> *"Tempestuosos vientos estremecen los queridos capullos de mayo,*
> *y los pastos de verano tienen vida demasiado corta…"*
>
> —WILLIAM SHAKESPEARE
> *Soneto* XVIII

La característica principal de los préstamos a corto plazo es que se autoliquidan en menos de un año. Con frecuencia, estos préstamos financian los requerimientos de fondos temporales o estacionales. El financiamiento a plazo financia requerimientos más permanentes de fondos, como los de activos fijos y la acumulación subyacente de cuentas por cobrar e inventarios. El préstamo suele pagarse con la generación de flujos de efectivo durante un periodo de años. Como resultado, la mayor parte de estos préstamos se cubre en pagos periódicos regulares. El financiamiento a plazo es aquel que tiene un plazo de vencimiento de entre uno y 10 años. Aunque el límite de un año tiene aceptación común, el límite superior de 10 años es algo arbitrario. En este capítulo examinamos diferentes tipos de deuda a plazo al igual que el financiamiento de arrendamiento.

Préstamos a plazo

Préstamo a plazo
Deuda originalmente programada para saldarse en más de un año, pero por lo general en menos de 10 años.

Los bancos comerciales son la principal fuente del financiamiento a plazo. Dos características de un **préstamo a plazo** bancario lo distinguen de otros tipos de préstamos de negocios. Primero, un préstamo a plazo tiene un vencimiento final de más de un año. Segundo, con mucha frecuencia representa crédito extendido bajo un acuerdo formal de préstamo. En su mayor parte, estos préstamos se cubren en pagos periódicos (trimestrales, semestrales o anuales) que incluyen el interés y el principal. El programa de pago de un préstamo casi siempre se establece según la capacidad de los flujos de efectivo del prestatario para servir la deuda. Por lo común, el programa de pago exige pagos periódicos iguales, pero puede especificar cantidades irregulares o el pago en una sola suma al final del vencimiento. Algunas veces el préstamo se *amortiza* (se extingue gradualmente) en pagos periódicos iguales excepto por un *pago global* final (un pago mucho mayor que cualquiera de los otros). Casi todos los préstamos a plazo bancarios se suscriben con vencimiento original de entre 3 y 5 años.

● ● ● Costos y beneficios

En general, la tasa de interés de un préstamo a plazo es más alta que la tasa sobre un préstamo a corto plazo para el mismo prestatario. Si una compañía solicita un préstamo a tasa preferencial con base en el corto plazo, pagará 0.25 o 0.50% más en un préstamo a plazo. La tasa de interés más alta ayuda a compensar la exposición más prolongada al riesgo del prestamista. La tasa de interés en un préstamo a plazo suele establecerse de dos maneras: **1.** una tasa fija establecida al inicio que permanece vigente durante la vida del préstamo o **2.** una tasa variable ajustada según los cambios en las tasas del mercado. Algunas veces se establece una tasa mínima o máxima, para limitar el intervalo en el cual puede fluctuar una tasa variable.

Comisión de compromiso
Cuota que cobra el prestamista por acordar mantener el crédito disponible.

Además de los costos de interés, el prestamista requiere el pago de los gastos legales en que incurre el banco al preparar el convenio del préstamo. También puede cobrar una **comisión de compromiso** por el tiempo que dura el compromiso cuando un préstamo no "se utiliza". Para un préstamo a plazo normal, estos costos adicionales suelen ser mínimos en relación con el costo de interés total del préstamo. Es común que las comisiones sobre la porción no utilizada de un compromiso estén entre 0.25 y 0.75 por ciento. Suponga, por ejemplo, que la comisión de compromiso fue del 0.50% sobre un convenio de $1 millón, y que una compañía utilizara todo el préstamo 3 meses después del compromiso. La empresa debe al banco (1 millón) $\times$ (0.005) $\times$ (3 meses/12 meses) = **$1,250** de comisión de compromiso.

La ventaja principal de un préstamo bancario a plazo normal es la flexibilidad. El prestatario trata directamente con el prestamista, y el préstamo se establece a la medida de las necesidades del prestatario a través de la negociación directa. Si los requerimientos de la empresa cambian, los términos y las condiciones del préstamo son susceptibles de revisión. En muchos casos, los préstamos bancarios a plazo se otorgan a negocios pequeños que no tienen acceso a los mercados de capital y no pueden ofrecer con facilidad una emisión pública. La capacidad de emitir valores públicos varía con el tiempo al mantenerse al día con los mercados de capital, mientras que el acceso al financiamiento con préstamos a plazo es más confiable. Aun las grandes compañías que pueden acudir al mercado público en ocasiones encuentran más conveniente solicitar un préstamo bancario a plazo que lanzar una emisión pública.

● ● ● Acuerdos de crédito revolvente

Acuerdo de crédito revolvente Un compromiso formal y legal para extender crédito hasta cierta cantidad máxima durante un periodo establecido.

Como se vio en el capítulo 11, un **acuerdo de crédito continuo o revolvente** (o rotativo) es un compromiso formal de un banco para conceder crédito hasta cierta cantidad de dinero a una compañía durante un periodo especificado. Los pagarés reales que evidencian la deuda son a corto plazo (casi siempre 90 días), pero la compañía puede renovarlos o solicitar un préstamo adicional, hasta el máximo especificado, durante el compromiso. Muchos compromisos de crédito revolvente son de tres años, aunque es posible que una empresa obtenga un compromiso más corto. Igual que con el préstamo a plazo, la tasa de interés suele ser del 0.25 al 0.50% más alta que la tasa a la que la empresa puede solicitar un préstamo en un plazo corto bajo una línea de crédito. Cuando un banco hace un compromiso de crédito revolvente, está legalmente obligado por el acuerdo de préstamo a tener fondos disponibles siempre que la compañía solicite un préstamo. El prestatario suele pagar una comisión por esta disponibilidad, quizá del 0.50% anual, sobre la diferencia entre la cantidad prestada y el máximo especificado.

Este arreglo de préstamo es útil en particular en los tiempos en que la empresa tiene incertidumbre con respecto a sus requerimientos de fondos. El prestatario tiene un acceso flexible a los fondos durante el periodo de incertidumbre y puede hacer arreglos de crédito más definitivos cuando la incertidumbre se resuelva. Los acuerdos de crédito revolvente se pueden establecer de manera que, al vencimiento del compromiso, los préstamos pendientes se conviertan en un préstamo a plazo a la opción de prestatario. Suponga que la compañía donde usted trabaja está por lanzar un nuevo producto y se enfrenta a un periodo de incertidumbre en los próximos años. Para obtener la máxima flexibilidad financiera, puede arreglar un acuerdo de crédito revolvente a tres años que sea convertible en un préstamo a cinco años al vencimiento del compromiso de crédito revolvente. Al cabo de tres años, la compañía debe conocer mejor sus requerimientos de fondos. Si esos requerimientos son permanentes, o casi, la empresa tal vez quiera ejercer su opción y solicitar un préstamo a plazo.

● ● ● Préstamos a plazo de compañías de seguros

Además de los bancos, las compañías de seguros y algunos otros inversionistas institucionales prestan dinero a plazo, pero con diferencias en el vencimiento del préstamo extendido y en la tasa de interés cobrada. En general, las compañías de seguros de vida están interesadas en préstamos a plazo con vencimiento final de más de siete años. Como estas compañías no obtienen beneficios de saldos de compensación o de otros negocios del prestatario, y puesto que sus préstamos tienen plazos de vencimiento más largos que los préstamos a plazo de los bancos, la tasa de interés es más alta que la que cobran los bancos. Para la compañía de seguros, el préstamo a plazo representa una inversión y debe redituar un rendimiento en proporción con los costos implicados al otorgar el préstamo, lo mismo que con el riesgo y el plazo de vencimiento, y con las tasas que dan rendimientos sobre otras inversiones. Como una compañía de seguros está interesada en mantener sus fondos trabajando sin interrupción, normalmente penaliza con un anticipo, mientras que el banco no lo hace. Los préstamos a plazo de la compañía de seguros no son competitivos con los bancarios. De hecho, son complementarios, puesto que tienen intervalos de vencimiento diferentes.

● ● ● Notas a mediano plazo

Nota a mediano plazo (NMP) Instrumento de deuda de una corporación o de un gobierno que se ofrece a los inversionistas de manera continua. Los intervalos de vencimiento van de nueve meses a 30 años (o más).

Las **notas a mediano plazo (NMP)** son un tipo de obligación de deuda ofrecida de manera continua, diseñada originalmente en la década de 1970 para llenar la brecha en los plazos de vencimiento entre el papel comercial y los bonos a largo plazo. Al principio, las NMP se emitieron con plazos de vencimiento de entre nueve meses y dos años. Pero ahora, es común un vencimiento de hasta 30 años o más (lo que convierte la designación de "mediano plazo" en un nombre inadecuado).

El advenimiento del *registro de anaquel* dio a las NMP un inicio real. La regla 415 de la SEC hizo que fuera práctico para los emisores corporativos ofrecer al público cantidades pequeñas de deuda a mediano plazo continuamente sin tener que volver a entregar solicitudes ante la Comisión de Valores después de cada venta.

Merrill Lynch encabezó el mercado de las NMP patrocinadas por el distribuidor a principios de la década de 1980. Hoy, varios competidores —Goldman Sachs, Lehman Brothers y CS First Boston, entre los más notorios— también son activos y ayudan a apoyar un mercado secundario. Los emisores de NMP incluyen compañías financieras, bancos o grupos bancarios y compañías industriales.

Las NMP se introdujeron internacionalmente a mediados de la década de 1980. Las **euronotas a mediano plazo (Euro NMP)** se emiten en diferentes monedas, denominaciones, plazos de vencimiento y con tasas de interés fijas o flotantes. Así, desde su humilde inicio en la década de 1970, el mercado de NMP ha crecido hasta convertirse en un vehículo de financiamiento internacional multimillonario.

Euronotas a mediano plazo (Euro NMP) Una emisión de NMP vendida internacionalmente fuera del país en cuya moneda tiene su denominación.

Previsiones de los acuerdos de préstamos

Cuando un prestamista hace un préstamo a plazo o un compromiso de crédito revolvente, suministra al prestatario los fondos disponibles por un periodo extendido. Durante ese periodo es posible que cambie la condición financiera del prestatario. Para salvaguardarse, el prestamista requiere que el prestatario mantenga su condición financiera y, en particular, su posición actual a un nivel al menos tan favorable como cuando se firmó el compromiso. Las cláusulas de protección contenidas en un acuerdo de préstamo se conocen como **convenio** de protección.

El **acuerdo del préstamo**, en sí, simplemente otorga al prestamista la autoridad legal para tomar medidas si el prestatario no cumple cualquiera de las estipulaciones del préstamo. De otra manera, el prestamista estaría atado en un compromiso y tendría que esperar hasta el vencimiento antes de poder tomar medidas correctivas. El prestatario que sufre pérdidas u otros acontecimientos adversos incumplirá bajo un acuerdo de préstamos bien escrito; con esto da un "aviso anticipado" de que tal vez haya problemas más serios más adelante. El prestamista entonces podrá actuar. La acción suele tomar la forma de trabajo con la compañía para arreglar sus problemas. Pocas veces un prestamista demandará un pago inmediato, a pesar del derecho legal en casos de incumplimiento. Más bien, la condición bajo la que el prestatario incumple podría cancelarse o el acuerdo de préstamos puede corregirse. Lo importante es que el prestamista tiene la autoridad para actuar.

Convenio Una restricción sobre un prestatario que impone el prestamista; por ejemplo, el prestatario debe mantener una cantidad mínima de capital de trabajo.

Acuerdo del préstamo Acuerdo legal que especifica los términos del préstamo y las obligaciones del prestatario.

●●● Formulación de previsiones

La formulación de cláusulas restrictivas diferentes debe diseñarse a la medida de la situación específica del préstamo. El prestamista adapta estas cláusulas para la protección global del préstamo. Ninguna previsión puede, por sí misma, brindar la protección necesaria. Sin embargo, en conjunto, estas previsiones actúan para asegurar la liquidez global de la empresa y la capacidad para pagar el préstamo. Los convenios de protección importantes en un acuerdo de préstamo se clasifican como sigue: **1.** previsiones generales usadas en la mayoría de los acuerdos de préstamos, que son variables para ajustarse a la situación; **2.** previsiones rutinarias usadas en la mayoría de los acuerdos, que suelen ser invariables, y **3.** previsiones específicas que se usan de acuerdo con la situación. Aunque nos enfocamos en un acuerdo de préstamo, las cláusulas de protección estipuladas y la filosofía que fundamenta su aplicación son las mismas para una escritura fiduciaria de bonos, que describimos en el capítulo 20.

Previsiones generales. El *requerimiento de capital de trabajo* es quizá la previsión de uso más común y la más exhaustiva en un acuerdo de préstamo. Su objetivo es preservar la posición actual de la compañía y su capacidad para saldar el préstamo. Con frecuencia, se establece una cantidad directa en dólares, como $6 millones, como el capital de trabajo mínimo que debe mantener la compañía durante la vigencia del compromiso. Cuando el prestamista siente que es deseable para una compañía en particular crear un capital de trabajo, puede aumentar el requerimiento del capital de trabajo mínimo por la duración del préstamo. El establecimiento de un capital de trabajo mínimo se basa casi siempre en la cantidad de capital de trabajo actual y la proyectada, tomando en cuenta las fluctuaciones estacionales. Los requerimientos no deben restringir sin razón a la compañía en la generación normal de ganancias. En caso de que el prestatario incurra en pérdidas cuantiosas o gaste demasiado en activos fijos, recompra de acciones ordinarias, pago de dividendos, redención de deuda a largo plazo y otros rubros, probablemente quebrantará el requerimiento de capital de trabajo.

La *restricción de dividendos en efectivo y recompra de acciones ordinarias* es otra previsión importante en esta categoría. Su objetivo es limitar el efectivo que sale del negocio, preservando así la liquidez de la compañía. Con mucha frecuencia, los dividendos en efectivo y la recompra de acciones ordinarias están limitados a un porcentaje de las ganancias netas con base acumulativa después de cierta fecha, muchas veces al final del último año fiscal anterior a la fecha del acuerdo del préstamo a plazo. Un método menos flexible es restringir los dividendos en efectivo y las recompras de acciones ordinarias a una cantidad absoluta en dólares cada año. En la mayoría de los casos, el prestatario debe estar dispuesto a restringir los dividendos en efectivo y las recompras de acciones ordinarias. Si depende de las utilidades, esta restricción todavía le permitirá pagar dividendos adecuados siempre que pueda generar ganancias satisfactorias.

La *limitación de gastos de capital* es el tercer factor en la categoría de las previsiones generales. Los gastos de capital pueden limitarse a una cantidad anual fija en dólares o, lo que es más común, a una cantidad igual a los cargos por depreciación corrientes o a cierto porcentaje de estos cargos. La limitación de gastos de capital es otra herramienta que usa el prestamista para asegurar el mantenimiento de la posición actual del prestatario. Al limitar directamente los gastos de capital, el banco puede tener mayor seguridad de que no tendrá que buscar la liquidación de los activos fijos para el pago de su préstamo. De nuevo, la previsión no debe ser tan restrictiva que evite el mantenimiento adecuado ni la mejora de las instalaciones.

Una *limitación sobre otros endeudamientos* es la última previsión general. Esta limitación puede tomar varias formas, dependiendo de las circunstancias. Con frecuencia, un acuerdo de préstamo prohíbe a una compañía incurrir en otras deudas a largo plazo. Esta previsión protege al prestamista, al igual que previene que prestamistas futuros obtengan derecho prioritario sobre los bienes del prestatario. Por lo general, se permite a una compañía pedir prestado dentro de límites razonables con propósitos estacionales o de corto plazo que surgen en el curso normal de los negocios.

Previsiones de rutina. La segunda categoría de restricciones incluye previsiones rutinarias, casi siempre inflexibles, encontradas en la mayoría de los acuerdos de préstamos. Por lo común, el acuerdo de préstamo requiere que el prestatario entregue al banco sus estados financieros y mantenga un seguro adecuado. Además, el prestatario no debe vender una parte significativa de sus activos y deberá pagar, en la fecha señalada, todos los impuestos y otras obligaciones, excepto las que impugne de buena fe. El acuerdo de préstamo casi siempre incluye una cláusula que prohíbe comprometer o hipotecar en el futuro cualquiera de los activos del prestatario. Esta previsión importante se conoce como cláusula de compromiso negativo.

En general, se requiere que la compañía no descuente ni venda sus cuentas por cobrar. Más aún, queda prohibido que el prestatario firme contratos de arrendamiento de propiedad, excepto hasta cierta cantidad de renta anual. El propósito de esta previsión es evitar que el prestatario acepte una obligación de arrendamiento sustancial que podría poner en peligro su capacidad para pagar la deuda. Una restricción de arrendamiento también impide a la empresa rentar propiedad en vez de comprarla y, con ello, evadir las limitaciones sobre gastos de capital y deuda. Es común que haya restricciones sobre otras obligaciones contingentes. Además, comúnmente existe una restricción sobre la adquisición de otras compañías. Esta restricción a menudo toma la forma de una prohibición sobre las adquisiciones a menos que el prestamista las apruebe específicamente. Las previsiones en esta categoría parecen rutinarias en casi todos los acuerdos de préstamos. Aunque algo mecánicas, cierran muchos huecos y garantizan un acuerdo estricto y exhaustivo.

Previsiones especiales. En acuerdos de préstamo específicos, el prestamista establece cláusulas especiales para lograr la protección deseada de su préstamo. Un acuerdo de préstamo puede contener una comprensión definida con respecto al uso de los ingresos del préstamo, de manera que no haya desvío de fondos para propósitos diferentes a los contemplados cuando se negoció el préstamo. Si uno o más ejecutivos clave son esenciales para la operación efectiva de la empresa, un prestamista puede insistir en que la compañía tenga seguros de vida sobre ellos. Los ingresos del seguro pueden pagarse

Cláusula de compromiso negativo Cláusula de protección mediante la cual el prestamista acuerda no ejercer un derecho prendario sobre ninguno de sus activos.

a la compañía o directamente al prestamista, para aplicarlos al préstamo. Es posible también que un acuerdo incluya una cláusula de administración, mediante la cual ciertos individuos clave deberán permanecer como empleados de la compañía durante el tiempo en que el préstamo esté vigente. Los salarios y bonos agregados de los ejecutivos algunas veces se limitan en el acuerdo para evitar remuneraciones excesivas, que podrían reducir las ganancias. Esta previsión también elimina un resquicio: evita que los grandes accionistas que también son funcionarios de la compañía se aumenten el salario en vez de pagar dividendos más altos, los cuales están limitados por el acuerdo.

● ● ● Negociación de las restricciones

Las previsiones descritas representan las cláusulas de protección utilizadas con más frecuencia en un acuerdo de préstamo. Desde el punto de vista del prestamista, el efecto agregado de estas previsiones debe ser salvaguardar la posición financiera del prestatario y su capacidad para pagar el préstamo. Bajo un acuerdo bien escrito, un prestatario no puede meterse en dificultades financieras serias sin incumplir el acuerdo, lo cual da la autoridad legal al prestamista para tomar medidas. Aunque el prestamista interviene de algún modo al establecer las restricciones, el carácter restrictivo de las cláusulas de protección está sujeto a negociación entre prestamista y prestatario. El resultado final dependerá del poder de negociación de cada una de las partes implicadas.

Financiamiento de equipo

El equipo representa otro activo que puede comprometerse para asegurar un préstamo. Si la empresa tiene equipo comercial o está en vías de comprar tal equipo, casi siempre puede obtener algún tipo de financiamiento respaldado. Como el plazo de esos préstamos suele rebasar un año, los estudiaremos en este capítulo y no con los préstamos respaldados a corto plazo. Igual que otros préstamos asegurados, el prestamista evalúa la bursatilidad del colateral y dará un porcentaje de adelanto sobre el valor de mercado, dependiendo de la calidad del equipo. Con frecuencia, el programa de pagos para el préstamo se establece según el programa de depreciación económica del equipo. Al establecer el programa de pago, el prestamista quiere estar seguro de que el valor de mercado del equipo siempre excederá el saldo del préstamo.

El excedente del valor de mercado esperado del equipo sobre el monto del préstamo es el margen de seguridad, el cual variará según la situación específica. Por ejemplo, el equipo rodante de una compañía de camiones de transporte es un colateral móvil y de comercialización razonable. Como resultado, el adelanto puede ser tan alto como el 80 por ciento. El equipo menos comercial, como el de uso limitado, no requerirá un adelanto tan alto. Cierto tipo de tornos tal vez tengan un mercado reducido, y un prestamista tal vez no esté dispuesto a adelantar más del 40 por ciento de su valor de mercado reportado. Algunos equipos son tan especializados que no tienen valor como colateral.

● ● ● Fuentes y tipos de financiamiento de equipo

Los bancos comerciales, las compañías financieras y los vendedores de equipo están entre las fuentes de financiamiento de equipo. El vendedor del equipo puede financiar la compra ya sea conservando un pagaré de seguridad o vendiendo el pagaré a su subsidiaria financiera cautiva o a alguna otra tercera parte. El cobro de interés dependerá del grado en el que el vendedor use el financiamiento como herramienta de venta. El vendedor que lo usa mucho puede cobrar sólo una tasa de interés moderada, pero compensar el costo de extender pagarés cobrando un precio más alto por el equipo. El prestamista debe considerar esta posibilidad al juzgar el costo financiero real. Los préstamos sobre equipo pueden respaldarse mediante un derecho de garantía sobre bienes muebles o por un contrato de ventas condicional.

Derecho prendario o de retención Derecho legal sobre ciertos activos. El derecho de retención se puede usar para respaldar un préstamo.

Derecho de garantía sobre bienes muebles. Un *derecho de garantía sobre bienes muebles* es un derecho prendario o de retención sobre una propiedad distinta de los bienes raíces. El prestatario firma un acuerdo de seguridad que da al prestamista un derecho de retención sobre el equipo especificado en el acuerdo. Para *refinar* (hacer válido legalmente) el derecho de retención, el prestamista entrega una copia del acuerdo de seguridad o de la declaración de financiamiento en una oficina pública del estado en que se encuentra el equipo. Con base en un derecho de retención legal, el prestamista puede vender el equipo si el prestatario no cumple con el pago del principal o el interés del préstamo.

Contrato de venta condicional. Con un arreglo de contrato de venta condicional, el vendedor del equipo retiene la factura hasta que el comprador cubre todos los términos del contrato. El comprador firma un acuerdo de seguridad mediante un contrato de venta condicional para hacer pagos periódicos al vendedor durante un periodo especificado. Estos pagos suelen ser mensuales o trimestrales. El comprador retiene la factura del equipo hasta que los términos del contrato están completamente cubiertos. Así, el vendedor recibe un pago inicial y un pagaré por el saldo del precio de compra sobre la venta del equipo. El pagaré se asegura por el contrato, que da al vendedor la autoridad de recuperar el equipo si el comprador no cumple todos los términos del contrato. El vendedor puede ya sea conservar el contrato o venderlo, con sólo endosarlo, a un banco comercial o una compañía financiera. El banco o la financiera se convierten en prestamistas y asumen el interés de seguridad sobre el equipo.

Arrendamiento financiero

Un arrendamiento es un contrato. Con base en éste, el propietario de un activo (el arrendador) da a otra parte (el arrendatario) el derecho exclusivo al uso del bien, en general, durante un periodo especificado, a cambio del pago de renta. Casi todos nosotros estamos familiarizados con el arrendamiento de casas, apartamentos, oficinas o automóviles. En las décadas recientes ha habido un enorme crecimiento en el arrendamiento de activos de negocios, como autos y camiones, computadoras, maquinaria e incluso plantas de manufactura. Una ventaja obvia para el arrendatario es el uso de un bien sin tener que comprarlo. Por gozar de esta ventaja, el arrendatario incurre en varias obligaciones. Primero está la obligación de hacer los pagos periódicos del arrendamiento, casi siempre mensuales o trimestrales. Además, el contrato de arrendamiento especifica quién debe dar mantenimiento al bien. Bajo un *arrendamiento de servicio (o mantenimiento) completo*, el arrendador paga mantenimiento, reparaciones, impuestos y seguros. Bajo un arrendamiento neto, el arrendatario paga estos costos.

El arrendamiento puede ser cancelable o no. Cuando es cancelable, algunas veces hay una penalización. Un arrendamiento operativo de espacio de oficina, por ejemplo, tiene un plazo relativamente corto y con frecuencia es cancelable a la opción del arrendatario con la notificación apropiada. El término de este tipo de arrendamiento es más corto que la vida económica del activo. Es sólo arrendando el espacio una y otra vez, a la misma parte o a otra, que el arrendador recupera sus costos. Otros ejemplos de arrendamiento operativo incluyen la renta de fotocopiadoras, cierto hardware de computadoras, procesadores de palabras y automóviles. En contraste, un arrendamiento financiero es a un plazo más largo por naturaleza y no es cancelable. El arrendatario está obligado a hacer pagos hasta el vencimiento del arrendamiento, que por lo general corresponde a la vida útil del activo. Estos pagos no sólo amortizan el costo del bien, sino también dan al arrendador un rendimiento de interés.

Por último, el contrato de arrendamiento suele especificar una o más opciones para el arrendatario al vencimiento. Una opción es simplemente regresar el activo rentado al arrendador. Otra opción puede implicar la renovación, donde el arrendatario tiene el derecho de rentar por otro periodo de arrendamiento, ya sea por el mismo monto u otro, casi siempre más bajo. Una opción final sería comprar el activo al vencimiento. Por razones fiscales, el precio de compra del activo no debe ser significativamente menor que el valor justo de mercado. Si el arrendatario no ejerce esta opción, el arrendador toma posesión del activo y tiene derecho a cualquier valor residual asociado con él. Como veremos, la determinación del costo del costo del arrendamiento financiero y el rendimiento para el arrendador dependen de manera importante del valor residual supuesto del activo. Esto es cierto en particular en los arrendamientos operativos.

●●● Formas de arrendamiento financiero

Prácticamente todos los contratos de arrendamiento corresponden a uno de tres tipos principales de arrendamiento financiero: venta y arrendamiento garantizado, arrendamiento directo y arrendamiento apalancado. En esta sección damos una descripción breve de estas categorías. En la siguiente sección presentaremos un marco de trabajo para el análisis del arrendamiento financiero.

Contrato de venta condicional Un medio de financiamiento suministrado por el vendedor del equipo, quien retiene la factura hasta que el financiamiento termine de pagarse.

Pagaré Una promesa legal de pagar una suma de dinero a un prestamista.

Arrendamiento Contrato bajo el cual una parte, el arrendador (propietario) de un bien, acuerda otorgar el uso de ese bien a otra parte, el arrendatario, a cambio de pagos periódicos de renta.

Arrendamiento neto Arrendamiento en el que el arrendatario se hace cargo del mantenimiento del bien y asegura el bien arrendado.

Arrendamiento operativo Arrendamiento a corto plazo que con frecuencia se puede cancelar.

Arrendamiento financiero Arrendamiento a largo plazo que no es cancelable.

Valor justo de mercado El precio en el que puede venderse una propiedad en una transacción entre partes independientes con base en el precio de mercado.

Valor residual El valor de un bien arrendado al final del periodo de arrendamiento.

Venta y arrendamiento garantizado. Con el acuerdo de venta y arrendamiento garantizado una empresa vende un activo a otra parte y ésta lo renta a la empresa de inmediato. En general, el activo se vende aproximadamente en su valor de mercado. La empresa recibe el precio de la venta en efectivo y el uso económico del activo durante el periodo de arrendamiento básico. A su vez, firma un contrato para hacer pagos periódicos de arrendamiento y renuncia al título del activo. Como resultado, el arrendador obtiene cualquier valor residual que pueda tener el activo al final del periodo de arrendamiento, mientras que antes, este valor lo hubiera obtenido la empresa. Ésta puede obtener una ventaja fiscal si el activo implica un edificio sobre el terreno de propiedad. El terreno no es depreciable si se posee por completo. Sin embargo, como los pagos de arrendamiento son deducibles de impuestos, el arrendatario puede indirectamente "depreciar" (o cargar en la cuenta) el costo del terreno. Los arrendadores implicados en el acuerdo de venta y arrendamiento garantizado incluyen compañías de seguros, otros inversionistas institucionales, compañías financieras y arrendadoras independientes.

Arrendamiento directo. En un *arrendamiento directo*, una compañía adquiere el uso de un activo que no posee con anterioridad. Una empresa puede arrendar un activo a un fabricante. IBM renta computadoras, Xerox Corporation renta copiadoras. De hecho, muchos bienes de capital están disponibles hoy para arrendamiento. Los principales arrendadores son fabricantes, compañías financieras, bancos, arrendadoras independientes, compañías de arrendamiento especializado y sociedades. Para los acuerdos de arrendamiento que implican a todos menos los fabricantes, el vendedor vende el activo al arrendador, quien a su vez lo renta al arrendatario.

Arrendamiento apalancado. Una forma especial de arrendamiento se ha convertido en el financiamiento por excelencia en el caso de bienes costosos como aviones, plataformas petroleras y equipo ferroviario. Este mecanismo se conoce como arrendamiento apalancado. En contraste con las dos partes implicadas en una venta y arrendamiento garantizado o en un arrendamiento directo, aquí hay tres partes implicadas: **1.** el arrendatario, **2.** el arrendador (o el participante con el capital) y **3.** el prestamista.

Desde el punto de vista del arrendatario, no hay diferencia entre un arrendamiento apalancado y cualquier otro tipo de arrendamiento. El arrendatario firma un contrato para hacer pagos periódicos durante el periodo básico de arrendamiento y, a cambio, obtiene derecho de usar el bien durante ese tiempo. Sin embargo, el papel del arrendador ha cambiado, pues ahora adquiere el activo para cumplir con los términos del contrato de arrendamiento y financia la compra en parte con una inversión de capital, digamos del 20% (de ahí el término de "participante con el capital"). El 80% restante del financiamiento es aportado por un prestamista o prestamistas a largo plazo. Por lo común, el préstamo se asegura con una hipoteca sobre el bien, al igual que con la asignación del arrendamiento y sus pagos. El arrendador, entonces, en sí es deudor de un préstamo.

Como dueño del bien, el arrendador tiene derecho a deducir todos los cargos por depreciación asociados con el bien. El patrón de flujos de efectivo del arrendador incluye: **1.** un flujo de efectivo en el momento de adquirir el bien, que representa la participación de capital del arrendador; **2.** un periodo de flujos de entrada de efectivo representados por los pagos del arrendamiento y los beneficios fiscales, menos pagos sobre la deuda (interés más principal), y **3.** un periodo de flujos de salida de efectivo neto durante el cual, debido a que los beneficios fiscales declinan, la suma de los pagos de arrendamiento y los beneficios fiscales quedan por debajo de los pagos de la deuda. Si existe algún *valor residual* al final del periodo de arrendamiento, por supuesto representa un flujo de entrada de efectivo para el arrendador. Aunque el arrendamiento apalancado parece la más complicada de las tres formas de arrendamiento financiero que hemos descrito, se reduce a ciertos conceptos básicos. Desde el punto de vista del arrendatario, que es nuestra posición, el arrendamiento apalancado se puede analizar de la misma manera que cualquier otro arrendamiento.

● ● ● Manejo contable

La contabilidad para los arrendamientos ha cambiado en forma drástica con el tiempo. Hace algunos años, el arrendamiento financiero era atractivo para algunos porque las obligaciones del arrendamiento no aparecían en los estados financieros de la compañía. Como resultado, el arrendamiento se veía como un método de financiamiento "escondido" o "fuera del balance general". No obstante, los requerimientos contables han cambiado, de manera que ahora muchos arrendamientos a largo plazo deben mostrarse en el balance general de la compañía como un bien "capitalizado" con un pasivo asociado que también debe mostrarse. Con estos arrendamientos, el reporte de utilidades resulta afectado. Otros arrendamientos deben revelarse por completo en notas al pie de los estados financieros. Puesto que el arrendamiento implica el manejo contable, lo estudiaremos por separado en el apéndice de este capítulo para mantener la continuidad de los temas.

Tome nota

El Consejo de Estándares de Contabilidad Financiera (*US Financial Standards Board*, FASB) en Estados Unidos y Consejo Internacional de Estándares de Contabilidad (*International Accounting Standards Board*, IASB) establecieron un grupo de trabajo internacional a finales de 2006 para reconsiderar sus estándares sobre la contabilidad del arrendamiento. Aunque aún es prematuro decir qué marco de trabajo para la contabilidad del arrendamiento se obtendrá a partir de las deliberaciones, la meta fundamental es asegurar una información útil, transparente y completa acerca da las transacciones de arrendamiento en los estados financieros. Dicho esto, es muy probable que cualquier metodología nueva para registrar bienes y obligaciones implicados en los acuerdos de arrendamiento exija que muchas transacciones que ahora se manejan como arrendamientos operativos en notas al pie deban moverse a los estados financieros y al balance general del arrendatario. Así que esté preparado para que lleguen cambios, quizá drásticos, en la contabilidad de los arrendamientos.

Información actualizada —de varias fuentes— sobre contabilidad de arrendamientos se encuentra en el sitio Web de Equipment Leasing and Finance Association, en www.elfaonline.org/accounting/.

Manejo fiscal

Para fines fiscales, el arrendatario puede deducir la cantidad completa de los pagos de arrendamiento en un contrato estructurado de manera apropiada (orientado a los impuestos). El Internal Revenue Service (IRS) desea estar seguro de que el contrato de arrendamiento representa en realidad un arrendamiento y no una compra a plazos de un activo. Para asegurar que se trata de un "arrendamiento real", el IRS ha establecido algunos lineamientos. Lo más importante es que el arrendador tenga una inversión mínima "en riesgo", tanto al inicio del trato como durante el periodo de arrendamiento, de por lo menos el 20% o más del costo de adquisición del activo. Esto significa que el activo debe tener un valor residual de al menos 20% de su costo inicial. Otro lineamiento es que la vida restante del activo al final del periodo de arrendamiento debe ser al menos igual al mayor entre un año y el 20% de su vida estimada original. No puede darse una opción de compra a precio reducido al arrendatario, tampoco puede haber un préstamo otorgado por el arrendatario al arrendador. Por último, debe haber una ganancia esperada del arrendador como resultado del contrato de arrendamiento, separado de cualquier beneficio de impuestos.

El IRS quiere asegurarse de que el contrato de arrendamiento no es, de hecho, la compra de un activo, para el cual los pagos de arrendamiento serían mucho más rápidos que la depreciación permitida bajo una compra. Como los pagos de arrendamiento son deducibles de impuestos, ese contrato permitiría al arrendatario efectivamente "depreciar" el activo con mayor rapidez que lo permitido en una compra directa. Si el contrato de arrendamiento cumple las condiciones descritas, el pago completo del arrendamiento es deducible de impuestos. Si no, el arrendamiento se considera un contrato de venta condicional y las reglas fiscales gobiernan la tenencia de un activo depreciable.

Con el arrendamiento, el costo de cualquier terreno se amortiza en los pagos de la renta. Al deducir los pagos de renta como un gasto para fines de impuestos sobre la renta federales, el arrendador puede efectivamente eliminar el costo original del terreno. En cambio, si compra el terreno, la empresa no podrá depreciarlo para fines fiscales. Cuando el valor del terreno representa una parte significativa del activo adquirido, el arrendamiento financiero ofrece una ventaja fiscal a la empresa. Lo que compensa esta ventaja fiscal es el probable valor residual del terreno al final del periodo de arrendamiento básico. La empresa también puede obtener ciertas ventajas fiscales con un acuerdo de venta y arrendamiento garantizado cuando los activos se venden por menos de su valor depreciado.

● ● ● Razón económica para arrendar

La razón principal de la existencia del arrendamiento es que las compañías, las instituciones financieras y los individuos obtienen diferentes beneficios fiscales por poseer activos. Una compañía marginalmente redituable tal vez no pueda aprovechar el beneficio completo de la depreciación acelerada, mientras que una corporación o un individuo con alto ingreso gravable sí lo puede realizar. La primera (es decir, la compañía marginalmente redituable) quizá pueda obtener una porción mayor de los beneficios fiscales globales arrendando el bien al segundo (es decir, a una corporación o un individuo con alto ingreso gravable) en lugar de comprarlo. Debido a la competencia entre arrendadores, parte de los beneficios fiscales pueden traspasarse al arrendatario en la forma de un pago de renta menor en comparación con alguna otra circunstancia.

Impuesto mínimo alternativo (IMA)
Una alternativa, separada del cálculo de impuestos basado en el ingreso gravable del contribuyente, aumentada por ciertos beneficios fiscales, colectivamente conocida como "conceptos sujetos a impuesto mínimo". El contribuyente paga la cantidad más grande entre el impuesto determinado normalmente y el IMA.

Otra disparidad fiscal tiene que ver con el impuesto mínimo alternativo (IMA). Para una compañía sujeta al IMA, la depreciación acelerada es un "concepto sujeto al impuesto mínimo", mientras que el pago de la renta no lo es. Esa compañía tal vez prefiera arrendar, en particular de otra parte que pague impuestos a una tasa efectiva más alta. Cuanto mayor sea la divergencia en las habilidades de las partes para obtener los beneficios fiscales asociados con poseer un bien, mayor será el atractivo del arrendamiento financiero. No es la existencia de los impuestos en sí la que da lugar al arrendamiento, sino las divergencias en las habilidades de las diferentes partes para aprovechar los beneficios fiscales.

Otra consideración, aunque menor, es que los arrendadores disfrutan una posición algo superior en caso de procedimientos de bancarrota si son prestamistas asegurados. Cuanto más riesgosa es la empresa que busca financiamiento, mayor es el incentivo del proveedor de capital para hacer del acuerdo un arrendamiento y no un préstamo.

Además de estas razones, existen otras que explican la existencia del arrendamiento financiero. Por un lado, el arrendador puede disfrutar economías de escala en la compra de activos que no están disponibles para los arrendatarios individuales. Esto es cierto en especial en la compra de autos y camiones. Además, el arrendador puede tener una estimación diferente de la vida del activo, su valor de recuperación o los costos de oportunidad de los fondos. Por último, el arrendador quizá pueda aportar su experiencia a sus clientes en la selección de equipo y mantenimiento. Aunque todos estos factores sean razones para dar lugar al arrendamiento, no esperamos que sean ni cercanamente tan importantes como la razón fiscal.

Evaluación del arrendamiento financiero en relación con la deuda financiera

Para evaluar si una propuesta de arrendamiento financiero tiene o no sentido desde el punto de vista económico, debemos comparar la propuesta con el financiamiento de un activo con deuda. Si el arrendamiento es mejor que pedir un préstamo dependerá de los patrones de flujo de efectivo de cada método de financiamiento y de los costos de oportunidad de los fondos. Para ilustrar el método de análisis, compararemos el arrendamiento financiero con el financiamiento con deuda usando un ejemplo hipotético.

Tome nota

Suponemos que la empresa ha decidido invertir en un proyecto basado en flujos de efectivo descontados y las consideraciones de tasa de rendimiento requerida que se estudiaron en la parte 5 referentes a la "inversión en activos de capital". En otras palabras, el mérito de la inversión en el proyecto se evalúa aparte del método específico de financiamiento empleado. También suponemos que la empresa ha determinado una estructura de capital adecuada y ha decidido financiar el proyecto con un tipo de instrumento de costo fijo, ya sea deuda o arrendamiento financiero. Para nuestros fines, la comparación relevante es el costo después de impuestos del financiamiento con deuda y del arrendamiento financiero. La compañía querrá usar la alternativa menos costosa.

Ahora examinaremos las dos alternativas.

● ● ● Ejemplo para el análisis

Suponga que McNabb Electronics, Inc., desea adquirir un equipo que cuesta $148,000 para uso en la fabricación de microprocesadores. Una arrendadora está dispuesta a financiar el equipo con un arrendamiento "verdadero" a 7 años. Los términos exigen un pago anual de $26,000. Los pagos de arrendamiento se hacen por adelantado, es decir, al principio de cada uno de los siete años. Al final de los siete años, se espera que el equipo tenga un valor residual de $30,000. El arrendatario es responsable del mantenimiento del equipo, y del pago de los seguros y los impuestos; en resumen es un *arrendamiento neto*.

Integrada con el pago del arrendamiento hay una de tasa de interés implícita para el arrendador. El rendimiento antes de impuestos para el arrendador se calcula al despejar R de la siguiente ecuación:

$$\$148,000 = \sum_{t=0}^{6} \frac{\$26,000}{(1+R)^t} + \frac{\$30,000}{(1+R)^7} \qquad (21.1)$$

$$= \$26,000 + \$26,000(FIVPA_{R,6}) + \$30,000(FIVP_{R,7}) \qquad (21.2)$$

Como los pagos de renta se hacen por adelantado, despejamos la tasa interna de rendimiento, R, que iguala el costo del bien con un pago de renta en el momento 0, más el valor presente de una anualidad que consiste en seis pagos de renta al final de cada uno los siguientes seis años, más el valor presente del valor residual al final del séptimo año. Cuando despejamos R, encontramos que es igual al 11.61 por ciento. Si en vez de este rendimiento, el arrendador desea un rendimiento del 13% antes de impuestos, necesitamos obtener los pagos anuales de arrendamiento X en la siguiente ecuación:

$$\$148,000 = \sum_{t=0}^{6} \frac{X}{(1+0.13)^t} + \frac{\$30,000}{(1+0.13)^7}$$

$$\$148,000 = X + X(FIVPA_{13\%,6}) + \$30,000(FIVP_{13\%,7})$$

$$\$148,000 = X + X(3.998) + \$30,000(0.425)$$

$$\$148,000 = X(4.998) + \$12,750$$

$$X = (\$148,000 - \$12,750)/4.998$$

$$X = \mathbf{\$27,061}$$

Por lo tanto, el pago de arrendamiento anual sería $27,061.

Si el activo se compra, McNabb Electronics lo financiaría con un préstamo a siete años al 12 por ciento. La compañía está en el grupo del 40% de impuestos. El activo cae en la clase de propiedad a cinco años para fines de recuperación de costos (depreciación) de acuerdo con el sistema modificado acelerado. Es decir, se usa el programa de depreciación estudiado en el capítulo 2:

	AÑO					
	1	2	3	4	5	6
Depreciación	20.00%	32.00%	19.20%	11.52%	11.52%	5.76%

Entonces, el costo del activo se deprecia con estas tasas, de manera que la depreciación del primer año es $0.20 \times \$148,000 = \mathbf{\$29,600}$, y así sucesivamente. Al final de los siete años, se espera que el equipo tenga un valor de recuperación de $30,000. McNabb Electronics tiene derecho a este valor residual, ya que será el dueño del activo con la alternativa de compra.

Un arrendador potencial encontrará útil calcular primero el rendimiento antes de impuestos para el arrendador, como lo hicimos antes. Esto permite hacer una comparación rápida con las tasas de interés para otros métodos de financiamiento. Sólo si el rendimiento antes de impuestos para el arrendador es menor que el costo antes de impuestos de solicitar el préstamo valdrá la pena realizar los cálculos después de impuestos. En el ejemplo, puesto que el rendimiento imputado para el arrendador es menor que la tasa de préstamo para el arrendatario (11.61 contra el 12%), es apropiado estudiar los efectos fiscales y considerar los flujos de efectivo después de impuestos descontados.

	(a)	(b)	(c)	(d)
FINAL DEL AÑO	PAGO DE ARRENDAMIENTO	BENEFICIOS DEL ESCUDO FISCAL $(a)_{t-1} \times (0.40)$	FLUJO DE SALIDA DESPUÉS DE IMPUESTOS $(a) - (b)$	VALOR PRESENTE DE LOS FLUJOS DE SALIDA (AL 7.2%)
0	$26,000	–	$26,000	$26,000
1-6	26,000	$10,400	15,600	73,901*
7	–	10,400	(10,400)	(6,392)
				$93,509

Tabla 21.1

Programa de flujos de efectivo para la alternativa de arrendamiento

*Total para los años 1 a 6.

● ● ● Valor presente para la alternativa de arrendamiento

Al comparar los valores presentes de los flujos de salida para el arrendamiento y el préstamo, podemos decir cuál método de financiamiento se debe usar. Es sencillamente el que tiene el *menor* valor presente de los flujos de salida menos los de entrada. Recuerde que la compañía hará pagos anuales de arrendamiento de $26,000 si el activo se renta. Como estos pagos de arrendamiento "verdadero" son un gasto, son deducibles para fines de impuestos, pero sólo el siguiente año al que se aplica el pago. El pago de $26,000 al final del año 0 representa un gasto pagado con anticipación y no es deducible de impuestos sino hasta el final del primer año. De manera similar, los otros seis pagos no son deducibles sino hasta el final del siguiente año.

Tome nota

Puesto que arrendar es análogo a solicitar un préstamo, una tasa de descuento apropiada para descontar los flujos de efectivo después de impuestos sería el costo después de impuestos de solicitar un préstamo. Para el ejemplo, el costo después de impuestos de pedir prestado es 12% multiplicado por $(1 - 0.40)$, o 7.2 por ciento. La razón para usar esta tasa como tasa de descuento es que la diferencia en los flujos de efectivo entre el arrendamiento financiero y la deuda financiera implica poco riesgo. Por lo tanto, no es apropiado usar el costo de capital global de la compañía, que incluye una prima de riesgo para la empresa como un todo, como tasa de descuento.

A partir de la información anterior, podemos calcular el valor presente de los flujos de efectivo. Las cifras calculadas se muestran en la última columna de la tabla 21.1. Vemos que el valor presente del total de los flujos de efectivo con la alternativa de arrendamiento es **$93,509**. Esta cifra debe compararse con el valor presente de los flujos de efectivo con la alternativa de solicitar un préstamo.

● ● ● Valor presente para la alternativa de préstamo

Si se compra el activo, se supone que McNabb Eletronics lo financia por completo con un préstamo a plazo al 12% con un programa de pagos igual a la configuración general del programa de pagos del arrendamiento. En otras palabras, se supone que los pagos del préstamo se hacen al inicio, no al final, de cada año. Esta suposición coloca al préstamo como equivalente aproximado al arrendamiento en términos del patrón de tiempo de los flujos de efectivo. Un préstamo de $148,000 se obtiene en el momento 0 y se paga durante siete años con pagos anuales de $28,955 al principio de cada año. La proporción de intereses en cada pago depende del principal no pagado que se debe durante el año. La cantidad del principal que se debe el primer año es $148,000 menos el pago al inicio del año de $28,955, o **$119,045**. El interés anual para el primer año es $119,045 × 0.12 = **$14,285**.[1] Conforme se hacen los pagos subsiguientes, el componente de interés decrece. La tabla 21.2 muestra estos componentes en el tiempo.

[1]Por facilidad de ilustración, redondeamos al dólar más cercano en todos los cálculos. Esto da como resultado que el último pago de la deuda de la tabla 21.2 sea un poco menor de lo que sería en otro caso.

Tabla 21.2

Programa de pago
de deuda

FINAL DE AÑO	(a) PAGO DE PRÉSTAMO	(b) CANTIDAD PRINCIPAL DEBIDA AL FINAL DE AÑO $(b)_{t-1} - (a) + (c)$	(c) INTERÉS ANUAL $(b)_{t-1} \times (0.12)$
0	$28,955	$119,045	–
1	28,955	104,375	$14,285
2	28,955	87,945	12,525
3	28,955	69,543	10,553
4	28,955	48,933	8,345
5	28,955	25,850	5,872
6	28,952*	0	3,102

*El último pago es un poco menor debido al redondeo en los cálculos.

Tabla 21.3 Programa de flujos de efectivo para la alternativa de deuda

FINAL DE AÑO	(a) PAGO DE PRÉSTAMO	(b) INTERÉS ANUAL	(c) DEPRECIACIÓN ANUAL	(d) BENEFICIOS DEL ESCUDO FISCAL $[(b) + (c)] \times (0.40)$	(e) FLUJOS DE EFECTIVO DESPUÉS DE IMPUESTOS $(a) - (d)$	(f) VALOR PRESENTE DE LOS FLUJOS DE EFECTIVO (AL 7.2%)
0	$28,955	$ 0	$ 0	$ 0	$28,955	$28,955
1	28,955	14,285	29,600	17,554	11,401	10,635
2	28,955	12,525	47,360	23,954	5,001	4,352
3	28,955	10,553	28,416	15,588	13,367	10,851
4	28,955	8,345	17,050	10,158	18,797	14,233
5	28,955	5,872	17,050	9,169	19,786	13,976
6	28,952	3,102	8,524	4,650	24,303	16,013
7	(30,000)*	0	0	(12,000)**	(18,000)	(11,064)
			$148,000			**$87,952**

*Valor de recuperación.
**Impuesto debido a la recaptura de la depreciación, $30,000 \times 0.40 = $12,000.

Para calcular los flujos de efectivo después de impuestos para la alternativa de deuda, debemos determinar el efecto fiscal.[2] Esto requiere conocer las cantidades de interés anual y depreciación anual. Usando el programa del sistema modificado acelerado de recuperación de costos para una propiedad en la clase de cinco años, como se mencionó antes, mostramos los cargos por depreciación anual en la columna (c) de la tabla 21.3. Puesto que tanto la depreciación como el interés son gastos deducibles para fines de impuestos, ofrecen un escudo fiscal igual a su suma multiplicada por la tasa de impuestos supuesta del 40 por ciento. Esto se muestra en la columna (d) de la tabla. Cuando estos beneficios se deducen del pago de la deuda, obtenemos el flujo de salida de efectivo después de impuestos al final de cada año, mostrado en la columna (e). Al final del séptimo año, se espera que el activo tenga un valor de rescate de $30,000. Esta *recaptura de la depreciación* está sujeta a la tasa de impuestos corporativa del 40% para la compañía, que deja un flujo de efectivo de entrada esperado después de impuestos de $18,000. Por último, calculamos el valor presente de todos estos flujos de efectivo a una tasa de descuento del 7.2% y encontramos que el total es $87,952.

Este valor presente de flujos de salida para la alternativa de deuda, $87,952, es menor que para la alternativa de arrendamiento, que es de $93,509. Por lo tanto, el análisis sugiere que la compañía opte por la deuda y no por el arrendamiento financiero para tener acceso al uso de un activo. Esta conclusión surge a pesar del hecho de que la tasa de interés implícita en los pagos de arrendamiento,

[2]Para facilitar la ilustración suponemos que el impuesto determinado con regularidad por la empresa es más alto que su IMA. Por lo tanto, los beneficios del escudo fiscal de la depreciación (un "concepto sujeto a impuesto mínimo") no se pierden (ni disminuyen) con una compra financiada con deuda.

11.61%, es menor que el costo explícito del financiamiento con deuda, el 12 por ciento. Sin embargo, si el activo se compra, la compañía puede aprovechar la depreciación modificada acelerada de recuperación del costo y esto ayudará a la situación desde el punto de vista del valor presente. Más aún, el valor residual al final del proyecto es un factor favorable, considerando que este valor va al arrendatario con el arrendamiento financiero.

Otro factor que favorece la alternativa de deuda es la deducibilidad de los pagos de interés para fines fiscales. Dado que la cantidad de interés integrada en un pago de deuda "tipo hipoteca" es más alta al principio y declina con los pagos sucesivos, los beneficios fiscales asociados con estos pagos siguen el mismo patrón en el tiempo. Desde el punto de vista del valor presente, este patrón beneficia a la empresa en comparación con el patrón de pagos de arrendamiento, que por lo común son constantes en el tiempo.

● ● ● Otras consideraciones

La decisión de solicitar un préstamo se apoya en el tiempo relativo y la magnitud de los flujos de efectivo para las dos alternativas de financiamiento, al igual que sobre la tasa de descuento empleada. Hemos supuesto que los flujos de efectivo se conocen con certidumbre relativa. Esto es razonable en su mayor parte, pero existe cierta incertidumbre que, en ocasiones, es importante. El valor de rescate (residual) de un activo suele ser tema de considerable incertidumbre, por ejemplo.

Tome nota

En virtud de la incertidumbre que rodea el valor de recuperación de un activo, se ha propuesto descontar el valor de rescate neto a una tasa más alta que el costo de la deuda después de impuestos de la empresa. Por ejemplo, algunos expertos en arrendamiento sugieren usar el costo de capital de la empresa como una tasa de descuento más apropiada para los flujos del valor de rescate en la alternativa de compra/préstamo.

En nuestro ejemplo (véase la tabla 21.3), aplicar una tasa de descuento más alta que el costo de la deuda después de impuestos de la empresa (es decir, el 7.2%) para el valor de rescate neto aumentaría el valor presente de los flujos de efectivo netos para la alternativa de deuda, haciendo menos atractiva la alternativa de compra/préstamo. Sin embargo, preferiríamos el arrendamiento financiero a la deuda financiera en nuestro ejemplo sólo si la tasa de descuento elegida para el valor de rescate neto excede el 18.4 por ciento.

Como podemos ver, decidir entre rentar o solicitar un préstamo supone efectuar algunos cálculos extensos. Cada situación requiere un análisis separado. El análisis se complica si las dos alternativas implican cantidades diferentes de financiamiento. Si financiamos menos que el costo total de un activo con un préstamo, pero financiamos el 100% del costo al arrendar, debemos considerar la diferencia en la cantidad de financiamiento, ambos desde el punto de vista de los costos implícitos y explícitos. Estas consideraciones y otras mencionadas en este capítulo hacen que la evaluación del arrendamiento financiero sea bastante detallada.

● ● ● La importancia de la tasa de impuestos

El análisis de arrendamiento contra préstamo es muy sensible a la tasa de impuestos del arrendatario potencial. Si la tasa de impuestos efectiva fuera del 20% en vez del 40% en el ejemplo anterior, la comparación del valor presente cambia. Los beneficios del escudo fiscal son menores y la tasa de descuento —el costo después de impuestos de solicitar un préstamo— es más alta, es decir, 12% $(1 - 0.20) = $ **9.6%**. Al trabajar de nuevo con las cifras de las tablas 21.1 y 21.3, podemos determinar que el resultado de estos dos cambios es el valor presente de los flujos de efectivo de salida para la alternativa de arrendamiento, que es $114,924, mientras que para la alternativa de deuda es $112,261.

La alternativa de deuda todavía domina, pero por un margen menor que antes. Para una tasa de impuestos de cero y usando el 12% como tasa de descuento, el valor presente de los flujos de salida de la alternativa de arrendamiento es $132,897 contra $134,430 para la alternativa de deuda. La alternativa de arrendamiento ahora domina por un pequeño margen.

La lección importante de estos ejemplos es que la tasa de impuestos del arrendatario afecta mucho. En general, cuando la tasa de impuestos efectiva disminuye, la ventaja relativa del financiamiento con deuda contra el de arrendamiento también disminuye. Esto explica por qué el arrendamiento financiero suele ser atractivo para los que están en los grupos de cero o bajo impuesto que no pueden disfrutar del beneficio fiscal asociado con poseer un activo. Al arrendar de alguien ubicado en un grupo alto de impuestos, el arrendatario quizá pueda obtener parte del beneficio fiscal de la propiedad, porque los pagos de renta son menores que en otros casos; qué tanto serán menores es algo que depende de las condiciones de oferta y demanda en la industria del arrendamiento. La participación exacta en los beneficios fiscales es negociable y depende de la situación competitiva del momento.

Para fines prácticos, la industria del arrendamiento en Estados Unidos es un artificio de las leyes fiscales. Conforme estas leyes se modifican, repercuten en la industria, con frecuencia de manera drástica. Las partes que financiaban mediante un arrendamiento ya no pueden hacerlo, mientras que a otras quizá les parezca conveniente. Los arrendadores anteriores pueden salir del negocio, mientras que otros tal vez adopten ese papel para obtener ventajas. Cuanto más considerable sea el cambio en las leyes que afectan deducibles, tasas de impuestos e impuestos mínimos alternativos, mayor será el desequilibrio y más largo será el proceso para equilibrarlo cuando las partes salen o entran al mercado como arrendadores o arrendatarios. Algo está claro: los impuestos tienen una influencia dominante en la industria del arrendamiento.

Puntos clave de aprendizaje

- Un *préstamo a plazo* representa deuda originalmente programada para saldarse en más de un año pero casi siempre en menos de 10 años.
- Los bancos comerciales, las compañías de seguros y otros inversionistas institucionales hacen préstamos a plazo a las empresas. Los bancos también proveen financiamiento bajo un *acuerdo de crédito revolvente*, que representa un compromiso formal por parte del banco para prestar hasta cierta cantidad de dinero en un periodo especificado.
- Los prestamistas que ofrecen crédito no seguro suelen imponer restricciones sobre el prestatario. Estas restricciones se llaman *convenios* de protección y están especificadas en un *acuerdo de préstamo*. Si el prestatario deja de cumplir cualquiera de las cláusulas del acuerdo de préstamo, el prestamista puede tomar medidas correctivas de inmediato.
- Con base en el respaldo, las empresas podrán obtener financiamiento a mediano plazo comprometiendo el equipo que poseen o están en vías de comprar. Bancos, compañías financieras y vendedores de equipo son proveedores activos de este tipo de financiamiento.
- En el arrendamiento financiero, el arrendatario (el que renta) acuerda pagar al arrendador (el propietario), periódicamente, por el uso económico del activo de este último. En virtud de esta obligación contractual, el arrendamiento se ve como un método de financiamiento similar a solicitar un préstamo.
- Un *arrendamiento operativo* es un arrendamiento a corto plazo que con frecuencia es susceptible de cancelar; un *arrendamiento financiero* es uno a largo plazo que no tiene posibilidad de cancelación.
- Un arrendamiento financiero puede implicar la adquisición de un activo mediante un *arrendamiento directo*, un acuerdo de *venta y arrendamiento garantizado* o un *arrendamiento apalancado*.
- Una de las principales razones económicas para arrendar es la incapacidad de una empresa para aprovechar todos los beneficios fiscales asociados con la propiedad de un activo. Esto puede surgir debido a **1.** operaciones no redituables, **2.** la previsión del impuesto mínimo alternativo (IMA) o **3.** utilidades insuficientes para aprovechar de manera efectiva todos los beneficios fiscales posibles.
- Un medio común usado para analizar el arrendamiento financiero en relación con el financiamiento con deuda es descontar al valor presente los flujos de efectivo netos después de impuestos para cada alternativa. La alternativa de financiamiento preferida es la que implica el menor valor presente neto de los flujos de salida de efectivo.

Apéndice Manejo contable de arrendamientos

El manejo contable de los arrendamientos ha tenido un cambio arrollador en las últimas tres décadas. Antes, los arrendamientos no se incluían en los estados financieros. Gradualmente se requirió su inclusión y aparecieron primero en los pies de página de los estados financieros. Con sólo una descripción mínima, el arrendamiento era atractivo para ciertas empresas como un método de financiamiento "fuera del balance". Sin embargo, no existe evidencia de que ese financiamiento tuviera un efecto favorable sobre la valuación de la compañía, cuando todo lo demás permanecía sin cambio. De cualquier manera, muchas compañías procedieron sobre la suposición de que el financiamiento "fuera del balance" era algo bueno. Después llegó la declaración del Consejo de estándares de contabilidad financiera número 13 (llamada FASB 13) en 1976 con reglas explícitas que exigen la capitalización sobre el balance general de ciertos tipos de arrendamiento.[3] En esencia, esta declaración dice que si el arrendatario obtiene todos los beneficios y riesgos económicos de la propiedad arrendada, entonces el valor del activo junto con la obligación del arrendamiento correspondiente deben aparecer en el balance general del arrendatario.

FASB 13 Declaración publicada por el Consejo de Estándares de Contabilidad Financiera (*Financial Acounting Standards Board*, FASB) que establece los estándares de contabilidad financiera para arrendadores y arrendatarios.

Arrendamientos de capital y operativos

Los arrendamientos que conforman en principio esta definición se llaman *arrendamientos de capital*. De manera más específica, un arrendamiento se ve como un arrendamiento de capital si cumple una o más de las siguientes condiciones:

1. El arrendamiento transfiere la propiedad del activo al arrendador al final del periodo de arrendamiento.

2. El arrendamiento contiene una opción de compra del activo a un precio de ganga (es decir, menor que el valor justo de mercado del activo al término del arrendamiento).

3. El periodo de arrendamiento es igual al 75% o más de la vida económica estimada del activo.

4. Al principio del arrendamiento, el valor presente del mínimo de los pagos de renta es igual al 90% o más del valor justo de mercado del activo arrendado.[4]

Si alguna de estas condiciones se cumple, se dice que el arrendatario ha adquirido la mayor parte de los beneficios económicos y riesgos asociados con la propiedad arrendada. Por lo tanto, se trata de un arrendamiento de capital. Si un arrendamiento no cumple alguna de estas condiciones, se clasifica (para fines contables) como un *arrendamiento operativo*.[5] En esencia, los arrendamientos operativos dan al arrendatario el derecho de utilizar la propiedad arrendada durante un periodo, pero no dan al arrendatario todos los beneficios y riesgos asociados con el activo.

Registro del valor de un arrendamiento de capital. Con un arrendamiento de capital, el arrendatario debe reportar el valor de la propiedad rentada en el lado de los activos del balance general. La cantidad reflejada es el valor presente del mínimo de los pagos de arrendamiento durante el periodo. Si los costos ejecutorios, como seguro, mantenimiento e impuestos, son parte del pago de arrendamiento total, éstos se deducen y sólo el residuo se usa para calcular el valor presente. Como lo requieren las reglas contables, la tasa de descuento usada es el menor de **1.** la tasa incremental de un préstamo para el arrendatario o **2.** la tasa de interés implícita en el arrendamiento si, de hecho, es posible determinar esa tasa.

---

[3]*Statement of Financial Accounting Standards No. 13, Accounting for Leases* (Stamford, CT: Financial Accounting Standards Board, noviembre de 1976).

[4]La tasa de descuento usada para determinar el valor presente es en general la *tasa de un préstamo incremental para el arrendatario*. La FASB define esto como la tasa de interés antes de impuestos que el arrendatario pagaría por el préstamo de los fondos necesarios para comprar el activo rentado usando un préstamo respaldado con plazos de pago similares al programa de pagos necesario para este arrendamiento.

[5]Antes en este capítulo, usamos el término *arrendamiento operativo* para describir un arrendamiento a corto plazo. Los contadores, sin embargo, también lo aplican a cualquier arrendamiento financiero (a largo plazo) que no califique técnicamente como arrendamiento de capital.

Financial Week
The Home Page of Corporate Finance

Analista: Whole Foods y Walgreen verán reducido su rendimiento sobre activos (RSA) a la mitad por el gran salto en las obligaciones reportadas.

Los reguladores de la contabilidad nacional e internacional están al menos a dos años de cambiar las reglas del arrendamiento, pero un nuevo estudio revela que algunas compañías grandes con muchos arrendamientos podrían ver que sus obligaciones dan un salto de más del 100% y que sus activos suben en un 70% si los arrendamientos entran en los balances generales.

"Se trata de cifras muy grandes", considera Matt Magilke, un ayudante de profesor de contabilidad en la Universidad de Utah que realizó el estudio. "¿Quién sabe qué pasará si una empresa tiene que anotar en sus libros estos tipos de obligaciones?".

El estudio, comisionado por Grant Thornton, buscó el efecto de este cambio contable para las 50 compañías que tienen una capitalización de mercado de $1 mil millones o más y el mayor número de arrendamientos fuera de los balances generales desde 2005, el año más reciente con datos completos disponibles. Los cambios en la contabilidad del arrendamiento están en la agenda del Financial Accounting Standards Board y del International Accounting Standards Board.

Al principio de la lista de las compañías afectadas está Whole Foods Market, cuyos pasivos aumentarán en un 666% si sus arrendamientos entran en el balance general. Las siguientes tres en la lista incluyen a Walgreen (sus obligaciones aumentan en 421%), Panera Bread (aumentan en 420%) y AirTran (se elevan un 413%). Los activos de las cuatro compañías se elevarían del 116% al 288%, de acuerdo con el estudio.

Por supuesto, eso también significaría una gran reducción en el rendimiento sobre los activos y un incremento en el apalancamiento para estas empresas; los resultados podrían tener una recepción negativa por parte de analistas, inversionistas y acreedores, que se basan en estas medidas para evaluar a las compañías.

Magilke estima que Whole Foods vería caer su rendimiento sobre activos (RSA) más de la mitad, al 3.7% en comparación con el 7.2% actual, y su porcentaje de deuda con respecto al capital accionario más de cinco veces, al 169% comparado con el 38 por ciento. El RSA de Walgreen también caería más

de la mitad, al 5.3% en comparación con el 10.7%, mientras que su razón entre deuda y capital accionario sería más del triple, al elevarse del 64% al 229 por ciento.

La salud financiera de las compañías no se vería afectada colocando activos y pasivos adicionales en los libros, observa Magilke, pero sus balances generales darían un panorama más certero de sus obligaciones. No está seguro de si los precios de las acciones cambiarían como resultado.

"Suponemos que el inversionista experimentado debe saber ya [acerca de la obligación] porque está en la nota al pie", dijo.

Pero eso sugiere la pregunta de por qué los arrendamientos están fuera de los balances generales en primer lugar. "Casi todas las compañías prefieren no tener la deuda en sus estados financieros", señala Edward Nusbaun, director ejecutivo de Grant Thornton. "No les gusta lo que pasaría entonces con su razón entre deuda y capital accionario o la manera en que se vería su balance general a los ojos de prestamistas e inversionistas potenciales. Sin duda se vería mal".

Mientras que los principios contables generalmente aceptados (*Generally Accepted Accounting Principles*, GAAP) permiten que los arrendamientos estén fuera de los balances generales si las compañías los estructuran como arrendamiento operativo y no como arrendamiento de capital, Nusbaum dice que favorece eliminar esa opción. Manejar todos los arrendamientos como arrendamientos de capital, asegura Nusbaum, sería más pertinente "para aproximar y reflejar mejor la economía de las transacciones".

Podrían pasar al menos dos años antes de que la FASB y la IASB voten por las recomendaciones sobre las reglas de los cambios. Nusbaum sugiere que las compañías revisen el asunto tan pronto como sea posible.

Gran cantidad de deuda

El balance general de Whole Foods con y sin arrendamientos (millones)

● Activos ● Pasivos

Capitalizados

$524

$1,784

$1,889

$3,673   No capitalizados

Notas: Datos desde 2005.
Fuente: Mat Magilke, Universidad de Utah.

El valor presente de los pagos de arrendamiento debe registrarse como un activo en el balance general del arrendatario. (Si el valor justo de mercado de la propiedad rentada es menor que el valor presente del mínimo de los pagos de arrendamiento, entonces se mostrará el valor justo de mercado). Una obligación correspondiente también se registra en el balance general, con el valor presente de los pagos que se vencen dentro del año reflejados como pasivos corrientes, y el valor presente de los pagos que se vencen después de un año registrados como pasivos no corrientes. La información sobre la propiedad rentada puede combinarse con información similar de los activos que se poseen, pero debe haber una descripción en una nota al pie referente al valor de la propiedad rentada y su amortización. Las porciones relacionadas con capital-arrendamiento de un balance general hipotético podrían verse como sigue:

ACTIVOS		PASIVOS	
Activos fijos brutos[a]	$3,000,000	Corrientes	
Menos: depreciación acumulada		Obligaciones bajo arrendamientos de capital	$ 90,000
y amortización	1,000,000	No corrientes	
Activos fijos netos	$2,000,000	Obligaciones bajo arrendamientos de capital	$270,000

[a]Los activos fijos brutos incluyen propiedad arrendada de $500,000. El concepto depreciación acumulada y amortización incluye $140,000 en amortización asociada con esa propiedad.

Aquí, en la nota al pie del balance general, vemos información de que el valor capitalizado de los arrendamientos de la compañía es $500,000 menos $140,000 en amortización, o $360,000 en total. La obligación se divide entre $90,000 en pasivos corrientes y $270,000 en deuda a más de un año. Además de esta información, se requieren más detalles en las notas al pie. La información relevante incluye las cantidades brutas de propiedad rentada por categorías de propiedad (que se pueden combinar con categorías de activos poseídos); los pagos de arrendamiento mínimos futuros totales; un programa por año de los pagos de arrendamiento futuros requeridos durante los próximos cinco años; la renta por subarrendamientos mínimos totales que se recibirán; la existencia y los plazos de opciones de compra o renovación y cláusulas de ascenso; rentas contingentes con algún factor u otro que no sea el paso del tiempo, y cualesquiera restricciones impuestas en los acuerdos de arrendamiento.

Descripción de arrendamientos operativos. Para los arrendamientos operativos, al igual que para los arrendamientos de capital, se requiere cierta apertura, pero puede ser en notas al pie. Para los arrendamientos no cancelables que tienen un plazo restante de más de un año, el arrendatario debe describir los pagos de arrendamiento mínimos futuros; un programa anual para los próximos cinco años y una cifra total por los años siguientes a partir de entonces; el total de rentas de subarrendamiento que se recibirán; la base para los pagos contingentes de renta; la existencia y los plazos de opciones de compra o renovación y las cláusulas de ascenso, y cualesquiera restricciones en el acuerdo de arrendamiento. Las dos últimas categorías están incluidas en la descripción general del contrato de arrendamiento.

Amortización del arrendamiento de capital y reducción de la obligación

Un arrendamiento de capital debe amortizarse y la obligación debe reducirse durante el periodo de arrendamiento. El método de amortización puede ser el método de depreciación usual del arrendatario para los activos que posee. Debe señalarse que el periodo de amortización es siempre el plazo del arrendamiento aun si la vida del activo es más larga. Si la vida económica es más larga, el activo tendrá un valor residual esperado, que irá al arrendador. La FASB 13 también requiere que la obligación de arrendamiento de capital se reduzca y se cargue en la cuenta en el periodo por el "método de interés". Con este método, cada pago de renta se separa en dos componentes: el pago del principal y el pago de interés. La obligación se reduce justo en la cantidad de pago del principal.

Informe de utilidades. Para fines de reporte de ingresos, la FASB 13 requiere que la amortización de la propiedad arrendada y el interés anual integrado en el pago de arrendamiento de capital se manejen como gasto. Este gasto entonces se deduce de la misma manera que cualquier gasto para obtener el ingreso neto. Como se aprecia, la contabilidad para arrendamientos puede volverse bastante complicada.

Preguntas

1. ¿Qué razones puede citar para que una empresa recurra al endeudamiento a mediano plazo? ¿Por qué no mejor se sustituye por *a*) una deuda a largo plazo, *b*) una deuda a corto plazo?
2. ¿Por qué las compañías de seguros no compiten de manera más activa con los bancos para ofrecer financiamiento a corto y mediano plazos?
3. ¿Cuál es el objetivo de los convenios de protección en un acuerdo de préstamo a plazo?
4. ¿En qué difieren un *acuerdo de crédito revolvente* y una *línea de crédito*?
5. ¿Cómo debe un prestamista establecer *a*) el convenio de protección de capital de trabajo en un acuerdo de préstamo y *b*) el convenio de gasto de capital en un acuerdo de préstamo?
6. Como prestatario, ¿cómo enfrentaría la negociación de las restricciones sobre el capital de trabajo y los gastos de capital que el prestamista quiere imponer?
7. ¿Cuáles son las instituciones financieras que brindan financiamiento a mediano plazo para las empresas?
8. ¿En qué difieren un *derecho de garantía sobre bienes muebles* y un *contrato de venta condicional* en lo que se refiere a financiar equipo?
9. El capítulo 1 sugiere que el proceso de toma de decisiones de invertir en activos (comprar activos) y de financiar activos (reunir fondos) son dos funciones distintas y separadas del gerente de finanzas. Este capítulo sugiere que, al menos en el caso del arrendamiento, los procesos de decisión no se pueden separar. Analice los problemas que surgen por este tipo de situación.
10. ¿En qué difieren un *arrendamiento financiero* y un *arrendamiento operativo*? ¿En qué difieren un *arrendamiento de servicio (o de mantenimiento) completo* y un *arrendamiento neto*?
11. Compare el mecanismo de *venta y arrendamiento garantizado* con el de *arrendamiento directo*.
12. En general, ¿cómo se maneja el arrendamiento financiero desde el punto de vista contable comparado con el financiamiento con deuda?
13. Analice el efecto probable que tendrá una venta y arrendamiento garantizado sobre lo siguiente:
    a) Las razones de liquidez
    b) El rendimiento sobre la inversión
    c) El rendimiento sobre el capital accionario
    d) La clase de riesgo de las acciones ordinarias de la corporación
    e) El precio de las acciones ordinarias de la corporación
14. Algunas personas de negocios consideran que el riesgo de obsolescencia y la inflexibilidad se transfiere del arrendatario al arrendador. ¿Cómo se induce a un arrendador a aceptar un riesgo más alto y mayor inflexibilidad?
15. En su opinión, ¿los siguientes factores tenderían a favorecer el préstamo o el arrendamiento como financiamiento alternativo? ¿Por qué?
    a) Un incremento en la tasa de impuestos corporativos
    b) Una depreciación más acelerada
    c) Un nivel de precios que se eleva
    d) Un valor residual más alto del activo arrendado
    e) Un incremento en la tasa de interés libre de riesgo

Problemas para autoevaluación

1. Burger Rex está expandiendo su cadena de puntos de venta. Este programa requerirá un gasto de capital de $3 millones, que deben financiarse. La compañía ha establecido un crédito revolvente de tres años por $3 millones, que puede convertirse en un préstamo a plazo a tres años cuando se venza el compromiso de crédito revolvente. La cuota del compromiso por ambos acuerdos de crédito es del 0.5% de las porciones no usadas. El banco ha cotizado a Burger Rex una tasa de interés del 1% sobre la prima para el crédito revolvente y 1.5% sobre la prima para el préstamo a plazo, si se toma la opción. La compañía espera pedir prestados $1.4 millones al inicio y otros $1.6 millones al final del primer año. Al vencimiento del crédito revolvente, la compañía espera

tomar el préstamo a plazo completo. Al final de los años 4, 5 y 6, espera hacer un pago al principal de $1 millón.

a) Para cada uno de los siguientes seis años, ¿cuál es la cuota de compromiso esperada en dólares?

b) ¿Cuál es el costo de interés esperado en dólares por arriba de la tasa preferencial?

2. Suponiendo que los pagos de arrendamiento anuales se hacen por adelantado (anualidad) y que no hay un valor residual, despeje la incógnita en cada situación:

a) Para un precio de compra de $46,000, una tasa de interés implícita del 11% y un periodo de arrendamiento de 6 años, determine el pago de arrendamiento anual.

b) Para un precio de compra de $210,000, un periodo de arrendamiento de cinco años y pagos de arrendamiento anuales de $47,030, determine la tasa de interés implícita.

c) Para una tasa de interés implícita del 8%, un periodo de arrendamiento de siete años y pagos de arrendamiento anuales de $16,000, determine el precio de compra.

d) Para un precio de compra de $165,000, una tasa de interés implícita del 10% y pagos de arrendamiento anuales de $24,412, determine el periodo de arrendamiento.

3. US Blivet desea adquirir una máquina de desengrasado de $100,000 que planea usar durante ocho años. Al final de ese periodo, el valor residual de la máquina será de $24,000. El activo cae en la clase de propiedad de cinco años para fines de recuperación de costo (depreciación). La compañía puede usar un arrendamiento "verdadero" o financiamiento con deuda. Se requieren pagos de arrendamiento de $16,000 al inicio de cada uno de los ocho años. Si se financia con deuda, la tasa de interés es del 14% y los pagos de la deuda se vencen al inicio de cada uno de los ocho años. (El interés se amortiza como instrumento de deuda tipo hipoteca). A la compañía le corresponde el intervalo de impuestos del 40 por ciento. ¿Qué método de financiamiento tiene el menor valor presente de los flujos de efectivo?

Problemas

1. Eva Forlines Fashions Corporation desea solicitar un préstamo de $600,000 con término de cinco años. Cattleperson's National Bank está dispuesto a otorgarle el préstamo a una tasa del 14%, siempre que el préstamo se amortice en un periodo de cinco años. Los pagos se hacen al final de cada uno de los cinco años. Establezca un programa de amortización de pagos anuales iguales al préstamo que satisfagan estas condiciones. Asegúrese de mostrar los componentes tanto del principal como del interés de cada pago global.

2. El 1 de enero, Acme Aglet Corporation analiza un préstamo a plazo de $3 millones a cuatro años del Fidelity First National Bank. El préstamo se pagaría al final del cuarto año e incluye un acuerdo de préstamo que contiene varias cláusulas de protección. Entre esas restricciones están que la compañía debe mantener un capital de trabajo neto (activos corrientes menos pasivos corrientes) de al menos $3 millones en todo momento, que no puede contraer deuda a largo plazo, que sus pasivos totales no pueden exceder el 0.6 de sus activos totales, y que los gastos de capital en cualquier año están limitados a la depreciación más $3 millones. El balance general de la compañía al 31 de diciembre, antes del préstamo a plazo, es como sigue (en millones):

Activos corrientes	$ 7	Pasivos corrientes	$ 3
Activos fijos netos	10	Deuda a largo plazo (vence en 8 años)	5
		Capital accionario	9
Total	$17	Total	$17

Los ingresos del préstamo a plazo se usarán para aumentar la inversión de Acme Aglet en inventarios y cuentas por cobrar en respuesta a la introducción de una nueva placa metálica empotrada. La compañía anticipa una necesidad posterior para crecer a una tasa del 24% anual, dividida por igual entre activos corrientes y activos fijos netos. Las ganancias esperadas después de impuestos para este año son de $1.5 millones y se espera que crezcan en $250,000 por año en los tres años subsiguientes. La compañía no paga dividendos en efectivo y no piensa pagarlos en los siguientes cuatro años. La depreciación el año anterior fue de $2.5 millones y se pronostica que crecerá los siguientes cuatro años a la misma tasa que el crecimiento en activos fijos netos.

Con este acuerdo de préstamo, ¿podrá la compañía lograr su objetivo de crecimiento? Dé una explicación numérica.

3. A partir de la siguiente información, calcule el pago de arrendamiento anual (pagado por adelantado) que requerirá el arrendador.

   a) Precio de compra de $260,000, tasa de interés del 13%, periodo de arrendamiento de 5 años y sin valor residual

   b) Precio de compra de $138,000, tasa de interés del 6%, periodo de arrendamiento de 9 años y valor residual casi seguro de $20,000

   c) Precio de compra de $773,000, tasa de interés del 9%, periodo de arrendamiento de 10 años y sin valor residual.

4. Volt Electronics Company está considerando arrendar uno de sus productos, además de venderlo de manera directa a los clientes. El producto, el Volt Tester, se vende en $18,600 y tiene una vida económica de ocho años.

   a) Para ganar el 12% de interés, ¿qué pago de arrendamiento anual debe pedir Volt como arrendador? (Suponga que los pagos de arrendamiento se hacen por adelantado).

   b) Si el producto tiene un valor de rescate (conocido con certidumbre relativa) de $4,000 al final de los ocho años, ¿qué pago de arrendamiento anual se requiere?

5. Fez Fabulous Fabrics desea adquirir una máquina cortadora multifacética de tela en $100,000. Se espera usar la máquina durante ocho años, después de lo cual habrá un valor residual esperado de $20,000. Si Fez financiara la cortadora firmando un contrato de arrendamiento "verdadero" por ocho años, requeriría hacer pagos anuales de arrendamiento de $16,000, por adelantado. La compañía también podría financiar la compra con un préstamo a plazo al 12% con un programa de pagos con la misma configuración general que el programa de pagos de arrendamiento. El activo se ubica en la clase de propiedad de cinco años para fines de recuperación de costo (depreciación) y la compañía tiene una tasa de impuestos del 35 por ciento. ¿Cuál es el valor presente de los flujos de efectivo de estas alternativas, usando el costo de la deuda después de impuestos como tasa de descuento? ¿Qué alternativa sería mejor?

6. Valesquez Ranches, Inc., desea usar un nuevo camión a gas natural comprimido que cuesta $80,000. El rancho intenta operar el camión durante cinco años, al final de los cuales se espera que tenga un valor residual de $16,000. Suponga que el activo está en la clase de propiedad de tres años para fines de recuperación de costo (depreciación) de acuerdo con el sistema modificado acelerado, y que Valesquez Ranches tiene una tasa fiscal del 30 por ciento. La empresa dispone de dos medios de financiamiento para el nuevo camión. Un acuerdo de "arrendamiento neto" con pagos anuales de renta de $17,000 por adelantado. Una alternativa de deuda tiene un costo de interés del 10 por ciento. Los pagos de deuda se hacen al inicio de cada uno de los cinco años usando una amortización tipo hipoteca. Con base en el método de valor presente de los flujos de efectivo, determine la mejor alternativa de financiamiento.

Problema del apéndice

7. Locke Corporation acaba de rentar una máquina de doblado de metales que requiere pagos anuales de arrendamiento de $30,000 por adelantado. El periodo de renta es de seis años y el arrendamiento se clasifica como de capital para fines contables. La tasa de préstamos incremental de la compañía es del 11%, mientras que la tasa de interés del arrendador es del 12 por ciento. La amortización del arrendamiento el primer año asciende a $16,332. Con base en esta información, calcule lo siguiente:

   a) La obligación contable del arrendamiento que se mostrará en el balance general inmediatamente después del primer pago de renta.

   b) El gasto de arrendamiento anual (amortización más interés) en el primer año como aparecerá en la declaración de ingresos contable. [El gasto de interés se basa en el valor contable determinado en el inciso a)].

Soluciones a los problemas para autoevaluación

1. *a*), *b*) (en miles)

	Crédito revolvente			Préstamo a plazo		
	1	**2**	**3**	**4**	**5**	**6**
Cantidad solicitada en préstamo durante el año	$1,400	$3,000	$3,000	$3,000	$2,000	$1,000
Porción no usada	1,600	0	0	0	1,000	2,000
Cuota de compromiso (0.005)	**8**	**0**	**0**	**0**	**5**	**10**
Costo de interés por arriba de la tasa preferencial (1% los primeros 3 años y 1.5% los últimos 3)	**14**	**30**	**30**	**45**	**30**	**15**

(La columna **AÑO** abarca todas las columnas 1 a 6.)

2. Una versión generalizada de la ecuación (21.2) se usa como fórmula en todo el problema.

a) $\$46,000 = X + X(FIVPA_{11\%,5})$

$\$46,000 = X + X(3.696) = X(4.696)$

$X = \$46,000/4.696 = \mathbf{\$9,796}$

b) $\$210,000 = \$47,030/(1 + FIVPA_{X,5})$

$\$210,000/\$47,030 = (1 + FIVPA_{X,5}) = 4.465$

A restar 1 de esto se obtiene $FIVPA_{X,5} = 3.465$. Buscamos en la tabla IV (en el apéndice al final del libro) en el *renglón de 4 periodos* y encontramos que 3.465 es la cifra reportada para 6 por ciento. Por lo tanto, la tasa de interés implícita, X, es del **6 por ciento**.

c) $X = \$16,000(1 + FIVPA_{8\%,6})$

$X = \$16,000(1 + 4.623) = \mathbf{\$89,968}$

d) $\$165,000 = \$24,412(1 + FIVPA_{10\%,X})$

$\$165,000/\$24,412 = (1 + FIVPA_{10\%,X}) = 6.759$

Al restar 1 de esto obtenemos 5.759. Buscamos en la tabla IV en la *columna de 10%* y encontramos que 5.759 corresponde al *renglón de 9 periodos*. Por lo tanto, el periodo de arrendamiento es 9 + 1, o **10 años**.

3. PROGRAMA DE FLUJOS DE EFECTIVO PARA LA ALTERNATIVA DE ARRENDAMIENTO

FINAL DE AÑO	(a) PAGO DE RENTA	(b) BENEFICIOS DEL ESCUDO FISCAL $(a)_{t-1} \times (0.40)$	(c) FLUJO DE SALIDA DESPUÉS DE IMPUESTOS $(a) - (b)$	(d) VALOR PRESENTE DE FLUJOS DE SALIDA (AL 8.4%)
0	$16,000	–	$16,000	$16,000
1-7	16,000	$6,400	9,600	49,305*
8	–	6,400	(6,400)	(3,357)
				$61,948

*Total para los años 1 a 7.

La tasa de descuento es el costo antes de impuestos de solicitar un préstamo multiplicado por 1 menos la tasa de impuestos, o $(14\%)(1 - 0.40) = 8.4\%$.

El pago anual de la deuda es:

$$\$100,000 = X(1 + FIVPA_{14\%,7})$$
$$\$100,000 = X(1 + 4.288) = X(5.288)$$
$$X = \$100,000/5.288 = \$18,910$$

PROGRAMA DE PAGO DE DEUDA

FINAL DE AÑO	(a) PAGO DE PRÉSTAMO	(b) CANTIDAD DEL PRINCIPAL DEBIDA AL FINAL DEL AÑO $(b)_{t-1} - (a) + (c)$	(c) INTERÉS ANUAL $(b)_{t-1} \times (0.14)$
0	$18,910	$81,090	–
1	18,910	73,533	$11,353
2	18,910	64,917	10,295
3	18,910	55,096	9,088
4	18,910	43,899	7,713
5	18,910	31,135	6,146
6	18,910	16,584	4,359
7	18,906*	0	2,322

*El último pago es un poco menor debido al redondeo.

PROGRAMA DE FLUJOS DE EFECTIVO PARA LA ALTERNATIVA DE DEUDA

FINAL DEL AÑO	(a) PAGO DE DEUDA	(b) INTERÉS ANUAL	(c) DEPRECIACIÓN ANUAL	(d) BENEFICIOS DEL ESCUDO FISCAL $(b + c) \times 0.40$	(e) FLUJO DE EFECTIVO DESPUÉS DE IMPUESTOS $(a) - (d)$	(f) VP DE FLUJOS DE EFECTIVO (AL 8.4%)
0	$18,910	$ 0	$ 0	$ 0	$18,910	$18,910
1	18,910	11,353	20,000	12,541	6,369	5,875
2	18,910	10,295	32,000	16,918	1,992	1,695
3	18,910	9,088	19,200	11,315	7,595	5,962
4	18,910	7,713	11,520	7,693	11,217	8,124
5	18,910	6,146	11,520	7,066	11,844	7,913
6	18,910	4,359	5,760	4,048	14,862	9,160
7	18,906	2,322		929	17,977	10,222
8	(24,000)*			(9,600)**	(14,400)	(7,553)
			$100,000			$60,308

*Valor de rescate (o de recuperación).
**Impuesto debido a la recaptura de depreciación ($24,000)(0.40) = $9,600.

Puesto que la alternativa de deuda tiene un menor valor presente de los flujos de salida, es la mejor. Sin embargo, algunos argumentan que debería aplicarse una tasa de descuento más alta que el costo de deuda después de impuestos del arrendatario (es decir, 8.4%) al valor residual por la mayor incertidumbre de este flujo de efectivo. Una tasa de descuento del 11.8 por ciento[6] o más —aplicada al valor residual— no hará que el valor presente de los flujos de salida sea mayor para la alternativa de deuda que para la alternativa de arrendamiento. En esta situación, se prefiere la alternativa de arrendamiento.

[6]Para que el valor presente de los flujos de salida para la alternativa de arrendamiento ($61,948) sea menor que el valor presente de los flujos de salida para la alternativa de deuda ($[\$60,309 + \$7,553] - [\$14,400/(1 + X)^8]$), la tasa de descuento (X) debe ser aproximadamente del 11.8% o mayor.

Referencias seleccionadas

Bierman, Harold, Jr. "Buy Versus Lease with an Alternative Minimum Tax". *Financial Management* 20 (otoño, 1991), 96-107.

Bower, Richard S. "Issues in Lease Financing". *Financial Management* 2 (invierno, 1973), 25-34.

_____ y George S. Oldfield Jr. "Of Lessees, Lessors, and Discount Rates and Whether Pigs Have Wings". *Journal of Business Research* 9 (marzo, 1981), 29-38.

Bower, Richard S., Frank C. Herringer y J. Peter Williamson. "Lease Evaluation". *Accounting Review* 41 (abril, 1966), 257-265.

Cenker, William J. y Robert Bloom. "The Leasing Conundrum". *Management Accounting Quarterly* 1 (primavera, 2000), 34-41.

Crabbe, Leland. "Corporate Medium-Term Notes". *Journal of Applied Corporate Finance* 4 (invierno, 1992), 90-102.

_____. "Anatomy of the Medium-Term Note Market". *Federal Reserve Bulletin* 79 (agosto, 1993), 751-768.

Fisher, Omar Clark. "Unveiling Islamic Leasing". *Journal of Equipment Lease Financing* 21 (primavera, 2003), 2-12.

GE Capital: Our Business Is Helping Yours Find Its Way Through the Leasing Maze. Stamford, CT: General Electric Capital Corporation, 1999.

Gill, Richard C. "Term Loan Agreements". *Journal of Commercial Bank Lending* 62 (febrero, 1980), 22-27.

Hull, John C. "The Bargaining Positions of the Parties to a Lease Agreement". *Financial Management* 11 (otoño, 1982), 71-79.

Lease, Ronald C., John J. McConnell y James S. Shallheim. "Realized Returns and the Default and Prepayment Experience of Financial Leasing Contracts". *Financial Management* 19 (verano, 1990), 11-20.

Lummer, Scott L. y John J. McConnell. "Further Evidence on the Bank Lending Process and the Capital-Market Response to Bank Loan Agreements". *Journal of Financial Economics* 25 (noviembre, 1989), 99-122.

McConnell, John J. y James S. Schallheim. "Valuation of Asset Leasing Contracts". *Journal of Financial Economics* 12 (agosto, 1983), 237-261.

McDaniel, Morey W. "Are Negative Pledge Clauses in Public Debt Issues Obsolete?". *Business Lawyer* 38 (mayo, 1983), 867-881.

Miller, Merton H. y Charles W. Upton. "Leasing, Buying, and the Cost of Capital Services". *Journal of Finance* 31 (junio, 1976), 787-798.

Myers, Stewart C., David A. Dill y Alberto J. Bautista. "Valuation of Financial Lease Contracts". *Journal of Finance* 31 (junio, 1976), 799-820.

Schallheim, James S. *Lease or Buy? Principles for Sound Decision Making.* Boston, MA: Harvard Business School Press, 1994.

Slovin, Myron B., Marie E. Sushka y John A. Polonchek. "Corporate Sale-and-Leasebacks and Shareholder Wealth". *Journal of Finance* 45 (marzo, 1990), 289-299.

Van Horne, James. "A Linear-Programming Approach to Evaluating Restrictions under a Bond Indenture or Loan Agreement". *Journal of Financial and Quantitative Analysis* 1 (junio, 1966), 68-83.

_____. "The Cost of Leasing with Capital Market Imperfections". *The Engineering Economist* 23 (otoño, 1977), 1-12.

Weingartner, H. Martin. "Leasing, Asset Lives and Uncertainty: Guides to Decision Making". *Financial Management* 16 (verano, 1987), 5-12.

La parte VII del sitio Web del libro, *Wachowicz's Web World, contiene* vínculos a muchos sitios de finanzas y artículos en línea relacionados con los temas cubiertos en este capítulo. (http://web.utk.edu/~jwachowi/part7.html)

22

Valores convertibles, intercambiables y garantías

Contenido

- **Valores convertibles**
  Precio y razón de conversión • Valor de
  conversión y prima sobre el valor de conversión
  • Otras características • Financiamiento con
  valores convertibles • Forzar o estimular la
  conversión

- **Valor de títulos convertibles**
  Característica de "deuda más opción" • Valor
  de bono directo • Primas • Relaciones entre
  primas

- **Bonos intercambiables**
  Características • Uso en el financiamiento
  • Valuación de un bono intercambiable

- **Garantías**
  Características • Valuación de una garantía
  • Prima sobre el valor teórico • Relación entre
  valores

- **Puntos clave de aprendizaje**

- **Apéndice: Fijación de precio de la opción**

- **Preguntas**

- **Problemas para autoevaluación**

- **Problemas**

- **Soluciones a los problemas para
  autoevaluación**

- **Referencias seleccionadas**

Objetivos

Después de estudiar el capítulo 22, usted será capaz de:

- Describir las características de los tres tipos comunes de opciones de que disponen las empresas para su financiamiento: títulos convertibles, bonos intercambiables y garantías.

- Comprender por qué los valores con características de opción son atractivos para las necesidades de financiamiento a largo plazo de una empresa.

- Explicar los diferentes términos usados para expresar el valor de un título convertible: valor de conversión, valor de mercado y valor del bono directo.

- Calcular el valor de títulos convertibles, bonos intercambiables y garantías, y explicar por qué existen primas sobre los diferentes valores.

- Comprender la relación entre un instrumento de opción y su garantía subyacente.

Deuda directa (o capital accionario) Deuda (o capital accionario) que no puede intercambiarse por otro activo.	*"Tú pagas tu dinero y tú eliges".* —PUNCH

Valores derivados
Contratos financieros cuyo valor proviene en parte del valor y las características de uno o más activos subyacentes (como valores o bienes), tasas de interés, tasas de intercambio o índices.

Además de los instrumentos de **deuda directa** y **capital accionario**, una compañía puede financiarse con *opciones*, contratos que dan a su portador el derecho de comprar acciones ordinarias o de intercambiar el valor por estas últimas dentro de un periodo específico. Como resultado, el valor del instrumento de opción tiene una influencia importante de los cambios en el valor de las acciones. Las opciones pertenecen a una categoría amplia de instrumentos financieros conocidos como **valores derivados**. En este capítulo consideraremos tres tipos de opciones que utilizan las empresas para su financiamiento: los valores convertibles, los bonos intercambiables y las garantías. En el apéndice del capítulo, se presenta un análisis detallado de la teoría de precios de la opción.

Valores convertibles

Valor convertible Un bono o una acción preferencial que se puede convertir en un número específico de acciones ordinarias a elección del titular.

Un **valor convertible** es un bono o una acción preferencial que se puede convertir a elección del titular en acciones ordinarias de la misma corporación. El valor convertible da al inversionista el rendimiento fijo de un bono o el dividendo especificado de una acción preferencial. Además, el inversionista recibe una opción sobre la acción ordinaria. Gracias a esta opción, la compañía puede vender el valor convertible con un rendimiento menor que lo que pagaría sobre un bono directo o una emisión de acciones preferenciales.

Precio de conversión
El precio por acción al que una acción ordinaria se intercambiará por un valor convertible. Es igual al valor nominal del valor convertible dividido entre la razón de conversión.

● ● ● Precio y razón de conversión

La razón de intercambio entre el valor convertible y la acción ordinaria se puede establecer en términos de un **precio de conversión** o de una **razón de conversión**. Suponga que los bonos subordinados convertibles al 9.75% (valor nominal de $1,000) de McKesson Corporation tienen un precio de conversión de $43.75; esto significa que cada bono es convertible en 22.86 acciones ordinarias. Simplemente dividimos el valor nominal de cada título ($1,000) entre el precio de conversión ($43.75) para obtener la razón de conversión, **22.86 acciones**. Éste es el número de acciones ordinarias que un inversionista recibirá al intercambiar su bono convertible.

Razón de conversión
El número de acciones ordinarias en las que se puede convertir un valor convertible. Es igual al valor nominal del valor convertible dividido entre el precio de conversión.

Los términos de conversión no necesariamente son constantes en el tiempo. Algunas emisiones convertibles ofrecen incrementos o "escalonamiento" en el precio de conversión a intervalos periódicos. Por ejemplo, un bono con valor nominal de $1,000 puede tener un precio de conversión de $40 por acción los primeros cinco años, $45 por acción los siguientes cinco años, $50 los siguientes cinco, etcétera. De esta manera, el bono se convierte en menos acciones ordinarias conforme pasa el tiempo. En general, el precio de conversión se ajusta según los fraccionamientos de acciones o los dividendos que se generan después de que se venden los valores. Si la acción ordinaria se fracciona 2 a 1, el precio de conversión quedaría a la mitad. Esta previsión protege al titular de bonos convertibles y se conoce como *cláusula antidilución*.

Valor de conversión
El importe del valor convertible en términos de las acciones ordinarias en las que se puede convertir. Es igual a la razón de conversión multiplicada por el precio de mercado actual por acción ordinaria.

● ● ● Valor de conversión y prima sobre el valor de conversión

El **valor de conversión** de un título convertible es la razón de conversión del valor multiplicado por el precio de mercado por acción ordinaria. Si las acciones de McKesson se venden en $50, el valor de conversión de un bono subordinado convertible es $22.86 \times \$50 = \mathbf{\$1,143}$.

En el momento de la emisión, el valor convertible tendrá un precio más alto que su valor de conversión. El diferencial se conoce como **prima sobre el valor de conversión**. Los bonos subordinados

Prima sobre el valor de conversión El precio de mercado de un valor convertible menos su valor de conversión; también se llama *prima de conversión*.

convertibles de McKesson se vendieron al público en $1,000 por bono. El precio de mercado de la acción ordinaria en el momento de la emisión de los valores convertibles era de aproximadamente $38.50. Por lo tanto, el valor de conversión de cada bono era 22.86 × $38.50 = **$880**, y el diferencial de $120 entre este valor y el precio de $1,000 al emitirlos representa la prima sobre el valor de conversión. Con frecuencia, esta prima se expresa como un porcentaje del valor de conversión. En el ejemplo, la prima de conversión es $120 entre $880, o **13.6 por ciento**. Para la mayoría de las emisiones convertibles, la prima de conversión va del 10 al 25 por ciento. Para una compañía en crecimiento, la prima de conversión puede estar en la parte superior de este intervalo, o quizá sea aún mayor en el caso de un "crecimiento pronunciado". Para compañías con crecimiento moderado, la prima de conversión puede estar cerca del 10 por ciento. El rango en sí se establece principalmente por la tradición del mercado, al mantener la idea de que el emisor debe estar en posición de forzar la conversión en un periodo razonable. (Más adelante ilustraremos cómo forzar la conversión).

Casi sin excepción, los valores convertibles ofrecen un *precio de compra*. Igual que el bono directo o la acción preferencial, la característica de compra permite a la corporación retirar el valor para su redención. Algunos valores convertibles, sin embargo, nunca se redimen. En vez de ello, el propósito de la compra, por lo general, es forzar la conversión cuando el valor de conversión del título es significativamente más alto que su precio de compra.

● ● ● Otras características

Casi todas las emisiones de bonos convertibles están subordinadas a otros acreedores. Este hecho permite al prestamista manejar la deuda subordinada convertible o la acción preferencial convertible como parte de la base de capital accionario al evaluar la condición financiera del emisor. En el caso de una liquidación, no hay diferencia para el acreedor si la emisión de hecho se convierte. En cualquier caso, el prestamista tiene derecho prioritario.

Dilución Un decremento en el derecho proporcional sobre las utilidades y los activos de una acción ordinaria debido a la emisión de acciones adicionales.

Quienes invierten en acciones ordinarias de una compañía tienden a reconocer la **dilución** potencial en su posición antes de que se realice la conversión. Para fines de informes contables, una compañía con valores convertibles o garantías en circulación debe reportar sus utilidades por acción de tal manera que el lector de los estados financieros pueda visualizar la dilución potencial. Dicho en forma más específica, debe reportar las utilidades por acción con base en dos factores. El primero es la *utilidad básica por acción*, donde las utilidades por acción se basan sólo en las acciones ordinarias circulantes. El segundo es la *utilidad diluida por acción*, donde las utilidades por acción se calculan "como si" todos los valores potencialmente diluyentes se convirtieran o ejercieran. Para compañías con un financiamiento considerable de valores potencialmente diluyentes, la diferencia entre las dos cifras de utilidades por acción puede ser sustancial.

● ● ● Financiamiento con valores convertibles

En muchos casos, los valores convertibles se usan como financiamiento "diferido" con acciones ordinarias. Técnicamente, estos valores representan deuda o acciones preferenciales, pero en esencia son acciones ordinarias retrasadas. Las compañías que emiten valores convertibles esperan que se efectúe la conversión en el futuro.

Dilución. Al vender un valor convertible en vez de acciones ordinarias, las compañías crean menos dilución en las utilidades por acción, tanto ahora como en el futuro. La razón es que el precio de conversión para un valor convertible es más alto que el precio de emisión sobre las nuevas acciones ordinarias.

El precio de mercado actual de las acciones ordinarias de la mítica ABC Corporation es de $40 por acción. Si la compañía reúne capital con una emisión de acciones ordinarias, tendrá que subvaluar la emisión para venderla en el mercado. La compañía puede vender las acciones a través de suscriptores y con ello obtener ingresos netos de $36 por acción. Si la compañía desea reunir $18 millones, la emisión implicará 500,000 acciones ordinarias adicionales. Por otro lado, si ABC Corporation vende una emisión convertible, puede establecer el precio de conversión por arriba del precio de mercado actual por acción. Si la prima de conversión es del 15%, el precio de conversión será de $46 por acción.

Suponiendo una emisión de $18 millones de valores convertibles, el número de acciones ordinarias adicionales después de la conversión será

$$\frac{\$18 \text{ millones}}{\$46} = \textbf{391,305}$$

Vemos que la dilución potencial con una emisión convertible es menor que con una emisión de acciones ordinarias, porque 500,000 menos 391,305 significa **108,695** acciones menos que se agregan.

Costos de financiamiento. Otra ventaja para la compañía al usar valores convertibles es que la tasa de interés o la tasa de dividendos preferenciales es menor que la tasa que tendría que pagar la compañía sobre un bono directo o una emisión directa de acciones preferenciales. La característica de conversión hace que la emisión sea más atractiva para los inversionistas. Cuanto mayor es el valor de la característica de conversión para los inversionistas, menor rendimiento tendrá que pagar la compañía para vender la emisión. Los pagos de interés menores pueden ser en particular útiles para una compañía en etapa de crecimiento, porque sus pagos bajos les permiten tener más efectivo para crecer. Más aún, las compañías nuevas, o las que tienen calificaciones de crédito relativamente bajas, podrán constatar que es muy difícil vender una emisión directa de bonos o acciones preferenciales. El mercado puede responder de modo favorable a las emisiones convertibles de estas compañías, no por la calidad de los bonos convertibles o las acciones preferenciales convertibles en sí, sino debido a la calidad de las acciones ordinarias subyacentes.

Problemas de agencia. Por último, los valores convertibles desempeñan un papel útil para la compañía cuando existen *problemas de agencia*. En ese caso, los titulares de deuda directa se preocupan por las acciones de la compañía que puedan dar como resultado la expropiación de la riqueza en favor de los propietarios del capital accionario. El bono convertible mitiga este problema al dar a los prestamistas una parte del capital accionario potencial.

● ● ● Forzar o estimular la conversión

Por lo general, las compañías emiten valores convertibles con la expectativa de que estos valores se conviertan durante cierto periodo. Los inversionistas pueden *ejercer* (usar) sus opciones de manera voluntaria en cualquier momento y canjear el valor convertible por acciones ordinarias. Sin embargo, tal vez prefieran conservar el valor, pues su precio aumentará si el precio de las acciones ordinarias aumenta. Además, durante este tiempo, reciben pagos de interés con regularidad o dividendos de acciones preferenciales. Para el valor convertible en acciones ordinarias que no pagan dividendos, el titular tiene ventaja si nunca lo convierte de manera voluntaria. En otras palabras, el inversionista debería retardar la conversión tanto como sea posible. (Cuando una compañía paga dividendos de acciones ordinarias, puede ser ventajoso para el propietario de valores convertibles canjearlos voluntariamente). Por otro lado, el interés de la compañía —en nombre de todos sus accionistas actuales— es forzar la conversión en cuanto el precio de conversión excede el valor de compra, con lo que le quita la opción al titular. Al hacerlo, la empresa también elimina el costo de pagar interés sobre los valores convertibles o dividendos sobre las acciones preferenciales convertibles. Si el dividendo común pagado sobre la conversión es mayor que el gasto de interés después de impuestos para el valor convertible, la corporación emisora tiene razón para no querer forzar la conversión. Se trata de flujo de efectivo durante el tiempo que el valor quede sin convertirse.

Forzar la conversión. Para forzar la conversión, las compañías emisoras de valores convertibles deben retirar la emisión. Para que la compra tenga éxito, el precio de mercado del valor debe ser significativamente más alto que el precio de mercado de compra para que los inversionistas hagan la conversión en vez de aceptar el precio de compra menor. Muchas compañías consideran que un 15% de prima del valor de conversión sobre el precio de compra es suficiente colchón para las posibles bajas en el precio de mercado y para alentar a los inversionistas a convertir sus valores. El precio de conversión de un valor convertible (con valor nominal de $1,000) puede ser $50 y el precio de compra $1,080. Para que el valor de conversión del bono sea igual al precio de compra, el precio de mercado de la acción debe ser $1,080 dividido entre 20, o **$54** por acción. Si se retiran los bonos cuando el precio de mercado es de $54, muchos inversionistas pueden elegir aceptar el precio de compra en vez de hacer la conversión. La compañía tendrá entonces que redimir muchos de los bonos por efectivo, lo que en parte anula el propósito del financiamiento original. Para asegurar una conversión casi completa, la compañía tal vez espere para retirar los valores hasta que el valor de conversión del bono esté un 15% por arriba del precio de compra, un valor que corresponde al precio de mercado de una acción ordinaria de aproximadamente $62 por acción. A este precio, el inversionista que acepte el precio de compra sufre una pérdida de oportunidad significativa. Los estudios indican que las compañías tienden a retirar sus valores convertibles después de un periodo de alza del precio de sus acciones ordinarias con respecto al mercado. Como resultado, la pérdida de oportunidad para el propietario al no convertir es alta.

Estimular la conversión. Una compañía dispone de otros medios para "estimular", en vez de "forzar", la conversión. Si establece una aceleración o "escalonamiento" en el precio de conversión a intervalos estables en el futuro, ejerce una presión persistente sobre los propietarios para hacer la conversión, suponiendo que el valor de conversión del título es relativamente alto. Si el precio de conversión se programa para que aumente de $50 a $56 al final del mes próximo, los titulares de bonos convertibles tienen un incentivo para hacer la conversión antes de ese tiempo, si todo lo demás permanece igual. Si los propietarios esperan, recibirán menos acciones ordinarias. La previsión de escalonamiento debe establecerse en el momento de la venta de la emisión. No se puede usar para estimular la conversión en un momento en particular.

Otro medio para estimular la conversión es aumentar los dividendos sobre las acciones ordinarias, para hacerlas más atractivas. En ciertos casos, el ingreso por los dividendos disponibles sobre las acciones ordinarias puede exceder el ingreso por interés sobre el valor convertible. Aunque estos dos estimulantes mejoran la conversión, es de esperarse que una porción de los titulares de bonos convertibles no efectúen el canje, debido a la protección del bono, el derecho legal superior sobre los activos y otras razones. En consecuencia, comprar la emisión puede ser el único medio para asegurar que se haga una conversión sustancial.

Valor de títulos convertibles

El concepto simplista de que un bono convertible es el mejor de todos los mundos posibles para la empresa emisora —porque ofrece un costo de interés menor que la deuda directa y menos dilución que el capital accionario— no toma en cuenta la naturaleza del contrato.

● ● ● Característica de "deuda más opción"

El bono convertible puede verse como una deuda directa más una opción de compra de acciones ordinarias de la corporación. Si los plazos de vencimiento de la opción y del valor convertible son iguales, entonces la siguiente relación se cumple en términos generales:

Valor de deuda + Valor de opción = Valor de bonos convertibles

Ambos componentes de valor (deuda y opción) se ven afectados por la volatilidad de los flujos de efectivo de la compañía. Cuanto mayor es la volatilidad, menor será el valor del componente de deuda, pero mayor el valor del componente de opción.

Así, el riesgo afecta en ambos sentidos cuando se trata de valores convertibles. Cuando el riesgo operativo aumenta, una empresa incurre en costos de interés más altos sobre la nueva deuda directa. Sin embargo, con la deuda convertible, el componente de opción se vuelve más valioso para el propietario de la opción si el riesgo operativo de la empresa aumenta. Esto sugiere que cuando el futuro de una compañía es altamente incierto, un valor convertible puede ser el método de financiamiento a elegir. Mientras que una compañía con alto riesgo no pueda vender deuda directa a un precio razonable, la característica de opción en un valor convertible hace que la opción de "deuda más opción" sea atractiva en el mercado. De esta forma, el valor convertible tiene un papel importante para la compañía que enfrenta incertidumbre operativa.

En el apéndice al final de este capítulo, exploraremos las características de las opciones con más detalle. Ahora estudiaremos la valuación de títulos convertibles de manera más tradicional.

● ● ● Valor de bono directo

Como sabemos, el valor de un título convertible para un inversionista tiene dos facetas: su valor como bono o acción preferencial y su valor potencial como acción ordinaria. (Como los principios de valuación de bono convertible y de una acción preferencial convertible son casi los mismos, el siguiente análisis se refiere a los bonos convertibles). Los inversionistas obtienen una **protección con garantías** cuando compran bonos convertibles. Si el precio de mercado de la acción sube, el valor del título convertible se determina en gran parte por su valor de conversión. Si el mercado de la acción baja, el inversionista todavía tiene un bono cuyo valor establece un límite inferior abajo del cual no es probable que se ubique el precio del valor convertible.

El **valor de bono directo** de un título convertible es el precio al que un bono similar pero no convertible de la misma compañía se vendería en el mercado abierto. En el caso de interés compuesto cada semestre, el valor de bono directo se puede determinar despejando V_{BD} de la siguiente ecuación:

$$V_{BD} = \sum_{t=1}^{2n} \frac{I/2}{(1+i/2)^t} + \frac{VV}{(1+i/2)^{2n}} \qquad (22.1)$$

$$= (I/2)(FIVPA_{i/2,2n}) + VV(FIVP_{i/2,2n}) \qquad (22.2)$$

donde V_{BD} = valor de bono directo del título convertible

$I/2$ = pagos de interés semestrales determinados por la tasa de cupón

VV = valor del bono al vencimiento

$2n$ = número de periodos semestrales hasta el vencimiento final

$i/2$ = rendimiento semestral de mercado al vencimiento sobre un bono similar, pero no convertible, de la misma compañía

En las ecuaciones (22.1) y (22.2), suponemos pagos de interés semestrales, que son comunes en bonos de corporaciones estadounidenses, de manera que el número total de pagos de interés es 2 multiplicado por los años del plazo de vencimiento.

Fawlty Food Company tiene en circulación bonos convertibles con tasa del 9% y vencimiento final a 20 años. Esto corresponde a un pago de cupón semestral del 4.5% del valor nominal del bono de $1,000, o $45. Si la compañía desea vender un bono directo a 20 años en el mercado actual, el rendimiento semestral tendrá que ser del 6% para que sea atractivo para los inversionistas. Para que un bono a 20 años con cupón del 9% dé un rendimiento semestral del 6% hasta el vencimiento, el bono tiene que venderse con descuento. Usando la ecuación (22.2) y redondeo, tenemos

$$V_{BD} = (\$45)(FIVPA_{6\%,40}) + \$1,000(FIVP_{6\%,40}) = \mathbf{\$774}$$

Por lo tanto, el valor mínimo de un bono directo de los bonos convertibles de Fawlty Food Company sería $774. Este valor mínimo sugiere que si el precio de las acciones ordinarias bajara notablemente, de manera que la característica de conversión tuviera valor despreciable, el precio del valor convertible caería sólo a $774. A ese precio, el valor se vendería como un bono directo de acuerdo con los rendimientos prevalecientes de bonos para ese grado de valor.

Por lo tanto, el valor del bono directo de un título convertible no es constante en el tiempo. Varía **1.** con los movimientos de la tasa de interés en el mercado de capital y **2.** con los cambios en el riesgo financiero de la compañía. Si, en general, las tasas de interés suben, el valor de bono directo de un bono convertible disminuirá. Si el rendimiento semestral al vencimiento de un bono directo en el ejemplo aumenta del 6 al 7%, el valor de bono directo del título convertible bajará de $774 a $667. Más aún, la calificación crediticia de la compañía puede mejorar o deteriorarse con el tiempo. Si mejora y la compañía puede vender un bono directo con menor rendimiento al vencimiento, el valor de bono directo del título convertible aumentará, si todo lo demás permanece constante. Si la calificación crediticia de la compañía se deteriora y el rendimiento sobre un bono directo aumenta, el valor de bono directo disminuirá. Por desgracia para el inversionista, cuando el precio de mercado de las acciones baja debido a escasas utilidades o mayor riesgo, la calificación crediticia de la compañía sufrirá las consecuencias. Como resultado, el valor de bono del título convertible puede declinar junto

---

Protección con garantías Algo que reduce el riesgo de los movimientos de precios en el futuro.

Valor de bono directo El valor de un bono convertible si la característica de conversión no tuviera valor; en otras palabras, el valor de un bono no convertible con la misma tasa de cupón, plazo de vencimiento y riesgo de incumplimiento que el bono convertible.

con su valor de conversión, dando a los inversionistas menos protección en el valor mínimo que la que esperaban originalmente.[1]

● ● ● Primas

Los valores convertibles con frecuencia se venden con primas sobre el valor de bono directo y sobre su valor de conversión. Recuerde que el valor de conversión de un título convertible es simplemente el precio de mercado actual por acción ordinaria de la compañía multiplicado por el número de acciones en las cuales se convierte el valor. El hecho de que el bono convertible dé al inversionista un grado de protección, dadas las calificaciones mencionadas, muchas veces da como resultado su venta a un precio de mercado un poco más alto que su valor de protección. En general, cuanto más volátiles son los movimientos de precios de las acciones, más valiosa es la protección que da el valor mínimo del bono directo. Por esto, al igual que por otras razones que se verán más adelante, el precio de mercado de un valor convertible con frecuencia está por arriba de su valor de conversión. La diferencia se conoce como *prima sobre el valor de conversión*.

Todavía más, es común que un bono convertible se venda con una **prima sobre el valor de bono directo**, principalmente debido a la característica de conversión. A menos que el precio de mercado de la acción esté muy bajo con respecto al precio de conversión, la característica de conversión tendrá valor, porque los inversionistas, con el tiempo, verán que es redituable convertir los valores. En la medida en que la característica de conversión tenga valor, el título convertible se venderá con una prima sobre su valor de bono directo. Cuanto más alto sea el precio de mercado de la acción ordinaria con respecto al precio de conversión, mayor será esta prima.

● ● ● Relaciones entre primas

La compensación entre las dos primas describe el valor de la opción para los inversionistas, como se ilustra en la figura 22.1. El precio de mercado de las acciones ordinarias se representa en el eje horizontal. El valor del título convertible se indica en el eje vertical. Debe señalarse que los dos ejes están en escalas diferentes. La recta diagonal, que comienza en el origen, representa el valor de conversión del bono. Es lineal porque la razón de conversión no cambia con respecto al precio de mercado de la acción.

Sin embargo, la línea del valor de bono directo está relacionada con el precio de mercado de la acción ordinaria. Si una compañía atraviesa por un mal momento en sus finanzas, es probable que los precios de ambos (acciones ordinarias y bonos) estén bajos. En el extremo, si el valor total de la compañía fuera cero, los bonos, al igual que las acciones ordinarias, tendrían valor de cero. Conforme la compañía mejora sus finanzas y las acciones ordinarias aumentan de precio, el valor del bono aumenta, pero a una tasa decreciente. Después de cierto punto, la recta del valor de bono directo se vuelve horizontal y los aumentos posteriores en el precio de las acciones ordinarias ya no le afectan. En este punto, el valor de bono directo se determina por el precio de venta de otros bonos similares de alto grado en el mercado. La línea superior curva de la figura representa el precio de mercado de los valores convertibles. La distancia entre esta línea y la recta del valor de bono directo es la prima sobre el valor de bono directo, y la distancia entre la línea del valor de mercado y la línea del valor de conversión representa la prima sobre el valor de conversión. Por último, si consideramos el *valor mínimo* del bono convertible como el más alto de sus valores de conversión o el valor de bono directo, el área sombreada de la figura 22.1 representa la prima "global" o *prima sobre el valor mínimo*.

Vemos que, a niveles relativamente altos del precio de las acciones ordinarias, el valor del título convertible como bono es insignificante. En consecuencia, su prima sobre el valor de bono directo es alta, mientras que su prima sobre el valor de conversión es despreciable. El valor se vende principalmente por su equivalente en acciones ordinarias. Los inversionistas no están dispuestos a pagar una prima significativa sobre el valor de conversión por las siguientes razones. Primero, cuanto mayor es la prima de precio de mercado del título convertible sobre su valor de bono directo, menos valiosa

Prima sobre el valor de bono directo Precio de mercado de un bono convertible menos su valor de bono directo.

[1]Matemáticamente, el valor de bono directo de un título convertible subirá con el tiempo, con todo lo demás constante, si el valor nominal del título convertible está por arriba del valor de bono directo en el momento de la emisión. Al vencimiento final, el valor de bono directo será igual al valor nominal del título convertible, suponiendo que la compañía no está en situación de incumplimiento.

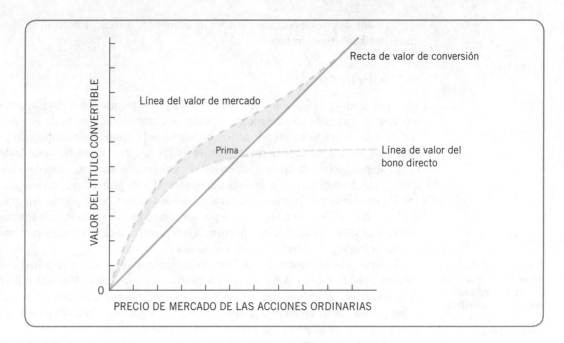

Figura 22.1

Relaciones entre los diferentes tipos de valores de bonos y primas

es la protección del valor de bono directo para el inversionista. Segundo, cuando el valor de conversión es alto, el valor convertible puede retirarse. Si así es, el inversionista querrá hacer la conversión más que redimir el bono por el precio de compra. Después de la conversión, por supuesto, el precio del bono es sólo su valor de conversión.

Por otro lado, cuando el valor de mercado del título convertible es cercano a su valor de bono directo, la característica de conversión tiene poco valor. En este nivel, el valor del título convertible está valuado principalmente como bono directo. En estas circunstancias, es probable que el precio de mercado del título convertible exceda su valor de conversión por una prima significativa.

La razón principal para las primas en el precio de mercado sobre el valor de conversión y el valor de bono directo es el inusual atractivo de un título convertible como bono y opción sobre las acciones ordinarias. Un valor convertible ofrece al titular protección parcial sobre el valor mínimo junto con la participación en los movimientos hacia arriba del precio de las acciones ordinarias. Así, la distribución de los resultados posibles está sesgada a la derecha y esta característica obtiene el favor de los inversionistas. Para una volatilidad mayor en el precio de las acciones ordinarias, se tiene un mayor potencial de ganancias y más valiosa es la opción. En la figura 22.1, esta mayor volatilidad se expresa como una mayor área sombreada. Una volatilidad menor haría que el área sombreada fuera menor. La teoría de precios de la opción permite una comprensión más profunda de esta característica; ése es el tema del apéndice del presente capítulo.

Bonos intercambiables

Bono intercambiable
Un bono que permite al titular intercambiar el valor por acciones ordinarias de otra compañía, en general, una en la que el emisor de bonos tiene un interés de propiedad.

Un **bono intercambiable** es como un bono convertible, pero la acción ordinaria implicada es de otra corporación. Por ejemplo, National Distillers and Chemical Corporation emitió $49 millones en bonos subordinados con tasa del 6%, intercambiables por acciones ordinarias de Cetus Corporation, una empresa de biotecnología.

● ● ● Características

Igual que el precio de conversión y la razón de conversión para un valor convertible, la *razón de intercambio* o *razón de canje* debe establecerse al momento de la emisión. Los bonos de National Distillers tienen un precio de canje de $49, que se traduce en 20.41 acciones de Cetus por cada bono con valor nominal de $1,000. Al momento de la emisión, Cetus vendía en $37.50 la acción. Por lo tanto, la *prima de intercambio* fue del 30.7%, que es muy alta como prima de conversión. Esto reflejó la naturaleza de Cetus: un gran potencial, pero poco rendimiento y mucha incertidumbre. Cuanto más variable es el resultado, por supuesto, más alto es el valor de la opción. Igual que con los bonos convertibles, existe una característica de compra en un bono intercambiable y casi todas las emisiones están subordinadas.

● ● ● Uso en el financiamiento

Los bonos intercambiables suelen emitirse cuando el emisor es propietario de acciones en la compañía en la que los bonos se pueden intercambiar. National Distillers, por ejemplo, tiene el 4% de las acciones circulantes de Cetus Corporation. Se supone que el intercambio requerido quedará satisfecho con esta propiedad, a diferencia de lo que sucedería al adquirir acciones en el mercado abierto. De esta forma, la decisión de emitir bonos intercambiables puede traer consigo la reducción o eliminación de la propiedad de acciones de otra compañía. Una decisión consciente de este tipo está integrada en el financiamiento.

Igual que con un valor convertible, los costos de interés de los bonos intercambiables son menores debido al valor de la opción del instrumento. Hasta ahora, la mayoría de las compañías que emiten bonos intercambiables son grandes y no experimentan dificultades financieras con una emisión de deuda directa. El atractivo reside en el menor costo de interés junto con la posibilidad de disponer de la inversión de acciones ordinarias con una prima por arriba del precio actual. Por último, algunas emisiones intercambiables de compañías estadounidenses se han colocado con inversionistas fuera de Estados Unidos.

● ● ● Valuación de un bono intercambiable

El valor de la deuda intercambiable se puede ver como

Valor de deuda + Valor de opción = Valor de deuda intercambiable

donde la opción de compra es sobre las acciones ordinarias de la compañía en la que se intercambia la deuda. Por consiguiente, el inversionista debe analizar y hacer un seguimiento de los bonos de una compañía y de las acciones ordinarias de la otra.

Una ventaja de este arreglo es la diversificación. El valor de bono directo y el valor de la acción no tienen una relación directa. Las escasas utilidades y el desempeño financiero de una compañía no conducen a una declinación simultánea en el valor del bono directo y el valor de la acción ordinaria. Si las compañías pertenecen a industrias no relacionadas, el inversionista logra la diversificación. Con las imperfecciones del mercado, esto puede llevar a una valuación más alta de un título intercambiable que de un título convertible, si todo lo demás permanece igual.

Como los valores de esta opción están impulsados por la volatilidad del activo asociado, las diferencias en la volatilidad pueden afectar la elección entre una emisión de bonos intercambiables o una de bonos convertibles. Si las acciones ordinarias de una compañía en intercambio son más volátiles que las del emisor, el valor de la opción será mayor para una emisión de bonos intercambiables que con una emisión de bonos convertibles, si todo lo demás permanece igual.

Una desventaja relativa tiene que ver con los impuestos. La diferencia entre el valor de mercado de las acciones ordinarias al momento del intercambio y el costo del bono se maneja como ganancia de capital para fines fiscales. En el caso de un valor convertible, esta ganancia pasa inadvertida hasta que se venden las acciones ordinarias. El efecto neto de estos factores no está claro.

Garantías

Garantía Una opción a plazo relativamente largo para comprar acciones ordinarias a un precio de ejercicio especificado durante un periodo determinado.

Una garantía es una opción para comprar acciones ordinarias a un precio de ejercicio especificado (que suele ser más alto que el precio de mercado al momento de la emisión de la garantía) por un periodo determinado (con frecuencia de años y, en algunos casos, a perpetuidad). Por el contrario, un *derecho* también es una opción para comprar acciones ordinarias, pero normalmente tiene un precio de suscripción menor que el valor de mercado de las acciones ordinarias y una vida muy corta (muchas veces de dos a cuatro semanas).

Las garantías con frecuencia se usan como "dulcificantes" de una emisión pública de bonos o deuda de colocación privada. Como resultado, las corporaciones deben estar en condiciones de obtener

Las garantías ganan a los especuladores

Cuando el reciente ataque de aversión al riesgo envió a muchos inversionistas fuera del mercado de valores de Hong Kong, Yang Liu, una experimentada administradora de fondos de capitales hizo justo lo contrario.

Liu, presidenta de Atlantis Investment Management, que tiene $2 mil millones invertidos en acciones de empresas chinas, dice: "Soy una alcista en el manejo del capital accionario chino; no hay otro lugar a donde pueda dirigirse el mercado a partir de aquí, si no es hacia arriba". Pero no agregó más acciones a su propiedad en China Life, la compañía que pensaba que iba a tener un gran repunte.

En vez de ello, consideró las garantías de la compañía, un tipo de derivado que amplifica el efecto alcista del precio de las acciones.

Liu es sólo una inversionista entre muchos en Hong Kong y China que compran garantías, las cuales aparecen en los listados de las bolsas y pueden comprarse y venderse igual que las acciones. Las garantías han gozado de gran aceptación en muchos mercados en desarrollo, particularmente en Europa. Pero están logrando prominencia en Asia, sobre todo en Hong Kong y China, donde la actividad especulativa frenética de inversionistas minoristas ha impulsado una explosión de comercio de garantías.

Al igual que las opciones, las garantías otorgan a los inversionistas el derecho —pero no la obligación— de comprar un valor en el futuro a un precio fijo.

Permiten a los inversionistas lograr una exposición apalancada a las acciones y los índices de acciones por una fracción del costo de la acción.

A diferencia de lo que sucede con las opciones de compra, las garantías las emite una institución financiera (garantías cubiertas) o una compañía que intenta reunir capital (garantías emitidas por compañías), mientras que las opciones son instrumentos de intercambio que no son emitidos por una compañía o una institución financiera, sino que son contratos negociables con términos estandarizados.

Además, la vida de una garantía con frecuencia se mide en años, mientras que la de una opción por lo general se mide en meses.

Michael Walker, director de derivados de capital de Asia Pacific y jefe de garantías Asia Pacific en Citigroup, afirma: "El principal impulso del mercado es la especulación y, más que en ninguna otra región, la gente de Asia tiene un mayor deseo de especular en el mercado de valores". Agrega que las garantías explican más de una cuarta parte del volumen de ventas en Hong Kong el año anterior.

Las garantías tienen cada vez más aceptación en otros mercados de Asia, incluyendo Corea del Sur y Singapur, mientras que los banqueros aseguran que hay un potencial de crecimiento en Taiwán. Sin embargo, existen diferencias entre los mercados.

En China continental, por ejemplo, las garantías sólo se emiten por las compañías listadas predominantemente para fines de administración del capital para emitir nuevas acciones.

Es poco probable que la volatilidad en los mercados de valores de Asia atraiga el interés de los inversionistas por las garantías, consideran los banqueros. No obstante, también señalan que la emisión de garantías está vinculada con mercados fuertes. A fines de la década de 1980, por ejemplo, los prestatarios japoneses, aprovechando el mercado fuerte, emitieron muchos bonos con cupones muy bajos y con garantías adjuntas.

Cuando el mercado se desplomó a principios de la década de 1990, las garantías —que estaban separadas y se comerciaban por separado— se vencieron perdiendo su valor.

"No es coincidencia que hayan tenido éxito desde 2002", dice William Lee, jefe de derivados de capital accionario en Asia Ex-Japan en JPMorgan. "La garantía es un instrumento del mercado especulativo".

Fuente: Adaptado de Joanna Chung, "Warrants win over the bulls", *Financial Times* (13 de marzo, 2007), p. 27. (www.ft.com) © The Financial Times Limited 2007. Usado con permiso. Todos los derechos reservados.

una tasa de interés más baja que la que obtendrían de otra manera. Para las compañías que son riesgos de crédito marginal, el uso de garantías permite explicar la diferencia entre poder y no poder reunir fondos a través de la emisión de deuda. En ocasiones, las garantías se venden directamente a los inversionistas por efectivo. Además, algunas veces se usan al fundar una compañía como compensación a los suscriptores y los capitalistas de riesgo. Aun así, el origen de la mayoría de las garantías está vinculado con una emisión de deuda, con frecuencia de *colocación privada*.

● ● ● Características

La garantía en sí contiene las cláusulas de opción, que establecen el número de acciones que puede comprar el titular por cada garantía. Muchas veces, una garantía ofrece la opción de comprar una acción ordinaria por cada garantía que se posea, pero pueden ser 2, 3 o 2.54 acciones. Otra cláusula

Precio de ejercicio
El precio al que se
puede comprar la
acción ordinaria
asociada con una
garantía u opción de
compra durante el
periodo especificado.

importante es el precio al que la garantía se puede ejercer, tal como $12 por acción. Esto significa que para comprar una acción, el propietario de la garantía debe pagar $12 por acción. Este **precio de ejercicio** puede ser fijo o "escalonado" en el tiempo. Por ejemplo, el precio puede aumentar de $12 a $13 después de tres años y a $14 después de otros tres años.

La garantía debe especificar la fecha en que se vence la opción, a menos que sea perpetua, en cuyo caso no tiene fecha de vencimiento. Como una garantía es sólo una opción para comprar acciones, los titulares no tienen derecho a los dividendos en efectivo pagados sobre las acciones ordinarias, ni poder de voto. Si la acción ordinaria se fracciona o se declara un dividendo, el precio de opción de la garantía por lo general se ajusta para tomar en cuenta este cambio. Algunas garantías son rescatables después de un periodo, siempre que el precio de la acción exceda cierto precio mínimo.

Igual que sucede con los títulos convertibles, es necesario que las compañías reporten las utilidades por acción con base en la dilución. Las utilidades diluidas por acción se calculan "como si" todos los valores convertibles se convirtieran en acciones ordinarias y todas las garantías u opciones de compra de acciones ordinarias se ejercieran. En virtud de este requerimiento, no es probable que el inversionista en acciones ordinarias pase por alto la dilución potencial inherente al financiamiento de una compañía con valores convertibles y garantías.

Ejercicio de garantías. Cuando se *ejercen* (o se usan) las garantías, aumentan las acciones ordinarias de la compañía. Más aún, la deuda que se emitió junto con las garantías sigue circulando. En el momento de la emisión de garantías, el precio de ejercicio por lo general se establece más alto que el precio de mercado de las acciones ordinarias. La prima con frecuencia se establece alrededor de un 15% por arriba del valor de la acción. Si el precio por acción es de $40 y el titular puede comprar una acción ordinaria por cada garantía que posea, esto se traduce en un precio de ejercicio de $46.

Para ver cómo se puede inyectar capital nuevo con el ejercicio de las garantías, consideremos una compañía que llamaremos Black Shoals, Inc. Acaba de reunir $25 millones en fondos de deuda con garantías adjuntas. Los bonos tienen una tasa de cupón del 10 por ciento. Con cada bono (valor nominal de $1,000) los inversionistas reciben una garantía que les da derecho a comprar cuatro acciones ordinarias a $30 cada una. La capitalización de la compañía antes del financiamiento, después del financiamiento y después del ejercicio completo de la opción de las garantías es la siguiente (en millones):

	ANTES DEL FINANCIAMIENTO	DESPUÉS DEL FINANCIAMIENTO	DESPUÉS DEL EJERCICIO
Bonos		$25	$25
Acciones ordinarias (valor a la par de $10)	$10	$10	$11
Capital adicional recibido			2
Utilidades retenidas	40	40	40
Capital accionario	$50	$50	$53
Capitalización total	$50	$75	$78

Las utilidades retenidas de la compañía siguen sin cambio y la emisión de bonos no ha vencido ni se ha retirado. Al ejercer sus opciones de garantía, los titulares compran 100,000 acciones a $30 por acción, o $3 millones en total. En consecuencia, la capitalización total de la compañía aumenta en esa cantidad.

● ● ● Valuación de una garantía

El valor teórico de una garantía se puede determinar mediante la fórmula

$$\text{máx}[(N)(P_s) - E, 0] \tag{22.3}$$

donde N es el número de acciones que se pueden comprar con una garantía, P_s es el precio de mercado de la acción, E es el precio de ejercicio asociado con la compra de N acciones, y máx significa el valor máximo entre $(N)(P_s) - E$ y cero, el que sea mayor. El valor teórico de una garantía es el menor nivel al que la garantía se venderá en general. Si, por alguna razón, el precio de mercado de una garantía bajara más que su valor teórico, el arbitraje eliminaría el diferencial con la compra de garantías, su ejercicio y la venta de acciones.

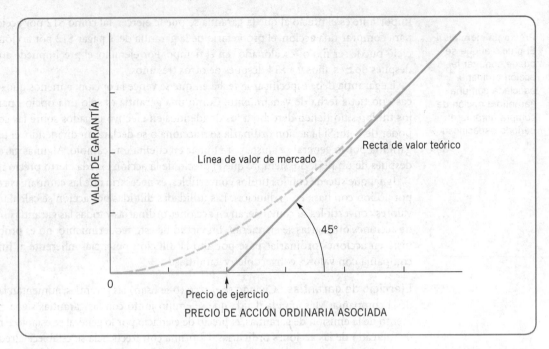

Figura 22.2

Relación entre el valor teórico y el valor de mercado de una garantía

Cuando el valor de mercado de la acción asociada es menor que el precio de ejercicio, el valor teórico de la garantía es cero y se dice que comercia "sin dinero". Cuando el valor de la acción ordinaria asociada es mayor que el precio de ejercicio, el valor teórico de la garantía es positivo, como se describe por la línea recta continua de la figura 22.2. En esas circunstancias, se dice que la garantía comercia "con dinero".

● ● ● Prima sobre el valor teórico

La razón principal para que una garantía se venda a un precio más alto que su valor teórico es la oportunidad de apalancamiento. Para ilustrar el concepto de apalancamiento, considere las garantías de Textron. Por cada garantía que se posee, se puede comprar una acción ordinaria, y el precio de ejercicio es $10. Si las acciones ordinarias se vendieran a $12 cada una, el valor teórico de la garantía sería $2. Suponga ahora que las acciones ordinarias aumentaron su precio en un 25%, para ubicarse en $15 por acción. El valor teórico de la garantía va de $2 a $5, una ganancia del 150 por ciento.

La oportunidad de una mayor ganancia es atractiva para los inversionistas cuando la acción ordinaria se vende cerca de su valor de ejercicio. Para una inversión en dólares dada, el inversionista puede comprar más garantías que acciones ordinarias. Si la acción ordinaria sube de precio, el inversionista ganará más con las garantías que con una inversión por la misma cantidad en acciones ordinarias. Sin duda, el apalancamiento funciona para los dos lados. El cambio porcentual puede ser casi tan pronunciado hacia abajo. No obstante, hay un límite para cuánto puede caer el precio porque está acotado en cero. Todavía más, para que el precio de mercado baje de cero, tendría que haber una probabilidad de cero de que el precio de mercado de la acción exceda el precio de ejercicio durante el periodo de ejercicio. Por lo general, existe cierta probabilidad.

Los precios de mercado de muchas garantías son mayores que sus valores teóricos debido al potencial para moverse hacia arriba en el valor de la garantía mientras que, al mismo tiempo, los movimientos hacia abajo tienen un colchón. En particular, este evento ocurre cuando el precio de mercado de la acción ordinaria asociada es cercano al precio de ejercicio de la garantía.

● ● ● Relación entre valores

La relación típica entre el valor de mercado de una garantía y el precio de la acción ordinaria asociada se ilustra en la figura 22.2. El valor teórico de la garantía se representa por la línea continua de la figura, y el valor de mercado real por la línea punteada. Se podría pensar que la línea del valor teórico representa los valores que puede tomar una garantía cuando sólo falta un momento para que llegue su vencimiento. Cuando existe un tiempo razonable para el vencimiento de la garantía, la relación entre su valor y el precio de la acción se describe mejor con la línea punteada de la figura 22.2. Cuanto más tiempo falte para el vencimiento, más tiempo tiene el inversionista para ejercer su garantía y más valiosa se vuelve ésta. Como resultado, cuanto más alejada en el futuro esté la fecha de vencimiento de la garantía, más alta tiende a estar la línea de valor de mercado en relación con la línea del valor teórico.

Observamos en la figura que, cuando el precio de mercado de la acción ordinaria asociada es bajo en relación con el precio de ejercicio, el valor de mercado real de la garantía excede su valor teórico. Cuando el precio de mercado de la acción asociada sube, el valor de mercado de la garantía casi siempre se acerca a su valor teórico. Esto simplemente sugiere que la garantía registra el mayor valor, con respecto a su valor teórico, cuando tiene el potencial más grande en términos del porcentaje para los movimientos hacia arriba y cuando la cantidad de los fondos invertidos no es tan grande. La valuación de opciones se explorará con más detalle en el apéndice.

Puntos clave de aprendizaje

- Valores convertibles, valores intercambiables y garantías son opciones que tiene el titular para obtener acciones ordinarias.
- Un *valor convertible* es un bono o una acción preferencial que se puede convertir, a elección del titular, en acciones ordinarias de la misma corporación. Para la corporación emisora, los títulos convertibles con frecuencia representan financiamiento "retrasado" con acciones ordinarias. Para una cantidad dada de financiamiento, habrá menos dilución con una emisión de títulos convertibles que con una emisión de acciones ordinarias, suponiendo que el título convertible con el tiempo se convierte y no simplemente se deja "pendiente".
- Como valor híbrido, un bono convertible tiene un valor de bono directo mínimo y un valor de conversión, o de acción. Como resultado, la distribución de los rendimientos posibles para el titular está sesgada a la derecha y existe compensación entre los dos factores.
- Un *bono intercambiable* puede cambiarse por acciones ordinarias de otra corporación. Es igual al valor convertible en su evaluación esencial con un par de excepciones.

Este método de financiamiento se aplica a compañías que poseen acciones de otra empresa.
- Una *garantía* es una opción para comprar acciones ordinarias a un precio de ejercicio especificado (casi siempre más alto que el precio de mercado al momento de la emisión) por un periodo determinado (que suele ser de años y, en algunos casos, a perpetuidad).
- La característica de conversión o intercambio permite al inversionista transferir un instrumento de deuda o acciones preferenciales en acciones ordinarias, mientras que una garantía adjunta a un bono permite al titular comprar un número específico de acciones a un precio especificado. Con una garantía, el ejercicio de la opción no ocasiona la eliminación del bono.
- En general, las garantías se usan como un "dulcificante" para una emisión de deuda pública o privada. El precio de mercado de una garantía suele ser más alto que su valor teórico cuando el precio de mercado de la acción es cercano al precio de ejercicio. Cuando el precio de mercado de la acción es alto con respecto al precio de ejercicio, las garantías tienden a venderse alrededor de su valor teórico.

Apéndice   Fijación de precio de la opción

Opción de compra
Un contrato que da al titular el derecho de *comprar* una cantidad especificada de activos subyacentes a un precio predeterminado (*precio de ejercicio*) en, o antes de, la fecha de vencimiento.

Una *opción* es simplemente un contrato que da al titular el derecho de comprar o vender acciones ordinarias de una compañía a algún precio especificado. Entre la variedad de contratos de opción, los más usados son la *opción de compra* y la *opción de venta*. La opción de compra otorga al titular el derecho de comprar una acción a un precio especificado, conocido como precio de ejercicio. Podemos tener una opción de compra para comprar una acción de ABC Corporation a $10 hasta el 31 de diciembre, que es su fecha de vencimiento. La parte que provee la opción se conoce como el *emisor de opciones*. En el caso de una opción de compra, el emisor debe entregar la acción al titular de la opción cuando éste ejerce la opción.

Como es evidente a partir del análisis en el capítulo, una garantía es una forma de opción de compra, como lo es el valor convertible. Ambos dan al titular una opción sobre las acciones de la compañía. Al contrario de la opción de compra, una **opción de venta** da al titular el derecho de vender una acción a un precio especificado hasta el día de vencimiento. Es la imagen refleja de la opción de compra. En lo que sigue, se centrará la atención sólo en la valuación de las opciones de compra.

Valuación en la fecha de vencimiento

Suponga que nos interesa el valor de una opción de compra (en adelante llamada simplemente opción) en su fecha de vencimiento. El valor de la opción, V_o, es sencillamente

$$V_o = \text{máx}(P_s - E, 0) \tag{22A.1}$$

donde P_s es el precio de mercado de una acción, E es el precio de ejercicio de la opción y máx significa el valor máximo entre $(P_s - E)$ y cero, el que sea mayor. Para ilustrar la fórmula, suponga que una acción ordinaria de Lindahl Corporation es de $25 en la fecha de expiración y que el precio de ejercicio de la opción es de $15. El valor de la opción será $25 − $15 = **$10**. Observe que el valor de la opción se determina sólo por el precio de la acción ordinaria menos el precio de ejercicio. No obstante, el valor de la opción no puede tener un valor negativo. Cuando el precio de ejercicio es mayor que el precio de la acción ordinaria, el valor de la opción se convierte en cero.

El concepto se ilustra en una gráfica en la figura 22.2, donde se muestra el valor teórico de una garantía. El valor al vencimiento de la opción se encuentra en la línea del valor teórico. El eje horizontal representa el precio de una acción ordinaria en la fecha de vencimiento.

Valuación antes del vencimiento

Considere ahora el valor de la opción con un periodo para el vencimiento. Por sencillez, supongamos que se puede ejercer sólo en la fecha de vencimiento. El precio de la acción ordinaria en la fecha de vencimiento no se conoce, sino que está sujeto a suposiciones probabilísticas. Siempre que existe un tiempo antes del vencimiento, es posible que el valor de mercado de la opción sea mayor que su valor teórico. La razón es que la opción *puede* tener valor en el futuro. Esta idea se exploró cuando estudiamos las garantías, de manera que no es necesario analizarla más. El valor real de la opción se describe mediante la línea punteada de la figura 22.2.

Efecto del tiempo para el vencimiento. En general, cuanto más largo sea el tiempo que falte para el vencimiento, mayor será el valor de la opción con respecto a su valor teórico. Esto tiene sentido porque hay más tiempo durante el cual la opción puede tener valor. Más aún, cuanto más adelante en el futuro se pague el precio de ejercicio, menor será su valor presente, y esto también resalta el valor de la opción. Cuando se acerca la fecha de vencimiento de una opción, la relación entre el valor de la opción y el precio de la acción ordinaria se vuelve más convexa (curvada hacia afuera). Esto se ilustra en la figura 22A.1. La línea 1 del valor de mercado representa una opción con un tiempo para el vencimiento más corto que la línea 2 del valor de mercado, y esta última representa una opción con un tiempo más corto para el vencimiento que la de la línea 3 del valor de mercado.

Tasa de interés empleada. Otra característica crucial para la valuación de una opción es el valor del dinero en el tiempo. Cuando un inversionista adquiere una acción ordinaria mediante una opción, hace un "pago inicial" sobre el precio total que debe pagar para ejercer la opción. El "último pago" (es decir, el precio de ejercicio) no se realiza sino hasta que la opción se ejerce un tiempo en el futuro. Cuanto más altas son las tasas de interés en el mercado, más valioso es el retraso (hasta el momento de pagar el precio de ejercicio) para el inversionista. Así, una opción será más valiosa cuanto más tiempo falte para su vencimiento y mayor sea la tasa de interés.

Influencia de la volatilidad. Casi siempre el factor más importante en la valuación de opciones es la volatilidad del precio de la acción ordinaria asociada. De forma más específica, cuanto mayor

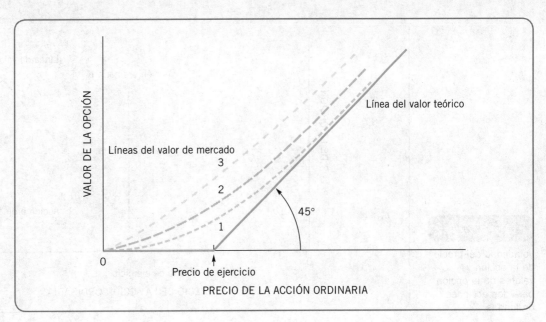

Figura 22A.1

Relaciones entre
el precio de la acción
ordinaria y el valor
de la opción
para diferentes
fechas de vencimiento

sea la posibilidad de resultados extremos, mayor será el valor de la opción para el titular, si todo lo demás permanece igual. Al inicio del periodo, podemos considerar las opciones sobre dos acciones ordinarias que tienen las siguientes distribuciones de probabilidad de valores posibles a la fecha de vencimiento de la opción:

PROBABILIDAD DE OCURRENCIA	PRECIO POR ACCIÓN ORDINARIA A	PRECIO POR ACCIÓN ORDINARIA B
0.10	$30	$20
0.25	36	30
0.30	40	40
0.25	44	50
0.10	50	60
1.00		

El precio esperado de la acción al final del periodo es el mismo para ambas acciones ordinarias, a saber, $40. Pero para la acción ordinaria B, hay una dispersión mucho mayor de los resultados posibles. Suponga que los precios de ejercicio de las opciones para comprar las acciones ordinarias A y B al final del periodo también son iguales, digamos, $38. Entonces las dos acciones ordinarias tienen los mismos valores esperados al final del periodo, y las opciones tienen el mismo precio de ejercicio. No obstante, el valor esperado de la opción, $\bar{V}_o$, para la acción ordinaria A al final del periodo es

(1) PROBABILIDAD DE OCURRENCIA	(2) PRECIO DE LA ACCIÓN ORDINARIA A, P_s	(3) máx(P_s − $38, 0)	(4) (1) × (3)
0.10	$30	$ 0	$0.00
0.25	36	0	0.00
0.30	40	2	0.60
0.25	44	6	1.50
0.10	50	12	1.20
1.00			$\bar{V}_o = $**$3.30**$

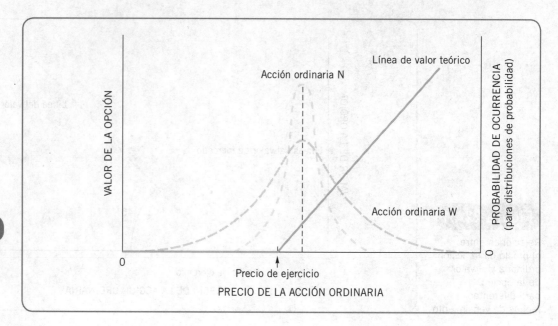

Figura 22A.2

Volatilidad del precio de la acción y valores de la opción para dos acciones ordinarias

mientras que para la acción ordinaria B es

(1) PROBABILIDAD DE OCURRENCIA	(2) PRECIO DE LA ACCIÓN ORDINARIA B, P_s	(3) máx(P_s − \$38, 0)	(4) (1) × (3)
0.10	\$20	\$ 0	\$0.00
0.25	30	0	0.00
0.30	40	2	0.60
0.25	50	12	3.00
0.10	60	22	2.20
1.00			$\tilde{V}_o =$ **\$5.80**

De esta forma, la mayor dispersión de los resultados posibles para la acción ordinaria B lleva a un valor esperado más alto del precio de la opción el día del vencimiento. La razón es que los valores de la opción no pueden ser negativos. El resultado es que una mayor dispersión da un intervalo más grande de resultados favorables según se miden por el precio de la acción ordinaria menos el precio de ejercicio. Los incrementos en la volatilidad del precio de la acción ordinaria aumentan el intervalo de resultados favorables para el comprador de opciones y con ello aumenta el valor de la opción.

Este efecto de la volatilidad del precio de la acción sobre el valor de la opción se ilustra en la figura 22A.2. Se muestran dos acciones ordinarias con diferentes distribuciones de precios de la acción al final del periodo. El precio de ejercicio es el mismo para cada acción, de manera que el límite inferior para los valores de la opción al vencimiento (valores teóricos) también es el mismo. Esto se muestra por el doblez en la parte inferior de la figura. La distribución de probabilidad del precio de la acción al final del periodo es más ancha para la acción ordinaria W que para la N, lo que refleja la volatilidad del precio de la acción W. Como la acción ordinaria W da una oportunidad mayor de un pago grande (es decir, uno lejano al derecho al precio de ejercicio), su opción vale más que la de la acción ordinaria N.

Para resumir, observe que el valor (o precio) de una opción de compra cambiará como sigue cuando aumentan las variables que se listan a continuación:

INCREMENTO EN LA VARIABLE	CAMBIO RESULTANTE EN EL VALOR DE LA OPCIÓN
Volatilidad del precio de la acción	Aumento
Tiempo para el vencimiento de la opción	Aumento
Tasa de interés	Aumento
Precio de ejercicio	Disminución
Precio de la acción ordinaria	Aumento

Tener en mente estas relaciones ayudará a explorar con más detalle la valuación de la opción.

Cobertura para opciones

Al tener dos activos financieros relacionados —una acción ordinaria y una opción sobre esa acción ordinaria—, podemos establecer una *posición de cobertura* libre de riesgo. Los movimientos de precio en uno de los activos financieros se compensarán por los movimientos opuestos en el precio del otro. Una posición de cobertura se puede establecer comprando acciones ordinarias (calificadas como de *periodo largo*) y contratos de opciones. Si el precio de las acciones ordinarias sube, ganamos en nuestra posición, esto es, en el valor de la acción ordinaria que tenemos. Perdemos en las opciones contratadas, porque el precio que debemos pagar por la acción ordinaria para entregarla a la persona que ejerce la opción es más alto que el que pagamos por ella.

Así, con una combinación de acciones ordinarias y opciones, los movimientos hacia arriba o hacia abajo en el precio de la acción ordinaria se compensan por los movimientos opuestos en el valor de la posición de la opción. Si esto se hace de manera adecuada, se puede obtener una posición global (cobertura larga en acciones ordinarias asociadas con opciones) casi libre de riesgo. En un mercado en equilibrio, se puede esperar ganar sólo la tasa libre de riesgo en una posición de cobertura perfecta.

Modelo de opciones Black-Scholes

En un artículo significativo, Fischer Black y el ganador del Premio Nobel Myron Scholes desarrollaron un modelo preciso para determinar el valor del equilibrio de una opción.[2] Este modelo se basa en el concepto de cobertura que se acaba de presentar. Black y Scholes suponen que una opción se puede ejercer sólo al vencimiento; que no hay costo de transacción ni imperfecciones de mercado; que una acción ordinaria no paga dividendos; que existe una tasa de interés a corto plazo conocida a la que los participantes en el mercado pueden solicitar o conceder un préstamo y, por último, que los cambios en los precios de las acciones ordinarias siguen un patrón aleatorio donde la distribución de probabilidad de los rendimientos es normal y la varianza es constante.

A partir de estas suposiciones, podemos determinar el valor de equilibrio de una opción. Si el precio real de la opción difiere del que indica el modelo, podemos establecer una posición de cobertura sin riesgo y obtener un rendimiento mayor que la tasa de interés a corto plazo. Cuando el arbitraje entra en escena, el rendimiento excedente se eliminará en algún momento y el precio de la opción será igual al valor que indica el modelo.

Para ilustrar la posición de cobertura, suponga que la relación apropiada entre la opción y la acción ordinaria de la Corporación XYZ es la que se muestra en la figura 22A.3. Suponga también que el precio de mercado corriente de la acción ordinaria es de $20 y que el precio de la opción es de $7. A $20 por acción, la pendiente (distancia en Y entre distancia en X) de la *línea de valor de mercado* en la figura 22A.3 es un medio, o 1 a 2. La pendiente determina la posición de cobertura adecuada. Por lo tanto, en esta situación particular una posición de cobertura se podría lograr comprando *una* acción por $20 y *dos* contratos de opción por $7 cada uno. El "dinero neto" invertido en esta posición será $20 − 2($7) = **$6**.

La combinación de tener una acción ordinaria (*de periodo largo*) y dos opciones (*de periodo corto*) nos deja en esencia protegidos con respecto al riesgo. Si el precio de la acción ordinaria baja un poco, el valor de la posición de periodo corto sube aproximadamente una cantidad igual. Decimos *aproximadamente* porque con los cambios en el precio de la acción ordinaria y el tiempo, la razón de cobertura ideal cambia. Con un incremento en el precio de la acción ordinaria, por ejemplo, aumenta

[2]Fischer Black y Myron Scholes, "The Pricing of Options and Corporate Liabilities", *Journal of Political Economy* 81 (mayo-junio, 1973), pp. 637-654.

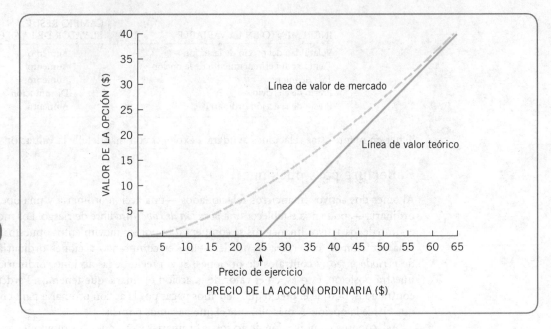

Figura 22A.3

Relación entre el valor de la opción y el precio de la acción ordinaria para la Corporación XYZ

la pendiente de la línea del valor de mercado en la figura 22A.3. Por lo tanto, se necesita contratar menos opciones. Si el precio de la acción ordinaria baja, la pendiente disminuye y se necesitan más opciones para mantener la cobertura. Además de las modificaciones a la pendiente de la línea como resultado de los cambios en el precio de la acción, la línea en sí se moverá hacia abajo cuando pase el tiempo y la fecha de vencimiento se acerque. Esto se ilustra en la figura 22A.1.

Entonces nuestra posición con respecto a las opciones debe ajustarse continuamente con los cambios en el precio de la acción ordinaria y los cambios en el tiempo si se quiere mantener la posición de cobertura sin riesgo. Las suposiciones del modelo hacen esto posible. Pero en el mundo real, los costos de las transacciones hacen poco práctico ajustar la posición continuamente. Aun así, el riesgo que aparece como resultado de cambios moderados en el precio de la acción ordinaria o del paso del tiempo será reducido. Además, es posible la diversificación que permitirá eliminarlo. Para fines prácticos, es posible mantener una posición de cobertura que sea aproximadamente libre de riesgo. El arbitraje asegurará que el rendimiento en esa posición sea cercano a la tasa libre de riesgo a corto plazo.

Fórmula exacta e implicaciones. En este contexto, el valor en equilibrio de la opción, V_o, que da derecho al titular a comprar una acción es, según Black y Scholes

$$V_o = (P_s)(N(d_1)) - (E/e^{rt})(N(d_2)) \qquad (22A.2)$$

donde P_s = precio corriente de la acción ordinaria subyacente

E = precio de ejercicio de la opción

e = 2.71828, base del sistema del logaritmo natural

r = tasa de interés libre de riesgo, a corto plazo, compuesta continuamente

t = tiempo en años a la fecha de vencimiento de la opción

$N(d)$ = probabilidad de que una variable aleatoria con distribución normal estandarizada tenga valores menores que d

$$d_1 = \frac{\ln(P_s/E) + [r + (0.5)\sigma^2]t}{\sigma\sqrt{t}}$$

$$d_2 = \frac{\ln(P_s/E) + [r - (0.5)\sigma^2]t}{\sigma\sqrt{t}}$$

$\ln$ = logaritmo natural

σ = desviación estándar de la tasa anual compuesta continuamente de la acción

La implicación importante de esta fórmula es que el valor de la opción es una función de la tasa de interés libre de riesgo, a corto plazo, del tiempo al vencimiento, y de la varianza de la tasa de rendimiento sobre la acción; pero *no* es una función del rendimiento esperado de la acción. El valor de la opción en la ecuación (22A.2) aumenta con el incremento del tiempo al vencimiento, *t*, la desviación estándar, σ, y la tasa de interés libre de riesgo a corto plazo, *r*. Las razones de estas relaciones se analizaron antes en este apéndice.

Al resolver la fórmula, conocemos el precio de la acción ordinaria corriente, el tiempo al vencimiento, el precio de ejercicio y la tasa de interés a corto plazo. La incógnita clave es entonces la desviación estándar de la tasa de rendimiento anual sobre las acciones ordinarias. Esto debe estimarse. El enfoque usual es emplear la volatilidad anterior del rendimiento de la acción ordinaria como representante del futuro. Black y Scholes, al igual que otros, han probado el modelo usando desviaciones estándar estimadas a partir de datos pasados con cierto grado de éxito. A partir de la ecuación de valuación para las opciones, Black y Scholes derivan la *razón de cobertura* entre las acciones ordinarias y las opciones necesarias para mantener una posición de protección plena. Se demuestra que es $N(d_1)$, que se definió antes. Así, el modelo de Black y Scholes permite la cuantificación de los diferentes factores que afectan el valor de una opción. Como vimos, el factor clave es estimar la volatilidad futura de las acciones ordinarias.

Recapitulación

En resumen, es posible establecer una posición sin riesgo comprando una acción ordinaria y contratando opciones. La razón de cobertura determina la porción de acciones que se mantienen durante largo tiempo en relación con las opciones. En los mercados financieros eficientes, la tasa de rendimiento sobre una posición perfectamente protegida sería la tasa libre de riesgo. Si éste es el caso, es posible determinar el valor apropiado de la opción al principio del periodo. Si el valor real está por arriba de este valor, el arbitraje debe impulsar el precio de la opción hacia el precio correcto.

El modelo de precios de opciones Black y Scholes ofrece la fórmula exacta para determinar el valor de una opción con base en la volatilidad de la acción ordinaria, el precio de la acción ordinaria, el precio de ejercicio de la opción, el tiempo al vencimiento de la opción y la tasa de interés libre de riesgo a corto plazo. El modelo se basa en la noción de que los inversionistas pueden mantener posiciones de cobertura razonables en el tiempo y de que el arbitraje impulsa el rendimiento sobre esas posiciones hacia la tasa libre de riesgo. Como resultado, el precio de la opción tendrá una relación precisa con el precio de la acción ordinaria. El modelo de Black y Scholes permite un conocimiento profundo de la valuación de opciones.

Preguntas

1. Defina el *precio de conversión* de un valor convertible, la *razón de conversión*, el *valor de conversión*, la *prima sobre el valor de conversión* y la *prima sobre el valor de bono directo*.
2. Este capítulo sostiene que los valores convertibles son una forma de financiamiento con capital accionario retrasado, lo que permite la venta de acciones con una prima del 10 a 20% sobre el precio de mercado actual. Pero muchos títulos convertibles al final se retiran sólo si el precio actual de mercado es bastante más alto que el precio de conversión. ¿Estaría en mejor posición la empresa si simplemente espera y vende las acciones ordinarias más adelante? Explique su posición.
3. Si los valores convertibles se pueden emitir a una tasa de interés efectiva menor que los bonos a largo plazo, ¿por qué una compañía emite deuda directa?
4. Algunas garantías tienen un valor teórico corriente de cero, pero se venden con precios positivos. Explique por qué.
5. Suponga que es el gerente de finanzas de una pequeña empresa de electrónicos (propiedad de unos cuantos accionistas). Usted tiene una oportunidad de inversión favorable y está considerando reunir fondos para financiarla, mediante valores convertibles subordinados o bonos directos con garantías adjuntas. Los fondos de capital accionario no son una posibilidad, pues usted

considera que el precio actual de las acciones está penalizado innecesariamente por gastos recientes de puesta en marcha y la razón de deuda alta de la empresa (en relación con la industria). Si espera grandes requerimientos adicionales de fondos futuros, ¿qué alternativa de financiamiento adoptaría? ¿Por qué?

6. ¿Por qué un titular de un bono convertible elige convertirlo voluntariamente?

7. ¿Qué razones se pueden esgrimir para justificar que las compañías pequeñas que crecen rápidamente usen garantías?

8. ¿Por qué el precio de mercado de una opción, como una garantía, suele exceder su valor como acción ordinaria?

9. Cuando un valor convertible se convierte en acción ordinaria, hay una dilución de las utilidades por acción. ¿Esperaría que el precio de mercado de la acción bajara como resultado de esta dilución? Explique.

10. Si el deseo de una compañía al vender valores convertibles es financiar con capital accionario retrasado, ¿sería sensato, al momento de la venta inicial del valor, establecer un escalonamiento en el precio del título convertible cada cierto número de años?

11. ¿Por qué un inversionista querría invertir en garantías y no en acciones ordinarias?

12. Como prestamista, ¿qué tan atractivas son las garantías como "dulcificante"? ¿Establecería términos más favorables de lo que concedería en otras situaciones? Explique.

13. ¿Por qué el potencial ilimitado hacia arriba y un límite (precio) inferior de cero en una garantía es atractivo para los inversionistas? Si las acciones ordinarias fueran altamente volátiles, ¿sería esto algo bueno o malo?

14. Con el financiamiento de opciones, como los valores convertibles y las emisiones de deuda con garantías adjuntas, ¿obtiene algo una compañía (un costo de interés más bajo) a cambio de nada?

15. ¿En qué difieren un bono intercambiable y un bono convertible? ¿En qué se parecen?

16. Con respecto a la valuación, ¿está mejor el inversionista con un bono intercambiable o con un bono convertible?

Problemas para autoevaluación

1. Barnaby Boat Company tiene actualmente utilidades de $3 por acción con 500,000 acciones ordinarias en circulación. La compañía planea emitir 40,000 acciones con tasa del 7%, y $50 de valor a la par convertibles en acciones preferenciales a la par. Cada acción preferencial es convertible en dos acciones ordinarias. Las acciones ordinarias tienen un precio actual de mercado de $21 por acción.

a) ¿Cuál es el valor de conversión de la acción preferencial?

b) ¿Cuál es la prima sobre el valor de conversión?

c) Suponiendo que las utilidades totales siguen sin cambio, ¿cuál será el efecto de la emisión sobre las utilidades básicas por acción *i)* antes de la conversión, *ii)* con base en la *dilución*?

d) Si las ganancias después de impuestos aumentan en $1 millón, ¿cuáles serían las utilidades básicas por acción *i)* antes de la conversión, *ii)* con base en la *dilución*?

2. Phlogiston Chemical Company planea emitir $10 millones en bonos subordinados convertibles al 10 por ciento. Ahora, el precio de las acciones ordinarias es de $36 por acción, y la compañía piensa que puede obtener una prima de conversión (precio de emisión excedente al valor de conversión) aproximada del 12 por ciento. El precio de compra del bono en los primeros 10 años es de $1,060 por bono, después de lo cual baja a $1,030 los siguientes 10 años y a $1,000 los últimos 10. Para tomar en cuenta la fluctuación en el precio de mercado de las acciones, la compañía no quiere comprar los bonos sino hasta que su valor de conversión se ubique al menos un 15% por arriba del precio de compra. Se espera que las utilidades por acción aumenten a una tasa compuesta anual del 8% en el futuro cercano, y la compañía no piensa que habrá cambios en su razón precio/utilidades.

a) Determine el tiempo esperado que debe transcurrir antes de que la compañía esté en posición de forzar la conversión.

b) ¿La emisión de un valor convertible es una buena idea para la compañía?

3. Red Herring Pizza tiene garantías en circulación; cada garantía da derecho al titular de comprar dos acciones a $24 cada una. El precio de mercado por acción y el precio por garantía fueron los siguientes el año anterior:

	OBSERVACIÓN					
	1	2	3	4	5	6
Precio de la acción	$20	$18	$27	$32	$24	$38
Precio de la garantía	5	3	12	20	8	29

Determine el valor teórico por garantía por cada una de esas observaciones. Después grafique el valor de mercado por garantía en relación con este valor teórico. ¿A qué precio por acción ordinaria la prima de garantía sobre el valor teórico es más grande? ¿Por qué?

Problemas

1. Las acciones ordinarias de Blue Sky Corporation ganan $3 por acción, reciben un 60% de pago en dividendos y se venden a una razón P/U de 8.333. Blue Sky desea ofrecer $10 millones al 9%, de bonos convertibles a 20 años con una prima de conversión inicial del 20% y un precio de compra de 105 ($1,050 por valor nominal de $1,000). Blue Sky tiene un millón de acciones ordinarias circulantes y una tasa de impuestos del 40 por ciento.
   a) ¿Cuál es el precio de conversión?
   b) ¿Cuál es la razón de conversión por bono de $1,000?
   c) ¿Cuál es el valor de conversión inicial de cada bono?
   d) ¿Cuántas acciones ordinarias nuevas debe emitir si todos los bonos se convierten?
   e) Si Blue Sky puede aumentar sus utilidades operativas (antes de impuestos) en $1 millón por año con los ingresos provenientes de la emisión de bonos, calcule las nuevas cifras de utilidades por acción y de utilidades retenidas antes y después de la conversión.
2. Suponga que Blue Sky Corporation (en el problema 1) puede vender $10 millones en deuda directa al 12% como alternativa a la emisión de valores convertibles. Calcule las utilidades por acción y las utilidades retenidas después de la emisión de la deuda directa bajo la suposición de un aumento de $1 millón en las utilidades operativas y compare sus respuestas con las obtenidas en el problema 1, inciso *e*).
3. Faversham Fish Farm tiene en circulación una emisión de bonos convertibles con una tasa del 7.75% a 20 años. Cada bono de $1,000 es convertible en 25 acciones ordinarias. La compañía también tiene una emisión de deuda directa circulante con el mismo plazo de vencimiento aproximado, de manera que es sencillo determinar el valor de bono directo de la emisión convertible. El precio de mercado de las acciones ordinarias de Faversham es volátil. Durante el año anterior, se observó lo siguiente:

	OBSERVACIÓN				
	1	2	3	4	5
Precio de mercado por acción	$ 40	$ 45	$ 32	$ 23	$ 18
Valor de bono directo	690	700	650	600	550
Precio de mercado de bono convertible	1,065	1,140	890	740	640

   a) Calcule la prima sobre el valor de conversión (en dólares) y la prima sobre el valor de bono directo para cada una de las observaciones.
   b) Compare las dos primas ya sea visualmente o en una gráfica. ¿Qué le dicen las relaciones con respecto a la valuación del bono convertible?
4. El siguiente año, Faversham Fish Farm (véase el problema 3) tiene dificultades. El precio de sus acciones baja a $10 por acción y el precio de mercado de los bonos convertibles baja a $440 por bono. El valor de bono directo se ubica en $410. Determine la prima sobre el valor de conversión y la prima sobre el valor de bono directo. ¿Qué puede decir acerca del valor mínimo del bono?

5. La Rambutan Fruit Company necesita reunir $10 millones mediante una emisión de deuda. Tiene las dos alternativas siguientes: emitir bonos convertibles al 8% a 20 años con un precio de conversión de $50 y valor nominal de $1,000; o emitir bonos directos al 12% a 20 años. Cada bono de $1,000 tiene una garantía para comprar cuatro acciones ordinarias por un total de $200. La compañía tiene una tasa de impuestos del 40% y cada acción se vende actualmente en $40. Su ingreso neto antes de interés e impuestos es un constante 20% de su capitalización total, que ahora aparece como sigue:

Acciones ordinarias (valor a la par de $5)	$ 5,000,000
Capital adicional recibido	10,000,000
Utilidades retenidas	15,000,000
Capitalización total	$30,000,000

a) Indique la capitalización de cada alternativa, antes y después de la conversión o el ejercicio (un total de cuatro capitalizaciones diferentes).

b) Calcule las utilidades por acción actuales y bajo cada una de las cuatro capitalizaciones determinadas en el inciso a).

c) Si el precio de la acción de Rambutan se ubicara en $75, determine el valor teórico de cada garantía emitida bajo la segunda alternativa.

6. Singapore Enterprise está considerando una emisión de bonos intercambiables en la que cada bono se puede intercambiar por $16^2/_3$ acciones de Malaysian Palm Oil Company. Las acciones de esta última compañía se venden en $50 por acción. ¿A qué prima sobre el valor de intercambio (expresada como porcentaje) se venderán los bonos si su precio de venta fuera de $1,000 por bono? ¿Existen ventajas en este tipo de financiamiento comparado con la emisión convertible?

7. Con base en la ecuación (22.3) calcule el valor teórico de cada una de las siguientes garantías:

GARANTÍA	N	P_s	E
(a)	5	$100	$400
(b)	10	10	60
(c)	2.3	4	10
(d)	3.54	27.125	35.40

8. Alexander Zinc Company compró el 7% de sus bonos subordinados convertibles para redimirlos al final del mes pasado. El precio de compra fue de 106 ($1,060 por valor nominal de $1,000). Un titular de un bono de $1,000 tenía derecho a convertirlo en 34.7 acciones. Cuando se hizo el anuncio de compra, la acción ordinaria de Alexander Zinc se vendía en $43 por acción.

a) ¿Cuál es el precio de mercado aproximado al que los bonos se venderán en el momento del anuncio?

b) ¿Qué porcentaje necesita bajar el precio de mercado por acción antes de que los poseedores de bonos acepten racionalmente el precio de compra?

9. Jenni Shover, Inc., tiene garantías en circulación que permiten al titular comprar tres acciones ordinarias por un total de $60 por cada garantía. En la actualidad, el precio de mercado por acción ordinaria de Jenni Shover es de $18. Sin embargo, los inversionistas tienen las siguientes estimaciones probabilísticas acerca de las acciones dentro de seis meses.

Precio de mercado por acción	$16	$18	$20	$22	$24
Probabilidad	0.15	0.20	0.30	0.20	0.15

a) ¿Cuál es el valor teórico actual de la garantía?

b) ¿Cuál es el valor esperado del precio de la acción dentro de seis meses?

c) ¿Cuál es el valor teórico esperado de la garantía dentro de seis meses?

d) ¿Esperaría que el precio de mercado actual esperado de la garantía sea igual a su valor teórico? Si no, ¿por qué?

10. Suponga que acaba de comprar una garantía que le da derecho a comprar acciones ordinarias por $45. El precio de mercado de las acciones ordinarias es de $26 por acción, mientras que el precio de mercado de la garantía es de $10 por encima de su valor teórico. Un año más tarde las acciones ordinarias suben de precio para ubicarse en $50 por acción. La garantía ahora se vende en $2 más que el valor teórico.

   a) Si la acción ordinaria paga $1 en dividendos por el año, ¿cuál es el rendimiento sobre la inversión en las acciones ordinarias?

   b) ¿Cuál es el rendimiento sobre la inversión en la garantía?

   c) ¿Por qué difieren las dos tasas de rendimiento?

Soluciones a los problemas para autoevaluación

1. a) Valor de conversión = razón de conversión × precio de mercado por acción = 2 × $21 = **$42**

   b) Prima sobre valor de conversión = $50 − $42 = **$8**
   (o bien, expresado como porcentaje = $8/$42 = 19.05%)

   c) Ingresos por acción:

Utilidades totales después de impuestos ($3 × 500,000 acciones)	$1,500,000
Dividendos de acciones preferenciales	140,000
Utilidades disponibles para accionistas ordinarios	$1,360,000
Número de acciones	÷500,000
Utilidades básicas por acción	**$2.72**
Utilidades totales después de impuestos	$1,500,000
Número de acciones (500,000 + 80,000)	÷580,000
Utilidades diluidas por acción	**$2.59**

   d) Utilidades por acción después de incremento en ganancias:

Utilidades totales después de impuestos	$2,500,000
Dividendos de acciones preferenciales	140,000
Utilidades disponibles para accionistas ordinarios	$2,360,000
Número de acciones	÷500,000
Utilidades básicas por acción	**$4.72**
Utilidades totales después de impuestos	$2,500,000
Número de acciones (500,000 + 80,000)	÷580,000
Utilidades diluidas por acción	**$4.31**

2. a) Precio de conversión = $36 × 1.12 = $40.32
   Precio de compra por acción los primeros 10 años = $40.32 × 1.06 = $42.74
   Precio al que la acción ordinaria debe subir antes de que la compañía esté en posición de forzar la conversión = $42.74 × 1.15 = $49.15
   Aumento a partir del precio actual = ($49.15/$36) − 1 = 36.5%
   Para una tasa de crecimiento compuesta del 8%, las utilidades por acción crecerán al 36% en 4 años: esto es simplemente $(1.08)^4 − 1$. Si la razón precio/utilidades permanece igual, la compañía tardará aproximadamente *cuatro años* para estar en posición de forzar la conversión.

   b) Este periodo es algo más largo que el periodo de dos a tres años que los participantes en el mercado esperan para el valor convertible. Aun así, no está lejos de lo normal y la compañía tal vez quiera seguir adelante. Pero si hay incertidumbre en cuanto a las utilidades por acción con el paso del tiempo en el futuro, puede haber un riesgo considerable de una emisión que "se cuelga". Esto quizá provoque que la compañía reconsidere.

3. Precio de mercado de la garantía y valor teórico para diferentes precios de acciones ordinarias (en orden ascendente):

Acción ordinaria	$18	$20	$24	$27	$32	$38
Precio de garantía	3	5	8	12	20	29
Valor teórico	0	0	0	6	16	28

Cuando se grafica, la relación tiene el mismo patrón que el mostrado en la figura 22.2. La prima máxima sobre el valor teórico se registra cuando el precio de la acción es de $24 y la garantía tiene un valor teórico de cero. Aquí ocurre el mayor apalancamiento y, como la volatilidad es lo que da valor a una opción, la prima sobre el valor teórico tiende a ser mayor en este punto.

Referencias seleccionadas

Arditti, Fred D. *Derivatives: A Comprehensive Resource for Options, Futures, Interest Rate Swaps, and Mortgage Securities.* Boston: Harvard Business School Press, 1996.

Asquith, Paul. "Convertible Bonds Are Not Called Late". *Journal of Finance* 50 (septiembre, 1995), 1275-1289.

_____ y David W. Mullins, Jr. "Convertible Debt: Corporate Call Policy and Voluntary Conversion". *Journal of Finance* 46 (septiembre, 1991), 1273-1289.

Barber, Brad M. "Exchangeable Debt". *Financial Management* 22 (verano, 1993), 48-60.

Barth, Mary E., Wayne R. Landsman y Richard J. Rendleman, Jr. "Implementation of an Option-Pricing Based Bond Valuation Model for Corporate Debt and Its Components". *Accounting Horizons* 14 (diciembre, 2000), 455-479.

Black, Fischer. "How to Use the Holes in Black-Scholes". *Journal of Applied Corporate Finance* 1 (invierno, 1989), 67-73.

_____ y Myron Scholes. "The Pricing of Options and Corporate Liabilities". *Journal of Political Economy* 81 (mayo-junio, 1973), 637-654.

Brennan, Michael J. y Eduardo S. Schwartz. "Convertible Bonds: Valuation and Optimal Strategies for Call and Conversion". *Journal of Finance* 32 (diciembre, 1977), 1699-1715.

_____. "The Case for Convertibles". *Journal of Applied Corporate Finance* 1 (verano, 1988), 55-64.

Burney, Robert B. y William T. Moore. "Valuation of Callable Warrants". *Review of Quantitative Finance and Accounting* 8 (enero, 1997), 5-18.

Byrd, Anthony K. y William T. Moore. "On the Information Content of Calls of Convertible Securities". *Journal of Business* 69 (enero, 1996), 89-101.

Chen, Andrew H. "Uncommon Equity". *Journal of Applied Corporate Finance* 5 (primavera, 1992), 36-43.

Ederington, Louis H., Gary L. Caton y Cynthia J. Campbell. "To Call or Not to Call Convertible Debt". *Financial Management* 26 (primavera, 1997), 22-31.

Finnerty, John D. "The Case for Issuing Synthetic Convertible Bonds". *Midland Corporate Finance Journal* 4 (otoño, 1986), 73-82.

Green, Richard C. "Investment Incentives, Debt, and Warrants". *Journal of Financial Economics* 13 (marzo, 1984), 115-136.

Haugen, Robert A. *Modern Investment Theory*, 5a. ed. Upper Saddle River, NJ: Prentice Hall, 2001.

Hull, John C. *Options, Futures, and Other Derivatives*, 6a. ed. Upper Saddle River, NJ: Prentice Hall, 2006.

Jen, Frank C., Dosoung Choi y Seong-Hyo Lee. "Some New Evidence on Why Companies Use Convertible Bonds". *Journal of Applied Corporate Finance* 10 (primavera, 1997), 44-53.

Jones, E. Philip y Scott P. Mason. "Equity-Linked Debt". *Midland Corporate Finance Journal* 3 (invierno, 1986), 47-58.

Lauterbach, Beni y Paul Schultz. "Pricing Warrants: An Empirical Study of the Black-Scholes Model and Its Alternatives". *Journal of Finance* (septiembre, 1990), 1181-1209.

Long, Michael S. y Stephen E. Sefcik. "Participation Financing: A Comparison of the Characteristics of Convertible Debt and Straight Bonds Issued in Conjunction with Warrants". *Financial Management* 19 (otoño, 1990), 23-34.

Marr, M. Wayne y G. Rodney Thompson. "The Pricing of New Convertible Bond Issues". *Financial Management* 13 (verano, 1984), 31-37.

Mayers, David. "Why Firms Issue Convertible Bonds: The Matching of Financial and Real Investment Options". *Journal of Financial Economics* 47 (enero, 1998), 83-102.

Mikkelson, Wayne H. "Convertible Calls and Security Returns". *Journal of Financial Economics* 9 (septiembre, 1981), 237-264.

Stultz, Rene M. "Demystifying Financial Derivatives". *The Milken Institute Review* 7 (tercer trimestre, 2005), 20-31 (disponible en línea en www.milkeninstitute.org/publications/review/2005_9/20_31mr27.pdf)

Tsiveriotis, Kostas y Chris Fernandez. "Valuing Convertible Bonds with Credit Risk". *Journal of Fixed Income* 8 (septiembre, 1998), 95-102.

Van Horne, James C. "Warrant Valuation in Relation to Volatility and Opportunity Costs". *Industrial Management Review* 10 (primavera, 1969), 19-32.

_____. *Financial Market Rates and Flows*, 6a. ed. Upper Saddle River, NJ: Prentice Hall, 2001.

La parte VIII del sitio Web del libro, *Wachowicz's Web World*, contiene vínculos a muchos sitios de finanzas y artículos en línea relacionados con los temas cubiertos en este capítulo. (http://web.utk.edu/~jwachowi/part8.html)

23

Fusiones y otras formas de reestructuración corporativa

Contenido

- **Fuentes de valor**
  Mejora en ventas y economías de operación • Mejoramiento de la administración • Efecto de la información • Transferencia de riqueza • Razones fiscales • Beneficios derivados del apalancamiento • Hipótesis de arrogancia • Agenda personal de la administración

- **Adquisiciones estratégicas que incluyen acciones ordinarias**
  Efecto sobre las utilidades • Efecto sobre el valor de mercado • Evidencia empírica sobre fusiones • Variantes en fusiones y adquisiciones

- **Adquisiciones y el presupuesto de capital**
  Flujos de efectivo libres y su valor • Pagos no en efectivo y asunción de pasivos • Estimación de los flujos de efectivo • Enfoque de flujos de efectivo contra enfoque de utilidades por acción

- **Cerrar el trato**
  Compra de activos o de acciones ordinarias • Transacción gravable o no gravable • Manejo contable

- **Tomas de control, ofertas de compra y defensas**
  Enmiendas contra las tomas de control y otros mecanismos • Evidencia empírica sobre mecanismos contra las tomas de control

- **Alianzas estratégicas**
  Empresas conjuntas • Corporaciones virtuales

- **Desinversión**
  Liquidación corporativa voluntaria • Liquidación parcial • Escisiones corporativas • Venta parcial de acciones • Evidencia empírica sobre las desinversiones

- **Reestructuración de propiedad**
  Abandonar la bolsa de valores • Motivaciones • Evidencia empírica sobre la salida de la bolsa de valores

- **Compra apalancada**
  Una ilustración detallada • Acuerdo de financiamiento con deuda

- **Puntos clave de aprendizaje**

- **Apéndice: Remedios para una compañía con problemas financieros**

- **Preguntas**

- **Problemas para autoevaluación**

- **Problemas**

- **Soluciones a los problemas para autoevaluación**

- **Referencias seleccionadas**

Objetivos

Después de estudiar el capítulo 23, usted será capaz de:

- Explicar por qué una compañía puede decidir emprender una reestructuración corporativa.

- Comprender y calcular el efecto sobre las utilidades y el valor de mercado de las compañías implicadas en fusiones.

- Describir qué beneficios de la fusión, si los hay, obtienen los accionistas de la compañía que compra y los accionistas de la compañía que vende.

- Analizar una posible fusión como problema de presupuesto de capital.

- Describir los procesos de fusión desde el inicio hasta la conclusión.

- Describir las maneras diferentes de defenderse contra una toma de control no deseada.

- Analizar las alianzas estratégicas y comprender cómo ha contribuido la subcontratación (*outsourcing*) a la formación de compañías virtuales.

- Explicar qué es "desinversión" y cómo se logra.

- Comprender qué significa "salir de la bolsa" y qué factores pueden motivar a la administración para que la compañía abandone la bolsa de valores.

- Explicar qué es la compra apalancada y qué riesgo conlleva.

"En el negocio de las tomas de control, si quieres un amigo, compra un perro".

—CARL ICAHN

El crecimiento es un ingrediente esencial para el éxito y la vitalidad de muchas compañías. Sin él, una empresa tiene dificultad para dedicarse a un propósito y atraer administradores de primer nivel. El crecimiento puede ser interno o externo. Hasta ahora, hemos considerado sólo el crecimiento interno, es decir, el que se registra cuando una empresa adquiere activos específicos y los financia con la retención de utilidades o financiamiento externo. El crecimiento externo, por otro lado, supone la adquisición de otra compañía. En principio, el crecimiento al adquirir otra compañía tiene muy poca diferencia con el crecimiento al adquirir un activo específico. Cada uno requiere un desembolso inicial, que se espera que derive en beneficios futuros.

La **reestructuración corporativa** abarca muchas situaciones además de las fusiones. Puede interpretarse casi como cualquier cambio en la estructura de capital, de las operaciones o de la propiedad que está fuera del curso ordinario del negocio. Alianzas estratégicas, liquidaciones, escisiones y compras apalancadas son algunos ejemplos. En las fusiones y otras formas de reestructuración, la idea es crear valor.

Reestructuración corporativa Cualquier cambio en la estructura de capital, las operaciones o la propiedad de la compañía que está fuera de su curso ordinario de negocios.

Fuentes de valor

Existen varias razones por las que una compañía desearía emprender una reestructuración corporativa. El fundamento en todos los casos es crear valor para los accionistas, tema que ha ocupado todo el libro. En esta sección, examinamos varias razones para reestructurar. Pero recuerde, estas razones deben considerarse colectivamente.

● ● ● Mejora en ventas y economías de operación

Una razón importante para algunas adquisiciones es el mejoramiento de las ventas. Al ganar un porcentaje de mercado, una empresa podrá aumentar sus ventas de manera continua y obtener dominio de mercado. También será factible acumular otros beneficios estratégicos y de marketing. Quizá la adquisición traiga consigo avances tecnológicos a la mesa de productos; o tal vez llene un vacío en la línea de productos y con ello mejoren las ventas de la empresa. Pero para tener valor, tales adquisiciones y las mejoras correspondientes en las ventas deben ser efectivas en términos de costos.

Las economías de operación con frecuencia se logran mediante una combinación de compañías. Las instalaciones duplicadas se eliminan. Marketing, contabilidad, compras y otras operaciones se pueden consolidar. Es posible reducir la fuerza de ventas para evitar duplicidad de esfuerzo en un territorio específico. En una **fusión** de compañías ferroviarias, el principal objetivo es obtener economías de operación con la eliminación de instalaciones y rutas duplicadas. Cuando se fusionan compañías industriales, una empresa con un producto que complementa una línea de productos existente podrá completar esa línea y aumentar la demanda total de los productos de la compañía compradora. La obtención de esas economías se conoce como **sinergia**. La compañía fusionada tiene mayor valor que la suma de sus partes, algo que podríamos expresar como 2 + 2 = 5.

Además de las economías de operación, es posible lograr **economías de escala** con la fusión de dos compañías. Las economías de escala ocurren cuando el costo promedio baja cuando aumenta el volumen de producción. Por lo general, pensamos en las economías de escala en el ámbito de la producción y pasamos por alto sus posibilidades en marketing, compras, distribución, contabilidad e incluso finanzas. La idea es concentrar un mayor volumen de actividad en una instalación dada, en un número determinado de personas, en un sistema de distribución específico, etcétera. En otras palabras, los aumentos de volumen permiten una utilización más eficiente de los recursos. Como es de esperarse, las economías de escala tienen límites. Más allá de ese punto, los aumentos en el volumen generan más problemas de los que resuelven, y entonces una compañía se volverá menos eficiente. Los economistas hablan de una "curva envolvente" (es decir, una curva de costo con forma de U) donde las economías de escala son posibles hasta cierto punto, después del cual ocurren las "deseconomías".

Fusión Combinación de dos o más compañías en la que una empresa sobrevive como entidad legal.

Sinergia Economías que se obtienen a partir de una fusión donde el desempeño de la empresa combinada rebasa al de las partes antes separadas.

Economías de escala Proceso mediante el cual el costo unitario promedio disminuye cuando aumenta el volumen de producción.

Las economías se pueden lograr mejor con una *fusión horizontal*, que combina dos compañías en la misma línea de negocios. Las economías logradas por este medio son el resultado principalmente de eliminar instalaciones duplicadas y ofrecer una línea de productos más amplia con la esperanza de aumentar la demanda total. Una *fusión vertical*, en la que una compañía se expande ya sea hacia adelante, es decir, hacia el consumidor final, o hacia atrás, esto es, hacia la fuente de materias primas, también puede significar economías. Este tipo de fusión da a una compañía mayor control sobre su distribución y sus compras. Existen algunas economías de operación en una *fusión conglomerada*, que combina dos compañías con líneas de negocios no relacionadas.

Con una desinversión, como una liquidación o una escisión, puede ocurrir una *sinergia invertida*, donde 4 − 2 = 3. Es decir, la operación de la que se despoja la empresa resulta más valiosa ante alguien más para generar flujos de efectivo y un valor presente neto positivo. Como resultado, alguien más está dispuesto a pagar un precio más alto por esa operación que el valor presente para el poseedor original. En algunas situaciones, la operación ha generado pérdidas de manera continua, y el propietario actual tal vez no esté dispuesto a comprometer los recursos necesarios para hacerla redituable.

Otra razón para una desinversión es un deseo de cambio estratégico por parte de la compañía. Periódicamente, casi todas las compañías revisan sus planes a largo plazo en un esfuerzo por responder a la eterna pregunta: ¿en qué negocio debemos estar? Las consideraciones estratégicas incluyen

¿Sinergias de fusiones y adquisiciones? No cuenten con ellas

BusinessFinance

La última oleada de fusiones y adquisiciones (FyA) está cobrando fuerza, y por buenas razones: las fusiones y adquisiciones son un impulso clave para el crecimiento del ingreso, de acuerdo con una encuesta entre 420 ejecutivos corporativos en Estados Unidos y Europa, realizada por Accenture y The Economist Intelligence Unit. Más de la mitad de los que respondieron afirman que sus ingresos globales han crecido un promedio de 18% en los últimos tres años gracias a las FyA, y el 56% de ellos esperan ganancias comparables en los siguientes tres años.

El hecho de que la actividad de FyA se traduzca en un mayor valor para los accionistas es un postulado debatible. "Existe evidencia creciente de que las transacciones más grandes fallan en crear valor para los accionistas que adquieren", observa Art Bert, socio en la práctica estratégica de Accenture en Wellesley, Massachusetts. "Pero lo que hace a las FyA tan atractivas es el trato menos común, ejecutado con éxito, que permite a un comprador crear valor para los accionistas más allá del que pueden lograr sus competidores".

Los participantes no estaban entusiasmados con los resultados relacionados con el ahorro en costos y las sinergias en ingresos. Sólo el 45% de los encuestados reportaron que su trato más reciente logró las sinergias de ahorro en costos esperadas. Y sólo cerca de la mitad (51%) dijo que logró las sinergias de ingresos esperadas.

La investigación también reveló que las compañías están buscando lejos de casa sus blancos de adquisición. Las compras más recientes han sido en el extranjero. El 58% de los encuestados dijeron que su adquisición más reciente fue internacional, y el 55% cree que las compañías en su industria se verán impulsadas a adquirir empresas en el extranjero durante los siguientes cinco años para garantizar la rentabilidad del negocio.

Porcentaje de encuestados que están de acuerdo/ muy de acuerdo con cada afirmación en lo que se refiere a las más reciente FyA de su compañía

Se retuvieron empleados valiosos de la compañía compradora — 77%

Se retuvieron empleados de la compañía adquirida — 72%

Los clientes de la compañía compradora no experimentaron un efecto negativo — 73%

Los clientes de la compañía adquirida no experimentaron un efecto negativo — 67%

Se lograron las sinergias de ingresos esperadas — 51%

Se lograron las sinergias de costo esperadas — 45%

La integración se completó tan rápido como fue posible con problemas mínimos — 40%

Fuente: John Cummings, "M&A Synergies? Don't Count On It", *Business Finance* (octubre, 2006), p. 14. (www.bfmag.com) Derechos reservados © 2006 por Penton Media, Inc. Usado con permiso. Todos los derechos reservados.

capacidades internas (capital, planta y personal), los mercados externos de productos y los competidores. El mercado, al igual que la ventaja competitiva de una compañía dentro del mercado, cambia con el tiempo, y algunas veces muy rápido. Surgen nuevos mercados, al igual que nuevas capacidades dentro de la empresa. Lo que una vez fue un buen ajuste tal vez ya no lo sea. Como resultado, puede llegarse a la decisión de eliminar una operación particular. En el caso de la adquisición de otra compañía, tal vez no todas las partes adquiridas embonen en el plan estratégico de la compañía compradora. Como resultado, puede llegarse a la decisión de desmantelar una o más partes. La realineación estratégica es la razón más citada por los directores ejecutivos para justificar la desinversión.

● ● ● Mejoramiento de la administración

Algunas compañías están manejadas con escasa eficiencia, con el resultado de que la rentabilidad es menor que lo que sería de otra manera. Si una reestructuración permite una mejor administración, tendrá sentido tan sólo por esa razón. Aunque una compañía está en su derecho de cambiar su administración, la realidad práctica de posiciones atrincheradas puede ser tal que se requiera una reestructuración profunda para que ocurra un cambio considerable. Esta motivación sugeriría que las compañías con rendimientos y utilidades bajos son las mejores candidatas para una adquisición, y hay cierta evidencia que apoya esta afirmación. Sin embargo, debe haber un potencial para mejorar de manera significativa las ganancias a través de mejoras administrativas. Algunos productos y compañías simplemente tienen escaso potencial, y el mal desempeño se debe no sólo a una administración deficiente.

● ● ● Efecto de la información

También es posible generar valor si se transmite nueva información como resultado de una reestructuración corporativa. Esta idea implica que la administración (o un adquiriente) posee información asimétrica (desigual) comparada con la del mercado general de las acciones ordinarias de la empresa. En la medida en que se crea que las acciones de una compañía están subvaluadas, llegará una señal positiva mediante el aviso de reestructuración que ocasionará un incremento en el precio de las acciones. La idea es que la fusión o reestructuración brinda información sobre la rentabilidad subyacente que, de otra manera, no se podría transmitir. Este argumento se ha examinado en otra parte de este libro y, en síntesis, nos dice que los hechos son más elocuentes que las palabras.

En el caso de desinversión, su anuncio puede dar una señal de cambio en la estrategia de inversiones o en la eficiencia de la operación que, a la vez, puede tener un efecto positivo sobre el precio de las acciones. Por otro lado, si el anuncio se interpreta como la venta de la subsidiaria con más posibilidades en el mercado para manejar adversidades, la señal será negativa. El que una compañía esté realmente subvaluada o sobrevaluada siempre es cuestionable. Es invariable que la administración piense que está subvaluada, y en ciertos casos tiene información que no se refleja bien en el precio de mercado. Sin embargo, es posible que haya maneras de comunicar el valor que son diferentes al anuncio de una reestructuración corporativa irreversible.

● ● ● Transferencia de riqueza

Otra razón para modificar la riqueza de los accionistas es la transferencia de valor de los accionistas a los prestamistas y viceversa. Por ejemplo, si una fusión disminuye la variabilidad relativa de los flujos de efectivo, los prestamistas se benefician al tener un prestatario más digno de crédito. Como resultado, el valor de mercado de sus títulos de deuda debe aumentar, si todo lo demás permanece igual. Si el valor global no cambia de otra manera, su ganancia llega a costa de los accionistas.

Por el contrario, si una compañía desmantela una porción de la empresa y distribuye los ingresos entre los accionistas, habrá una transferencia de valor de los prestamistas a los accionistas. La transacción, al reducir los activos generadores de utilidades de la empresa, disminuye la probabilidad de que la deuda se pague y ésta tendrá un menor valor. Si el valor de la deuda declina en virtud del mayor riesgo de incumplimiento, el valor del capital accionario aumentará, suponiendo que el valor total de la empresa no cambie. En esencia, los accionistas "se llevan" parte de la empresa, con lo que se reduce su valor colateral para los prestamistas.

En resumen, cualquier operación que reduzca el riesgo de los flujos de efectivo, como una fusión, puede tener el resultado de una transferencia de riqueza de los dueños del capital accionario a los titulares de la deuda. Sin embargo, una reestructuración que aumenta el riesgo relativo, como una desinversión o un mayor apalancamiento financiero, pueden dar como resultado una transferencia de riqueza de los prestamistas a los accionistas.

● ● ● Razones fiscales

Una motivación para algunas fusiones es una cuenta de impuestos menos onerosa. En el caso de un acarreo de pérdidas fiscales, una compañía con pérdidas fiscales acumuladas puede tener pocas posibilidades de ganar suficiente en el futuro para usar por completo su acarreo de pérdidas.[1] Al fusionarse con una compañía rentable, es posible que la compañía que sobrevive utilice de manera más efectiva la pérdida acarreada. No obstante, hay restricciones que limitan su utilización a un porcentaje del valor de mercado justo de la compañía adquirida. Aun así, es posible que haya una ganancia económica —a costa del gobierno— que ninguna de las dos compañías podría obtener por separado.

● ● ● Beneficios derivados del apalancamiento

El valor también puede surgir del uso de apalancamiento financiero. En muchas reestructuraciones corporativas, la cantidad de apalancamiento financiero aumenta con frecuencia. En este caso, es posible crear valor para los accionistas según lo que analizamos en el capítulo 17. Existe una compensación entre el efecto de impuestos corporativos, el efecto del impuesto personal, la bancarrota y los costos de agencia, y los efectos de los incentivos. Como las implicaciones de la valuación se presentaron en capítulos anteriores, no repetiremos aquí el análisis. Sin embargo, hay que reconocer que en ocasiones el valor cambia simplemente porque la reestructuración da como resultado un cambio en el apalancamiento financiero.

● ● ● Hipótesis de arrogancia

Richard Roll asegura que las tomas de control en una empresa están motivadas por los licitadores que realmente creen que no se pueden equivocar y que su visión del futuro es perfecta.[2] La *arrogancia* se refiere a un espíritu presuntuoso de orgullo, soberbia y exceso de confianza en sí mismo. Se dice que los individuos arrogantes no tienen el comportamiento racional necesario para frenar su oferta excesiva. Quedan atrapados en el "ansia de cazar", donde la presa debe obtenerse sin importar el costo. Como resultado, los licitadores pagan demasiado por sus presas de caza. La hipótesis de arrogancia sugiere que la prima excedente pagada por la compañía meta beneficia a los accionistas de la empresa adquirida, pero que los accionistas de la compañía compradora sufren una disminución en su riqueza.

● ● ● Agenda personal de la administración

Cualquier pago excesivo hecho por la empresa adquiriente, más que ser el resultado de la arrogancia, puede ser resultado de que su administración persigue metas personales y no la meta de maximizar la riqueza de los accionistas. Algunas veces la administración "persigue el crecimiento". Por ejemplo, pasar de una compañía pequeña a una más grande tal vez parezca más prestigioso a los ojos de los administradores. O quizá la meta de la administración sea la diversificación porque, al diversificar en negocios no relacionados, una empresa dispersa su riesgo y, en consecuencia, los puestos administrativos estarán más seguros.

Cuando la administración considera la venta de la compañía, también es posible que entren en juego razones personales. En una compañía que no cotiza en la bolsa, los individuos que tienen el interés en el control tal vez quieran que su compañía sea adquirida por otra que tiene un mercado establecido de

---

[1] Una pérdida para fines de impuestos en general se acarrea dos años para atrás y hasta 20 años para adelante con la finalidad de compensar el ingreso gravable en esos años. Cualquier pérdida acarreada hacia atrás debe aplicarse primero al año inicial y luego al siguiente, en orden. Si la pérdida no queda compensada por completo por las utilidades en los dos años anteriores, el residuo se acarrea hacia adelante de manera secuencial para reducir las ganancias futuras y los impuestos cada año, hasta los siguientes 20 años.

[2] Richard Roll, "The Hubris Hypothesis of Corporate Takeovers", *Journal of Business* 59 (abril, 1986), pp. 197-216.

acciones. Para fines de impuestos estatales, tal vez sea deseable para estos individuos poseer acciones que ya son bursatilizables y para las cuales se dispone de cotizaciones del precio de mercado. Los propietarios de una compañía que no cotiza en la bolsa pueden tener gran parte de su riqueza inmóvil en la compañía. Al fusionarse con una compañía dentro del mercado de valores, obtienen una marcada mejoría en su liquidez, lo que les permite vender algunas de sus acciones y diversificar sus inversiones. Todas éstas son formas de costos de agencia, un concepto analizado en capítulos anteriores.

Con estas razones en mente, consideremos las diferentes formas de reestructuración corporativa. Comenzaremos con las fusiones y luego estudiaremos las desinversiones y los cambios en la estructura de propiedad.

Adquisiciones estratégicas que incluyen acciones ordinarias

Costos de agencia
Costos asociados con la supervisión de la administración para asegurarse de que se comporta de manera congruente con los acuerdos contractuales de la empresa con los acreedores y los accionistas.

Una *adquisición estratégica* ocurre cuando una compañía adquiere otra como parte de su estrategia global de negocios. Lograr una ventaja de costos puede ser el resultado deseado. Por ejemplo, una destiladora que necesita capacidad adicional desea comprar otra destiladora que tiene capacidad de sobra. Quizá la compañía meta pueda ofrecer mejoras al ingreso a través de la extensión de productos o el dominio del mercado. La clave es que existe una razón estratégica para fusionar dos compañías.

Por el contrario, una *adquisición financiera* sucede cuando una compañía privada que no cotiza en bolsa (o "comprada") como Kohlberg, Kravis y Roberts (KKR), es el comprador. La motivación para adquirirla en este caso es vender los activos, reducir costos y operar lo que queda de manera más eficiente que antes. La esperanza es que estas medidas den como resultado la creación de valor adicional al precio de compra. La adquisición no es estratégica porque la compañía adquirida opera como una entidad independiente, por sí sola. Una adquisición financiera invariablemente implica un intercambio de efectivo, y el pago para los accionistas que venden se financia en gran parte con deuda. Conocida como *compra apalancada*, este tipo de adquisición se estudia con detalle más adelante en el capítulo.

Nos centraremos aquí en las adquisiciones estratégicas y, en particular, en aquellas que se llevan a cabo con acciones ordinarias y no con efectivo. Cuando una adquisición se efectúa mediante acciones ordinarias, el resultado es una "razón de intercambio", que denota la ponderación relativa de las dos compañías con respecto a ciertas variables clave. En esta sección consideramos dos razones de intercambio, una para las utilidades por acción y otra para el precio de mercado, de las dos compañías que se combinan.

● ● ● Efecto sobre las utilidades

Al evaluar una adquisición posible, la empresa compradora estudia el efecto que la fusión tendrá sobre las utilidades por acción de la corporación que sobrevive. La compañía A está considerando la adquisición, mediante acciones ordinarias, de la compañía B. Los datos financieros de la adquisición potencial en el momento del análisis son los siguientes:

	COMPAÑÍA A	COMPAÑÍA B
Utilidades actuales	$20,000,000	$5,000,000
Acciones en circulación	5,000,000	2,000,000
Utilidades por acción	$4.00	$2.50
Precio por acción	$64.00	$30.00
Razón precio/utilidades	16	12

La compañía B ha acordado en una oferta de $35 por acción pagadera con acciones de la compañía A. De esta forma, la *razón de intercambio* es $35/$64, o alrededor de 0.547 de una acción de la compañía A por cada acción de la compañía B. En total, será necesario emitir 1,093,750 acciones ordinarias de la compañía A para adquirir la compañía B. Suponiendo que las utilidades de las compañías componentes siguen igual después de la adquisición, las utilidades por acción de la compañía superviviente serán

	COMPAÑÍA SUPERVIVIENTE A
Utilidades totales	$25,000,000
Acciones en circulación	6,093,750
Utilidades por acción	**$4.10**

Cómpralas de nuevo, ¿y luego?

CFO

La recompra de acciones puede impulsar un mercado de FyA conforme los compradores usan las acciones para hacer adquisiciones

A juzgar por la proliferación repentina de las camionetas (SUV) Porsche en las calles de Manhattan, éste ha sido un buen año para la banca de inversión. Sin duda, la actividad de fusiones y adquisiciones (FyA) en Estados Unidos alcanzó $370 mil millones durante el segundo trimestre, su nivel más alto desde 1999, según Thomson Financial. Al mismo tiempo, otro tipo de transacción ha tenido auge: la recompra de acciones. Las acciones de autocartera, conocidas como acciones de recompra, son responsables del 10% de la capitalización total del mercado del índice S&P 500.

Aunque al parecer no están relacionadas, estas dos tendencias pueden intersecarse pronto. Después de una recompra, las empresas no tienen que colocar las acciones de regreso en el mercado, pero la experiencia indica que, con el tiempo, lo hacen, afirma Howard Silverblatt, analista de índices experimentado en Standard & Poor's. "Las compañías no tienen una historia de guardar mucho tiempo sus acciones recompradas", dice.

Cuando las compañías comienzan a emitir acciones de nuevo, agrega Silverblatt, el uso más probable será en fusiones, ya que muchos administradores ven las acciones como una forma barata (y que permite diferir impuestos) de pagar el trato. Los inversionistas están más que dispuestos a soportar la dilución si las acciones se usan para una buena adquisición.

Existe un beneficio menos obvio. Las reglas de la Bolsa de Valores de Nueva York exigen la aprobación de los accionistas siempre que una compañía quiera emitir nuevas acciones que representen el 20% o más de las acciones en circulación. Pero las acciones de autocartera no cuentan para el total, de acuerdo con Atilla Bodi de McDermott, Will & Emery. Sovereign Bancorp explotó esta excepción el año pasado cuando usó acciones de autocartera (recompra) para invalidar las objeciones de los accionistas a su compra del Independence Community Bank.

El resultado es que el efectivo que se destina a la recompra —la cual suele percibirse como una alternativa a hacer una adquisición— termina promoviendo la maquinaria de FyA de todas maneras. Esto seguramente ayudará a los banqueros a mantener llenos los tanques de combustible de esos Porsches nuevos.

Las FyA van en aumento
Actividades de tratos en el segundo trimestre (en miles de millones de $)*

. . . también las recompras
Volumen de recompras el primer trimestre para el S&P 500 (en miles de millones de $)**

Acopio de acciones de autocartera
Las acciones de autocartera como porcentaje de acciones circulantes de S&P 500**

Fuente: Don Durfee, "Buy It Back, And Then?" *CFO* (septiembre, 2006), p. 22. (www.cfo.com) Derechos reservados © 2006 por CFO Publishing Corporation. Usado con permiso. Todos los derechos reservados.

Entonces, se tiene una mejora inmediata en las utilidades por acción de la compañía A como resultado de la fusión. Sin embargo, los accionistas anteriores de la compañía B experimentan una reducción en las utilidades por acción. Por cada acción de B que tenían, ahora poseen 0.547 acciones de A. Así, las utilidades por acción después de la fusión en relación con las acciones de la compañía B que tenían anteriormente es (0.547)($4.10), o $2.24, en comparación con los $2.50 antes de la fusión.

Suponga que el precio acordado para las acciones de la compañía B es de $45 en vez de $35 por acción. La razón de intercambio sería entonces $45/$64, o alrededor de 0.703 de una acción de la compañía A por cada acción de la compañía B. En total, tendrán que emitirse 1,406,250 acciones, y las utilidades por acción después de la fusión serán

	COMPAÑÍA SUPERVIVIENTE A
Utilidades totales	$25,000,000
Acciones circulantes	6,406,250
Utilidades por acción	**$3.90**

En este caso, hay una dilución inicial en las utilidades por acción de la compañía A que se debe a la adquisición de la compañía B.[3] La dilución en las utilidades por acción ocurrirá en cualquier caso en que la razón precio/utilidades pagada por una compañía exceda la razón precio/utilidades de la compañía que hace la compra. En el ejemplo, la razón precio/utilidades en el primer caso era $35/$2.50, o 14. En el segundo caso fue $45/$2.50, es decir, 18. Como la razón precio/utilidades de la compañía A era 16, hubo un incremento en las utilidades por acción en el primer caso y una disminución en el segundo.

Así, son posibles ambos, el aumento y la disminución iniciales, en las utilidades por acción para la empresa superviviente. La cantidad de aumento o disminución es una función de **1.** la razón precio/utilidades antes de la fusión y **2.** el tamaño relativo de las dos empresas antes de la fusión medido por las utilidades totales. Cuanto más alta sea la razón precio/utilidades de la compañía adquiriente en relación con la de la compañía adquirida, y cuanto mayores sean las utilidades de la compañía adquirida en relación con las de la compañía compradora antes de la fusión, mayor será el incremento en las utilidades por acción de la compañía superviviente (compradora).

Ingresos futuros. Si la decisión de adquirir otra compañía se basara sólo en el impacto inicial sobre las utilidades por acción, una dilución inicial en las utilidades por acción impediría que cualquier compañía adquiriera a otra. Este tipo de análisis, sin embargo, no toma en cuenta la posibilidad de un crecimiento futuro en las utilidades como resultado de la fusión. Este crecimiento puede deberse al crecimiento esperado en las utilidades de la compañía adquirida como entidad independiente y a cualquier efecto de sinergia que se derive de la fusión de las dos compañías.

Es útil graficar las utilidades por acción futuras probables con y sin la adquisición. La figura 23.1 muestra esto para la firma adquiriente en una fusión hipotética. La gráfica indica cuánto tiempo tardará en eliminarse la dilución de las utilidades por acción y en registrarse el aumento. En este ejemplo, ese periodo es de 1.5 años. Las utilidades por acción bajan inicialmente $0.30, pero esta dilución relativa se elimina hacia la mitad del segundo año. Cuanto mayor es la duración de la dilución, menos deseable es la adquisición desde el punto de vista de la compañía compradora. Algunas compañías establecen un límite máximo al número de años por los que se tolerará la dilución.

● ● ● Efecto sobre el valor de mercado

El mayor énfasis en el proceso de negociación de la adquisición se hace sobre la razón de intercambio de precio de mercado por acción. La razón de intercambio del precio de mercado es sencillamente

$$\frac{\text{Precio de mercado por acción de la compañía adquiriente} \times \text{Número de acciones ofrecidas por la compañía adquiriente por cada acción de la compañía adquirida}}{\text{Precio de mercado por acción de la compañía adquirida}} \quad (23.1)$$

Si el precio de mercado de la compañía adquiriente es de $60 por acción y el de la compañía comprada es de $30, y la primera ofrece la mitad de sus acciones por cada acción de la segunda, la razón de intercambio del precio de mercado será

$$\frac{\$60 \times 0.5}{\$30} = \textbf{1.00}$$

[3]Los accionistas anteriores de la compañía B obtienen una mejora en sus utilidades por acción. Las utilidades por acción después de la fusión para las acciones que tenían antes son $2.74.

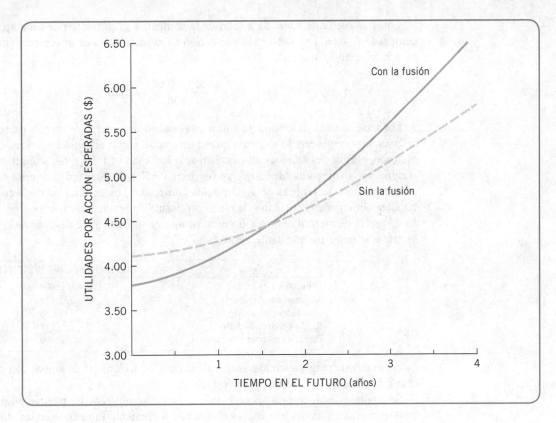

En otras palabras, las acciones ordinarias de las dos compañías se intercambian 1 a 1 con base en el precio de mercado. Si el precio de mercado de la compañía superviviente es relativamente estable a $60 por acción, los accionistas de ambas compañías quedan tan bien como antes en relación con el valor de mercado. No obstante, la compañía adquirida encuentra poco atractivo en aceptar un precio de mercado con razón de intercambio 1 a 1. Es usual que la compañía que compra ofrezca un precio de mercado mayor que el actual por acción de la compañía que desea adquirir. En vez de la mitad de una acción, la compañía adquiriente pudo haber ofrecido 0.667 de acción, o $40 por acción en el valor de mercado actual.

"Amarrar las botas" en utilidades por acción. En ausencia de sinergia, de una mejora en la administración, o de la subvaluación de las acciones de la compañía comprada en un mercado inefi-ciente, no esperamos que sea de interés para los accionistas adquirientes ofrecer un precio por arriba del precio de mercado actual de la compañía comprada. Los accionistas de la compañía adquiriente podrían estar mejor, sin embargo, si la razón precio/utilidades de su compañía fuera más alta que la de la compañía comprada y si, de alguna manera, la compañía superviviente pudiera mantener esa mis-ma relación más alta precio/utilidades después de la fusión. Suponga que la compañía comprada tiene una razón precio/utilidades de 10. La compañía adquiriente, por otro lado, tiene una razón precio/utili-dades de 18. Suponga la siguiente información financiera:

	COMPAÑÍA ADQUIRIENTE	COMPAÑÍA COMPRADA
Utilidades actuales	$20,000,000	$6,000,000
Acciones en circulación	6,000,000	2,000,000
Utilidades por acción	$3.33	$3.00
Precio de mercado por acción	$60.00	$30.00
Razón precio/utilidades	18	10

Con una oferta de 0.667 de acción de la compañía adquiriente por cada acción de la compañía comprada, o $(0.667) \times (\$60) = \$40$ por acción en valor, la razón de intercambio de precio de mercado para la compañía comprada sería

$$\frac{\$60 \times 0.667}{\$30} = 1.33$$

Los accionistas de la compañía comprada reciben una oferta de un valor de $40 en acciones por cada acción que poseen. Es evidente que se benefician con la adquisición en relación con el precio de mercado, porque sus acciones antes valían sólo $30 cada una. En total, se emitirán 1,333,333 nuevas acciones de la compañía superviviente (es decir, $0.667 \times 2,000,000$ de acciones de la compañía comprada) para los accionistas de la compañía comprada. Los accionistas de la compañía adquiriente también obtienen un beneficio si la razón precio/utilidades de la compañía superviviente se queda en 18. El precio de mercado por acción de la compañía superviviente después de la adquisición, si todo lo demás se mantiene constante, sería

	COMPAÑÍA SUPERVIVIENTE
Utilidades totales	$26,000,000
Acciones en circulación	7,333,333
Utilidades por acción	$3.55
Razón precio/utilidades	18
Precio de mercado por acción	**$63.90**

La razón de esta magia aparente, mediante la cual los accionistas de ambas compañías se benefician, es la diferencia en las razones precio/utilidades.

Se supone que las compañías con razones precio/utilidades altas pueden adquirir compañías con razones precio/utilidades más bajas y obtener un incremento inmediato en las utilidades por acción, a pesar del hecho de que pagan una prima con respecto a la razón de intercambio de valor de mercado. El factor clave es lo que sucede con la razón precio/utilidades de la compañía que sobrevive *después de la fusión*. Si se queda igual, el precio de mercado de las acciones aumentará. Como resultado, una compañía adquiriente podrá mostrar un crecimiento estable en las utilidades por acción si con el tiempo adquiere un número suficiente de compañías de esta manera. Este incremento no es resultado de economías de operación o de un crecimiento subyacente, sino que se debe a la manera de "amarrar las botas" (tirando hacia arriba) con sus utilidades por acción a través de la adquisición. Si el mercado valora esto como crecimiento ilusorio en utilidades por acción, se supone que una compañía podría aumentar la riqueza de los accionistas sólo mediante adquisiciones.

En los mercados de capital con eficiencia razonable, es poco probable que el mercado mantenga constantes las razones precio/utilidades de una compañía que no es capaz de demostrar un crecimiento potencial de la forma en que lo hacen otras compañías (no adquirientes) con razones precio/utilidades más bajas. La compañía adquiriente debe estar en condiciones de administrar las compañías que compra y mostrar cierto grado de sinergia si se desea que el beneficio de la adquisición sea duradero. Si el mercado está relativamente libre de imperfecciones y si la sinergia no se anticipa, esperaríamos que la razón precio/utilidades de la compañía superviviente se aproxime al promedio ponderado de las razones precio/utilidades de las dos compañías antes de la fusión. En estas circunstancias, la adquisición de compañías con razones precio/utilidades más bajas no mejorará la riqueza de los accionistas. Para la compañía adquiriente, el precio por acción de hecho declinaría si la razón de intercambio de valor de mercado fuera mayor que 1.00. Sin embargo, si se espera sinergia o si se desea mejorar la administración, la riqueza del accionista puede aumentar con la adquisición.

● ● ● Evidencia empírica sobre fusiones

En años recientes se han realizado varios estudios empíricos sobre las adquisiciones, de los cuales se obtiene una gran cantidad de información. Sin embargo, las diferencias en las muestras, los periodos de muestreo y los métodos de investigación dejan en la ambigüedad las implicaciones de la valuación. De cualquier manera, con el creciente número de estudios, emergen ciertos patrones que hacen posible generalizar.

Rendimientos de acciones anormales relativos (calculados como la diferencia entre los rendimientos reales y pronosticados) alrededor de la fecha del anuncio de una toma de control exitosa

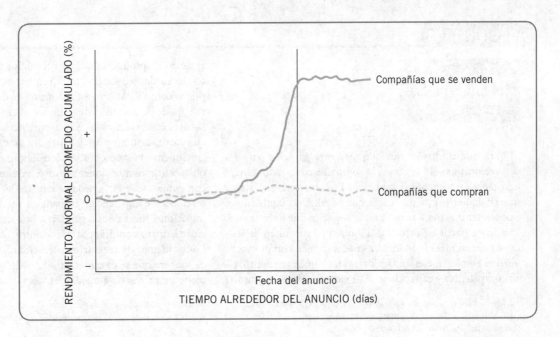

Toma de control La adquisición de otra compañía que puede (desde el punto de vista de la administración de la empresa adquirida) tomar la forma de una fusión "amistosa" o "no amistosa".

En una **toma de control** exitosa, o completa, todos los estudios indican que los accionistas de la compañía meta o que se vende obtienen incrementos apreciables en su riqueza en relación con el valor de mercado de sus acciones antes de la operación de toma de control. Este incremento en la riqueza se debe a la prima que paga la compañía que compra, cuyo monto promedia el 30%, aunque en ocasiones se pagan primas tan altas como del 80 por ciento. El precio de mercado de las acciones de la compañía meta tiende a subir una vez que se hace pública la información acerca de la toma de control potencial o tan pronto como empiezan a circular rumores sobre ésta. Es común que la mejora en el precio de la acción comience antes del anuncio de la toma de control, quizá un mes antes. El patrón de rendimientos que es normal observar en la compañía adquirida se muestra en la figura 23.2.

Para la compañía que compra, o adquiriente, la evidencia es menos clara. En todos los casos de una toma de control exitosa, es obvio que se paga una prima, y su justificación debe ser la sinergia esperada y/o mayor eficiencia administrativa de los recursos de la compañía meta. La cuestión es si la sinergia probable o la administración mejorada darán como resultado un incremento en la riqueza que sea suficiente para compensar la prima. Las respuestas que se derivan de los estudios empíricos son ambivalentes. Algunos sugieren que los accionistas de las empresas adquirientes obtienen una pequeña mejora en el precio de la acción, mientras que otros no encuentran efectos. La situación de que no hay efectos se ilustra en la figura 23.2. Algunos otros encuentran que los accionistas de las compañías que compran obtienen rendimientos negativos, si los demás factores se mantienen constantes. En el año que sigue a una toma de control, los rendimientos negativos son en especial evidentes.

Otra explicación, por supuesto, es que las compañías que compran simplemente pagan demasiado. Esto estaría de acuerdo con la hipótesis de arrogancia, que predice una disminución en el valor de la empresa adquiriente. En otras palabras, la sinergia potencial y las mejoras en la administración no son suficientes para compensar el pago de la prima. En ciertas guerras de negociación, el frenesí es tal que la toma de decisiones racional parece desaparecer. En algunas luchas por ganar el control, la búsqueda del premio es tan importante que se hacen ofertas de primas más allá de lo que pueden justificar la sinergia o la mejora administrativa. Esta situación se ve alentada en parte por la banca de inversión, que gana comisiones más altas si el precio que se paga es mayor.

Una causa más de preocupación es que muchos adquirientes se deshacen después de las compañías adquiridas. Con mucha frecuencia la desinversión obedece a la intención de diversificar, al contrario de lo que sucede con una relacionada con la misma línea de negocios. La razón invariable de la desinversión es que la compañía meta no está a la altura de las expectativas. Muchas veces la disposición implica una pérdida. La pregunta sigue siendo, en primer lugar, por qué el comprador estaba tan ansioso o pagó tanto. Igual de intrigante es por qué las compañías adquieren empresas en líneas de negocios no relacionadas. En promedio, los accionistas de la compañía adquiriente experimentan

Adquisiciones

Para una compañía que adquiere otra, el valor para los accionistas sólo se crea si la compañía compradora logra agregar a la compañía adquirida un valor que sea mayor que cualquier prima que tenga que pagar. Las adquisiciones pueden ser una manera de realizar negocios que llevaría años levantar a partir de cero. Las adquisiciones resultan beneficiosas cuando las compañías se concentran en comprar actividades con las que están familiarizadas y que caen dentro de su competencia y capacidades. Por ejemplo, podrían ampliar el rango de productos que son el núcleo de su negocio o extender su alcance geográfico. Sin embargo, la evidencia de empresas como KPMG y PA Consulting ha demostrado que casi el 80% de las adquisiciones fallan en la entrega de valor para los accionistas. En vista de esta evidencia, exhortaríamos a la administración a ser muy cautelosa antes de emprender un crecimiento basado en una adquisición. Existen demasiados obstáculos, sin mencionar el proceso de adquisición en sí. Las compañías deberían quedarse dentro del ámbito de sus habilidades y competencias probadas, y no deberían buscar adquisiciones fuera de esas fronteras. La compatibilidad cultural entre la firma compradora y la adquirida también es esencial. Los esquemas de incentivos para ejecutivos deben diseñarse de manera que se desaliente la adquisición como un fin, y no como un medio para mejorar el valor.

rendimientos negativos en tipos de adquisiciones de "conglomerado". La prima pagada simplemente no se recupera, dada la limitada sinergia posible. Algunas veces la compañía adquiriente tendrá suerte y se topará con una empresa realmente subvaluada, pero esto no es lo común. Una adquisición en una línea relacionada de negocios tiene más sentido.

En resumen, la evidencia sobre los rendimientos para los accionistas de las compañías compradoras apunta en diferentes sentidos. Es difícil extraer una conclusión global sobre las tomas de control, ya que se refiere al valor para los accionistas de la compañía compradora. Está claro que algunas adquisiciones valen la pena por la sinergia y las mejoras en la administración que traen consigo, y otras son inconvenientes. La clave para el administrador financiero es tener cuidado ya que, en general, no es posible abogar por las corporaciones diciendo que hacen buenas adquisiciones todo el tiempo. Para las compañías adquiriente y adquirida en forma colectiva, existe un incremento en la riqueza asociado con la toma de control. Esto se debe más que nada a la prima pagada a los accionistas de la compañía en venta.

● ● ● Variantes en fusiones y adquisiciones

Fusiones *roll-up* La combinación de múltiples compañías pequeñas en la misma industria para crear una compañía más grande.

Oferta pública inicial (OPI) La primera oferta de acciones ordinarias de una compañía al público en general.

OPI *roll-up* Una oferta pública inicial (OPI) de compañías independientes en la misma industria que se fusionan en una sola compañía concurrente con la oferta de acciones. Los fondos de la OPI se usan para financiar la adquisición de las compañías que se combinan.

Varias industrias se están transformando debido a una estrategia de fusión y adquisición cada vez de mayor aceptación: una unión de múltiples compañías conocida como *roll-up*. La tendencia al *roll-up* ocurre dentro de las industrias fragmentadas como una manera de consolidar y obtener economías de escala. Se han realizado *roll-ups* en el caso de compañías como empresas de renta de equipo, tiendas de flores, agencias de viajes y distribuidoras de autos.

Transacciones *roll-up*. La idea detrás de un *roll-up* es construir con rapidez una compañía más grande y valiosa mediante varias adquisiciones de empresas de pequeñas a medianas. El *roll-up* lleva la esperanza de ahorros en costos como resultado del volumen de compras y una administración centralizada de bajo costo. Las adquisiciones están estructuradas de manera que provean efectivo o acciones a los dueños de las compañías en venta. Como regla general, los dueños de compañías pequeñas independientes que se vendieron se quedan como administradores en la nueva compañía que, si no cotiza en la bolsa, con frecuencia usa el *roll-up* para acelerar su crecimiento y, con ello, moverse más pronto hacia el mercado de valores a través de una **oferta pública inicial (OPI)**.

La táctica de consolidación final para acelerar el crecimiento y el progreso hacia el mercado de valores exige combinar los *roll-ups* con una OPI, lo que produce una **OPI *roll-up***. En una OPI *roll-up*,

The Economist

Fusiones y adquisiciones

Valor del trato por país meta
2006, en billones de $

País	Número de tratos
Estados Unidos	7,209
Gran Bretaña	2,477
España	679
Japón	2,785
Francia	875
Canadá	1,239
Alemania	1,065
Italia	595
Rusia	1,245
Australia	1,253

Fuente: Dealogic

En 2006 se rompieron todo tipo de récords en fusiones y adquisiciones (FyA). De acuerdo con Dealogic, una empresa de sistemas de información de mercados de capital, el valor de las FyA anunciado alcanzó los $4 billones por primera vez. Los tratos que implicaron sólo efectivo tuvieron un valor de $3 billones, y las transacciones efectuadas sólo con acciones alcanzaron los $602 mil millones. El precio combinado de las empresas meta europeas, casi $1.6 billones, fue el más alto de todos los tiempos y rebasó el total de Estados Unidos. Los tratos internacionales fueron por $1.3 billones, otro récord, de los cuales $219 mil millones correspondieron a compañías norteamericanas ($45 mil millones de esta cantidad correspondió a empresas canadienses) y $210 mil millones a empresas británicas. Las finanzas, telecomunicaciones y las propiedades, que juntas dan cuenta del 34% del volumen total, fueron las metas más buscadas.

las compañías que no cotizan en la bolsa en la misma línea de negocios se fusionan simultáneamente en una nueva compañía. En el momento de la fusión, la compañía emprende una OPI. La compañía recién formada algunas veces se llama "compañía mágica", como cuando se dice: "la compañía multimillonaria en la bolsa apareció de la nada, ¡como por arte de magia!".

Adquisiciones y el presupuesto de capital

Desde el punto de vista de la corporación compradora, las adquisiciones se pueden manejar como otro aspecto del presupuesto de capital. En principio, la posible adquisición se puede evaluar en gran parte de la misma manera que cualquier proyecto de presupuesto de capital. Existe un desembolso inicial y beneficios futuros esperados. Ya sea que exista un desembolso en efectivo o en acciones ordinarias, la empresa debe intentar asignar el capital de manera óptima para aumentar la riqueza de los accionistas a la larga. Sin embargo, a diferencia de las situaciones de presupuesto de capital, puede haber mayor incertidumbre alrededor del desembolso inicial en una adquisición. De hecho, este desembolso suele ser sujeto de negociación. Además, si se puede suponer que la compañía adquiriente intenta mantener su estructura de capital existente a la larga, es adecuado evaluar la posible adquisición sin hacer referencia a la manera en que será financiada.

● ● ● Flujos de efectivo libres y su valor

Al evaluar las posibles adquisiciones, la compañía compradora debe estimar los flujos de efectivo futuros que se espera que la adquisición genere después de impuestos. Estamos interesados en lo que se conoce como *flujos de efectivo libres*. Éstos son flujos de efectivo que permanecen después de restar de los ingresos esperados, los costos de operación esperados, y las inversiones necesarias para sostener y mejorar, como se espera, los flujos de efectivo. Dicho de otra manera, los flujos de efectivo libres son los flujos de efectivo excedentes a lo requerido para financiar todos los proyectos que tienen valores presentes netos positivos cuando se descuentan a las tasas de rendimiento requeridas adecuadas.

Las estimaciones de los flujos de efectivo libres deben incluir consideraciones de efectos sinérgicos, ya que estamos interesados en el efecto marginal de la adquisición. Más aún, las estimaciones de los flujos de efectivo deben hacerse antes de cualquier cargo financiero. La idea es separar la estructura financiera de la posible adquisición de su valor global como inversión. La preocupación se refiere a los flujos de efectivo operativos después de impuestos que surgen al operar la compañía adquirida, no al posible ingreso neto después de los cargos financieros. (Recuerde, éstos fueron exactamente los tipos de flujos de efectivo que nos interesaron cuando consideramos las propuestas de presupuesto de capital individuales). Con base en estas consideraciones, suponga que se esperan los siguientes flujos de efectivo de una adquisición posible:

	PROMEDIO PARA LOS AÑOS (en miles)				
	1-5	6-10	11-15	16-20	21-25
Flujos de efectivo operativos anuales después de impuestos a partir de la adquisición	$2,000	$1,800	$1,400	$800	$200
Inversión neta	600	300	–	–	–
Flujos de efectivo después de impuestos	$1,400	$1,500	$1,400	$800	$200

La tasa de descuento apropiada será el costo de capital para la empresa adquirida. Usamos esta tasa para reflejar mejor el carácter riesgoso de los flujos de efectivo de la empresa adquirida. Si la tasa fuera del 15% después de impuestos, el valor presente de los flujos de efectivo esperados mostrados sería $8,724,000. Si la compañía que pretende adquirirse no tiene deuda, esta cifra sugiere que la compañía compradora puede pagar un precio en efectivo máximo de $8,724,000 por la compra y todavía estaría actuando a favor de los intereses de los accionistas de la compañía. El precio real pagado estará sujeto a negociación. Sin embargo, el valor presente de la posible adquisición debe representar un límite superior para la adquisición de la compañía. Cualquier precio hasta esta cantidad resultaría una inversión valiosa para la compañía. Como resultado, el precio de mercado por acción de las acciones de la empresa debería aumentar. Si el precio pagado es mayor que el valor presente de la adquisición, esto sugiere que el capital es menor que el asignado de manera óptima.

● ● ● Pagos no en efectivo y asunción de pasivos

¿Qué pasaría si la adquisición fuera por algo de valor diferente al dinero? El pago a los accionistas de la compañía adquirida puede incluir acciones ordinarias, acciones preferenciales, deuda, efectivo o alguna combinación de ellos. Más aún, en muchos casos, el comprador asume los pasivos de la compañía que adquiere. ¿Complican estos asuntos el análisis de la adquisición? Desde luego. Pero debemos tener cuidado de no pasar por alto el principio de valuación; es decir, el valor de los flujos de efectivo incrementales. La cifra de valor presente obtenida, $8,724,000, representa el máximo precio "equivalente en efectivo" que ha de pagarse. Si se usan valores diferentes al efectivo en la adquisición, deben convertirse a su valor de mercado equivalente en efectivo. Si la empresa adquiriente asume los pasivos de la compañía adquirida, éstos también deben convertirse a su valor de mercado y restarse del precio equivalente en efectivo. Así, el valor presente de los flujos de efectivo incrementales (menos el valor de mercado de cualquier pasivo que se asume en la adquisición) establece un límite superior sobre el valor de mercado de todos los valores, incluyendo el efectivo, usados en el pago. De esta manera, podemos separar el valor de la inversión en una adquisición de la forma en que está financiada.

● ● ● Estimación de los flujos de efectivo

En una adquisición, existen los problemas usuales con la estimación de los flujos de efectivo futuros. Sin embargo, el proceso es un poco más sencillo que para una propuesta de presupuesto de capital, porque la compañía que se compra es una entidad productiva. La compañía adquiriente compra más que activos. Compra experiencia, organización y desempeño probado. Las estimaciones de ventas y costos se basan en resultados pasados. En consecuencia, es probable que sean más precisas que las estimaciones para una propuesta de inversión nueva. La menor incertidumbre en las estimaciones significa menor dispersión de los resultados esperados y menor riesgo, si todo lo demás permanece constante. Un problema adicional, sin embargo, surge cuando la adquisición debe integrarse a la compañía adquiriente. En esta circunstancia, la adquisición no puede evaluarse como una operación separada. Deben considerarse los efectos de sinergia. Las estimaciones de esos efectos son difíciles, en particular si la organización que se obtiene con la adquisición es compleja.

● ● ● Enfoque de flujos de efectivo contra enfoque de utilidades por acción

El análisis de una adquisición con base en el flujo de efectivo libre difiere del que se realiza considerando las utilidades por acción. Con un enfoque de utilidades por acción, suponiendo que se hiciera un intercambio de acciones ordinarias por acciones ordinarias, la pregunta es si habrá una mejora en las utilidades por acción ahora o en el futuro. En el enfoque de flujos de efectivo, la pregunta es si los flujos de efectivo netos esperados tienen un valor presente que rebasa el costo de la adquisición.

En general, el enfoque de flujos de efectivo se ve como la valuación de una adquisición en el largo plazo, mientras que el enfoque de utilidades por acción se centra en el corto plazo. Si una posible adquisición no da como resultado un incremento positivo en las utilidades por acción en unos cuantos años, se descarta como posibilidad si la decisión se apoya sólo en las utilidades por acción. Por el contrario, el enfoque de flujos de efectivo observa los flujos de efectivo incrementales posibles que se generarán a partir de la adquisición, durante muchos años en el futuro. Por su parte, el enfoque de utilidades por acción tiende a sesgar el proceso de selección a favor de compañías con prospectos de crecimiento inmediato, pero no necesariamente a favor de las que lo tienen a largo plazo. Ningún enfoque abarca la consideración de cambios en el riesgo de negocios. Pero esta dimensión se puede incorporar en cualquier método de análisis usando las técnicas estudiadas en el capítulo 15.

Además del riesgo, la cuestión es decidir qué método se debe usar, el de flujos de efectivo o el de utilidades por acción. Tal vez la mejor respuesta es que deben emplearse ambos. El método de flujos de efectivo es más completo y más correcto teóricamente con respecto al valor económico a largo plazo de una adquisición. En la práctica, es difícil imaginar que la administración ignore el efecto de una adquisición sobre las utilidades por acción, sin importar qué tan sólido sea el enfoque de flujos de efectivo desde el punto de vista conceptual. De la misma manera, un enfoque de utilidades por acción, por sí solo, puede ser miope y sesgar la decisión en contra de prospectos con crecimiento sólido a largo plazo. Por lo tanto, es posible dar argumentos sólidos para el uso del método de análisis de flujos de efectivo *además* del de utilidades por acción.

Cerrar el trato

Una fusión o **consolidación** con frecuencia comienza con negociaciones entre las administraciones de las dos compañías. En general, los consejos directivos de las compañías se mantienen informados sobre esas negociaciones. El adquiriente evalúa muchas facetas de la compañía meta. Los respectivos consejos deben ratificar los términos del acuerdo, y luego los accionistas ordinarios de ambas compañías deberán aprobarlos. Dependiendo de los estatutos corporativos, se requiere una mayoría establecida, por lo general una que represente dos tercios del total de acciones. Después de la aprobación de los accionistas ordinarios, se lleva a cabo la fusión o consolidación una vez que se entregan los documentos necesarios en los estados donde operan las compañías.

Sin embargo, aún queda un obstáculo. La División Antimonopolios del Departamento de Justicia de EUA o la Federal Trade Commission pueden levantar una demanda para bloquear la combinación. Para bloquear una fusión o consolidación, el gobierno, según la sección 7 de la **Ley de Clayton**, debe probar que puede ocasionar "una disminución competitiva sustancial". Casi siempre una restricción de competencia se interpreta según lo que se aplica a cierta área geográfica, como tiendas de comestibles en Nueva Orleáns, o una línea de comercio, como la producción de barras de aluminio. Es posible hacer interpretaciones más amplias, y se sospecha de la combinación de dos grandes compañías en líneas de negocios y áreas geográficas no relacionadas simplemente tan sólo por su "gran tamaño". Como los costos del tiempo de los ejecutivos, los gastos legales y otros gastos generados al librar una

Consolidación La combinación de dos o más empresas en una totalmente nueva. Las empresas antiguas dejan de existir. Aunque técnicamente diferentes, los términos *fusión* (donde una empresa sobrevive) y *consolidación* tienden a usarse como sinónimos.

Ley de Clayton Ley federal aprobada en 1914 en Estados Unidos, contra el monopolio, diseñada para promover la competencia; se refiere a varios asuntos antimonopolistas, incluyendo la vinculación de directivos, la discriminación racial, los contratos de exclusividad y las fusiones.

batalla antimonopolios son tan grandes, muchas compañías desean estar razonablemente seguras de que no enfrentarán ese reto antes de completar la consolidación.

● ● ● Compra de activos o de acciones ordinarias

Una compañía puede ser adquirida mediante la compra de sus activos o de sus acciones ordinarias. La compañía adquiriente puede comprar todos o parte de los activos de la otra compañía y pagar por ellos en efectivo o con sus propias acciones ordinarias. Con frecuencia, el comprador adquiere sólo los activos de la otra compañía y no asume los pasivos.

Cuando una compañía adquiriente compra las acciones de otra compañía, esta última es controlada por la compañía adquiriente. La compañía comprada deja de existir, y la que sobrevive toma todos los activos y pasivos de aquélla. Igual que en una compra de activos, el medio de pago a los accionistas de la compañía adquirida puede ser en efectivo o en acciones ordinarias.

● ● ● Transacción gravable o no gravable

Si la adquisición se hace con efectivo o con un instrumento de deuda, la transacción es gravable para la compañía que vende o para quienes son accionistas en ese momento. Esto significa que deben reconocer cualquier ganancia o pérdida de capital sobre la venta de los activos o la venta de acciones en el momento de la venta. Si el pago se hace con acciones preferenciales u ordinarias con derecho a voto, la transacción no es gravable en el momento de la venta. La ganancia o pérdida de capital se reconoce sólo cuando se vendan las recién adquiridas acciones. Además del requerimiento de acciones con voto, para que una combinación de empresas no esté sujeta a gravamen debe tener un propósito de negocios. En otras palabras, no puede hacerse sólo con fines fiscales. Todavía más, en una compra de activos, la adquisición debe incluir sustancialmente todos los activos de la compañía que se vende y no menos del 80% de esos activos deben pagarse con acciones con derecho a voto. En una compra de acciones, la compañía compradora debe poseer por lo menos el 80% de las acciones de la compañía que adquiere justo después de la transacción.

● ● ● Manejo contable

Antes de la publicación en Estados Unidos de los *Estándares de contabilidad financiera (Statement of Financial Accounting Standards, SFAS) 141* en 2001, una combinación de dos compañías se manejaba como una **compra** o como una **unión de intereses**. En una compra, el adquiriente maneja la compañía comprada como una inversión. Si el comprador paga una prima por arriba del valor en libros de los activos, esta prima debe reflejarse en el balance general del comprador. El método de compra requiere que los activos tangibles se reporten a un valor justo de mercado. Como resultado, es posible que el comprador revalorice los activos tangibles adquiridos de la compañía. Si se realiza la revalorización, habrá cargos por depreciación más altos.

Si la prima pagada excede el reporte descrito, la diferencia debe reflejarse como **crédito mercantil o fondo de comercio** (*goodwill*) en la hoja de balance del comprador. Más aún, antes del *SFAS 142* (también publicado en 2001), las empresas debían amortizar el crédito mercantil en cierto periodo (no mayor a 40 años). Entonces las utilidades contables se reducían por la cantidad de los cargos periódicos. Además, como resultado de los cambios en la ley de impuestos de 1993, los cargos de crédito mercantil en general eran deducibles para "fines fiscales" durante 15 años para adquisiciones realizadas después del 10 de agosto de 1993. Antes, los cargos del crédito mercantil no eran deducibles de impuestos, lo que daba una desventaja fiscal para las empresas que adquirían el crédito mercantil en una compra de activos.

En una unión de intereses, los balances generales de las dos compañías se combinan, es decir, los activos y los pasivos simplemente se suman. Como resultado, las revalorizaciones de activos y créditos mercantiles no se reflejan en la combinación, y no hay cargos contra los ingresos futuros.

Cambios contables importantes. Como las utilidades reportadas son más altas con el mecanismo de unión de intereses que con el mecanismo de compra, muchas compañías compradoras lo prefieren. El amplio uso del método de unión de intereses fue principalmente un fenómeno estadounidense.

Método de compra Un método de manejo contable para una fusión basado en el *precio de mercado* pagado por la compañía adquirida.

Método de unión de intereses Un método de manejo contable para una fusión basado en el *valor neto en libros* de los activos de la compañía adquirida. Los balances generales de las dos compañías simplemente se combinan.

Crédito mercantil o fondo de comercio (*goodwill*) Los activos intangibles (reputación, prestigio, clientela, plusvalía, etcétera) de la empresa adquirida que surgen cuando la empresa compradora paga más por ellos que su valor en libros. El deterioro (o la declinación) del crédito mercantil debe someterse a prueba al menos una vez al año.

Muchos países prohíben el método por completo o restringen su uso de manera severa. A fines de la década de 1990, el Consejo de estándares de contabilidad financiera (Financial Accounting Standards Board, FASB), el grupo profesional que redacta las reglas contables para efectuar negocios en Estados Unidos, propuso un estándar que forzaría a las compañías a usar sólo contabilidad de compra. Hubo grandes protestas en el sector de negocios contra esa propuesta porque las utilidades contables se reducirían después de una fusión corporativa debido a la amortización del crédito mercantil. Después de muchas discusiones, el FASB estableció un conjunto de requerimientos. El *SFAS 141* elimina el método de unión de intereses y permite sólo el método de compra para fusiones y adquisiciones. El *SFAS 142* elimina la amortización periódica obligatoria del crédito mercantil para fines de contabilidad financiera, pero requiere de una prueba de deterioro (al menos una vez al año). Si el valor de mercado del crédito mercantil es menor que su valor en libros, la compañía debe reconocer esta discrepancia mediante un cargo contra utilidades y una reducción correspondiente en el saldo del crédito mercantil hasta su valor de mercado.

En diciembre de 2007, el FASB publicó una versión "revisada" del SFAS 141, a la que tituló SFAS 141R, la cual continúa creando distancia con los costos históricos para depositar la confianza en el valor justo en una combinación de negocios. Afecta los requerimientos contables y de reportes para las adquisiciones de negocios en el año fiscal iniciado el 15 de diciembre de 2008 y los posteriores.

En enero de 2008 el Consejo Internacional de Estándares de Contabilidad (*International Accounting Standards Board*, IASB) publicó su propio conjunto "revisado" de estándares para combinaciones de negocios, el *International Financial Reporting Standard 3R* (IFRS 3R). El SFAS 141R y el IFRS 3R llegaron a conclusiones similares sobre la mayoría de (pero no todos) los aspectos de combinación de negocios. Las diferencias que quedan pueden resolverse o disminuir conforme el FASB y el IASB sigan trabajando hacia la "convergencia" en los estándares contables alrededor del mundo.

Ejemplo del método contable. Para dar un ejemplo del método contable de compra, observemos una fusión representativa. La compañía ABC compró la compañía XYZ en un intercambio por acciones ordinarias de ABC valuadas en $2 millones. La compañía XYZ tenía deuda por $1 millón y capital accionario de $1.2 millones antes de la fusión; el valor neto en libros de sus activos era de $2.2 millones. Por otro lado, la compañía ABC, el comprador, tiene capital accionario de $10 millones, deuda de $5 millones y activos con valor neto en libros de $15 millones antes de la fusión. Los efectos de la fusión (en miles) con el método contable de compra se muestran en la tabla:

	ANTES DE LA FUSIÓN		DESPUÉS DE LA FUSIÓN
	Compañía ABC	Compañía XYZ	Compra
Activos tangibles netos	$15,000	$2,200	$17,200
Crédito mercantil	0	0	800
Activos totales	$15,000	$2,200	$18,000
Deuda	$ 5,000	$1,000	$ 6,000
Capital accionario	10,000	1,200	12,000
Total de pasivos y capital accionario	$15,000	$2,200	$18,000

Con el método de compra, los activos totales de la compañía adquirida se revalorizan por $800,000, que es el precio pagado por arriba del valor neto en libros de los activos de la empresa adquirida. Más aún, esta cantidad se refleja como crédito mercantil y debe sujetarse a las pruebas periódicas de deterioro en el futuro.

Hasta ahora hemos supuesto implícitamente que el valor justo de mercado de los activos de la compañía adquirida era igual a su valor neto en libros. En muchas situaciones, el valor justo de mercado de los activos de esa compañía excede su valor neto en libros. Con el método contable de compra, los activos tangibles de la compañía adquirida se reportan con su valor justo de mercado. Este reporte reduce la cantidad del crédito mercantil. En nuestro ejemplo, si el valor justo de mercado de los activos de la compañía adquirida hubiera sido $2.5 millones en vez de $2.2 millones, los activos tangibles netos de la compañía superviviente habrían sido $17.5 millones en vez de $17.2 millones, y el crédito mercantil habría sido de $500,000 en lugar de $800,000. Si la transacción de compra es gravable, según se definió en la sección anterior, la compañía que sobrevive puede reportar un gasto por depreciación más alto para fines fiscales, lo que, a la vez, mejora los flujos de efectivo. Esto representa una ventaja para la compra frente a la unión si el objetivo es que la empresa maximice el valor presente de los flujos de efectivo después de impuestos. Sin embargo, en la medida en que el objetivo sea maximizar las utilidades contables, el método de compra pierde su atractivo, ya que se registra una cantidad mayor de crédito mercantil.

Tomas de control, ofertas de compra y defensas

Oferta de compra Una oferta para comprar a los accionistas actuales sus acciones a un precio especificado, con frecuencia con el objetivo de obtener el control de la compañía. La oferta suele hacerla otra compañía y casi siempre por una cantidad que rebasa el precio de mercado actual.

Oferta de compra de dos niveles Oferta de compra en la que el licitador ofrece un precio de primer nivel superior (por ejemplo, más alto o todo en efectivo) por un número (o porcentaje) especificado de acciones y, al mismo tiempo, ofrece adquirir las acciones restantes a un precio de segundo nivel (por ejemplo, más bajo y/o en valores en vez de efectivo).

Caballero blanco Un comprador amistoso que, por invitación de la compañía meta, compra acciones de los licitadores hostiles o lanza una contraoferta amistosa para frustrar al licitador hostil inicial.

"Repelente de tiburones" Defensas empleadas por una compañía para protegerse de una toma de control potencial por parte de ciertos postores o licitadores (los "tiburones").

En los ejemplos hipotéticos, las negociaciones se limitaron a las administraciones y los consejos directivos de las compañías en cuestión. Pero la compañía adquiriente puede hacer una **oferta de compra** directamente a los accionistas de la compañía que desea adquirir. Una *oferta de compra* es un ofrecimiento para comprar acciones de otra compañía a un precio fijo por acción a los accionistas, quienes, a cambio, entregan sus acciones. El precio de oferta suele ser significativamente más alto que el precio de mercado actual como incentivo para la entrega. El uso de la oferta de compra permite a la compañía compradora saltarse a la administración de la compañía que quiere comprar y sirve como amenaza en cualquier negociación con la administración.

La oferta de compra también se puede usar cuando no hay negociaciones, por ejemplo, simplemente cuando una compañía desea adquirir otra. Sin embargo, no es posible sorprender a otra compañía con su adquisición debido a que la Comisión de Valores de Estados Unidos (SEC) requiere una difusión bastante extensa. La primera herramienta de venta es la prima ofrecida sobre el precio de mercado existente de las acciones. Además, con frecuencia los corredores reciben comisiones atractivas por las acciones compradas por su conducto. La oferta de compra suele darse a conocer en los periódicos financieros. Si el interesado en comprar logra obtener una lista de accionistas de la compañía en cuestión, les envía directamente mensajes por correo. Aunque una compañía está legalmente obligada a dar a conocer esa lista, con frecuencia puede retrasar la entrega lo suficiente para frustrar al potencial comprador.

En vez de una oferta de compra, algunos postores hacen una **oferta de compra de dos niveles**. Un ejemplo fue la oferta que presentó CSX Corporation para adquirir Consolidated Rail Corporation (Conrail) a fines de la década de 1990. Con una oferta de dos niveles, el primer nivel de acciones en general representa el control y podría llegar, por ejemplo, al 45% de las acciones circulantes si el comprador ya posee el 5 por ciento. La oferta de primer nivel es más atractiva en términos de precio y/o forma de pago que la de segundo nivel por el resto de las acciones. La diferencia está diseñada para aumentar la probabilidad de obtener el control con éxito, al dar un incentivo para vender pronto. La oferta de dos niveles evita el problema del "oportunista" asociado con una oferta sencilla donde los accionistas individuales tienen un incentivo para esperar con la idea de lograr una contraoferta más alta de alguien más.

La compañía para la que se hace la oferta dispone de varias tácticas de defensa. La administración podría intentar persuadir a los accionistas de que quien hace la oferta no tiene sus intereses en mente. Es común el argumento de que la oferta es demasiado baja en relación con el valor verdadero a largo plazo de la empresa. Al oír esto, los accionistas pueden ver una prima atractiva y pensar que el largo plazo está muy alejado del presente. Algunas compañías reúnen el dividendo en efectivo o declaran un fraccionamiento de acciones esperando obtener el apoyo de los accionistas. Con frecuencia se emprenden acciones legales con la intención de retrasar o frustrar al licitador, y no tanto con la esperanza de ganar. Cuando dos empresas compiten, una demanda antimonopolio puede ser un disuasivo poderoso para el comprador. Como último recurso, la administración de la compañía meta puede buscar una fusión con una compañía "amiga", conocida como **caballero blanco**.

● ● ● Enmiendas contra las tomas de control y otros mecanismos

Además de las tácticas de defensa, algunas compañías usan métodos más formales que se aplican antes de un intento real de toma de control. Conocidos como mecanismos contra las tomas de control o **"repelentes de tiburones"**, están diseñados para hacer más difícil una toma de control no deseada. Antes de describirlos, es útil considerar su motivación. La *hipótesis de atrincheramiento administrativo* sugiere que las barreras erigidas son para proteger los puestos administrativos y que tales medidas funcionan en detrimento de los accionistas. Por otro lado, la *hipótesis del interés de los accionistas* sugiere que los concursos por el control corporativo son disfuncionales y consumen tiempo de la administración que bien podría dedicarse a actividades redituables. Los mecanismos contra las tomas de control aseguran que la administración ponga más atención en las actividades de producción y, por lo tanto, funcionan por el bien de los accionistas. Más aún, se dice que las barreras erigidas ocasionan que los accionistas individuales no acepten una oferta con precio bajo, sino que se unan a otros accionistas para dar una respuesta grupal ante cualquier oferta. Por lo tanto, los mecanismos contra las tomas de control de hecho mejoran la riqueza de los accionistas, según esta hipótesis.

Existen varios mecanismos para obstaculizar que una parte se apodere de otra. Como vimos en el capítulo 20, algunas compañías *escalonan los periodos de su consejo de directores* para que cada año se elijan pocos y, de esta manera, se necesitarán más votos para elegir una mayoría de directores simpatizantes con la toma de control. Algunas veces es deseable *cambiar el estado de constitución* de la empresa. Las reglas estatutarias difieren de un estado a otro y a muchas compañías les gusta constituirse en un estado con menos limitaciones, como Delaware. Al hacerlo, es más sencillo para la corporación instaurar enmiendas contra la toma de control al igual que defenderse legalmente si surge una batalla por esa razón. Algunas compañías incluyen una *cláusula de aprobación de fusión por gran mayoría*. En vez de una mayoría modesta, la aprobación de una fusión necesita un porcentaje más alto, con frecuencia dos tercios o tres cuartos de los votos de los accionistas.

Otro mecanismo contra la toma de control es una *cláusula de precio de fusión justo*. Aquí el licitador debe pagar a accionistas que no tienen control un precio al menos igual al "precio justo", que se establece de antemano. Es común que este precio mínimo esté vinculado a las utilidades por acción mediante una razón precio/utilidades, pero puede tratarse simplemente del precio de mercado establecido. Con frecuencia la cláusula de precio justo va acompañada de la cláusula de gran mayoría. Si el precio mínimo establecido no se satisface, la combinación puede aprobarse sólo si una gran mayoría de los accionistas votan a favor. La cláusula de precio justo también suele ir acompañada de una *cláusula de congelamiento*, según la cual es posible que la transacción se realice a un "precio justo" sólo después de un periodo de dos a cinco años.

Otro método para desanimar a compradores potenciales es la *recapitalización apalancada*. Esto exige que la administración actual incluya en los balances generales deuda nueva y use los ingresos para pagar un enorme dividendo en efectivo, una sola vez, a los accionistas. Registrar toda esta deuda desanima al comprador, quien ya no estará en condiciones de solicitar un préstamo contra los activos de la empresa para ayudarse a financiar la adquisición. La compañía continúa en el mercado de valores, porque los accionistas retienen sus acciones ordinarias, conocidas como acciones *stub* (de talón). Es obvio que las acciones ahora valen mucho menos debido al enorme dividendo en efectivo. En este tipo de transacción, la administración no participa en el pago en efectivo; en vez de ello, obtiene más acciones ordinarias. Como resultado, su propiedad proporcional de la corporación aumenta en forma considerable, lo que a la vez desanima al comprador potencial. De hecho, la recapitalización apalancada permite a una compañía actuar como su propio "caballero blanco".

Para desanimar a compradores potenciales, algunas compañías promueven una *distribución de derechos a los accionistas*, permitiéndoles comprar un nuevo valor, con frecuencia convertible en acción preferencial. Sin embargo, la oferta del valor ocurre sólo si una parte externa adquiere un porcentaje, como el 20%, de las acciones de la compañía. La idea es tener disponibles valores para ofrecer que no sean atractivos para el comprador. Esto puede referirse al derecho a voto, a un precio de ejercicio muy bajo (de ganga) pagado por el valor o a impedir una transacción de control a menos que se pague una prima sustancial, con frecuencia de varios cientos por ciento. Conocida como **píldora de veneno**, la previsión intenta forzar al comprador potencial a una negociación directa con el consejo de directores. El consejo directivo se reserva el derecho de redimir los derechos en cualquier momento por una cantidad simbólica. Así, la píldora de veneno coloca el poder en manos del consejo de directores para disuadir una toma de control, lo cual puede o no ser por el bien de los accionistas en general.

Una *cláusula de inmovilización (lockup)* se usa junto con otras previsiones. Ésta requiere la aprobación de la gran mayoría de los accionistas para modificar los estatutos corporativos y cualquier previsión aprobada contra una toma de control. Además de estas enmiendas, muchas compañías

Píldora de veneno
Mecanismo que utiliza una compañía para hacerse menos atractiva como candidata a una toma de control. Su veneno, por así decirlo, se libera cuando el comprador obtiene una porción de tamaño suficiente de la empresa objetivo.

firman contratos administrativos con su alta administración. Es común que aumenten las remuneraciones si la compañía es absorbida. Conocidos como "paracaídas de oro", estos contratos incrementan de manera efectiva el precio que la compañía compradora debe pagar por una toma de control no amistosa.

A pesar de estos mecanismos, los grupos externos adquieren bloques de acciones de una corporación antes de un intento de toma de control o de la venta de sus acciones a alguien más que plantea una amenaza de este tipo. La señal de una acumulación inusual de acciones llega al observar el volumen de comercio y las transferencias de acciones. Si un grupo adquiere más del 5% de una compañía, está obligado a entregar el *formato 13 D* ante la Comisión de Valores (SEC). Esta forma describe a las personas implicadas en el grupo, sus propiedades y su intención. La respuesta habitual a la última pregunta es "efectuamos la compra sólo como inversión", lo que transmite poca información. Cada vez que el grupo adquiere un 1% adicional de las acciones, debe entregar una corrección a su formato 13 D. De esta forma, una compañía puede dar seguimiento preciso a la cantidad de acciones que se está acumulando.

Algunas veces la compañía negociará un *acuerdo de paralización* con la parte externa. Ese acuerdo es un contrato voluntario donde, durante un periodo de varios años, el grupo accionista fuerte acuerda no aumentar su propiedad de acciones. Con frecuencia esta limitación se expresa como un porcentaje máximo de acciones que el grupo puede tener. El acuerdo también especifica que el grupo no puede participar en un concurso por el control contra la administración, y da el derecho de rechazo a la compañía si decidiera vender sus acciones. El acuerdo de paralización, junto con las otras previsiones mencionadas, sirve para reducir la competencia por el control corporativo.

Como último recurso, algunas compañías hacen una *oferta de recompra con prima* a la parte amenazante. Como el nombre lo dice, la recompra de acciones tiene una prima sobre el precio de mercado y suele rebasar lo que el comprador pagó. Es más, la oferta no se extiende a otros accionistas. Conocida como "pago de rescate", la idea es eliminar la amenaza alentando al comprador a retirarse. Desde luego, la cantidad pagada como prima funciona en desventaja de los accionistas que se quedan "sosteniendo la pelota".

● ● ● Evidencia empírica sobre mecanismos contra las tomas de control

¿Los mecanismos contra la toma de control trabajan por los intereses de los accionistas? Los resultados empíricos son diversos. En su mayor parte, la evidencia no indica que ocurra un efecto significativo sobre el precio de las acciones cuando se adoptan varias enmiendas contra la toma de control. Sin embargo, los acuerdos de paralización parecen tener un efecto negativo sobre la riqueza de los accionistas, lo mismo que la recompra de acciones por la compañía al dueño de un bloque grande de acciones. Esta recompra con frecuencia está asociada con un pago de rescate, donde ese dueño amenaza a la compañía con una toma de control hostil y la compañía le compra el bloque grande de acciones a un precio favorable para eliminar la amenaza. Por desgracia, existe una transferencia de riqueza en la que no intervienen los accionistas no participantes. El uso de una píldora de veneno parece tener un efecto negativo, aunque modesto, sobre el precio de la acción, un hallazgo congruente con la hipótesis de atrincheramiento administrativo. (Véase en las referencias seleccionadas, al final del capítulo, algunos artículos acerca de estudios reales).

Alianzas estratégicas

Alianza estratégica
Un acuerdo entre dos o más empresas independientes para cooperar con la finalidad de lograr algún objetivo comercial específico.

Algunas empresas individuales carecen de los recursos necesarios para lograr todos sus objetivos estratégicos mediante la inversión directa o la adquisición. Las **alianzas estratégicas**, o acuerdos de cooperación entre compañías, ofrecen una tercera opción. Las alianzas estratégicas —las cuales se diferencian de las fusiones en que los miembros de las alianzas permanecen como empresas independientes— pueden tomar muchas formas e incluir una variedad de socios. La colaboración puede tener lugar entre proveedores y clientes (como en acuerdos de cooperación necesarios para que funcionen los sistemas de inventarios "justo a tiempo"); entre competidores en el mismo negocio (como dos empresas que comparten una planta de ensamblaje); o entre no competidores con fortalezas complementarias (como proveedores de cuidado de la salud, hospitales y médicos que cooperan para reducir costos).

● ● ● Empresas conjuntas

Empresa conjunta
Una empresa
de negocios de
propiedad conjunta
y controlada por dos
o más empresas
independientes.
Cada socio de
la empresa continúa
existiendo como
empresa separada, y
la empresa conjunta
representa un nuevo
negocio.

En un tipo de alianza estratégica, la **empresa conjunta**, dos empresas colaboran a un grado en que establecen y controlan conjuntamente una compañía separada para cumplir con una serie de objetivos específicos. Por ejemplo, NBC y Microsoft expandieron una alianza estratégica a una empresa conjunta en proporción de 50 a 50. Un componente importante de esta empresa conjunta fue la creación de una red de información y noticias por cable global de 24 horas, llamada MSNBC.

● ● ● Corporaciones virtuales

Subcontratación
(*outsourcing*) Realizar
una operación de
negocios contratando
a una empresa
externa en vez de
hacerla "en casa".

**Corporación
virtual** Un modelo
organizacional de
negocios que implica
subcontratación
a gran escala de
las funciones de
negocios.

En años recientes, la **subcontratación** se ha convertido en una herramienta de uso extendido. Dejar una operación en manos de una empresa externa permite a las compañías centrarse en las competencias fundamentales que poseen y que les confieren una ventaja competitiva. ¿Qué pasa cuando se lleva la subcontratación a su límite y la compañía se queda a cargo sólo de sus competencias fundamentales? Surge una **corporación virtual**. Para una empresa de este tipo, incluso la manufactura de sus productos de marca puede estar subcontratada. Para sobrevivir, estas empresas necesitan formar alianzas y/o empresas conjuntas con los proveedores y fabricantes.

El reconocimiento de nombres de marcas se ha vuelto tan valioso que muchas compañías subcontratan sus procesos de manufactura para poder dedicarse por completo a la administración de la marca. Nike es un ejemplo importante. Nike no fabrica zapatos: sus proveedores socios estratégicos (principalmente en Asia) se encargan de ello. Nike se concentra en el diseño del producto, el marketing y la distribución; éstas son las competencias centrales de Nike, no la manufactura.

Para empresas como Nike, las corporaciones virtuales y los acuerdos de cooperación estratégica que forman con sus proveedores/fabricantes son cruciales. Estos arreglos también dan a las corporaciones virtuales una gran flexibilidad y les permiten controlar mejor el riesgo que rodea a las nuevas iniciativas de negocios. Esto se debe a que la corporación virtual está en condiciones de experimentar sin tener que invertir cantidades excesivas de dinero en actividades que tal vez no funcionen.

Desinversión

Desinversión
El despojo de una
porción de la empresa
o de toda la empresa.

En una fusión, dos o más empresas se unen. Con una alianza estratégica, dos o más empresas independientes acuerdan cooperar. Sin embargo, algunas veces la creación de valor requiere que las reestructuraciones tomen en cuenta otros aspectos, ya sea de crecimiento o de cooperación. Una compañía puede decidir desviar parte de su empresa o liquidarla por completo. En esta sección, consideramos varios métodos de **desinversión**.

● ● ● Liquidación corporativa voluntaria

Liquidación Venta
de los activos de
la empresa, ya sea
voluntariamente o por
bancarrota.

La decisión de vender una empresa por completo debe tener sus raíces en la creación de valor para los accionistas. Suponiendo que la situación no implica una falla financiera, lo cual estudiaremos en el apéndice de este capítulo, la idea es que los activos de la empresa pueden tener un valor más alto en la **liquidación** que el valor presente de los flujos de efectivo que emanan de ellos. Al liquidar, el vendedor puede vender los activos a múltiples partes, lo que le permite obtener un valor más alto que si tuviera que venderlos como un todo, igual que ocurre en una fusión. Con una liquidación completa, la deuda de la compañía debe pagarse a su valor nominal. Si el valor de mercado de la deuda estaba antes por debajo de éste, los titulares de la deuda obtienen una ganancia, la cual, en última instancia, es a costa de los accionistas.

● ● ● Liquidación parcial

En el caso de una liquidación parcial, sólo se vende parte de la compañía. Cuando una unidad del negocio se vende, el pago por lo general es en la forma de efectivo o valores. La decisión debe tener el resultado de un valor presente neto positivo para la compañía que vende. La clave es determinar si el valor recibido es mayor que el valor presente de la secuencia de flujos de efectivo futuros si la operación continuara.

● ● ● Escisiones corporativas

Similar a una liquidación parcial, una escisión implica una decisión de desincorporar una unidad del negocio, para convertirla en una subsidiaria o división independiente. En una escisión, la unidad de negocios no se vende por efectivo o valores. En vez de ello, las acciones ordinarias en la unidad se distribuyen prorrateadas entre los accionistas de la compañía, después de lo cual la unidad comienza a operar como una compañía separada. Por ejemplo, en 2004 Motorola, Inc., desincorporó su división de semiconductores para convertirla en una compañía de $5,700 millones, llamada Freescale Semiconductor, Inc. Tanto los activos físicos como el personal estuvieron implicados en la escisión. No hubo obligaciones fiscales para los accionistas en el momento de la escisión, ya que el gravamen ocurre sólo cuando se venden las acciones ordinarias. Después de la escisión, Freescale operó de manera independiente hasta 2006, cuando aceptó una oferta de compra por la suma de $17,600 millones por parte de un consorcio encabezado por Blackstone Group LP. La compra se reportó como una de las 10 más grandes consumadas hasta entonces.

Las motivaciones para una escisión son similares de alguna forma a las de una liquidación. En el caso de una escisión, sin embargo, no habrá otra compañía que opere la unidad. Por lo tanto, no hay oportunidad de sinergia en el sentido usual del término. Es posible que, como compañía independiente con incentivos administrativos diferentes, la operación mejore. En este sentido, puede lograrse una ganancia económica de la transacción. Sin embargo, hay costos implicados. Deben emitirse nuevas acciones y hay que hacer frente a los costos continuos de dar servicio a los accionistas; además, surgen nuevos costos de agencia al tener dos compañías en la bolsa en vez de sólo una. El argumento en favor de una ganancia económica no está claro.

Otras razones para una escisión parecen tener más fundamento. Podemos aplicar el argumento citado antes de una transferencia de riqueza de los acreedores a los accionistas. Otro factor que se deriva del análisis anterior es el efecto de la información asociado con la escisión.

Con una escisión también es posible obtener flexibilidad en la contratación. Con una operación separada, algunas veces se pueden revisar los contratos laborales, salirse de las reglas fiscales o eludir las restricciones que ya no se aplican directamente. Otro tipo de contrato implica a la administración. Con una escisión, existe una separación entre la administración de la unidad de negocios y la compañía matriz. Como resultado, es posible reestructurar los incentivos para obtener una mejora en productividad de la administración. Por último, la escisión permite mayor flexibilidad en contratos de deuda en lo que se refiere a acuerdos de protección fiscal.[4] Todo esto influye en la decisión de desincorporar una unidad de negocios y en la valuación de la transacción.

● ● ● Venta parcial de acciones

Una venta parcial de acciones es similar de alguna manera a las dos formas de desinversión descritas anteriormente. Sin embargo, las acciones ordinarias en la unidad de negocios se venden al público. La oferta pública inicial suele incluir sólo algunas acciones de la subsidiaria. Por lo común, la compañía matriz continúa teniendo participación en el capital accionario de la subsidiaria y la venta parcial representa una forma de financiamiento con capital accionario. La diferencia cuando la subsidiaria, y no la compañía matriz, vende las acciones en su propio nombre es que la reclamación es sobre los flujos de efectivo y los activos de la subsidiaria. Por primera vez, el valor de la subsidiaria se observa en el mercado de valores.

---

[4]Encontrará un análisis de estas diferentes razones en Katherine Schipper y Abbie Smith, "Effects of Recontracting on Shareholder Wealth: The Case of Voluntary Spin-Offs", *Journal of Financial Economics* 12 (diciembre, 1983), pp. 437-468.

El frenesí por las escisiones establece nuevo récord

Financial Week
The Home Page of Corporate Finance

Romper relaciones no parece ser tan difícil, ya que un número creciente de conglomerados están dispuestos a desincorporar una división o dos para venderlas a inversionistas de capital accionario privados o constituirlas como nuevas entidades. Si la historia sirve como guía, el ritmo frenético puede ser la manera en que los ejecutivos de las corporaciones dicen al mundo que perciben un inminente retraso en la economía.

Estos tratos, que implican sólo una porción de una compañía, han sido numerosos este año, estableciendo una nueva marca en el primer trimestre después de haber roto el récord en 2006. Los tratos han recibido impulso de la necesidad de fondos de capital accionario privado en efectivo para poner el dinero a trabajar y a partir de la percepción por parte de los conglomerados de que es posible obtener un buen precio por esas unidades de negocios. Existe también evidencia generalizada de una estrategia de reducción de tamaño para mantener un enfoque más fino frente a una competencia global más fuerte.

El valor de las escisiones, desincorporaciones, desinversiones y venta parcial de acciones que se consumaron en el primer trimestre de este año alcanzó una cifra sin precedentes de $188,500 millones, mientras que el número de tratos, que ascendió a 1,912, no estuvo lejos del récord de 2,013 establecido en el primer trimestre de 2000, de acuerdo con los datos de Thomson Financial. Una gran parte de ese agitado primer trimestre fue la escisión de Altria de Kraft Foods, mediante un trato de $61 mil millones.

El más importante entre los catalizadores de esta locura es la gran cantidad de capital accionario privado que busca un lugar. De acuerdo con Financial Thomson, se reunieron $221 mil millones en fondos para empresas y compras el año pasado. A eso se suma el dinero que todavía falta de otros fondos existentes que no han gastado todo su efectivo.

Aunado a esto, existe gran disponibilidad de crédito y, además, barato. Así, los posibles compradores pueden apalancar con facilidad sus primeros pagos con nuevos préstamos y lograr tratos más grandes que nunca antes.

Brad Goetschius, editor del boletín DealFlow Media, dijo que esos fondos compiten por las mejores oportunidades, subiendo los precios de los negocios individuales hasta un punto en el que son más valiosos por sí solos que como partes de un todo.

Por fortuna para los ejecutivos corporativos, el raudal de capital accionario privado fluye justo cuando las grandes compañías están intentando deshacerse de las distracciones que vienen con la operación de negocios tan diferentes.

"El mundo se ha vuelto más complicado como resultado de la competencia global, de manera que las compañías están tratando realmente de agilizar lo que hacen", considera Shelly Lombard, analista de bonos para Gimme Credit. "Pienso que las compañías se dan cuenta de que es mejor centrar su atención en una o dos áreas, y lo hacen realmente bien".

Goodyear, una marca internacional famosa, es un buen ejemplo. Su director general Robert Keegan anunció en un comunicado de prensa que la compañía había decidido vender su unidad de ingeniería "para enfocarse en nuestro consumidor central y el negocio de neumáticos, y en mejorar el balance general".

Al Cardilli, analista de Spin-Off Advisors, asegura que las escisiones corporativas "se intensifican cuando el mercado global es estable y el desempeño es moderadamente bueno".

En esos tiempos, muchas compañías que periódicamente evalúan sus negocios llegan a la conclusión de que una división vale más por sí sola que como parte de una entidad más grande. Entonces la venden o la desincorporan para obtener su valor verdadero.

Fuente: Adaptado de Frank Byrt, "Spin-Off Frenzy Sets New Record", *Financial Week* (9 de abril, 2007), pp. 3 y 21. (www.financialweek.com) Derechos reservados © 2007 por Crain Communications, Inc. Usado con permiso. Todos los derechos reservados.

Una motivación para la venta parcial de acciones es que con un precio de acción por separado y el comercio público, los administradores tienen más incentivos para un buen desempeño. Por un lado, el tamaño de la operación es tal que sus esfuerzos se notan, algo que difícilmente sucede en una compañía grande con múltiples negocios. Por otro lado, con opciones de acciones por separado, es posible atraer o retener mejores administradores y motivarlos. Además, la información acerca de la subsidiaria está disponible con mayor facilidad. A la vez, esto puede reducir la información asimétrica (desigual) entre los administradores y los inversionistas, haciendo que el valor de la subsidiaria se evalúe con más precisión en el mercado de valores.

Algunos sugieren que la venta parcial de acciones es un medio favorable para el crecimiento financiero. Cuando la subsidiaria está en la vanguardia tecnológica, pero no es particularmente redituable, la venta parcial de acciones puede ser un vehículo más efectivo para financiar que el financiamiento a través de la compañía matriz. Con una subsidiaria separada, el mercado puede volverse más completo porque los inversionistas obtienen una inversión de **juego limpio** en la tecnología.

Juego limpio Inversión concentrada en una línea de negocios. El extremo opuesto de un juego limpio sería una inversión en un *conglomerado*.

● ● ● Evidencia empírica sobre las desinversiones

Igual que sucede con las fusiones, las pruebas empíricas sobre desinversiones incluyen estudios de casos, donde se analiza el comportamiento del rendimiento diario sobre el valor, después de aislar los efectos generales del mercado, alrededor del momento del anuncio. En el caso de las liquidaciones de una compañía completa, los resultados indican grandes ganancias para los accionistas de la compañía que se liquida, en el rango del 12 al 20 por ciento. Para liquidaciones parciales, los accionistas de la compañía que vende parecen obtener un rendimiento positivo modesto (cercano al 2%) alrededor del momento del anuncio. Los accionistas de la compañía que compra también experimentan ganancias positivas pequeñas en promedio, congruentes con la subsidiaria o división que se liquida, más valiosa para el comprador en términos de eficiencia económica que para el vendedor.

En el caso de las escisiones, se registraron rendimientos adicionales para los accionistas, algo más altos en promedio que en el caso de las liquidaciones. Los hallazgos aquí son congruentes con un efecto positivo del anuncio de escisión. La evidencia no es congruente con una transferencia de riqueza de los acreedores a los accionistas. Por último, para la venta parcial de acciones se encontró una ganancia modesta (cerca del 2%) para los accionistas alrededor del momento del anuncio. En resumen, las desinversiones parecen tener un efecto de información positivo, dentro de las cuales las liquidaciones voluntarias tienen el efecto mayor.

Reestructuración de propiedad

Otras reestructuraciones corporativas están diseñadas para modificar la estructura de propiedad de una compañía. Con frecuencia esto va acompañado de un cambio drástico en la proporción de la deuda empleada. En esta sección exploraremos los efectos de *abandonar la bolsa de valores* y de las *compras apalancadas*.

● ● ● Abandonar la bolsa de valores

Abandonar la bolsa de valores Hacer que una compañía con acciones públicas salga del mercado de valores mediante la recompra de acciones por parte de la administración actual y/o un grupo privado de inversionistas externos.

Varias compañías conocidas, como Levi Strauss & Company, han "salido de la bolsa". **Abandonar la bolsa de valores** simplemente significa transformar una compañía cuyas acciones se manejan de manera pública en una compañía que no cotiza en el mercado bursátil. Las acciones privadas son propiedad de un pequeño grupo de inversionistas; la administración a cargo por lo general tiene una parte importante de capital accionario. En este cambio de propiedad, se usan varios medios para comprar las acciones de los accionistas públicos. Tal vez el más común incluye pagarles en efectivo y fusionar la compañía con una corporación que sirve de escudo, propiedad sólo de un grupo de administración de inversionistas privados. En vez de manejarse como fusión, la transacción debe manejarse como venta de activos al grupo privado. Hay otras maneras, pero el resultado es el mismo: la compañía deja de existir como una entidad en el mercado de valores y los accionistas reciben una cantidad considerable por sus acciones. Aunque muchas transacciones implican efectivo, algunas veces se utilizan pagos que no son erogables, como los pagarés.

● ● ● Motivaciones

Muchos factores pueden impulsar a la administración a salir de la bolsa.[5] Existen costos asociados con el hecho de ser una compañía que cotiza en el mercado de valores. Las acciones deben registrarse y los accionistas deben quedar atendidos. Hay gastos administrativos en el pago de dividendos, el envío de materiales, y se incurre en gastos legales y administrativos al entregar reportes ante la Comisión de Valores y otros organismos reguladores. Además, hay asambleas anuales de accionistas y juntas con los analistas de valores que llevan con frecuencia a preguntas embarazosas que la mayoría de los

---

[5]Un artículo esencial referente al abandono de la bolsa de valores es el de Harry DeAngelo, Linda DeAngelo y Edward M. Rice, "Going Private: Minority Freezeouts and Stockholder Wealth", *Journal of Law and Economics* 27 (junio, 1984), pp. 367-401, donde se analizan la mayoría de estas motivaciones.

directores ejecutivos preferirían no escuchar. Todas estas incomodidades se evitan si la compañía no cotiza en la bolsa de valores.

Con una compañía en la bolsa, algunos sienten que hay una fijación en las utilidades contables trimestrales y no en las utilidades económicas a largo plazo. En la medida en que las decisiones se dirijan más hacia la construcción de un valor económico, abandonar la bolsa de valores permitirá mejorar la asignación de recursos y, con ello, aumentar el valor.

Otra motivación para abandonar la bolsa de valores es realinear y mejorar los incentivos administrativos. Si la administración posee una mayor cantidad de acciones, tendrá un incentivo para trabajar más y con mayor eficiencia. El dinero ahorrado y las ganancias generadas por una labor administrativa más eficaz benefician a la administración de la compañía por encima del amplio grupo de propietarios de acciones. Como resultado, los administradores estarán más dispuestos a tomar decisiones difíciles para reducir costos, eliminar los "privilegios" de la administración y simplemente trabajar con mayor ahínco. Las recompensas están ligadas más estrechamente a sus decisiones. Cuanto mejores sean el desempeño y la rentabilidad, mayor será la recompensa. En una compañía que cotiza en la bolsa, el nivel de remuneración no está vinculado directamente, en particular para las decisiones que generan una alta rentabilidad. Cuando la remuneración es alta, siempre habrá preguntas de los analistas de valores, los accionistas y la prensa.

Aunque hay varias razones para abandonar la bolsa de valores, hay algunas que neutralizan los argumentos. Por un lado, hay costos de transacciones que se destinan a la banca de inversión, abogados y otros agentes; esos costos pueden ser sustanciales. Una compañía fuera de la bolsa da poca liquidez a sus propietarios en relación con sus acciones. Una porción grande de su riqueza está comprometida en la compañía. La administración, por ejemplo, puede crear valor para la compañía, pero tal vez no pueda obtener este valor a menos que la compañía entre al mercado de valores en el futuro. Si la compañía entra a la bolsa más adelante, los costos de las transacciones se repiten, lo que es bueno para los banqueros y abogados, pero el costo es alto de todas maneras.

● ● ● Evidencia empírica sobre la salida de la bolsa de valores

Se han realizado algunos estudios en relación con el efecto sobre la riqueza del propietario de valores cuando una compañía deja de cotizar en la bolsa. La evidencia sugiere que los accionistas logran ganancias altas (entre el 12 y 20% en dos estudios) cerca del momento del anuncio. En el caso de una oferta de efectivo, la ganancia es mucho mayor, similar a las primas obtenidas en una fusión. Sin duda, los accionistas ganan, pero no se puede establecer si se les trató de manera justa o no.

Compra apalancada

Compra apalancada
Una compra de todos los activos o acciones de una compañía, subsidiaria o división que se realiza principalmente con deuda financiera y por parte de un grupo de inversionistas.

Compra de una empresa por parte de los directivos
Una compra apalancada en la que la administración anterior a la venta termina con una posición de capital accionario sustancial.

Abandonar la bolsa de valores puede ser una transacción directa, donde el grupo inversionista simplemente compra las acciones públicas, pero también es posible una compra apalancada, donde hay inversionistas de terceras y a veces cuartas partes. Como el nombre lo indica, una compra apalancada representa una trasferencia de propiedad consumada principalmente con deuda. Algunas veces llamada financiamiento basado en activos, la deuda se respalda con los activos de la empresa en cuestión. Como resultado, la mayoría de las compras apalancadas implican negocios con fuerte capital. Aunque algunas compras apalancadas incluyen una compañía completa, casi todas manejan la compra de una división de una compañía o alguna otra subunidad. Con frecuencia, la compra la hace la administración de la división que se vende, cuando la compañía decide que la división ya no se ajusta a sus objetivos estratégicos. Este tipo de transacción se conoce como compra de una empresa por parte de los directivos. Otra característica distintiva es que las compras apalancadas son en efectivo y no mediante acciones. Por último, la unidad de negocios invariablemente se convierte en una compañía fuera de la bolsa.

Los candidatos deseables para una compra apalancada tienen ciertas características comunes. Con frecuencia la compañía disfruta una ventana de oportunidad que se extiende varios años, durante los cuales es posible diferir gastos importantes. Muchas veces la compañía ha puesto en marcha un programa de gastos de capital fuertes y, como resultado, su planta es moderna. La compañía puede tener activos en la subsidiaria que es posible vender sin provocar un efecto adverso en su negocio central;

tal venta generará efectivo para el pago de deuda en los primeros años. Por el contrario, las compañías con requerimientos de investigación y desarrollo altos, como las farmacéuticas, no son buenos candidatos. Durante los primeros años después de una compra apalancada, los flujos de efectivo deben destinarse al pago de la deuda. Los gastos de capital, investigación y desarrollo, publicidad y desarrollo de personal pasan a un segundo plano. En general, una compañía de servicios en la que las personas constituyen el grueso del valor de la franquicia, no es un buen candidato para compras apalancadas porque si las personas se van, queda poco valor.

Los flujos de efectivo operativos, predecibles y estables son apreciados en los candidatos para compras apalancadas. En este sentido, las compañías que producen marcas para el consumidor dominan a los negocios de "producción de bienes". El desempeño histórico probado con una posición en el mercado establecida también es importante. Las situaciones de alta rotación tienden a ser rechazadas. Cuantos menos productos de la compañía o negocio estén sujetos a demanda cíclica, mejor. Como regla, los activos de la compañía deben ser activos físicos o nombres de marca. La administración también es importante en tanto que la experiencia y la calificación de los administradores de primer nivel son elementos cruciales necesarios para el éxito. Mientras que las características descritas no incluyen todo, dan una idea de los ingredientes con que deben contar los candidatos para compras apalancadas.

● ● ● Una ilustración detallada

Para ilustrar una compra apalancada, suponga que Klim-On Corporation desea la desinversión en su división de productos lácteos. Los activos de la división consisten en plantas, equipo, flota de camiones, inventarios y cuentas por cobrar. Estos activos tienen un valor en libros de $120 millones. Su valor de remplazo es de $170 millones, pero si la división se liquidara, los activos reunirían sólo $95 millones. Klim-On ha decidido vender la división si puede obtener $110 millones en efectivo y ha solicitado la ayuda de la banca de inversión para la venta. Después de investigar el mercado para esta venta, el banco concluye que lo más conveniente es vender la división a la administración actual. Los cuatro funcionarios principales de la división están interesados y dispuestos a aprovechar la oportunidad. Pero alcanzan a reunir sólo $2 millones de capital personal entre ellos. Es obvio que necesitan más capital.

La banca de inversión decide arreglar una compra apalancada. Se elaboran proyecciones financieras y presupuestos de efectivo para que la administración determine cuánta deuda podrá enfrentar. Con base en los pronósticos y considerando la reducción de ciertos gastos de capital, los gastos de investigación y desarrollo, y los de publicidad, se piensa que el efectivo obtenido será suficiente para pagar aproximadamente $100 millones de deuda. La reducción en gastos se ve como temporal, para que la compañía pague la deuda durante los siguientes años. El banco de inversión ha reunido una sociedad limitada para hacer una inversión de capital accionario adicional de $8 millones, lo que dará un total de $10 millones. Por esta contribución de efectivo, la sociedad recibe el 60% de las acciones ordinarias iniciales, y la administración recibe el resto.

● ● ● Acuerdo de financiamiento con deuda

Con este compromiso de capital accionario, la banca de inversión procede a arreglar el financiamiento con deuda. En una compra apalancada se usan dos formas de endeudamiento: deuda preferencial y deuda subordinada. Para la deuda preferencial, un banco grande de Nueva York, a través de su subsidiaria de préstamos respaldados con activos, está de acuerdo en aportar $75 millones contra el costo más un crédito revolvente adicional de $8 millones para las necesidades estacionales. La tasa en ambos arreglos se ubica un 2% por arriba de la tasa preferencial y los préstamos se aseguran con derechos sobre todos los activos, esto es, bienes raíces, edificios, equipo, flota de vehículos, inventarios y cuentas por cobrar. El plazo del préstamo de $75 millones es de seis años, pagaderos en pagos mensuales iguales del principal y con el interés agregado cada mes. Todos los trámites bancarios se harán a través del banco acreedor y los recibos de la compañía serán depositados en una cuenta especial en el banco para fines de servicio de la deuda. Además del colateral, se imponen los contratos de protección usuales en un acuerdo de crédito.

La deuda subordinada por $25 millones se ha arreglado con la subsidiaria de una compañía financiera grande que suministra fondos para fusiones. Esta deuda algunas veces se conoce como financiamiento "inicial", y se ubica entre la deuda preferencial y el capital accionario. El préstamo es por siete años con una tasa fija de interés del 13 por ciento. Sólo se requieren los pagos mensuales de interés durante los siete años, el pago completo del principal se hará al final. Como el prestamista preferencial tendrá derecho sobre todos los activos, la deuda es no asegurada y está subordinada a la deuda preferencial así como a todos los acreedores comerciales. Para ayudar a compensar el mayor riesgo que enfrenta el proveedor del financiamiento subordinado, este prestamista recibe una "participación de capital accionario" en la forma de garantías que puede ejercer por el 40% de las acciones. Estas garantías pueden ejercerse en cualquier momento durante los siete años a un precio de $1 por acción, precio alrededor del nominal. Si las garantías se ejercen, las acciones de la administración irán del 40% del total circulante al 24 por ciento. La propiedad de la sociedad limitada bajará del 60 al 36 por ciento. El financiamiento se resume como sigue (en millones):

Deuda preferencial	$ 75
Deuda subordinada	25
Capital accionario	10
	$110

Además, la compañía tendrá acceso a un crédito revolvente de $8 millones para cumplir con las necesidades estacionales.

Vemos que una compra apalancada permite a una compañía permanecer fuera de la bolsa con muy poco capital accionario implicado. Los activos de la compañía o división adquirida se usan para asegurar una cantidad grande de deuda. A los titulares de valores, como propietarios residuales, les irá bien si todo resulta según el plan. Sin embargo, con el delgado colchón de capital accionario, basta con que las cosas vayan un poco mal para que los propietarios de la inversión estén en peligro. Muchos inversionistas se dieron cuenta de esto a finales de la década de 1980 y principios de la siguiente, cuando numerosas compras apalancadas tuvieron dificultades. Como advertimos antes, ¡el apalancamiento es una "espada de dos filos"!

Puntos clave de aprendizaje

- La reestructuración corporativa abarca muchos temas: *fusiones*, *alianzas estratégicas*, que incluyen *empresas conjuntas*; *desinversiones*, que incluyen *liquidación, liquidación parcial, escisiones* y *compra parcial de acciones*; *reestructuración de propiedad*, como sacar a una compañía de la bolsa de valores y las *compras apalancadas*. La motivación en todos los casos debe ser mejorar la riqueza de los accionistas.

- Las fuentes de creación de valor en la reestructuración corporativa incluyen mejoras en ventas y economías operativas, mejoras administrativas, efectos de la información, transferencias de valor procedentes de los acreedores y beneficios fiscales. En las tomas de control, las ofertas demasiado agresivas (resultado de la arrogancia y/o las metas personales de la administración) con frecuencia ocasionan que los accionistas de la compañía adquiriente sufran una disminución de su riqueza.

- Una compañía puede crecer hacia el interior, o bien, externamente a través de adquisiciones. El objetivo de la empresa en cualquier caso es maximizar la riqueza existente de los accionistas. Ambos tipos de expansión se pueden ver como decisiones especiales de presupuesto de capital, ya que el criterio de aceptación es en esencia el mismo: el capital debe asignarse para incrementar el valor para los accionistas.

- Existen dos enfoques comunes para el análisis de una adquisición. Con el *enfoque de utilidades por acción*, la pregunta es si habrá una mejora en las utilidades por acción ahora o en el futuro. En el *enfoque de flujo de efectivo libre*, la pregunta es si los flujos de efectivo netos esperados tienen un valor presente neto mayor que el costo de adquisición. En general, el enfoque de flujo de efectivo observa la valuación de una adquisición a largo plazo, mientras que el enfoque de utilidades por acción se centra en el corto plazo. Pueden darse argumentos sólidos en favor del uso de ambos enfoques.

- La evidencia empírica sobre las adquisiciones indica rendimientos sustanciales para los accionistas de la compañía que vende, en virtud de la considerable prima que se paga, y en promedio ningún rendimiento importante para los de la compañía que compra.

- Una compañía puede ser adquirida mediante la compra de sus activos o bien de sus acciones ordinarias. A la vez, los medios de pago pueden ser efectivo o acciones ordinarias. Antes de la publicación en Estados Unidos de los *Estándares de contabilidad financiera (SFAS) 141* en 2001, una combinación de dos compañías se consideraba como una *compra* o como una *unión de intereses*. El *SFAS 141* elimina el método de unión de intereses, permitiendo sólo el método de compra para las fusiones o adquisiciones. Ahora, con una compra, cualquier crédito mercantil que surge de la combinación debe someterse a prueba con respecto a su *deterioro* (o declinación) al menos una vez al año.

- El hecho de que una combinación de empresas sea gravable o no tiene grandes consecuencias para la compañía que vende y sus accionistas y, algunas veces, para la compañía compradora.

- La adquisición de una compañía se puede negociar con la administración de ésta, o la compañía interesada en adquirir puede hacer su solicitud directamente a los accionistas mediante una *oferta de compra* de sus acciones. Casi siempre la administración se resiste a una toma de control "no amistosa". Existen varios mecanismos contra las tomas de control. Algunos parecen tener un efecto negativo sobre la riqueza de los accionistas.

- Una compañía puede decidir reestructurar con una desinversión de una porción de la empresa o liquidándola toda. Las *liquidaciones voluntarias*, las *liquidaciones parciales*, las *escisiones* y la *venta parcial de acciones* son algunas de las opciones más importantes abiertas para la empresa. En general, las desinversiones parecen tener un efecto de información positivo, que es mayor en el caso de la liquidación voluntaria.

- Cuando una compañía *abandona la bolsa de valores*, se transforma de una propiedad pública en una propiedad privada de un pequeño grupo de inversionistas, que incluyen a la administración. La evidencia empírica sugiere primas altas, similares a las de las fusiones, pagadas a los accionistas públicos.

- Un medio para abandonar la bolsa de valores es la *compra apalancada*. En este caso se usa una cantidad grande de deuda para financiar una compra en efectivo de una división de una compañía o una compañía completa. Se emplean tanto deuda preferencial respaldada por activos como deuda subordinada. Dada una base pequeña de capital accionario, las compras apalancadas son riesgosas. Basta un cambio adverso leve en la operación o en las tasas de interés para que haya peligro de incumplimiento.

Apéndice Remedios para una compañía con problemas financieros

Hasta ahora la discusión de la reestructuración ha supuesto que la empresa es una *preocupación continua*. De cualquier modo, no debemos perder de vista el hecho de que algunas empresas fracasan. La administración interna debe tener esto en mente, lo mismo que un acreedor que ha otorgado préstamos a una compañía con problemas financieros. La palabra "fracaso" es ambigua, en parte porque existen diferentes grados de fracaso. Hay tres términos de uso común para dar un significado más preciso a los diferentes grados de fracaso. *Insolvencia (técnica) de capital* suele definirse como la incapacidad general de un deudor para pagar sus deudas. Sin embargo, esa insolvencia tal vez sólo sea temporal y tenga remedio. La insolvencia de capital, por lo tanto, denota sólo la falta de liquidez. *Insolvencia legal*, por otro lado, significa que las obligaciones de una compañía exceden a sus activos "con una valuación justa". La *insolvencia financiera* incluye la gama completa de situaciones entre estos dos extremos.

Los remedios para una compañía con problemas financieros varían en severidad según el grado de dificultad financiera. Si la perspectiva es suficientemente pesimista, la liquidación tal vez sea la única alternativa factible. No obstante, algunas compañías con problemas se pueden rehabilitar para beneficio de acreedores, accionistas y sociedad. El objetivo de este apéndice es revisar los remedios disponibles, desde aquellos que son voluntarios hasta las acciones legales.

Arreglos voluntarios

Una *extensión* implica que los acreedores posponen el vencimiento de sus obligaciones. Al no forzar procedimientos legales, los acreedores evitan un gasto considerable y la posible reducción del valor en la liquidación. Como todos los acreedores deben estar de acuerdo en extender sus obligaciones, los acreedores principales suelen formar un comité cuyas funciones son negociar con la compañía y formular un plan satisfactorio para todos los implicados.

Una *composición* implica un acuerdo proporcional de las reclamaciones de los acreedores en efectivo, o en efectivo y pagarés. Todos los acreedores deben aceptar este arreglo parcial como parte de su reclamación completa. Al igual que sucede con una extensión, los acreedores que no están de acuerdo deben convencerse, o bien, recibir su pago completo.

La *liquidación voluntaria* representa una liquidación privada ordinaria de una compañía lejos de los juicios de bancarrota. No sólo es probable que sea más eficiente que una liquidación impuesta por la corte, sino es probable que los acreedores obtengan un mejor arreglo ya que se evitan muchos de los costos de bancarrota. Sin embargo, la compañía y todos los acreedores deben seguir el mismo camino. Como resultado, las liquidaciones voluntarias suelen estar restringidas a compañías con un número limitado de acreedores.

Procedimientos legales

Los procedimientos legales emprendidos en conexión con una compañía en problemas caen dentro de las leyes de bancarrota según lo decretado en las cortes. La ley de bancarrota está compuesta por muchas facetas, pero nos atañen sólo dos referentes al fracaso de un negocio. El capítulo 7 de la ley de bancarrota de Estados Unidos se refiere a la liquidación y el capítulo 11 a la rehabilitación de una empresa a través de su reorganización.

En ambos casos, el procedimiento comienza con la entrega por parte del deudor o los acreedores de una solicitud en la corte de bancarrota. Cuando el deudor toma la iniciativa, se llama procedimiento voluntario. Si la iniciativa la toman los acreedores, se dice que es involuntario. En un procedimiento voluntario, la entrega de la petición da al deudor protección inmediata ante los acreedores. Un *aplazamiento* restringe a los acreedores en la exigencia de sus reclamaciones y éstos no pueden tomar acciones antes de que la corte emita un veredicto sobre la petición. La corte puede ya sea aceptar la petición y ordenar el desagravio, o bien, rechazarla.

Se requieren tres o más acreedores no asegurados con reclamaciones por un total de $5,000 o más para iniciar una bancarrota involuntaria. En este caso, la petición debe incluir evidencia de que la empresa deudora no ha pagado sus deudas oportunamente (insolvencia de capital) o ha asignado la posesión de la mayor parte de su propiedad a alguien más. La corte debe decidir si la petición involuntaria tiene fundamento. Si la decisión es negativa, la petición se rechaza. Si la petición se acepta, la corte emite una orden de desagravio en espera de una solución más permanente. La idea detrás del aplazamiento de las acciones de los acreedores es dar al deudor espacio para proponer una solución al problema. A continuación analizaremos las soluciones de liquidación y la reorganización de una empresa.

Liquidación

Si no hay esperanza de una operación exitosa de una compañía, la liquidación es la única alternativa factible. Después de una petición de bancarrota, el deudor obtiene un alivio temporal de los acreedores hasta que se llega a una decisión en la corte. Después de emitir la orden de desagravio, la corte con frecuencia nombra un fideicomisario interino para coordinar la operación de la compañía y convocar a junta a los acreedores. El fideicomisario interino es un ciudadano privado "desinteresado" que se asigna entre una lista aprobada y que presta servicio por lo menos hasta la primera junta de acreedores. En la primera junta, se prueban las reclamaciones, y los acreedores pueden elegir un nuevo fideicomisario para remplazar al interino. De otra manera, el fideicomisario interino fungirá como fideicomisario titular, desempeñando esa encomienda hasta que concluya el caso. El fideicomisario tiene la responsabilidad de liquidar la propiedad de la compañía y distribuir los dividendos de liquidación entre los acreedores.

En la distribución de los ingresos procedentes de la liquidación a los acreedores con reclamaciones no aseguradas, debe observarse la prioridad de los derechos de reclamación. El orden de distribución es el siguiente:

1. Gastos administrativos asociados con la liquidación de la propiedad, incluyendo los honorarios del fideicomisario y de los abogados.
2. Demandas de acreedores que surgen en el curso ordinario del negocio del deudor desde el momento en que comienza el caso hasta el momento en que se asigna un fideicomisario.
3. Salarios ganados por los empleados dentro de los 90 días siguientes a la petición de bancarrota (limitado a $2,000 por empleado).
4. Reclamaciones de contribuciones a los planes de prestaciones para empleados por los servicios prestados dentro de los 180 días después de la petición de bancarrota (limitado a $2,000 por empleado).

5. Reclamaciones de los clientes que hacen depósitos en efectivo por bienes o servicios no prestados por el deudor (limitado a $900 por cliente).

6. Impuestos que se deben.

7. Reclamaciones no aseguradas entregadas a tiempo o tardíamente si el acreedor no sabía de la bancarrota.

8. Reclamaciones no aseguradas entregadas tardíamente por acreedores que se enteraron de la bancarrota.

9. Multa y daños punitivos.

10. Interés que se acumula sobre las reclamaciones después de la fecha de petición.

Las reclamaciones en cada una de estas clases deben pagarse por completo antes de hacer cualquier pago a las reclamaciones de la siguiente clase. Si queda algo después de saldar por completo todas estas reclamaciones, se podrán pagar los dividendos de liquidación a los titulares de la deuda subordinada, a los accionistas preferenciales y, por último, a los accionistas ordinarios. Sin embargo, es poco probable que los accionistas ordinarios reciban alguna parte de la distribución en una liquidación. Se cuenta con cláusulas especiales en la Ley de bancarrota para reclamaciones por daños ocasionados por los prestamistas al deudor. En general, los prestamistas están limitados a recibir el monto mayor entre un año de pagos y el 15% del total de pagos restantes, pero no deben exceder los de tres años. Después de pagar todos los dividendos de liquidación, el deudor queda liberado de cualquier reclamación posterior.

Reorganización

En ocasiones resulta mejor para todos los afectados reorganizar una compañía en vez de liquidarla. De manera conceptual, una empresa debe reorganizarse si su valor económico como entidad operativa es mayor que su valor de liquidación. Debe liquidarse si lo contrario es cierto: es decir, si vale más "muerta" que "viva". La **reorganización** es un esfuerzo para mantener una compañía viva cambiando su estructura de capital. La rehabilitación implica la reducción de cargos fijos sustituyendo capital accionario y valores de renta limitada por valores de renta fija.

Procedimientos. Las reorganizaciones ocurren según el capítulo 11 de la Ley de bancarrota y se inician de la misma manera general que la liquidación en la bancarrota. El deudor o los acreedores entregan una petición y el caso se inicia. En la mayoría de los casos, el deudor continuará operando el negocio, aunque un fideicomisario puede asumir la responsabilidad de la operación de la compañía. Una de las grandes necesidades de la rehabilitación es un crédito interino. Para dar alicientes, el capítulo 11 da prioridad a los acreedores posteriores a la petición sobre los acreedores anteriores a la petición. Si este aliciente no es suficiente, la corte tiene la facultad de otorgar a los acreedores nuevos, o posteriores a la petición, el derecho de retención sobre la propiedad del deudor.

Si no se nombra un fideicomisario, el deudor tiene el derecho de diseñar un plan de reorganización y entregarlo dentro de los 120 días siguientes. De otra manera, el fideicomisario tiene la responsabilidad de ver que se entregue un plan. Éste puede estar diseñado por el fideicomisario, el deudor, el comité de acreedores o los acreedores individuales y es posible entregar más de un plan. Todos los planes de reorganización deben someterse a la aprobación de los acreedores y los accionistas. El papel de la corte es revisar la información en el plan para asegurar que la divulgación sea completa.

En una reorganización, el plan debe ser *justo*, *equitativo* y *factible*. Esto significa que todas las partes deben ser tratadas con justicia y equidad, y que el plan debe funcionar en relación con la capacidad de generar ganancias y la estructura financiera de la compañía reorganizada, al igual que con la habilidad de la compañía para obtener crédito comercial y, quizá, préstamos bancarios a corto plazo. Cada clase de titulares de reclamaciones debe votar por un plan. Deben votar más de la mitad del número total y dos tercios de la cantidad de reclamaciones totales en cada clase en favor del plan para que éste se acepte. Si los acreedores lo rechazan, el juez intentará que las diferentes partes negocien otro plan. Si los acreedores rechazan estos esfuerzos, el juez puede imponer un plan, conocido como *cram down* (imposición) sobre todos los reclamantes. Una vez confirmado cualquier plan por la corte, el deudor debe seguir todos los términos del plan. Más aún, el plan une a todos los acreedores y accionistas, incluyendo a quienes no están de acuerdo.

Reorganización
El remodelado de la estructura de capital de una compañía con problemas financieros, con base en el capítulo 11 de la Ley de bancarrota, con la finalidad de reducir los cargos fijos. Las reclamaciones de los titulares pueden recibir valores sustitutos.

Plan de reorganización. El aspecto difícil de una reorganización es remodelar la estructura de capital de la compañía para reducir los cargos fijos. Al formular un plan de reorganización, existen tres pasos. Primero, debe determinarse la valuación total de la compañía reorganizada. Este paso es el más difícil e importante. La técnica favorecida por los fideicomisarios es una capitalización de las utilidades posibles. Si se espera que las utilidades anuales de la compañía reorganizada asciendan a $2 millones y la tasa de capitalización global de compañías similares es en promedio del 10%, se establecerá la valuación total de ($2 millones)/(0.10) = **$20 millones** para la compañía. La cifra de valuación está sujeta a una variación considerable, en virtud de la dificultad para estimar las utilidades futuras y determinar una tasa de capitalización adecuada. De esta manera, la cifra de valuación sólo representa la mejor estimación del valor potencial. Aunque la capitalización de las utilidades posibles en general es el enfoque aceptado para valuar una compañía en reorganización, la valuación puede ajustarse hacia arriba si los activos tienen un valor líquido sustancial.

Una vez que se determina una cifra de valuación, el siguiente paso es formular una nueva estructura de capital para que la compañía reduzca los cargos fijos, y haya un margen de cobertura adecuado. Para reducir estos cargos, se reduce la escala de deuda total de la empresa mediante un cambio parcial a bonos de renta, acciones preferenciales y acciones ordinarias. Además de la disminución, los términos de la deuda restante pueden cambiar. El plazo de vencimiento de la deuda se puede extender para reducir la cantidad de la obligación del fondo de amortización anual. Si parece que la compañía reorganizada necesitará un nuevo financiamiento en el futuro, el fideicomisario puede pensar que sería bueno tener una razón entre deuda y capital accionario más conservadora para dar flexibilidad financiera en el futuro.

Una vez establecida una nueva estructura de capital, el último paso incluye la valuación de los valores antiguos y su intercambio por nuevos valores. En general, todas las reclamaciones preferentes sobre activos deben tener un acuerdo completo antes de que las reclamaciones subordinadas puedan arreglarse. En el proceso de intercambio, los titulares de bonos deben recibir el valor a la par de sus bonos en otro valor antes de poder hacer una distribución a los accionistas preferenciales. La cifra de valuación total a la que se llegó en el paso 1 establece un límite superior sobre la cantidad de valores que se pueden emitir. La estructura de capital existente de una compañía que está en reorganización podría ser la siguiente (en millones):

Bonos	$ 9
Bonos subordinados	3
Acciones preferenciales	6
Capital en acciones ordinarias (de acuerdo con el valor en libros)	10
	$28

Si la valuación total de la compañía reorganizada se establece en $20 millones, el fideicomisario puede determinar la siguiente estructura de capital en el paso 2 (en millones):

Bonos	$ 3
Bonos de renta	6
Acciones preferenciales	3
Capital en acciones ordinarias	8
	$20

Una vez establecida la estructura de capital "apropiada" para la compañía reorganizada, el fideicomisario podrá asignar todos los nuevos valores. En este respecto, el fideicomisario puede proponer que los titulares de bonos intercambien sus $9 millones en bonos por $3 millones en nuevos bonos y $6 millones en bonos de renta, que los titulares de bonos subordinados intercambien sus $3 millones en valores por acciones preferenciales, y que los accionistas preferenciales intercambien sus valores por $6 millones de acciones ordinarias de la compañía reorganizada. Los titulares de acciones ordinarias tendrían entonces derecho a $2 millones en acciones de la compañía reorganizada, o el 25% de las acciones ordinarias totales de la compañía reorganizada.

De esta forma, a cada reclamación le corresponde un acuerdo completo antes de que las reclamaciones subordinadas se arreglen. El ejemplo representa una reorganización relativamente ligera. En una reorganización más profunda, los instrumentos de deuda pueden intercambiarse en su totalidad por acciones ordinarias de la compañía reorganizada, y las antiguas acciones comunes pueden eliminarse por completo. Si la cifra de valuación total en el ejemplo hubiera sido $12 millones, el fideicomisario pudo haber propuesto una nueva estructura de capital con $3 millones en acciones preferenciales y $9 millones en acciones ordinarias. Sólo los titulares de bonos directos y subordinados tendrán un acuerdo de arreglo en este caso. Los accionistas preferenciales y ordinarios de la antigua compañía no recibirían un intercambio.

Estos ejemplos muestran que los accionistas ordinarios de una compañía en proceso de reorganización se someten a una **regla de prioridad absoluta**, donde las reclamaciones deben solventarse en el orden de su prioridad legal. Desde este punto de vista, más bien preferirían ver un arreglo de reclamaciones *basado en prioridad relativa*. Con esta regla, los nuevos valores se asignan según los precios de mercado relativos de los valores. Los accionistas ordinarios nunca obtendrían valores preferenciales en una reorganización, pero tendrían derecho a algunas acciones ordinarias si sus acciones actuales tuvieran valor. Como en realidad no se trata de una liquidación de la compañía, los accionistas ordinarios argumentan que una regla de prioridad relativa es la más justa. La Suprema Corte determinó algo diferente cuando confirmó la regla de prioridad absoluta (en el *caso de Los Angeles Lumber Products Company* 1939).

Arreglos negociados

Aunque el principio de prioridad absoluta se usa en casos de reorganización, la reforma a la Ley de bancarrota de 1978 en Estados Unidos otorgó cierto grado de flexibilidad y cambió el enfoque en la dirección de prioridad relativa. A finales de la década de 1980 y principios de la de 1990, cuando muchas compañías experimentaron problemas financieros, los arreglos negociados lograron aún más flexibilidad. La realidad práctica es que durante los procedimientos de reorganización con frecuencia prolongados, la administración todavía controla la compañía; dicho claramente, la administración muchas veces ejerce su fuerza contra los acreedores. Las partes dispuestas a inyectar nuevo capital como participantes en el capital accionario también tienen influencia.

El problema para los acreedores es que los procedimientos de bancarrota son costosos y tardados, y que durante el tiempo que tardan, con frecuencia se destruye el valor corporativo. La administración y los participantes en el capital accionario pueden obtener grandes gangas, y los acreedores se ven obligados a ceder un terreno significativo para hacer que funcione el plan de reorganización. Si el "corte" (esto es, la reducción en el valor de las reclamaciones) es demasiado severo, los acreedores se rebelarán. Por lo tanto, hay un equilibrio delicado en la negociación de un compromiso entre lo que quieren los accionistas y la administración y lo que los acreedores aceptarán de mala gana. Varias clases de acreedores con frecuencia luchan entre sí por el pastel corporativo, y esto algunas veces da a los participantes en el capital accionario y la administración una cuña que pueden usar para obtener concesiones.

La **bancarrota pre-empacada** es un mecanismo usado en ocasiones para evitar retrasos legales inherentes a una reorganización bajo el capítulo 11. Aquí una compañía con problemas financieros diseña un plan de prueba antes de entregar una petición de acuerdo con el capítulo 11. La compañía busca la aprobación de un mínimo de dos tercios de cada clase de reclamantes con anticipación. Si la corte aprueba el plan, los términos se pueden imponer sobre los titulares que se oponen. Por ejemplo, Resorts International y TWA usaron este método. La ventaja de una bancarrota pre-empacada es que su implementación toma poco tiempo. Los retrasos implicados en los procedimientos del capítulo 11 con frecuencia se extienden durante años, pero muchas veces toma alrededor de seis meses declarar una bancarrota pre-empacada.

Ya sea de manera voluntaria o bajo el capítulo 11, las pruebas ayudan a la administración y los empleados. Pero no siempre es por el bien de los acreedores, a quienes se les pide que acepten menos que el valor en libros de sus reclamaciones. Para los acreedores, la gran pregunta es si resultará mejor mantener a la compañía operando o "desenchufarla" e incurrir en la pérdida con peso muerto de los procedimientos de bancarrota.

Regla de prioridad absoluta La regla en la bancarrota o la reorganización de que las reclamaciones de un conjunto de reclamantes deben pagarse por completo o ser motivo de acuerdo antes de pagar al siguiente grupo subordinado de reclamantes.

Bancarrota pre-empacada Una reorganización que han aprobado una mayoría de los acreedores de una compañía antes de iniciar los procedimientos de bancarrota.

Ley de insolvencia en Europa: El capítulo 11 con frecuencia queda "perdido en la traducción"

FINANCIAL TIMES

Desembrollar al productor de lácteos italiano Parmalat en diciembre de 2003 marcó un punto de inflexión en las reestructuraciones italianas impulsando una nueva versión de la ley de insolvencia del país.

Esto acercó más al régimen al proceso del capítulo 11 en Estados Unidos.

Los cambios permitieron reestructuraciones más rápidas y más flexibles, pero omitieron un elemento crucial: una cláusula para facilitar la obtención de créditos para financiar a las compañías en sus situaciones de insolvencia.

Restricciones similares en la liquidez complican las soluciones en Gran Bretaña y el resto de Europa: las leyes de obligaciones del prestamista en Francia y la legislación amigable para el accionista en Alemania.

Esto significa que las estrategias de "prestar para poseer" y de invertir en acciones de la compañía puestas en marcha por inversionistas en problemas en Estados Unidos con frecuencia se "pierden en la traducción" cuando se aplican en Europa.

Cuando fallan las fórmulas tradicionales de reestructuración, los inversionistas europeos recurren a métodos poco ortodoxos; por ejemplo, solicitar inversionistas que funjan como "caballeros blancos" o apoderarse de todas las acciones que respaldan sus deudas.

Cuando los prestamistas extienden nuevo financiamiento a deudores británicos o italianos, no gozan de la misma prioridad que se les otorga a sus contrapartes estadounidenses a través de los créditos de deudor en posesión (*debtor-in-possession*, DIP).

Esto coloca a los prestamistas en riesgo de ser agrupados con otros reclamantes si la reestructuración termina en una liquidación.

"No tiene sentido que [los titulares de bonos] aporten el financiamiento si están subordinados a los acreedores",

declaró a Debtwire una fuente implicada en el asunto del proveedor de servicios de TI Damovo.

Damovo, que comenzó negociaciones con los titulares de bonos en octubre para encontrar soluciones, ahora les pide 60 millones de euros para financiar el rescate, pero los acreedores se rehúsan por miedo a que sus reclamaciones sobre los activos se conviertan en subordinadas, si la reestructuración termina en liquidación.

La incertidumbre no se detiene ahí, ya que los prestamistas a compañías insolventes con frecuencia se encuentran tratando con diferentes liderazgos una vez que el deudor ha hecho una petición de protección. Los códigos de insolvencia italianos y británicos requieren que un administrador entre los administradores existentes se haga cargo de la operación de la compañía una vez que se ha hecho la petición de insolvencia.

Como resultado, las corporaciones se enfrentan a una carga pesada de prueba para asegurar nuevos financiamientos, aun cuando hayan negociado reducciones [esto es, perdón parcial de la deuda] con los acreedores existentes.

El resultado es un callejón sin salida, en el cual existe el mecanismo para reestructurar, pero donde los acreedores siguen renuentes a suministrar los fondos necesarios para poner en marcha el proceso.

Alemania fue el primer país europeo en reformar su régimen de insolvencia con base en el capítulo 11 en 1999.

A diferencia de los regímenes de Francia e Italia, el sistema alemán anima a una compañía en problemas a obtener el financiamiento de rescate con base en el respaldo mientras reestructura sus operaciones y balances generales.

En teoría, la protección de alta prioridad debe permitir la reestructuración del balance general facilitada por los créditos puente de insolvencia.

En la práctica, las propuestas de solución y sus financiamientos siguen siendo riesgosos en virtud de los derechos de los accionistas alemanes en situaciones de reestructuración.

Las compañías en bancarrota pueden presentar un *plan de insolvencia* o un plan de reestructuración que propone una limpieza del 100% de su capital accionario, pero esto sólo es posible con el consentimiento de los accionistas.

Fuente: Adaptado de Adelene Lee, "Chapter 11 is often lost in translation", *Financial Times* Special Report (25 de julio, 2007), p. 5. (www.ft.com) Derechos reservados © The Financial Times Limited 2007. Usado con permiso. Todos los derechos reservados.

Preguntas

1. Explique el concepto de *sinergia*.
2. Ilustre y explique cómo los múltiplos de la razón P/U para dos empresas fusionadas afectan las utilidades por acción de la empresa que sobrevive.
3. Con "acciones ordinarias para la adquisición de acciones ordinarias", ¿es mejor analizar la situación sobre la base de flujos de efectivo o estudiar más el efecto de la adquisición sobre las utilidades por acción de la empresa que sobrevive?
4. Se ha observado que el número de fusiones tiende a variar directamente con el nivel relativo de la actividad de negocios. ¿Por qué?

5. Tanto la compañía A como la compañía B han tenido una variabilidad considerable en sus utilidades, pero están en industrias no relacionadas. ¿Podrá una fusión de las dos compañías reducir el riesgo para los accionistas y titulares de bonos? ¿Podrían los inversionistas disminuir el riesgo por sí mismos?

6. Muchas fusiones corporativas se efectúan con el afán de impulsar el "crecimiento". ¿A qué se refiere este crecimiento? ¿Es posible aumentar el crecimiento sin aumentar el riesgo total de la compañía que sobrevive?

7. ¿Por qué tantas oportunidades de adquisición se ven promisorias antes de la fusión pero luego resultan verdaderos fiascos?

8. ¿Una compañía con mentalidad de adquiriente podrá de manera sistemática encontrar gangas? Si es así, ¿por qué otras compañías no descubren esas gangas?

9. Al evaluar una adquisición potencial futura, ¿por qué se penaliza al prospecto deduciendo los gastos de capital que será necesario hacer al realizar un análisis de flujos de efectivo? ¿Acaso no son las utilidades futuras lo que en realidad importa?

10. ¿Cómo maneja una adquisición el *método de compra* "actual" de contabilidad? ¿En qué difiere éste del *método de compra* "antiguo"?

11. ¿Por qué es importante considerar si una adquisición se hace con efectivo o con acciones ordinarias?

12. Como accionista en una compañía, ¿le gustaría que tuviera una enmienda contra tomas de control? ¿Cuáles son algunos de estos mecanismos?

13. En su opinión, ¿la amenaza de una oferta de compra conduce a una mejora en la administración de las corporaciones?

14. ¿Cuál es el propósito de una oferta de compra en dos niveles?

15. En la reestructuración corporativa (ampliamente definida), ¿cuáles son las fuentes principales de creación de valor?

16. ¿En qué difiere una *liquidación parcial* de una *escisión*? ¿En qué difieren una *venta parcial de acciones* y una *liquidación parcial* o una *escisión*?

17. ¿En qué circunstancias tiene sentido la liquidación total de una compañía?

18. ¿Cuáles son las motivaciones para abandonar la bolsa de valores? ¿Ganan algo los accionistas a los que se les compran sus acciones?

19. Se ha escrito mucho acerca de las compras apalancadas. ¿Son positivas?

20. ¿Cuál es el incentivo para los prestamistas preferenciales y los prestamistas subordinados para financiar una compra apalancada? ¿Hay riesgos para ellos?

Problemas para autoevaluación

1. Yablonski Cordage Company está considerando la adquisición de Yawitz Wire and Mesh Corporation con acciones ordinarias. La información financiera relevante es la siguiente:

	YABLONSKI	YAWITZ
Utilidades actuales (en miles)	$4,000	$1,000
Acciones ordinarias en circulación (en miles)	2,000	800
Utilidades por acción	$2.00	$1.25
Razón precio/utilidades	12	8

Yablonski planea ofrecer una prima del 20% sobre el precio de mercado de las acciones de Yawitz.

a) ¿Cuál es la razón del intercambio de acciones? ¿Cuántas acciones nuevas se emitirán?

b) ¿Cuáles son las utilidades por acción para la compañía que sobrevive inmediatamente después de la fusión?

c) Si la razón precio/utilidades para Yablonski se queda en 12, ¿cuál es el precio de mercado por acción de la compañía superviviente? ¿Qué pasaría si la razón precio/utilidades bajara a 11?

2. Tongue Company se fusionó con Groove Pharmacies, Inc. En este caso, 1.5 acciones de Groove se intercambiaron por cada acción de Tongue. Los balances generales de las compañías antes de la fusión son los siguientes (en millones):

	TONGUE	GROOVE
Activos corrientes	$ 5	$20
Activos fijos	7	30
Crédito mercantil	–	2
Total	$12	$52
Pasivos corrientes	$ 3	$ 9
Deuda a largo plazo	2	15
Capital accionario	7	28
Total	$12	$52
Número de acciones (en millones)	0.2	1.4
Valor de mercado por acción	$35	$28

El precio de mercado justo de los activos fijos de Tongue es $400,000 más alto que su valor en libros. Elabore el balance general para la compañía después de la fusión, usando el método contable de compra.

3. Hi-Tec Corporation está considerando la adquisición de Lo-Tec, Inc., que está en una línea de negocios relacionada. Lo-Tec, una empresa financiada en su totalidad por capital accionario, actualmente tiene un flujo de efectivo después de impuestos de $2 millones por año. Con una fusión, se espera que la sinergia dé como resultado una tasa de crecimiento de este flujo de efectivo del 15% anual durante 10 años, al final de los cuales se esperan flujos de efectivo nivelados. Para sostener las secuencias de flujo de efectivo, Hi-Tec necesitará invertir $1 millón cada año. Para fines de análisis y para ser conservadores, Hi-Tec limita sus cálculos de flujos de efectivo a 25 años.

   a) ¿Qué flujos de efectivo anuales esperados obtendrá Hi-Tec con esta adquisición?

   b) Si la tasa de rendimiento requerida es del 18%, ¿cuál es el precio máximo que Hi-Tec puede pagar?

4. Aggressive, Inc., desea hacer una oferta para adquirir Passive Company. Passive tiene 100,000 acciones ordinarias en circulación y gana $5.50 por acción. Si se combinara con Aggressive, las economías totales (en términos de valor presente) serían de $1.5 millones. Ahora, el precio de mercado por acción de Passive es de $55. Aggressive hace una oferta en dos niveles: $65 por acción para las primeras 50,001 acciones, y $50 por acción para las restantes.

   a) Si tiene éxito, ¿cuánto pagará Aggressive por Passive? ¿Cuánto, incrementalmente, recibirán los accionistas de Passive por las economías?

   b) Actuando de forma independiente, ¿qué hará cada accionista de Passive para maximizar su riqueza? ¿Qué podrían hacer los accionistas si pudieran responder colectivamente como grupo?

   c) ¿Cómo puede una compañía meta aumentar la probabilidad de que sus accionistas resistan una oferta de compra demasiado baja?

   d) ¿Qué sucederá si Aggressive ofrece $65 en el primer nivel y $40 en el segundo?

5. McNabb Enterprises está considerando abandonar la bolsa de valores mediante una compra apalancada de la administración. Por ahora, la administración es dueña del 21% de los 5 millones de acciones en circulación. El precio de mercado por acción es de $20, y se piensa que será necesaria una prima del 40% sobre el precio actual para atraer a los accionistas a licitar sus acciones con una oferta en efectivo. La administración intenta conservar sus acciones y obtener una deuda preferencial igual al 80% de los fondos necesarios para consumar la compra. El 20% restante vendrá de los bonos subordinados.

   Los términos de la deuda preferencial se ubican un 2% por arriba de la tasa preferencial, con reducciones del principal del 20% del préstamo inicial al final de cada uno de los siguientes cinco años. Los bonos subordinados tienen una tasa de interés del 13% y deben retirarse al final de seis años con un solo pago. Los bonos tienen garantías adjuntas que permiten a los propietarios comprar el 30% de las acciones al final del sexto año. La administración estima que las utilidades antes de interés e impuestos serán de $25 millones por año. Debido a los acarreos de pérdida fiscal, la compañía espera no tener que pagar impuestos los siguientes cinco años. La compañía tendrá gastos de capital en cantidades iguales a su depreciación.

    a) Si se espera que la tasa preferencial sea en promedio del 10% durante los siguientes cinco años, ¿es factible la compra apalancada?

    b) ¿Qué pasa si la tasa preferencial promedio es sólo del 8 por ciento?

    c) ¿Cuáles son las UAII necesarias para pagar la deuda?

Problemas

1. Los siguientes datos son pertinentes para las compañías A y B.

	COMPAÑÍA A	COMPAÑÍA B
Utilidades actuales (en millones)	$20	$ 4
Número de acciones (en millones)	10	1
Razón precio/utilidades	18	10

    a) Si las dos compañías se fusionaran y la razón de intercambio de acciones se estableciera como una acción de la compañía A por cada acción de la compañía B, ¿cuál sería el efecto inicial sobre las utilidades por acción de las dos compañías? ¿Cuál es la razón de intercambio de valor de mercado? ¿Es probable que ocurra la fusión?

    b) Si la razón de intercambio de acciones se estableciera como dos acciones de la compañía A por cada acción de la compañía B, ¿qué pasaría en relación con el inciso *a)*?

    c) Si la razón de intercambio se estableciera como 1.5 acciones de la compañía A por cada acción de la compañía B, ¿qué pasaría?

    d) ¿Qué razón de intercambio sugeriría usted?

2.

	UTILIDADES ESPERADAS	NÚMERO DE ACCIONES	PRECIO DE MERCADO POR ACCIÓN	TASA FISCAL
Schoettler Company	$5,000,000	1,000,000	$100	50%
Stevens Company	3,000,000	500,000	60	50%

Schoettler Company desea comprar Stevens Company. Si se efectuara la fusión mediante un intercambio de acciones, Schoettler estaría dispuesta a pagar un 25% de prima por las acciones de Stevens. Si se hace en efectivo, los términos tendrían que ser igual de favorables para los accionistas de Stevens. Para obtener efectivo, Schoettler tendría que vender sus propias acciones ordinarias en el mercado.

    a) Calcule la razón de intercambio de acciones y las utilidades esperadas combinadas por acción para Schoettler bajo un intercambio de acciones ordinarias.

    b) Si suponemos que todos los accionistas de Stevens han tenido sus acciones por más de un año, tienen una tasa de impuestos marginal sobre ganancias de capital del 28% y pagaron un promedio de $14 por sus acciones, ¿qué precio en efectivo tendría que ofrecérseles para que éste sea al menos tan atractivo como los términos del inciso *a)*?

3. Suponga el intercambio de acciones de Schoettler por acciones de Stevens descrito en el problema 2.

    a) ¿Cuál es la razón de intercambio de acciones?

    b) Compare las utilidades por acción de Stevens antes y después de la fusión. Compare las utilidades por acción de Schoettler. Con base sólo en esta información, ¿a qué grupo de fusión le fue mejor? ¿Por qué?

    c) ¿Por qué se imagina que Schoettler logró una razón de P/U más alta que Stevens? ¿Qué debe cambiar en la razón P/U que resulta de la fusión? ¿Esto entra en conflicto con lo que concluyó antes? ¿Por qué?

    d) Si Schoettler Company estuviera en una industria de alta tecnología en crecimiento y Stevens hiciera cemento, ¿usted corregiría sus respuestas?

    e) Al determinar la razón P/U adecuada para Schoettler, ¿debe sumarse el incremento en utilidades que resulta de la fusión como un factor de crecimiento?

4. Copper Clapper Company actualmente tiene utilidades anuales de $10 millones con 4 millones de acciones ordinarias en circulación y un precio de mercado por acción de $30. En ausencia de

cualquier fusión, se espera que las utilidades anuales de Copper Clapper aumenten a una tasa compuesta del 5% anual. Brass Bell Company, que Copper Clapper intenta comprar, tiene utilidades anuales de $2 millones, un millón de acciones ordinarias en circulación y un precio de mercado por acción de $36. Se espera que sus utilidades anuales aumenten a una tasa anual compuesta del 10 por ciento. Copper Clapper ofrecerá 1.2 de sus acciones por cada acción de Brass Bell Company.

a) ¿Cuál es el efecto inmediato sobre las utilidades por acción de la compañía que sobrevive?

b) ¿Querría usted adquirir Brass Bell Company? Si la compañía no es atractiva ahora, ¿cuándo lo será desde el punto de vista de las utilidades por acción?

5. Byer Corporation, que tiene un costo de capital después de impuestos del 16%, está considerando la adquisición de Cellar Company, la cual tiene más o menos el mismo grado de riesgo sistemático. Si se efectuara la fusión, los flujos de efectivo incrementales serían los siguientes:

	PROMEDIO PARA LOS AÑOS (EN MILLONES)			
	1-5	6-10	11-15	16-20
Ingreso anual en efectivo atribuible a Cellar	$10	$15	$20	$15
Inversión nueva requerida	2	5	10	10
Flujo de efectivo neto después de impuestos	$ 8	$10	$10	$ 5

¿Cuál es el precio máximo que Byer debería pagar por Cellar, suponiendo que la constitución del riesgo de negocios de la compañía no cambia?

6. Valdez Coffee Company está considerando la adquisición en efectivo de Mountain Creamery, Inc., por $750,000. Se espera que la adquisición dé como resultado flujos de efectivo incrementales de $100,000 el primer año, y se espera que esta cantidad crezca a una tasa compuesta del 6 por ciento. En ausencia de la adquisición, Valdez espera flujos de efectivo netos (después de gastos de capital) de $600,000 este año y calcula que aumentarán a una tasa compuesta del 6% para siempre. Actualmente, los proveedores de capital requieren una tasa general de rendimiento del 14% para Valdez Coffee Company. Sin embargo, Mountain Creamery es mucho más riesgosa y la adquisición elevará la tasa general de rendimiento requerida de la compañía al 15 por ciento.

a) ¿Debe Valdez Coffee Company adquirir Mountain Creamery, Inc.?

b) ¿Su respuesta sería la misma si la tasa general de rendimiento requerida permaneciera igual?

c) ¿Su respuesta sería la misma si la adquisición aumentara la tasa de crecimiento de la compañía que sobrevive al 8% para siempre?

7. Bigge Stores, Inc. (BSI) compró L. Grande Company (LGC) por $4 millones en acciones y asumió la responsabilidad de $2 millones en pasivos de LGC. Los balances generales de las dos compañías antes de la fusión revelan la siguiente información (en millones):

	BSI	LGC
Activos tangibles y totales	$10.0	$5.0
Pasivos	4.0	2.0
Acciones	$ 6.0	$3.0

Determine el balance general de la compañía combinada después de la fusión con el método contable de compra. (Suponga que el valor neto en libros de los activos de LGC representa su valor justo de mercado).

8. Leonardo Company tiene tres divisiones y el valor de mercado total (deuda y capital accionario) de la empresa es de $71 millones. Su razón entre deuda y valor de mercado es 0.40, y las escrituras fiduciarias de los bonos incluyen las cláusulas de protección usuales. Sin embargo, no impiden la venta de una división. Leonardo Company ha decidido desinvertir en su división Raphael, lo que implica $20 millones. Además de este pago a Leonardo Company, el comprador asumirá $5 millones de deuda existente de la división. Los $20 millones completos se distribuirán entre los accionistas de Leonardo Company. Explique si los acreedores restantes de Leonardo Company están mejor o peor. ¿Por qué? En teoría, ¿están mejor o peor los accionistas? ¿Por qué?

9. Lorzo-Perez International tiene una subsidiaria, DelRay Sorter Company. La compañía piensa que la subsidiaria, en promedio, generará $1 millón por año en flujos de efectivo netos anuales después de los gastos de capital necesarios. Estos flujos de efectivo netos anuales están proyectados al futuro lejano (suponga infinito). La tasa de rendimiento requerida para la subsidiaria es del 12 por ciento. Si la compañía invirtiera $10 millones adicionales ahora, se piensa que los flujos de efectivo netos anuales aumentarían de $1 a $2 millones. Exson Corporation ha expresado interés en DelRay, porque está en el mismo negocio y cree que puede lograr algunas economías. De acuerdo con esto, ha hecho una oferta en efectivo de $10 millones por la subsidiaria. ¿Debe Lorzo-Perez

   a) continuar el negocio como está?

   b) invertir los $10 millones adicionales?

   c) vender la subsidiaria a Exson? (Suponga que la subsidiaria está financiada por completo con capital accionario).

10. Hogs Breath Inns, una cadena de restaurantes, está considerando abandonar la bolsa de valores. Su presidente, Clint Westwood, piensa que con la eliminación de los costos del servicio a los accionistas y otros costos asociados con la propiedad bursátil, la compañía puede ahorrar $800,000 antes de impuestos al año. Además, la compañía piensa que si sale de la bolsa, la administración estará más motivada y, por lo tanto, su desempeño será más alto. Como resultado, se espera que las ganancias anuales sean un 10% más altas que las ganancias después de impuestos actuales de $9 millones. La tasa de impuestos efectiva es del 30%; la razón precio/utilidades de las acciones se ubica en 12, y hay 10 millones de acciones en circulación. ¿Cuál es el precio de mercado actual por acción? ¿Cuál es la máxima prima en dólares por arriba de este precio que la compañía puede pagar para abandonar la bolsa de valores?

11. Donatello Industries desea vender su división de tuberías para drenaje en $10 millones. La administración de la división desea comprarla y ha arreglado una compra apalancada. La administración pondrá $1 millón en efectivo. Un prestamista experimentado aportará $7 millones respaldados por todos los activos de la compañía. La tasa sobre el préstamo se ubica un 2% por arriba de la tasa preferencial, la cual actualmente es del 12 por ciento. El préstamo se paga en cantidades iguales anuales al principal durante los cinco años siguientes, con interés anual pagadero al final de cada año. También se arregló un préstamo subordinado de $2 millones que se vence al final de seis años. La tasa de interés fija es del 15% y los pagos *sólo* del interés se vencen al final de cada uno de los primeros cinco años. El interés y el principal completo se vencen al final del sexto año. Además, el prestamista ha recibido garantías que puede ejercer por el 50% de las acciones.

     La división de tubería de drenaje espera utilidades antes de interés e impuestos de $3.4 millones en cada uno de los tres primeros años y $3.7 millones en los últimos tres. La tasa de impuestos es del $33^1/_3$% y la compañía espera gastos de capital e inversiones en cuentas por cobrar e inventarios iguales a los cargos por depreciación cada año. Todo el servicio de deuda debe salir de las ganancias. (Suponga también que las garantías no se ejercen y que no hay inyección de efectivo como resultado).

     Si la tasa preferencial se queda en 12% en promedio durante los seis años, ¿podrá la empresa pagar la deuda oportunamente? Si la tasa preferencial subiera al 20% en el segundo año y ése fuera el promedio del segundo al sexto años, ¿cambiaría la situación?

Problemas del apéndice

12. Merry Land Company, un parque de diversiones en Atlanta, ha experimentado dificultades crecientes en el pago de sus facturas. Aunque el parque ha sido marginalmente redituable durante años, el panorama actual no es alentador, ya que las ganancias en los últimos dos años han sido negativas. El parque se localiza en un terreno con valor razonable y tiene un valor global de liquidación de $5 millones. Después de mucho discutir con los acreedores, la administración ha acordado una liquidación voluntaria. Un fideicomisario, designado por las distintas partes para liquidar la propiedad, cobrará $200,000 por sus servicios. Merry Land Company debe $300,000 en impuestos atrasados sobre la propiedad. Tiene una hipoteca de $2 millones en cierto equipo de parque que puede venderse por sólo $1 millón. Las reclamaciones de los acreedores son las siguientes:

PARTE	RECLAMACIÓN SOBRE VALOR EN LIBROS
Acreedores generales	$1,750,000
Bonos hipotecarios	2,000,000
Deuda subordinada a largo plazo	1,000,000
Acciones ordinarias	5,000,000

¿Qué cantidad es probable que reciba cada parte en la liquidación?

13. Fias Company está sometiéndose al capítulo 11. El fideicomisario estima que la compañía puede ganar $1.5 millones antes de interés e impuestos (tasa fiscal del 40%) en el futuro. En la nueva capitalización, el fideicomisario cree que los bonos deben tener un cupón del 10% y una razón de cobertura de 5, los bonos de renta (12%) deben tener una razón de cobertura de 2, las acciones preferenciales (10%) deben tener una razón de cobertura de 3, y las acciones ordinarias deben emitirse con una razón precio/utilidades base de 12. Determine la estructura de capital que conforma los criterios del fideicomisario.

14. Facile Fastener Company tenía los siguientes pasivos y posición de capital accionario cuando entregó la petición de bancarrota de acuerdo con el capítulo 11 (en miles):

Cuentas por pagar	$ 500
Salarios acumulados	200
Préstamo bancario, tasa del 12%	600
(respaldado por cuentas por cobrar)	
Pasivos corrientes	$1,300
Bonos de primera hipoteca, 13%	500
Bonos subordinados, 15%	1,700
Deuda total	$3,500
Acciones ordinarias y capital adicional pagado	500
Utilidades retenidas	420
Total de pasivos y capital accionario	$4,420

Después de solucionar algunos problemas operativos, la compañía espera ganar $800,000 anuales antes de interés e impuestos. Con base en otros valores preocupantes, se piensa que la compañía como un todo vale cinco veces su UAII. Los costos de la corte asociados con los de reorganización ascenderán a $200,000 y la tasa de impuestos esperada es del 40% para la compañía reorganizada. Como fideicomisario, suponga que usted tiene los siguientes instrumentos para una capitalización a largo plazo de la compañía: bonos de primera hipoteca del 13%, pagarés de capital del 15%, acciones preferenciales del 13% y acciones ordinarias.

Con la nueva capitalización, los pagarés deben tener una razón de cobertura total de 4 después del interés por préstamo bancario, y las acciones preferenciales deben tener una razón de cobertura de 2 después de interés e impuestos. Más aún, se cree que el capital accionario debe ser igual por lo menos al 30% de los activos totales de la compañía.

a) ¿Cuál es la valuación total de la compañía después de la reorganización?
b) Si se emplean las cantidades máximas de deuda y acciones preferenciales, ¿cuál será la nueva estructura de capital y los pasivos corrientes de la compañía?
c) ¿Cómo deben asignarse estos valores, suponiendo una regla de prioridad absoluta?

Soluciones a los problemas para autoevaluación

1. *a)*

	YABLONSKI	YAWITZ
Utilidades por acción	$2.00	$1.25
Razón precio/utilidades	12	8
Precio de mercado por acción	$ 24	$ 10
Oferta a accionistas de Yawitz en acciones de Yablonski (incluyendo la prima) = $10 × 1.20 = $12 por acción		

Razón de intercambio = $12/24 = **0.5**, o media acción de Yablonski por cada acción de Yawitz.
Número de nuevas acciones emitidas = 800,000 acciones × 0.5 = **400,000 acciones**.

b)

Utilidades de la compañía que sobrevive (en miles)	$ 5,000
Acciones ordinarias en circulación (en miles)	2,400
Utilidades por acción	**$2.0833**

Hay un incremento en utilidades por acción en virtud de la adquisición de una compañía con una razón precio/utilidades menor.

c) Precio de mercado por acción: $2.0833 × 12 = **$25.00**

Precio de mercado por acción: $2.0833 × 11 = **$22.92**

En el primer caso, el precio de la acción sube, a partir de $24, debido al incremento en las utilidades por acción. En el segundo caso, el precio de la acción baja debido a la declinación en la razón precio/utilidades. En los mercados eficientes, podemos esperar alguna declinación en la razón precio/utilidades si no es probable que haya sinergia y/o una mejora en la administración.

2. Con una razón de intercambio de 1.5, Groove emitiría 300,000 nuevas acciones con valor de mercado de $28 × 300,000 = **$8.4 millones** por las acciones ordinarias de Tongue. Esto excede el capital accionario de Tongue por $1.4 millones. Con el método de compra, los activos fijos de Tongue se amortizarán por $400,000 y el crédito mercantil de Groove por $1 millón. El balance general después de la fusión con el método contable de compra (en millones):

	COMPRA
Activos corrientes	$25.0
Activos fijos (netos)	37.4
Crédito mercantil	3.0
Total	$65.4
Pasivos corrientes	$12.0
Deuda a largo plazo	17.0
Capital accionario	36.4
Total	$65.4

3. *a), b)*

AÑO	FLUJO DE EFECTIVO	INVERSIÓN	FLUJO DE EFECTIVO NETO	VALOR PRESENTE DEL FLUJO DE EFECTIVO NETO (18%)
1	$2,300,000	$1,000,000	$1,300,000	$ 1,101,100
2	2,645,000	"	1,645,000	1,181,110
3	3,041,750	"	2,041,750	1,243,426
4	3,498,013	"	2,498,013	1,288,975
5	4,022,714	"	3,022,714	1,320,926
6	4,626,122	"	3,626,122	1,341,665
7	5,320,040	"	4,320,040	1,356,493
8	6,118,046	"	5,118,046	1,361,400
9	7,035,753	"	6,035,753	1,358,044
10-25	8,091,116	"	7,091,116	8,254,059*
			Valor presente neto =	$19,807,198

*Total para los años 10 a 25.

El precio máximo que se justifica es aproximadamente **$19.81 millones**. Debe observarse que para efectuar estos cálculos se usaron tablas de valor presente. Para llegar a la tasa de descuento para los flujos de efectivo que van del año 10 al 25, restamos el factor de descuento para 9 años de pagos anuales, 4.303, del de 25 años, 5.467. La diferencia, 5.467 − 4.303 = 1.164, es el factor de descuento para los flujos de efectivo para una anualidad que inicia el año 10 y llega al año 25. Si se usa la función de valor presente en una calculadora, se puede obtener una pequeña diferencia que se debe a que redondeamos a tres decimales.

4. *a)*

$$50{,}001 \text{ acciones} \times \$65 = \$3{,}250{,}065$$
$$49{,}999 \text{ acciones} \times \$50 = \underline{2{,}499{,}950}$$
$$\text{Precio total de compra} = \mathbf{\$5{,}750{,}015}$$
$$\text{Valor total de las acciones antes} = 100{,}000 \text{ acciones} \times \$55 = \underline{5{,}500{,}000}$$
$$\text{Incremento a accionistas de Passive} = \underline{\mathbf{\$250{,}015}}$$

El valor total de las economías que se obtienen es de $1,500,000. Por lo tanto, los accionistas de Passive reciben sólo una porción modesta del valor total de las economías. En contraste, los accionistas de Aggressive obtienen una porción grande.

b) Con una oferta de dos niveles, hay un gran incentivo para los accionistas individuales para vender pronto y asegurar el éxito de la empresa adquiriente. Colectivamente, los accionistas de Passive estarían mejor esperando una fracción más grande del valor total de las economías. Lograrán esto sólo si actúan como grupo en su respuesta a la oferta.

c) Al instigar las enmiendas y mecanismos en contra de tomas de poder, accionistas individuales pueden generar algunos incentivos para esperar una oferta más alta. Sin embargo, en la práctica es imposible lograr una respuesta de grupo unificada por completo.

d)

$$50{,}001 \text{ acciones} \times \$65 = \$3{,}250{,}065$$
$$49{,}999 \text{ acciones} \times \$40 = \underline{1{,}999{,}960}$$
$$\text{Precio total de compra} = \$5{,}250{,}025$$

Este valor es menor que el valor de mercado total anterior de $5,500,000. Es claro que los accionistas lograrán poco si, por apresurarse a vender, la oferta tiene éxito. No obstante, otras adquisiciones potenciales tendrán un incentivo para ofrecer más que Aggressive, aun sin generar economías. La competencia entre adquirientes potenciales debe asegurar contraofertas, de manera que Aggressive se verá forzada a ofrecer no menos de $5,500,000 en total, el valor de mercado actual.

5. *a)* Acciones que pertenecen a externos = 5 millones $\times$ 0.79 = 3,950,000

Precio a ofrecer = $20 $\times$ 1.40 = $28 por acción

Cantidad total de la compra = 3,950,000 acciones $\times$ $28 = $110,600,000

Deuda preferencial = $110,600,000 $\times$ 0.80 = $88,480,000

Pago anual al principal = $88,480,000/5 = $17,696,000

Deuda subordinada = $110,600,000 $\times$ 0.20 = $22,120,000

UAII anual para pagar la deuda:

Interés de deuda preferencial: $88,480,000 $\times$ 0.12 = $10,617,600

Principal de deuda preferencial: 17,696,000

Interés de deuda subordinada: $22,120,000 $\times$ 0.13 = $\underline{2{,}875{,}600}$

   UAII total necesaria: $31,189,200

Durante los primeros cinco años, la UAII de $25 millones no será suficiente para pagar la deuda.

b) $88,480,000 $\times$ 0.10 = $8,848,000, que con las otras dos cantidades anteriores, asciende a $29,419,600. *La UAII esperada todavía no será suficiente para pagar la deuda.*

c) *$31,189,200 es la UAII mínima necesaria para pagar la deuda.*

Referencias seleccionadas

Betker, Brian L. "An Empirical Examination of Prepackaged Bankruptcy". *Financial Management* 24 (primavera, 1995), 3-18.

Black, Bernard S. y Joseph A. Gundfest. "Shareholder Gains from Takeovers and Restructurings". *Journal of Applied Corporate Finance* 1 (primavera, 1988), 5-15.

Borokhovich, Kenneth A., Kelly R. Brunarski y Robert Parrino. "CEO Contracting and Antitakeover Amendments". *Journal of Finance* 52 (septiembre, 1997), 1495-1517.

Brannen Laurie, Anand Desai y E. Han Kim. "The Rationale Behind Interfirm Tender Offers: Information or Synergy". *Journal of Financial Economics* 11 (abril, 1983), 183-206.

_____, "The Status of Shareholder Value in M&As". *Business Finance* 7 (agosto, 2001), 12.

Chan, Su Han, John W. Kensinger, Arthur J. Keown y John D. Martin. "When Do Strategic Alliances Create Shareholder Value?". *Journal of Applied Corporate Finance* 11 (invierno, 1999), 82-87.

Chatterjee, Sris, Upinder S. Dhillon y Gabriel G. Ramírez. "Resolution of Financial Distress: Debt Restructurings via Chapter 11, Prepackaged Bankruptcies, and Workouts". *Financial Management* 24 (otoño, 1995), 5-21.

Christofferson, Scott A., Robert S. McNish y Diane L. Siss. "Where Mergers Go Wrong". *The McKinsey Quarterly* (núm. 2, 2004), 92-99.

Conn, Robert L. "International Mergers: Review of Literature and Clinical Projects". *Journal of Financial Education* 29 (otoño, 2003), 1-27.

DeAngelo, Harry y Edward M. Rice. "Antitakeover Charter Amendments and Stockholder Wealth". *Journal of Financial Economics* 11 (abril, 1983), 329-360.

DeAngelo, Harry, Linda DeAngelo y Edward M. Rice. "Going Private: Minority Freezeouts and Stockholder Wealth". *Journal of Law and Economics* 27 (junio, 1984), 367-401.

Dennis, Debra K. y John J. McConnell. "Corporate Mergers and Security Returns". *Journal of Financial Economics* 16 (junio, 1986), 143-187.

Donaldson, Gordon. *Corporate Restructuring*. Cambridge, MA: Harvard Business School Press, 1994.

Eberhart, Allan C., William T. Moore y Rodney L. Roenfelt. "Security Pricing and Deviations from the Absolute Priority Rule in Bankruptcy Proceedings". *Journal of Finance* 45 (diciembre, 1990), 1457-1469.

Ehrhardt, Michael C. y John M. Wachowicz, Jr. "Form Follows Function: The Appropriate Definition of Free Cash Flow." *Journal of Financial and Economic Practice* 7 (primavera, 2007), 18-37.

Fabozzi, Frank J., Jane Tripp Howe, Takashi Makabe y Toshihide Sudo. "Recent Evidence on the Distribution Patterns in Chapter 11 Reorganizations". *Journal of Fixed Income* 2 (marzo, 1993), 6-23.

Frank, Kimberly E. "Making Sense of Spin-Offs, Tracking Stock, and Equity Carve-Outs". *Strategic Finance* 83 (diciembre, 2001), 39-43.

Franks, Julian R. y Robert S. Harris. "Shareholder Wealth Effects of Corporate Takeovers: The UK Experience". *Journal of Financial Economics* 23 (agosto, 1989), 225-250.

Halpern, Paul. "Corporate Acquisitions: A Theory of Special Cases? A Review of Event Studies Applied to Acquisitions". *Journal of Finance* 38 (mayo, 1983), 297-317.

Hite, Gailen L. y James E. Owers. "Security Price Reactions Around Corporate Spin-Off Announcements". *Journal of Financial Economics* 12 (diciembre, 1983), 409-436.

_____ y Ronald C. Rogers. "The Market for Interfirm Asset Sales: Partial Sell-Offs and Total Liquidations". *Journal of Financial Economics* 18 (junio, 1987), 229-252.

_____ y Michael R. Vetsuypens. "Management Buyouts of Divisions and Shareholder Wealth". *Journal of Finance* 44 (junio, 1989), 953-980.

Hong, H., G. Mandelker y R. S. Kaplan. "Pooling vs. Purchase: The Effects of Accounting for Mergers on Stock Prices". *Accounting Review* 53 (enero, 1978), 31-47.

Ikenberry, David y Josef Lakonishok. "Corporate Governance Through the Proxy Contest: Evidence and Implications". *Journal of Business* 66 (julio, 1993), 405-435.

Iverson, Glaydon. "Does Your Company Need a Workout?". *Strategic Finance* 86 (septiembre, 2004), 51-53.

Jain, Prem C. "The Effect of Voluntary Sell-off Announcements on Shareholder Wealth". *Journal of Finance* 40 (marzo, 1985), 209-224.

Jarrell, Greg A. y Annette B. Poulsen. "The Returns to Acquiring Firms in Tender Offers: Evidence from Three Decades". *Financial Management* 18 (otoño, 1989), 12-19.

Jensen, Michael C. "The Takeover Controversy: Analysis and Evidence". *Midland Corporate Finance Journal* 4 (verano, 1986), 6-32.

Kaplan, Steven. "Management Buyouts: Evidence on Taxes as a Source of Value". *Journal of Finance* 44 (julio, 1989), 611-632.

_____. "The Effects of Management Buyouts on Operating Performance and Value". *Journal of Financial Economics* 24 (octubre, 1989), 217-254.

Kelly, Shaun T. "Corporate Divestiture Gains as Value-Creator". *Financial Executive* 18 (diciembre, 2002), 40-42.

Krell, Eric. "The Alliance Advantage". *Business Finance* 8 (julio, 2002), 16-23.

Kuglin, Fred A. "New Realities of Alliance Partnering". *Financial Executive* 18 (diciembre, 2002), 30-34.

Larson, Kermit D. y Nicholas J. Gonedes. "Business Combinations: An Exchange-Ratio Determination Model". *Accounting Review* 44 (octubre, 1969), 720-728.

Loughran, Tim y Anand M. Vijh. "Do Long-Term Shareholders Benefit from Corporate Acquisitions?" *Journal of Finance* 52 (diciembre, 1997), 1765-1790.

Marias, Laurentius, Katherine Schipper y Abbie Smith. "Wealth Effects of Going Private for Senior Securities". *Journal of Financial Economics* 23 (junio, 1989), 155-191.

Michaely, Roni y Wayne H. Shaw. "The Choice of Going Public: Spin-offs vs. Carve-outs". *Financial Management* 24 (otoño, 1995), 5-21.

Miles, James A. y James D. Rosenfeld. "The Effect of Voluntary Spin-off Announcements on Shareholder Wealth". *Journal of Finance* 38 (diciembre, 1983), 1597-1606.

Moeller, Sara B., Frederik P. Schlingemann y Rene M. Stulz. "Wealth Destruction on a Massive Scale? A Study of Acquiring-Firm Returns in the Recent Merger Wave". *Journal of Finance* 60 (abril, 2005), 757-782.

Morck, Randall, Andrei Shleifer y Robert W. Vishny. "Management Ownership and Market Valuation: An Empirical Analysis". *Journal of Financial Economics* 20 (enero-marzo, 1988), 293-316.

Mukherjee, Tarun K., Halil Kiymaz y H. Kent Baker. "Merger Motives and Target Valuation: A Survey of Evidence from CEOs". *Journal of Applied Finance* 14 (otoño/invierno, 2004), 7-24.

Nathan, Kevin S. y Terrence B. O'Keefe. "The Rise in Takeover Premiums: An Exploratory Study". *Journal of Financial Economics* 23 (junio, 1989), 101-120.

Roll, Richard. "The Hubris Hypothesis of Corporate Takeovers". *Journal of Business* 59 (abril, 1986), 197-216.

Rosenfeld, James D. "Additional Evidence on the Relation Between Divestiture Announcements and Shareholder Wealth". *Journal of Finance* 39 (diciembre, 1984), 1437-1448.

Ryngaert, Michael. "The Effect of Poison Pill Securities on Shareholder Wealth". *Journal of Financial Economics* 20 (enero-marzo, 1988), 377-417.

Sammer, Joanne. "Alliances: How to Get Desired Outcomes". *Business Finance* 12 (abril, 2006), 38-40.

Schipper, Katherine y Abbie Smith. "A Comparison of Equity Carve-outs and Seasoned Equity Offerings: Share Price Effects and Corporate Restructuring". *Journal of Financial Economics* 15 (enero-febrero, 1986), 153-186.

_____. "Effects of Recontracting on Shareholder Wealth: The Case of Voluntary Spin-offs". *Journal of Financial Economics* 12 (diciembre, 1983), 437-468.

Segil, Larraine. "Partnering: Metrics Matters". *Financial Executive* 20 (diciembre, 2004), 30-35.

Shleifer, Andrei y Robert W. Vishny. "Management Entrenchment: The Case of Manager-Specific Investments". *Journal of Financial Economics* 25 (noviembre, 1989), 123-139.

Sicherman, Neil W. y Richard H. Pettway. "Acquisition of Divested Assets and Shareholder Wealth". *Journal of Finance* 42 (diciembre, 1987), 1261-1273.

Sinnenberg, John. "The Pros and Cons of Going Private". *Financial Executive* 21 (enero/febrero, 2005), 24-27.

Skantz, Terrance R. y Roberto Marchesini. "The Effect of Voluntary Corporate Liquidation on Shareholder Wealth". *Journal of Financial Research* 10 (invierno, 1987), 65-76.

Stulz, Rene M., Ralph A. Walkling y Moon H. Song. "The Distribution of Target Ownership and the Division of Gains in Successful Takeovers". *Journal of Finance* 45 (julio, 1990), 817-834.

Sullivan, Michael J., Marlin R. H. Jensen y Carl D. Hudson. "The Role of Medium of Exchange in Merger Offers: Examination of Terminated Merger Proposals". *Financial Management* 23 (otoño, 1994), 51-62.

Torres, Alberto y Paul Reiner. "The Spin-off as a Transformation Event". *Corporate Finance* (marzo, 2001), 35-37.

Weston, J. Fred. "Divestitures: Mistakes or Learning". *Journal of Applied Corporate Finance* (verano, 1989), 68-76.

_____, Juan A. Siu y Brian A. Johnson. *Takeovers, Restructuring, and Corporate Governance*, 3a. ed. Upper Saddle River, NJ: Prentice Hall, 2001.

La parte VIII del sitio Web del libro, *Wachowicz's Web World*, contiene vínculos a muchos sitios y artículos en línea relacionados con temas cubiertos en este capítulo. (http://web.utk.edu/~jwachowi/part8.html)

24

Administración financiera internacional

Contenido

- **Algunos antecedentes**
  Presupuesto de capital internacional • Factores de riesgo • Impuestos • Riesgo político

- **Tipos de exposición al riesgo cambiario**
  Riesgo de conversión • Riesgo de transacciones • Riesgo económico

- **Manejo del riesgo cambiario**
  Protecciones naturales • Administración del efectivo y ajuste de cuentas dentro de la compañía • Protecciones financieras internacionales • Protecciones del mercado de divisas • Protección contra el riesgo cambiario: Resumen • Macrofactores que gobiernan el comportamiento de las tasas de cambio

- **Estructuración de las transacciones comerciales internacionales**
  Giros comerciales internacionales • Guía de embarque • Carta de crédito • Intercambio compensado • Factoraje de exportación • *Forfaiting*

- **Puntos clave de aprendizaje**

- **Preguntas**

- **Problemas para autoevaluación**

- **Problemas**

- **Soluciones a los problemas para autoevaluación**

- **Referencias seleccionadas**

Objetivos

Después de estudiar el capítulo 24, usted será capaz de:

- Explicar por qué muchas empresas invierten en operaciones en el extranjero.

- Explicar por qué la inversión extranjera es diferente de la inversión nacional.

- Describir en qué se parece o difiere el presupuesto de capital en un entorno internacional con respecto al de un entorno nacional.

- Comprender los tipos de riesgo de las tasas de cambio y cómo enfrentarlos.

- Calcular los equivalentes nacionales de las monedas extranjeras a partir de las tasas de cambio *spot* o *forward*.

- Comprender e ilustrar la paridad del poder de compra (PPC) y la paridad de la tasa de interés.

- Describir los instrumentos y documentos específicos usados en la estructuración internacional de las transacciones comerciales.

- Distinguir entre giros comerciales, factoraje de exportación y *forfaiting*.

Cerca de donde se encuentra la ganancia, se esconde la pérdida.

—PROVERBIO JAPONÉS

Desde la década de 1980, ha habido un auge en las inversiones internacionales por parte de los individuos a través de fondos mutuos y otros intermediarios, y por parte de las instituciones a través de la inversión directa. Por otro lado, la creciente recaudación de capital ocurre en el extranjero. La administración financiera debe buscar el "mejor precio" en un mercado global, al tiempo que se manejan divisas y ciertas protecciones. Para satisfacer las demandas subyacentes de los inversionistas y de quienes proveen el capital, las instituciones y los instrumentos financieros han cambiado en forma drástica. La desreglamentación, primero en Estados Unidos y después en Europa y Asia, ha estimulado una integración creciente de los mercados financieros del mundo. Como resultado de un escenario dinámico, el administrador financiero actual debe tener una perspectiva global. Aunque los conceptos desarrollados antes en el libro se aplican aquí, el entorno en el que se toman las decisiones es diferente. En este capítulo intentamos comprender ese entorno y exploramos cómo se desenvuelve una compañía al tomar decisiones en el ámbito internacional.

Algunos antecedentes

La motivación para invertir capital en una operación extranjera es, desde luego, obtener un rendimiento mayor que el requerido. Existen brechas en los mercados extranjeros donde es posible obtener rendimientos mayores. Dentro de un país, las presiones competitivas pueden ser tales que sólo se obtiene una tasa de rendimiento normal. Aunque la expansión a los mercados extranjeros es la razón de la mayor parte de las inversiones foráneas, existen otras razones. Algunas empresas invierten con la finalidad de producir con más eficiencia. Tal vez algún país ofrezca menores costos de mano de obra y de otro tipo, y una compañía elegirá ubicar sus instalaciones de producción ahí con el afán de obtener menores costos operativos. La industria de electrónicos se ha mudado a instalaciones de producción en el extranjero para lograr este ahorro. Por último, algunas compañías invierten fuera para asegurar las materias primas necesarias. Las compañías petroleras y mineras en particular invierten en el extranjero por esta razón. Todas estas búsquedas —de mercados, instalaciones de producción y materias primas— obedecen al logro del objetivo de asegurar una tasa de rendimiento más alta que la que es posible cuando sólo se realizan operaciones nacionales.

● ● ● Presupuesto de capital internacional

Los flujos de efectivo entrantes para una inversión extranjera son los que pueden "repatriarse" (regresar) a la matriz en el país de origen. Si el rendimiento sobre la inversión esperado se basa en flujos de efectivo que no se pueden repatriar y que se acumulan en la subsidiaria extranjera, la inversión no será atractiva. Si los flujos de efectivo se pueden enviar libremente al país de origen, el presupuesto de capital es directo. La empresa en Estados Unidos hará lo siguiente:

1. Estimar los flujos de efectivo en la moneda extranjera.

2. Calcular sus equivalentes en dólares estadounidenses a la **tasa de cambio** esperada (moneda extranjera por dólar).

3. Determinar el valor presente neto del proyecto usando la tasa de rendimiento requerida en Estados Unidos ajustada hacia arriba o hacia abajo por cualquier efecto de prima de riesgo asociada con la inversión en el extranjero.

Tasa de cambio El número de unidades de una moneda que se pueden comprar con una unidad de otra moneda.

Suponga que Teasdale Company está considerando una inversión en el país hipotético de Freedonia por un monto de 1.5 millones de marcos freedonianos. El proyecto tiene una vida corta (de cuatro años) y la tasa de rendimiento requerida sobre los dólares repatriados es del 18 por ciento. Se espera que el marco, a 2.50 por un dólar, se "deprecie" con el tiempo. Esto es, se espera que un dólar valga más marcos en el futuro que ahora. La tabla 24.1 ilustra los tres pasos para calcular los flujos de efectivo en dólares y su valor presente neto, que ascienden aproximadamente a $64,000.

Tabla 24.1					
		(a)	(b)	(c)	(d)
Flujos de efectivo esperados para el proyecto en Freedonia de Teasdale Company	FIN DEL AÑO	FLUJO DE EFECTIVO ESPERADO (EN MILES DE MARCOS)	TASA DE CAMBIO (MARCOS:DÓLAR)	FLUJO DE EFECTIVO ESPERADO (EN MILES DE DÓLARES) (a)/(b)	VALOR PRESENTE DE LOS FLUJOS DE EFECTIVO EN DÓLARES AL 18% (EN MILES DE DÓLARES)
	0	−1,500	2.50	−600	−600
	1	500	2.54	197	167
	2	800	2.59	309	222
	3	700	2.65	264	161
	4	600	2.72	221	114
				Valor presente neto =	64

Aunque los cálculos son sencillos, es obvio que están basados en las suposiciones concernientes a los flujos de efectivo, las tasas proyectadas y la tasa de rendimiento requerida. Aprender estos conceptos es el objetivo de este capítulo.

Factores de riesgo

En lo que se refiere a los rendimientos requeridos, debe considerarse la diversificación internacional. A partir del análisis que hicimos del riesgo del portafolio en los capítulos 5 y 14, recuerde que el elemento clave es la correlación entre los proyectos en el portafolio de activos. Al combinar proyectos con bajos grados de correlación entre sí, una empresa puede reducir el riesgo en relación con el rendimiento esperado. Como los proyectos de inversión nacionales tienden a correlacionarse, ya que la mayoría son altamente dependientes del estado de la economía nacional, las inversiones en el extranjero ofrecen una ventaja. Los ciclos económicos de diferentes países no están sincronizados por completo, de manera que es posible reducir el riesgo relativo del rendimiento esperado al invertir en diferentes países. La idea es simplemente que los rendimientos sobre los proyectos de inversión tienden a estar menos correlacionados entre países que en un país particular. Al diversificarse entre países, el riesgo global se reduce.[1]

Impuestos

En virtud de las distintas leyes fiscales y los diferentes tratamientos de la inversión extranjera, el gravamen de una empresa multinacional es complejo. Nuestro objetivo es analizar algunos de los aspectos más relevantes del problema.

Gravamen que ejerce el gobierno de EUA. Si una corporación estadounidense tiene negocios en el extranjero a través de una sucursal o división, el ingreso de esa operación se reporta en la declaración de impuestos de la compañía en Estados Unidos y se grava de la misma forma que el ingreso nacional. Si el negocio se realiza a través de una subsidiaria extranjera, el ingreso normalmente no se grava en EUA sino hasta que se distribuye a la compañía matriz en la forma de dividendos. La ventaja en este caso, desde luego, es que el impuesto se difiere hasta que la matriz recibe un rendimiento en efectivo. Mientras tanto, los ingresos se reinvierten en la subsidiaria para financiar expansiones. A diferencia de los dividendos recibidos de una corporación nacional (en general con exención del 70% para la compañía receptora), los dividendos recibidos por una corporación estadounidense provenientes de una subsidiaria extranjera suelen ser completamente gravables.

---

[1]Necesitamos tener en mente que lo más importante no es tanto la localización física de los activos o de la inversión, sino cuál es el destino final de la producción de esa inversión. Por ejemplo, si una compañía en EUA produce bienes en Francia, los cuales, en última instancia, se venden en Estados Unidos, al tiempo que una compañía competidora en EUA elabora el mismo producto para su venta en EUA, las ventas potenciales de ambas compañías se verán afectadas de la misma manera por las altas y bajas de la economía estadounidense. Sin embargo, muchos proyectos de inversión en el extranjero venden los productos en el mercado local; de esta manera, aprovechan los beneficios de la diversificación.

Gravamen por gobiernos extranjeros. Todo país recauda impuestos sobre la renta de las compañías extranjeras que hacen negocios en ese país. El tipo de impuesto varía. Algunos países diferencian entre el ingreso distribuido a los accionistas y el ingreso no distribuido, con un impuesto más bajo sobre el primero. Los países menos desarrollados con frecuencia tienen impuestos más bajos y, además, ofrecen otro tipo de incentivos para alentar la inversión extranjera.

Las políticas fiscales de los gobiernos extranjeros no sólo son variadas, sino también complejas. La definición de lo que constituye el ingreso gravable es diferente entre diversos países, y las tasas de impuestos también varían. Ciertas naciones, como Panamá y las Bahamas, tienen tasas de impuestos menores sobre las ganancias corporativas con la finalidad de promover la inversión extranjera, mientras que las tasas fiscales en los países industrializados más avanzados son altas. El panorama se complica aún más por los numerosos tratados en materia fiscal que Estados Unidos suscribe con otros países. Aunque el gobierno de EUA restringe las posibilidades de invertir en países con gravamen bajo que representan paraísos fiscales, el mundo es suficientemente grande como para que las compañías diseñen estructuras legales complicadas para aprovechar tales paraísos.

Para evitar el doble gravamen (por dos países diferentes sobre el mismo ingreso), Estados Unidos otorga un crédito o deducción fiscal sobre ingresos federales por los impuestos que paga en el extranjero una corporación estadounidense. Si un país extranjero tiene una tasa fiscal menor que la aplicable a las corporaciones en EUA, la empresa pagará impuestos combinados a la tasa completa vigente en EUA. Parte de los impuestos se pagan al gobierno extranjero y la otra parte se paga al gobierno de Estados Unidos. Suponga que una sucursal extranjera de una corporación estadounidense opera en un país donde la tasa de impuestos es del 27 por ciento. La sucursal gana $2 millones y paga $540,000 de impuestos sobre ingresos en el extranjero. Suponga además que los $2 millones de utilidades están sujetos a una tasa fiscal del 34% en Estados Unidos, lo que representa $680,000 de impuestos. La compañía recibe un crédito fiscal de $540,000 por los impuestos pagados en el extranjero. Por consiguiente, pagará sólo $140,000 en impuestos dentro de EUA sobre las utilidades de esa sucursal extranjera. Si la tasa de impuestos en el extranjero fuera del 50%, la compañía pagaría $1 millón en impuestos en el extranjero sobre esas ganancias y nada en EUA. Aquí, es obvio que los impuestos totales pagados son más altos que si se aplicara sólo la tasa vigente en Estados Unidos.

Todavía más, la dimensión del crédito fiscal por impuestos pagados en el extranjero puede estar restringida. Estados Unidos grava a las compañías sobre su ingreso global y permite un crédito fiscal por pago de impuestos en el extranjero sólo en la medida en que la fuente de ingresos extranjera haya sido gravada en Estados Unidos. (Sin embargo, los créditos fiscales por pago de impuesto en el extranjero excedentes se pueden acarrear hacia adelante). Suponga que el 30% del ingreso total de una compañía multinacional es atribuible a fuentes extranjeras. Si su responsabilidad fiscal en EUA antes de créditos es de $10 millones, sólo podrá usar $3 millones para crédito fiscal por pago de impuestos en el extranjero para compensar la obligación fiscal en EUA. Si la compañía paga más en impuestos en el extranjero, estará sujeta a doble gravamen en esa porción. Algunos países establecen retención de impuestos sobre la distribución de dividendos a los inversionistas extranjeros. En la medida en que el inversionista pague pocos impuestos o nada en su país, como ocurre con inversionistas institucionales, no hay manera de neutralizar la retención de impuestos. Así, una retención de impuestos sirve como desincentivo para la inversión extranjera.

Está claro que la planeación de impuestos para una operación internacional es tanto técnica como compleja. De cuando en cuando, surgen diferentes incentivos fiscales para ayudar a las industrias de exportación. Estas previsiones fiscales, tanto en EUA como en otros países, cambian constantemente. Por todo ello, debe buscarse el consejo de expertos fiscales y de consultores legales, tanto extranjeros como nacionales, en el momento en que se organizan las operaciones en el extranjero.

● ● ● Riesgo político

Compañía multinacional Una compañía que hace negocios y tiene activos en dos o más países.

Una **compañía multinacional** enfrenta riesgos políticos que pueden ir de una interferencia ligera a la confiscación completa de todos los activos. La interferencia incluye leyes que especifiquen un porcentaje mínimo de nacionales que deben emplearse en diferentes puestos, inversión requerida en el ambiente y proyectos sociales, y restricciones sobre la conversión de monedas. El riesgo político más grande es la expropiación, como la ocurrida en Chile en 1971, cuando el país confiscó las compañías

Mercado de divisas extranjeras: ¿A qué se refiere?

Para comprar bienes o servicios extranjeros, o invertir en otros países, las compañías y los individuos tal vez necesiten primero comprar la moneda del país con el que quieren hacer negocios. En general, los exportadores prefieren que les paguen en moneda de su país o en dólares estadounidenses, los cuales son aceptados en todo el mundo.

Cuando los canadienses compran petróleo de Arabia Saudita pueden pagar en dólares de EUA y no en dólares canadienses o en dinares de Arabia Saudita, aunque Estados Unidos no esté implicado en la transacción.

El *mercado de divisas extranjeras*, o el mercado *"FX"*, es donde se realiza la compra y venta de las diferentes monedas. El precio de una moneda en términos de otra se llama *tasa o tipo de cambio*.

El mercado en sí en realidad es una red mundial de comercio, conectada por líneas telefónicas y pantallas de computadora; no tiene oficinas centrales. Existen tres grandes centros de comercio que manejan la mayoría de las transacciones FX: el Reino Unido, Estados Unidos y Japón.

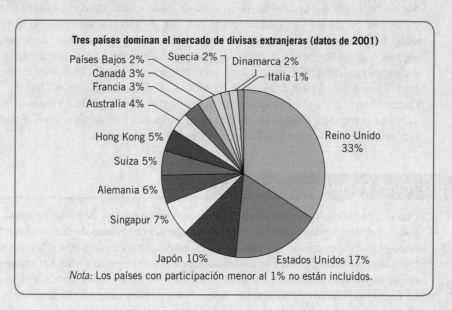

Tres países dominan el mercado de divisas extranjeras (datos de 2001)

Países Bajos 2% · Suecia 2% · Dinamarca 2% · Italia 1% · Canadá 3% · Francia 3% · Australia 4% · Hong Kong 5% · Suiza 5% · Alemania 6% · Singapur 7% · Japón 10% · Estados Unidos 17% · Reino Unido 33%

Nota: Los países con participación menor al 1% no están incluidos.

Las transacciones en Singapur, Suiza, Hong Kong, Alemania, Francia y Australia son responsables de la mayor parte del resto de las transacciones en el mercado. El comercio se realiza las 24 horas del día: a las 8 a.m. se abre el mercado en Londres, mientras que el día comercial está por cerrar en Singapur y Hong Kong. A la 1 p.m. de Londres, el mercado de Nueva York abre sus operaciones y más tarde los corredores de San Francisco también inician sus actividades.

Cuando el mercado en San Francisco se cierra, los mercados de Singapur y Hong Kong están iniciando el día.

El mercado FX tiene un paso rápido, volátil y enorme: es el mercado más grande en el mundo. En 2001, en promedio, se comerció un estimado de $1,210 miles de millones cada día (es decir, 1 billón, 210 mil millones de dólares); si quisiéramos encontrar un equivalente, diríamos que es como si cada persona del mundo comerciara $195 cada día.

Fuente: The Basics of Foreign Trade and Exchange, Federal Reserve Bank of New York. (Última modificación: martes 3 de septiembre de 2002) Extraído de (www.newyorkfed.org/education/fx/index.html)

cupríferas. Entre la interferencia ligera y el derecho a la expropiación, existen prácticas discriminatorias que se aplican a las compañías extranjeras, como impuestos más altos, mayores costos de servicios públicos y el requerimiento de pagar salarios más altos, en comparación con las disposiciones para una compañía nacional. En esencia, estas prácticas colocan a la operación extranjera de una compañía estadounidense en desventaja competitiva. Sin embargo, la situación no es unidireccional. Ciertos países en desarrollo dan a las compañías extranjeras concesiones para invertir que pueden tener costos más favorables que los que ofrece su país de origen.

Puesto que el riesgo político tiene una seria influencia sobre el riesgo global de un proyecto de inversión, debe evaluarse de manera realista. En esencia, el trabajo consiste en pronosticar la inestabilidad política. ¿Qué tan estable es el gobierno que recibe la inversión? ¿Qué vientos políticos prevalecen? ¿Cuál es la percepción más probable del gobierno acerca de la inversión extranjera? ¿Qué tan eficiente es el gobierno al procesar solicitudes? ¿Cuánta inflación y estabilidad económica hay? ¿Qué tan sólidas y justas son las cortes? Las respuestas a estas preguntas deben dar un panorama del riesgo político implicado en una inversión. Algunas compañías han clasificado a los países de acuerdo con su riesgo político. Si un país se clasifica en la categoría de no deseable, tal vez no sea posible realizar inversiones, sin importar lo alto que sea su rendimiento esperado.

Una vez que una compañía decide invertir en otro país, debe tomar medidas para protegerse. Al cooperar con el país anfitrión contratando personal local, haciendo los tipos "correctos" de inversiones y actuando con responsabilidad de diversas maneras, el riesgo político se reduce. Una empresa conjunta con una compañía de ese país suele mejorar la imagen pública de la operación. De hecho, en algunos países una empresa conjunta es la única manera de hacer negocios, porque la propiedad directa, en particular de manufactura, está prohibida. El riesgo de expropiación también puede reducirse haciendo que la subsidiaria dependa de la compañía matriz en cuanto a tecnología, mercados y suministros. Un gobierno extranjero es renuente a expropiar cuando la empresa no es autosustentable. Además, existen los *seguros de riesgo político*. Varias compañías de seguros privadas ofrecen seguros o garantías contra algunos riesgos políticos; entre ellas se encuentran Lloyd's de Londres y algunas agencias gubernamentales, como la Agencia para el Desarrollo Internacional (*Agency for International Development*, AID), el Eximbank de Estados Unidos y Overseas Private Investment Corporation (OPIC). Los riesgos políticos cubiertos pueden incluir expropiación, imposibilidad de convertir la moneda, situaciones de guerra y revolución. En cualquier caso, el tiempo para identificar con más cuidado el riesgo político es antes de hacer la inversión.

Tipos de exposición al riesgo cambiario

Tasa de cambio *spot* La tasa vigente el día de hoy para intercambiar una moneda por otra para entrega inmediata.

Una compañía con operaciones en el extranjero está en riesgo de varias maneras. Además del peligro político, el riesgo emana en esencia de las variaciones en las tasas de cambio. En este sentido, la **tasa de cambio** *spot* representa el número de unidades de una moneda que pueden intercambiarse por otra. Dicho de otra manera, es el precio de una moneda con respecto a otra. Las monedas de los países con mayor movimiento cambiario se comercian en mercados activos donde las tasas se determinan por las fuerzas de oferta y demanda. Las cotizaciones pueden estar en términos de la moneda nacional o términos de la moneda extranjera. Si el dólar estadounidense es la moneda nacional y la libra esterlina es la moneda extranjera, una cotización puede ser 0.505 libras por dólar o $1.98 por libra. El resultado es el mismo, ya que uno es el recíproco del otro ($1/0.505 = $**1.98**, y $1/1.98 = $**0.505**).

Podemos pensar en el *riesgo cambiario* como la volatilidad de la tasa de cambio de una moneda por otra. En la figura 24.1, el riesgo está ilustrado por la tasa de cambio *spot* de dólares estadounidenses por libras esterlinas. Como se observa, el dólar fluctúa entre $1.55 y $1.95 a partir de 1989 y hasta la corrección europea en 1992, cuando elevó su valor (menos dólares por libra). Durante el resto de la década de 1990, fluctuó entre $1.40 y $1.70 por libra. Entre 2000 y 2007 el valor del dólar se debilitó (más dólares por libra).

Tasa de cambio *forward* La tasa vigente el día de hoy para intercambiar una moneda por otra en una fecha futura específica.

Debemos distinguir una tasa de cambio *spot* de una **tasa de cambio** *forward*. Las transacciones *forward* implican un convenio efectuado el día de hoy para una operación en el futuro. Puede ser la entrega de 1,000 libras dentro de 90 días, donde la tasa convenida es de 2.10 dólares de EUA por libra. La tasa de cambio *forward* suele diferir de la tasa de cambio *spot* por razones que explicaremos más adelante.

Con estas definiciones en mente, existen tres tipos de riesgo relacionado con las tasas de cambio que nos interesan:

- Riesgo de conversión.
- Riesgo de transacciones.
- Riesgo económico.

El primero, el *peligro de conversión*, es el cambio en el ingreso contable y los balances generales ocasionado por las variaciones en las tasas de cambio. Esto se ilustrará en la siguiente sección. El *riesgo de transacciones* tiene que ver con el convenio de una transacción en particular, como una venta a

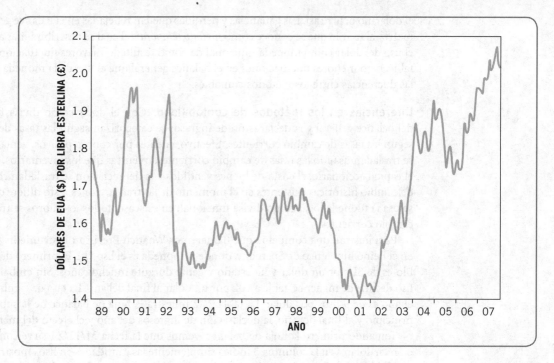

Figura 24.1

Tasas de cambio de dólares estadounidenses por libra esterlina (1 de enero de 1989 al 31 de diciembre de 2007)

crédito, a una tasa de cambio cuando la obligación original se registró a otra. Por último, el *riesgo económico* se refiere a los cambios futuros en los flujos de efectivo esperados y, por ende, en el valor económico, ocasionados por una variación en los tipos de cambio. Por ejemplo, si el presupuesto es de 1.3 millones de libras esterlinas (£) para construir una extensión en la planta de Londres y el tipo de cambio es ahora £0.505 por dólar, esto corresponde a £1.3 millones/0.505 = **$2,574,257**. Cuando pagamos por el material y la mano de obra, la libra tal vez se haya fortalecido, digamos, a £0.495 por dólar. La planta ahora tiene un costo en dólares de £1.3 millones/0.495 = **$2,626,263**. La diferencia, $2,626,263 − $2,574,257 = **$52,006**, representa una pérdida económica.

Una vez que hemos definido brevemente estos tres riesgos relacionados con las tasas de cambio, los examinaremos con detalle. También analizaremos cómo se puede manejar la exposición al riesgo de las tasas de cambio.

● ● ● Riesgo de conversión

El riesgo de conversión se relaciona con el manejo contable de las variaciones en las tasas de cambio. La declaración 52 del **Consejo de estándares de contabilidad financiera** (Financial Accounting Standards Board, FASB) se refiere a la conversión de los cambios en las divisas extranjeras en el balance general y la declaración de ingresos. Con estas reglas contables, una compañía estadounidense debe determinar una "divisa funcional" para cada una de sus subsidiarias en el extranjero. Si la subsidiaria es una operación individual que está integrada en un país específico, la divisa funcional puede ser la moneda local; de otra manera, es el dólar.[2] Donde hay una inflación alta (más del 100% anual), la divisa funcional debe ser el dólar sin importar las condiciones dadas.

La divisa funcional usada es importante porque determina el proceso de conversión. Si se usa la moneda local, todos los activos y pasivos se trasladan a la tasa de cambio corriente. Más aún, las **ganancias o pérdidas trasladadas** no se reflejan en el balance general, más bien se reconocen en el capital accionario de los propietarios como un ajuste de conversión. El hecho de que tales ajustes no afecten el ingreso contable es atractivo para muchas compañías. Sin embargo, si la divisa funcional es

Consejo de estándares de contabilidad financiera (FASB) El organismo que determina las reglas de la profesión de contabilidad que establecen sus estándares o normas.

Ganancia o pérdida de conversión Una ganancia o pérdida contable que surge de la conversión de los activos y pasivos de una subsidiaria en el extranjero a la moneda de la compañía matriz.

[2]Se usan varios criterios para determinar si la subsidiaria extranjera es autosuficiente. Éstos incluyen si las ventas, mano de obra, otros costos y la deuda se denominan principalmente en la moneda local. También, la naturaleza y la magnitud de las transacciones dentro de la compañía son importantes. En ciertas circunstancias, es posible usar una moneda extranjera diferente a la local.

el dólar, no ocurre así. Las ganancias y pérdidas quedan reflejadas en el balance general de la compañía matriz, al usar lo que se conoce como *método temporal* (el cual se describirá más adelante). En general, el uso del dólar como moneda funcional da como resultado mayores fluctuaciones en el ingreso contable, pero menores fluctuaciones en el balance general que el uso de la moneda local. Se examinarán las diferencias entre los métodos contables.

Diferencias en los métodos de contabilidad. Con el dólar como divisa funcional, los rubros del balance general y la declaración de ingresos se categorizan según las tasas de cambio históricas o según las tasas de cambio corrientes. Efectivo, cuentas por cobrar, pasivos, ventas, gastos e impuestos se trasladan usando las tasas de cambio corrientes, mientras que los inventarios, la planta y el equipo, el capital accionario, el costo de bienes vendidos y la depreciación se trasladan considerando las tasas de cambio históricas existentes en el momento de las transacciones. Esto difiere de la situación en que se usa la moneda local como divisa funcional; en ese caso, todos los rubros se trasladan a las tasas de cambio corrientes.

Para ilustrar, una compañía que llamaremos Woatich Precision Instruments tiene una subsidiaria en el Reino hipotético de Spamany, donde la moneda es el liso (L). El primero del año, la tasa de cambio es de 8L por un dólar y ha estado vigente durante muchos años. Sin embargo, durante 20X2, el liso declina de manera estable a 10L por un dólar al final del año. La tasa de cambio promedio durante el año es de 9 lisos por dólar. La tabla 24.2 muestra la hoja de balance de la subsidiaria extranjera al principio y al final del año, la declaración de ingresos del año y el efecto del método de conversión.

Tomando primero la hoja de balance, vemos que la fecha 31/12/X1 sirve como base, y la declaración en dólares en la columna 3 indica simplemente las cantidades en lisos mostradas en la columna 1 divididas entre el tipo de cambio de 8 lisos por dólar. Para las dos declaraciones en dólares separadas

Tabla 24.2		(1)	(2)	(3)	(4)	(5)
					EN DÓLARES	
Subsidiaria en el extranjero de Woatich Precision Instruments		EN LISOS			DIVISA FUNCIONAL LOCAL	DIVISA FUNCIONAL DÓLAR
		31/12/X1	31/12/X2	31/12/X1	31/12/X2	31/12/X2
	Hojas de balance (en miles)					
Efectivo		L 600	L 1,000	$ 75	$ 100	$ 100
Cuentas por cobrar		2,000	2,600	250	260	260
Inventarios (PEPS)		4,000	4,500	500	450	500
Activos corrientes		L 6,600	L 8,100	$ 825	$ 810	$ 860
Activos finos netos		5,000	4,400	625	440	550
Total		L11,600	L12,500	$1,450	$1,250	$1,410
Pasivos corrientes		L 3,000	L 3,300	$ 375	$ 330	$ 330
Deuda a largo plazo		2,000	1,600	250	160	160
Acciones ordinarias		600	600	75	75	75
Utilidades retenidas		6,000	7,000	750	861	845
Ajuste de conversión acumulada					−176	
Total		L11,600	L12,500	$1,450	$1,250	$1,410
	Declaraciones de ingresos para el final del año (en miles con redondeo)					
Ventas			L10,000		$1,111	$1,111
Costo de bienes vendidos			4,000		444	500
Depreciación			600		67	75
Gastos			3,500		389	389
Impuestos			900		100	100
Ingreso operativo			L 1,000		$ 111	$ 47
Conversión						48
Ingreso neto			L 1,000		$ 111	$ 95
Ajuste de conversión					$ −176	

al 31/12/X2, mostradas en las dos últimas columnas, vemos que el efectivo, las cuentas por cobrar, los pasivos corrientes y la deuda a largo plazo son iguales para los dos métodos de contabilidad. Estas cantidades se determinan con base en la tasa de cambio corriente dividiendo las cantidades mostradas en la columna 2 entre la tasa de cambio al final del año de 10 lisos por dólar. Para la moneda funcional local, columna 4, los inventarios y los activos fijos se determinan de la misma forma, usando la tasa de cambio corriente. Para el dólar como moneda funcional, los inventarios y los activos fijos se valúan usando las tasas de cambio históricas. Puesto que la cifra de costo de los bienes vendidos es igual al inventario inicial, con el método de contabilidad de inventarios de "primero en entrar, primero en salir" (PEPS), el inventario final representa los artículos comprados durante el año. Suponiendo compras estables, dividimos la cantidad final en lisos entre la tasa de cambio promedio (L9:$1) para obtener $500,000. Usando de nuevo las tasas históricas, los activos fijos netos se determinan dividiendo la cantidad en lisos al final del año entre la tasa de cambio anterior de 8 lisos por dólar. La cuenta de acciones ordinarias se lleva a la cantidad base en ambos métodos.

Por último, el cambio en las utilidades retenidas es un residuo. (Diferimos la explicación del ajuste de conversión acumulado hasta el análisis de la declaración de ingresos). Debido al ajuste hacia arriba en los inventarios y los activos fijos, los activos totales son más altos con el dólar como divisa funcional (método temporal) que con la moneda local como divisa funcional (método corriente). Lo opuesto ocurriría en nuestro ejemplo si el liso aumentara su valor en relación con el dólar. Vemos que hay sustancialmente mayor cambio en los activos totales cuando se usa una divisa funcional local que cuando se emplea el dólar como divisa funcional.

Con la declaración de ingresos ocurre lo opuesto. Las ventas se ajustan por la tasa de cambio promedio que prevaleció durante el año (L9:$1) para ambos métodos contables. Para la declaración con la divisa funcional local, columna 4, todos los costos y gastos se ajustan por esta tasa de cambio. Para la declaración con el dólar como divisa funcional, última columna, el costo de los bienes vendidos y la depreciación se trasladan a las tasas de cambio históricas (L8:$1), mientras que los otros rubros se trasladan a la tasa promedio (L9:$1). Vemos que el ingreso operativo y el ingreso neto son más altos cuando se usa la divisa funcional local que cuando la divisa funcional es el dólar. Para el último método, la conversión de la ganancia se factoriza, de manera que el ingreso neto está de acuerdo con el cambio en las utilidades retenidas del 31/12/X1 al 31/12/X2. Observamos que este cambio es $845 – $750 = **$95**. Por el contrario, cuando la divisa funcional es local, el ajuste por conversión ocurre después de calcular la cifra de ingresos de $111. El ajuste es aquella cantidad (a saber, –$176) que, junto con el ingreso neto, equilibra los pasivos y el capital accionario en la hoja de balance. Después esta cantidad se añade a la suma de los ajustes por traslaciones anteriores para obtener la nueva cifra de ajuste por conversión acumulada que aparece en la hoja de balance. Como suponemos que los ajustes anteriores suman cero, esto se convierte en –$176.

De esta forma, los ajustes por conversión para los dos métodos se hacen en direcciones opuestas. Si el liso aumentara su valor en relación con el dólar, el efecto sería el inverso del ilustrado. En este caso, el ingreso operativo sería más alto si la divisa funcional fuera el dólar.

Como las ganancias y pérdidas de conversión no se reflejan directamente en el estado de ingresos, el ingreso operativo reportado tiende a fluctuar menos cuando la divisa funcional es local que cuando es el dólar. Sin embargo, la variabilidad de los rubros de la hoja de balance aumenta, por su conversión con la tasa de cambio corriente. Como muchos ejecutivos corporativos están preocupados por el ingreso contable, el método de contabilidad descrito en el estándar del FASB número 52 tiene aceptación siempre que una subsidiaria califique para una divisa funcional local. Sin embargo, este procedimiento contable también tiene desventajas. Por un lado, distorsiona la hoja de balance y los costos históricos. Todavía más, puede ser causa de que el cálculo del rendimiento sobre los activos y otras medidas de rendimiento no tengan sentido. Simplemente es incongruente con la naturaleza de otras reglas de contabilidad, las cuales están basadas en los costos históricos. La divisa funcional empleada afecta a la mayoría de las razones financieras, de manera que el analista financiero debe tener cuidado cuando las subsidiarias en el extranjero son responsables de una porción grande de las operaciones de la compañía.[3] El método también ha recibido críticas por no permitir la evaluación

---

[3]Véase Thomas I. Selling y George H. Sorter, "FASB Statement No. 52 and Its Implications for Financial Statement Analysis", *Financial Analysts Journal* 39 (mayo-junio, 1983), pp. 64-69.

adecuada de los flujos de efectivo probables de la compañía matriz. En resumen, no existe una manera por completo satisfactoria de manejar las conversiones de moneda extranjera, y la profesión contable continúa esforzándose en este aspecto.

● ● ● Riesgo de transacciones

El riesgo de transacciones se refiere a la ganancia o pérdida que ocurre cuando se realiza una transacción específica en el extranjero. La transacción puede ser la compra o venta de un producto, la solicitud o el otorgamiento de un préstamo de fondos, o alguna otra transacción que implique adquirir activos o asumir pasivos con denominación en moneda extranjera. Mientras que cualquier transacción se aplica aquí, el término "riesgo de transacción" suele emplearse en relación con el comercio exterior, esto es, importaciones o exportaciones específicas sobre cuentas de crédito abiertas.

Suponga que una cuenta por cobrar en libras esterlinas por £680 se registra cuando la tasa de cambio es de £0.60 por dólar de EUA. Los pagos se vencen en dos meses. Mientras tanto, la libra se debilita (más libras por dólar), y la tasa de cambio sube a £0.62 por $1. Como resultado, hay una pérdida en la transacción. Antes, la cuenta por cobrar valía £680/0.60 = **$1,133.33**. Cuando se recibe el pago, la empresa recibe un valor de £680/0.62 = **$1,096.77**. Por lo tanto, tenemos una pérdida en la transacción de $1,133.33 − $1,096.77 = **$36.56**. Si, en vez de ello, la libra se fortalece, por ejemplo, a £0.58 por dólar, habría una ganancia en la transacción. Recibiríamos un pago por £680/0.58 = **$1,172.41**. Con este ejemplo en mente, es sencillo encontrar ejemplos de otros tipos de ganancias y pérdidas en las transacciones.

● ● ● Riesgo económico

Quizás el más importante de los tres riesgos referentes a las tasas de cambio —de conversión, de transacciones y económico— es el último. El riesgo económico es el cambio en el valor de una compañía que acompaña a un cambio *no anticipado* en las tasas de cambio. Observe que distinguimos entre anticipado y no anticipado. Si hacemos negocios en Japón, la anticipación tal vez sea que el yen se debilitará en relación con el dólar. El hecho de que se debilite no debe afectar el valor de mercado. Sin embargo, si se debilita más de lo esperado, esto afectará el valor. El riesgo económico no lleva por sí mismo a una descripción y medición tan precisas como el riesgo de conversión o de transacción. El riesgo económico depende de lo que ocurra con los flujos de efectivo futuros esperados, de manera que la subjetividad necesariamente está implicada.

Manejo del riesgo cambiario

Protección natural
Una *protección* (para reducir el riesgo) que ocurre de manera natural como resultado de las operaciones normales de una empresa. Por ejemplo, el ingreso recibido en una moneda extranjera, usado para pagar compromisos en la misma moneda, constituiría una protección natural.

Existen varias maneras de lidiar con la exposición al riesgo de las tasas de cambio. Entre tales mecanismos utilizados se encuentran: protecciones naturales, administración de efectivo, ajuste de cuentas dentro de la compañía, al igual que las protecciones financieras internacionales y las protecciones de monedas a través de contratos a plazo, contratos de futuros, opciones de moneda y *swaps* de divisas.

● ● ● Protecciones naturales

La relación entre ingresos (o fijación de precios) y costos de una subsidiaria extranjera algunas veces ofrece una **protección natural**, que ayuda a la empresa a protegerse de manera continua de las fluctuaciones en las tasas de cambio. La clave es el grado en que los flujos de efectivo se ajustan de manera natural a los cambios en las monedas. No es el país en el que se localiza la subsidiaria lo que importa, sino el hecho de si sus funciones de ingresos y costos son sensibles a las condiciones del mercado nacional o global. En los extremos, existen cuatro escenarios posibles.[4]

---

[4]Encontrará una clasificación y explicación más amplia en Christine R. Hekman, "Don't Blame Currency Values for Strategic Errors", *Midland Corporate Finance Journal* 4 (otoño, 1986), pp. 45-55.

	DETERMINADOS GLOBALMENTE	DETERMINADOS NACIONALMENTE
Escenario 1		
Fijación de precios	X	
Costo	X]*	
Escenario 2		
Fijación de precios		X
Costo		X]*
Escenario 3		
Fijación de precios	X	
Costo		X
Escenario 4		
Fijación de precios		X
Costo	X	

*Existe una relación de compensación natural entre la fijación de precios y los costos, cuando ambos ocurren en entornos de mercado similares.

En la primera categoría podemos tener un fabricante de cobre en Taiwán. Su costo principal es el de la materia prima, el cobre, cuyo precio se determina en el mercado global y se cotiza en dólares estadounidenses. Más aún, el producto fabricado se vende en mercados dominados por los precios globales. Por lo tanto, la subsidiaria tiene poco riesgo ante las fluctuaciones de las tasas de cambio. En otras palabras, existe una "protección natural", porque la protección del valor es consecuencia del trabajo natural del mercado global.

La segunda categoría puede corresponder a una compañía de servicio de limpieza en Suiza. El componente dominante del costo es la mano de obra, y tanto ésta como el precio del servicio se determinan en el país a nivel local. Como la inflación nacional afecta los costos, la subsidiaria puede transferir el incremento en sus precios a los clientes. Los márgenes, expresados en dólares de EUA, son relativamente insensibles a la combinación de la inflación interna y las variaciones en las tasas de cambio. Esta situación también constituye una protección natural.

La tercera situación puede implicar una empresa de consultoría internacional con sede en Gran Bretaña. Los precios se determinan en el mercado global, mientras que los costos —la mayor parte de los cuales corresponden a la mano de obra— se determinan en el mercado nacional. Si, a causa de la inflación, el valor de la libra esterlina disminuye en relación con el dólar, los costos se elevarán en relación con los precios, y los márgenes sufrirán las consecuencias. Aquí la subsidiaria está expuesta. Por último, la cuarta categoría puede corresponder a un importador japonés de productos alimenticios extranjeros. Los costos están determinados globalmente, mientras que los precios se determinan a nivel local. Aquí también la subsidiaria estaría sujeta a gran riesgo.

Estos conceptos básicos ilustran las características de la protección natural. El posicionamiento estratégico de una compañía en gran parte determina su exposición natural al riesgo de las tasas de cambio. Sin embargo, es posible modificar tal riesgo. Por un lado, una compañía puede lograr la diversificación internacional de sus operaciones cuando está demasiado expuesta con una moneda. También puede usar diversas fuentes en la fabricación de un producto. Cualquier decisión estratégica que afecte los mercados a los que sirve, los precios, las operaciones o las fuentes se considera una forma de protección natural.

Una preocupación clave para el administrador financiero es el grado de riesgo de las tasas de cambio que queda *después* de la protección natural. Es factible defenderse del riesgo remanente usando protecciones de operación, financiamiento o de mercados de divisas. Exploraremos cada una.

● ● ● ● Administración del efectivo y ajuste de cuentas dentro de la compañía

Si una compañía supiera que la moneda de un país donde tiene ubicada una subsidiaria va a devaluarse, tendría que hacer varias cosas. Primero, debería reducir su fondo de efectivo en esa moneda a un mínimo comprando inventarios u otros activos reales. Es más, la subsidiaria debería tratar de evitar el crédito comercial extendido (cuentas por cobrar). Lo más deseable sería lograr convertir en efectivo, tan rápido como fuera posible, las cuentas por cobrar. Por otra parte, debería intentar obtener una extensión en los plazos de sus cuentas por pagar. Tal vez quiera pedir prestado en la moneda local para remplazar cualquier adelanto hecho a la compañía matriz en EUA. El último paso dependerá de las tasas de interés relativas. Si el valor de la moneda se fortaleciera, deberá emprender los pasos contrarios. Sin conocimiento de la dirección futura del valor de la moneda, las políticas agresivas en cualquier dirección son inapropiadas. En muchas circunstancias no estaremos en condiciones de predecir el futuro, de manera que la mejor política será la de equilibrar los activos monetarios contra los pasivos monetarios para neutralizar el efecto de las fluctuaciones en las tasas de cambio.

Una compañía con múltiples operaciones puede defenderse del riesgo de las tasas de cambio ajustando sus compromisos para transferir fondos entre compañías. Acelerar el tiempo de los pagos efectuados o recibidos en monedas extranjeras se llama *adelantar*, y desacelerar los tiempos se llama *retrasar*. Por ejemplo, suponga que su compañía tiene subsidiarias en Suiza y la República Checa. Usted piensa que la corona checa se revaluará pronto y que el franco suizo seguirá estable. La subsidiaria suiza compra aproximadamente $100,000 en bienes cada mes a la subsidiaria checa. La facturación normal exige pagos en tres meses después de la entrega de los bienes. En vez de este acuerdo, ahora podría dar instrucciones a la subsidiaria en Suiza de *adelantar* pagando los bienes a la entrega en vista de la probable revaluación de la corona checa.

Algunas compañías multinacionales establecen un **centro de refacturación** para manejar transacciones comerciales en el extranjero de la misma compañía y con terceros. Las subsidiarias exportadoras de la multinacional en el extranjero venden bienes al centro de refacturación, el cual los revende (refactura) a las subsidiarias importadoras o a terceros compradores. La propiedad de los bienes en un inicio pasa al centro de refacturación, pero los bienes se mueven directamente de la unidad de ventas a la unidad de compras o al cliente independiente.

Las implicaciones fiscales constituyen una gran parte del incentivo para refacturar. La localización —en especial la jurisdicción fiscal donde se registrará el ingreso— es de importancia estratégica. Las localidades de gran aceptación (por ser cordiales en materia fiscal) para los centros de refacturación incluyen Hong Kong y las Islas Vírgenes Británicas.

En general, el centro de refacturación recibe una factura en la moneda local de la unidad que vende y, a su vez, factura a la unidad que compra en la moneda local de esa unidad. De esta manera, el centro de refacturación puede centralizar y administrar el riesgo de todas las transacciones de la compañía. La posición centralizada del centro también facilita la **compensación** (*netting*) de las obligaciones para reducir el volumen necesario de las transacciones de comercio externo reales. Además, este sistema permite un control más coordinado sobre cualquier convenio para adelantar o retrasar entre las afiliadas.

Otro argumento más: la compañía multinacional también puede ajustar los dividendos dentro de la compañía y los pagos de derechos. Algunas veces la moneda en que se factura una venta varía para ir al día con los movimientos de comercio exterior anticipados. Los precios de las transferencias de componentes o de bienes terminados que se intercambian entre la matriz y las diferentes afiliadas pueden variar. (Sin embargo, las autoridades fiscales en la mayoría de los países siguen de cerca los precios de las transferencias para asegurarse de que no se evadan impuestos). En todos estos casos, al igual que en otros, los pagos al interior de la compañía se arreglan de manera que se ajusten a la administración global de su riesgo de divisas.

● ● ● Protecciones financieras internacionales

Si la compañía está expuesta frente a la moneda de un país y le perjudica que el valor de la moneda se debilite, puede solicitar un préstamo en ese país para compensar el riesgo. En el contexto del marco de trabajo presentado antes, el riesgo de activos sensibles se equilibra con los préstamos. Una amplia variedad de fuentes de financiamiento externo están disponibles para la afiliada extranjera. Éstas van de préstamos de bancos comerciales dentro del país anfitrión a préstamos de agencias internacionales. En esta sección consideramos las principales fuentes de financiamiento externo.

Préstamos de bancos comerciales y letras comerciales. Los bancos comerciales extranjeros son una de las fuentes principales de financiamiento en el exterior. En esencia, realizan la misma

Centro de refacturación Una subsidiaria financiera propiedad de una compañía, que compra bienes exportados de compañías afiliadas y los revende (refactura) a otras afiliadas o a clientes independientes.

Compensación (netting) Sistema en el que las compras a través de fronteras entre las subsidiarias de la misma compañía se realizan de manera que cada participante paga o recibe sólo la cantidad neta de sus propias compras y ventas.

función de financiamiento que los bancos comerciales nacionales. Una diferencia sutil es que las prácticas bancarias en Europa incluyen préstamos a plazos más largos que en Estados Unidos. Otra diferencia es que los préstamos tienden a basarse en el *sobregiro*. Esto es, una compañía expide un cheque que sobregira su cuenta y se le cobra interés sobre el sobregiro. Muchos de estos bancos que prestan se conocen como *bancos mercantiles*, lo cual simplemente significa que ofrecen un menú completo de servicios financieros a las empresas. En concordancia con el crecimiento en compañías multinacionales, las operaciones bancarias internacionales de los bancos de Estados Unidos también han crecido. Todas las ciudades principales del mundo tienen sucursales u oficinas de bancos estadounidenses.

Además de los préstamos de bancos comerciales, las letras comerciales de "descuento" son un método común para financiamiento a corto plazo. Aunque este método no está muy difundido en Estados Unidos, tiene un amplio uso en Europa para financiar tanto el comercio nacional como el comercio exterior. Más adelante hablaremos más acerca de los instrumentos implicados.

Financiamiento en eurodólares. Los **eurodólares** son depósitos bancarios con denominación en dólares estadounidenses, pero que no están sujetos a las regulaciones bancarias de EUA. Desde fines de la década de 1950 se ha desarrollado un mercado activo para estos depósitos. Los bancos extranjeros y las sucursales en el extranjero de los bancos estadounidenses, la mayoría en Europa, ofrecen depósitos en eurodólares, que pagan tasas de interés que fluctúan según la oferta y la demanda. Los depósitos se hacen en denominaciones grandes, con frecuencia de $100,000 o más, y los bancos los usan para otorgar préstamos en dólares a prestatarios de calidad. Los préstamos se hacen a una tasa de rendimiento mayor que la tasa de depósito. El diferencial en las tasas varía de acuerdo con el riesgo relativo del prestatario. En esencia, conceder y solicitar préstamos en eurodólares es una operación de mayoreo, con mucho menos costos que los asociados normalmente con la banca. El mercado en sí no está regulado, de manera que las fuerzas de la oferta y la demanda actúan libremente.

El mercado de eurodólares es una fuente importante de financiamiento a corto plazo para los requerimientos de capital de trabajo de la compañía multinacional. La tasa de interés sobre préstamos se basa en la tasa de depósitos en eurodólares y tiene sólo una relación indirecta con la tasa preferencial en Estados Unidos. Por lo común, las tasas sobre préstamos se cotizan en términos de la **tasa LIBOR (London Interbank Offered Rate)**. Cuanto mayor sea el riesgo, mayor será la dispersión por arriba de la tasa LIBOR. Un prestatario preferencial pagará alrededor de medio por ciento sobre la tasa LIBOR para un préstamo a mediano plazo. Es necesario destacar que la tasa LIBOR es más volátil que la tasa preferencial de Estados Unidos, en virtud de su naturaleza sensible a la oferta y la demanda de los depósitos en eurodólares.

También es indispensable señalar que ese mercado de eurodólares es parte de un mercado de **eurodivisas** más grande donde las tasas de depósito y préstamos se cotizan en las monedas más fuertes del mundo. Los principios implicados en este mercado son los mismos que los del mercado de eurodólares, por lo que no los repetiremos. El desarrollo del mercado de eurodivisas ha facilitado mucho los préstamos internacionales y la *intermediación financiera* (el flujo de fondos a través de intermediarios como bancos y compañías de seguros hacia los prestatarios finales).

Financiamiento internacional de bonos. El mercado de eurodivisas debe distinguirse del mercado de **eurobonos**. Este último es más tradicional, con suscriptores que colocan los valores. Aunque un bono se denomina en una sola moneda, se coloca en múltiples países. Una vez emitido, se comercia en el mercado extrabursátil (secundario) en muchos países y por varios distribuidores de valores. Un eurobono es diferente de un *bono extranjero*, el cual es un bono emitido por un gobierno o una corporación extranjeros en un mercado local. Un bono extranjero se vende en un solo país y se somete a las regulaciones de valores de ese país. Los bonos extranjeros tienen apodos coloridos. Por ejemplo, los *bonos Yankees* tienen emisores no estadounidenses dentro del mercado de Estados Unidos y los *bonos Samurai* se emiten en el mercado japonés por iniciativa de empresas no japonesas. Los eurobonos, bonos extranjeros y nacionales de diferentes países difieren en terminología, en la forma de calcular el interés y en sus características. No analizaremos esas diferencias porque el tema ameritaría la publicación de otro libro.

Muchas emisiones de deudas en la arena internacional son **pagarés de tasa flotante (PTF)**. Estos instrumentos tienen una variedad de características y con frecuencia incluyen varias monedas. Algunos instrumentos están indexados a niveles de precios o a precios de ciertos bienes. Otros están

Eurodólares Un depósito en eurodólares tiene denominación en dólares de EUA —casi siempre en un banco localizado fuera de Estados Unidos—, pero no está sujeto a las reglas de la banca estadounidense.

Tasa LIBOR (London Interbank Offered Rate) La tasa de interés que los bancos de primer nivel en Londres se pagan entre sí por eurodólares.

Eurodivisa Moneda depositada fuera de su país de origen.

Eurobono Una emisión de bonos vendida internacionalmente fuera del país en cuya moneda está denominado el bono.

Pagarés de tasa flotante (PTF) Deuda emitida con una tasa de interés variable.

ligados a una tasa de interés, como la tasa LIBOR. El intervalo de reposicionamiento puede ser anual, semestral, trimestral o incluso con mayor frecuencia. Aun así, otros instrumentos tienen características de opciones.

Opciones de monedas y bonos de varias monedas. Ciertos bonos dan al titular el derecho de elegir la moneda en la que se recibe el pago, generalmente antes del pago de cada cupón o del principal. Es común que esta opción esté restringida a dos monedas, aunque pueden ser más. Por ejemplo, una compañía puede emitir bonos con valor a la par de $1,000 con tasa de cupón del 8 por ciento. Cada bono puede tener la opción de recibir el pago en dólares de EUA o en libras esterlinas. La tasa de cambio entre monedas es fija en el momento de la emisión del bono.

Algunas veces los bonos se emiten con pagos al principal e interés que son un promedio ponderado o una "canasta" de varias monedas. Conocidos como *bonos coctel de monedas*, estos valores ofrecen cierto grado de estabilidad en la tasa de cambio no encontrada con una sola moneda. Además, los *bonos de moneda dual* tienen su precio de compra y pagos de cupón denominados en una moneda, mientras que se usa una moneda diferente para hacer los pagos al principal. Por ejemplo, un bono suizo puede tener pagos de interés en francos suizos y pagos al principal en dólares estadounidenses.

Bonos islámicos (*sukuk*). Las finanzas y la banca islámicas, en su forma contemporánea, iniciaron en la década de 1960 como un movimiento para alinear las prácticas de inversión de los negocios y personales con la ley islámica (*Sharia'h*). Pero los altos precios del petróleo en la década de 1970 y la creciente acumulación de petrodólares en las naciones islámicas dieron impulso al movimiento real.

El *Sharia'h* se basa en las enseñanzas del Corán y prohíbe pagar o recibir interés (*riba*) e invertir en sectores de negocios "no éticos o impropios", como alcohol, tabaco, actividades de juego y defensa. La prohibición sobre el interés, una práctica vista como explotación del prestatario, elimina los valores de deuda pura como inversiones, pero una obligación ligada al desempeño de un activo real es aceptable. Los bonos islámicos (o *sukuk*) se basan en la propiedad u otros activos para generar ingresos equivalentes al interés que se pagaría sobre una deuda convencional. La estructuración de los bonos islámicos constituye un desafío y requiere la aprobación de consejeros/académicos reconocidos del *Sharia'h* para asegurar el cumplimiento de las reglas y los principios islámicos.

La prohibición del interés crea una perspectiva muy diferente de las finanzas de la que se tiene en Occidente. Hasta hace poco, el mercado de *sukuk* era un mercado nicho y se limitaba a los países musulmanes. Sin embargo, se expande con rapidez y las estimaciones de su monto al final de 2006 iban de $50,000 a $70,000 millones. Es definitivamente un asunto de creciente atractivo internacional.

Bonos islámicos (o *sukuk*) Un tipo de valores respaldados por activos que se adhieren a las reglas y los principios de la ley islámica (*Sharia'h*).

● ● ● Protecciones del mercado de divisas

Un medio más para protegerse del riesgo de la moneda es mediante mecanismos de varios mercados de divisas: contratos a plazo, contratos de futuros, opciones de moneda y *swaps* de divisas. Veremos cómo funcionan estos mercados y vehículos para proteger a la compañía multinacional.

Mercado de divisas adelantado (*forward*). En el mercado de divisas adelantado (o *forward*), se compra un contrato a plazo que ampara el cambio de una moneda a otra en una fecha futura específica y a una razón de cambio establecida. Un contrato a plazo brinda la seguridad de poder hacer la conversión a la moneda deseada a un precio establecido de antemano.

Fillups Electronics Company busca protección a través del mercado adelantado. Vendió equipo a un cliente en Suiza a través de su sucursal en Zurich por 1 millón de francos con términos de crédito de "neto 90". Una vez recibido el pago, Fillups intenta convertir los francos suizos a dólares estadounidenses. Suponga que las tasas *spot* y adelantadas 90 días de francos suizos en términos de dólares estadounidenses eran las siguientes:

Contrato a plazo Un contrato para la entrega de un bien, moneda extranjera o instrumento financiero a un precio especificado hoy, con entrega y liquidación en una fecha futura especificada. Aunque es similar al *contrato de futuros*, no es sencillo transferirlo o cancelarlo.

Tasa *spot*	$0.970
Tasa *forward* a 90 días	0.965

La tasa *spot* es simplemente la tasa de cambio corriente determinada por el mercado de divisas para francos suizos. En el ejemplo, 1 franco vale $0.970, y $1 comprará 1.00/0.970 = **1.031 francos**. Una moneda extranjera se vende a un *descuento adelantado* si su precio adelantado es menor que el precio

Bonos islámicos usados para comprar automóviles del agente 007

El consorcio que esta semana compró Aston Martin —los fabricantes del auto deportivo favorito de James Bond— va a financiar la compra de acuerdo con los estrictos principios islámicos.

Ford Motor acordó vender la compañía por £479 millones en una compra apalancada a un consorcio organizado cerca de Londres por Dave Richards, un empresario dedicado a los motores de carreras.

Ahora WestLB, el banco alemán, fue nombrado para arreglar un financiamiento de cuasi-deuda por £225 millones para respaldar la compra apalancada, pero sólo la que está de acuerdo con la oposición al interés y la especulación del Corán.

"Esto será financiado exclusivamente de acuerdo con la forma que establece el *Sharia'h*", dice David Testa, un director ejecutivo de WestLB, quien cree que ésta es la primera vez que se ha usado un financiamiento islámico para una compra apalancada en el Reino Unido, y tal vez en el mundo occidental.

El financiamiento islámico surgió en parte porque dos financieros clave detrás de la compra apalancada son Investment Dar y Adeem Investment Company, dos grupos de Kuwait que sólo invierten de acuerdo con los principios islámicos, al igual que un número creciente de inversionistas del Golfo.

Sin embargo, el suceso se da en un momento de rápido crecimiento en el sector financiero islámico, cuyos activos se estiman en más de $300 mil millones (£155 mil millones) en todo el mundo, un reflejo del creciente sentimiento religioso en el mundo musulmán y los altos precios del petróleo que colocan más financiamiento en manos de grupos como Investment Dar.

Al mismo tiempo, los bancos de inversión occidentales como WestLB, Deutsche Bank, Citigroup y Barclays participan cada vez más en el financiamiento islámico.

WestLB, por ejemplo, espera unirse al grupo financiero de la compra apalancada de Aston Martin entre los bancos islámicos en el Golfo y en Londres, al igual que a grupos no islámicos como los bancos europeos. "Esto tiene un gran atractivo", asegura Testa.

El paquete financiero inicialmente se estructurará de manera comparable a un préstamo de un grupo bancario, con deuda total alrededor de 4.5 vedes las utilidades antes de interés, impuestos y depreciación, un nivel relativamente bajo comparado con las recientes compras apalancadas europeas.

Sin embargo, se espera que el consorcio de la compra apalancada emita *sukuk* —los llamados bonos islámicos— en el futuro para aprovechar los cambios planeados en la legislación británica que harán más atractiva, en términos fiscales, la emisión de estos instrumentos para las compañías británicas.

Se espera este financiamiento adicional en parte porque la compañía tiene planes ambiciosos.

Es probable que estas ambiciones tengan una calurosa aprobación entre los financieros de Medio Oriente, dada su relación amorosa con los autos rápidos. Pero habrá que ver si estos financieros también prohíben otros factores que podrían calificarse como opuestos al Corán, como el uso de espías bebedores de martinis para comercializar la marca icónica.

Fuente: Gillian Tett, "Islamic bonds rolled out for purchase of 007's favourite car", *Financial Times* (17/18 de marzo, 2007), p. 1. (www.ft.com) © The Financial Times Limited 2007. Usado con permiso. Todos los derechos reservados.

spot. En el ejemplo, el franco suizo se vende con descuento. Si el precio adelantado excede el precio *spot*, se dice que se vende con una *prima adelantada*. Por ejemplo, suponga que la libra esterlina se vende a una prima adelantada. En ese caso, las libras compran más dólares para entrega futura que los que comprarían en una entrega actual.

Si Fillups desea evitar el riesgo de la tasa de cambio, debe vender 1 millón de francos suizos adelantados 90 días. Cuando entregue los francos dentro de 90 días, recibirá $965,000 (1 millón de francos suizos por el precio a futuro dentro de 90 días de $0.965). Si la tasa *spot* siguiera en $0.970, Fillups estaría mejor si no hubiera vendido francos con anticipación. Podría vender 1 millón de francos en el mercado por $970,000. En este sentido, Fillups paga $0.005 por franco, o $5,000 en total, por asegurar su habilidad de convertir francos suizos a dólares. El costo anual de esta protección es

$$(\$0.005/\$0.970) \times (365 \text{ días}/90 \text{ días}) = 2.09\%$$

Para pares estables de monedas, el descuento o la prima de la tasa *forward* o la tasa *spot* en general varía de 0 al 5% anualmente. Para monedas un poco menos estables, el descuento puede subir hasta el 20 por ciento. Más allá de este punto de inestabilidad, el mercado adelantado deja de existir. En resumen, el mercado de divisas adelantado (*forward*) permite a una compañía asegurarse contra la devaluación o las declinaciones en valor determinadas por el mercado. El mercado adelantado es en particular adecuado para protegerse del riesgo en las transacciones.

Tabla 24.3

Tasas de cambio el 28 de febrero de 2008

	DÓLARES REQUERIDOS PARA COMPRAR UNA UNIDAD	UNIDADES REQUERIDAS PARA COMPRAR UN DÓLAR
Argentina (peso)	$ .3169	3.1556
Australia (dólar)	.9488	1.0540
Brasil (real)	.5992	1.6689
Gran Bretaña (libra)	1.9917	.5021
adelantado 30 días	1.9877	.5031
adelantado 90 días	1.9789	.5053
adelantado 180 días	1.9654	.5088
Canadá (dólar)	1.0240	.9766
adelantado 30 días	1.0234	.9771
adelantado 90 días	1.0222	.9783
adelantado 180 días	1.0201	.9803
Chile (peso)	.002196	455.37
China (renminbi)	.1406	7.1125
República Checa (corona)	.06058	16.507
Hong Kong (dólar)	.1285	7.7822
India (rupia)	.02508	39.872
Japón (yen)	.009489	105.39
adelantado 30 días	.009508	105.17
adelantado 90 días	.009539	104.83
adelantado 180 días	.009581	104.37
Malasia (ringgit)	.3123	3.2020
Arabia Saudita (riyal)	.2671	3.7439
Singapur (dólar)	.7175	1.3937
Suiza (franco)	.9520	1.0504
adelantado 30 días	.9524	1.0500
adelantado 90 días	.9526	1.0498
adelantado 180 días	.9525	1.0499
Taiwán (dólar)	.03237	30.893
Tailandia (baht)	.03384	29.551
Venezuela (bolívar fuerte)	.466287	2.1446
Área del euro (euro)	1.5214	.6573

La tabla 24.3 indica las cotizaciones de las tasas de cambio de algunas monedas seleccionadas en un momento determinado. Las tasas *spot* reportadas en la primera columna indican el tipo de cambio para la conversión a dólares. Las cotizaciones publicadas en periódicos como el *Wall Street Journal*, el *Financial Times* y el *New York Times* son para transacciones muy grandes. Como viajero extranjero, usted no podrá comprar o vender monedas extranjeras a esas atractivas tasas. Con frecuencia pagará un porcentaje mayor cuando compre, y recibirá un porcentaje menor cuando venda. Bueno, éstos son los problemas de manejar cantidades ¡menores a $1 millón!

En la primera columna numérica de la tabla 24.3 se indica, para cada moneda, la tasa de conversión de una unidad de moneda extranjera a dólares. Cerca de la parte superior vemos que el dólar australiano vale 0.9488 de dólar estadounidense (US$0.9488). Para determinar cuántos dólares australianos (A$) comprará un dólar de EUA, tomamos el recíproco, 1/0.9488 = **A$1.0540**. Las tasas *forward* para 30, 90 y 180 días se muestran para la libra esterlina, el dólar canadiense, el yen japonés y el franco suizo. Al comparar las tasas *forward* con las tasas *spot* para esas cuatro monedas, encontramos que sólo la moneda japonesa y la suiza tienen una prima en la tasa *forward* con respecto al dólar. Es decir, valen más dólares en la entrega futura que lo que valen hoy. Las razones para las primas y los descuentos deben esperar al análisis de la *paridad de la tasa de interés*, del que pronto nos ocuparemos.

Euro (EUR) Nombre de la única moneda europea. Su abreviatura oficial es EUR. Como el dólar ($) y la libra esterlina (£), el euro (€) tiene un símbolo distintivo, que parece una "C" con un signo "=" atravesado.

Euros. En el último renglón de la tabla 24.3 encontramos al **euro**. El euro es la moneda única (en la actualidad) que comparten los siguientes 15 países de la Unión Europea (UE): Austria, Bélgica, Chipre, Finlandia, Francia, Alemania, Grecia, Irlanda, Italia, Luxemburgo, Malta, Países Bajos, Portugal, Eslovenia y España. Juntos constituyen el "área del euro". El 1 de enero de 1999 se establecieron las tasas de conversión entre las "monedas de legado" (monedas nacionales originales de los estados miembros de la Unión Europea) y el euro. El euro se introdujo sin fanfarrias, y comenzó a circular el 1 de enero de 1999; entonces había que pagar 1.17 dólares estadounidenses por un euro, y llegó a cotizarse en 1.19. Sin embargo, hubo una declinación estable en su valor. Se comerció a menos de 1 dólar de EUA por euro la mayor parte del periodo de 2000 a 2002. A finales de 2002 rompió la marca de un dólar. A partir de entonces, el euro ganó fuerza frente al dólar, y en la tabla 24.3 se registra con un tipo de cambio de 1.5214.

Contrato de futuros
Un contrato para entregar un bien, moneda extranjera o instrumentos financieros a un precio especificado en una fecha *futura* estipulada. El contrato de futuros se intercambia en mercados organizados.

Futuros de monedas.

Con una relación cercana al uso de un contrato a plazo está el contrato de futuros. El mercado de futuros de una moneda existe para casi todas las monedas del mundo; por ejemplo, el dólar australiano, el dólar canadiense, la libra esterlina, el franco suizo y el yen. Un **contrato de futuros** es un acuerdo de estandarización que exige la entrega de una moneda en una fecha futura especificada, por ejemplo, el tercer miércoles de marzo, junio, septiembre o diciembre. Los contratos se intercambian en un mercado y la cámara de compensación de ese mercado se interpone entre el comprador y el vendedor. Esto significa que todas las transacciones se hacen con la cámara de compensación y directamente entre las dos partes. Muy pocos contratos implican la entrega real al vencimiento. En vez de ello, un comprador y un vendedor de un contrato toman posiciones compensatorias de modo independiente para cerrar el contrato. El vendedor cancela un contrato comprando otro, y el comprador cancela un contrato vendiendo otro.

El mercado de bonos europeos coloca a Estados Unidos en la sombra

El euro ha desplazado al dólar estadounidense como la moneda preeminente en los mercados de bonos internacionales, al haber superado el mercado denominado en dólares por segundo año consecutivo.

Los datos consolidaron las noticias publicadas el mes pasado de que el valor de los pagarés en euros en circulación había superado al dólar por primera vez. La deuda circulante emitida en euros tuvo un valor equivalente en dólares de $4 billones, 836 mil millones al final de 2006, comparado con $3 billones, 892 mil millones para el dólar, según los datos de la International Capital Market Association.

Las cuentas de deuda circulante denominadas en euros son responsables del 45% del mercado global, en comparación con el 37% para el dólar. Las nuevas emisiones el año pasado dieron cuenta del 49% del mercado global total. Eso representa un giro al patrón que se observó en los últimos años, cuando el mercado de bonos en EUA minimizó a su rival europeo; hace poco, en 2002, la emisión denominada en euros representó sólo el 27% del total, comparado con el 51% para el dólar.

El papel destacado del euro se presenta en medio de la creciente deuda de gobiernos europeos. Sin embargo, el factor principal es el surgimiento de emisiones denominadas en euros por compañías e instituciones financieras.

Un factor que impulsa esto es que las compañías europeas están cambiando su tradicional dependencia en los préstamos bancarios y utilizan los mercados de capital en mayor grado. Otro es que la creación de una sola moneda en 1999 ha permitido el desarrollo de un mercado más líquido y profundo, consolidado por una zona creciente donde domina el euro.

Esto ha propiciado que los emisores alrededor del mundo reúnan fondos en el mercado de euros. Y, más recientemente, la tendencia entre algunos países de Asia y Medio Oriente a diversificar sus activos fuera del dólar ha intensificado más este impulso.

René Karsenti, presidente ejecutivo de ICMA, explica: "Son las tasas de interés estables en Europa las que han ayudado, además del hecho de que [el euro] se ha fortalecido y ha mostrado flexibilidad".

Desde el inicio de 2003, la tasa de interés principal del European Central Bank ha fluctuado sólo 1.5 puntos porcentuales: de un escaso 2% a mediados del año al 3.5%, su tasa actual. En comparación, la tasa de los fondos de la Fed, la tasa de interés principal en Estados Unidos, ha fluctuado 4.25 puntos porcentuales: del 1% a mediados de 2003 al 5.25%, su nivel actual. El euro también ha subido para venderse a $1.30 frente al dólar, cuando tres años antes casi estaban a la par. La emisión esterlina ha aumentado en los últimos tres años, reforzando su atractivo como una moneda nicho entre algunos inversionistas. El yen, en comparación, ha dejado de gozar del favor de estos últimos.

En conjunto, los mercados de capital internacionales han duplicado sus dimensiones en términos de la emisión de bonos durante los últimos seis años.

Fuente: David Oakley y Gillian Tett, "European bond market puts US in the shade", *Financial Times* (15 de enero, 2007), p. 13. (www.ft.com) Copyright © The Financial Times Limited 2007. Usado con permiso. Todos los derechos reservados.

Cada día, el contrato de futuros es *mercado a mercado* en el sentido de que se valúa con el precio al cierre. Los movimientos de precios afectan al comprador y al vendedor de maneras opuestas. Todos los días hay un ganador y un perdedor, dependiendo de la dirección del movimiento del precio. El perdedor debe tener un margen mayor (un depósito), mientras el ganador puede obtener un margen excesivo. Los contratos de futuros son diferentes de los contratos a plazo en este respecto: los contratos a plazo necesitan satisfacerse sólo al vencimiento. Otra diferencia es que sólo se dispone de un número establecido de lapsos para el vencimiento en los contratos de futuros. Por último, los contratos de futuros pueden ser sólo por múltiplos de los montos estandarizados de contratos; por ejemplo, múltiplos de 12.5 millones de yenes. Los contratos a plazo pueden ser casi de cualquier monto. Sin embargo, los dos instrumentos se usan con el mismo objetivo de protección.[5]

Opciones de divisas. Los contratos de futuros y a plazo brindan una protección "de dos lados" contra los movimientos de las monedas. Es decir, si la moneda en cuestión se mueve en una dirección, la posición a plazo o a futuro lo compensa. Las **opciones de divisas**, en contraste, brindan una protección de "un lado" contra el riesgo. Sólo los movimientos adversos están protegidos, ya sea con una opción de compra de la divisa extranjera, o bien, con una opción de venta de la misma. El titular tiene el derecho, pero no la obligación, de comprar o vender la moneda durante la vida del contrato. Si no se ejerce, desde luego, la opción expira. Por esta protección, se paga una prima.

Existen opciones en el mercado *spot* de divisas y en los contratos de futuros de las divisas. Como las opciones de divisas se comercian en varios mercados en el mundo, se pueden comprar o vender con relativa facilidad. El uso de las opciones de divisas y su valuación son muy parecidos a los de las opciones de acciones. (Como describimos la valuación en el apéndice del capítulo 22 para las opciones de acciones, no se repetirá el análisis). El valor de la opción y, por ende, la prima pagada dependen de manera importante de la volatilidad de las tasas de cambio.

Intercambios de divisas (*swaps*). Un mecanismo más para modificar el riesgo es el *swap de divisas*. En un *swap* de divisas, dos partes intercambian obligaciones de deuda denominadas en diferentes monedas. Cada parte acepta pagar la obligación de interés de la otra. Al vencimiento, las cantidades del principal se intercambian, generalmente a la tasa de cambio acordada de antemano. El intercambio es *teórico* en el sentido de que sólo se paga la diferencia de flujos de efectivo. Si una parte deja de cumplir, no hay pérdida del principal en sí. Sin embargo, existe el costo de oportunidad asociado con los movimientos de la moneda después de iniciar el *swap*.

Los intercambios de divisas suelen acordarse a través de intermediarios, como bancos comerciales. Es posible hacer muchos arreglos diferentes: un intercambio que implica más de dos monedas; uno con características de opciones; un intercambio de monedas combinado con un intercambio de tasas de interés, donde la obligación de pagar interés sobre la deuda a largo plazo se intercambia por la de pagar interés a corto plazo, con tasa flotante o algún otro tipo de deuda. Como usted se podrá imaginar, las cosas se complican bastante rápido. Sin embargo, los *swaps* de divisas se usan ampliamente y sirven como mecanismos para modificar el riesgo a largo plazo.

● ● ● Protección contra el riesgo cambiario: Resumen

Hemos visto que hay varias maneras de protegerse de la exposición al riesgo de las tasas de cambio. Antes que nada, usted deberá determinar si su compañía tiene una protección natural. Si es así, entonces añadir una protección monetaria o de financiamiento de hecho aumenta su riesgo. Esto es, la protección natural que tiene su compañía se desvanece en virtud del negocio que realiza en el extranjero y la fuente de ese negocio. Como resultado, habrá creado un riesgo neto donde no lo había o, si lo había, éste era muy pequeño. Por lo tanto, debe ser cuidadoso al evaluar su riesgo cambiario antes de tomar medidas de protección.

El primer paso es estimar su riesgo de tasas de cambio residual neto después de tomar en cuenta cualquier protección natural que su compañía pueda tener. Si tiene exposición neta (una diferencia

Opción de divisas
Un contrato que da al titular el derecho de comprar o vender (colocar) una cantidad específica de una moneda extranjera a algún precio especificado hasta cierta fecha (vencimiento).

---

[5]Véase un análisis detallado de los mercados de futuros en James C. Van Horne, *Financial Market Rates and Flows*, 6a. ed. (Upper Saddle River, NJ: Prentice Hall, 2001).

entre las estimaciones de los flujos de entrada y salida de una moneda corriente en un tiempo específico), entonces las preguntas son si desea protegerse y cómo. La administración de efectivo y los ajustes de las cuentas dentro de la compañía son sólo medidas temporales y están limitadas en la magnitud de su efecto. Las protecciones de financiamiento son un medio de defensa con base en el largo plazo, al igual que los *swaps* de divisas. Los contratos a plazos, de futuros y las opciones por lo general están disponibles por periodos de hasta uno o dos años. Aunque es posible acordar contratos a largo plazo a través de bancos mercantiles, el costo suele ser alto y hay problemas de liquidez. La forma como proteja su exposición neta, si lo hace, debe ser una función de la adecuación de los mecanismos de protección y su costo.

● ● ● Macrofactores que gobiernan el comportamiento de las tasas de cambio

Las fluctuaciones en las tasas de cambio son continuas y con frecuencia desafían cualquier explicación, al menos en el corto plazo. Sin embargo, en el largo plazo existen vínculos entre la inflación nacional y la que prevalece en el extranjero, y entre las tasas de interés y las tasas de cambio.

Paridad de poder de compra (PPC) La idea de que una canasta de bienes debe venderse en el mismo precio en dos países, después de tomar en cuenta las tasas de cambio.

Paridad del poder de compra. Si los mercados financieros y de productos son eficientes en el ámbito internacional, esperaríamos que se cumplieran ciertas relaciones. A la larga, los mercados de productos comerciables y el cambio de divisas deben moverse hacia la **paridad del poder de compra** (**PPC**). La idea es que una canasta de bienes estandarizada debe venderse al mismo precio en el entorno internacional.

Si es más barato comprar trigo de Canadá que de un productor en EUA, después de los costos de transporte y los ajustes del precio canadiense por la tasa de cambio, un comprador racional estadounidense comprará el trigo de Canadá. Esta acción, junto con el arbitraje de bienes, ocasionará que el precio del trigo canadiense suba con respecto al precio en EUA y, quizá, se fortalezca la tasa de cambio del dólar canadiense. La combinación de subir el precio del trigo de Canadá y un cambio en el valor del dólar canadiense sube el precio en dólares de EUA del trigo canadiense para el comprador estadounidense. La teoría dice que estas transacciones continúan hasta que el costo del trigo en dólares de EUA sea el mismo que el canadiense. En ese punto, debe haber paridad en el poder de compra para el comprador estadounidense. Es decir, el comprador no debe tener preferencia por el trigo canadiense o de Estados Unidos. En ese caso, un comprador canadiense de trigo tampoco debe tener preferencia, ya que la paridad de poder de compra funciona para los dos lados.

Qué tanto corresponde la tasa de cambio de un país a la paridad de poder de compra depende de la elasticidad de los precios de exportación e importación. En la medida en que las exportaciones se comercien en los mercados competitivos del mundo, es usual que haya una conformidad cercana a la paridad de poder de compra. Los bienes y productos fabricados como el acero y el vestido son altamente sensibles al precio. En general, los productos en industrias maduras se acercan más a la paridad de poder de compra que los productos con tecnologías emergentes. En la medida en que la inflación

---

Coca-Cola Company y la administración de monedas extranjeras

El reporte anual 2006 de Coca-Cola Company dice: "Administramos casi todas nuestras operaciones en moneda extranjera de manera consolidada, lo cual nos permite asumir ciertos riesgos y aprovechar cualquier compensación natural. En 2006 generamos aproximadamente el 72% de nuestro ingreso operativo fuera de Estados Unidos; de esta forma, la debilidad en nuestra moneda puede compensarse por las fortalezas en otras monedas con el tiempo. Usamos instrumentos de financiamiento derivados para reducir todavía más la exposición neta de las fluctuaciones de las divisas".

Fuente: The Coca-Cola Company 2006 Annual Report (form 10-K), p. 65.
Reproducido con permiso de The Coca-Cola Company.
"Coca-Cola", la botella contorneada y la cinta dinámica son marcas registradas de The Coca-Cola Company.

de un país esté dominada por los servicios, tiende a haber menos conformidad con la paridad de poder de compra. También sabemos que la paridad de poder de compra no funciona bien cuando un país interviene en el mercado de cambio de divisas, ya sea apuntalando su moneda o manteniéndola artificialmente baja. A causa de las fricciones, las barreras comerciales, las intervenciones de gobierno en el mercado de divisas y otras imperfecciones, las paridades de poder de compra entre varios bienes comerciales no se cumplen en el corto plazo. Son un fenómeno que se equilibra a la larga y nos ayudan a entender la dirección posible del cambio.

Paridad de tasa de interés. El segundo vínculo en el proceso de equilibrio se refiere a la tasa de interés diferencial entre dos países. La *paridad en la tasa de interés* sugiere que, si las tasas de interés son más altas en un país que en otro, la moneda del primero se venderá con descuento en el mercado adelantado. Expresado de otra manera, los diferenciales en la tasa de interés y en la tasa de cambio *forward spot* se están compensando. ¿Cómo funciona? El punto de inicio es la relación entre las tasas de interés nominal (observadas) y la inflación. Recuerde del capítulo 2 que el *efecto Fisher* implica que la tasa de interés nominal es la suma de la tasa de interés real (la tasa de interés en ausencia de cambios por niveles de precios) más la tasa de inflación que se *espera* prevalezca durante la vida del instrumento.

En un contexto internacional, algunas veces llamado *efecto Fisher internacional*, se sugirió que las diferencias en las tasas de interés entre dos países sirven como sustituto para las diferencias en la inflación esperada. Por ejemplo, si la tasa de interés nominal fuera del 7% en Estados Unidos, pero del 12% en Australia, el diferencial esperado en la inflación será del 5 por ciento. Esto es, se espera que la inflación en Australia sea un 5% más alta que en Estados Unidos. ¿Se cumple esto exactamente?

Paridad del poder de compra de Big Mac

Las hamburguesas Big Mac de McDonald's se venden en 120 países. Aunque el producto está estandarizado en todos los países, la confección es local en función de los materiales alimenticios y la mano de obra. Si la paridad de poder de compra (PPC) funcionara a la perfección, las tasas de cambio se ajustarían de manera que una Big Mac costara lo mismo en todos los países. De cuando en cuando, *The Economist* publica precios de la Big Mac y comparaciones de tasas de cambio que sugieren si una moneda está sobrevaluada o subvaluada. Esto supone, desde luego, que las tasas de cambio pueden desviarse significativamente de la paridad de poder de compra en el corto plazo. Sin embargo, a la larga, las fuerzas económicas nivelan el poder de compra de las monedas. Una comparación reciente mostró lo siguiente:

PAÍS	PRECIO DE BIG MAC EN MONEDA LOCAL	TASA DE CAMBIO IMPLÍCITA (para comprar $1)	TASA DE CAMBIO REAL (para comprar $1)	% DE SOBREVALUACIÓN (+) O SUBVALUACIÓN (−) CON RESPECTO AL DÓLAR
Estados Unidos	$3.41	−	−	−
Australia	A$3.45	1.01	1.17	−14
Gran Bretaña	£1.99	.58	.49	+18
Japón	¥280	82.1	122.0	−33
Malasia	Ringgit 5.50	1.61	3.43	−53
Singapur	S$3.95	1.16	1.52	−24
Suecia	SKr 33.0	9.68	6.79	+42
Suiza	SFr 6.30	1.85	1.21	+53

La tasa de cambio implícita es simplemente el precio local de una Big Mac dividido entre su precio en dólares de EUA. Para Australia, es A$3.45/$3.41 = **1.01**. Como la tasa de cambio real es 1.17, el dólar australiano está subvaluado por (1.01 − 1.17)/1.17 = **−14%**. En ese momento era más barato comer una Big Mac en Australia que en Estados Unidos. La teoría de la PPC implica que, con el tiempo, las monedas subvaluadas se *apreciarán* (serán más fuertes) frente al dólar estadounidense, mientras que las monedas sobrevaluadas se *depreciarán* (serán más débiles) frente al dólar. Si la Big Mac es una aproximación razonable de una canasta de consumo, el equilibrio sugiere que las monedas europeas en la tabla se depreciarán frente el dólar, mientras que las monedas en Asia (Pacífico) se apreciarán ante el dólar.

Fuente: Con base en datos tomados de www.economist.com/finance/displaystory.cfm?story_id=9448015. Derechos reservados © 2007 The Economist Newspaper Ltd. Usado con permiso. Todos los derechos reservados.

Aunque hay desacuerdos en cuanto a la relación precisa entre las tasas de interés nominal y la inflación, la mayoría de la gente cree que la inflación esperada para un país tiene un efecto importante sobre las tasas de interés en ese país. Cuanto más abiertos sean los mercados de capital, más cercana será la conformidad con un efecto Fisher internacional.

Para ilustrar la paridad de las tasas de interés, considere la relación entre el dólar de EUA ($) y la libra esterlina (£), ahora y dentro de 90 días en el futuro. El efecto de Fisher internacional sugiere que

$$\frac{F_£}{S_£} = \frac{1 + r_£}{1 + r_\$}$$
(24.1)

donde $F_£$ = tasa de cambio adelantada 90 días actual en libras por dólar

$S_£$ = tasa de cambio *spot* corriente en libras por dólar

$r_£$ = tasa de interés nominal interbancaria británica en el mercado europeo, expresada en términos del rendimiento a 90 días

r_S = tasa de interés nominal interbancaria estadounidense en el mercado europeo, expresada en términos del rendimiento a 90 días

Si la tasa de interés nominal en Gran Bretaña fuera del 8% y la tasa nominal en EUA del 6%, estas tasas anualizadas se traducirían en tasas a 90 días del 2% y del 1.5%, respectivamente. Si la tasa *spot* actual fuera 0.625 libras por dólar, tendríamos

$$\frac{F_£}{0.625} = \frac{1.020}{1.015}$$

Al despejar la tasa *forward* implícita, obtenemos

$$(1.015)F_£ = (0.625)(1.020)$$
$$F_£ = 0.6375/1.015 = \mathbf{0.6281}$$

De esta forma, la tasa *forward* implícita es 0.6281 libras esterlinas por dólar de EUA. La tasa *forward* en libras tiene un descuento en relación con la tasa *spot* de 0.625 por dólar. Esto es, una libra vale menos en términos de dólares en el mercado adelantado, $1/0.6281 = \mathbf{\$1.592}$, que en el mercado *spot*, $1/0.625 = \mathbf{\$1.60}$. El descuento es $(0.6281 - 0.625)/0.625 = \mathbf{0.005}$. Con la paridad de tasas de interés, el descuento debe ser igual a la diferencia relativa en las tasas de interés y, de hecho, así es, ya que $(1.020 - 1.015)/1.015 = \mathbf{0.005}$. Si la tasa de interés en Gran Bretaña fuera menor que en Estados Unidos, la tasa *forward* implícita en el ejemplo sería menor que la tasa *spot*. En este caso, la tasa *forward* de la libra esterlina tiene una prima sobre la tasa *spot*. Por ejemplo, si la tasa de interés (anualizada) en Estados Unidos fuera del 8% y la tasa de interés en Gran Bretaña fuera del 6%, la tasa *forward* a 90 días para la libra sería

$$\frac{F_£}{0.625} = \frac{1.015}{1.020}$$

Al despejar la tasa *forward* implicada, obtenemos

$$(1.020)F_£ = (0.625)(1.015)$$
$$F_£ = 0.6344/1.020 = \mathbf{0.6220}$$

Por lo tanto, la tasa *forward* tiene una prima en el sentido de que vale más en términos de dólares en el mercado adelantado que el mercado *spot*. Si la paridad de tasas de interés no ocurre, se supone que el arbitraje estará alerta ante la oportunidad de una ganancia.

¿Significa esto que la paridad de tasas de interés prevalece entre cada conjunto de monedas todo el tiempo? En el mercado de monedas europeas y otras, que está bastante libre de imperfecciones, la paridad de tasas de interés en general se cumple dentro de los límites de los costos de transacciones. La relación es fuerte para las tasas de interés a corto plazo, pero se debilita para las tasas sobre inversiones con plazo de vencimiento más largo. En el caso de los países con restricciones sobre el cambio de moneda y en los que existen impuestos y otras imperfecciones, no se espera paridad en las tasas de interés. Sin embargo, en la medida en que la paridad de tasas de interés sea razonable, se puede determinar el costo en dólares de una venta o compra extranjera en la que está implicada una recepción o pago futuro.

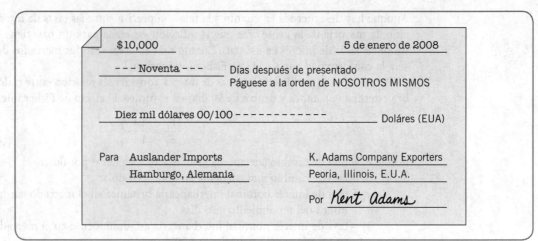

Figura 24.2

Un giro de pago futuro

Estructuración de las transacciones comerciales internacionales

El comercio internacional difiere del nacional en cuanto a los instrumentos y documentos empleados. Casi todas las ventas nacionales son sobre una *cuenta de crédito abierta*. El cliente recibe la factura y tiene algunos días para pagar. En el comercio internacional, pocas veces los vendedores pueden obtener información de crédito tan precisa o completa sobre los compradores como la que se obtiene en el comercio nacional. La comunicación es más difícil, y el transporte de bienes más lento y menos seguro. Todavía más, los canales de arreglos legales en casos de incumplimiento son más complicados y más costosos. Por estas razones, los procedimientos para el comercio internacional difieren de los del comercio nacional. Hay tres documentos clave en el comercio internacional: la orden de pago o giro, la guía de embarque, que implica el movimiento físico de los bienes, y la carta de crédito, que garantiza la solvencia del comprador. Examinaremos cada una. Después se hará un análisis de otros medios que facilitan el comercio exterior: intercambio compensado (*countertrade*), factoraje de exportación y *forfaiting*.

● ● ● Giros comerciales internacionales

El *giro comercial internacional*, algunas veces llamado *letra de cambio*, es simplemente una declaración escrita del exportador en la que ordena al importador pagar una cantidad específica en un momento específico. Aunque la palabra "orden" tal vez suene áspera, es la manera acostumbrada de hacer negocios internacionales. El giro puede ser un *giro a la vista* o un *giro de pago futuro*. Un giro a la vista se paga a la presentación ante la parte a la que se dirige. Esta parte se conoce como *girado*. Si el girado, o importador, no paga la cantidad especificada a la presentación del giro, entra en incumplimiento y el pago se logra mediante un arreglo con una carta de crédito (que se estudiará más adelante en este capítulo). Un giro de pago futuro no es pagadero sino hasta la fecha futura especificada.[6] Por ejemplo, un giro puede ser pagadero "90 días después de la presentación". Un ejemplo de un giro futuro se muestra en la figura 24.2.

Deben observarse varias características del giro de pago futuro. Primero, es una orden incondicional escrita y firmada por quien expide el giro, el exportador. Especifica la cantidad exacta de dinero que el girado, el importador, debe pagar. Por último, especifica la fecha futura en que debe pagarse esta cantidad. Una vez presentado el giro futuro al girado, se acepta. La *aceptación* puede realizarla el

---

[6]El giro en sí puede ser "limpio" o "documental". Un giro limpio es uno que no lleva documentos de títulos adjuntos. Los documentos de títulos se adjuntan a un giro documental y se entregan al importador en el momento de presentar el giro. Los giros limpios suelen usarse cuando no hay comercio como tal y el girador simplemente está cobrando una factura. La mayoría de los giros son documentales.

girado o un banco. Si el girado acepta, reconoce por escrito al reverso del giro la obligación de pagar la cantidad especificada en 90 días. El giro se conoce entonces como *aceptación comercial*. Si un banco acepta el giro, se conoce como *aceptación bancaria*. El banco acepta la responsabilidad del pago y con ello sustituye su solvencia por la del girado.

Si el banco es grande y conocido —la mayoría de los bancos que aceptan giros lo son—, el instrumento se vuelve altamente comercial a la aceptación. Como resultado, el girador o exportador no tiene que conservar el giro hasta el vencimiento. Puede venderlo (con un descuento sobre el valor nominal) en el mercado. De hecho, existe un mercado activo para aceptaciones bancarias de bancos conocidos. Por ejemplo, un giro a 90 días por $10,000 puede ser aceptado por un banco conocido. Digamos que las tasas de interés a 90 días en el mercado de aceptaciones bancarias es del 8 por ciento. El girador puede vender el giro a un inversionista por $10,000 − [$10,000 × 0.08(90 días/360 días)] = **$9,800**. Al final de los 90 días, el inversionista presenta la aceptación al banco que la aceptó para su pago y recibe $10,000. De esta forma, la existencia de un mercado secundario fuerte para aceptaciones bancarias ha facilitado el comercio internacional dando liquidez al exportador.

● ● ● Guía de embarque

Una **guía de embarque** es un documento usado al transportar bienes del exportador al importador. Tiene varias funciones. Primero, sirve como recibo de la compañía de transporte para el exportador, pues indica los bienes específicos que se recibieron. Segundo, sirve como contrato entre la compañía de transporte y el exportador para enviar los bienes y entregarlos a la parte específica en un destino en particular. Por último, la guía de embarque puede servir como documento de propiedad. Da al portador el título o propiedad de los bienes. El importador no recibe el título sino hasta que recibe la guía de embarque de la compañía transportadora o su agente. Esta guía sólo se libera cuando el importador satisface las condiciones del giro.[7]

La guía de embarque acompaña al giro, y los procedimientos de manejo de ambos están bien establecidos. Bancos y otras instituciones capaces de manejar con eficiencia estos documentos existen en casi todos los países. Más aún, los procedimientos para transferir al extranjero los bienes están claramente establecidos en la ley internacional. Estos mecanismos permiten a un exportador en un país vender bienes a un importador que no conoce en otro país y a quien no le da posesión de los bienes sino hasta que pague si hay un giro a la vista o hasta que la obligación se acepte si hay un giro de pago futuro.

● ● ● Carta de crédito

Una **carta de crédito** comercial es emitida por un banco a nombre del importador. En el documento, el banco acepta cumplir el giro enviado al importador, siempre que la guía de embarque y otros detalles estén en orden. En esencia, el banco sustituye el crédito del importador por el suyo. Es obvio que el banco local no emitirá una carta de crédito a menos que tenga la certeza de que el importador es solvente y que pagará el giro. El arreglo de la carta de crédito casi elimina el riesgo del exportador al vender los bienes a un importador desconocido en otro país.

Ilustración de una carta confirmada. La carta de crédito tiene más fuerza si un banco en el país del exportador la confirma. Por ejemplo, un exportador de Nueva York desea enviar bienes a un importador en Brasil localizado en Río de Janeiro. El banco del importador en Río considera que el importador es digno de crédito y está dispuesto a emitir la carta de crédito que garantiza el pago de los bienes cuando se reciban. De esta forma, el banco de Río sustituye el crédito del importador por el suyo. El contrato es ahora entre el banco en Río y el beneficiario de la carta de crédito, es decir, el exportador de Nueva York. El exportador tal vez quiera trabajar a través de su banco, porque sabe poco del banco en Río. Le pide a su banco en Nueva York que confirme la carta de crédito del banco

---

[7]La guía de embarque puede ser negociable si especifica en el momento de su expedición. También se puede usar como colateral para un préstamo.

en Río. Si el banco de Nueva York queda satisfecho con la solvencia del banco en Río, aceptará. Al aceptar, se obliga a cumplir con lo solicitado de acuerdo con la carta de crédito.

Así, cuando el exportador embarca los bienes, entrega la documentación de acuerdo con los términos de la carta de crédito. Presenta esto a su banco en Nueva York, y éste le paga la cantidad designada, suponiendo que todas las condiciones de embarque se cumplen. Como resultado de este arreglo, el exportador obtiene su dinero, sin tener que preocuparse por el pago. El banco de Nueva York reenvía los documentos al banco de Río. Después de confirmar que los bienes se han enviado de manera correcta, el banco de Río acepta la documentación y paga al banco de Nueva York. A su vez, el banco de Río va con el importador de Brasil y cobra su dinero una vez que los bienes llegan y se entregan.

Agilización del comercio. A partir de la descripción, es sencillo ver que la carta de crédito facilita el comercio exterior. En vez de extender el crédito directamente a un importador, el exportador se apoya en uno o más bancos, cuya solvencia sustituye la del importador. La carta en sí puede ser irrevocable o revocable, pero los giros preparados bajo una carta irrevocable debe pagarlos el banco que los emite. Esta obligación no se puede cancelar ni modificar sin el consentimiento de todas las partes. Por otro lado, una carta de crédito revocable puede cancelarse o corregirse en el banco que la emite. Una carta revocable especifica el arreglo para el pago, pero no es garantía de que el giro será pagado. La mayoría de las cartas de crédito son irrevocables, y el proceso descrito supone una carta irrevocable.

Los tres documentos descritos —el giro, la guía de embarque y la carta de crédito— se requieren en casi todas las transacciones internacionales. Existen procedimientos establecidos para hacer negocios con esta base. Juntos, protegen al exportador al vender bienes a importadores que no conoce. También dan al importador la seguridad de que los bienes serán enviados y entregados de manera correcta.

● ● ● Intercambio compensado

Intercambio compensado (*countertrade*) Término genérico para el trueque y otras formas de comercio que implican la venta internacional de bienes o servicios que se pagan —en su totalidad o en parte— con la transferencia de bienes o servicios desde otro país.

Además de los documentos usados para facilitar una transacción estándar, existen medios más personalizados para financiar el comercio internacional. Un método se conoce como intercambio compensado (*countertrade*). En un acuerdo de intercambio compensado, la parte vendedora acepta el pago en la forma de bienes en vez de utilizar moneda. Cuando las restricciones y otras dificultades evitan el pago en *moneda dura* (es decir, en moneda que cuenta con confianza general, como dólares, libras esterlinas y yenes), tal vez sea necesario aceptar bienes. Estos bienes por lo general se producen en el país implicado, pero no necesariamente es así. Una forma común de intercambio compensado es el trueque. Por ejemplo, un fabricante de bebidas gaseosas en Estados Unidos puede vender concentrados y jarabes a una compañía embotelladora rusa a cambio de vodka ruso. Es necesario estar consciente de que existen riesgos al aceptar bienes en vez de dinero. La calidad y la estandarización de los bienes entregados y aceptados pueden diferir de lo que se prometió. Además, existe un problema adicional al tener que revender los bienes aceptados para obtener efectivo. Aunque el intercambio compensado tiene riesgos, se ha desarrollado una infraestructura que incluye asociaciones y consultores especializados en el procedimiento, para facilitar este mecanismo de comercio exterior.

● ● ● Factoraje de exportación

El factoraje de exportación por cobrar es similar a las cuentas por cobrar nacionales, un tema estudiado en el capítulo 11. Implica la venta directa de las cuentas por cobrar de una empresa exportadora a una institución de factoraje, llamada *factor*. El factor asume el riesgo de crédito y da servicio a las cuentas por cobrar del exportador. Por lo común, el exportador recibe el pago del factor cuando se vencen las cuentas por cobrar. La comisión normal es de alrededor del 2% del valor del embarque al extranjero. Antes de cobrar la cuenta, con frecuencia es posible un adelanto en efectivo hasta por el 90% del valor del embarque. Por este adelanto, el exportador paga interés, el cual rebasa la comisión del factor. Por la naturaleza del arreglo, la mayoría de los factores se interesan principalmente en exportadores que generan cuentas por cobrar grandes y recurrentes. Además, el factor está en condiciones de rechazar ciertas cuentas que considere demasiado riesgosas. Por las cuentas aceptadas, la principal ventaja para el exportador es la tranquilidad que obtiene al delegar el cobro a un factor con contactos y experiencia internacionales.

● ● ● *Forfaiting*

Forfaiting Venta "sin recurso" a una institución financiera de cuentas por cobrar a mediano y largo plazos relacionadas con exportaciones. Un tercero, que suele ser un banco o una entidad gubernamental, garantiza el financiamiento.

El *forfaiting* es un medio de financiamiento del comercio exterior que recuerda el factoraje de exportación. Un exportador vende "sin recurso" una cuenta por cobrar de exportación, en general evidenciada por una nota de promesa o una letra de cambio del importador, a un comprador de notas con descuento. El comprador puede ser una subsidiaria de un banco internacional o una empresa financiera especializada en comercio. El comprador adquiere el riesgo de crédito y cobra la cantidad debida al importador. Además, el *forfaiting* implica una garantía de pago de un banco o una dependencia gubernamental del país del importador. Es común que la nota o pagaré sea por seis meses o más y que implique una transacción grande. El *forfaiting* es en especial útil para un exportador en una transacción de ventas que incluye a un importador en un país menos desarrollado o en una nación de Europa Oriental. Es la presencia de una garantía fuerte de un tercero la que hace que el comprador (*forfaiter*) esté dispuesto a trabajar con cuentas por cobrar de estos países.

Puntos clave de aprendizaje

- Cada vez más el administrador financiero está implicado en el producto global y los mercados financieros. El movimiento de globalización significa que las decisiones de inversión y financiamiento deben hacerse en el ámbito internacional. El presupuesto de capital internacional, por ejemplo, abarca estimaciones de tasas de cambio futuras entre dos monedas.

- La expansión exterior se emprende para incursionar en nuevos mercados, adquirir menos instalaciones de producción costosas y asegurar la materia prima. Debido a la segmentación del mercado, algunas veces los proyectos en el extranjero encuentran menor riesgo en propiedades que no están disponibles dentro de su propio país.

- Varios factores hacen que la inversión extranjera sea diferente de la nacional. Los gravámenes son distintos, y existe riesgo presente en las condiciones políticas.

- Una compañía enfrenta tres tipos de exposición al riesgo relacionado con las tasas de cambio en sus operaciones en el extranjero: riesgo de conversión, riesgo de transacciones y riesgo económico. El *riesgo de conversión* es el cambio en el ingreso contable y el balance general ocasionado por el manejo contable de una subsidiaria extranjera. El *riesgo de transacciones* se relaciona con los acuerdos de una transacción en particular, como una cuenta de crédito abierta, a una tasa de cambio cuando la obligación original se registra con otra tasa. El *riesgo económico* tiene que ver con el efecto de cambios imprevistos en las tasas de cambio sobre los flujos de efectivo futuros y, por ende, sobre el valor económico de la empresa.

- Existen varias formas de manejar el riesgo en las tasas de cambio. Para ello, se han desarrollado protecciones

naturales; administración de efectivo; ajuste de cuentas dentro de la compañía; al igual que protecciones financieras internacionales y protecciones de moneda a través de contratos, contratos de futuros, opciones de monedas y *swaps* de divisas.

- Las protecciones naturales incluyen compensar entre ingresos y costos con respecto a diferentes sensibilidades a variaciones en las tasas de cambio. Las protecciones naturales dependen del grado en el que los precios y costos se determinan global o nacionalmente.

- Una compañía también se puede defender equilibrando sus activos y pasivos monetarios y ajustando las cuentas al interior de la compañía. Se puede proteger con financiamiento en diferentes monedas. La fuente principal de financiamiento internacional son los préstamos de bancos comerciales, giros comerciales descontados, préstamos en eurodólares y bonos internacionales.

- Las protecciones de moneda incluyen contratos de futuros, opciones de monedas y *swaps* de divisas. Para los primeros, se compra un contrato de futuros para el intercambio de una moneda por otra en una fecha futura específica y a una razón de cambio establecida de antemano. Para esta protección hay un costo que se determina por la diferencia en las tasas de cambio *forward* y *spot*. Los contratos de futuros de moneda son como los contratos a plazo en cuanto a su función, pero hay diferencias en el acuerdo y otras características. Las opciones de monedas brindan protección contra los movimientos adversos de las monedas, por las cuales se paga una prima por el derecho, pero no por la obligación, de ejercer la opción. Son adecuadas para proteger riesgos "de un lado". Por último, los intercambios (*swaps*) de divisas son un mecanismo importante para cubrir el riesgo a largo plazo. Aquí, dos partes intercambian obligaciones de deuda en monedas diferentes.

- Dos teorías relacionadas permiten una mejor comprensión de las relaciones entre la inflación, las tasas de interés y las tasas de cambio. La *paridad de poder de compra* es la idea de que una canasta de bienes debe venderse al mismo precio en el ámbito internacional, después de tomar en cuenta las tasas de interés. La *paridad en las tasas de interés* sugiere que la diferencia entre las tasas de cambio *forward* y *spot* se pueden explicar mediante la diferencia en las tasas de interés nominal entre dos países.
- Tres documentos principales facilitan mucho el comercio exterior. El *giro comercial internacional* es una orden del exportador para que el importador pague una cantidad específica de dinero, ya sea a la presentación del giro o cierto número de días después de la presentación. Una

guía de embarque es un documento que sirve como recibo, como contrato de embarque y como factura de los bienes implicados. Una *carta de crédito* es un acuerdo de un banco para pagar un giro de un importador. Reduce en gran parte el riesgo para el exportador y puede ser confirmado por otro banco.

- Otros medios para financiar el comercio internacional incluyen el *intercambio compensado (countertrade)*, el *factoraje de exportación* y el *forfaiting*. El intercambio compensado implica el comercio exterior de bienes directamente entre dos partes o a través de un intermediario. El factoraje de exportación implica la venta de cuentas por cobrar a un *factor* que asume el riesgo del crédito. El *forfaiting* es similar al factoraje de exportación, pero incluye cuentas por cobrar a mediano y largo plazos (seis meses o más) de gran valor que se venden con descuento a un comprador (*forfaiter*). Además, incluye la garantía de un tercero.

Preguntas

1. ¿El intercambio de recompensa por riesgo es igual en una inversión internacional que en una nacional?
2. ¿Por qué una compañía querría establecer una empresa conjunta en otro país cuando pierde parte del control sobre sus operaciones en el extranjero?
3. Muchos países requieren que sus compatriotas controlen más del 50% de las acciones con derecho a voto en cualquier empresa. ¿Es esto una medida inteligente? Explique su respuesta.
4. ¿Los impuestos sobre la renta pagados por una sucursal extranjera funcionan en detrimento de la compañía matriz en Estados Unidos?
5. ¿Cuáles son los diferentes tipos de exposición al riesgo de las tasas de cambio para la corporación con operaciones en el exterior?
6. ¿Cuál es la diferencia de que la "moneda funcional" sea el dólar o la moneda local en cuanto al manejo contable de las ganancias o pérdidas en la conversión de monedas?
7. Algunas veces existen *protecciones naturales* para una compañía con operaciones en el extranjero. ¿Qué significa este término y por qué son importantes las protecciones naturales?
8. Con respecto a la moneda extranjera, ¿qué es un *descuento adelantado*? ¿Qué es una *prima adelantada*? Ilustre con un ejemplo. ¿Cuál es el propósito de los mercados de divisas adelantados (*forward*)?
9. En lo que se refiere a protecciones de monedas, ¿en qué difieren los *contratos a plazo*, los *contratos de futuros*, los *contratos de opciones* y los *swaps de divisas*?
10. ¿Siempre debe cumplirse la *paridad de poder de compra* en los mercados internacionales? Explique su respuesta.
11. ¿Qué significa *paridad de las tasas de interés*? ¿Funciona?
12. ¿Por qué una compañía debe manejar su exposición al riesgo de monedas? ¿Puede una compañía "asegurarse" por un costo menor?
13. Explique la función realizada por el mercado de eurodólares.
14. ¿Cuáles son las funciones de la *guía de embarque*?
15. En una *carta de crédito*, ¿quién es el prestatario? ¿Quién es el prestamista?
16. ¿Qué se entiende por solvencia de una aceptación bancaria? ¿En qué es diferente de un giro comercial internacional? ¿Qué determina el valor nominal de la aceptación?
17. En general, ¿en qué difiere el financiamiento de comercio exterior del financiamiento de comercio nacional?

Problemas para autoevaluación

1. Suponga que las siguientes tasas de cambio prevalecen en el mercado extranjero de divisas (hipotéticas):

MONEDA	DÓLARES DE EUA REQUERIDOS PARA COMPRAR UNA UNIDAD
Spamany (liso)	0.100
Britland (onza)	1.500
Chilaquay (peso)	0.015
Trance (franco)	0.130
Shopan (ben)	0.005

Determine el número de:

a) lisos de Spamany que se pueden adquirir con $1,000.

b) dólares estadounidenses que comprarán 30 onzas de Britland.

c) pesos de Chilaquay que comprarán $900.

d) dólares de Estados Unidos que comprarán 100 francos de Trance.

e) bens de Shopan que comprarán $50.

2. Kingsborough Industries, Inc., tiene una subsidiaria en Lolland, donde la moneda es la "nota". La tasa de cambio al principio del año es de 3 notas por un dólar. Al final del año, la tasa de cambio es de 2.5 notas por dólar, ya que la nota refuerza su valor. Las hojas de balance de la subsidiaria en los dos momentos del año y la declaración de ingresos para ese año son las siguientes:

	EN NOTAS	
	31/12/X1	31/12/X2
Hojas de balance		
Efectivo	300	400
Cuentas por cobrar	1,800	2,200
Inventarios (PEPS)	1,500	2,000
Activos fijos netos	2,100	1,800
Total	5,700	6,400
Pasivos corrientes	2,000	1,900
Acciones ordinarias	600	600
Utilidades retenidas	3,100	3,900
Total	5,700	6,400
Declaración de ingresos		
Ventas		10,400
Costo de bienes vendidos		6,000
Depreciación		300
Gastos		2,400
Impuestos		900
Ingreso operativo		800

La tasa de cambio histórica para los activos fijos es de 3 notas por un dólar. La tasa de cambio histórica para los inventarios y los bienes vendidos, usando el dólar como moneda funcional, es de 2.70 notas por un dólar. Usando las notas como moneda funcional, es de 2.60 notas por dólar para fines de costos de los bienes vendidos. La tasa de cambio promedio para el año es de 2.75 notas por un dólar, y las ventas, la depreciación, los gastos y los impuestos son estables durante el año. También suponga que no hay ajustes previos de conversión. Con base en esta información y suponiendo que la moneda funcional es la nota, determine la hoja de balance para el 31/12/X2 y la declaración de ingresos para el año (al millar de dólares más cercano). Ahora reconstruya estos estados suponiendo que la moneda funcional es el dólar. ¿Qué diferencias observa?

3. Zike Athletic Shoe Company vende a un distribuidor en Freedonia. El precio de compra de un embarque es de 50,000 marcos de Freedonia con plazo de 90 días. Una vez recibido el pago, Zike convertirá los marcos a dólares. La tasa *spot* actual es de 1.71 marcos por dólar, mientras que la tasa *forward* a 90 días es de 1.70.

   a) Si Zike protegiera su riesgo de tasa de cambio, ¿qué haría? ¿Qué transacciones son necesarias?

   b) ¿Está el marco a una *prima adelantada* o a un *descuento adelantado*?

   c) ¿Cuál es el diferencial implícito en las tasas de interés entre los dos países? (Use las suposiciones de paridad de tasas de interés).

Problemas

1. Suponga que se observan las siguientes tasas *spot* en los mercados extranjeros (hipotéticos) de divisas:

MONEDA	UNIDADES REQUERIDAS PARA COMPRAR UN DÓLAR
Britland (onza)	0.62
Spamany (liso)	1,300.00
Shopan (ben)	140.00
Lolland (nota)	1.90
Dweeden (corona)	6.40
Trance (franco)	1.50

   Con base en esta información, calcule al segundo decimal más cercano el número de

   a) onzas de Britland que se pueden adquirir con $100.

   b) dólares que comprarán 50 notas de Lolland.

   c) coronas de Dweedish que se pueden adquirir con $40.

   d) dólares que pueden comprar 200 francos de Trance.

   e) lisos de Spamany que se pueden adquirir con $10.

   f) dólares que comprarán 1,000 bens de Shopan.

2. US Imports Company compró 100,000 francos de Freedonia en maquinaria de una empresa en Zeppo, Freedonia. El valor del dólar en términos del marco ha disminuido. La empresa en Zeppo ofreció crédito en términos de "2/10, neto 90". La tasa *spot* del marco es $0.55 y la tasa *forward* a 90 días es $0.56.

   a) Calcule el costo en dólares al pagar la cuenta dentro del periodo de descuento de 10 días.

   b) Calcule el costo en dólares de comprar un contrato a plazo para liquidar la cuenta en 90 días.

   c) El diferencial entre las respuestas correctas a los incisos a) y b) es resultado del valor del dinero en el tiempo (descuento por prepago) y la protección contra la fluctuación en el valor de la moneda. Determine la magnitud de cada uno de estos componentes.

3. Fuel-Guzzler Vehicles, Inc., está considerando una nueva planta en Lolland. La planta costará 26 millones de notas. Se espera que los flujos de efectivo incrementales sean 3 millones de notas por año los primeros 3 años, 4 millones de notas los siguientes 3 años, 5 millones de notas en los años 7 a 9, y 6 millones de notas del año 10 al 19, después de lo cual el proyecto termina sin valor residual. La tasa de cambio actual es de 1.90 notas por dólar. La tasa de rendimiento requerida sobre los dólares repatriados es del 16 por ciento.

   a) Si la tasa de cambio permanece en 1.90, ¿cuál es el valor presente del proyecto?

   b) Si la nota se aprecia a 1.84 los años 1 a 3, a 1.78 los años 4 a 6, a 1.72 los años 7 a 9, y a 1.65 los años 10 a 19, ¿qué le ocurre al valor presente neto?

4. Fleur du Lac, una compañía en el país Trance, embarcó bienes a un importador en Estados Unidos bajo un arreglo de carta de crédito, que exige el pago a los 90 días. La factura es por $124,000. Actualmente la tasa de cambio es de 5.70 francos de Trance por un dólar. Si el franco

de Trance se fortalece 5% al final de los 90 días, ¿cuál será la pérdida o ganancia de la transacción en francos de Trance? Si el franco se debilita 5%, ¿qué sucederá? (*Sugerencia:* Efectúe todos los cálculos en francos por dólar).

5. El trigo se vende a $4 por fanega en Estados Unidos. El precio en Canadá de una fanega de trigo es de 4.56 dólares canadienses. La tasa de cambio es de 1.2 dólares canadienses por $1 estado-unidense. ¿Existe la paridad de poder de compra? Si no, ¿qué cambios deben ocurrir para que exista?

6. En la actualidad, el dólar de EUA vale 140 yenes en el mercado *spot*. La tasa de interés nominal en el mercado europeo interbancario japonés, expresada en términos del rendimiento a 90 días, es del 4%, y para Estados Unidos esta tasa de interés es del 8 por ciento. Si se cumple el teorema de paridad de tasas de interés, ¿cuál es la tasa de cambio implícita 90 días adelantados en yenes por dólar? ¿Qué implicaría si la tasa de interés en EUA mencionada fuera del 6% en vez del 8%?

7. Cordova Leather Company está en el grupo de impuestos del 38% en Estados Unidos. Tiene su-cursales de ventas en Argelia y Suiza, cada una de las cuales genera utilidades de $200,000 antes de impuestos. Si la tasa efectiva de impuestos sobre la renta es del 52% en Argelia y del 35% en Suiza, ¿qué total de impuestos en EUA y en el extranjero pagará Cordova sobre las utilidades indicadas antes?

8. McDonnoughs Hamburger Company desea prestar $500,000 a su subsidiaria japonesa. Al mismo tiempo, Tsunami Heavy Industries está interesada en hacer un préstamo a mediano plazo por aproximadamente la misma cantidad a su subsidiaria en Estados Unidos. Las dos partes se reúnen a través de un banco de inversión con el fin de hacer *préstamos paralelos* (una forma de *swap* de divisas). McDonnoughs prestará $500,000 a la subsidiaria de Tsunami a cuatro años al 13 por ciento. El principal y el interés deben pagarse al final del cuarto año, con interés compuesto anualmente. Tsunami prestará a la subsidiaria japonesa de McDonnoughs 70 millones de yenes a cuatro años al 10 por ciento. De nuevo, principal e interés (compuesto anualmente) deben pagarse al final. La tasa de cambio actual es de 140 yenes por dólar. Sin embargo, se espera que el dólar decline 5 yenes por año durante los cuatro años siguientes.

   a) Si estas expectativas son correctas, ¿cuál será el equivalente en dólares de los pagos de principal e interés a Tsunami al final de los cuatro años?

   b) ¿Qué total en dólares recibirá McDonnoughs al final de los cuatro años por el pago de princi-pal e interés sobre su préstamo a la subsidiaria en Estados Unidos de Tsunami?

   c) ¿Qué parte queda mejor con el acuerdo de préstamo paralelo? ¿Qué pasa si el yen no cambia su valor?

9. El gobierno de Zwill, un país hipotético, actualmente promueve la inversión dentro de sus fronte-ras. Comstock International Mining Corporation, una compañía estadounidense, está planeando abrir una nueva mina de cobre en Zwill. Se espera que la inversión inicial sea de $25 millones, después de la cual se esperan flujos de efectivo más que suficientes para cubrir las necesidades de capital posteriores. Los trabajos de exploración preliminares sugieren que el proyecto será muy rentable, al dar una tasa interna de rendimiento del 34%, con base sólo en las consideraciones de negocios.

   El gobierno de Zwill, como el de muchos países, es inestable. La administración de Comstock, al evaluar tal inestabilidad y sus consecuencias, considera que hay un 10% de probabilidad de que el gobierno sea depuesto y un nuevo gobierno expropie las compañías extranjeras, sin compensa-ción. Los $25 millones completos se perderían, y la tasa interna de rendimiento sería del −100 por ciento. También hay un 15% de probabilidad de que el gobierno caiga pero que el nuevo gobierno haga un pago parcial por las propiedades. Esta situación daría como resultado una tasa interna de rendimiento del −40 por ciento. Por último, hay un 15% de probabilidad de que el gobierno actual permanezca en el poder, pero que cambie su política de repatriación de ganancias. De ma-nera más específica, permitirá a la corporación repatriar su inversión original, $25 millones, pero el resto de los flujos de efectivo generados por el proyecto tendrán que reinvertirse en Zwill para siempre. Estas probabilidades todavía dejan una oportunidad del 60% de lograr una tasa interna de rendimiento del 34 por ciento.

   Dados estos riesgos políticos, aproxime el rendimiento probable para Comstock. ¿Le conviene emprender el proyecto de la mina? Explique su respuesta.

Soluciones a los problemas para autoevaluación

1. *a)* $1,000/0.100 = **10,000 lisos**
   b) $30 \times \$1.500 = \textbf{\$45}$
   c) $900/0.015 = **60,000 pesos**
   d) $100 \times \$0.13 = \textbf{\$13}$
   e) $50/0.005 = **10,000 bens**

2.

	EN DÓLARES 31/12/X2	
	MONEDA FUNCIONAL, LA NOTA	MONEDA FUNCIONAL, EL DÓLAR
Hojas de balance		
Efectivo	$ 160	$ 160
Cuentas por cobrar	880	880
Inventarios	800	741
Activos fijos netos	720	600
Total	$2,560	$2,381
Pasivos corrientes	$ 760	$ 760
Acciones ordinarias	200	200
Utilidades retenidas ($1,033 al 31/12/X1)	1,198	1,421
Ajuste de conversión acumulado	402	
Total	$2,560	$2,381
Declaración de ingresos		
Ventas	$3,782	$3,782
Costo de bienes vendidos	2,308	2,222
Depreciación	109	100
Gastos	873	873
Impuestos	327	327
Ingreso operativo	$ 165	$ 260
Ganancia de conversión		128
Ingreso neto	$ 165	$ 388
Ajuste de conversión	$ 402	

Cuando se usa la nota como moneda funcional, todos los conceptos de la hoja de balance, excepto las acciones ordinarias y las utilidades retenidas, se convierten a la tasa de cambio corriente, 2.50. Todos los conceptos de la declaración de impuestos se convierten a una tasa de cambio promedio para el año, 2.75, excepto el costo de los bienes vendidos, que se convierte a 2.60. El ingreso neto es un residuo, después de deducir los costos y los gastos de ventas. Las utilidades retenidas son ingreso neto, $165, más utilidades retenidas al principio del año, $1,033, y dan un total de $1,198. El ajuste de conversión es aquella cantidad necesaria para lograr una igualdad en los dos totales en la hoja de balance; es $402. Para el dólar como moneda funcional, los inventarios y costos de bienes vendidos se convierten a la tasa de cambio histórica de 2.70, y los activos fijos y la depreciación a la tasa de cambio histórica de 3.00. Los otros conceptos se convierten de la misma manera que con el otro método. Las utilidades retenidas son un factor de equilibrio entre los totales del estado de resultados. El ingreso operativo es un residuo. La ganancia de conversión es la cantidad necesaria para igualar el ingreso neto a las utilidades retenidas ($1,421 − $1,033 = $388) y entonces $388 − $260 = $128. Dependiendo del método de contabilidad, el ingreso es más variable con el dólar como moneda funcional, mientras que los totales en la hoja de balance son más variables con la nota como moneda funcional.

3. *a*) Vender marcos adelantados 90 días serviría como protección. A la entrega de 50,000 marcos en 90 días, recibiría M50,000/1.70 = $29,412. Si recibiera el pago hoy, Zike obtendría M50,000/1.71 = $29,240.

b) El marco está en una *prima adelantada* porque la tasa *forward* a 90 días de marcos por dólar es menor que la tasa *spot* actual. Se espera que el marco se fortalezca (menos marcos para comprar un dólar).

c) $[(1.70 - 1.71)/1.71] \times [365 \text{ días}/90 \text{ días}] = r_M - r_\$ = \boldsymbol{-0.0237}$

El diferencial en las tasas de interés es −2.37%, lo que significa que si se cumple la paridad de las tasas de interés, las tasas de interés en Estados Unidos deben ser 2.37% más altas que en Freedonia.

Referencias seleccionadas

Abuaf, Niso y Philippe Jorion. "Purchasing Power Parity in the Long-Run". *Journal of Finance* 45 (marzo, 1990), 157-174.

Bhagwat, Yatin, Deborah L. Gunthorpe y John M. Wachowicz, Jr. "Creative Export Financing: Factoring and Forfaiting". *The Small Business Controller* 7 (primavera, 1994), 51-55.

Black, Fischer. "Equilibrium Exchange Rate Hedging". *Journal of Finance* 45 (julio, 1990), 899-908.

Errunza, Vihang R. y Lemma W. Senbet. "The Effects of International Operations on the Market Value of the Firm: Theory and Evidence". *Journal of Finance* 36 (mayo, 1981), 401-418.

Hekman, Christine R. "Measuring Foreign Exchange Exposure: A Practical Theory and Its Application". *Financial Analysts Journal* 39 (septiembre-octubre, 1983), 59-65.

_____. "Don't Blame Currency Values for Strategic Errors". *Midland Corporate Finance Journal* 4 (otoño, 1986), 45-55.

Hill, Kendall P. y Murat N. Tanju. "Forfaiting: What Finance and Accounting Managers Should Know". *Financial Practice and Education* 8 (otoño/invierno, 1998), 53-58.

Lessard, Donald. "International Portfolio Diversification: A Multivariate Analysis for a Group of Latin American Countries". *Journal of Finance* 28 (junio, 1973), 619-634.

Levy, Haim y Marshall Sarnat. "International Diversification of Investment Portfolios". *American Economic Review* 60 (septiembre 1970), 668-675.

Madura, Jeff. *International Financial Management*, 9a. ed. Cincinnati, OH: South-Western, 2008.

Pakko, Michael R. y Patricia S. Pollard. "Burgernomics: A Big Mac Guide to Purchasing Power Parity". *Federal Reserve Bank of St Louis Review* 85 (noviembre/diciembre, 2003), 9-27 (disponible en línea en research.stlouisfed.org/publications/review/03/11/pakko.pdf).

Perold, Andre F. y Evan C. Schulman. "The Free Lunch in Currency Hedging: Implications for Investment Policy and Performance Standards". *Financial Analysts Journal* 44 (mayo-junio, 1988), 45-50.

Pringle, John J. "Managing Foreign Exchange Exposure". *Journal of Applied Corporate Finance* 3 (invierno, 1991), 73-82.

Shapiro, Alan C. *Foundations of Multinational Financial Management*, 6a. ed. Hoboken, NJ: John Wiley & Sons, 2008.

Solnick, Bruno. "Global Asset Management". *Journal of Portfolio Management* 24 (verano, 1998), 43-51.

Stulz, Rene M. "Globalization of Capital Markets and the Cost of Capital: The Case of Nestle". *Journal of Applied Corporate Finance* 8 (otoño, 1995), 30-38.

Thau, Annette. "Foreign Interest: A Closer Look at the International Bond". *AAII Journal* 26 (mayo, 2004), 11-16.

Van Horne, James C. *Financial Market Rates and Flows*, 6a. ed. Upper Saddle River, NJ: Prentice Hall, 2001.

La parte VIII del sitio Web del libro, *Wachowicz's Web World*, contiene vínculos a muchos sitios de finanzas y artículos en línea relacionados con los temas cubiertos en este capítulo. (http://web.utk.edu/~jwachowi/part8.html)

Apéndice

● ● ● **Tabla I**

Factor de interés del valor futuro de $1 al i% al final
de n periodos ($FIVF_{i,n}$)

● ● ● **Tabla II**

Factor de interés del valor presente de $1 al i% para n periodos ($FIVP_{i,n}$)

● ● ● **Tabla III**

Factor de interés del valor futuro de una anualidad (ordinaria)
de $1 por periodo al i% durante n periodos ($FIVFA_{i,n}$)

● ● ● **Tabla IV**

Factor de interés del valor presente de una anualidad (ordinaria)
de $1 por periodo al i% durante n periodos ($FIVPA_{i,n}$)

● ● ● **Tabla V**

Área de la distribución normal que está a Z desviaciones estándar
a la izquierda o a la derecha de la media

*Ven ahora y escríbelo en una tabla, ponlo en una inscripción que
quede ahí para el futuro, como testimonio eterno.*

—ISAÍAS 30:8

Tabla I — Factor de interés del valor futuro de $1 al I% al final de n periodos ($FIVF_{i,n}$)

$FIVF_{i,n} = (1 + i)^n$

PERIODO (n)	1%	2%	3%	4%	5%	6%	7%	8%	9%	10%	11%	12%	PERIODO (n)
1	1.010	1.020	1.030	1.040	1.050	1.060	1.070	1.080	1.090	1.100	1.110	1.120	1
2	1.020	1.040	1.061	1.082	1.102	1.124	1.145	1.166	1.188	1.210	1.232	1.254	2
3	1.030	1.061	1.093	1.125	1.158	1.191	1.225	1.260	1.295	1.331	1.368	1.405	3
4	1.041	1.082	1.126	1.170	1.216	1.262	1.311	1.360	1.412	1.464	1.518	1.574	4
5	1.051	1.104	1.159	1.217	1.276	1.338	1.403	1.469	1.539	1.611	1.685	1.762	5
6	1.062	1.126	1.194	1.265	1.340	1.419	1.501	1.587	1.677	1.772	1.870	1.974	6
7	1.072	1.149	1.230	1.316	1.407	1.504	1.606	1.714	1.828	1.949	2.076	2.211	7
8	1.083	1.172	1.267	1.369	1.477	1.594	1.718	1.851	1.993	2.144	2.305	2.476	8
9	1.094	1.195	1.305	1.423	1.551	1.689	1.838	1.999	2.172	2.358	2.558	2.773	9
10	1.105	1.219	1.344	1.480	1.629	1.791	1.967	2.159	2.367	2.594	2.839	3.106	10
11	1.116	1.243	1.384	1.539	1.710	1.898	2.105	2.332	2.580	2.853	3.152	3.479	11
12	1.127	1.268	1.426	1.601	1.796	2.012	2.252	2.518	2.813	3.138	3.498	3.896	12
13	1.138	1.294	1.469	1.665	1.886	2.133	2.410	2.720	3.066	3.452	3.883	4.363	13
14	1.149	1.319	1.513	1.732	1.980	2.261	2.579	2.937	3.342	3.797	4.310	4.887	14
15	1.161	1.346	1.558	1.801	2.079	2.397	2.759	3.172	3.642	4.177	4.785	5.474	15
16	1.173	1.373	1.605	1.873	2.183	2.540	2.952	3.426	3.970	4.595	5.311	6.130	16
17	1.184	1.400	1.653	1.948	2.292	2.693	3.159	3.700	4.328	5.054	5.895	6.866	17
18	1.196	1.428	1.702	2.026	2.407	2.854	3.380	3.996	4.717	5.560	6.544	7.690	18
19	1.208	1.457	1.754	2.107	2.527	3.026	3.617	4.316	5.142	6.116	7.263	8.613	19
20	1.220	1.486	1.806	2.191	2.653	3.207	3.870	4.661	5.604	6.727	8.062	9.646	20
25	1.282	1.641	2.094	2.666	3.386	4.292	5.427	6.848	8.623	10.835	13.585	17.000	25
30	1.348	1.811	2.427	3.243	4.322	5.743	7.612	10.063	13.268	17.449	22.892	29.960	30
35	1.417	2.000	2.814	3.946	5.516	7.686	10.677	14.785	20.414	28.102	38.575	52.800	35
40	1.489	2.208	3.262	4.801	7.040	10.286	14.974	21.725	31.409	45.259	65.001	93.051	40
50	1.645	2.692	4.384	7.107	11.467	18.420	29.457	46.902	74.358	117.391	184.565	289.002	50

TASA DE INTERÉS (i)

Tabla I (cont.)

$FIVF_{i,n} = (1 + i)^n$

PERIODO (n)	13%	14%	15%	16%	17%	18%	19%	20%	25%	30%	40%	50%	PERIODO (n)
						TASA DE INTERÉS (i)							
1	1.130	1.140	1.150	1.160	1.170	1.180	1.190	1.200	1.250	1.300	1.400	1.500	1
2	1.277	1.300	1.322	1.346	1.369	1.392	1.416	1.440	1.563	1.690	1.960	2.250	2
3	1.443	1.482	1.521	1.561	1.602	1.643	1.685	1.728	1.953	2.197	2.744	3.375	3
4	1.630	1.689	1.749	1.811	1.874	1.939	2.005	2.074	2.441	2.856	3.842	5.063	4
5	1.842	1.925	2.011	2.100	2.192	2.288	2.386	2.488	3.052	3.713	5.378	7.594	5
6	2.082	2.195	2.313	2.436	2.565	2.700	2.840	2.986	3.815	4.827	7.530	11.391	6
7	2.353	2.502	2.660	2.826	3.001	3.185	3.379	3.583	4.768	6.275	10.541	17.086	7
8	2.658	2.853	3.059	3.278	3.511	3.759	4.021	4.300	5.960	8.157	14.758	25.629	8
9	3.004	3.252	3.518	3.803	4.108	4.435	4.785	5.160	7.451	10.604	20.661	38.443	9
10	3.395	3.707	4.046	4.411	4.807	5.234	5.696	6.192	9.313	13.786	28.925	57.665	10
11	3.836	4.226	4.652	5.117	5.624	6.176	6.777	7.430	11.642	17.922	40.496	86.498	11
12	4.335	4.818	5.350	5.936	6.580	7.288	8.064	8.916	14.552	23.298	56.694	129.746	12
13	4.898	5.492	6.153	6.886	7.699	8.599	9.596	10.699	18.190	30.288	79.372	194.620	13
14	5.535	6.261	7.076	7.988	9.007	10.147	11.420	12.839	22.737	39.374	111.120	291.929	14
15	6.254	7.138	8.137	9.266	10.539	11.974	13.590	15.407	28.422	51.186	155.568	437.894	15
16	7.067	8.137	9.358	10.748	12.330	14.129	16.172	18.488	35.527	66.542	217.795	656.841	16
17	7.986	9.276	10.761	12.468	14.426	16.672	19.244	22.186	44.409	86.504	304.914	985.261	17
18	9.024	10.575	12.375	14.463	16.879	19.673	22.901	26.623	55.511	112.455	426.879	1477.892	18
19	10.197	12.056	14.232	16.777	19.748	23.214	27.252	31.948	69.389	146.192	597.630	2216.838	19
20	11.523	13.743	16.367	19.461	23.106	27.393	32.429	38.338	86.736	190.050	836.683	3325.257	20
25	21.231	26.462	32.919	40.874	50.658	62.669	77.388	95.396	264.698	705.641	4499.880	25251.168	25
30	39.116	50.950	66.212	85.850	111.065	143.371	184.675	237.376	807.794	2620.000	24201.432	191751	30
35	72.069	98.100	133.176	180.314	243.503	327.997	440.701	590.668	2465.190	9727.860	130161	1456110	35
40	139.782	188.884	267.864	378.721	533.869	750.378	1051.668	1469.772	7523.164	36118.865	700038	11057332	40
50	450.736	700.233	1083.657	1670.704	2566.215	3927.357	5988.914	9100.438	70064.923	497929.223	20248916	637621500	50

Tabla II

Factor de interés del valor presente de $1 al i% para n periodos (FIVP_{i,n})

$$FIVP_{i,n} = 1/(1+i)^n$$

PERIODO (n)	1%	2%	3%	4%	5%	6%	7%	8%	9%	10%	11%	12%	PERIODO (n)
1	0.990	0.980	0.971	0.962	0.952	0.943	0.935	0.926	0.917	0.909	0.901	0.893	1
2	0.980	0.961	0.943	0.925	0.907	0.890	0.873	0.857	0.842	0.826	0.812	0.797	2
3	0.971	0.942	0.915	0.889	0.864	0.840	0.816	0.794	0.772	0.751	0.731	0.712	3
4	0.961	0.924	0.888	0.855	0.823	0.792	0.763	0.735	0.708	0.683	0.659	0.636	4
5	0.951	0.906	0.863	0.822	0.784	0.747	0.713	0.681	0.650	0.621	0.593	0.567	5
6	0.942	0.888	0.837	0.790	0.746	0.705	0.666	0.630	0.596	0.564	0.535	0.507	6
7	0.933	0.871	0.813	0.760	0.711	0.665	0.623	0.583	0.547	0.513	0.482	0.452	7
8	0.923	0.853	0.789	0.731	0.677	0.627	0.582	0.540	0.502	0.467	0.434	0.404	8
9	0.914	0.837	0.766	0.703	0.645	0.592	0.544	0.500	0.460	0.424	0.391	0.361	9
10	0.905	0.820	0.744	0.676	0.614	0.558	0.508	0.463	0.422	0.386	0.352	0.322	10
11	0.896	0.804	0.722	0.650	0.585	0.527	0.475	0.429	0.388	0.350	0.317	0.287	11
12	0.887	0.789	0.701	0.625	0.557	0.497	0.444	0.397	0.356	0.319	0.286	0.257	12
13	0.879	0.773	0.681	0.601	0.530	0.469	0.415	0.368	0.326	0.290	0.258	0.229	13
14	0.870	0.758	0.661	0.577	0.505	0.442	0.388	0.340	0.299	0.263	0.232	0.205	14
15	0.861	0.743	0.642	0.555	0.481	0.417	0.362	0.315	0.275	0.239	0.209	0.183	15
16	0.853	0.728	0.623	0.534	0.458	0.394	0.339	0.292	0.252	0.218	0.188	0.163	16
17	0.844	0.714	0.605	0.513	0.436	0.371	0.317	0.270	0.231	0.198	0.170	0.146	17
18	0.836	0.700	0.587	0.494	0.416	0.350	0.296	0.250	0.212	0.180	0.153	0.130	18
19	0.828	0.686	0.570	0.475	0.396	0.331	0.277	0.232	0.194	0.164	0.138	0.116	19
20	0.820	0.673	0.554	0.456	0.377	0.312	0.258	0.215	0.178	0.149	0.124	0.104	20
25	0.780	0.610	0.478	0.375	0.295	0.233	0.184	0.146	0.116	0.092	0.074	0.059	25
30	0.742	0.552	0.412	0.308	0.231	0.174	0.131	0.099	0.075	0.057	0.044	0.033	30
35	0.706	0.500	0.355	0.253	0.181	0.130	0.094	0.068	0.049	0.036	0.026	0.019	35
40	0.672	0.453	0.307	0.208	0.142	0.097	0.067	0.046	0.032	0.022	0.015	0.011	40
50	0.608	0.372	0.228	0.141	0.087	0.054	0.034	0.021	0.013	0.009	0.005	0.003	50

TASA DE INTERÉS (i)

Tabla II (cont.)

$FIVP_{i,n} = 1/(1 + i)^n$

PERIODO (n)	13%	14%	15%	16%	17%	18%	19%	20%	25%	30%	40%	50%	PERIODO (n)
1	0.885	0.877	0.870	0.862	0.855	0.847	0.840	0.833	0.800	0.769	0.714	0.667	1
2	0.783	0.769	0.756	0.743	0.731	0.718	0.706	0.694	0.640	0.592	0.510	0.444	2
3	0.693	0.675	0.658	0.641	0.624	0.609	0.593	0.579	0.512	0.455	0.364	0.296	3
4	0.613	0.592	0.572	0.552	0.534	0.516	0.499	0.482	0.410	0.350	0.260	0.198	4
5	0.543	0.519	0.497	0.476	0.456	0.437	0.419	0.402	0.328	0.269	0.186	0.132	5
6	0.480	0.456	0.432	0.410	0.390	0.370	0.352	0.335	0.262	0.207	0.133	0.088	6
7	0.425	0.400	0.376	0.354	0.333	0.314	0.296	0.279	0.210	0.159	0.095	0.059	7
8	0.376	0.351	0.327	0.305	0.285	0.266	0.249	0.233	0.168	0.123	0.068	0.039	8
9	0.333	0.308	0.284	0.263	0.243	0.225	0.209	0.194	0.134	0.094	0.048	0.026	9
10	0.295	0.270	0.247	0.227	0.208	0.191	0.176	0.162	0.107	0.073	0.035	0.017	10
11	0.261	0.237	0.215	0.195	0.178	0.162	0.148	0.135	0.086	0.056	0.025	0.012	11
12	0.231	0.208	0.187	0.168	0.152	0.137	0.124	0.112	0.069	0.043	0.018	0.008	12
13	0.204	0.182	0.163	0.145	0.130	0.116	0.104	0.093	0.055	0.033	0.013	0.005	13
14	0.181	0.160	0.141	0.125	0.111	0.099	0.088	0.078	0.044	0.025	0.009	0.003	14
15	0.160	0.140	0.123	0.108	0.095	0.084	0.074	0.065	0.035	0.020	0.006	0.002	15
16	0.141	0.123	0.107	0.093	0.081	0.071	0.062	0.054	0.028	0.015	0.005	0.002	16
17	0.125	0.108	0.093	0.080	0.069	0.060	0.052	0.045	0.023	0.012	0.003	0.001	17
18	0.111	0.095	0.081	0.069	0.059	0.051	0.044	0.038	0.018	0.009	0.002	0.001	18
19	0.098	0.083	0.070	0.060	0.051	0.043	0.037	0.031	0.014	0.007	0.002	0.000	19
20	0.087	0.073	0.061	0.051	0.043	0.037	0.031	0.026	0.012	0.005	0.001	0.000	20
25	0.047	0.038	0.030	0.024	0.020	0.016	0.013	0.010	0.004	0.001	0.000	0.000	25
30	0.026	0.020	0.015	0.012	0.009	0.007	0.005	0.004	0.001	0.000	0.000	0.000	30
35	0.014	0.010	0.008	0.006	0.004	0.003	0.002	0.002	0.000	0.000	0.000	0.000	35
40	0.008	0.005	0.004	0.003	0.002	0.001	0.001	0.001	0.000	0.000	0.000	0.000	40
50	0.002	0.001	0.001	0.001	0.000	0.000	0.000	0.000	0.000	0.000	0.000	0.000	50

TASA DE INTERÉS (i)

Tabla III — Factor de interés del valor futuro de una anualidad (ordinaria) de $1 por periodo al $i\%$ durante n periodos ($FIVFA_{i,n}$)

$$FIVFA_{i,n} = \sum_{t=1}^{n}(1+i)^{n-t} = \frac{(1+i)^n - 1}{i}$$

PERIODO (n)	1%	2%	3%	4%	5%	6%	7%	8%	9%	10%	11%	12%	PERIODO (n)
						TASA DE INTERÉS (i)							
1	1.000	1.000	1.000	1.000	1.000	1.000	1.000	1.000	1.000	1.000	1.000	1.000	1
2	2.010	2.020	2.030	2.040	2.050	2.060	2.070	2.080	2.090	2.100	2.110	2.120	2
3	3.030	3.060	3.091	3.122	3.153	3.184	3.215	3.246	3.278	3.310	3.342	3.374	3
4	4.060	4.122	4.184	4.246	4.310	4.375	4.440	4.506	4.573	4.641	4.710	4.779	4
5	5.101	5.204	5.309	5.416	5.526	5.637	5.751	5.867	5.985	6.105	6.228	6.353	5
6	6.152	6.308	6.468	6.633	6.802	6.975	7.153	7.336	7.523	7.716	7.913	8.115	6
7	7.214	7.434	7.662	7.898	8.142	8.394	8.654	8.923	9.200	9.487	9.783	10.089	7
8	8.286	8.583	8.892	9.214	9.549	9.897	10.260	10.637	11.028	11.436	11.859	12.300	8
9	9.369	9.755	10.159	10.583	11.027	11.491	11.978	12.488	13.021	13.579	14.164	14.776	9
10	10.462	10.950	11.464	12.006	12.578	13.181	13.816	14.487	15.193	15.937	16.722	17.549	10
11	11.567	12.169	12.808	13.486	14.207	14.972	15.784	16.645	17.560	18.531	19.561	20.655	11
12	12.683	13.412	14.192	15.026	15.917	16.870	17.888	18.977	20.141	21.384	22.713	24.133	12
13	13.809	14.680	15.618	16.627	17.713	18.882	20.141	21.495	22.953	24.523	26.212	28.029	13
14	14.947	15.974	17.086	18.292	19.599	21.015	22.550	24.215	26.019	27.975	30.095	32.393	14
15	16.097	17.293	18.599	20.024	21.579	23.276	25.129	27.152	29.361	31.772	34.405	37.280	15
16	17.258	18.639	20.157	21.825	23.657	25.673	27.888	30.324	33.003	35.950	39.190	42.753	16
17	18.430	20.012	21.762	23.698	25.840	28.213	30.840	33.750	36.974	40.545	44.501	48.884	17
18	19.615	21.412	23.414	25.645	28.132	30.906	33.999	37.450	41.301	45.599	50.396	55.750	18
19	20.811	22.841	25.117	27.671	30.539	33.760	37.379	41.446	46.018	51.159	56.939	63.440	19
20	22.019	24.297	26.870	29.778	33.066	36.786	40.995	45.762	51.160	57.275	64.203	72.052	20
25	28.243	32.030	36.459	41.646	47.727	54.865	63.249	73.106	84.701	98.347	114.413	133.334	25
30	34.785	40.568	47.575	56.085	66.439	79.058	94.461	113.283	136.308	164.494	199.021	241.333	30
35	41.660	49.994	60.462	73.652	90.320	111.435	138.237	172.317	215.711	271.024	341.590	431.663	35
40	48.886	60.402	75.401	95.026	120.800	154.762	199.635	259.057	337.882	442.593	581.826	767.091	40
50	64.463	84.579	112.797	152.667	209.348	290.336	406.529	573.770	815.084	1163.909	1668.771	2400.018	50

Tabla III (cont.)

$$FIVFA_{i,n} = \sum_{t=1}^{n} (1+i)^{n-t} = \frac{(1+i)^n - 1}{i}$$

TASA DE INTERÉS (i)

PERIODO (n)	13%	14%	15%	16%	17%	18%	19%	20%	25%	30%	40%	50%	PERIODO (n)
1	1.000	1.000	1.000	1.000	1.000	1.000	1.000	1.000	1.000	1.000	1.000	1.000	1
2	2.130	2.140	2.150	2.160	2.170	2.180	2.190	2.200	2.250	2.300	2.400	2.500	2
3	3.407	3.440	3.473	3.506	3.539	3.572	3.606	3.640	3.813	3.990	4.360	4.750	3
4	4.850	4.921	4.993	5.066	5.141	5.215	5.291	5.368	5.766	6.187	7.104	8.125	4
5	6.480	6.610	6.742	6.877	7.014	7.154	7.297	7.442	8.207	9.043	10.946	13.188	5
6	8.323	8.536	8.754	8.977	9.207	9.442	9.683	9.930	11.259	12.756	16.324	20.781	6
7	10.405	10.730	11.067	11.414	11.772	12.142	12.523	12.916	15.073	17.583	23.853	32.172	7
8	12.757	13.233	13.727	14.240	14.773	15.327	15.902	16.499	19.842	23.858	34.395	49.258	8
9	15.416	16.085	16.786	17.519	18.285	19.086	19.923	20.799	25.802	32.015	49.153	74.887	9
10	18.420	19.337	20.304	21.321	22.393	23.521	24.709	25.959	33.253	42.619	69.814	113.330	10
11	21.814	23.045	24.349	25.733	27.200	28.755	30.404	32.150	42.566	56.405	98.739	170.995	11
12	25.650	27.271	29.002	30.850	32.824	34.931	37.180	39.581	54.208	74.327	139.235	257.493	12
13	29.985	32.089	34.352	36.786	39.404	42.219	45.244	48.497	68.760	97.625	195.929	387.239	13
14	34.883	37.581	40.505	43.672	47.103	50.818	54.841	59.196	86.949	127.913	275.300	581.859	14
15	40.417	43.842	47.580	51.660	56.110	60.965	66.261	72.035	109.687	167.286	386.420	873.788	15
16	46.672	50.980	55.717	60.925	66.649	72.939	79.850	87.442	138.109	218.472	541.988	1311.682	16
17	53.739	59.118	65.075	71.673	78.979	87.068	96.022	105.931	173.636	285.014	759.784	1968.523	17
18	61.725	68.394	75.836	84.141	93.406	103.740	115.266	128.117	218.045	371.518	1064.697	2953.784	18
19	70.749	78.969	88.212	98.603	110.285	123.414	138.166	154.740	273.556	483.973	1491.576	4431.676	19
20	80.947	91.025	102.444	115.380	130.033	146.638	165.418	186.688	342.945	630.165	2089.206	6648.513	20
25	155.620	181.871	212.793	249.214	292.105	342.603	402.042	471.981	1054.791	2348.803	11247.199	50500	25
30	293.199	356.787	434.745	530.312	647.439	790.948	966.712	1181.882	3227.174	8729.985	60501	383500	30
35	546.681	693.573	881.170	1120.713	1426.491	1120.713	2314.214	2948.341	9856.761	32423	325400	2912217	35
40	1013.704	1342.025	1779.090	2360.757	3134.522	4163.21	5529.829	7343.858	30089	120393	1750092	22114663	40
50	3459.507	4994.521	7217.716	10435.649	15089.502	21813.1	31515	45497	280256	1659761	50622288	1275242998	50

Tabla IV — Factor de interés del valor presente de una anualidad (ordinaria) de $1 por periodo al *i*% durante *n* periodos (*FIVPA*$_{i,n}$)

$$FIVPA_{i,n} = \sum_{t=1}^{n} 1/(1+i)^t = \frac{1-[1/(1+i)^t]}{i}$$

PERIODO (*n*)	1%	2%	3%	4%	5%	6%	7%	8%	9%	10%	11%	12%	PERIODO (*n*)
1	0.990	0.980	0.971	0.962	0.952	0.943	0.935	0.926	0.917	0.909	0.901	0.893	1
2	1.970	1.942	1.913	1.886	1.859	1.833	1.808	1.783	1.759	1.736	1.713	1.690	2
3	2.941	2.884	2.829	2.775	2.723	2.673	2.624	2.577	2.531	2.487	2.444	2.402	3
4	3.902	3.808	3.717	3.630	3.546	3.465	3.387	3.312	3.240	3.170	3.102	3.037	4
5	4.853	4.713	4.580	4.452	4.329	4.212	4.100	3.993	3.890	3.791	3.696	3.605	5
6	5.795	5.601	5.417	5.242	5.076	4.917	4.767	4.623	4.486	4.355	4.231	4.111	6
7	6.728	6.472	6.230	6.002	5.786	5.582	5.389	5.206	5.033	4.868	4.712	4.564	7
8	7.652	7.326	7.020	6.733	6.463	6.210	5.971	5.747	5.535	5.335	5.146	4.968	8
9	8.566	8.162	7.786	7.435	7.108	6.802	6.515	6.247	5.995	5.759	5.537	5.328	9
10	9.471	8.983	8.530	8.111	7.722	7.360	7.024	6.710	6.418	6.145	5.889	5.650	10
11	10.368	9.787	9.253	8.760	8.306	7.887	7.499	7.139	6.805	6.495	6.207	5.938	11
12	11.255	10.575	9.954	9.385	8.863	8.384	7.943	7.536	7.161	6.814	6.492	6.194	12
13	12.134	11.348	10.635	9.986	9.394	8.853	8.358	7.904	7.487	7.103	6.750	6.424	13
14	13.004	12.106	11.296	10.563	9.899	9.295	8.745	8.244	7.786	7.367	6.982	6.628	14
15	13.865	12.849	11.938	11.118	10.380	9.712	9.108	8.560	8.061	7.606	7.191	6.811	15
16	14.718	13.578	12.561	11.652	10.838	10.106	9.447	8.851	8.313	7.824	7.379	6.974	16
17	15.562	14.292	13.166	12.166	11.274	10.477	9.763	9.122	8.544	8.022	7.549	7.120	17
18	16.398	14.992	13.754	12.659	11.690	10.828	10.059	9.372	8.756	8.201	7.702	7.250	18
19	17.226	15.679	14.324	13.134	12.085	11.158	10.336	9.604	8.950	8.365	7.839	7.366	19
20	18.046	16.352	14.877	13.590	12.462	11.470	10.594	9.818	9.129	8.514	7.963	7.469	20
25	22.023	19.524	17.413	15.622	14.094	12.784	11.654	10.675	9.823	9.077	8.422	7.843	25
30	25.808	22.396	19.601	17.292	15.373	13.765	12.409	11.258	10.274	9.427	8.694	8.055	30
35	29.409	24.999	21.487	18.665	16.374	14.498	12.948	11.655	10.567	9.644	8.855	8.176	35
40	32.835	27.356	23.115	19.793	17.159	15.046	13.332	11.925	10.757	9.779	8.951	8.244	40
50	39.196	31.424	25.730	21.482	18.256	15.762	13.801	12.233	10.962	9.915	9.042	8.304	50

TASA DE INTERÉS (*i*)

Tabla IV (cont.)

$$FIVPA_{i,n} = \sum_{t=1}^{n} 1/(1+i)^t = \frac{1-[1/(1+i)^n]}{i}$$

TASA DE INTERÉS (i)

PERIODO (n)	13%	14%	15%	16%	17%	18%	19%	20%	25%	30%	40%	50%	PERIODO (n)
1	0.885	0.877	0.870	0.862	0.855	0.847	0.840	0.833	0.800	0.769	0.714	0.667	1
2	1.668	1.647	1.626	1.605	1.585	1.566	1.547	1.528	1.440	1.361	1.224	1.111	2
3	2.361	2.322	2.283	2.246	2.210	2.174	2.140	2.106	1.952	1.816	1.589	1.407	3
4	2.974	2.914	2.855	2.798	2.743	2.690	2.639	2.589	2.362	2.166	1.849	1.605	4
5	3.517	3.433	3.352	3.274	3.199	3.127	3.058	2.991	2.689	2.436	2.035	1.737	5
6	3.998	3.889	3.784	3.685	3.589	3.498	3.410	3.326	2.951	2.643	2.168	1.824	6
7	4.423	4.288	4.160	4.039	3.922	3.812	3.706	3.605	3.161	2.802	2.263	1.883	7
8	4.799	4.639	4.487	4.344	4.207	4.078	3.954	3.837	3.329	2.925	2.331	1.922	8
9	5.132	4.946	4.772	4.607	4.451	4.303	4.163	4.031	3.463	3.019	2.379	1.948	9
10	5.426	5.216	5.019	4.833	4.659	4.494	4.339	4.192	3.571	3.092	2.414	1.965	10
11	5.687	5.453	5.234	5.029	4.836	4.656	4.486	4.327	3.656	3.147	2.438	1.977	11
12	5.918	5.660	5.421	5.197	4.988	4.793	4.611	4.439	3.725	3.190	2.456	1.985	12
13	6.122	5.842	5.583	5.342	5.118	4.910	4.715	4.533	3.780	3.223	2.469	1.990	13
14	6.302	6.002	5.724	5.468	5.229	5.008	4.802	4.611	3.824	3.249	2.478	1.993	14
15	6.462	6.142	5.847	5.575	5.324	5.092	4.876	4.675	3.859	3.268	2.484	1.995	15
16	6.604	6.265	5.954	5.668	5.405	5.162	4.938	4.730	3.887	3.283	2.489	1.997	16
17	6.729	6.373	6.047	5.749	5.475	5.222	4.990	4.775	3.910	3.295	2.492	1.998	17
18	6.840	6.467	6.128	5.818	5.534	5.273	5.033	4.812	3.928	3.304	2.494	1.999	18
19	6.938	6.550	6.198	5.877	5.584	5.316	5.070	4.843	3.942	3.311	2.496	1.999	19
20	7.025	6.623	6.259	5.929	5.628	5.353	5.101	4.870	3.954	3.316	2.497	1.999	20
25	7.330	6.873	6.464	6.097	5.766	5.467	5.195	4.948	3.985	3.329	2.499	2.000	25
30	7.496	7.003	6.566	6.177	5.829	5.517	5.235	4.979	3.995	3.332	2.500	2.000	30
35	7.586	7.070	6.617	6.215	5.858	5.539	5.251	4.992	3.998	3.333	2.500	2.000	35
40	7.634	7.105	6.642	6.233	5.871	5.548	5.258	4.997	3.999	3.333	2.500	2.000	40
50	7.675	7.133	6.661	6.246	5.880	5.554	5.262	4.999	4.000	3.333	2.500	2.000	50

Tabla V

Área de la
distribución
normal que está
a Z desviaciones
estándar a la
izquierda o a la
derecha de la media

NÚMERO DE DESVIACIONES ESTÁNDAR DESDE LA MEDIA (Z)	ÁREA A LA DERECHA O A LA IZQUIERDA (UNA COLA)	NÚMERO DE DESVIACIONES ESTÁNDAR DESDE LA MEDIA (Z)	ÁREA A LA DERECHA O A LA IZQUIERDA (UNA COLA)
0.00	0.5000	1.55	0.0606
0.05	0.4801	1.60	0.0548
0.10	0.4602	1.65	0.0495
0.15	0.4404	1.70	0.0446
0.20	0.4207	1.75	0.0401
0.25	0.4013	1.80	0.0359
0.30	0.3821	1.85	0.0322
0.35	0.3632	1.90	0.0287
0.40	0.3446	1.95	0.0256
0.45	0.3264	2.00	0.0228
0.50	0.3085	2.05	0.0202
0.55	0.2912	2.10	0.0179
0.60	0.2743	2.15	0.0158
0.65	0.2578	2.20	0.0139
0.70	0.2420	2.25	0.0122
0.75	0.2264	2.30	0.0107
0.80	0.2119	2.35	0.0094
0.85	0.1977	2.40	0.0082
0.90	0.1841	2.45	0.0071
0.95	0.1711	2.50	0.0062
1.00	0.1577	2.55	0.0054
1.05	0.1469	2.60	0.0047
1.10	0.1357	2.65	0.0040
1.15	0.1251	2.70	0.0035
1.20	0.1151	2.75	0.0030
1.25	0.1056	2.80	0.0026
1.30	0.0968	2.85	0.0022
1.35	0.0885	2.90	0.0019
1.40	0.0808	2.95	0.0016
1.45	0.0735	3.00	0.0013
1.50	0.0668		

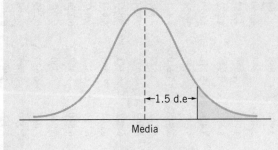

La tabla V muestra el área de la distribución normal que está a Z desviaciones estándar a la izquierda o a la derecha de la media. La prueba es "de una cola" en el sentido de que nos interesa un lado de la distribución o el otro. El área de la curva que está a 1.5 desviaciones estándar o más a la derecha de la media aritmética es el área sombreada de la figura. En la tabla V vemos que esto corresponde al 6.68% del área total de la distribución normal. Por lo tanto, podemos decir que hay un 6.68% de probabilidad de que el resultado real exceda a la media por 1.5 desviaciones estándar.

Glosario

Abandonar la bolsa de valores Hacer que una compañía con acciones públicas salga del mercado de valores mediante la recompra de acciones por parte de la administración actual o un grupo privado de inversionistas externos. [Capítulo 23]

Acción preferencial de mercado de dinero (PMD) Acción preferencial que tiene una tasa de dividendos que se vuelve a fijar cada 49 días. [Capítulo 9]

*Acciones ordinarias Valores que representan la posición de la propiedad (y riesgo) final en una corporación. [Capítulos 4 y 20]

Acciones ordinarias de clase dual Dos clases de acciones ordinarias, casi siempre designadas como clase A y clase B. La clase A suele tener menor fuerza para votar o no vota, y la clase B casi siempre tiene mayor fortaleza. [Capítulo 20]

*Acciones preferenciales Tipo de acciones que prometen (generalmente) un dividendo fijo, pero según el criterio del consejo directivo. Tienen preferencia sobre las acciones ordinarias en el pago de dividendos y la reclamación de bienes. [Capítulos 4 y 20]

Acciones preferenciales participativas Acciones preferenciales en las que el titular puede participar de los dividendos crecientes si los accionistas ordinarios reciben mayores dividendos. [Capítulo 20]

Acciones privilegiadas Acciones ordinarias de colocación privada que no se pueden revender de inmediato. [Capítulo 19]

*Aceptaciones bancarias Notas de promesa a corto plazo que obtiene una empresa en un banco que al "aceptar" la nota promete pagar al portador una cantidad nominal establecida cuando llegue el vencimiento. [Capítulos 9 y 11]

*Acuerdo de crédito continuo (revolvente) Compromiso legal formal de un banco de conceder crédito hasta una cantidad máxima durante un periodo establecido. [Capítulos 11 y 21]

Acuerdo de espera Una medida tomada para asegurar el éxito completo de una oferta de derechos en la que un banco o un grupo de bancos de inversión aceptan "esperar" para suscribir cualquier porción de la emisión no suscrita (no vendida). [Capítulo 19]

Acuerdo de préstamo Acuerdo legal que especifica los términos de un préstamo y las obligaciones del prestatario. [Capítulo 21]

Acuerdo de recompra (AR) Acuerdo para comprar los valores (casi siempre letras del Tesoro) y revenderlos a un precio especificado más alto en una fecha posterior. [Capítulo 9]

Administración de capital de trabajo Administración de los activos corrientes de la empresa y el financiamiento necesario para apoyar esos activos corrientes. [Capítulo 8]

Administración de la cadena de proveedores (ACP) Administración del proceso de transferir bienes, servicios e información del proveedor al consumidor final. [Capítulo 10]

Administración financiera Se refiere a la adquisición, el financiamiento y la administración de bienes con una meta global en mente. [Capítulo 1]

Agencia (teoría) Rama de la economía que se relaciona con el comportamiento de los principales (dueños) y sus agentes (administradores). [Capítulo 1]

Agencia federal Un departamento ejecutivo, un establecimiento federal independiente u otra entidad establecida por el Congreso que es propiedad todo o en parte de Estados Unidos. [Capítulo 9]

Agente(s) Individuo(s) autorizado(s) por otra persona, llamada principal, para actuar en nombre de ésta. [Capítulo 1]

Alianza estratégica Acuerdo de cooperación entre dos o más empresas independientes con la finalidad de lograr un objetivo comercial específico. [Capítulo 23]

Análisis (de estado) financiero El arte de transformar los datos de los estados financieros en información útil para tomar una decisión informada. [Capítulo 6]

Análisis de índices Un análisis *porcentual* de estados financieros en los que todas las cifras del balance general o del estado de ingresos están dadas con respecto a un año base igual a 100.0 (por ciento) y los estados financieros subsiguientes se expresan como porcentajes de sus valores en el año base. [Capítulo 6]

Análisis de punto de equilibrio Técnica para estudiar la relación entre los costos fijos, los costos variables, el volumen de ventas y las ganancias. También se llama *análisis costo/volumen/ganancia (CVG)*. [Capítulo 16]

Análisis de punto de equilibrio (UAII-UPA) Análisis del efecto de las alternativas de financiamiento sobre las utilidades por acción. El punto de equilibrio es el nivel de UAII para el que el UPA es igual para dos (o más) alternativas. [Capítulo 16]

Análisis de sensibilidad Un análisis de incertidumbre del tipo "qué pasaría si" en el que las variables o suposiciones de un caso base se modifican con la finalidad de determinar su repercusión sobre los resultados medidos de un proyecto, como el valor presente neto (VPN) o la tasa interna de rendimiento (TIR). [Capítulo 13]

Análisis de tamaño común Un análisis *porcentual* de estados financieros donde todos los elementos del balance general se dividen entre los *activos totales*, y todos los elementos del estado de pérdidas y ganancias se dividen entre las *ventas* o los *ingresos netos*. [Capítulo 6]

Anualidad Una serie de pagos o recepciones iguales que se realizan durante un número específico de periodos. En una *anualidad ordinaria*, los pagos o recepciones se realizan al final de cada periodo; en una *anualidad anticipada*, los pagos o recepciones se realizan al principio de cada periodo. [Capítulo 3]

Anuncio de emisión o reglamentario Un aviso en los periódicos y revistas que da sólo los detalles básicos de una oferta de valores. Se caracteriza por su apariencia austera y un marco negro. [Capítulo 19]

Apalancamiento Uso de costos fijos en un intento de aumentar (o apalancar) la rentabilidad. [Capítulo 16]

Apalancamiento financiero Uso de los costos financieros fijos por la empresa. [Capítulo 16]

Apalancamiento operativo Uso de los costos fijos operativos por una empresa. [Capítulo 16]

Apalancamiento total (o combinado) El uso de los costos fijos tanto operativos como financieros por la empresa. [Capítulo 16]

Arbitraje Encontrar dos bienes que en esencia son iguales, comprar el más barato y vender el más costoso. [Capítulo 17]

Árbol de probabilidades Método gráfico o tabular para organizar las secuencias de flujo de efectivo posibles generadas por una inversión. La presentación se parece a las ramas de un árbol. Cada rama completa representa una de las secuencias de flujo de efectivo posibles. [Capítulo 14]

Arrendamiento Contrato bajo el cual una parte, el arrendador (dueño) de un activo otorga el uso de ese activo a otra parte, el arrendatario, a cambio de pagos de renta periódicos. [Capítulo 21]

Arrendamiento apalancado Acuerdo de arrendamiento en el que el arrendador otorga una porción justa (del 20 al 40%) del costo de activo arrendado y un tercero hace un préstamo por el saldo del financiamiento. [Capítulo 21]

Arrendamiento financiero Arrendamiento a largo plazo que no se puede cancelar. [Capítulo 21]

Arrendamiento neto Arrendamiento en el que el arrendatario mantiene y asegura el activo arrendado. [Capítulo 21]

Arrendamiento operativo Arrendamiento a corto plazo que con frecuencia es cancelable. [Capítulo 21]

*Autocartera (acciones de tesorería) Acciones ordinarias que se recompran y que quedan en manos de la compañía emisora. [Capítulos 18 y 20]

Aversión al riesgo Término aplicado a un inversionista que demanda un rendimiento esperado más alto cuanto más alto sea el riesgo. [Capítulo 5]

Balance general Resumen de la posición financiera de una empresa en una fecha dada que indica que los activos totales = pasivos totales + capital de accionistas. [Capítulo 6]

*Banca de inversión Institución financiera que suscribe (compra a un precio establecido en una fecha dada) nuevos valores para su reventa. [Capítulos 2 y 19]

Banca hipotecaria Institución financiera que origina (compra) hipotecas primordialmente para reventa. [Capítulo 2]

Bancarrota pre-empacada Una reorganización que han aprobado una mayoría de los acreedores de una compañía antes de iniciar los procedimientos de bancarrota o quiebra. [Capítulo 23]

Base depreciable En la contabilidad fiscal, el costo de un bien totalmente instalado. Ésta es la cantidad que, por ley, se puede amortizar con el tiempo para fines fiscales. [Capítulo 12]

Beta Un índice de riesgo sistemático. Mide la sensibilidad del rendimiento de una acción a los cambios en los rendimientos del portafolio del mercado. La beta de un portafolio es simplemente el promedio ponderado de las betas de las acciones individuales en éste. [Capítulo 5]

Beta ajustada Estimación de una beta futura de un valor que implica modificar la beta (medida) histórica del valor que se debe a la suposición de que la beta del valor tiene una tendencia hacia la beta promedio del mercado o de la industria de la compañía. [Capítulo 5]

*Bono Instrumento de deuda a largo plazo emitido por una corporación o un gobierno. [Capítulos 4 y 20]

Bono de cupón cero Un bono que no paga intereses, sino que se vende con un fuerte descuento con respecto a su valor nominal; ofrece una compensación a los inversionistas en la forma de apreciación del precio. [Capítulo 4]

Bono de renta Bono en el que el pago de interés depende de que la compañía tenga suficientes ganancias. [Capítulo 20]

Bono especulativo (*junk bond*) Bono de alto riesgo, alto rendimiento (con frecuencia no garantizado) considerado por debajo de la calificación de inversión. [Capítulo 20]

Bono hipotecario Emisión de bonos asegurada por una hipoteca sobre la propiedad del emisor. [Capítulo 20]

Bono intercambiable Bono que permite al titular intercambiar el valor por acciones ordinarias de otra compañía, en general, una en la que el emisor del bono tiene un interés de propiedad. [Capítulo 22]

Bonos del Tesoro Obligaciones del Tesoro de Estados Unidos a largo plazo (vencimiento original de más de 10 años). [Capítulo 9]

Bonos en serie Emisión de bonos con distintos plazos de vencimiento, la cual se distingue de una emisión donde todos los bonos tienen el mismo plazo de vencimiento (bonos de término). [Capítulo 20]

Bonos islámicos (o *sukuk*) Tipo de valores respaldados por activos (VRA) que se adhieren a las reglas y los principios de la ley islámica (*Sharia'h*). [Capítulo 24]

Bonos perpetuos Un bono que nunca vence; una perpetuidad en forma de bono. [Capítulo 4]

*Bursatilidad (o liquidez) Capacidad de vender un volumen significativo de valores en un periodo corto en el mercado secundario sin una concesión importante en el precio. [Capítulos 2 y 9]

Bursatilización de activos Proceso de formar un conjunto separado de activos, y luego vender los intereses en la forma de *valores respaldados por activos (VRA)*. [Capítulo 20]

Caballero blanco Un comprador amistoso que, por invitación de una compañía meta, compra acciones de los licitadores hostiles o lanza una contraoferta amistosa para frustrar al licitador hostil inicial. [Capítulo 23]

Cámara de compensación automatizada (*Automated Clearing House*, ACH) Sistema de transferencia electrónica de fondos en todo Estados Unidos. El pago de nómina por depósito directo y los pagos automáticos de hipotecas son ejemplos de pagos por este sistema. [Capítulo 9]

Capacidad de endeudamiento Cantidad máxima de deuda (y otros cargos financieros fijos) que puede cubrir una empresa de manera adecuada. [Capítulo 16]

Capital adicional pagado Fondos recibidos por una compañía en la venta de acciones ordinarias que exceden el valor a la par o establecido de las acciones. [Capítulo 20]

Capital de los accionistas *Activos totales* menos *pasivos totales*. Dicho de otra forma, el valor en libros de las acciones ordinarias de una compañía (a valor nominal) más el capital adicional ingresado y las utilidades retenidas. [Capítulo 6]

Capital de trabajo bruto Inversión de la empresa en activos corrientes (como efectivo y valores comerciables, cuentas por cobrar e inventario). [Capítulo 8]

Capital de trabajo neto Activos corrientes menos pasivos corrientes. [Capítulo 8]

Capital de trabajo permanente Cantidad de activos corrientes requeridos para satisfacer las necesidades mínimas a largo plazo de una empresa. [Capítulo 8]

Capital de trabajo temporal Cantidad de los activos corrientes que varía con los requerimientos estacionales. [Capítulo 8]

Captura de depósito remoto (CDR) Tecnología que permite al usuario escanear los cheques y transmitir las imágenes digitales de los cheques a un banco para su envío y liberación. [Capítulo 9]

Característica de dividendos acumulados Requerimiento de que todos los dividendos acumulados no pagados sobre las acciones preferenciales se paguen antes de pagar los dividendos sobre las acciones ordinarias. [Capítulo 20]

Carga del servicio de la deuda Efectivo requerido durante un periodo específico, que suele ser un año, para solventar los gastos de interés y los pagos al principal. También se llama simplemente *servicio de la deuda*. [Capítulo 16]

*Carta de crédito (C/C) Una promesa de un tercero (por lo general, un banco) de que pagará en el caso de que se cumplan ciertas condiciones. Es frecuente que se use como garantía del pago de una obligación. [Capítulos 11 y 24]

Centro de refacturación Subsidiaria financiera perteneciente a la compañía que compra bienes exportados de compañías afiliadas y los revende (refactura) a otras compañías afiliadas o independientes. [Capítulo 24]

Certificado fiduciario de equipo Valor de mediano a largo plazo que suelen emitir las compañías de transportación, como las de ferrocarriles o las aerolíneas, y que permite financiar la compra de equipo nuevo. [Capítulo 20]

Certificados de depósito negociables (CD) Inversión de denominación alta en un depósito de periodo negociable en un banco comercial o una institución de ahorro que paga una tasa de interés fija o variable durante un periodo específico. [Capítulo 9]

Cheque de transferencia al depositario (CTD) Cheque no negociable pagadero a la cuenta de una compañía en un banco concentrador. [Capítulo 9]

Ciclo de efectivo Tiempo que transcurre desde el *desembolso real* de efectivo para compras hasta la recolección de las cuentas por cobrar que resultan de la venta de bienes o servicios; también se llama *ciclo de conversión en efectivo*. [Capítulo 6]

Ciclo de operación Tiempo que transcurre desde el *compromiso* de efectivo para compras hasta el cobro de las cuentas por cobrar que resultan de la venta de bienes o servicios. [Capítulo 6]

Cláusula de compra Característica de un contrato fiduciario que permite al emisor recomprar los valores a un precio fijo (o una serie de precios fijos) antes del vencimiento; también se llama *opción de compra*. [Capítulo 20]

Cláusula de compromiso negativo Cláusula de protección mediante la cual el prestamista acuerda no ejercer un derecho prendario sobre ninguno de sus activos. [Capítulo 21]

Clearing House Interbank Payment System (CHIPS) Sistema de liberación automática usado principalmente para pagos internacionales. La contraparte británica se conoce como CHAPS. [Capítulo 9]

Coalición de suscripción Una combinación temporal de bancos de inversión formada para vender una nueva emisión de valores. [Capítulo 19]

Código comercial uniforme Modelo de la legislación estatal estadounidense relacionado con muchos aspectos de las transacciones comerciales; se aprobó en Pennsylvania en 1954. Se ha adoptado con algunos cambios en casi todas las legislaturas estatales. [Capítulo 11]

*Coeficiente de correlación Medida estadística de la relación lineal entre dos variables. Su rango va de −1.0 (correlación negativa perfecta), pasando por 0 (sin correlación), a +1.0 (correlación positiva perfecta). [Apéndice A del capítulo 5 y capítulo 14]

*Coeficiente de variación (CV) La razón entre la desviación estándar de una distribución y la media de esa distribución. Es una medida del *riesgo relativo.* [Capítulos 5 y 14]

Colocación privada (o directa) Venta de una emisión completa de valores no registrados (casi siempre bonos) directamente a un comprador o grupo de compradores (por lo general, intermediarios financieros). [Capítulo 19]

Comercio electrónico (CE) Intercambio de información de negocios en formato electrónico (sin papel), incluyendo el uso de Internet. [Capítulo 9]

Comisión de supervisión contable de las empresas públicas (PCAOB) Corporación no lucrativa del sector privado creado por la *Ley de Sarbanes-Oxley de 2002* para supervisar a los auditores de las compañías públicas con la finalidad de proteger los intereses de los inversionistas y promover el interés público en la preparación de informes de auditoría independientes, justos e informativos. [Capítulo 1]

Comisión de Valores (SEC, Securities and Exchange Commission) Agencia del gobierno de Estados Unidos responsable de la administración de las leyes de valores federales, incluyendo las leyes de 1933 y 1934. [Capítulo 19]

Compañía de responsabilidad limitada (CRL) Una forma de negocio que otorga a sus dueños (llamados "miembros") una responsabilidad personal limitada como estilo corporativo y el tratamiento de impuestos federales de una sociedad. [Capítulo 2]

Compañía multinacional Una compañía que hace negocios y posee activos en dos o más países. [Capítulo 24]

Compensación (*netting*) Sistema en el que las compras a través de fronteras entre las subsidiarias de la misma compañía se realizan de manera que cada participante paga o recibe sólo la cantidad neta de sus propias compras y ventas. [Capítulo 24]

Compra (método de) Método para el manejo contable de una fusión basado en el *precio de mercado* pagado por la compañía adquirida. [Capítulo 23]

Compra apalancada Compra principalmente con deuda financiada de todas las acciones o los activos de una compañía, subsidiaria o división por un grupo inversionista. [Capítulo 23]

Compra de una empresa por parte de los directivos Una compra completa apalancada en la que la administración que efectúa la operación termina con una posición sustancial de propiedad. [Capítulo 23]

Concentración de efectivo Transferencia de efectivo de un *lockbox* o del dominio del banco al fondo común de la empresa casi siempre en un banco concentrador. [Capítulo 9]

Consejo de estándares de contabilidad financiera (*Financial Accounting Standards Board, FASB*) Cuerpo que establece las reglas y los estándares de la profesión de contabilidad. [Capítulo 24]

Consolidación La combinación de dos o más empresas en una completamente nueva. Las empresas anteriores dejan de existir. Aunque técnicamente son diferentes, los términos *fusión* (donde una empresa sobrevive) y *consolidación* tienden a usarse como sinónimos. [Capítulo 23]

Contrato a plazo Un contrato para la entrega de un bien, moneda extranjera o instrumento financiero a un precio especificado hoy, con entrega y liquidación en una fecha futura especificada. Aunque es similar al *contrato de futuros*, no es sencillo transferirlo o cancelarlo. [Capítulo 24]

Contrato de futuros Un contrato para entregar un bien, moneda extranjera o instrumentos financieros a un precio especificado en una fecha futura estipulada. El contrato de futuros se intercambia en mercados organizados. [Capítulo 24]

Contrato de venta condicional Un medio de financiamiento suministrado por el vendedor del equipo, quien retiene la factura hasta que el financiamiento termine de pagarse. [Capítulo 21]

Contribución marginal por unidad Cantidad de dinero disponible de cada unidad de ventas para cubrir los costos fijos operativos y proporcionar ganancias operativas. [Capítulo 16]

*Convenio Restricción sobre el prestatario impuesta por el prestamista: por ejemplo, el prestatario debe mantener una cantidad mínima de capital de trabajo. [Capítulos 18 y 21]

Conversión de cuentas por cobrar (CCC) Proceso mediante el cual los cheques se convierten en débitos de la Cámara de compensación automatizada (ACH) en los sistemas de *lockbox* y otros sitios de recepción. Reduce la existencia de la flotación asociada con la liberación de cheques. [Capítulo 9]

Corporación Forma de negocio legalmente separada de sus propietarios. Las características que la distinguen incluyen responsabilidad limitada, transferencia sencilla de la propiedad, vida ilimitada y la capacidad para reunir grandes sumas de capital. [Capítulo 2]

Corporación virtual Modelo organizacional de negocios que implica la subcontratación en gran escala de las funciones de negocios. [Capítulo 23]

Costo de acciones preferenciales (capital) Tasa de rendimiento requerida sobre las inversiones de los accionistas preferenciales de la compañía. [Capítulo 15]

Costo de bienes vendidos Costos de productos (costos que se pueden inventariar) los cuales se convierten en gastos del periodo sólo cuando los productos se venden; son iguales al *inventario inicial* más el *costo de bienes comprados* o *fabricados* menos el *inventario final*. [Capítulo 6]

Costo de capital Tasa de rendimiento requerida sobre los diferentes tipos de financiamiento. El costo total de capital es un promedio ponderado de las tasas de rendimiento requeridas individuales (costos). [Capítulo 15]

Costo de capital accionario Tasa de rendimiento requerida sobre las inversiones de los accionistas ordinarios de la compañía. [Capítulo 15]

Costo de deuda (capital) Tasa de rendimiento requerida sobre las inversiones de los acreedores de una compañía. [Capítulo 15]

Costo de oportunidad Lo que se pierde al no tomar la alternativa de inversión que sigue a la mejor. [Capítulo 12]

*Costos de agencia Costos asociados con la supervisión de la administración para asegurar que ésta se comporta de manera congruente con los acuerdos contractuales de la empresa con los acreedores y los accionistas. [Capítulos 17 y 23]

*Costos de flotación Costos asociados con la emisión de valores, como las cuotas de suscripción, legales, de listados e impresión. [Capítulos 15 y 18]

Costos hundidos Desembolsos irrecuperables pasados que, puesto que no se pueden recuperar, no deberían afectar las acciones presentes o las decisiones futuras. [Capítulo 12]

Covarianza Medida estadística del grado en el que dos variables (como rendimientos sobre valores) se mueven juntas. Un valor positivo significa que, en promedio, se mueven en la misma dirección. [Capítulo 5]

Crédito comercial Crédito otorgado por un negocio a otro. [Capítulo 11]

Crédito mercantil o fondo de comercio (*goodwill*) Los activos intangibles de la empresa adquirida que surgen cuando la empresa compradora paga más por ellos que su valor en libros. El deterioro (o declinación) del crédito mercantil debe someterse a prueba al menos una vez al año. [Capítulo 23]

Cuenta con saldo cero (CSC) Cuenta de cheques de una corporación en la que se mantiene un saldo de cero. La cuenta requiere una cuenta maestra de la que se retiran fondos para cubrir los saldos negativos o a la que se envía el saldo excedente. [Capítulo 9]

Cuentas por cobrar Cantidades de dinero que los clientes deben a la empresa por haber comprado bienes o servicios a crédito. Las cuentas por cobrar son un activo corriente. [Capítulo 10]

Cuentas por cobrar vencidas El proceso de clasificar las cuentas por cobrar según su fecha de vencimiento a partir de una fecha dada. [Capítulo 6]

Cuentas por pagar demoradas Pagos de una cantidad que se adeuda a los proveedores y los cuales se posponen más allá del fin del periodo neto (de crédito). [Capítulo 11]

*Cuota de compromiso Cuota que cobra el prestamista para acordar mantener el crédito disponible. [Capítulos 11 y 21]

Curva de indiferencia Curva que representa todas las combinaciones de rendimiento y riesgo esperados que ofrecen a un inversionista una cantidad igual de satisfacción. [Capítulo 15]

Curva de rentabilidad Gráfica de la relación entre el rendimiento y el plazo de vencimiento de un valor particular. [Capítulo 2]

Débito preautorizado Transferencia de fondos de una cuenta de banco del pagador en una fecha específica al banco del destinatario; éste inicia la transferencia con la autorización previa del pagador. [Capítulo 9]

Declaración de registro Documento de divulgación presentado ante la Comisión de Valores de EUA (SEC) para registrar una nueva emisión de valores. La declaración de registro incluye el prospecto y otra información requerida por la SEC. [Capítulo 19]

Depreciación Asignación sistemática del costo de un bien de capital durante un periodo dado, para fines de reportes financieros, declaraciones fiscales o ambos. [Capítulo 2]

Depreciación acelerada Métodos de depreciación que deducen el costo de un bien de capital con mayor rapidez que la depreciación lineal. [Capítulo 2]

Depreciación de saldo decreciente Métodos de depreciación mediante un cargo anual basado en un porcentaje fijo del valor en libros depreciado del activo, al inicio de año en el que se aplica el cargo por depreciación. [Capítulo 2]

Depreciación lineal (o en línea recta) Método de depreciación que asigna gastos uniformes durante la vida depreciable del activo. [Capítulo 2]

Derecho Opción a corto plazo para comprar cierto número (o fracción) de valores de una corporación emisora; también se llama *derecho de suscripción*. [Capítulo 19]

Derecho de garantía sobre bienes muebles Derecho prendario sobre propiedades *personales* (bienes diferentes a los bienes raíces) que respaldan un préstamo. [Capítulo 11]

Derecho prendario o de retención Derecho legal sobre ciertos activos. El derecho de retención se puede usar para respaldar un préstamo. [Capítulo 21]

Derecho prendario flotante Un derecho general o global contra un grupo de activos, tales como inventario o cuentas por cobrar, sin que los activos se identifiquen específicamente. [Capítulo 11]

Derecho privativo Privilegio de los accionistas de mantener su parte proporcional de la compañía comprando una parte proporcional de acciones de cualquier emisión nueva de acciones ordinarias, o de valores convertibles a acciones ordinarias. [Capítulo 19]

Descuento del bono Cantidad por la que el valor nominal de un bono excede el precio actual. [Capítulo 4]

Descuento por pago en efectivo Un porcentaje de reducción en el precio de venta o de compra otorgado por pronto pago de facturas. Es un incentivo para los clientes con crédito para pagar sus facturas oportunamente. [Capítulo 10]

Desembolso remoto Sistema en el que la empresa gira cheques de un banco que está geográficamente lejos de sus acreedores de manera que maximiza el tiempo de liberación de los cheques. [Capítulo 9]

Desinversión El despojo de una porción de la compañía o de toda la empresa. [Capítulo 23]

*Desviación estándar Medida estadística de la variabilidad de una distribución alrededor de su media. Es la raíz cuadrada de la *varianza*. [Capítulos 5 y 14]

Deuda atrasada Un pago vencido o retrasado que puede ser acumulativo. [Capítulo 20]

Deuda directa (o capital accionario) Deuda (o capital accionario) que no puede intercambiarse por otro activo. [Capítulo 22]

Deudas comerciales Dinero que se debe a los proveedores. [Capítulo 11]

*Dilución Un decremento en el derecho proporcional sobre las utilidades y los activos de una acción ordinaria debido a la emisión de acciones adicionales. [Capítulos 18 y 22]

Distribución de probabilidad Conjunto de valores que puede tomar una variable aleatoria y sus probabilidades de ocurrencia asociadas. [Capítulo 5]

Dividendo adicional Un dividendo no recurrente pagado a los accionistas además del dividendo normal. Es un recurso para circunstancias especiales. [Capítulo 18]

Dividendo en acciones Un pago de acciones adicionales a los accionistas. Con frecuencia se usa en vez del dividendo en efectivo o además de éste. [Capítulo 18]

Dividendo regular Dividendo que normalmente se espera que pague la empresa. [Capítulo 18]

Dividendos en efectivo Distribución en efectivo de las ganancias a los accionistas, generalmente en forma trimestral. [Capítulo 2]

Doble gravamen Situación en la que se grava el mismo ingreso dos veces. Un ejemplo clásico es el gravamen del ingreso a nivel corporativo y de nuevo como ingreso por dividendos que recibe el accionista. [Capítulo 2]

Economías de escala Beneficios que se obtienen cuando el costo promedio por unidad baja conforme el volumen aumenta. [Capítulo 23]

Emisión pública Venta de bonos o acciones al público general. [Capítulo 19]

Emisores experimentados bien conocidos (WKSIs) En esencia, son compañías grandes, con comercio de valores activo, establecidas en los registros públicos de antecedentes en Estados Unidos. [Capítulo 19]

Empresa conjunta Una empresa de negocios de propiedad conjunta y controlada por dos o más empresas independientes. Cada socio de la empresa continúa existiendo como empresa separada, y la empresa conjunta representa un nuevo negocio. [Capítulo 23]

*Enfoque de cobertura (igualando el vencimiento) Método de financiamiento en el que cada activo se compensa con un instrumento de financiamiento aproximadamente con el mismo plazo de vencimiento. [Capítulos 8 y 15]

Enfoque del ingreso operativo neto (ION) (para la estructura de capital) Teoría de la estructura de capital en la que el costo de capital promedio ponderado y el valor total de la empresa permanecen constantes mientras que el apalancamiento financiero cambia. [Capítulo 17]

Enfoque tradicional (para la estructura de capital) Teoría de estructura de capital en la que existe una estructura de capital óptima y donde la administración puede aumentar el valor total de la empresa mediante el uso juicioso del apalancamiento financiero. [Capítulo 17]

Equivalente con certidumbre (EC) Cantidad de dinero que alguien requiere con certidumbre en un momento para sentirse indiferente entre esa cantidad cierta y una cantidad esperada que se recibirá con riesgo en el mismo momento. [Capítulo 5]

Equivalentes de efectivo Valores comerciales a corto plazo, con gran liquidez, que pueden convertirse a cantidades de efectivo conocidas y para cuyo vencimiento faltan por lo general tres meses o menos en el momento de la adquisición. [Capítulo 6]

Escisión Forma de desinversión que da como resultado que una subsidiaria o división se convierta en una compañía independiente. Por lo común, las acciones de la nueva compañía se distribuyen prorrateadas entre los accionistas de la empresa matriz. [Capítulo 23]

Escritura fiduciaria Acuerdo legal, también llamado *instrumento de garantía*, entre la corporación emisora y los titulares de bonos, que establece los términos de la emisión y nombra al fideicomisario. [Capítulo 20]

*Escudo fiscal Un gasto deducible de impuestos. El gasto protege (como escudo) una cantidad monetaria equivalente del ingreso de ser gravada reduciendo el ingreso gravable. [Apéndice B del capítulo 15 (deducción fiscal) y capítulo 17]

Estado de flujo de fondos Resumen de los cambios en la posición financiera de la empresa de un periodo a otro; también se conocen como *fuentes y usos del estado de fondos* o un *estado de cambios en la posición financiera*. [Capítulo 7]

Estado de flujos de efectivo Resumen de los ingresos y pagos en efectivo de una empresa durante un periodo. [Capítulo 7]

Estado de ingresos Resumen de los ingresos y gastos de una empresa en un periodo específico, que termina con los ingresos o pérdidas netos para ese periodo. [Capítulo 6]

Estados de utilidades retenidas Un estado financiero que resume los cambios en las utilidades retenidas por un periodo establecido, como resultado de las ganancias (o pérdidas) y los dividendos pagados. Este estado muchas veces se combina con el estado de pérdidas y ganancias. [Capítulo 6]

Estándar de crédito Calidad mínima de solvencia de un solicitante de crédito que es aceptable para la empresa. [Capítulo 10]

*Estructura de capital Mezcla (o proporción) del financiamiento a largo plazo permanente de una empresa representada por deuda, acciones preferenciales y acciones ordinarias. [Capítulos 16 y 17]

Estructura del plazo de las tasas de interés La relación entre el rendimiento y el vencimiento de los valores que *difieren sólo en la duración (o plazo) hasta el vencimiento.* [Capítulo 2]

Estructura óptima de capital Estructura de capital que minimiza el costo de capital para la empresa y con ello maximiza el valor de la misma. [Capítulo 17]

Euro (EUR) Nombre dado a la moneda europea. Su abreviatura oficial es EUR. Igual que el dólar ($) y la libra esterlina (£), el euro (€) tiene un símbolo distintivo, que se parece a una "C" con un signo "=" que la atraviesa. [Capítulo 24]

Eurobonos Emisión de bonos vendida internacionalmente fuera del país en cuya moneda está denominado el bono. [Capítulo 24]

Eurodivisa Moneda depositada fuera de su país de origen. [Capítulo 24]

*Eurodólares Un depósito en eurodólares tiene denominación en dólares de EUA —casi siempre en un banco localizado fuera de Estados Unidos—, pero no está sujeto a las reglas de la banca estadounidense. [Capítulos 9 y 24]

Euronotas a mediano plazo (Euro NMP) Una emisión de NMP vendida internacionalmente fuera del país en cuya moneda tiene su denominación [Capítulo 21]

Factoraje Venta de cuentas por cobrar a una institución financiera, generalmente se hace "sin recurso". [Capítulo 11]

Factura Nota oficial preparada por el vendedor de bienes o servicios y entregada al comprador. Especifica la lista de artículos comprados, los precios y los términos de la venta. [Capítulo 9]

Faltantes de inventario Situación que se presenta cuando no se cuenta con suficientes artículos en inventario para satisfacer un pedido. [Capítulo 6]

FASB 13 Declaración emitida por el consejo de estándares de contabilidad financiera *(Financial Accounting Standards Board, FASB)* que establece estándares financieros contables para arrendatarios y arrendadores. [Apéndice del capítulo 21]

Fecha de declaración La fecha en que el consejo directivo anuncia el monto y la fecha del siguiente dividendo. [Capítulo 18]

Fecha de expiración de derechos La primera fecha en la que un comprador de acciones ya no recibe el derecho a suscribirse por acciones adicionales a través de la oferta de derechos anunciada recientemente. [Capítulo 19]

Fecha de pago Fecha en la que la corporación de hecho paga el dividendo declarado. [Capítulo 18]

Fecha de registro Fecha establecida por el consejo directivo cuando se declara un dividendo, y en la cual un inversionista debe ser un accionista con registro para tener derecho a recibir el dividendo anunciado. [Capítulo 18]

Fecha sin dividendo La primera fecha en la que un comprador de acciones ya no tiene derecho al dividendo que se acaba de declarar. [Capítulo 18]

Fecha temporal Términos de crédito que alientan al comprador de productos estacionales a aceptar sus entregas antes del periodo de ventas pico y a diferir el pago hasta después del periodo pico. [Capítulo 10]

Fideicomisario Persona o institución designada por el emisor de un bono como el representante oficial de los titulares de bonos. Por lo general, un banco funge como fideicomisario. [Capítulo 20]

Financiamiento espontáneo Crédito comercial y otros pagaderos y devengados, que surgen de manera espontánea en las operaciones cotidianas de una empresa. [Capítulo 8]

Flotación de desembolso Tiempo total entre el envío de un cheque por correo y la liberación del cheque de la cuenta bancaria de la empresa. [Capítulo 9]

Flotación neta Diferencia monetaria entre el saldo mostrado en los libros de una empresa (o de un individuo) y el saldo en los libros del banco. [Capítulo 9]

Flujo de efectivo descontado (FED) Cualquier método de evaluación y selección de proyectos de inversión que ajuste flujos de efectivo en el tiempo al valor del dinero en el tiempo. [Capítulo 13]

Fondo de amortización Un fondo establecido para retirar periódicamente una porción de una emisión de valores antes del vencimiento. La corporación debe hacer pagos periódicos al fondo de amortización en un fideicomiso. [Capítulo 20]

*Fondos mutuos del mercado de dinero (FMM) Fondos mutuos que usa la unión de fondos de inversionistas para invertir en instrumentos de mercado de dinero de alta denominación. [Capítulos 9 y 20]

Forfaiting Venta "sin recurso" a una institución financiera de cuentas por cobrar a mediano y largo plazos relacionadas con exportaciones. Un tercero, que suele ser un banco o una entidad gubernamental, garantiza el financiamiento. [Capítulo 24]

Fraccionamiento de acciones Un incremento en el número de acciones en circulación mediante la reducción del valor a la par de cada una: por ejemplo, un fraccionamiento de 2 por 1 donde el valor a la par por acción se reduce a la mitad. [Capítulo 18]

Fraccionamiento inverso de acciones Un fraccionamiento de acciones en el que el número de acciones circulantes disminuye; por ejemplo, en un fraccionamiento inverso de 1 por 2, cada accionista recibe una nueva acción por cada dos acciones que posee. [Capítulo 18]

Fusión Combinación de dos o más compañías en la que sólo una empresa sobrevive como entidad legal. [Capítulo 23]

Fusiones *roll-up* Combinación de varias compañías pequeñas en la misma industria para crear una compañía más grande. [Capítulo 23]

Ganancia (pérdida) de capital Cantidad en la que el producto de la venta de un bien de capital excede (o es menor que) el costo original del bien. [Capítulo 2]

Ganancia o pérdida de conversión Una ganancia o pérdida contable que surge de la conversión de los activos y pasivos de una subsidiaria en el extranjero a la moneda de la compañía matriz. [Capítulo 24]

Ganancia operativa neta después de impuestos (GONDI) La ganancia potencial neta después de impuestos de una compañía si estuviera financiada por completo con capital accionario o "no apalancado". [Capítulo 15]

Garantía Opción a plazo relativamente largo para comprar acciones ordinarias a un precio de ejercicio especificado durante un periodo determinado. [Capítulo 22]

Garantía (colateral) Bienes comprometidos por el prestatario para asegurar el pago de un préstamo. Si el prestatario no cumple, el prestamista puede vender la garantía para pagar el préstamo. [Capítulo 11]

Gastos acumulados Cantidades que se deben pero aún no se pagan como salarios, impuestos, intereses y dividendos. La cuenta de gastos acumulados es un pasivo a corto plazo. [Capítulo 11]

Gastos capitalizados Gastos que pueden arrojar beneficios en el futuro y, por lo tanto, se tratan como gastos de capital y no como gastos del periodo en el que ocurren. [Capítulo 12]

Giro bancario Término genérico para la transferencia electrónica de fondos usando un sistema de comunicación de dos vías, como Fedwire. [Capítulo 9]

Gobernanza corporativa Sistema mediante el cual se maneja y controla a las corporaciones. Comprende las relaciones entre los accionistas, el consejo directivo y la alta administración. [Capítulo 1]

Grado de apalancamiento financiero (GAF) Cambio porcentual en las utilidades por acción (UPA) de una empresa que resulta de un cambio de 1% en la ganancia operativa (UAII). [Capítulo 16]

Grado de apalancamiento operativo (GAO) Cambio porcentual en la ganancia operativa de una empresa (UAII) que se obtiene con un cambio de 1% en la producción (ventas). [Capítulo 16]

Grado de apalancamiento total (GAT) Cambio porcentual en las utilidades por acción (UPA) de una empresa que resulta de un cambio de 1% en la producción (ventas). Esto también es igual al grado de apalancamiento operativo (GAO) de la empresa, multiplicado por el grado de apalancamiento financiero (GAF) a un nivel específico de producción (ventas). [Capítulo 16]

Gráfica de punto de equilibrio Representación gráfica de la relación entre ingresos totales y costos totales para varios niveles de producción y ventas, que indica áreas de pérdidas y ganancias. [Capítulo 16]

Grupos de interés Todos los implicados que tienen intereses en la fortuna de la compañía. Incluyen accionistas, acreedores, clientes, empleados, proveedores y las comunidades locales e internacionales en las que opera la empresa. [Capítulo 1]

Guía de embarque Documento que indica los detalles del envío y la entrega de bienes, y su propiedad. [Capítulo 24]

IED financiero (IEDF) Transferencia de información electrónica relacionada con las finanzas entre una compañía y su banco o entre bancos. [Capítulo 9]

Impuesto mínimo alternativo (IMA) Una alternativa, separada del cálculo de impuestos basado en el ingreso gravable del contribuyente, aumentada por ciertos beneficios fiscales, colectivamente conocida como "conceptos sujetos a impuesto mínimo". El contribuyente paga la cantidad más grande entre el impuesto determinado normalmente y el IMA. [Capítulo 21]

Impuestos diferidos "Pasivo" que representa la diferencia acumulada entre el gasto de impuestos sobre la renta reportado en los libros de la empresa y el impuesto realmente pagado. Surge en principio porque la depreciación se calcula de manera distinta en los reportes financieros y en los reportes fiscales. [Apéndice del capítulo 6]

Incumplimiento Falla por no cumplir los términos de un contrato, como no efectuar los pagos de interés o principal sobre un préstamo en la fecha de vencimiento. [Capítulo 2]

Índice de acciones *Standard & Poor's 500 (S&P 500 Index)* Un índice ponderado del valor de mercado de las acciones ordinarias de 500 compañías de alta capitalización, seleccionadas a partir de una sección transversal por grupos de industrias. Se usa como medida del desempeño global en el mercado. [Capítulo 5]

Índice de rentabilidad (IR) Razón entre el valor presente de los flujos de efectivo netos futuros de un proyecto y el flujo de salida inicial del mismo. [Capítulo 13]

Inflación Alza en el nivel promedio de los precios de bienes y servicios. [Capítulo 2]

Insolvencia de efectivo Incapacidad para pagar deudas cuando éstas se vencen. [Capítulo 16]

Instrumentos del mercado de dinero (Definición general). Todos los valores del gobierno y las obligaciones corporativas a corto plazo. [Capítulo 9]

Intercambio compensado (*countertrade*) Término genérico para el trueque y otras formas de comercio que implican la venta internacional de bienes o servicios que se pagan —en su totalidad o en parte— con la transferencia de bienes o servicios desde otro país. [Capítulo 24]

Intercambio de negocio a negocio (B2B) Mercado en Internet *negocio a negocio* (B2B, por las siglas de *business to business*) que iguala la oferta con la demanda mediante subastas. [Capítulo 10]

Intercambio electrónico de datos (IED) Movimiento de datos de negocios de manera electrónica en un formato estructurado, legible en una computadora. [Capítulo 9]

Interés Dinero pagado (ganado) por el uso del dinero. [Capítulo 3]

Interés compuesto Interés pagado (ganado) sobre cualquier interés ganado con anterioridad, al igual que sobre el principal solicitado en préstamo. [Capítulo 3]

Interés simple Interés pagado (ganado) sólo sobre la cantidad original o principal prestado (solicitado en préstamo). [Capítulo 3]

*Intermediarios financieros Instituciones financieras que aceptan dinero de los ahorradores y usan esos fondos para hacer préstamos a otros inversionistas financieros en su propio nombre. Incluyen bancos comerciales, instituciones de ahorro, compañías de seguros, fondos de pensión, compañías de finanzas y fondos mutuos. [Capítulos 2 y 19]

*Interpolar Estimar un número desconocido que está en algún lugar entre dos números conocidos. [Capítulos 4 y 13]

Inventario de seguridad Existencias en inventario que se conservan como reserva contra la incertidumbre en la demanda (o el uso) y el tiempo de entrega del reabastecimiento. [Capítulo 10]

Juego limpio Inversión concentrada en una línea de negocios. El extremo opuesto de un juego limpio sería una inversión en un *conglomerado*. [Capítulo 23]

Justo a tiempo (JIT) Enfoque de administración y control de inventarios en el que los inventarios se adquieren e insertan en la producción en los tiempos exactos en que se necesitan. [Capítulo 10]

Letras del Tesoro (letras T) Obligaciones del Tesoro de Estados Unidos a corto plazo, que no ganan interés, emitidas con un descuento y redimidas en el vencimiento por su valor nominal. [Capítulo 9]

Ley de Clayton Ley federal aprobada en 1914 en Estados Unidos, contra el monopolio, diseñada para promover la competencia; se refiere a varios asuntos antimonopolistas, incluyendo la vinculación de directivos (consejeros administrativos que participan en diversos consejos empresariales), la discriminación racial, los contratos de exclusividad y las fusiones. [Capítulo 23]

Ley de la Bolsa de Valores de 1934 (Ley de 1934) Regula el mercado secundario en Estados Unidos para valores a largo plazo: la bolsa de valores y el mercado extrabursátil. [Capítulo 19]

Ley de liberación de cheques para el siglo XXI (*Check 21*) Ley federal en Estados Unidos que facilita el intercambio de cheques electrónicos al permitir que los bancos intercambien archivos de imágenes de cheques de manera electrónica y, cuando sea necesario, generen legalmente "cheques sustitutos" equivalentes en papel, a partir de las imágenes, para presentarlos a los bancos que no aceptan cheques electrónicos. [Capítulo 9]

*Ley de Sarbanes-Oxley de 2002 (SOX) de Estados Unidos Se refiere, entre otros aspectos, al control administrativo, auditorías y contabilidad, remuneración de ejecutivos, así como a la difusión oportuna y mejorada de la información corporativa. [Capítulos 1 y 19]

Ley de valores de 1933 (Ley de 1933) de Estados Unidos En general requiere que las ofertas públicas se registren en el gobierno federal antes de iniciar la venta; también se conoce como *Ley de veracidad en valores*. [Capítulo 19]

Leyes "de cielo azul" Leyes estadounidenses que regulan la oferta y la venta de valores. [Capítulo 19]

Línea de crédito Límite en la cantidad de crédito extendida a una cuenta. El cliente puede comprar a crédito hasta ese límite. [Capítulo 10]

Línea de crédito (con un banco) Arreglo informal entre el banco y su cliente que especifica la cantidad máxima de crédito que el banco le permitirá firmar para deberle en un momento dado. [Capítulo 11]

Liquidación Venta de los activos de una empresa, ya sea voluntariamente o por bancarrota. [Capítulo 23]

Liquidación parcial/voluntaria La venta de una división de una compañía se conoce como liquidación parcial; la venta de una compañía como un todo se conoce como liquidación voluntaria. [Capítulo 23]

Liquidez La capacidad de un bien para convertirse en efectivo sin una concesión significativa de precio. [Capítulo 6]

Liquidez corriente Activos corrientes divididos entre pasivos corrientes. Muestra la capacidad de una empresa para cubrir sus pasivos corrientes con sus activos corrientes. [Capítulo 6]

Listado Admisión de un valor para su comercio en un intercambio organizado. Decimos que un valor admitido está en el *listado de valores*. [Capítulo 20]

Lockbox Un apartado postal manejado por el banco de una empresa que se usa como punto de recepción para los pagos de los clientes. Los sistemas de *lockbox* para *menudeo* reciben y procesan altos volúmenes de pagos moderados o bajos, mientras que los *lockboxes* para *mayoreo* están diseñados para manejar volúmenes bajos de pagos monetarios altos. [Capítulo 9]

Lockbox **electrónico** Un servicio de cobranza proporcionado por el banco de una empresa que recibe pagos electrónicos y los datos del remitente que los acompañan, para luego comunicar esta información a la compañía en un formato específico. [Capítulo 9]

Lote económico (*economic order quantity*, **EOQ**) La cantidad de unidades de un artículo del inventario que deben solicitarse de manera que los costos totales de inventario se minimicen en el periodo de planeación de la empresa. [Capítulo 10]

Maximización de la ganancia Maximizar las utilidades después de impuestos (UDI) de una empresa. [Capítulo 1]

*Mercado de capital Mercado para instrumentos financieros (como bonos y acciones) a un plazo relativamente largo (más de un año). [Capítulos 2 y 19]

Mercado de dinero Mercado de valores de deuda a corto plazo (menos de un año de vencimiento) corporativa y gubernamental. Incluye también valores del gobierno emitidos originalmente con vencimiento de más de un año, pero que ahora vencen en un año o menos. [Capítulo 2]

Mercado financiero eficiente Mercado financiero en el que los precios actuales reflejan por completo toda la información relevante disponible. [Capítulo 5]

*Mercado primario Mercado en el que se compran o se venden valores la primera vez (mercado de "nuevas emisiones"). [Capítulos 2 y 19]

*Mercado secundario Mercado para los valores existentes (usados), no los nuevos. [Capítulos 2 y 19]

*Mercados financieros Todas las instituciones y los procedimientos para reunir a compradores y vendedores de instrumentos financieros. [Capítulos 2 y 19]

Método ABC de control de inventarios Método que controla los artículos costosos del inventario con más cuidado que los artículos menos costosos. [Capítulo 10]

Método de unión de intereses Un método de manejo contable para una fusión basado en el *valor neto en libros* de los activos de la compañía adquirida. Los balances generales de las dos compañías simplemente se combinan. [Capítulo 23]

Modelo de fijación de precios de activos de capital (MPAC) Un modelo que describe la relación entre riesgo y rendimiento esperado (requerido); en este modelo el rendimiento esperado (requerido) de una acción es la tasa libre de riesgo más una prima basada en el riesgo sistemático de la acción. [Capítulo 5]

Negocio a negocio (B2B, *business to business*) Comunicaciones y transacciones realizadas entre negocios, en oposición a aquellas que se realizan entre negocios y el cliente final. Expresado en forma alfanumérica (B2B), se refiere a esas transacciones realizadas a través de Internet. [Capítulo 10]

North American Industry Classification System (NAICS) Codes o Sistema de códigos de clasificación de industrias en Norteamérica Un sistema de clasificación estandarizada de negocios por tipos de actividad económica desarrollado en conjunto por Canadá, México y Estados Unidos. Asigna un código numérico de cinco o seis dígitos dependiendo de cómo se define un negocio. [Capítulo 15]

Nota a mediano plazo Instrumento de deuda, ya sea corporativo o del gobierno, que se ofrece a los inversionistas sobre una base continua. El periodo de vigencia es de nueve meses a 30 años (o más). [Capítulo 21]

Nota roja Prospecto preliminar. Incluye una leyenda en rojo en la primera página que establece que la declaración de registro todavía no es efectiva. [Capítulo 19]

Notas del Tesoro Obligaciones del Tesoro de Estados Unidos a mediano plazo (vencimiento original de 2 a 10 años). [Capítulo 9]

Obligaciones subordinadas Instrumento de deuda no garantizada a largo plazo con un derecho menor sobre los activos y el ingreso que otras clases de deuda; se conoce como deuda junior. [Capítulo 20]

Oferta de autocompra Oferta de una empresa para readquirir algunas de sus propias acciones. [Capítulo 18]

Oferta de compra Una oferta para comprar a los accionistas actuales sus acciones a un precio especificado, con frecuencia con el objetivo de obtener el control de la compañía. La oferta suele hacerla otra compañía y casi siempre por una cantidad que rebasa el precio de mercado actual. [Capítulo 23]

Oferta de compra de dos niveles Oferta de compra en la que el licitador ofrece un precio de primer nivel superior (por ejemplo, más alto o todo en efectivo) por un número (o porcentaje) especificado de acciones y, al mismo tiempo, ofrece adquirir las acciones restantes a un precio de segundo nivel (por ejemplo, más bajo y/o en valores en vez de efectivo). [Capítulo 23]

Oferta del mejor esfuerzo Oferta sobre un valor en la que los bancos de inversión acuerdan usar sólo su mejor esfuerzo para vender los valores del emisor. Los bancos de inversión no se comprometen a comprar los valores no vendidos. [Capítulo 19]

*Oferta pública inicial (OPI) La oferta de acciones ordinarias de una compañía al público en general. [Capítulos 19 y 23]

Opción de colocación Contrato que da al titular el derecho de *vender* una cantidad específica de los activos subyacentes a un precio predeterminado (*precio de ejercicio*) en la fecha de expiración o antes. [Apéndice del capítulo 22]

Opción de compra Contrato que da al titular el derecho de *comprar* una cantidad específica de activos subyacentes a un precio predeterminado (el *precio de ejercicio*) en la fecha de vencimiento o antes. [Apéndice del capítulo 22]

Opción de divisas Un contrato que da al titular el derecho de comprar o vender (colocar) una cantidad específica de una divisa extranjera a algún precio especificado hasta cierta fecha (vencimiento). [Capítulo 24]

Opciones administrativas (reales) Flexibilidad de la administración para tomar decisiones futuras que afectan los flujos de efectivo esperados, la vida o la aceptación futura de un proyecto. [Capítulo 14]

OPI *roll-up* Una oferta pública inicial (OPI) de compañías independientes en la misma industria que se fusionan en una sola compañía concurrente con la oferta de acciones. Los fondos de la OPI se usan para financiar la adquisición de las compañías que se combinan. [Capítulo 23]

Orden de pago Una orden escrita y firmada mediante la cual la primera parte (quien ordena el pago) instruye a la segunda (el que paga) a pagar una cantidad específica de dinero a una tercera parte (el tenedor). Con frecuencia, quien ordena el pago y el tenedor son la misma parte. [Capítulo 11]

Pagaré Documento de promesa legal de pagar una suma de dinero a un prestamista. [Capítulo 21]

Pagaré de tasa flotante (PTF) Deuda emitida con una tasa de interés variable. [Capítulo 24]

Pago con letra de cambio (PLC) Instrumento similar al cheque que se emite contra el pagador y no contra un banco, como sucede con un cheque. Después de que se presenta una letra de cambio ante un banco, el pagador decide si acepta o rehúsa el pago. [Capítulo 9]

Pago global Un pago sobre la deuda que es mucho mayor que otros pagos. El pago final global se hace al vencimiento y corresponde a todo el principal. [Capítulo 20]

Pagos controlados Sistema en el que la empresa gira cheques de un banco (o sucursal bancaria) que puede dar una notificación, temprano o a media mañana, de la cantidad total de dinero que se presentará contra la cuenta ese día. [Capítulo 9]

*Papel comercial Pagarés a corto plazo, no garantizados, en general emitidos por grandes corporaciones (pagarés corporativos sin garantía). [Capítulos 9 y 11]

Paridad de poder de compra (PPC) La idea de que una canasta de productos se debe vender al mismo precio en dos países, después de tomar en cuenta las tasas de cambio. [Capítulo 24]

Perfil del VPN Gráfica que muestra la relación entre el valor presente neto de un proyecto y la tasa de descuento empleada. [Capítulo 13]

Periodo de crédito Tiempo total durante el cual se extiende el crédito a un cliente para que pague una factura. [Capítulo 10]

Periodo de descuento por pago en efectivo Lapso durante el cual puede optarse por un descuento por pronto pago. [Capítulo 10]

Periodo de recuperación (PR) Periodo requerido para que los flujos de efectivo acumulados que se esperan de un proyecto de inversión sean iguales al flujo de salida de efectivo inicial. [Capítulo 13]

Perpetuidad Una *anualidad ordinaria* cuyos pagos o recepciones continúan para siempre. [Capítulo 3]

Píldora de veneno Artimaña usada por una compañía para hacerse menos atractiva como candidato para una toma de control. Su veneno, por así decirlo, se libera cuando un comprador toma una parte suficiente de la empresa meta. [Capítulo 23]

Plan de reinversión de dividendos (PRID) Un plan opcional que permite a los accionistas reinvertir de manera automática los dividendos pagados en acciones adicionales de la compañía. [Capítulo 18]

*Plazo de vencimiento Vida de un activo, tiempo que transcurre antes de que se venza la cantidad principal de un valor. [Capítulos 2 y 9]

Poder Documento legal que autoriza a una persona para actuar en nombre de otra. En los negocios, suele referirse a las instrucciones dadas por un accionista con respecto a los votos correspondientes a acciones ordinarias. [Capítulo 20]

Portafolio Combinación de dos o más valores o bienes. [Capítulo 5]

Post-auditoría Comparación formal de los costos y beneficios reales de un proyecto con las estimaciones originales. Un elemento clave de la auditoría es la retroalimentación; es decir, los resultados de la auditoría se comunican al personal relevante para que la toma de decisiones en el futuro pueda mejorar. [Capítulo 13]

Precio de compra Precio al cual el emisor puede recomprar un valor con cláusula de compra antes del vencimiento del valor. [Capítulo 20]

Precio de conversión El precio por acción al que las acciones ordinarias se intercambian por un valor convertible. Es igual al valor nominal del valor convertible dividido entre la razón de conversión. [Capítulo 22]

Precio del ejercicio Precio al que se puede comprar la acción ordinaria asociada con una garantía u opción de compra durante un periodo específico. [Capítulo 22]

Préstamo a plazo Deuda originalmente programada para saldarse en más de un año, pero por lo general en menos de 10 años. [Capítulo 21]

Préstamos garantizados Una forma de deuda en la que activos específicos se comprometen como garantía del préstamo. [Capítulo 11]

Préstamos no garantizados Una forma de deuda que no está respaldada por activos específicos. [Capítulo 11]

Presupuesto de capital Proceso de identificar, analizar y seleccionar proyectos de inversión cuyos rendimientos (flujos de efectivo) se espera que se extiendan más allá de un año. [Capítulo 12]

Presupuesto de efectivo Pronóstico de los flujos de efectivo futuros de una empresa que surgen de cobros y desembolsos, generalmente cada mes. [Capítulo 7]

Prima de opción de compra El exceso del precio de compra de un valor con respecto a su valor a la par. [Apéndice del capítulo 20]

Prima del bono Cantidad por la que el precio actual de un bono excede a su valor nominal. [Capítulo 4]

Prima sobre valor de bono directo Precio de mercado de un bono convertible menos su valor de bono directo. [Capítulo 22]

Prima sobre valor de conversión El precio de mercado de un valor convertible menos el valor de conversión; se conoce también como *prima de conversión.* [Capítulo 22]

Privilegio de suscripción en exceso El derecho a comprar, de forma prorrateada, cualesquiera acciones no suscritas en una oferta de derechos. [Capítulo 19]

Programa de amortización Tabla que muestra el programa de pagos de interés y principal necesarios para saldar un préstamo a su vencimiento. [Capítulo 3]

Pronóstico de estados financieros Estados financieros futuros esperados con base en las condiciones que la administración espera que se presenten y los cursos de acción que espera tomar. [Capítulo 7]

Propiedad única Una forma de negocio en la que hay un solo dueño. Este dueño único tiene responsabilidad ilimitada sobre todas las deudas de la empresa. [Capítulo 2]

Prospecto La parte I de la declaración de registro entregada a la SEC. Revela información acerca de la compañía emisora y de su nueva oferta, y está disponible como un comunicado separado para los inversionistas. [Capítulo 19]

Prospectos de escritura libre Comunicados escritos o electrónicos, diferentes a los prospectos preliminares y finales, que constituyen una oferta de valores para una oferta registrada. [Capítulo 19]

Protección con garantías Algo que reduce el riesgo de los movimientos futuros en los precios. [Capítulo 22]

Protección natural Una *protección* (para reducir el riesgo) que ocurre de manera natural como resultado de las operaciones normales de una empresa. Por ejemplo, el ingreso recibido en una moneda extranjera, usado para pagar compromisos en la misma moneda, constituiría una protección natural. [Capítulo 24]

Proyecto dependiente (o contingente) Proyecto cuya aceptación depende de la aceptación de uno o más de otros proyectos. [Capítulo 13]

Proyecto excluyente Proyecto cuya aceptación imposibilita la aprobación de uno o más de otros proyectos. [Capítulo 13]

Proyecto independiente Un proyecto cuya aceptación (o rechazo) no evita la aceptación de otros proyectos bajo consideración. [Capítulo 13]

Punto de equilibrio Volumen de ventas requerido para que los ingresos totales y los costos totales sean iguales; puede expresarse en unidades o en dólares vendidos. [Capítulo 16]

Punto de indiferencia (Punto de indiferencia UAII-UPA) Nivel de UAII que produce el mismo nivel de UPA para dos (o más) estructuras de capital alternativas. [Capítulo 16]

Punto de reposición Cantidad a la que el inventario debe disminuir para indicar que debe hacerse un pedido de reabastecimiento de un artículo. [Capítulo 10]

Punto-com Una compañía con una presencia fuerte en Internet que realiza casi todos sus negocios a través de su sitio Web. El nombre mismo se refiere al punto seguido de la abreviatura del dominio comercial (.com) al final de una dirección de correo electrónico o de un sitio Web; también se designan como *puntocom* o *punto.com.* [Capítulo 7]

Racionamiento de capital Situación en la que se coloca una restricción (o un límite de presupuesto) sobre la cantidad total de gastos de capital durante un periodo específico. [Capítulo 13]

*Razón de cobertura de interés Utilidades antes de intereses e impuestos divididas entre los cargos de interés. Indica la capacidad de una empresa para cubrir estos gastos de interés. También se conoce como *intereses devengados.* [Capítulos 6 y 16]

Razón de conversión Número de acciones ordinarias por las que se puede cambiar un valor convertible. Es igual al valor nominal del valor convertible dividido entre el precio de conversión. [Capítulo 22]

Razón de la prueba ácida (rápida) Los activos corrientes menos los inventarios divididos entre los pasivos corrientes. Indica la capacidad de la empresa para saldar sus pasivos actuales con sus activos de mayor liquidez (rapidez). [Capítulo 6]

*Razón de pago de dividendos Dividendos anuales en efectivo divididos entre las utilidades anuales; de manera alternativa, dividendos por acción entre utilidades por acción. La razón indica el porcentaje de las utilidades de una compañía que se paga a los accionistas en efectivo. [Capítulos 2 y 18]

Razón financiera Índice que relaciona dos números contables y se obtiene dividiendo un número entre el otro. [Capítulo 6]

Razón precio/utilidades (P/U) El precio de mercado por acción de las acciones ordinarias de una empresa dividido entre las utilidades por acción en los 12 meses más recientes; también se conoce como *razón P/U retrospectiva.* [Capítulo 20]

Razones de actividad Razones que miden la efectividad de la empresa en el uso de sus activos. [Capítulo 6]

*Razones de cobertura Razones que relacionan los cargos financieros de una empresa con su capacidad para cubrirlos. [Capítulos 6 y 16]

Razones de endeudamiento Razones que indican el grado en el que la empresa está financiada por deuda. [Capítulo 6]

Razones de liquidez Razones que miden la capacidad de una empresa para satisfacer sus obligaciones a corto plazo. [Capítulo 6]

Razones de rentabilidad Razones que relacionan las ganancias con las ventas y la inversión. [Capítulo 6]

Recapitalización Alteración de la estructura de capital de una empresa. Por ejemplo, puede vender bonos para adquirir el efectivo necesario para adquirir algunas de sus acciones ordinarias en circulación. [Capítulo 17]

Recibo de almacén terminal Un recibo por el depósito de bienes en un almacén público que conserva el prestamista como colateral del préstamo. [Capítulo 11]

Recibo de bienes en depósito Recibo por los bienes almacenados en las instalaciones del prestatario (pero bajo el control de una compañía de almacenaje independiente) que el prestamista conserva como colateral de un préstamo. [Capítulo 11]

Recibo de depósito Arreglo de garantía que reconoce que el prestatario conserva un inventario con identificación específica y deposita los ingresos sobre su venta en un fondo para el prestamista. [Capítulo 11]

Recompra de acciones Recompra de acciones por la empresa emisora, ya sea en el mercado abierto (secundario) o por *oferta de autocompra*. [Capítulo 18]

Recta característica Recta que describe la relación entre el rendimiento de un valor individual y los rendimientos del portafolio del mercado. La pendiente de esta recta es *beta*. [Capítulo 5]

Recta del mercado de valores (RMV) Recta que describe la relación lineal entre las tasas de rendimiento esperadas para valores individuales (y portafolios) y el riesgo sistemático, según la medición de beta. [Capítulo 5]

Reembolso Remplazo de una deuda antigua con una nueva, en general para bajar el costo de interés. [Apéndice del capítulo 20]

Reestructuración corporativa Cualquier cambio en la estructura de capital, las operaciones o la propiedad de una compañía que está fuera del curso normal del negocio. [Capítulo 23]

Registro de anaquel Procedimiento que permite a una compañía registrar de antemano los valores que tal vez quiera vender y, en esencia, poner ese registro "en el estante" hasta que haga la oferta de venta; también se conoce como *regla 415 de la SEC*. Después, esos valores se pueden vender por partes cuando la compañía así lo elija. [Capítulo 19]

Registro de anaquel automático Una forma más flexible de registro de anaquel sólo disponible para los "emisores experimentados bien conocidos (WKSIs)", que se vuelve efectivo de manera automática al presentarlo en la SEC. [Capítulo 19]

Regla de prioridad absoluta La regla en la bancarrota o la reorganización de que las reclamaciones de un conjunto de reclamantes deben pagarse o arreglarse por completo antes de poder pagar algo al siguiente conjunto de reclamantes de menor antigüedad. [Apéndice del capítulo 23]

Rendimiento (o retorno) Ingreso recibido sobre una inversión más cualquier cambio en el valor de mercado; en general, se expresa como porcentaje del precio de mercado inicial de la inversión. [Capítulo 5]

Rendimiento al vencimiento (RAV) Tasa de rendimiento esperada sobre un bono si se compra a su precio de mercado vigente y se conserva hasta el vencimiento. [Capítulo 4]

Rendimiento de dividendos Dividendos anuales anticipados divididos entre el precio de mercado de la acción. [Capítulo 18]

Rendimiento esperado Promedio ponderado de los rendimientos posibles, donde las ponderaciones o los pesos son las probabilidades de ocurrencia. [Capítulo 5]

Reorganización Reforma de la estructura de capital de una compañía con problemas financieros, bajo el capítulo 11 de la Ley de bancarrota de Estados Unidos, para reducir los cargos fijos. Los titulares de reclamaciones pueden recibir valores sustitutos. [Apéndice del capítulo 23]

"Repelente de tiburones" Defensas empleadas por una compañía para protegerse de una toma de control potencial por parte de ciertos postores o licitadores (los "tiburones"). [Capítulo 23]

Responsabilidad social corporativa (RSC) Panorama de un negocio que reconoce las responsabilidades de la compañía frente a sus accionistas y el entorno natural. [Capítulo 1]

Riesgo Variabilidad de rendimientos con respecto a los esperados. [Capítulo 5]

***Riesgo de la tasa de interés** (o del **rendimiento**) Variación en el precio de mercado de un valor ocasionada por cambios en las tasas de interés. [Capítulos 4 y 9]

Riesgo del evento Riesgo de que una deuda existente sufra una baja en solvencia debido a la emisión de valores de deuda adicional, generalmente en conexión con reestructuraciones administrativas. [Capítulo 19]

Riesgo del negocio Incertidumbre inherente en las operaciones físicas de la empresa. Su impacto se muestra en la variabilidad del ingreso operativo de la empresa (UAII). [Capítulo 16]

Riesgo financiero Variabilidad agregada en las utilidades por acción (UPA) —más el riesgo de posible insolvencia— que está inducida por el uso del apalancamiento financiero. [Capítulo 16]

Riesgo no sistemático Variabilidad del rendimiento sobre acciones o portafolios no explicada por los movimientos del mercado en general. Se puede evitar mediante la diversificación. [Capítulo 5]

Riesgo sistemático Variabilidad en el rendimiento de acciones o del portafolio asociada con los cambios en el rendimiento del mercado como un todo. [Capítulo 5]

Riesgo total de la empresa Variabilidad en las utilidades por acción (UPA). Es la suma del riesgo de negocios más el financiero. [Capítulo 16]

***Saldo de compensación** Depósitos de demanda que mantiene una empresa para pagar a un banco por los servicios prestados, líneas de crédito o préstamos. [Capítulos 9 y 11]

Seguridad (del principal) Se refiere a la posibilidad de obtener de regreso la misma cantidad de dinero que se invirtió originalmente (principal). [Capítulo 9]

Símbolo *ticker* Un nombre en código de caracteres y letras asignado a los valores y fondos mutuos. Con frecuencia se usa en los periódicos y los servicios de cotizaciones de precios. Este método abreviado de identificación fue desarrollado originalmente en el siglo XIX por los operadores de telégrafos. [Capítulo 5]

Sinergia Economías unidas mediante una fusión donde el desempeño de la empresa combinada es mayor que el de las partes antes separadas. [Capítulo 23]

Sistema de calificación de crédito Sistema empleado para decidir si es conveniente o no otorgar un crédito; se basa en la asignación de calificaciones numéricas a diferentes características relacionadas con la solvencia. [Capítulo 10]

Sociedad Una forma de negocio en la que dos o más individuos actúan como propietarios. En una *sociedad general* todos los socios tienen responsabilidad ilimitada con respecto a las deudas de la empresa; en una *sociedad limitada* uno o más socios pueden tener responsabilidad limitada. [Capítulo 2]

Society for Worldwide Interbank Financial Telecommunication (SWIFT) La red de telecomunicación financiera internacional que transmite instrucciones de pagos internacionales y otros mensajes financieros. [Capítulo 9]

Socio general Miembro de una sociedad con responsabilidad ilimitada de las deudas de la sociedad. [Capítulo 2]

Socio limitado Miembro de una sociedad limitada que no tiene responsabilidad personal ante las deudas de la sociedad. [Capítulo 2]

Subasta holandesa Procedimiento para comprar (vender) valores cuyo nombre se debe al sistema de subasta de flores en Holanda. Un comprador (vendedor) busca cotizaciones dentro de un rango de precios, en general para un bloque grande de acciones o bonos. Después de evaluar el rango de precios de cotizaciones recibidas, el comprador (vendedor) acepta el precio más bajo que le permita adquirir (deshacerse de) el bloque completo. [Capítulo 18]

*Subcontratación (*outsourcing*) Realizar una operación de negocios contratando para ello a una empresa externa —en el país o en el extranjero— en vez de realizarla "en casa". [Capítulos 9 y 23]

Subcontratación del proceso de negocios Forma de subcontratación en la que un proceso de negocios completo se maneja con los servicios de un tercero. [Capítulo 9]

Subsidiaria Una compañía en la que más de la mitad de sus acciones con voto pertenecen a otra compañía (la matriz). [Capítulo 15]

Suscripción Asumir el riesgo de no poder vender un valor al precio establecido en virtud de la compra del valor para su reventa al público; se conoce también como *suscripción de compromiso firme*. [Capítulo 19]

Suscripción privilegiada Venta de nuevos valores en la que los accionistas existentes tienen preferencia de compra de estos valores hasta la proporción de acciones ordinarias que poseen; también se conoce como *oferta de derecho*. [Capítulo 19]

Sustentabilidad Satisfacer las necesidades del presente sin comprometer la capacidad de las generaciones futuras para satisfacer sus propias necesidades. [Capítulo 1]

Tasa de cambio Número de unidades de una moneda que se pueden comprar con una unidad de otra moneda. [Capítulo 24]

Tasa de cambio *spot* La tasa vigente el día de hoy para intercambiar una moneda por otra para entrega inmediata. [Capítulo 24]

Tasa de capitalización Tasa de descuento usada para determinar el valor presente de una secuencia de flujos de efectivo futuros esperados. [Capítulo 17]

*Tasa de cupón Tasa de interés establecida en el bono; el pago de interés anual dividido entre el valor nominal del bono. [Capítulos 4 y 20]

Tasa de descuento (tasa de capitalización) Tasa de interés usada para convertir *valores futuros* en *valores presentes*. [Capítulo 3]

Tasa de descuento ajustada por riesgo (TDAR) Rendimiento requerido (tasa de descuento) que aumenta según el costo total del capital de la empresa para proyectos o grupos que representan un riesgo mayor que el "promedio" y disminuye para proyectos o grupos que representan un riesgo menor que el "promedio". [Capítulo 15]

Tasa de interés anual efectiva Tasa de interés real ganada (pagada) después de ajustar la *tasa nominal* con factores tales como el número de periodos de capitalización por año. [Capítulo 3]

Tasa de interés nominal (establecida) Tasa de interés cotizada para un año que no se ha ajustado por la frecuencia de capitalización. Si el interés se capitaliza más de una vez al año, la *tasa de interés efectiva* será más alta que la *tasa nominal*. [Capítulo 3]

Tasa de rendimiento mínimo aceptable La tasa de rendimiento mínima requerida sobre una inversión en un análisis de flujo de efectivo descontado; la tasa a la que un proyecto es aceptable. [Capítulo 13]

Tasa *forward* Tasa vigente para cambiar una moneda por otra en una fecha futura determinada. [Capítulo 24]

Tasa interna de rendimiento o de retorno (TIR) Tasa de descuento que iguala el valor presente de los flujos de efectivo netos futuros de un proyecto de inversión con el flujo de salida inicial del proyecto. [Capítulo 13]

*Tasa LIBOR (*London Interbank Offered Rate*) Tasa de interés que los bancos de primer nivel en Londres se pagan entre sí por eurodólares. [Capítulos 11 y 24]

Tasa preferencial Tasa de interés a corto plazo cobrada por los bancos a sus clientes grandes y solventes. También se conoce simplemente como *preferencial*. [Capítulo 11]

Teoría de fijación de precios de arbitraje Teoría en la que el precio de un bien depende de factores múltiples y prevalece la eficiencia del arbitraje. [Apéndice B de Capítulo 5]

Tiempo de entrega Lapso que transcurre entre el momento en que se hace un pedido de un artículo de inventario y el momento en que se recibe. [Capítulo 10]

Toma de control Adquisición de otra compañía que puede (desde el punto de vista de la administración de la empresa adquirida) tomar la forma de una fusión "amistosa" u "hostil". [Capítulo 23]

Transferencia electrónica de fondos (TEF) Movimientos electrónicos de información entre dos instituciones depositarias que permiten la transferencia de valor (dinero). [Capítulo 9]

Transferencia electrónica de la Cámara de compensación automatizada (ACH) En esencia, es una versión electrónica del cheque de transferencia al depositario. [Capítulo 9]

Utilidades por acción (UPA) Utilidades después de impuestos (UDI) divididas entre el número de acciones ordinarias en circulación. [Capítulo 1]

Valor a la par (valor nominal) El valor de denominación de una acción o bono. [Capítulo 20]

Valor asignado (o establecido) Valor nominal asignado a una acción ordinaria sin valor a la par que suele ser mucho más bajo que el precio de emisión real. [Capítulo 20]

***Valor convertible** Un bono o una acción preferencial que se puede convertir en un número específico de acciones ordinarias a elección del titular. [Capítulos 20 y 22]

Valor de abandono Valor de un proyecto si los activos del proyecto se vendieran al exterior; o, de manera alternativa, su valor de oportunidad si los activos se emplearan en otra parte de la empresa. [Capítulo 14]

Valor de bono directo El valor de un bono convertible si la característica de conversión no tuviera valor; en otras palabras, el valor de un bono no convertible con la misma tasa de cupón, plazo de vencimiento y riesgo de incumplimiento que el bono convertible. [Capítulo 22]

Valor de conversión Valor del título convertible en términos de acciones ordinarias en las que se convierte el valor. Es igual a la razón de conversión multiplicada por el precio actual del mercado por acción ordinaria. [Capítulo 22]

Valor de empresa en marcha Cantidad en la que una compañía se puede vender como un negocio en operación continua. [Capítulo 4]

Valor de liquidación Cantidad de dinero que se puede obtener si un bien o un grupo de bienes (como una empresa) se venden por separado de su organización operativa. [Capítulo 4]

Valor de mercado Precio de mercado al que se comercia un activo. [Capítulo 4]

Valor económico agregado (EVA) Una medida del desempeño de un negocio. Es un tipo de ganancia económica que es igual a la ganancia operativa neta después de impuestos de una compañía menos un cargo monetario de costo de capital (que posiblemente incluye algunos ajustes). [Capítulo 15]

Valor en libros 1. De un *bien:* el valor contable de un bien, el costo del bien menos su depreciación acumulada; **2.** de una *empresa:* activos totales menos pasivos y acciones preferenciales como aparecen listados en los estados financieros. [Capítulo 4]

Valor esperado Promedio ponderado de los resultados posibles, donde las ponderaciones o los pesos son las probabilidades de ocurrencia. [Capítulo 14]

Valor futuro (valor terminal) El valor en algún tiempo futuro de una cantidad presente de dinero, o una serie de pagos, evaluados a una tasa de interés dada. [Capítulo 3]

Valor intrínseco El precio que un valor "debe tener" con base en todos los factores relevantes para la valuación. [Capítulo 4]

Valor justo de mercado Precio al que se puede vender la propiedad en una transacción en condiciones de igualdad. [Capítulo 21]

Valor nominal Valor establecido de un bien. En el caso de un bono, el valor nominal suele ser de $1,000. [Capítulo 4]

Valor presente Valor actual de una cantidad futura de dinero, o una serie de pagos, evaluada a una tasa de interés dada. [Capítulo 3]

Valor presente ajustado (VPA) Suma del valor descontado de los flujos de efectivo operativos de un proyecto (suponiendo financiamiento de fondos de capital) más el valor de cualesquiera beneficios de interés por ahorro de impuestos asociados con el financiamiento del proyecto menos cualesquiera costos de flotación. [Apéndice B del capítulo 15]

Valor presente neto (VPN) Valor presente neto de los flujos de efectivo netos de un proyecto de inversión menos el flujo de salida inicial. [Capítulo 13]

Valor residual Valor de un activo arrendado al final del periodo de arrendamiento. [Capítulo 21]

Valores derivados Contratos financieros cuyo valor proviene en parte del valor y las características de uno o más activos subyacentes (como valores o bienes), tasas de interés, tasa de intercambio o índices. [Capítulo 22]

Valores respaldados por activos (VRA) Valores de deuda cuyos pagos de interés y principal son suministrados por los flujos de efectivo que provienen de un conjunto discreto de activos. [Capítulo 20]

Venta parcial de acciones ordinarias Venta pública de acciones de una subsidiaria en la que la compañía matriz conserva el control mayoritario. [Capítulo 23]

Venta y arrendamiento garantizado La venta de un activo con el acuerdo de arrendamiento inmediato por el vendedor durante un periodo extendido. [Capítulo 21]

Votación por mayoría Método para elegir directores corporativos, donde cada acción ordinaria tiene un voto por cada puesto vacante de director y, en elecciones sin oposición, un candidato debe recibir una mayoría afirmativa de todos los votos emitidos para un puesto de elección al consejo. [Capítulo 20]

Votación por mayoría relativa Un método para elegir directores corporativos, donde cada acción ordinaria tiene un voto para cada puesto vacante de director, y quien obtenga el número mayor de votos "a favor" para el puesto abierto gana. [Capítulo 20]

Voto acumulado Método para elegir a directores corporativos, donde cada acción ordinaria tiene igual número de votos que el número de directores a elegir, y cada accionista puede acumular estos votos y unirlos de la manera que desee para uno o más directores en particular. [Capítulo 20]

Símbolos de uso común

AC	Aceptación bancaria o comercial	ION	Ingreso operativo neto
ACH	Cámara de compensación automatizada (*Automated Clearing House*)	IR	Índice de rentabilidad
		IRS	Internal Revenue Service
ACP	Administración de la cadena de proveedores	JIT	Justo a tiempo (*just in time*)
AR	Acuerdos de recompra	k_d	Costo de deuda antes de impuestos
B2B	Negocio a negocio (*business to business*)	k_e	Costo de capital accionario
C/C	Carta de crédito	k_i	Costo de deuda después de impuestos
C/V/G	Costo/volumen/ganancia	k_o	Costo total de capital
CCC	Conversión de cuentas por cobrar	k_p	Costo de acciones preferenciales
CD	Certificado de depósito negociable	LIBOR	Tasa LIBOR (*London Interbank Offered Rate*)
CDR	Captura de depósito remoto	MPAC	Modelo de fijación de precios de activos de capital
CE	Comercio electrónico		
COD	Cobrar o devolver	n	Número de periodos
CRL	Compañía de responsabilidad limitada	NAICS	Sistema de códigos de clasificación de industrias en Norteamérica (*North American Industry Classification System*)
CSC	Cuenta con saldo cero		
CT	Capital de trabajo		
CTD	Cheque de transferencia al depositario	NMP	Nota a mediano plazo
CV	Coeficiente de variación	OPI	Oferta pública inicial
D_p	Dividendo sobre acciones preferenciales	P/U	Razón de precio/utilidades
D_t	Dividendo en el tiempo t	PCAOB	Comisión de supervisión contable de las empresas públicas (*Public Company Accounting Oversight Board*)
EC	Equivalente con certidumbre		
EOQ	Lote económico (*economic order quantity*)		
EVA^{MR}	Valor económico agregado (*economic value added*)	PLC	Pago con letra de cambio
		PMD	Acciones preferenciales del mercado de dinero
FASB	Consejo de estándares de contabilidad financiera (*Financial Accounting Standards Board*)	PPC	Paridad de poder de compra
		PR	Periodo de recuperación
FDM	Final del mes	PR	Punto de reposición
FED	Flujo de efectivo descontado	PRID	Plan de reinversión de dividendos
FE_t	Flujo de efectivo en el tiempo t	P_t	Precio de mercado en el tiempo t
FIVF	Factor de interés del valor futuro	PTF	Pagaré de tasa flotante
FIVFA	Factor de interés del valor futuro de una anualidad (ordinaria)	Q_{PE}	Cantidad de ventas en el punto de equilibrio
		r	Tasa de interés o rendimiento
FIVPA	Factor de interés del valor presente de una anualidad (ordinaria)	RAV	Rendimiento al vencimiento
		R_f	Tasa libre de riesgo
FMMD	Fondos mutuos del mercado de dinero	$\bar{R}_j$	Rendimiento esperado sobre el valor j
FX	Mercado de divisas extranjeras (*foreign exchange*)	RMV	Recta del mercado de valores
		RPA	Rendimiento porcentual anual
g	Tasa de crecimiento	RSC	Responsabilidad social corporativa
GAF	Grado de apalancamiento financiero	RSC	Retorno sobre el capital (accionario)
GAO	Grado de apalancamiento operativo	RSI	Retorno sobre la inversión
GAT	Grado de apalancamiento total	S&P	Standard & Poor's
GONDI	Ganancia operativa neta después de impuestos	SEC	Securities and Exchange Commission
i	Tasa de interés por periodo	SMARC	Sistema modificado acelerado de recuperación de costos
IED	Intercambio electrónico de datos		
IEDF	IED financiero	SOX	Ley de Sarbanes-Oxley de 2002
IMA	Impuesto mínimo alternativo		

SPN	Subcontratación del proceso de negocios	VFA	Valor futuro (compuesto) de una anualidad (ordinaria)
SWIFT	Society for Worldwide Interbank Financial Telecommunication	VP	Valor presente
t	Periodo	VPA	Valor presente ajustado
TCS	Tasa de crecimiento sustentable	VPA	Valor presente de una anualidad (ordinaria)
TDAR	Tasa de descuento ajustada por riesgo	V_{PE}	Ingresos por ventas en el punto de equilibrio
TEF	Transferencia electrónica de fondos	VPN	Valor presente neto
TIR	Tasa interna de rendimiento o de retorno	VRA	Valores respaldados por activos
TPA	Tasa porcentual anual	WKSIs	Emisores experimentados bien conocidos (*well-known seasoned issuers*)
UAI	Utilidades antes de impuestos	β	Beta
UAII	Utilidades antes de interés e impuestos	σ	Desviación estándar
UDI	Utilidades después de impuestos	Σ	Signo de sumatoria
UPA	Utilidades por acción	σ^2	Variancia
VF	Valor futuro		

Índice

Nota: Cuando entre las referencias aparece una **G** en negritas significa que el concepto se incluye en el glosario al final del libro. Cuando después de un número de página aparece una "n" significa que el tema se trata en una nota al pie.

A

Abandonar la bolsa de valores, 626, **G**
Absorción inversa, 520
Acción(es)
  autorizadas, 538
  caída de la bolsa en 1987, 115
  circulantes, 538
  con rendimientos relativos anormales, 521, 613
  del Tesoro, 493, 538, 703
  derechos de, ordinarias, 539-42
  emitidas, 538
  extranjeras en Estados Unidos, 519
  fraccionamiento de, 487-90, **G**
  nuevas, derecho a comprar, 542
  ordinarias, 131, 592, 594, **G**
    cálculos de valuación de, 83
    características de las, 538-9
    compra de, 618
    de clase dual, 542-3, **G**
    precio de, 591
    véase también adquisiciones estratégicas que implican acciones ordinarias; deuda a largo plazo
  precio de
    rendimientos y, 112-13
    volatilidad de, 592
  preferencial(es), 534-7, **G**
    costo de, 385-6
    mercado de dinero y, 241, 537, **G**
    participativas, 535, **G**
    valuación de, 78-9
    véase también deuda a largo plazo
  privilegiadas, 519, **G**
  recompra de, 493-4, 609, **G**
  relativamente anormales, 521, 613
  seguridad de, 268-70, 700
  sobrevaluadas, 113
  stub (de talón), 621
  subvaluadas, 113
Accionistas
  capital accionario, 131, 153, 155, 188-9, **G**
  derechos de, 529-42, 621
  hipótesis de interés, 621
Aceptaciones bancarias (AB), 239, 288, 669, **G**
Actividad(es), 152
  de inversión y financiamiento operativo, 177
  pagaderas, 144

Activo(s), 172, **G**
  a ventas, razón total de, 191, 193
  actuales, cantidad (nivel) óptima(o), 208-9
  compra de, 618
  decisiones de administración de, 3
  depreciables, 312
  eficiencia de, 151
  escrutinio de, 531-2
  expansión de, 314-16
  fijos,
    adiciones brutas en, 174
    cambio bruto en, 174-5
  financiamiento basado en, 295
  pronósticos de, 187-8
  remplazo de, 316-17
  totales, 148, 691, **G**
  valores respaldados en, 531, **G**
  véase también modelo de fijación de precios de activos de capital (MPAC)
Acuerdo(s)
  de congelamiento, 622
  de crédito continuo (revolvente), 289, 555, **G**
  de cuenta abierta, 282
  de espera, 511-12, **G**
  de recompra, 238-9, 700
Administración
  agenda personal, 607-8
  compromiso de la, fuerte, 272
  control de inventario y, 263-73
    clasificación: qué controlar, 264-5
    gerente de finanzas e inventarios, 271-3
    inventario de seguridad, 268-70
    justo a tiempo, 271
    lote económico, 265-8
    punto de reposición: cuándo ordenar, 268
  de efectivo internacional, 231
  de la cadena de proveedores, 271, **G**
  financiera, 648-77
    estructuración de transacciones comerciales internacionales, 668-71
    impuestos, 649-50
    factores de riesgo, 649
    presupuesto de capital internacional, 648-9
    riesgo político, 650-2

  véase también exposición al riesgo cambiario
  mejorada, 606
Adquisición(es)
  estratégicas que implican acciones ordinarias, 608-15
    efecto de ingresos, 608-10
    efecto del valor de mercado, 610-12
    evidencia empírica sobre fusiones, 612-14
    transacciones *roll-up*, 614-15
  financiera, 608
  véase fusiones
Agencia
  federal, 695
    valores de, 239
  teoría, 5, **G**
Agency for International Development (AID), 652
Agente(s), 5, **G**
Ajuste
  a la tasa de descuento (ATD), 392-3
  al desembolso inicial (ADI), 392, 393
Alemania, 541, 635
Alianza estratégica, 622-3, **G**
Altria, 625
América Latina, 20
American Depository Receipts (ADR), 519
American Stock Exchange, 31, 522
Amortización del arrendamiento de capital y reducción de la obligación, 570
Análisis
  de programa de antigüedad, 294
  de punto de equilibrio, 421-3, **G**
  de sensibilidad, 338-40, **G**
  de tamaño común, 153-6, **G**
  de tendencia, 152-3
Antitrust Division of Department of Justice, 617
Anualidades, 50-6, **G**
  a perpetuidad, 54
  bonos perpetuos, 75, **G**
  ordinarias, 50-3, 54, **G**
  pago (cobro) periódico desconocido, 54
  tasa de interés (de descuento) desconocida, 53-4
  vencimiento de, 54-6, **G**
Anuncio de emisión o reglamentario, 514-15, 516, **G**

Apalancamiento, 152, 420, **G**
  financiero, 420, 427-34, **G**
    ausencia de, 407
    razones de endeudamiento, 140-1
    utilidades por acción (UPA), punto de
      equilibrio o indiferencia, 428-32 *véase*
      también grado de apalancamiento
      financiero
  ganancias, 607
  mecánico, 420
  operativo, 420-7, **G**
    análisis de punto de equilibrio, 421-3
    véase también grado de apalancamiento
      operativo (GAO)
  total, 435-6, **G**
    véase también grado de apalancamiento
      total
Aplazamiento, 631
Apreciación, 666
Arbitraje, **G**
  respaldo del, 457-8
  teoría de fijación de precios de, 114,
    119-21, **G**
Árbol de decisiones, 369
Área
  de la distribución normal que está a *Z*
    desviaciones estándar a la izquierda
    o derecha de la media, 688
  de pagos únicos en euros (APUE), 228,
    232
Arthur Andersen, 514
Arreglos
  negociados, 634
  voluntarios, 630-1
Arrendamiento, **G**
  apalancamiento y, **G**
  de servicio (o mantenimiento) completo,
    559
  evaluación financiera en relación con el
    financiamiento con deuda, 562-7
    ejemplo para análisis, 562-3
    tasa de impuestos, importancia de, 566-7
    valor presente para la alternativa de,
      563-4
    valor presente para la alternativa de
      préstamos, 564-6
  financiero, 559, **G**
  neto, 559, 562, **G**
  operativo, 559, 570, **G**
  razonamiento económico, 561-2
  servicio completo, 559
  véase también préstamos y arrendamientos
    a plazo
Asia, 231, 663
Asociaciones de ahorros y préstamos, 29
Aspectos de incentivos, 458-61, 467
Asquith, P., 495n, 520n
Atractivos de la industria, 382

B

B.P. direct access plan, 493
Bacon, F., 222

Bagwell, L.S., 494n
Bahamas, 650
Balance general, 128, 153, 155, 171, 172, **G**
  información del, 130-1
  pronóstico, 170, 189
  razones del, 138-41
Banca de inversión, 659
Bancarrota pre-empacada, 634, **G**
Bancos
  comerciales, 29
  de ahorros mutuos, 29
Base
  de cobro, 291
  de notificación, 294
  de prioridad relativa, 634
  depreciable, 312, **G**
  sin notificación, 294
Bechtel Corporation, 519
Beneficios
  administrativos por cuentas por cobrar,
    257
  netos, 393
Beta, 110, 120, 387-8, **G**
  ajustada, **G**
    por apalancamiento financiero, 407-8
  histórica, 110-11
  índice de riesgo sistemático, 108-9
  rendimientos requeridos y costo de capital,
    400
Bierce, A., 17
Black, F., 133, 593-5
Blackstone Group, 624
Bolsa de valores *véase* American Stock
  Exchange
Bono(s), 75, **G**
  calificación de, 529
  características de, 528-9
  comportamiento de precios de, 85-6
  con vencimiento finito, 76-8
  de alto rendimiento *véase* bonos
    especulativos
  de cupón
    cero, 77, **G**
    diferente de cero, 76-7
  del Tesoro, 238, **G**
  descuento de, 85, **G**
  directos, 582-4, **G**
  en monedas múltiples, 660
  en serie, **G**
  en varias divisas, 660
  especulativos (*junk bonds*), 530, **G**
  extranjero, 530, **G**
  intercambiable, 584-5, **G**
  internacionales, financiamiento de, 659
  islámicos (*sukuki*), 660, 661, **G**
  mercado europeo de, 663
  moneda dual, 650
  no respaldados, 529
  para el retiro, 532-4
  perpetuos, 75-8, **G**
  prima del, 85, **G**
  reembolso de emisión de, 544-6

registrados, 75n
rendimiento equivalente de, 86, 237
respaldados, 529
samurai, 659
seguros, 529
valuación de, 75-8
vencimiento finito, 76-8
yankees, 659
Brilloff, A., 128
Burr Porter, R., 393n
Bursatilidad (liquidez), 33, 236-7, **G**
Bush, G.W., 24

C

Caballero blanco, 620, **G**
Cadena de remplazo, 333, 343-5
Calidad confiable, 272
Cámara de compensación automatizada
  (*Automated Clearing House*, ACH),
  225, **G**
  débito, 226
  transferencia electrónica, 227
  transferencias, 232
Cambio de estado de incorporación, 621
Cameco Corporation, 466
Canadá, 226, 493, 615, 698
Cantidades únicas, 44-50
  crecimiento compuesto, 46-7
  número de periodos de composición (de
    descuento) desconocido, 50
  tasa de interés (de descuento) desconocida,
    49
  valor futuro (compuesto), 44-6
  valor presente (descontado), 47-9
Capacidad de generar ganancias, 150-1
Capital, 481
  accionario
    costo del, 386-7
    derivación de, 624-6, **G**
    disparador de, 629
    multiplicador, 151n
  adicional
    pagado, 131, 136, 538, **G**
    ingresado, 131, 136, 538, **G**
  de riesgo, 519
  de trabajo
    administración de, 206-19, **G**
    bruto, 206, **G**
    neto, 206, **G**
    permanente, 209-10, **G**
    requerimientos de, 556-7
    temporal, 210, **G**
  ganancias y pérdidas de, 26, **G**
  gasto de, 183, 557
  racionamiento de, 336-7, **G**
  registro del valor del arrendamiento de,
    568-70
  regla de deterioro del, 481
  rendimiento de ganancias de, 87
  véase también Costo de capital; estructura
    de capital; mercado de capital; modelo
    de fijación de precios de activos de
    capital (MPAC); presupuesto de capital

Capitalización, 630
  continua, 59, 60-1
  tasa de, 453, 691
  total de, 141
Captura de depósito remoto (CDR), 227,
  700
Característica
  acumulativa, 530
  de opciones, 34
  de participación, 535
Carroll, L., 476
Carta
  de comentarios, 513
  de crédito (C/C), 287-8, 669-70, **G**
  de confirmación, 669-70
Caso
  base, 338
  Los Angeles Lumber Products Company
    (1939), 634
Caveat emptor, 514
Centro de refacturación, 658, **G**
Cerrar el trato, 617-20
Certificado(s)
  de confianza de equipo, 531, **G**
  de depósito
    negociables (CD), 240, **G**
    yankees, 240
Chambers, D.R., 490n
CHAPS, **691**
Charets, G., 490n
cheque(s)
  de transferencia al depositario (CTD), 227,
    228, **693**
  interrumpir el envío de, 226-7
  sustitutos, 227
Chile, 650-1
Ciclo de operación, 146-8, **G**
Cifra a seis meses, 188
Cláusula,
  de aprobación de fusión por gran mayoría,
    621
  de compra, 385n, 533-4, **G**
  de congelamiento, 621
  de limpieza, 289
  de promesa negativa, 529, 557, **G**
Clearing House Interbank Payments System
  (CHIPS), 232, **691**
Cobertura, 152
  razones de, 141-2, 436-8, **G**
Cobro, 181-2, 223-5
  flotación, 223-4
  mejoramiento, 225-7
  otras recepciones de efectivo y, 181-2
  proceso de, 257
Coca-Cola, 455, 665
Código comercial uniforme, 293, 296, **G**
Coeficiente
  de correlación, 118, 365-6, **G**
  de variación (CV), 101, **G**
Colateral, 293
Colocación privada, 507, 509, 516-18, 586, **G**
Comercio

aceptación, 282, 669
cheques, 259
crédito, 261, 70
descuento, 283
electrónico (CE), 231-3, **G**
facilitación del, 670
facturas, 658-9
giro internacional de, 668-9
responsabilidades, 282, 702
seguro de crédito de, 299
transacciones internacionales, 668-71
Comisión de supervisión contable de las
  empresas públicas (PCAOB), 8, **G**
Comisión de Valores (*Securities and Exchange
  Commission*, SEC), **G**
  administración de valores, 240n
  análisis de estados financieros, 136
  deuda a largo plazo, acciones preferenciales
    y ordinarias, 528, 540
  forma 13-D, 622
  fusiones y otras formas de reestructuración
    corporativa, 620, 626
  mercados de capital, 509, 512-14, 515, 516,
    518
  papel de la administración financiera, 8
  política de dividendos, 491
Comment, R., 494n
Compañía(s)
  con problemas financieros, remedios para
    una, 630-4
  de propiedad y accidentes, 29
  de responsabilidad limitada (CRL), 20, 26,
    697
  de responsabilidad limitada profesional
    (CRLP), 20
  de seguros de vida, 29-30
  dot.com, 180, **G**
  financieras, 30
  multinacional, 650, **G**
Comparación, 136
Competencias centrales, 233
Componentes, 209
Compra
  apalancada, 608, 627-9, **G**
  de acciones ordinarias y opciones, 593
  de una empresa por parte de directivos,
    627, **G**
  en mercado abierto, 491
  método de, 618, **G**
Compradores institucionales calificados,
  517
Concentración geográfica, 272
Conciliación, 177-9
Consejo
  de directores, papel del, 8
  de estándares de contabilidad financiera
    (FASB), 129, 130, 561, 569, 619, 653,
    695
    Núm. 13, 567, 570, **G**
    Núm. 52, 655
    Núm. 123, 133

Consideraciones institucionales, 485
Consolidación, 617, **G**
  de clientes, 299
Contadores, 132
Contrato
  adelantado, 660, **G**
  a futuros, 663, 664, **G**
  de venta condicional, 559, **G**
Contribución marginal por unidad, 251
Control, 483
  medidas de mejoramiento, 543
Convención de medio año, 23, 24, 311
Convenio, 483, 556, **G**
  de protección, 528
Convergencia, 129
Conversión, 532
  precio de, **G**
  prima *véase también* prima sobre valor de
    conversión
  razón de, **G**
  valor de, **G**
Corporación, 19-20, **G**
  S, 20, 26
  virtual, 623, **G**
Corredor financiero, 30
Correo electrónico, 231
Costo(s)
  contra el ahorro, 254
  de acciones preferenciales (capital), 383, **G**
  de agencia, 460, 463-4, 467, 608, **G**
  de amortización, 310, **G**
  de bancarrota, 459-60, 463-4
  de bienes
    comprados/producidos, **G**
    vendidos, 131, 144, **G**
  de capital accionario, 383, **G**
    véase también rendimientos requeridos y
      costo de capital;
  de capital global de la empresa, 383-96
    acción preferencial, costo de, 385-6
    costo de capital promedio ponderado y,
      390-1
    costos de flotación: limitaciones y, 392-3
    deuda, costo de, 384-5
    limitación del sistema de ponderación y,
      391-2
    razonamiento de costo promedio
      ponderado y, 393-4
    valor económico agregado y, 394-6
  de deuda (capital), 383, **G**
    antes de impuestos más prima de riesgo,
      enfoque de, 389-90
  de factoraje, 298-9
  de financiamiento, 580
  de flotación, 392-3, 479, 508-9, **G**
  de intercambio, 212-15
  de operación, 361
  de oportunidad, 251, 310, **G**
  de préstamos a plazo, 554-5
  de solicitar un préstamo, 290-2
  de transacciones, 461, 479
  explícito, 466

fijo(s), 361
   de operación, 420
   marginal, 383
   operativos, 361
   periodo de recuperación de, 22
   variables (CV), 420
Covarianza, 118, **G**
   cero, 103
   negativa, 103
   ponderada, 104
   riesgo del portafolio y, 103-4
Crecimiento compuesto, 46-7
Crédito
   al consumidor, 261
   análisis de, 260-2
   calificación e informes de, 259
   cuenta abierta de, 668
   decisión de crédito y línea de, 262-3
   del consumidor, 261
   estándar, **G**
   extensión de la línea de, 290
   forma continua de, 285
   línea de, 288-9, **G**
   mercantil o fondo de comercio (*goodwill*),
      618, **696**
   periodo de, 252-3, **G**
   proceso de cobro y, 250-8
      estándares de crédito, 250
      procedimientos, 255-6
      riesgo de incumplimiento, 254-5
      términos de crédito, 252-4
   sistema de calificación de, 261-2, **G**
   solicitud de, análisis de, 258-63
   términos de, 252-4
   uniones de, 29
Criterio
   de aceptación, 325, 327, 328, 668-9
   de inversiones de Anheuser-Busch,
      327, 328
Cuenta(s)
   con saldo cero, 230, **G**
   de crédito abierta, 668
   por cobrar, 142-3, 298-300, **G**
      administración de inventario y, 250-79
      conversión (CCC) de, 225-6,**G**
      préstamos respaldados por, 294-5
      registro de, 226
      solicitud de crédito, análisis de, 258-63
      véase también administración y control
         de inventarios
      vencimiento de, 143-4, **G**
   por pagar, 282
      vencimiento de, 144
CS First Boston, 556
Cuentas al interior de la compañía, ajuste de,
   657-8
Cuota de compromiso, 289, 292, 554, **G**
Curva envolvente, 604

D

Damovo, 635
Dann, L.Y., 494n

Dar ventaja, 48
Deangelo, H., 626n
Deangelo, L., 626n
Decisión(es)
   de activos corrientes, 215-16
   de Dartmouth College (1819), 19
   de financiamiento, 3
   de ingreso corriente, 485
Declaración
   contable de flujos de efectivo, 176-80
      análisis de, 179
      contenido y formas alternativas de la,
         176-9
      de flujo de fondos (fuentes y usos),
         170-6, **G**
   de registro, 512, **G**
   de utilidades retenidas, 133, **G**
Defensas, 620-2
Dell Inc., 147, 542
Demandas, 172
Dependencia, 330
Depreciación, 21-3, 174-5, 666, **G**
   acelerada, 22, 311, **G**
   análisis de estados financieros, 132
   cálculos de, 23
   cargos, 23
   extraordinaria, 24, 25, 311
   lineal (o en línea recta), 22, **G**
   método de, 310-12
   recapturar la, 565
   saldo decreciente, 22, **G**
   sistema
      de, alternativo, 312
      rango de, de activos (RDA), 22
Derecho, 509, 585, **G**
   de garantía sobre bienes muebles, 296,
      558-9, **G**
   de suscripción *véase* derecho
   prendario, 530, 558, **G**
      flotante, 296, **G**
   privativo, 509, **G**
Derivación, 624, 625, **G**
Derivados corporativos, 624, 625
Descuento, 546
   a partir de valor nominal, 77
   a valor presente con la tasa libre de riesgo,
      359-60
   adelantado, 660
   ajuste por tasa de (ATD), 392-3
   base del, 291
   en efectivo, 253, 283, **G**
   notas comerciales de, 659
   por cantidad, 283
   tasa de (tasa de capitalización), 47, 326, **G**
Desembolso
   controlado, 229-31, **G**
   de efectivo, 182-3
   de nómina, 229-30
   en efectivo total proyectado, 183
   flotación de, 230, **G**
   inicial, 338
   pago de nómina, 229-30

   proyectado para gastos de compras y
      operación, 183
   remoto, 230-1, **G**
Desigualdad de Chebyshev, 363n
Desinversión, 623-6, **G**
Desviación
   costo de solicitar un préstamo, 290-2
   estándar, 701
      cálculo de, 361
      rendimiento esperado y, 99-101
      rendimientos requeridos y costo de
         capital, 404
      riesgo y opciones administrativas en
         presupuesto de capital, 356-7, 365-6
Deterioro, **G**
Deuda
   a largo plazo, acciones preferenciales y
      ordinarias, 528-51
      acciones ordinarias de clase dual, 542-3
      acciones ordinarias y sus características,
         538-9
      acciones preferenciales y sus
         características, 534-7
      bonos y sus características, 528-9
      derechos de accionistas ordinarios,
         539-42
      reembolso de emisión de bonos, 544-6
      retiro de bonos, 532-4
      véase también tipos de instrumentos de
         deuda a largo plazo
   atrasada, 535, **G**
   capacidad de endeudamiento, 436, 693
   carga del servicio de la, **G**
   cobertura del servicio de la, 437-8, 467
   costo de, 384-5
   directa (o capital accionario), 578, **G**
   específica, carga de, 436-7, 438
   financiamiento de, 455, 562-7, 628-9
   fondos de, atribuibles a grupos, 401
   incentivos para administrar con eficiencia
      y, 460
   más opción, característica de, 581
   preautorizada, 224, **699**
   programas de pago de, 565
   razón
      de deuda a activos totales, 140-1
      de deuda a capital accionario, 140, 455
   restricciones en contratos de, 483
Diferencias de escala, 331
Dilución, 477, 579-80, **G**
Dispersión
   esperanza y medidas de, 356-7
   relativa (riesgo), 101
Distribución de probabilidad (continua)
   normal, 100
Diversificación, 104-6, 365, 585
Dividendo(s), 26, 79-80, 174, 493
   acumulado, 535
      característica de, 535
   adicionales, **G**
   corriente, 477
   de acciones, 486-7, 488-90, **G**

desembolsos, 229-30
efectivo, 25, 488-9, 557, **G**
estimación futura de, 386
ingreso por, 25
modelos de descuentos, 80-3, 386-7
normales, **G**
pagado, 25
pagos de, 183
política de, 476-502
  aspectos de procedimiento, 495
  contratos de deuda, restricciones en, 483
  control, 483
  de acciones, 486-7, 488-90
  decisiones de inversión/financiamiento, 493
  dividendos como pasivo residual, 476
  dividendos normales y adicionales, 486
  fraccionamiento de acciones, 487-90
  fraccionamiento inverso de acciones, 490
  habilidad para solicitar préstamos, 482-3
  irrelevancia de los dividendos, 477-8
  liquidez, 482
  método de recompra, 491-2
  necesidades de fondos de la empresa, 482
  planes de reinversión, 495
  política corporativa, implicaciones para la, 380-1
  posible efecto de señalización, 493-5
  pruebas empíricas, 480
  razones de pago meta, 485-6
  recompra como parte de la, 492-3
  reglas legales, 481-2
  relevancia de los dividendos, 478-80
  valuación de estabilidad, 485
rendimiento de, 478, **G**
Doble gravamen, 19, **G**
Dos fases de crecimiento, 83
Drexel Burnham Lambert, 530
Duff & Phelps, 287
Dun & Bradstreet, 136, 259, 260, 261, 263, 284

E

E.F. Hutton (empresa de corretaje), 231
Economías de escala, 604, **G**
Efectivo
administración de, 223, 657-8
administración de valores comerciables y, 222-47
  comercio electrónico, 231-3
  motivos para manejar, 222-3
  recepciones de, 223-8
  retardar pagos en efectivo, 228-31
  saldo de, que mantener, 234-5
  subcontratación de, 233-4
  véase también inversión en valores comerciables
antes de la entrega, 283
ciclo de, 146-8, **G**
cobrar o devolver (COD), 283
compromiso de, 698
concentración de, 227-8, **G**

descuento de, 253, 283, **G**
desembolso de, 182-3, 310
  inicial, 338
dividendos en, 25, 488-9, 557, **G**
equivalentes de, 130, **G**
flujo de salida inicial, 312, 313, 326
insolvencia, 432, 438, **G**
marginal, 383
presupuesto de, 170, 180, **G**
segmento controlable de, 236, 242
véase también flujos de efectivo
Efecto
de amortización, 533
de cupón, 86
de enero, 114
de la empresa pequeña (tamaño), 114
Fisher, 666
internacional de Fisher, 666-7
Eficiencia, 115
razones *véase* razones de actividad
Ehrhardt, M.C., 338n
Emisión pública, 507-9, 512, **G**
Emisores experimentados bien conocidos (WKSIS), 515-16, **G**
Empresa, **G**
conjunta, 623, **G**
enfoque de portafolio de, 364-8, 404-5
meta de la, 3-7
riesgo total de la, 433-4, 436, **G**
subvencionadas por el gobierno (ESG), 239
suscripción de compromiso firme *véase* suscripción
Enfoque
de Du Pont, 150, 151
de simulación, 361-2
dual, 405
tradicional (para estructura de capital), **G**
Enmiendas contra tomas de control, 620-2
Enron, 514
de negocios, 18-20
Entidad de propósito específico (EPE), 532
Entorno
corredores financieros, 30
  fondos, asignación y tasas de interés, 32-5
  intermediarios financieros, 29-30
  mercado secundario, 31-2
  mercados financieros, 27-9
  propósito de los mercados financieros, 27
financiero, 27-35
Equivalente con certidumbre (EC), 102, **G**
Escalonamiento de los periodos del consejo de directores, 621
Escritura fiduciaria, 528, **G**
Estado(s)
de cambios en la posición financiera *véase* declaración de flujo de fondos
de flujos de efectivo, 179, 181, **G**
de ingresos (de pérdidas y ganancias), 129, 138, 154, 155, 158, 170, **G**
  razones del estado de pérdidas y ganancias/balance general, 138, 141-51, 153-6

véase también razones de actividad
información en, 131-4
de utilidades, 133
financieros, 259
  análisis de, 128-67, 130-1, 131-4, 135-7, 138-41, 152-3, 153-6, 158-9
  elementos de, como porcentajes totales, 153-4
  índices relativos a un año base y, 154-6
véase también balance general; declaración de flujo de fondos
Estimación(es)
de flujos de efectivo *véase* presupuesto de capital y estimación de flujos de efectivo
puntuales, 338-40
Estructura de capital, 452-72, **G**
efecto
  de impuestos sobre la, 461-3
  de ingreso operativo neto, 453-5
  tradicional, 455-6
imperfecciones del mercado y aspectos de incentivos, 458-61
impuestos e imperfecciones de mercado combinados, 463-4
lista de verificación financiera, 466-7
óptima, 455, **G**
principio de valor total, 456-8
razones de, 439, 467
señales financieras, 465
tiempo y flexibilidad financiera, 465-6
Etapas de crecimiento, 387
Euro, 662-3, **G**
Eurobonos, 659, **G**
Eurodivisa, 659, **G**
Eurodólar(es), 241, **G**
certificado de depósito en, 240, 241
depósitos a plazo fijo de, 241
financiamiento con, 659
Euronotas a mediano plazo (euro NMP), 556, **G**
Europa, 20, 77, 231, 635, 659
European Central Bank, 663
Evaluación comparativa, 137
Exclusión mutua, 330
Experiencia propia de la compañía, 259-60
Export-Import Bank of the United States (Eximbank), 652
Exposición al riesgo
cambiario, 652-68
de conversión, 653-6
de transacciones y, 656
económico y, 656
Extensión, 630
Ezzell, I.R., 393n

F

Factor, 695
análisis de, 120
Factoraje, 695
costos de, 298-9
de cuentas por cobrar, 298-300
de exportación, 670-1

Factura, 223, **G**
Facturación adelantada, 224
Fama, E.F., 114, 115, 490n
Fecha
    de declaración, 495, **G**
    de registro, 495, **G**
    expiración de derechos, 510-11, **G**
    sin dividendo, 495, **G**
    temporal, 253-4, 283, **G**
Federal Financing Bank, 239
Federal Housing Administration, 239
Federal Trade Commission, 136, 617
Fideicomisario, 528, **G**
Financial Times, 662
Financiamiento
    a corto plazo, 214, 282-306
        composición, 300-1
        factoraje de cuentas por cobrar, 298-300
    a largo plazo, 214
    de bonos internacionales, 659
    de equipo, 558-9
    espontáneo, 210, 282-6, **G**
        cuentas por pagar (crédito comercial de proveedores), 282-6
        gastos acumulados, 286
    inicial, 519-20, 629
    negociado, 287-98
        costo de solicitar préstamos, 290-2
        crédito del mercado de dinero, 287-8
        préstamos no garantizados, 288-90
Finanzas de activos corrientes: mezcla de corto y mediano plazos, 210-15
    enfoque de protecciones (vencimiento y correspondencia) y, 211-12
    financiamiento a corto plazo contra largo plazo y, 212-15
Fisher, efecto, 666
Fisher, I., 34, 490n
Fitch, 287
Flexibilidad, 300, 467
    en la producción, 272
    financiera, 465-6
Flotación
    de depósito, 224
    de disponibilidad, 224
    de envío, 223-4
    de proceso, 224, 225
    neta, 229, **G**
Flujos
    de efectivo, 356-7
        de salida inicial (FSI), 312, 313, 326
        descontado (FED), 324, 325, 368, 372, **G**
        enfoque de, contra enfoque de ingresos por acción, 617
        estimación de, 184-6, 616-17
        futuro, expectativas de, 521
        habilidad para pagar la deuda, 436-8, 466-7
        libre, 460, 615-16
        lista de verificación, 309-10
        neto esperado, 326
        neto incremental al final del año, 313, 314

neto incremental intermedios, 312, 313-14
neto y saldo de efectivo, 183-4
operativos incrementales después de impuestos, 309-17
para programa alternativo de deuda, 565
patrones de, 330,331-3
pronóstico de, 180-4
véase también mixtos, 57
Fondo(s)
    asignación de, 32-5
    de amortización, 54, 533, **G**
    de inversión mutua, 30
    de pensión, 30
    suministrados por las operaciones, 174
Forfaiter, 671, 695
Forfaiting o venta sin recurso, 671, **G**
Forma 13D, 514, 622
Fracaso financiero, 630
Fraccionamiento inverso de acciones, 490, **G**
Francia, 541, 635
Franklin, B., 281, 528
Freescale Semiconductor Inc., 624
French, K., 114
Fuentes y usos de declaración de fondos *véase* declaración de flujo de fondos
Fusiones
    otras formas de reestructuración y, 604-43, **G**
    adquisiciones financieras, 608
    adquisiciones y presupuesto de capital, 615-17
    alianzas estratégicas, 622-3
    cerrar el trato, 617-20
    cláusula de precio justo, 621
    compañía en incumplimiento, remedios para, 630-4
    compra apalancada, 627-9
    desinversiones, 623-6
    fuentes de valor, 604-8
    reestructuración de propiedad, 626-7
    tomas de control, propuestas de compra y defensas contra, 620-2
    véase también adquisiciones estratégicas que implican acciones ordinarias
roll-up, 614, **G**

G

Ganancia(s), 174, 258
    contable, 396
    económica, 394-5, 396
    en libros, 158
    margen
        bruto de, 148, 150
        neto de, 149, 150, 191
    maximización de, 3, **G**
    neta operativa después de impuestos, 395, **G**
    operativa neta después de impuestos (GONDI), 395, **G**
    pérdida de conversión, 653, 655, **G**

Gastos
    acumulados, 286, **G**
    capitalizados, 312, 691
    de producción, 182-3
Garantías, 585-9, 590, 703
    valuación de, 587-8
General Motors Acceptance Corporation (GMAC), 287
Gillespie, W., 490n
Girado (pagador), 668
Giro, 282, 670, **G**
    a la vista, 282n, 668
    bancario, 228, 231, 232, **G**
    documental, 668n
    limpio, 668n
Globalización, 299
Glosario, 689-703
Gobernanza, 9
    corporativa, 8, **G**
Goizueta, R., 1
Goldman Sachs, 388, 537, 556
Gordon, M.J., 81n
Grado
    de apalancamiento
        financiero (GAF), 432-4, 435, 693, **G**
        operativo (GAO), 423-7, 436, **G**
        total (GAT), 435-6, **G**
    especulativo, 33, 440
Gráfica de punto de equilibrio, 421-2, **G**
Grinblatt, M.S., 490n
Grupos de interés, 5, **G**
Guía de embarque, 669, 670, **G**

H

Hamada, R.S., 407n
Hartmarx Corp., 295
Hekman, C.R., 656
Hermes, 614
Hertz, D.B., 361n
Hewlett-Packard, 190
Hillier, F.S., 363n
Hipoteca(ria, o)
    banca, 30, **G**
    bono, 530-1, **G**
    de bienes muebles, 296, 558-9, **G**
    de cuentas por cobrar, 294
    ejecutar una, 531
    primera, 531
    segunda, 531
Hipótesis
    de atrincheramiento administrativo, 620-1
    de arrogancia, 607
Holiday Corporation, 481
Holmes, S., 307, 324, 452
Hong Kong, 518, 658

I

Ibbotson Associates, 110
Icah N, C., 604
Implicaciones de la valuación, 368-9
Imposición, 632
Impuesto(s), 466, 649-50
    consideraciones de, 310-12

corporativo, 21-6, 461-2, 463,
    depreciación del, 21-3
    disposiciones para alivio "temporal" de,
        24-5
    ganancias y pérdidas de capital de, 26
    gasto de interés contra pago de
        dividendos del, 25
    impuesto mínimo alternativo e, 21
    ingreso por dividendos del, 25
    pagos de impuestos trimestrales e, 21
    sistema modificado acelerado de
        recuperación de costos (SMARC) e,
        23-4
    traslado retroactivo y al futuro de, 25-6
diferidos, 158-9, **G**
disposiciones para alivio temporal de, 24-5
dividendos y, 478-9
doble, 19, 693
efecto de, 461-3
entorno fiscal, 20-6
escudo fiscal (deducciones fiscales), 408-9,
    462-4, **G**
federal
    sobre la renta, 183
ganancias en la declaración de, 158
imperfecciones de mercado combinados y,
    463-4
ingreso gravable mínimo alternativo
    (IGMA), 21
manejo de, 561
mínimo alternativo (IMA), 21, 24, 562, **G**
motivos, 607
neto, enfoque de, 159
pagos trimestrales de, 21
personal(es), 26, 463
sobre la renta, 21-6
    federales, 183
    personales, 26
    véase también impuestos corporativos
sujeto a gravamen, 34
tasa de
    de, importancia de la, 566-7
    fiscal promedio, 21
    sobre la renta, 21-6
transacción
    gravable, 618
    libre de, 618
Incentivos para manejar eficiencia y deuda,
    460
Incertidumbre y margen de seguridad, 215
Incumplimiento, **G**
    riesgo de, 32-3, 254-5
Índices, 106
    análisis de, 153-6, **G**
Indiferencia
    análisis de, 428-32
    curva de, 404-5, **G**
    mapa de, 404-5
    punto de (punto de indiferencia UAII-
        UPA), 429n, **G**
Información probabilística, uso de, 185-6
Informe(s)
    corporativos anuales, 170

de utilidades, 570
rediseñados, 257
Infinito, 54
Inflación, 34-5, **G**
    anticipada, 310
Información
    asimétrica (desigual), 521-2
    contenido de la, 485, 490
    disponible al público, 115
    efecto de, 606
    fuentes de, 258-60
    probabilística, 185-6
Ingreso
    bono, 530, **G**
    derecho a, 539
    gravable mínimo alternativo (IGMA), 21
    netos, **G**
    operativo neto (ION), 453-5,458, **G**
    véase también balance general; impuestos
        sobre la renta
Insolvencia
    de capital accionario (técnica), 630
    legal, 630
    ley de, 635
    regla de, 482
    técnica de capital, 630
Instituciones de depósito, 29
Intel, 542
Intercambio
    compensado, 670, **G**
    de datos, 232
    electrónico de datos (IED), 231-3, **G**
        financieros (IDEF), 232, 233, **G**
    organizados, 31
Interés(es), 26, **G**
    cobertura de, 467
    compuesto, 43-58, **G**
        anual, 77-8
        flujos mixtos, 57
        fórmulas de, 63
        más de una vez al año, 59-62
        véase también anualidades; cantidades
            únicas
    gastos contra dividendos pagados, 25
    razón de cobertura, 141, 436, 437, **G**
    simple, 43, 701
    tasa de, desconocida, 49, 53-4
    véase también tasa de interés
Intermediarios financieros, 29-30, 517, 659, **G**
Internal Revenue Code, 482
    véase también subcapítulo S
Internal Revenue Service (IRS), 482, 561
International Accounting Standards Board
    (IASB), 129, 561, 569
International Financial Reporting Standards
    (IFRS), 129, 619
Internet, 271
Interpolar, 84-5, 326-7, **G**
Inventario, 136
    actividad, 145
    administración de *véase* cuentas por cobrar
        y administración de inventario
    de seguridad, 268-70, **G**

disponer del, 271
distribución de, 264
faltantes de, 145, **G**
final, **G**
empujar el, 271
inicial, **G**
préstamos respaldados con, 295-8
"primero en entrar primero en salir"
    (PEPS), 655
razón de rotación de inventario (RI), 145
rotación de, en días (RID), 145, 147, 149
véase también administración y control de
    inventario
Inversión(es)
    agresiva, 108
    análisis de costos e, 361
    analistas y prestamistas, investigación de,
        439
    banca de, 30, 507, **G**
    de calidad excelente, 33, 440
    decisión de, 2-3
    defensiva, 108
    en valores comerciales, 235-44
        instrumentos de mercado de dinero
            común, 238-41
        portafolio de valores comerciales, 235-6
        selección de valores para los segmentos
            del portafolio, 241-4
        variables en la selección de valores
            comerciales, 236-8
    escala de, 330
    propuestas de proyectos de, 308-9
    reclamaciones y (contra esas inversiones),
        171
    riesgosas, combinaciones de, 367-8
Islas Vírgenes Británicas, 658
Iosco, 129
Italia, 635

J

Japón, 129, 659
Jarrell, G.A., 494n
Juego
    con la flotación, 228-9
    limpio, 626, **G**
Justo a Tiempo (JIT), 148, 263-4, 271, 272,
    622, **G**

K

Keynes, J.M., 222
Kirk, J.T., 353
KPMG, 129, 614
Kraft Foods, 625
Kuwait, 129

L

Laughlin, E. J., 146n
Lehman Brothers, 556
Ley(es)
    de bancarrota, 632
    "de cielo azul", 516, **G**
    de Clayton de 1914, 617, **G**

de conciliación de ingresos 1993, 26
de creación de empleos y asistencia al
    trabajador de 2002, 25
de escrituras fiduciarias de 1939, 528
de estímulo económico 2008, 24, 25, 311
de insolvencia europea, 635
de la Bolsa de Valores de 1934, 512, **G**
de liberación de cheques 21 (*Check 21*),
    226-7, 228, **G**
de reconciliación de alivio al impuesto para
    empleos y crecimiento de 2003, 25
de reforma
    de bancarrota 1978, 634
    de impuestos de 1986, 22, 311
de valores de 1933, 509, 512-14, 516, **G**
Sarbanes-Oxley de 2002, 8, 395, 514, 515,
    518, 699, **G**
Levi Strauss & Co., 626
LIBOR, tasa, 291, 659, **G**
Limitaciones del sistema de ponderación,
    391-2
Límite de presupuesto, 337
Línea de crédito, 288-9, **G**
Lintner, J., 486n
Liquidación, 623, 631-2, 697
    valor de, 74, 538-9, 697
    voluntaria, 631
    corporativa voluntaria, 623
Liquidez, 33, 139, 152, 236-7, 482, **G**
    Aldine, 148
    razones de, 138-40, 697
        de prueba ácida (rápida) 139-40
Lista
    aprobada, 461
    de valores (legal) aprobados, 485
Listar, 539, **G**
Lloyd's of London, 652
Lockbox, 225, 226, **G**
    electrónico, 225, **G**
        cláusula de, 621-2
        para mayoreo, 225, **G**
        para menudeo, 225, **G**
London Interbank Offered Rate (LIBOR),
    291, 659, **G**
Lote económico (EOQ), 265-8, 271, 273, **G**

M

Majluf, N.S., 521n
Manejo
    contable, 560-1, 618-20
    de inventario con base
        en la producción, 271
        en necesidades, 271
    de materiales, 272
Margen
    de contribución unitaria, 422, **G**
    de seguridad, 215
Masulis, R.W., 490n
Matriz de sensibilidad, 339-40
McDonald's, 666
Mecanismos contra tomas de control, 622
Meckling, W.H., 5, 460
Medio Oriente, 129, 663

Mehta, D., 261n
Mejoras tecnológicas, 257
Mencken, H.L., 42
Mercado(s)
    a mercado, 664
    análisis de, 361
    con derechos, 510-11
    de bonos europeo, 663
    de capital, 27-8, 506-26, **G**
        colocación privada y, 516-18
        emisión pública y, 507-9
        financiamiento inicial y, 519-20, 629
        financiero eficiente y, 114-16, **G**
        mercado secundario y, 522
        suscripción privilegiada y, 509-12
    de dinero, 27-8, **G**
        acción preferencial del (PMM), 241, 537,
            G
        crédito, 287-8
        fondos mutuos del (FMM), 243-4, **G**
        instrumentos del, 238-41, **G**
    de divisas
        adelantado (*forward*), 660-2
        extranjeras, 651
    de valores
        adelantado (*forward*), 660-2
        extranjero, 651
    efectos de señalización, 520-2
    eficiencia de, 115-16
    extrabursátil, 31, 522, 539
    financieros, 27-9, 506, **G**
        eficientes, 114-16, **G**
    imperfecciones del, 458-61
    imperfecciones e impuestos combinados,
        463-4
    portafolio de, 106-7
    precio de, 700
    prima de riesgo, 111
    primario, 28-9, 506, **G**
    razón de valor de, a valor en libros, 114
    regulación de la oferta de valores, 512-16
    rendimiento, 111-12, 388-9
    secundario, 28-9, 31-2, 506-7, 514, 522, **G**
    tasa de rendimiento requerida, 83
    valor de, 74, 114, 390, 539, 588, **G**
        contra valor intrínseco, 74-5
        efecto del, 610-12
        justo, 559, **G**
        recta de, 593
Merrill Lynch, 110, 111, 388, 537, 556
Meta corporativa, 4
Metastasio, P., 205
Método(s)
    ABC de control de inventarios, 264-5, **G**
    acumulado, 134
    contables, diferencias en, 654-6
    del doble saldo decreciente (DSD), 22, 23
    directo, 176-8
    indirecto, 176-8
    temporal, 654
México, 698
Microsoft, 623
Miller, M.H., 455-9, 462-4, 477

Modelo
    de crecimiento sustentable, 170, 190-4
    de dos factores, 119-20
    de estado estable, 190-2
    de factores múltiples, 114, 120
    de fijación de precios de activos de capital
        (MPAC), 106-14, 387-9, **G**
        beta: índice de riesgo sistemático y, 108-9
        enfoque para la selección de proyectos y,
            396-8
        índice del, 106
        línea característica del, 107-8
        retos del, 113-14
        rendimientos requeridos y costo de
            capital del, 399, 400, 401, 403, 405, 408
        rendimientos y precios de acciones del,
            112-13
        riesgo no sistemático (diversificable) y,
            109
        riesgo y rendimiento del, 119, 120, 121
        tasas de rendimiento requeridas y recta
            del mercado de valores y, 109-12
    de valuación de dividendos de Gordon,
        81n
Modigliani, F., 455-9, 462-4, 477
Moneda
    bonos coctel, 650
    dual, bonos de, 650
    dura, 670
    funcional, 653, 655
    futuros de, 663
    opciones de, 660, 664, **G**
    protecciones del mercado de, 660-4
    riesgo, 652
Moody's Investors Service, 32-3, 141, 287,
    439-40, 529
Morgan, J.P., 505
Motivaciones, 626-7
Motivo(s)
    especulativo, 222
    precautorios, 222
Motorola Inc., 542, 624
MSNBC (red de cable), 623
Mullins Jr, D.W., 495n, 520n
Municipales a corto plazo, 241
Myers, S.C., 408, 410, 521n

N

Nai-Fu Chen, 120n
Nasdaq, 31, 514, 539
National Association of Securities Dealers
    Automated Quotation Service
    (NASDAQ), 31, 514, 539
NBC, 623
Neal, Gerber & Eisenberg (bufete de
    abogados), 542
Necesidades
    de financiamiento (y bienes) en el tiempo,
        214
    de fondos de la empresa, 482
Negocio a negocio (B2B, *business to business*),
    271, **G**
    intercambio de, 271, **G**

New York Bond Exchange, 31, 522
and Archipelago Holdings, 520
deuda a largo plazo, acciones preferenciales y ordinarias, 539
fusiones y otras formas de reestructuración corporativa, 609
mercado de capital, 522
rendimientos requeridos y costo de capital, 389
riesgo y rendimientos, 115
New York Times, 662
Nike, 623
North American Industry Classification System (NAICS), 398, **G**
Nota(s), 528
a mediano plazo (NMP), 555-6, 694, **G**
de tasa flotante (NTF), 659, **G**
roja, 513, **G**
Número de periodos de capitalización (descuento) desconocidos, 50

O

Obligaciones, 529-30, **G**
subordinadas, **G**
Oferta(s)
competitiva contra oferta negociada, 507-8
de compra en dos niveles, 620, **G**
de derechos, 509
véase también suscripción privilegiada
de recompra, 491, **G**
de valores internacional/global, 509
del mejor esfuerzo, 508, **G**
negociadas contra ofertas competitivas, 507-8
propia de compra a precio fijo, 491, 494
pública inicial (OPI), 519-20, 614-15, **G**
Opción
de abandono, 368, 370-2
de compra (de acciones) 589, 590, **G**
de expandir (contraer), 368, 369-70
de fijar precios, 133, 589-95
de posponer, 368, 372
de venta, 589-90, **G**
(real) administrativa, 354, **G**
véase también riesgo y opciones administrativas en presupuestos de capital
Orden
de pago, 282, 559, 630, **G**
de suspensión, 513-14
Organización de la Función de Administración Financiera, 8-10
Outsourcing véase subcontratación
Overseas Private Investment Corporation, 652

P

PA Consulting, 614
Pago(s), 232
con letra de cambio (PLC), 229, **G**
de rescate, 622
en fecha de vencimiento, 283-4

en serie, 533
fecha de, 495, **G**
globales, 533, 554, **G**
no en efectivo, 616
periódicos (recibidos) desconocidos, 54
Panamá, 650
Papel
comercial, 239-40, 287-8, **G**
europeo, 240
respaldado por el banco y, 287-8
yankee, 240
de la administración financiera, 2-14
decisiones de administración de activos, 3
decisiones de financiamiento, 3
decisiones de inversión, 2-3
en la empresa, meta de, 3-7
gobernanza corporativa, 8
organización de funciones de administración financiera, 8-10
Paracaídas de oro, 622
Paridad de poder de compra (PPP), 665-6, **G**
Pasivos
asunción de, 616
estructura y decisiones de activos corrientes, 215-16
totales, **G**
Patton, General G.S., 98
Pérdida(s)
de oportunidad, 363
por deudas incobrables, 256, 258
Periodo
de capitalización
de valores futuros, 62
semestral, 59-60, 77-8, 86-7
de recuperación (PR), 324-5, **G**
neto, descuentos en efectivo, 283
promedio de cobro, 149, 250, 258
Perpetuidad, 54, **G**
Píldora de veneno, 621, **G**
Plan
de incentivos dirigido al personal de cobranza, 257
de Reinversión de Dividendos (PRID), 493, **G**
Poder, 540, **G**
compañías (apoderados), 397-8
disputa sustitutiva, 540
Política
de financiamiento agresivo, 214
de renuncia de directores, 542
Portafolio, **G**
administración de, 242-3
rendimiento del, 103
riesgo del
esperanza y medidas del, 365
medición del, 117-19
y covarianza, importancia de, 103-4
Posición protegida, 593
Post-auditoría, **G**
Precio(s)
de compra

abajo del valor nominal, 77
(de acciones), 78n, 385n, 533, 579, **G**
de ejercicio, 587, 690, 700
de equilibrio, 112
relación precio/rendimiento, 86
secuencia histórica de, 115
Prentice Hall, 136
Préstamo(s)
a plazo, 555
acuerdo de, **G**
amortización de, 54, 62-3, 554
amortizado, 54, 62-3, 554
asegurados (con base en activos), 288, 292-8, **G**
garantía (colateral), 293
respaldados con cuentas por cobrar, 294-5
respaldados con inventario, 295-8
banca comercial y, 658-9
contra cuentas por cobrar, 294
cuentas por cobrar, 294
de bancos comerciales, 658-9
habilidad de obtener, 482-3
no asegurados, 288-90, 292, **G**
transacciones, 289-90
y arrendamientos a plazo, 554-75, **G**
acuerdos de, cláusulas de, 556-8
a plazo, 554-6
financiamiento de arrendamiento, 559-62
financiamiento de equipo, 558-9
manejo contable de arrendamientos, 567-70
Presupuesto de capital, **G**
estimación de flujos de efectivo y, 308-22
propuestas de proyectos de inversión, 308-9
véase también flujos de efectivo operativos incrementales después de impuestos
internacional, 648-9
técnicas de, 324-50
Prima, 77, 583-4
de intercambio, 585
de la opción, 544, **G**
de riesgo del mercado "anticipada", 388
oferta de recompra, 622
sobre valor
de conversión, 583, **G**
de bono de directo, 583, **G**
mínimo, 583
teórico, 588
Primera hipoteca, 531
Principal *véase* valor nominal (a la par)
Principio
de autoliquidación, 212
de contabilidad aceptado en general en Estados Unidos (GAAP), 129
del valor total, 456-8, 477
Probabilidad(es)
condicional, 359
conjunta, 359, 360
distribución de, 403-4, 699

continua, 100
discreta (no continua), 100
información, uso de, 362-4
para medir el riesgo, 99-101
para tasa interna de rendimiento, 362
riesgo y opciones administrativas en
presupuesto de capital, 355, 357n, 358
secuencia para abandono (caso), 371, 372
enfoque de árbol de, 358-61, 370n
inicial, 359
razones de, **G**
Problemas
de agencia, 5, 580
de clasificación, 330-4
Procedimientos legales, 631
Proceso
de administración de disputas, 257
de investigación secuencial, 261, 262
Programa de amortización, 62, **G**
Pronósticos
de balances generales, 170, 187-9
de estados financieros, 186-9, **G**
razones, usos e implicaciones, 18
Promedio Ponderado de Costo de Capital
(PPCC), 390-1, 393-4, 408, 410
Propiedad
personal, **G**
única, 18, **G**
Propósito de los mercados financieros, 27
Propuesta de compra, 620-2, **G**
Prospecto(s), 512-13, **G**
de escritura libre, 516, **G**
Protección, 582, 595, 696, **G**, 658-60
con opciones, 593
del riesgo cambiario, 664-5
enfoque de cobertura (igualando el
vencimiento), 211-12, 384, **G**
financiera internacional, 658-60
natural, 656-7, 698
Proyecto(s)
convencional, 328
dependiente (contingente), **G**
evaluación de, según riesgo total, 401-5
evaluación y selección de, 324-30
índice de rentabilidad, 329-30
periodo de recuperación, 324-5
tasa interna de rendimiento, 325-7
valor presente neto (VPN), 327-9
independiente, 330, **G**
mutuamente excluyentes, **G**
supervisión de avance y post-auditorías, 340
véase también riesgo total del proyecto, vida
del, 330, 333-4
Punto
de equilibrio, 429n, **G**
cantidad en el, 421-2, 423
grado de apalancamiento operativo
(GAO) y, 425-6
ventas en el, 422-3
de reposición, 269, **G**
Puntuación *z*, 363

Q
Quarterly Income Preferred Securities
(QUIPS), 537

R
Racionamiento de capital, 336-7
análisis de la cadena de remplazo, 343-5
dependencia y exclusión mutua, 330
estimaciones puntuales, 338-40
problemas de clasificación, 330-4
supervisión de proyectos, revisiones de
avance y post-auditorías, 340
tasas internas de rendimiento múltiples,
334-6, 341-3
véase también riesgo y opciones
administrativas (reales) en
presupuestos de capital
Radcliffe, R.C., 490n
Rango
de depreciación de activos (RDA), 22
de transición, 486n
Rastreo de la razón P/U *véase* razón precio/
utilidades (P/U)
Razón(es), 18, 137-8
corriente, 136, 138-9, 149, **G**
de actividad, 142-8, **G**
cuentas por cobrar vencidas y, 143-4
liquidez de Aldine y, 148
rotación de activos totales (capital) y, 148
de intercambio, 608
de la asociación de pagos electrónicos
(NACHA), 226
de pago
de dividendos de 50%, 484
meta, 485-6
de prueba ácida (rápida), 139-40, **G**
actividad de cuentas por cobrar y, 142-3
actividad de cuentas por pagar y, 144
actividad de inventario y, 145
ciclo de operación contra ciclo de
efectivo y, 146-8
de rotación
anual, 188
de cuentas por cobrar, 142
de pagos, 144
véase razones de actividad
entre deuda a largo plazo y capitalización
total, 141
financiera, 135-7, 152, **G**
precio/utilidades (P/U), 114, 537, 612, **G**
Razonamiento económico para
arrendamiento, 561-2
Recapitalización, 454, 621, **G**
apalancada, 621
Recepción eficiente, 272
Recibo
de almacén terminal, 297, **G**
de depósito, 296-7, **G**
Recta
característica, 107-8, 387, 396, 397, **G**
del Mercado de Valores (RMV), 109-12,
113, 387, 389, **G**

Red de proveedores manejable, 272
Reembolso, **G**
Reestructuración
corporativa, **G**
de la propiedad, 626-7
véase también fusiones y otras formas de
reestructuración
Registro de anaquel, 508-9, 556, 690, **G**
Regla
144, 519
144a, 517, 518, 522
415, 508, 556
de buzones, 229n
de prioridad absoluta, 634, **G**
de retención indebida de utilidades, 482
del 72, 51
Reglamentos (leyes) federales, 512-16
Regulación del estado, 516
Reino Unido, 518, 541, 615, 635, 667
Repelente de tiburones, 620, **G**
Resorts International, 634
Restricciones, negociación de, 558
Retardar los pagos en efectivo, 228-31
Retiro, 536
de fondos, 30
Reuters Investor, 110, 387
Rendimiento(s), 83, 98n, 237-8, **G**
al vencimiento (RAV), 83-7, 384-5, **G**
anual efectivo (RAE), método de, 237
comportamiento del, sobre valores
corporativos y, 34
curva de, 33-4, 388, **G**
efectivo, 61
esperados, 99-101, 102, 112, 113, **G**
excedentes, 107, 38
porcentual anual (RPA), 61
precio de acciones y, 112-13
reales, 99, 102
requerido, 112
requerido específico del grupo, 399-400
requerido y costo de capital, 382-417
atribución de costos de deuda a grupos,
401
beta ajustada por apalancamiento
financiero, 407-8
con apalancamientos, 398
creación de valor, 382-3
evaluación de proyectos con base en
riesgo total, 401-5
modelo de fijación de precios de activos
de capital (MPAC) para selección de
proyectos, 396-8
por un grupo específico, 399-400
valor presente ajustado, 408-10
véase también costo de capital global de
la empresa
sobre acciones preferenciales, 87
sobre activos (RSA), 569
sobre capital accionario, 150-1
sobre la inversión (RSI), 150, 209
véase también riesgo y rendimiento; tasa
interna de rendimiento

Rentabilidad, 152
  administración de capital de trabajo, 206-8
  contra rendimiento requerido, 251, 253, 255
  en relación con la inversión, 150
  en relación con las ventas, 148-50
  índice de (IR), 325, 329-30, 336
  liquidez y, 209
  razones de, 148-51
  riesgo y, 209, 215-16
Reorganización, 632-4, 700
Reserva Federal de EUA, 228, 231
  banco de la, 224
  sistema de la, 224, 230
  Wire System (Fedwire), 228
Responsabilidad social corporativa (RSC), 5-7, G
Restricciones institucionales, 460-1, 479
Richards, V.D., 146n
Riesgo, G
  administración del capital de trabajo y, 206-8
  aversión al, 102, G
  compensación entre costos y, 212-15
  de negocios, 135, 407, 433-4, G
    del evento, 517, G
    financiero, 407, 432-4, G
    grado de apalancamiento operativo y, 426-7
  financiamiento a corto plazo contra largo plazo, 212
  no sistemático, 105-6, 109, G
  opciones administrativas (reales) en presupuestos de capital y 354-79
    enfoque de portafolio de la empresa, 364-8
    implicaciones de valuación, 368-9
    opción de abandono, 370-2
    opción de expandir (o contraer), 369-70
    opción para posponer, 372
    problema del riesgo de un proyecto, 354-7
    véase también riesgo total del proyecto
  perfil de rendimiento esperado según el, 32
  político, 650-2
  portafolio y, 103-4, 117-19, 365
  prima de, 102, 111-12
  relativo, 691
  rendimiento y, 98-125
    actitudes hacia el riesgo, 101-2
    definición de rendimiento, 98
    definición de riesgo, 98-9
    distribuciones de probabilidad para medir el riesgo, 99-101
    diversificación, 104-6
    eficiencia del mercado, 115-16
    en el contexto del portafolio, 103-4
    medida del riesgo del portafolio, 117-19
    mercados financieros eficientes, 114-16
    teoría de fijación de precios de arbitraje, 119-21
    véase también modelo de fijación de precios de activos de capital (MPAC)

rentabilidad y, 215-16
sistemático, 105-6, G
tasa
    de descuento ajustada por (TDAR), 401-3, 700
    libre de, 111-12, 370n, 388-9
  total del proyecto, 357-64
    enfoque de árbol de probabilidades, 358-61
    enfoque de simulación, 361-2
    información en la distribución de probabilidad, uso de, 362-4
    total y evaluación de proyectos, 401-5
    utilidades antes de interés e impuestos por acción y, punto de equilibrio, 431-2
    véase también riesgo de negocios
Risk Management Association, 136, 138, 259
Roll, R., 120, 490n, 607
Roll-up (fusiones), 614-15, 700
Ross, S.A., 119, 120
Rotación
    de cuentas por cobrar en días (RCC) (periodo de cobro promedio), 143, 147
    de pagos en días (RPD) (periodo de pago promedio), 144, 146

S

Salarios, 182-3
Saldo, 131
    de compensación, 227, 291-2, G
Schipper, K., 624n
Scholes, M., 133, 593-5
Segmento
    de efectivo
      libre, 236, 242
      rápido, 235, 236, 241-2
Segunda hipoteca, 531
Seguridad (del principal), 236, G
Selling, T.I., 655n
Señales
    efecto de señalización, 493-5, 520-2
    financieras, 465, 467, 480
Shakespeare, W., 554
Sharia'h, 660
Sharpe, W., 106
Shrieves, R.E., 396n
Símbolo ticker, 110, 111, G
Sin crédito comercial, 283
Sin descuento en efectivo, 283
Sinergia, 604, G
    inversa, 605
Sistema
    de captura, 658, G
    de depreciación alternativo, 312
    de giros, 231
    de reglas por mayoría, 541
    de transporte controlado, 272
    modificado acelerado de recuperación de costos (SMARC), como sistema de depreciación, 22, 23-4, 158, 311, 312, 316
Skyworks Solutions Inc., 299

Smith, A., 624n
Smith Jr., C.W., 520n
Sobregiro, 659
Sociedad, 18-19, G
    de responsabilidad limitada (SRL), 20
    general, G
    limitada, G
Society for Worldwide Interbank Financial Telecommunications (SWIFT), 232, G
Socio
    general, 18-19, G
    limitado, 18-19, G
Sorter, G.H., 655n
Stancill, I.M., 235n
Standard & Poor's (S&P), 32-3
    análisis de estados financieros, 141
    apalancamiento financiero y operativo, 439-40
    deuda a largo plazo, acciones preferenciales y ordinarias, 529
    financiamiento a corto plazo, 287
    índice 500, 107, 111, 388, G
    reportes de acciones, 387
Statement of Financial Accounting Standars (SFAS), 129
Subasta holandesa, 491, 494, G
Subcapítulo S del IRS, 26
Subcontratación
    (outsourcing), 208, 233-4, 263, 623, G
    del proceso de negocios (SPN), 233-4, G
Subsidiaria, 399, G
Superávit, 481
Suscripción, G
    diferencial de la (spread), 507
    en exceso, privilegio de, 511-12, G
    grupo de, 507, 703
    privilegiada, 509-12, G
    tradicional, 407-8
Suscriptor de opción, 589
Sustentabilidad, 5, 7, G
Swaps de divisas, 664

T

Tamaños de lote pequeños, 272
Tasa(s)
    de cambio, 648, 653, 662, 694
      comportamiento de las, macrofactores que gobiernan el, 665-8
      corriente, 654-5
      forward, 652, G
      histórica, 654-5
      spot, 652, G
      véase también exposición al riesgo cambiario
    de cupón, 75,528, G
    de interés, 32-5, 42
      anual, efectiva, 61-2, 87, 284, 285, 291n, G
      costo de solicitar un préstamo, 290-1
      efectiva, G
      empleada, 590
      estructura del plazo de las, 33, 702

métodos de cálculo de, 291
nominal (establecido), 5-9, **G**
paridad de, 662, 666-8
riesgo (rendimiento) de, 85, 237, **G**
de intersección de Fisher, 332
de préstamo incremental para el
    arrendador, 568n
de rendimiento, 83-7, 109-12, 459
    mayor que preferencial, 291
    mínimo aceptable, 327, 393, 394, **G**
    preferencial, 290-1, **G**
forward, 652, 662, **G**
interna de rendimiento o de retorno (TIR),
    83-4, 325-7, **G**
múltiple, 334-6, 341-3
técnicas de presupuesto de capital, 325-6,
    330, 338
rendimientos requeridos y costo de
    capital, 402-3
marginal, 21
nominal, 61, **G**
porcentual anual (TPA), 61
promedio de impuestos, 21
riesgo y opciones administrativas en
    presupuesto de capital, 362, 364
Tennessee Valley Authority (TVA), 239
Términos
de la oferta, 509-10
de venta, 282-3
Tesoro, 311
acciones del, 493, 538, **G**
bonos del, 238, **G**
letras del, 238, 239, 242, **G**
notas del, 238, **G**
valores del, 106, 236, 238, 388
Tiempo(s), 209-10, 465-6, 467
de entrega, 268, **G**
de giro, 282, 668
efecto del, al vencimiento, 590
flujos de efectivo ajustados por el, 42
línea de, 51, 52, 55, 56, 58
valor del dinero en el, 42-77
    amortización de préstamo, 62-3
    fórmulas de interés compuesto, 63
    interés simple, 43
    tasa de interés, 42
    véase también interés compuesto
Tipos de instrumentos de deuda a largo
    plazo, 529-32
bonos, 529-30
    de ingresos, 530
    especulativos, 530
    hipotecarios, 530-1
bursatilización de activos, 531-2
certificados fiduciarios de equipo, 531
Titman, S., 490n
Tolkien, I.R.R., 420
Toma de control, 613, 620-2, **G**
Trabajo en proceso, 263
Transacciones
costos de, 461, 479
de préstamo, 289-90

exposición de, 652-3, 656
motivo de, 222
Transferencia
de riqueza, 606-7
electrónica de fondos (TEF), 232, **G**
Transmisión por fax, 231
Traslado (acarreo) retroactivo y al futuro,
    25-6
Tres C de análisis de crédito: carácter,
    capacidad y capital, 259
TWA, 634

U
Unión
de intereses (método de), 618, **G**
Europea, 129, 232
Utilidad(es)
antes de interés e impuestos (UAII), 453,
    690, **G**
apalancamiento operativo y financiero,
    420-1, 423-5, 433, 434, 436, 437-8
conversión a enfoque multiplicador de,
    81-2
después de impuestos (UDI), 3, **G**
disponibles para accionistas ordinarios, 428
efecto de, 608-10
maximización de, 3-4
o ganancias futuras, 610
    de $1 a 1% al final de *n* periodos, 680-1
    de una anualidad (FIVFA), 53,54
    de una anualidad (ordinaria) de $1 por
        periodo a 1% por *n* periodos, 684-5
por acción (UPA) 432, 693, 694, **G**
    "amarrar las botas" en, 611-12
    apalancamiento operativo y financiero,
        433-4
    básicas por acción, 579
    diluidas, 579
    enfoque de, contra enfoque de flujo de
        efectivo, 617
    esperadas, 611
    papel de la administración, 3
    véase también razón precio/utilidades
        (P/U)
    véase también utilidades antes de interés
        e impuestos (UAII)
retenidas, 131, 477
utilidades por acción (UPA), análisis de, 467
    análisis de punto de equilibrio, 428-32, **G**
    gráfica de punto de equilibrio, 428-30,
        431-2
    punto de indiferencia, 427, 430, 431, 467

V
Valor(es), 74, **G**
acuerdo de, 293
a la par, 528, 538, **G**
asignado (establecido), 538, **G**
calificación de, 439-40, 467
comerciales, 231
conservación del, 477-8
convertibles, 536, 578-84, 590, **G**

estimular la conversión, 581
financiamiento con convertibles, 579-80
forzar la conversión, 580-1
precio de conversión y razón de
    conversión, 578
valor de conversión y prima sobre valor
    de conversión y, 578-9
corporativos, 506
creación de, 3-4, 382-3
de abandono, 370, **G**
directo, 582-4, **G**
de derechos, 510-11
de empresa en marcha, 74, 630, **G**
de la opción, 591, 592, **G**
de liquidación, 74, 538-9, **G**
derivados, 578, **G**
derivativos, 578, **G**
del privilegio de compra, 534
del Tesoro, 106, 236, 238, 388
directo (primario), 29
dispositivo, 293
divisibilidad de, 4
económico agregado (EVA), 394-6, **G**
en libros, 390, 538-9, **G**
    contra valor de mercado, 74
esperado, 356, 357n, **G**
    del valor presente neto (VPN), 365-6
fuentes de, 604-8
    agenda personal de la administración y,
        607-8
    hipótesis de arrogancia de, 607
    efecto de la información y, 606
    ganancias de apalancamiento y, 607
    mejoras administrativas y, 606
    mejoras en ventas y economías
        operativas y, 604-6
    razones de impuestos, 607
    transferencias de riqueza, 606-7
futuro
    compuesto, de anualidad (ordinaria),
        44-6, 51, 52, 54, 55, 59
    primarios directos, 29
    terminal, factor de interés del, 43, 44, 45,
        46, 47, 50, 693
indirecto (secundario), 29
innovación de, a largo plazo, 537
interés, 293
internacionales, 509
intrínseco, 74-5, 115, **G**
investigación de inversiones de, 387
justo, 133, 481
lista aprobada (legal) de, 485
listados, 539, **G**
neto en libros, 23, **G**
nominal, 75, 77, **G**
    véase también valor a la par
preferenciales
    fiduciarios (VPF), 537
    originados en fideicomiso, 537
preferenciales de ingreso mensual, 537
presente, 43, 47-9, 59-60, 693, **G**
    ajustado (VPA), 408-10, **G**

de anualidad (ordinaria), 52, 56
de factores de interés de una anualidad, 327
de flujos de efectivo mixtos, 58
de pagos, 77
de una anualidad (ordinaria) (VPA), 55
factor de interés, 47-8, 682-3
neto (VPN), 698, **G**
para alternativa de arrendamiento, 563-4
para alternativa de préstamo, 564-6
recta de, 110, 111
regulación de ofertas de, 512-16
residual, 559, 560, 700
respaldados por activos, 531, 690, **G**
total, 456-8, 477
véase también valuación de valores a largo plazo
venta de nuevos, 509
Valuación
de valores de largo plazo, 74-94
fórmulas clave de valor presente y, 88
tasas de rendimiento (retorno) y, 83-7
valor de liquidación contra valor de empresa activa y, 74
valor de mercado contra valor intrínseco y, 74-5

valor en libros contra valor de mercado y, 74
valuación de acciones ordinarias y, 79-83
valuación de acciones preferenciales y, 78-9
valuación de bonos y, 75-8
en la fecha de expiración, 590
Van Horne, J.C., 32n, 86n, 664n

Varianza, 100, **G**
de distribución, 356
matriz de covarianza, 117
Vehículo de propósito específico (VPE), 531, 537
Vencimiento, 33-4, 75, 238, 528, **G**
Venta(s), 258
arrendamiento garantizado y, 560, 700
de liquidación, **G**
parcial, 624
economías por mejoramiento y operativas, 604-6
enajenación de un bien depreciable o, 312
netas, **G**
pronóstico de, 180-1
proyectadas y cobro, 182
razón de, a activos totales, 193
rentabilidad de, 151

Ventaja
competitiva, 382-3
del primero en moverse, 369, 372
Verificación en el banco, 259
Vermaelen, T., 494n
Viscione, J.A., 213n
Visibilidad de la cadena de proveedores, 207
Volatilidad, influencia de, 590-1
Volkswagen AG, 400
Votación
acumulativa, 540-1, **G**
modificada, 541-2
derechos de, 535-6, 539-42
electrónica, 540
por mayoría, 540-2, **G**
Voto por mayoría, 540-1, **G**

W

Wachowicz Jr., J.M., 338n, 396n
Wall Street Journal, 662
Wilde, O., 74
Williams, J.B., 79n, 81n
Woolridge, J.R., 490n
Worldcom, 14